Bernd Jürgen Wendt · Deutschland 1933–1945

Bernd Jürgen Wendt
Deutschland 1933–1945
Das „Dritte Reich"
Handbuch zur Geschichte

Fackel
träger

Prof. Dr. Bernd Jürgen Wendt, geb. 1934.
Promotion 1960 in Alter Geschichte,
Habilitation in Mittlerer und Neuerer Geschichte 1969.
1961–1966 Assistent von Fritz Fischer, Universität Hamburg,
1966–1972 Dozent am dortigen Historischen Seminar.
1972–1976 ord. Professor an der GH/Uni Kassel,
seit 1976 an der Universität Hamburg.

Gedruckt auf chlorfreiem Papier

Die Deutsche Bibliothek – CIP-Einheitsaufnahme

Wendt, Bernd Jürgen:
Deutschland 1933–1945: Das „Dritte Reich“
Handbuch zur Geschichte/Bernd Jürgen Wendt.–
Hannover: Fackelträger, 1995
ISBN 3-7716-2209-3

Umschlaggestaltung: Liselotte Lüddecke (Foto dpa)
Satz: Projektpartner Media Consult, Burgdorf
Druck: Graphischer Großbetrieb Pößneck
Printed in Germany 1995
ISBN 3-7716-2209-3
ISBN 3-7716-2211-5 (broschiert)

Inhalt

IV. Kapitel: Die gleichgeschaltete Industriegesellschaft

V. Kapitel: Außenpolitik zwischen Revision und Expansion (1933-1939)

Vorwort

Die erdrückende Fülle von Neuerscheinungen zum „Dritten Reich“ gibt inzwischen auch dem Fachmann Probleme auf, den Informationsfluß zu verarbeiten und dabei in jedem der vielen politischen und ideologischen, gesellschaftlichen und wirtschaftlichen, militärischen und strategischen, kulturellen und alltagsgeschichtlichen Themenfelder stets auf dem laufenden zu bleiben. Um so mehr muß der historisch interessierte Laie verzagen. Zumal im „Gedenkjahr“ 1995 wurde er auf dem Buchmarkt sowie in den Massenmedien, im Fernsehen, in der Presse und im Hörfunk, mit Beiträgen zur geschichtlichen Erinnerung geradezu überschüttet. Dabei konnte es geschehen, daß die Information nur punktuell vermittelt und nicht in ein zuverlässiges Gesamtbild eingeordnet wurde oder daß ihr „Unterhaltungswert“ höher als die Suche nach der geschichtlichen Wahrheit veranschlagt wurde. Das kurze Einblenden von authentischen Bildschnipseln über die Befreiung von Bergen-Belsen zwischen Werbespots und aktuellen Nachrichten sollte Betroffenheit und kritische Rückbesinnung suggerieren, hinterließ aber nur den peinlichen Eindruck einer Routinegeste. Gewiß gab es auch viele überzeugende Beispiele seriöser Dramaturgie und Kommentierung. Aber oft schien es, als werde hier des Guten etwas zu viel getan, und der Zuschauer, der Leser oder Hörer war der Reizüberflutung durch die Medien recht hilflos ausgesetzt. Denn wie soll er sich auch, wenn er nicht berufsmäßig mit Geschichte zu tun hat, ein zuverlässiges Bild aus der Fülle des Angebotenen selbst zusammenfügen, ohne in Gefahr zu geraten, Legenden oder, was noch schlimmer ist, politisch gezielten Fehlinformationen im Gewande scheinbarer historischer Seriosität aufzusitzen?
Dabei ist das Interesse am Nationalsozialismus gerade in der jungen Generation nach wie vor recht groß und scheint mit wachsendem zeitlichen Abstand sogar noch zuzunehmen. Junge Menschen können sich naturgemäß nicht mehr auf die Erinnerung und den Augenschein stützen. Sie müssen, wenn sie sich bei Zeitzeugen über das damals Geschehene informieren wollen, bereits die Generation ihrer Großeltern befragen oder sonst auf schriftliche Zeugnisse und Darstellungen zurückgreifen. Dabei haben sich in den letzten Jahren und Jahrzehnten seit 1945 manche Perspektiven, Akzente und Fragestellungen notwendigerweise verschoben. Dies gilt vor allem für die Zeit seit der Wende von 1989/90. Mit der Vereinigung Deutschlands und der Überwindung der europäischen Teilung, so hören wir es oft, sei nun endlich ein Schlußstrich unter die Nachkriegszeit gesetzt. Was im Politischen bis zu einem gewissen Grade zutreffen mag, kann jedoch nicht für die Erin-

nerungsarbeit gelten, vor allem auch nicht für die Erinnerung an die zwölf Jahre nationalsozialistischer Diktatur. Hier kann und darf es keinen Schlußstrich geben, würden wir doch mit einem solchen Verzicht zugleich einen der geistigen Stützpfeiler unseres demokratischen Gemeinwesens und unserer politischen Kultur leichtfertig preisgeben.

Auch die Generation der Älteren, die alles in ihrer Jugend miterlebt haben, ist inzwischen in die Jahre gekommen. In der Erinnerung hat sich vieles verschoben, ist natürlicherweise verdrängt und vergessen oder erscheint aufgrund der zeitlichen Distanz in einem neuen Licht. Dem immer wieder gehörten Vorwurf an die Kinder und Enkel, sie hätten ja alles gar nicht unmittelbar miterlebt und könnten sich dementsprechend kein fundiertes Urteil über die Zeit des Nationalsozialismus erlauben, sei mit der Metapher vom großen Gemälde der Geschichte entgegnet: dem nahe Stehenden haben sich sicher Details schärfer erschlossen und in die Erinnerung eingegraben, den Nachlebenden ist es jedoch vergönnt, den Gesamtentwurf anzuschauen und in ihm jeder Einzelheit den ihr gebührenden Platz zuzuweisen.

Nicht selten hat sich auch nach einem halben Jahrhundert bei uns ein gewisser Überdruß ausgebreitet, ob es denn nun nicht endlich ein Ende haben müsse mit der ständigen „Vergangenheitsbewältigung" und „Nestbeschmutzung" und ob wir nicht auch aufgrund der Erfolgsgeschichte unseres demokratischen Staatswesens und nach unseren Leistungen für die westliche Zivilisation endlich ein Anrecht darauf hätten, als ein ganz normales Land mit all seinen Vorzügen und Fehlern genommen zu werden.

Dem seien drei Überlegungen entgegengehalten. Eine selbstkritische und ehrliche Auseinandersetzung mit der eigenen nationalen Vergangenheit ist kein Zeichen der Schwäche oder geistiger Selbstkasteiung, sondern im Gegenteil eher Ausdruck einer identitätsstiftenden Stärke und einer besonderen Verantwortung dafür, daß sich das Geschehene niemals wiederholen darf. Erst die geschichtliche Erinnerung ohne Verdrängen oder Heroisieren schafft Raum für die Orientierung in der politischen Gegenwart und für die gemeinsame Gestaltung einer humanen Zukunft. Ein Zweites: Unsere Geschichte holt uns tagtäglich, ob wir es wollen oder nicht, immer wieder ein: Die frühe Anerkennung Kroatiens durch die Bundesrepublik Deutschland, der Einsatz der Bundeswehr im ehemaligen Jugoslawien oder der Brandanschlag von Solingen sind eben bei uns mit unserer Tradition etwas anderes, als wenn diese Ereignisse in anderen Ländern geschehen. Sie wecken bange Erinnerung an die Vergangenheit bei unseren Freunden und Nachbarn, deren Länder einst unter deutscher Knute standen oder von ihr bedroht waren. Dem müssen wir uns stellen. Wir können uns dem aber nur stellen in der Selbstgewißheit, daß wir voll darüber informiert sind, warum mit den angesprochenen Ereignissen, die sich noch um viele vermehren ließen, nationale und menschliche Empfindlichkeiten berührt oder alte Ängste wiederbelebt werden, und daß wir solchen Empfindlichkeiten und Ängsten mit Verständnis, Takt und Toleranz begegnen und vor allem mit dem Willen, sie in unserem Handeln stets mit in Rechnung zu stellen. Und ein Drittes: Bei Zeichen des Überdrusses, der Kritik und Verweigerung müssen sich Historiker, Medien- und Meinungsmacher stets zunächst selbst fragen, ob sie ihre Anliegen angemessen vermittelt haben. Selbstgerechte schulmeisterliche Attitüde, Unduldsamkeit oder das routinierte Abspulen von längst eingeschliffenen Betroffenheitsritualen pflegen die Bereitschaft zum Zuhören und Lernenwollen eher zu verschütten als freizulegen.

Aus dem Gesagten möge deutlich werden, daß eine Überblicksdarstellung zum „Dritten Reich" stets eine Gratwanderung ist:

- Eine Gratwanderung in der Auswahl und Gewichtung des umfangreichen und so widersprüchlichen Stoffes. Hier kann der vom Verlag aus kalkulatorischen Gründen vorgesehene Raum schnell in Widerstreit geraten mit dem Bestreben des Autors, möglichst umfassend und genau zu informieren und dabei alle Teilbereiche seines Gegenstandes eingehend zu berücksichtigen und aus verschiedenen Blickwinkeln zu beleuchten.
- Eine Gratwanderung in der Darstellung. Fachleuten wird mit Recht oft vorgeworfen, sie verkehrten nur noch in einer Art fachspezifischer Geheimsprache miteinander und verlören dabei das legitime Informationsbedürfnis der breiten Öffentlichkeit aus dem Auge. So steht auch der Historiker nicht selten vor der Schwierigkeit, einerseits relativ komplizierte und abstrakte analytische Sachverhalte entschlüsseln und beschreiben zu müssen und andererseits nicht vergessen zu dürfen, daß Geschichte ganz wesentlich auch Erzählung aus den Quellen heraus ist und ihren erzählenden Charakter nicht verleugnen sollte.
- Eine Gratwanderung der Sprache. Jeder Historiker, der sich mit dem „Dritten Reich" beschäftigt, hat es mit einem Regime zu tun, das mit einem „Staatsverbrechen in unvorstellbarem Ausmaß" (M. Schlenke) belastet gewesen ist. Seine Untaten übertreffen jedes menschliche Vorstellungsvermögen. Wir sind noch heute erschrocken und können uns unserem Thema nur mit innerer Abwehr und kritischer Distanz nähern. Dies hat sich nicht zuletzt in einer besonders emotional aufgeladenen und Betroffenheit vermittelnden Sprache niedergeschlagen, mit der wir unseren Gegenstand beschreiben, in einer Sprache, die im Streben nach glaubhafter moralischer Distanzierung nicht immer der Gefahr klischeehafter Worthülsen entgeht. Auf der anderen Seite ist und bleibt der Nationalsozialismus ein historisches Thema, eingebettet in seine historischen Bezüge. Wir nähern uns also auch ihm mit den klassischen Methoden der Geschichtswissenschaft und bemühen uns zu verstehen, wie es – nach einem berühmten Ranke-Zitat – „eigentlich gewesen" ist

und wie es hat geschehen können. Wir versuchen also, uns im Vorgang des Verstehens eines geschichtlichen Ereignisses noch einmal gedanklich mit Hilfe unserer Quellen in die Motive und Absichten der Handelnden hineinzuversetzen, sie nachzuvollziehen, um sie für die Nachwelt aufschlüsseln zu können, ohne uns mit den Akteuren allerdings zu identifizieren. Das geschichtliche Verstehen darf auch oder gerade vor dem Nationalsozialismus nicht haltmachen. Im Spannungsverhältnis von Verstehen und Verurteilen kann und darf es aber auch nicht darum gehen, die Untaten des Regimes im nachhinein zu relativieren und zu verharmlosen. Gefordert sind einerseits die „distanzierende, analytisch zu gewinnende Erklärung und Objektivierung, andererseits aber auch [die] begreifende subjektive Aneignung und [der] Nachvollzug vergangener Handlungen, Betroffenheiten und Verfehlungen".[1]

Lähmendes Entsetzen, Unverständnis und moralische Empörung im Angesicht von Auschwitz und all der Verbrechen, für die es beispielhaft steht, lassen uns zögern, unsere Aussagen in die nüchterne und distanzierende Sprache wissenschaftlicher Analyse zu kleiden. Gerinnt hier nicht in der kühlen Wissenschaftssprache millionenfacher Mord zur abstrakten Mordtheorie, das Schicksal jedes einzelnen Opfers zur Bestandsaufnahme des Chronisten? Gerät nicht jeder Versuch, die Unmenschlichkeit in Sprache zu kleiden, sie auf einen Begriff zu bringen, sofort in die Gefahr, eben das, was man beschreiben möchte, zu bagatellisieren oder gar zu trivialisieren? Wir wissen, was geschehen ist, und doch übersteigt es unsere Fähigkeit, dieses Geschehen noch einmal gedanklich nachzuvollziehen. Wir ringen um die sprachliche Form, um das Ereignis Auschwitz angemessen zur Sprache zu bringen. Und doch ist es die Aufgabe des Historikers, mit aller wissenschaftlichen Sorgfalt und Präzision Vergangenheit für das individuelle und kollektive geschichtliche Gedächtnis aufzuarbeiten und zu bewahren. Es ist sein Anliegen, das Unbegreifliche des millionenfachen Massenmordes im nationalsozialistischen Deutschland und in Europa irgendwie begreiflich zu machen, es „auf die begriffliche und wissenschaftliche Ebene" (S. Friedländer) zu heben, ohne es zu verharmlosen und durch eine unangemessene Sprache den Opfern posthum noch ihre menschliche Würde zu nehmen.

Es möge dem Urteil der Leser überlassen bleiben, ob der Verfasser der vorliegenden Darstellung die angedeuteten Fallstricke oder doch jedenfalls einige von ihnen hat vermeiden können.

Dieses Buch will nicht in einem Atemzug von Anfang bis Ende gelesen werden. Mit den in sich geschlossenen Kapiteln ist es vielmehr als eine Art Nachschlagewerk zum „Dritten Reich" konzipiert. So soll den Lesern die Möglichkeit gegeben werden, sich über die einzelnen politischen, gesellschaftlichen, wirtschaftlichen, kulturellen oder militärischen Teilaspekte zu informieren, ohne sich gleich in die Ge-

samtlektüre vertiefen zu müssen. Dort, wo es angebracht erscheint, sind auch unterschiedliche wissenschaftliche Positionen oder Forschungskontroversen angesprochen. Sie können hier freilich mit Rücksicht auf die Geduld der Leser in der ganzen Komplexität des Pro und Contra ihrer Argumente nicht ausgebreitet werden.
Die Detailgliederung schließt jedoch nicht aus, daß nicht die einzelnen Kapitel durch zentrale Leitfragen und -perspektiven zusammengebunden werden:
– Wie konnte es geschehen, daß ein Mann, der in den ersten dreißig Jahren seines Lebens eigentlich nur durch seine Mittelmäßigkeit und seine Banalität oder sollten wir eher sagen: durch sein gesellschaftliches und persönliches Scheitern auffiel, dann in den nächsten fünfundzwanzig Jahren, die ihm noch vergönnt blieben, eine solche Machtfülle zunächst als Parteiführer und dann als Staatsmann auf sich vereinigte, daß er Europa und sein eigenes Land schließlich in einen Abgrund von Zerstörungen und Verbrechen bisher unbekannten Ausmaßes riß?
– Wie war eine Bevölkerung und wie waren ihre politischen und militärischen Eliten disponiert, daß sie den Versprechungen dieses Mannes glaubten, sich von ihm verführen ließen und ihm mit hier und dort geäußerten Bedenken und auch unter vereinzeltem aktivem Widerstand zwar, aber in ihrer übergroßen Mehrheit doch gehorsam in den Abgrund folgten?
– Wie liefen die Prozesse der Willensbildung und Entscheidung im totalitären „Führerstaat“ ab? Welche Rolle spielte hier Hitler als Motor und Impulsgeber, als „master in the Third Reich“ (N. Rich) in den verschiedenen Politikbereichen, welche Rolle seine Paladine und Gefolgsleute und welche Rolle auch die inneren und äußeren Umstände, die ihm entgegenkamen und die er als Chance zweifellos oft virtuos genutzt hat? Wie war es überhaupt möglich, daß der Vernichtungswille eines Mannes und seiner Führungsclique innerhalb ganz weniger Jahre von vielen Millionen – sei es durch direkte, sei es durch indirekte Mithilfe oder durch einfaches Tolerieren – in die Tat umgesetzt werden konnte?
– Wie ordnet sich das „Dritte Reich“ mit seiner Innen- und Außenpolitik in die Kontinuitäts- und Bruchlinien und Verwerfungen der jüngeren deutschen und europäischen Geschichte ein? Warum ist es gerade in Deutschland zu den Entgleisungen eines „Radikalfaschismus“ (Bracher) gekommen, wenn doch auch andere Staaten von den tiefgreifenden ökonomischen und sozialen Krisen des frühen 20. Jahrhunderts heimgesucht worden sind?
– Wie lassen sich die verbrecherischen Energien des nationalsozialistischen Herrschaftssystems, Terror, Zwang und Verfolgung, mit seiner offenkundigen Faszination und Attraktivität für viele Millionen, seiner Er-

folgsfähigkeit und seinem internationalen Ansehen, das es zumindest bis 1938 genossen und aus dem Hitler erheblichen Nutzen gezogen hat, in Einklang bringen?

In diesem Buch hat sich auch ein mehrsemestriger Vorlesungszyklus zum „Dritten Reich" mit begleitenden Seminaren niedergeschlagen. Äußerst anregend für mich war dabei nicht nur das gemeinsame Forschen mit den Studierenden, einer Generation, die nur noch sehr vermittelt Zugang zur damaligen Zeit hat; eine besondere Herausforderung für den Angehörigen einer Art „Zwischengeneration" zwischen Krieg und Nachkriegszeit (Jahrgang 1934) waren auch die vielen und nicht selten kontroversen Gespräche, die wir in unseren Veranstaltungen mit unseren zahlreichen älteren Hörerinnen und Hörern der Kriegsgeneration geführt haben. Im Dialog zwischen den Generationen haben sie fair und engagiert ihre persönlichen Erfahrungen, ihre Fragen, Zweifel und Korrekturen in die Diskussionen eingebracht, fühlten sie sich doch noch viel unmittelbarer als wir durch ihr eigenes Erleben als Kinder oder junge Menschen von den Themen angesprochen. Sie waren nachdenklich und auch bereit, zu ihren eigenen Erinnerungsbildern in kritische Distanz zu treten und notwendige Korrekturen anzubringen. Dies alles ist in die Darstellung eingeflossen.

Mein Dank gilt all denen, die an der Entstehung dieses Buches mitgeholfen haben. Besonders danken möchte ich meinen beiden Mitarbeitern und Doktoranden, Frank Otto M.A. und Rupert Seuthe M.A. Sie haben die Entstehung des Manuskriptes mit kritischen Bemerkungen und Anregungen begleitet und Korrektur gelesen. Die druckreife Vorlage hätte nicht erstellt werden können ohne den Einsatz und die Sorgfalt von Frau Hildegard Enkel und Frau Angelika Adam. Auch ihnen sei dafür sehr gedankt.

Hamburg, im September 1995

Bernd Jürgen Wendt

I. Kapitel

Grundlagen und Voraussetzungen

1. Fragen an das „Dritte Reich"

Das Jahr 1932 hat Hitlers Glück und Ende gebracht. Am 31. Juli [als die NSDAP aus den Reichstagswahlen als stärkste Partei hervorging] hatte sein Aufstieg den Höhepunkt erreicht, am 13. August begann der Niedergang, als der Reichspräsident von Hindenburg Hitler den Stuhl, den er ihm nicht zum Sitzen anbot, vor die Tür stellte. Seitdem ist das Hitlertum in einem Zusammenbruch, dessen Ausmaß und Tempo nur mit dem seines eigenen Aufstiegs vergleichbar ist. Das Hitlertum stirbt an seinem eigenen Lebensgesetz.

Diese optimistische Prognose über den bevorstehenden Untergang des Nationalsozialismus schrieb Gustav Stolper in der Weihnachtsausgabe 1932 seiner namhaften Wochenschrift „Der deutsche Volkswirt" [1], also einen Monat vor der Machtübergabe an Hitler, und viele teilten damals seinen Optimismus. Die NSDAP befand sich in einer der tiefsten Krisen ihrer Geschichte. Bei den Novemberwahlen hatte die Partei mehr als zwei Millionen Stimmen und 34 ihrer im Juli errungenen Reichstagsmandate verloren. Die Auseinandersetzungen zwischen Hitler und Gregor Strasser hatten die Partei bis in ihre Grundfesten erschüttert, die Einnahmen drohten zurückzugehen, und der „Führer" selbst schien seine Partei mit seinem intern umstrittenen „Legalitätskurs" in eine Sackgasse manövriert zu haben, aus der ihm die herrschenden Kräfte um den Reichspräsidenten von Hindenburg offenbar keinen Ausweg an die Macht zu weisen gewillt waren. Auf der anderen Seite zeigte sich zum erstenmal seit Jahren der berühmte „Silberstreif" am wirtschaftlichen Horizont. Die Kraft des Rechtsextremismus schien, so meinten um die Jahreswende 1932/33 viele, endgültig gebrochen. Etwa ein halbes Jahr später berichtete ein sehr kritischer und aufmerksamer Beobachter in der Reichshauptstadt, der französische Botschafter André François-Poncet, seiner Regierung:

Die Zeitungen schreiben zu Recht davon, daß er [gemeint ist Hitler] in fünf Monaten eine Wegstrecke zurückgelegt hat, für die der Faschismus fünf Jahre brauchte. [....] Adolf Hitler hat daher gewonnenes Spiel, und er hat diese Partie mit geringem Aufwand gewonnen: Er mußte nur pusten – das Gebäude der deutschen Politik stürzte zusammen wie ein Kartenhaus.[2]

Zwischen beiden Äußerungen lagen nur wenige Monate. In ihnen wurde das Gesicht Deutschlands gründlich verändert. Europa hatte bereits, ohne daß dies der Mehrheit bewußt wurde, die ersten Schritte in die Katastrophe des Zweiten Weltkrieges zurückgelegt. Wie konnte diese Veränderung mit einer derartigen – schon die Zeitgenossen überrumpelnden – Geschwindigkeit geschehen? Wie konnte der Rückfall in die Barbarei eines staatlich verordneten Terrors in einem Volk geschehen, das sich doch so viel darauf zugute tat, seit Jahrhunderten schon an der Spitze des kulturell-geistigen, des wissenschaftlichen, des technischen und des wirtschaftlichen Fortschritts zu marschieren, in einem Volk, das sich erst knapp fünfzehn Jahre vorher, wenn auch unter großen Schwierigkeiten, eine Republik aufgebaut hatte, deren Metropole Berlin weltweit zum Inbegriff der künstlerischen und geistigen Moderne geworden war?

Diese zentrale Frage nach der „Technik der Machteroberung" durch eine radikalfaschistische Partei und ihren „Führer" bewegt uns bis heute und dies um so mehr, als in ihr stets die aktuelle Sorge um die Verwundbarkeit eines demokratisch-humanen Zusammenlebens gegenüber extremistischer Gewalt mitschwingt. Doch formulieren wir die Fragen etwas differenzierter. Wie erklärt sich der kometenhafte politische Aufstieg eines etwas spinnerten „Mr. Nobody" aus dem Wiener Männerasyl, der bis zu seinem dreißigsten Lebensjahr kaum auf sich hatte aufmerksam machen können, an der Spitze einer Bewegung, die noch Ende 1932 an ihren inneren Machtkämpfen und Widersprüchen zu zerbrechen drohte? Wie konnten er und seine Partei einen hoch entwickelten und komplexen modernen Industriestaat mit seinen Institutionen und Traditionen unter ihre Diktaturgewalt bringen und in wenigen Wochen ein Gewaltregime errichten, obwohl doch das rein taktische Kalkül seines „Legalitätskurses" und die eigentlichen Ziele der Vernichtung und Eroberung dahinter vielen schon frühzeitig bekannt waren oder bei der diesbezüglichen Offenheit der braunen Führung bekannt sein mußten? Warum regte sich unter den bisher herrschenden Eliten in Staat und Armee, Wirtschaft und Gesellschaft kein nennenswerter Widerstand? Warum wurden sie zwischen 1930 und 1933 vielfach zu Handlangern Hitlers bei der Eroberung der Macht und dann nach 1933 zu seinen willigen Gehilfen bei der Durchsetzung seiner innen- und außenpolitischen Ziele?

Oder konzentrieren wir uns auf Hitler selbst. Welche Rolle hat er innerhalb des Nationalsozialismus und seiner Herrschaft konkret gespielt? Wie weit hat er überhaupt persönlich die Politik geprägt, wie weit kamen ihm dabei günstige Umstände entgegen? Mit welchen Mitteln konnte er die Macht erringen, sie innerhalb kürzester Zeit fest etablieren und auf dieser Basis dann einen ganzen Kontinent ins Chaos stürzen? Ließ er sich dabei von einem verbindlichen Programm leiten oder war er eher ein prinzipienloser Opportunist, dem es allein um Macht und Herrschaft ging und der ihre konkrete Ausgestaltung eher dem Zufall oder der Improvisation überließ?

Hitlers Persönlichkeit und politische Strukturen

Diese Überlegungen führen uns weiter auf die Frage nach seinem jeweiligen persönlichen Macht- und Handlungsspielraum sowohl bei der Eroberung und Etablierung der Macht als auch bei ihrer Bewahrung bis zum Ende des „Dritten Reiches“. Müssen wir nicht unseren Blick eher etwas von der Persönlichkeit Hitlers weg– und hin auf die politischen, gesellschaftlichen, wirtschaftlichen und geistigen Bedingungen lenken, die ihn in Deutschland erst möglich gemacht haben? Gilt es nicht, neben der „Persönlichkeit“ in der Geschichte auch stets die überpersönlichen „Strukturen“ und „Kräfte“ entscheidend mit in Rechnung zu stellen, die ihr erst den Entfaltungsspielraum gegeben haben?[3] Dies führt uns auf die Grundlagen seiner Macht, auf ihre Stützpfeiler, deren Bedeutung und auf mögliche Verschiebungen zwischen den die Diktatur tragenden Machtgruppen. Das Herrschafts– und Regierungssystem des „Dritten Reiches“ wird ebenso zum Thema wie Hitlers Führungsstil und die konkrete Ausübung der Herrschaft durch ihn. Auch dieses Problem sollte nicht erst nach dem „Tag der Machtübertragung“, dem 30. Januar 1933, verfolgt werden, sondern schon vorher in der sogenannten „Kampfzeit“ der Bewegung. Denn sehr charakteristische Elemente des Herrschaftsstils zeichneten sich schon bei dem Parteiführer Hitler vor 1933 ab, bevor er sie dann als Reichskanzler auf die Führungsebene des Reiches übertrug.

Forschungskontroversen

Eine kaum noch überschaubare Literatur[4] setzt sich kritisch mit der Bestimmung des „Ortes des Dritten Reiches“ sowohl in der deutschen als auch in der europäischen Geschichte auseinander. War dieser Zeitabschnitt von gerade zwölf Jahren, in dem Millionen von unschuldigen Menschen und ein ganzer Kontinent durch deutsche Schuld in den Strudel der Vernichtung gerissen worden sind, kontinuierlich in die Traditionslinien deutscher Geschichte eingebettet oder stellte er einen radikalen Bruch mit ihr dar oder war es beides – Kontinuität und Bruch? Läßt dieses „Dritte Reich“ als eine spezifisch deutsche Form des „Radikalfaschismus“ (Bracher) überhaupt in der Dimension seiner Verbrechen Vergleiche mit anderen „Faschismen“ der zwanziger und dreißiger Jahre, vor allem mit dem italienischen oder auch dem spanischen Faschismus, zu? Oder erlaubt seine Charakterisierung als „totalitärer Staat“ eine vergleichende Zuordnung zum Sowjetregime unter Stalin? Angesichts der wohl einmaligen verbrecherischen Leistungsfähigkeit und -bereitschaft des „Dritten Reiches“ ist gegenüber generalisierenden Etiketts wie „Faschismus“ oder „Totalitarismus“ immer wieder berechtigte Kritik vorgebracht und statt dessen mit guten

Gründen eher für eine singularisierende Begrifflichkeit plädiert worden. Aber auch hier stellen sich sogleich berechtigte Bedenken ein. Die Bezeichnung „Drittes Reich" – so der Untertitel dieses Buches – war als Schlagwort in den zwanziger Jahren einem gleichnamigen Buchtitel von Moeller van den Bruck entlehnt und meinte bei den Nationalsozialisten nach dem ersten „Heiligen Römischen Reich deutscher Nation" und dem zweiten „Bismarckreich" die kommende Erfüllung in der Herrschaft Hitlers. Gleichzeitig war die Anknüpfung an die christlichen und nunmehr säkularisierten und profanierten Heilserwartungen des Mittelalters unverkennbar: nach dem Reich des Vaters und dem des Sohnes das Reich des Heiligen Geistes als Vollendung der Welt- und Menschheitsgeschichte. Nach der Phase der Machteroberung nutzte sich freilich der Begriff im täglichen Sprachgebrauch rasch ab, vor allem wenn man ihn mit der Realität nationalsozialistischer Herrschaft verglich und spöttisch dann vom „Tausendjährigen Reich" sprach. Deshalb wurde der Begriff „Drittes Reich" am 10. Juli 1939 offiziell von Goebbels verboten und dann durch „Das Reich" ersetzt, implizierte dieses doch im imperialen Selbstverständnis der Nationalsozialisten nicht mehr eine profane Numerierung, die sich gegebenenfalls würde fortsetzen lassen.

Begriffliche Probleme

Besteht also bei der Verwendung singularisierender Begriffe wie „Drittes Reich" stets die Gefahr, damit nachträglich noch der propagandistisch verherrlichenden Selbststilisierung des Regimes aufzusitzen, so führen personalisierende Bezeichnungen wie „Hitlerdeutschland" oder „Der Staat Hitlers" ähnlich in die Irre, suggerieren sie doch genau das, was viele Deutsche nach 1945 gern glauben wollten: Die deutsche Geschichte zwischen 1933 und 1945 war allein und ausschließlich das Werk Hitlers und nur ihn trifft letztendlich die Verantwortung für alles Geschehene. Das „nationalsozialistische Deutschland" erscheint immer noch als ein Etikett, das am wenigsten zu Mißverständnissen Anlaß gibt. Entschieden zurückzuweisen ist auch ein anderer Begriff aus dem Propagandaarsenal nationalsozialistischer Selbstprofilierung, der bis heute noch – oft ohne Anführungszeichen – durch die Literatur geistert: die „nationalsozialistische Machtergreifung". Sie wurde Jahr für Jahr damals im verklärenden Rückblick auf den 30. Januar 1933 feierlich zelebriert. Statt dessen sei hier mit Nachdruck für „Machtübergabe" oder „Machtauslieferung" an Hitler durch die konservativen Eliten an jenem besagten Tage plädiert. Denn die Vorstellung, die Nationalsozialisten hätten die Machteroberung in Deutschland in ihrer „Kampfzeit" langfristig und präzise nach einem Fahrplan vorbereitet und zielgerichtet angestrebt, um sie dann am 30. Januar 1933 in einem energischen und siegreichen Zugriff zu vollenden, gehört ebenso in den Bereich der Geschichtsklitterung und Legende wie die verwandte These, die Betrauung Hitlers als Reichskanzler mit der Präsidialdiktatur

auf der Grundlage des Art. 48 der Weimarer Reichsverfassung sei auf längere Sicht zwingend und unausweichlich gewesen. Im Gegenteil: noch am 27. Januar soll Hitler, als die konservativen Helfershelfer noch mit dem Ziel seiner angestrebten politischen „Einrahmung" und „Zähmung" im Amt Schwierigkeiten vor ihm aufzutürmen schienen und Hindenburg sich nur sehr schwer für die Übertragung der Reichskanzlerschaft an den „böhmischen Gefreiten" erwärmen ließ, sehr unsicher und verzagt gewesen sein und daran gedacht haben, an der Pforte der Macht im letzten Augenblick alles hinzuwerfen.
Hitler wiederum hatte nicht, wie es die NS-Legende später wollte, zielstrebig die Macht im Staate ergriffen, sondern den letzten Strohhalm gegen seinen Niedergang.[5]
Über eines ist sich die Forschung heute einig: Nach den Ursachen für die Etablierung und Konsolidierung des nationalsozialistischen Machtmonopols im „Dritten Reich" zu fragen heißt, ein breites Spektrum von persönlicher Schuld und Verantwortung bei all denen weit über den engeren Bereich der Parteielite hinaus auszuleuchten und kenntlich zu machen, die Hitler die Macht übertragen und ihm geholfen haben, sie zu sichern und zu verteidigen.
Über diesen grundsätzlichen Konsens unter den Historikern hinaus haben jedoch die oben gestellten Fragen über den Charakter nationalsozialistischer Herrschaft so vielfältige und unterschiedliche Antworten bisher gefunden, daß sie jede für sich und alle zusammen nur eine Annäherung an ein Phänomen darstellen, das uns bis heute nicht losläßt und für das einer der besten Kenner des „Dritten Reiches", der englische Historiker Ian Kershaw, unlängst die griffige Formel „Hitlers Macht – ein Rätsel"[6] gefunden hat.
Die ganze Spannbreite zumindest der neueren Deutungen und der hinter ihnen stehenden methodischen Ansätze kann hier nur in groben Zügen markiert werden. Vorauszuschicken ist, daß jeder der unterschiedlichen Standpunkte schon von den Zeitgenossen in der einen oder anderen Form vertreten worden ist. Sie standen dem rätselvollen „Phänomen Hitler" bereits damals vielfach aus der Erfahrung eigener existenzieller Bedrohung als Gegner oder Emigranten ebenso unsicher und fassungslos wie verzweifelt gegenüber. Schlagwortartig und etwas überzogen formuliert, kreisen die kontroversen Interpretationen im wesentlichen um zwei Positionen: Hier die „Intentionalisten" oder „Programmologen", bisweilen auch abschätzig als „Hitleristen" oder „Traditionalisten" bezeichnet, dort die „Strukturfunktionalisten" oder auch mehr abwertend die „Revisionisten" bzw. „Neorevisionisten" (Bracher)[7].
„Intentionalistische" Untersuchungen gehen davon aus, „daß Hitlers Persönlichkeit, Ideen und Willensstärke im Mittelpunkt einer jeden Erklärung des Nationalsozialismus zu stehen haben" [8]. Hier wird Hitlers

„Hitleristen" versus „Revisionisten"

absolute Macht als „Herr und Meister im Dritten Reich“[9] vorausgesetzt und die Geschichte des „Dritten Reiches“ als eine der programmgemäßen und folgerichtigen Realisierung von Hitlers Intentionen gedeutet. „Letztlich gab Hitlers sehr eigene 'Weltanschauung' und nichts anderes den Ausschlag“.[10] „Intentionalisten“ wie A. Hillgruber, K. Hildebrand oder E. Jäckel unterstellen den Absichten und Programmentwürfen des Diktators, seiner „Weltanschauung“ kontinuierlich und im Kern unwandelbar seit 1924 einen Schlüsselcharakter und einen für sein Handeln hohen Verbindlichkeitsgrad zum Begreifen nationalsozialistischer Innen- und Außenpolitik bis zum bitteren Ende 1945. Hier erscheint dann „Mein Kampf“, wie es schon ein Zeitgenosse formulierte, gleichsam als „Kompaßbuch des deutschen Nationalsozialismus“.

Aber bedeutet diese „Hitlerzentrik“ nicht methodisch einen Rückfall in ein längst überwunden geglaubtes historisches Denken, nach dem „Männer Geschichte machen“, und nicht geradezu eine Dämonisierung des Diktators als eines allmächtigen Drahtziehers? Hilft dieser personenzentrierte Ansatz wirklich zu erklären, wie Hitler denn nun seine Wahnideen von Rassenherrschaft und Lebensraum in konkrete Politik umsetzen und wie er die Herrschaft in Deutschland erringen und zwölf Jahre mit suggestiver Kraft behaupten konnte?

Die in den sechziger Jahren in Gang gekommene Methoden und Theoriediskussion in der Geschichtswissenschaft, ein Paradigmenwechsel von der politischen zur Sozialgeschichte, von Staat und Verfassung zu Gesellschaft und Ökonomie, von den handelnden Akteuren zu den handlungsbestimmenden Zwängen und „Strukturen“, ein interdisziplinärer Brückenschlag zu den Sozialwissenschaften und eine Öffnung gegenüber marxistisch-materialistischen Geschichtsdeutungen, hat eine unverzichtbare und bis heute wegweisende „Revision“ auch der Forschungen zum „Dritten Reich“ eingeleitet. Die „Revisionisten“ konnten sich dabei berufen auf das schon Anfang der vierziger Jahre von Ernst Fraenkel entwickelte Bild vom „Doppelstaat“, dem Neben- und teil-weise auch Gegeneinander von tradiertem „Normenstaat“ und revo-lutionär-nationalsozialistischem „Maßnahmenstaat“[11] und die etwa gleichzeitig von Franz Neumann im Anschluß an Th. Hobbes im „Behemoth“[12] ausgeführte These, nach der „der Nationalsozialismus ein Unstaat ist oder sich dazu entwickelt, ein Chaos, eine Herrschaft der Gesetzlosigkeit und Anarchie, welche die Rechte wie Würde des Menschen 'verschlungen' hat“. Das nationalsozialistische Herrschaftssystem beruhte nach Neumann auf einer „polykratischen“ Interessenkoalition zwischen den Eliten von Partei, Bürokratie, Wirtschaft und Militär.

„Strukturfunktionalisten“ sehen zunächst einmal von der Person Hitlers und seinen Absichten weitgehend ab und konzentrieren sich auf die „strukturellen“ Zwänge politischer Entscheidungen und die „Funktions-

weise“ des Herrschaftssystems. Liebgewordene und vom Regime selbst damals propagierte Vorstellungen von einem „totalitären“ und „monolithischen“ Machtsystem und von einem übersichtlich und geordnet durchrationalisierten und durchorganisierten Superstaat werden über Bord geworfen. Statt dessen wird in einem oft anarchischen Konkurrenzgerangel zwischen rivalisierenden Machtgruppen und Instanzen im Staats- und Parteiapparat („institutioneller Darwinismus“) sowie im Spannungsfeld sich widersprechender Ziele und Programme Hitlers Handeln sowohl als Parteiführer als auch als Staatsmann zur Funktion „struktureller Prozesse“. Der Diktator selbst erscheint als machtbesessener, völlig skrupel- und prinzipienloser Opportunist ohne ein präzises oder gar handlungsleitendes und langfristig ausgefeiltes Programm. Im Gegenteil: Ihm war jedes Mittel, auch die Außenpolitik, recht, wenn es ihm nur half, Macht im Innern zu akkumulieren, gegen mögliche Widersacher durchzusetzen und seiner Herrschaft wie der seiner Partei die nötige Legitimation von den „Volksgenossen“ zu verschaffen.
Alan Bullock, dessen frühe Hitler-Biographie noch heute in manchem unübertroffen ist, prägte im Anschluß an Hermann Rauschning und sein Buch „Die Revolution des Nihilismus“ (1938) das griffige und seitdem häufig wiederholte Wort vom „völlig prinzipienlose[n] Opportunist[en]“, der allerdings „eine erhebliche Konsequenz und eine erstaunliche Willenskraft in der Verfolgung seiner Ziele“ bewiesen habe.
Mit der Behauptung, daß Hitler ehrgeizig gewesen sei, wird man kaum seiner intensiven Begierde nach Macht gerecht, dieses ihn innerlich verzehrende Verlangen, andere zu beherrschen. Es war der Wille zur Macht in seiner brutalsten und reinsten Form, was nicht identifiziert werden darf mit dem Triumph eines Dogmas wie bei Lenin oder Robespierre – denn das einzige Dogma des Nationalsozialismus war die Macht um ihrer selbst willen...[13]
Hans Mommsen, ein führender Vertreter der „Revisionisten“, betont die Objekt- und Grenzenlosigkeit der machtpolitischen Zielsetzungen des Nationalsozialismus und bestreitet, „daß Hitler ein bestimmtes außenpolitisches System gehabt habe“. Er sei vielmehr „ein Mann der Improvisation, des Experimentierens und der Augenblickseingebung“ gewesen.[14] Sein angeblicher Handlungsspielraum, der Grad seiner persönlichen Unabhängigkeit von Handlungszwängen und das Ausmaß seiner gestaltenden Eingriffe in die Politik werden bezweifelt. Mommsen beschreibt den Diktator als „entscheidungsunwillig, häufig unsicher, ausschließlich auf Wahrung seines Prestiges und seiner persönlichen Autorität bedacht [und] aufs stärkste von der jeweiligen Umgebung beeinflußt“. Weit entfernt von einer uneingeschränkten persönlichen Macht, sei Hitler wohl eher als „in mancher Hinsicht

schwache[r] Diktator" anzusehen.[15] In ihrem offenkundigen Bedürfnis, den „Führer" zu entdämonisieren und auf das „Normalmaß" eines – wenn auch zutiefst abstoßenden und exzentrischen – Politikers zurückzuführen, fragen die „Revisionisten" nach den innenpolitischen Bedingungen, die Hitler überhaupt erst in der deutschen Gesellschaft ermöglicht, ihn dann bis zum Ende getragen und seine Außenpolitik bestimmt haben, nach der „Funktionalität" seiner Innen- und Außenpolitik im Dienste der Herrschafts- und Machtsicherung im Innern und nach gewissen handlungsbestimmenden Zwangslagen.

Wenn es nach Ansicht der „Revisionisten" nicht oder nicht primär Hitlers Programm war, das Richtung und Ziel des politischen Handelns definierte, so stellt sich um so drängender die Frage nach den inneren Impulsen, den Antriebskräften und Bewegungsgesetzen des nationalsozialistischen Partei- und Staatsapparates. Martin Broszat[16], sicher der profilierteste und anregendste „Revisionist", sieht als Garantie für den Massenerfolg des Regimes und für seine Legitimation bei der Bevölkerung seine Fähigkeit, eine einmal in Gang gesetzte gesellschaftliche Dynamik mit einer bemerkenswerten „plebiszitären Sensibilität" durch immer höher geschraubte Ziele und Erwartungen auf eine soziale, völkische und nationale „Wiedergeburt" und Freiheit permanent in Bewegung zu halten und die dadurch ausgelöste enorme „Schubkraft" durch immer neue und spektakuläre innen- und außenpolitische Leistungen anzuheizen. Hitler war dabei, „wenngleich nicht bloß Agent bestimmter Interessen, so doch Exponent von in sich antagonistischen Kräften und Tendenzen [...], die auf den von ihm verkörperten fanatischen Ausweg drängten".

Er vermied schon als Parteiführer und dann auch als verantwortlicher Staatsmann genau umrissene Programmfestlegungen, um die Bewegung offen und flexibel zu halten, propagierte aber nach Broszat doch immerhin, um die entfesselte soziale Dynamik auf ein Ziel hinlenken und ihren inneren Motor am Laufen halten zu können, gewisse unverrückbare und fanatisch festgehaltene weltanschauliche „Ideen" und „Fixpunkte" wie Antisemitismus, Antibolschewismus und Lebensraumgewinnung. Das Ziel der Lebensraumgewinnung im Osten hatte nach Broszat bis 1939/40 „weitgehend die Funktion einer ideologischen Metapher, eines Symbols zur Begründung immer neuer außenpolitischer Aktivität, um den 'Endzustand' perfekter nationaler Freiheit zu erreichen". Wie bei Goethes Zauberlehrling konnte das Regime am Ende die innere und äußere „Bewegung", unter der es angetreten war, nicht mehr anhalten, „wenn es die in Gang gesetzte plebiszitäre Dynamik nicht entbehren und damit sich selbst überflüssig machen wollte. Nur die weitere Aktion verbürgte Integration und Ablenkung der antagonistischen Kräfte der entfesselten Gesellschaft des Dritten Reiches." Diese Dynamik entzog sich immer mehr

„rationaler Bändigung und Kalkulation" und schlug in die nationale Katastrophe und in „selbstzerstörerischen Wahn" um. „Auch hier war Hitler die unerläßliche Integrationsfigur und Drehscheibe des Geschehens, aber nicht Agens im Sinne gesellschaftlich unmotivierter, reiner persönlicher Willkür."

So sehr man den „Funktionalisten" für ihr Bemühen danken muß, das dämonisierte Bild des allgewaltigen und allgegenwärtigen Diktators zu „normalisieren" (Hans Mommsen), so sehr bleibt doch auch bei diesem strukturgeschichtlichen Erklärungsansatz einiges offen. Kann man den „Programmologen" ein Stück Überrationalisierung Hitlers und seiner Herrschaft vorwerfen, so scheint es bei Broszat, als habe er dem einen Überschuß an Irrationalismus entgegengesetzt. Das Pendel ist allzu weit in Richtung überpersonaler Prozesse und Strukturen ausgeschlagen. Es bleibt bei den „Revisionisten" ein nicht hinreichend erklärter persönlicher „Rest Hitler" als eine unverwechselbare und nicht austauschbare „historische Individualität". Personales Entscheidungshandeln und politische Verantwortung des „Führers" werden hier unzulässig in Herrschafts- und Machtstrukturen gleichsam „aufgelöst" und „entpersonalisiert". Es bleibt ein gewisses Unbehagen, daß ein auf „Funktionen" reduzierter Hitler erneut, wie schon bei seinen Zeitgenossen, als Entscheidungsmotor unterschätzt und die negative Kraft seiner Persönlichkeit „bagatellisiert" wird. Hitler war eben nicht austauschbar. Noch immer gilt, was schon damals galt: Die Geschichte Hitlers und die des Nationalsozialismus ist „von Anfang bis Ende eine Geschichte seiner Unterschätzung." [17]

Es schien lange so, als hätten sich die konträren Positionen in der Hitler-Forschung – hier die „Programmologen", dort die „Funktionalisten" – so polarisiert und sich ihre Vertreter so in sterilen methodischen Graben-kämpfen eingeigelt, daß über dem vielfach schon ritualisierten Schlag-abtausch eines in Vergessenheit geriet: Theorien sind letztlich immer nur Konstrukte oder auch blasse, abstrakte Derivate komplexer historischer Realität. Sie haben eine wichtige heuristische Funktion, dabei mitzuhelfen, Fragen an die Quellen zu formulieren, das überreichlich anfallende Material zu ordnen und realhistorische Vorgänge, bei denen es im „Dritten Reich" auch heute noch zahlreiche „blinde Flecke" gibt, zu rekonstruieren und zu deuten.

2. Der „Führer", seine Partei und seine Anhängerschaft

Die aus der revolutionären Zeitatmosphäre geschöpfte, vor allem durch Hitlers leidenschaftliches demagogisches Vermögen umgesetzte Fähigkeit zur Massenmobilisation von sozialen Ängsten, nationalen Utopien und Aggressionen auf der einen Seite und das, gewiß oft schwankende und problematische, aber doch immer wieder zustandegebrachte Bündnis- und Protektionsverhältnis zwischen den alten konservativen Eliten in Staat und Gesellschaft und der nationalsozialistischen Massenbewegung andererseits, waren die ausschlaggebenden Voraussetzungen der Machtdurchsetzung Hitlers.[18]

Um noch einmal jedes Mißverständnis auszuschalten: Die Übertragung der Staatsmacht an den Präsidialkanzler Hitler am 30. Januar 1933 war weder unabwendbar und eine zwingende politische Notwendigkeit noch gar ein Gebot der Verfassung. Persönliche Rankünen, Intrigen und beharrliche politische Einwirkungen auf den zögernden Reichspräsidenten aus dem konservativen Lager um Franz von Papen, unterstützt schließlich auch von massivem Druck seitens der Großlandwirtschaft, der Industrie und gewisser Bankkreise um Hjalmar Schacht, haben hier im Januar 1933 die entscheidende Rolle gespielt.

Die auch für die meisten Zeitgenossen aus dem In- und Ausland überraschend schnelle und reibungslose Durchsetzung des nationalsozialistischen Macht- und Monopolanspruches zwischen Januar und Juli 1933 erklärt sich aber vor allem aus den Entwicklungen, die bis 1933 abgelaufen waren. Hier wurden bereits in mehrfacher Hinsicht die Grundlagen geschaffen für die Machteroberung nach dem 30. Januar 1933 und die Etablierung des „Dritten Reiches". Drei zentrale Themenkreise sind in diesem Zusammenhang in dem Zitat angesprochen: die demagogischen Fähigkeiten Hitlers, die revolutionäre Zeitatmosphäre als Humus für ihre erfolgreiche Entfaltung und die Hilfestellung der bürgerlichen Eliten in rechtskonservativen Kreisen, in der Großwirtschaft, in der Landwirtschaft, in der Staatsbürokratie und in der Reichswehr.

„Führermythos"

Beginnen wir mit Hitlers medialen und demagogischen Fähigkeiten als „Führer" der Partei und des Deutschen Reiches. Es ist auch unter den Siegern von 1945 viel darüber gerätselt worden, wie es möglich war, daß die Deutschen bis praktisch fünf Minuten nach zwölf um jeden Quadratmeter mit verbissener Härte und Hingabe gekämpft haben und erst unter dem vereinten Ansturm der Alliierten von West und Ost zur Kapitulation gezwungen werden konnten. Meinungsumfragen – auch unter deutschen Kriegsgefangenen – bestätigten ein für das Verständnis des nationalsozialistischen Herrschaftssystems und seiner inneren Kohärenz bis zuletzt zentrales Phänomen: Der Glaube an die Allmächtigkeit des „Führers" und der bewußt noch über den Selbstmord im Führerbunker am 30. April 1945 hinaus weitergepflegte „Führermythos" [19] haben auch noch in militärisch völlig aussichtsloser Situation unter den „Volksgenossen" einen fanatischen Durchhalte- und Widerstandswillen erzeugt, der schon seit 1944 jede realistische Einschätzung der Kriegslage bis in die höchsten militärischen und politischen Ränge hinauf blockiert hat. Dieser „Führermythos" entfaltete auch dann noch unvermindert seine Wirkung, als die reale Person Adolf Hitler, die sich hinter ihm verbarg oder besser: durch ihn in der Öffentlichkeit bewußt mit allen Mitteln Goebbelsscher Propaganda verborgen wurde, überhaupt nichts Heldisches mehr verkörperte, wie eine der letzten Kriegswochenschauen vom März 1945 eindrucksvoll dokumentiert, nur noch ein aufgedunsenes, eingefallenes und von Gliederzucken heimgesuchtes Häufchen Elend darstellte.

Ein bemerkenswerter Vorgang: Der „Führermythos" war über zwölf Jahre in einer Weise perfektioniert und sozialpsychologisch im Volk verinnerlicht worden, daß er sich am Ende von der realen Gestalt lösen und als Bindekraft eines sich langsam unter den Belastungen des totalen Krieges zersetzenden Herrschafts- und Gesellschaftsgefüges gleichsam autonom sein verhängnisvoll mobilisierendes Wirken fortsetzen konnte. „Der Führer weiß von nichts", „Wenn das der Führer wüßte!", „Der Führer wird von den Bonzen der Partei betrogen", „Der Führer verfügt noch über Wunderwaffen" – die Stimmungsberichte des „Dritten Reiches"[20] lassen klar erkennen, in welch hohem Maße mit diesen oder ähnlichen autosuggestiven Wendungen wachsende Kritik an den Verbrechen des Regimes vom „Führer" auf „die Partei" abgelenkt, Zweifel am „Endsieg" unterdrückt und inzwischen aufkeimende Gewissensskrupel unter den „Volksgenossen" wegen ihrer engen Komplizenschaft mit den Verbrechen überspielt wurden.

Ein Beispiel mag dies belegen. Als zu Beginn des Krieges die Geisteskranken zu Zehntausenden getötet wurden, schrieb am 25. November 1940 eine Kreisfrauenschaftsführerin an die Frau des Obersten Richters der NSDAP:

Jetzt klammern die Menschen sich noch an die Hoffnung, daß der Führer um diese Dinge nicht weiß, nicht wissen könne, sonst würde er dagegen einschreiten.

Und weiter: *Die Sache muß vor das Ohr des Führers gebracht werden, ehe es zu spät ist, und es muß doch einen Weg geben, auf dem die Stimme des deutschen Volkes das Ohr seines Führers erreicht.*

Verbürgt scheint auch der Bericht, der Hamburger Gauleiter und Reichsstatthalter Karl Kaufmann, einer der „alten Kämpfer" aus den zwanziger Jahren, habe Hitler noch kurz vor der Einschließung Berlins durch sowjetische Truppen im April im „Führerbunker" unter der Reichskanzlei aufgesucht und ihn im Interesse seiner 1943 zerbombten Stadt zur Aufgabe des Kampfes bewegen wollen. Innerlich wieder „gestählt" und zuversichtlich sei er von seinem „Führer" nach Hamburg zurückgekehrt, nun wieder „felsenfest" davon überzeugt, daß der Krieg bis zum „Endsieg" weitergeführt werden müsse.

Diese Diskrepanz zwischen „Führermythos" und „Führerkult", die zum wichtigsten und wirkungsvollsten Werkzeug schon vor 1933 zur Mobilisierung der Massen, zur Gewinnung und Konsolidierung der

Macht werden sollten, auf der einen und einer „Führer"-Persönlichkeit auf der anderen Seite, die in ihren ersten drei Lebensjahrzehnten eigentlich eine verkrachte Existenz war, in der Anonymität lebte und 1919 nur durch einen Zufall, d. h. durch die Abordnung als „Bildungsoffizier" zu einer Versammlung der rechtsradikal-völkischen „Deutschen Arbeiter-Partei" (DAP) in die Politik geriet, ist offenkundig und verdient eine Erklärung.

Hitlers Biographie vor 1933

Die wenig spektakulären Lebensdaten dieser ersten drei Lebensjahrzehnte sind schnell erzählt. Auch das vierte Lebensjahrzehnt bis zum Aufstieg der NSDAP von einer kleinen Kader- zur Massenpartei ab 1929 stellt sich eigentlich wie eine Kette von Mißerfolgen dar, die auf alles andere eher als auf eine Karriere als Staatsmann und auf eine nationalsozialistische Diktatur hinzudeuten schienen.

Geboren am 20. April 1889 im österreichischen Braunau am Inn, wuchs Adolf Hitler in einer kleinen Beamtenfamilie auf. Sie bot ihm – nicht zuletzt durch den Fleiß des aufstiegsbewußten Vaters (gestorben 1903), eines mittleren Zollbeamten – eigenen späteren Angaben zum Trotz über mehrere Jahre zusammen mit anderen Zuwendungen auch dann noch wirtschaftliche Sicherheit, als er seine Zeit mit tatenloser Muße in Linz bei der Mutter (1905-1907) und anschließend in Wien verbrachte. Mit 16 Jahren brach Hitler 1905 nach dem 9. Schuljahr auf der Oberrealschule seine Schulkarriere ab. Nach zwei vergeblichen Anläufen, in die Wiener Kunstakademie aufgenommen zu werden, führte der verhinderte „Kunststudent" oder auch „Schriftsteller", wie er sich gern nannte, von 1907 bis 1913 ohne Ausbildung ein unstetes Leben in der österreichischen Hauptstadt. Er vertrieb selbstgefertigte Architektur-Ansichtskarten und verbrachte seine Zeit mit Aushilfsarbeiten, Zeichnereien, Theaterbesuchen, mehr oder weniger wahlloser Lektüre vor allem aus der völkisch-nationalistischen Szene wie den Ostara-Heften des verkrachten Mönches Lanz von Liebenfels, mit Tagträumereien, phantastischem Pläneschmieden über gigantische Bauwerke und mit demagogischen politischen Monologen, die schon damals keinen Widerspruch duldeten. Seinen in Wien entwickelten und gepflegten bohèmehaften Lebensstil mit ungeregelter Arbeitszeit hat er auch später als „Führer" niemals ganz abgelegt. Lehrern und Alterskameraden, die mit ihm zusammen waren, fiel Hitler bereits früh durch seinen unbeherrschten Jähzorn, seine monomane Rechthaberei und Herrschsucht, seinen unsteten Lebenswandel und seine Arbeitsscheu, aber auch durch seinen Hang zum Einzelgängertum und zur Eigenbrötelei auf.

Was mir so an freier Zeit von meiner Arbeit übrigblieb, ging restlos für mein Studium auf. In wenigen Jahren schuf ich mir damit die Grundlagen eines Wissens, von denen ich auch heute noch zehre. Aber mehr noch als dieses. In dieser Zeit bildete sich mir ein Weltbild und eine Weltanschauung, die zum granitenen Fundament meines derzeitigen Handelns wurden. Ich habe zu dem, was ich mir so einst schuf, nur weniges hinzulernen müssen, zu ändern brauchte ich nichts.

Unfreiwillig enthüllt Hitler hier in „Mein Kampf“[21] rückblickend aus der Landsberger Haft seine für ihn so charakteristische platte Halbbildung, die sich aus den gängigen Versatzstücken aus dem alldeutschen und dem völkisch-nationalistischen Lager zusammensetzte und keiner Korrektur durch die Wirklichkeit mehr zugänglich war. Wenn es um die sogenannte „Weltanschauung“ und um sein „Weltbild“ ging, hat der nur oberflächlich gebildete zwanzigjährige Autodidakt sicher nichts mehr dazugelernt. Um so mehr taktische Geschmeidigkeit als Politiker konnte er freilich entwickeln, wo es sich um die Durchsetzung seiner Ziele handelte.

Insofern hatten die Jahre in der Hauptstadt der Vielvölkermonarchie mit ihren enormen politischen, sozialen und ethnischen Konflikten für das „Weltbild“ des „Führers“ wohl wirklich eine nachhaltig prägende Wirkung. Die antisemitische und antisozialistische Demagogie des christlich-sozialen Wiener Oberbürgermeisters Karl Lueger verfehlte ihre Wirkung auf den jungen Hitler ebensowenig wie der österreichisch-großdeutsche Nationalismus des Alldeutschen Georg Ritter von Schönerer. Die Lebensängste des im Männerasyl vom sozialen Abstieg bedrohten deklassierten Kleinbürgers kompensierte Hitler durch die Flucht in völkisch-rechtsextremistische Heilslehren und eine geradezu pathologische und irrationale Kampfansage gegen Judentum und Marxismus. Die „Judenfrage“ war für ihn offenbar schon in Wien das ideologische Passepartout zur umfassenden Erklärung der Weltgeschichte, aber auch zum Verständnis der eigenen privaten Welt und seines bürgerlichen Versagens. In „den Juden“ als allgegenwärtigen Sündenbock projizierte Hitler all das hinein, was er selbst rational nicht bewältigen konnte und was in ihm blinde Haßgefühle weckte.

Sozialdarwinistisch-biologistisch begründeter Rassenwahn und Fremdenhaß halfen dem gescheiterten „Arier“, der im Phänotypus so gar nichts von den „germanischen Lichtgestalten“ seiner Lieblingslektüre, der Ostara-Flugschriften, an sich hatte, sich in seiner sozialen Misere sein Selbstwertgefühl zu erhalten und so etwas wie eine eigene Identität zu finden.

Das Kriegserlebnis 1914–1918 stellte einen weiteren prägenden Einschnitt in Hitlers Leben dar. Bei Kriegsausbruch im August meldete er sich freiwillig zur bayerisch-deutschen Armee und wurde als Meldegänger beim Infanterieregiment 16 (List) mit dem EK I ausgezeichnet, für einen Mannschaftsdienstgrad (Gefreiter) zweifellos eine ungewöhnliche Ehrung. Die Vorgesetzten attestierten ihm denn auch Tapferkeit, doch „keine entsprechenden Führereigenschaften“, um befördert zu werden. Das Kriegsende überraschte ihn, nach einer Gasvergiftung in Flandern vorübergehend erblindet, im Lazarett in Pasewalk/Pommern. Im „Fronterlebnis" fand Hitler offenbar wie viele seiner Altersgenossen die Sinnerfüllung seines Lebens, die ihm in den Wiener Café-Häusern versagt geblieben war. Er konnte sein nationales Prestigebedürfnis befriedigen, fühlte sich ernstgenommen und eingebunden in die Kameradschaft einer reinen Männergesellschaft und in das hierarchische Gefüge des Militärs.

Der Krieg als Umwerter aller Werte, der Kampf als Vater aller Dinge beherrscht das ganze künftige Leben Hitlers. Die krampfhaft postulierte Verlängerung dieses Krieges auch über den Friedensschluß hinaus, in den Krisen und Bürgerkriegsstimmungen der Weimarer Republik, war dann auch das erste Anliegen und die Voraussetzung des Hitlerschen Wirkens.[22]

Nachweisbar sollten dann die militärische Niederlage und die „Novemberrevolution" 1918 zum traumatischen Schlüsselerlebnis nicht nur Hitlers, sondern vieler seiner Mitstreiter werden. Was sich aus ihrer Sicht als „Dolchstoß" der marxistisch verseuchten Heimatfront in den Rücken der kämpfenden Truppe darstellte, durfte sich – so später die einhellige Ansicht der nationalsozialistischen Führung – im Zweiten Weltkrieg nicht noch einmal wiederholen. Hitler fühlte sich nicht nur in seinem Patriotismus zutiefst verletzt, ihm drohte persönlich mit der bevorstehenden Entlassung aus dem Heer erneut der Absturz in die soziale Misere der Arbeitslosigkeit und an den Rand der gesellschaftlichen Existenz.

Wieder kam ihm wie noch so oft in seiner politischen Karriere der Zufall zu Hilfe: die Abkommandierung zu einem Informationsbesuch am 12. September 1919 bei der Deutschen Arbeiter-Partei, einer der vielen kleinen Rechtsparteien und -zirkel im Schoße der völkisch-alldeutschen Thule-Gesellschaft in München. Hier fand Hitler endlich die politische Tätigkeit, die ihm zusagte und für die er zweifellos eine besondere demagogische Begabung mitbrachte: als Werbeobmann, als „Trommler" und Agitator. Hier fand er nach den mehr abgehobenen und theoretisierenden nationalistischen Spintisierereien der Wiener Jahre endlich auch das eigentliche Aufgabenfeld seiner „historischen Mission" als Politiker, das ihn künftig nicht mehr loslassen sollte und sein verbrecherisches Denken und Handeln bis zum Ende im Bunker der Reichskanzlei 1945 nachhaltig bestimmt hat: Rache für die „Schmach" der Kapitulation, Kampf gegen das „Schanddiktat" von Versailles und rücksichtslose Verfolgung der am „Dolchstoß" schuldigen „Novemberverbrecher", der Juden, der Marxisten, der Pazifisten und der Demokraten.

Durch eine lärmende Öffentlichkeitsarbeit, organisatorischen Einfallsreichtum, eine massenwirksame Demagogie in Schwarz-Weiß-Manier und gefüllte Bierzelte und Versammlungslokale konnte sich Hitler schon bald nicht nur in der eigenen Partei als herausragendes radikales Agitationstalent profilieren, sondern auch im schillernden Spektrum der völkischen Honoratioren in der Bayerischen Landeshauptstadt seine Konkurrenten hinter sich lassen. Am 24. Februar 1920 erfolgte auf der ersten Massenversammlung im Münchner Hofbräuhaus die Umbenennung der DAP in NSDAP und die Verabschiedung des 25-Punkteprogrammes, allerdings ohne wesentliche Beteiligung Hitlers, der programmatische Fesseln zeit seines Lebens scheute. Im Juli 1921 riß er die Parteiführung an sich. Der „Führerkult" um ihn begann. Der übereilt und mangelhaft vorbereitete Putschversuch am 9. November 1923 ließ die erste Phase der politischen Karriere Hitlers und der Geschichte seiner Partei in einem Fiasko enden. Zunächst dachte wohl damals niemand an einen neuen und diesmal scheinbar legalen und wesentlich erfolgreicheren Anlauf zur Macht, am wenigsten sicher Hitler selbst. Nichts wäre verfehlter, als ihm einen zielstrebigen „Meisterplan" auf dem Wege zur Machteroberung zu unterstellen, wie dies die spätere Parteilegende getan hat und viele dann auch über 1945 hinaus geglaubt haben.

Gründung der NSDAP

Zwar stand der erste Anlauf bis 1923 eindeutig im Zeichen des Scheiterns; dennoch erinnert der Nährboden, auf dem er erfolgte, in vielem schon an die spätere Konstellation der frühen dreißiger Jahre, 1920/23 noch im regionalen bayerischen Rahmen, zehn Jahre später dann auf Reichsebene.

Die Verfilzung mit einem einflußreichen Teil des lokalen Honoratiorentums und der staatlichen Exekutive half wesentlich mit, die Hitler-Bewegung 1922/23 in Bayern trotz ihrer damals noch recht geringen zahlenmäßigen Anhängerschaft zum Vortrupp der auf die autoritäre nationale Diktatur hinzielenden antidemokratischen Kräfte zu machen.[23]

Im konterrevolutionären Münchner Klima, das durch die linksradikale „Räterepublik" im April 1919 und ihre blutige Niederwerfung durch Freikorps noch zusätzlich ideologisch aufgeheizt wurde, konnte sich Hitler die offenen Sympathien und die aktive Mithilfe angesehener Kreise in Staat und Gesellschaft nutzbar machen. Nicht nur ideelle, sondern auch personelle und materielle amtliche Schützenhilfe ließen ihm für den Aufbau von NSDAP und SA der Generalstaatskommissar Gustav v. Kahr, der Kommandeur der bayerischen Reichswehrdivision Otto v. Lossow, der Stabsoffizier und spätere SA-Chef Ernst Röhm und die Polizeibefehlshaber Ernst Pöhner und Hans v. Seißer zukommen. Industrielle wie Thyssen, Kirdorf, Borsig und Stinnes, aber auch der Reichswehrbefehlshaber General von Seeckt interessierten sich für den offenbar so erfolgreichen antimarxistischen und rechtsradikalen „Massentrommler". Dietrich Eckart erwarb für die NSDAP den

„Münchner Beobachter", der als „Völkischer Beobachter" zur Parteizeitung werden sollte. Gottfried Feder steuerte ein Wirtschaftsprogramm bei, das eine krude Mischung aus Antikapitalismus, Antisemitismus und mittelständischen Erwartungen war und nie eine Chance zur Verwirklichung bekommen sollte, Alfred Rosenberg eine ebenso verworrene „Weltanschauung", über die sich Hitler freilich nur lustig machte. Wichtig aber war, daß Eckart und Röhm ihm schon früh den Zugang zu den angesehenen gesellschaftlichen Kreisen und Salons der Verlegerfamilien Lehmann und Bruckmann, des Klavierfabrikanten Bechstein, der Familien Hanfstaengl und Haushofer öffneten und ihm, dem Aufsteiger aus dem Nichts, dadurch erst jene soziale Honorigkeit und jenes wichtige Protektionsverhältnis zur Reichswehr und zu einflußreichen rechtsbürgerlichen Eliten vermittelten, ohne die er schwerlich 1933 an die Macht gekommen wäre. Dies alles geschah wie auch zehn Jahre später im Zeichen eines chauvinistischen völkischen Deutschtums, eines radikalen Antisemitismus und einer Beschwörung der „roten Gefahr", die stets im Bürgertum auf fruchtbaren Boden fiel und starke Kräfte für die Hitler-Bewegung mobilisieren sollte.

Der Hochverratsprozeß 1924

Der Prozeß wegen Hochverrats vor dem bayerischen Volksgerichtshof im Februar/März 1924 geriet zu einem Triumph Hitlers. Er nutzte das Tribunal ungehindert zu einer scharfen Abrechnung mit den „Novemberverbrechern" und den „Sklaven des Versailler Diktates". Seine Publizität erreichte mit Hilfe der Justiz, die in der Weimarer Republik in der Regel mit den Angeklagten aus dem rechten Spektrum weit milder umging als mit denen aus dem linken, neue Rekorde. Zum politischen Skandal aber wurde dieser Prozeß erst dadurch, daß ein hohes bayerisches Justizorgan unter dem brausenden Beifall der Zuhörer eben jene „Führerlegende" schuf und mit der ganzen Autorität seines Amtes legitimierte, die Hitler bei seinem Aufstieg zur Macht so entscheidend unterstützen sollte, und dies in einem nationalistisch-emotional aufgeheizten Pathos und Tremolo, wie es dem „Führer" selbst nicht besser hätte einfallen können.

Da hier zentrale Elemente des „Führerkultes" bereits vorformuliert sind, lohnt es sich, eine längere Passage aus dem Plädoyer des Ersten Staatsanwaltes zu zitieren:

Hitler ist aus einfachen Verhältnissen hervorgegangen, er hat im großen Krieg als tapferer Soldat seine deutsche Gesinnung bewiesen und nachher aus kleinsten Anfängen heraus in mühsamer Arbeit eine große Partei, die ‚Nationalsozialistische Deutsche Arbeiterpartei', geschaffen, wobei die Bekämpfung des internationalen Marxismus und Judentums, die Abrechnung mit den Novemberverbrechern und die Ausbreitung des nationalen Gedankens in allen Volkskreisen, besonders auch in der Arbeiterschaft, die wesentlichen Programmpunkte waren. Über seine

Parteipolitik habe ich kein Urteil zu fällen, sein ehrliches Streben aber, in einem unterdrückten und entwaffneten Volk den Glauben an die deutsche Sache wieder zu erwecken, bleibt unter allen Umständen ein Verdienst. Er hat hier, unterstützt durch seine einzigartige Rednergabe, Bedeutendes geleistet. Wurde er auch durch die Kampfstimmung in den Reihen seiner Anhänger zu einer einseitigen Einstellung geführt, so wäre es doch ungerecht, ihn als Demagogen zu bezeichnen; vor diesem Vorwurf schützt ihn die Echtheit seiner Überzeugung und die uneigennützige Hingabe an die von ihm selbstgewählte Lebensaufgabe. Sein Privatleben hat er stets reinerhalten, was bei den Verlockungen, die an ihn als gefeierten Parteiführer naturgemäß herantraten, besondere Anerkennung verdient. Hitler ist ein hochbegabter Mann, der aus einfachen Verhältnissen heraus sich eine angesehene Stellung im öffentlichen Leben errungen hat, und zwar in ernster und harter Arbeit. Er hat sich den Ideen, die ihn erfüllten, bis zur Selbstaufopferung hingegeben und als Soldat in höchstem Maße seine Pflicht getan. Daß er die Stellung, die er sich schuf, eigennützig ausnützte, kann ihm nicht zum Vorwurf gemacht werden.[24]

Wieder, wie so oft dann auch in den folgenden Jahren, war es weniger Hitler selbst, der seine Karriere beförderte (im Gegenteil, beim Mißlingen des Putsches hatte er eine alles andere als heldische Rolle gespielt!), als die Zeitumstände der Weimarer Republik oder besser: gezielte Initiativen aus dem reaktionären bürgerlichen Lager.

Hitler wurde zu fünf Jahren Festung mit Aussicht auf vorzeitige Entlassung verurteilt und konnte bereits nach neun Monaten die Haftanstalt Landsberg, wo er den ersten Band von „Mein Kampf" diktiert hatte, im Dezember 1924 verlassen. Die NSDAP befand sich nach der Rückkehr Hitlers in einer tiefen Krise. Sie war im Reichsgebiet verboten worden, ihre Anhängerschaft hatte sich in mehrere miteinander rivalisierende Gruppen gespalten. Unter diesen ragte die „Arbeitsgemeinschaft Nordwest" um die Brüder Otto und Gregor Strasser, Joseph Goebbels und Karl Kaufmann hervor, die sich in Konkurrenz zur Münchner Zentrale sah und den Sozialismus im Parteinamen sehr viel ernster als Hitler selbst nahm. Das Redeverbot in fast allen Ländern bis 1927/28 beraubte den Parteiführer des Einsatzes eines seiner wirkungsvollsten Werkzeuge, seiner massenwirksamen demagogischen Rhetorik. Die Geldquellen versiegten fast für einige Jahre, die Gönner zogen sich zurück, und die Reichswehr ging auf Distanz.

Am 27. Februar 1925 gründete Hitler die NSDAP erneut und verpflichtete seine Mitarbeiter künftig auf das Prinzip der „unbedingten Führerautorität". Die Partei entwickelte sich so intensiv auf seine Person hin und wurde so stark von ihm zusammengehalten, daß es legitim ist, von einer Hitler-Bewegung zu sprechen. Unter Ausnutzung der Tatsache, daß er keinem bürgerlichen Beruf nachging und sich ganz der

Politik widmen konnte, gab ihm die Bamberger Führertagung im Februar 1926 die Chance, die – in der Regel berufstätigen und vielfach deshalb auch unabkömmlichen – Konkurrenten auszuschalten und die wichtigsten Vertreter der „Arbeitsgemeinschaft" für sich zu gewinnen. Geschickt band er sie in die aktive Parteiarbeit ein und damit zugleich an seine Person: das administrative Talent Gregor Strasser als Organisationsleiter der NSDAP, den geschickten Demagogen Joseph Goebbels als Gauleiter des „roten" Berlin. Das 25-Punkteprogramm wurde für „unabänderlich" erklärt.
Gleichzeitig baute Strasser die NSDAP zu einer organisatorisch von oben nach unten durchstrukturierten und dem Führerbefehl unterstellten Kaderpartei aus. Im Juli 1926 fand der erste „Reichsparteitag" der „neuen Ära" mit einem gewissen Sinn für die traditionsreiche Symbolkraft dieser Stadt in Weimar statt. Hitler nahm dabei den Vorbeimarsch seiner braunen Kolonnen mit „römischem Gruß", dem erhobenen rechten Arm ab.
Schon ein Jahr später wurde das Massenspektakel an einen ähnlich symbolträchtigen Ort, in die romantische alte Reichsstadt Nürnberg, verlagert. Dort sollte der Reichsparteitag dann Jahr für Jahr im Luitpoldhain veranstaltet werden. Nach einem ersten Zerwürfnis Hitlers mit dem allzu selbstbewußt und unabhängig agierenden Ernst Röhm übernahm 1926 Franz Pfeffer von Salomon die Position eines Obersten SA-Führers (OSAF).
Die zeitweilige wirtschaftliche Erholung der Republik mit dem massiven Einströmen ausländischen Kapitals und ihre damit verbundene relative politische Stabilisierung in der zweiten Hälfte der zwanziger Jahre ließen die NSDAP bei den Reichstagswahlen am 20. Mai 1928 mit 2,6 % der abgegebenen Stimmen zu einer unbedeutenden Splitterpartei hinabsinken. Zeitweilig schien es so, als sei die extremistische Bedrohung von rechts nur ein zeitweiliges Strohfeuer gewesen, Ergebnis der krisenhaften Nachkriegsentwicklung, und als werde sich die Republik doch noch auf längere Sicht stabilisieren. Der zweite Aufstieg der NSDAP ab Herbst 1929 sollte dann zunächst nicht, wie es bis heute fälschlicherweise behauptet wird, primär Ausfluß der Weltwirtschaftskrise sein, sondern sich wiederum wie schon 1919/20 auf ein Protektionsverhältnis mit rechtsbürgerlichen Kreisen gründen, diesmal auf das von der „Nationalen Opposition" (NSDAP, DNVP, Stahlhelm) initiierte Volksbegehren gegen den Young-Plan, der „eigentliche Start Adolf Hitlers zur Machtergreifung" (H. Ullmann).

„Führerkult"

Dieser Start konnte zur Überraschung der meisten Zeitgenossen nur innerhalb von drei Jahren glücken, weil in der sechsjährigen Periode der vordergründigen Erfolglosigkeit und des politischen Abseits der NSDAP zwei unabdingbare Grundlagen geschaffen wurden: der Aufstieg Hitlers zum „Führer" der Hitler-Bewegung und mit ihm der Aufbau des „Führerkultes“ und der innere Ausbau der NSDAP zum „Mikrokosmos eines Staates“, so daß der Übergang von der Kader- zur Massenpartei relativ reibungslos gewährleistet war.

Charismatische Herrschaft

Um das Verhältnis zwischen Hitler und seiner „Gefolgschaft“ und später dann zwischen dem „Führer“ und seinen „Volksgenossen“ zu begreifen, bietet sich als Schlüssel Max Webers Begriff der „charismatischen Herrschaft“ [25] an. Bei Max Weber, der diesen Begriff prägte, bevor an einen Hitler zu denken war, heißt es u. a.:

Das ewig Neue, Außerwerktägliche, Niedagewesene und die emotionale Hingenommenheit dadurch sind die Quellen persönlicher Hingebung... Ganz ausschließlich dem Führer, rein persönlich, um seiner persönlichen, unwerktäglichen Qualitäten willen wird gehorcht, nicht wegen gesatzter Stellung oder traditionaler Würde [...] Der Verwaltungsstab ist ausgelesen nach Charisma und persönlicher Hingabe: dagegen weder nach Fachqualifikation (wie der Beamte) noch nach Stand (wie der ständische Verwaltungsstab) [....] Es fehlt der rationale Begriff der ‚Kompetenz' ebenso wie der ständische des ‚Privilegs' [...] Der Verwaltung – soweit dieser Name adäquat ist – fehlt jede Orientierung an Regeln [...] Tat und Beispiel, Entscheidung von Fall zu Fall [...] charakterisiert sie.[26]

Gründet sich die „traditionale Herrschaft“ nach Weber auf ererbte Titel und Privilegien, die „legale Herrschaft“ auf unpersönliche Bürokratien und Fachqualifikationen, so beruht die „charismatische Herrschaft“ darauf, daß die gläubige Masse der Anhänger, die „charismatische Gemeinschaft“, in ihrem „Führer“ Heldentum, Größe und Sendungsbewußtsein, Entschlußkraft und Aktivität sehen will. Massenversammlungen wie die jährlichen „Reichsparteitage“ seit 1927 in Nürnberg, sollten nach einem genau durchkalkulierten Ritual eine rauschhafte und irrationale Identifikation der gläubigen „Volksgenossen“ mit ihrem „Führer“ als dem „Hüter der nationalsozialistischen Idee“ und ihre Inkarnation erzeugen. Ständige plebiszitäre Akklamation und Bestätigung etwa in den Volksabstimmungen ab Herbst 1933 waren ein wichtiges Instrument, um die „charismatische Führung“ zu legitimieren, selbst wenn dies allen demokratischen Spielregeln Hohn sprach.

„Führerkult“ und „Führermythos“, „Führerglaube“ und „Führerautorität“ stellten bis zum Ende des „Dritten Reiches“ ein wirkungsvolles Integrations- und Bindemittel dar. Der Byzantinismus um den „Führer“ war innerhalb der NSDAP schon in den zwanziger Jahren voll entwickelt; er brauchte dann nur noch auf die politische Ebene des Reiches übertragen zu werden. Die Anrede „unser Führer“ oder einfach „der Führer“, zunächst nur auf die Partei bezogen, sollte nach 1933 unter den „Volksgenossen“ das Gefühl der „verschworenen Volksgemeinschaft“ befestigen. „Heil Hitler!“ wurde im Anschluß an das ursprüngliche völkische „Heil!“ Ende der zwanziger Jahre zum offiziellen Parteigruß und nach 1933 dann zum „deutschen Gruß“. Hitler galt als der Wundermann und „deutsche Mussolini“, berufen, die Fesseln von Versailles abzustreifen und den Deutschen ihre nationale Würde und Größe wiederzugeben. Mitglieder und Anhänger trauten dem „Führer“ außergewöhnliche und beinahe übernatürliche Fähigkeiten zu. Sie waren ihm dafür aber unbedingte Gefolgschaft und Treue schuldig. Auf den „Führer“ orientierte sich alles hin; er wurde zum Kristallisationspunkt zunächst der Partei und dann der staatlichen Herrschaft und beanspruchte für sich die höchste Autorität und Diktaturgewalt.

Zum perfekten Künder des „Hitlermythos“ wurde Joseph Goebbels; im Jahre 1926 als „Konvertit“ selig und gläubig in die Arme seines „Führers“ zurückgekehrt und dafür mit dem Gauleiterposten in Berlin betraut, verklärte er Hitler hymnisch zum Befreier der Massen und zum Erlöser:

Wie ein Meteor stiegen Sie vor unseren staunenden Blicken auf und taten Wunder der Klärung und des Glaubens in einer Welt der Skepsis und Verzweiflung.[27]

Als Berliner Gauleiter beglückwünschte Goebbels in seinem Hausblatt, dem „Angriff“, seinen „Führer“ überschwenglich zum Geburtstag:

Wir begehen heute den vierzigsten Geburtstag Adolf Hitlers. Wir glauben daran, daß das Schicksal ihn dazu berufen hat, dem deutschen Volk den Weg zu zeigen. Darum grüßen wir ihn in Hingabe und Verehrung und wünschen nur, daß er uns erhalten bleibe, bis sein Werk vollendet ist.[28]

Hitler wurde in den zwanziger Jahren zum „Vereinigungspunkt vieler Sehnsüchte, Ängste und Ressentiments“ (J. Fest).

Man wird freilich niemals vergessen dürfen, daß der Erfolg des „Führermythos“ zum einen in der Person selbst und in der immer perfekteren Inszenierung um sie herum, zum anderen aber auch ganz wesentlich in den Zeitumständen begründet lag, die Hitler begünstigt haben und die er selbst dann so nachhaltig prägen sollte. Nichts wäre verfehlter, ihn in Erinnerung an den „großen Diktator“ (1940) als eine

Rhetorik

chaplineske Figur zu unterschätzen, als „äußerst gerissenen Hetzer“ oder „Antisemitenführer“, wie dies die gegnerische Presse tat. Hitler vermochte mit seiner medialen und rhetorischen Begabung an die Emotionen seiner aufnahmebereiten Zuhörer zu appellieren, Unzufriedenheit und Haß in Schwarz-Weiß-Manier auf holzschnittartig zurechtgestutzte Feindbilder zu projizieren, die differenzierten und komplexen Probleme der modernen Welt auf eine simple Erklärung – in der Regel war es „der Jude“ als Sündenbock schlechthin – zu reduzieren und ebenso einfache Lösungen anzubieten. So gehören die Passagen über Propaganda sicher mit zu dem Originellsten, was „Mein Kampf“ zu bieten hat:

Gerade darin liegt die Kunst der Propaganda, daß sie, die gefühlsmäßige Vorstellungswelt der großen Masse begreifend, in psychologisch richtiger Form den Weg zur Aufmerksamkeit und weiter zum Herzen der breiten Masse findet [...] Es ist falsch, der Propaganda die Vielseitigkeit etwa des wissenschaftlichen Unterrichts geben zu wollen. Die Aufnahmefähigkeit der großen Masse ist nur sehr beschränkt, das Verständnis klein, dafür jedoch die Vergeßlichkeit groß. Aus diesen Tatsachen heraus hat sich jede wirkungsvolle Propaganda auf nur sehr wenige Punkte zu beschränken und diese schlagwortartig so lange zu verwerten, bis auch bestimmt der Letzte unter einem solchen Worte das Gewollte sich vorzustellen vermag. Sowie man diesen Grundsatz opfert und vielseitig werden will, wird man die Wirkung zum Zerflattern bringen, da die Menge den gebotenen Stoff weder zu verdauen noch zu behalten vermag. Damit aber wird das Ergebnis wieder abgeschwächt und endlich aufgehoben.[29]

Suggestivität seiner Rhetorik bezeugten ihm schon seine Münchner Zuhörer der frühen Jahre.[30] Ein „geborener Volksredner", „meisterhaft", „äußerst geschickt", so lautete das Urteil. In oft mehrstündiger freier Rede fesselte er seine Zuhörer mit beißendem Sarkasmus gegenüber seinen Gegnern. „Lebhaften Beifall", „stürmischen Beifall", „langandauernden Beifall" am Schluß seiner Reden vermerkten die Polizeiberichte. Mit instinktiver Geschmeidigkeit konnte er sich auf seine Zuhörerschaft einstellen. Präsentierte er sich vor allem in der „Kampfzeit" oft mit Lederpeitsche und Revolver, um äußerste Entschlossenheit und Brutalität zu dokumentieren, so gewann er in den Münchner und später in den Berliner Salons mit einem gewissen linkischen Charme die Herzen für sich. Auf internationaler Bühne gab er sich als moderater Staatsmann, auf den jährlichen „Reichsparteitagen" als Visionär und „Werkzeug der Vorsehung". Hitler besaß die Fähigkeit, Banalitäten und brutale Ausfälle gegen seine Widersacher mit feierlichem Ernst und großer Leidenschaft vorzutragen, an den nationalen Stolz zu appellieren und mit pseudoreligiöser Inbrunst seine Zuhörerschaft in seinen Bann zu ziehen. Schon in der Frühphase der Partei umgab er sich mit der Aura des Geheimnisvollen und des Außergewöhnlichen und förderte die Legendenbildung.

Ein einfacher Mann noch jungen Alters, meist von bleicher Gesichtsfarbe, die dunkle Haarsträhne in die Stirn fallend, eine erregte gestraffte Gestalt, den Kopf hoch aufgeworfen, den rechten Arm mit ausgestrecktem Zeigefinger zur Unterstreichung scharfer Wortattacken rhythmisch nach vorn stoßend, dann wieder mit weit ausladender Geste und volltönender Stimme Zukunftsvisionen missionarisch verkündend.[31]

Mit dieser sorgfältig einstudierten Gestik fesselte der junge Parteidemagoge der zwanziger Jahre die Völkischen in München, mit ihr ließ er zehn Jahre später als Reichskanzler seine „Volksgenossen" in hingebungsvolle Jubelstürme ausbrechen. Schon im August 1921 stilisierte ihn einer seiner alten Kämpfer, Dietrich Eckart, im „Völkischen

Beobachter" zum auserwählten „nationalen Retter" und zu „unserem Führer". Selbst über materiellen Interessen und Klassen stehend, weit erhoben über den Niederungen kleinlicher Zwistigkeiten und eines banalen Parteiengezänks, gab sich Hitler als unbestechlicher und asketischer Heilsbringer und oft auch in religiöser Überhöhung als „Instrument des göttlichen Willens" und der „Vorsehung". Dafür forderte er unerbittlich bis zum bitteren Ende von „seinem Volk" Hingabewillen und Opferbereitschaft.

Symbolik

Parteirituale und -symbole hatten den Zweck, den „Führerkult" zu inszenieren, organisatorische Geschlossenheit und Kraft der „Bewegung" zu demonstrieren, die Massen zu mobilisieren und in einem rauschhaften Zustand zu halten, der Zweifel und Nachdenken schon im Keim erstickte. Auch sie waren bis 1933 bereits voll entwickelt und bis zu einem gewissen Grade perfektioniert. Die Abnahme der Vorbeimärsche mit erhobenem Arm durch Hitler war dem Gruß der italienischen Faschisten abgeschaut. Eine sorgfältige Choreographie ordnete die jährlichen „Reichsparteitage" ganz auf den Schlußauftritt des „Führers" als Hauptredner inmitten von Fahnenwäldern hin, die regelmäßige „Standartenweihe" aus diesem Anlaß gab der SA einen herausgehobenen Platz. Mit ihren „Blutzeugen", den Erschossenen des 9. November 1923, hatte die Partei ihre Märtyrer, und die „Blutfahne" dieses Tages wurde der SS zu treuen Händen als besondere Auszeichnung überantwortet.

Das Hakenkreuz als völkisches Symbol einer arisch-antisemitischen Erneuerung bauten die Nationalsozialisten in ihrer 1920 eingeführten Hakenkreuzfahne in knalliges Rot ein, das sie von ihren marxistischen Widersachern übernommen hatten, ihrerseits nun aber als Symbol der nationalen Revolution deuteten. Die Geschlossenheit der Bewegung sollte auch das Braunhemd dokumentieren, das seit 1926 anstelle der bis dahin üblichen grauen Windjacken von der SA und anderen Gliederungen der NSDAP als Uniformteil getragen wurde. Auch hier wieder die symbolische Überhöhung: Angeregt vom Beispiel der faschistischen „Schwarzhemden", soll ursprünglich ein preiswerter Posten brauner Hemden gekauft worden sein, die einst für die Schutztruppe in Afrika bestimmt waren. Die als Sonderposten billig erworbene Einheitskleidung wurde später auf Grund ihrer erdigen Färbung als Zeichen der „Verbundenheit der Bewegung mit Scholle und Boden" gedeutet.

Aktivismus

Ein wichtiges Mittel der Massenmobilisierung vor 1933 und dann auch der Herrschaftstechnik im „Dritten Reich" war es, ständig den Eindruck rastloser Energie, jugendlicher Kraftentfaltung und vitaler Motorik wachzuhalten, permanent plebiszitäre Zustimmung für den „Führer" einzufordern und die Menschen nicht zur Ruhe kommen zu lassen. Nichts wäre für die „Bewegung", das war Hitler als Partei- und als

Staatsführer klar, tödlicher gewesen als Stillstand, Erstarrung und Verkalkung. Stets mußte man auf sich aufmerksam machen, in den Schlagzeilen stehen und im Gespräch bleiben. Dem dienten in der „Kampfzeit“ „Führerkundgebungen“, Werbetrupps, Fahnenschmuck, aggressive Plakataktionen, eine ruhelose Versammlungstätigkeit, die Verteilung von Flugblättern und Handzetteln von fahrenden Lastwagen herunter durch Jugendliche mit Hakenkreuzbinden, in SA-Uniformen und mit Parteiabzeichen, militärisch ausstaffierte geschlossene Formationen und Musikzüge (ebenfalls eine Anleihe beim politischen Gegner!), Platzkonzerte, Sportfeste, bisweilen auch schon geschlossene Kirchgänge, aber auch Schlägereien und brutale Gewaltprovokationen mit dem Altonaer Blutsonntag am 17. Juli 1932 als traurigem Höhepunkt. Immer wurde Allgegenwärtigkeit werbewirksam suggeriert. Das wird auch beispielhaft deutlich aus den Aufzeichnungen einer Hausfrau aus einer norddeutschen Kleinstadt:

Dauernd sah man das Hakenkreuz auf die Bürgersteige gemalt oder die Bürgersteige mit Flugzetteln bestreut, die die Nationalsozialisten verteilten. Ich wurde von dem Eindruck der Kraft dieser Partei angezogen, wenn mir auch vieles an ihr höchst zweifelhaft erschien.[32]

„Man ließ uns gar nicht zur Besinnung kommen“, „Man gab uns keine Zeit zum Nachdenken“, „Auftauchende Bedenken wurden entweder verdrängt oder durch eine pausenlose Geschäftigkeit erstickt“ – diese und ähnliche Äußerungen nach 1945 dienten sicher primär der Selbstrechtfertigung, in ihnen äußerten sich aber auch wichtige Erfahrungen mit dem NS-Regime, die vielfach schon in seine „Kampfzeit“ zurückwiesen.

Allgegenwart

In der faszinierenden technischen Präsentation des „Hitler-Mythos“ stellten die Propagandastrategen der Partei sowohl die Konkurrenz damals als auch alles bisher Erlebte weit in den Schatten. Mit Hilfe des Flugzeugs konnte Hitler auf zwei einwöchigen „Deutschlandflügen“ bei den Wahlkämpfen für die Reichspräsidentenwahlen und in Preußen im April 1932 in insgesamt 46 Städten und während des dritten „Deutschlandfluges„im Juli 1932 in 50 städtischen Massenversammlungen auftreten. Wagenkolonnen, die gemietete Ju 52 und Schallplatten dort, wo ihm in sozialdemokratischen Provinzen und Städten bis 1933 der Rundfunk verweigert wurde, symbolisierten Modernität, Technik und Dynamik. „Adolf Hitler über Deutschland“ oder „Der Führer schwebt ein über Nürnberg“ – derartige propagandistische Parolen hatten weit über den konkreten Anlaß hinaus einen hohen Symbolgehalt und dokumentierten die physische und bewußtseinsmäßige Allgegenwart des „Führers“, seine abgehobene charismatische Stellung. Ihren ersten bildkräftigen Höhepunkt feierte diese Strategie in der langen Eingangssequenz des zweiten offiziellen Parteitagsfilmes von 1934, „Triumph des Willens“ von Leni Riefenstahl. Hier wird der Anflug

der Junkersmaschine über der alten romantischen Reichsstadt Nürnberg zum Symbol der Vermählung zwischen (technischer) Revolution und Traditionserbe, wie der Nationalsozialismus sie verstand und immer wieder zelebrierte, etwa im „Tag von Potsdam" am 21. März 1933.
Überhaupt wäre es verfehlt, in Hitler nur den Vertreter einer besonders radikalen und brutalen rückwärtsgewandten völkisch-antisemitischen Utopie zu sehen, wie sie sich in seinem sozialdarwinistisch begründeten Rassenfanatismus und in seiner Lebensraum-Ideologie darstellte und hier zweifellos ihre schrecklichsten Wirkungen entfaltete. Gerade auch sein Sinn für das Moderne in der Wahl der Mittel, seine Aufgeschlossenheit für die moderne Industriegesellschaft und für wirtschaftliche Effizienz mit dem großen Vorbild der USA, sein Technik-Fetischismus, die Propagierung einer Überwindung der bürgerlich-kapitalistischen Klassengesellschaft, des Abbaus von Standes- und Geburtsprivilegien im Schmelztiegel der „Volksgemeinschaft" haben Hitler zu einem attraktiven Massenführer vor allem auch für untere Schichten[33] gemacht. Auch dies gehörte zum „Führermythos".
Dieser „Führermythos" sollte dann ab 1933 mit zum Dreh- und Angelpunkt der nationalsozialistischen Herrschaft werden. Denn bei der Innen- und Außenpolitik des „Dritten Reiches" darf niemals ihr funktionaler Charakter der Herrschaftslegitimation und -sicherung übersehen werden. Viele spektakuläre Aktionen wie etwa die regelmäßigen Volksabstimmungen mit einem 99%-Ergebnis, die „Erzeugungsschlachten", die Sammeltätigkeit des Winterhilfswerkes oder die jährliche feierliche Zelebrierung des „Tages der Machtergreifung" am 30. Januar im Innern, die Überraschungscoups in den Jahren 1935 (Wiederbewaffnung), 1936 (Rheinlandbesetzung), 1938 (Anschluß Österreichs) und im März 1939 (Einmarsch in Prag) nach außen hatten stets neben ihrem realen Ziel die propagandistische Funktion der Massenmobilisierung, also so etwas wie einen spektakulären Symbolwert, um von inneren Miseren und Krisen abzulenken, das nationalsozialistische „Schwungrad" am Laufen zu halten und den Erfolgskurs des Regimes zu demonstrieren. Im Grunde bestimmte auch die zwölf Jahre des „Dritten Reiches" eben jenes Bewegungsgesetz, unter dem die NSDAP angetreten und ihren Weg an die Macht gegangen war: Es war das Gesetz „charismatischer Führerherrschaft", die von pausenloser Dynamik, einer Mobilisierung aller Kräfte, akklamatorischer Bestätigung durch ihre Anhängerschaft, von Erfolgsfähigkeit und propadandistischer Selbststilisierung, aber auch von Einschüchterung und Terrorisierung ihrer Gegner lebte und weder ein Erlahmen noch einen Rückschlag erlaubte. Ein „Führerstaat" dieses plebiszitären Zuschnitts konnte sich um den Preis seiner Existenz eben viel weniger Fehler und Mißerfolge leisten als eine „rationale Herrschaft" (M. Weber) westlichen Typs, die sich auf demokratische Legitimation und eine freiheitliche Form der Partizipation gründet.

An diesem Punkt der Betrachtung droht sich freilich jenes Bild von einem „Hitlerdeutschland" einzustellen, in dem der Diktator alles und jedes selbstherrlich bestimmte und dadurch die „Volksgenossen" im Grunde von jeder Mitschuld und Mitverantwortung entlastet waren. Es besteht die Gefahr, daß wir nachträglich noch einmal genau jener Selbststilisierung des „Führerstaates" aufsitzen, um deren Propagierung sich ein Goebbels so viele Verdienste erworben hat.

Charismatische Gemeinschaft

Deshalb ist es notwendig, den Blick von der „charismatischen Herrschaft" weg auf die „charismatische Gemeinschaft" zu lenken, m. a. W. auf die politischen, gesellschaftlichen und sozialpsychologischen Bedingungen und Kräfte, die einen Hitler in Deutschland zuerst als Parteidemagogen und dann als Staatsführer überhaupt erst ermöglicht, ihm den fruchtbaren, man ist fast geneigt zu sagen, national-pathologischen Nährboden vermittelt haben, auf dem er aufsteigen konnte. Denn so sehr er auch schließlich durch ein verantwortungsloses Protektionsverhältnis bürgerlicher Eliten in seine Stellung als Staatsmann lanciert worden ist, all dies wäre kaum geschehen, wenn dieser „Trommler", von dem sich ein Papen, ein Schleicher und ein Hugenberg so viel versprachen, nicht eine geradezu magische Anziehungskraft auf eben die Massenkräfte gehabt hätte, die ihnen als nationalkonservativen Honoratioren fehlten.

Zur „charismatischen Gemeinschaft"[34] im inneren Kreis der Macht gehörten zunächst die „alten Kämpfer" wie Heß, Eckart, Röhm oder Goebbels. Sie waren ihrem „Führer" in einem Verhältnis gegenseitiger persönlicher Treue verbunden und glaubten an seine „Mission". Als weitere Künder und Träger des Hitlerschen „Charismas" gruppierten sich um sie die Aktivisten der „Bewegung", die Führer und Funktionsträger der NSDAP, ihrer Untergliederungen und der ihr angeschlossenen Organisationen. Ihnen folgte schließlich die Masse der „Hitler-Gläubigen" aus allen Schichten der Bevölkerung. Sie verherrlichten ihren „Führer", stärkten seine Machtstellung und damit jenen „charismatischen" Führerkult, auf den Hitler seine Herrschaft über Partei und Staat baute.

Führersehnsucht

„Führerkult" und „charismatisches Führertum" waren das Produkt einer aus den Fugen geratenen Umbruchszeit. Sie waren aber auch längerfristig Ausdruck einer spezifischen Geschichtsauffassung und einer politischen Kultur, die zu einer „Heroisierung der Politik" (Kershaw) neigten, die großen Persönlichkeiten und Nationalhelden zu den eigentlich bewegenden Kräften der Geschichte erklärten und vom „starken Mann" an der Spitze eher eine kraftvolle Staatsführung erwarteten als von demokratischen Institutionen und vom mündigen Wahlbürger. Das heroische Bild um Friedrich den Großen bezeugt dies ebenso wie der „Bismarck-Kult". Die Sehnsucht nach dem „Führer" war längst ausgebildet, bevor Hitler die politische Bühne betrat. Sie äußerte sich etwa schon vor 1914 in alldeutsch-rechtsradikalen Kreisen in der Forderung, den „schlappen" Kaiser durch den „schneidigen„Kronprinzen zu ersetzen. „Führererwartungen", „Führersehnsucht" und „Führerbild" gründeten sich in einer obrigkeitsstaatlichen Fixierung der Deutschen und in monarchischen Ordnungsvorstellungen ebenso wie in den Traditionen einer „militarisierten Gesellschaft", in der militärische Leitbilder und Normen ins Zivile übertragen wurden, im Fronterlebnis mit seinen hierarchischen Strukturen ebenso wie im Ideal des bündischen Führertums der Jugendbewegung, im Geist der Freikorps ebenso wie in den antisemitischen Heilserwartungen der Völkischen. Selbst das katholische Zentrum, eine der tragenden Säulen der Weimarer Republik, war nicht frei von Rufen nach einem „Führer".

Die nationalpsychologisch vorgeformte Bereitschaft für einen charismatischen Führer und ‚Erneuerer' des Volkes lieferte die Rolle, die Hitler nur aufzunehmen brauchte. Er konnte sie jedoch nur überzeugend und erfolgreich spielen dank ungewöhnlicher propagandistischer Fähigkeiten. Hitlers Suggestivität, sein Führer-Nimbus und Charisma beruhten in extremer Weise auf seinem Redetalent, das buchstäblich auch die Basis seiner politischen Karriere bildete.[35]

Ausnutzen der Krisenstimmung

Mit instinktivem Gespür für den Geist seiner Zeit machte sich Hitler die allgemeine Krisenatmosphäre und Panikstimmung nach dem Ersten Weltkrieg zunutze. Er wurde zum „Resonanzboden" und zum „Medium" von Ängsten, Neurosen und Hoffnung einer Gesellschaft, die durch den plötzlichen Fall aus Weltmachtträumen und das ruhmlose Ende der Monarchien, durch das Trauma der Niederlage, der Revolution und der allgemeinen Bolschewismusfurcht, durch den als Demütigung empfundenen „Schandvertrag von Versailles" und schließlich durch zwei als materielle Existenzbedrohung empfundene Krisen innerhalb nur eines Jahrzehntes – die Hyperinflation 1922/23 und die Weltwirtschaftskrise – zutiefst verunsichert und in ihrem Selbstvertrauen getroffen war.

Erst die Krise machte aus dem Exzentriker und Sonderling den treffsicheren Demagogen. Hitler war weit weniger politischer Lehrer als Lenin, eher von der Art des Katalysators, der, ohne Neues beizubringen, gleichwohl als Zündstoff und Beschleunigungsmoment realer Spannungen und Bewußtseinskrisen ungeheure Prozesse und Wirkungen in Gang zu setzen vermag. Seine geschichtliche Rolle bestand wesentlich darin, individuelle politische Neurose in kollektive Neurose zu verwandeln, die verbreitete allgemeine Exaltation zum Resonanzboden der eigenen Besessenheit und Dynamik zu machen und in Aktion umzusetzen.[36]

Es gehörte mit zu den fatalen Hypotheken des Kaiserreiches und des preußisch-deutschen Konstitutionalismus, daß die vielversprechenden und sehr ernsthaften Anstrengungen der „Weimarer Koalition" (SPD,

DDP und Zentrum) in den ersten Jahren der Weimarer Republik, die drückenden Lasten des verlorenen Krieges und die enormen Schwierigkeiten der Gegenwart gemeinsam in einem breiten demokratischen Konsens und über die demokratisch-parlamentarischen Verfassungsinstitutionen zu bewältigen, schon ab 1920 in rechtsbürgerlichen Kreisen immer weniger Echo fanden und schon bald nicht mehr mehrheitsfähig waren. Überkommene vor- und antidemokratische Denkmuster erwiesen sich als hartnäckiger und wirkungsvoller als die 1918/19 im Zeichen der militärischen Niederlage von den Demokraten etablierte, aber auch fälschlicherweise mit dieser Niederlage identifizierte „improvisierte Demokratie“ (Th. Eschenburg). Der moderne Parteienstaat, in dem Entscheidungen in einem oft langwierigen und mühevollen Kompromiß ausgehandelt werden müssen, der Reichstag, in dem die Interessen einer pluralistischen Gesellschaft und die sozialen Konflikte des Industriekapitalismus in der Regel hart aufeinanderprallten, und der Politiker, der meist mehr seiner Wählerklientel als dem Staatswohl insgesamt verpflichtet schien, stellten sich aus der Perspektive dieser in Deutschland tiefverwurzelten und populären vordemokratischen Denktradition abwertend als mieses „Parteiengezänk“, als teure „Quasselbude“ und als veranwortungsloser „Systempolitiker“ dar und wurden entsprechend von der Rechten diffamiert. Dem wurde das idealisierte Bild eines mit außergewöhnlichen Fähigkeiten ausgestatteten Staatsmannes entgegengestellt, der über den Niederungen der parteipolitischen Streitigkeiten agierte, das Staatsganze repräsentierte, die Nation aus ihrer Zerrissenheit wieder zur inneren Einheit, Deutschland zur nationalen Wiedergeburt und Größe führen werde, also eine Art Übervater, dem man sich ohne Vorbehalt anvertrauen und bei dem man Sicherheit und Geborgenheit finden konnte. Nun konnte Hitler in den zwanziger Jahren sicher erst nur im kleinen Kreis seiner Getreuen und seiner Anhänger diese „Führer-Rolle“ ausfüllen. Für die Mehrheit der Deutschen war er damals noch der ordinäre Parteidemagoge und der kleinbürgerliche Parvenu, bei dem man auch gar nicht ganz sicher war, ob er nicht mit seiner revolutionären Rhetorik Deutschland noch tiefer in die Zerrissenheit und in den Abgrund führen werde als die verhaßten Bolschewisten. Noch war es der greise kaiserliche Feldmarschall und Sieger von Tannenberg, Paul von Hindenburg, eine fast schon mythische Gestalt, die die ersehnte Vaterfigur an der Spitze des Staates repräsentierte und diese Rolle zumindest bis 1930 ganz redlich und verfassungskonform ausfüllte. Aber seine Wahl zum Reichspräsidenten im zweiten Wahlgang 1925 stellte nicht nur ein Armutszeugnis für die Weimarer Republik dar, sondern machte auch alarmierend bereits deutlich, wohin die Zeichen der Zeit wiesen – eher in den autoritären als in den parlamentarisch-demokratischen Staat. Im Schatten Hindenburgs – teils

Antidemokratische Tradition

aus eigener Kraft, teils auch von der Kamarilla des Reichspräsidenten und von rechtskonservativen Honoratioren protegiert – stieg dann ein „Führer" auf, der sich nicht in einer autoritären Lösung „zähmen" und, wie gehofft, von den Konservativen „einrahmen" und an eine staatsmännische Verantwortung binden ließ, sondern mit seinem „Charisma" und gestützt auf eine Massenanhängerschaft eine eigene radikale revolutionäre Kraft entfaltete und seine rechten „Steigbügelhalter" schnell ausmanövrierte. Erst als es zu spät war, sollten viele Konservative, die ihn nach 1930 mit in den Sattel gehoben und deren Erwartungen sich auf ihn gerichtet hatten, merken, daß Hitler eigentlich nicht den Vorstellungen entsprach, die man traditionellerweise in Deutschland mit der „starken Persönlichkeit" an der Spitze eines „Führerstaates" verband.

Träger der NSDAP

Seit den Untersuchungen des Soziologen Theodor Geiger in den frühen dreißiger Jahren über den Massenerfolg der NSDAP[37] besteht Einigkeit darüber, daß sich im raschen Aufstieg der Hitler-Bewegung eine „Panik im Mittelstand" (so der 1930 in der Zeitschrift „Die Arbeit" erschienene Aufsatz Geigers) manifestierte. Die Partei erscheint als Sammelbecken der deklassierten oder unmittelbar von der Deklassierung bedrohten Mittelschichten, ihre Wahlerfolge als Protestreaktion eben dieser Schichten, die ihr ihre Massenbasis verschafften. Neuere wahlsoziologische Analysen[38], deren empirische Basis jedoch begrenzt ist, ziehen den Kreis der Protestwähler, die ab 1929 massenhaft der Partei zuliefen, freilich weiter. Sie sprechen von einer sozialen Integrationspartei mit „Mittelstandsbauch" (Falter) oder eher von einer „negativen Volkspartei" – Volkspartei deshalb, weil Hitler mit seiner opportunistischen Strategie der Anpassung eigentlich schichtenübergreifend aus allen Volksklassen, wenn auch mit unterschiedlicher Intensität, Wähler und Anhänger zuströmten und auch er selbst das vorherrschende Protestpotential in allen Volkskreisen auf eine je spezifische Art ohne Rücksicht auf eine praktische Umsetzbarkeit seiner Wahlzusagen anzusprechen und gegen die Republik zu mobilisieren bemüht war, negativ deshalb, weil Programm und Agitation auf eine radikale Negation des Bestehenden festgelegt waren.

Mitglieder

Wer suchte in der NSDAP seine politische Heimat vor 1933 und wer wählte sie?

Die Statistik weist aus, daß die NSDAP in ihrem Kern eine Partei des alten und des neuen Mittelstandes war. Angehörige des „alten" (selbständigen) Mittelstandes (Handwerker, Gewerbetreibende, Kaufleute) waren ebenso wie solche des „neuen" (unselbständigen) Mittelstandes (Angestellte, kleine Beamte) und Selbständige in der Land– und Forstwirtschaft in der Partei teilweise mehr als doppelt so stark ver-treten wie in der Gesamtbevölkerung: Am Vorabend der Septemberwahlen von 1930 waren es 17,3% Selbständige aus Handwerk,

Soziale Struktur der NSDAP vor 1933 (Erwerbstätige im Reich und in der NSDAP nach sozialen und Berufs-Gruppen)[39]

Erwerbstätige	Im Reichsgebiet (Volkszählung von 1925)	in %	In der NSDAP vor dem 14. 9. 1930	in %	Unter den neuen NSDAP-Mitgliedern (zwischen 14. 9. 1930 und 30. 1. 1933)	in %	In Prozent der NSDAP-Mitglieder unter den Erwerbstätigen (vor dem 30. 1. 1933)
Arbeiter	14 443 000	45,1	34 000	28,1	233 000	33,5	1,9
Selbständige							
a) Land- und Forstwirtschaft (Landwirte)	2 203 000	6,7	17 100	14,1	90 000	13,4	4,9
b) Industrie und Handwerk (Handwerker und Gewerbetreibende)	1 785 000	5,5	11 000	9,1	56 000	8,4	3,9
c) Handel und Verkehr (Kaufleute)	1 193 000	3,7	9 900	8,2	49 000	7,5	4,9
d) Freie Berufe	447 000	1,5	3 600	3,0	20 000	3,0	4,9
Beamte							
a) Lehrer	334 000	1,0	2 000	1,7	11 000	1,7	4,0
b) Andere	1 050 000	3,3	8 000	6,6	36 000	5,5	
Angestellte	5 087 000	15,9	31 000	25,6	148 000	22,1	3,4
Mithelfende Familienangehörige (meist weibliche)	5 437 000	17,3	4 400	3,6	27 000	4,9	0,6
insgesamt	32 009 000	100	121 000	100	670 000	100	2,5

Gewerbe und Handel (in der Regel Klein– und Zwischenhandel) gegenüber nur 9,2 in der Gesamtbevölkerung. Bei vor allem kleineren und mittleren Angestellten betrug das Verhältnis 25,6% zu 15,9%, bei den Freien Berufen 3,0% zu 1,5%. Obwohl ihnen entsprechende parteipolitische Aktivitäten untersagt waren, waren 1930 immerhin schon 8,3% der Mitglieder der NSDAP Beamte gegenüber ihrem Anteil in der Gesamtbevölkerung von nur 4,3%. Der Anteil der Bauern mit 14,1% war deshalb besonders bemerkenswert, weil er auf die politische Mobilisierung einer Bevölkerungsschicht deutet, die sonst in dieser Richtung weniger Aktivitäten entfaltete als die städtische Bevölkerung.

Arbeiter in der Partei

Neben ihrem mittelständischen Kern war die NSDAP aber auch nach der SPD und der KPD mit 28,1% ihrer Mitglieder die drittstärkste „Arbeiterpartei". Der Anteil von Arbeitern sollte sich dann mit dem Einströmen von gewerbstätigen 670 000 „Septemberlingen" (Goebbels) in die Partei nach dem Wahlsieg vom 14. 9. 1930 (insgesamt waren es 720 000 neue Mitglieder) noch erhöhen, wenngleich er immerhin noch erheblich unter dem Arbeiteranteil in der Gesamtbevölkerung blieb.

Freilich wird man hier differenzieren müssen. Wirkliche Einbrüche in das großstädtisch-proletarische Wählerreservoir der beiden großen Arbeiterparteien sind den Nationalsozialisten unter demokratischen Bedingungen selbst noch unter den terroristischen Begleitumständen der Märzwahlen 1933 ebensowenig gelungen wie in das katholische Milieu der Klientel des Zentrums und in Bayern der Bayerischen Volkspartei. In die NSDAP und in die SA strömten solche Arbeiter, die zwischen ihrem Arbeitsplatz in großen Städten und ihrem Wohnort in kleineren Städten und Dörfern pendelten und hier ihr Wahlrecht ausübten, die im öffentlichen Sektor bei Verkehrs- und anderen Versorgungsbetrieben für den Staat, für Länder und Kommunen arbeiteten und solche (Facharbeiter, Handwerksgesellen und Landarbeiter), die in kleinen, patriarchalisch verfaßten gewerblichen und landwirtschaftlichen Betrieben beschäftigt waren. Nicht selten waren es auch Arbeitslose und andere, die zwischen NSDAP und KPD hin und her wechselten. So befanden sich unter den fast 270 000 Arbeitern, die vor 1933 der Partei beitraten, rund 120 000 bis 150 000 Arbeitslose.
Den Weg in die NSDAP fanden Arbeiter und Angestellte, die von den sozialistischen Gewerkschaften traditionell nicht erfaßt wurden, sich bewußt gegen die klassische Arbeiterschaft und gegen das klassenbewußte Proletariat abgrenzen wollten und vorher teilweise liberalen, christlich-sozialen oder deutschnationalen Organisationen nahegestanden hatten. Hier zeigte auch die Agitation der 1927/28 zuerst in dem Berliner Großbetrieb Knorr-Bremse gebildeten „Nationalsozialistischen Betriebszellenorganisation" (NSBO) Wirkung. Bei einer grundsätzlich ablehnenden Haltung Hitlers gegenüber einer nationalsozialistischen Gewerkschaft entwickelte sich die NSBO doch ab 1931 mit ihrer Zeitschrift „Arbeitertum" unter dem Druck der Wirtschaftskrise immer stärker zu einer gewerkschaftsähnlichen Organisation und gewann bis Mitte 1932 100 000 Mitglieder. „Keine Arbeitsstelle ohne Nazizelle" reimte der Berliner Gauleiter Goebbels und leitete 1931 unter dem Motto „Hinein in die Betriebe!" (Hib.-Aktion) einen Werbefeldzug ein, um dem „Betriebsmarxismus" den Kampf anzusagen und die führende Stellung Berlins in der NSBO zu unterstreichen. Die NSBO entfaltete innerhalb der Partei eine beachtliche Stärke und zeigte in ihren Aktivitäten auch ein ausgesprochen sozialistisches Profil, wie es Gregor Strasser mit dem von ihm propagierten „nationalen Sozialismus" innerhalb der Partei vertrat. Nationalsozialistische Arbeitnehmer beteiligten sich an verschiedenen lokalen Streiks. So u. a. in dem besonders aufsehenerregenden Streik mit den Kommunisten gegen die Berliner Verkehrsgesellschaft vom 3. bis 8. November 1932. Auch Goebbels war sich nicht zu schade, auf einer Streikversammlung selbst neben dem KPD-Funktionär Walter Ulbricht aufzutreten.
So sehr der Charakter als klassenübergreifende „Volkspartei" geeignet

war, Ressentiments, Proteste und Interessen aus allen Schichten aufzunehmen und zu artikulieren, so sehr setzte dieser Anspruch die NSDAP doch immer wieder erheblichen inneren Spannungen und Zerreißproben aus, die ihren Höhepunkt in der Röhm-Affäre im Juni 1934 erreichten. Die Beschwörung der „antikapitalistischen Sehnsucht" der durch die Weltwirtschaftskrise betroffenen und verunsicherten Massen durch Gregor Strasser im Reichstag am 10. Mai 1932 und die ausgesprochen sozialistische und klassenkämpferische Profilierung der NSBO mit ihren Streikaktivitäten und mit der Diffamierung Hugenbergs als „Erzkapitalisten" waren programmatisch und ideologisch kaum auf einen Nenner zu bringen mit dem von Darré entwickelten Agrarprogramm und den Aktivitäten des von ihm am 1. Juni 1930 gegründeten Agrarpolitischen Apparates der NSDAP, mit der Hofierung der Großlandwirtschaft im Reichslandbund und der Bauern in den Bauernverbänden, mit der Propagierung ausgesprochen mittelständisch-besitzbürgerlicher, antisozialistisch wie antikapitalistisch geprägter Interessen durch den Ende 1932 gebildeten „NS-Kampfbund für den gewerblichen Mittelstand", mit dem Werben Hitlers um die Industrie etwa in seiner Rede vor dem Düsseldorfer Industrieclub am 26. Januar 1932 oder seinen taktischen Bemühungen, in rechtskonservativen Kreisen „salonfähig" zu werden.

Bei der Integration dieser ganz unterschiedlichen sozialen Interessen und ihrer Organisationen kam der Rolle Hitlers als „Führer" der Bewegung wiederum eine ganz zentrale Funktion zu. Konflikte in seiner Partei und Anhängerschaft machten ihn immer unentbehrlicher als Bindemittel der Gesamtbewegung und als höchsten Schiedsrichter über den auseinanderdriftenden Kräften. Widersprüche in der Partei ließen ihm neue Kraft und Autorität als charismatische „Führerfigur" und als unverzichtbaren Garanten für die innere Kohärenz der Bewegung zuwachsen. „Die Entwicklung zur Massenpartei trieb aus innerer Konsequenz heraus auch den Hitlerkult auf die Spitze.[40]

Ein anderes Mittel, die in einer Gratwanderung ohnegleichen ganz heterogenen Interessenlagen in der Partei auszubalancieren und die innere Kohärenz zu bewahren, war die Taktik, über die propagandistisch monoton eingehämmerten negativen Schlagworte wie den „Kampf gegen das Judentum" oder den „Kampf gegen die Marxisten" hinaus die Festlegung auf ein positives Regierungsprogramm zu vermeiden.

Die Etikettierung der NSDAP als „kleinbürgerlich" darf freilich nicht darüber hinwegtäuschen, daß sie einen erheblichen Zulauf vor allem nach dem Septemberwahlsieg 1930 auch aus Akademikerkreisen, von Angehörigen der oberen Mittelschicht und der Oberschicht hatte. Ehemals aktive Offiziere, Studenten und junge Akademiker, deren bürgerliche Karriere durch den Krieg abgebrochen worden war, bevor sie noch erst eigentlich begonnen hatte, fanden ihren Weg in die NSDAP und machten dort Karriere, etwa in der SS oder im späteren Polizeiapparat des Reichssicherheitshauptamtes. Nationalkonservative bürgerliche Honoratioren und etablierter Mittelstand in Klein- und Mittelstädten bekundeten ganz offen ihre Sympathien für die antimarxistische Agitation der NSDAP und werteten sie damit gesellschaftlich enorm auf, auch wenn sie ihr solange noch nicht beitraten, als sie ihre kleinbürgerlich-plebejischen „Eierschalen“ noch nicht ganz abgeworfen hatte. Coburg war die erste Stadt, wo die NSDAP am 23. Juni 1929, also noch vier Monate vor dem „Schwarzen Freitag“ an der New Yorker Börse, durch Listenverbindung mit den bürgerlichen Parteigruppen eine knappe absolute Mehrheit erlangte und damit einen Vorgeschmack gab auf die wenig späteren Siege in Thüringen und Braunschweig. Sympathieträger ersten Ranges waren der Hohenzollernprinz August Wilhelm (Auwi), der 1931 der Partei beitrat und in der SA Karriere machte, der Kronprinz Wilhelm, der sich bei den Reichspräsidentenwahlen 1932 öffentlich zu Hitler als seinem Kandidaten bekannte, und besonders Hjalmar Schacht, der ehemalige und zukünftige Reichsbankpräsident, der sich 1929 unter spektakulären Umständen in die „Nationale Opposition“ gegen den Young-Plan zusammen mit Hitler eingereiht hatte.

Wähler

Auch die soziale Aufschlüsselung der Wählerschaft, die freilich Grenzen hat, da es damals noch keine wahlsoziologischen Analysen gab, weist die Klientel der NSDAP überwiegend als der unteren Mittelschicht zugehörig mit einem starken Einschlag auch aus der Arbeiterschaft aus: Kleinbauern und Häusler, Angestellte, kleine Beamte, Handwerker, kleine Kaufleute, Rentner, Pensionäre, alleinstehende Hausfrauen – alles Menschen, die sich nach Herkunft und „Standesbewußtsein“ noch als der Mittelschicht zugehörig fühlten und eine scharfe Abgrenzung zum Proletariat und seinen Organisationen suchten, als die Weltwirtschaftskrise sie in ihrer realen Existenz längst auf eine proletarische Stufe der Verelendung hinabgedrückt hatte. Gerade diese Ressentiments und Existenzängste wirtschaftlich deklassierter Mittelständler vermochten die Nationalsozialisten zu mobilisieren und in eigene Wahlerfolge umzusetzen. Jungwähler, bisherige Nichtwähler und Wechselwähler taten ein übriges, die Wahlerfolge zu erklären. Andererseits waren aber Mitglieder- und Wählerfluktuation bis 1933 noch erheblich.

Wichtig zum Verständnis des Zulaufes zur NSDAP neben der sozialen Schichtung war auch die konfessionelle Wahlgeographie. Unterstützung fand die NSDAP überwiegend in protestantischen Kreisen Norddeutschlands bis ins protestantische Franken und Thüringen hinunter und hier eher in Klein- und Mittelstädten und auf dem flachen Lande als in den Ballungszentren der Großstädte. Sie gewann 50 % ihrer

Stimmen in Gemeinden und Städten unter 5000 Einwohnern, in den Großstädten und Ballungszentren nur 40 %. Während die katholische Kirche bis zur spektakulären Fuldaer Bischofskonferenz am 28. März 1933 in ihrer Ablehnung verharrte, faßte in protestantischen Gegenden die „Glaubensbewegung Deutsche Christen" schon 1932 Fuß, und hier kam es damals schon nicht selten vor, daß sich fromme Kirchgänger mit ihrem Pfarrer im Braunhemd ganz offen zur Partei bekannten.

Image der Jugendlichkeit

Alle Versuche, den Zulauf zur NSDAP und ihre Wahlerfolge mit sozialen oder wirtschaftlichen Gründen zu erklären, greifen jedoch zu kurz, wenn man ein ganz besonders werbendes Element nicht berücksichtigt: das Image der Jugendlichkeit, der ungebrochenen Vitalität und Schlagkraft einer Partei, deren „Führer" bereits mit 40 Jahren seine Karriereleiter, die ihn bald ins höchste Staatsamt bringen sollte, erklomm. Hier spielte sich in vielem auch ein Generationenkonflikt ab zwischen einer Jugend, die glaubte, „die Zukunft für sich zu haben", und der dies auch von der NS-Propaganda immer wieder nicht zuletzt in ihrem Liedgut suggeriert wurde, und einer Elterngeneration, der der Makel der „spießbürgerlichen Enge und Borniertheit" des Wilhelminismus aufgeklebt und die für den Schlamassel von 1918 verantwortlich gemacht wurde. Votum und Einsatz für die NSDAP bedeuteten für junge Menschen nicht selten die Flucht aus der Eintönigkeit und Tristesse des Alltages und einen „Aufbruch zu neuen Ufern", für viele aber auch Hoffnung auf einen Arbeitsplatz und Karrierechancen.

Im Jahre 1930 waren 36,8% der Mitglieder und 26,2% der Führungsgruppe der NSDAP 30 Jahre und jünger. 43% der zwischen 1930 und 1933 neu in die Partei eingetretenen Mitglieder waren zwischen 18 und 30 Jahren, 27% zwischen 30 und 40 Jahren. In dem im September 1930 gewählten neuen Reichstag waren 10% der SPD-Abgeordneten unter 40 Jahre, in der NSDAP-Fraktion rund 60% wie bei der KPD. Für den sächsischen Bezirk Oschatz-Grimma ergab eine Rechnung für das Frühjahr 1931, daß die Altersgruppe zwischen 18 und 30 Jahren bei der SPD 19,3%, bei der NSDAP jedoch 61,3% ausmachte. Von hier aus wird es verständlich, daß die ständige Diffamierung der demokratischen Parteien, allen voran der SPD, als „verkalkte und überalterte Bonzenherrschaft" gerade bei jungen Menschen auf fruchtbaren Boden fiel, entsprach sie doch vielfach genau ihrem Bild von der älteren Generation, die nunmehr in der Weltwirtschaftskrise durch ihr Unvermögen, diese zu meistern, „abgewirtschaftet" habe. Im übrigen wurde auch in der SPD selbst von einer jungen, nachdrängenden Generation um Carlo Mierendorff erhebliche Kritik an der Altersstruktur der Partei geübt.

Partei der Männer

Und noch eine Besonderheit: Von ihrer geschlechtsspezifischen Führungsstruktur und ihrer Mitgliedschaft her blieb die NSDAP von Anfang bis Ende ihrem männerbündischen Charakter treu. Darüber kann auch die ebenso ahistorische wie unbegründete Legende nicht hinwegtäuschen, die Frauen seien in überproportionalem Maße dem „Führer-Mythos" erlegen und für die großen Wahlerfolge der NSDAP verantwortlich gewesen. Auch hier zeigt sich, wie lange und nachhaltig noch teilweise bis heute die von Goebbels mit propagandistischem Bildmaterial und Wochenschauen aufbereitete Selbststilisierung der Partei nachgewirkt hat, wo erwartungsfrohe „deutsche Mütter" und „deutsche Frauen" mit geradezu gläubiger Inbrunst zu ihrem Führer als charismatischer Erlösergestalt emporschauen. Frauen waren in den Führungspositionen der Partei, ihrer Untergliederungen und angeschlossenen Organisationen – mit Ausnahme naturgemäß der geschlechtsspezifischen Organisationen wie der NS-Frauenschaft oder des BDM – nicht vertreten. Frauen wählten bis 1933 stärker als Männer traditionelle Parteien, vor allem konservative und religiös orientierte wie Zentrum und BVP. Zwischen 1924 und 1930 wurde die NSDAP seltener von Frauen als von Männern gewählt, erst 1932 glichen sich männliches und weibliches Wahlverhalten allmählich an. Erst nach der Machteroberung bei den März-Wahlen 1933 dominierten die Frauen unter den NSDAP-Wählern, was wahrscheinlich mit dem starken Zulauf von bisherigen Nichtwählerinnen zu tun hatte. Unter den Parteimitgliedern waren Frauen 1925–32 mit 7,8% weit unterrepräsentiert, 1933 sank dieser Prozentsatz sogar noch auf 5% ab. Er erreichte seinen höchsten Sättigungsgrad erst gegen Ende des „Dritten Reiches" mit gut einem Drittel Frauen.

Panik im Mittelstand

Die erwähnte „Panik im Mittelstand" und die Existenzängste in der Landwirtschaft, die der Hitler-Bewegung Anhänger und Wähler zugeführt haben, waren keineswegs nur kurzfristig Produkte der Inflationskrise 1922/23 und der weltweiten Depression der frühen dreißiger Jahre. Als Ausdruck einer tiefgreifenden strukturellen Krise der Modernisierung und der Anpassung an die Herausforderungen der kapitalistischen Industriewirtschaft hatten derartige Ängste und Ressentiments ihre Wurzeln bereits im ausgehenden 19. Jahrhundert und in der deutschen Gesellschaft zu besonders starken Verwerfungen und radikalen Spannungen geführt. Sie äußerten sich im Kaiserreich in einer ersten antisemitischen Welle in den 70er und 80er Jahren, in einem überhitzten alldeutschen Nationalismus und imperialistischen Aufwallungen der „verspäteten Nation", die die Bühne der Weltgeschichte betrat, als die Gebiete der Erde unter den anderen imperialistischen Mächten nahezu verteilt waren. Erfahrungen und Befürchtungen, die in den Kreisen des Handwerks, des Handels und der Landwirtschaft, aber auch im neuen Mittelstand der Angestellten bereits seit einer Generation gegenwärtig waren, wurden aktualisiert und radikalisiert durch die beiden schweren Zwischenkriegskrisen, die Deutschland innerhalb von einem Jahrzehnt heimsuchten. Dabei ist es wirkungsgeschichtlich relativ gleichgültig, wieweit diese Krisen wirklich objektiv den Mittelstand und welche Kreise in ihm besonders in seiner materiellen

Existenz bedroht und an den Rand des Unterganges geführt haben; viel entscheidender war es, daß sie subjektiv als solche existenzielle Bedrohungen wahrgenommen wurden und dadurch entsprechend sozialpsychologisch den Humus für den Rechtsradikalismus mit bereitet haben. Mittelständler aus dem gewerblichen Bereich, aus dem Handel, der Landwirtschaft und den Angestelltenbüros empfanden sich als Verlierer und Opfer des Modernisierungsprozesses, als deklassiert und in ihrem überkommenen gesellschaftlichen Status und in ihrer bürgerlichen Identität bedroht.

In einer sich rasch auflösenden traditionalen Gesellschafts- und Werteordnung, in einem allgemeinen Prozeß der Verstädterung und der Landflucht, der Vermassung, Entwurzelung und Verproletarisierung fühlten sich gewerblicher Mittelstand und Landwirtschaft als Opfer der Industrialisierung, eingeklemmt zwischen Großbetrieben, Konzernen und Warenhäusern, Massenproduzenten, amerikanischer Getreidekonkurrenz, Börsen- und Finanzspekulationen auf der einen und der sich organisierenden sozialistischen Arbeiterschaft auf der anderen Seite. Man gab sich antikapitalistisch und antisozialistisch. Man suchte und fand einen Sündenbock: „den Juden". „Der Jude" war ein willkürlich eingesetztes ideologisches Erklärungs-Passepartout und ein „Sündenbock" für ganz unterschiedliche und oft ganz entgegengesetzte Bedrohungssyndrome: Er erschien als Marxist und Bolschewist, als Großkapitalist und Börsenspekulant, als Warenhauskönig und Viehhändler. In dieser Form eines kollektivierten und entpersonalisierten rassistischen Antisemitismus war denn auch das Bild „des Juden" völlig immun gegen eine Korrektur durch persönliche Erfahrungen, mitmenschliches Zusammensein und Begegnungen.

Juden als Sündenböcke

Die „Judenrepublik" von Weimar, so stellte es sich für den Mittelstand dar, hatte ihre fleißigen Bürger zunächst 1922/23 mit der Inflation um ihre Ersparnisse gebracht und schickte sich ab 1929 ein zweites Mal an, ihre Existenz zu zerstören. Dies geschah alles – und hier war die internationale Dimension der Agitation –, um als willfähriges „Werkzeug des verjudeten amerikanischen Finanzkapitalismus" pünktlich den „Sklaventribut" (Reparationen) zahlen zu können. Weite Teile der Landwirtschaft, vor allem im norddeutschen Raum und hier in Schleswig-Holstein und Ostpreußen, lasteten es der Republik schon lange vor dem massiven Einsetzen der Weltwirtschaftskrise an, daß sie überschuldet waren, die Agrarpreise bei nach wie vor teuren Betriebsmitteln einem langfristigen Abwärtstrend folgten und Woche für Woche Tausende von Konkursen angemeldet werden mußten. Geschickt stellten sich die Nationalsozialisten schon ab 1928 auf den Protest der Landvolkbewegung und auf die „Schwarzen Fahnen" in Neumünster ein und zogen hieraus bereits vor 1930 erhebliche regionale Wahlgewinne. Beamte und Angestellte schließlich stöhnten unter den Brüningschen

„Notverordnungen", sahen sich von der Verarmung und Verproletarisierung bedroht und fürchteten um ihren traditionell herausgehobenen gesellschaftlichen Status und ihr soziales Prestige.
Eine spezifische Eigentümlichkeit der deutschen Gesellschaft, die sie für Rechtsextremismus und Faschismus so anfällig machte, war der ständige Ruf kleiner und mittlerer Gewerbetreibender, des Einzel- und des Großhandels und der Landwirtschaft nach der schützenden Hand des starken Staates. Von ihm erwarteten sie Protektion des heimischen Marktes und Absatzgarantien, den großen Befähigungsnachweis und die Zwangsinnung für das Handwerk, Entschuldung und Besitzgarantien, Bekämpfung der Schleuderkonkurrenz und Zurechtweisung der Gewerkschaften mit ihren Lohnforderungen, Aufrechterhaltung des Betriebspatriarchalismus und Abwehr der Mitbestimmungsforderungen, energisches Zurückdrehen des „überspannten" Weimarer Sozialstaates und steuerliche Entlastung. Hier bot sich die NSDAP als Retterin aus der Existenznot an, versprach sie doch großzügig allen alles ohne Rücksicht darauf, wie sie ihre Versprechungen dereinst im Besitz der Staatsmacht überhaupt würde einlösen können. Freilich wird man den linken Parteien den Vorwurf nicht ersparen können, daß sie auf die mittelständischen und landwirtschaftlichen Protestbewegungen gar nicht oder viel zu spät reagiert haben und aufgrund ihres Selbstverständnisses als Arbeiterparteien auch nicht reagieren konnten. Sie überließen dieses Feld den Nationalsozialisten, nachdem die bürgerlichen Interessenparteien bald abgewirtschaftet hatten. Überdies galt es in mittelständischen Kreisen als absolut „unfein", sozialdemokratisch zu wählen und damit womöglich zu dokumentieren, daß man materiell tatsächlich längst auf der Stufe der Lohnabhängigen stand, selbst wenn man sich noch an die Selbständigkeit als bürgerliches Statussymbol klammerte. Die in der deutschen Sozialgeschichte so tief verwurzelte „Panik im Mittelstand" hat erneut deutlich gemacht, wie sehr auch die allgemeinen Zeitumstände Hitler zugearbeitet haben, wenngleich er sie dann seinerseits nachdrücklich prägen sollte.

Aufbau des Partei-Apparats

Um die Voraussetzungen für die überraschend schnelle und reibungslose Machteroberung durch die Nationalsozialisten zwischen Februar und Juli 1933 voll begreifen zu können, ist der Blick noch einmal auf den straffen organisatorischen Ausbau der NSDAP und ihres Apparates bis 1933 zu lenken. Vor allem durch das Organisationstalent Gregor Strassers wurde sie ab 1929 mit ihren Gliederungen, Untergliederungen und angeschlossenen Verbänden zu einem „förmlichen Mikrokosmos von Staat und Gesellschaft" (Bracher), einem „Schattenstaat" ausgebaut. Strasser überzog das Land mit einem immer dichtmaschigeren Netz von nationalsozialistischen Berufs- und Sonderverbänden sowie Parteigliederungen.
Zur 1921 gegründeten und 1925 nach ihrem Verbot wiederaufgebauten

„Sturmabteilung“ (SA), zu den ab Sommer 1925 als „Schutzstaffeln“ (SS) bezeichneten „Stabswachen“ und der 1926 aus einem Zweig der „Großdeutschen Jugend“ hervorgegangenen und wie die SS dem Stabschef der SA unterstellen „Hitlerjugend“ (seit 1931 unter dem neuernannten „Reichsjugendführer der NSDAP“, dem bisherigen Führer des NS-Studentenbundes Baldur v. Schirach) trat seit 1929/30 eine Vielzahl neuer Gliederungen der NSDAP, die zum Kristallisationskern spezifischer berufsständischer und wirtschaftlich-sozialer Gruppen und ihrer Interessen wurden. Genannt seien hier nur der „Bund Nationalsozialistischer Deutscher Juristen“ (BNSDJ, 1928 gegründet durch Dr. Hans Frank, den späteren Generalgouverneur in Polen, seit Mai 1936 Nationalsozialistischer Rechtswahrerbund), der „Kampfbund für deutsche Kultur“ (1929 von Alfred Rosenberg gegen „Entartungserscheinungen“ der modernen Kunst und gegen den „jüdischen Einfluß“ auf das kulturelle Leben in Deutschland gegründet), der „Nationalsozialistische Deutsche Ärztebund“ (seit 1932 unter Leitung von Dr. Gerhard Wagner), der „Nationalsozialistische Lehrerbund“ (NSLB, unter dem Gauleiter der Bayerischen Ostmark, Hans Schemm, der seit 1929 auch die „Nationalsozialistische Lehrerzeitung“ herausgab), der „Kampfbund Deutscher Architekten und Ingenieure“, der „Nationalsozialistische Beamtenbund“, der „Kampfbund für den gewerblichen Mittelstand“ (gegründet im Dezember 1932 unter Adrian v. Rentelen), als jugendspezifische Organisationen der „Nationalsozialistische Deutsche Studentenbund“ (der schon Ende der zwanziger Jahre mit einer Mehrheit in den Asten verschiedener deutscher Universitäten besonders radikale Aktivitäten gegen jüdische Hochschullehrer entfaltete), der „Nationalsozialistische Schülerbund„(gegründet 1929) sowie der 1929 als Teilorganisation der HJ gegründete „Bund Deutscher Mädel“ (BDM). Ende 1931 wurde die „Nationalsozialistische Frauenschaft“ (NSF) gegründet. Sie war ursprünglich ein Zusammenschluß aller weiblichen Parteigenossen, seit 1933 war der Beitritt nicht mehr an die Parteimitgliedschaft gebunden.
Regierungsähnliche „Ämter“ für Außenpolitik, Presse, Politik in den Betrieben, Agrarpolitik, Wirtschaft, Innenpolitik, Rechtsfragen, Technik und Arbeitspolitik bildeten „einen Staatsapparat im kleinen“ (Bracher). Erhebliche Bedeutung erlangten die gleichzeitig begründeten nationalsozialistischen Organisationen innerhalb der Landwirtschaft und der Industriebetriebe: der von Walter Darré ab Juni 1930 aufgebaute „Agrarpolitische Apparat“ der NSDAP zur Koordinierung der agrarpolitischen Maßnahmen, einer der Vorläufer des späteren „Reichsnährstandes“, und die 1927/28 entstandene „Nationalsozialistische Betriebszellenorganisation“ (NSBO).

Gliederungsübersicht der NSDAP[41]

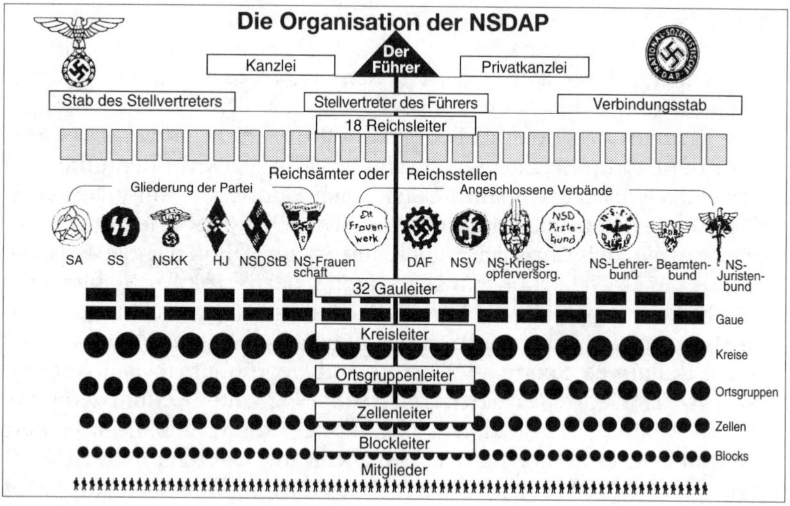

Struktur der NSDAP

Die Partei selbst wurde straff zentralistisch nach dem „Führerprinzip" gegliedert und auf den „Führer" als letztverantwortliche Instanz ausgerichtet, demokratische Ansätze der Frühzeit schnell durch das diktatorische Ernennungsprinzip von oben nach unten ersetzt. Oberstes Organ der NSDAP war die Reichsleitung mit dem „Führer" und der „Kanzlei des Führers" bzw. seit 1941 der „Parteikanzlei" an der Spitze und den einzelnen Amts- resp. ab 1933 Reichsleitern für bestimmte Aufgaben: u. a. der Stellvertreter des „Führers" (1925–32 G. Strasser, 1933-41 R. Heß) bzw. seit 1941 der Sekretär des „Führers" (Bormann), der Reichspropagandaleiter (1925–28 G. Strasser, seit 1929 Goebbels), der Reichsorganisationsleiter (1928–32 G. Strasser, dann R. Ley), der Reichsschatzmeister (Schwarz), der Oberste Parteirichter (Buch), der Reichspressechef (Dietrich), der Amtsleiter für die Presse (Amann), der Stabschef der SA (1930–34 Röhm), der Reichsjugendführer (ab 1931 B. v. Schirach), der Parteigeschäftsführer (Bouhler) sowie die Chefs der Auslandsabteilung (Bohle), des späteren Reichsamtes für Agrarpolitik (Darré), des Reichsrechtsamtes (H. Frank), des Außenpolitischen Amtes (Rosenberg), des Kolonialpolitischen Amtes (Epp) und der Reichstagsfraktion (Frick). Regional war die NSDAP vertikal durchstrukturiert in Gaue (bis 1933/32, 1935/35, 1940/41), Kreise, Ortsgruppen, Zellen und Blocks; ihre Leiter bildeten zusammen das „Korps der politischen Leiter", 1937 rd. 700 000 Personen.

Diese knapp skizzierte Organisations- und Führungsstruktur der NSDAP, ihrer Gliederungen und angeschlossenen Verbände vermittelt instruktive Einblicke in die Technik der Machteroberung, in die inneren Bewegungsgesetze des Herrschaftssystems und in den Führungsstil Hitlers. Durch den von ihr systematisch bis 1933 aufgebauten Apparat und ihre „Gliederungen", ein Abbild des Staates im kleinen, konnte die NSDAP schon früh in die verschiedenen Bereiche gesellschaftlicher Interessen eindringen, deren Organisationen intensiv, wenn auch mit abgestuftem Erfolg, beeinflussen, unterwandern und teilweise in ihnen sogar die Macht an sich reißen. So führte die 1931 von Hitler und Darré ausgegebene Parole „Hinein in den Reichslandbund!", die Interessenorganisation der ostelbischen Großlandwirtschaft, nach heftigen Kontroversen mit der Christlich-Nationalen Bauern- und Landvolkspartei und mit der DNVP schon Ende des Jahres dazu, daß der Vorsitzende, Graf Kalckreuth, Darrés Stellvertreter Werner Willikens in das Präsidium aufnahm. Bei den gleichzeitig stattfindenden Wahlen zu den Landwirtschaftskammern erreichten von Darré gestützte nationalsozialistische Kandidaten im Schnitt ein Drittel der neuen Mitgliedersitze. Beim zweiten Wahlgang für die Reichspräsidentenwahlen im April 1932 unterstützte der „Reichslandbund", eine der mächtigsten Interessenlobbies der Weimarer Republik, offiziell Hitler, und im Winter 1932/33 führte er die landwirtschaftliche Front an, die bei Hindenburg mit Erfolg auf die Ablösung Schleichers durch Hitler drängte. Dies nur als besonders erfolgreiches Beispiel nationalsozialistischer Unterwanderungspolitik.

Die durch Strasser geschaffene Organisationsstruktur war für die Millionen von Unzufriedenen ein Signal, daß es die Partei mit der Behebung der wirtschaftlichen und sozialen Nöte scheinbar ernst meinte; sie erleichterte entscheidend den Übergang von der Kader- zur Massenpartei und die reibungslose Integration von Hunderttausenden neuer Mitglieder nach dem Septembererfolg 1930. Schließlich war hier in nuce der Apparat des nationalsozialistischen „Maßnahmenstaates" (Fraenkel) aufgebaut, dessen Funktionsträger dann nach 1933 staatliche Aufgaben übernehmen und den traditionellen „Normenstaat" parasitär durchsetzen konnten. Auch für die charakteristische Verknüpfung von Partei- und Staatsamt nach 1933 bietet die Karriere Darrés ein anschauliches Beispiel: Als Agrarideologe der Partei und Künder der Parole von „Blut und Boden" stieg er 1931 zum Leiter des Rasse- und Siedlungshauptamtes (RuSHA) der SS und zum Reichsleiter des Amtes für Agrarpolitik auf. Nach dem 30. Januar 1933 betrieb Darré die Gleichschaltung aller landwirtschaftlichen Verbände unter dem Dach des „Reichsnährstandes", den er 1934–1942 als „Reichsbauernführer" lenkte. Im Juni 1933 löste er Hugenberg als Reichsminister für Ernährung und Landwirtschaft ab. Hitlers Prophezeiung von 1926 sollte sich erfüllen: Die Bewegung müsse so organisiert sein, daß sie nicht nur „in sich selbst schon den kommenden Staat trägt", sondern „ihm auch bereits den vollendeten Körper ihres eigenen Staates zur Verfügung stellen kann".[42] Fast automatisch sollten dann die Träger des nationalsozialistischen „Schattenstaates" in staatliche Funktionen einrücken: Reichs- und Gauleiter als Minister, als Ober- und Regierungspräsidenten, als Reichsstatthalter und später als Reichsverteidigungskommissare, SA und SS als Polizei usf.

Kompetenzenchaos

Auch ein Blick hinter die vordergründig so geschlossen und übersichtlich wirkende Fassade der „Führerpartei" und ihrer Gliederungen vor 1933 vermittelt bereits einen Eindruck von dem, was sich dann nach 1933 hinter den Kulissen des „Führerstaates" entwickeln sollte: jenes anarchisch anmutende Gerangel um Kompetenzen und Einfluß, jenes „vorläufig wohlgeordnete Chaos" (so ein Beamter der Reichskanzlei[43]), das so gar nicht zu unseren landläufigen Vorstellungen von einem monolithischen Diktaturstaat und seiner Monopolpartei paßt.

Der obersten Parteileitung fehlte jede innere Kohärenz. Sie kannte kein geregeltes und kollegiales Sitzungs-, Abstimmungs und Beschlußverfahren. Gleiches galt später auch für das Reichskabinett, das schon nach 1938 nicht mehr zusammentreten sollte. Die einzelnen Amts-/Reichsleiter handelten mit ihrer jeweils unterschiedlichen, ressortmäßig oder persönlich durch ihre Nähe zum „Führer" begründeten Machtfülle. Sie fühlten sich ebenso wie die Gauleiter unmittelbar ihrem „Führer" unterstellt und nur ihm verantwortlich. „Was zählte, war in erster Linie die Gefolgschaftstreue zum Führer und dessen Vertrauen einerseits wie das eigene Durchsetzungsvermögen in internen Machtkämpfen andererseits."[44] Die Koordination der Interessen und Zielsetzungen blieb ein ungelöstes und weitgehend auch unlösbares Problem. Sie fand, wenn überhaupt, nur über Hitler statt und steigerte seine Machtfülle.

Der Begriff „Führung" orientierte sich schon in der Partei und später dann auch auf der Ebene staatlicher Herrschaft weniger an den administrativen Regeln und Gesetzmäßigkeiten des überkommenen „Normenstaates" (Fraenkel) als an Begriffen wie „Treue", „Gefolgschaft", „persönliche Loyalität" und „Führerbindung". Die Gauleiter waren vom „Führer" in ihren Gauen als Stellvertreter eingesetzt und hatten in ihrer Leitungsfunktion weitgehend freie Hand und einen großen Ermessensspielraum vielfach auch gegenüber staatlichen Instanzen, wenn sie diese nicht überhaupt in einer parteiamtlich-staatlichen Doppelfunktion als „Reichsstatthalter" selbst repräsentierten. Die Immediatstellung der einzelnen höchsten Funktionsträger gegenüber ihrem „Führer" und die alten Loyalitätsbindungen aus der gemeinsamen „Kampfzeit" gaben ihnen eine aus dem „Führerwillen" abgeleitete autonome und nahezu unangreifbare Stellung, in der sie in ihrem eigenen Amts- und Aufgabenbereich, sofern sie nicht mit dem „Führerwillen" kollidierten, ungehindert schalten und walten, Initiativen entfalten und die staatlichen Amtsträger überspielen konnten. Hier war das „Führer-

prinzip" bewußt auf die Mittelinstanzen übertragen worden. Cliquenwesen und Klientelverhältnisse, Kameraderien und persönliche Gunstbezeugungen, Rivalitäten und Intrigen erhielten überall im Partei- und dann auch im Staatsapparat ein weit größeres Gewicht, wenn es um die Durchsetzung von Entscheidungen ging, als ein regelhaft arbeitender bürokratisch-administrativer Apparat.
Hermann Göring, um nur ein späteres Beispiel aus der Zeit der forcierten Aufrüstung zu nehmen, vermochte in dem erbitterten Ringen um die begrenzten materiellen Ressourcen in der Regel seine Anforderungen für die Luftwaffe gegenüber denen von Heer und Marine unter Einsatz seiner persönlichen Beziehungen zu Hitler durchzuboxen. Gauleiter wie Mutschmann in Sachsen, Goebbels in Berlin, Koch in Ostpreußen oder Lohse in Schleswig-Holstein, alles „alte Kämpfer", schufen sich eigene, fast unangefochtene Machträume und vermochten diese teilweise nach 1941 noch auszubauen, etwa als Koch zusätzlich das Amt des Reichskommissars Ukraine und Lohse das des Reichskommissars Ostland übernahm. Nur zweimal kam es zu ernsthaften Konflikten, die Hitlers Stellung unmittelbar bedrohten und beide Male griff er hart durch: bei der Führungskrise um Gregor Strasser im Herbst 1932 und in der sogenannten „Röhm-Affäre" im Juni 1934, die der „alte Kämpfer" mit dem Leben bezahlen mußte.
Zwar führte dieses Prinzip konkurrierender Instanzen und Herrschaftsträger in Staat und Partei, aber auch innerhalb der Partei bis hinunter auf die kommunale Kreis- und Ortsgruppenebene zu oft anarchischen Zuständen und hohen Reibungsverlusten. Es gab keine geregelten und genau fixierten Entscheidungs- und Instanzenwege. Führerentscheidungen wurden oft mündlich gegeben. Aber dies alles stärkte doch die Stellung und die Unersetzbarkeit des „Führers" als eines höchsten Schiedsrichters. Es verhinderte Machtzusammenballungen, die ihm hätten gefährlich werden können, und kam im übrigen seinem schon in frühen Münchner Jahren entwickelten und dann bis zuletzt gepflegten Führungsstil entgegen, Entscheidungen so lange auszuweichen, bis sie tatsächlich unabwendbar wurden. Vor allem aber setzte das Konkurrenzprinzip schon in der „Kampfzeit" und dann auch noch im Kriege bis zuletzt hohe Energien frei, als sich das Reich unter den Schlägen der Alliierten langsam aufzulösen drohte. Ehrgeiz, Karrieredenken und ideologische Verblendung ließen die Gauleiter in ihren „Gausatrapien", aber auch Kreis- und Ortsgruppenleiter oft noch radikaler als ihre Konkurrenz oder der „Führer" selbst handeln, etwa wenn es ab 1941 darum ging, in einem mörderischen Wettlauf ihre Gaue, Kreise, Städte oder Gemeinden als „judenfrei" nach Berlin zu melden. Auch hier war schon früh im Parteiapparat – ob aus planmäßigem Machtkalkül Hitlers oder nicht eher aus administrativem Unvermögen, ist umstritten und mag einmal dahingestellt bleiben – ein Mechanismus installiert, der dann

unter persönlicher Verantwortung der Täter auf der Ebene staatlicher Herrschaft bis zum bitteren Ende ein Schwungrad der progressiven Radikalisierung in Gang setzte und unterhielt, das erst fünf Minuten nach 12 von außen gestoppt werden konnte, nachdem ihm bereits Millionen unschuldiger Menschen zum Opfer gefallen waren.

3. Die Weltanschauung

Hitler hat wiederholt von seiner Weltanschauung gesprochen, ohne diesen Begriff genau zu definieren und sie systematisch darzustellen. Daraus ist dann nicht selten der Schluß gezogen worden, er sei als ein prinzipienloser Opportunist so stark auf die Erringung und Verteidigung der Macht fixiert gewesen, daß die Ideologie für ihn mehr oder weniger nur ein taktisches und jederzeit variables Versatzstück eines hemmungslosen persönlichen Machtwillens gewesen sei. Durch die Untersuchungen von Jäckel[45] dürfte aber erwiesen sein, daß sich aus den Büchern Hitlers (Mein Kampf, 1. Buch, 1925, Mein Kampf, 2. Buch, 1926, Zweites Buch, 1928), aus seinen persönlichen Aufzeichnungen[46] und seinen Reden[47] so etwas wie ein in sich schlüssiges und konsistentes ideologisches Gedankengebäude herausdestillieren läßt, das man als handlungsleitenden politischen Impuls sehr ernst nehmen muß. Seinen drei aufeinander bezogenen Kernelementen – Antisemitismus, Antibolschewismus und Lebensraum – fühlte sich Hitler in seiner Politik bis in die letzten Tage im Bunker unter der Neuen Reichskanzlei im April 1945[48] mit dogmatischer Unbeirrbarkeit verpflichtet. Im übrigen gilt gerade auch für den Ideologen Hitler das, was der Historiker Veit Valentin kurz nach 1945 allgemeiner geschrieben hat: „Hitlers Geschichte ist die Geschichte seiner Unterschätzung."[49] In der Darlegung seiner programmatischen Ziele war er stets von einer entwaffnenden Offenheit. Seine Zeitgenossen wollten ihm nicht glauben oder unterdrückten auftauchende Befürchtungen mit der Erwartung, der Parteidemagoge Hitler werde die radikalen Allüren seiner „Kampfzeit" schon in der Regierungsverantwortung ablegen.

Allerdings sind bei der Weltanschauung sofort zwei Einschränkungen zu machen: Hitler fühlte sich stets als Programmatiker und als Politiker. Wenn es ihm opportun erschien – etwa während der Berliner Olympiade 1936 oder beim Pakt mit Stalin 1939 – konnte er seine ideologische Radikalität aus taktischen Gründen zeitweilig zügeln und von seinen Zielen durchaus temporär Abstriche machen. In seiner Weltanschauung so etwas wie einen detaillierten „Fahrplan" seiner Politik zu sehen, hieße, seinen opportunistischen Machttrieb, seinen Pragmatismus und seine taktische Wendigkeit zu unterschätzen. Und ein zweites: An seiner Weltanschauung war nichts Neues und nichts Originelles, sieht man einmal von der zynischen Offenheit ab, mit der er über seine virtuos gehandhabte Technik der Massenmobilisierung und Massenpsychologie, der Propaganda und der Organisation sprach.

Ideologische Ambivalenz

Es handelte sich um ein eklektisches Konglomerat von Ideen und Mentalitäten, Vorstellungen und Wünschen, Emotionen der verschiedensten Herkunft, das erst durch die Manipulation einer radikalen politischen Bewegung in einer Krisensituation zusammengeschweißt worden ist.[50]

Wenn Goebbels in seiner Rundfunkrede vom 1. April 1933 über die nationalsozialistische Machtübernahme emphatisch verkündete: „Damit wird das Jahr 1789 aus der Geschichte gestrichen“[51], so ordnete er sie zwar in die gegenrevolutionären Bewegungen Europas nach der Französischen Revolution ein, nicht ohne ihr jedoch gleichzeitig die Qualität einer „deutschen Revolution“ zu attestieren[52]. Diese schillernde Ambivalenz des Nationalsozialismus, seiner Ideologie und seiner Politik wird man immer im Auge behalten müssen, führte sie ihm doch gerade Anhänger aus allen Volksschichten und mit ganz verschiedenen Erwartungen zu und machte sie doch die eigentlich integrierende Kraft dieser Bewegung aus: Nationalsozialistische Ideologie und Praxis waren zugleich reaktionär und modernistisch, antimarxistisch und sozialrevolutionär, agrarromantisch und industriekapitalistisch, diktatorisch und plebiszitär, elitär und populistisch.

Diese Doppelgesichtigkeit kennzeichnete das ganze Arsenal nationalsozialistischer Phraseologie: Die Beschwörung gleichsam vorgesellschaftlicher Natürlichkeit und ‚familiärer' Gemeinschaft, bestimmt von den geheimnisvollen Kräften des Volkstums, des ‚Blutes und Bodens' und ‚Ahnenerbes', wird unvermittelt umgesetzt in die Manipulationstechniken des biologisch-wissenschaftlichen Homo faber, in ‚Reinigung' durch Sterilisation, Euthanasie und Judenliquidierung, in ‚Umvolkung' durch Umsiedlung, Rassenauslese und Volkslistenverfahren etc.[53]

Es gehört mit zu den schrecklichsten Perversitäten des „Dritten Reiches“ und zu den bedrückendsten Beispielen einer weltanschaulichen Verblendung, daß die Tausenden von Verantwortlichen für den Massenmord an den Juden, an Roma und Sinti, an Asozialen und Nicht-Angepaßten, für die „Vernichtung unwerten Lebens“ und für die „Euthanasie“, die Zwangssterilisation und abartige Menschenversuche, darunter Ärzte und Humangenetiker, Neurologen und Psychiater, allen Ernstes glaubten, mit ihren Handlangerdiensten an der Spitze des medizinischen und bevölkerungspolitischen Fortschritts in Europa zu stehen.[54] Die Vorgaben für dieses Handeln waren in einer Weltanschauung angelegt, in der sich die Krise der modernen Zivilisation manifestierte, jene „intentionelle Re-Barbarisierung“ eines Zeitalters, „das wohl hinter die christliche Zivilisation des Mittelalters weit zurückführen und eher die dunkle Epoche vor deren Entstehung, nach dem Zusammenbruch der antiken Kultur zurückbringen werde.“[55]

Gegenrevolutionär im Goebbelsschen Sinne mit einer europäischen Dimension war sicher jener „Ideenschutt“ (J. Fest), der sich in der zweiten Hälfte des 19. Jahrhunderts als Auflehnung gegen die bürgerlich-liberale Ordnung und gegen all das, wofür die europäische Aufklärung gestanden hatte, in zahllosen völkisch-rassistischen Zirkeln, Parteien und Bewegungen in Europa entwickelte, als Folge des Ersten Weltkrieges enorm radikalisierte und dann den Kontinent in der Zwischenkriegszeit in den mannigfachen nationalspezifischen Ausprägungen von Nationalsozialismus und Faschismus überschwemmte. Er tat sich in einer grundsätzlichen Anti-Haltung kund: Antiliberalismus, Antidemokratismus, Antiparlamentarismus, Antikapitalismus, Antimarxismus, Antipazifismus, Antiinternationalismus, Antisemitismus usf. Dagegen stellten Faschismus und Nationalsozialismus den starken Staat, einen radikalen Nationalismus, einen nationalen Sozialismus und einen völkischen Rassismus. Neu bei Hitler und in Deutschland waren die ideologische Synthetisierung der Weltanschauungselemente, die Radikalität und der Populismus ihrer Propagierung und dann vor allem die folgenschweren Konsequenzen ihrer Umsetzung nach 1933 in eine offizielle Staatsdoktrin und in eine praktische Vernichtungspolitik nach innen und nach außen.

Völkischer Rassismus

„Rasse“ und „Raum“ sind die eng miteinander verklammerten Fixpunkte des Hitlerschen Weltbildes und seines Geschichtsverständnisses. Bewegendes Prinzip der Geschichte ist der „Selbsterhaltungstrieb“ der Rassen und Völker.

Alles weltgeschichtliche Geschehen ist aber nur die Äußerung des Selbsterhaltungstriebes der Rassen im guten oder im schlechten Sinne.[56]

Die Rassenfrage gibt nicht nur den Schlüssel zur Weltgeschichte, sondern auch zur menschlichen Kultur überhaupt.[57]

Der „Selbsterhaltungstrieb“ verwirklicht sich nur in einem ewigen Lebenskampf.

Daß aber diese Welt dereinst noch schwersten Kämpfen um das Dasein der Menschheit ausgesetzt sein wird, kann niemand bezweifeln. Am Ende siegt ewig nur die Sucht der Selbsterhaltung. Unter ihr schmilzt die sogenannte Humanität als Ausdruck einer Mischung von Dummheit, Feigheit und eingebildetem Besserwissen, wie Schnee in der Märzensonne. Im ewigen Kampfe ist die Menschheit groß geworden – im ewigen Frieden geht sie zugrunde.[58]

Das hier formulierte sozialdarwinistische Prinzip des „survival of the fittest“ läßt das gesamte Leben, das der Individuen wie das der Völker, Staaten und Rassen, als einen immerwährenden Kampf erscheinen. In ihm setzt sich der Stärkere gegenüber dem Schwächeren durch.

Der Stärkere hat zu herrschen und sich nicht mit dem Schwächeren zu verschmelzen, um so die eigene Größe zu opfern. Nur der geborene Schwächling kann dies als grausam empfinden, dafür aber ist er auch nur ein schwacher und beschränkter Mensch; denn würde dieses Gesetz nicht herrschen, wäre ja jede vorstellbare Höhe aller organischen Lebewesen undenkbar.[59]

Elementare Voraussetzung für das Überleben der Rassen und Völker als Träger der Geschichte und für die Höherentwicklung des Lebens sind die Reinhaltung der Rasse und die Bekämpfung der Rassenmischung – auch dies für Hitler ein Grundgesetz der Geschichte. Dabei kommt der arischen Rasse als „kulturschöpferisch" eine grundsätzliche Höherwertigkeit gegenüber anderen Rassen zu, insbesondere gegenüber der „jüdischen Rasse" als „kulturzersetzend" und „kulturzerstörend".

Würde man die Menschheit in drei Arten einteilen: in Kulturbegründer, Kulturträger und Kulturzerstörer, dann käme als Vertreter der ersten wohl nur der Arier in Frage. Von ihm stammen die Fundamente und Mauern aller menschlichen Schöpfungen [...].[60]

Antisemitismus

„Der Jude" ist in dem rassistischen Schwarz-Weiß-Schema Hitlers der Antitypus und der Gegenpol zur arischen Rasse schlechthin, die Inkarnation des Bösen. Am 16. September 1919 in seinem ersten politischen Schriftstück schlug Hitler, damals noch Soldat, zum erstenmal den antisemitischen Grundakkord seines Lebens und seines Denkens an, der ihn bis zum Ende nicht mehr verlassen und sein ganzes Handeln geradezu manisch bestimmen sollte:

Der Antisemitismus aus rein gefühlsmäßigen Gründen wird seinen letzten Ausdruck finden in der Form von Progromen [sic]. Der Antisemitismus der Vernunft jedoch muß führen zur planmäßigen gesetzlichen Bekämpfung und Beseitigung der Vorrechte der Juden, die er zum Unterschied der anderen zwischen uns lebenden Fremden besitzt (Fremdengesetzgebung). Sein letztes Ziel aber muß unverrückbar die Entfernung der Juden überhaupt sein.[61]

Sicher war der Begriff „Entfernung" noch vage gehalten und deutete eher auf eine Ausweisung der Juden hin, aber gerade die undeutliche Formulierung läßt auch die Vermutung zu, daß Hitler nicht nur an Entrechtung, Auswanderung und Ausweisung, sondern möglicherweise auch schon an Tötung gedacht hat. Denn bereits am 3. Juli 1920 drückt er sich schon eindeutiger aus:

Der Jude aber wird und wurde durch Jahrtausende hindurch in seinem Wirken zur Rassentuberkulose der Völker. Ihn bekämpfen heißt ihn entfernen.[62]

Wer sich auf den Vergleich mit der damaligen Volksseuche einließ, mußte wissen und wußte auch, daß die Tuberkulose nur durch die Vernichtung des Bakteriums bekämpft werden konnte. Begriffe aus der Parasitologie wie „Parasiten", „Schmarotzer", „Bazillen" usf. sollten sich dann in den Äußerungen Hitlers noch häufen. „Der Jude" wurde identifiziert mit Internationalismus, Egalismus, Pazifismus, mit dem internationalen Börsenkapital und dem Marxismus, mit Demokratie,

Völkerbund, Novemberrevolution und der Weimarer Republik insgesamt.

„Lebensraum"

Die Brücke vom „Selbsterhaltungstrieb" und von der „Rasse" zum „Raum" war bald geschlagen. Denn zwar erfüllte sich das Gesetz der Geschichte in einem „ewigen Kampf der Menschen gegen Tiere und gegen Menschen selbst" und stellte „für jede Kreatur auf dieser Erde der Selbsterhaltungstrieb in seinen beiden Zielen der Selbsterhaltung und Forterhaltung die elementarste Gewalt dar", doch war „die Möglichkeit der Befriedung jedoch begrenzt" und zwar räumlich begrenzt.

In dieser Begrenzung des Lebensraumes liegt der Zwang zum Lebenskampf, im Lebenskampf dafür aber die Voraussetzung zur Entwicklung.[63]

Erst Eroberung und Besitz von „Lebensraum" sicherten die Chance zur Befriedigung des „Selbsterhaltungstriebs", zur Erhaltung der „Rasse" und zur „Höherentwicklung", wie umgekehrt die „Reinhaltung der Rasse" erst die Kraft zur Inbesitznahme und Verteidigung von „Lebensraum" gewährleistete. „Selbsterhaltungstrieb", „Rasse", „Raum" und „räumliche Expansion" gingen also eine unauflösbare Verbindung in Hitlers Weltanschauung ein.

Den weiteren Bezug zu Politik und Staat stellt er dadurch her, daß er das biologistische Prinzip der Selbsterhaltung und des Lebenskampfes zum zentralen Bewegungsgesetz historischer Entwicklung erklärt und Geschichte selbst zur Lehrmeisterin des politischen Handelns.

Wenn aber Politik werdende Geschichte ist und Geschichte selbst die Darstellung des Ringens von Menschen und Völkern um die Selbst- und Forterhaltung gibt, dann ist damit Politik in Wahrheit die Durchführung des Lebenskampfes eines Volkes. Politik aber ist damit nicht nur der Kampf eines Volkes um sein Dasein an sich, sondern für uns Menschen die Kunst der Durchführung dieses Kampfes. Indem nun die Geschichte als Darstellerin des bisherigen Lebenskampfes der Völker zugleich die versteinerte Wiedergabe der jeweiligen Politik ist, ist sie damit aber auch die geeignetste Lehrmeisterin für unser eigenes politisches Handeln.[64]

Dieses aus dem Lebenskampf abgeleitete biologistische Politikverständnis hatte zwei revolutionäre Konsequenzen, mit denen der Radikalantisemitismus Hitlers weit über den traditionellen Antisemitismus bürgerlich-völkischer Zirkel und Parteien hinauswuchs: Die Aufhebung der überkommenen Grenzen zwischen Krieg und Frieden, zwischen Innen- und Außenpolitik.

Wenn mithin die Aufgabe der Innenpolitik – neben der selbstverständlichen Befriedigung der sogenannten Tagesfragen – die Stählung eines Volkskörpers sein muß, indem sie planmäßig seine inneren Werte hegt und fördert, dann ist es die Aufgabe der Außenpolitik, diese innere Ausbildungsarbeit eines Volkskörpers nach außen zu decken und mitzuhel-

fen, die allgemeinen Lebensvoraussetzungen zu schaffen und zu sichern. Eine gesunde Außenpolitik wird dabei als letztes Ziel immer die Gewinnung der Ernährungsgrundlagen eines Volkes im Auge behalten müssen. Die Innenpolitik hat einem Volke die innere Kraft zu sichern für seine außenpolitische Behauptung. Die Außenpolitik hat einem Volk das Leben zu sichern für seine innenpolitische Entwicklung. Innen– und Außenpolitik sind damit nicht nur auf das engste miteinander verbunden, sondern haben gegenseitig ergänzend zu wirken.[65]

Politik ist die Kunst der Durchführung des Lebenskampfes eines Volkes um sein irdisches Dasein. Außenpolitik ist die Kunst, einem Volke den jeweils notwendigen Lebensraum in Größe und Güte zu sichern. Innenpolitik ist die Kunst, einem Volk den dafür notwendigen Machteinsatz in Form seines Rassenwertes und seiner Zahl zu erhalten.[66]

Der Staatszweck wird bei Hitler ebenfalls primär biologistisch und rassistisch im Blick auf „die Erhaltung des rassischen Daseins der Menschen“[67] definiert.

Der Staat ist ein Mittel zum Zweck. Sein Zweck liegt in der Erhaltung und Förderung einer Gemeinschaft physisch und seelisch gleichartiger Lebewesen. Diese Erhaltung selber umfaßt erstlich den rassenmäßigen Bestand und gestattet dadurch die freie Entwicklung aller in dieser Rasse schlummernden Kräfte [...] Staaten, die nicht diesem Zweck dienen, sind Fehlerscheinungen, ja Mißgeburten [...] Somit ist der höchste Zweck des völkischen Staates die Sorge um die Erhaltung derjenigen rassischen Urelemente, die als kulturspendend, die Schönheit und Würde eines höheren Menschentums schaffen [...].[68]

Anti-bolschewismus

Zu „Rasse“ und „Lebensraum“ trat als drittes konstitutives Element des Hitlerschen Weltbildes sein Antibolschewismus, den er an sich mit vielen Millionen Menschen damals teilte. Aber auch hier war es neu und revolutionär, wie das imperialistische Ausgreifen nach Osten „auf Kosten Rußlands“ und die „Bodenpolitik der Zukunft“ nicht nur in überkommener Weise wie im Wilhelminischen Deutschland ökonomisch, geo– und machtpolitisch begründet werden, sondern auch rassebiologisch: Denn mit der Übernahme der Macht in Rußland durch die jüdischen Bolschewisten sei dem russischen Volk „die staatenbildende Wirksamkeit des germanischen Elementes in einer minderwertigen Rasse“ genommen und der „germanische Kern seiner oberen leitenden Schichten [...] fast restlos ausgerottet und ausgelöscht“ worden.

An seine Stelle ist der Jude getreten [...] Er selbst ist kein Element der Organisation, sondern ein Ferment der Dekomposition. Das Riesenreich im Osten ist reif zum Zusammenbruch. Und das Ende der Judenherrschaft in Rußland wird auch das Ende Rußlands als Staat sein. Wir sind vom Schicksal ausersehen, Zeugen einer Katastrophe zu werden, die die gewaltigste Bestätigung für die Richtigkeit der völkischen Rassentheorie sein wird.[69]

Papier ist geduldig, wird man hier sagen können und haben die Zeitgenossen auch damals gesagt, vor allem das Papier eines Demagogen, der, als er dies Mitte der zwanziger Jahre niederschrieb, weit von der Macht entfernt war und damals eigentlich eher die Chance hatte, als einer der vielen, wenn auch besonders radikalen völkischen Prediger irgendwann in Vergessenheit zu geraten. Auch dürfte es wichtiger sein, statt den – so schien es lange – eher abartigen Gedankengängen eines Hitler zu folgen, die Bedingungen und Verantwortlichkeiten zu rekonstruieren, die ihn erst ermöglicht und ihm die Macht gegeben haben, seine Pläne zu realisieren. Aber wir können bei der Lektüre nicht davon absehen, daß Hitler in vollem Wissen um das, was er gedacht und geplant hat, die Macht in Deutschland überantwortet worden ist und seine Weltanschauung dann zu einer der mächtigsten Triebfedern und Voraussetzungen seines Handelns wurde.

– „Deutschland wird entweder Weltmacht oder überhaupt nicht sein", – dies schrieb er 1925 [70], und seine Politik wurde mit Kriegsbeginn zunehmend, wie er selbst mit unverfrorener Offenheit seiner engeren Umgebung gegenüber bekannte, zu einem Vabanquespiel mit dem Schicksal Deutschlands und Europas um alles oder nichts, in dem er sich keinen Rückzug in einen Kompromiß oder Sonderfrieden mehr offenließ.

– Sicher bedurfte es einer besonderen politischen Konstellation, die erst mit dem Krieg gegeben war, in der Hitler seine Absichten, die Juden zu ermorden, verwirklichen konnte, wenn er sie denn schon in den zwanziger Jahren gehabt hat. Auch hat er in seiner Wahlpropaganda bis 1933 den Antisemitismus mit Rücksicht auf seine konservativen Partner fast ganz ausgespart. Aber wer – und dies ist ein Katalog aus dem 1. Band von „Mein Kampf" [71], dem wohl am wenigsten gelesenen „Bestseller der Welt" – den Juden zur Made im faulenden Leibe, zur Pestilenz, schlimmer als der schwarze Tod von einst, zum ewigen Spaltpilz der Menschheit, zur Drohne, die sich in die übrige Menschheit einschleicht, zur blutsaugenden Spinne, zu einer sich blutig bekämpfenden Rotte von Ratten, zum Parasiten, Schmarotzer, Bazillus, Blutegel und Völkervampyr erklärt, hat sie bereits aus der menschlichen Gemeinschaft ausgeschlossen und mit seiner Sprache zur Vernichtung freigegeben.

– Wer die „Entfernung" der Juden und die Bewahrung von „Rassenreinheit" und „Rassenwert" eines Volkes zum Staatsziel und zugleich zur unabdingbaren Voraussetzung für den erfolgreichen Kampf um „Lebensraum" deklariert, stellt bereits den Verkehr mit Juden, menschliche Zuwendungen oder Hilfeleistungen für sie als eine Form des Hochverrates und der Sabotage an der „rassischen Aufrüstung" unter die verschärften Gesetze des politischen Strafrechts.

– Hitlers Prophezeiung, alles Schwache werde nach einem gleichsam naturgesetzlichen Vorgang dem Starken zum Opfer fallen, stigmatisierte bereits Behinderte, unheilbar Kranke und „Asoziale" und gab sie zumindest gedanklich schon zur „Euthanasie" und zur „Ausmerze" frei. Alle rassenpolitischen und rassenhygienischen Maßnahmen von der Zwangssterilisation bis zum Anstaltsmord, von der Isolierung und Ghettoisierung der Juden innerhalb der Gesellschaft bis zu ihrer Tötung waren nach Hitlers Weltanschauung unabdingbare Bestandteile einer rasseideologischen Aufrüstung, gleichberechtigt neben der wirtschaftlichen und militärischen Stärkung der Volkskraft für den globalen Endkampf um „Lebensraum". Hier war bereits in „Mein Kampf" von Anbeginn ideologisch mit einer geradezu zwanghaften Konsequenz nicht nur die Umwertung aller überkommenen menschlichen und gesellschaftlichen Werte, sondern eine gezielte Pervertierung des geltenden Straf- und teilweise auch des Zivilrechts und aller tradierten liberalen Rechtsnormen angelegt.

4. Die Krise der Republik und die Auslieferung der Macht an die Nationalsozialisten

Wann begann die Vorgeschichte des „Dritten Reiches"? Diese Frage nach den Wurzeln und Ursachen der nationalsozialistischen Machteroberung ausgerechnet in Deutschland hat inzwischen eine Fülle von – durchaus kontroversen – Antworten provoziert. Nur darüber ist man sich einig: Auf wenige oder gar nur eine Ursache dürfen diese Antworten nicht reduziert werden. Vielmehr gilt es, die ganze Vielfalt der Entstehungsbedingungen auszuloten und sie im einzelnen zu gewichten. Dies kann hier nur in groben Umrissen geschehen. Waren diese Bedingungen überwiegend europäischer Natur oder eher in der deutschen Geschichte angelegt? Lagen die Wurzeln weiter zurück oder eher kurzfristig in den Krisen und Verwerfungen der Zwischenkriegszeit?
Sicher läßt sich der gemeineuropäische Hintergrund für das Aufkommen faschistischer Bewegungen, unter denen der Nationalsozialismus als eine besonders radikale Form hervorstach, stichwortartig skizzieren: eine sozioökonomische Modernisierungs- und Anpassungskrise unter den Herausforderungen des modernen Kapitalismus, ein imperialistisch übersteigerter Nationalismus, eine konservativ-autoritäre Vergottung des starken Staates, eine nationalistische Sonderform des Sozialismus als „dritter Weg" zwischen Marxismus und Kapitalismus, eine völkisch-rassistische Gemeinschaftsideologie, eine Revolte gegen die liberaldemokratische Ordnung, allgemeine Bolschewismusfurcht, die Radikalisierung des politischen Denkens und der politischen Kultur durch den Ersten Weltkrieg und die Nachkriegsrevolutionen usf.
Es bleibt aber die uns alle bis heute bedrängende Frage, warum es gerade in Deutschland und nicht einmal im Italien Mussolinis, dem Vor-

bild aller Faschismen und auch Hitlers, zu dieser radikalen Ausprägung gekommen ist. Bemühungen der alliierten Re-education-Bewegung nach 1945, die Wurzeln des Nationalsozialismus in einem spezifisch deutschen Nationalcharakter auszumachen oder Hitler in eine Ahnengalerie negativer Helden von Luther über Friedrich II. von Preußen bis zu Bismarck zu stellen, können heute, weil viel zu undifferenziert, als Makulatur gelten. Versuche, die historische Optik enger und schärfer auf das Bismarckreich zu richten, führen uns zwar näher an unseren Gegenstand heran, geraten aber leicht in den falschen Verdacht, als solle damit die gesamte jüngere deutsche Geschichte zwischen 1871 und 1933 als Vorgeschichte in den lastenden Schlagschatten des NS-Regimes gerückt werden. Auch das ist unzulässig.

Legenden

Zunächst müssen noch einmal einige liebgewordene Legenden und Klischees zurückgewiesen werden, die sich inzwischen in unser historisches Urteil über das „Dritte Reich" eingenistet haben. Hitler war bis zum Winter 1932/33 weder unausweichlich noch eine zwingende Notwendigkeit. Im Vordergrund der politischen Überlegungen standen bis zuletzt als Alternativen auch autoritäre Lösungen eines Hindenburg-Kabinetts ohne den braunen Parteidemagogen mit Papen, Schleicher oder anderen Konservativen an der Spitze – Lösungen, die auf weitere Sicht für Europa sicher nicht unbedingt den Frieden garantiert, aber doch sicher nicht zu den Exzessen des Nationalsozialismus und zur schnellen Zerstörung des Rechtsstaates geführt hätten. Damit wird die Frage nach persönlicher Verantwortung, Fehlverhalten und Leichtsinn bei der Auslieferung der Macht an Hitler um so drängender.

Die NSDAP hat niemals unter den Bedingungen freier demokratischer Wahlen auch nur annähernd die Macht in Deutschland errungen, was freilich nicht heißt, daß die Mehrheit der Wähler für die Weimarer Republik eintrat. Die Hitler-Bewegung erreichte bei den Juliwahlen 1932 mit 37,3 % ihr absolutes Maximum. Dieses lag 0,5 Prozentpunkte über den für Hitler im zweiten Wahlgang bei den Reichspräsidentenwahlen im April 1932 abgegebenen Stimmen. Also nur etwa jeder dritte Deutsche votierte für Hitler. Auch in den an sich anfälligen kleineren deutschen Ländern wie Thüringen und Braunschweig konnte die NSDAP niemals die absolute Mehrheit der Stimmen erlangen, auch wenn sie dort oft nur knapp darunter blieb. An die Macht gehievt von konservativen Kräften wurde Hitler in einem Augenblick, als sich nicht nur ein bemerkenswerter Rückgang der Stimmen für seine Partei, sondern auch noch ein Desaster für die Partei selbst abzeichnete.

Hitler ist kein Produkt der Weltwirtschaftskrise. Seine ersten spektakulären Wahlerfolge lagen bereits 1929 und im Winter 1929/30, also noch vor dem Einsetzen der Weltwirtschaftskrise, und zwar in Kommunal- und Landtagswahlen in Thüringen, wo 1930 die erste Regierung unter Beteiligung der Nationalsozialisten mit dem Münchner Putschisten W. Frick als Innen- und Volksbildungsminister amtierte, in Sachsen, Mecklenburg, Baden, Lübeck, Braunschweig, Oldenburg sowie in ländlichen, krisengeschüttelten Kommunen Schleswig-Holsteins. So überraschend konnte also der erdrutschartige Wahlsieg der NSDAP im September 1930 nicht für den aufmerksamen politischen Beobachter kommen. Damit erscheint die vorzeitige Reichstagsauflösung durch den Reichskanzler Brüning am 18. Juli 1930 in einem noch problematischeren Licht, gab sie doch erst Hitler die Chance für seine massenwirksamen Erfolge.

Freilich ist nicht abzustreiten, daß dann die Weltwirtschaftskrise nach ihrem vollen Einsetzen 1931 der bereits im Aufwind befindlichen Hitler-Bewegung Millionen von Protestwählern zugeführt hat.

Hitler hat die Weimarer Republik nicht zerstört, ihre schließliche Auflösung aber zusammen mit den konservativen Drahtziehern, die ihn an die Macht brachten, erheblich beschleunigt. Diese Republik war 1930 bereits nur noch ein Schatten ihrer selbst, das parlamentarisch-demokratische System, wie es von den Vätern der Weimarer Reichsverfassung ursprünglich intendiert worden war, nur noch eine leere Hülse. Viele Zeichen deuteten schon Anfang der dreißiger Jahre auf „den Tiefstand, auf dem das parlamentarische System angelangt war, und zwar keineswegs allein aufgrund der Obstruktionstaktik der Flügelparteien von rechts und links."[72] „Die Krisengeschichte der Republik und die Erfolgsgeschichte des Nationalsozialismus verhalten sich komplementär."[73] – dies allerdings nicht in dem kausalen Sinne, als ob die Nationalsozialisten den Untergang der Weimarer Republik eingeleitet hätten.

Weimar war keine „wehrhafte Demokratie" (Mannheim) wie später die Bundesrepublik Deutschland. Im Gegenteil: Die Weimarer Reichsverfassung (WRV) lieferte den Rechtsextremisten die Plattform nicht nur, um formal legal an die Macht zu kommen, sondern um dann auch die Macht zu konsolidieren und den Diktaturstaat zu etablieren. Dies hatte psychologisch eine sehr gefährliche Wirkung: Die Deutschen hatten sich 1933 längst daran gewöhnt, daß ein „Präsidialkanzler", abhängig vom Vertrauen des Reichspräsidenten und gestützt auf den „Diktaturartikel" 48 WRV, sie regierte, und somit erschien es der Mehrheit gar nicht ungewöhnlich und kaum gefährlich, daß Adolf Hitler scheinbar als vierter „Präsidialkanzler" nach Brüning (Mai 1931 – Mai 1932), v. Papen (Mai 1932 – Dezember 1932) und Schleicher (Dezember 1932 – Januar 1933) von Hindenburg am 30. Januar 1933 in die Regierungsverantwortung gerufen wurde.

Wieder kamen die Zeitumstände Hitler entgegen, und diesmal waren es die „Geburtsfehler" und die schweren Hypotheken, unter denen die Weimarer Republik 1918 antreten mußte und denen sie am Ende als „Jedermanns Vorbehaltsrepublik" (Dülffer) nicht gewachsen war. Dazu kam, daß dieser Staat kaum Zeit hatte, seine attraktiven parlamentarisch-demokratischen, rechtsstaatlichen und sozialen Vorzüge zu entwickeln und fest im Bewußtsein seiner Staatsbürger so weit zu verankern, daß es sich offenbar lohnte, für ihn gegenüber seinen rechts- und linksradikalen Bedrohern auf die Barrikaden zu gehen. Kaum daß sich Weimar von der militärischen Niederlage des Kaiserreiches, der Novemberrevolution und der Hyperinflation einigermaßen erholt hatte, stürzte eine neue, diesmal weltweite tiefe Krise seine Bürger in Verzweiflung und Resignation.

Schwächen der Weimarer Reichsverfassung

Aber welches waren denn die „Geburtsfehler" und „Hypotheken", die Hitler offenkundig so wirkungsvoll für sich ausnutzen konnte?

Die Weimarer Reichsverfassung war von ihrer Form her ein seltsamer „Zwitter": In ihr waren nebeneinander ein eher rückwärtsgewandtes, noch am preußisch-deutschen Obrigkeitsstaat orientiertes autoritär-präsidentielles und ein modernes parlamentarisch-demokratisches Prinzip verankert. Dem – auf vier Jahre gewählten – Reichstag stand ein – vom Volk auf sieben Jahre bestellter – Reichspräsident gegenüber. Er vereinigte auf sich eine ungewöhnliche und, wie sich ab 1930 zeigen sollte, für die Republik verhängnisvolle Macht: das Recht zur Auflösung des Reichstages, „jedoch nur einmal aus dem gleichen Anlaß" (Art. 25 WRV), den Oberbefehl über die Reichswehr (Art. 47 WRV), die Handhabung des Notstandsrechts (Art. 48 WRV) und das Recht zur Ernennung und Entlassung des Reichskanzlers und auf dessen Vorschlag der Reichsminister ohne Mitwirkung des Parlamentes (Art. 53 WRV).

Art. 48

Besonders der berühmt-berüchtigte Notstandsartikel 48 WRV wurde zur gefährlichen Einbruchsstelle der präsidentiellen Diktaturgewalt und zum Instrument für die Etablierung des Diktaturstaates unter Hitler. Dabei war er ursprünglich von den Verfassungsvätern zum Schutz der Republik in den bürgerkriegsähnlichen Unruhen der Nachkriegszeit gedacht. Aber schon Reichspräsident Ebert setzte ihn ein im „Gesetzgebungsnotstand", wenn der Reichstag seine mehrheitliche Zustimmung zu gewissen Gesetzesvorhaben verweigerte. Konnte man dem Sozialdemokraten Friedrich Ebert aber noch mit gutem Recht unterstellen, im Interesse der Demokratie gehandelt zu haben, so benutzten der Reichspräsident von Hindenburg und seine konservativen Gefolgsleute den Art. 48 ab 1930 unter dem Gebot des „Verfassungsnotstandes", wie sie ihn verstanden, bewußt für eine autoritäre Verformung der Verfassung. Hier rächte es sich, daß weder der Absatz 1 mit dem Recht der Reichsexekutive gegen ein unbotmäßiges Land noch vor allem der Absatz 2 des Art. 48 in ihrer Anwendung genauer, wie an sich im Absatz 5 vorgesehen, durch ein Ausführungsgesetz definiert und schärfer eingegrenzt worden sind:

Der Reichspräsident kann, wenn im Deutschen Reiche die öffentliche Sicherheit und Ordnung erheblich gestört oder gefährdet wird, die zur Wiederherstellung der öffentlichen Ordnung nötigen Maßnahmen tref-

fen, erforderlichenfalls mit Hilfe der bewaffneten Macht einschreiten. Auch dürfen zu diesem Zweck vorübergehend Grundrechte außer Kraft gesetzt werden.

Vorsichtshalber eingebaute Sicherungen gegen Mißbrauch – Gegenzeichnungspflicht des Reichskanzlers und nachträgliche Vorlage vor dem Reichstag mit dem Recht zur Aufhebung – wurden faktisch beseitigt durch die ständige Androhung einer Reichstagsauflösung nach Art. 25 und damit von aufwendigen Neuwahlen, bei denen dann ein weiterer Anstieg des Rechtsextremismus zu befürchten war, und durch die Drohung mit der Entlassung des Kanzlers gem. Art. 53.

Der autoritäre Kurs ab 1930

Der autoritäre Kurs mit Hilfe des Art. 48 wurde bereits im Winter 1929/30, also noch vor der Weltwirtschaftskrise und ihren wirtschaftlichfinanziellen Konsequenzen im Innern, gezielt durch Schleicher als Chef des Ministeramtes und „graue Eminenz" der Reichswehr unter dem Beifall rechtskonservativer Kreise und mit Hilfe des Reichspräsidenten vorbereitet und dann mit zunehmender Härte von Brüning, Papen und Schleicher selbst als Reichskanzler zum Schaden der Republik und letztlich zum Vorteil Hitlers exekutiert. Auch hier brauchte der braune Demagoge zunächst keine Hand zu rühren und konnte schließlich die Ernte einbringen, die seine konservativen Steigbügelhalter gesät hatten. Die Macht wurde ihm zugespielt von Kräften, die eine andere Republik als die 1919 begründete und die Rückkehr zum preußisch-deutschen Obrigkeitsstaat anstrebten.

Die Folgen dieses autoritären Kurses waren verheerend. Der Reichstag wurde ab 1930 schrittweise aus dem ordentlichen Gesetzgebungsverfahren ausgeschaltet bzw. ließ sich durch mehrwöchige Vertagungen selbst ausschalten; seine demokratischen Parteien unter waren dem ständigen Damoklesschwert der Parlamentsauflösung einem ohnmächtigen Tolerierungskurs gegenüber der Präsidialregierung und damit einem rapiden Abnutzungsprozeß und Verfall ihrer Autorität unterworfen. In den Augen einer immer ungeduldigeren und illusionsloseren Öffentlichkeit und unter kräftiger Nachhilfe durch die hemmungslose Demagogie der Links- und Rechtsradikalen erschienen sie belastet und diskreditiert durch die unsozialen Härten und Opfer des präsidialen Notverordnungsregimes, besonders durch den rigiden Spar- und Deflationskurs Heinrich Brünings, ohne selbst noch Kontrolle ausüben oder das Steuer herumreißen zu können. Das unselige Wort von der „Parteienauflösung" machte schon ein Jahr, bevor Hitler ihnen dann den Todesstoß versetzen sollte, die Runde, und tatsächlich hatte dieser Auflösungsprozeß in der bürgerlich-demokratischen Mitte mit Ausnahme von Zentrum und Bayerischer Volkspartei ja schon längst eingesetzt.

Ab 1930 wurde schrittweise die Gewaltenteilung zwischen Exekutive und Legislative, die im deutschen Staatsdenken nie recht tief verankert war, abgebaut und damit eines der wirksamsten Mittel gegen eine diktatorische und unkontrollierte Ausweitung der Exekutivgewalt. Es schlug, legal durch den Art. 48 abgestützt, mit der präsidialen Notverordnungspraxis die Stunde der Reichsexekutive mit dem Reichspräsidenten, der Reichsregierung und einer immer mächtigeren Reichsbürokratie und gleichzeitig durch die Einsetzung von Reichs- und Staatskommissaren für die Durchsetzung des Sparkurses bis hinunter auf Länder- und Kommunalebene auch die Stunde des „Maßnahmenstaates" (Fraenkel), den Hitler schließlich perfektionieren sollte.[74]

Neben der Gewaltenteilung gehörten und gehören in Deutschland zu den wichtigsten Verteidigungsbastionen gegen eine extensive und unkontrollierte Ausweitung zentralistischer Befugnisse an der Reichsspitze traditionell der historisch tief verwurzelte Föderalismus der Länder und Gemeinden und die bundesstaatliche Ordnung. Auch diese Bastion demokratischer Kontrolle von unten wurde bereits mit Hilfe des Art. 48 in ihren Grundfesten erschüttert, bevor Hitler sie mit der Beseitigung der Länderhoheit im März 1933 nur endgültig zu schleifen brauchte. Brüning höhlte die Finanzhoheit der Länder und Kommunen und damit den Föderalismus unter Hinweis auf eine notwendige Durchsetzung seines Sparkurses bis auf die unterste Verwaltungsebene bereits nachhaltig aus. Den ersten spektakulären Höhepunkt der verhängnisvollen Entföderalisierung des Reiches markierte Papens „Preußenschlag" vom 20. Juli 1932 als Vorleistung an Hitler für eine Tolerierung seiner Regierung. Von hier aus läßt sich eine direkte Linie zur Machteroberung durch die Nationalsozialisten ziehen.

Der „Preußenschlag"

Unter dem fadenscheinigen Vorwand, die geschäftsführende preußische Regierung Braun/Severing habe es bei der Bekämpfung des Kommunismus an notwendiger Härte fehlen lassen, erwirkte Papen eine Notverordnung „über die Wiederherstellung der Sicherheit und Ordnung im Gebiet des Landes Preußen". Er setzte die Regierung ab und sich selbst als kommissarischen Ministerpräsidenten, den Essener Oberbürgermeister Bracht als stellvertretenden Reichskommissar und kommissarischen Innenminister ein und ließ über Berlin und Brandenburg den militärischen Ausnahmezustand verhängen. Dabei wird man berücksichtigen müssen, daß Papen selbst es war, der kurz vorher durch die Aufhebung des SA-Verbotes der Gewalt alle Schleusen geöffnet hatte. Die demokratischen Machtträger gingen vor das Reichsgericht und setzten – ohne Erfolg – auf die bevorstehenden Reichstagswahlen. Sie dokumentierten damit nur, wie reduziert der Abwehrwille der demokratischen Kräfte bereits war, wie weit verbreitet die allgemeine Resignation und wie niedrig und brüchig die Schranken waren, die sich einer Vernichtung der Demokratie damals noch entgegenstemmten. Es kam wider Erwarten nicht zum politischen Generalstreik der Gewerkschaften gegen diesen offenkundigen Staatsstreich. 6 Millionen Arbeitslose hatten den gewerkschaftlichen Widerstandswillen gelähmt.

Die Stunde einer machtvollen Demonstration demokratischen Selbstbewußtseins wurde verpaßt, sechs Monate später, am 30. Januar 1933, als ebenfalls gewerkschaftliche Aktionen erwartet wurden, sollte sich dies rächen.
Der 20. Juli 1932 bot bereits einen Vorgeschmack auf die kommende nationalsozialistische Gleichschaltung. Die Verwaltung Preußens wurde von demokratischen Kräften nachhaltig „gesäubert", das Terrain für die nationalsozialistische Machtusurpation bereits vorbereitet. Das gleichgeschaltete Preußen, nach 1918 ein Bollwerk der „Weimarer Koalition" und der demokratischen Kräfte in Deutschland, wurde den Nationalsozialisten Anfang Februar 1933 von Papen gleichsam auf einem Silbertablett als Einstandsgeschenk für die gerade geschlossene „nationale Ehe" präsentiert. Göring zunächst als preußischer Innenkommissar und bald darauf als preußischer Ministerpräsident brauchte nur zuzugreifen, sich die preußische Polizei zu unterstellen und die Verfolgung der Gegner einzuleiten. Die Technik der Machteroberung auf scheinlegalem Wege einer Anwendung des Art. 48 WRV klappte perfekt: Am 28. Februar 1933 war es die sogenannte „Reichstagsbrandverordnung" nach Art. 48,2, mit der sich das braune Terrorregime formal und faktisch bis 1945 etablierte.
Wie recht sollte ein politisch integrer und kompetenter Zeitgenosse, Brünings Staatssekretär Hermann Pünder, haben, als er Anfang Juni 1932 dem Staatssekretär im Reichsfinanzministerium, Hans Schäffer, seinen negativen Eindruck über die Kanzlerschaft Papens anvertraute:
Er (d. h. Pünder) *erblickt in der gegenwärtigen Regierung nur eine Vorstufe zum Dritten Reich. Die Menschen glaubten zwar vielleicht, eine Herrschaft der Nazis verhindern zu können. Sie irrten sich aber darin ganz sicher. Die Männer, welche den Reichspräsidenten in diesem Sinne beraten hätten, hätten eine schwere Verantwortung auf sich geladen.*[75]

Die konservativen Eliten

Das schon mehrfach angesprochene Bündnis- und Protektionsverhältnis zwischen Hitler und den konservativen Eliten, wie es sich im „Reichsausschuß" für das Volksbegehren gegen den Young-Plan vom 9. Juli 1929 und dann in der Harzburger Front am 11. Oktober 1932 manifestierte und Hitler schließlich an die Macht trug, weist ebenfalls tiefer in die deutsche Geschichte zurück und zwar auf eine besondere Eigentümlichkeit des deutschen Modernisierungsprozesses.
Der dynamische und rasche Durchbruch Deutschlands zur führenden Industriemacht der Welt um die Jahrhundertwende mit allen sozialen Konsequenzen, die das hatte, vollzog sich verfassungsmäßig im traditionellen Gehäuse des überkommenen autoritären und kaum reformfähigen preußisch-deutschen Obrigkeitsstaates. Die politische Modernisierung blieb auf der Strecke. In dem klassischen Land der Ungleichzeitigkeit mit dem „unüberwundenen Rest älteren ökonomischen Seins und Bewußtseins", wie es Ernst Bloch einmal genannt hat,[76] gaben po-

litisch nach wie vor die vorindustriellen und vorkonstitutionellen Führungsgruppen den Ton an: der Hof- und Feudaladel, die Beamtenschaft und die Militärkaste. In dem unter Bismarck in den siebziger Jahren etablierten protektionistischen Bündnis von „Hochofen und Rittergut" gesellte sich zu diesen alten gesellschaftlichen Kräften ein teilweise feudalisiertes Besitz- und Bildungsbürgertum, Industrielle, Bankiers, Professoren und Geheimräte. Einig war man sich in der entschlossenen Zurückweisung der Emanzipationsansprüche des „vierten Standes" und blockierte dementsprechend alle Tendenzen einer Parlamentarisierung und Demokratisierung der politischen Macht, um nicht Sozialdemokratie und Linksliberalen das Feld überlassen zu müssen. Eine stabile und zukunftsweisende liberal-demokratische politische Kultur und Verfassungsordnung hatten im kaiserlichen Deutschland kaum eine Chance.
Der Schock der unerwarteten militärischen Niederlage und der damit demonstrierte Bankrott des monarchischen Herrschaftssystems 1918 waren in ihrer Wirkung nicht nachhaltig genug, um hier längerfristig einen demokratischen Mentalitätswandel in der Bevölkerung und einen Abbau autoritärer Strukturen und dadurch die Grundlagen für eine stabile demokratische Ordnung zu schaffen. Die Weimarer Periode ist einmal „eher eine langwierig abklingende Spätform der wilhelminischen Epoche als ein geschichtlicher Neuanfang" genannt worden.[77] Auf einem solchen Boden konnte sich schwer eine demokratische Resistenz gegen totalitäre Bedrohungen entfalten. Im Gegenteil: In der politisch-militärischen Niederlage Deutschlands entwickelte sich eher der Humus für die Hitler-Bewegung.

Erblasten der Weimarer Republik

Einige Stichworte mögen die schwere Erblast andeuten, unter der die Weimarer Republik begann und die zu verarbeiten und abzubauen ihr keine Zeit vergönnt war: antidemokratisches Denken, obrigkeitsstaatliches Politikverständnis und eine weitgehend noch autoritär geprägte politische Kultur, mangelnde Erfahrung im Umgang mit demokratischen Entscheidungsprozessen, sichtbare Distanz zum Parteienstaat sowie Kompromiß- und Koalitionsunfähigkeit unter den Parteien selbst als Weltanschauungs- und Interessenparteien, verbunden mit der „Neigung zu überparlamentarischer, bürokratisch-verwaltungstechnischer Bewältigung der Politik"[78] durch Fach- und Beamtenkabinette, ein antipluralistisches Gesellschaftsideal, eine zunehmende Polarisierung der sozialen Spannungen in der überkommenen kapitalistischen Klassengesellschaft Weimars, ein verfassungsmäßig abgesichertes Berufsbeamtentum, das sich als „Staatsdiener" mehr den überzeitlichen Werten des Staates als den Geboten einer demokratischen Verfassung verpflichtet fühlte, ein Justizapparat, der in der Regel dann blind war, wenn es um die Verfolgung von politischen Straftaten aus dem rechten Lager ging, ein Bildungssystem, das den mündigen demokratischen Staatsbürger als Erziehungsziel noch nicht überall für sich entdeckt hatte, ein selbstherrlicher Militärapparat, der sich jeder demokratischen Kontrolle entzog, eine gesellschaftlich und auch politisch nach wie vor unangefochten zentrale Stellung von Industrie und Großgrundbesitz usf. Die Weimarer Republik wurde zum Haßobjekt und Sündenbock der reaktionären und restaurativen Kräfte in Staat, Wirtschaft, Gesellschaft und Militär. Ihr lasteten sie die militärische Niederlage durch den „Dolchstoß" der revoltierenden Arbeiterschaft in den Rücken des kämpfenden Heeres, den jähen Fall aus den stolzen Höhen imperialer Weltmachtträume, das „Versailler Schanddiktat" und seine Folgen, vor allem die Reparationen, an.

Reaktionäre Gegner der Republik

Eben jene Kräfte rüsteten sich Ende der zwanziger Jahre zum Sturm auf das parlamentarisch-demokratische System und dies mit politischen Zielvorstellungen, die ihre Wurzeln im Bismarckreich und – etwa bei Hindenburg – noch in der vorkonstitutionell-absolutistischen Zeit hatten. Von einigen krassen Außenseitern wie den Ruhrindustriellen Emil Kirdorf und Fritz Thyssen abgesehen, setzten diese Kräfte in der Reichswehr, in den konservativen Parteien, in der hohen Beamtenschaft, in der Industrie und Großlandwirtschaft zunächst auf den autoritären Umbau der Republik mit Hilfe des Art. 48, nicht ohne dadurch schon das Widerstandspotential gegen die spätere totalitäre Lösung zu zerstören. Ständige Kontakte Brünings, Schleichers, Papens, Schachts bis hin zum Empfang bei Hindenburg am 13. August 1932, der allerdings mit einem Fiasko endete, da Hitler die volle Regierungsverantwortung forderte, halfen mit, den „Führer" der NSDAP politisch und gesellschaftlich „salonfähig" zu machen. Gleiches galt auch für die im Anschluß an Hitlers Rede vor dem Düsseldorfer Industrieclub am 26. Januar 1932 dann von Schacht, Paul Reusch (Generaldirektor der Gute-Hoffnungshütte) u. a. betriebene Gründung einer „Arbeitsstelle" zur wirtschaftspolitischen Beratung der NSDAP oder den parallel entstandenen „Keppler-Kreis", dem namhafte Industrielle wie Albert Vögler (Vereinigte Stahlwerke), August Rostberg (Wintershall AG, Kassel), die Berliner Bankiers Friedrich Reinhart und Emil Meyer, der Kölner Bankier Kurt von Schröder oder die Hamburger Großkaufleute Emil Helfferich und F. A. Witthoeft angehörten. Er trat am 20. Juni 1932 in Berlin im Beisein Hitlers zum erstenmal zusammen und wurde von ihm zur Werbung in führenden Wirtschaftskreisen für seine Machtübernahme benutzt. Vom „Keppler-Kreis" führte der Weg zum Treffen Hitler-Papen im Hause des Bankiers von Schröder am 4. Januar 1933.

Getragen wurden diese Kontakte und Verbindungen von der – wie sich bald herausstellen sollte – illusionären Hoffnung, Hitler konservativ „einrahmen" und durch eine Bindung an die politische Verantwortung „zähmen" und gleichzeitig das Wehrpotential der SA für die geplante Aufrüstung nutzen zu können. Dabei war es reines Wunschdenken, unter Verweis auf den „Legalitätseid" Hitlers vor dem Reichsgericht in

Leipzig darauf zu vertrauen, daß er nur mit legalen Mitteln an die Macht kommen wolle. Für Hitler war der vielbeschworene „legale Weg" stets nur ein taktisches Mittel zu revolutionären Zielen des Staatsumbaus, wie er übrigens auch in Leipzig ganz offen zugab, und eine Plattform, um im Parlament und bei den Wahlen die nationalsozialistische Agitation um so ungehemmter entfalten zu können, für Goebbels das Reichstagsmandat, wie er am 30. April 1928 unverfroren im „Angriff" erklärte, ein Instrument, sich „im Waffenarsenal der Demokratie mit deren eigenen Waffen zu versorgen [...], um die Weimarer Demokratie mit ihrer eigenen Unterstützung lahmzulegen."[79]

Erst das – zunächst auch Schleicher gegenüber geheimgehaltene, dann aber schon am nächsten Tag in der „Täglichen Rundschau" veröffentlichte – Treffen Papens mit Hitler im Hause des Barons von Schröder in Köln am 4. Januar 1933, in dem Papen über die Möglichkeiten einer Beteiligung Hitlers an der Regierungsverantwortung sondierte, leitete das komplexe Knäuel von Intrigen, Hintergrundgesprächen, Einwirkungen und Pressionen auf den noch bis Ende Januar widerstrebenden Reichspräsidenten ein, mit dem der „Führer" schließlich am 30. Januar 1933 an die Macht gebracht wurde. Schleichers Stellung war nicht mehr zu halten. Seine Bemühungen um eine politische „Querachse" von den Gewerkschaften über die Reichswehr bis hin zum Strasser-Flügel der NSDAP alarmierten die Großindustrie, Gerüchte über eine Aufdeckung von Unregelmäßigkeiten in der „Osthilfe" die Großlandwirtschaft und die Ostelbier um Hindenburg. Dieser verweigerte ihm die Diktaturgewalt mit Hilfe des Art. 48, die er wenige Tage später Hitler gewährte. Papen konnte dem Reichswehrgeneral in seiner verletzten Eitelkeit nicht vergessen, daß er ihn letztendlich zum Rückzug aus dem Amt gezwungen hatte.

II. Kapitel

Die Stufen der Machteroberung 1933/34

1. Der 30. Januar 1933: Eine „legale Revolution"?

Am 30. Januar 1933 kurz nach 11 Uhr vormittags wurde das Kabinett Hitler vom Reichspräsidenten von Hindenburg auf die Weimarer Reichsverfassung vereidigt. Der Reichskanzler erklärte feierlich, er werde die Verfassung respektieren und die Rechte des Reichspräsidenten achten. Schwierige Tage und Stunden des Verhandelns waren vorausgegangen, bis der widerstrebende Feldmarschall dazu überredet werden konnte, dem „böhmischen Gefreiten" die Macht anzuvertrauen. Noch in letzter Minute drohte die Regierungsbildung zu scheitern, als Hitler auf Neuwahlen bestand und diese erst Hugenberg abgetrotzt werden mußten, der absehen konnte, daß ein neues Wählervotum die Stellung der Deutschnationalen im „Kabinett der nationalen Konzentration" nicht gerade stärken würde.

An diesem Wintermorgen schien nichts darauf hinzudeuten, daß hier im Palais des Reichspräsidenten Weltgeschichte geschrieben wurde. Papen wähnte sich mit seiner staatsmännischen Leistung als sicherer Sieger und frohlockte: „Wir haben ihn [Hitler] uns engagiert."[1] Einem konservativen Kritiker, dem späteren Widerstandskämpfer Ewald von Kleist-Schmenzin, prophezeite er zuversichtlich: „Was wollen Sie denn? Ich habe das Vertrauen Hindenburgs. In zwei Monaten haben wir Hitler in die Ecke gedrückt, daß er quietscht."[2] Auch der greise Reichspräsident schien Grund zur Beruhigung zu haben. Drei Nationalsozialisten im Kabinett – Hitler, Frick als Reichsinnenminister und Göring als Minister ohne Geschäftsbereich und Kommissarischer preußischer Innenminister – waren von zuverlässigen nationalen Männern „eingerahmt", deren Gesichter er längst kannte, davon vier aus dem alten Kabinett: Reichsaußenminister von Neurath, Reichsfinanzminister Schwerin von Krosigk, Reichsjustizminister Gürtner, Reichsverkehrsminister von Eltz-Rübennach. Als eigentliche Schlüsselfigur galt den aufmerksamen Beobachtern des In- und Auslandes der neue „Wirtschaftsdiktator" und „Krisenminister", der deutschnationale Parteiführer Hugenberg, der in einer einmaligen Ämterakkumulation das Reichswirtschafts- und Reichslandwirtschaftsministerium und kommissarisch die entsprechenden preußischen Ministerien übernahm. Gereke wurde als Reichskommissar für Arbeitsbeschaffung aus dem Kabinett Schleicher übernommen. Die konservative „Einrahmung" schien vollständig durch die Betrauung des „Stahlhelm"-Führers Franz Seldte mit dem Reichsarbeitsministerium. Bereits vorher war der Chef der deutschen Abrüstungskommission in Genf und ostpreußische Wehrkreiskommandeur Generalleutnant von Blomberg als Reichswehrminister vereidigt worden. Da von Papen als Vizekanzler zugleich das Amt des kommissarischen preußischen Ministerpräsidenten übernahm, schien auch hier alles gegen einen Machtmißbrauch abgesichert.

Auch sonst, so glaubten Hindenburg und die Drahtzieher, die Hitler an die Macht gebracht hatten, war alles bestens geordnet: Die Betrauung des Führers der stärksten Partei mit der Reichskanzlerschaft und die – von Hitler zwar zugesagte, aber sich bald als Illusion herausstellende – Aussicht einer Verbreiterung der Regierung durch die Einbeziehung des Zentrums schienen eine Gewähr für die Rückkehr zu einer parlamentarisch abgesicherten Regierungsführung, die den Reichspräsidenten endlich von der Bürde des Art. 48 befreien würde. Die Regierung stellte ihren Kurs unter das Schlagwort der „nationalen Erhebung" und verstand sich als „Kabinett der nationalen Konzentration". Sie appellierte an die Zusammenarbeit aller nichtmarxistischen nationalen und patriotischen Kräfte in der Bürokratie, der Wirtschaft, der Großlandwirtschaft und der Reichswehr und verstärkte hier die Zuversicht, daß nun mit dem „Spuk von Weimar", der Parlamentsherrschaft, dem Parteienstaat und dem übermächtigen Gewerkschafts- und Sozialstaat endgültig aufgeräumt werde.

Die Legende von der „legalen Revolution"

An diesem 30. Januar 1933 wurden zwei Legenden in die Welt gesetzt, die bis heute die Geister verwirren: die Legende von der „legalen Revolution" und die von der „nationalsozialistischen Machtergreifung". Am gleichen Tag wurde bereits einer Konzeption der Boden entzogen, die Hitler in einem Augenblick, als sein Stern schon wieder zu sinken begann und sich erste Anzeichen einer wirtschaftlichen Erholung zeigten, in das Reichskanzleramt geführt hatte: die Konzeption seiner nationalkonservativen „Einrahmung" und „Zähmung".

Bis heute hört man immer wieder das Argument, Hitler sei doch als Führer der stärksten Partei legal an die Macht gekommen und habe die ihm anvertraute Macht erst später Schritt für Schritt mißbraucht. Diese Sicht ist allzu vordergründig und formalistisch. Sie kann im übrigen nicht verdecken, daß mit ihr nach 1945 die Legende von den 80 Millionen verführten Deutschen in die Welt gesetzt und begründet wurde. Deswegen lohnt es sich, auf einen Schlüsselbegriff einzugehen, in den die Machthaber und ihre eifrigen Helfershelfer das Geschehen des 30. Januar 1933 und der Wochen und Monate danach propagandistisch gekleidet und mit dem sie es offiziell interpretiert haben: „legale Revolution". Diese paradoxe begriffliche Mischung aus scheinbarer Legalität in der Wahl der Mittel und revolutionärer Veränderung der politisch-gesellschaftlichen Ordnung in der Zielsetzung öffnet uns den Weg zum Verständnis der Technik und Taktik einer modernen Machteroberung. Diese Zauberformel war geradezu ideal der politischen Mentalität der Deutschen angepaßt, von denen Lenin einmal gesagt haben soll, eine Revolution sei bei ihnen so schwierig, weil die Revolutionäre im entscheidenden Augenblick erst einmal bemüht seien, eine Bahnsteigkarte zu lösen. Hitler hatte selbst 1923 erfahren müssen, daß ein Putsch, selbst wenn man sich mit seinen Zielen identifizierte, sofort an dem Bedürfnis der Bevölkerung nach Ruhe und Ordnung scheitern würde. Die Legalitätstaktik, für die er sich deshalb nach dem Fiasko von München entschied, nicht ohne damit immer wieder in der eigenen Partei auf scharfen Widerstand zu stoßen, sicherte ihm deshalb auch 1933 Loyalität und Zustimmung der ordnungsliebenden Bürger, der Bürokraten, der Polizei und der Armee, des Reichspräsidenten und seiner konservativen Bündnispartner. „War die nationalsozialistische Revolution nicht, verglichen mit der bolschewistischen, geradezu friedlich und ganz unblutig verlaufen!" – damit konnte man sich beruhigen und alle Zweifel ausblenden; und wenn das Treiben der braunen Horden in den „wilden" Schutzhaftlagern, so lautete das euphemistische Etikett in der Anfangszeit, dann doch einmal zu grausam wurde, tröstete man sich: „Wo gehobelt wird, fliegen Späne" und „Wenn das der Führer wüßte!". Hier rächte es sich, daß es die Weimarer Reichsverfassung aus ihrer übergroßen Liberalität heraus zuließ, daß sie mit formal legalen Mitteln – dem Notverordnungsartikel 48 WRV und der Möglichkeit eines Ermächtigungsgesetzes nach Art. 76 WRV – nicht nur dem Buchstaben nach, sondern in ihrer Substanz und verfassungspolitischen Ratio völlig ausgehöhlt und vernichtet werden konnte, einschließlich der Grundrechte.

Nicht als Führer einer parlamentarisch tragfähigen Mehrheitskoalition, wie die irreführende Apologetik noch immer suggeriert, sondern durch diese autoritäre Einbruchsstelle der Weimarer Verfassung ist Hitler betont ‚legal' an die Regierung gelangt.[3]

Hitler hatte niemals einen Zweifel daran gelassen, was er unter einer „legalen Revolution" verstand und daß er, erst einmal im Besitz der Macht, die demokratische Republik von Weimar zerstören wolle. So hatte er es schon 1930 in Leipzig aus Anlaß des Ulmer Reichswehrprozesses vor dem Reichsgericht unwidersprochen verkündet:

Die nationalsozialistische Bewegung wird in diesem Staat mit den verfassungsmäßigen Mitteln das Ziel zu erreichen suchen. Die Verfassung schreibt uns nur die Methoden vor, nicht aber das Ziel. Wir werden uns auf diesem verfassungsmäßigen Wege die ausschlaggebenden Mehrheiten in den gesetzgebenden Körperschaften zu erlangen versuchen, um in dem Augenblick, da es uns gelingt, den Staat in die Formen zu gießen, die unseren Ideen entspricht.

Auch darüber, was nach der legalen Machtübernahme geschehen werde, ließ Hitler seine Zuhörer nicht im Ungewissen:

Ich stehe hier unter dem Eid vor Gott dem Allmächtigen. Ich sage Ihnen, daß, wenn ich legal zur Macht gekommen sein werde, dann will ich in legaler Regierung Staatsgerichte einsetzen, die die Verantwortlichen an dem Unglück unseres Volkes gesetzmäßig aburteilen sollen. Dann werden möglicherweise legal einige Köpfe rollen.[4]

Offenbar hat niemand, auch das oberste Gericht der Republik nicht, die gefährlichen Zweideutigkeiten in diesem „Legalitätseid", der zugleich eine authentische Interpretation dessen ist, was später als „legale Revolution" gefeiert wurde, wahrgenommen oder wahrnehmen wollen. So wurde auch das reichliche Beweismaterial für die Verfassungsfeindlichkeit der NSDAP, das das Reichsinnenministerium und die preußischen Behörden anboten, nicht akzeptiert. Nichts ist im übrigen so entlarvend für die Pervertierung, die das allgemeine Verfassungsverständnis damals bereits erfahren hatte, als die Tatsache, daß diese brutalen Worte Hitlers ausgerechnet als „Legalitätseid" gedeutet worden und in die Geschichte eingegangen sind.

Der Anschein des Legalen, die Vermeidung eines offenkundigen Bruches der bestehenden Verfassung und die jahrelange Gewöhnung an die gezielte Demontage der liberal-demokratischen Ordnung und an die – dem Buchstaben nach verfassungskonforme – Präsidialdiktatur hatten eine verheerende Wirkung: Sie lähmten bei vielen, so auch bei der SPD, den Widerstandswillen oder dienten zumindest als Beruhigung, wenn sich Zweifel einstellten, und brachten das Ungeheuerliche der Vorgänge oft erst zum Bewußtsein, wenn es zu spät war. Der Übergang in den Diktaturstaat war ein gleitender, objektiv angelegt bereits seit den frühen dreißiger Jahren in Brünings Notverordnungsregime und abgefedert durch die narkotisierende Wirkung des Anscheins der Legalität.

Dabei war schon in den ersten Tagen vieles nicht mehr legal und mit dem Geist von Verfassung und Rechtsstaatlichkeit vereinbar. Legal war nicht Hitlers Zusage an Hugenberg, auch bei Neuwahlen werde sich unabhängig von ihrem Ausgang die Zusammensetzung der Regierung nicht ändern; ebensowenig legal war Papens beflissener Vorschlag in der zweiten Kabinettssitzung am 1. Februar, „es sei am besten, schon jetzt festzulegen, daß die kommende Wahl zum Reichstag die letzte sein solle und eine Rückkehr zum parlamentarischen System für immer zu vermeiden sei."[5] Zwingend vorgeschrieben von der Verfassung war auch nicht die Berufung des Führers der stärksten Partei zum Reichskanzler. Hitler ist niemals als Führer einer parlamentarisch abgesicherten Mehrheitskoalition an die Macht gelangt, sondern ausdrücklich als

„Präsidialkanzler", und er hat auch durch die Brüskierung des verhandlungswilligen Zentrums und durch seine sofort bekundete Absicht, sich durch ein Ermächtigungsgesetz nach Art. 76 WRV von Fesseln des Art. 48 und des Reichspräsidenten zu lösen, eindeutig zu verstehen gegeben, daß ihm an einer tragfähigen Koalition nichts lag.

Die angestrebte nationalsozialistische Machteroberung wurde aber noch durch einen dritten attraktiven Begriff – neben dem der „nationalen Erhebung" und der „legalen Revolution" – propagandistisch verkleidet: durch den Begriff der „Nationalen Revolution". Auch hier wieder gründliche Mißverständnisse: „nationale Revolution" suggerierte ebenso wie die „nationale Erhebung" eine breite, überparteiliche Bewegung, so etwas wie ein „Erwachen der Nation", wo es sich im Grunde um die Machtdurchsetzung der nationalsozialistischen Führungsclique handelte. Der Begriff „Revolution" galt überdies für die bürgerlich-nationalen Kreise, zumal da er notwendigerweise mit den radikalen politischen, gesellschaftlichen und auch wirtschaftlichen Veränderungen der Französischen und später der bolschewistischen „Novemberrevolution" und von vielen auch mit der 48er- Revolution in Deutschland assoziiert wurde, solange als Schreckgespenst, als sie Hitler noch in den Fängen seiner sozialistischen Kampfgenossen und seiner radikalen Massenanhängerschaft wähnten. Nachdem er dieses Mißtrauen hatte ausräumen oder zumindest reduzieren können, selbst wenn es noch lange virulent blieb, wurde auch der Horrorbegriff „Revolution" salonfähig. Denn es gelang ihm, diesen Begriff durch die Attribute „legal" und „national" zu entschärfen und zu einem Instrument der nationalen Mobilisierung und Integration zu machen. Durch ihren Anspruch, auf dem Boden des vernichteten „Weimarer Systems" etwas völlig Neues zu schaffen, verhieß die „nationale Revolution" der erwartungsvollen und auf einen gründlichen gesellschaftlichen Wandel drängenden braunen Bewegung zwar Erfüllung, dies aber doch in einer „legalen" Form, die dem Besitzbürgertum in Industrie und Landwirtschaft und dem gewerblichen Mittelstand, aber auch der Reichswehrführung und der hohen Bürokratie Ruhe und Ordnung und auch eine Bewahrung ihrer gesellschaftlichen Position garantierte.

Das Konzept der „Zähmung" und „Einrahmung"

Nun zur Illusion der konservativen „Zähmung" und „Einrahmung". Gleich am Anfang zeigte sich, daß Hitler seinen konservativen Steigbügelhaltern taktisch überlegen war, selbst wenn ihn noch eine ganze Wegstrecke von der „Machtergreifung" trennte, daß er sie überspielen konnte und das „Zähmungs"-Konzept eine leichtsinnige Rechnung mit vielen Unbekannten war.

Generalleutnant Werner von Blomberg und sein Stabschef Oberst von Reichenau hatten sich, vermittelt durch den ostpreußischen Wehrkreispfarrer und späteren deutsch-christlichen Reichsbischof Müller, längst dem Nationalsozialismus angenähert. Damit war aus dem „Zähmungs"-

Konzept die zentrale Bastion der Reichswehr bereits herausgebrochen, bevor sie recht eigentlich wirksam werden konnte. Der neue Reichswehrminister ließ sich durch die Aussicht blenden, daß entsprechend der „Zwei-Säulen-Theorie" Hitlers[6] der Armee neben der Partei als einzigem Waffenträger der Nation eine tragende und autonome Rolle in Staat und Gesellschaft zukommen werde und daß damit die konkurrierenden Ambitionen der SA, als nationalsozialistisches Volksheer der Zukunft das alleinige Waffenmonopol zu bekommen, endgültig in ihre Schranken gewiesen seien. Dafür konnte Hitler stets auf die volle Loyalität Blombergs rechnen. In einem Kurs der bedingungslosen Anpassung, der die konservativen Bündnispartner allgemein, aber Blomberg ganz besonders auszeichnete, führte dieser, ohne dazu gezwungen zu sein, von sich aus schon Anfang 1934 nach dem Erlaß des „Gesetzes zur Wiederherstellung des Berufsbeamtentums" vom 7. April 1933 den Arierparagraphen in der Reichswehr ein. In vorauseilendem Gehorsam ließ er nach dem Tode Hindenburgs im August 1934 die Armee persönlich auf Hitler als „Führer und Reichskanzler" vereidigen.

Die Ernennung von „nur" zwei Nationalsozialisten neben Hitler erwies sich als weitere schwere Fehlkalkulation der konservativen „Zähmungs"-Strategen. Denn sie saßen an den Schaltstellen der Macht. Wilhelm Frick hatte bereits 1930 als Innen- und Volksbildungsminister in einer bürgerlichen Koalitionsregierung in Thüringen aufsehenerregende Proben seiner nationalsozialistischen Gesinnung abgelegt, war gegen „Neger- und Jazzkultur" dort zu Felde gezogen und hatte selbstherrlich den Rasseideologen Günther zum Professor an die ehrwürdige Universität Jena berufen. Jetzt im Besitz eines klassischen Schlüsselressorts, des Reichsinnenministeriums, wurde er mit Hilfe der am 7. April 1933 geschaffenen Reichsstatthalter zu einem der Motoren für die Gleichschaltung der Regierungsgewalt in den Ländern. Wähnten Papen und Hindenburg Verwaltung und Polizei in Preußen bei dem Vizekanzler in seiner Funktion als kommissarischer preußischer Minsterpräsident in zuverlässigen Händen, so sollten sie sich auch hier schnell täuschen. Hermann Göring als kommissarischer preußischer Innenminister trieb die Gleichschaltung des größten Reichslandes, soweit sie Papen nach dem „Preußenschlag" vom 20. Juli 1932 nicht schon geleistet hatte, sofort mit einer unerhörten Brutalität und Zielstrebigkeit ihrem Ende entgegen und dies in einer Weise, die die anderen Länderregierungen das Fürchten lehrte und sie in tiefer Besorgnis um die föderative Struktur des Reiches mehrfach, wenn auch vergeblich, mit massiven Protesten bei Hindenburg intervenieren ließ. Unterstützt durch die – unter irreführendem Hinweis auf einen von den Kommunisten geplanten Generalstreik erlassene – Notverordnung des Reichspräsidenten „Zum Schutze des deutschen Volkes" vom 4. Februar 1933, begann Göring mit massiven Eingriffen in die Presse- und Versammlungsfreiheit und

Beginn der Unterdrückung und des Terrors

mit einer gnadenlosen Verfolgung der politischen Gegner auf der Linken. Mit Hilfe des Art. 48 leitete er in Preußen bereits am Tage seiner Ernennung jenen permanenten Ausnahmezustand ein, der dann das nationalsozialistische Terrorregime bis zum 8. Mai 1945 prägen sollte. Tausende von Opfern verschwanden für Wochen in improvisiert errichteten „Schutzhaftlagern" und wurden dort ohne jeden Rechtsbeistand drangsaliert. Görings „Schießerlaß" vom 17. Februar gab die Straße für den ungehinderten Schußwaffeneinsatz der Polizei frei. Am 22. Februar wurden die Schlägerkolonnen von SA, SS und Stahlhelm ebenfalls per Erlaß zur Abwehr „zunehmender Ausschreitungen von linksradikaler, insbesondere kommunistischer Seite" als Hilfspolizei eingesetzt. Es handelte sich um etwa 50 000 Mann. Bereits am 6. Februar wurde mit einigen illegalen Tricks der preußische Landtag aufgelöst und wurden Neuwahlen auf den 5. März anberaumt. Alle demokratischen Oberpräsidenten, Regierungspräsidenten, Landräte, Polizeipräsidenten und Ministerialbeamten, die noch nicht dem „Preußenschlag" zum Opfer gefallen waren, wurden ihres Amtes enthoben. Oberregierungsrat Diels übernahm die Leitung der Abteilung IA, Politische Polizei, beim Berliner Polizeipräsidium, die bald aus dem Verwaltungsgang herausgelöst und zum Geheimen Staatspolizeiamt (Gestapa) verselbständigt wurde.
Nunmehr ließ Göring, auf dessen joviales Auftreten und bürgerliche Bonhomie so viele hereinfallen sollten, im Kampf gegen die politische Linke seine Maske fallen:
Volksgenossen, meine Maßnahmen werden nicht angekränkelt sein durch irgendwelche juristischen Bedenken. Meine Maßnahmen werden nicht angekränkelt sein durch irgendeine Bürokratie. Hier habe ich keine Gerechtigkeit zu üben, hier habe ich nur zu vernichten und auszurotten, weiter nichts! [...] Solch einen Kampf führe ich nicht mit polizeilichen Machtmitteln. Das mag ein bürgerlicher Staat getan haben. Gewiß, ich werde die staatlichen und polizeilichen Machtmittel bis zum äußersten auch dazu benutzen, meine Herren Kommunisten, damit Sie hier nicht falsche Schlüsse ziehen, aber den Todeskampf, in dem ich Euch die Faust in den Nacken setze, führe ich mit denen da unten, das sind die Braunhemden.[7]
Goebbels applaudierte begeistert:
„Göring räumt in Preußen auf mit einer herzerfrischenden Forschheit. Er hat das Zeug dazu, ganz radikale Sachen zu machen, und auch die Nerven, um einen harten Kampf durchzustehen.[8]
Als besonders folgenschwer sollten sich die Auflösung des Reichstages und die Ansetzung von Neuwahlen zum 5. März auswirken. Dies hatte sich Hugenberg als Konzession im letzten Augenblick, um das Kabinett zu retten, abringen lassen, um es am nächsten Tag schon bitter zu bereuen. Denn hier konnte Hitler seine konservativen Bündnispartner auf

seinem ureigenen Feld, wo er während der „Kampfzeit" schon bemerkenswerte Fähigkeiten entwickelt hatte und den eher betulichen konservativen Honoratioren eindeutig überlegen war, überspielen und sie an die Wand drücken: in der demagogischen Mobilisierung der Wählermassen. Schon die Begründung der Reichstagsauflösung durch präsidiale Notverordnung am 1. Februar, daß „sich die Bildung einer arbeitsfähigen Mehrheit als nicht möglich herausgestellt" habe, sprach jeder geschichtlichen Wahrheit Hohn.

Etablierung des terroristischen Maßnahmenstaates

Die Reichstagsauflösung bot der Regierung die Möglichkeit, in den kommenden Monaten frei von parlamentarischer Kontrolle die letzten Reste der Weimarer Republik zu beseitigen und mit Hilfe von Notverordnungen und Erlassen, ohne daß sich hier Widerstand aus dem konservativen Lager meldete, die ersten dauerhaften Schritte zur Etablierung des terroristischen Maßnahmenstaates einzuleiten. Es ging dabei vor allem gegen linke Gegner, und in diesem Fall war das rechtsstaatliche Gewissen der Konservativen längst verstummt. Hitler selbst sah die Chance, mit Hilfe des Wählervotums sich von der konservativen „Einrahmung" zu lösen, die Deutschnationalen in die Bedeutungslosigkeit zu stoßen und endlich die breite plebiszitäre Akklamation in den Massen zu finden, die ihm bisher bei freien Wahlen versagt geblieben war. Mit einer bezeichnenden Mischung aus Propagandaaufwand und Einschüchterung stilisierte er deshalb, unterstützt von Goebbels, den Kampf um die Stimmen, der sofort mit aller Härte einsetzte, zu einem Votum für oder gegen seine Regierung und seine eigene Person. Hinter der pompösen überparteilichen Fassade des „nationalen Aufbruchs" zeichnete sich bereits die „nationalsozialistische Machtergreifung" als eigentliches strategisches Ziel ab.

Mit seiner Regierungserklärung vom 1. Februar, dem „Aufruf der Reichsregierung an das deutsche Volk"[9], die der Vizekanzler von Papen mitgezeichnet hatte, leitete der neue Reichskanzler Hitler zugleich ganz unverhüllt als Parteiführer den Wahlkampf ein. Die Erklärung fand durch den Rundfunk und durch ihre Plakatierung auf allen Litfaßsäulen eine weite Verbreitung.

Hitlers Rede war abgestimmt auf eine radikale Abrechnung mit 14 Jahren (!) Zerrissenheit, Verfall, Elend und Erniedrigung, die die „November-Parteien" und allen voran der Kommunismus über das deutsche Volk gebracht hätten (offenbar wurde hier in das Verdikt die Präsidialära gleich mit einbezogen), auf die Entfachung sozialer Ängste, aber auch auf die nationalen und patriotischen Gefühle der Zuhörer und darauf, sich als Staatsmann und als ein zuverlässiger Verteidiger christlich-konservativer Normen zu präsentieren. Der gedankliche Aufbau solcher Erklärungen sollte sich in den kommenden Wochen und Monaten mit großer Monotonie wiederholen. Die demagogische Rhetorik und die vollmundigen Versprechungen konnten kaum verbergen, daß hier über Schlagworte hinaus kein konkretes Regierungsprogramm zur Behebung der allgemeinen Not angeboten wurde. Das schien Hitler auch taktisch nicht opportun, zum einen, um nicht Risse im Koalitionsbündnis sichtbar werden zu lassen, zum anderen, um sich selbst nicht festlegen zu müssen.

In seiner bereits aus der „Kampfzeit" bekannten Schwarz-Weiß-Manier stellte er dem grellfarbigen Nachtgemälde der Weimarer Republik das lichte Aufbauwerk der „nationalen Regierung" gegenüber. Nach einer – auch verbal brutalen – Ausgrenzung der „Parteien des Marxismus und seiner Mitläufer" aus der nationalen Gemeinschaft konnte sich in der Regierungserklärung eigentlich jeder wieder wie schon in den Wahlkämpfen der letzten Jahre direkt mit seinen Hoffnungen und Wünschen nunmehr als Glied einer auch offiziell proklamierten klassenlosen „Volksgemeinschaft" angesprochen fühlen:

[...] denn wir glauben an unser Volk und seine unvergänglichen Werte: Bauern, Arbeiter und Bürger, sie müssen gemeinsam die Bausteine liefern zum neuen Reich. So wird es die nationale Regierung als ihre oberste und erste Aufgabe ansehen, die geistige und willensmäßige Einheit unseres Volkes wieder herzustellen. Sie wird die Fundamente wahren und verteidigen, auf denen die Kraft unserer Nation beruht. Sie wird das Christentum als Basis unserer gesamten Moral, die Familie als Keimzelle unseres Volks- und Staatskörpers in ihren festen Schutz nehmen. Sie wird über Stände und Klassen hinweg unser Volk wieder zum Bewußtsein seiner volklichen und politischen Einheit und der daraus entspringenden Pflichten bringen. Sie will die Ehrfurcht vor unserer großen Vergangenheit, den Stolz auf unsere alten Traditionen zur Grundlage machen für die Erziehung der deutschen Jugend. Sie wird damit der geistigen, politischen und kulturellen Nihilisierung einen unbarmherzigen Krieg ansagen [...]

Die mehrfache Berufung Hitlers auf den „Befehl des Generalfeldmarschall" und den „greisen Führer des Weltkrieges" zerstreute die Bedenken, daß der wichtigste Stützpfeiler der „konservativen Einrahmung", der Reichspräsident, wanken könnte.

In zwei parallelen „Vierjahresplänen", die Papen doch allzu sehr an die Terminologie Stalins erinnerten, sollten „das große Werk der Reorganisation der Wirtschaft" und ihre „Sanierung", die „Rettung des deutschen Bauern zur Erhaltung der Ernährungs- und damit Lebensgrundlage der Nation" und die „Rettung des deutschen Arbeiters durch einen gewaltigen und umfassenden Angriff gegen die Arbeitslosigkeit" verwirklicht werden. Den auswärtigen Mächten wurde mit einem Unterton von Drohung signalisiert, die „nationale Regierung" werde mithelfen, „in die Gemeinschaft der übrigen Nationen einen Staat gleichen Wertes und damit allerdings auch gleicher Rechte" einzufügen; sie werde für Rüstungsbeschränkung und „für die Erhaltung und Festigung des Friedens" eintre-

ten, „dessen die Welt heute mehr bedarf als je zuvor". Auch diese beschwichtigenden Worte verfehlten ihre Wirkung im Ausland nicht.
Der vielzitierte Schlußappell „Nun, deutsches Volk, gib uns die Zeit von vier Jahren, und dann urteile und richte uns!" war nicht nur eine Anspielung auf das Ermächtigungsgesetz, das Hitler bei dem neu zu wählenden Reichstag einfordern wollte; er war auch ein Instrument der plebiszitären Herrschaftstechnik, mit dem sich der Diktator in den kommenden Jahren immer wieder eine scheindemokratische Legitimation durch das Volk ausstellen ließ. Der charismatische Parteiführer wuchs in diesen Wochen in die größere Rolle des charismatischen Staatslenkers hinein und dies nicht ohne Erfolg. Wir hatten gesehen, daß in der „Kampfzeit" bereits der ständige direkte Appell an die gläubige Gefolgschaft ein Mittel gewesen war, die charismatische Herrschaft zu begründen und diese Gefolgschaft hinter ihrem „Führer" auf Gedeih und Verderb zusammenzuschweißen und im „Führerkult" auf ihn zu orientieren. Nun suchte der selbstlose „Führer" den direkten, aber stets doch auf Distanz gehaltenen persönlichen Dialog mit „seinem" Volk. Er machte es scheinbar zum Schiedsrichter über Erfolg oder Mißerfolg seines Charismas, seiner von Gott gesandten und auf göttlichem Willen beruhenden Berufung, Deutschland zu retten.
Möge der allmächtige Gott unsere Arbeit in seine Gnade nehmen, unseren Willen recht gestalten, unsere Einsicht segnen und uns mit dem Vertrauen unseres Volkes beglücken. Denn wir wollen nicht kämpfen für uns, sondern für Deutschland.
Aus der „Hitler-Bewegung" entwickelte sich der „Führerstaat", während die konservativen Steigbügelhalter noch an den Erfolg ihrer „Zähmung" glaubten.
Die „nationalsozialistische Machtergreifung" dieser Wochen und Monate entschied sich in einem ständigen Prozeß der Einschüchterung und Terrorisierung auf der einen, der Anpassung und Selbstpreisgabe auf der anderen Seite – aber nicht nur in den Amtsstuben, sondern ganz we-sentlich auch auf der Straße. Nicht nur Papen glaubte am 30. Januar 1933 Grund zum Jubeln zu haben, auch Goebbels und dies wohl mit einer größeren Berechtigung.
Es ist so weit. Wir sitzen in der Wilhelmstraße. Hitler ist Reichskanzler. Wie im Märchen!... Uns allen stehen die Tränen in den Augen. Wir drücken Hitler die Hand. Er hat's verdient.[10]
Der Architekt des „Führermythos" legte an diesem 30. Januar abends zwar noch nicht sein Meisterstück ab – das geschah mit dem Tag von Potsdam am 21. März, nachdem er am 13. März zum „Reichsminister für Volksaufklärung und Propaganda" ernannt worden war – , aber doch schon sein Gesellenstück. Er zelebrierte unter Einsatz des Rundfunks und aller massenwirksamen Mittel den „Tag der nationalen Erhebung" bereits als Sieg der nationalsozialistischen Bewegung und gab damit

durch seine Inszenierung eindeutig zu erkennen, wer die stärkeren Bataillone hatte und wohin der Weg führen werde. Alles war abgestellt auf Zustimmung und Einschüchterung. Der „Führer“, eingerahmt von Göring, Frick, Goebbels und Heß, nahm vom Balkon der Alten Reichskanzlei, Hindenburg wenige Meter entfernt vom Fenster seines Amtssitzes in der Wilhelmstraße aus den von Militärmusik untermalten stundenlangen Fackelzug der Braunhemden mit wenigen Einsprengseln des Stahlhelm durch das Regierungsviertel ab, nachdem Frick als ersten Amtsakt als Reichsinnenminister eilfertig die Bannmeilenverordnung aufgehoben hatte. In Städten und Dörfern fanden auf Weisung von Goebbels ähnliche Massendemonstrationen statt. Harry Graf Kessler kommentierte sarkastisch:

Berlin ist heute nacht in einer reinen Faschingsstimmung. SA- und SS-Trupps sowie uniformierter Stahlhelm durchziehen die Straßen, auf den Bürgersteigen stauen sich die Zuschauer. Im und um den ‚Kaiserhof' [der Berliner ‚Amtssitz' Hitlers in der ‚Kampfzeit', Wdt.] tobte ein wahrer Karneval; [...] als wir (aus dem ‚Kaiserhof') herauskamen, defilierte ein endloser SA-Zug im Stechschritt an irgendwelchen Prominenten (zweite Garnitur, Hitler selbst war in der Reichskanzlei) vorbei, die sich vor dem Hauptportal aufgebaut hatten und ihn mit dem Faschistengruß grüßten; eine richtige Parade. Der ganze Platz gepfropft voll von Gaffern.[11]

Dem Journalisten Jochen Klepper schnürte die Angst um seine jüdische Frau und sich selbst bereits die Kehle zu.

Hitler ist Reichskanzler. Noch einmal ist das verhängnisvollste Bündnis zustandegekommen, das Gustav Freytag die größte deutsche Gefahr nennt: das Bündnis zwischen dem Adel und dem Pöbel. Im Funk müssen wir fast alle mit unserer Entlassung rechnen.[12]

Ein anderer überzeugter Republikaner, der von den Nationalsozialisten nichts Gutes zu erwarten hatte, Carl von Ossietzky, resümierte resigniert:

Die Republik hat diese Bataille verloren, nicht weil sie sich des ‚Novemberverrats' und andrer Schandtaten schuldig gemacht haben soll, sondern weil es ihr an dem notwendigen Lebenswillen fehlte, über den die Rechte in hohem Maße verfügt. Das Volk hat eine gute Witterung dafür und deshalb ging es zu den Extremen rechts und links.[13]

Bis weit nach 1945 ist darüber gerätselt worden, warum sich nicht bereits am 30. Januar entschiedener Widerstand gegen Hitler formiert hat und welche Erfolgsaussichten eine solche Gegenwehr überhaupt gehabt hätte.

Die Stimmung in der Bevölkerung

Die Stimmung in der Bevölkerung damals war gespalten und uneinheitlich, von einer „Revolution der Deutschen“, wie Goebbels emphatisch meinte [14], keine Spur. Auf der einen Seite befand sich die gläubige braune Gefolgschaft durchaus noch in der Minderheit. Auf der anderen Seite kamen standfesten Republikanern in der Arbeiterbewegung und in den linken Parteien, in den Redaktionen der liberalen Blätter und im katholischen Milieu Süddeutschlands erste schwere Bedenken; viele jüdische Mitbürger ahnten schon damals, daß sie in ihrer Heimat bald nicht mehr sicher sein würden. Die Mehrheit der Bevölkerung nahm die Nachricht von der Ernennung Hitlers, wie es der britische Botschafter in Berlin, Rumbold, registrierte[15] aber „gleichgültig" auf. Die Hörer von Radio Berlin seien durch die „geschwollenen Reden" der Kommentatoren des Umzuges „um ihre normale Abendunterhaltung gebracht und mit der absurd sentimentalen Schilderung des Fackelzuges und des endgültigen Triumphs der nationalsozialistischen Bewegung eingedeckt" worden.

Die Menschen waren unsicher, was geschehen werde, konzentrierten sich auf ihre privaten materiellen Kümmernisse und trauten den braunen Amateuren kaum zu, daß sie die Not bald würden lindern können. Vielen – übrigens auch vielen Beobachtern im Ausland, vor allem in Moskau – erschien die „nationale Erhebung" als ein kurzes Strohfeuer, das bald unter der erdrückenden Last der Tagesprobleme wieder verglimmen werde. Aber für die Weimarer Republik wollte sich eigentlich auch kaum mehr jemand recht schlagen. Sie galt als morsch und verbraucht, ihre Repräsentanten und Institutionen als unfähig, die akuten Wirtschaftsprobleme zu lösen. Republikanischer Geist und demokratischer Selbstbehauptungswillen, in Deutschland sowieso nie sehr tief verwurzelt, waren bei der Mehrheit der Deutschen längst Resignation und politischer Lethargie gewichen. Der Übergang in die Diktatur wurde als gleitend erlebt, das Geschehen des 30. Januar nach den vielen vergeblichen Anläufen Hitlers zur Macht eigentlich eher als Überraschung aufgenommen, denn als Zäsur empfunden. Den wirklich „starken Mann" in dieser scheinbar rekonstruierten „Harzburger Front" sah die politische Linke in dem „Wirtschaftsdiktator" Alfred Hugenberg, für sie geradezu die Inkarnation reaktionärer kapitalistischer Gesinnung, dem es nunmehr offenbar gelungen sei, den braunen „Trommler" und seine Bewegung für seine eigenen restaurativen Absichten zu engagieren.

Das Kabinett heißt Adolf Hitler, aber das Kabinett ist Alfred Hugenberg. Adolf Hitler darf reden, Alfred Hugenberg wird handeln. Mit dieser Regierungsbildung ist der letzte Schleier gefallen. Der Nationalsozialismus hat sich als das offen dargestellt, als was wir ihn immer angesehen haben, als die hochkapitalistisch-nationalistische Rechtspartei. Nationalkapitalismus ist die wahre Firma.[16]

Schwäche der Linken

Weder KPD noch SPD und Gewerkschaften verfügten über ein angemessenes Konzept, um dem nationalsozialistischen Angriff, der sich sofort vor allem auf die politische Arbeiterbewegung und hier auf die Kommunisten konzentrierte, wirkungsvoll zu trotzen. Sie waren vom 30. Januar ebenfalls mehr oder weniger überrascht und ließen sich sogleich in die Defensive drängen, obwohl in der KPD Vorbereitungen für die Illegalität bereits liefen. Die totale Unterschätzung des Nationalsozialismus teilten sie mit den bürgerlichen Kräften. Die KPD konzentrierte wie seit den zwanziger Jahren in einer völlig verzerrten Wahrnehmung der Bedrohung ihre Haßpropaganda auch weiter auf den „Sozialfaschismus“ der SPD und unterstellte ihr als dem eigentlichen Feind, die „soziale Hauptstütze der Bourgeoisie“ zu sein. Durch ihre Bemühungen, zusammen mit der sozialdemokratischen Basis eine „Einheitsfront von unten“ gegen die sozialdemokratische Führung zu schaffen, vertiefte die KPD noch die verhängnisvolle Spaltung in der deutschen Arbeiterbewegung seit dem Ersten Weltkrieg und lähmte zusätzlich einen möglichen Widerstand. So mußten Aufrufe von KPD und RGO (Revolutionärer Gewerkschaftsopposition) zur Bildung einer „Einheitsfront der Tat gegen den faschistischen Generalangriff„ weitgehend verpuffen. Gleiches galt für Versuche des Vorsitzenden des gewerkschaftlichen Dachverbandes „Allgemeiner freier Angestelltenbund“ (AfA), Siegfried Aufhäuser, und aus der – 1931 auf Initiative des „Reichsbanners Schwarz-Rot-Gold“ unter Beteiligung von SPD, Gewerkschaften und Arbeitersportvereinen zum Schutz der Republik ins Leben gerufenen – „Eisernen Front“, den bekannten Attentismus und Immobilismus des sozialdemokratischen Funktionärskörpers aufzubrechen und vereinzelten lokalen Aktionen und Proteststreiks eine massive Unterstützung seitens der Partei- und Gewerkschaftsführung zukommen zu lassen.

SPD und ADGB war durch Papens „Preußenschlag“ vom 20. Juli 1932 offenbar das Rückgrat gebrochen. Wieder plädierten die leitenden Gremien für einen strikten Legalitätskurs, um keinerlei Anlaß für ein Verbot zu geben, wieder konzentrierten sie ihre Energien – wie im Juli 1932 – auf die bevorstehenden Wahlen, in denen die Bürger den Nationalsozialisten schon ihre Quittung präsentieren würden. Rettung der Organisation, Geschlossenheit und Disziplin genossen höchste Priorität. Die Hoffnung war, wie in der Zeit der Verfolgung unter dem Bismarckschen Sozialistengesetz auch diesmal wieder überleben zu können, bis sich das Regime innerhalb kurzer Zeit abgenutzt hätte und an seinen eigenen ideologischen Widersprüchen zerbrechen würde. Es fehlte auch der Arbeiterbewegung damals der Erfahrungshintergrund, um diese Diktatur modernen revolutionären Typs mit ihrer Massenbasis und ihrer eigenen gesellschaftlichen Dynamik realistisch einschätzen und sie vom autoritär-konservativen Herrschaftsstil des Bismarckreiches abgrenzen zu können. Die SPD wartete auf den offenen Verfassungsbruch Hitlers für ein aktives Eingreifen.

Wenn sie uns die letzten Rechte nehmen wollen, dann müssen sie das tun im offenen Staatsstreich. Und diesen Staatsstreich brauchen wir, um unsere außerparlamentarische Kraft entfalten zu können![17]

Im übrigen konnte der Vorsitzende des ADGB, Theodor Leipart, mit gutem Grund darauf hinweisen, daß 6 Millionen Arbeitslose kaum eine Erfolgsgarantie für einen Generalstreik bieten würden, ebensowenig wie am 20. Juli 1932.

Die Arbeiter, die jetzt noch in Stellung sind, würden doch jedenfalls befürchten, ihren letzten Arbeitsplatz zu verlieren. Die Begeisterung würde also wahrscheinlich nicht sehr stark für einen Generalstreik sein.[18]

2. Der Reichstagsbrand und die Verhängung des Ausnahmezustandes

Eine der vielen Legenden, die sich um die „nationalsozialistische Machtergreifung" ranken, will wissen, daß die Nationalsozialisten dabei nach einem festen „Fahrplan" vorgegangen seien und der von ihnen gelegte Reichstagsbrand in der Nacht vom 27. auf den 28. Februar 1933 eine wichtige Etappe dargestellt habe. Aber auch hier spielte ihnen zunächst wie so oft der Zufall in die Hände. Denn bis zum überzeugenden Beweis des Gegenteils wird man heute nach intensiven und sehr kontroversen Recherchen[19] – wie übrigens damals auch das Reichsgericht im Prozeß – davon ausgehen müssen, daß Marinus van der Lubbe, ein niederländischer Linksanarchist, der Alleintäter gewesen ist und weder eine kommunistische Verschwörung noch die Nationalsozialisten selbst hinter der Tat standen. Letzere These setzte die antifaschistische Gegenpropaganda unverzüglich in die Welt.

Aber vergessen wir eines nicht: Mag auch der Anlaß eher zufällig gewesen sein, geschichtlich viel folgenschwerer sind die Konsequenzen gewesen, die die Nationalsozialisten noch in der Nacht am Tatort aus ihm gezogen haben, verrieten sie doch einen kompromißlosen und zielstrebigen Willen zur Vernichtung des politischen Gegners und zur gewaltsamen Durchsetzung der unbeschränkten Diktaturgewalt in Deutschland. Nachdem der Brand um 21.00 Uhr bemerkt und van der Lubbe schon um 21.27 Uhr im Bismarcksaal des brennenden Gebäudes festgenommen worden war, traf Göring als erster am Tatort ein und gab die offizielle Sprachregelung bekannt: der Beginn eines allgemeinen kommunistischen Aufstandes, gegen den umgehend mit aller Härte und erbarmungslos zurückgeschlagen werden müsse. Hitler, der wenig später dazukam, pflichtete ihm bei: Gegen Kommunisten, aber auch gegen ihre Komplizen, Sozialdemokraten und Reichsbanner, dürfe es von nun an keine Schonung mehr geben. Dies alles geschah ohne gerichtliche Untersuchung oder Beweisführung. Offenbar haben Hitler, Göring und Goebbels selbst zunächst ernsthaft an einen unmittelbar bevorstehenden kommunistischen Aufstandsversuch geglaubt oder ihn sich einsuggeriert. Denn zum einen entsprachen ein solches Feindbild und diese

Die Propaganda vom „Kommunistischen Aufstand"

Greuelpropaganda ihren eigenen Phobien, zum anderen konnten sie dadurch hoffen, daß sie mit dieser These und der eher symbolträchtigen Handlung des Reichstagsbrandes bei der Vernichtung des Rechtsstaates weder bei ihren konservativen Koalitionspartnern noch in der öffentlichen Meinung auf nennenswerten Widerstand stoßen würden. Der schnelle Erfolg sollte ihnen recht geben.
Noch in der Nacht ließ Göring in Preußen die Abgeordneten und führenden Funktionäre der KPD verhaften (am 3. März wurde der KPD-Vorsitzende Ernst Thälmann verhaftet), alle kommunistischen Parteibüros schließen, die kommunistische Presse unbefristet, sozialdemokratische Blätter für zwei Wochen verbieten. Der laufende Wahlkampf der beiden Arbeiterparteien war damit empfindlich behindert.
Am nächsten Vormittag im Kabinett gab sich Hitler nach den brutalen Ausfällen der vorangegangenen Nacht wieder ganz als Staatsmann, umsichtig und aufrichtig besorgt um das Wohl des Reiches, nicht ohne jedoch gegen mögliche rechtliche Skrupel seiner Partner eine versteckte Drohung auszustoßen:
Der Reichskanzler führte aus, daß jetzt eine rücksichtslose Auseinandersetzung mit der KPD dringend geboten sei. Der psychologisch richtige Moment für die Auseinandersetzung sei nunmehr gekommen. Es sei zwecklos, noch länger hiermit zu warten. Die KPD sei zum äußersten entschlossen. Der Kampf gegen sie dürfe nicht von juristischen Erwägungen abhängig gemacht werden. [20]
Göring lieferte gleich die regierungsoffizielle Version mit und entwarf ein wahres Greuelgemälde:
Der Brandstifter sei von einwandfreien Zeugen vor dem Brande zusammen mit dem kommunistischen Reichstagsabgeordneten Torgler beobachtet worden. Beide seien im Reichstagsgebäude herumgegangen. Es entstehe die Frage, warum die Kommunisten das Attentat angezettelt hätten [...] Aus dem beschlagnahmten Material gehe hervor, daß die Kommunisten Terrorgruppen bilden wollten, das Anstecken öffentlicher Gebäude beabsichtigten, Vergiftung von öffentlichen Küchen verursachen wollten, auch unter eventueller Opferung eigener Anhänger, sowie Frauen und Kinder von Ministern und anderen hochgestellten Persön-lichkeiten als Geiseln zu entführen beabsichtigten.
Eilfertig legte Frick am Nachmittag den Entwurf der Verordnung „Zum Schutz von Volk und Staat“ vor. Für die Formulierung des zivilen Ausnahmezustandes brauchte er sich nur an die Staatsstreichsplanung zu halten, die bereits das Papen-Kabinett für den Fall einer von den Arbeiterparteien ausgelösten Bürgerkriegssituation im „Planspiel Ott“ unter Übernahme der vollziehenden Gewalt durch die Reichswehr vorbereitet hatte. Der Entwurf wurde nach unbedeutenden Änderungen vom Kabinett einstimmig verabschiedet und noch am gleichen Nachmittag als Notverordnung auf der Grundlage des Art. 48,2 WRV zusammen mit

einer weiteren Notverordnung „gegen Verrat am Deutschen Volke und hochverräterische Umtriebe“ vom Reichspräsidenten erlassen. Sie sah eine allgemeine Verschärfung der Vorschriften gegen Landesverrat und Verrat militärischer Geheimnisse vor und bot durch ihre sehr weitgefaßten Strafbestimmungen eine zusätzliche pseudolegale Rechtfertigung für die kommenden Massenverhaftungen.

Die Reichstagsbrandverordnung

Unter Berufung auf den Art. 48,2 WRV setzte die „Verordnung des Reichspräsidenten zum Schutz von Volk und Staat“, die sogenannte „Reichstagsbrandverordnung“, „zur Abwehr kommunistischer staatsgefährdender Gewaltakte“, wie es in der Präambel heißt, mit § 1 die verfassungsmäßigen Grundrechte wie die Freiheit der Person (Art. 114), die Meinungs-, Presse-, Vereins- und Versammlungsfreiheit (Art. 118, 123, 124), das Post-, Brief- und Telegraphen- und Fernsprechgeheimnis (Art. 117) sowie die Unverletzlichkeit von Eigentum und Wohnung (Art. 115, 153) „bis auf weiteres außer Kraft“. Verdächtige oder mißliebige Personen konnten jetzt ohne Anklage, ohne Beweise und Rechtsbeistand willkürlich verhaftet und festgehalten werden. Die Unterdrückungsmaßnahmen gegen die Arbeiterbewegung und gegen aufrechte Republikaner wurden mit Hilfe der Verfassung legalisiert.

Der § 2 gab der Reichsregierung, sofern „in einem Lande die zur Wiederherstellung der öffentlichen Sicherheit und Ordnung nötigen Maßnahmen nicht getroffen“ werden, das Recht, „insoweit die Befugnisse der obersten Landesbehörde vorübergehend wahr[zu]nehmen“. Damit war noch vor der Wahl die verfassungsmäßige Legitimation für die Gleichschaltung der Länder im März gegeben.

Nach § 3 hatten „die Behörden der Länder und Gemeinden“ den Anordnungen der Reichsregierung nach § 2 „im Rahmen ihrer Zuständigkeit Folge zu leisten“. Damit wurde die Macht Görings als kommissarischer preußischer Innenminister und ab 11. April als preußischer Ministerpräsident zusätzlich gestärkt. Die §§ 4 und 5 brachten drakonische Strafandrohungen und Strafverschärfungen gegenüber dem bisher geltenden Recht (Todesstrafe oder Zuchthaus) bei gewaltsamer Zuwiderhandlung gegen die Verordnung sowie bei Mordanschlägen gegen Regierungsmitglieder, bei Brandstiftung in öffentlichen Gebäuden, schwerem Aufruhr, Hochverrat und anderen Delikten. Besondere Aufmerksamkeit sollte der Passus über die Verhängung der Todesstrafe bei der Brandstiftung in öffentlichen Gebäuden erregen, die an sich nach geltendem Strafrecht nur mit lebenslangem Zuchthaus geahndet werden durfte. Denn das am 29. März auf Grund des „Ermächtigungsgesetzes“ erlassene „Gesetz über Verhängung und Vollzug der Todesstrafe“ (Lex van der Lubbe) verlängerte die in der Verordnung vom 28. Februar ausgesprochene Androhung der Todesstrafe für Hochverrat und Brandstiftung an öffentlichen Gebäuden rückwärts bis zum 31. Januar 1933 und schuf damit die juristische Grundlage für das To-

desurteil gegen van der Lubbe. Es gehört zu den Ungeheuerlichkeiten einer bereits politisch kompromittierten deutschen Justiz, daß das Reichsgericht mit Zustimmung des Reichsjustizministeriums beim Prozeß im September den alten Rechtsgrundsatz „nulla poena sine lege" („Keine Strafe ohne Gesetz") auf politischen Druck preisgab.
Wie schon beim Art. 48 leistete auch bei dieser Verordnung der Verzicht auf konkrete Ausführungsvorschriften durch das Innenministerium ihrer extensiven und willkürlichen Auslegung zusätzlich Vorschub. Die Tatsache, daß die „Reichstagsbrandverordnung" formal an die Praxis der präsidialen Notverordnungen der letzten Jahre anknüpfte, selbst wenn inzwischen alle ursprünglichen parlamentarischen Sicherungen gegen Mißbrauch ausgeschaltet waren, daß der Reichspräsident diesen unerhörten Verfassungsakt durch seine Unterschrift sanktionierte und mit seiner Autorität deckte und daß er sich vorwiegend gegen die politische Linke und die Repräsentanten der Republik richtete, dürfte das Gewissen der Konservativen beruhigt und jeden Widerspruch oder Bedenken im Keime erstickt haben.
Die Verordnung vom 28. Februar 1933 wurde mit zum zentralen Instrument der nationalsozialistischen Technik der Machteroberung und sollte gleichzeitig noch vor dem „Ermächtigungsgesetz" vom 23. März zum „Grundgesetz des Dritten Reiches" und zu seiner eigentlichen „Verfassungsurkunde" (E. Fraenkel) werden. Dabei ist zu berücksichtigen, daß formal die Weimarer Reichsverfassung, wenn auch inhaltlich und institutionell völlig ausgehöhlt, bis zum 8. Mai 1945 in Geltung blieb. Denn Hitler war nicht daran interessiert, für sein „Drittes Reich" eine neue Verfassung zu entwerfen, um sich nicht durch geschriebene Normen, so sehr sie auch auf den Diktaturstaat zugeschnitten sein würden, in seinem uneingeschränkt dezisionistischen „Führerwillen" binden zu lassen.
Wie es wirklich um die legalen Grundlagen des Diktaturstaates bestellt war, wird auch daraus ersichtlich, daß mit der Zerschlagung der Arbeiterbewegung und der im Freispruch Dimitroffs und Torglers am 21. September 1933 dokumentierten Feststellung des Reichsgerichts, daß kein ursächlicher Zusammenhang zwischen der Tat van der Lubbes und einem angeblichen kommunistischen Aufstandsversuch bestand, eigentlich jeder Grund für die Verordnung entfallen war, diese aber dennoch bis zum Ende des „Dritten Reiches" blutig exekutiert wurde. Sie blieb die Basis für den permanenten Ausnahmezustand und wurde gnadenlos zur Terrorisierung der Bevölkerung und zur Bekämpfung der Regimegegner, u. a. auch der Widerstandskämpfer des 20. Juli 1944, benutzt.

3. Die letzten Wahlen am 5. März 1933

Die Reichstagswahlen vom 5. März 1933 sind in die Geschichte zwar als die letzten freien Wahlen in Deutschland bis 1945 eingegangen. Darüber darf man aber nicht vergessen, daß sie bereits unter den Bedingungen eines Ausnahmezustandes stattfanden. Der fünfwöchige Wahlkampf wurde von massiven Einschüchterungen und Terrorisierungen der politischen Gegner geprägt. Er forderte unter ihnen 51 Tote und mehrere hundert Verletzte. 18 Opfer der Nationalsozialisten wurden als Märtyrer gefeiert. Besonders Kommunisten und Sozialdemokraten wurden verhaftet und in den preußischen „Schutzhaftlagern" (insgesamt waren es im März und April 25000 Inhaftierte) drangsaliert und gefoltert, ihre Presseorgane verboten, ihre Parteibüros besetzt, geschlossen oder verwüstet.

Beschwörung des „Führermythos"

Goebbels stilisierte den 5. März zum „Tag der erwachenden Nation". Mit allen Mitteln moderner Propaganda, die in der „Kampfzeit" längst erfolgreich erprobt waren, wie Massenkundgebungen, Beflaggungen, Jubelchören, auch die schon mit großem Erfolg praktizierten Deutschlandflüge, aber auch mit Rundfunkübertragungen bemühte er sich, die Wählermassen für Hitler zu mobilisieren. Er stellte den Wahlkampf ganz auf die Person des „Führers" und auf ein plebiszitäres Votum für ihn ab, während die Partei dahinter sichtbar zurücktrat. Die Beschwörung des „Führermythos" nahm bereits hymnische und pseudoreligiöse Formen an. Dabei passierte freilich auch eine peinliche Panne. Goebbels ließ die Rundfunkübertragung einer pompös inszenierten Wahlkundgebung des „Volkskanzlers" am Vorabend der Wahlen in der alten preußischen Krönungsstadt Königsberg – symbolträchtiger Ausdruck der Verbindung von altpreußischer Tradition und nationalsozialistischer Revolution – akustisch mit dem Glockenläuten des Königsberger Doms unterlegen. Er suggerierte damit den Eindruck, als habe sich nun auch die evangelische Kirche eindeutig hinter Hitler gestellt. Wenig später mußte er sich freilich von den kirchlichen Vertretern öffentlich dahingehend korrigieren lassen, daß die Glocken des Doms aus diesem Anlaß nicht geläutet hätten und es sich somit um eine technische Manipulation gehandelt haben müsse.

Die zentrale Wahlkundgebung im Berliner Sportpalast am 10. Februar bezeugt eindringlich und beispielhaft, wie geschickt Goebbels inzwischen das typische Zusammenspiel zwischen dem „charismatischen Führertum" Hitlers und seiner gläubigen „charismatischen Gefolgschaft" nicht nur massenwirksam in Szene zu setzen, sondern auch als propagandistischer Künder mit dem modernen Massenmedium Rundfunk durch seine schwülstig-pathetische Reportage über den Äther in alle Winkel des Reiches zu transportieren vermochte.

Nach der üblichen „Parteierzählung“ (Domarus), einer weitschweifigen Darstellung der „Kampfzeit“ seit 1919, der bekannten radikalen Abrechnung mit der Wirtschaftspolitik der „Systemparteien“ und mehr als vagen Ausführungen über das eigene Programm trat Hitler wie schon in seiner Regierungserklärung zehn Tage vorher in einen fiktiven Dialog mit seinem Volk ein und richtete „heute nun den letzten Appell an meine Volksgenossen“: *14 Jahre lang haben die Parteien des Zerfalls, der Novemberrevolution das deutsche Volk verführt und mißhandelt, 14 Jahre lang haben sie zerstört, zersetzt und aufgelöst. Dann ist es nicht vermessen, wenn ich heute vor die Nation hintrete und sie beschwöre, deutsches Volk, gib uns vier Jahre Zeit, dann richte und urteile über uns. Deutsches Volk, gib uns vier Jahre, und ich schwöre, so wie wir und so wie ich in dieses Amt eintrete, so will ich dann auch gehen.* [21]
Hitler beendete seine mehrstündige Ansprache in der später auch so oft wiederholten Pose des „Nazi-Feldpredigers“ (so die sozialdemokratische Presse) im blasphemisch pervertierten Stil eines Vaterunsers evangelischer Lesart. Er unterstrich damit seine göttliche Sendung:
Denn ich kann mich nicht lösen von dem Glauben an mein Volk, kann mich nicht lossagen von der Überzeugung, daß diese Nation wieder einst auferstehen wird, kann mich nicht entfernen von der Liebe zu diesem meinem Volk und hege felsenfest die Überzeugung, daß eben doch einmal die Stunde kommt, in der die Millionen, die uns heute hassen, hinter uns stehen und mit uns dann begrüßen werden das gemeinsam geschaffene, mühsam erkämpfte, bitter erworbene neue deutsche Reich der Größe und der Ehre und der Kraft und der Herrlichkeit und der Gerechtigkeit. Amen.
Goebbels lenkte mit seiner Live-Reportage die Aufmerksamkeit seiner Hörer auf die Adressaten dieses Appells: die gläubige und bereits zusammengeschweißte klassenlose „Volksgemeinschaft“, die ihrem „Führer“ als Heilsbringer und Retter erwartungsvoll entgegenfieberte. Dabei interpretierte er – wie auch später immer wieder, so bei seinem Aufruf zum „totalen Krieg“ am 18. Februar 1943 wiederum im Sportpalast – den Jubel einer zweifellos handverlesenen Zuhörerschaft von einigen Tausenden um in eine plebiszitäre akklamatorische Legitimation des deutschen Volkes für seinen „Führer“.
Unten bietet sich unseren Augen das imposante Bild einer hinreißenden, einzigartigen, großen Massenkundgebung, einer Volkskundgebung im wahrsten Sinne des Wortes: Männer und Frauen, Arbeiter, Bürger, Studenten, ringsum flankiert von SA- und SS-Männern. Über der ganzen Masse liegt eine heiße, fieberhafte Spannung und eine vibrierende Erwartung – dieselbe heiße, fieberhafte Spannung und Erwartung, die am heutigen Abend sich über die ganze Riesenstadt Berlin gelegt hat [...] Stellen Sie sich vor: dieses Riesengebäude, unten ein riesiges Parterre, an den beiden Seiten die Seitenparterres aufflankiert, der erste

Rang, der zweite Rang – alles eine Masse Mensch! Die einzelnen Menschen sind schon gar nicht mehr zu erkennen, man sieht (einzelne Rufe und Sprechchöre heben an) nur noch Menschen, Menschen, Menschen, – Masse Mensch... Ganz allein, ernst und gemessen schreitet, freundlich grüßend, durch die Massen der Führer, der Reichskanzler Adolf Hitler, der Führer des jungen Deutschland.[22]

Der amerikanische Botschafter in Berlin, Sackett, konnte dem „sehr eindrucksvollen Stil" der nationalsozialistischen Wahlkampagne seinen Respekt nicht versagen.

Die zahlreichen braunen Uniformen, die riesigen Naziplakate, mit denen die Städte und das Land übersät sind, die häufigen Aufmärsche der braunen Heerscharen, die Massenveranstaltungen und die täglichen Übertragungen von Wahlreden der Nazi-Führer durch den Rundfunk zielen darauf ab, den Eindruck gerade jetzt zu erwecken, daß es in Deutschland nur eine große Partei gibt.[23]

Er bezweifelte aber, daß es noch freie Wahlen waren. Denn für die Linksparteien sei *die Wahl am 5. März eine Farce, da sie während der letzten und wichtigsten Wahlkampfwoche ihres verfassungsmäßigen Rechts, sich an ihre Anhänger zu wenden, vollständig beraubt waren. In den meisten Teilen Deutschlands sind die Sozialdemokraten so geknebelt und unterdrückt worden, daß sie wenigstens dem äußeren Anschein nach nicht mehr zu existieren scheinen.*

Wahlergebnis

Gemessen an dem enormen Propagandaaufwand, dem hohen Maß an Terrorisierung und Verfolgung der politischen Gegner und dem „Kanzler-Bonus" Hitlers nahm sich das Ergebnis für die NSDAP mit 43,9 % oder 17,2 Mio. der abgegebenen Stimmen eher bescheiden aus. Man war sich auch einig, daß der Zuwachs vor allem auf Hitlers Konto ging und weniger auf das der Partei. Sie legte gegenüber dem tiefen Einbruch im November des Vorjahres 10,8 Prozentpunkte zu, gegenüber dem hohen Sieg vom Juli 1932 nur 6,5 Prozentpunkte. Noch mehr als die Hälfte der deutschen Bevölkerung wünschte also keine Alleinregierung der NSDAP. Nur zusammen mit den 8 % der „Kampffront Schwarz-Weiß-Rot" aus DNVP und Stahlhelm (- 0,9 Prozentpunkte) erreichte die Regierung mit 51,9 % der Stimmen oder 340 von 647 Abgeordneten eine Mehrheit im Reichstag.

Relativ stabil blieben trotz des Ausnahmezustandes noch das sozialdemokratische und das katholische Milieu mit 18,3 % (- 2,1 Prozentpunkte) für die SPD und 11,2 % (- 0,7 Prozentpunkte) für das Zentrum resp. 13,9 % (- 1,1 Prozentpunkte) für das Zentrum/BVP. Die KPD, gegen die sich der Hauptstoß des Terrors richtete, verlor mit 1,1 Mio. Stimmen deutlich und sackte von 16,9 auf 12,3 %. Die Parteien der bürgerlichen Mitte waren praktisch zerrieben.

Für den hohen Grad von politischer Mobilisierung der Bevölkerung sprach eine Rekordwahlbeteiligung von 88,8 % (November 1932 80,6 %).

Ihre Gewinne von zusätzlich 5,5 Mio. Stimmen schöpfte die NSDAP zur Hälfte wohl aus dem Reservoir der bisherigen Nicht- und der Neuwähler (Zuwachs der abgegebenen gültigen Stimmen gegenüber November 1932 3,8 Mio.), teilweise aber auch aus dem radikalen Protestpotential der Wechselwähler in der KPD, die jetzt auch unter dem Druck der Einschüchterungen ihr Heil im rechtsextremistischen Spektrum suchten.
Stärkste Bastionen für die NSDAP waren nach wie vor die Agrargebiete Nord- und Ostdeutschlands. An der Spitze lagen die Ergebnisse in den Wahlkreisen Ostpreußen (56,5 %), Pommern (56,3 %), Frankfurt/Oder (55,2 %), Osthannover (54,3 %), Liegnitz (54 %), Schleswig-Holstein (53,2 %). Unterdurchschnittlich blieben die Resultate nach wie vor in den städtisch-industriellen Ballungszentren Mittel- und Westdeutschlands wie etwa Westfalen-Süd mit 33,8 % und in den Großstädten wie Berlin mit 31,3 %, Hamburg mit 38,9 % oder Köln-Aachen als Schlußlicht mit 30,1 %. Neu war, daß die NSDAP bemerkenswerte Erfolge in Süd- und Südwestdeutschland erzielte: Niederbayern mit 39,2 % (+ 20,7 %), Oberbayern-Schwaben mit 40,9 % (+ 16,3 %) und Württemberg mit 42 % (+ 13,8 %). In Bayern band sie in ländlichen Gebieten bei einer Wahlbeteiligung bis 95 % Stimmen an sich, die früher der BVP zugefallen waren und jetzt ihren Protest gegen den politischen Katholizismus auf dem Lande ausdrücken wollten. Diese Einbrüche in die traditionelle Klientel von Zentrum und BVP verhießen nichts Gutes für die Widerstandskraft der süddeutschen Länder gegenüber der nun rasch einsetzenden Gleichschaltungspolitik. In Preußen war das Wahlergebnis fast identisch mit dem auf Reichsebene: NSDAP 44,1 % und „Kampffront" 8,8 %.
Die Nationalsozialisten feierten das Wahlergebnis als „gewaltigen, entscheidenden Sieg" der Partei und als ein überwältigendes Votum für ihren „Führer". Die deutschnationalen Partner wurden zunehmend brüsker behandelt. Nach Verhaftung der 81 kommunistischen Abgeordneten und nach Kassierung ihrer Mandate glaubte die NSDAP, auf die „Kampffront" nicht mehr Rücksicht nehmen zu müssen, da sie nun aus eigener Kraft mit 288:278 Sitzen im Reichstag über die absolute Mehrheit verfügte. Auch die offizielle Sprachregelung änderte sich in bezeichnender Weise: die „nationale Revolution" oder „nationale Erhebung" machte der „nationalsozialistischen Revolution" oder einfach der – von Hitler persönlich so dekretierten – „Revolution" Platz. Die erste Kabinettssitzung nach der Wahl am 7. März dokumentiert eindeutig den neuen schneidenden Wind und Hitlers gewachsenes Selbstbewußtsein[24]. Die Gangart wurde sehr viel schärfer. Der Reichskanzler betonte nach dem Protokoll der Sitzung:
Nunmehr müsse eine großzügige Propaganda- und Aufklärungsarbeit einsetzen, damit keine politische Lethargie aufkomme.

Nach diesem Hinweis auf die bevorstehende Einrichtung eines Reichspropagandaministeriums wie der Reichskanzler auf die Notwendigkeit hin, „die jetzige und künftige Zusammensetzung des Reichstages als Schlüsselzahl für die Besetzung sämtlicher Landtage festzusetzen". Diese Gleichschaltung der Länderparlamente erfolgte am 31. März auf Grund des „Vorläufigen Gesetzes zur Gleichschaltung der Länder mit dem Reich". Die Ereignisse des 5. März betrachtete Hitler „als Revolution. Am Ende werde es in Deutschland keinen Marxismus mehr geben". Außerdem sei „ein Ermächtigungsgesetz mit einer Zweidrittelmehrheit" gemäß Art. 76 WRV notwendig.
Devot sprach Papen „dem Reichskanzler und der nationalsozialistischen Organisation den Dank des Reichskabinetts für die bewundernswerte Leistung bei der Wahl aus" und betonte, „daß das Verhältnis des Reichs zu den Ländern auf eine andere Basis gestellt werden müsse. Man müsse jedoch vermeiden, die Länder zu uniformieren". Daß man Bedenken und Widerstand auch nachdrücklicher als der Vizekanzler zum Ausdruck bringen konnte, zeigte der Staatssekretär im Reichsjustizministerium, Schlegelberger. Im Zusammenhang mit dem Fall van der Lubbe führte er aus, „er stimme der Auffassung des Reichskanzlers durchaus zu, daß das Recht sich den Verhältnissen anpassen müsse", aber: „Er müsse mit allem Nachdruck auf den Satz nulla poena sine lege hinweisen. Nur in Rußland, China und einigen kleinen Kantonen der Schweiz gelte dieser Satz nicht." – Der Hinweis auf das bolschewistische Rußland muß Hitler besonders in den Ohren geklungen haben!
Die Mitglieder des Kabinetts erhielten bereits allen schüchternen Einwendungen Papens zum Trotz einen brutalen und unmißverständlichen Anschauungsunterricht darüber, was Hitler in der Sitzung konkret unter einer „kühne[n] Inangriffnahme des Reich-Länder-Problems" verstand.

4. Die Gleichschaltung der Länder und die Frage der Reichsreform

Die Gleichschaltung der Länder zwischen dem 5. und 9. März 1933 erfolgte in der bereits bewährten Taktik nationalsozialistischer Machteroberung durch das Ineinandergreifen zweier Ebenen: Verfolgungsdruck auf der Straße „von unten" und pseudolegale Eingriffe der Reichsregierung „von oben" unter Berufung auf § 2 der „Reichstagsbrandverordnung" vom 28. Februar. Die NSDAP verfügte noch nicht über die parlamentarische Mehrheit in Baden, Württemberg, Hessen, Sachsen und in den drei Hansestädten. Allerdings regierten in Bayern, Württemberg, Hessen, Sachsen und Hamburg nur noch geschäftsführende Minderheitsregierungen. Dies verstärkte noch zusätzlich die überall schon zu beobachtende Resignation in den letzten republikani-

schen Landesbastionen und erleichterte die Angriffe der regionalen NS-Organisationen und ihrer Führer. Sie forderten unverhohlen die Einsetzung von Reichskommissaren nach dem preußischen Vorbild, um die Ablösung sozialdemokratischer Spitzenbeamter und das Verbot linker Zeitungen durchzudrücken, und richteten entsprechende Gesuche an den Reichskanzler und den Reichsinnenminister. Der Vorwurf lautete in der Regel, in den Ländern ohne nationalsozialistische Regierungen werde von der Notverordnung vom 4. Februar 1933 zu nachsichtig gegen die politische Linke Gebrauch gemacht. Sozialdemokratische Regierungsbeteiligung in Hessen (Innenminister Dr. Leuschner) und Hamburg wurde als unzulässige Duldung des „Marxismus" interpretiert.
Meist von der SA und der SS provozierte Unruhen und Massenaufmärsche in der Bannmeile, durch das Hissen von Hakenkreuzfahnen auf öffentlichen Gebäuden wie den Rathäusern als Symbol der „Machtergreifung", mit den Polizeibehörden ausgelöste Zusammenstöße und andere Übergriffe brauner Stoßtrupps und Hilfspolizisten nahm Frick nach dem Modellfall Preußen zum Anlaß, „zur Wiederherstellung der öffentlichen Sicherheit und Ordnung" Reichskommissare an die Spitze der Landesregierungen, der Innenministerien oder der Polizeibehörden zu setzen und dann – unter fadenscheinigem Hinweis auf das Wahlergebnis vom 5. März – eine mehrheitlich nationalsozialistische Zusammensetzung der Regierungen zu erzwingen.

Hamburg

Den Anfang machte noch am Wahltag Hamburg. Die bürgerliche Mehrheit des Minderheitssenates hatte es nicht gewagt, sich der Weisung Fricks aus Berlin, für vierzehn Tage das sozialdemokratische „Hamburger Echo" zu verbieten, zu widersetzen. Daraufhin traten aus Protest am 3. März die drei SPD-Senatoren zurück, unter ihnen der Polizeisenator Schönfelder. Am nächsten Tag folgte der Rücktritt des seit 1924 amtierenden, hochverdienten Senatspräsidenten Dr. Carl Petersen (Staatspartei). Unterstützt durch Frick, erzwang die örtliche NSDAP-Leitung unter Gauleiter Kaufmann vom Rumpfsenat die Beurlaubung des sozialdemokratischen Kommandeurs der Ordnungspolizei, Oberst Danner, konnte aber ihren eigenen Kandidaten zunächst nicht durchdrücken. Am 5. März hißten nationalsozialistische Beamte der Hamburger Polizei als symbolische Geste auf Polizeikasernen und -gebäuden Hakenkreuzflaggen. Der Rumpfsenat konnte sich nicht entschließen, der Mehrheit der damals durchaus noch loyalen Polizeioffiziere und -mannschaften einen eindeutigen Befehl zur Rückgängigmachung dieses Unrechtsaktes zu geben. Diese unentschlossene Haltung ermutigte Frick zusätzlich, noch am Abend des 5. März nach gewaltsamer Besetzung des Rathauses durch SA und SS unter Hinweis auf die Notverordnung vom 28. Februar telegraphisch die Einsetzung des Hamburger SA-Standartenführers Polizeioberleutnant a. D. Alfred Richter als Kommissarischen Polizeibeauftragten des Reiches durchzudrücken und damit das zentrale Sicherheitsorgan der Exekutive in die Hand der Nationalsozialisten zu bringen. Gleichzeitig wurde ebenfalls auf Weisung Fricks am 7. März der Senat umgebildet. Er bestand nun aus sechs Nationalsozialisten, zwei Deutschnationalen und zwei Stahlhelmern unter Leitung des neuen Senatspräsidenten Krogmann.

Andere Länder

Nach dem Auftakt in Hamburg am 5. März ging es mit der Gleichschaltung Schlag auf Schlag, und zwar immer nach demselben Muster: putschähnliche Massenaufmärsche von SA und SS, Behördenbesetzungen, Drohungen mit dem „Volkszorn" angesichts „unhaltbarer politischer Verhältnisse", Zusammenspiel der örtlichen Gauleitungen und des Berliner Innenministeriums, Flaggenhissungen auf den Rathäusern, Ernennung von Polizeikommissaren, erzwungene Neubildung der Landesregierung, Einsetzung eines nationalsozialistischen Staats- oder Ministerpräsidenten. Am 6. März wurden auf diese Weise Lübeck, Bremen und Hessen gleichgeschaltet. Am 8. März folgten Baden, Württemberg, Sachsen und Schaumburg-Lippe. Dabei wurden in der Regel als Reichskommissare nicht nachgeordnete Verwaltungs- oder Polizeifachleute eingesetzt, sondern Spitzenvertreter von Partei, SA oder SS: in Baden Gauleiter Robert Wagner, in Württemberg SA-Gruppenführer Dietrich von Jagow, in Sachsen SA-Gruppenführer Manfred von Killinger. Der auf Druck Jagows in Stuttgart zum württembergischen Staatspräsidenten gewählte Gauleiter Wilhelm Murr legte ein besonders zynisches Zeugnis der allgemeinen Siegeseuphorie in den Ländern ab:
Die Regierung wird mit aller Brutalität jeden niederschlagen, der sich ihr entgegenstellt. Wir sagen nicht: Aug um Aug, Zahn um Zahn: nein, wer uns ein Auge ausschlägt, dem werden wir den Kopf abschlagen, und wer uns einen Zahn ausschlägt, dem werden wir den Kiefer einschlagen.[25]

Bayern

Eine Sonderrolle bei der Gleichschaltung der Länder spielte wieder Bayern, diesmal aber im positiven Sinne. War es nach dem Ersten Weltkrieg der Nährboden des Rechtsextremismus und der Gegenrevolution, so machten eine tief verwurzelte föderative Tradition und ein katholisch-konservativer Antiborussismus das Land 1933 zur letzten demokratischen Bastion gegen den Berliner Zentralismus. Sie ließ sich für die NSDAP weit schwieriger schleifen als die anderen Länder. Alarmiert über die endgültige Gleichschaltung Preußens am 6. Februar, gab die bürgerliche Regierung Held die Parole aus, kein Reichskommissar dürfe ungehindert die Mainlinie überschreiten. Er spielte sogar zeitweise mit dem Gedanken einer Restauration der Wittelsbacher Monarchie mit dem populären Kronprinzen Rupprecht zunächst als Generalstaatskommissar mit besonderen Vollmachten. Mißtrauische und besorgte Anfragen der Münchner Regierung in Berlin wurden von Papen und Hindenburg während des ganzen Februar, von letzterem sogar noch am 8. März, mehrfach mit der beruhigenden Zusicherung beantwortet, in

Bayern sei überhaupt nicht an die Einsetzung eines Reichskommissars gedacht.
Am 1. März zitierte Hitler Held nach Berlin und drohte ihm bei einer Verwirklichung seiner Restaurationspläne mit dem Einsatz der Reichswehr. Am Morgen des 9. März, während Hindenburg noch abwiegelte und Hitler sich auf Anfrage unwissend stellte, forderten Röhm und der Münchner Gauleiter Adolf Wagner in Uniform, später noch unterstützt durch Himmler, ultimativ die Einsetzung des „alten Kämpfers" und Freikorps-Führers General Ritter von Epp als Reichskommissar. Sie drohten mit einem Aufstand der SA bei Nichterfüllung ihres Ultimatums, beriefen sich jedoch nicht auf bereits getroffene Absprachen mit Berlin. Alles sollte so aussehen, als fordere der „spontane Volkszorn" in München sein Recht.
Nun wiederholte sich auch in Bayern, was in den Tagen vorher schon anderswo abgelaufen war: Aufmarsch bewaffneter SA- und SS-Einheiten, Hissen der Hakenkreuzflagge auf dem Münchner Rathaus und verschiedenen Regierungsgebäuden. Die Reichswehr verweigerte auf Weisung des Ministeriums in Berlin jede Hilfe für Held, so daß auch die Landespolizei nicht zum Einsatz kam. Am 9. März abends wurde die Regierung Held durch eine offizielle Meldung aus Berlin über die Ernennung Epps zum Reichskommissar überrascht. Hindenburg, an den sich Held in letzter Minute um Hilfe wandte, ließ sich verleugnen und am 10. März durch den Staatssekretär Meißner mitteilen, Epp sei durch die Reichsregierung in eigener Zuständigkeit ernannt und Held möge von einem Besuch im Reichspräsidentenpalais absehen. Der Reichspräsident, das feste Bollwerk der konservativen „Einrahmung" Hitlers, wurde immer mehr zum willenlosen Werkzeug seines Reichskanzlers. Noch in der Nacht zum 10. März kam es zu brutalen und unwürdigen Ausschreitungen der SA u. a. gegen Fritz Schäffer, den Vorsitzenden der BVP, und gegen mißliebige Zeitungsredakteure.
Bis zum 16. März stellte Epp unter wilden Anschuldigungen gegen die Regierung Held (Landesverrat, Separatismus) unter Beteiligung der bayerischen Parteiprominenz sein kommissarisches Kabinett zusammen: Ministerpräsident Ludwig Siebert, Innenminister Gauleiter Wagner, Justizminister Hans Frank, Kultusminister Hans Schemm, Staatskommissare z. b. V. Ernst Röhm und Hermann Esser; Reichsführer-SS Heinrich Himmler wurde Leiter der Polizeidirektion München, zu der als Abt. VI auch die jetzt von SS-Standartenführer Reinhard Heydrich übernommene Zentrale der Politischen Polizei in Bayern gehörte. Der Aufstieg Himmlers und Heydrichs und ihres Gestapo-Imperiums begann. Röhm durchsetzte die gesamte innere Verwaltung mit SA-Kommissaren.
Auch in die Positionen der preußischen Oberpräsidenten rückten in der für den nationalsozialistischen „Doppelstaat" (Fraenkel) so typischen Preußen

Verbindung von Partei- und Staatsamt verdiente Gauleiter oder SA-Gruppenführer ein, so Wilhelm Kube in Brandenburg, Hinrich Lohse in Schleswig-Holstein, SA-Gruppenführer Viktor Lutze in Hannover und Erich Koch in Ostpreußen. Die deutschnationalen Honoratioren, die an sich in dem Prozeß der Gleichschaltung weitgehend unberücksichtigt geblieben waren, wurden in den westlichen Provinzen Preußens mit Hessen-Nassau (Prinz Philipp von Hessen), Rheinprovinz (Freiherr Hermann von Lüninck) und Westfalen (sein Bruder Ferdinand von Lüninck) abgefunden.

Gesetzgebung

Die „revolutionäre" Gleichschaltung wurde in folgenden Stufen auf Grund des „Ermächtigungsgesetzes" vom 23. März in Gesetze gegossen und damit scheinbar legalisiert:

– Das „Vorläufige Gesetz zur Gleichschaltung der Länder mit dem Reich" vom 31. März ermächtigte die Landesregierungen, ohne Beschluß der Landtage Gesetze (auch verfassungsändernden Inhaltes) zu erlassen und Neuregelungen der Landesverwaltung vorzunehmen. Gleichzeitig wurden die Landtage nach dem Reichstagswahlergebnis vom 5. März neu zusammengesetzt, wobei die Gesamtzahl der Mandate verringert und die KPD-Sitze annulliert wurden.

– Das „Zweite Gesetz zur Gleichschaltung der Länder mit dem Reich" vom 7. April verfügte die Ernennung von elf Reichsstatthaltern durch den Reichspräsidenten auf Vorschlag des Reichskanzlers in den Ländern (kleinere Länder wurden zusammen einem Reichsstatthalter unterstellt) mit der Aufgabe, „für die Beobachtung der vom Reichskanzler aufgestellten Richtlinien der Politik zu sorgen", also eine Doppelfunktion als eine Art „Staatspräsident" oder politischer Aufsichtsbeamter in den Ländern und gleichzeitig der eigentliche Vertreter der Ländersouveränität gegenüber dem Reich mit dem Recht der Regierungs- und Beamtenernennung und dem Begnadigungsrecht. Hitler übernahm das Amt in Preußen und ließ es durch den preußischen Ministerpräsidenten Göring ausüben.

– Durch das „Gesetz über den Neuaufbau des Reiches" vom 30. Januar 1934 wurden die Volksvertretungen der Länder aufgelöst, die Landesregierungen der Reichsregierung und die Reichsstatthalter der Dienstaufsicht des Reichsinnenministeriums unterstellt.

– Am 14. Februar 1934 wurde der Reichsrat durch entsprechendes Gesetz aufgelöst.

Reichseinheit und Föderalismus

Nunmehr schien der Auftrag, unter den Hitler den ganzen Prozeß der Gleichschaltung der Länder gestellt hatte, die Schaffung der „Einheit des Reiches", erfüllt, schien eine über Jahrhunderte gewachsene föderative Struktur beseitigt. Die schon in der Weimarer Republik immer wieder angemahnte Reichsreform schien kurz vor ihrem erfolgreichen Abschluß zu stehen.

Aber die Realität sah ganz anders aus. Da sie einen typischen und instruktiven Einblick in die anarchischen und konfliktgeladenen Herrschafts- und Verwaltungsstrukturen des „Dritten Reiches“ und in den Führungsstil Hitlers vermittelt, soll sie kurz angedeutet werden. Man kann sogar sagen, daß föderalistische Selbständigkeitsbestrebungen in Ländern, Provinzen oder Gauen jetzt unter braunem Vorzeichen viel ungehemmter wucherten, als dies vor 1933 je möglich gewesen wäre. Manche der „Gaufürsten“ erwiesen sich nach dem Eindruck des Reichsfinanzministers Graf Schwerin von Krosigk als „viel hartnäckigere Föderalisten als vor ihnen die Länderministerpräsidenten.“ [26] Überall bildeten sich partikulare und relativ autonome Machtzentren und stellten einen erheblichen Störfaktor gegen die Effektivität der zentralen Reichsinstanzen dar. Selbstbewußte und egozentrische Reichsstatthalter, Länderministerpräsidenten, Länderminister, Gauleiter bis hinunter zu den Kreis- und Ortsgruppenleitern stellten sich Weisungen von oben, vor allem wenn sie aus den Reichsministerien und der Reichsbürokratie kamen, entgegen. Ihre Kompetenzen waren oft personell und räumlich nicht klar gegeneinander abgegrenzt, sie überschnitten sich und kollidierten miteinander. Mächtige Reichsstatthalter wie Mutschmann (Sachsen), Kaufmann (Hamburg), Murr (Württemberg), Sauckel (Thüringen) oder Röver (Bremen/Oldenburg) ließen sich mit ihrer Hausmacht in ihre „Satrapien“ überhaupt kaum hineinreden, vor allem nicht von der Staatsbürokratie. Als „Vizekönige des Reiches“ (Hitler) bestimmte sich – gleiches galt auch für die Ministerpräsidenten und die Gauleiter – ihre Stellung mehr informell nach dem Gewicht, das sie in der nationalsozialistischen Machthierarchie hatten und nach ihrer jeweiligen „Führernähe“ aus der gemeinsamen „Kampfzeit“. Ihre Einsetzung hatte 1933 offenkundig auch den Zweck, dem revolutionären Druck, den SA- und Parteiführer im Zuge der „Machteroberung“ auf der mittleren und unteren Ebene von unten gegen die Zentrale in Berlin entwickelten, von oben entgegenzuwirken und ihn zu kanalisieren.

Dualismus von Staat und Partei

Durch die unauflösliche Verbindung von Staats- und Parteiamt konnten sich die Reichsstatthalter, obwohl formal dem Reichsinnenminister unterstellt, der Autorität der staatlichen Zentralgewalt jederzeit entziehen, wenn sie als Gauleiter oder SA-Gruppenführer ihren direkten Draht zu Hitler spielen ließen. Als Frick sich aus gegebenem Anlaß bemühte, bei „Meinungsverschiedenheiten zwischen einem Reichsfachminister einerseits und einem Statthalter andererseits“ mit Nachdruck die alleinige Entscheidungskompetenz des Reichsministers herauszustellen und ebenso scharf alle Versuche zurückzuweisen, in diesem Konfliktfall den Reichskanzler als Schiedsinstanz anzurufen, ließ Hitler mit einer für seinen Regierungsstil typischen Zweideutigkeit dem Reichsinnenminister durch Lammers, den Chef der Reichskanzlei, mitteilen: Zwar sei auch er der Ansicht, daß Meinungsverschiedenheiten ihm nicht zur Entscheidung vorgetragen werden sollten. „Eine Ausnahme muß jedoch nach

Auffassung des Herrn Reichskanzlers für die Fälle gelten, in denen es sich um Fragen von besonderer politischer Bedeutung handelt. Eine derartige Regelung entspricht nach der Auffassung des Reichskanzlers seiner Führerstellung"[27]. Aber wer entschied über die „besondere politische Bedeutung"?!

Der Dualismus zwischen nationalsozialistischem „Maßnahmen-" und bürokratischem „Normenstaat" (Fraenkel) verkörperte sich also unmittelbar in Hitler selbst: Als Reichskanzler sah er – freilich mit abnehmendem Interesse – noch die Notwendigkeit eines geschäftsordnungsmäßigen und bürokratischen staatlichen Instanzenzuges mit einem geregelten und normierten Über- und Unterordnungsverhältnis, als „Führer„ tat er alles, um sich einem solchen Verwaltungskorsett geordneter Staatsverwaltung zu entziehen und einen ausgesprochen dezisionistischen Stil zu pflegen, vor allem gegenüber den ihm nahestehenden „alten Kämpfern", auf deren Loyalität er angewiesen blieb. Dieser Dualismus pflanzte sich bis auf die unteren Verwaltungsebenen fort, wo es, wenn nicht eine Personalunion gegeben war, zu oft grotesken Rangeleien zwischen den Kreis- und Gauleitern auf der einen, Landräten und Bürgermeistern auf der anderen Seite kam. Das Chaos war dann perfekt, wenn all jene Gauleiter, die schon aus numerischen Gründen nicht in den Genuß einer Reichsstatthalterschaft oder eines Oberpräsidiums gekommen waren, auch wenn sie dafür in Preußen mit dem substanzlosen Titel eines „preußischen Staatsrates" abgefunden wurden, anfingen, gegen ihre höherrangigen Gauleiter-Kollegen zu intrigieren und ihre Eifersüchteleien auszutoben.

Ritter von Epp, Bayerischer Reichsstatthalter ohne Hausmacht in der NSDAP, konnte ein Lied davon singen. Über sein Verhältnis zur bayerischen SA, SS und Polizei unter Röhm und Himmler stellte er am 13. Juni 1933 verbittert fest: „Ein direkter Krieg gegen die Staatsregierung (und den Reichsstatthalter) ist im Gange." Ein Jahr später beklagte er sich über das „Steuern und Minieren auf dem Parteiweg oder entlang von Parteibeziehungen [...] Streicher reist alle Augenblicke nach Berlin und läßt seine Sonderdinge [von Hitler] sanktionieren. Andere läßt Wagner sanktionieren, andere reisen zum SA-Chef, andere zum Kommandeur der Polizei [Himmler]."[28]

Gerade in seinem stark personalisierten Verhältnis zu seinen Reichsstatthaltern und Gauleitern wird deutlich, wie sich in Hitlers Abneigung gegen regelhaft normierte Entscheidungsabläufe und klare Kompetenzzuweisungen nicht nur ein zentrales Stück willkürlicher Herrschaftstechnik des „Führers" selbst äußerte, sondern auch die Absicht, bei den ihm unmittelbar verantwortlichen „Unterführern" ein Höchstmaß an dynamischer Energie und Leistungsfähigkeit im Dienste der Partei zu entfesseln. So erklärte er ihnen bei ihrer Ernennung: „Was Sie aus dieser Stellung machen, das wird später einmal sein."[29] Ähnliches wieder-

holte er auf der Reichsstatthalter-Konferenz am 22. März 1934: Zwar verbiete die wirtschaftliche Lage Eigenmächtigkeit und Eingriffe lokaler Polizeibehörden und ziele der neue Reichsaufbau „auf ein einheitliches Reich mit einheitlicher Verwaltung", wodurch allein die notwendige „enorme Kraftentfaltung des Volkes sichergestellt" werden könne. Aber, so vertröstete er die Reichsstatthalter, jeder von ihnen könne „seine Bedeutung aus seiner Qualität [selbst] ableiten."[30]
Hier wurde gleichsam die Struktur der Strukturlosigkeit zum Herrschaftsprinzip des „Führerstaates" erhoben. Statt Kodifizierung einer neuen Reichsverfassung mit einer genauen Festlegung des inneren Reichsaufbaus, wie allgemein erwartet, verbot Hitler folgerichtig im März 1935 „jegliche öffentliche Erörterung über die Reichsreform, vor allem über [territoriale] Neugliederungsfragen in schriftlicher und mündlicher Form".

5. Der „Tag von Potsdam" oder die zwei Gesichter des „Dritten Reiches"

Der gerade ernannte Reichspropagandaminister J. Goebbels legte zur Eröffnung des neuen Reichstages am 21. März, dem „Tag der nationalen Erhebung", in der Potsdamer Garnisonskirche eine meisterhafte Talentprobe seines Könnens ab. Mit dieser Inszenierung lenkte er aber die Aufmerksamkeit des In- und Auslandes erfolgreich davon ab, daß das „Dritte Reich" inzwischen unverhohlen seine zwei Gesichter zeigte: eines der werbenden Verlockungen, der materiellen Versprechungen und der nationalen Phrasen, ein anderes der Einschüchterung, der Drangsalierung und der Verfolgung. An demselben Tag, als sich Prominenz aus Politik, Militär, Adel, Wirtschaft und Verwaltung über der Potsdamer Gruft mit den Sarkophagen Friedrich Wilhelms I. und Friedrichs des Großen feierlich zur symbolhaften Vermählung von Preußentum und Nationalsozialismus traf und die „Potsdamer Rührkomödie" (Fr. Meinecke) mit allem Pomp, den die neuen Machthaber zu entfalten in der Lage waren, vor den ergriffenen Blicken auch vieler Diplomaten und Journalisten aus dem Ausland ablief, frohlockte der „Völkische Beobachter" über den Beschluß Himmlers vom Vortage, dem 20. März, im oberbayerischen Dachau in einer ehemaligen Pulver- und Munitionsfabrik das erste Konzentrationslager, eine Art Musterlager, zu errichten: *Hier werden die gesamten kommunistischen und, soweit dies notwendig ist, Reichsbanner- und sozialdemokratischen Funktionäre, die die Sicherheit des Staates gefährden, zusammengezogen, da es auf die Dauer nicht möglich ist und den Staatsapparat zu sehr belastet, diese Funktionäre in den Gerichtsgefängnissen unterzubringen [...] Polizei und In-*

Das erste Konzentrationslager in Dachau

nenministerium sind überzeugt, daß sie damit zur Beruhigung der gesamten nationalen Bevölkerung und in ihrem Sinne handeln.[31]

Während man in Potsdam feierte, wurden schon Tausende Unschuldiger nur deshalb, weil sie das falsche Parteibuch hatten oder eine falsche politische Meinung äußerten, in – zunächst noch „wilden“ – Schutzhaft- und Konzentrationslagern und in den Gestapo-Kellern in Oranienburg, im Columbiahaus in Berlin, in Sachsenburg, in der Vulkanwerft in Stettin, bei Papenburg im Emsland und an anderen Stätten des Grauens von Polizei, SA und SS gefoltert und geschlagen. Auch der britische Botschafter in Berlin, Horace Rumbold, aufmerksamer Beobachter in Potsdam und sicher kein Freund des neuen Regimes, beruhigte gegenüber seinem Außenminister aufkommende Zweifel:

Die Revolution hat sich im ganzen milde vollzogen. Obwohl zweifellos viele unschuldige Menschen ermordet, eingekerkert oder mißhandelt wurden und Deutschlands guter Name als der eines zivilisierten Landes im Ausland ernsthaft gelitten hat, so hätte der Übergang doch blutiger sein können.[32]

Die Feier in Potsdam

Die Inszenierung des „Tages von Potsdam“ war in ihrer Symbolik in jeder Einzelheit auf die Verbindung von nationalkonservativem Traditionsbewußtsein und nationalsozialistischem Revolutionswillen, von „altem“ und „neuem“ Deutschland, von Preußentum und Nationalsozialismus abgestellt. Der erste Reichstag des „Dritten Reiches“ wurde eröffnet am Jahrestag der Eröffnung des ersten Reichstages des „Zweiten Reiches“ am 21. März 1871. Noch benötigte Hitler für die Eroberung der Macht die Mithilfe des Reichspräsidenten, des Beamtentums, der Reichswehr und der konservativen Kräfte in Politik, Wirtschaft und Verwaltung. Goebbels' Regie war offenbar so perfekt, daß sich diese Repräsentanten des „alten“ Deutschlands gerade durch den Ablauf des Tages in ihrer Illusion bestätigt fühlten, den Prozeß der konservativen „Einrahmung“ und „Zähmung“ Hitlers und seiner Partei nunmehr dem erfolgreichen Höhepunkt zugeführt zu haben.

Der Tag begann mit evangelischen und katholischen Festgottesdiensten in der Nikolaikirche und in Sankt Peter und Paul. Hitler und Goebbels verweigerten ihre Teilnahme, weil ihnen die katholische Kirche bisher noch die kalte Schulter gezeigt hätte. Die Predigt des Generalsuperintendenten der Kurmark, Otto Dibelius über Römer 8,31 – übrigens über denselben Text, über den am 4. August 1914 der Berliner Oberhofprediger E. v. Dryander gepredigt hatte! – darf hier nicht unerwähnt bleiben, enthielt sie doch schon unter Berufung auf Luthers Zwei-Reiche-Lehre jene fatale und mißverständliche Zweideutigkeit aus gläubiger Gefolgschaft, nationaler Machtfixierung, Obrigkeitsgläubigkeit und christlicher Ermahnung, die die Haltung der evangelischen Kirche künftig bestimmen sollte.

[...] Ein neuer Anfang staatlicher Geschichte steht immer irgendwie im

Zeichen der Gewalt. Denn der Staat ist Macht. Neue Entscheidungen, neue Orientierungen, Wandlungen und Umwälzungen bedeuten immer den Sieg des einen über den anderen. Und wenn es um Leben und um Sterben der Nation geht, dann muß die staatliche Macht kraftvoll und durchgreifend eingesetzt werden, es sei nach außen oder nach innen. Wir haben von Dr. Martin Luther gelernt, daß die Kirche der rechtmäßigen staatlichen Gewalt nicht in den Arm fallen darf, wenn sie tut, wozu sie berufen ist. Auch dann nicht, wenn sie hart und rücksichtslos schaltet [...] Aber wir wissen auch, daß Luther mit demselben Ernst die christliche Obrigkeit aufgerufen hat, ihr gottgewolltes Amt nicht zu verfälschen durch Rachsucht und Dünkel, daß er Gerechtigkeit und Barmherzigkeit gefordert hat, sobald die Ordnung wiederhergestellt war [...] Aber wir wären nicht wert, eine evangelische Kirche zu heißen, wenn wir nicht mit demselben Freimut, mit dem Luther es getan hat, hinzufügen wollten: staatliches Amt darf sich nicht mit persönlicher Willkür vermengen.[33]

Unter dichter Beflaggung Potsdams mit Schwarz-Weiß-Rot und Hakenkreuz, die noch beide zwei Jahre relativ friedlich als offizielle Reichsflaggen nebeneinander existierten, bis am 15. September 1935 die Hakenkreuzfahne zur alleinigen Nationalflagge erklärt wurde, begann um 12.00 Uhr mittags die Zeremonie. Sofort um die Welt ging das Begrüßungsfoto zwischen dem Gefreiten und dem Feldmarschall des Ersten Weltkrieges an der Eingangstür zur Garnisonskirche. Mit tiefer Verbeugung reichte der junge „Volkskanzler“, ganz bürgerlich-korrekt gewandet im schwarzen Cut, dem 86jährigen Reichspräsidenten, der darauf bestanden hatte, an diesem symbolträchtigen Tage die Uniform eines preußischen Generalfeldmarschalls zu tragen, ehrerbietig die Hand. In der Kirche drängten sich die Regierung, die Abgeordneten der Mitte und der Rechten, die Nationalsozialisten im Braunhemd (Kommunisten und Sozialdemokraten hatten, soweit sie noch nicht verhaftet waren, demonstrativ verzichtet), Offiziere der kaiserlichen Armee und der Reichswehr, darunter Feldmarschall von Mackensen und Generaloberst a. D. Seeckt, Veteranen von 1864, 1866 und 1870/71, Repräsentanten der Partei, der SA und SS, Wirtschaftsführer und hohe Verwaltungsbeamte. In der Mitte des Altarraumes war neben Hindenburg, Hitler und Göring als Reichstagspräsident symbolisch ein Stuhl für den Kaiser im Exil freigehalten. Als Hindenburg ihm beim Hineingehen mit seinem Marschallstab Reverenz erwies, gab er noch einmal all jenen Hoffnung, die sich von Hitler eine Restauration der Monarchie versprochen hatten, bis er ihnen zwei Tage später eine Absage erteilte. Hinter dem leeren Stuhl saß der Kronprinz Wilhelm mit Ehefrau. Im Rundfunk kommentierte der Reichsjugendführer Baldur von Schirach.

Nun rollte das Programm mit minutiös einstudierter Präzision ab:

Nach dem Orgelvorspiel und dem Choral von Leuthen – „Nun danket alle Gott" – gab Hindenburg eine kurze Erklärung mit einem Rückblick auf das alte Preußen ab, dessen Geist „auch das heutige Geschlecht beseelen" möge. Nach der fragwürdigen Behauptung, das Volk habe sich „mit einer klaren Mehrheit hinter diese durch mein Vertrauen berufene Regierung gestellt und ihr dadurch die verfassungsmäßige Grundlage für ihre Arbeit gegeben", appellierte er an die Abgeordneten, sich hinter sie zu stellen.

Darauf sprach Hitler[34] an einem Stehpult, dem Staatsoberhaupt zugewandt. Nach dem üblichen Rückblick auf die Höhen und Tiefen der deutschen Geschichte und auf den „Verfall auf allen Gebieten" seit 1918 mündete seine Ansprache in eine überschwenglich-schwülstige Huldigung für den Generalfeldmarschall und in die – eher vage – Bekundung des „unerschütterlichen Willen[s], das große Werk der Reorganisation des deutschen Volkes und des Reichs in Angriff zu nehmen und entschlossen durchzuführen".

Am 5. März hat sich das Volk entschieden und in seiner Mehrheit zu uns bekannt. In einer einzigartigen Erhebung hat es in wenigen Wochen die nationale Ehre wiederhergestellt und dank Ihrem Verstehen, Herr Reichspräsident, die Vermählung vollzogen zwischen den Symbolen der alten Größe und der jungen Kraft.

Darauf stieg Hindenburg unter Salutschüssen in die Gruft und legte Kränze an den Sarkophagen der Preußenkönige nieder. Man sang „Wir treten zum Beten". Beim anschließenden Vorbeimarsch von Einheiten der Reichswehr, der Polizei und der „nationalen Verbände", den Hindenburg und Hitler gemeinsam abnahmen, begrüßte der Reichspräsident noch einmal demonstrativ den Kronprinzen. Der Tag endete mit der Konstituierung des neugewählten Reichstages in der Kroll-Oper und einer Festaufführung von Wagners „Meistersingern" in der Staatsoper.

Der „Tag von Potsdam" verfehlte seine Wirkung im In- und Ausland nicht. Er wurde in voller Länge vom Rundfunk übertragen, Fotos und Presseberichte kündeten von dem gelungenen Propagandaereignis. Sein Zweck schien erfüllt: Das „Dritte Reich" war nun auch offiziell als legitimes Erbe in die ruhmvolle Tradition des „Zweiten Reiches" Bismarcks, die junge und dynamische nationalsozialistische Bewegung mit ihrem „Führer" endgültig unter das politische Patronat des preußisch-deutschen Konservatismus gestellt. Ihre radikalen und abstoßenden Züge würde sie unter den strengen Blicken des Reichspräsidenten bald abgeworfen haben. Die Illusion war perfekt. Drei Tage später folgte das schlimme Erwachen.

6. Das Ermächtigungsgesetz vom 24. März 1933

Mit dem „Gesetz zur Behebung der Not von Volk und Reich“ vom 24. März 1933, dem sogenannten „Ermächtigungsgesetz“, befreite sich Hitler, wiederum unter dem Deckmantel formaler Legalität und Verfassungskonformität, von den letzten rechtlichen Fesseln, die ihn noch an seine konservativen Partner und vor allem an den Reichspräsidenten, von diesen einst vorgesehen als tragende Stütze des konservativen Konzepts der „Einrahmung“ der Nationalsozialisten, banden. Und wieder waren es die Konservativen selbst, die in vorauseilendem Gehorsam und in ihrer willfährigen Selbstanpassung mithalfen, die Autorität des Reichspräsidenten als eines der letzten Gegengewichte gegen die nationalsozialistische Diktatur zu untergraben, und dadurch wichtiges Terrain preisgaben. Daß all dies formal korrekt und verfassungsmäßig geschah, scheint alle rechtlichen Skrupel im Beamtenapparat beseitigt und entscheidend dazu beigetragen zu haben, daß dieser Apparat durch seine Loyalität den Weg von der Präsidialdiktatur in den nationalsozialistischen Diktaturstaat so reibungslos mitgestaltet hat.

Verfassungsvoraussetzungen

Als auf der – das Ermächtigungsgesetz vorbereitenden – Kabinettssitzung am 15. März[35] Hugenberg die wichtige Frage aufwarf, „ob eine Mitwirkung des Herrn Reichspräsidenten bei den Gesetzen vorgesehen sei, die auf Grund des Ermächtigungsgesetzes von der Reichsregierung erlassen würden“, entgegnete Hindenburgs Staatssekretär Meissner eilfertig, „daß die Mitwirkung des Herrn Reichspräsidenten nicht erforderlich sei. Der Herr Reichspräsident werde die Mitwirkung auch nicht verlangen. Immerhin sei es vielleicht zweckmäßig, bei einigen Gesetzen, die von besonderer Bedeutung seien, auch die Autorität des Herrn Reichspräsidenten einzuschalten.“ Doch waren sich am kommenden Tag, als es zu spät war, Papen, der Justizminister Gürtner und sein Staatssekretär Schlegelberger in der Auffassung einig, „daß die Einschaltung der Autorität des Herrn Reichspräsidenten in das Ermächtigungsgesetz unentbehrlich ist“, und äußerten sich „sehr betroffen darüber, daß die Ablehnung des Antrages Hugenberg in Erwägung gezogen worden ist“. Aber am Ende schob Papen in seiner leichtfertigen Art alle Schuld von sich und auf den Reichspräsidenten, der inzwischen eindeutig anderen als seinen Einflüssen ausgesetzt sei.

Hitler hat auch öffentlich nie einen Zweifel daran gelassen, daß ihm bei einer Verweigerung der Mehrheit des Reichstages für ein Ermächtigungsgesetz auch andere Mittel zur Errichtung des Diktaturstaates zur Verfügung stünden, daß er aber mit Rücksicht auf das In- und Ausland ganz bewußt den Weg der formalen Legalität gehen und dadurch Ruhe und Ordnung in Deutschland demonstrieren wolle. Dabei hatte er freilich noch eine rechtliche Hürde zu überspringen. Nach Art. 76 WRV benötigten „Beschlüsse des Reichstages auf Abänderung der Verfassung" eine Zweidrittelmehrheit, sofern mindestens auch „zwei Drittel der gesetzlichen Mitgliederzahl anwesend sind". Nachdem die 81 KPD-Abgeordneten rechtswidrig nicht eingeladen und bereits 26 SPD-Abgeordnete verhaftet worden oder untergetaucht waren, kam es also für Göring als Reichstagspräsidenten darauf an, zum einen die Zahl der Anwesenden nicht durch Terror und Verfolgung unter 2/3 sinken zu lassen, zum anderen aber auch im Rahmen dieser 2/3 der Anwesenden eine Zweitdrittelmehrheit zu garantieren. Durch einen Geschäftsordnungstrick – unentschuldigt fehlende oder ausgeschlossene Abgeordnete wurden als „anwesend" gerechnet – konnte mit Zustimmung des Zentrums die erste Klippe umschifft werden; parlamentarische Obstruktion war jetzt unmöglich gemacht. Die zweite Hürde rückte Zentrum (73 Abg.) und BVP (19 Abg.) zum letztenmal in eine parlamentarische Schlüsselposition. Dabei ist freilich zu berücksichtigen, daß sich die Regierung auch bei fehlender Zustimmung des Zentrums und der SPD mit Hilfe der Reste der bürgerlichen Mitte in einem um die Verhafteten und Nichteingeladenen reduzierten Reichstag eine qualifizierte Mehrheit ausrechnen konnte, sich also bei den mehrtägigen Verhandlungen mit dem Zentrum stets eine parlamentarische Hintertür offenhielt. Hitlers Werben um die Stimmen von Zentrum und BVP hatte wiederum eine eindeutig taktische Funktion, um nach außen propagandistisch wirkungsvoll eine in sich geschlossene antimarxistische Einheitsfront im Reichstag zu demonstrieren.

Das Zentrum

Die mehrtägigen Verhandlungen mit Hitler setzten den politischen Katholizismus unter Führung des konservativen Prälaten Kaas einer letzten inneren Zerreißprobe aus. Die Entscheidung am Ende nach schweren internen Auseinandersetzungen, dem Gesetz gegen den Willen von Brüning, von Bolz und von Stegerwald doch geschlossen zuzustimmen, hat auf das Zentrum bis heute im Urteil der Nachwelt den dunklen Schatten einer erheblichen politischen Mitverantwortung für die Macheroberung der Nationalsozialisten fallen lassen. Dabei zeigte sich nun sehr deutlich, was sich im Wahlergebnis vom 5. März bereits angedeutet hatte: Die katholische Widerstandsbastion wankte bereits erheblich. Mehrere Bischöfe, unter ihnen Kardinal Faulhaber in München, wollten ein besseres Verhältnis zur NSDAP herstellen, bis die Fuldaer Bischofskonferenz dann in ihrer aufsehenerregenden Erklärung vom 28. März ihren Frieden mit den Nationalsozialisten schloß. Bemühen wir uns um eine kurze Erklärung für diese Haltung.

Die Zentrumsführung verließ sich auf mündliche Zusagen Hitlers, die bestehenden Länderkonkordate zwischen dem Vatikan und Bayern, Baden und Preußen anzuerkennen, den christlichen Einfluß auf Schule und Erziehung zu respektieren und zusammen mit dem Zentrum ein „kleines Gremium" zu bilden, das fortlaufend über die Maßnahmen der Reichsregierung auf Grund des Ermächtigungsgesetzes informieren werde. Weitergehende Gerüchte, bereits laufende Konkordatsverhandlungen in Rom hätten das Zentrum zur Kapitulation veranlaßt, sind bis heute nicht zu bestätigen. Hitler wurde insofern wortbrüchig, als der von ihm fest zugesagte Brief mit den vom Zentrum geforderten Sicherheiten niemals eingetroffen und wohl auch nie geschrieben worden ist. Zweifellos hofften die Zentrumsführer auch wie so viele andere im bürgerlichen Lager, durch ihre Zustimmung zum Gesetz die Partei und das reiche katholische Verbandsleben retten, die Regierung noch an ein Stück Legalität binden zu können und damit „Schlimmeres zu verhüten". Schließlich wird man nicht übersehen dürfen, daß Kaas seit 1928 einen eher autoritären Kurs verfolgte und der autoritäre Führerstaat längst vor 1933 ebenso wie die Idee einer klassenübergreifenden und streng antimarxistischen christlichen „Volksgemeinschaft" eine erhebliche Resonanz unter den Katholiken fanden. Durch eine eindeutig nationale und staatsloyale Haltung wollte das Zentrum dokumentieren, daß es sich dieses Mal nicht wieder wie im „Kulturkampf „ unter Bismarck in die Ecke der „Reichsfeinde" zusammen mit den Sozialdemokraten drängen lassen wollte.

Hitlers Reichtagsrede

Die letzten Bedenken scheinen dann nach der rhetorisch nicht ungeschickten Reichstagsrede Hitlers am 23. März gefallen zu sein[36]. Sie war wieder die längst bekannte Mischung aus werbenden Worten und verführerischen Versprechungen gegenüber den noch Unentschlossenen auf der einen und brutalen Drohungen gegen die Gegner auf der anderen Seite. Unterstrichen wurde diese Einschüchterung durch den besonderen Charakter, unter dem diese denkwürdige Reichstagssitzung stattfand. Die Stirnseite der Kroll-Oper, wo der Reichstag nach der Zerstörung des Wallot-Baues tagte, zierte ein überdimensioniertes Hakenkreuz, um nun auch symbolisch zu demonstrieren, daß die „nationale Erhebung" in die „nationalsozialistische Revolution" übergegangen war. SS kontrollierte den Zugang zur Tagungsstätte, zwischen den Reihen hatte drohend SA Aufstellung genommen und skandierte mit der Forderung nach einem Ermächtigungsgesetz den „Volkswillen".
Hitler, diesmal nicht im bürgerlichen Cut, sondern im revolutionären Braunhemd, bestritt den ersten Teil seiner Rede in gewohnter Manier mit einem Rückblick auf die letzten 14 Jahre und die Schande, die sie seiner Ansicht nach über das deutsche Volk gebracht hätten. Der zweite Teil war abgestellt auf die Beschwörung der „Volksgemeinschaft" und auf das nationalsozialistische Aufbauwerk der Zukunft, dessen Umrisse aber auch jetzt noch nicht deutlicher und konkreter geworden waren. Nach wie vor schreckte der „Führer" davor zurück, sich genau auf ein Regierungsprogramm festzulegen, dessen Erfüllung man dann bei ihm später hätte „einklagen" können. Er forderte *die Durchführung der positiven Aufgabe der Gewinnung des deutschen Arbeiters für den nationalen Staat. Nur die Herstellung einer wirklichen Volksgemeinschaft,*

die sich über die Interessen und Gegensätze der Stände und Klassen erhebt, vermag allein auf die Dauer diesen Verirrungen des menschlichen Geistes den Nährboden zu entziehen.

Der „Wohlfahrt unserer Kommunen und Länder" wurde ebenso die Zusicherung „des staatlichen Schutzes" versprochen, wie den Ländern selbst eine Bestandsgarantie gegeben wurde. Ein allgemeines Gefühl der Erleichterung und Sicherheit bei den Betroffenen vermittelten die Ausführungen über das Verhältnis zwischen Kirche und Staat, wenngleich auch hier ein drohender Unterton unüberhörbar war.

Die nationale Regierung sieht in den beiden christlichen Konfessionen die wichtigsten Faktoren zur Erhaltung unseres Volkstums. Sie wird zwischen ihnen und den Ländern abgeschlossene Verträge respektieren. Ihre Rechte sollen nicht angetastet werden. Sie erwartet aber und hofft, daß die Arbeit an der nationalen und sittlichen Erneuerung unseres Volkes, die sich die Regierung zur Aufgabe gestellt hat, umgekehrt die gleiche Würdigung erfährt [...] Die Sorge der Regierung gilt dem aufrichtigen Zusammenleben zwischen Kirche und Staat; der Kampf gegen eine materialistische Weltanschauung, für eine wirkliche Volksgemeinschaft dient ebenso den Interessen der deutschen Nation wie dem Wohl unseres christlichen Glaubens.

Offenbar untergegangen in dem allgemeinen Taumel der nationalen Begeisterung damals ist die Tatsache, daß der Reichskanzler gleichsam regierungsoffiziell in drei knappen Sätzen der zweihundertjährigen europäisch-amerikanischen Tradition der Menschen- und Bürgerrechte zum Schutz des Individuums gegen staatliche Willkür eine klare Absage erteilt und dadurch die Prinzipien und Grundlagen der Rechtsstaatlichkeit in Deutschland außer Kraft gesetzt hat. Oder dokumentiert sich nicht eher in dem offenkundigen Mangel an Aufmerksamkeit, auf den die folgende Passage stieß, und in dem Ausbleiben jeden Protestes eine überkommene deutsche Rechtsauffassung, nach der Staat und Volk stets schutzwürdigere Güter als die Freiheit und Sicherheit seiner Staatsbürger gewesen sind?

Unser Rechtswesen muß in erster Linie der Erhaltung dieser Volksgemeinschaft dienen. Der Unabsetzbarkeit der Richter auf der einen Seite muß eine Elastizität der Urteilsfindung zum Wohl der Gesellschaft entsprechen. Nicht das Individuum kann Mittelpunkt der gesetzlichen Sorge sein, sondern das Volk.

Wie die Gewinnung des Arbeiters proklamierte Hitler auch die „Rettung des deutschen Bauern" und des Mittelstandes als sein Ziel, bekannte sich erneut zur „stärksten Förderung der Privatinitiative" und zur „Anerkennung des Eigentums" und forderte die „Eingliederung der Arbeitslosen-Armee in den Produktionsprozeß" – alles Programmpunkte, die, so vage und unverbindlich sie auch formuliert waren, doch ihre Wirkung auf die Öffentlichkeit nicht verfehlten.

Hitler schloß seine Rede mit einer – auch im Art. 2 des Ermächtigungsgesetzes verankerten – Garantie für die Existenz von Reichstag und Reichsrat sowie einem Bekenntnis zur „Stellung und zu den Rechten des Reichspräsidenten" und zu den „Rechten der Kirchen". Er bemühte sich, aufkommende Befürchtungen über eine extensive Anwendung der Diktaturgewalt zumindest verbal durch die Zusicherung auszuräumen, die Regierung werde „von dieser Ermächtigung nur insoweit Gebrauch machen, als dies zur Durchführung der lebensnotwendigen Maßnahmen erforderlich ist", und die „Zahl der Fälle, in denen eine innere Notwendigkeit vorliegt, zu einem solchen Gesetz die Zuflucht zu nehmen, [sei] an sich eine begrenzte". Diesem „Zuckerbrot" der Verheißung folgte aber – auch dies gehörte inzwischen zum ritualisierten Auftreten des „Führers" – brutal auf dem Fuße die „Peitsche" der Drohung:

Sie [die Reichsregierung] *bietet den Parteien des Reichstages die Möglichkeit einer ruhigen Entwicklung und einer sich daraus in Zukunft anbahnenden Verständigung. Die Regierung ist aber ebenso entschlossen und bereit, die Bekundung der Ablehnung und damit die Ansage des Widerstandes entgegenzunehmen. Mögen Sie, meine Herren, nunmehr selbst entscheiden über Frieden oder Krieg!*

Widerspruch der SPD

Nur ein Abgeordneter wagte es, in diesem bald gleichgeschalteten „teuersten Gesangverein der Welt" (so der Volksmund über den Reichstag) dem Diktator noch einmal mit mutigen Worten unter den einschüchternden Blicken der SA-Trupps Paroli zu bieten, ihm, wie er es sofort verstand, „den Krieg" zu erklären: der SPD-Vorsitzende Wels. Es sollte das letzte unerschrockene Eintreten für Demokratie und Rechtsstaat im Reichstag bleiben. Wels beklagte mit Nachdruck die Verfolgungen der SPD in den letzten Wochen und betonte, die „erste Voraussetzung" einer wirklichen Volksgemeinschaft sei „gleiches Recht". Die Regierung dürfe nur zu den Mitteln der Strenge greifen, „wenn es nach allen Seiten gleichmäßig und unparteiisch geschieht, und wenn man es unterläßt, besiegte Gegner zu behandeln, als seien sie vogelfrei. Freiheit und Leben kann man uns nehmen, die Ehre nicht."

Wir Sozialdemokraten wissen, daß man machtpolitische Tatsachen durch bloße Rechtsverwahrungen nicht beseitigen kann. Wir sehen die machtpolitischen Tatsachen Ihrer augenblicklichen Herrschaft. Aber auch das Rechtsbewußtsein des Volkes ist eine politische Macht, und wir werden nicht aufhören, an dieses Rechtsbewußtsein zu appellieren. Die Verfassung von Weimar ist keine sozialistische Verfassung. Aber wir stehen zu den Grundsätzen des Rechtsstaates, der Gleichberechtigung, des sozialen Rechtes, die in ihr festgelegt sind. Wir deutschen Sozialdemokraten bekennen uns in dieser geschichtlichen Stunde feierlich zu den Grundsätzen der Menschlichkeit und der Gerechtigkeit, der Freiheit und des Sozialismus. Kein Ermächtigungsgesetz gibt Ihnen die Macht, Ideen, die ewig und unzerstörbar sind, zu vernichten [...].

Wels schloß seine tapfere Rede mit einem Gruß an „die Verfolgten und Bedrängten. Wir grüßen unsere Freunde im Reich, ihre Standhaftigkeit und Treue verdienen Bewunderung. Ihr Bekennermut, ihre ungebrochene Zuversicht verbürgen eine hellere Zukunft."

Ob Hitler Wels Rede vorher kannte oder seine sofortige Entgegnung improvisierte, ist nicht bekannt. Jedenfalls ließ er jetzt die Maske fallen: *Was im Völkerleben morsch, alt und gebrechlich wird, das vergeht und kommt nicht wieder. Auch Ihre Stunde hat geschlagen, und nur weil wir Deutschland sehen und seine Not und die Notwendigkeiten des nationalen Lebens, appellieren wir in dieser Stunde an den Deutschen Reichstag, uns zu genehmigen, was wir auch ohnedem hätten nehmen können [...] Denn ich möchte nicht in den Fehler verfallen, Gegner bloß zu reizen, statt sie entweder zu vernichten oder zu versöhnen.*

Abstimmungsergebnis

Die anderen Parteien signalisierten Zustimmung zu dem Ermächtigungsgesetz, auch die Abgeordneten Theodor Heuß und der frühere Reichsfinanzminister Dietrich aus der Staatspartei, die sich trotz schwerster Bedenken der Mehrheit beugten. Das Gesetz wurde schließlich mit 444 Ja-Stimmen gegen 94 sozialdemokratische Stimmen verabschiedet. Es sah im Art. 1 vor, daß Reichsgesetze „auch durch die Reichssregierung beschlossen werden" können. Art. 2 gab der Reichsregierung die Vollmacht, auch Gesetze zu verabschieden, die „von der Reichsverfassung abweichen". Art. 4 ermächtigte die Regierung, „Verträge des Reiches mit fremden Staaten" abzuschließen.

Alle institutionellen Sicherungen, die gegen einen Mißbrauch des Gesetzes in den Art. 2 eingebaut waren, existierten ein gutes Jahr später nicht mehr: Der Reichstag war nach dem Verbot der Parteien total gleichgeschaltet, der Reichsrat aufgelöst und das Amt des Reichspräsidenten nach dem Tode Hindenburgs mit dem des Reichskanzlers zum „Führer und Reichskanzler" verbunden. Das Ermächtigungsgesetz wurde dreimal – 1937, 1939 und 1943 – durch Hitler verlängert und blieb bis 1945 die rechtliche Grundlage der Gesetzgebung. Es befreite Hitler zugleich von der Kontrolle durch den Reichspräsidenten, die durch das präsidiale Notverordnungsrecht nach Art. 48 WRV immerhin formal noch gegeben war.

Viel Tinte ist nach 1945 verbraucht worden über die Frage der Verfassungsmäßigkeit des Ermächtigungsgesetzes, vor allem im Zusammenhang mit der Entscheidung des Bundesverfassungsgerichts über die Rechtsgültigkeit des am 20. Juli 1933 mit dem Vatikan geschlossenen Reichskonkordates, das allein auf der Grundlage des Art. 4 ohne Mitwirkung der anderen Organe zustande kam. Eine Argumentation, die rein formalrechtlich und positivistisch nach dem Buchstaben der Verfassung urteilt, greift ebenso viel zu kurz wie die Behauptung, Hitler sei ja am 30. Januar 1933 völlig legal mit dem Reichskanzleramt betraut worden. Rechtswidrig waren die Nichteinladung der kommunistischen

Abgeordneten und die Unterdrückung der beiden Linksparteien, rechtswidrig war die Manipulation der Geschäftsordnung, verfassungswidrig war vor allem die Zusammensetzung des Reichsrates, der nach Art. 76 WRV ebenfalls einem verfassungsändernden Gesetz mit einer qualifizierten Mehrheit von zwei Dritteln der abgegebenen Stimmen zustimmen mußte. In diesem Reichsrat saßen aber seit Mitte März nicht mehr Vertreter demokratisch gewählter Landesregierungen, sondern Beauftragte von Reichskommissaren oder kommissarischen Landesregierungen.
Politisch entscheidend bei der rechtlichen Beurteilung des Ermächtigungsgesetzes dürfte aber sein, daß der Art. 76 WRV nicht mehr, wie von den Verfassungsvätern ursprünglich intendiert, zum Schutz der Republik benutzt wurde, sondern mit dem Ziel, individuelle Freiheit, demokratische Selbstbestimmung und liberalen Rechtsstaat in Deutschland endgültig zu zerstören. Hitlers Ausführungen ließen keinen Zweifel darüber. Immerhin stellte über das Ermächtigungsgesetz für viele konservative Honoratioren und Vertreter eines juristisch geschulten Beamtentums allen Warnungen zum Trotz offenbar doch so etwas wie eine legale Brücke dar, auf der sie glaubten den Weg in das „Dritte Reich" mit Zuversicht und Loyalität gehen und hier konsolidierend und stabilisierend wirken zu können. Die scheinlegale Fassade half entscheidend mit, den Unrechtsstaat zu verhüllen und ihm den Mantel der Legalität umzuhängen. Beispielhaft für dieses Denken waren die Worte, mit denen der Gesandte in Oslo, Ernst Freiherr von Weizsäcker, die Ereignisse in Berlin kommentierte:
Selbstverständlich treten an jeden einzelnen jetzt Entscheidungen heran, die ans Gewissen gehen. Aber eine einfache Wahrheit ist doch, daß dieses Regime nicht umschmeißen darf. Denn welches Negative davon käme hinter ihm! Man muß ihm alle Hilfe und Erfahrung angedeihen lassen und mit dafür sorgen, daß die jetzt einsetzende zweite Etappe der neuen Revolution eine ernsthaft konstruktive wird.[37]

7. Die Zerstörung der Gewerkschaften

Die Gewerkschaften, einst stolze und selbstbewußte Bastion der deutschen Arbeiterbewegung, waren nur noch ein Schatten ihrer selbst und immer stärker in den Sog der nationalen Entwicklung geraten. Das galt für den sozialistischen „Allgemeinen Deutschen Gewerkschaftsbund" (ADGB) mit 4,5 Mio. Mitgliedern ebenso wie für den christlichen „Deutschen Gewerkschaftsbund" (DGB) mit 1 Mio. Mitgliedern und die liberalen „Hirsch-Dunckerschen Gewerkvereine" mit 500 000 Mitgliedern. Das Elend der Weltwirtschaftskrise, Einschüchterungen und die Angst vor Verfolgungen ließen Mitglieder und Funktionäre um ihren Arbeitsplatz fürchten und vor massenhaften Streikaktionen zurückschrecken. Ihr Widerstandswillen und ihr Selbstbewußtsein waren spätestens seit Papens „Preußenschlag" vom 20. Juli 1932 gebrochen. Der politische Streik hatte in der deutschen Gewerkschaftsbewegung und ihren sozial- oder tarifpolitischen Aktivitäten traditionell keinen Platz. Einzige und damals auch sehr umstrittene Ausnahme war und blieb der Generalstreik gegen den Kapp-Putsch im März 1920.

Unterdrückung und Anbiederung

Um ihre Organisation zu retten und sich eine gesicherte Position im neuen Staat zu schaffen, möglicherweise aber auch in der Hoffnung auf die Schaffung der Einheitsgewerkschaft unter nationalsozialistischem Dach, ging die ADGB-Führung mit Leipart und Grassmann öffentlich auf Distanz zur SPD und begann, sich bei den Nationalsozialisten und ihrer NSBO anzubiedern. Man erklärte seine Bereitschaft zur „positiven Mitarbeit" und zur politischen Neutralität und verzichtete ausdrücklich auf politische Bestrebungen. Durch die Selbstbeschränkung auf soziale und wirtschaftliche Fragen hoffte der ADGB, als Gewerkschaft und legale Arbeitnehmervertretung vom Regime anerkannt zu werden. Eine völlige Zerstörung der Gewerkschaften schien auch deshalb unwahrscheinlich, weil der linke, antikapitalistisch-sozialistische Flügel in der NSDAP auch nach dem Ausscheiden G. Strassers aus der Parteileitung nach wie vor recht stark war. Irgendein Arrangement mit der NSBO schien auf längere Sicht nicht ganz aussichtslos.

Offenbar war sich die NS-Führung zunächst über ihren Kurs noch unschlüssig. Die politisch-ideologische Gleichschaltung der Arbeitnehmerorganisationen galt ebenso als ausgemacht wie ihre radikale „Säuberung" von marxistischen Einflüssen. Aber ob darüber hinaus die gewerkschaftlichen Errungenschaften angetastet werden sollten, war in den ersten Wochen noch nicht geklärt.

Betriebsrätewahlen

Einen Wendepunkt stellte offenbar der Ausgang der im März 1933 anlaufenden Betriebsrätewahlen dar. Denn jetzt zeigte sich, daß innerhalb der Arbeiterschaft im Betrieb doch noch ein erhebliches sozialdemokratisches Widerstandspotential vorhanden und daß diesem wie bisher mit einer Mischung aus Druck und Umwerben nicht beizukommen war. Zwar erreichte die NSBO infolge der veränderten Verhältnisse und aus Angst, die linken Mandate könnten künftig – wie die kommunistischen bei den Reichstagswahlen vom 5. März – kassiert werden, mit durchschnittlich 25 % einen erheblich höheren Stimmanteil als die 4 % 1932, blieb aber doch weit von der Mehrheit entfernt. Die traditionellen Gewerkschaftslisten setzten sich überall noch einmal durch.

Hitler und Ley, inzwischen als Nachfolger von Strasser an der Spitze der NSBO, reagierten mit der bekannten Mischung aus Straßenterror und administrativem Zwang. Schon in der zweiten Märzwoche besetzten SA und SS in verschiedenen Städten Deutschlands, u. a. in Dresden, Berlin und München, Verwaltungsgebäude, Büros und andere Einrichtungen des ADGB, unterstellten sie der NSBO und beschlagnahmten Gewerkschaftsvermögen. Die Funktionäre hatten „ungeheuren Terror" zu erdulden, die Zahl der Verhaftungen ging „in die Hunderte". Eine geregelte Gewerkschaftsarbeit war nicht mehr möglich. Auf der Verordnungsebene wurden durch das „Gesetz über Betriebsvertretungen und wirtschaftliche Vereinigungen" alle weiteren Betriebsrätewahlen auf ein halbes Jahr ausgesetzt und die Arbeitgeber ermächtigt, bei „Verdacht staatsfeindlicher Betätigung" Betriebsratsangehörige jederzeit zu entlassen ohne die Möglichkeit eines arbeitsrechtlichen Einspruches. Für entlassene Betriebsratsangehörige konnte die oberste Landesbehörde neue Mitglieder ohne Wahl einsetzen. Damit waren bis auf weiteres die innerbetriebliche Mitbestimmung und der gewerkschaftliche Einfluß in den Betrieben beseitigt. Leipart und seine Kollegen reagierten mit einer Mischung aus letztem legalem Aufbäumen, Hilflosigkeit und würdeloser Anbiederung bei Hitler – wahrlich kein Ruhmesblatt der deutschen Gewerkschaftsgeschichte! Bei Hindenburg erbaten sie – ohne Erfolg – gegen die „Leben und Eigentum der deutschen Arbeiterschaft" bedrohenden „Terrorakte" von „Anhängern der herrschenden Parteien" Schutz „in dem Vertrauen, daß Sie auch heute Hüter und Bürge der in der Verfassung verankerten Volksrechte sind, in der Überzeugung, daß Sie auch heute gewillt und entschlossen sind, jeglicher parteipolitischer Willkür entgegenzutreten.[38] Um „der Zeit Rechnung zu tragen", distanzierte sich Leipart in einem Schreiben an Hitler offen von der SPD. Er mahnte nur noch die Erfüllung der sozialen Aufgaben der Gewerkschaften an und unterstrich seine Bereitschaft zur Kooperation, „gleichviel welcher Art das Staatsregime ist". Der ADGB-Vorsitzende erklärte, die Gewerkschaften hätten ein „Recht auf den Schutz des Staates", und bot dafür seine Mitarbeit an. Auch bei der NSBO mußte er sich eine Abfuhr mit seinem Kooperationsangebot holen.

Der 1. Mai 1933

Bereits zwölf Tage nach dem „Tag von Potsdam" wandten die neuen Machthaber erneut ihre bewährte Doppelstrategie von „Zuckerbrot und Peitsche" an, und wieder war es Goebbels, der – diesmal zusammen mit Robert Ley – die Regie führte. Der 1890 von der sozialistischen Arbeiterbewegung erkämpfte „Tag der Arbeit" wurde diesmal am 1. Mai 1933 zum erstenmal in der Geschichte als „Tag der nationalen Arbeit" zum gesetzlichen Staatsfeiertag unter Fortzahlung des Lohnes erklärt.

Goebbels animierte zum Bekränzen der Häuser und Straßen in Städten und Dörfern „mit frischem Grün und mit den Farben des Reiches" und forderte die Volksgenossen auf, geschlossen zur Hauptkundgebung auf dem Tempelhofer Feld in Berlin um 20.00 Uhr zu marschieren: *Am heutigen Abend findet sich über Klassen, Stände und konfessionelle Unterschiede hinweg das ganze deutsche Volk zusammen, um endgültig die Ideologie des Klassenkampfes zu zerstören und der neuen Idee der Verbundenheit und der Volksgemeinschaft die Bahn freizulegenen.*[39]

Diese gefährlich faszinierende Idee der „Volksgemeinschaft“ über alle klassenmäßigen, ständischen, politischen und konfessionellen Gräben hinweg stellte dann auch Hitler vor rund einer Million Menschen in den Mittelpunkt seiner Rede[40]: *...das deutsche Volk muß sich wieder gegenseitig kennenlernen! Die Millionen Menschen, die in Berufe aufgeteilt, in künstlichen Klassen auseinandergehalten worden sind, die, vom Standesdünkel und Klassenwahnsinn befallen, einander nicht mehr verstehen können, sie müssen wieder den Weg zueinander finden!*
Der Sinn des 1. Mai lag nach Hitler darin, *daß an ihm alle die, die im großen Räderwerk unserer schaffenden nationalen Arbeit tätig sind, zueinander finden und sich einmal im Jahre die Hände reichen mögen in der Erkenntnis, daß nichts geschehen kann, wenn nicht alle ihren Teil an Leistung und an Arbeit dabei vollbringen. Und so haben wir als Motto dieses Tages den Satz gewählt: Ehret die Arbeit und achtet den Arbeiter!*
Hinter dieser Propagandakulisse versöhnlicher nationaler Einheitsbeschwörungen und ritualisierter Volksgemeinschaftssymbolik und zeitlich parallel zur Vorbereitung der Berliner Maifeier wurde die endgültige Vernichtung der Gewerkschaften mit hoher Präzision in die Wege geleitet. Ein in aller Stille unter der Leitung von R. Ley und dem NSBO-Funktionär R. Muchow arbeitendes „Aktionskomitee zum Schutze der Deutschen Arbeit“ – ein typischer nationalsozialistischer Euphemismus, um die Brutalität verbal zu kaschieren! – bereitete für den 2. Mai 10.00 Uhr morgens generalstabsmäßig den Schlag gegen die Freien Gewerkschaften vor. Im ganzen Reichsgebiet fuhren überfallartig SA- und SS-Hilfspolizei unter Leitung örtlicher NSDAP- und NSBO-Funktionäre mit Lastwagen vor den Gewerkschaftshäusern, Büros, Banken und Redaktionen vor, besetzten sie und beschlagnahmten Vermögen und Einrichtungen. Führende Gewerkschafter, darunter der erste und zweite ADGB-Vorsitzende Leipart und Grassmann, wurden in „Schutzhaft“ genommen, den mittleren und kleineren Gewerkschaftsangestellten das Angebot gemacht, unter NSBO-Kommissaren erst einmal weiterzuarbeiten. Die ganze Aktion erregte nach der pompösen Maifeier kaum größeres öffentliches Aufsehen und stieß auf nur geringen Widerstand. Das Regime war sich seiner Sache offenbar so sicher, daß es dieses Mal auf eine scheinlegale Rechtfertigung verzichtete. In den folgenden Tagen unterstellten sich auch die meisten anderen Arbeiter- und Angestelltengewerkschaften, unter ihnen der „Hirsch-Dunckersche Gewerkschaftsring“ und der konservative „Deutschnationale Handlungsgehilfen-Verband“ (DHV), Leys Aktionskomitee. Nur die christlichen Gewerkschaften erhielten mit Rücksicht auf die Konkordatsverhandlungen mit dem Vatikan noch eine gewisse Schonfrist, bis sie Ende Juni zwangsweise der „Deutschen Arbeitsfront“ (DAF) eingegliedert wurden. Ley triumphierte am 2. Mai:

Zerstörung der freien Gewerkschaftsorganisationen

Er [der Nationalsozialismus] *stellt den Arbeiter und den Bauern, den Handwerker und den Angestellten, mit einem Wort, alle schaffenden Deutschen in den Mittelpunkt seines Staates, und den Raffenden und den Bonzen macht er unschädlich... Arbeiter, ich schwöre Dir, wir werden nicht nur alles erhalten, was sich vorfindet; wir werden Schutz und Rechte des Arbeiters weiter ausbauen, damit er in den neuen nationalsozialistischen Staat als vollwertiges und geachtetes Glied des Volkes eingehe. Arbeiter und Bauern in breiter Front zusammen mit den freien Berufen und dem Handwerk – so bauen wir ein neues Reich des Wohlstandes, der Ehre und Freiheit.*[41]

So generalstabsmäßig auch die Vernichtung der Arbeiter- und Angestelltenorganisationen geplant und in die Wege geleitet worden war, so improvisiert scheint doch die Gründung der von Ley hier angekündigten Einheitsorganisation der Arbeitnehmer und der Arbeitgeber, der „Deutschen Arbeitsfront" (DAF), Anfang Mai erfolgt zu sein.

Gründung der DAF

Am 10. Mai 1933 wurde in Berlin unter Beteiligung der NS-Prominenz und der Regierung der „Erste Kongreß der Deutschen Arbeitsfront" als formeller Gründungsakt unter Leitung Robert Leys und unter der „Schirmherrschaft" Hitlers abgehalten. Das Organisationsschema sah zunächst einen nach dem Berufs- und Branchenprinzip gegliederten „Gesamtverband der deutschen Arbeiter" und einen „Gesamtverband der deutschen Angestellten" vor. Dazu traten später als dritte und vierte „Säule" die industriellen Arbeitgeber und der handwerklich-gewerbliche Mittelstand. Im November 1933 wurde die relative Eigenständigkeit der einzelnen Gruppen aufgehoben und eine Einheitsmitgliedschaft aller „schaffenden Deutschen", auch der Unternehmer, verfügt.

Die zeitweilige Beibehaltung gewisser gewerkschaftlicher Organisationsprinzipien, die Weiterbeschäftigung der Gewerkschaftsangestellten und die Einbeziehung der für ihre sozialrevolutionären Vorstellungen bekannten NSBO-Funktionäre an führender Stelle weckte zunächst die Hoffnung, die DAF könne die Funktion einer schon in der Weimarer Zeit herbeigesehnten machtvollen Einheitsgewerkschaft übernehmen und gewichtigen Einfluß auf die Sozial- und Tarifpolitik im Arbeitnehmersinne ausüben. Dieser Eindruck mochte zwar für das Regime am Anfang nicht unwillkommen sein, verhinderte er doch einen peinlichen Massenaustritt von gewerkschaftlich Organisierten, aber entsprechenden Erwartungen wurde sofort Mitte Mai ein Riegel vorgeschoben. Denn Hitler stand bei seinen Bundesgenossen in Industrie und Unternehmertum im Wort, und eine Denkschrift des DIHT hatte bereits eine „Auflockerung des Tarifvertragswesens" angemahnt. Dazu paßte es nun in keiner Weise, Tariffähigkeit und Tarifhoheit, nachdem man gerade mit Erfolg dabei war, sie Gewerkschaften und Arbeitnehmern zu entziehen, jetzt auf eine gewerkschaftsähnliche Mammutorganisation zu übertragen.

Gesetzgebung

Nachdem die Organisationen zerschlagen waren, wurden auf dem Gesetzeswege zwei Eckpfeiler der sozialen Errungenschaften von 1918 – der Tarifvertrag und die Mitbestimmung – beseitigt und damit die rechtliche Entmündigung des Arbeitnehmers in Deutschland für zwölf Jahre besiegelt. Mit dem „Gesetz über Treuhänder der Arbeit" vom 19. Mai 1933 wurden vom Reichskanzler „auf Vorschlag der zuständigen Landesregierungen und im Einvernehmen mit ihnen für größere Wirtschaftsgebiete" sogenannte „Treuhänder der Arbeit" ernannt. Im Juni wurden entsprechend den DAF-Bezirken 13 Reichstreuhänder eingesetzt. Nach § 2 des Gesetzes sollten diese Treuhänder an Stelle der alten Tariforganisationen „rechtsverbindlich für die beteiligten Personen die Bedingungen für den Abschluß von Arbeitsverträgen" regeln und gleichzeitig „für die Aufrechterhaltung des Arbeitsfriedens" sorgen – also eine Mischung aus Tarifvertragsbevollmächtigtem und im Streitfall staatlichem Zwangsschlichter. Nach § 4 waren sie dabei an „Richtlinien und Weisungen der Reichsregierung gebunden". Ihrer Herkunft und früheren Tätigkeit nach – in der Regel kamen sie aus der Industrie, den Industrie- und Handelskammern oder der staatlichen Arbeits- und Wirtschaftsverwaltung – standen diese Treuhänder meistens den Interessen der Wirtschaft oder der staatlichen Wirtschaftsbürokratie näher als denen der Arbeitnehmer oder der NSBO. Das im Eilverfahren erlassene „Gesetz zur Ordnung der nationalen Arbeit" vom 20. Januar 1934 stärkte die Rechte der Unternehmer „als Führer des Betriebes" gegenüber der „Gefolgschaft" der Arbeiter und Angestellten noch weiter. Es reduzierte deren Mitbestimmungsrechte auf das Minimum von „Vertrauensmännern", die dem „Führer des Betriebes [...] beratend zur Seite" traten und „mit ihm und unter seiner Leitung den Vertrauensrat des Betriebes" bildeten. Das Gesetz räumte der DAF in Tarif- und Arbeitsvertragsfragen nur noch eine beratende Funktion ein und machte die Treuhänder als weisungsgebundene Reichsbeamte unter der Dienstaufsicht des Reichsarbeitsministeriums zur Dauereinrichtung. Die „Deutsche Arbeitsfront" sollte künftig ein seltsames Zwitterdasein führen: Grundsätzlich ausgeschlossen von allen Kompetenzen in der Arbeits-, Sozial-, Wirtschafts- und Lohnpolitik, war ihre primäre Funktion als Großorganisation, die Arbeitnehmerschaft total zu erfassen, zu kontrollieren und ideologisch zu indoktrinieren. Diesem Ziel der propagandistischen Mobilisierung diente auch die gigantische Freizeitorganisation „Kraft durch Freude". Auf der anderen Seite machten aber DAF-Vertreter vor allem in den Rüstungsbetrieben in dem Maße, wie deren Arbeiter mit dem Abbau der Arbeitslosigkeit und ersten Anzeichen eines Arbeitskräftemangels Mitte der dreißiger Jahre immer mehr in eine Schlüsselposition hineinwuchsen, auch zunehmend mit Erfolg sozial- und tarifpolitische Interessen gegenüber der Betriebsführung geltend.

8. Das Ende der Parteien und die Errichtung des Einparteienstaates am 14. Juli 1933

Mit der Zerstörung des demokratischen Parlamentarismus und der fortschreitenden Ausschaltung des Reichstages aus den politischen Entscheidungen hatten auch die Parteien eigentlich Sinn und Funktion verloren, längst bevor sie Ende Juni/Anfang Juli 1933 entweder – wie die beiden Arbeiterparteien – verboten wurden oder – wie die bürgerlichen Parteien – sich selbst auflösten. Dieser Prozeß der schrittweisen Auflösung des demokratischen Mehrparteiensystems begann schon unter dem Präsidialkurs Heinrich Brünings 1930/32. Durch ihn wurden Parlament und Parteien auf die Aufgabe einer Tolerierung der Regierung reduziert, ohne daß sie noch die Chance hatten, ein eigenes politisches Profil entwickeln zu können. Erste Überlegungen, ob dadurch die Parteien nicht überflüssig geworden seien, tauchten schon vor 1933 auf. Nach dem 30. Januar 1933 beschleunigte sich die Entwicklung dann dramatisch mit der Auflösung des Reichstages, der Beseitigung der Grundrechte und der Selbstausschaltung des Reichstages und seiner Parteien durch das Ermächtigungsgesetz.
Der Untergang der Parteien vollzog sich zwar, je nach ihrer Nähe oder Ferne zu den Machthabern, mit unterschiedlichen Abstufungen von Gewaltandrohung und Zwang, im Grunde aber nach einem vergleichbaren Muster. Selbstanpassung, Anbiederung und Resignation am Rande des Abgrundes, nicht selten auch erbitterte Konflikte in den Parteiführungen um den angemessenen Kurs spielten den Unterdrückern ebenso in die Hand wie ein zunehmendes Abbröckeln an der Mitgliederbasis, Austrittswellen und der Sturm Tausender von „Märzgefallenen" (Goebbels) in die NSDAP, um die eigene Existenz und die der Familie oder auch nur die berufliche Karriere zu retten oder den eigenen Ehrgeiz zu befriedigen. Das Ende der Parteien war keine Heldengeschichte, nackte Angst vor Repressalien, Einschüchterung und Verfolgung bis zu Inhaftierung und Mord auf der einen Seite, Kleinmut, Opportunismus und Beflissenheit auf der anderen. Vielfach wurden auch die kriminelle Energie und die spezifische Vernichtungsdynamik der Nationalsozialisten erheblich unterschützt. Diese Bedrohung hatte gegenüber allem bisher Dagewesenen eine neue Qualität. Es liegt wohl in der Natur des Menschen, seine Situation nach dem Erfahrungsschatz zu beurteilen, der einem geläufig ist. So trösteten sich Katholiken und Sozialisten damit, schlimmer als im „Kulturkampf" der siebziger und unter dem Sozialistengesetz in den achtziger Jahren werde es wohl auch diesmal nicht kommen.
Besonders für die beiden Arbeiterparteien war ab Februar eine geordnete Parteiarbeit nicht mehr möglich. Zeitungsverbote, Besetzungen von Parteihäusern, Beschlagnahmungen von Parteivermögen, Drangsa-

lierungen und Massenverhaftungen von Funktionären bedeuteten für sie bereits den permanenten Ausnahmezustand.

KPD Die KPD und ihre Nebenorganisationen wurden praktisch schon durch die Reichstagsbrandnotverordnung vom 28. Februar und die durch sie begründete Aufhebung der Grundrechte vernichtet, ohne daß es noch zu einem formellen Verbot kam. Ihre politischen Mandate wurden im März auf allen Ebenen vom Reichstag bis hinunter zu den Kommunalvertretungen kassiert. Am 26. Mai wurde die Einziehung des Vermögens nachträglich scheinlegalisiert. Auch die Kommunisten hatten wie die anderen Parteien mit Überläufern und Spitzeln zu kämpfen. Verschärfend für ihr Schicksal wirkte sich aus, daß die Partei infolge des seit langem aufgeheizten Antikommunismus in der Bevölkerung im Innern ebensowenig mit Schutz rechnen konnte wie von außen. Denn die Moskauer Zentrale sah in dem Schicksal der KPD eine rein innerdeutsche Angelegenheit und war nicht bereit, ihre Beziehungen zu Berlin durch eine Intervention aufs Spiel zu setzen.

Ebenso früh, schon im März und April, war das Schicksal des „Reichsbanners" durch Verbote und Unterdrückung besiegelt, konnte es ihm doch die SA nicht vergessen, daß sie sich in der „Kampfzeit" immer wieder Straßenschlachten mit den Reichsbannerleuten hatte liefern müssen. Der Vorsitzende, Karl Höltermann, konnte der bevorstehenden Verhaftung nur durch die Flucht nach London am 2. Mai entgehen.

SPD Mit der Zerschlagung ihrer Kampforganisation und ihrer Gewerkschaften waren der SPD zwei wichtige Säulen genommen. Auch in dieser Partei waren Resignation und Demoralisierung unter den Mitgliedern schon weit fortgeschritten. So begründete am 9. März ein Behördenangestellter seinen Austritt:

Leider sehe ich keine andere Möglichkeit, als meinen Austritt. Steht doch die Existenz meiner Familie auf dem Spiele. Sollte dennoch das Los der Arbeitslosigkeit nicht abzuwenden sein, das aus eigener Anschauung sehr hart sein kann, so brauche ich mir nicht vorzuwerfen, nicht alles getan zu haben im Interesse meiner Frau und meines Kindes.[42]

Und ein Schulrat begründete gegenüber dem SPD-Vorstand von Hannover zwei Tage später seinen Austritt mit folgenden Worten:

Da ich stets die Auffassung vertreten habe, daß es für keine Behörde und Regierung auf die Dauer tragbar ist, ihre Beamten parteipolitisch in Opposition zu wissen, erkläre ich hiermit meinen Austritt aus der Partei.[43]

Der Untergang der Sozialdemokratie 1933 war überschattet durch einen schweren Konflikt zwischen den Mitgliedern des Parteivorstandes um Paul Löbe, die in Berlin zurückblieben, um „Schlimmeres zu verhüten", und den Mitgliedern um den Chefredakteur des am 28. Februar verbotenen Parteiorgans „Vorwärts", Friedrich Stampfer, um Erich Ollenhauer und wenig später auch um Otto Wels, die zunächst in Saarbrücken und dann in Prag einen Vorstand der Exil-SPD („Sopade") neu konstituierten. Bei diesem tiefgreifenden innerparteilichen Konflikt ging es im Kern um das angemessene und erfolgversprechende Verhalten gegenüber der nationalsozialistischen Bedrohung: Der Berliner Vorstand plädierte entschieden für eine „legale Opposition" mit dem Ziel, der Regierung durch einen Kurs strikter Legalität keinen Grund für ein Verbot zu geben, sie zu beschwichtigen, die Mitglieder zu schützen und die Parteiorganisation intakt über die Zeit der Unterdrückung hinwegzuretten. Dieser „legale Attentismus" gründete sich zum einen auf die traditionelle Haltung der SPD schon in den Zeiten ihrer Diskriminierung im Kaiserreich, als sie im Stimmzettel den einzig möglichen und rechtmäßigen Weg zur Regierungsverantwortung sah, des weiteren auf ihre Erfahrungen aus der Zeit der Verfolgung unter Bismarck, die sie am Ende gestärkt überstanden hatte, und zum dritten auf eine spezifisch marxistische, freilich – wie sich schnell zeigen sollte – völlig unrealistische Interpretation des Nationalsozialismus als Faschismus. Nach ihr werde der Faschismus als Produkt des Monopolkapitalismus ebenso schnell wie dieser selbst an seinen eigenen antagonistischen sozioökonomischen Widersprüchen zugrunde gehen. Seine Massenanhängerschaft werde ihm dann in Scharen davonlaufen. Für diesen Augenblick gelte es, eine politische Auffangbasis für die desillusionierten Massen bereitzuhalten. Hitler werde, so prophezeite der Parteitheoretiker Karl Kautsky noch am 18. März, seine Massengefolgschaft verlieren, sobald sich seine Unfähigkeit erwiesen habe, die unerfüllbaren Versprechen zu erfüllen, und dies werde bald geschehen.[44]

Die Exil-SPD

Der Exil-Vorstand in Prag wandte sich gegen jedes Lavieren und gegen jeden Kompromiß mit dem NS-Regime und votierte für einen unerbittlichen Kampf. Er bemühte sich darum, die Stimmen des „freien Deutschlands" im Ausland u. a. durch den „Neuen Vorwärts" zu Gehör zu bringen und von außen her ein Informations- und Organisationsnetz für die illegale Arbeit in Deutschland aufzubauen.

Zum offenen Ausbruch kam dieser Konflikt um den richtigen Weg im Anschluß an Hitlers berühmte propagandistische „Friedensrede" im Reichstag am 17. Mai 1933. Entgegen den entschiedenen Warnungen der Vorstandsmehrheit um Stampfer und Wels und obgleich das Parteivermögen eine Woche vorher konfisziert worden war, beschloß die auf ein knappes Drittel geschrumpfte Restfraktion unter Paul Löbe, nicht nur an der Sitzung teilzunehmen, sondern auch zusammen mit den anderen Parteien durch Erheben von den Sitzen der Rede Hitlers ausdrücklich zuzustimmen. Vorausgegangen waren brutale Drohungen Fricks gegenüber den bereits in Konzentrationslagern inhaftierten SPD-Funktionären. Das Argument, mit dem Löbe und Genossen ihr Verhalten rechtfertigten, ist ebenfalls wieder, von der verständlichen Sorge um die inhaftierten Freunde abgesehen, nur aus der Parteitradition zu er-

klären: Mit Hitlers Eintreten für die nationale Gleichberechtigung Deutschlands und für den Frieden könne man sich voll solidarisieren. Außerdem gelte es zu verhindern, daß Hitler das Thema Nationalismus für sich allein monopolisiere und daß die SPD erneut wie schon unter Bismarck in die Negativrolle der „vaterlandslosen Gesellen" und der „Reichsfeinde" manövriert werde.
Aber alles Lavieren und Stillhalten des Berliner Restvorstandes halfen der Partei nichts. Die Proklamierung des illegalen Widerstandes und der Untergrundaktivität am 29. Mai durch die Prager Parteizentrale und schließlich der Aufruf zum Sturz des Hitler-Regimes am 18. Juni in Prag in der Erstausgabe des „Neuen Vorwärts" wurden von Frick, obgleich sie sich immer wieder öffentlich davon distanzierte, der Berliner Führung angelastet. Unter Verweis auf die Reichstagsbrandverordnung erklärte der Reichsinnenminister die SPD am 22. Juni 1933 zur „volks- und staatsfeindlichen Organisation", auch weil sie sich nicht hinreichend von ihren emigrierten Vorstandsmitgliedern „wegen ihres landesverräterischen Verhaltens" abgesetzt habe. „Verbot schafft klare Bahn!", replizierte der „Neue Vorwärts" am 25. Juni eher hilflos; jetzt sei der „letzte Schein demokratischer Legalität vernichtet."[45]

Die liberalen Parteien

Der ruhmlose Untergang der beiden liberalen Parteien, der „Deutschen Staatspartei" (vormals DDP) und der DVP, der Partei Stresemanns, und damit das Ende des politischen Liberalismus in Deutschland nach Jahren und Jahrzehnten der Abspaltungen, der innerparteilichen Krisen und der Wählerverluste war eigentlich nur noch eine Fußnote der Geschichte. Am 27. Juni wurde die „Staatspartei" unter dem Hinweis, sie sei am 5. März eine Listenverbindung mit der SPD eingegangen, aus dem preußischen Landtag ausgeschlossen, einen Tag später löste sie sich selbst auf. Die DVP hatte bereits im April in einigen Landesorganisationen den Übertritt zur NSDAP empfohlen und beschloß am 4. Juli die Selbstauflösung, nicht ohne daß ihr Vorsitzender Dingeldey in einem liebedienerischen Brief an Hitler seine künftige Mitarbeit anbot.

Zentrum und BVP

Der Untergang des katholischen „Zentrums" und ihres Ablegers, der „Bayerischen Volkspartei", hatte infolge der historisch begründeten engen Verbindung zum Vatikan nicht nur eine nationale, sondern auch eine eminent internationale Dimension. Am 13. Dezember 1870 gegründet, hatte die „Deutsche Zentrumspartei" die Aufgabe, in dem überwiegend protestantischen kleindeutschen Reich Bismarcks die Interessen der katholischen Minderheit vor allem im bildungs- und kulturpolitischen Bereich (Konfessionsschule) wahrzunehmen. Dadurch, daß Hitler sich mehrfach, so auch am 23. März 1933 in seiner Ansprache zum Ermächtigungsgesetz, zum „positiven Christentum", was immer dies meinte, als Grundlage des neuen Staates bekannte, „im Christentum die unerschütterlichen Fundamente der Moral und Sittlichkeit des Volkes" sah, den beiden Konfessionen eine ungehinderte Religionsausübung garantierte und vor allem „größten Wert auf freundschaftliche Beziehungen zum Heiligen Stuhl“ legte und ihre Ausgestaltung durch die Einleitung von Verhandlungen über ein Reichskonkordat – zum erstenmal übrigens in der deutschen Geschichte! – im März in die Wege leitete, stellte sich für die Zentrumsführung die Frage der Existenzberechtigung neu. Denn offenbar würden ja die Interessen und Anliegen des katholischen Bevölkerungsteils bei der neuen Regierung in besten Händen liegen und überdies international vertraglich mit dem Vatikan abgesichert sein, so daß man auf eine politische Vertretung künftig werde verzichten können. Im übrigen hatte das Zentrum entscheidend am 23. März mitgeholfen, die überkommene Ebene seiner politischen Aktivitäten, den Reichstag, und damit sich selbst politisch auszuschalten.

Bereits der Ausgang der Wahlen vom 5. März hatte gezeigt, daß die traditionellen Zentrums- und BVP-Bastionen in Süd- und Südwestdeutschland wankten und auch hier eine Abwanderung zur NSDAP eingesetzt hatte. Endgültig fielen die Schranken, als die Fuldaer Bischofskonferenz am 28. März Hitler ihre loyale Unterstützung zusicherte. Dies geschah in Anerkenntnis der Tatsache, „daß von dem höchsten Vertreter der Reichsregierung, der zugleich autoritärer Führer jener [d. h. der nationalsozialistischen] Bewegung ist, öffentlich und feierlich Erklärungen gegeben sind, durch die der Unverletzlichkeit der katholischen Glaubenslehre und den unveränderlichen Aufgaben und Rechten der Kirche Rechnung getragen werden, sowie die vollinhaltliche Geltung der von den einzelnen deutschen Ländern mit der Kirche abgeschlossenen Staatsverträge durch die Reichsregierung ausdrücklich zugesichert wird“.

Man wird ohne Übertreibung sagen können, daß dem Zentrum und der BVP, nachdem sie mit ihrer Zustimmung zum Ermächtigungsgesetz die von ihnen geforderte Pflicht getan hatten, im Zusammenspiel zwischen der Reichsregierung, dem hohen Klerus in Deutschland – darunter die Kardinäle Faulhaber (München) und Bertram (Breslau), Erzbischof Gröber (Freiburg) und Bischof Berning (Osnabrück), der dafür am 11. Juli mit dem Titel eines Preußischen Staatsrates belohnt wurde – und dem Vatikan mit Pius XI. und seinem Kardinalstaatssekretär Pacelli, der 1920 bis 1929 als Nuntius in Berlin amtierte, politisch der Boden entzogen wurde. Im April ließ Prälat Kaas seine Partei führerlos in Deutschland zurück, um zusammen mit Papen die Konkordatsverhandlungen in Rom zu führen. Ein kurzes Intermezzo unter Heinrich Brüning, der am 6. Mai den Parteivorsitz mit dem Willen übernahm, noch eine gewisse politische Eigenständigkeit für das Zentrum zu retten, konnte das Blatt auch nicht mehr wenden. Am 4. Juli löste sich nach erheblichen Drangsalierungen ihrer Mitglieder die BVP selbst auf, einen Tag später folgte auf Druck aus Rom das Zentrum. Am 8. Juli wurde das Reichskonkordat paraphiert, das dann am 20. Juli offiziell in Kraft trat. Im Art.

Das Reichskonkordat

32 willigte der Vatikan in die von Hitler gewünschte Bedingung ein, daß den katholischen Geistlichen in Deutschland künftig jede politische Betätigung untersagt sei – faktisch das Ende für zwei Parteien, bei denen traditionell neben dem Prälaten Kaas häufig katholische Priester in politischen Schlüsselpositionen saßen.
Die katholische Kirche handelte sich mit der Opferung ihrer gewerkschaftlichen und politischen Interessenvertretungen im Konkordat u. a. eine Gewährleistung der „Freiheit des Bekenntnisses und der öffentlichen Ausübung der katholischen Religion" (Art. 1), die Anerkennung des katholischen Religionsunterrichts an den öffentlichen Schulen (Art. 21), die Beibehaltung und Neueinrichtung von Bekenntnisschulen (Art. 23) sowie den Schutz katholischer Organisationen und Verbände ein, „die ausschließlich religiösen, rein kulturellen und karitativen Zwecken dienen" (Art. 31). Diese Konzessionen des Regimes erwiesen sich jedoch später im Kirchenkampf keineswegs als eine absolut sichere Verteidigungsstellung für die Selbstbehauptung der katholischen Kirche und den Schutz ihrer wichtigen Laienorganisationen. Für Hitler bedeutete das Konkordat außenpolitisch Anerkennung und Prestigegewinn vor allem gegenüber katholischen Ländern, eine offizielle völkerrechtliche Verbriefung seiner Vertrauenswürdigkeit als Vertragspartner durch den Vatikan und eine Durchbrechung der Isolierung Deutschlands, innenpolitisch einen beachtlichen Legitimitäts- und Loyalitätsgewinn bei den Katholiken sowie eine Zerschlagung des politischen Katholizismus und eine Entpolitisierung des Klerus.

DNVP Das Ende der DNVP verdient noch einmal Aufmerksamkeit, da sich in ihm nun auch ganz öffentlich das totale Fiasko der konservativen Politik der „Einrahmung" und „Zähmung" Hitlers und seiner Partei dokumentierte. Die letzten Wochen der Partei waren überschattet von heftigen Flügelkämpfen um den künftigen Kurs gegenüber der NSDAP: Anschluß oder Selbstbehauptung? Eine Umbenennung in „Deutschnationale Front" Anfang Mai sowie die Bildung eines „Kampfring der monarchischen Bewegung Deutschlands" („Bund der Aufrechten") und zahlreicher deutschnationaler „Kampfstaffeln" sollten in letzter Stunde nach außen zum einen eine gewisse Eigenständigkeit des Koalitionspartners mit einem nunmehr ganz offenen und kämpferischen monarchischen Programmprofil und zum anderen eine Distanz zum Parteienstaat signalisieren. Aber all dies waren nur noch Rückzugsgefechte, nachdem die Deutschnationalen ihre ursprüngliche Aufgabe als parlamentarische Mehrheitsbeschaffer ebenfalls am 23. März freiwillig preisgegeben hatten. Papen und Hugenberg, zwei Schlüsselfiguren der „Einrahmung", hatten versagt und kapitulierten: Papen gab am 7. April sein Amt als kommissarischer preußischer Ministerpräsident an Göring ab, Hugenberg mußte am 27. Juni zur tiefen Befriedigung Hitlers und seiner Kabinettskollegen von allen vier Ämtern demissionieren, nachdem er elf Tage vorher im Alleingang im Wirtschaftsausschuß der Londoner Weltwirtschaftskonferenz für Deutschland Kolonien und Siedlungsgebiete in der Ukraine gefordert hatte. Die anderen tragenden Säulen der konservativen „Einrahmung" – Reichswehr, Bürokratie und Wirtschaft – koalierten längst mit Hitler, der greise Reichspräsident reagierte auf Hilfegesuche überhaupt nicht mehr. Am 26. April unterstellte Seldte den der DNVP nahestehenden „Stahlhelm" gegen heftigen Widerstand des 2. Bundesführers Düsterberg, dem man einen jüdischen Großvater nachwies, Hitler als oberstem SA-Führer. Der Fraktionsvorsitzende Oberfohren, der noch für einen Kurs der Selbstbehauptung und des Widerstandes gegen die anschwellenden Unrechtsakte plädiert hatte, mußte, nachdem die Polizei bei einer Hausdurchsuchung am 29. März angeblich „Beweismaterial" für seine antinationalsozialistische Tätigkeit entdeckt hatte, sein Amt an den Hugenberg-Mann Schmidt-Hannover abgeben. Sein plötzlicher Tod am 7. Mai ist bis heute unaufgeklärt: Mord oder Selbstmord? Polizeieinsätze gegen Mitglieder der Partei und der „Kampfringe" unter dem Vorwand, sie seien marxistisch unterwandert, häuften sich.

Die DNVP war die einzige Partei, die am 27. Juni als Belohnung für ihre unermüdlichen Dienste bei der Etablierung der „Regierung der nationalen Konzentration" sanft gebettet wurde: Ein „Freundschaftsabkommen" mit Hitler sah vor, daß die Parteiangehörigen künftig „als volle und gleichberechtigte Mitkämpfer des nationalen Deutschland anerkannt und vor jeder Kränkung und Zurücksetzung beschützt" und daß die politischen Mandatsträger in allen Parlamenten in die Fraktionen und Vorstände der NSDAP aufgenommen würden.

Das Monopol der NSDAP

Das am 14. Juli 1933 – für die Franzosen der symbolträchtige Tag des Sturmes auf die Bastille als Hort der verhaßten absolutistischen Herrschaft! – von der Reichsregierung erlassene „Gesetz gegen die Neubildung von Parteien" setzte scheinbar einen pseudolegalen Schlußpunkt hinter die Machteroberung und etablierte den Einparteienstaat. Es erklärte die NSDAP zur einzigen politischen Partei in Deutschland und stellte alle Versuche, „den organisatorischen Zusammenhalt einer anderen politischen Partei aufrechtzuerhalten oder eine neue politische Partei zu bilden", unter Strafe (Gefängnis oder Zuchthaus bis zu drei Jahren).

Im Grunde fingen die Probleme aber erst an. Denn es stellte sich sofort die Frage, wie denn künftig das Verhältnis zwischen (Monopol-) Partei und Staat zu regeln sei. Auch das am 1. Dezember 1933 erlassene „Gesetz zur Sicherung der Einheit von Partei und Staat" gab kaum Aufschluß und ließ alles in der Schwebe, soweit es um die rechtlichen Kompetenz- und Funktionsbegrenzungen zwischen Partei und Staat ging. Da hieß es eher allgemein und ohne verfassungsrechtliche Verbindlichkeit, „nach dem Sieg der nationalsozialistischen Revolution" sei

die NSDAP als „eine Körperschaft des öffentlichen Rechts“ (sie unterstand damit automatisch staatlicher Aufsicht!) „die Trägerin des deutschen Staatsgedankens und mit dem Staat unlöslich verbunden“ (§ 1). „Zur Gewährleistung engster Zusammenarbeit der Dienststellen der Partei und der SA mit den öffentlichen Behörden“ waren Heß als Stellvertreter des „Führers“ und Röhm als Stabschef der SA Mitglieder der Reichsregierung ohne Geschäftsbereich (§ 2). Den Partei- und SA-Mitgliedern oblagen „als der führenden und bewegenden Kraft des nationalsozialistischen Staates [...] erhöhte Pflichten gegenüber Führer, Volk und Staat“ (§ 3).
Hier wird man berücksichtigen müssen, daß Hitler die reibungslose und schnelle Eroberung und Konsolidierung der Macht nur dadurch gelingen konnte, daß er einen geschulten, intakten und leistungsfähigen Staats- und Verwaltungsapparat übernehmen konnte und dieser sich ihm sofort loyal zur Verfügung stellte. Es ging für die Nationalsozialisten nur noch darum, durch das „Gesetz zur Wiederherstellung des Berufsbeamtentums“ vom 7. April 1933 die jüdischen und die politisch mißliebigen Beamten aus dem Staatsdienst zu entfernen.
Dagegen stand, daß nicht nur nationalsozialistische Funktionäre und Postenjäger als Belohnung für ihren Einsatz in der „Kampfzeit“ hemmungslos eine gesicherte Existenz in dem neuen „Staat über den Parteien“ anstrebten, sondern auch die Partei selbst, wie dargestellt, als eine Art „Quasi-Staat“ viele öffentliche Funktionen auf allen Ebenen von der Reichs- bis hinunter zur Kommunalebene für sich beanspruchte. Unter diesem Aspekt stellte das Gesetz vom 1. Dezember 1933 doch eindeutig den Primat der Staatsautorität gegenüber der Partei heraus. Dies dürfte wohl auch seine Intention gewesen sein.
Gerade der Reichsinnenminister Frick, zwar überzeugter Nationalsozialist der ersten Stunde, aber als Beamter doch entschiedener Anwalt für ein ungehindertes Arbeiten staatlicher Hoheitsträger und heftiger Kritiker parteiamtlicher Interventionen, wurde nicht müde, bei Hitler immer wieder wegen des erheblichen Konflikt- und Reibungspotentials im „Doppelstaat“ zwischen staatlichen Behörden und Parteiinstanzen vorstellig zu werden. Hitlers Äußerung „Die Partei ist jetzt der Staat geworden. Alle Macht liegt bei der Reichsregierung“ [46] war eher geeignet, den Konflikt zu vernebeln, als ihn durch die Verfügung einer regelhaften ressortmäßigen Arbeitsteilung zu entschärfen. Dies gelang höchstens dort, wo Partei- und Staatsamt in Personalunion wahrgenommen wurden. Die „Spannung zwischen Herrschaftsanspruch der NSDAP und einem unentbehrlichen Staatsapparat, zwischen NS-Ideologie und Staatstradition“ [47] war dem „Dritten Reich“ immanent und ließ sich nicht aufheben. Da half es auch nicht, wenn Hitler die Partei mehrfach auf die intensive „politische Erziehungsarbeit am deutschen Volke“, auf ihre Funktion als „politische Ausleseorganisation“, auf eine elitäre Führer-

schulung, auf die Kontrolle und Indoktrination der Massen und auf die Aufgabe eines Transmissionsriemens zwischen Staat und Gesellschaft festzulegen und damit aus dem unmittelbaren Bereich staatlicher Entscheidungsgewalt herauszuhalten sich bemühte.

Andererseits bedeutete das ungelöste Konkurrenzverhältnis zwischen Partei und Staat, das einen Ausgleich nur an der Spitze beim „Führer und Reichskanzler“ (so Hitlers offizieller Titel ab 1. August 1934) fand, eine enorme persönliche, institutionelle und funktionale Steigerung seiner „Führerstellung“. Denn im Konfliktfall war nur er als oberster Schiedsrichter berufen, nach seinem eigenen Ermessen eine letztinstanzliche Entscheidung herbeizuführen. Eine gefährliche Machtzusammenballung gegen ihn war damit zusätzlich erschwert. Es war ein zentrales Mittel totalitärer Herrschaftstechnik, sich nach der Vernichtung überkommener Ordnungsstrukturen nicht wieder in das Prokrustesbett neuer, rechtlich verbindlicher oder gar schriftlich niedergelegter Regeln zu begeben, sondern wichtige Aufgabenfelder institutionell eher in einem improvisierten Schwebezustand zu halten und damit allein der dezisionistischen „Führergewalt“ zu unterwerfen. So war es auch kein Zufall, daß am gleichen 14. Juli 1933 das „Gesetz über Volksabstimmungen“ erlassen und damit der mündige Wahlbürger des demokratischen Mehrparteiensystems endgültig und offiziell zur plebiszitären Akklamationskulisse des totalitären Einparteienstaates degradiert wurde. Von 1933 bis 1938 sind vier „Volksabstimmungen“ unter großem propagandistischem Getöse und mit den in Diktaturen üblichen sicheren Ergebnissen inszeniert und teilweise mit „Reichstagswahlen“ verknüpft worden: 12. November 1933 Austritt aus dem Völkerbund (95 % Ja-Stimmen), 19. August 1934 Fusion der Ämter des Reichspräsidenten und des Reichskanzlers (90 %), 29. März 1936 „Reichstagswahl“ nach der Rheinlandbesetzung (99 %), 10. April 1938 Anschluß Österreichs (99 %).

Pseudo-Plebiszite

„Volksabstimmungen“ waren insofern ein konstitutives Element „charismatischer Führerherrschaft“, als sie den propagandistisch durchsichtigen Zweck hatten, die Bevölkerung zu mobilisieren und hinter dem Regime zu einen, die „tiefe Übereinstimmung“ zwischen „Führer“ und Volk nach innen und nach außen sichtbar zu demonstrieren und die „Führergewalt“ scheindemokratisch zu legitimieren. Rhetorisches Vehikel dieser plebiszitären Einheitsstiftung zwischen Führung und Volk war die suggestive direkte Ansprache, wie sie Hitler in seinen Reden immer wieder praktizierte: „Stimmst Du, deutscher Mann, und Du, deutsche Frau, der in diesem Gesetz getroffenen Regelung zu? Ja/Nein“ (Volksabstimmung vom 19. August 1934).

9. Regimekrise und Röhm-Affäre 1934: Das Ende der „zweiten Revolution" und die Vollendung der Machteroberung

Das nationalsozialistische Regime steckte im Winter und Frühjahr 1934 in einer tiefen Krise. Der Elan und die Aufbruchsstimmung der ersten Monate waren inzwischen in allen Bevölkerungskreisen Ernüchterung und allgemeiner Verbitterung gewichen. Überall wurde Kritik laut: Der Mittelstand mahnte den ausgebliebenen Schutz gegen Warenhäuser, Einheitspreisgeschäfte und Großproduzenten an; Arbeiter und Angestellte stöhnten über horrende Preiserhöhungen und Reallohnverluste; die Bauern beklagten sich über die dirigistische Reglementierung durch den „Reichsnährstand"; die Industrie rief nach Rohstoffen und Devisen; Arbeitslose verzweifelten, da sich der erhoffte Wirtschaftsaufschwung langsamer als erwartet einstellte; die NSBO erlitt bei den Wahlen für die Vertrauensräte mit ihren Einheitslisten im Frühjahr 1934 derartige Verluste, daß die Ergebnisse nicht mehr veröffentlicht wurden.
Vor allem herrschte in der Geschäftswelt und in den Betrieben, im Beamtenapparat und in der Verwaltung helle Empörung über die störenden und oft anarchischen Eingriffe seitens der Partei und der SA. Deren Repräsentanten forderten nun ihren „Lohn" ein für die Entbehrungen der „Kampfzeit". Als „Kommissare" oder „Sonderkommissare" mit „Sondervollmachten" beanspruchten sie aus eigener Initiative ohne Sachkenntnis und Kompetenz Posten in der Privatwirtschaft oder in den Behörden, mischten sie sich störend in private und öffentliche Geschäftsgänge ein und verbreiteten überall Unruhe und Chaos. Vergeblich bemühte sich Goebbels, diesem Stimmungseinbruch im Winter 1933/34 durch seinen Propagandakampf „gegen die Staatsschädlinge", gegen „Miesmacher" und „Kritikaster" entgegenzuwirken. Zum erstenmal waren Hitlers Autorität und sein Prestige in der Bevölkerung ernsthaft gefährdet.

Die SA und die „zweite Revolution"

Im Kreuzfeuer der Kritik stand vor allem die SA. Als Instrument der Terrorisierung und der Einschüchterung von unten hatte sie mit ausdrücklicher Billigung durch Hitler und Göring als „Hilfspolizei" und mit „kommissarischen" Befugnissen im Prozeß der Gleichschaltung ihre Pflicht getan. Jetzt war sie als eine gigantische Parteiarmee von fast 3 Millionen Mann auf einmal ohne Aufgabe und Funktion. Wie sollte sie sinnvoll in den neuen Staat eingebaut werden? Die „nationale Revolution" war abgeschlossen. Hitler setzte auf Konsolidierung seiner Herrschaft und auf Zusammenarbeit mit den bewährten Kräften in der Wirtschaft, in der Bürokratie und in der Wehrmacht, um den Aufbau des „Dritten Reiches" zügig voranzubringen. Aufmüpfiges Revoluzzertum und vages Gerede von der „zweiten Revolution", die nunmehr in die

Wege geleitet werden müsse, waren nur geeignet, das bürgerliche Establishment zu erschrecken und damit die Kreise dem Regime zu entfremden, auf deren professionellen Sachverstand Hitler angewiesen war. Niemand wußte genau, was sich hinter der Drohung mit der „zweiten Revolution" wirklich konkret verbarg. War es die Suche nach einem „nationalen Sozialismus" irgendwo zwischen Kapitalismus und Marxismus, das Ziel, nach der politischen nunmehr die wirtschaftliche und gesellschaftliche Revolution in Gang zu setzen? War es allgemein das Bestreben, den totalitären Führerstaat strikt unter die Kontrolle von Partei und SA zu bringen und die konservativen Eliten auf eine rein ausführende Funktion herunterzudrücken? Auf jeden Fall verbreitete allein schon die grenzenlose Unbestimmtheit derartig diffuser Revolutionsparolen ebenso im In- und Ausland Irritationen und Furcht wie die Tatsache, daß der alte Haudegen und Hitler-Intimus Ernst Röhm als Stabschef der SA keine Gelegenheit ausließ, öffentliche Drohungen auszustoßen. Er wollte mit Hilfe seiner SA, der „Garde der Revolution", und durch die Wiederbelebung des „soldatischen Prinzips" die Revolution davor bewahren, in Stagnation zu verfallen und zu versanden. Röhm proklamierte als Ziel „den Sieg des reinen unverfälschlichen Nationalismus und Sozialismus". Dies trug seiner SA im Volksmund den Vergleich mit einem Beefsteak ein: außen braun und innen rot! In einer Verfügung vom 30. Mai 1933 hieß es unmißverständlich:

Röhms Drohungen

Der Feste sind genug gefeiert. Ich wünsche, daß nunmehr SA und SS sich sichtbar von der Dauerfolge der Feste absetzen und wieder ausschließlich den allein ihnen vorbehaltenen Aufgaben sich widmen. Es gibt solche, die die Siege erfechten, das sind die Soldaten, und solche, die die Siege feiern und sich feiern lassen, das sind die anderen. SA und SS haben einen Sieg von kaum erhofftem Ausmaß erkämpft, auf den sie mit Recht stolz sein dürfen. Ihre Aufgabe, die nationalsozialistische Revolution zu vollenden und das nationalsozialistische Reich zu schaffen, liegt aber noch vor ihr. Mir scheint, daß noch zähe Arbeit und harter Kampf uns bevorsteht.[48]

Das Faß nahezu zum Überlaufen brachte Röhms Abrechnung in den „Nationalsozialistischen Monatsheften" im Juni 1933 unter dem Thema „SA und deutsche Revolution" mit dem „Denken mancher 'Gleichgeschalteter' und sogar mancher heute nationalsozialistisch sich nennender Würdenträger", die Ruhe als erste Bürgerpflicht forderten und damit in Wahrheit die Revolution verrieten.

Ob es ihnen paßt oder nicht, wir werden unseren Kampf weiterführen. Wenn sie endlich begreifen, um was es geht: mit ihnen! Wenn sie nicht wollen: ohne sie! Und wenn es sein muß: gegen sie![49]

An diesem Punkt war Hitlers Autorität als Parteiführer herausgefordert. Er erteilte deshalb vor den Reichsstatthaltern am 6. Juli 1933 der „zweiten Revolution" eine eindeutige Absage:

Die Revolution ist kein permanenter Zustand, sie darf sich nicht zu einem Dauerzustand ausbilden. Man muß den frei gewordenen Strom der Revolution in das sichere Bett der Evolution hinüberleiten. Die Erziehung der Menschen ist dabei das wichtigste.[50]

Hitler warb ausdrücklich um die Fachleute in der Wirtschaft und um den Einsatz ihres Sachverstandes im Dienste des gemeinsamen Aufbaus, auch wenn sie noch nicht Nationalsozialisten seien.

Die geistigen Bazillenträger, die jetzt in die Wirtschaft einzudringen suchen, bringen Staat und Volk in Gefahr... Wenn wir mit Reformen vor die Nation hintreten, müssen wir auch beweisen, daß wir die Dinge verstehen und sie meistern können.

Röhm wurde nicht müde, auch die Wehrmacht mit seiner Wehrkonzeption im Kern ihrer Existenz herauszufordern. Nach seiner Vorstellung sollte der SA „als staatlich anerkannter Truppe der nationalsozialistischen Revolution“ und als einer gewaltigen Volksmiliz das Waffenmonopol im Staat zufallen. Er wollte „den grauen Fels“ der Reichswehr „in der braunen Flut“ der SA untergehen lassen, sie also auf eine dienende Funktion unter seiner Führung als Kriegsminister beschränken. Hitler hatte sich aber längst für die Reichswehr als Kern der neu aufzubauenden Wehrmacht des „Dritten Reiches“ entschieden und war hier mit seiner Propagierung des „Wehrgedankens“ und der Aufrüstung auf eine sehr positive Resonanz gestoßen. Er tat dies in der klaren Erkenntnis, daß der anvisierte moderne Krieg der Zukunft nicht mehr mit Milizen, sondern nur noch mit einem hochprofessionalisierten Militärinstrument und mit einer spezifisch militärischen Ausbildung zu gewinnen sein würde. So ließ er auch im Mai 1933 gegenüber dem SA-Sturm „Nordmark“ in Kiel keinen Zweifel, auf welcher Seite er in dem Konkurrenzverhältnis zwischen Reichswehr und SA stehen werde:

Wenn das Heer der Waffenträger der Nation ist, dann müßt Ihr sein der politisch gestaltende Würdenträger der deutschen Nation. Wenn das Heer Waffenschule ist des deutschen Volkes, dann muß in Euch die politische Schule liegen [...] Es ist Eure Aufgabe, nicht der anderen großen Institution irgendwie Konkurrenz zu machen.[51]

Aufgabe der SA sollten also die politische Schulung, die vormilitärische Ausbildung und gewisse Funktionen bei der Landesverteidigung unter dem Befehl der militärischen Führung sein.

Konservative Allianz

Ernst Röhm hatte es bis zum Frühjahr 1934, ohne daß ihm konkrete Putschpläne zu unterstellen waren, allein schon durch seine Reden und die Massenaktivitäten seiner SA verstanden, eine breite und machtvolle Phalanx gegen sich aufzubringen: Neben Hitler die Reichswehrführung mit Blomberg, Reichenau als Chef des Wehrmachtsamtes, Fritsch, seit Herbst 1933 als Nachfolger Hammerstein-Equords Chef der Heeresleitung, sowie Beck als Chef des Generalstabes des Heeres, Frick und Göring als Vertreter staatlicher Autorität, Goebbels und vor allem

Himmler und Heydrich mit der SS und der Politischen Polizei. Im Frühsommer 1934 entwickelte sich aber in der Kanzlei des Vizekanzlers um Papen herum ein weiteres, nicht minder gefährliches konservatives Oppositionszentrum. Seine Träger waren katholisch-konservative Kreise, Monarchisten, die ihre Stunde mit dem bevorstehenden Tode Hindenburgs kommen wähnten, „jungkonservative" Träger klangvoller Namen wie von Bose, von Ketteler, von Savigny, von Kageneck und von Tschirschky und Propheten der „konservativen Revolution" wie der Münchner Rechtsanwalt Edgar Julius Jung, geistiger Mentor und Redenschreiber für Papen und Autor des Bestsellers „Herrschaft der Minderwertigen". Sie einte Zorn darüber, daß sie nun vor den Scherben ihres Konzeptes der konservativen „Zähmung" Hitlers standen, das Ideal des autoritären Staates und damit ein antidemokratisch-reaktionäres Gedankengut, das keine Zukunftsperspektiven aufwies und auch keine klare ideologische Abgrenzung zum Nationalsozialismus erkennen ließ, und im besonderen die Hoffnung, bei dem bevorstehenden Konflikt mit Hilfe der Reichswehr eine Militärdiktatur nach eigenen Vorstellungen gegebenenfalls als Wegbereiterin für eine Restauration der Hohenzollernmonarchie errichten zu können.
Die von Jung verfaßte Marburger Rede Papens vom 17. Juni 1934 wirkte wie ein Paukenschlag und ein letztes Alarmsignal für Hitler. In ihr wandte sich der Vizekanzler mit Schärfe gegen das verantwortungslose Gerede von einer zweiten revolutionären Welle, forderte „ein festes soziales Gefüge, zusammengehalten durch eine unbeeinflußbare Rechtspflege und durch eine unbestrittene Staatsgewalt" und rechnete eindeutig mit all dem ab, „was an Eigennutz, Charakterlosigkeit, Unwahrhaftigkeit, Unritterlichkeit und Anmaßung sich unter dem Deckmantel der deutschen Revolution ausbreiten möge."[52] Goebbels bemühte sich intensiv, aber letztlich erfolglos, eine Verbreitung dieser Rede zu verhindern.
Seit März 1934 etwa liefen im engen Zusammenspiel von Reichswehrführung, Politischer Polizei, SS und staatlichen Instanzen die Vorbereitungen für den entscheidenden Schlag gegen Röhm. Wie es seine Art war, reagierte Hitler zunächst eher zögernd und ließ die Situation ausreifen, während die anderen für ihn arbeiteten. Die organisatorische Zusammenfassung der Politischen Polizeien in den Ländern, einschließlich der Preußischen Geheimen Staatspolizei, unter Himmler und ihre Ausgliederung aus dem staatlichen Behördenapparat waren eine der Voraussetzungen für den Erfolg, die Bereitstellung von Fahrzeugen und Waffen für die SS durch die Reichswehr eine weitere. Gerüchte über einen Besuch Papens bei Hindenburg am 30. Juni und die Tatsache, daß man täglich mit dem Ableben des sechsundachtzigjährigen Reichspräsidenten rechnen mußte, mit dem dann auch eine gefährliche Vakanz im Oberbefehl über die Reichswehr eintreten würde, beschleunigten die Mordaktionen, die dann am 30. Juni in München, Dachau

Ermordung Röhms und seiner Anhänger

und Berlin anliefen. Hier wurden weit über den engeren Kreis der SA-Führung hinaus alte Rechnungen beglichen. Dem Morden zum Opfer fielen mindestens 89 Menschen, wahrscheinlich erheblich mehr, darunter der frühere Reichskanzler von Schleicher, seine Frau und sein engster Mitarbeiter General von Bredow, Bose und Jung, der Leiter der „katholischen Aktion“ Erich Klausener, der Generalstaatskommissar und Hitler-Konkurrent von 1923 von Kahr, Gregor Strasser und viele andere. Papen wurde unter Hausarrest gestellt und dann als Sonderbotschafter nach Wien abgeschoben. Hitler hatte sich mit einem brutalen Doppelschlag von seinen Gegnern im konservativen wie im eigenen Parteilager befreit.

Hitler als „Führer und Reichskanzler“

Am 1. August 1934 wurde das Amt des Reichspräsidenten mit dem des Reichskanzlers durch Gesetz vereinigt und wurden die Befugnisse „auf den Führer und Reichskanzler Adolf Hitler“ übertragen. Mit dem Tode Hindenburgs einen Tag später wurde das Gesetz vollzogen und mit der zynischen Begründung, „daß jede Staatsgewalt vom Volke ausgehen und von ihm in freier und geheimer Wahl bestätigt sein muß“, am 19. August „zur freien Volksabstimmung“ gestellt. Dabei versagten noch mehr als 5 Millionen „Volksgenossen“ ihre Zustimmung und knapp 2 Millionen gingen gar nicht erst zur Abstimmung.

Die Ereignisse zwischen dem 30. Juni und dem 2. August 1934 sind in ihrer Tragweite für den weiteren Ausbau des „Führerstaates“ überhaupt nicht zu unterschätzen und dies in mehrfacher Hinsicht.

Legitimation der Morde als „Staatsnotwehr“

Am 3. Juli wurde der Rechtsstaat in Deutschland bis 1945 nun auch regierungsoffiziell beseitigt und Mord ohne gerichtliche Verfolgung der Täter und Untersuchung des Tatherganges als „Staatsnotwehr“ durch das „Gesetz über Maßnahmen der Staatsnotwehr“ vom 3. Juli 1934 nachträglich sanktioniert und legalisiert: „Die zur Niederschlagung hoch- und landesverräterischer Angriffe am 30. Juni, 1. und 2. Juli 1934 vollzogenen Maßnahmen sind als Staatsnotwehr rechtens.“ Mord wurde hier zum legalen Staatsakt erhoben, aus eindeutigem Rechtsbruch nachträglich Recht. Alle Akten und Unterlagen wurden vernichtet. Am 13. Juli erklärte Hitler vor dem Reichstag, er habe als „des deutschen Volkes oberster Gerichtsherr“ gehandelt. Dies alles geschah unter ausdrücklichem Beifall der Würdenträger in Politik und Militär. Hindenburg sandte Glückwunschtelegramme an Hitler und Göring. Blomberg dankte dem „Führer“ sowohl im Kabinett am 3. Juli [53] als auch in einem Erlaß an die Wehrmacht am 1. Juli [54] überschwenglich im Namen des Reichskabinetts „für sein entschlossenes und mutiges Handeln, durch das er das deutsche Volk vor dem Bürgerkrieg bewahrt habe“. Die heimtückische Beseitigung zweier namhafter Offizierskameraden bereitete ihm offenbar keine Skrupel. Reichsjustizminister Gürtner erklärte, „daß der Gesetzentwurf kein neues Recht schaffe, sondern lediglich gültiges Recht bestätige“.

Carl Schmitt war sich nicht zu schade, mit seinem bekannten Namen als Staatsrechtler der Mordaktion nachträglich die Weihe des Legalen zu geben. In der Deutschen Juristenzeitung vom 1. August 1934 erklärte er in seinem Aufsatz „Der Führer schützt das Recht" u. a.

Der Führer schützt das Recht vor dem schlimmsten Mißbrauch, wenn er im Augenblick kraft seines Führertums als Oberster Gerichtsherr unmittelbar Recht schafft [...] Der wahre Führer ist immer auch Richter. Aus dem Führertum fließt das Richtertum [...] Das Richtertum des Führers entspringt derselben Rechtsquelle, der alles Recht jedes Volkes entspringt. Alles Recht stammt aus dem Lebensrecht des Volkes.[55]

Der Ausbau des totalen „Führerstaates" war einen großen Schritt vorangekommen. Hitler hatte weder aus dem konservativen Lager noch aus der eigenen Partei künftig mit Widerstand zu rechnen. „Führernimbus" und „Führermythos" erstrahlten in neuem Glanz. Aus der Bevölkerung kam kaum Kritik, höchstens an den blutigen Begleitumständen der „Säuberungen", dafür aber um so mehr Beifall für die Wiederherstellung von Ruhe und Ordnung, von Sitte und Moral durch den „Führer". Seine Popularität als Retter und Ordnungsstifter war nach Monaten des Niederganges wieder ungebrochen. Korruption, „Verbonzung", Cliquenwirtschaft, Postenjägerei, Unterschlagungen und moralischer Verfall (die Homosexualität Röhms!) wurden der Partei und der SA, die ebenso wie ihr Stabschef nie recht populär war, angelastet. Dagegen hob sich um so strahlender und reiner das Bild des „Führers" ab.

Wehrmacht und Wehrmachtführung glaubten nun, Grund für die Annahme zu haben, daß ihre Stellung als zweite tragende „Säule" des Staates neben der Partei endgültig für die Zukunft anerkannt war. Dabei übersahen sie jedoch zwei wesentliche Dinge. Zum einen war die Armee jetzt durch ihre aktive Komplizenschaft schwer kompromittiert und mit Schuld beladen. Ihre Verstrickung in den Mord und ihre Vereidigung auf Hitler persönlich am 2. August „bei Gott" und durch einen „heiligen Eid" sollte sie bis 1945 unlösbar an den Diktator ketten und jeden Widerstand als „Eidbruch" sehr erschweren. Zum anderen wurde der Reichswehr ihre Monopolstellung als Waffenträger der Nation bereits durch die SS streitig gemacht. Am 20. Juli wurde die SS als selbständige Organisation direkt dem „Führer" unterstellt und ihr das Recht zuerkannt, eine bewaffnete Division, die SS-Verfügungstruppe (VT), aufzustellen. Mit der sogenannten „Röhmaffäre", die ganz zu Unrecht mit ihrem nationalsozialistischen Propagandaetikett als „Röhmputsch" in die Geschichte eingegangen ist, begann zugleich der unaufhaltsame Aufstieg des SS-Staates.

III. Kapitel

Die Konsolidierung des Führerstaates (1934–1938)

1. Zwischen Monokratie und Polykratie: Zur Herrschaftsstruktur

Bereits ein Jahr nach der Betrauung Hitlers mit der Reichskanzlerschaft war die Gewaltenteilung in Deutschland im Jahre 1934 endgültig beseitigt und damit zugleich die rechtliche und institutionelle Sicherung, die ausdrücklich gegen die Diktaturgewalt in das „Ermächtigungsgesetz" eingebaut worden war. Die Legislative war faktisch aufgehoben, der Reichstag zu einem reinen Propaganda- und Akklamationsforum degradiert. Gleiches galt für die Hoheitsrechte und die Autonomie der Länder. Das Reichskabinett, verfassungsrechtlich ein Kollegialorgan mit dem Kanzler als „primus inter pares", unterwarf sich in seiner autoritären Anpassungsbereitschaft schnell dem Willen Hitlers nach der von Goebbels im April 1933 ausgegebenen Parole: „Abgestimmt wird nicht mehr. Der Führer entscheidet." [1] Die Kabinettssitzungen wurden immer seltener. Am 5. Februar 1938 fand mit der kritiklosen Entgegennahme der Nachricht über den Umbau an der Wehrmachtspitze die letzte statt. In dem Maße, wie auch von der vorgeschriebenen Gegenzeichnungspflicht der Ressortminister abgegangen wurde, konzentrierte sich die gesamte Gesetzgebung nach einem Umlaufverfahren der Vorlagen auf den „Führer" in der Form von „Führergesetzen", „Führerverordnungen" oder „Führererlassen" oder auch – im militärischen Bereich – „Führerbefehlen". Minister und Beamte wurden auf Hitler persönlich vereidigt. Mit seiner selbstherrlichen Ernennung zum „obersten Gerichtsherrn des deutschen Volkes" am 14. Juli 1934 vor dem Reichstag unterstellte sich Hitler auch die Judikative. Mit der Übernahme des Amtes des Reichspräsidenten als „Führer und Reichskanzler" vereinigte er nicht nur die gesamte Exekutive in seiner Hand, ihm fiel damit auch die zunächst mehr dekorative Funktion eines obersten Befehlshabers der Wehrmacht zu, bis ihm die Ausbootung des Reichskriegsministers von Blomberg als Zwischeninstanz die Möglichkeit gab, direkt als Oberbefehlshaber Einfluß zu nehmen. Im Dezember 1941 übernahm er in der Winterkrise im

Die Allmacht des „Führers"

Osten nach dem erzwungenen Rücktritt von Brauchitschs zusätzlich noch den Oberbefehl über das Heer, um sich von dieser Position aus in alle operativen Fragen bis zur Divisionsebene hinunter einzumischen.
Den Schlußpunkt unter diese Ämterakkumulation setzte der – die Grenzen des Größenwahns wohl längst überschreitende – „Beschluß" des Reichstages vom 26. April 1942:
Der Führer muß daher – ohne an bestehende Rechtsvorschriften gebunden zu sein – in seiner Eigenschaft als Führer der Nation, als oberster Befehlshaber der Wehrmacht, als Regierungschef und oberster Inhaber der vollziehenden Gewalt, als oberster Gerichtsherr und als Führer der Partei jederzeit in der Lage sein, nötigenfalls jeden Deutschen – sei er einfacher Soldat oder Offizier, niedriger oder hoher Beamter oder Richter, leitender oder dienender Funktionär der Partei, Arbeiter oder Angestellter – mit allen ihm geeignet erscheinenden Mitteln zur Erfüllung seiner Pflichten anzuhalten und bei Verletzung dieser Pflichten nach gewissenhafter Prüfung ohne Rücksicht auf sogenannte wohlerworbene Rechte mit der ihm gebührenden Sühne zu belegen, ihn im besonderen ohne Einleitung vorgeschriebener Verfahren aus seinem Amt, aus seinem Rang und seiner Stellung zu entfernen.[2]
Mit dieser Generalvollmacht waren Schicksal und Leben des Volkes und jedes einzelnen in einem permanenten Ausnahmezustand der unkontrollierten Diktaturgewalt des „Führers" unterworfen, ohne daß dieser noch an Rechtsnormen oder Verfahrensregeln gebunden war. Hitler hat durch die Ermordung von Millionen unschuldiger Menschen, die er entweder unmittelbar befohlen oder doch zu verantworten gehabt hat, zu erkennen gegeben, daß er von dieser Vollmacht unbeschränkt und umfassend Gebrauch zu machen gewillt war. Gleichzeitig feierten in diesem „Beschluß" beispielhaft und stellvertretend Anpassungs- und Glaubensbereitschaft, autoritäre Disposition und Obrigkeitsdenken nicht nur der politischen „Eliten", sondern eines ganzen Volkes einen makabren Triumph.
Die Konzentration einer derartigen Machtfülle auf einen Mann dürfte in der deutschen Geschichte ohne Beispiel gewesen sein. Der unermüdliche Panegyriker des „Führernimbus", Joseph Goebbels, wurde nicht müde, der Mit- und der Nachwelt ein Propagandabild des totalitären „Führerstaates" zu vermitteln, in dem im Rahmen einer monokratisch und straff von oben nach unten durchorganisierten und zentralisierten Ordnung alle auf das Kommando des „Führers" hörten und sein Wille bis in jeden Winkel hinein bestimmend war. Nach 1945 hatte dieses populäre Bild von einem monolithischen „Führerstaat" durchaus auch Rechtfertigungscharakter für die mangelnde Ausbildung von Zivilcourage und Widerstandswillen unter den „Volksgenossen", ohne daß diesen bewußt wurde, daß sie hier noch nachträglich dem Manipulationsgenie des „kleinen Doktors" aufsaßen.

Den aufmerksamen und kritischen zeitgenössischen Beobachtern des In- und Auslandes, besonders auch solchen Insidern aus dem nationalsozialistischen Lager, die es wissen mußten, war längst aufgefallen, daß die geläufige, aber auch sehr mißverständliche Vorstellung vom „totalitären Staat“ eher nationalsozialistisches Programm war als ein geeigneter Schlüssel, um einen angemessenen und konkreten Zugang zur „Innenansicht der Diktatur“ (Thamer) zu öffnen. So bezeichnete ein Beamter der Reichskanzlei aus eigener Erfahrung das Herrschaftssystem als ein „vorläufig wohlgeordnetes Chaos.“[3] Reichsinnenminister Frick, der – obwohl überzeugter Nationalsozialist der „ersten Stunde“ – alles tat, um als eine Art Beamten- und Verfassungsminister Autorität und bürokratisch-normative Regelhaftigkeit des Staates, staatlicher Behörden und Instanzen gegen die zahllosen willkürlichen Eingriffe von Parteidienststellen abzuschotten, daran am Ende jedoch scheiterte, beklagte sich im Dezember 1939 bitter: die Praxis, selbstherrlich Parteifunktionäre als leitende Beamte einzusetzen, müsse dazu führen, „daß die allgemeine und innere Verwaltung zerfällt und die Sonderverwaltungen nicht nur nicht einbezogen werden, sondern sich immer neu bilden, so daß der Staatsapparat letzten Endes atomisiert wird.“[4] Auch eine dem Umkreis der Partei entstammende Denkschrift von 1942 setzte sich kritisch mit Hitlers sozialdarwinistisch anmutendem Führungsstil auseinander. „Das Prinzip des Wachsenlassens, bis der Stärkste sich durchgesetzt hat, ist sicherlich das Geheimnis der geradezu verblüffenden Entwicklung und Leistung der Bewegung.“ Doch habe dieses Prinzip, das „in der Aufbauzeit sicher nützlich gewesen“ sei, den Nachteil, daß sich die Energien der Bewegung auf Dauer in „Kompetenzstreitigkeiten bis in die Ortsgruppen hinein“ verzehrten und daß es in der Partei politische „Despoten“ heranzüchte, die „keine andere Meinung neben sich“ duldeten.[5]

„Doppelstaat“

Zur gleichen Zeit versuchten zwei emigrierte deutsche Sozialwissenschaftler und Juristen, aus der Perspektive ihres amerikanischen Exils die anarchische Verfassungswirklichkeit des „Dritten Reiches“ auf den Begriff zu bringen: Ernst Fraenkel 1941 im „Dual State“[6] und Franz L. Neumann 1942 im „Behemoth“[7]. Fraenkel sah das Charakteristische der nationalsozialistischen Herrschaftswirklichkeit im „Doppelstaat“: Während das Regime im politischen Kernbereich seiner Diktaturgewalt nur nach Zweckmäßigkeit der Herrschaftssicherung und der Gegnerbekämpfung handele und hier nur extralegale „Maßnahmen“ nach Definition und Willkür der Machthaber ohne normative Bindung und mit expandierender Tendenz zur Anwendung kämen, gebe es daneben noch einen – freilich stets bedrohten und eingeschränkten – Bereich herkömmlicher rechtlicher „Normen“. Sie hätten etwa im Zivil-, Gewerbe-, Wirtschafts- oder Steuerrecht die Aufgabe, die Funktionsfähigkeit von Staat, Wirtschaft und Gesellschaft aufrechtzuerhalten. In diesem

Neben- und Gegeneinander von „Maßnahmen-" und „Normenstaat" äußerte sich letztlich der ungeklärte Dualismus von Partei und Staat.

„Behemoth" Im Gegensatz zu Fraenkel stellte sich für Neumann das nationalsozialistische Herrschaftsgefüge grundsätzlich nicht mehr als „Staat" im modernen Sinne dar, sondern – in metaphorischer Analogie zum „Ungeheuer" (Behemoth) des Alten Testamentes (Hiob 40, 15-24) und anknüpfend an Thomas Hobbes – als eine Art „Unstaat", als „ein Chaos, eine Herrschaft der Gesetzlosigkeit und Anarchie, welche die Rechte wie Würde des Menschen ‚verschlungen' hat". Soziologisch sei die deutsche Gesellschaft polykratisch in vier festgefügten, zentralisierten Gruppen organisiert, deren „Chefs" jeweils einen Interessenkompromiß zum gegenseitigen Nutzen und in wechselnder Form aushandelten: die NS-Bewegung, die hohe Bürokratie, die Wehrmacht und die Monopolwirtschaft. Die innere Anarchie werde schließlich – so Neumann optimistisch – zur Zersetzung und zum Untergang des „Behemoth" führen. Wenngleich bei Fraenkel und Neumann die Komplexität sowohl der inneren Konfliktlinien des Regimes als auch seiner polykratischen Machtstrukturen zu stark schematisiert und vereinfacht erscheinen, sind von hier aus doch entscheidende Impulse für die Untersuchung des „Führerstaates" und seiner Herrschaftsmechanismen ausgegangen. In immer neuen Varianten ist derselbe Tatbestand beschrieben worden: „planvolles Kompetenzenchaos" (Heiber), „Polyzentrismus" (Schoenbaum), „Ämter-Darwinismus" (Bollmus), „organisatorischer Dschungel" (Broszat), „institutionelle Anarchie" (H. Mommsen), „organisiertes Chaos" (Rebentisch), „totalitäre Polykratie" (Schulz) usf.

„Polykratie" Dabei darf freilich der vielzitierte Begriff „Polykratie" nicht mißverstanden werden. Denn weder handelte es sich hier um einen demokratischen Pluralismus mit institutionalisierter Entscheidungsfindung, Transparenz, Berechenbarkeit, Regelhaftigkeit und Kontrolle, noch gewannen die verschiedenen Machtzentren aus sich heraus ein solches autonomes Gewicht, daß sie Hitler von seinen Grundentscheidungen für Krieg und Vernichtung wirklich hätten abbringen können.

Die von Frick und anderen immer wieder beklagte innere Atomisierung und Fragmentierung des nationalsozialistischen Herrschaftssystems und seiner Entscheidungsprozesse vollzog sich konkret auf mehreren Ebenen und unter verschiedenen Aspekten: im konkurrierenden Mit- und Gegeneinander von staatlichen Behörden und Parteiinstanzen, aber auch zwischen den einzelnen Parteigliederungen und zwischen den angeschlossenen Organisationen, in der parasitären Durchsetzung und Aushöhlung des Staatsapparates und der traditionell zuständigen Ressorts durch Sonderverwaltungen, im Aufbau mächtiger Herrschaftsimperien gleichsam quer zu den Ministerien mit einem erheblichen Bewegungs- und Ermessensspielraum ihrer Hoheitsträger und nicht zuletzt in dem mehr als unkonventionellen Führungs- und Regierungsstil

von Hitler selbst. Vorschub geleistet wurde dieser Entwicklung noch dadurch, daß die Aufgaben und Funktionen der einzelnen Sonderapparate nie genau abgegrenzt waren und sich häufig überschnitten. Hitler hat auch hier seinen Führungsstil aus der „Kampfzeit" der Partei fast unverändert als Reichskanzler auf den Staat übertragen. Hinzu kam, daß im Prozeß der Machteroberung und Gleichschaltung die der NSDAP zugefallenen Bastionen in Staat und Gesellschaft von den neuen Machtträgern nach eigenem Gutdünken ausgebaut wurden.
Im Folgenden kann der „organisatorische Dschungel" mit seinen oft verheerenden Auswirkungen nur beispielhaft angedeutet werden. Um das Erziehungs- und Ausbildungsmonopol rivalisierten die Reichsjugendführung unter dem durchsetzungsfähigen Baldur von Schirach mit der HJ, das Reichsministerium für Wissenschaft, Erziehung und Volksbildung unter dem schwachen und unfähigen Bernhard Rust, Alfred Rosenberg als „Beauftragter des Führers" für die Überwachung der gesamten geistigen und weltanschaulichen Schulung und Erziehung der NSDAP, Himmler mit seinen SS-Führerschulen (Junkerschulen) und Ley mit seinen Ordensburgen. Konflikte im Schulalltag zwischen Lehrern und HJ-Führern ermöglichten den Kindern bisweilen gern genutzte Freiräume, in denen sie dann Schulaufgaben und Dienstverpflichtungen gegeneinander ausspielten.
DAF
Robert Leys „Deutsche Arbeitsfront" (DAF), 1939 ein organisatorischer Moloch mit 25,3 Mio. Mitgliedern (90 % der Beschäftigten) und 44 500 haupt- und ehrenamtlichen Funktionären, hatte mit ihren breit gefächerten Arbeits-, Freizeit- und Kulturprogrammen die Tendenz, sich in viele benachbarte Ressorts wie die für Arbeit, Wirtschaft und Finanzen hineinzufressen und sich soweit quasi-gewerkschaftliche Funktionen anzumaßen, daß in der Privatwirtschaft erhebliche Unruhe entstand. Als Hitler am 24. Oktober 1934 eine ihm von Ley vorgelegte „Verordnung des Führers über die Deutsche Arbeitsfront" ohne Gegenzeichnung des zuständigen Arbeitsministers erließ [8], in der für die DAF weitreichende Kompetenzen in den Betrieben verankert wurden, hagelte es umgehend Proteste vom Reichswirtschaftsminister Schacht, Arbeitsminister Seldte, Reichsinnenminister Frick und von Heß, dem Stellvertreter des „Führers". Sie fühlten sich umgangen und verwiesen darauf, diese Verordnung stehe im Widerspruch zum „Gesetz zur Ordnung der nationalen Arbeit" vom 20. Januar 1934, in dem innerhalb des streng autokratisch strukturierten Betriebes der DAF keine Aufgaben zugewiesen wurden. Typisch war Hitlers Reaktion: Die Verordnung einfach rückgängig zu machen, verbot ihm sein Prestige. Statt dessen wies er die intervenierenden Ressorts an, „nähere gesetzliche Ausführungsbestimmungen" auszuarbeiten und sie ihm wieder vorzulegen.
Einer anderen gesellschaftlichen Großorganisation, dem „Reichsnährstand" unter Walter Darré, in dem als Zwangsmitgliedschaft alle Perso-

nen und Betriebe der landwirtschaftlichen Erzeugung, der Be- und Verarbeitung und des Landhandels zusammengefaßt und im Zuge der Gleichschaltung die landwirtschaftlichen Interessenverbände und Landwirtschaftskammern eingegliedert waren, war es nicht vergönnt, eine ähnliche Rolle wie die DAF im nationalsozialistischen Herrschaftsgefüge zu spielen.

Parallelämter

Ein abgrundtiefes Mißtrauen gegen die traditionelle Bürokratie veranlaßte Hitler, wichtige politische Aufgaben an zuverlässige Parallelinstanzen zu delegieren: in der Außenpolitik waren es neben dem Auswärtigen Amt die „Dienststelle Ribbentrop", deren Amtsträger u. a. 1935 mit den Briten das Flottenabkommen aushandelte, das „Außenpolitische Amt der NSDAP" unter A. Rosenberg, die „Auslandsorganisation der NSDAP" unter E. W. Bohle und die – seit 1937 der Kontrolle durch die SS unterstehende – „Volksdeutsche Mittelstelle" unter SS-Gruppenführer W. Lorenz, in der Justiz neben den herkömmlichen Organen der Gerichtsbarkeit die Sondergerichte (21. 3. 1933) und der Volksgerichtshof (24. 4. 1934).

Sonderbeauftragte

Neue Aufgaben in einer Krisensituation wurden, anknüpfend an ein Verfahren bereits aus der Ära Brüning, an neugeschaffene Instanzen delegiert. So entstand – wiederum in Konkurrenz zu den bestehenden Verfassungs- und Verwaltungsorganen, oft quer zu ihnen und mit deutlicher Stoßrichtung gegen sie – ein dichtes und verwirrendes Netz von Sonderbevollmächtigten und Sondergewalten, von Reichskommissaren, Generalinspektoren, Generalbevollmächtigten, Beauftragten oder Pseudoministerien. Jede dieser Sonderinstanzen des „Führerstaates", die bis zu einer Art „Allzuständigkeit" des Funktionsträgers führen konnten (etwa Göring als „Beauftragter für den Vierjahresplan"), war ausgestattet mit nicht immer scharf abgegrenzten Kompetenzen und mit einem Verwaltungsstab, der sich tendenziell nach dem „Parkinsonschen Gesetz" zu einer eigenständigen und gigantischen „sekundären Bürokratie" zu verselbständigen pflegte. Bisweilen erhielten diese Sonderapparate und ihre Träger den Status führerunmittelbarer „oberster Reichsbehörden", so der Generalinspektor für das deutsche Straßenwesen (Todt), die Reichsjugendführung (v. Schirach), der Generalinspektor für die Reichshauptstadt (Speer), der Beauftragte für den Vierjahresplan (Göring) oder 1943 der Reichsarbeitsdienst.

Auch in diesem administrativen Wildwuchs äußerte sich ein spezifisches sozialdarwinistisches Politikverständnis Hitlers. In ihm reduzierte sich Politik unter den Bedingungen einer wirklichen oder auch nur herbeigeredeten Krise auf individuelle Willensakte in einer besonders herausragenden und ad hoc geschaffenen Position. Damit wurde propagandistisch wirkungsvoll vom Regime Entscheidungsfreudigkeit und Dynamik dokumentiert. Bei schwierigen Aufgaben schien es vor allem darauf anzukommen, den richtigen Mann an die richtige Stelle zu setzen, ihn mit umfassenden Sondervollmachten auszustatten und ihn durch einen Appell an seinen Ehrgeiz und sein Karrieredenken zu einer erhöhten Leistungsbereitschaft anzuspornen. Auch das Konkurrenzprinzip mit dem Recht des Stärkeren innerhalb des Herrschaftsgefüges steigerte und radikalisierte nicht selten die bürokratische Effizienz, galt es doch, im Wettlauf um die Gunst des „Führers" sich selbst und die Existenzberechtigung des eigenen Apparates zu beweisen. Das radikalste Beispiel stellte die Ernennung Himmlers zum „Reichskommissar für die Festigung des deutschen Volkstums" durch einen geheimen Führererlaß am 7. Oktober 1939 dar. In einem besonderen SS-Hauptamt wurde damit die Zuständigkeit für die brutale Umsiedlungs- und Germanisierungspolitik im Osten geschaffen. Die Verselbständigung und enorme Machtsteigerung der Gebietskommissariate im Osten ab 1941 sollte dann die administrativen Voraussetzungen für weitere Radikalisierungsschübe in der Besatzungspolitik schaffen. Reichsministerien wie etwa das Reichsarbeits- oder das Reichswirtschaftsministerium oder auch andere Verfassungsorgane wurden durch die führerunmittelbaren Sonderverwaltungen und Generalbevollmächtigten zu leeren Hülsen, ohne ausdrücklich abgeschafft zu werden. Nicht selten führte dieses System der Sonderverwaltungen zu hohen bürokratischen Reibungsverlusten und einem Kompetenzengerangel, in dem der Schwächere auf der Strecke blieb. „Es scheint sich so zu verhalten, daß diese tiefgreifende Deformation des gesellschaftlichen und politischen Systems erst jene unerhörten destruktiven Energien freisetzte, die die innerlich brüchige und zum Scheitern verurteilte, nur auf den ersten Blick hin eindrucksvolle Gewalthegemonie des ‚tausendjährigen Reiches' auf dem europäischen Kontinent möglich gemacht haben."[9]

Karrierenbeispiele

Die Karrieren der führenden Vertreter des „Dritten Reiches" erscheinen geradezu als institutionelle Inventarverzeichnisse der führerunmittelbaren Sondergewalten und der Verquickung von Partei- mit Staatsämtern. R. W. Darré: 1931 Leiter des Amtes für Agrarpolitik und des Rasse- und Siedlungshauptamtes der SS, 1933 Reichsminister für Ernährung und Landwirtschaft, 1934 als Reichsbauernführer Leiter des „Reichsnährstandes"; J. Goebbels: 1926 Gauleiter in Berlin, 1930 Reichspropagandaleiter der NSDAP, 1933 Reichsminister für Volksaufklärung und Propaganda, Präsident der „Reichskulturkammer"; H. Göring: 1932 Reichstagspräsident, 1933 kommissarischer preußischer Innenminister, preußischer Ministerpräsident, 1934 Reichsluftfahrtminister, Reichsforst- und Reichsjägermeister, 1935 Oberbefehlshaber der Luftwaffe, 1936 Rohstoff- und Devisenkommissar, Beauftragter für den Vierjahresplan (Superminister für die gesamte Wirtschafts- und Arbeitseinsatzpolitik mit eigenem Verordnungsrecht); H. Himmler: 1929 Reichsführer SS (1934 aus der SA ausgegliedert und direkt Hitler unterstellt), 1931 Gründung des Sicherheitsdienstes des Reichsführers SS (SD), 1933 Polizeipräsident in München, Kommandeur der Politischen Polizei Bayerns, 1934 Chef der Politischen Polizeien der Länder und stellvertretender Chef der Preußischen Geheimen Staatspolizei (Gestapo) unter Göring, 1936 Reichsführer SS und Chef der deutschen Polizei (formal dem Reichsinnenminister Frick unterstellt), 1939 Reichskommissar für die Festigung des deutschen Volkstums, 1943 Reichsinnenminister, 1944 Befehlshaber des Ersatzheeres; F. Todt: 1933 Generalinspektor für das deutsche Straßenwesen, 1938 Gründung der „Organisation Todt" (OT) für den Westwall, Generalbevollmächtigter für die Regelung der Bauwirtschaft in Görings Vierjahresplan-Behörde, Vorsitzender des „Verein Deutscher Ingenieure", 1940 Reichsminister für Bewaffnung und Munition, 1941 Generalinspektor für Wasser und Energie.

Loyalität der Partei

Immer wieder hat es erstaunt zu beobachten, wie das nationalsozialistische Regime bei aller Einschüchterung und Repression in der Bevölkerung doch ein hohes Maß an freiwilliger Hingabe und Einsatzfreude hat entfachen können. Eine Erklärung lag sicher auch darin, daß die Deutschen im „Dritten Reich" in wachsendem Umfang ein Volk von Führern und Unterführern wurden. Was für die höchste Ebene oben angedeutet wurde, galt auch für die mittlere und untere. Der Nationalsozialismus bezog seine kriminellen und zerstörerischen Energien mit daraus, daß er den Ehrgeiz seiner politisch entmündigten Bürger und Befehlsempfänger durch Ämter, Orden, Uniformen, Sterne und Litzen anstachelte, zumal wenn sich damit ein Sprung auf der Karriereleiter und sozialer Aufstieg verbanden. Dies schuf politische Loyalität und mobilisierte Leistungsbereitschaft. Man fühlte sich aus der Masse herausgehoben und ernstgenommen und war stolz darauf, als Rad oder Rädchen im hierarchisch von oben nach unten durchorganisierten Gefüge des „Führerstaates" erfolgreich „zu funktionieren" und dafür belohnt zu werden. Das Regime propagierte Sekundärtugenden wie Ordnung, Sauberkeit, Fleiß, Gehorsam, Pünktlichkeit und Pflichterfüllung, die sich auch für die massenhafte Tötung von Menschen einsetzen ließen. Es förderte bei seinen Amtsträgern so etwas wie eine Funktions- und Effizienzethik und ein ehrgeiziges Perfektionsstreben. In ihm setzten moderne Technokraten wie Schacht, Speer, Höß oder Eichmann Kraft, Begabung und Ehrgeiz darein, eine gestellte oder auch selbst gewählte Aufgabe optimal und wirkungsvoll zu erfüllen, ohne dann noch viel nach dem sittlich-moralischen Sinn ihres Tuns zu fragen. Solche Fragen wurden damals im Strudel ständiger Betriebsamkeit und eines permanent geforderten Aktivismus, der die Menschen nur selten zur Ruhe kommen ließ, vielfach verdrängt.

In der differenzierten, aber auch zunehmend verbürokratisierten Machthierarchie der Partei, ihrer Untergliederungen und angeschlossenen Organisationen gab es einiges an Einfluß und Pfründen zu verteilen, um sich damit eine kleine Hausmacht aufzubauen. Im Jahre 1937 war die

Zahl der politischen Leiter der NSDAP vom Reichsleiter über den Gauleiter, den Kreisleiter, den Ortsgruppenleiter bis hinunter zum Zellen- und Blockleiter auf 700 000 angeschwollen, wobei die Funktionäre der Nebenorganisationen nicht einmal mit eingerechnet sind, im Krieg stieg die Zahl auf zwei Millionen. Blockleiter waren kleine Könige in ihrem Wohnbezirk: Sie kontrollierten die Beflaggung und die Luftschutzausrüstung, kassierten vielerlei Beiträge und zogen Spenden ein und fungierten, wie es in einer internen Dienstanweisung hieß, als „Seelsorger", an die die Volksgenossen sich mit ihren Sorgen und Nöten um Rat und Hilfe wenden sollten. Freilich zogen die „Goldfasane" im Krieg zunehmend heftige Kritik in der Bevölkerung auf sich. Ihnen wurden Drückebergerei vor dem Militärdienst, Prasserei, Korruption, Trunksucht und volksferner Luxus vorgeworfen.

„Kompetenzendschungel"

Dies war dann jedoch meistens die Negativfolie, vor der der Nimbus des „Führers" um so heller und selbstloser strahlte nach dem Motto: „Der Führer weiß von nichts!" und „Wenn das der Führer wüßte!" Wir kommen hier wieder auf die Kernfrage nach dem Bindemittel, das im „Führerstaat" ein anarchisches Auseinanderdriften seiner Kräfte und Apparate und damit einen seine innere Stabilität und Funktionsfähigkeit gefährdenden Desintegrationsprozeß am Ende doch verhinderte. Offenbar hat der „Führer", haben „Führermythos" und „Führernimbus", wie ihn Goebbels mit allem propagandistischen Aufwand geschaffen und am Leben gehalten hat, doch eine bemerkenswerte Integrationskraft entwickelt, die sich zudem zumindest bis 1941/42 auf beachtliche politische und militärische Erfolge gründen konnte. Im oft chaotisch anmutenden Dschungel der Kompetenzstreitigkeiten und -überschneidungen fungierte der „Führer" nachweislich immer irgendwie als zentrale Legitimationsinstanz, auf die man sich beziehen, als ein überparteilicher Schiedsrichter, den man in Konfliktfällen anrufen, oder auch als eine Art „Ersatzgewissen", auf das man Verantwortung abladen konnte. „Allgemeine Uneinigkeit, Ley kracht mit Kerrl [Reichskirchenminister, Wdt.], Rust gegen Rosenberg etc. Und das mitten im Krieg, und jeder beruft sich auf den Führer", vertraute Goebbels Anfang 1940 seinem Tagebuch an.[10]

Hitlers Arbeitsstil

Dabei haßte Hitler schon als Parteiführer und dann auch später als „Führer und Reichskanzler" nichts so sehr wie kollegiale Willensbildungs- und Koordinationsgremien, bürokratisch und rational festgelegte Entscheidungswege oder auch ein gründliches Aktenstudium (eine Ausnahme machten seine Treffen mit ausländischen Staatsmännern). Zu seinem personalistischen und informellen Führungsstil gehörte es, im Zwiegespräch auf suggestive Überzeugungskraft zu setzen und Weisungen auch zunehmend nur mündlich zu geben. Die Suche der Historiker nach dem angeblichen „Führerbefehl" für die „Endlösung" 1941 (den es wahrscheinlich nie oder wenn, dann nur mündlich gegeben hat!) ist ein spätes Ergebnis dieses Verfahrens. Hitler war im Grunde entscheidungsscheu, und wenn er Entscheidungen traf, dann erst, wenn sie herangereift und nach einer Einigung im Vorfeld wirklich unausweichlich geworden waren. Dies geschah dann auch meistens in einer Form, die jeden, der persönlich an ihn herantrat mit seinen Wünschen, irgendwie zufriedenstellte und keinen gefährlichen Widerstand in seiner Umgebung aufkommen ließ, so nachweislich bei der Festlegung von Rüstungsprioritäten und von entsprechenden Zuweisungen von Material und Arbeitskräften für die einzelnen Sektoren. Er ließ seinen Mitarbeitern in der Regel einen erheblichen Handlungs- und Ermessensfreiraum, sofern sie nicht die von ihm persönlich vorgegebenen zentralen Richtlinien insbesondere der Außen- und Kriegspolitik durchkreuzten oder gefährdeten. Der „Führer" behielt im Grunde den unsteten und bohèmehaften Lebens- und Arbeitsstil seiner „Kampfzeit" auch in der Regierungsverantwortung bei. Er machte die Nacht zum Tage, verweigerte einen geregelten Arbeitsrhythmus, reiste gern und oft und ließ sich feiern, am liebsten in Bayreuth und Nürnberg.

Engste Mitarbeiter

Dieser Herrschafts- und Arbeitsstil gab den Instanzen, die den Weg zum „Führer" kontrollierten und kanalisierten, die ihm zugedachten Informationen filterten und aufbereiteten und seine Weisungen den zuständigen Ressorts zur Umsetzung übermittelten, eine Schlüsselfunktion, zumal während des Krieges, als sich Hitler in seinem Hauptquartier zunehmend gegen die Öffentlichkeit und seine Umgebung abkapselte und sich fast ausschließlich auf die Kriegsführung konzentrierte: den Adjutanten, Sekretären, persönlichen Beratern und vor allem den Kanzleien. Zu erwähnen sind hier die „Adjutantur des Führers", besetzt mit treuen Gefolgsleuten der SA, SS und Partei (Brückner, Schaub, Wiedemann, Albrecht, Schultze etc.), zuständig für die Führung und Überwachung des Terminkalenders, die Vermittlung von Vorträgen beim „Führer" sowie die Übermittlung von Führerweisungen an die einzelnen Ressorts, die „Wehrmachtadjutantur", besetzt mit Vertretern des OKH, des OKL und des OKM, darunter als bekanntester der Hitler-Kritiker in der Fritsch-Krise, Oberst Hoßbach, und – in Reihenfolge steigender Bedeutung – die vier Kanzleien: die „Kanzlei des Führers der NSDAP" oder einfach „Kanzlei des Führers", eingerichtet 1934 unter Philipp Bouhler, zuständig für die persönlichen Eingaben der Bevölkerung an den „Führer" mit der „Privatkanzlei" Hitlers unter Albert Bormann, dem Bruder Martin Bormanns, die „Präsidialkanzlei" unter Otto Meißner, zuständig für protokollarische Angelegenheiten sowie Beamtenernennungen und -entlassungen, die „Reichskanzlei" unter Heinrich Lammers als überkommene Vermittlungsstelle zwischen Hitler und den Reichsministern und schließlich die „Parteikanzlei" unter Martin Bormann. 1941 nach dem England-Flug von Heß aus der Dienststelle des „Stellvertreters des Führers" entstanden, wurde die „Parteikanzlei" während des

Krieges zur eigentlichen Schaltzentrale der Macht, ihr Chef, Bormann, zur allmächtigen „grauen Eminenz" im Vorzimmer Hitlers. Im Jahre 1943 zusätzlich ausgestattet mit dem Titel eines „Sekretärs des Führers", nahm Bormann, der „aus der Parteikanzlei eine Papierkanzlei" (Goebbels) machte, zugleich den Rang eines Reichsministers ein und saß im Ministerrat für die Reichsverteidigung, ein „Super- und Kontrollminister der Reichsregierung", der seinen Kollegen Lammers gleichsam zu seinem „Boten" degradierte (Broszat).
Die einleitend gestellte Frage nach dem inneren Herrschaftsgefüge des „Führerstaates" und nach seinen Entscheidungsmechanismen ergab also ein eher zwiespältiges und recht differenziertes Bild. „Das Dritte Reich besaß eine starke monokratische Spitze und gleichzeitig polykratische Machtstrukturen. Das eine bedingte das andere."[11]

2. Die ideologische Mobilisierung der Bevölkerung: Propaganda und Verführung

Die Propaganda spielte für die Eroberung der Macht und dann nach 1933 für die Konsolidierung und Sicherung des nationalsozialistischen Herrschaftssystems eine zentrale Rolle[12]. Es wird zu unterscheiden sein zwischen den Zielen und Aufgaben der Propaganda, den Instrumenten und Formen ihrer Durchsetzung in der Bevölkerung und schließlich ihrer Wirkung dort, gemessen an ihren Ansprüchen. Hitler hat sich schon früh[13] mit der Propaganda beschäftigt. Er sah in der britischen Weltkriegspropaganda ebenso wie in der marxistischen Agitation der Arbeiterbewegung ein gewisses Vorbild und bewegte sich mit seinen Vorstellungen zugleich in den Trends der Nachkriegszeit, sei es in der modernen Geschäftsreklame, sei es in der zeitgenössischen populären Massenpsychologie eines Gustave Le Bon („Psychologie der Massen" 1895, dt. 1908). Freilich sollte es ihm zusammen mit Goebbels gelingen, durch die Perfektionierung dieses modernen Mediums der Massenbeeinflussung und -indoktrinierung alle Konkurrenten schließlich auszustechen und sich dadurch ganz wesentlich mit den Weg an die Macht zu ebnen. Die Prinzipien nationalsozialistischer Propagandaindoktrination lassen sich knapp zusammenfassen[14]:

Begriff der Propaganda

- Propaganda ist grundsätzlich totalitär. Sie will den Menschen in allen Bereichen seines Lebens – in seiner Arbeitswelt ebenso wie in seiner Freizeit – erfassen und mobilisieren.

Propaganda versucht, eine Lehre dem ganzen Volke aufzuzwingen [...] Der Sieg einer Idee wird um so eher möglich sein, je umfassender die Propaganda die Menschen in ihrer Gesamtheit bearbeitet hat [...] Wenn die Propaganda ein ganzes Volk mit einer Idee erfüllt hat, kann die Organisation mit einer Handvoll Menschen die Konsequenzen ziehen.[15]

Ganz ähnlich Goebbels auf dem Nürnberger Parteitag am 7. September 1934: Die Propaganda *rangiert unter den Künsten, mit denen man ein Volk regiert, an erster Stelle [...] Es gibt kein Gebiet des öffentlichen Lebens, das sich ihrem Einfluß entziehen könnte.*[16]

- Propaganda wendet sich nicht primär an die Intellektuellen, sondern an die breite Masse. Dabei nimmt sie in ihrer Volkstümlichkeit Rücksicht auf die „Aufnahmefähigkeit des Beschränktesten unter denen, an die sie sich zu richten gedenkt."[17]
- Propaganda ist grundsätzlich emotional ausgerichtet. Sie muß, „die gefühlsmäßige Vorstellungswelt der großen Masse begreifend, in psychologisch richtiger Form den Weg zur Aufmerksamkeit und weiter zum Herzen der breiten Masse" finden.[18]
- Propaganda ist subjektiv und einseitig. Sie vermeidet ein Abwägen der verschiedenen Standpunkte.
- Propaganda konzentriert sich auf wenige Punkte und darauf, diese Punkte der Masse immer wieder mit Beharrlichkeit und „schlagwortartig" einzuhämmern. Dabei müssen unterschiedliche Bevölkerungskreise mit unterschiedlichen Methoden angesprochen werden nach dem Motto von Goebbels „monoform im Willen, polyform in der Ausgestaltung des Willens."
- Propaganda und Gewalt bilden eine untrennbare Einheit. Wo die Propaganda nicht weiterkommt, greift die Gewalt ein. „Was durch Papierkugeln zu gewinnen ist, braucht dereinst nicht durch stählerne gewonnen zu werden."[19]

Praxis der Propaganda

Auch bei der Propaganda konnte Hitler nahtlos an die „Kampfzeit" anknüpfen, war doch hier bereits der spätere Propagandaapparat ideologisch, organisatorisch, personell und inhaltlich vorgebildet. Mit sicherem Gespür erkannte das Regime, daß im modernen Staat neben dem Gewaltmonopol das Monopol über Nachrichten und Informationen zur Indoktrination und Mobilisierung der Bevölkerung eine unabdingbare Voraussetzung für die Eroberung der Macht ist. Die Entwicklung in den zentralen Medienbereichen Presse, Rundfunk und Film erfolgte zügig und zielstrebig. Am 13. März 1933 übernahm Goebbels zusätzlich zu seinem Parteiamt als Reichspropagandaleiter das für ihn geschaffene neue „Reichsministerium für Volksaufklärung und Propaganda" als Kernstück des Propagandaapparates. Das am 22. September 1933 erlassene Gesetz über die Gründung einer „Reichskulturkammer" – ebenfalls unter der Präsidentschaft von Goebbels – sah die berufsständische Zwangsmitgliedschaft der Kulturschaffenden in einer der zuständigen Einzelkammern (Reichsschrifttums-, Reichspresse-, Reichsrundfunk-, Reichstheater-, Reichsmusik-, Reichsfilmkammer und Reichskammer der bildenden Künste) vor und bedeutete für die ausgeschlossenen Juden und politischen Gegner praktisch ein Berufsverbot.

Im Bereich von Presse und Information setzten die Machthaber auf mehreren Ebenen an:
- Verbot und Enteignung der linken Blätter durch Notverordnungen bereits in den ersten Wochen;
- Gleichschaltung der Presseverbände unter dem „Reichspressechef der NSDAP“ und Vorsitzenden des Reichsverbandes der Deutschen Presse, Otto Dietrich;
- Gleichschaltung des Verlagswesens unter Max Amann, dem „Reichsleiter für die Presse“, Präsidenten der Reichspressekammer und Direktor des nationalsozialistischen Eher-Verlages, den er schließlich zur Steuerungszentrale eines komplizierten Systems von Holdinggesellschaften ausbaute;
- personelle Säuberungen durch das „Schriftleitergesetz“ vom 4. Oktober 1933, nach dem „Schriftleiter“ nur sein konnte, wer Deutscher und „arischer Abstammung“ war und die nötige politische Zuverlässigkeit bewies;
- ein System direkter Presselenkung durch die täglichen „Pressekonferenzen“ in Berlin, die Versendung von Nachrichtenmaterialien des Deutschen Nachrichtenbüros (DNB) und der Nationalsozialistischen Parteikorrespondenz (NSK) sowie Anweisungen der Reichspropagandaämter an die Provinzpresse.

Eine ausdrückliche Vorzensur fand nicht statt. Um so gefürchteter war die Nachzensur, konnte sie doch zu Disziplinarmaßnahmen und gerichtlichen Verfolgungen führen. In den tiefgreifenden Auseinandersetzungen um die Zuständigkeit für die Presselenkung zwischen Goebbels, Dietrich als „Pressechef der Reichsregierung“, dem Auswärtigen Amt und zahlreichen Partei und Staatsdienststellen spiegelte sich im Grunde nur das sprichwörtliche Kompetenzgerangel hinter den Kulissen des totalitären Staates. Goebbels Versuchen, in die immer öder werdende gleichgeschaltete und reglementierte Presselandschaft gewisse Farbtupfer eines sorgfältig kontrollierten „Meinungspluralismus“ – etwa durch die bürgerlich-liberale „Frankfurter Zeitung“ bis 1943 oder das „Hamburger Fremdenblatt“ – zu setzen, waren sehr enge Grenzen gesteckt.

Rundfunk

Die bereits von der Regierung Papen im November 1932 durchgeführte Verstaatlichung des Rundfunks und seine Öffnung für Regierungspropaganda und Wahlkampfwerbung boten Goebbels sofort die Möglichkeit, dieses moderne Medium gegen anfängliche Proteste vor allem der süddeutschen Länder gezielt und massiv im Wahlkampf für Hitler und die NSDAP einzusetzen. 45 Wahlsendungen der Regierungsparteien wurden ausgestrahlt, darunter alle zentralen Hitlerreden mit schwülstigen „Stimmungsberichten“ von Goebbels im Dienste des „Führerkultes“.

Auch beim Rundfunk – nach Goebbels das „allermodernste und [...] allerwichtigste Massenbeeinflussungsinstrument" – erfolgte die Gleichschaltung auf der institutionellen und der personellen Ebene. Der Rundfunk-abteilung des Reichsministeriums für Volksaufklärung und Propaganda (Abt. III) wurden die Kompetenzen des Reiches und der Länder übertragen. Ihr unterstellt waren die Reichsrundfunkgesellschaft als administrative Spitze des deutschen Rundfunks sowie die als unselbständige „Reichssender" weitergeführten regionalen Sendegesellschaften. Umfangreichen personellen Säuberungen fielen zehn der elf Intendanten der deutschen Rundfunksender sowie zahlreiche Mitarbeiter aus Programm, Technik und Verwaltung zum Opfer. Der technische Ausbau des Mediums mit einer Dichte von 134 Teilnehmern auf 1000 Einwohner im Jahre 1938 und wachsender Tendenz im Kriege, die Entwicklung des preisgünstigen „Volksempfängers", auch „Goebbels' Schnauze" genannt, sowie der 1938 eingeführte „Deutsche Kleinempfänger" – beide Apparate erlaubten den Empfang von „Feindsendern" über Kurzwelle kaum oder gar nicht! – und die Möglichkeit von „Gemeinschaftsempfänger" in Betrieben oder Parteilokalen bei wichtigen Anlässen ermöglichten zwar noch keine flächendeckende, aber doch weit fortgeschrittene propagandistische Berieselung.

In der schließlich zentralisierten und vereinheitlichten Ausstrahlung eines Einheitsprogrammes des „Großdeutschen Rundfunks" während des Krieges verfügte Goebbels, um eine ermüdende und abstumpfende Propagandaroutine zu vermeiden, eine geschickte Mischung aus aktuellen Nachrichten und Kommentaren (Nachrichten, Wehrmachtsberichte, Berichte zur Lage, Politische Zeitungs- und Rundfunkschau, Frontberichte, Sondermeldungen) auf der einen und musikalischer Unterhaltung (Wunschkonzerte, Musik am Vormittag, Musikalische Kurzweil, Hafenkonzerte, Kurzweil am Nachmittag) auf der anderen Seite. So wurde der Rundfunk in den Kriegsjahren zum beherrschenden Medium, um die Bevölkerung „zuverlässig" zu informieren, sie von ihren Alltagssorgen abzulenken und ihren Durchhaltewillen zu stärken.

Film

Dem gleichen Zweck diente der deutsche Film. Auch in der Filmindustrie erfolgten Gleichschaltung und Selbstgleichschaltung zügig und nach dem bewährten Schema: „Säuberung" von „nichtarischen", sozialkritischen und linken Regisseuren (Fritz Lang, G.W. Pabst, Otto Preminger und Billy Wilder) und Darstellern (Elisabeth Bergner, Peter Lorre, Oskar Homolka u. a.) mit Hilfe der gleichgeschalteten Fachverbände und der Reichsfilmkammer, gezielte finanzielle Förderung der Filmwirtschaft durch Steuerpolitik und eine „Filmkreditbank", 1934 Einsetzung eines „Reichsfilmdramaturgen" für die Planung, Lenkung und Kontrolle der Produktionen, 1937 Ernennung Max Winklers zum „Reichsbeauftragten für die deutsche Filmwirtschaft" mit der schrittweisen Monopolisierung der gesamten Filmproduktion unter seiner Federführung in der 1942 neu geschaffenen „Ufa-Film GmbH" als Holding-

gesellschaft für sieben Produktionsfirmen und mit weitreichenden Kontrollbefugnissen über die Filmproduktion. Dabei wird man berücksichtigen müssen, daß die betont nationale Ausrichtung des von wenigen Großkonzernen (UFA, Tobis) beherrschten deutschen Filmmarktes (vgl. u. a. Otto Gebührs Filme über Friedrich den Großen) schon vor 1933 den Nationalsozialisten ihr Vorgehen sehr erleichtert hat.
Nach einer späteren Aufstellung entfielen von rund 1150 gedrehten abendfüllenden Spielfilmen und 450 kürzeren Spielfilmen im 35 mm-Format fast 50 % auf „heitere Filme", etwa 14 % auf politische Streifen, ca. 27 % auf „ernste" und 11 % auf „aktionsgeladene" Filme. War bei Produktionen wie dem Euthanasiefilm „Ich klage an", den antisemitischen Machwerken „Jud Süß", „Die Rothschilds" oder „Der ewige Jude", bei antipolnischen („Feinde", „Heimkehr"), antibritischen („Ohm Krüger", „Carl Peters") und antisowjetischen Streifen („GPU") oder auch in den Preußen- und Bismarckfilmen und in dem Durchhaltefilm „Kolberg" die Funktion der politischen Meinungslenkung allzu offenkundig, so darf doch auch bei den zahlreichen – vordergründig unpolitischen – Unterhaltungs-, Musik- und Abenteuerfilmen neben ihrem Unterhaltungswert ihr Propagandacharakter nicht übersehen werden. Hier wurden die Menschen während des Krieges für wenige Stunden durch populäre Publikumslieblinge wie Marika Rökk, die pfeifende Ilse Werner oder Zarah Leander, durch Willy Birgel, Emil Jannings, Heinrich George, Theo Lingen, Hans Moser oder Heinz Rühmann in den Bann einer Zelluloid-Idylle geschlagen und von ihren Alltagssorgen abgelenkt, wurden unterschwellig von den Nationalsozialisten okkupierte Werte wie Freude an der Arbeit, Kinderreichtum, Familie, Heimat und Nation, Ordnung, Disziplin und Sauberkeit vermittelt.
Die „Wochenschauen", „Kulturfilme" und Dokumentarfilme mit einer eigenen, spezifisch nationalsozialistischen Filmästhetik wie Leni Riefenstahls Parteitagsproduktionen („Sieg des Glaubens" 1933, „Triumph des Willens" 1934) oder ihr zweiteiliger Olympiafilm 1936 („Fest der Völker" und „Fest der Schönheit") vervollständigten das Filmangebot. Dabei wird man generell sagen können, daß mit Rundfunk und Film charakteristische Tendenzen der modernen Massenkultur aus der Weimarer Republik im „Dritten Reich" bruchlos fortgeführt, perfektioniert und weiter popularisiert wurden.

Alltagskultur

Propagandistische Meinungslenkung und Indoktrination im totalitären Staat will von ihrem Anspruch her alle Bereiche des Lebens erfassen und durchdringen, auch Alltag und Freizeit. Hier darf der traditionelle Kulturbetrieb mit Theater, Musik, Bildenden Künsten und Literatur ebensowenig ausgeblendet werden wie das reiche Kultur- und Freizeitangebot der „Deutschen Arbeitsfront". Mit „Staatlichen Schulfilmveranstaltungen", „Jugendfilmstunden" und Tonfilmwagen bemühte sich das Regime, flächendeckend an jeden „Volksgenossen", ob jung oder alt, heranzukommen und dabei auch die Filmvorführung zu einem „Gemeinschaftserlebnis“ im Rahmen der „Volksgemeinschaft“ zu machen. Die Nationalsozialisten setzten schon in ihrer „Kampfzeit“ bewußt und nicht ohne Erfolg auf die Propagandawirkung des gesprochenen Wortes und des visuellen Erlebnisses, der Rituale und der symbolischen Masseninszenierungen, um damit machtvoll die Allgegenwart von Partei und Führung zu dokumentieren. Ein nationalsozialistischer Feiertagszyklus trat in Konkurrenz zum christlichen: 30. 1. „Tag der Machtergreifung“, 16. 3. „Heldengedenktag“, 20. 4. „Geburtstag des Führers“, 1. 5. „Tag der nationalen Arbeit“, 21. 6. „Sommersonnenwende“, September „Reichsparteitag“ in Nürnberg, Anfang Oktober „Erntedankfest“ auf dem Bückeberg, 9. 11. „Tag der Bewegung“, 21. 12. „Wintersonnenwende“. Höhepunkt propagandistischer Selbstdarstellung der NSDAP war Jahr für Jahr der „Reichsparteitag“ in Nürnberg mit rituellen Formen, die bis hin zu Speers „Lichtdom“ aus Scheinwerfern, der sich über Hitler und seine Gefolgschaft wölbte, der katholischen Liturgie nachgebildet waren. Versuche, auch den Lebenszyklus mit Geburt, Hochzeit und Tod nationalsozialistisch zu besetzen, stießen ebenso auf den beharrlichen Widerstand bürgerlicher Traditionen wie Rituale eines forcierten „Neuheidentums“ oder „Germanenkulte“ mit „Thingspielen“ und entsprechenden Zeugnissen des Kunsthandwerks.

Der Alltag war mit vielen visuell herausgehobenen Propagandahandlungen durchsetzt, um das Gefühl einer verschworenen Schicksalsgemeinschaft zwischen Volk und Führung, aber auch Kraft und Gewalt zu demonstrieren: der „Hitlergruß“ mit dem hochgereckten Arm, Märsche „endloser Kolonnen“, in Blöcken angetretene Parteiformationen, schulische Morgenfeiern, Fahnenappelle, Fackelumzüge, Straßensammlungen für das „Winterhilfswerk“ und andere Anlässe, „Eintopfsonntage“ usf. Der „Führerkult“ trieb im Devotionalienkitsch um den säkularisierten „Heilsbringer“, angefangen bei den „Führerbüsten“, oft groteske Blüten.

Wirkung der Propaganda

Die zentrale Frage nach der Wirkung der Propaganda und ihrer Resonanz in der Bevölkerung läßt sich nur schwer eindeutig beantworten und stößt bald auf Grenzen. Die Vielzahl von Stimmungs- und Lageberichten aus dem „Dritten Reich“ [20], darunter auch solche von Partei- und Polizeidienststellen, wecken doch Zweifel an ihrer Authentizität und an der Glaubwürdigkeit der Informanten, da es demoskopische Untersuchungen damals ebensowenig gab wie eine freie öffentliche Meinung. Immerhin aber stellen sie für uns heute wichtiges Material für die Rekonstruktion von Haltungen, Stimmungen und Einstellungen dar.[21]

Dringend muß davor gewarnt werden, unkritisch aus den oft eindrucksvollen Produkten der nationalsozialistischen Propagandafabrik etwa durch die unkommentierte Vorführung von Wochenschauen oder Propagandafilmen bereits auf ihre tatsächliche Wirkung zu schließen.

Resistenz oder Anfälligkeit gegenüber nationalsozialistischer Propaganda und Indoktrination waren wesentlich abhängig von der politischen Einstellung, dem sozialen und politischen Milieu, in dem man aufgewachsen war und lebte, von Erziehung und Schulbildung, Wohnort und persönlichem Umfeld. Goebbels war stets bemüht, in einer taktischen „Variationstoleranz" (Bracher) propagandistische Indoktrination differenziert nach den Adressaten und schichtenspezifisch einzusetzen, auch gewisse Rücksichten auf kulturelles Erbe und bürgerliche Traditionspflege zu nehmen, sterile Uniformität zu vermeiden und dort, wo er es für angebracht hielt, etwa bei der Darbietung eines deutschen(!) Jazz, in der Schlagerkultur oder bei Hollywoodfilmen selbst noch mit der emigrierten Marlene Dietrich die Zügel zu lockern.
Es blieb eine offenkundige Spannung zwischen dem weitgreifenden propagandistischen Anspruch des Regimes und seinen indoktrinatorischen Erfolgen. Die Propaganda griff mit ihrem Ziel, das Volk für die Idee des Nationalsozialismus zu mobilisieren und geschlossen hinter seine Führung zu scharen, dort am ehesten, wo sie in der Gesellschaft auf überkommene autoritäre und antipluralistische, militaristische und nationalistische Prädispositionen traf: beim Aufbau und bei der Pflege des „Führerkultes" und des charismatischen „Führermythos" als Angelpunkt aller propagandistischen Bemühungen, bei der sozialen und politischen Kontrolle, bei der Idee einer klassenübergreifenden „Volksgemeinschaft", bei der Stärkung des Wehrwillens und der Unterstützung der Aufrüstung, bei der Demonstration nationaler Macht nach außen und im Verlangen nach Revision des Versailler Vertrages. Sie griff schließlich – zusammen mit Terror, Einschüchterung und dem Bewußtsein der Komplizenschaft mit einem verbrecherischen Regime – bei der Aufrechterhaltung der Kriegsmoral und in der Entfachung eines Durchhaltewillens, der die Heimatfront im Gegensatz zu 1918 bis zum Ende stabil hielt und erst unter den militärischen Schlägen von außen zusammenbrechen ließ.
Dagegen gelang es den propagandistischen Bemühungen der Machthaber nicht, eine aggressive Pogromstimmung gegen die Juden in der Bevölkerung zu erzeugen, sie psychologisch wie 1914 für den Krieg zu mobilisieren und eine Welle der Kriegsbegeisterung zu entfachen, eine erhebliche Beunruhigung über die „Euthanasie"-Aktionen und die Tötung „lebensunwerten Lebens" auszuräumen oder auch für die – wie es zunehmend hieß – „verbonzte" und korrupte Partei ein hohes Maß an Identifikation zu schaffen. Hier lief die Propaganda weitgehend ins Leere. Denn trotz einer gezielten Militarisierung der deutschen Gesellschaft und der ab 1933 massiv einsetzenden Mobilisierung des Volkes und vor allem der Jugend für eine geistige und materielle „Wiederwehrhaftmachung" durch die Propagierung des „Wehrgedankens" auf allen Ebenen der Erziehung und Sozialisation von der Schule über die HJ bis zur

Wehrmacht löste der Kriegsbeginn mit seiner Konstellation eines neuen Zweifrontenkrieges allenthalben Furcht, Resignation, Betroffenheit und Niedergeschlagenheit, ja einen Schock und lähmendes Entsetzen, höchstens aber so etwas wie ein fatalistisches Sich-Fügen aus. Jubelstimmung und Hurra-Patriotismus wie im August 1914 waren ebensowenig zu beobachten wie uneingeschränkte Kriegsbejahung.
Die Propagierung der Idee des Nationalsozialismus, so verschwommen und eklektisch sie auch sein mochte, stieß dort auf eine zusätzliche Resonanz, wo sie offenkundig Erfolge aufweisen konnte. Denn das Leben damals verhieß vielen, die vorher davon nicht einmal zu träumen gewagt hatten, um den Preis der politischen Anpassung einen höheren Grad an Mobilität, freiere Lebensformen etwa für junge Mädchen, die über BDM und Beruf dem Mief dörflicher Enge entwachsen konnten, materielle Vorteile wie einen Arbeitsplatz, die Chance individueller Bewährung, nichtakademische Karrieremuster, soziale Betreuung oder auch ein reiches Angebot für die Gestaltung der Freizeit mit KdF-Reisen, Kulturveranstaltungen usf. Kleinbürgerliche Ordnung und Moral und Vernichtung Unschuldiger, idealistische Hingabe und verbrecherische Energie, rückwärts gewandte Utopie und moderne Technikfaszination, Friedensrhetorik und Kriegsvorbereitung, ritualisierte Jubelfeier und Konzentrationslager lagen im „Dritten Reich" unmittelbar nebeneinander. Die Propaganda hatte mit die Funktion, diese dem Regime immanente Antinomie durch rhetorischen Schwulst und eine verlogene Ästhetisierung der Politik zu vernebeln und gar nicht erst zum Bewußtsein kommen zu lassen.
Die inflationäre Benutzung des Begriffes „totalitär" oder „totalitärer Staat" birgt die Gefahr in sich, daß auch hier schon der Anspruch für die Realität genommen wird. Sie täuscht darüber hinweg, daß es auch im „Dritten Reich" relativ unpolitische Nischen und Refugien gab, in die man sich zurückziehen konnte, um der dauernden Propagandaberieselung, dem Anpassungsdruck, dem Drill und Parteidienst, der Bevormundung und den Masseninszenierungen für eine gewisse Zeit zu entgehen. Diese individuelle Privatsphäre wurde vom Regime auch bis zu einem gewissen Grade respektiert. In ihr richtete man sich je nach Geschmack mit einer individuellen Gestaltung seiner Freizeit, mit dem Besuch von Konzerten und Jazzkellern, von Theateraufführungen und Tanzlokalen, mit Ausflügen und Reisen ein. Hier konnte weit unterhalb von Opposition oder gar Widerstand auch im „Dritten Reich" ein Stück Nonkonformismus bewahrt werden. An ihm prallte die politische Indoktrination oft ebenso ab wie an den überkommenen und weitergepflegten Traditionsbeständen bürgerlicher und christlicher Lebenskultur.

3. Die Errichtung des SS-Staates

Bei der allgemeinen Verteilung von Ämtern und Machtpositionen nach dem 30. Januar 1933 schien ein Mann nahezu leer ausgegangen zu sein: der Reichsführer-SS Heinrich Himmler. Er wurde lediglich am 9. März Kommissarischer Polizeipräsident in München und erhielt als Chef den Zugriff auf die Politische Polizei in Bayern. Nur dreieinhalb Jahre später, am 17. Juni 1936, war derselbe Heinrich Himmler per Führererlaß als „Reichsführer-SS und Chef der Deutschen Polizei im Reichsministerium des Innern" (RFSSuChdDtPol) nicht nur zu einem der mächtigsten und am meisten gefürchteten Männer nächst Hitler in der Führerexekutive aufgestiegen. Er war auch dabei, sich ein SS-Imperium aufzubauen, das binnen kurzem zu einem schlagkräftigen und radikalen Instrument der Führergewalt werden und als solches in nahezu alle Bereiche des Staats- und des Parteiapparates hineinwirken sollte. Wie war dieser kometenhafte Aufstieg, in dem sich zugleich das wahre Gesicht des „Dritten Reiches" in seiner ganzen Brutalität enthüllte, zu erklären?
Bereits drei Säulen seiner Macht, wenn auch erst in Ansätzen entwickelt, aber durchaus noch ausbaufähig, brachte Himmler in den neuen Staat ein: Die allgemeine SS, den „Sicherheitsdienst des RFSS" (SD) und das 1931 errichtete „Rasse- und Siedlungshauptamt" (RuSHA, Hauptamt seit 1935) unter W. Darré. Vier weitere Säulen sollten bis 1936 hinzukommen und den „SS-Staat" institutionell komplettieren: die Politische Polizei/Gestapo, die allgemeine Polizei, die paramilitärische „SS-Verfügungstruppe" (VT) sowie die Konzentrationslager mit ihren Wachmannschaften, den „Totenkopfverbänden".

Entstehung der SS

Die Ursprünge der SS gehen auf 1923 zurück, als Hitler eine „Stabswache" aufstellte. Nach Verbot 1923 und Wiedergründung 1925 übernahm die „Stabswache", nunmehr als „Schutzstaffel" (SS), den Schutz der Parteiprominenz, Versammlungsschutz und Werbeaktionen. Nach seiner Berufung zum RFSS am 6. Januar 1929 gelang es Himmler, die Mitgliederzahl der SS von zunächst 280 auf 52 000 Ende 1932 zu steigern, innerhalb eines Jahres erfolgte dann eine Vervierfachung auf ca. 209 000 mit 167 000 Förderern. Zusammen mit dem Aufbau eines „Sicherheitsdienstes" (SD) ab 1931 als Nachrichten- und Überwachungsorgan der Partei unter Reinhard Heydrich, dem „Oberverdachtschöpfer", wie ihn der Volksmund abschätzig, dem „Mann mit dem eisernen Herzen", wie ihn sein Chef schwärmerisch nannte, etablierte sich die SS als „Parteipolizei" der NSDAP und als ein elitär-hierarchischer „Führungsorden" der Bewegung auf der Grundlage besonders strenger rassebiologischer Auswahlkriterien (u.a. mit verschärftem Ahnenpaß!). Himmler, selbst gelernter Diplomlandwirt und Tierzüchter, setzte seinen Ehrgeiz darein, seinen „Orden des guten Blutes" zum „Gralshüter der Rasse" und zur Stätte der Züchtung und Auslese einer nordisch-germanischen Herrenrasse zu machen und ihn mit rücksichtsloser und eiserner Disziplin in eine unbedingte Gefolgschaft zu seinem „Führer“ einzubinden. Er gab seinem „Schwarzen Orden“ auf penibel skurrile Art bestimmte „Ordensregeln“, führte in Anlehnung an unterschiedliche historische Vorbilder der germanischen Frühzeit und des Mittelalters pseudoreligiöse Rituale und Weihefeiern, Symbole und Kultgegenstände (u. a. Ehrendolch, Totenkopfring, Julleuchter) ein und wachte zur Bewahrung und Mehrung der „germanischen Volkssubstanz“ streng über die „Blutsreinheit“ seiner „SS-Sippen“.

Unter ihrem Anspruch, Vorbild und Erzieherin des ganzen Volkes zu sein, um diesem seine „außerchristlich arteigenen weltanschaulichen Grundlagen für Lebensführung“ zurückzugeben, die durch einen tausendjährigen Irrweg christlich abendländischer Geschichte verschüttet worden seien, nahm die SS erheblichen Einfluß auf Propaganda und Kultur, auf Religion und Wissenschaft, auf Erziehung und Bildung. Das biologisch-rassische SS-Weltbild wurde in den „Nationalpolitischen Erziehungsanstalten“ (Napolas) und in den „SS-Junkerschulen“, in den Mütterheimen des „Züchtungs“-Vereins „Lebensborn“ und in der „Studiengesellschaft für Geistesgeschichte Deutsches Ahnenerbe“ vermittelt und gelebt.

Schon früh setzte eine funktionale innere Ausdifferenzierung und „Versäulung“ der allgemeinen SS ein. Mit der auf Befehl Hitlers am 17. März 1933 gebildeten „Leibstandarte-SS Adolf Hitler“ (LAH) unter Sepp Dietrich und den bald darauf entstehenden „Politischen Bereitschaften“, im Herbst 1934 zusammengefaßt zur „SS-Verfügungstruppe“ (VT), verfügte die SS schon früh über militärisch organisierte und kasernierte Freiwilligenverbände als Keimzelle der späteren „Waffen-SS“. Sie waren ebenso wie die „Junkerschulen“ der Kontrolle durch die Wehrmacht weitgehend entzogen und sollten trotz ihrer zunächst noch geringen Zahl (1. Januar 1939 ca. 14 000 Mann) dokumentieren, daß Himmler das im Juni 1934 gegen die SA durchgesetzte Waffenmonopol der Wehrmacht seinerseits mit seiner SS zu durchbrechen gedachte.

Eine weitere Säule des Himmlerschen SS-Imperiums stellten die Wachmannschaften der z. T. erst im Sommer 1934 von der SA übernommenen und Theodor Eicke als Inspekteur unterstellten Konzentrationslager dar: die „SS-Totenkopfverbände“ (SS-T.), so genannt nach dem Totenkopf auf dem rechten Kragenspiegel der dunklen erdbraunen Uniform.

In den radikalen ideologischen Kern des „SS-Staates“ stoßen wir aber erst mit der „Politischen Polizei“ oder – nach dem ursprünglich preußischen Vorbild – „Geheimen Staatspolizei“ (Gestapo). Zielbewußt machte sich Himmler sofort im Frühjahr 1933 daran, von seinem Stützpunkt Bayern aus die „Politischen Polizeien“ der Länder aus der allgemeinen staatlichen Verwaltung auszugliedern, sie auf Reichsebene zu zentralisieren und mit Hilfe überall in die Spitzenpositionen einrückender höherer SS-Führer seiner Kontrolle zu unterstellen. Dieses Werk war im Frühjahr 1934 nahezu vollendet. Nur in Preußen stellte sich Göring als Ministerpräsident dem Expansionismus Himmlers entgegen. Das aus der preußischen „Politischen Polizei" hervorgegangene „Geheime Staatspolizeiamt" (Gestapa) in Berlin in der berüchtigten Prinz-Albrecht-Straße 8 mit den Folterkellern wurde zunächst Rudolf Diels, dann 1934 Reinhard Heydrich mit Zuständigkeit schließlich für das gesamte Reich unterstellt, verblieb aber zusammen mit der Gestapo sowie den Staatspolizeistellen im Lande unter der Kontrolle Görings. Am 20. April 1934 ernannte dieser Himmler zum stellvertretenden Chef und Inspekteur der preußischen Gestapo.

Die aktive Rolle Heinrich Himmlers in der „Röhm-Affäre" und bei den Mordaktionen im Juni 1934 befreite die SS aus der Vormundschaft der SA und machte sie zur selbständigen, direkt Hitler unterstellten Parteigliederung. Gleichzeitig gingen alle Konzentrationslager in den Machtbereich der SS über. Sie wurden im Auftrage Himmlers von Theodor Eicke, Kommandant des Konzentrationslagers Dachau und als Dank für seine aktive Beteiligung an den Mordaktionen gegen Röhm und Genossen zum „Inspekteur der Konzentrationslager und der SS-Totenkopfverbände" ernannt, nach dem „Modell Dachau" mit verbrecherischer Akribie und pervertiertem Organisationstalent zu Instrumenten der nationalsozialistischen Terrormaschinerie perfektioniert.

Unterordnung der Polizei

Nun fehlte institutionell noch der letzte Baustein: der Zugriff Himmlers auf die allgemeine Polizei (Schutzpolizei, Gendarmerie) und auf die Kriminalpolizei. Auch hier vollzog sich der bekannte Prozeß der Herauslösung der Polizeigewalt aus dem staatlichen Verwaltungsapparat der Länder und ihrer „Verreichlichung". Damit war die Bahn für Himmler frei. Am 17. Juni 1936 zum „Reichsführer-SS und Chef der Deutschen Polizei im Reichsministerium des Innern" ernannt, war es ihm gelungen, in der neuen Organisationsstruktur seines „SS-Staates" Staats- und Parteiapparat, Polizei und SS untrennbar in Personal- und Realunion miteinander zu verzahnen. Gleichzeitig erlangte jedoch dieser „SS-Staat" in einer beispiellosen Ausdehnung seiner Aufgaben und Funktionen gegenüber der staatlichen Verwaltung, der Wehrmacht und am Ende auch der Partei selbst als ein „Staat im Staate" eine führerunmittelbare exekutive Sonderstellung, die ihn zum willfährigen Werkzeug der Führergewalt Hitlers machte und als solches mehr und mehr jeder anderweitigen Kontrolle entzog.

Charakteristisch für das schon mehrfach angesprochene anarchische Kompetenzengerangel und für die mangelnde scharfe Abgrenzung der Aufgabenbereiche als entscheidendes Strukturmerkmal des „Führerstaates" war der neue Titel Himmlers. Als „Chef der Deutschen Polizei" war er nominell unmittelbar dem Reichsinnenminister Frick unterstellt und allein von ihm weisungsabhängig. Um dies deutlich zu machen, hatte Frick bis zuletzt auf der Bezeichnung „im Reichsministerium des Innern" beharrt und Himmler gleichzeitig zum Staatssekretär ernannt. Als „Reichsführer-SS" stand Himmler jedoch in einem unauflöslichen und von ihm stets als höherwertig betrachteten unmittelbaren Treue- und Gefolgschaftsverhältnis zu seinem „Führer". Er spielte dies stets hemmungslos gegen den erbitterten Widerstand Fricks aus und beanspruchte darüber hinaus auch in extensiver Auslegung seines „Geschäftsbereiches" neben Frick einen Sitz im Kabinett.

Der „SS-Staat" löste sich zwar aus allen verwaltungsmäßigen, normativen und gesetzlichen Bindungen, verfestigte sich aber nicht zu einem eigenen „Staatssicherheitsministerium" mit fest umgrenzten Kompetenzen wie im Kommunismus. Im Gegenteil: Gemäß seinem umfassenden Anspruch, zuständig für Gegnerbekämpfung und vorbeugende Maßnahmen, für Überwachung und Kontrolle, für weltanschauliche Erziehung und für die Reinhaltung der „völkischen Substanz" zu sein, fraß er sich wie eine riesige Krake mit seinen institutionellen Fangarmen in alle Bereiche von Staat, Gesellschaft und Partei hinein. Es kam zu der schon bekannten parasitären Zersetzung der allgemeinen Staatsverwaltung; neue subsidiäre Ämter, Gliederungen und Führergewalten wucherten wie Pilze aus dem Boden und konnten am Ende kaum noch an der Spitze zusammengehalten werden.

Organisationsstruktur

Ein kurzer Blick auf die neue bürokratische Organisationsstruktur des Polizeistaates und seinen Geschäftsverteilungsplan mag dies verdeutlichen. Unter Himmler wurden zwei Hauptämter eingerichtet: 1. die Ordnungspolizei (Schutzpolizei, Gendarmerie, Gemeindepolizei) unter SS-Obergruppenführer und Polizeigeneral Kurt Daluege und 2. die Sicherheitspolizei (Politische Polizei unter Heinrich Müller, Kriminalpolizei unter Arthur Nebe, Grenzpolizei) unter SS-Gruppenführer Reinhard Heydrich, der zugleich auch weiterhin in Personalunion Chef des SD blieb. Am 27. September 1939 wurden die zentralen Ämter der Sicherheitspolizei (Sipo) und des SD zum „Reichssicherheitshauptamt" (RSHA) zusammengefaßt und damit der von Himmler angestrebte Verschmelzungsprozeß von Ämtern aus dem staatlichen Bereich mit solchen der NS-Bewegung abgeschlossen. Das RSHA war Himmler unterstellt und wurde zuerst von Heydrich (bis zu seinem Tod am 4. Juni 1942) und seit dem 30. Januar 1943 von Kaltenbrunner geleitet. Mit ihm hatte sich Himmler das zuverlässige Instrument für die nationalsozialistischen Terror- und Unterdrückungsmaßnahmen und für die „Endlösung" geschmiedet.

Die Abteilungen der „Politischen Polizei" im Rahmen des „Hauptamtes Sicherheitspolizei" dokumentieren das Maß der Überwachung und den Umfang der Gruppen, die verfolgt und vernichtet wurden: II A: Kom-

munismus und andere marxistische Gruppen; II B: Kirchen, Sekten, Emigranten, Juden, Lager; II C: Reaktion, Opposition, österreichische Angelegenheiten; II D: Schutzhaft, Konzentrationslager; II E: wirtschafts-, agrar- und sozialpolitische Angelegenheiten, Vereinswesen; II G: Funküberwachung; II H: Angelegenheiten der Partei, ihrer Gliederungen und angeschlossenen Verbände; II J: ausländische politische Polizei; II Ber.: Lageberichte; II P: Presse; II S: Bekämpfung der Homosexualität und Abtreibung; III: Abwehrpolizei. Zudem wurde im „Amt der Verwaltung und Recht" eine eigene „politische Verwaltung" neben und über der staatlichen Verwaltung ausgebaut.
Um die organisatorische Integration von SS und Polizei sowie deren politische Aktivierung im Blick auf den geplanten Krieg auch im regionalen Bereich weiter voranzutreiben, wurden durch Erlaß des Reichsinnenministers vom 13. November 1937 in jedem Wehrkreis (gleich SS-Oberabschnitt) „Höhere SS- und Polizeiführer" (HSSPF) eingesetzt. Sie sollten im Mobilmachungsfall die gesamte SS-Polizeimacht als Konkurrenz zur Wehrmacht zusammenfassen und führen. Auch hier war schon im Frieden der Keim für eine enorme Kompetenzerweiterung dann im Kriege gelegt, als die HSSPF für die Befriedung und Festigung der politischen Verhältnisse in den besetzten Gebieten und hier insbesondere für die „rassischen Säuberungen" als Teil der „Endlösung" zuständig wurden.
Die Sicherheitspolizei als eine der zentralen Säulen des „SS-Staates" sah es als ihre eigentliche politische Aufgabe an, jeden einzelnen einer totalen Überwachung und Beeinflussung zu unterwerfen. So schrieb Heydrich in seinem Streit mit Daluege über die Aufteilung der Polizeiaufgaben zwischen den beiden Hauptämtern u. a.:
Sicher ist, daß die totale, ständige Erfassung aller Menschen des Reiches und die damit verbundene Möglichkeit einer ständigen Übersicht über die Situation der einzelnen Menschen in die Hand derjenigen Polizeistelle gehört, die nicht nur die exekutive Sicherung, sondern auch die weltanschauliche und lebensgebietsmäßige zur Aufgabe hat.[22]
Wie weit sich die Formulierungen dabei bereits – ähnlich wie in den antisemitischen Äußerungen – von der normalen polizeilichen und juristischen Amtssprache weg in die des Seuchenarztes bewegt hatten, mag ein Kommentar Werner Bests, des Vertreters Heydrichs im Gestapa in Berlin, zum Gestapo-Gesetz vom Februar 1936, durch das das Gestapa zur selbständigen Obersten Landesbehörde der Gestapo in Preußen erklärt wurde, belegen: Die „Politische Polizei" sei *eine Einrichtung, die den politischen Gesundheitszustand des deutschen Volkskörpers sorgfältig überwacht, jedes Krankheitssymptom rechtzeitig erkennt und die Zerstörungskeime – mögen sie durch Selbstzersetzung entstanden oder durch vorsätzliche Vergiftung von außen hineingetragen worden sein – feststellt und mit jedem geeigneten Mittel beseitigt.*[23]

Der Erfolg der Diagnose über den „politischen Gesundheitszustand des deutschen Volkskörpers" und damit zugleich auch der Erfolg geeigneter polizeilicher Gegenmaßnahmen gegen „Zerstörungskeime" hing ganz wesentlich von möglichst lückenlosen Diagnoseunterlagen ab. Das war die Stunde von Heydrichs SD, der machtpolitisch inzwischen gegenüber der Gestapo an Bedeutung zu verlieren drohte. Seit 1936/37 entwickelte er sich in der regelmäßigen Sammlung und Auswertung von Berichten über die Lage und Stimmung der Bevölkerung zu einer Art geheimen „Meinungsforschungsinstitut", das das Regime fortlaufend mit „Meldungen aus dem Reich" [24] versorgte. Das System der Spitzelei und Gesinnungsschnüffelei im „SS-Staat" wurde perfektioniert. Jeder von etwa 30 000 nebenamtlichen Mitarbeitern und V-Leuten aus allen Bevölkerungskreisen war aufgefordert, *überall, in seiner Familie, seinem Freundes- und Bekanntenkreis und vor allem an seiner Arbeitsstätte jede Gelegenheit wahr[zu]nehmen, um durch Gespräche in unauffälliger Form die tatsächliche, stimmungsmäßige Auswirkung aller wichtigen außen- und innenpolitischen Vorgänge und Maßnahmen zu erfahren. Darüber hinaus bilden die Unterhaltungen der Volksgenossen in den Zügen (Arbeiterzüge), Straßenbahnen, in Geschäften, bei Friseuren, an Zeitungsständen, auf behördlichen Dienststellen (Lebensmittel- und Bezugsscheinstellen, Arbeitsämtern, Rathäusern usf.), auf Wochenmärkten, in den Lokalen, in Betrieben und Kantinen aufschlußreiche Anhaltspunkte in reicher Fülle, die vielfach noch zu wenig beachtet werden.*[25]

Der SS-Staat

Im „SS-Staat" wurde der „Führerwille" zum höchsten und zum einzig legitimierenden Gesetz, wurden seine Repräsentanten in der „Führerexekutive" zu willfährigen Werkzeugen und Vollstreckern der Befehle Hitlers. Erst als „Ergebnis der polizeilichen Bürokratisierung der NS-Ideologie im Rahmen der Verschmelzung von SS und Polizei" und als Ergebnis einer Perfektionierung der Verfolgungs- und Vernichtungsmaschinerie im „SS-Staat" war es möglich, daß bisher noch mehr oder weniger nebulöse Schlagworte wie die „Endlösung der Judenfrage" „zum terminus technicus einer generalstabsmäßig geplanten und perfekt organisierten geheimen Operation der Sicherheitspolizei werden konnten."[26]

Eine wesentliche Voraussetzung lag auch darin, daß der „SS-Staat" mit seinen Organen von Anfang an jenseits von Recht und Gesetz stand und auch von Himmler ganz bewußt gestellt wurde. Der Reichsführer-SS legte, gedeckt durch Hitler, Wert darauf, daß sein Imperium nicht nur aus der staatlichen Verwaltung und der Judikative herausgelöst wurde, sondern auch unabhängig von staatlichen und rechtlichen Normen und Richtlinien arbeitete. Handlungen im Rahmen des „SS-Staates" waren von jeder gerichtlichen Verfolgung oder Nachprüfung ausgenommen, gegen sie gab es keinen Rechtsschutz und keine Berufungsmöglichkeiten. Hier war der Willkür Tor und Tür geöffnet. Werner Best, Hausjurist der Gestapo, stellte im Frühjahr 1936 als Ergebnis der polizeilichen Neuordnung mit Genugtuung fest:

Die Trennung der nach besonderen Grundsätzen und Notwendigkeiten handelnden Geheimen Staatspolizei von der nach allgemeinen und gleichmäßigen rechtlichen Ordnungen arbeitenden Verwaltung ist damit vollzogen.[27]

Himmler wurde nicht müde, immer wieder herauszustellen, wie sehr ihm einzig der Wille seines „Führers" Auftrag und Befehl war. So schrieb er ausgerechnet seinem Intimfeind Frick, der sich immerhin noch gegen schärfsten Widerstand der SS um eine gewisse normative Regelhaftigkeit der Verwaltung und auch des polizeilichen Handelns in den Schutzhaft- und Konzentrationslagern und darum bemühte, der totalen Willkürherrschaft dort mit einem Stück autoritärer Rechtsstaatlichkeit entgegenzusteuern, in dessen „Festschrift" zum 60. Geburtstag im Jahre 1937, die Polizei habe

den Willen der Staatsführung zu vollziehen und die von ihr gewollte Ordnung zu schaffen und aufrechtzuerhalten. Die nationalsozialistische Polizei leitet ihre Befugnisse zum Vollzug des Willens der Staatsführung und zur Sicherung des Volkes und des Staates nicht aus Einzelgesetzen, sondern aus der Wirklichkeit des nationalsozialistischen Führerstaates und aus den ihr von der Führung gestellten Aufgaben her. Ihre Befugnisse dürfen deshalb nicht durch formale Schranken gehemmt werden, weil diese Schranken sonst auch den Aufträgen der Staatsführung entgegenstünden.[28]

Selbst die scheinlegale Grundlage des nationalsozialistischen Unrechtsstaates, die Reichstagsbrandverordnung vom 28. Februar 1933, brauchte, wie es in einem Runderlaß des RSHA vom 15. April 1940[29] hieß, nicht mehr als „Rechtsgrundlage" bemüht zu werden, um „die Rechtsgültigkeit staatspolizeilicher Anordnungen" zu dokumentieren, *da sich die Befugnis der Geheimen Staatspolizei zur Durchführung aller Maßnahmen, die zur Erfüllung ihrer Aufgaben erforderlich sind, nicht aus einzelnen Gesetzen und Verordnungen, sondern aus dem Gesamtauftrag herleitet, der der Deutschen Polizei im allgemeinen und der Geheimen Staatspolizei im besonderen im Zuge des Neuaufbaus des nationalsozialistischen Staates erteilt worden ist. Lediglich in den Fällen, in denen es erwünscht erscheint, daß staatspolizeiliche Anordnungen unter strafrechtlichen Schutz gestellt werden, ist die Verordnung vom 28. Februar 1933 heranzuziehen.*

Selbst also die eigenen Verordnungen des Regimes standen im „SS-Staat" zur Disposition und wurden nur soweit zur Legitimation seines Handelns herangezogen, wie es von Fall zu Fall opportun erschien. Als ein gewiß der kritischen Opposition oder gar des Widerstandes unverdächtiger Zeuge für die inzwischen innerhalb und außerhalb der

Reichsgrenzen eingetretene totale Rechtsunsicherheit und Willkürherrschaft sei hier Dr. Hans Frank, Führer des NS-Rechtswahrerbundes, Präsident der Akademie für Deutsches Recht und mittlerweile Generalgouverneur in Polen, angeführt. In einer persönlichen Aufzeichnung vom 28. August 1942 beklagte er sich:

Die Ausweitung des willkürlichster Anwendung ausgelieferten Vollmachtsbereiches der polizeilichen Exekutivorgane hat zur Zeit ein solches Maß erreicht, daß man von einer völligen Rechtlosmachung des einzelnen Volksgenossen sprechen kann.

Den Grund für „die Rechtsunsicherheit auf seiten der machtunterworfenen Staatsbürger" sah Frank „mit dem Aufstieg des Apparates der Geheimen Staatspolizei und dem zunehmenden Einfluß der autoritären polizeilichen Führungsgesichtspunkte" gegeben.[30]

Im sprichwörtlichen Gerangel um Macht und Einfluß im nationalsozialistischen „Führerstaat" vergab Himmler in den Kreisen, wo Einschüchterung und Terror nicht angebracht waren, auch freigebig als RFSS seine SS-Ehrenführer-Würden – etwa im Auswärtigen Amt bei Ribbentrop und Weizsäcker -, um seinen „Schwarzen Orden" gesellschaftsfähig zu machen und ihm die nötige Reputation zu verschaffen. Gleichem Ziel galt die Eingliederung pauschal übernommener elitärer Reitervereine in die „Reiter-SS", aus der dann im Kriege die Waffen-SS-Kavallerie wurde, die sich besonders in den besetzten Ostgebieten bei der Jagd gegen Partisanen und Juden auszeichnete. Überhaupt sollte nie das schillernde und durchaus zwiespältige Bild vergessen werden, in dem sich SS und „SS-Staat" der Gesellschaft präsentierten und das erst die hohe kriminelle Vernichtungsenergie erklärt, die ihn kennzeichnete. In bürgerlichen Kreisen unter verabschiedeten Reichswehroffizieren, arbeitslosen Akademikern, in der Regel mit juristischer Qualifikation, bei Freiberuflern ohne Existenzgrundlage, ehemaligen Freikorpskämpfern und Männern aus der „verlorenen Frontgeneration", aber auch im Adel galt es als gesellschaftlich „chic", sich in der schwarzen Uniform zu präsentieren und dadurch in gewisser Weise elitär gegen das braune Rabaukentum in SA und Partei abzusetzen. Hier boten sich etwa im Polizeidienst oder dann im RSHA akademische Karrieremuster für Juristen an, die ein relativ schnelles Fortkommen, Macht und Einfluß verhießen. Viele führende Chargen der Sicherheitspolizei und des SD, die dann ab 1941 im Osten für den Massenmord mit verantwortlich zeichneten, trugen den Doktortitel, nicht nur die reichlich in die Mordaktionen der „Euthanasie" und der „Endlösung" involvierten Mediziner.

Der „SS-Staat" und sein Schöpfer stellten sich dar als eine abstruse und verbrecherische Mischung aus spießbürgerlicher Idylle auf der einen und einer unbarmherzig, zynisch und perfekt mit hohem bürokratischem Aufwand arbeitenden Verfolgungs- und Vernichtungsmaschinerie auf der anderen Seite. „Atavistische Vorstellungen verbanden sich mit einem unbegrenzten Technizismus und einem durchaus modernistischen Glauben an die Machbarkeit. Die SS war die widersprüchlichste und merkwürdigste Synthese des Uralten und des Modernsten. Diese Ambivalenz war ein Merkmal des Nationalsozialismus überhaupt, sie war nirgends so ausgeprägt wie in der Eliteformation des Dritten Reiches" [31]. Heinrich Himmler – für die Millionen unschuldiger Opfer ein penibler Bürokrat des Todes, für seinen Kollegen Speer einfach ein „verschrobener Narr" und „Schulmeister" – konnte seinen Wachmannschaften in den Konzentrations- und Vernichtungslagern mitleidlose Härte predigen und sich gleichzeitig um den Frieden des Waldes, um Lebensreform und die Reinheit der Nahrungsmittel sorgen; er forderte von seinen Männern „moralische Anständigkeit" beim Töten, ließ bei Diebstahl, Korruption und persönlicher Bereicherung Todesurteile ergehen und sorgte gleichzeitig mit dafür, daß in den Gasöfen der Vernichtungslager millionenfach gemordet wurde; er verschenkte Julleuchter und berauschte sich an pseudoreligiösen Riten, agrarromantischen Utopien und germanischen Thing-Spielen und ließ seine „Waffen-SS" mit modernstem Gerät im Osten einen Vernichtungskrieg führen. Äußerst schillernd und widersprüchlich war das Szenario, für das SS und „SS-Staat" standen. Wie stets sahen viele Gläubige in ihm nur das, was ihnen vertraut war und was sie sehen wollten, und blendeten die unangenehmen Seiten aus ihrem Gewissen einfach aus.

4. Terror und Gewalt gegen den „inneren Feind": Von der improvisierten „Schutzhaft" zum System der Konzentrationslager

Ich mußte nun meinen Mantel ausziehen und mich ebenfalls wie Heber und Flieger auf den Tisch legen. Es wurden mir nun die Röcke hochgehoben und die Schlüpfer mit Gewalt heruntergezogen, und ich erhielt ebenfalls die vorher bestimmten Schläge auf das Gesäß [...] Dieser Raum war nur mit schwarzrotgoldenen, roten Fahnen und Wimpeln der Wassersportabteilung ausgeschmückt. Der Führer trat nun an mich heran, hatte einen Rohrstock in der Hand und zeigte mit diesem auf die Fahnen, und ich mußte erklären, was das für Farben seien. Er richtete nun an mich Fragen, und ich mußte ihm die drei Farben hintereinander sagen. Wenn ich nun zu der Farbe ‚gold' kam und ich das Wort „gold" gesagt hatte, bekam ich mit dem Rohrstock Schläge ins Gesicht, und er sagte zu mir die Worte ‚Sagst du Aas bald Scheiße!' [32]

Dieser Auszug aus dem Vernehmungsprotokoll der Berliner Kriminalpolizei über die grausame und entwürdigende Mißhandlung der SPD-Stadträtin und Bezirksabgeordneten von Berlin-Köpenick Maria Jankowski durch die SA am 20./21. März 1933 bezeugt mit aller Deutlichkeit, daß die Anwendung brutaler Gewalt gegen den „inneren Feind" von Anfang an ein Kernelement der nationalsozialistischen Machteroberung war und dem Regime nicht, wie oft entschuldigend behauptet, durch den Zwang zur „Gegnerbekämpfung" aufgenötigt wurde. Die nationalsozialistische Ideologie war eine nackte Gewaltideologie, ihr ausführen-des Instrument im Innern waren die Organe des „SS-Staates" Himmlers. Von ersten Improvisationen in „wilden" Schutzhaftlagern zur bürokratischen Perfektionierung und Systematisierung von Verfolgung und Tötung in den Konzentrationslagern und dann später in den Vernichtungslagern des Ostens führte ein gerader Weg. Er war gekennzeichnet durch eine schrittweise Auflösung des Rechtsstaates, die Proklamation des permanenten Ausnahmezustandes und die Erklärung eines erbarmungslosen Krieges bereits im Frieden gegen alle Regimegegner und solche Menschen, die willkürlich und selbstherrlich zu Gegnern erklärt wurden. Die Reichstagsbrandverordnung vom 28. Februar 1933 stellte dabei nur eine pseudolegale Rechtsgrundlage dar, von der zudem auch stets durch einen „Führerbefehl" abgewichen werden konnte.

Die „Schutzhaft"

„Schutzhaft" – ursprünglich eine zeitlich strikt begrenzte Polizeimaßnahme bei Störung und Gefährdung der öffentlichen Ordnung – wurde zur euphemistischen Umschreibung für eine illegale Freiheitsberaubung und eine zeitlich unbegrenzte Inhaftierung ohne richterlichen Haftbefehl und die Möglichkeit von Rechtsbehelfen für die Verhafteten, um sie angeblich vor der „gerechten Volkswut" oder die „Volksgemeinschaft" vor ihnen „zu schützen". Unter diese „politische Haft" jenseits aller gerichtlichen Einflußnahmen zur vorbeugenden Bekämpfung aller potentiellen Gegner – oft genügte auch nur der bloße Verdacht, die Mitgliedschaft in bestimmten Organisationen oder die Zugehörigkeit zu bestimmten „Feindgruppen" – fielen zunächst Kommunisten und alle „Marxisten" im allgemeinen. In einer willkürlichen Ausweitung des „Gegnerbegriffes" wurden bald mißliebige Geistliche beider Konfessionen, Zentrumsangehörige, Sozialisten, Gewerkschafter, Verleger, kritische Journalisten, Alkoholiker, „Asoziale", „Arbeitsscheue", „unsoziale" Fabrikanten, Homosexuelle, Juden und viele andere mehr in den Kreis der „Schutzhäftlinge" einbezogen. Polizeigefängnisse und Strafanstalten waren schnell überfüllt. Alte Feldscheunen, Lagerhallen, Schuppen, Hinterzimmer, Clubräume, wie oben gezeigt, Privatgefängnisse usf. wurden zu ersten improvisierten „wilden" Konzentrationslagern. Hier wurde von SA- und SS-Angehörigen, die kurzfristig oft zu „Hilfspolizisten" ernannt wurden, nach freier Willkür und in einer oft perversen Zerstörungslust gefoltert, mißhandelt und nicht selten auch getötet, wurden alte Rechnungen beglichen und sadistische Triebe ausgetobt. Sich bisweilen bei den konservativen Steigbügelhaltern einstellende Gewissensbisse wurden überspielt durch die beruhigende Zusicherung, hier würden ja „nur" Kommunisten und andere linke Gegner ihrer „gerechten Strafe" zugeführt. Bemühungen des Reichsinnenministers Frick und seines Justizkollegen Gürtner, staatliche Schutzhaft- und Konzentrationslager rechtlich einzugrenzen, sie der Kontrolle durch die Verwaltung zu unterwerfen und die schlimmsten Mißstände zu beseitigen, konterkarierte Himmler sofort erfolgreich bei Hitler persönlich. Konzentrationslager blieben ein rechts- und justizfreier Raum reiner Willkürherrschaft im „SS-Staat". Im März/April 1933 wurden in Preußen 25 000 -30 000 Personen festgenommen, Ende Juli waren es nach – freilich unzuverlässigen – offiziellen Angaben insgesamt 27 000 politische Häftlinge, davon 15 000 in Preußen.

Die ersten Konzentrationslager

Am 22. März 1933 befahl Himmler die Errichtung des späteren „Modelllagers" Dachau in einer ehemaligen Pulverfabrik bei München. Weitere Lager entstanden in Oranienburg, Papenburg, Quedenau (Ostpreußen), Kemna bei Wuppertal, Ahrensbök (Schleswig-Holstein), Augustusburg (Sachsen), im berüchtigten Columbia-Haus in Berlin, Sonnenburg (Neumark), Sachsenhausen, Lichtenburg bei Merseburg, Werden (Rheinprovinz), Brauweiler, Fuhlsbüttel (Hamburg) und an vielen weiteren Orten. In den Moorgebieten des Emslandes wurden die Lager Esterwegen und Börgermoor für den Arbeitseinsatz von Häftlingen ausgebaut. Die frühen Konzentrationslager wurden mit Ausnahme von vieren – Dachau, Sachsenhausen, Buchenwald und das Frauenlager Lichtenburg (ab März 1938) – bis 1936 wieder aufgelöst. Die Häftlingszahl sank im Winter 1936/37 auf unter 10 000.

Dachau

Mit der Entmachtung der SA und der dadurch ausgelösten letzten großen Verhaftungswelle im Zuge der Machteroberung im Juni 1934 übernahm die SS mit ihren Wachmannschaften, den späteren „Totenkopfverbänden", die Konzentrationslager und baute sie systematisch zu einer der tragenden Säulen des „SS-Staates" aus. Der 41jährige SS-Oberführer Theodor Eicke wurde als Kommandant des „Musterlagers" Dachau „zum eigentlichen Pionier des neuen Terrors" (Bracher). Himmler holte ihn aus der Würzburger Psychiatrischen Klinik des späteren Euthanasiechefs Dr. Heyde direkt nach Dachau. Durch Skrupellosigkeit und rücksichtslose Härte bei der Liquidierung der SA-Führung (allein in Dachau fanden 17 Hinrichtungen statt!) zeichnete er sich besonders aus, so daß Himmler ihn im Juli 1934 – nun als SS-Gruppenführer Heydrich gleichgestellt – zum „Inspekteur der Konzentrationslager und SS-Wachverbände" ernannte. Gleichzeitig wurde Eicke in Dachau zum erfolgreichen Lehrmeister des späteren Auschwitz-Kommandanten Rudolf Höß und Adolf Eichmanns. Auch seine am 1. Oktober 1933 in Dachau erlassene Lagerordnung und seine „Disziplinar- und Strafordnung für das Gefangenenlager" zur „Aufrechterhaltung von Zucht und Ordnung" wurden richtungweisend für alle anderen Konzentrationslager. Das ausgeklügelte und abgestufte System von Strafen reichte von der Prügelstrafe (25 „Stockhiebe" vor den Wachmannschaften und den Häftlingen) über das Pfahlhängen bis zur Todesstrafe u.a. bei Aufwiegelung und „Greuelpropaganda". Jede Strafe wirkte haftverlängernd. Sie sollte mit äußerster Härte, diszipliniert und unpersönlich nach dem Motto „Toleranz bedeutet Schwäche" exekutiert werden. Jede Spur von Mitleid gegenüber den „Staatsfeinden" war eines SS-Mannes „unwürdig", stand er doch als Soldat mit dem Totenkopf auch in Friedenszeiten „Tag und Nacht am Feind".

Der von Eicke als verbindlich entworfene KZ-Lagerplan sah 5 Abteilungen vor: I. Kommandantur, II. politische Abteilung, III. Schutzhaftlager, IV. Verwaltung, V. Lagerarzt. Die Abt. II. war praktisch ein Außenposten der jeweiligen örtlichen Gestapo mit einem Gestapobeamten als Leiter. Als „Buchhalter des Terrors und des Todes" (Thamer) war er zuständig für Vernehmungen, Häftlingskarteien und Häftlingsakten. Parallel zur SS-Hierarchie – Kommandant, Schutzhaftlagerführer, Rapportführer, Blockführer, Arbeitseinsatz- und Kommandoführer – wurde später eine Häftlingsselbstverwaltung eingerichtet mit dem Lagerältesten, dem Blockältesten der einzelnen Baracken und dem Stubendienst. Funktionshäftlinge waren als Schreiber, Häftlingsärzte, Leichenträger, Kapos (ital. „capo" = Kopf) und Vorarbeiter eingesetzt. Meist waren es Kriminelle oder politische Häftlinge, zwischen denen versteckte oder offene Kämpfe um die besten Positionen stattfanden.

Häftlinge wurden „auf der Flucht erschossen", starben an Kälte, Mangelernährung, unzureichender ärztlicher Versorgung, Seuchen und Krankheiten, an Mißhandlungen und Tötungen durch SS-Angehörige oder auch Kapos, die in der Regel nicht geahndet wurden, später im Kriege dann auch an pseudowissenschaftlichen medizinischen Experimenten mit Unterdruck oder Unterkühlung sowie an ihrer brutalen Ausbeutung als Arbeitssklaven („Vernichtung durch Arbeit"). Die Sterblichkeitsrate war extrem hoch. Von den bis zur Befreiung durch die Amerikaner am 29. April 1945 in Dachau registrierten 206 000 Häftlingen waren offiziell 31 951 Todesfälle beurkundet. Meist waren die Häftlinge in zugigen Holzbaracken untergebracht. In jedem der dreistöckigen Etagenbetten schliefen bis zu drei Häftlingen auf Strohsäcken oder manchmal auch auf dem nackten Holz und mußten sich eine Decke teilen. Die Kleidung bestand auch im Winter nur aus dem dünnen, gestreiften Sträflingsanzug. Häftlinge waren dem Zugriff durch SS oder Gestapo schutzlos und völlig rechtlos preisgegeben.

Mit der weiteren Radikalisierung des Regimes 1937/38 wurden die Kategorien der Häftlinge u. a. durch Erlaß des Reichsjustizministers vom 14. Dezember 1937 entscheidend erweitert: zur Diskriminierung und Demütigung der politischen Gefangenen in den Konzentrationslagern auf sogenannte „Berufs- und Gewohnheitsverbrecher" u. a., die als polizeiliche Vorbeugungshäftlinge bezeichnet wurden; auf „volksschädigende Elemente", die nach bestehendem Recht zwar nicht bestraft werden konnten, aber aus der Volksgemeinschaft „eliminiert“ werden mußten wie „Asoziale“ (in beliebiger Interpretation des Begriffes und in Anwendung auf Landstreicher, Prostituierte, Zuhälter, Bettler, Zigeuner u.a.), „Arbeitsscheue“ (in enger Kooperation mit den Arbeitsämtern bei ihrer Erfassung), Homosexuelle, Zeugen Jehovas, Emigranten und Juden. Die „Reichspogromnacht“ am 9./10. November 1938 brachte vorübergehend etwa 35 000 Juden in die Konzentrationslager. Sie durften sie erst verlassen mit der Verpflichtung, ins Ausland auszuwandern.

Gestapo-Terror

Anfang 1938 wurde die Verhängung von „Schutzhaft“ auf das Gestapa eingeschränkt. Die Männer in den dunklen Ledermänteln und die abgedunkelten Limousinen verbreiteten Angst und Schrecken, sie wurden zusammen mit den schwarzen Uniformen der SS geradezu zur Verkörperung des „SS-Staates“. Oft kam es vor, daß politische Häftlinge, die ihre ordentliche Gerichtsstrafe verbüßt hatten oder freigesprochen worden waren, noch im Gerichtssaal von Gestapobeamten als angebliche „Volksschädlinge“ u. a. auf der Grundlage des Erlasses des Reichsjustizministeriums vom 13. April 1935 verhaftet und ohne Rechtsschutz ins KZ eingewiesen wurden. Zu Haft und Tod im Lager reichte es aus, daß z. B. ein sozialdemokratischer Angestellter „auf Grund seines politischen Vorlebens zu der Befürchtung Anlaß gibt, er werde sich nach Verbüßung einer Zuchthausstrafe von zwei Jahren wegen Vorbereitung zum Hochverrat erneut im marxistischen Sinne betätigen. gez. Heydrich“ [33]. Bekannt wurde auch der Fall Niemöller: Er endete 1937 mit gerichtlichem Freispruch – und dem Abtransport ins Konzentrationslager. Einen deprimierenden Beweis dafür, wie sehr sich die deutsche Justiz zur Komplizin des Unrechtsstaates gemacht hat, lieferte der Vorschlag des Staatssekretärs im Reichsjustizministerium, Carl Rothenberger, von Anfang 1943: Zur Wahrung der „Autorität der Gerichte“ sollte in den Fällen, „in denen ein ordentliches Gericht gesprochen hat und mangels gesetzlicher Handhabe nicht zu einem Todesurteil gekommen ist, andererseits aber die Erschießung des Täters im Einvernehmen der beteiligten Dienststellen für erforderlich gehalten wird“, eine öffentliche Bekanntgabe der Exekution vermieden werden. Die letzte Entscheidung darüber lag nach Auskunft Himmlers bei Hitler. [34]

Die Konzentrationslager entwickelten sich immer mehr zum Korrektiv gegen die – angeblich viel zu milde – ordentliche Rechtsprechung und selbst gegen die Rechtsprechung der Sondergerichte. Dies führte zur allgemeinen Rechtsunsicherheit und auch zur Urteilsunsicherheit bei den ordentlichen Gerichten. Sie reagierten mit einer Verschärfung des Strafmaßes. Dies geschah aus ganz unterschiedlichen Gründen: entweder um nicht negativ aufzufallen und sich dem politischen Druck übereifrig anzupassen oder oft auch in der Absicht, dem Angeklagten noch einen gewissen Schutz in dem ordentlichen Justizgewahrsam zu gewähren, ohne daß er in den völlig rechts- und gerichtsfreien Raum der

Lager abgeschoben wurde. Erzieherische und abschreckende, vorbeugende und strafende, politische und kriminelle Motive verschlangen sich in den Konzentrationslagern zu einem nur schwer entwirrbaren Ganzen.
Die verschiedenen Häftlingskategorien wurden durch auf dem Kopf stehende „Winkel" aus farbigem Stoff auf der Häftlingskleidung gekennzeichnet: Die kriminellen Häftlinge hatten grüne, die politischen rote, die „Asozialen" schwarze, die Homosexuellen rosafarbene und die Zeugen Jehovas violette Winkel. Bei den jüdischen Häftlingen wurde über den jeweiligen „Winkel" ein Dreieck so aufgenäht, daß sich insgesamt ein Davidsstern ergab. Ausländische Häftlinge hatten den Anfangsbuchstaben ihrer jeweiligen Nationalität auf dem „Winkel". Der „Anschluß" Österreichs, des Sudetengebietes, der sogenannten „Rest-Tschechei" und dann die Besetzung fast ganz Europas ließen die Häftlingsströme in die Millionen anschwellen, darunter die Opfer der „Endlösung" und die NNH (die Häftlinge, die in den besetzten Gebieten bei sogenannten „Nacht-und-Nebel-Aktionen" verhaftet worden waren).

Zwangsarbeit

Schon in den letzten Jahren vor dem Krieg verband sich infolge wachsenden Arbeitskräftemangels der Gedanke der „Ausmerze" „minderwertigen" oder „unproduktiven" Lebens mit dem der „ökonomischen Verwertbarkeit" der KZ-Häftlinge. 1938 setzte eine gnadenlose Jagd auf Arbeitssklaven ein. Zwangsarbeiter wurden für SS-eigene Produktionsstätten (Deutsche Erd- und Steinwerke GmbH) für Baustoffe und Ziegelsteine und für die Gewinnung von Naturstein aus Steinbrüchen rekrutiert. Es entwickelte sich eine gigantische Nachfrage nach Baumaterialien und nach „Sklavenarbeit für Hitlers Pyramidenkomplex" (Bracher), d. h. für seine geplanten Monumentalbauten in München, Nürnberg, Berlin und Linz. Diese Nachfrage wurde von der SS befriedigt. Neue Konzentrationslager entstanden bei den Granitsteinbrüchen in Flossenbürg (Oberpfalz), Mauthausen (bei Linz), später in Groß-Rosen (Niederschlesien) und Natzweiler (Elsaß). Großziegelwerke der SS wurden bei Sachsenhausen und Buchenwald errichtet. Bei Kriegsbeginn befanden sich in den Konzentrationslagern Dachau, Flossenbürg, Sachsenhausen, Buchenwald, Mauthausen und im Frauenlager Ravensbrück etwa 21 400 Häftlinge; danach wurde ein weitverzweigtes Lagersystem mit Haupt- und vielen Neben- bzw. Außenlagern nicht nur im Altreich, sondern vor allem auch in den besetzten Gebieten aufgebaut.
SS-Obergruppenführer Oswald Pohl, Leiter des im Februar 1942 gegründeten „Wirtschaftsverwaltungshauptamt" (WVHA) als Verwaltungszentrale der SS-eigenen Wirtschaftsbetriebe, gab im April die Grundsätze für das Sklavensystem bekannt: die Ausnutzung der Arbeitskräfte sei „im wahrsten Sinne des Wortes erschöpfend" zu gestalten und Mahlzeiten, Appelle u.a. seien auf ein nicht mehr zu verdichtendes Maß zu beschränken.

Die Auslösung des Zweiten Weltkrieges durch Deutschland am 1. September 1939 ließ die letzten noch bestehenden Schranken des Vernichtungssystems fallen und öffnete die Schleusen für ein millionenfaches Morden. Auch hier darf man den inneren Zusammenhang zwischen rassebiologisch motiviertem Vernichtungswahn, Arbeitseinsatz und wirtschaftlicher Ausbeutung nicht aus dem Auge verlieren. Neben den reinen Vernichtungslagern vereinten z. B. die Komplexe Majdanek sowie Auschwitz I (Stammlager), II (Birkenau) und III (Monowitz) mit 40 Außen- und Nebenlagern in sich zwei – am Ende gleichermaßen mörderische – Funktionen: Die sofortige Selektion und Tötung der nicht mehr arbeitsfähigen Häftlinge und, sofern sie noch arbeitsfähig waren, ihr Einsatz zur Zwangsarbeit im Konzentrationslager bis zur „Vernichtung durch Arbeit". Den Profit aus den Arbeitssklaven zogen auch hier neben den SS-eigenen Produktionsstätten die IG-Farben mit ihrem Bunawerk und oberschlesische Industriebetriebe.

Das System der Vernichtung

Noch unmittelbar vor ihrer Befreiung durch die alliierten Truppen im April 1945 sollte der lange Leidensweg der Konzentrationslagerhäftlinge einen letzten und schrecklichen Höhepunkt erfahren. Kurz vor Kriegsende wurden die meisten KZ-Häftlinge ins Innere des Reiches evakuiert. Im Chaos dieses Rücktransportes kamen zahllose entkräftete Häftlinge in teilweise offenen Güterzügen um oder wurden, wenn sie das Marschtempo nicht einhalten konnten, von ihren Bewachungsmannschaften am Straßenrand erschossen. Viele starben in völlig überfüllten Auffanglagern, etwa in Bergen-Belsen. Nach Schätzungen war es etwa ein Drittel der im Januar 1945 registrierten Häftlinge.

Im „SS-Staat" und in einer seiner tragenden Säulen, im System der Konzentrationslager, wurden bereits mitten im Frieden unter tatkräftiger und willfähriger Mithilfe der staatlichen und Verwaltungsorgane, allen voran die Justiz, die Voraussetzungen geschaffen für den millionenfachen Mord nicht nur an den politischen, sondern vor allem auch an den „rassischen" Gegnern des Regimes. Von hier aus war der Beginn des äußeren Krieges sicher ein qualitativer Sprung für die letzte Radikalisierung der Vernichtungsmaschinerie des NS-Regimes, aber kein besonderer Einschnitt für den „Krieg gegen den inneren Feind" im Rahmen eines dauernden Ausnahmezustandes, der zielbewußt mit dem 30. Januar 1933 eingeleitet wurde.

5. Antisemitismus und Judenverfolgung: Vom Judenboykott des 1. April 1933 bis zur Reichspogromnacht am 9./10. November 1938

Am 30. Januar 1933 wurde zum erstenmal in einem Lande ein Politiker mit der Regierungsverantwortung betraut, dessen Partei ganz offen einen radikalen Rassenantisemitismus als unverzichtbaren Kern ihrer „Weltanschauung" auf ihre Fahnen geschrieben hatte. Der Rassismus wurde in Deutschland gleichsam offiziell zur „Staatsreligion" erklärt. Das hieß nicht, daß Hitler in erster Linie wegen seines Antisemitismus gewählt worden war und an die Macht kam. Im Gegenteil: Mit Rücksicht auf ihre bürgerlichen Bündnispartner hatte die NSDAP ab 1929/30 in den Wahlen nach außen ihr antisemitisches Programm weitgehend zurückgenommen, ohne jedoch auch nur einen Deut von ihm abzugehen. Jeder, der für Hitler und seine „Bewegung" votierte, wußte also und konnte wissen, auf welche „Weltanschauung" er sich da einließ, selbst wenn sich viele damit beruhigt haben mögen, die Radikalität werde sich in der Regierungsverantwortung schon abschleifen und im übrigen seien die braunen Demagogen ja hinreichend konservativ „eingerahmt".

Auch führte kein gradliniger und unausweichlicher Weg vom „Tag der Machtergreifung" nach Auschwitz. Aber ohne dieses Ereignis und ohne die ihm mit Konsequenz folgenden Etappen zur „Lösung der Judenfrage" wäre der millionenfache Mord niemals möglich gewesen. Auf jeder Station zwischen 1933 und 1939 wurden auf die eine oder andere Weise die Voraussetzungen geschaffen. Sicher waren die Deutschen kein Volk von rabiaten und aggressiven Antisemiten, die nur darauf warteten, mit Unterstützung von oben ein Pogrom zu entfesseln. Das deutsche Judentum hatte über ein Jahrhundert der Emanzipation und der Assimilation eine geachtete Stellung in der Gesellschaft, in Kunst und Wissenschaft gewonnen. Die weltoffene Liberalität der Weimarer Republik wurde zum bevorzugten Anziehungspunkt von Hunderttausenden jüdischer Einwanderer aus Osteuropa. Aber das war nur die eine Seite. Gleichzeitig und nicht selten im Protest gegen die rechtliche und gesellschaftliche Gleichstellung der jüdischen Mitbürger hatte sich seit dem 19. Jahrhundert durch mehrere Generationen so tief ein latenter Antisemitismus in das bürgerliche Denken in Deutschland eingefressen, daß von hier aus Abwehrkräfte zum Schutz des deutschen Judentums kaum mehr zu erwarten waren. Viele sahen nicht einmal ungern, daß nunmehr der „jüdische Einfluß", was immer man darunter verstand, vor allem im ökonomischen und kulturellen Bereich zurückgedrängt werden würde, und begrüßten die schrittweise Aufhebung der Emanzipation und Gleichstellung, sofern sich nur alles nach Gesetz und Ordnung vollzog.

Die Werke des berühmten Historikers und Antisemiten Heinrich von Treitschke, Gustav Freytags Bestseller „Soll und Haben" mit dem Juden Veitel Itzig als eine stilistisch brillante und politisch perfide Inkarnation antisemitischer Stereotypen, die „Grundlagen des 19. Jahrhunderts" aus der Feder des Wagner-Schwiegersohnes und Wahldeutschen H. St. Chamberlain, „Juden und Indogermanen" des Orientalisten und Kulturphilosophen Paul de Lagarde, Julius Langbehns Schriften „Rembrandt als Erzieher" und „Der Rembrandtdeutsche" oder das Wirken Ludwig Schemanns und seiner „Gobineau"-Vereinigung zur Propagierung der rassistischen Gedanken des französischen Grafen und Verfassers des „Essay sur l'inegalité des races humaines" in Deutschland gehörten lange vor Hitler schon ebenso zum bürgerlichen Bildungskanon wie der Germanenkult und der Antisemitismus Richard Wagners und seines Bayreuther Kreises. All dies krude antisemitische Ideengut hatte längst über das Bildungsbürgertum hinaus direkt oder indirekt in weiten Bevölkerungskreisen eine stark bewußtseinsbildende Kraft entwickelt und war „salonfähig" geworden. Scheinbar unpolitische Vereine und Organisationen wie schlagende Verbindungen, studentische Corps und Burschenschaften, Turnvereine und die Deutsche Turnerschaft, der rechtsextreme „Alldeutsche Verband", der „Deutschnationale Handlungsgehilfenverband" oder der „Bund der Landwirte" schlossen Juden mit Hilfe von „Arierparagraphen" aus und kündigten ihrerseits lange vor 1933 die Assimilation auf.

Ideologische Vorreiter des Antisemitismus

Der Antisemitismus speiste sich aus vielen Quellen: aus einem traditionell christlich-ständischen Antijudaismus, aus einem völkischen Nationalismus, der die deutsche Nation im Gegensatz zur westlichen Vorstellung von einer politischen Gesinnungsgemeinschaft wesentlich als Bluts- und Abstammungsgemeinschaft verstand und sich entsprechend aggressiv gegen ethnische und religiöse Minderheiten als „undeutsche Fremdkörper" im eigenen Volk verhielt, aus einem konservativen und rückwärtsgewandten Antimodernismus, der das Judentum mit allen negativen Begleiterscheinungen des modernen Industriekapitalismus und des politischen Fortschritts identifizierte, aus einer tiefen Identitätskrise der bürgerlichen Gesellschaft, aus Fremdenhaß und Sozialneid, mit dem eigenes Versagen besonders in Krisenzeiten auf einen „Sündenbock" projiziert wurde.

Der biologistische Rassenantisemitismus

Eine besonders verhängnisvolle Qualität erhielt die Judenfeindschaft durch den modernen biologistischen Rassenantisemitismus, der immer mehr zur dominierenden Kraft wurde. In seiner unheilvollen Verbindung von Sozialdarwinismus, also einer fragwürdigen Übertragung biologischer Erkenntnisse Charles Darwins auf das menschliche Verhalten und Zusammenleben, und Rassismus nahm dieser Rassenantisemitismus, wie er schon im Kaiserreich als Produkt des naturwissenschaftlichen Zeitalters und mit der typischen Wissenschaftsgläubigkeit dieser

Zeit vertreten wurde und dann im Nationalsozialismus seine letzte mörderische Radikalisierung erfuhr, für sich in Anspruch, sich auf die exakten wissenschaftlichen Erkenntnisse von Biologie, Humangenetik, Eugenetik und Anthropologie zu gründen und dadurch gegen jede Kritik gefeit zu sein. Nur dürftig wissenschaftlich drapiert, gab diese Lehre vor, mit „Rasse" und „Volk" die bewegenden Kräfte der Geschichte erkannt und einen Universalschlüssel für die Deutung historisch-politischer Abläufe und die Lösung ihrer Schwierigkeiten gefunden zu haben. „Rassenreinheit" und „Reinheit des Blutes", „rassische Auslese" und „Veredelung und Höherzüchtung der eigenen Art" galten fortan den Rassenantisemiten als Vorgaben einer planvollen und modernen Gesellschafts- und Bevölkerungspolitik, unterstützt von Psychiatern und Anstaltsärzten, Humangenetikern und Anthropologen, Bevölkerungswissenschaftlern und Bevölkerungsstatistikern, Ökonomen und Bürokraten. Hier lag angeblich die Garantie für das Überleben und die politische Durchsetzungskraft eines Volkes. „Rassenmischung" und „Rassenschande" waren seine „Todeskeime". Dabei war der Höherwertigkeitsanspruch der „arischen" und hier der „nordisch-germanischen Rasse" unbestritten. „Semiten" wurde die unterste, kulturzerstörerische Stufe der „Rassenskala" zugewiesen.

„Die Judenfrage als Racen-, Sitten- und Culturfrage" – so eine für den Rassenantisemitismus richtungweisende Schrift Eugen Dührings aus dem Jahre 1881, die nachweisbar auf Hitler großen Eindruck gemacht hat – sollte nach 1933 sowohl für die Verfolgungspolitik gegen die Juden als auch für das Schicksal der Opfer selbst in mehrfacher Richtung weitreichende Konsequenzen haben. Denn während der traditionelle Antisemitismus eines Heinrich von Treitschke den Juden immer noch die Tür für eine Assimilation durch Taufe, Nobilitierung, Heirat und eine gesellschaftlich-rechtliche Gleichstellung durch Gesetz offenhielt, sofern sie ihr Judentum verleugneten oder sich von ihm lösten, und von ihnen verlangte, „sie sollen Deutsche werden, sich schlicht und recht als Deutsche fühlen" (Treitschke), behaftete sie der Rassenantisemitismus als eine Art teuflische „Gegenrasse" schlechthin mit einem unauslöschlichen „blutsmäßigen Makel", dem sie nicht mehr entkommen konnten, selbst wenn sich 1933 schnell herausstellte, daß der rassenbiologische oder anthropologische Nachweis niemals eindeutig zu erbringen war und die Machthaber deshalb nur die religiöse Zugehörigkeit zur Synagoge als Definitionskriterium anwenden konnten. Der Rassenantisemitismus kündigte einen jahrhundertealten Prozeß der Emanzipation und Assimilation radikal auf. Er nahm den Juden unter dem Vorwand, für das „Lebensrecht des deutschen Volkes und der arischen Rasse" einzutreten, ihre menschliche Würde und – logisch zu Ende gedacht – ihr Recht auf menschliche Existenz und auf Leben. Schon das der Seuchenmedizin entlehnte Vokabular der Rassenantisemiten und

ihre Metaphorik, die die Nationalsozialisten bruchlos übernahmen, waren entlarvend: „Trichinen und Bazillen“, „eine Masse Verwesung“, „Ungeziefer“, „[...] durch einen chirurgischen Eingriff den angesammelten Eiter“ entfernen (P. de Lagarde), „Ausscheidung des jüdischen Krankheitsstoffes“ (H. St. Chamberlain), „Cholerabazillen“ mit der Empfehlung, sie „auszurotten“ (H. Ahlwardt 1895 im Reichstag), „Ausrottung der Fäulnisherde semitischer Unmoral und Rasseverderbnis“ (Goebbels 1930). Begriffe wie „Ausrottung“ oder „Vernichtung“ hatten zwar noch keinen greifbaren Gehalt gewonnen. Sie schufen aber nach der Machteroberung durch eine radikal antisemitische „Bewegung“ innerhalb weniger Jahre ein Klima der Enthumanisierung, in dem das Undenkbare, staatlich verordneter Massenmord an Millionen unschuldiger Menschen, schließlich im Kriege denkbar wurde und konkrete Gestalt annahm.
Selbst wenn die Nationalsozialisten zunächst noch keinen genau ausgearbeiteten Fahrplan für die Verfolgung der Juden besaßen, so war in ihrer rassistischen „Weltanschauung“ von Anfang an immanent eine mörderische und ideologisch zielgerichtete Eigendynamik angelegt, die mit einer unerbittlichen inneren Logik auf immer radikalere Lösungen drängte. Sie kannte keine begrenzten „Lösungen der Judenfrage“ wie etwa die Einführung eines „Fremdenrechts“ für die Juden, Heiratsverbote, Zwangsghettoisierung oder eine „Zurückdrängung des jüdischen Einflusses“, wie es traditionelle Antisemiten vertraten; in dieser Eigendynamik stellten die Aufhebung der Emanzipation, die berufliche Diskriminierung der Juden, ihre politische Entrechtung, ihre gesellschaftliche Isolierung und Re-Ghettoisierung und ihre Enteignung bis 1939 nur Durchgangsstufen für einen Weg dar, der – obwohl in seiner letzten Konsequenz erst relativ spät im Kriege vorgezeichnet und geplant – doch irgendwann einmal in der totalen Vertreibung des deutschen und des europäischen Judentums und in seiner Vernichtung enden mußte.
Das Verhängnis für das deutsche Judentum lag darin, daß seine antisemitischen Mitbürger sich mit den meisten Etappen seiner Entrechtung und Isolierung zumindest bis 1939 noch weitgehend identifizieren konnten, sofern nur der allgemein abgelehnte Radau- und Pogromantisemitismus auf dem Verordnungswege von oben gebremst wurde und sich alles in scheinlegalen Bahnen vollzog, und daß sie dabei gar nicht wahrnahmen oder wahrnehmen wollten, daß die Verantwortlichen des Regimes sich aus dieser zustimmenden Haltung längst zu einem immer radikaleren Vorgehen legitimiert und ermutigt fühlten. Tragischerweise hegten viele Juden selbst, bis es zu spät für eine Auswanderung war, die Hoffnung, auch im nationalsozialistischen Deutschland unter zwar diskriminierenden, aber doch rechtsverbindlich fixierten Existenzbedingungen wenigstens überleben zu können. Sie blieben deshalb in dem Land, in dem sie sich seit Generationen verwurzelt fühlten und das sie liebten, oder kehrten gar nach Deutschland zurück.

Der Rassenantisemitismus gehörte aber, wie bereits angedeutet, ideologisch und bevölkerungspolitisch in den viel umfassenderen Zusammenhang von „Rassenhygiene“ und „Volksgesundheit“. Auch hier brauchten die Nationalsozialisten nur aufzunehmen, was im Kaiserreich und in der Weimarer Republik längst vorgedacht war.[35] Die Judenpolitik des „Dritten Reiches“ bis hin zur „Endlösung“ war Teil eines umfangreichen „rassischen Reinigungsprozesses“. Ihm fielen Menschen zum Opfer, die selbstherrlich von Rassenideologen, Bürokraten, Humangenetikern oder Ärzten für „rassisch minderwertig“, „lebensunwert“, krank, gestört oder degeneriert erklärt wurden. Die Pseudolehren der „Rassenhygiene“ und „Rassenpflege“, Vorstellungen von einer „planmäßigen Pflege und Mehrung des guten Blutes“[36] grenzten nicht nur die als „rassisch minderwertig und artfremd“ Eingestuften (Juden, Zigeuner, „slawische Untermenschen“) aus dem „Volkskörper“ und aus der menschlichen Gemeinschaft aus, isolierten sie und gaben sie am Ende für den Massenmord frei, sondern auch geistig Behinderte und Krüppel, psychisch Kranke und „Lebensunfähige“, schließlich auch „Asoziale“ und „Gemeinschaftsfremde“ wie Trinker, Landstreicher, Prostituierte und viele andere mehr. Ebenso breit und vielfältig wie die Zielgruppe „rassenhygienischer Maßnahmen“ war auch das Instrumentarium ihrer Behandlung. Es reichte von der freiwilligen Sterilisierung und Überlegungen, Juden zu asylieren und unter Fremdenrecht zu stellen, über Zwangssterilisation, Entrechtung, Isolierung, Ghettoisierung, Anstaltsverwahrung oder Einweisung in Konzentrationslager bis hin zur „Ausmerze“ von „Art- und Gemeinschaftsfremden“ durch die Todesspritze, durch Verhungern, Vergasen und Erschießen. Auch die „Euthanasie“ in ihrer mörderischen Variante als „Vernichtung lebensunwerten Lebens“ gehört in diesen Kontext.

Dabei wird man freilich berücksichtigen müssen, daß die einzelnen Maßnahmen und Schritte „rassenhygienischer Prophylaxe“ stets abhängig vom politischen System und von den jeweiligen historischen-politischen Umständen waren. Das galt auch noch nach 1933.

Die Antisemiten waren darum bemüht, ihr „Feindbild“ gegen die empirische Überprüfung oder gar Widerlegung seines Wahrheitsgehaltes dadurch zu immunisieren, daß sie nach dem populären Motto „Der Jud' ist schuld“ nur mit der kollektiven Stereotype „des Juden“ argumentierten und diese Stereotype mit allen menschlichen Abartigkeiten belegten, die ihre Phantasie ihnen eingab und die sie als negative Gegenfolie zur Dokumentation ihrer eigenen „rassischen Höherwertigkeit“ und zur Bestätigung ihres eigenen überlegenen Selbstwertgefühls benötigten. So begleiteten und unterstützten sehr viele damals in Deutschland die Judenpolitik des „Dritten Reiches“ in einer Art Bewußtseinsspaltung: Man hatte „seinen“ jüdischen Freund, Bekannten oder Nachbarn, „seinen“ jüdischen Viehhändler oder Geschäftspartner, den man als Menschen akzeptierte, dem man Vertrauen und Sympathie entgegenbrachte und individuell nichts Böses unterstellte; man war aber gleichzeitig auch bereit, den antisemitischen Parolen Glauben zu schenken und kollektiv „den Juden" als eine dunkle und anonyme zerstörerische Kraft und als Gefahr für die völkische Existenz zu denunzieren.

Praxis des Antisemitismus

Das rassenpolitische Ziel stand also seit langem fest, der Weg zu seiner Verwirklichung war jedoch situationsabhängig und eingebettet in die polykratischen Entscheidungsstrukturen und -prozesse des Regimes, in den Dualismus von Partei und Staat. Er wurde durch diese Herrschaftsstrukturen mit ihrem Gerangel um Zuständigkeiten und ihren bewußt unbestimmt gehaltenen Kompetenzabgrenzungen wesentlich geprägt und empfing nicht selten dadurch auch zusätzlich radikale Impulse: Rosenberg verstand sich als Gralshüter der „reinen Lehre"; Goebbels stellte seinen Propagandaapparat in den Dienst von Judenhetze und Verfolgung; Streicher heizte die Pogromstimmung durch seine pornographischen „Stürmer-Schaubilder" bis in die letzten Winkel des Reiches an; Partei- und SA-Dienststellen vor Ort entfachten, wenn es nottat, den „gerechten Volkszorn" gegen die Juden und mobilisierten die Straße; das Reichsinnenministerium unter Frick und das Reichsjustizministerium unter Gürtner bemühten sich, mit Hilfe von Verordnungen und Gesetzen wenigstens einen letzten Anstrich von „Rechtsstaatlichkeit" zu wahren und die Entrechtung einer gewissen bürokratischen Regelhaftigkeit und Kalkulierbarkeit zu unterwerfen; der Reichspräsident und konservative Kreise kämpften bis 1934 um Ausnahmeregelungen für jüdische Frontsoldaten, Kriegsversehrte und ihre Angehörigen; SS- und Polizeiapparat mit Himmler und Heydrich an der Spitze fühlten sich verantwortlich für die penible bürokratische Vorbereitung und Durchführung von Verfolgung und Vernichtung in den Konzentrations- und Vernichtungslagern und wollten dabei doch „menschlich sauber" bleiben (Himmler); Beamte des Reichsinnenministeriums stritten sich untereinander und mit der SS unter Aufbietung ihres ganzen juristischen Sachverstandes im Anschluß an die „Nürnberger Gesetze" von 1935 bis Kriegsende um die praktikable Abgrenzung von „Juden", „Mischlingen 1. Grades", „Mischlingen 2. Grades" und „Deutschblütigen" sowie um die Bestimmung von „Mischehen" und darum, wie die einzelnen Kategorien zu behandeln seien; Ärzte und Humangenetiker sahen die Chance, ihre „Züchtungsexperimente" jetzt unter ausdrücklicher staatlicher Ermunterung durchzuführen; Wirtschaftsbehörden, Privatwirtschaft und zeitweilig auch die SS zeigten sich interessiert an der Ausbeutung der jüdischen Arbeitskraft bis hin zur „Vernichtung durch Arbeit." Es war also durchaus ein „Spiel mit verteilten Rollen", in dem jeder seine Interessen wahren und seine Unersetzbarkeit unter Beweis stellten wollte.

Über allen stand unangefochten der „Führer". Er wußte von den Verfolgungen, gab die allgemeine ideologische Zielrichtung vor, legitimierte sie und ließ sich auf dem laufenden halten. Auf ihn konnte sich jeder Verantwortliche berufen und dadurch,wenn er es denn unbedingt – vor allem nach dem Kriege! – wollte, sein Gewissen entlasten. Hitler vermied es aber weitgehend, konkret einzugreifen, sich in die Niederungen der Judenverfolgungen und Pogromhetze zu begeben oder sich gar öffentlich allzu eindeutig mit der „Endlösung" zu identifizieren und dadurch seine nationale und internationale Reputation als „Staatsoberhaupt" aufs Spiel zu setzen.

Beginn der Judenverfolgung

Die Verfolgungstechnik war gekennzeichnet durch eine wohldosierte Abstimmung von Terror, Gewalt und Verhetzung von unten auf der einen, von staatlich-gesetzlicher Sanktionierung der Maßnahmen von oben auf der anderen Seite: so 1933 in der Verbindung von Aprilboykott und dem „Gesetz zur Wiederherstellung des Berufsbeamtentums" vom 7. April sowie den zahlreichen Verordnungen zur Ausschaltung der Juden aus den öffentlichen und freien Berufen; 1935 in der Vorschaltung von ungesetzlichen Verweigerungen bei der standesamtlichen Schließung von „Mischehen" und der anschließenden Verabschiedung des „Reichsbürger-" und des „Blutschutzgesetzes" im September mit der fortschreitenden gesellschaftlichen Isolierung der Juden und 1938 bei der „Arisierung" der Wirtschaft im Zusammenhang mit der „Reichspogromnacht" vom 9./10. November. Jeweils wiegten sich die Opfer in der Hoffnung, nach den wilden Ausschreitungen auf der Straße wieder unter dem Schutz des Gesetzes zu stehen, selbst wenn auch der gesetzliche Schutzraum immer weiter reduziert wurde.

Die Etappen der Verfolgung bestimmten sich nach den jeweiligen innen- und außenpolitischen Konstellationen, nach dem Stand der innenpolitischen Konsolidierung des Regimes und nach dem Handlungsspielraum, den es nach innen und gegenüber dem Ausland zu haben glaubte. Naturgemäß war diese Bewegungsfreiheit noch 1933 viel enger als dann nach Kriegsbeginn 1939, als jede Rücksicht auf das Ausland fiel.

In der Anfangsphase mußten die neuen Machthaber noch Rücksicht auf ihre konservativ-bürgerlichen Koalitionspartner, auf den Reichspräsidenten, die Reichswehr, die Bürokratie und die Wirtschaft nehmen und darauf achten, die internationalen Beziehungen vor allem zu den USA und Großbritannien im Interesse des reibungslosen Außenhandels nicht zu sehr zu belasten. Es galt also, dem eigenen Tatendrang noch Fesseln anzulegen, dies auch in der Absicht, die „Machtergreifung" als legal, unblutig und gewaltfrei erscheinen zu lassen. Das allgemeine Ruhe- und Ordnungsbedürfnis in der Bevölkerung in der Weltwirtschaftskrise verbot brutale antisemitische Ausschreitungen oder gar eine Gefährdung der Versorgung durch sie. Erst mußten der Rechtsstaat und rechtsstaatliche Schranken gegen Willkür vernichtet, jede Kontrolle staatlicher Diktaturgewalt ausgeschaltet und möglicher Widerstand, der am ehe-

sten noch in den Organisationen der Arbeiterschaft, selbst Opfer der Verfolgung, in den demokratischen Parteien und Organisationen und in den liberalen Medien zu erwarten war, im Keim erstickt werden. Nur in einem Klima der Einschüchterung konnte das soziale Netz mit den jüdischen Mitbürgern zerrissen werden, das ihnen noch Schutz geboten hatte. Es gehörte zu den bedrückendsten Erfahrungen der Überlebenden, wie schnell und bereitwillig, als dies noch keineswegs von oben gefordert war, die Kontakte zu ihnen gelöst, Freundschaften und Bekanntschaften einseitig aufgekündigt wurden, sei es aus vorauseilender Anpassungsbereitschaft, sei es aus antisemitischer Überzeugung, sei es aus mangelnder Zivilcourage oder aus Furcht, durch diese Kontakte irgendwelche persönlichen Nachteile zu erfahren.
So waren bereits im März 1933 einsetzende Einschüchterungsmaßnahmen gegen die Juden, Zwangsbeurlaubungen, Angriffe auf jüdische Geschäfte und Warenhäuser, Schändungen von Synagogen und Zwangsverschleppungen in „wilde" Konzentrationslager wesentlich das Werk von Stoßtrupps der Partei und SA, freilich voll von der Führung gedeckt, und wurden propagandistisch als „spontane" Äußerungen des „Volkszorns" herausgestellt. Die erste im In- und vor allem im Ausland aufsehenerregende Aktion, der vom 1. bis 3. April laufende und von der politischen Führung angestiftete Boykott jüdischer Geschäfte, Ärzte und Rechtsanwälte, sollte dann einen mehrfachen Zweck erfüllen. Er schuf dem ungestillten Aktionsdrang der Partei- und SA-Mitglieder, die die „nationale" zur „sozialen Revolution" weitertreiben wollten und nunmehr nach Jahren des Kampfes und der Entbehrungen an die „Futterkrippen" ihrer Widersacher drängten, ein Ventil und gab damit zugleich der Regierung die Möglichkeit, durch Aufhebung des Boykotts scheinbare Mäßigung und Disziplin zu demonstrieren. Das „Gesetz zur Wiederherstellung des Berufsbeamtentums" vom 7. April und die folgenden Maßnahmen zur Aufhebung der Emanzipation und zum Ausschluß aus dem Berufsleben ließen sich so als „Vollstreckung des Volkswillens" in durchaus rechtlichen und geordneten Bahnen interpretieren. Schließlich gerieten die Juden in eine Geiselrolle, um durch sie den Abbruch des Boykotts deutscher Waren und Schiffe im Ausland zu erzwingen, der bereits in Versorgungsschwierigkeiten Wirkung zeigte. Das Gesetz vom 7. April 1933 (durch Durchführungsverordnung vom 4. Mai auch auf jüdische Angestellte und Arbeiter im öffentlichen Dienst ausgedehnt) verfolgte zwei Ziele: die Entlassung politisch mißliebiger Beamter (§§ 1,2) und die Versetzung von Beamten, „die nicht arischer Abstammung sind", in den Ruhestand (§ 3). Die Durchführungsverordnung zu diesem Gesetz, das im übrigen in Übereinstimmung mit dem konservativen Koalitionspartner verabschiedet wurde, dekretierte, eine „nichtarische" Abstammung sei „insbesondere dann anzunehmen, wenn ein Elternteil oder Großelternteil der jüdischen Religion angehört

Gesetzgebung

hat". Sie gab damit, wenn es nicht so makaber gewesen wäre, den ganzen Rassenantisemitismus mit seinen Definitionskriterien unfreiwillig der Lächerlichkeit preis. Nun folgten auf dem Verordnungswege die Berufsverbote und berufliche Einschränkungen Schlag auf Schlag: gegen jüdische Rechtsanwälte, Schöffen, Geschworene, Handelsrichter, Patentanwälte, Kassenärzte, Steuerberater, Zahnärzte und -techniker. Das „Gesetz gegen die Überfüllung von deutschen Schulen und Hochschulen" vom 25. April 1933 begrenzte die Neuzulassung jüdischer Schüler und Studenten auf 1,5 % der „Deutschblütigen". Das „Wehrgesetz" vom 21. Mai 1935 erklärte die „arische" Abstammung zur grundsätzlichen Voraussetzung für die Einberufung zum Heeresdienst und zur absoluten Voraussetzung für eine Vorgesetztenposition; nach der Verordnung vom 25. Juli wurden „Nichtarier" in keinem Fall mehr zum Wehrdienst zugelassen. Auch die Ausnahmeregelungen für Kriegsteilnehmer wurden Schritt für Schritt aufgehoben. Immer mehr Verbände und Vereine übernahmen den „Arierparagraphen" in ihre Satzungen und schlossen Juden als Mitglieder aus: u. a. Wirtschafts- und Arbeitgebervereinigungen wie der „Reichsverband der Deutschen Industrie", der „Cartellverband der Katholischen Studenten-Verbindungen" (CV) und traditionsreiche Veteranenvereine.

Verhalten der Juden

Die antisemitische Gesetzgebung kündigte nicht nur ein Jahrhundert jüdischer Emanzipation und schrittweiser Gleichstellung in der bürgerlichen Gesellschaft auf; sie trieb auch zusätzlich zu den damals noch in Deutschland lebenden knapp 500 000 Angehörigen der jüdischen Religionsgemeinschaft weitere Hunderttausende gegen ihren Willen „in den Pferch der Judenheit" (Graml) zurück und zwang Menschen in einen Prozeß der „Re-Judaisierung", die sich teilweise schon seit vielen Generationen in der deutschen Kultur und auch im christlichen Glauben verwurzelt fühlten, besonders im Ersten Weltkrieg als glühende deutsche Patrioten für ihr Vaterland gekämpft hatten und sich vielfach nach der Konversion von Eltern oder Großeltern und nach der Heirat mit nichtjüdischen Partnern ihres Judentums gar nicht mehr bewußt waren. Viele Juden wollten und konnten nicht begreifen, was geschah. Es erschien ihnen unvorstellbar. Die immer radikalere Verfolgung der Juden führte unter ihnen selbst zu tragischen Zerwürfnissen über die angemessene Antwort. Die von Leo Baeck geleitete „Reichsvertretung der deutschen Juden", ein am 17. September 1933 gegründeter Dachverband jüdischer Organisationen, insbesondere aber so nationale Zusammenschlüsse wie der „Centralverein der deutschen Staatsbürger jüdischen Glaubens", der „Verband nationaldeutscher Juden" oder der „Reichsbund jüdischer Frontsoldaten" sowie zahlreiche jüdische Organisationen und Gemeinden bemühten sich, die Machthaber durch besonderes Wohlverhalten auf Toleranz festzulegen, ihre Mitglieder zum Ausharren in Deutschland zu ermuntern und sogar durch Botschaften an jüdische und nichtjüdische Einrichtungen im Ausland die Greuel und Entrechtungen herunterzuspielen. Freilich dachte die Reichsvertretung auch schon an die stärkere Förderung einer jüdischen Auswanderung. Grundsätzlicher Art war aber die Frontstellung gegen die zionistischen Organisationen. Sie antworteten auf das offenkundige Scheitern der Assimilation und auf die antisemitischen Diffamierungen mit einer bewußten Herausstellung der „Hoheit" ihres Judentums und mit dem „Bekenntnis zur jüdischen Nation und jüdischen Rasse" (Rabbiner J. Prinz). Teilweise in Zusammenarbeit mit der SS bereiteten sie zielbewußt u. a. durch berufliche Ausbildungsmaßnahmen für junge Menschen die Auswanderung nach Palästina vor. Denn sie sahen in realistischer und illusionsloser Einschätzung dessen, was kam, keinen Platz mehr für sich im nationalsozialistischen Deutschland.

Fortschreitende Ausgrenzung

Wie sehr die vermittelnde Haltung der Reichsvertretung auf Sand gebaut war und wie schnell sie damit in die tragische Situation geriet, es eigentlich nicht mehr verantworten zu können, den jüdischen Mitbürgern zum Bleiben zu raten, zeigt sich schon in den zwangsweisen Umbenennungen in den nächsten Jahren, in denen sich die schrittweise Entrechtung als Ausgrenzung spiegelte: 1935 Reichsvertretung der Juden in Deutschland, 1939 Reichsvereinigung der Juden in Deutschland. Aus der Nationalität (deutsch) wurde eine Lokalisierung (in Deutschland), aus einer Vertretung von Rechten und Ansprüchen eine unverbindliche Vereinigung. Ging es zunächst um den Aufbau eines eigenen Schul- und Bildungswesens, so verlagerten sich die Aufgaben der Reichsvertretung mit den immer zahlreicheren Berufsverboten auf die Sozialhilfe für die Arbeitslosen, finanziert aus eigenem Vermögen und ausländischen Spenden. Nach der „Reichspogromnacht" konzentrierte sich die Reichsvereinigung dann in der erzwungenen Kooperation mit der SS auf die Förderung der jüdischen Auswanderung, die freilich im Ausland auf erhebliche Widerstände stieß. Denn die jüdischen Auswanderer waren in der Regel verarmt und hatten überwiegend berufliche Qualifikation, für die auf den ausländischen Arbeitsmärkten kein Bedarf bestand. Bis zum Auswanderungsverbot vom 23. Oktober 1941 konnten rund 300 000 von ursprünglich 500 000 Angehörigen des jüdischen Glaubens Deutschland verlassen. In der Auswanderungspolitik des „Dritten Reiches" zeigte sich die ganze Widersprüchlichkeit der Verfolgungsmaßnahmen. Während es im Interesse einer zügigen und relativ geräuschlosen „Lösung der Judenfrage" gelegen hätte, die Emigration mit allen Mitteln zu fördern, taten die braunen Machthaber im Gegenteil alles, um diese Auswanderung durch die Ausplünderung der Juden und durch Devisenschikanen zu behindern. Vieles spricht dafür, daß zumindest ab 1938/39 doch der unmenschliche Vernichtungsdrang des Regimes gegenüber dem Judentum größer war als das Bemühen um eine vergleichsweise noch humane Regelung durch Emigration.

Die innenpolitische Krise im Zusammenhang mit der Röhmaffäre, die internationale Isolierung Deutschlands nach dem Austritt aus dem Völkerbund im Oktober 1933, die für den 13. Januar 1935 bevorstehende Volksabstimmung an der Saar, eine ernsthafte Beeinträchtigung der Geschäftsbeziehungen mit Japan, Indien und Südamerika durch die rassenideologische Aggressivität, vielleicht auch nach dem Mord an dem österreichischen Bundeskanzler Dollfuß eine gewisse Rücksichtnahme auf Mussolini, der das ganze Gerede von der "arischen Rasse" scharf ablehnte, brachten den Juden 1934 eine gewisse Atempause. Spöttisch bemerkte Reichsjustizminister Gürtner vor einer mit der „Judenfrage" befaßten Strafrechtskommission, die Diskussion stifte bereits im Volke Unheil, *wo man immer hört: ‚Die nordische Rasse ist die edle' und sich bedrückt fühlt, wenn man weiß, daß neun Zehntel des deutschen Volkes dieser edlen Rasse gar nicht angehören.* In der Bevölkerung gehe schon das Wort um, *man möge sich doch die Köpfe aller führenden Persönlichkeiten einmal anschauen, ob die nordische Abzeichen haben.*[37]

„Rassengesetzgebung"

Aber die fortlaufenden Forderungen nach einer Bestrafung von „Rassenverrat" und „Verletzung der Rassenehre" sowie nach einer „Blutschutzgesetzgebung" deuteten schon Ende 1934 darauf hin, daß weitere Diskriminierungsmaßnahmen vorbereitet wurden. Unter den gängigen und im Grunde austauschbaren Schlagworten „Rassenhygiene", „Rassenreinheit", „Blutswert", „Volksgesundheit", „Erbgesundheit" oder „Erbpflege" wurde der Rahmen der Ausgrenzung und Isolierung viel weiter gesteckt als nur gegenüber den Juden. Anfang Dezember 1934 wurde in Nürnberg in Anwesenheit Streichers eine Ärztefachtagung über „Rassenhygienische und Erbbiologische Tagesfragen" veranstaltet, die sich angeblich zu einer „machtvollen Kundgebung" gegen „jede weitere jüdisch-rassische Vergiftung und Verseuchung des deutschen Blutes" entwickelt haben soll. Am 2. Dezember forderten die Teilnehmer den Reichsinnenminister Frick auf, dem Erbgesundheitsgesetz vom 14. Juli 1933 bald

den selbstverständlich natur- und volksnotwendigen Abschlußparagraphen folgen zu lassen, des Inhalts, daß jede versuchte körperliche Gemeinschaft zwischen deutscher Frau und Judenstämmling genau so wie vollzogene mit schwerster Strafe geahndet wird.[38]

Nach dem „Gesetz zur Verhütung erbkranken Nachwuchses" vom 14. Juli 1933 – „erster Akt einer auf die ‚Deutschblütigen' bezogenen Rassenpolitik" (Graml) – konnten Menschen als „erbkrank" zwangssterilisiert werden, die an angeborenem Schwachsinn, Schizophrenie, zirkulärem (manisch-depressivem) Irresein, erblicher Fallsucht, erblichem Veitstanz, erblicher Blindheit, erblicher Taubheit, schwerer erblicher körperlicher Mißbildung oder schwerem Alkoholismus litten. Unter diese Definition fielen 1934 ca. 400 000 Menschen. Von deren Unfruchtbarmachung versprach sich das Regime ebenso wie von einer „Blutschutzgesetzgebung“ eine Hebung der „Volksgesundheit unserer Rasse“ und einen deutlichen Rückgang der Pflegekosten in den Behindertenanstalten.

Im Jahre 1935 glaubte das Regime seine Stellung nach außen und nach innen so weit konsolidiert, daß es in der bereits bekannten Taktik zur weiteren rechtlichen Sanktionierung der gesellschaftlichen Isolierung und Ausgrenzung der Juden in den „Nürnberger Gesetzen“ schritt. Wieder wurden „wilde“ und „spontane“ Aktionen von unten vorgeschaltet, um die Stimmung anzuheizen und die nötige Akzeptanz in der Bevölkerung zu sichern, aber auch um den Juden und dem kritischen Ausland vorzugaukeln, der Staat sei in der Lage und entschlossen, ihnen gegen das ungestüme Drängen des „gesunden Volksempfindens“ noch einen – immer enger gesteckten – gesetzlichen Freiraum zum Leben zu garantieren.

Angriffe auf jüdische Geschäfte, Wohnungen und Synagogen, aber auch direkt gegen jüdische Mitbürger und Mitbürgerinnen gingen weiter; Standesbeamte verweigerten die Trauung zwischen „Deutschblütigen“ und Juden; Rufe nach gesetzlicher Bestrafung von „Rassenverrat“ und „Rassenschande“ sowie nach der Verhängung von Strafen für „Rassenmischehen“ wurden lauter; in Parks, Theatern und Schwimmbädern wurde Juden der Zugang durch Schilder wie „Juden unerwünscht“, „Juden raus“, „Juden Zutritt verboten“ oder „Hunden und Juden ist das Baden verboten“ untersagt.

Inzwischen liefen auch die Vorbereitungen für eine „Blutschutzgesetzgebung“ im Reichsjustizministerium – hier gegen den Widerstand Gürtners – und im Reichsinnenministerium unter dem Einfluß Fricks. Er hatte schon lange vor 1933 entsprechende Anträge im Reichstag eingebracht und berief sich auf den „Volkswillen“. Umstritten innerhalb der Ministerialbürokratie und der Parteidienststellen war nur noch der Anwendungsbereich des Gesetzes: Sollte er nur die Juden treffen oder auch „Judenstämmlinge“, also „Mischlinge ersten und zweiten Grades“, und wie stand es um die „Mischehen“?

Die „Nürnberger Gesetze“

Aus Gründen, die wir nicht mehr rekonstruieren können, schaltete sich plötzlich Hitler persönlich ein und forderte sehr kurzfristig für den letzten Tag des „Nürnberger Parteitages“, den 15. September 1935, aus dem Reichsinnenministerium die Vorlage eines „Gesetz zum Schutz des deutschen Blutes und der deutschen Ehre“ (Blutschutzgesetz) und eines „Reichsbürgergesetz“ zur Verabschiedung durch den Reichstag. Er entschied sich bei den vier Entwürfen für das „Blutschutzgesetz“ für die mildeste Version (Fassung D). Das „Blutschutzgesetz“ verbot „Eheschließungen zwischen Juden und Staatsangehörigen deutschen und artverwandten Blutes“ und außerehelichen Verkehr zwischen ihnen. Die Beschäftigung von „weibliche[n] Staatsangehörige[n] deutschen und artverwandten Blutes unter 45 Jahren“ war Juden untersagt, ebenfalls

„das Hissen der Reichs- und Nationalflagge und das Zeigen der Reichsfarben". Das hastig entworfene „Reichsbürgergesetz" unterschied zwischen „Staatsangehörigen", die nur dem „Schutzverband des Deutschen Reiches" angehörten und ihm dafür „besonders verpflichtet" waren, und „Reichsbürgern", also Staatsangehörigen, die „deutschen oder artverwandten Blutes" waren und durch ihr Verhalten bewiesen, daß sie gewillt und geeignet waren, „in Treue dem Deutschen Volk und Reich zu dienen". Nur „Reichsbürger" erhielten das „Reichsbürgerrecht" durch Verleihung des Reichsbürgerbriefes und waren „alleinige Träger der vollen politischen Rechte nach Maßgabe der Gesetze".
Der genauen Festlegung des Begriffes „Jude" durch die „Erste Verordnung zum Reichsbürgergesetz" vom 14. November ging ein wochenlanges Ringen zwischen Ministerialbürokratie, Parteidienststellen, dem Reichsärzteführer Dr. Wagner und dem Reichspropagandaministerium voraus. Hier zeigte sich beispielhaft, daß überall dort, wo sich ein rechtsfreier oder gesetzlich nicht genau fixierter und interpretationsbedürftiger Raum auftat, radikale Tendenzen einer Übererfüllung des ideologischen Pflichtsolls nach vorn drängten und dem Regime eine zusätzliche Eigendynamik zur Radikalisierung gaben. Diesmal konnten sich freilich noch einmal die vergleichsweise gemäßigten Ministerialvertreter gegen eine extensive Auslegung des Begriffes „Jude" sowie gegen die Forderungen nach Zwangsauflösung von „Mischehen" und nach einer Zwangssterilisierung von Zweifelsfällen durchsetzen und so Tausende von „Halbjuden" letztendlich vor der Vernichtung bewahren. Die Durchführungsverordnung bestimmte in § 5 zwar: „Jude ist, wer von mindestens drei der Rasse nach volljüdischen Großeltern abstammt", definierte dann aber als „volljüdisch" die Zugehörigkeit zur „jüdischen Religionsgemeinschaft". „Mischlinge ersten Grades" (zwei jüdische Großelternteile) teilten zwar nicht das Schicksal der Juden, waren aber in ihrer Zwischenstellung zwischen Juden und „Deutschblütigen" vielfältig diskriminiert (etwa bei der Heirat mit „Deutschblütigen") und verloren ihre „Privilegien" dann im Kriege Schritt für Schritt bis hin zur Einweisung in Zwangsarbeit 1944. Auch „Mischlinge zweiten Grades" (ein jüdischer Großelternteil) konnten nicht Beamte werden und waren später ständig von der Einbeziehung in die „Endlösung" durch Heydrich bedroht. Gleicherweise prekär waren die Gnadenerweise für die Eltern von „Mischlingen ersten Grades", die im Gegensatz zu den Eltern von „Geltungsjuden" in einer sogenannten „privilegierten Mischehe" lebten. Obwohl das Delikt „Rassenschande" aus Gründen der Abschreckung immer weiter und willkürlicher ausgelegt wurde, kam es doch noch häufig zu Verfahren wegen Verstößen gegen das „Blutschutzgesetz".
Auch das „Blutschutzgesetz" gehörte in den umfassenden Zusammenhang der „Rassenhygiene". So war es kein Zufall, daß vier Wochen nach

den „Nürnberger Gesetzen“, am 18. Oktober 1935, das „Gesetz zum Schutze der Erbgesundheit des deutschen Volkes“ verabschiedet wurde. Es sah das Eheverbot bei Erbkrankheiten im Sinne des „Gesetz zur Verhütung erbkranken Nachwuchses“ vom 14. Juli 1933, bei „einer geistigen Störung“, bei Entmündigung oder dann vor, „wenn einer der Verlobten an einer mit Ansteckungsgefahr verbundenen Krankheit leidet, die eine erhebliche Schädigung der Gesundheit des anderen Teils oder der Nachkommen befürchten läßt“. Außerdem wurde vor der Eheschließung die Vorlage eines „Ehetauglichkeitszeugnis“ verlangt.
Die Doppelzüngigkeit Hitlers gegenüber den Juden war perfide: Auf der einen Seite vermittelte er ihnen den Eindruck, die – im übrigen vom Regime selbst geschaffene – „Judenfrage“ sei nunmehr auf gesetzlichem Wege abschließend geregelt, das Schlimmste überstanden und er selbst sei der Garant eines Weges des Kompromisses und des Ausgleiches zwischen den widerstreitenden Kräften in der Führung. Viele Juden schöpften wieder Hoffnung, sich im Rahmen der neuen Vorschriften doch noch einen Lebensraum sichern zu können, und kehrten 1935 sogar aus der Emigration nach Deutschland zurück. Auf der anderen Seite ließ der „Führer“ intern keinen Zweifel daran, daß die Isolierung nur eine Etappe hin zum anvisierten Ziel der Vertreibung oder Vernichtung war. So erklärte er schon kurz nach dem Parteitag 1935 vertraulich:
Heraus aus allen Berufen, Ghetto, eingesperrt in ein Territorium, wo sie sich ergehen können, wie es ihrer Art entspricht, während das deutsche Volk zusieht, wie man wilde Tiere sich ansieht.[39]
Die Welle der Berufsverbote und der politischen Entrechtung ging im Gefolge der „Nürnberger Gesetze“ und ihrer zahlreichen Durchführungsverordnungen weiter. Rückblickend wird man sagen können, daß in diesen Jahren eine wichtige Zwischenstufe auf dem Wege nach Auschwitz erreicht wurde. Das „Blutschutzgesetz“ stigmatisierte die Juden als „Unberührbare“, grenzte sie aus der Gesellschaft aus und sperrte sie gleichsam in ein kollektives Ghetto. Das schützende Netz ihrer sozialen Bindungen und Kontakte wurde auf ein Minimum reduziert, das menschliche Antlitz ihnen genommen. Durch ihre Re-Ghettoisierung geriet das tragische Schicksal der deutschen Juden allmählich aus dem Blickfeld ihrer Mitbürger. Sie wurden gerade durch ihre Abkapselung immer mehr verfügbar für Drangsalierungen und Entrechtung, ohne daß sich ernsthafter Widerstand in der Bevölkerung regte. In vielen Familien, vor allem in den sogenannten „Mischehen“, spielten sich unvorstellbare Tragödien ab, die die Partner in Verzweiflung und oft auch in den Selbstmord trieben. Auch zu Trennungen kam es, sei es, um den „arischen“ Partner zu schützen (wodurch in der Regel der „nichtarische“ Partner seinen Schutz verlor), sei es, um persönliche oder berufliche Unannehmlichkeiten zu vermeiden.
Die Olympischen Spiele 1936 in Garmisch-Partenkirchen und Berlin

brachten nur scheinbar eine Wende zum Besseren. Wenn der diskriminierende Schilderwald in Städten und Gemeinden (übrigens nicht selten auch auf Protest der Bäder, die ihre traditionelle jüdische Klientel ausgesperrt sahen!) zeitweilig abgeholzt und auf Übergriffe verzichtet wurde, so nur aus taktischen Gründen, um den ausländischen Besuchern ein Deutschland zu präsentieren, in dem Ordnung und Gesetzmäßigkeit herrschten, und um damit den geschäftsschädigenden „Greuelmärchen" entgegenzuwirken. Wie wir wissen, verfehlte diese gigantische propagandistische Verharmlosung ihre Wirkung auf viele Gäste nicht.

Berufliche Verfolgung

Während die Juden durch mehrere Verordnungen zum „Reichsbürgergesetz" auch aus den meisten freien, akademischen Berufen – zuletzt 1938 als Ärzte und Rechtsanwälte – ausgeschlossen wurden, schien ihnen die Hoffnung zu bleiben, wenigstens in der freien Wirtschaft – als Handwerker oder Fabrikanten, im Handel, als Vertreter oder Bankiers – oder vielleicht auch mit Hilfe ihres Privatvermögens, ihres Besitzes an Immobilien oder Wertpapieren überleben zu können. Aber auch diese letzte Hoffnung erwies sich nach einer kurzen Atempause 1938 als trügerisch. Der endgültige Schlag zur Vernichtung der bürgerlichen Existenz begann: Die „Ausschaltung der Juden aus der Wirtschaft" durch die Ausweitung der Berufsverbote auch auf den Wirtschaftssektor und die „Arisierung" jüdischer Betriebe, Fabriken, Einzelhandelsgeschäfte, Warenhäuser, Banken, Praxen, Apotheken usf. Auch wurden die österreichischen Juden sofort nach dem „Anschluß" im März 1938 in diese Maßnahmen mit einbezogen.

Enteignung und Ausplünderung

Im April 1938 waren bereits mehr als 60 % der jüdischen Betriebe liquidiert oder „arisiert", der Rest führte mangels Kundschaft nur noch ein kümmerliches Dasein. Von Januar bis Oktober 1938 wurden 340 Fabriken sowie 22 jüdische Privatbanken „arisiert", darunter so klangvolle und die deutsche Geldwirtschaft an prominenter Stelle traditionell repräsentierende Namen wie Bleichröder, Warburg, Arnhold, Dreyfus und Hirschland. Im Frühjahr dieses Jahres gab es etwa 60 000 jüdische Arbeitslose, darunter viele Akademiker, die nach Verlust ihrer beruflichen Stellung ein Leben am Rande des Existenzminimums durch Almosen und jüdische Fürsorge führten.

Die Motive für die Enteignung und Ausplünderung der Juden waren sicher vielschichtig: persönliche Bereicherung durch die Aneignung jüdischen Besitzes in der Regel zu Schleuderpreisen, wie bei den Boykottaktionen Ventil für das Austoben eines Radikalantisemitismus, Beseitigung mittelständischer Konkurrenz, staatliche Beutegier und Füllung der öffentlichen Kassen in der Phase einer forcierten Aufrüstung. Dabei dürfte letzteres Motiv eher sekundär gewesen sein. Denn die von staatlichen Stellen den Juden abgepreßten Vermögenswerte beliefen sich auf 2-3 Mrd. RM gegenüber Rüstungsausgaben von 40,5 Mrd. RM in den

Jahren 1935 bis 1938. Zugleich ist zu berücksichtigen, daß die Enteignungsmaßnahmen den Außenhandel und damit die Devisenzufuhr erheblich gestört haben, also rein kommerziell durchaus kontraproduktiv waren. So spricht vieles dafür, daß auch hier der innerste Beweggrund für die Verfolgung wohl in der ideologisch-rassenantisemitischen Zielstrebigkeit gelegen hat, das deutsche Judentum entweder zur Auswanderung zu zwingen oder es auf längere Sicht zu vernichten.

Entrechtung und Diskriminierung

Parallel zur Depossedierung lief wie üblich mit penibler bürokratischer Akribie der Prozeß der Entrechtung und Diskriminierung weiter: Juden, auch nichtjüdische Ehegatten, wurden verpflichtet, ihr in- und ausländisches Vermögen, sofern der Wert über 5000 RM lag, exakt anzugeben, um gegebenenfalls „den Einsatz des anmeldepflichtigen Vermögens im Einklang mit den Belangen der Wirtschaft sicherzustellen". Ebenso wurden „jüdische Gewerbebetriebe" für die Konfiskation registriert und als solche gekennzeichnet. Am 23. Juli 1938 wurden Juden gezwungen, sich eigene Kennkarten ausstellen zulassen. Am 17. August erging die Anordnung, einen zusätzlichen Vornamen anzunehmen, „und zwar männliche Personen den Vornamen Israel, weibliche Personen den Vornamen Sara". Im Oktober wurden Reisepässe mit Geltung für das Ausland mit einem „J" versehen. Alles lief darauf hinaus, auf dem kalten Verwaltungswege den Juden ihre individuelle Identität zu rauben und sie in das Ghetto einer kollektiven und anonymen Identität zu sperren, sie hier zu isolieren und zu wehrlosen Opfern weiterer Erniedrigungen und Drangsalierungen zu machen.

Aber offenbar ging dieser bürokratische Prozeß den Machthabern nicht schnell genug. Auch bestand die Gefahr, daß die rechtswidrige Antastung des geheiligten bürgerlichen Prinzips des Privateigentums, auch wenn es „nur" jüdisches war, dem Regime in den spannungsvollen Monaten des Sommers und Herbstes 1938 zusätzlich im In- und Ausland Schwierigkeiten machen würde.

Die Reichspogromnacht

In dieser mehr oder weniger verfahrenen Situation, in die sich das Regime selbst hineinmanövriert hatte, erlag am 9. November nachmittags in einem Pariser Krankenhaus der Gesandtschaftsrat Ernst vom Rath den schweren Verletzungen, die ihm der siebzehnjährige deutsch-polnische Jude Herzel Grynszpan am 7. November morgens mit mehreren Schüssen in der deutschen Botschaft beigebracht hatte. Über seine Motive ist später viel gerätselt worden. Wahrscheinlich wollte er Rache nehmen für das grausame Schicksal seiner Eltern und seiner beiden Geschwister und der etwa 17 000 Leidensgenossen, die wie sie im verschneiten deutsch-polnischen Niemandsland hin- und hergeschoben wurden, da ihre Staatsangehörigkeit zwischen Berlin und Warschau umstritten war.

Viel bedeutsamer als die Suche nach den Motiven ist jedoch die Tatsache, daß die Machthaber endlich ihren spektakulären Vorwand hatten, um ihre Verfolgungspolitik nach außen propagandistisch „zu rechtfertigen“ und nunmehr mit noch größerer Brutalität und Geschwindigkeit voranzutreiben und daß Goebbels, der hier federführend war, die Gelegenheit sofort mit aller demagogischen Energie und Zielstrebigkeit, derer er fähig war, nutzte und die „Reichspogromnacht“ inszenierte. Der günstige Zufall fügte es, daß sich am 9. November abends die „Alte Garde“ und die Parteiprominenz mit Hitler an der Spitze im Alten Rathaussaal in München fast vollständig zu einem Kameradschaftstreffen zusammengefunden hatte, um des „Marsches auf die Feldherrnhalle“ und der „Blutzeugen“ von 1923 zu gedenken. Als die Todesnachricht aus Paris gegen 21.00 Uhr eintraf, zog sich Hitler nach einer kurzen, intensiven Besprechung mit Goebbels gegen seine Gewohnheit zurück und überließ dem Reichspropagandaminister das Podium. Dies entsprach seiner Taktik auf dem Wege zur „Endlösung“: Der „Führer“ überließ das schmutzige Mörderhandwerk seinen Gehilfen und vermied alles, sich als Staatsoberhaupt durch einen ausdrücklichen diesbezüglichen „Führerbefehl“ zu kompromittieren.

Aber auch Goebbels beherrschte dieses Geschäft: In einem wüsten Hetzappell gab er ab 22.00 Uhr zu verstehen, daß die „spontanen“ Ausbrüche des „gerechten Volkszorns“ zu denen es schon in den beiden Tagen vorher, angeheizt durch den Rundfunk und den „Völkischen Beobachter“ vereinzelt und unkoordiniert gekommen war, zwar nicht von der Partei ausdrücklich und offiziell zu organisieren seien, dort aber, wo sie aufträten, auch nicht behindert werden dürften. Obwohl also, um die ganze Angelegenheit nicht juristisch „aktenkundig“ zu machen, keine Weisung vorlag, wußte jeder der versammelten Partei- und SA-Führer, was von ihm erwartet wurde und daß er von oben voll gedeckt sein würde. Auch das Oberste Parteigericht sprach später von „mündlich gegebenen Anweisungen des Reichspropagandaleiters“. Die Parteiprominenz gab diese mündlichen „Weisungen“ umgehend noch nachts telefonisch bis in die nachgeordneten örtlichen Partei- und SA-Dienststellen weiter. Himmler mißbilligte die Aktionen unter Hinweis auf die prekäre außenpolitische Lage und hielt seinen SS- und Polizeiapparat aus der ganzen Sache heraus. Gestapo und Polizei wurden dann nur zum Schutz „arischen“ Eigentums sowie für die Verhaftungsaktionen eingesetzt.

Auch sonst passierten einige „Pannen“. Im In- und Ausland glaubte niemand ernsthaft an die Versuche, die Urheberschaft der Parteiführung zu leugnen und alles als „spontane Aktionen“ darzustellen. Manche Stoßtrupps der Partei und SA erschienen entgegen den Weisungen in Uniform, manche politischen Leiter reagierten auch gar nicht oder nur halbherzig. Lediglich die SA sah nach den Jahren des Frustes und der Diskriminierungen seit 1934 die alte „Kampfzeit“ der „politischen Soldaten“ zurückgekommen: in Uniform oder in „Räuberzivil“ rühmte man sich ganz unverblümt im alten revolutionären Jargon der Straße, nun sei „die Nacht der langen Messer gekommen" und die „SA werde heute nacht etwas spazierengehen".

Mörder und Schläger wurden auf Intervention von Heß der ordentlichen Gerichtsbarkeit entzogen und blieben straffrei. Das Oberste Parteigericht bescheinigte den Tätern, sie hätten ja nur „den zwar unklar zum Ausdruck gebrachten, aber richtig erkannten Willen der Führung in die Tat umgesetzt."[40]

Bilanz des Pogroms

Die Bilanz des Pogroms, das am 10. November durch die NS-Presse offiziell für beendet erklärt wurde, war erschreckend: mehrere hundert Synagogen waren abgebrannt und weitere hundert geschändet, mindestens 8000 jüdische Geschäfte zerstört und zahllose Wohnungen verwüstet. Nach einem Bericht Heydrichs an Göring belief sich der Gesamtschaden im Reich auf mehrere hundert Millionen RM. Viel bedrückender waren aber die zum erstenmal massenhaft organisierten brutalen Übergriffe auf die Juden selbst. Zwischen 90 und 100 Juden waren erschlagen, niedergestochen oder zu Tode geprügelt, viele Tausende schwer mißhandelt, seelisch gepeinigt und verletzt worden. Hunderte starben noch in den Monaten danach eines qualvollen Todes in Dachau, Buchenwald und Sachsenhausen. In diese Konzentrationslager verschleppte die Gestapo auch für einige Wochen 30 000 verhaftete wohlhabende Juden, um den Auswanderungsdruck zu erhöhen. Aber dies war noch kein Ende der Demütigungen. Auf Betreiben Görings mußten sie auf eigene Kosten die von Partei und SA angerichteten Verwüstungen beseitigen. Das Reich konfiszierte die für die geschädigten Juden vorgesehenen Versicherungsleistungen in Höhe von 225 Mio RM. Zur „harten Sühne" für das Attentat wurde „den deutschen Juden in ihrer Gesamtheit die Zahlung einer Kontribution von 1 Milliarde RM an das Deutsche Reich auferlegt", zahlbar in vier Teilbeträgen bis zum 15. August 1939, wobei alle Juden, die noch ein Vermögen über 5.000 RM besaßen, 20 % flüssig machen mußten. Der Pogrom brachte insgesamt 1,127 Milliarden Mark in die Reichskasse.

Der durch den Berliner Volksmund seit dem 10. November angesichts der mit Scherben übersäten Straßen eingebürgerte Begriff „Reichskristallnacht" sollte endgültig aus unserem Sprachschatz gestrichen und durch „Reichspogromnacht" ersetzt werden, handelt es sich doch nicht nur um zerbrochene Scheiben, sondern um ein den Juden zugefügtes unermeßliches Leid.

Reaktion der Bevölkerung

Die Reaktion der Bevölkerung war unterschiedlich. Nur eine Minderheit, darunter auch Hitlerjungen in Uniform, gesellte sich dem plündernden und brandschatzenden Mob bei, beteiligte sich aktiv am Pogrom und tobte auf diese Weise antijüdische Ressentiments oder Neid gegenüber wohlhabenden Juden aus. Die Mehrheit verharrte schweigend, zeigte sich eingeschüchtert, erschrocken und angewidert von den pöbelhaften Gewaltaktionen oder blickte einfach weg. Aktives menschliches Mitgefühl und Hilfeleistungen für die drangsalierten jüdischen Mitbürger regten sich freilich selten und blieben die mutige Ausnahme. Nur wenige zeigten Zivilcourage. Kritik lösten weniger die brutalen Übergriffe gegen Menschen aus als die sinnlosen Zerstörungen materieller Werte in Milliardenhöhe, die Sorge um das eigene künftige Schicksal in einem Regime, das solcher Verbrechen fähig war, oder auch die Angst um den deutschen Ruf im Ausland.

Ideologische Vorbereitung der Massenvernichtung

Mit dem Novemberpogrom erreichten die Judenverfolgungen eine neue und jetzt auch mörderische Qualität. Nicht daß die „Arisierung der Wirtschaft" jetzt „Schlag auf Schlag" erfolgte, wie Göring frohlockte, daß die Juden aus fast allen öffentlichen Einrichtungen verbannt, ihnen der letzte Rechtsschutz und die letzten Existenzgrundlagen genommen wurden, war das Alarmierende. Das Regime machte auch vor den Menschen selbst nicht mehr halt. Der Weg zur technisch-bürokratischen Massenvernichtung nahm zum erstenmal konkretere Formen an. Es war kein Zufall, daß dies genau zeitlich parallel zu den letzten Vorbereitungen auf den Krieg im Winter und Frühjahr 1939 geschah. Denn erst der Krieg machte die physische „Endlösung der Judenfrage" möglich. Er lieferte nicht nur die deutschen, sondern die europäischen Juden als wehrlose Opfer ihren Mördern aus, lenkte die Aufmerksamkeit der Bevölkerung von den Mordschauplätzen außerhalb des Altreiches in Polen und Rußland ab und verhinderte auch eine Einmischung des Auslandes, während bis Kriegsbeginn das Reich durchaus noch für kritische und aufmerksame Journalisten und Besucher offen und damit noch eine gewisse Zurückhaltung für die Machthaber geboten war. Dies bedeutete für die Juden bis zum 1. September 1939 noch einen Rest Schutz, den sie dann auch verloren.

Auch teils vertrauliche, teils ganz offene Vernichtungsdrohungen häuften sich in diesen Monaten und schufen ein Klima, in dem die Juden jetzt mit dem Schlimmsten rechnen mußten, sofern ihnen nicht noch im letzten Augenblick die Auswanderung mit Hilfe Eichmanns und des „Reichssicherheitshauptamtes" gelang.

Am 12. November erklärte Göring, als Wirtschaftsdiktator für die „Arisierungen" vor allem zuständig, auf einer Konferenz im Reichsluftfahrtministerium, zu der er die Chefs oder Vertreter der an der „Judenfrage" beteiligten Reichsministerien und sonstigen Behörden sowie einen Repräsentanten der deutschen Versicherungswirtschaft geladen hatte:

Wenn das Deutsche Reich in irgendeiner absehbaren Zeit in außenpolitischen Konflikt kommt, so ist es selbstverständlich, daß auch wir in Deutschland in allererster Linie daran denken werden, eine große Abrechnung mit den Juden zu vollziehen.[41]

Am 24. November wurde in einem Artikel im „Schwarzen Korps", der Wochenzeitschrift der SS, aus der Tatsache, daß die isolierten und verarmten Juden als „Parasiten“ in Elend und „allesamt in die Kriminalität absinken“ müßten, die Schlußfolgerung gezogen:

Im Stadium einer solchen Entwicklung ständen wir daher vor der harten Notwendigkeit, die jüdische Unterwelt genau so auszurotten, wie wir in unserem Ordnungsstaat Verbrecher eben auszurotten pflegen: mit Feuer und Schwert! Das Ergebnis wäre das tatsächliche Ende des Judentums in Deutschland, seine restlose Vernichtung.[42]

Am 21. Januar 1939 erklärte Hitler gegenüber dem tschechoslowakischen Außenminister Chvalkovsky nach Ausweis des amtlichen deutschen Protokolls unverhüllt:

Die Juden würden bei uns vernichtet. Den 9. November 1918 hätten die Juden nicht umsonst gemacht, dieser Tag würde gerächt werden.[43]

Den Höhepunkt erreichten die skrupellosen Drohungen Hitlers am 30. Januar 1939 bei seiner üblichen Reichstagserklärung zum Jahrestag der „Machtergreifung“:

Ich bin in meinem Leben sehr oft Prophet gewesen und wurde meistens ausgelacht. In der Zeit meines Kampfes um die Macht war es in erster Linie das jüdische Volk, das nur mit Gelächter meine Prophezeiungen hinnahm, ich würde einmal in Deutschland die Führung des Staates und damit des ganzen Volkes übernehmen und dann unter vielen anderen auch das jüdische Problem zur Lösung bringen. Ich glaube, daß dieses damalige schallende Gelächter dem Judentum in Deutschland unterdes wohl schon in der Kehle erstickt ist. Ich will heute wieder ein Prophet sein: Wenn es dem internationalen Finanzjudentum in und außerhalb Europas gelingen sollte, die Völker noch einmal in einen Weltkrieg zu stürzen, dann wird das Ergebnis nicht die Bolschewisierung der Erde und damit der Sieg des Judentums sein, sondern die Vernichtung der jüdischen Rasse in Europa.[44]

Hitler selbst hat diese Erklärung offenbar für programmatisch so zentral gehalten, daß er in seinen Reden vom 30. Januar 1941 und 30. Januar 1942 wieder auf sie zurückkam, freilich dabei behauptete, er habe diese Drohung mit Kriegsbeginn am 1. September 1939 ausgesprochen. Ob diese falsche Datierung ein Gedächtnisfehler war oder, was wohl näher liegt, noch einmal den unauflöslichen Zusammenhang von Weltkrieg und „Endlösung der Judenfrage“ herausstellen und damit auch rechtfertigen sollte, läßt sich nicht mehr klären.

6. Die Überwindung der Wirtschaftskrise: Ein nationalsozialistisches „Wirtschaftswunder“?

In dem „Aufruf der Reichsregierung an das deutsche Volk“[45] erklärte Hitler am 1. Februar 1933 über den Rundfunk, innerhalb von vier Jahren habe sich seine Regierung „die Rettung des deutschen Bauern zur

Erhaltung der Ernährungs- und damit Lebensgrundlage der Nation" und die „Rettung des deutschen Arbeiters durch einen gewaltigen und umfassenden Angriff gegen die Arbeitslosigkeit" zum Ziel gesetzt. Innerhalb dieser vier Jahre müsse „der deutsche Bauer der Verelendung entrissen" und „die Arbeitslosigkeit überwunden sein". „Gleichlaufend damit" – so der gerade ernannte Reichskanzler – würden die „Voraussetzungen für das Aufblühen der übrigen Wirtschaft" geschaffen. „Zu den Grundpfeilern dieses Programmes gehört der Gedanke der Arbeitsdienstpflicht und der Siedlungspolitik. Die Sorge für das tägliche Brot wird aber ebenso die Sorge sein für die Erfüllung der sozialen Pflichten bei Krankheit und Alter". Gleichzeitig versprach Hitler das „Vermeiden jedes Experimentes der Gefährdung unserer Währung".

Versprechungen des Regimes

Zwar waren die Umrisse des Wirtschafts- und Sozialprogrammes der neuen Regierung alles andere als konkret, ihre Versprechungen dafür aber um so vollmundiger und verheißungsvoller: Außenpolitisch die „Wiedererringung der Freiheit unseres Volkes" und die „Befreiung Deutschlands von den Fesseln des Versailler Diktates", innenpolitisch die „Sanierung unserer Wirtschaft", die Wiedereingliederung von 6 Millionen Arbeitslosen in den Wirtschaftsprozeß, die Rettung des Bauernstandes und die Bewahrung des Sozialstaates.
Vier Jahre später schien, wie angekündigt, das „Wirtschaftswunder" schneller als allgemein erwartet vollbracht: Aus der Massenarbeitslosigkeit war inzwischen Vollbeschäftigung mit ersten Zeichen von Arbeitskräftemangel in der Rüstungsindustrie geworden; die Bauern konnten nach dem Elend der Weltwirtschaftskrise mit Hilfe von Absatz- und Preisgarantien für ihre Produkte, von Subventionen und Entschuldungsmaßnahmen wieder optimistischer in die Zukunft einer gesicherten Existenz sehen; das soziale Netz schien eher noch dichter als in der Weimarer Republik geknüpft; die Wirtschaft „boomte" durch massive Staats- und Wehrmachtsaufträge. Die Industrieproduktion lag über der Vorkrisenzeit, das reale Sozialprodukt pro Kopf höher als in den Zwanzigern. Dagegen schien es eher ein Schönheitsfehler, daß die Siedlungspolitik weit hinter der Weimarer Republik zurückblieb und vor allem daß die extrem hohe Schuldenfinanzierung des Reichshaushaltes die Währung in den Inflationsruin zu treiben drohte.
Das deutsche „Wirtschaftswunder" der dreißiger Jahre erregte nicht nur unter den Zeitgenossen des In- und Auslandes erhebliches Aufsehen, zumal da etwa die USA und Großbritannien die Weltwirtschaftskrise sehr viel langsamer überwanden; vielfach bis heute haben auch die rasche Beseitigung der Massenarbeitslosigkeit, Autobahnbau und Volkswagen gleichsam als Symbole des Aufstiegs in der verklärenden Erinnerung an die Leistungsbilanz des „Dritten Reiches" ein solches Gewicht erhalten, daß seine Verbrechen dahinter zu verblassen drohten. Seine offenkundigen materiellen Erfolge haben dem Regime auch in

Kreisen, die ihm an sich ablehnend gegenüberstanden wie die ehemals gewerkschaftlich organisierten Teile der Arbeiterschaft, eine erhebliche Popularität und Legitimität gesichert. Sie haben in der Bevölkerung zu einer gewissen Entpolitisierung geführt und die Tendenz gefördert, über die negativen Seiten des Nationalsozialismus wie die Zerstörung des Rechtsstaates, die Einschränkung der Freiheit und die gnadenlose Verfolgung seiner Gegner hinwegzusehen oder sie zu verdrängen und den wachsenden allgemeinen Wohlstand seinem Konto gutzuschreiben.

Dabei war das Versprechen, in einem so knappen Zeitraum Brot und Arbeit für alle zu schaffen, für die neuen Machthaber nicht ungefährlich. Denn der plebiszitäre Appell an das Volk, mit dem Hitler seine Regierungserklärung schloß („Nun, deutsches Volk, gib uns die Zeit von vier Jahren, und dann urteile und richte uns!"), legte zumindest propagandistisch das Urteil über die materielle Erfolgsbilanz des Regimes in seine Hand. Hier waren Erwartungen auf Massenwohlstand geweckt, die nicht enttäuscht werden durften. Die traumatischen Erinnerungen an den „Hungerwinter" 1916/17 und an den Zusammenbruch der Heimatfront im Herbst 1918 saßen bei der Weltkriegsgeneration, gerade auch bei Hitler, so tief, daß die nationalsozialistische Führung selbst noch in einer Zeit, als an sich alle Kräfte auf die Rüstungsproduktion hätten gebündelt werden müssen, die ausreichende Befriedigung der Konsumbedürfnisse der „Volksgenossen" sehr ernst genommen hat, um einen gefährlichen Einbruch in der allgemeinen Stimmung und einen Popularitätsverlust zu verhindern. So war es keineswegs nur ein vordergründiger Propagandatrick, wenn die Reichsregierung in den ersten Jahren der Arbeitsbeschaffung, der Überwindung der Weltwirtschaftskrise und der Belebung der Binnenkonjunktur in ihrer Wirtschaftspolitik mindestens einen gleichen, wenn nicht sogar einen höheren Rang als der Aufrüstung eingeräumt hat, um sich zumindest materiell die Massenloyalität zu erhalten, die man auf demokratischem Wege einzuholen nicht mehr gewillt war. „Kanonen und Butter" hieß die Parole, nicht „Kanonen statt Butter".

Arbeitsbeschaffungsmaßnahmen

Dabei konnte die Regierung auch hier wieder auf den Grundlagen aufbauen, die bereits in der Ära Papen und Schleicher gelegt worden waren, und sich überdies eine allgemeine Aufwärtsbewegung der Weltkonjunktur zunutze machen, die sich bereits seit Herbst 1932 abzeichnete. Die Regierung Papen hatte schon ein staatliches Arbeitsbeschaffungsprogramm in Höhe von 302 Mio. RM durchgeführt und vor allem auf indirekte Maßnahmen durch Gewährung von Steuererleichterungen bei der Neueinstellung von Arbeitskräften gesetzt (System der Steuergutscheine). Das Kabinett Schleicher legte das Sofort- oder Gereke-Programm mit 500 Mio. RM für öffentliche Aufträge vor. Die Regierung Hitler stockte zunächst dieses Sofortprogramm um 100 Mio. RM auf. Das erste eigene „Gesetz zur Verminderung der Arbeitslosigkeit" vom 1. Juni 1933 (das sogen. Reinhardt-Programm) sah 1 Mrd. RM für Instandsetzungs- und Ergänzungsarbeiten an privaten und öffentlichen Gebäuden, die Errichtung von Kleinsiedlungen, Tiefbauarbeiten u. a. sowie Sachleistungen an Hilfsbedürftige, Ehestandsdarlehen, eine Spende zur Förderung der nationalen Arbeit und Steuerbefreiungen vor. Das „2. Gesetz zur Verminderung der Arbeitslosigkeit" umfaßte weitere 500 Mio. RM zur Förderung von Instandsetzungs- und Ergänzungsarbeiten an Gebäuden sowie für Steuersenkungen in der Land- und Bauwirtschaft. Die Finanzierung erfolgte nach bewährtem Muster auf dem Wege einer Vorfinanzierung auf Wechselbasis über die an den Programmen mitwirkenden Kreditinstitute. Ergänzend zu den beiden Gesetzen

Autobahnbau

vergaben Reichsbahn und -post eigene Aufträge, wurden steuerliche Maßnahmen zur Konjunkturbelebung verabschiedet und das Gesetz zur Errichtung des Unternehmens Reichsautobahnen (RAB) vom 27. Juni 1933 erlassen mit der Berufung F. Todts zum „Generalinspektor des deutschen Straßenwesens". Vorarbeiten zum später so legendären Autobahnbau auf zunächst privater Basis waren schon Mitte der zwanziger Jahre angelaufen mit der Planung der Strecke Hamburg-Frankfurt-Basel (HAFRABA). Die NSDAP setzte dagegen ausschließlich auf staatliche Initiative. Aus der HAFRABA wurde die „Gesellschaft zur Vorbereitung der Reichs-Autobahnen" (GEZUVOR) mit einer geplanten Streckenlänge von 6900 km. Am 23. September 1933 tat Hitler in Frankfurt den ersten Spatenstich, am 19. Mai 1935 wurde das erste Teilstück Frankfurt-Darmstadt freigegeben, am 15. Dezember 1938 waren insgesamt 3000 km fertiggestellt. Unbestritten an der Zielsetzung des – ursprünglich an den amerikanischen „highways" orientierten – Projektes RAB sind die Förderung des modernen Massenverkehrs und die Arbeitsbeschaffung; erhebliche Zweifel an seiner ursprünglich militärischen Funktion weckt die eindeutige Nord-Süd-Trassenführung, die genau quer zu den militärstrategischen Planungen nach Westen (Frankreich) und Osten (Polen, Tschechoslowakei) lagen. Dabei war für alle Arbeitsbeschaffungsprojekte ausdrücklich der Verzicht auf Maschinen, wo irgendwie möglich, und der Einsatz von menschlicher Arbeitskraft oft zu Hungerlöhnen auf dem Niveau der Arbeitslosenunterstützung vorgesehen. Die Propaganda lief gegen den „Rationalisierungswahnsinn"; Handsteinschlag wurde der Vorzug vor Maschinensteinschlag gegeben. Diese arbeitsmarktpolitisch motivierten Weisungen stießen, da sie allen modernen Anstrengungen einer Produktivitätserhöhung durch Rationalisierung und Maschineneinsatz Hohn sprachen, auf heftigen Widerstand Schachts.

Der Entlastung des Arbeitsmarktes sollten auch die „Ehestandsdarlehen" und der zunächst noch – aus der Weimarer Zeit stammende – freiwillige und dann am 26. Juni 1935 zwangsmäßige Arbeitsdienst für alle männlichen Arbeitskräfte im Alter von 18-25 Jahren sowie der Einsatz von Landhelfern dienen. „Ehestandsdarlehen" erhielten Frauen, die sich verpflichteten, nach der Heirat keine Tätigkeit als Arbeitnehmerin mehr aufzunehmen und die als bedürftig und politisch wie eugenisch zuverlässig eingestuft wurden. Der unverzinsliche Kredit in Form von Bedarfsdeckungsscheinen für den Erwerb von Möbeln und Hausrat konnte maximal 1000 RM betragen und mit 25 % für jedes ehelich geborene Kind „abgekindert" werden. Die bevölkerungspolitisch-demographische Zwecksetzung dieser Maßnahme ist unverkennbar. Anfang 1935 waren für 378 000 Darlehen 206 Mio. RM ausgegeben. Die Einführung der zunächst einjährigen (21. Mai 1935) und dann zweijährigen (24. August 1936) Wehrpflicht schuf eine weitere Entlastung für den Arbeitsmarkt. Zwar ist nicht abzustreiten, daß von Anfang an ein enger und unauflöslicher Zusammenhang zwischen Arbeitsbeschaffung und Aufrüstung bestand und daß die bisweilen getroffene Unterscheidung zwischen einer „Friedensphase" des Regimes und einer erst 1936 mit dem Vierjahresplan einsetzenden Phase der Kriegsvorbereitung weit an den Tatsachen vorbeigeht. So erklärte Hitler auch am 8. Februar 1933 vor dem Reichskabinett:

Jede öffentlich geförderte Arbeitsbeschaffungsmaßnahme müsse unter dem Gesichtspunkt beurteilt werden, ob sie notwendig sei vom Gesichtspunkt der Wiederwehrhaftmachung des deutschen Volkes. Dieser Gedanke müsse immer und überall im Vordergrund stehen.[46]

Lediglich der Reichsarbeitsminister Seldte gab zu bedenken, *daß es neben den rein wehrpolitischen Aufgaben auch andere volkswirtschaftlich wertvolle Arbeiten gebe, die man nicht vernachlässigen dürfe.*

Wirkung der Arbeitsbeschaffungsmaßnahmen

Dennoch besteht kein Zweifel, daß die Arbeitsbeschaffungsmaßnahmen und Konjunkturpolitik mit ihrer Multiplikatorwirkung in fast allen Wirtschaftssektoren und damit die ersten entscheidenden Impulse für den Wirtschaftsaufschwung 1933/34 primär zivilen Charakter trugen. Die zivilen Arbeitsbeschaffungsmittel vielfältiger Art beliefen sich bis Ende 1934 auf insgesamt knapp 5 Mrd. RM (nach anderen Schätzungen belief sich das Gesamtvolumen der Arbeitsbeschaffungsmaßnahmen auf 5,56 Mrd. RM), während die Rüstungsausgaben, die überwiegend erst Ende 1934 anfielen, etwa 3,4 Mrd. RM betrugen (1933: zivil 3,1 Mrd., militärisch 100 Mio. RM)[47]. Die Investitionen in die staatliche Arbeitsbeschaffung lagen 1933/34 mehr als das Dreifache über den gesamten industriellen Investitionen dieser Zeit. Nach Etatposten aufgeschlüsselt, lag das Schwergewicht der staatlich finanzierten Ausgaben bei Verkehrsunternehmen (Reichsbahn, -post, -autobahnen, Schiffahrt) mit 1,684 Mrd. RM, im Wohnungsbau (Instandsetzung, Kleinsiedlung, Eigenheimbau und Stadtsanierung) mit 1,28 Mrd. RM und im öffentlichen Bau (Straßenbau, Versorgungsbetriebe, öffentliche Gebäude, Brücken- und Tiefbau) mit 1 Mrd. RM. Dahinter rangierten die Ausgaben der Reichsanstalt für Arbeitsvermittlung und Arbeitslosenfürsorge u. a. mit Förderungsmitteln für den Arbeitsdienst mit 568 Mio. RM, die Landwirtschaft und Fischerei (Bodenmeliorationen, Siedlungen, Instandsetzungen) mit 389 Mio. RM und die Konsumförderung mit 70 Mio. RM. Auf dem militärischen Sektor schufen Kasernenbauten und Flugplätze Arbeitsmöglichkeiten.

Es wird angenommen, daß der Aufschwung bereits 1935 selbsttragend war. Trotzdem wurde die staatliche Ausgabenpolitik mit einer wachsenden Staatsverschuldung aus nunmehr eindeutig rüstungspolitischen Gründen weitergeführt. Vieles spricht dafür, daß Deutschland auch ohne den Konjunkturschub der Aufrüstung ab 1934/35 – eine eindeutig politische Entscheidung! – die Folgen der Weltwirtschaftskrise, wenn auch vielleicht nicht so schnell und spektakulär, überwunden hätte, zumal wenn die Reichsregierung nicht die ungesunde und letztlich wachstumshemmende Selbstabkapselung vom Weltmarkt und die Autarkie – ebenfalls politische Entscheidungen! -, sondern eine verstärkte Wiedereingliederung der deutschen Wirtschaft in die internationalen Beziehungen mit ihren Wachstumsimpulsen angestrebt hätte.

Überwindung der Wirtschaftskrise

Die Überwindung der Wirtschaftskrise mit Hilfe der staatlichen Arbeitsbeschaffungsmaßnahmen dokumentierte sich auch in den Statistiken[48]: Die Regierung Hitler trat nach einem Jahresdurchschnitt von 5,6 Mio. Arbeitslosen 1932 ihr Amt im Januar 1933 mit einer – auch saisonbedingten – Rekordziffer von 6 Mio. an. Bereits ein Jahr später war diese Zahl auf 3,8 Mio. (Jahresdurchschnitt 1933: 4,8 Mio.; 1934: 2,7 Mio.) gesunken. Der Abwärtstrend sowohl in den monatlichen Erhebungen als auch im Jahresdurchschnitt hielt kontinuierlich an: 1935: 2,2 Mio., 1936: 1,6 Mio. und 1937: 0,9 Mio. Bereits Mitte der dreißiger Jahre herrschte also in Deutschland schon annähernd Vollbeschäftigung und in den Rüstungsbetrieben Arbeitskräftemangel. Die Industrieproduktion erreichte Mitte 1935 den Vorkrisenstand von 1928. Nicht übersehen werden sollten bei diesen Arbeitslosenziffern freilich auch statistische Manipulationen. Auch im internationalen Vergleich konnte sich Deutschland durchaus sehen lassen (Arbeitslosigkeit in Prozent):

Arbeitslosigkeit

	Deutschland	Großbritannien	USA	Frankreich
1932	29,9	22,1	34,0	15,4
1933	25,9	19,9	35,3	14,1
1934	13,5	16,7	30,6	13,8
1935	10,3	15,5	28,4	14,5
1936	7,4	13,1	23,9	10,4
1937	4,1	10,8	20,0	7,4
1938	1,9	12,9	26,4	7,8

In den bruttobezogenen Einkommensziffern der Arbeiter fand das „Wirtschaftswunder“ freilich nach der Zerschlagung der Tarifautonomie und der Gewerkschaften und nach Einführung der Lohnfestsetzung durch staatliche „Treuhänder der Arbeit" keinen so spektakulären Niederschlag. Wenn es hier zu Zuwächsen kam, so vor allem deshalb, weil die durchschnittliche Wochenarbeitszeit schrittweise fast auf das Vorkriegsniveau angehoben wurde:

Wochenarbeitszeit

1913/14: ca. 50-60 Stunden, 1932: 41,5 Stunden,
1933: 42,9 Stunden, 1934: 44,6 Stunden, 1935: 44,4 Stunden,
1936: 45,6 Stunden, 1937: 46,1 Stunden, 1938: 46,5 Stunden,
1939: 47 Stunden (1. Halbjahr), 1942: 49,2 Stunden (März).

Nominallöhne

Die effektiven Brutto-Nominallöhne je Stunde (1928 = 100) stiegen von ihrem Tiefstand 1933: 77 in den folgenden Jahren kontinuierlich: 1934: 79, 1935: 80, 1936: 81, 1937: 86,1939: 89, 1943: 97, erreichten aber auch im Kriege den Stand des letzten „Normaljahres" 1928 nicht. Etwas besser sah es langfristig bei den effektiven Wochenverdiensten aus: 1932: 69, 1933: 71, 1934: 76, 1935: 77, 1936: 80, 1937: 83, 1938: 87, 1939: 90, 1943: 101. Einen deutlichen Gewinn aus der Einsetzung eines Reichskommissars für die Preisbildung am 29. Oktober 1936 mit umfassenden Vollmachten, „volkswirtschaftlich gerechte Preise" durchzusetzen, und aus der Preisstopp-Verordnung vom 26. November 1936, die alle Preise einfror und das Preisniveau tatsächlich stabilisierte, zogen die durchschnittlichen wöchentlichen Reallöhne (1928 = 100), wenngleich auch für Löhne und Gehälter ein Stopp verfügt wurde, den die Rüstungsbetriebe freilich durch Betriebszulagen und Gratifikationen laufend umgingen. Nach einem Tiefpunkt 1932: 86 zogen die wöchentlichen Reallöhne deutlich an und überschritten schon 1937 das Vorkrisenniveau: 1933: 91, 1934: 94, 1935: 95, 1936: 97, 1937: 101, 1938: 105, 1939: 108, 1942: 111, 1943: 109.

Reallöhne

Bei den Nettolöhnen sah das Bild freilich nicht so günstig aus. Denn im Interesse einer Kaufkraftabschöpfung wurden die „Volksgenossen" zunehmend durch Sammlungen, Abgaben, Partei- und DAF-Beiträge usf. belastet. Generell wird man sagen können, daß die Einkommenspolitik des NS-Regimes ausgesprochen besitz- und unternehmerfreundlich war. So hatte sich der Anteil des Arbeitnehmereinkommens am gesamten Volkseinkommen zu Lasten des Einkommens aus Vermögen und Unternehmen in den „golden twenties" 1925/29 von 66,2 % auf 68,5 % erhöht, um dann zehn Jahre später 1933/39 wieder von 68 % auf 63,5 zurückzugehen.

Das nationalsozialistische „Wirtschaftswunder" bedeutete für viele Millionen, soweit sie nicht einer Minderheit angehörten, die aus „rassischen", politischen oder anderen Gründen aus der „Volksgemeinschaft" ausgegrenzt und in die bittere Armut gestoßen wurden, nach dem Massenelend der Arbeitslosigkeit nicht nur einen gesicherten Arbeitsplatz, einen gedeckten Tisch für die Familie und einen wachsenden, wenn auch noch bescheidenen Lebensstandard: im Bewußtsein der Mit- und

Nachlebenden verbanden sich mit ihm auch berufliche Aufstiegschancen in einer expandierenden Wirtschaft, neue und unkonventionelle Karrieremuster durch die Partei und ihre angeschlossenen Organisationen, eine erhöhte Mobilität, zum erstenmal die Möglichkeit, mit Hilfe von „Kraft durch Freude" (KdF) eine Urlaubsreise zu erleben, ein umfangreiches und buntes Kultur- und Unterhaltungsangebot der „Deutschen Arbeitsfront" (DAF) für die Gestaltung der Freizeit, Verbesserungen am Arbeitsplatz mit Hilfe der Aktion „Schönheit der Arbeit", die Hoffnung, mit dem eigenen KdF-Wagen (Volkswagen) in nicht zu ferner Zukunft beweglich zu werden und im Strom des modernen Massenverkehrs mitschwimmen zu können, und viele weitere Annehmlichkeiten der modernen Konsumgesellschaft.

Propaganda-wirkung

Das nationalsozialistische „Wirtschaftswunder" hätte aber wohl niemals bis heute ein so nachhaltiges Echo gefunden, wenn es dem Regime nicht auch gelungen wäre, es meisterhaft mit allen Mitteln der Propaganda, die ihm zur Verfügung standen, populistisch „zu verkaufen". Für die Presse ließ sich Hitler in wirkungsvoller Pose mit dem ersten Spatenstich für den Bau der Autobahn als Symbol eines Neuanfanges ablichten, Grundsteinlegungen für Kleinsiedlungen und Deichbauten wurden als Ausdruck des sozialen Gewissens gefeiert und groß herausgestellt, Eröffnungen von neuen Streckenabschnitten im Fernstraßenbau in den Rang nationaler Großereignisse hochstilisiert. Regierungserklärungen und andere amtliche Verlautbarungen, Pressefotos und Reportagen, Wochenschauen und Propagandafilme waren darauf abgestimmt, eine optimistische nationale Aufbruchsstimmung und den Eindruck nationaler Solidarität in der „Volksgemeinschaft" zu vermitteln. Wo es kriselte oder nicht schnell genug ging, wurde von oben zum „Generalangriff gegen die Arbeitslosigkeit" geblasen und in der martialischen Sprache des Regimes zu diversen gesellschaftlichen „Schlachten" – zur „Erzeugungsschlacht", zur „Arbeitsschlacht" oder zur „Ernteschlacht" – mobilisiert. Wer dennoch in Distanz blieb und sich nicht überrollen lassen wollte, wurde von Goebbels als „Miesmacher" und „Kritikaster" diffamiert und mit dem Ausschluß aus der „Volksgemeinschaft" bedroht. Die Popularität der nationalsozialistischen Führung und Hitlers gründete sich also keineswegs nur auf die harten Fakten des Erfolges, sondern ganz wesentlich auch auf ihre massenpsychologische Verpackung. Sobald der Verstand kritische Fragen zu formulieren begann, bemühten sich die Machthaber, die „Volksgenossen" der betäubenden emotionalen Sogwirkung nationaler Massenbegeisterung auszusetzen. Steigender Lebensstandard wurde in dem motivierenden Gefühl erlebt, daß es sich nach den Jahren tiefer Depression und Verzweiflung wieder lohnte, zu schaffen und zu investieren. Auch im emotionalen Bereich entwickelten sich also zusätzlich Schubkräfte für das „Wirtschaftswunder".

7. Die Blomberg-Fritsch-Krise Anfang 1938: Die Wehrmacht auf dem Wege zum nationalsozialistischen Herrschaftsinstrument

Blomberg

Am 27. Januar 1938 nahm Hitler eine Mesalliance mit einer Dame, die, wie es hieß, in einschlägigen Berliner Kreisen bekannt war und eine „gewisse Vergangenheit" haben sollte, zum Anlaß, seinen Reichskriegsminister und Oberbefehlshaber der Wehrmacht, den Generalfeldmarschall Werner v. Blomberg, aus seinem Amt zu entlassen. Die nicht standesgemäße Ehe galt als unvereinbar mit dem Ehrenkodex eines deutschen Offiziers. Hitler scheint wirklich „völlig überrascht und zutiefst schockiert" gewesen zu sein.[49] Die Angelegenheit war insofern pikant, als er am 12. Januar 1938 mit Göring als Trauzeuge an der zweiten Eheschließung des verwitweten Feldmarschalls teilgenommen hatte. Blomberg fiel einer Intrige Görings zum Opfer. Dieser war über die Hintergründe der Ehe vorher weitgehend informiert gewesen und ließ den Feldmarschall, offenkundig weil er selbst an die Spitze der Wehrmacht drängte und in ihm deshalb einen lästigen Rivalen sah, gleichsam in das offene Messer laufen. Blombergs Verhältnis zu Hitler dagegen scheint bis zuletzt intakt geblieben zu sein. Der „Führer" hatte auch keinen Grund, an der Treue und Loyalität seines willfährigen Gefolgsmannes zu zweifeln. Fasziniert von der „nationalen Dynamik" des Nationalsozialismus, war Blomberg von Anfang an mit Beflissenheit bereit, die Armee fest in den „neuen Staat" zu integrieren und zu seinem zuverlässigen Werkzeug zu machen.

von Fritsch

Politisch viel brisanter waren die unwürdigen Umstände um die Entlassung des zweiten Opfers der Säuberungen an der militärischen Spitze, des Oberbefehlshabers des Heeres und Generalobersten Werner Freiherr von Fritsch, am 4. Februar. Obwohl seinem „Führer" persönlich auch über die skandalöse Trennung hinaus mit einem fast unerklärlichen Maß von Selbstverleugnung ergeben, war Fritsch doch politisch kein so bequemer Mann wie Blomberg. Im Gegenteil, auf ihn konzentrierten sich immer mehr die Hoffnungen all derer, die der riskanten und aggressiven Außen- und Kriegspolitik Hitlers mißtrauten. Wie wir freilich heute wissen, hatte auch Fritsch nicht das Zeug zum Frondeur, ebensowenig wie die meisten seiner Offizierskameraden.

Fritsch verstand sich als „Mittler zwischen Alt und Neu" (Müller). Seine Loyalität gegenüber dem neuen Regime verband er mit dem Bekenntnis zu den erprobten Werten der preußischen Überlieferung. Verwurzelt in der konservativen Militärtradition, bestand er auf der Kooperation zwischen Militär-Elite und Nationalsozialisten im neuen Staat und stemmte sich gegen die Versuche der Parteiorganisationen, den Autonomie-Anspruch der Militärs und damit das Prinzip der gleichberechtigten Partnerschaft auszuhöhlen und die Streitkräfte durch eine forcierte Nazifizierung zu einem gefügigen politischen Instrument zu machen. Als Blomberg bei der Übergabe seines Rücktrittsgesuches an Hitler Fritsch als seinen möglichen Nachfolger ins Spiel bringen wollte, wehrte Hitler deshalb sofort unter Hinweis auf laufende Ermittlungen wegen des Vorwurfes der Homosexualität ab. Für die folgenden Wochen und Monate läßt sich kaum sagen, was verhängnisvoller und bedrückender war: die zynische Akribie, mit der Göring und Himmler auch dann noch Belastungsmaterial zusammentrugen, als sich die Haltlosigkeit der ganzen Anklage längst erwiesen hatte; die fatalistische Passivität und der Mangel an Widerstandswillen, mit dem Fritsch alle Demütigungen von der Gegenüberstellung mit einem kriminellen und mehrfach vorbestraften „Belastungszeugen" bis zum peinlichen Gestapoverhör über sich ergehen ließ und am Ende auf eine öffentliche und volle Rehabilitierung verzichtete, um am Beginn des Polenfeldzuges den Freitod zusuchen; die perfide Verschlagenheit, mit der Hitler eben diese Rehabilitierung persönlich hintertrieb, oder die Feigheit und das völlige Fehlen von Selbstachtung, mit dem das Offizierskorps seinen prominenten und verehrten Kameraden und Standesgenossen fallenließ und auf eine Wiedereinsetzung ins Amt am Ende verzichtete. Der Militärführung war endgültig das moralische Rückgrat gebrochen, nachdem sie schon 1934 die Ermordung der Generale von Schleicher und von Bredow billigend zur Kenntnis genommen hatte. Eine eigenständige politische Rolle konnte sie fortan nicht mehr wahrnehmen. Geschlossenheit und traditionelle Solidarität des Offiziersstandes waren zerbrochen, Korpsgeist wurde immer mehr zum Fremdwort. Hitlers Verachtung für die alte Offizierskaste sollte bald keine Grenzen mehr kennen. Im Kriege behandelte er die Generale nur noch als seine Handlanger und Werkzeuge.

Errichtung des OKW

Er übernahm als „Führer" persönlich den Oberbefehl über die Steitkräfte, löste das Reichskriegsministerium auf und schuf sich mit dem ihm direkt unterstellten „Oberkommando der Wehrmacht" (OKW) unter Keitel eine ihm absolut gefügige Verwaltungs- und Kommandobehörde. Neben Blomberg und Fritsch wurde eine größere Anzahl von Generalen und einige Monate später der Generalstabschef Beck in die Wüste geschickt. Göring wurde mit der Beförderung zum Generalfeldmarschall abgespeist. Brauchitsch als Nachfolger von Fritsch und Halder als neuer Generalstabschef sollten keine Ambitionen mehr entwickeln, dem „Führer" auf dem nunmehr eingeschlagenen abschüssigen Weg in den Krieg mit Mut und Charakter entgegenzutreten. Brauchitsch machte die Übernahme seines neuen Amtes von einer erheblichen finanziellen Unterstützung bei der Abwicklung seiner Ehescheidung abhängig und gab sich damit von Anfang an Hitler in die Hand.

Wer allerdings geglaubt hatte, daß nunmehr mit der neuen Spitzengliederung ein schlagkräftiges militärisches Führungsinstrument für den Krieg geschaffen war, sah sich schnell getäuscht. Die drei Wehrmachtteile konnten auch künftig nicht koordiniert werden, das Chaos rivalisierender Ämter verstärkte sich eher noch. Denn Göring als Oberbefehlshaber der Luftwaffe und Raeder als Oberbefehlshaber der Marine nutzten, wenn es um die Durchsetzung eigener Rüstungsinteressen ging, ihre Immediatstellung zu Hitler rücksichtslos aus und lehnten es strikt ab, sich von Keitel Weisungen geben zu lassen. Das OKW konkurrierte mit dem Oberkommando des Heeres (OKH) und dem Generalstab, später im Kriege OKW- mit OKH-Kriegsschauplätzen. Schließlich wurde die Waffen-SS mit 38 Divisionen und allen Waffengattungen als Konkurrenzheer ausgebaut und entzog sich überhaupt jeder Kontrolle durch die militärische Spitze.

Entmachtung der Konservativen Elite

Ein Blick über das militärische Revirement hinaus macht deutlich, daß es nur Teil eines Prozesses war, in dem es Hitler im Winter 1937/38 mit Zielstrebigkeit und unter raffinierter Ausnutzung sich bietender Gelegenheit gelang, alle bis dahin noch weitgehend unabhängigen Bastionen der nationalkonservativen „Einrahmung" von 1933 zu schleifen und sich damit jeder kontrollierenden Einwirkung auf seine „Führergewalt" durch eigenständige Machtfaktoren von Gewicht künftig rücksichtslos und mit Erfolg zu entziehen: Schacht mußte seine Kompetenzen als Reichswirtschaftsminister Schritt für Schritt dem neuen „Beauftragten für den Vierjahresplan" und „Wirtschaftsdiktator" Göring abtreten. Er machte sein Amt durch seinen Rücktritt am 26. November 1937 für den farblosen Funktionär Walther Funk (ab 4. Februar 1938) frei, der am 20. Januar 1939 auch den Posten des Reichsbankpräsidenten von Schacht unter politischer Gleichschaltung des höchsten Währungsinstitutes übernahm. Am 5. Februar 1938 wurde der blinde Gefolgsmann Hitlers, Joachim v. Ribbentrop, als Nachfolger des konservativen Karrierediplomaten v. Neurath zum Reichsaußenminister ernannt. Das Reichskabinett trat zum letztenmal zur Entgegennahme der Informationen über die institutionellen und personellen Veränderungen durch Hitler zusammen. Zwar war die Zäsur des Jahres 1938 gerade auch im Blick auf den späteren weltanschaulichen Vernichtungskrieg gegen Polen und die Sowjetunion, in den sich die Wehrmacht als Werkzeug so tief verstricken lassen sollte, unübersehbar. Die schrittweise Erosion der autonomen Machtstellung der Militär-Elite im „Dritten Reich" und ihre freiwillige Unterwerfung unter den Führungsanspruch Hitlers und der Partei zeichnete sich aber schon bald nach 1933 ab. Ihr Einfluß selbst in militärpolitischen und strategischen Fragen wurde immer geringer.

Hitlers Bündnis mit den Militärs

Dabei war die „Entente" (Müller) zwischen den traditionellen Eliten und der Hitlerbewegung, in der dem Militär, noch gedeckt durch Hindenburg als obersten Befehlshaber, zunächst eine Schlüsselstellung zukam, auf eine sehr weitgehende und tragfähige „Teilidentität der politischen Ziele" (Messerschmidt) gegründet. Das Militär setzte auf Hitlers Unterstützung beim Abschütteln der Fesseln von Versailles und bei der Wiederaufrüstung. Denn das 1932 von der politischen und militärischen Führung genehmigte Zweite Rüstungsprogramm, das eine Verdreifachung der Reichswehr von 100 000 auf 300 000 Mann und von 7 auf 21 Divisionen vorsah, stieß personell an seine Grenzen, wenn es nicht auf das Reservoir von Wehrpflichtigen zurückgreifen konnte. Insofern ging die Initiative zum Austritt aus der Genfer Abrüstungskonferenz und aus dem Völkerbund im Herbst 1933 auch nicht von Hitler, sondern von Blomberg und Neurath aus. Die Militärs waren fasziniert von der Aussicht auf den Wiederaufstieg Deutschlands zur europäischen Großmacht und von der zentralen politisch-gesellschaftlichen Rolle, die der bewaffneten Macht dabei zufallen würde.

Noch etwas sehr Wesentliches verband Reichswehrführung und Hitler: das aus den Erfahrungen des Ersten Weltkrieges gewonnene und in den zwanziger Jahren theoretisch weiterentwickelte Bild eines totalen, technisierten und industrialisierten modernen Krieges der Zukunft, auf den hin es zu rüsten gelte. Die Aufstellung eines Massenheeres, die Vorbereitung eines Wirtschaftskrieges, industrielle Massenfertigung und technologische Perfektion, die totale Mobilisierung und Militarisierung der Heimatfront und die Weckung des nationalen „Wehrwillens“ würden alle Grenzen des überkommenen „Kriegshandwerks“ sprengen und die Vorstellungskraft eines tradierten eingleisigen militärischen Ressortdenkens weit hinter sich lassen. Die Ausrichtung der gesamten Innenpolitik auf den bewaffneten Konflikt setzte, darüber bestand weite Einigkeit, einen starken autoritären Staat voraus, der sich durch keine Rücksichten auf Parlamente und demokratische Mitbestimmungsforderungen in seiner unbeschränkten Entscheidungsgewalt würde hemmen lassen. Das moderne Bild einer totalitär durchorganisierten und für den Krieg präparierten Gesellschaft traf sich hier mit der überkommenen geistig-politischen Verwurzelung der preußisch deutschen Führungseliten im alten Obrigkeitsstaat und ihren auch in der Weimarer Republik weitergepflegten antidemokratisch-antiparlamentarischen Ressentiments.

Hitler schien in dieser „Entente“ nicht mit leeren Händen zu kommen und die Erwartungen zu erfüllen. Schon am 3. Februar 1933 sprach er sich vor den Befehlshabern des Heeres und der Marine im Hause des Chefs der Heeresleitung, von Hammerstein-Equord, für die „völlige Umkehrung der gegenwärtigen innenpolitischen Zustände in Deutschland“ und für die „Ausrottung des Marxismus mit Stumpf und Stiel“ aus.[50] Im Protokoll heißt es weiter:

Einstellung der Jugend u. des ganzen Volkes auf den Gedanken, daß nur d. Kampf uns retten kann u. diesem Gedanken gegenüber alles zurückzutreten hat [...] Ertüchtigung der Jugend u. Stärkung des Wehrwillens mit allen Mitteln [...] Straffste autoritäre Staatsführung. Beseitigung des Krebsschadens der Demokratie!

Gleichzeitig versprach Hitler seinen Generalen den „Aufbau der Wehrmacht", die Wiedereinführung der allgemeinen Wehrpflicht und das Waffenträgermonopol der bewaffneten Streitkräfte gegenüber den ehrgeizigen Ambitionen Röhms und seiner SA. Die Wehrmacht habe „unpolitisch und überparteilich" zu bleiben, während „der Kampf im Innern" die Aufgabe der nationalsozialistischen Organisationen sein werde.

„Zwei-Säulen-Theorie"

Diese gleichberechtigte Arbeitsteilung zwischen Wehrmacht und NSDAP – hier Aufrüstung und Militärpolitik, dort politische Erziehung, innere Sicherheit, politische Führung und Propaganda – garantierte Hitler noch einmal im Januar 1934 in seiner „Theorie der zwei Säulen". Die Staatsführung werde, erklärte er am 30. Januar 1934, also am Jahrestag der „Machtergreifung", öffentlich vor dem Reichstag

von zwei Säulen getragen, politisch von der in der nationalsozialistischen Bewegung organisierten Volksgemeinschaft, militärisch von der Wehrmacht. Es wird für alle Zukunft mein Streben sein, dem Grundsatz Geltung zu verschaffen, daß der alleinige politische Willensträger der Nation die nationalsozialistische Partei, der einzige Waffenträger des Reiches die Wehrmacht ist.[51]

Freilich scheint der Reichswehrführung damals in ihrem Wunschdenken entgangen zu sein, daß diese Zusicherung schon in dem Augenblick, in dem sie ausgesprochen wurde, eine pure Illusion und nur ein taktisches Manöver für Hitler war, um sich in dem sich zuspitzenden Konflikt mit Röhm der Unterstützung der Streitkräfte zu vergewissern. Denn eine Partei, die sich als Verkörperung des totalitären Staates schlechthin und als alleiniger politischer Willensträger verstand, und ein „Führer", der in allen Angelegenheiten dieses Staates das Entscheidungsmonopol für sich beanspruchte, konnten keine Konkurrenz und keine autonomen Machtzentren neben sich dulden.

Unterordnung der Reichswehr

Aber offenbar haben Blomberg und sein Chef des Ministeramtes, der überzeugte Nationalsozialist General von Reichenau, das Illusionäre ihrer Wunschvorstellungen damals nicht gesehen oder nicht sehen wollen. Denn der Weg zur Blomberg-Fritsch-Krise im Februar 1938 war gepflastert mit ständigen Vorleistungen und Akten der freiwilligen Selbstgleichschaltung seitens der Reichswehrführung gegenüber Hitler. Reichenau vertraute – in Übereinstimmung mit Blomberg – darauf, daß es durch den Aufbau eines engen Vertrauensverhältnisses zwischen Hitler und bewaffneter Macht gelingen werde, dieser eine bevorzugte und stärkere Stellung im neuen Staat zu sichern und die drohende Konkurrenz von Partei und SA abzuwehren. Seine Parole lautete:

Unser Weg geht nach vorn, das heißt also: Hinein in den neuen Staat und dort die uns gebührende Position behaupten.[52]

Blomberg führte im konkreten Vollzug seiner „Politik der Öffnung" gegenüber dem nationalsozialistischen Staat ohne Not per Erlaß am 28. Februar 1934 den „Arierparagraphen" in die Reichswehr ein (von dem freilich nur 70 Reichswehrangehörige betroffen waren) und machte auch sofort 1935 die „Nürnberger Gesetze“ und ihre Durchführungsverordnungen für die Wehrmacht verbindlich. Er dekretierte die Übernahme für die Streitkräfte. In der „Röhmaffäre“ zeichnete sich der Reichswehrminister nicht nur durch eine bedingungslose Unterstützung der Mordaktionen gegen die SA-Führung und eine kritiklose Hinnahme der Ermordung Schleichers und Bredows aus, sondern auch durch seinen Tagesbefehl vom 1. Juli 1934, mit dem er das kriminelle Vorgehen Hitlers offiziell rechtfertigte und der einen ersten spektakulären Höhepunkt seines bedingungslosen Kurses der freiwilligen Anpassung an das Regime darstellte:

Der Führer hat mit soldatischer Entschlossenheit und vorbildlichem Mut die Verräter und Meuterer selbst angegriffen und niedergeschmettert. Die Wehrmacht als der Waffenträger des gesamten Volkes, fern vom innenpolitischen Kampf, wir danken durch Hingabe und Treue! Das vom Führer geforderte gute Verhältnis zur neuen SA wird die Wehrmacht mit Freude pflegen im Bewußtsein der gemeinsamen Ideale.[53]

Der Eid auf den „Führer“

Ein weiterer Höhepunkt vorauseilenden Gehorsams war wenige Wochen später unmittelbar nach dem Tode Hindenburgs die von Blomberg am 2. August 1934 verfügte, von Hitler aber noch gar nicht eingeforderte Eidesleistung auf den „Führer des Deutschen Reiches und Volkes“ und damit Obersten Befehlshaber der Wehrmacht persönlich:

Ich schwöre bei Gott diesen heiligen Eid, daß ich dem Führer des Deutschen Reiches und Volkes, dem Oberbefehlshaber der Wehrmacht, unbedingten Gehorsam leisten und als tapferer Soldat bereit sein will, jederzeit für diesen Eid mein Leben einzusetzen.

In seinem Dankeswort sagte Hitler noch einmal zu, „die Wehrmacht als einzigen Waffenträger in der Nation“ verankern zu wollen, ging aber keinerlei Gegenbindung ein.

Dieser persönliche Eid auf Hitler sollte später für viele eine unübersteigbare ethische Barriere für aktive Widerstandshandlungen gegen das Unrechtssystem darstellen und selbst die wenigen, die sich schließlich zum Tyrannenmord durchrangen, in schwere, teilweise auch religiös motivierte Gewissenszweifel stürzen und dies noch zu einem Zeitpunkt, als der „Führer“ selbst durch seinen Weltanschauungskrieg und seine mörderischen Befehle die herkömmliche Basis jedes persönlichen Fahneneides, ein gegenseitiges Verhältnis des Schutzes, der Fürsorge und des Vertrauens zwischen dem Kriegsherrn und seinen Soldaten, längst einseitig zerstört hatte.

Die Einführung der nationalpolitischen Schulung in die Reichswehr 1934 mit Hilfe von Schulungsmaterialien der Partei machte deutlich, daß die Reichswehrführung das alte Ideal des „unpolitischen Soldaten“ längst hinter sich gelassen hatte und das Leitbild des überzeugten Nationalsozialisten in Wehrmachtsuniform anstrebte.

Die Reichswehrführung hatte sich aber nicht nur seit 1934 schrittweise immer tiefer in den nationalsozialistischen Unrechtsstaat verstrickt und die politische Distanz zur Hitlerbewegung gezielt abgebaut, sie stellte Hitler auch innerhalb weniger Jahre mit allen Kräften, die ein militärisch-professioneller Ressortehrgeiz zu entfesseln vermochte, eben jenes Instrument zur Verfügung, mit dem er seine Außenpolitik des Vabanque, der Drohungen und der „blitzartigen" Überraschungscoups ohne größeres Risiko glaubte durchführen zu können. Dabei war der schnelle und von Beck wesentlich mitverantwortete Übergang von der defensiven Planung der Weimarer Republik zur Offensivrüstung und zur strukturellen Angriffsfähigkeit gleichsam „aus dem Stand" wie am 1. September 1939 mit Hilfe einer „Breitenrüstung" und des Aufbaus von motorisierten „leichten Divisionen", Panzerstreitkräften und einer operativen Luftwaffe unverkennbar [54]. Bereits im August 1936 zielten die Planungsvorgaben einer politisch motivierten, aber in jeder Form überstürzten Aufrüstung auf ein Feldheer von 2,5 Mio. Mann und 44 Divisionen, für den 1. Oktober 1939 wurde im Rüstungsplan des Allgemeinen Heeresamtes vom 1. August 1936 ein Kriegsheer von 4,62 Mio. und 102 Divisions-Verbänden – höher als 1914! – vorgesehen. Rüstungs-Konzepte

Die Führung der – mit dem „Gesetz für den Aufbau der Wehrmacht" vom 16. März 1935 erstmalig so genannten – Streitkräfte (vorher Reichswehr) mit dem Reichskriegsminister von Blomberg (vorher Reichswehrminister) an der Spitze setzte sich mit diesen gigantischen Rüstungsvorhaben ganz im Sinne Hitlers einem gefährlichen selbstinduzierten Zeitdruck aus. Aber auch der Zeitpunkt der Entscheidung darüber, wann und in welcher Form dieses Offensivinstrument, sollte es nicht veralten und damit schnell stumpf werden, einzusetzen sei, rückte immer näher. Die militärische Führung mit Blomberg, Fritsch, Beck, Göring, Raeder u.a. war damit vor die „Sinnfrage ihres Handelns" (Deist) gestellt. Der Chef des Allgemeinen Heeresamtes, General Friedrich Fromm, hat aus seiner militärischen Sicht bei der Vorlage des Aufrüstungsplanes vom 1. August 1936 an den Oberbefehlshaber des Heeres, Fritsch, die zentrale Frage unmißverständlich und knapp formuliert: „Es muß also anschließend an die Aufrüstungsperiode bald der Einsatz der Wehrmacht erfolgen oder eine Milderung des Zustandes dadurch erreicht werden, daß die Forderungen an die Höhe der Kriegsbereitschaft gesenkt werden."[55] Eine klare Antwort auf diese Frage erhielt Fromm von Fritsch ebensowenig, wie der Oberbefehlshaber des Heeres bereit war, sich für die Drosselung der Aufrüstung auf ein rüstungswirtschaftlich vernünftiges und machbares Maß einzusetzen.

Im Herbst 1937 nahm die Gefahr eines Zweifrontenkrieges gegen die Tschechoslowakei und Frankreich und damit auch eines europäischen Krieges innerhalb der nächsten Jahre, spätestens aber in der ersten Hälfte der vierziger Jahre zum erstenmal konkrete Formen an. Äuße-

rungen Hitlers über entsprechende Angriffsabsichten auf der berühmten Oberbefehlshaberbesprechung vom 5. November 1937, die uns in großen Zügen durch die etwas spätere Gedächtnisniederschrift des Obersten Hoßbach und durch seine Erinnerungen überliefert ist[56], haben in der Wehrmachtführung, vor allem bei Blomberg, Fritsch und Beck, aber auch bei Neurath Alarm ausgelöst. Statt ihrem „Führer" vorbehaltlos zuzustimmen, äußerten die beiden Generale und der Reichsaußenminister erhebliche Bedenken hinsichtlich der Möglichkeit der Lokalisierung eines mitteleuropäischen Krieges. Sie beschworen die Gefahr eines Eingreifens Frankreichs und Großbritanniens zugunsten Österreichs und der Tschechoslowakei und wiesen darauf hin, daß die deutsche Westgrenze angesichts der französischen Überlegenheit und des noch ganz ungenügenden Ausbaues des „Westwalles" bei einem Kriegseintritt der Westmächte in höchstem Maße bedroht sein werde. All dies werde die deutschen Abwehrkräfte übersteigen.
Diese ersten Konflikte zwischen Hitler und seinen Militärs über den Einsatz des Kriegsinstrumentes im Winter 1937/38 müssen sicher in die Bewertung der Blomberg-Fritsch-Krise als Hintergrund mit einbezogen werden, wenngleich anzunehmen ist, daß Hitlers Verhältnis zu Fritsch und Beck durch die geäußerten Bedenken sehr viel nachhaltiger gestört war als seine Beziehungen zu Blomberg.
In diesen Wochen zeigte sich auch, wie brüchig die „Zwei-Säulen-Theorie" von Anbeginn gewesen ist und wie sehr alle Hoffnungen der Militär-Elite an den wirklichen Realitäten der Macht im „Führerstaat" vorbeigingen, sie könne sich durch die loyale Kooperation im neuen Staat ein wirkliches Mitspracherecht sichern. Mitspracherecht hieß aber für Militärs wie Beck nicht nur eine gewisse militärtechnische Entscheidungsfreiheit in der Planung und Organisierung der Aufrüstung, Mitspracherecht hieß für sie vor allem, mitentscheiden zu können über den Zeitpunkt und die Umstände des Einsatzes der Wehrmacht, mithin also über die Militär- und Außenpolitik des „Dritten Reiches". Damit aber meldeten sie Ansprüche in politischen Kernbereichen an, die Hitler ausdrücklich zu seiner ureigenen Domäne erklärt hatte. Um kein Mißverständnis aufkommen zu lassen: Auch die Vertreter der nationalkonservativen Eliten, die Steigbügelhalter Hitlers von 1933, dachten und planten in den traditionellen Kategorien von Revision und Großmachtpolitik und waren auch bereit, die Wehrmacht zumindest als Drohinstrument, wenn nicht sogar real einzusetzen, freilich unter der Bedingung, daß das Risiko kalkulierbar blieb und nicht am Ende beim zweiten Anlauf zur europäischen Hegemonialmacht wieder eine militärische Niederlage abzusehen war.
In diesem Augenblick drohte der „böhmische Gefreite" das Kriegsinstrument vorzeitig und unter einem außenpolitisch nicht mehr kalkulierbaren Risiko aufs Spiel zu setzen und damit die mühsame Aufbauar-

beit von Jahren zu gefährden. Übrigens waren Abneigung und Verachtung durchaus gegenseitig. Soll Fritsch einmal über sein Verhältnis zu Hitler geäußert haben, er trage ein Monokel, „damit mein Gesicht unbewegt bleibt, besonders, wenn ich diesem Mann gegenüberstehe“[57], so war der Parvenue Hitler stets irritiert und verunsichert durch die standesbewußte Arroganz seiner Offiziere und Diplomaten und ihre distanzierte Haltung zur revolutionären und gewalttätigen Dynamik der braunen Bewegung. Er hielt das Auswärtige Amt für ein „Sammelsurium von Kreaturen“ und vermißte bei seinen Generalen die „kalte Hundeschnauze“ und den draufgängerischen Beuteinstinkt von „Fleischerhunden“. Was lag also näher im Februar 1938, als den Eheskandal im Hause Blomberg und die schmierigen Intrigen Görings und Heydrichs zu nutzen, um sich des Zauderers an der Spitze der Wehrmacht und der Kritiker wie Fritsch und Beck zu entledigen, angesichts eines drohenden europäischen Konfliktes den Oberbefehl selbst zu übernehmen und sich mit willfährigen Technokraten des Kriegshandwerks wie Keitel, Jodl, Chef des Wehrmachtführungsamtes im OKW, Halder, Generalstabschef des Heeres, und Brauchitsch, Oberbefehlshaber des Heeres, zu umgeben, die den Führungsanspruch und das Führungsgenie Hitlers nicht mehr ernsthaft in Zweifel ziehen würden.

8. Die Gleichschaltung des Auswärtigen Amtes: Ribbentrop als Erfüllungsgehilfe seines „Führers“

Neben der Reichswehrführung zeigte auch die zweite Bastion der konservativen Strategie der „Einrahmung“ gegenüber dem nationalsozialistischen Machtwillen, das Auswärtige Amt, schon bald nach 1933 Risse und Aufweichungstendenzen. Sein Chef, Konstantin von Neurath, Karrierediplomat, 1930–32 Botschafter in London, Reichsaußenminister schon unter Papen und Schleicher, und sein Staatssekretär, Bernhard W. von Bülow, bereits 1930 von Brüning und Curtius berufen und bis zu seinem Tode 1936 im Amt, blieben auf Betreiben Hindenburgs am 30. Januar 1933 ebenso auf ihren Posten wie fast alle Missionschefs mit Ausnahme des Botschafters in Washington, Friedrich Wilhelm von Prittwitz und Gaffron. Es galt, Abenteuer des außenpolitischen Amateurs Hitler mit Hilfe von Fachleuten zu verhindern. Das Auswärtige Amt und seine Spitzendiplomaten sollten mit ihrer internationalen Reputation den politischen Umsturz in Deutschland nach außen abschirmen und beruhigend auf das mißtrauische Ausland einwirken. Das Kabinett Hitler sei – wie die offizielle Sprachregelung für die Präsentation der neuen Regierung im Ausland in einem telegraphischen Runderlaß Bülows an die deutschen Missionschefs hieß[58] – auch auf den mehrfach geäußerten Wunsch des Reichspräsidenten Hindenburg auf dem Boden der Verfassung gebildet worden.

Zwar gelang es Neurath, das Auswärtige Amt von Parteieinflüssen weitgehend freizuhalten, dies aber um einen hohen Preis: es wurde zunehmend auf die Rolle eines „technischen Apparates" (Weizsäcker) und auf Routineaufgaben des auswärtigen Dienstes beschränkt, ohne daß ihm die Chance blieb, wirklich gestaltend auf die nationalsozialistische Außenpolitik einzuwirken. Auch Neurath und seine Mitarbeiter glaubten wie viele Konservative, darunter auch Blomberg und seine Generalität, durch einen verhängnisvollen Kurs der Anpassung ein weites gemeinsames Stück Weges mit Hitler gehen und auf ihn Einfluß nehmen zu können. In der Verwirklichung revisionistischer Ziele und in der friedlichen äußeren „Abschirmung" der Aufrüstung sahen sie ein wichtiges Aufgabenfeld der Diplomatie. Die Faszination der Machtpolitik und der europäischen Hegemonie gehörte zu den prägenden Einflüssen ihrer Karrieren, die in der Regel bereits im wilhelminischen Deutschland begonnen hatten. Kritik oder gar Auflehnung gegenüber der „legal" gebildeten Regierung waren der Obrigkeitsmentalität eines deutschen Beamten fremd. Auch besaß Neurath nicht das Format, seinem „Führer" entschieden entgegenzutreten, als sich Mitte der dreißiger Jahre abzeichnete, wohin der Weg der deutschen Außenpolitik der „Überraschungscoups" führte – in die europäische Isolierung!

Außenpolitische Organisationen der NSDAP

Wie im sprichwörtlichen Kompetenzgerangel des „Führerstaates" üblich, meldeten sofort konkurrierende staatliche und Parteiinstanzen ihren Anspruch an, in der Außenpolitik ein entscheidendes Wort mitzureden[59]. Die 1931 gegründete und 1937 dem Reichsaußenminister unterstellte „Auslandsorganisation der NSDAP" (AO) unter Gauleiter Ernst Wilhelm Bohle „betreute" die Volks- und Reichsdeutschen im Ausland mit politischem und weltanschaulichem Schulungs- und Propagandamaterial, sorgte für die Gleichschaltung der auslandsdeutschen Volksgruppen, bespitzelte die deutschen Diplomaten und organisierte Reisen ins Reich und Patenschaften. Die AO plazierte auch zuverlässige Funktionäre als Attachés in den Gesandtschaften. Ihre Aktivitäten lösten erhebliche Irritationen nicht nur in den Gastländern, sondern etwa auch in Washington aus. Der nicht unbegründete Verdacht ging dahin, es handle sich hier in Wirklichkeit um das subversive Wirken einer braunen „Fünften Kolonne" mit Schwerpunkt u. a. in Lateinamerika. Die AO trieb ihre eigene Politik in Österreich und Spanien. Bohle nahm wieder eine für die Führungsstruktur des „Dritten Reiches" so charakteristische Doppelstellung ein und verkörperte in seiner Person den Dualismus zwischen Staat und Partei, zwischen Fachleuten und Funktionären: Obwohl formal Neurath untergeordnet, hatte er als Gauleiter jederzeit einen direkten Draht zu Hitler und Heß.

Dem am 1. April 1933 in bewußter Konkurrenz zum Auswärtigen Amt errichteten „Außenpolitischen Amt der NSDAP" (APA) war kein Einfluß mehr vergönnt, nachdem sein Chef, Alfred Rosenberg, im Frühjahr 1933 in London bei seinem Versuch, am Auswärtigen Amt vorbei nationalsozialistische Außenpolitik zu betreiben, so kläglich gescheitert war. Was blieb, war die Betreuung auswärtiger Besucher. Weiter zu nennen wäre die 1936 zur Koordinierung der „Betreuung" der Volksdeutschen durch Staat und Partei von Heß gegründete und seit 1938 direkt Hitler unterstellte „Volksdeutsche Mittelstelle" (Vomi) unter SS-Gruppenführer Werner Lorenz. Seit 1939 organisierte die Vomi die Umsiedlung von deutschen Volksgruppen aus dem Ausland ins Reich, prüfte die rassische und politische Eignung der Neusiedler und sortierte Ausländer nach ihrer Eignung für eine Eindeutschung.

Am Ende lief Joachim von Ribbentrop mit seiner 1934 aus seinem Büro als „Sonderbeauftragter für Abrüstungsfragen" hervorgegangenen „Dienststelle Ribbentrop" allen Konkurrenten den Rang ab. Durch Einheirat in die Familie des Sektfabrikanten Henkell zu Geld und durch Adoption durch eine adelige Tante zum „von" gekommen, zog Ribbentrop durch seine Reise- und Sprachenkenntnisse, seine Geschäftsverbindungen und eine gewisse Weltläufigkeit als „Weinreisender" die bewundernde Aufmerksamkeit des Kleinbürgers Hitler auf sich und öffnete ihm 1932 seine feudale Dahlemer Villa als Kontaktzentrum zu den nationalkonservativen Kreisen um von Papen. Schnell machte er sich, ohne daß der phlegmatische Neurath ihn bremsen konnte oder wollte, als „außenpolitischer Ratgeber" und „graue Eminenz" der Außenpolitik unentbehrlich. Fehlenden nationalsozialistischen „Stallgeruch" kompensierte er, von den „Alten Kämpfern" nur als „Ribbensnob" bespöttelt, durch eine besondere Ergebenheit gegenüber seinem „Führer", durch unterwürfige Schmeicheleien und Intrigieren und durch seine rastlosen außenpolitischen Aktivitäten. Ribbentrop

Seine u. a. aus der „Adolf-Hitler-Spende" der deutschen Wirtschaft gespeiste „Dienststelle" wurde mit zeitweise 300 Mitgliedern zum Sammelpunkt von Geschäftsleuten mit Auslandsverbindungen, Parteiaktivisten, diplomatischen Seiteneinsteigern, ehrgeizigen Jungakademikern, auslandsdeutschen Wissenschaftlern, Journalisten, Absolventen und Dozenten der Berliner „Hochschule für Politik" (u. a. der spätere Widerstandskämpfer Albrecht Haushofer) und Adeligen wie dem Prinzen Philipp von Hessen, Schwiegersohn des italienischen Königs Viktor Emanuel III. und Kontaktmann zu Mussolini. Ihre Aktivitäten durchsetzten parasitär die herkömmlichen Aufgabenfelder des Auswärtigen Amtes und des diplomatischen Dienstes. Nach der Übernahme des Amtes durch Ribbentrop erlosch die „Dienststelle".

Ribbentrop war genau der geeignete Mann für Hitlers persönlichen und unkonventionellen Führungsstil auch in der Außenpolitik und für seine Gewohnheit, besondere Aufgaben nicht dem staatlichen Apparat, sondern Männern seines Vertrauens als Sonderbevollmächtigten zu übertragen. So liefen die entscheidenden außenpolitischen Ereignisse seit

1934 am Auswärtigen Amt weitgehend vorbei und unter der Verantwortung Ribbentrops und seiner „Dienststelle" ab: das deutsch-britische Flottenabkommen vom 18. Juni 1935, die Remilitarisierung des Rheinlandes 1936, der Antikominternpakt mit Japan im selben Jahr, mit dem Ribbentrop die traditionell engen Beziehungen des Auswärtigen Amtes und der Reichswehrführung zu China torpedierte, der Beitritt Italiens ein Jahr später, das Eingreifen in den spanischen Bürgerkrieg im Sommer 1936 unter Mitbeteiligung der AO, Görings und des Abwehrchefs Canaris. Das Aushandeln des Flottenpaktes sollte den diplomatischen Amateur im August 1936 zum Botschafter in London qualifizieren. Sein herausforderndes und taktloses Auftreten in der britischen Hauptstadt und seine oft wochenlange Abwesenheit auf Sondermissionen trugen Ribbentrop im Punch den Beinamen „der wandernde Arier" ein und ließen seine gut zweijährige Botschafterzeit zu einem Fiasko werden. Seitdem trug Ribbentrop einen unauslöschlichen Haß gegenüber dem Inselreich mit sich und versuchte, auch Hitler in dieser Richtung zu beeinflussen und von seiner Bewunderung für das „arische Brudervolk" abzubringen.

Ribbentrops Führungsstil

Die Ernennung Joachim von Ribbentrops zum Reichsaußenminister am 5. Februar 1938 und die Abschiebung Neuraths auf den rein dekorativen Posten eines „Präsidenten des Geheimen Kabinettsrates", der nie zusammentreten sollte, lösten allenthalben die Hoffnung aus, daß – wie es der neuernannte Staatssekretär Ernst von Weizsäcker am 20. Februar 1938 erleichtert einem Brief anvertraute [60] – „wir den Leerlaufmotor des A. A. wieder an die Staatsmaschine ankuppeln können", nachdem es unter Neurath zu einer administrativen Hülle ohne wirkliche Autorität und Entscheidungsgewalt verkommen war. Tatsächlich wurde Ribbentrop sofort aktiv, aber wohl kaum in dem Sinne, wie es die alte Garde der erfahrenen Diplomaten und Beamten um Weizsäcker, Dirksen (Botschafter in London) oder Hassell (Botschafter in Rom) erwartet haben dürfte. Er schaltete das Auswärtige Amt sofort gleich, betrieb mit Energie seine Nazifizierung und machte es – zeitlich genau parallel zur neuen Spitzegliederung in der Wehrmacht – zu einem gefügigen Werkzeug der nunmehr offensiven und risikoreichen Außenpolitik am Rande des Krieges, ohne daß der Staatssekretär noch mäßigend Einfluß nehmen konnte. Der Bruch mit der Amtstradition hatte geradezu revolutionäre Züge.

Ribbentrop holte viele Zuständigkeiten gegen Goebbels und Bohle zurück, knüpfte enge Bande zu Himmler und zur SS, beglückte seine Spitzenbeamten oft gegen ihren Willen mit hohen SS-Ehrenrängen und Diplomatenuniformen, drängte sie, sofern dies noch nicht geschehen war, zum Eintritt in die Partei und brachte seine persönliche Klientel aus der „Dienststelle" mit: so u. a. den fanatischen Nationalsozialisten Martin Luther als Staatssekretär der neu geschaffenen Deutschlandabteilung, der im Januar 1942 das Auswärtige Amt auf der berüchtigten Wannsee-Konferenz zur „Endlösung der Judenfrage" vertreten sollte, Walther Hewel als Leiter des persönlichen Stabes und schließlich „Ständigen Beauftragten des Reichsaußenministers beim Führer" und Otto Abetz, ab 1940 Botschafter bei der Vichy-Regierung. Ribbentrop, auch hier Ebenbild seines „Führers", entwickelte einen ganz persönlichen Führungsstil. Er stufte den Apparat des Auswärtigen Amtes und seine Berufsdiplomaten auf Routineaufgaben und auf die Rolle von Befehlsempfängern herunter und betraute dort, wo es galt, Regierungen zu stürzen, einen Einmarsch oder ein deutsches Protektorat vorzubereiten (1938 beim „Anschluß" Österreichs, 1939 bei der „Unabhängigkeitserklärung" der Slowakei, 1941 bei der Bildung des kroatischen „Ustascha-Staates" oder 1944 bei der Besetzung Ungarns) oder an den Judendeportationen mitzuwirken, persönliche Vertrauensleute und „Alte Kämpfer" aus Partei, SA oder SS wie Edmund Veesenmayer als Sonderbevollmächtigte mit den spezifischen Aufgaben nationalsozialistischer „Diplomatie". Im Kriege löste sich Ribbentrop schließlich auch räumlich immer stärker aus dem traditionsreichen Amt an der Wilhelmstraße, um mit einem Stab engster Mitarbeiter ständig in der Nähe des Führerhauptquartiers zu sein. Nach dem Überfall auf die Sowjetunion bezog er ein bewegliches Feldhauptquartier in seinem Sonderzug „Westfalen", erließ von hier aus Weisungen an die Gesandtschaften und Botschaften und empfing Meldungen aus dem Ausland, die oft das Auswärtige Amt gar nicht erreichten. Auch hier also das bekannte Bild der anarchischen Führungsstruktur des „Dritten Reiches".

Die rationale Behördenorganisation des Auswärtigen Amtes wurde zunehmend überwuchert von immer neuen Bevollmächtigungen, Sonderorganisationen und Führungsapparaten zur Durchsetzung von Ad-Hoc-Maßnahmen.[61]

IV. Kapitel

Die gleichgeschaltete Industriegesellschaft

1. Wirtschaft und Außenhandel im Zeichen der Aufrüstung

Neben der Partei, der Bürokratie und der Wehrmacht gehörte die Wirtschaft zu den tragenden Säulen des nationalsozialistischen Regimes. Zumindest für die Großwirtschaft, die Industrie, wird man sagen können, daß die politische Führung ihr den vergleichsweise größten Spielraum beließ und am wenigsten in ihre Entscheidungsautonomie eingriff, soweit sie die rüstungspolitischen Vorgaben akzeptierte. Es hat nicht an Versuchen gefehlt, das Verhältnis von Ökonomie und Politik im „Dritten Reich“ in ein theoretisches Ordnungsmodell einzupassen. Ging der – bereits in den zwanziger Jahren entwickelte – Erklärungsansatz der marxistischen Faschismustheorie von einer Interessenidentität von „Monopolkapital“ und „faschistischer Führung“ aus und erklärte Hitler und seine Partei sogar zu „Handlangern“ des „Monopolkapitals“, so betonte die bürgerliche Totalitarismustheorie mehr die ideologische „Gleichschaltung“ der Wirtschaft und ihre Machtlosigkeit gegenüber der totalitären Diktatur.

Gegenüber derartig pauschalen Deutungsversuchen ist einzuwenden, daß die Kooperation zwischen Wirtschaftskreisen und politischer Führung ebenso komplex und differenziert war, wie die Wirtschaft selbst je nach Branche sehr unterschiedliche Interessen und Erwartungen formulierte. Während die Montanindustrie, Kohle, Eisen und Stahl, die Landwirtschaft, die Großchemie oder auch die Bauwirtschaft traditionell seit der Bismarckzeit überwiegend vom Binnenmarkt abhängig waren und deshalb im Autarkieprogramm der Nationalsozialisten vielfach geradezu eine Grundbedingung für ihre weitere ökonomische Existenz sahen, blickten die herkömmlicherweise export- und weltmarktabhängigen Zweige der deutschen Wirtschaft, verarbeitende Branchen wie der Maschinenbau, die Elektroindustrie, Feinmechanik und Instrumentenbau, die Pharmaindustrie, der Schiffbau, aber auch international ausgerichtete Dienstleistungssektoren wie die Schiffahrt, der Außenhandel, Hafenbetriebe in den Seestädten oder die im Außenhandel involvierten Banken allen Anzeichen für eine politisch-ideologisch motivierte Selbstabnabelung Deutschlands vom Weltmarkt mit einiger Sorge entgegen. Hier erbten die Nationalsozialisten also nur die seit dem ausgehenden 19. Jahrhundert in der deutschen Produktionslandschaft bestehenden tiefgreifenden interessenpolitischen Konflikte zwischen Protektionisten und Freihändlern und machten sie für ihre eigenen Zwecke nutzbar.

Charakter der NS-Wirtschaft

Ebenso problematisch wie die Formulierung theoretischer Ordnungsmuster ist das Bemühen, eine spezifische Typologie der nationalsozialistischen Wirtschaft zu entwerfen. Der Begriff „staatliche Kommandowirtschaft" (Petzina) auf privatkapitalistischer Grundlage dürfte am ehesten jene geschickte Mischung treffen, in der die NS-Führung ganz bewußt privates Unternehmertum und privates Gewinnstreben als Motoren ökonomischer Leistungsfähigkeit einsetzte, die Unternehmen selbst aber – teils aus ihrer totalitären Ideologie heraus, teils in einem verzweifelten Krisenmanagement zur Abwehr des Mangels – zunehmend mit einem Netz von Vorschriften und Kontrollen für Devisen, Investitionen, Im- und Exportbescheinigungen, Preise, Rohstoffe, Gewinne, Produktions- und Absatzplanungen überzog und sie überdies im Zuge der Arbeitsbeschaffung und der Aufrüstung immer mehr von Staatsaufträgen abhängig machte. Dies bedeutete zweifellos auch eine erhebliche Einschränkung der unternehmerischen Verfügungsgewalt.
Das Regime hat bewußt darauf verzichtet, ein in sich konsistentes und verbindliches Wirtschafts- und Gesellschaftsprogramm zu entwickeln. Parolen wie „Gemeinnutz geht vor Eigennutz" oder „Brechung der Zinsknechtschaft" waren „zwar Schlagworte ohne jeden konkreten Inhalt, aber von überzeugender Schlagkraft" (Schacht). Eher pragmatisch war die Führung daran interessiert, Leistungskraft und Leistungswillen der deutschen Wirtschaft auf die Überwindung der Weltwirtschaftskrise, die Aufrüstung, die wehrwirtschaftliche Kriegsvorbereitung und die Selbstversorgung aus einem deutsch beherrschten Großwirtschaftsraum (Autarkie) auszurichten. Autarkie[1] meinte niemals die Selbstversorgung innerhalb der eigenen nationalen Grenzen, sondern eine zunächst mehr außenwirtschaftlich akzentuierte und dann auch kriegerische Raumpolitik, in der einem hochindustrialisierten Kern in Europa, dem „Großgermanischen Reich deutscher Nation", ein Kranz von Satelliten als Rohstoff- und Nahrungsmittellieferanten in einem deutsch beherrschten und blockadesicheren „Großwirtschafts- und Ergänzungsraum" zugeordnet war.
Aber auch in seinen Autarkiebemühungen konnte sich das Regime auf nationalegoistische Tendenzen zur Überwindung der Weltwirtschaftskrise berufen, die damals überall – allen voran in den USA und im Britischen Weltreich – zu beobachten waren. Sie liefen darauf hinaus, die verheerenden Folgen der „Großen Depression" mit eigenen nationalen Mitteln wie der protektionistischen Abschottung des heimischen Marktes gegen auswärtige Konkurrenz, mit Abwertungen, Devisenbewirt-

schaftungen, Schutzzöllen, Dumpingpreisen usf. zu bewältigen. Schon die Regierung Brüning hatte hier 1931 mit Devisenkontrollen, Schutzzöllen und Protektion der heimischen Agrarproduzenten gegenüber ausländischem Wettbewerbsdruck eine auf Herauslösung aus dem internationalen Waren- und Kapitalverkehr angelegte Linie der Außenwirtschaftspolitik eingeschlagen, die die Nationalsozialisten nur fortzuführen brauchten. Das totale Fiasko der Londoner Weltwirtschaftskonferenz im Sommer 1933 mit einem wesentlichen Verschulden der USA gab der Reichsregierung in Berlin zusätzlich Argumente, nun auch ihrerseits verstärkt das Heil in nationalwirtschaftlichen und autarkistischen Lösungen zur Überwindung der Krise zu suchen.

Modernität

Heftig und kontrovers wird bis heute über die Frage diskutiert: Wie modern war die nationalsozialistische Wirtschafts- und Gesellschaftspolitik, und wie fügte sie sich längerfristig in die Entwicklungstrends der modernen bürgerlich-kapitalistischen Industriewirtschaft ein?[2] Hier wird immer wieder die „Doppelgesichtigkeit des Regimes" (Thamer), seine Widersprüchlichkeit zwischen ideologischer Selbstdarstellung und Realität, herausgestellt; auch von einer „Doppelrevolution" (Schoenbaum) oder einer „Modernisierung wider Willen" (Dahrendorf) ist die Rede: Von einer Revolution der Zwecke und Ziele einerseits, die eine reaktionäre und anachronistische Kampfansage an die bürgerlich-industrielle Welt und an all das dargestellt habe, wofür das Jahr 1789 in der modernen Welt steht, und ausgerichtet gewesen sei auf die rückwärtsgewandte Utopie von „Blut und Boden", auf einen mythisch verklärten Agrarromantizismus und eine Überwindung der modernen Zivilisation, und von einer Revolution der Mittel andererseits, die einen durchaus bürgerlich-industriellen Charakter gehabt, sich zur Vorbereitung des Krieges eben der Instrumente der modernen Industriewirtschaft bedient und dadurch die Modernisierung der deutschen Gesellschaft wider Willen fortgesetzt und sogar beschleunigt habe.

Nun wird niemand ernsthaft abstreiten können und dies auch nicht durch einen vergleichenden Blick auf die Schreckensherrschaft Stalins verharmlosen und relativieren dürfen, daß die nationalsozialistische Ideologie und das Denken Hitlers in ihrem inneren Kern – in der Rassen- und Lebensraumutopie und in ihrem antipluralistisch-totalitären Gesellschaftsentwurf – eine brutale und anachronistische Absage an die moderne Zivilisation und an ein humanes Zusammenleben der Völker und Rassen und insofern einen Rückfall in die Barbarei dargestellt und gerade hier ihre verhängnisvollste und blutigste weltpolitische Wirkung entfaltet haben.

Von dieser Erkenntnis sollte auch die durchaus zutreffende Beobachtung nicht ablenken, daß Hitler und führende Nationalsozialisten wie Robert Ley, Fritz Todt und Albert Speer aus ihrer Bewunderung für die moderne Industrie und Technik niemals einen Hehl gemacht, dem

Technik-Fetischismus der modernen „Amerikanisierungswelle" der zwanziger Jahre mit gehuldigt und sich bis zu einem gewissen Grade vielleicht auch als „Vollstrecker einer Modernisierungsdiktatur" (Zitelmann) verstanden haben. Im eingeschränkten Geltungsbereich des „rassereinen" Volkes und unter Ausschluß von Hunderttausenden unschuldiger Menschen, die dem willkürlich dekretierten Rassendogma nicht genügten, hat Hitler – seiner Herkunft nach selbst ein Kleinbürger – sicher ein Gespür für moderne Chancengleichheit, neue Karrieremuster, die Aufhebung von Standes- und Geburtsprivilegien, die – propagandistisch geschickt herausgestellte – „Volksgemeinschaft" als scheinbar egalisierenden sozialen Schmelztigel, für eine Aufhebung regionaler und weltanschaulicher Bindungen und Traditionen und eine Mobilisierung der Gesellschaft mit dem Ziel moderner industriewirtschaftlicher Effizienz gehabt.

Anti-Modernität

Ausgesprochenes Unbehagen in den Wirtschaftskreisen weckten die – teils antikapitalistisch-sozialrevolutionären, teils antimodernistischen – programmatischen Äußerungen innerhalb der Partei aus der „Kampfzeit" und in den ersten Wochen und Monaten nach der Eroberung der Macht 1933/34. Wir kommen hier auf die vielzitierte gesellschafts- und wirtschaftspolitische „Doppelgesichtigkeit" zurück, die auf die Zeitgenossen und offenbar auch auf die Historiker ausgesprochen irritierend gewirkt hat und vielfach noch heute wirkt. Was war zu halten von all den eher vagen mittelständischen und agrarprotektionistischen Zielvorstellungen, und wie ernst waren sie wirklich gemeint: Schutz von Handel und Kleingewerbe gegen Warenhäuser, Kettenläden, Konsumgenossenschaften, anonyme Kapitalgesellschaften und industrielle Großproduktion, Kampf gegen Trusts und Kartelle, gegen Großbanken und „raffendes Börsenkapital", Gewinnbeteiligung der Arbeiter in Großbetrieben, Bodenreform, Rückführung der Frau aus dem Arbeitsleben in ihre „natürliche Berufung" in Heim und Familie, Schutz der kleinbäuerlichen Produktion und des Landhandels, „Austrocknung" des großstädtischen „Sumpfes" und Förderung der Kleinstadt usf.?

Die Bilanz von zwölf Jahren Wehr- und Kriegswirtschaft sah ganz anders aus als die angedeuteten ideologischen Zielprojektionen: Trotz aller kriegsbedingten Zerstörungen und Verwüstungen war das Deutschland von 1945 in vieler Hinsicht moderner als das von 1933. Die langfristig in Deutschland wie in allen Industriestaaten angelegte modernisierende Dynamik des ökonomischen und gesellschaftlichen Wandels setzte sich im „Dritten Reich" nicht nur ungebrochen fort, sondern erhielt noch zusätzlich nicht zuletzt durch staatliche Politik und den Krieg Schubkraft. Viele Züge, die dann das Gesicht Nachkriegsdeutschlands prägen sollten, zeichneten sich bereits ab: eine zunehmende Landflucht (1933-1939 Rückgang der landwirtschaftlichen Arbeitskräfte um 1,4 Mio.) und Verstädterung (1933-1938 mehr als Verdoppelung der Ein-

wohnerzahl der Industriezentren Magdeburg, Halle, Dessau, Halberstadt und Bitterfeld), eine wachsende Kapitalkonzentration und Kartellierung, Technologisierung und Massenproduktion, kontinuierlicher Anstieg des Anteils der Industrie am Sozialprodukt und dramatische Einbrüche im selbständigen Handwerk (1936-1939 Schließung von 180000 Handwerksbetrieben oder mehr als 10 %), sozialer Aufstieg neuer mittelständischer Schichten und eine allgemeine Verbürgerlichung, Ausbau des Dienstleistungssektors, soziale und regionale Mobilität und Zunahme der Frauenerwerbstätigkeit (allerdings bei schlechterer Bezahlung gegenüber den Männern), erweiterte soziale Daseinsfürsorge und nicht zuletzt moderne Konsumgewohnheiten, Freizeitangebote und Beginn des Massentourismus im Zeichen von KdF.
Aber diese Entwicklung war 1933 sicher noch nicht abzusehen. Noch drohten ordnungspolitische Experimente in Wirtschaft und Gesellschaft von den neuen Machthabern, wenn auch vielleicht nicht von Hitler selbst, so aber doch unter dem Druck seiner teils proletarischen, teils kleinbürgerlichen Massenanhängerschaft. Was lag also für führende Wirtschaftskreise näher, als sich durch besondere Zuwendungen gleichsam als eine Art Risikoversicherung rechtzeitig der Gunst des kommenden Mannes an der Reichsspitze zu versichern und ihn auf eine Politik der „wirtschaftlichen Vernunft" ohne soziale und ökonomische Experimente festzulegen, zumal da er selbst keinen Zweifel daran gelassen hatte, daß er das privatkapitalistische Unternehmertum respektieren, eine aktive staatliche Konjunkturpolitik gegebenenfalls mit Hilfe der Aufrüstung als „Konjunkturlokomotive" einleiten und den gewerkschaftlichen Einfluß zurückdrängen werde. Das Leitbild des autoritären Ordnungsstaates verfehlte im Unternehmerlager seine Wirkung nicht. Allerdings stieß die brutale Vernichtung der Gewerkschaften doch vielfach auf Kritik, hatte man sich doch gerade in den gesellschaftspolitisch weniger reaktionären verarbeitenden Industriezweigen in der Weimarer Republik längst mit ihnen tarifpolitisch und sozialpartnerschaftlich arrangiert.
Zwar ist nicht abzustreiten, daß namhafte Repräsentanten aus Industrie und Bankwelt wie Friedrich Thyssen, Emil Kirdorf, Mitbegründer der Gelsenkirchener Bergwerks AG und Aufsichtsratsvorsitzender des Rheinisch-Westfälischen Kohlesyndikats, Generaldirektor Albert Vögler von den Vereinigten Stahlwerken, der Bevollmächtigte des Flick-Konzerns Otto Steinbrink sowie der Kölner Industrielle Otto Wolff oder auch Bankiers wie Heinrich von Stein und sein Teilhaber Baron Kurt von Schröder, Emil Georg von Strauß von der Deutschen Bank und vor allem Hjalmar Schacht Hitler und seiner Bewegung nicht nur Unterstützung, sondern auch ihren guten Namen gegeben haben. Auch wurde zuletzt massiv aus Industrie und Landwirtschaft auf Hindenburg eingewirkt, „dem Führer der größten nationalen Gruppe" die Reichskanzler-

schaft zu übertragen (so aus der viel zitierten Industriellen-Eingabe vom 19. November 1932). Schließlich wurden die beiden größten und mächtigsten wirtschaftlichen Interessenverbände, der „Reichslandbund" und der „Reichsverband der deutschen Industrie", von ihren Präsidenten, dem Grafen Eberhard von Kalckreuth und Gustav Krupp von Bohlen und Halbach, zielbewußt in das nationalsozialistische Lager geführt. Doch wäre es irreführend zu behaupten, „die Wirtschaft" habe Hitler an die Macht gebracht. Denn Industrielle und Unternehmer haben niemals eine geschlossene Gruppe gebildet. Robert Bosch, Inhaber der bekannten Firma in Stuttgart, Paul Reusch, Generaldirektor der Gutehoffnungshütte und Vorsitzender der schwerindustriellen „Ruhrlade", Hermann Bücher von der AEG, der Elektroindustrielle Carl Friedrich von Siemens oder auch die beiden führenden Männer der IG-Farben, Carl Duisberg und Carl Bosch, blieben zurückhaltend bis ablehnend.

Der „Keppler-Kreis"

Eine wichtige Funktion in den Beziehungen zwischen Wirtschaft und Partei spielte der „Freundeskreis der Wirtschaft", nach seinem Initiator, dem mittelständischen Chemieunternehmer Wilhelm Keppler, auch „Keppler-Kreis" genannt. Aus ihm sollte 1935 der „Freundeskreis des SS-Führers Himmler" werden. Der „Keppler-Kreis" traf zum erstenmal am 18. Mai 1932 mit Hitler im Berliner Hotel „Kaiserhof" zu einer Aussprache zusammen. Dem exklusiven zwölfköpfigen Gremium gehörten u. a. die Bankiers Hj. Schacht, Emil Meyer (Deutsche Bank) und K. von Schröder, die Großindustriellen Albert Vögler, Otto Steinbrink, August Rosberg (Kali-Industrie), Ewald Hecker (Ilseder Hütte), Rudolf Bingel (Siemens & Halske) sowie Emil Helfferich von der Hamburg-Amerika-Linie und als Agrarsachverständiger ein Enkel des Reichsgründers, Gottfried Graf von Bismarck, an. Unter den später Eingeladenen waren u. a. Friedrich Flick, Erich Bütefisch (IG-Farben), Karl Lindemann (Norddeutscher Lloyd), Hellmuth Röhnert (Rheinmetall-Borsig) sowie der vorübergehende Reichswirtschaftsminister Dr. Kurt Schmitt, Generaldirektor der Allianz-Versicherung. Offiziell zum Zweck der wirtschaftlichen Beratung der NSDAP gegründet, nutzte Hitler den Kreis sofort zur Werbung in führenden Wirtschaftszirkeln für seine Machtübernahme. Über den „Keppler-Kreis" liefen auch die Vorbereitungen für das entscheidende Treffen zwischen Hitler und Papen im Hause des Bankiers von Schröder am 4. Januar 1933, mit dem die Machtübergabe eingeleitet wurde.

Die Industriellen und die Partei

Das Eis zwischen Wirtschaft und NSDAP war endgültig gebrochen, als Göring „im Namen des Führers" am 20. Februar 1933 fünfundzwanzig führende Industrielle in sein Reichstagspräsidenten-Palais lud, um mit der neuen Reichsregierung die politische Lage zu erörtern. Eingeladen waren wieder die bekannten Namen: Krupp von Bohlen und Halbach als Präsident des „Reichsverband der deutschen Industrie", Vertreter der Eisen- und Stahlindustrie, die Generaldirektoren Vögler von den Vereinigten Stahlwerken, dem größten Stahlkonzern Europas, und von Schnitzler vom IG-Farben-Konzern, Repräsentanten des Braun- und Steinkohlebergbaus, der Textilindustrie, der AEG und von Siemens sowie bekannte Bankiers wie Schacht und von Schröder. Hitler bekannte sich zu den Grundsätzen des Privateigentums, zur freien Unternehmerwirtschaft und zur „Kraft und Macht der Einzelpersönlichkeit", die von der neuen Ordnung geschützt würden. Er plädierte für einen autoritären Staat und eine autoritäre Wirtschaftsordnung unter Ausschaltung der marxistischen Gewerkschaften. Mit unverfrorenem Zynismus sprach sich der gerade auf die Weimarer Reichsverfassung vereidigte Reichskanzler für die Beseitigung eben dieser Verfassung und der parlamentarischen Demokratie und dafür aus, daß die bevorstehenden Wahlen die letzten sein würden und daß unbeschadet ihres Ausganges auf jeden Fall die Entscheidung bald in der angedeuteten Richtung fallen werde.

Auch Göring, der nach Hitler das Wort ergriff, ließ keinen Zweifel daran, daß im kommenden Wahlkampf die NSDAP zwar die meiste Arbeit zu leisten habe, daß aber „andere, nicht im politischen Kampf stehende Kreise wenigstens die nun mal erforderlichen finanziellen Opfer bringen müßten."[3] Eine solche „Industriespende" werde den Anwesenden zweifellos leichter fallen, wenn er ihnen versichere, „daß die Wahl am 5. März die letzte sicherlich innerhalb zehn Jahren, voraussichtlich aber in hundert Jahren sei". Beflissen entgegnete Krupp für die Industriellen und unterstrich die Forderung nach einem „politisch starken, unabhängigen Staat", in dem allein Wirtschaft und Gewerbe blühen könnten. Schließlich kam Schacht, wie vorher mit Hitler verabredet, zu dem eigentlichen Zweck der Zusammenkunft: „Und nun, meine Herren, an die Kasse." Rasch waren 3 Millionen RM für die Wahlfonds der NSDAP, der DNVP und der DVP gezeichnet. Sie sollten entsprechend dem damaligen Stärkeverhältnis dieser Parteien im Reichstag aufgeteilt werden.

Für Hitler stand es nie in Frage, daß Deutschland einen modernen industrialisierten und technologischen Krieg weder mit Röhms SA-Miliz noch mit Darrés „Neuadel aus Blut und Boden" oder Himmlers Julleuchtern werde führen können. Zur Vorbereitung dieses Krieges benötigte er den Sachverstand der Militärs und der Wirtschaftsführer, ein schlagkräftiges militärisches Instrument und eine leistungsfähige Rüstungsindustrie. Auch die angeschlagene deutsche Wirtschaft und die Arbeitsbeschaffungs- und Konjunkturprogramme duldeten keine Störungen von außen durch ideologische Experimente oder sozialrevolutionäre Eingriffe unterer Partei- und SA-Organe.

Energisch mahnte der Reichswirtschaftsminister Dr. Kurt Schmitt, Nachfolger Hugenbergs und Generaldirektor der Allianz-Versicherung, für die Privatindustrie die „Sicherheit des wirtschaftlichen Disponierens"[4] an. Er sah sich hier von Göring und Schacht, seit 17. März 1933 Reichsbankpräsident, unterstützt. Auch Krupp gelang es, eine direkte Parteikontrolle in der Großindustrie abzublocken. Nach der terroristischen Gleichschaltung der Verbände des Handwerks, des Groß- und Einzelhandels, der Innungen, der örtlichen Industrie- und Handelskammern und des Deutschen Industrie- und Handelstages und ihrer Unterstellung unter das Führerprinzip teilweise mit Hilfe von Kommissaren im Frühjahr 1933 wurde allen weitergehenden mittelständischen Forderungen und Erwartungen auf eine Mitbeteiligung an der Macht und eine Ausschaltung des „Großkapitals", wie sie in der „Kampfzeit" aus taktischen Gründen der Mitglieder- und Wahlwerbung so intensiv propagiert worden waren, von Hitler ebenso wie der „zweiten Revolution" eine schroffe Abfuhr erteilt. Der Agitation des im Dezember 1932 von Theodor Adrian von Rentelen gegründeten „NS-Kampfbund für den gewerblichen Mittelstand" gegen Warenhäuser, Filialgeschäfte und Großkonzerne wurde von Hitler nur insoweit ein Ventil gelassen, als sie sich in Boykottaktionen gegen jüdische Geschäfte austoben konnte.

Mittelstandspolitik

Die moderne und rationalisierte Betriebs- und Verkaufsform des Warenhauses garantierte eher eine kostengünstige und flächendeckende Versorgung der Bevölkerung und ließ sich später leichter in den kriegswirtschaftlichen Lenkungsapparat einbauen als der Einzelhandel. Gleiches galt für den Großbetrieb und die Massen- und Fließbandproduktion gegenüber dem handwerklichen Kleinbetrieb. Störungen und „wilde Machtergreifungen" in Banken und Privatfirmen durch die „Kampfbünde" Rentelens und zahlreiche frustrierte Parteigenossen, die nun auch nach Jahren der Entbehrungen an die „Futterkrippen" drängten, gefährdeten Arbeitsplätze und den Kapitalmarkt und liefen den Interessen der Zulieferbetriebe zuwider. So wurde z. B. der große jüdische „Hermann-Tietz-Konzern" (Hertie-Kaufhäuser) mit Rücksicht auf 14000 Angestellte finanziell saniert.

Einzelhandel und kleingewerblicher Mittelstand wurden nicht nur nicht gefördert, wie sie es sich erträumt hatten, sondern zugunsten der industriellen Großwirtschaft noch schneller und radikaler an den Rand gedrängt, „als dies in den Jahrzehnten vorher im Rahmen der zwangsläufig immer stärkeren Mechanisierung und Industrialisierung schon der Fall gewesen war."[5] Die rüstungswirtschaftliche Priorität rangierte weit vor kleingewerblichen Interessen. Die Produktionslandschaft in Deutschland wurde nachhaltiger denn je von der Großwirtschaft geprägt. Im Mitte Juli 1933 etablierten ständigen „Generalrat der Wirtschaft" nahm die Schwerindustrie eine bevorzugte Stellung ein. Um Industrie und Banken zu beruhigen, ließ Hitler den Einfluß der mittelständischen Interessenlobby in der Partei ebenso wie den der gewerkschaftlichen „Nationalsozialistischen Betriebszellenorganisation" (NSBO) auf ein Minimum reduzieren. Am 8. August 1933 wurde der „Kampfbund" offiziell aufgelöst, und seine Mitglieder wurden in die be-

deutungslose „Nationalsozialistische Handwerks-, Handels- und Gewerbe-Organisation“ (NS-Hago) überführt.
Auf der anderen Seite sahen sich auch all diejenigen wie Fritz Thyssen enttäuscht, die gehofft hatten, nach dem Vorbild des austrofaschistischen Ständestaates unter Dollfuß werde es auch im nationalsozialistischen Deutschland zum Aufbau einer korporativen berufsständischen Selbstverwaltung mit erheblichem Einfluß von autonomen Wirtschaftskammern auf die Wirtschafts- und Gesellschaftspolitik und damit zu einer Eindämmung des Staatsdirigismus kommen. Aber auch diese vielpropagierte Ständestaatsideologie wurde von den Nationalsozialisten als „konservative Verfallserscheinung“, die dem Prinzip der „Volksgemeinschaft“ zuwiderlaufe, verworfen und ihr Hauptvertreter, der Wiener Soziologe und Philosoph Othmar Spann, in Acht und Bann getan.

Umbau der Wirtschaftsorganisation

Nach einer kurzen, noch einmal entsprechende Hoffnungen weckenden „ständischen“ Zwischen- und Experimentierphase im „Reichsstand des Deutschen Handels“, in „Reichsstand der Deutschen Industrie“ und im „Reichsstand des Deutschen Handwerks“ gab das Regime mit dem „Gesetz zur Vorbereitung des organischen Aufbaus der deutschen Wirtschaft“ vom 27. Februar 1934 eindeutig zu verstehen, wohin der ordnungspolitische Weg führen sollte: Es war eine Art „Ermächtigungsgesetz“ für die Wirtschaft, um – wie es im offiziellen Kommentar hieß – „allmählich eine Erfassung und staatliche Kontrolle aller Verbände und Personen dieses Gebietes zu gewährleisten“. Der Reichswirtschaftsminister wurde ermächtigt, „1. Wirtschaftsverbände als alleinige Vertretung ihres Wirtschaftszweiges anzuerkennen; 2. Wirtschaftsverbände zu errichten, aufzulösen oder miteinander zu vereinigen; 3. Satzungen und Gesellschaftsverträge von Wirtschaftsverbänden zu ändern und zu ergänzen, insbesondere den Führergrundsatz einzuführen; 4. die Führer von Wirtschaftsverbänden zu bestellen und abzuberufen; 5. Unternehmer und Unternehmen an Wirtschaftsverbände anzuschließen“.
Die 1. Durchführungsverordnung vom 27. November 1934 führte dann die 7 „Reichsgruppen der gewerblichen Wirtschaft“ ein: Industrie, Handwerk, Handel, Banken, Versicherungen, Energiewirtschaft, Fremdenverkehr. Den „Reichsgruppen“ waren Wirtschafts- und Fachgruppen nachgeordnet. Die Mitgliedschaft in den Reichsgruppen war für die Unternehmen ebenso Pflicht wie die regionale Zugehörigkeit zu Industrie- und Handelskammern bzw. Handwerks- und Gewerbekammern und den Innungen. Das gemeinsame Dach bildete die „Reichswirtschaftskammer“, die das Verbandswesen mit den öffentlich-rechtlichen Instanzen organisatorisch verklammerte. Die straff und autoritär nach dem Führerprinzip organisierten wirtschaftlichen Pflichtverbände fungierten als Organe der Wirtschaftslenkung und -aufsicht und als eine Art Transmissionsriemen zwischen staatlicher Wirtschaftsbürokratie und Unternehmensebene. Freilich konnte auch hier die Schwerindustrie im

Gegensatz zu Handwerk und Handel ihre traditionellen Privilegien im Diktaturstaat bewahren, da sie gebraucht wurde: in die neue „Wirtschaftsgruppe Eisenschaffende Industrie" wurde der ehemalige „Verein Deutscher Eisen- und Stahlindustrieller" (VDESI) unter derselben Führung von Ernst Poensgen, Vorstandsvorsitzender der Vereinigten Stahlwerke AG, überführt, und auch „Eisen Nordwest" behielt unter verändertem Namen auf Bezirksebene seine alte Machtstellung. Ein weiteres Mittel der Wirtschaftslenkung war die gesetzlich dem Reichswirtschaftsminister (resp. Reichslandwirtschaftsminister) gegebene Möglichkeit, „zum Zwecke der Marktregelung" Zwangskartelle einzuführen, deren Rechtsform und Preisgestaltung von der staatlichen Wirtschaftsbürokratie genehmigt und beaufsichtigt wurden. Die Fachgruppen wurden durch ihren Pflichtcharakter, die autoritäre Struktur ihrer Verbände und ihre Verbindung mit den Industrie- und Handelskammern und der staatlichen Wirtschaftsbürokratie „zu einem eigenartigen Zwitter, der nur noch schwer unterscheiden ließ, wo die interessenpolitische Selbstverwaltung aufhörte und die staatliche 'Auftragsverwaltung' anfing" [6]. Deutlich zeichnet sich schon hier wie dann verstärkt auch ab 1936 in Görings Vierjahresplan-Organisation und in der Kriegswirtschaftsorganisation Todts und Speers ein typisches Merkmal des nationalsozialistischen Wirtschaftsdirigismus ab:
Neben relativ wenigen Elementen direkter staatlich bürokratischer Aufsicht, Kontrolle und Planung bediente sich das NS-Regime sowohl des stärker von der Regierung abhängig gemachten Verbandswesens der Wirtschaft wie der begünstigten und ausgeweiteten Organisationsformen der Kartelle und Großmonopole der industriellen Wirtschaft als gleichsam subsidiärer Lenkungsinstanzen.
Damit wurde gleichzeitig ein Zwittertyp des Wirtschaftsführers herangezüchtet, „der halb Funktionär des Regimes, halb privater Unternehmer war."

Rüstungs-Konjunktur

Die nationalsozialistische Wirtschafts- und Konjunkturpolitik war eine Politik der Aufrüstung. Dies zeichnete sich bereits 1934 an den Statistiken deutlich ab. In diesem Jahr stieg der Anteil der Wehrmachtausgaben an den öffentlichen Investitionen auf 49% (1933: 23%). Dieser Anstieg setzte sich fort: 1935: 56%, 1936: 68%, 1937: 70%, 1938: 74%. Noch deutlicher wird die Funktion der Rüstungsankurbelung als „Konjunkturmotor" bei den absoluten Zahlen der Istausgaben (in RM) für die Wehrmacht: 1933: 1,9 Mrd. (einschließlich geheimer Etats) , 1934: 4,097 Mrd., 1935: 5,487 Mrd., 1936: 10,273 Mrd., 1937: 10,961 Mrd., 1938: 17,247 Mrd. Die staatliche Wirtschaftsförderung hatte also in Deutschland nicht nur ein ganz anderes finanzielles Volumen als in den vergleichbaren westlichen Industrieländern, sondern auch viel eindeutiger eine wehrwirtschaftliche und rüstungspolitische Zielsetzung. Der Anteil der Staatsausgaben am Volkseinkommen betrug im Jahre 1938 in

Deutschland 35%, in Frankreich 30%, in Großbritannien 23,8% und in den USA nur 10,7%.

Diese eindeutige Staatskonjunktur stellte sich für die breite Öffentlichkeit als ein faszinierendes „Wirtschaftswunder" dar. Hinter der glänzenden Fassade des Aufschwunges und des Wachstums zeichnete sich aber schon früh eigentlich auf allen Wirtschaftssektoren, bei den Finanzen und auf dem Arbeitsmarkt eine breit gefächerte Krise ab, die Ende der dreißiger Jahre schließlich dramatische Formen annehmen sollte. Dabei ist es bis heute umstritten, ob aus dieser Perspektive der Entschluß zur Auslösung des Raubkrieges 1939 nicht wesentlich eine „Flucht nach vorn" aus einer vom Regime zunehmend als ausweglos und bedrohlich empfundenen inneren ökonomischen, finanziellen und sozialen Sackgasse war, um sich schließlich an den besetzten Gebieten schadlos zu halten, oder ob die Krise eher eine sekundäre Rolle gespielt hat.

Krisensymptome

Wenn wir beim „Dritten Reich" von Krise reden, müssen wir uns freilich stets vor Augen halten, daß diese Krise nur zum geringen Teil durch die weltweiten Abschließungstendenzen in allen Ländern damals und durch die Folgen der Weltdepression dem Deutschen Reich von außen aufgezwungen wurde, überwiegend aber durch die politisch-ideologischen Vorgaben der NS-Führung und den willigen Gehorsam der Wirtschaftsvertreter „hausgemacht" und insofern auch von den politischen und wirtschaftlichen Führungskräften voll zu verantworten war. Hier sei nur angedeutet, was unter der Krise zu verstehen war.

Der deutschen Wirtschaft und dem Staatshaushalt war ein Bündel von Aufgaben gestellt, das in jeder Weise die nur begrenzten Ressourcen und Kräfte des Reiches überforderte: Arbeitsbeschaffung und Konjunkturankurbelung, massive Aufrüstung und Schaffung der wehrwirtschaftlichen Grundlagen für den geplanten Krieg und schließlich schrittweise Abkoppelung von der Weltwirtschaft, Selbstversorgung aus dem eigenen Raum (Autarkie) und Aufbau einer Ersatzwirtschaft. Dem Reich war dabei nur eine begrenzte Atempause bis zur Verschärfung der Situation vergönnt, solange in der Produktion noch krisenbedingt Kapazitäten brachlagen und der Arbeitsmarkt noch den wachsenden Arbeitskräftebedarf befriedigen konnte. Dieser Zustand war Mitte der dreißiger Jahre mit der Vollbeschäftigung und der allgemeinen Rüstungskonjunktur beendet. Nun hieß es 1935/36 für den Staat, verstärkt lenkend einzugreifen und Prioritäten zu setzen: entweder Fortsetzung der – letztlich unproduktiven und immer größere Summen verschlingenden – Aufrüstung oder – zumindest zeitweise – Verlangsamung des Rüstungstempos und Umsteuerung auf zivilen Konsum und Exportsteigerung. Auch dies war letztlich eine politische Entscheidung, und sie fiel zugunsten des Krieges.

Autarkiepolitik

Die Autarkiepolitik – ob aufgezwungen oder freiwillig gewählt – war

auf jeden Fall für die deutsche Volkswirtschaft mit ihrer traditionell intensiven Außenhandelsverflechtung äußerst ungesund, kostspielig und langfristig auch wachstumshemmend. Die Einfuhrabhängigkeit bei industriellen Rohstoffen wie Eisenerzen, Nichteisenmetallen, Kautschuk, Rohöl oder Textilfasern und auch bei Nahrungs- und Futtermitteln wie Fleisch, Fetten, Hülsenfrüchten und pflanzlichen Ölen war zu groß, als daß sie auch nur annähernd durch „deutsche Werkstoffe“ wie Zellwolle oder Kunstseide, durch Hydrierbenzin oder synthetisches Gummi (Buna) auf Kohlenbasis, durch eine verstärkte Förderung der ferroarmen einheimischen Eisenerze in Salzgitter, durch die Verwertung von Altmetall und Schrott oder durch eine Intensivierung der landwirtschaftlichen Produktion hätte substituiert werden können.
Erste wichtige Zeichen in Richtung Selbstversorgung wurden bereits am 14. Dezember 1933 mit dem Benzinvertrag zwischen der Reichsregierung und den IG-Farben gesetzt. Er ging wesentlich auf die Initiative Görings zurück, der als Oberbefehlshaber der Luftwaffe starkes Interesse an einer gesicherten Treibstoffversorgung hatte. In diesem Vertrag gab der Staat eine Abnahme- und Preisgarantie für die von den IG-Farben entwickelte und monopolisierte Produktion eines synthetischen Treibstoffes, der unter normalen Weltmarktbedingungen gegenüber dem Erdöl niemals konkurrenzfähig war. Nächste Schritte waren im Herbst 1934 die auf nachdrückliche Initiative des Wehrwirtschaftsstabes betriebene Gründung der „Braunkohle-Benzin-A.G.“ (Brabag), einer Pflichtgemeinschaft der Braunkohlenindustrie zur Anlage neuer Braunkohle-Hydrierwerke, und der Aufbau einer deutschen Zellwoll-Industrie meist ebenfalls in Form staatlich subventionierter Pflichtgemeinschaften der Textilindustrie. Weitaus bedeutsamer und folgenreicher war die Gründung der „Aktiengesellschaft für Erzbergbau und Eisenhütten Hermann Göring„ (auch „Reichswerke Hermann Göring“ genannt). Ursprünglich konzipiert zur Förderung und Verhüttung unrentabler Erzlager in Salzgitter, Baden und der Oberpfalz, wurden die „Reichswerke“ nach dem „Anschluß“ Österreichs und des Sudetenlandes sowie der Besetzung der Tschechoslowakei und Polens zu einem gigantischen Montankonzern mit rund 600 000 Beschäftigten 1940, ohne freilich sein Ziel, den Engpaß in der deutschen Erzversorgung zu beheben, zu erreichen.
Die Auslandsabhängigkeit bei Mineralöl betrug 1939 50%, Buna deckte den deutschen Kautschukbedarf nur zu 5%, und die schwedischen Erzlieferungen blieben bis 1945 unverzichtbar für die deutsche Kriegführung. Der Anteil der heimischen Landwirtschaft an der Versorgung stieg von 75% im Jahre 1932 auf 81% im Jahre 1937. Es blieben die „Fettlücke“ und die Lücke bei Futtermitteln.
Ständige Kritik aus der Privatwirtschaft, vor allem aus der Montanindustrie, aber auch von Schacht, daß die übermäßige Ausweitung der Er-

satzstoffproduktion und auch die Verarbeitung von deutschen Erzen minderer Qualität viel zu kostspielig und unrentabel seien, die Vorprodukte enorm verteuerten und im übrigen bei einer Wiederöffnung des deutschen Marktes dem Wettbewerbsdruck von außen in keiner Weise würden standhalten können, wurde von Göring mit der massiven Drohung einer Verstaatlichung der gesamten Produktion beantwortet, bis sich die Eisen- und Stahlindustriellen alle widerspruchslos fügten.

Staatliche Eingriffe

Die steigenden Anforderungen der Aufrüstung führten 1936 dazu, daß rund 50% aller industriellen Anlageinvestitionen in den durch den Vierjahresplan kontrollierten rüstungswichtigen Wirtschaftszweigen getätigt wurden. Dieser Verdrängungswettbewerb auf dem Kapitalmarkt machte eine gezielte staatliche Investitionslenkung und -kontrolle bei den Konsumgüterindustrien notwendig. Ähnlich katastrophal war die Lage auf dem Arbeitsmarkt, als mit Erreichen der Vollbeschäftigung 1936 der Wettlauf um die knappen Facharbeitskräfte zwischen den Rüstungsfirmen einsetzte und die Differenz zwischen den (eingefrorenen) Tarif- und den (steigenden) Effektivlöhnen mit Überstunden-, Schicht- und anderen betrieblichen Zulagen und Gratifikationen betriebswirtschaftlich bedenkliche, da kostentreibende Dimensionen annahm.
Die staatlichen Konjunkturspritzen und die erfolgreiche Politik der Vollbeschäftigung führten, obwohl Nominal- und Reallöhne nicht dramatisch stiegen, doch gesamtvolkswirtschaftlich zu einer bemerkenswerten Steigerung der privaten Nachfrage und der Massenkaufkraft. Diese wachsende Nachfrage nach zivilen Verbrauchsgütern kam in Konflikt mit der gleichzeitigen Ausdehnung des rüstungswirtschaftlichen Anspruches an das Sozialprodukt. Auch hier strebte das Regime aus sozialpolitischen Rücksichten nach einem Kompromiß unter dem Schlagwort „Kanonen und Butter". Da der zunehmende Bedarf der Wehrmacht die Produktionskapazitäten immer mehr auslastete und zu einer Verknappung des Konsumgüterangebotes führte, bemühte sich die politische Führung darum, den nicht hinreichend durch ein ziviles Güterangebot zu befriedigenden Kaufkraftüberhang in der Bevölkerung durch Staatsanleihen, Steuern und die vielfältigen Abgaben und Spenden abzuschöpfen.
Um der Gefahr von Preis- und Lohnerhöhungen und einer nachfrageinduzierten Inflation, die katastrophale Rückwirkungen auf die Massenloyalität der Bevölkerung gehabt hätte, entgegenzuwirken, wurde die bereits unter Brüning 1931 eingeführte staatliche Preisüberwachung durch einen Reichskommissar (Goerdeler) durch eine aktive staatliche Preispolitik ersetzt. Mit Gesetz vom 29. Oktober 1936 wurde ein Reichskommissar für die Preisbildung eingesetzt. Er besaß umfassende Vollmachten und konnte „volkswirtschaftlich gerechte Preise" durchsetzen, was immer dies war. Am 26. November 1936 folgte eine Preisstopp-Verordnung, die alle Preise einfror und das Preisniveau tatsächlich weitge-

hend stabilisierte. Auch für Löhne und Gehälter wurde ein Stopp verfügt, der jedoch, wie ausgeführt, in einzelnen Branchen durch Abwerbungen umgangen wurde. Die Inflation brach bis 1945 nicht offen aus, sondern wurde durch rigide Verordnungen „gestaut".
Im Grunde war dies alles jedoch nur ein hektisches Herumkurieren an Symptomen einer Krankheit, die einer völligen Überforderung der Wirtschaft, ihrer Kapazitäten und Ressourcen und dem Versuch entsprang, rüstungswirtschaftliche und zivile Bedürfnisse gleichzeitig zu erfüllen und ganz unterschiedliche volkswirtschaftliche Zielvorgaben miteinander in Einklang zu bringen.

Devisenbewirtschaftung

Die zentrale „Achillesferse" der deutschen Wirtschaft, die Wirtschaftsaufschwung, Arbeitsbeschaffung und Aufrüstung zeitweilig zu blockieren drohte, war und blieb wie bereits unter Brüning der Devisenmangel. Der Zwang, eine enorm hohe und vielfach ungesunde öffentliche und private Außenverschuldung des Reiches von etwa 28 Mrd. RM regelmäßig in Devisen bedienen zu müssen, hektische Abzüge von Auslandskapitalien und eine Schrumpfung der Exporteinnahmen infolge der Weltwirtschaftskrise hatten bereits die Regierung Brüning 1931 gezwungen, eine begrenzte Devisenbewirtschaftung einzuführen, um die strapazierte Zahlungsbilanz zu stabilisieren. Hieran konnten die Nationalsozialisten nahtlos anknüpfen.
Ihre Herrschaft brachte 1933/34 noch eine Verschärfung der Devisensituation. Jüdisches Fluchtkapital verließ Deutschland, solange dies noch möglich war. Das Ausland beantwortete die politische Radikalisierung mit weiteren Kapitalabzügen. Exportboykotts gegen deutsche Waren, die expandierende Binnenkonjunktur mit einem zusätzlichen Importsog und eine erlahmende Exporttätigkeit im Zeichen attraktiverer Absatzmöglichkeiten auf einem sich wieder belebenden Inlandsmarkt belasteten die Zahlungsbilanz. Die Devisenreserven schmolzen so dramatisch zusammen, daß der Reichsbankpräsident Schacht am 1. Juli 1933 ein erstes partielles und einseitiges Transfermoratorium für deutsche Verbindlichkeiten aus Zins- und Tilgungszahlungen gegenüber ausländischen Gläubigern verkündete. Ihre Guthaben wurden in Deutschland auf Reichsmarkkonten eingezahlt und konnten nur entweder im Inland investiert oder durch zusätzliche Warenbezüge liquidiert werden. Der deutsche Kredit und die Bonität der deutschen Unterschrift standen auf dem Spiel.
Im Sommer 1934 waren die Gold- und Devisenreserven bei der Reichsbank so weit zusammengeschmolzen, daß die laufende Versorgung mit den notwendigsten Rohstoffen und Nahrungsmitteln ernsthaft gefährdet war und ein Kollaps des Wirtschaftsaufschwunges mit weitreichenden Konsequenzen auch für die Arbeitsbeschaffungspolitik und damit für die Reputation des Regimes drohte. Um dies zu verhindern, entwickelte der „Finanzmagier" Hitlers, Hjalmar Schacht, seit dem 30. Juli 1934

auch kommissarischer Reichswirtschaftsminister als Nachfolger des glücklosen Kurt Schmitt, seinen ingeniösen „Neuen Plan". Er trat am 24. September 1934 in Kraft und sah ein lückenloses Netz von 25 Überwachungs-, 27 Prüfungs- und 85 Vorprüfungsstellen vor. Durch sie wurde der gesamte Außenhandel kontrolliert und reguliert, nach dem Urteil vieler, die es wissen mußten, auch bürokratisch stranguliert. Devisenbescheinigungen wurden nur noch für die Einfuhr wichtiger Nahrungsmittel und solcher Rohstoffe ausgegeben, die entweder rüstungswirtschaftlich notwendig waren oder zur Produktion von Ausfuhrgütern benötigt wurden. Zur Ankurbelung des Exportes waren Dumpingpreise vorgesehen, die aus einer Ausfuhrumlage auf Importe der Industrie finanziert werden sollten.

Der „Neue Plan"

Der „Neue Plan" sah weiterhin vor, daß Warengeschäfte, um Devisen zu sparen, möglichst auf bilateraler Basis entweder auf dem Wege der Kompensation oder durch gegenseitige Einzahlungen von Inlandwährungen auf bilateralen Verrechnungskonten (Clearing-Konten) insbesondere mit den Agrar- und Rohstoffproduzenten Ost- und Südosteuropas nach dem Motto „Kaufe bei Deinem Kunden!" abgewickelt werden sollten. Damit war zugleich die entscheidende Voraussetzung geschaffen, um den deutschen Außenhandel mit Hilfe des staatlichen Außenhandelsmonopols auf sogenannte „blockadesichere Großwirtschafts- und Ergänzungsräume" zu verlagern und die angestrebte Autarkie zu verwirklichen. Freilich führte dieses Verfahren bald zu einer erheblichen Verschuldung Deutschlands bei seinen Clearing-Partnern. Denn diese waren infolge des verknappten Warenangebotes in Deutschland in nur unzureichendem Maße in der Lage, ihre aufgelaufenen Clearing-Guthaben auf dem deutschen Markt für Einkäufe zu benutzen. Auf die drohende Einstellung der Rohstofflieferungen aus dem Südosten, vor allem der Ölzufuhr aus Rumänien, reagierte die deutsche Seite ab 1936 mit der Lieferung von – in der Regel veraltetem und ausgemustertem – Kriegsmaterial. Zur ökonomischen und finanziellen trat die politische und rüstungswirtschaftliche Abhängigkeit der Staaten des Donau- und Balkanraumes.

Der „Neue Plan" schuf jedoch nur vorübergehend Entlastung. Bereits im folgenden Jahr spitzte sich die Devisensituation wieder so zu, daß nunmehr eine grundsätzliche Entscheidung über den weiteren Weg der Aufrüstung getroffen werden mußte. Sie fiel mit dem „Vierjahresplan" von 1936. Er wird im Zusammenhang mit der unmittelbaren Kriegsvorbereitung behandelt werden. Der Eindruck drängt sich auf, daß Hitler die schon früh aus politisch-ideologischen Gründen in Gang gesetzte ökonomische Krisenspirale propagandistisch gar nicht einmal ungelegen kam. Denn er benutzte sie immer wieder als Argument, um in einer Art „self-fulfilling prophecy" seinem Volk deutlich zu machen, daß an der Eroberung von neuem Lebensraum und an der rüstungspolitischen Vorbereitung auf diese Eroberung kein Weg vorbeiführen werde und alle Hoffnungen auf eine Wiedereingliederung in den Welthandel bare Illusion seien. Es war ein scheinbar auswegloser „circulus vitiosus“: verstärkte Rüstungsanstrengungen schufen neue Engpässe auf dem Produktionssektor, bei Rohstoffen und Devisen und auf dem Arbeitsmarkt, neue Engpässe ließen den Ruf nach einer gewaltsamen „Lösung der Raumfrage“ lauter werden, dies löste wiederum eine Intensivierung und Beschleunigung der Aufrüstung aus usf.

So erklärte Hitler seinem Reichsaußenminister von Neurath und seinen Oberbefehlshabern von Fritsch, Göring und Raeder, in der durch die Hoßbach-Niederschrift berühmt gewordenen Besprechung vom 10. November 1937, nachdem er die nunmehr erreichten Grenzen der nationalen Wirtschaftsentwicklung in bedrohlichen Farben dargestellt und eine Rückkehr in die Weltwirtschaft aus Gründen der strategischen Verwundbarkeit des Reiches strikt abgelehnt hatte, denn auch mit scheinbar zwingender Logik:

Die einzige, uns vielleicht traumhaft erscheinende Abhilfe läge in der Gewinnung eines größeren Lebensraumes [...] Wenn die Sicherheit unserer Ernährungslage im Vordergrund stände, so könne der hierfür notwendige Raum nur in Europa gesucht werden [...] Daß jede Raumerweiterung nur durch Brechen von Widerstand und unter Risiko vor sich gehen könne, habe die Geschichte aller Zeiten [...] bewiesen.[7]

2. Finanzpolitik: Die Tricks der Aufrüstungsfinanzierung

Ebenso rigoros wie die Wirtschaft wurde auch die Finanz- und Geldpolitik im „Dritten Reich“ rein opportunistisch auf das politische Ziel einer beschleunigten Aufrüstung und Vorbereitung des Krieges ausgerichtet. „Die Vorkriegszeit war etwa seit Hitlers Machtübernahme geprägt von der Vorfinanzierung des Krieges und damit zugleich vom schrittweisen Umbau der deutschen Wirtschaft zur Kriegswirtschaft.“[8] Dabei spielten Überlegungen einer soliden Haushaltsführung und einer Erhaltung der Währungsstabilität keine Rolle. Im Gegenteil: Auch hier wurde wie in der Wirtschaftspolitik unter dem Primat einer raschen „Wiederwehrhaftmachung des deutschen Volkes“ (Hitler) und dann ab 1936 unter dem der „Kriegsfähigkeit Deutschlands“ innerhalb von vier Jahren schon im Frieden eine einseitige Strategie der kurzfristigen Effizienzsteigerung um jeden Preis, auch um den einer Gefährdung der Währung und einer Raubbauwirtschaft verfolgt. Dies geschah im Vorgriff auf die großen ökonomischen und finanziellen Ressourcen, die die Reichsführung aus dem zu erobernden „Lebensraum“ zu gewinnen hoffte. Die Instrumentarien des Diktaturstaates und der Sachverstand eines Mannes mit nationaler und internationaler Reputation machten dies möglich: des

Reichswirtschaftsministers und Reichsbankpräsidenten Hjalmar Schacht. Die Legende um die Aufrüstungsfinanzierung schreibt diesem Mann eine geradezu magische Kraft zu. Allerdings mußte auch Schacht, als er „den Geist der Defizitfinanzierung" erst einmal aus der „Flasche einer soliden Haushaltspolitik" gelassen hatte, schon nach wenigen Jahren mit Schrecken feststellen, daß Hitler ihm freien Lauf ließ und er sich deshalb nicht mehr bändigen ließ. Der „Finanzmagier" wurde der Kräfte, die er entbunden hatte, auf Weisung seines „Führers" nicht mehr Herr. Er versuchte mehrfach vergeblich, die Notbremse zu ziehen.

Die Vorfinanzierung der Aufrüstung auf Wechselbasis bot sich als Mittel an, um brachliegendes privates Kapital zu mobilisieren. Überdies wäre eine direkte Steuererhöhung politisch höchst unpopulär gewesen und hätte wahrscheinlich den gerade anlaufenden Konjunkturaufschwung gefährdet. Nur die Körperschaftssteuer wurde erhöht, um einen Teil des Konjunkturgewinnes der Aktiengesellschaften abzuschöpfen. Schacht entwickelte eine „geräuschlose" und „verdeckte" Form der Wechsel- und Anleihefinanzierung im Vorgriff, wie er argumentierte, auf die dann in einer blühenden Wirtschaft reichlich sprudelnden Steuereinnahmen, mit denen die Anleihe- und Wechselschulden des Reiches aus dem ordentlichen Etat wieder zurückgezahlt werden sollten. „Geräuschlos" sollte diese Form aus mehreren Gründen sein: Sie täuschte das mißtrauische Ausland in der Phase der Verwundbarkeit des Reiches über das wahre Ausmaß seiner Aufrüstung hinweg, war also auch so etwas wie eine „Abschirmung" dieser Aufrüstung nach außen und ließ im Inland in der eigenen Bevölkerung zehn Jahre nach dem Schock der – nicht zuletzt auch durch die Finanzierung des Ersten Weltkrieges mitbedingten – Hyperinflation von 1922/23 keine neue Inflationsangst aufkommen.

Wechselfinanzierung

Zunächst arbeitete die Regierung 1933/34 in der Phase der Arbeitsbeschaffung noch mit den 1932 unter Papen und Schleicher entwickelten Arbeitsbeschaffungswechseln. Die mit öffentlichen Aufträgen versehenen Unternehmer zogen Arbeitsbeschaffungswechsel auf die als Träger der Finanzierung fungierenden fünf Vorfinanzierungsinstitute, z. B. die am 1. August 1930 gegründete „Deutsche Gesellschaft für öffentliche Arbei-ten AG" (Öffa) oder die Deutsche Renten-Kreditanstalt, als Akzeptanten. Diese Wechsel hatten den Charakter von Handelswechseln und waren bei der Reichsbank rediskontfähig. Das Reich verpflichtete sich, diese Wechsel in den Jahren 1934–1938 bei der Reichsbank einzulösen, und fungierte, das war entsprechend den Bestimmungen des bis 1937 gelten-den Bankgesetzes wichtig, nicht formell als Wechselschuldner. Der Gesamtumfang der bis Anfang 1935 ausgegebenen Arbeitsbeschaffungswechsel belief sich auf 2,85 Mrd. RM. Das Reich hinterlegte als Deckung bei der Reichsbank Steuergutscheine und Arbeitsschatzanweisungen.

Es dürfte also deutlich geworden sein, daß diese Form der Geldschöpfung auf Wechselbasis im Vorgriff auf spätere Steuereinnahmen bereits seit 1930 zu dem antizyklischen konjunkturpolitischen Reforminstrumentarium gehörte, das dem Reichskanzler Brüning aus dem Kreis von Wirtschafts- und Finanzwissenschaftlern als Alternative zu seiner prozyklischen Deflationspolitik, wenn auch ohne Erfolg, immer wieder vorgetragen und nach ihm bereits in der Spätphase der Weimarer Republik praktiziert wurde. Ein „Erstgeburtsrecht" für „deficit-spending" in Deutschland nach dem Rezept, daß der britische Ökonom J. M. Keynes gerade entwickelte, ohne freilich damit im eigenen Lande Gehör zu finden, hat Schacht niemals beanspruchen können. Denn das von Schacht

„Mefo-Wechsel"

1933 entwickelte legendäre System der „Mefo-Wechsel" unterschied sich in seiner Technik der Mittelaufbringung an sich nicht von dem vorausgehenden der Arbeitsbeschaffungsfinanzierung mit Hilfe von Wechseln. Was sich 1933 radikal mit den Nationalsozialisten änderte, waren die politischen Rahmenbedingungen und die kriegswirtschaftliche Zwecksetzung.

Der Name Mefo kommt von der „Metallurgischen Forschungsgesellschaft mbH". Dies war eine Gesellschaft, die mit dem Kapital von 1 Mio. RM von den vier großen, am Rüstungsgeschäft beteiligten Gesellschaften Siemens-Schuckert, Gutehoffnungshütte, Krupp und Rheinstahl, alles also „erste Adressen" der deutschen Industrie, auf Veranlassung der Reichsbank und des Reichswehrministeriums im Mai 1933 gegründet wurde. Für alle Schulden dieser kleinen Gesellschaft übernahm das Reich die selbstschuldnerische Bürgschaft, ohne formell als Wechselschuldner zu erscheinen. Alle Lieferanten für Rüstungsaufträge des Staates zogen zur Bezahlung ihrer Aufträge auf diese Firma die sogenannten „Mefo-Wechsel". Sie wurden vom Reich garantiert und von der Reichsbank rediskontiert. Die Lieferanten konnten also ihre mit 4% verzinslichen und auf 5 Jahre laufenden Wechsel sofort bei den Banken zu Geld machen. Zwischen 1934 und 1936 haben die „Mefo-Wechsel" etwa 50% der Wehrmachtaufträge gedeckt. Ende März 1938 wurde ihre Ausgabe auf Druck Schachts nach einem Höchststand von 12 Mrd. RM eingestellt. Ausgabe von Mefo-Wechseln[9]:

Fiskaljahr	1934	1935	1936	1937 (bis Ende 3/1938)
Milliarden RM	2,145	2,715	4,452	2,688
Insgesamt	2,145	4,860	9,312	12,000 Milliarden RM

Quelle: René Erbe, Die nationalsozialistische Wirtschaftspolitik 1933–1939 im Lichte der modernen Theorie, Zürich 1948, S. 46.

Eine termingerechte Einlösung der „Mefo-Wechsel" mit Haushaltsmitteln erfolgte gegen den scharfen Widerstand Schachts ab 1938 nicht. Es gelang ihm weder, die Kreditfinanzierung der Rüstung abzubremsen, noch die Rüstung selbst so weit zu verlangsamen, daß dadurch freiwerdende Steuereinkünfte zum Abbau der Wechselschulden des Reiches eingesetzt werden konnten. 1945 waren noch „Mefo-Wechsel" in Höhe von 8,1 Mrd. RM in der Schuldenmasse des Reiches. Schacht hat diese Nichthonorierung der Wechselunterschrift des Reiches später nach dem Krieg als „etwas Ungeheuerliches" und als „böswilligen Betrug" bezeichnet, mit dem die Reichsbank getäuscht und die Währung bewußt gefährdet worden sei[10]. Denn die Fortsetzung der Defizitfinanzierung war in dem Augenblick inflationstreibend, als Mitte der dreißiger Jahre die Vollbeschäftigung erreicht und die Produktionskapazitäten ausgelastet waren.

Anleihen

Weitere Mittel dieses „geräuschlosen" Requirierungsverfahrens von Geldkapital durch den Staat waren lombardfähige „Lieferschatzanweisungen", ausgegeben im Betrag von 6,5 Mrd. RM, mit einer Laufzeit von sechs Monaten, einer Verzinsung von 3% im Jahr und der Möglichkeit, sie bei der Reichsbank zu beleihen, Steuergutscheine, deren Ausgabe bereits von der Regierung von Papen 1932 praktiziert wurde, und ab 1935 Reichsanleihen mit einer Laufzeit von 28 Jahren. Sie wurden im Betrag von 1,926 Mrd. RM bei Sparkassen, Versicherungen und bei den Zentralinstituten der Spar- und Girokassen untergebracht. Am offenen Markt wurden als Konsolidierungsanleihe für 500 Mio. RM Reichsschatzanweisungen mit einer Laufzeit von siebeneinhalb Jahren zur öffentlichen Zeichnung aufgelegt. Beide Wertpapiere, Reichsanleihen und Reichsschatzanweisungen, wurden mit 4,5% verzinst.

Der „geräuschlose" Zugriff auf Geld- und Sparkapital bei den Geld- und Kapitalsammelstellen bewahrte das Regime vor der peinlichen Situation, daß eine öffentliche Zeichnung von Staatspapieren möglicherweise aus Mißtrauen gegenüber der Währungspolitik der Regierung nur ein geringes Echo gefunden und damit auf diesem Wege eine „finanzielle Volksabstimmung" (Schwerin von Krosigk) gegen die Staatsführung stattgefunden hätte. Freilich wurden hier Sparguthaben in Milliardenhöhe abgeschöpft und in die Defizitfinanzierung des Staatshaushaltes, die bald währungsgefährdende Dimensionen erreichen sollte, gesteckt, ohne daß die Sparer davon wußten. Sie wurden mit ihren Spar- und Giroeinlagen und Versicherungsgeldern mittelbar zu Gläubigern des Reiches.

All diese Manipulationen, mit denen Währungsstabilität und Geldverfassung in Deutschland bewußt dem Primat der schnellen Aufrüstung unterworfen wurden, waren nur im politischen Rahmen des Diktaturstaates möglich. Denn die Reichsbank, deren Unabhängigkeit von der Regierung 1924 nach den schlimmen Erfahrungen mit der Hyperinflation in den Jahren vorher ausdrücklich durch Gesetz verankert worden war, wurde zielbewußt ab 1933 als Kontrollinstanz und „Währungshüterin“ Schritt für Schritt wieder ihrer Autonomie beraubt und schließlich mit dem Rücktritt Schachts vom Präsidium Anfang 1939 unter seinem Nachfolger Funk mit Gesetz vom 15. Juni 1939 zu einem gefügigen Werkzeug Hitlers und seiner Finanz- und Geldpolitik degradiert. Gleiches galt für die Unabhängigkeit des Reichsrechnungshofes. Haushaltszahlen wurden ab 1935 nicht mehr veröffentlicht. Weiterhin charakteristisch für den Diktaturstaat war die rüstungspolitische Zwecksetzung der Defizitfinanzierung: mit ihr wurde überwiegend die Produktion von Rüstungsgütern finanziert, die keinen verkäuflichen Gegenwert für die steigende Nachfrage auf dem Verbrauchermarkt und die immer aufgeblähtere Geldmenge darstellten und völlig unproduktiv waren. Weiterhin verschlang der Ausbau des Justiz- und Polizeiapparates im Diktaturstaat hohe Summen.

Warnungen Schachts

Bereits am 3. Mai 1935 formulierte Schacht in einer Denkschrift über die Finanzierung der Aufrüstung eine deutliche Warnung.[11] Nach der einseitigen Erklärung der Wehrhoheit am 16. März 1935 bestehe die Schwierigkeit, „daß man eine propagandistische Bearbeitung des deutschen Volkes zur Unterstützung der Rüstung nicht vornehmen kann, ohne unsere Lage international zu gefährden. Die in sich schon nahezu unmögliche Finanzierung des Wehrprogrammes wird hierdurch noch ganz besonders erschwert.“ Schacht warnte vor der drohenden Inflation, da die Notenpresse zur Finanzierung der Rüstung „nur in dem Umfange herangezogen werden [könne], als die Aufrechterhaltung des Geldwertes es erlaubt“.

Der Umstand, daß unsere Rüstung bis zum 16. März 1935 völlig und seitdem immer noch zum größten Teil getarnt werden muß, hat dazu geführt, daß die Notenpresse schon am Anfang des ganzen Rüstungsprogramms in Anspruch genommen worden ist, während es an sich das Natürlichste gewesen wäre, sie an den Endpunkt der Finanzierung zu setzen.

Der Reichsbankpräsident zitierte zur Unterstützung seiner Warnung die Forderung des Reichsfinanzministers Schwerin von Krosigk nach einem ordentlich gedeckten Haushalt und seine Feststellung, es müsse

bewußt eine Etatpolitik getrieben werden, die durch organische und planmäßige Minderung anderer Ausgaben das Problem der Rüstungsfinanzierung nicht nur von der Einnahme-, sondern auch von der Ausgabenseite, d. h. durch Sparen löst.

Als sich Schacht 1936 mit seinem Verlangen nach einer Drosselung der Rüstungsausgaben im Interesse einer Konsolidierung der Reichsschulden politisch nicht durchsetzen konnte, mußte er zunächst Ende 1937 als Reichswirtschaftsminister und dann Anfang 1939 als Reichsbankpräsident seinen Hut nehmen. Unmittelbarer Anlaß war eine Eingabe Schachts und des Reichsbankdirektoriums an Hitler vom 7. Januar 1939, die dieser als offene Meuterei aufgefaßt haben soll.[12]

Die Reichsbank hat seit langem auf die für die Währung entstehenden Gefahren einer Überspannung der öffentlichen Ausgaben und des kurzfristigen Kredits hingewiesen. Am Ende des Jahres 1938 ist die Währungs- und Finanzlage an einem Gefahrenpunkt angelangt, der es uns zur Pflicht macht, Entschließungen zu erbitten, die es ermöglichen, der drohenden Inflationsgefahr Herr zu werden.

Die Eingabe führt dann detailliert alle die Währung gefährdenden und inflationstreibenden Faktoren auf: das in der Wirtschaft inzwischen erreichte „Stadium der Voll- und Überbeschäftigung", damit einhergehend „die Verknappung der Materialien und Arbeitskräfte", den relativen Rückgang der „Produktion an Verbrauchsgütern des täglichen Bedarfes [...], so daß einer erhöhten Lohnsumme ein geringeres Quantum von Verbrauchsgütern gegenüberstand", „stark wachsende Lohn- und Preissteigerungen" als Folge sowie den Verdrängungswettbewerb auf dem öffentlichen Kapitalmarkt zwischen Industrie und „dem Geldbedarf des Reiches".

Die Eingabe schloß mit der dringenden Bitte, 1. das Reich und alle anderen öffentlichen Stellen „dürfen keine Ausgaben und auch keine Garantien und Verpflichtungen mehr übernehmen, die nicht aus Steuern oder durch diejenigen Beträge gedeckt werden, die ohne Störung des langfristigen Kapitalmarktes im Anleiheweg aufgebracht werden können", 2. dem Reichsfinanzminister „wieder die volle Finanzkontrolle über die öffentlichen Ausgaben" zu übertragen, 3. Preis- und Lohnkontrolle wirksamer zu gestalten und 4. „die Inanspruchnahme des Geld- und Kapitalmarktes [...] der Entscheidung der Reichsbank allein" zu unterstellen.

Die Rückkehr zu einer ordentlichen Haushaltsführung hätte aber praktisch den Verzicht auf die forcierte Aufrüstung und die kriegerische Expansionspolitik bedeutet und war damit für Hitler kein Gesprächsthema mehr. Statt im Jahre 1939, wie an sich vorgesehen, mit der Einlösung der „Mefo-Wechsel" aus Haushaltsmitteln zu beginnen, wurden sie einfach prolongiert.

Zerrüttung der Reichsfinanzen

Der Weg in den Abgrund der Währungszerrüttung bei Kriegsende ist schnell durch Zahlen markiert. Schon bei Kriegsbeginn beliefen sich die gesamten – überwiegend kreditfinanzierten – Istausgaben für die Wehrmacht seit 1933 zwar nicht, wie Hitler am 1. September 1939 großspurig im Reichstag verkündete, um seine Gegner einzuschüchtern, auf 90 Mrd. RM, aber doch immerhin auf knapp 62 Mrd. RM. Von den Gesamtausgaben des Reiches 1933 bis Kriegsbeginn in Höhe von 119,4 Mrd. RM entfielen knapp 52% auf Wehrmachtausgaben. 67,3 Mrd. RM (56,4%) dieser Reichsausgaben wurden durch Einnahmen aus Steuern, Zöllen usf., 13,8 Mrd. RM (11,6%) durch „sonstige Einnahmen" (Reichsbahn, Reichspost, Reichsbank) und 38,3 Mrd. RM (32%) durch Kredite der verschiedenen Formen gedeckt. Der Zugang der Neuverschuldung des Reiches im Inland betrug bis Ende August 1939 seit 1933 (Ende Januar 1933 4 Mrd. RM) 40,5 Mrd. RM. Seit 1938 überstieg die Schuldenzunahme den jährlichen Zuwachs des realen Volkseinkommens. Vor allem der Einsatz kurzfristiger Finanzierungsmittel (Wechsel) zwischen 1933 und 1939 in einer Größenordnung von 22,5 Mrd. RM führte zu einer sprunghaften Steigerung des Zahlungsmittelumlaufes von 5,715 Mrd. RM im Jahre 1933 über 6,964 Mrd. RM im Jahre 1936, 10,404 Mrd. RM (11,9%) im Jahre 1938 auf 13,100 Mrd. RM (13,1%) am 1. September 1939. Dieser Steigerung stand eine Verknappung des zivilen Güterangebotes gegenüber.

Der Gesamtaufwand des Krieges wird für das Reich auf 614,39 Mrd. RM angesetzt. Davon entfielen auf die Wehrmachtausgaben 414 Mrd. RM und auf die Ausgaben der Zivilressorts 200,39 Mrd. RM. Zusätzlich hatte die Reichskasse während des Krieges an Schuldentilgungen und -bedienungen 856,63 Mrd. RM (überwiegend Einlösung von Wechseln und Wertpapieren) zu zahlen. So beliefen sich die Gesamtausgaben während des Krieges auf 1.471,02 Mrd. RM. Mit Rücksicht auf die Stimmung und die Kriegsmoral der Bevölkerung war der deutsche Fiskus beim Anziehen der Steuerschraube erheblich zurückhaltender als der in den anderen Ländern. Auf ausdrückliche Weisung Hitlers und Goebbels' wurden Pläne für drastische Steuererhöhungen gestoppt. Bei Kriegsbeginn wurde lediglich ein Zuschlag von 50% auf die Lohn- und Einkommenssteuer erhoben sowie weitere Steuern – auch noch während des Krieges – auf Genußmittel wie Bier, Tabakwaren, Brannt- und Schaumwein.

Die ordentlichen Einnahmen des Reiches deckten mit 275,85 Mrd. RM die Zivilausgaben und einen geringen Teil der Wehrmachtausgaben. Die Wehrmachtausgaben mußten also überwiegend mit Krediten und Anleihen finanziert werden. Den während des Krieges aufgenommenen Kreditmitteln in Höhe von 1.195,17 Mrd. RM stand eine Rückzahlung von 856,63 Mrd. RM gegenüber. Das ergab einen Kreditsaldo für die Kriegszeit von 338,54 Mrd. RM. Unter Einrechnung des Schuldenstandes bei Kriegsbeginn von 33 Mrd. RM und weiterer kleinerer Verbindlichkeiten belief sich die bei der Reichsschuldenverwaltung bis 21. April 1945 verbuchte Reichsschuld (Inland) auf 387,89 Mrd. RM (exkl. Steuergutscheine und Mefo-Wechsel), wobei die kurzfristige (schwebende) Schuld knapp 75% über der langfristigen (fundierten) Schuld lag. Korreliert man die Nettoverschuldung des Reiches während des Krieges in Höhe von 338,54 Mrd. RM mit den zivilen und militärischen Ausgaben in Höhe von 614,4 Mrd. RM, so wurde der Krieg auf deutscher Seite zu 55,1% durch Staatsverschuldung finanziert. Für die Gesamtfinanzierung des Krieges sind jedoch weitere Einnahmen aus den besetzten und verbündeten Ländern aus Clearingforderungen des Auslandes, Besatzungskosten, Besatzungskostenkrediten und Kriegskontributionen in

Gesamthöhe von 119 Mrd. RM als „der zumeist erzwungene Auslandsbeitrag zur deutschen Kriegsfinanzierung“ (Boelcke) zusätzlich in Rechnung zu stellen, von dem finanziellen Gegenwert der krassen Ausbeutung von Kriegsgefangenen sowie Zwangsarbeitern und Zwangsarbeiterinnen gar nicht zu sprechen.
Hauptkreditgeber im Inland waren wie schon vor dem Kriege die deutschen Sparkassen mit ihren rapide infolge des Kaufkraftüberhanges gestiegenen Spareinlagen, die Kreditgenossenschaften, Volks- und Raiffeisenbanken, die Großbanken und sonstige Kreditbanken und schließlich die Postsparkasse. „Sparer und sonstige Konteninhaber waren ‚geräuschlos‘ enteignet worden, ohne darüber befragt zu sein.“[13]
Parallel zu den militärischen Katastrophen brach im Sommer 1944 die bisherige Finanzpolitik faktisch zusammen. Im Dezember 1944 sank der Deckungsanteil der ordentlichen Einnahmen an den Gesamtausgaben unter 10%. Eine starke Zunahme von Geldabhebungen bei Banken und Sparkassen, größere Bargeldansprüche der Wirtschaft sowie steigende private Geldhortungen verschärften die Aufbringungskrise auf dem Kapitalmarkt, so daß die letzten Kriegsmonate überwiegend aus der Notenpresse finanziert wurden. Der Notenumlauf erreichte am 30. April 1945 70,3 Mrd. RM (1. September 1939 10,9 Mrd. RM).
Das Vabanquespiel der Hitlerschen Eroberungspolitik spiegelte sich eigentlich von Anbeginn an in der deutschen Kriegsfinanzpolitik wider. Die Reichsmark war bei Kriegsende – nach obendrein nur kurzer Lebensdauer von kaum 22 Jahren – restlos zerrüttet.[14]

3. Landwirtschaft: „Reichsnährstand“ und Agrarutopie

„Schon die Möglichkeit der Erhaltung eines gesunden Bauernstandes als Fundament der gesamten Nation“, erklärte Hitler in „Mein Kampf“, „kann niemals hoch genug eingeschätzt werden.“[15] Ein „rassisch gesundes“ und wirtschaftlich kräftiges Bauerntum verbürgte nach nationalsozialistischer Auffassung den Wiederaufstieg Deutschlands zur nationalen Größe. Der „Ackermann“ und der „Krieger“ wurden zu herausgehobenen Symbolfiguren des neuen Reiches, der „Nährstand“ gleichberechtigt neben dem „Wehrstand“ zu seiner tragenden Säule.

„Blut und Boden“-Ideologie

Hauptkünder der völkisch-rassistischen und agrar-romantischen Propagandaformel von „Blut und Boden“ (vom Volksmund ironisch auf „Blubo“ verkürzt) war der 1895 in Argentinien geborene Diplomkolonialwirt Walter Darré. Seine Bücher „Das Bauerntum als Lebensquell der nordischen Rasse“ (1928) und „Neuadel aus Blut und Boden“ (1930) forderten ein neues „Adelsbauerntum“ als biologischen Kern der künftigen Geschichte und erklärten „Blut und Boden“ zu ewigen Werten. Dem Bauerntum als „Blutquell“ des deutschen Volkes sollte die beson-

dere Fürsorge des Staates zuteil werden. Durch seine Verwurzelung im heimatlichen Grund und Boden hob es sich in seiner gemeinschaftbildenden Kraft positiv gegen die Wurzellosigkeit des großstädtischen Proletariates ab. Im völkischen Denken wurde hier der alte Gegensatz zwischen Stadt und Land ideologisch aufgeladen und durch die Propagierung antimodernistischer Ressentiments radikalisiert.
Den Nationalsozialisten waren mit Hilfe des 1930 von Darré als Parteiorganisation zur Koordinierung der agrarpolitischen Aktivitäten gegründeten Agrarpolitischen Apparates schon früh in der Weltwirtschaftskrise tiefe politische Einbrüche in die Landwirtschaftskammern und in das landwirtschaftliche Verbandswesen, vor allem über das nationalsozialistische Präsidiumsmitglied Werner Willikens in den großagrarischen „Reichslandbund", gelungen. Sie leiteten dabei die schweren Existenzsorgen vieler Tausender von überschuldeten und vom Konkurs bedrohten landwirtschaftlichen Betriebe geschickt auf die Mühlen ihrer Propagandakampagnen gegen das „System" von Weimar.
Durch die Betrauung des Agrarprotektionisten und Fürsprechers der ostelbischen Landwirtschaft Alfred Hugenberg mit den Reichs- und preußischen Ressorts für Wirtschaft, Ernährung und Landwirtschaft schien die Regierung Hitler zu signalisieren, daß ihr die Nöte der Landwirte ganz besonders am Herzen lagen. Der Schutz der deutschen Landwirtschaft stand in der Tradition der Agrar- und Außenwirtschaftspolitik seit der Bismarckzeit. Die nationalsozialistische Landwirtschaftspolitik reihte sich also hier, wenn auch stärker ideologisiert, im Grunde zunächst kontinuierlich in die Unterstützungsmaßnahmen ein, die bereits die Regierung Brüning mit ihrer umstrittenen „Osthilfe" unter dem Eindruck der Weltwirtschaftskrise eingeleitet hatte. Faktisch war der deutsche Agrarmarkt seit 1929 Schritt für Schritt durch Schutzzölle, Einfuhrkontingentierungen, staatliche Stützungskäufe und andere Subventionen aus den überkommenen Bindungen des Weltmarktes herausgelöst und durch eine weitgehende Abschottung gegen die traditionellen Bezugsmärkte in Skandinavien, West- und Südosteuropa das Agrarpreisniveau im Inland vielfach über das des Weltmarktes hochgetrieben worden.
Freilich hatte das deutschnational-konservativ geführte Wirtschaftssuperministerium mit Hugenberg und seinem (parteilosen) Staatssekretär von Rohr an der Spitze in den Augen des linken, sozialistischen Flügels der NSDAP einen schwerwiegenden Schönheitsfehler: Es galt als großkapitalistisch und großagrarisch orientiert. Ideologisch motivierte Reformen wie die einst versprochene „Abschaffung des Bodenzinses" oder die „Aufteilung des Großgrundbesitzes", Impulse für Bodenreformen und Siedlungsprojekte waren von ihm sicher nicht zu erwarten. So mehrten sich denn auch aus dem Umkreis des ostpreußischen Gauleiters und Oberpräsidenten Erich Koch, eines mächtigen Repräsentanten

des linken Flügels der NSDAP, die Klagen über das ungehinderte Fortwirken des alten ostelbischen Interessenklüngels der Großlandwirtschaft und den Mangel an Zuwendungen für Landarbeiter, Siedler und Kleinbauern.

Gleichschaltung der landwirtschaftlichen Organisationen

Das war die Stunde Walter Darrés. Innerhalb von wenigen Monaten brachte er die traditionellen „drei Säulen" des landwirtschaftlichen Organisationswesens unter seine Kontrolle: die berufsständischen agrarischen Interessenorganisationen, das Genossenschaftswesen und die Landwirtschaftskammern. Teils waren diese „Säulen" längst innerlich brüchig und ideologisch durchsetzt, teils wurde dort, wo sich noch Widerstand regte, nach der bewährten Manier mit der Einsetzung von Kommissaren, mit Einschüchterungen und gerichtlichen Verfolgungen der Gleichschaltung nachgeholfen. Dabei kam die allgemeine Tendenz zur Vereinheitlichung des Verbandswesens in der „Grünen Front" den nationalsozialistischen Bestrebungen entgegen.

Am 20. März 1933 wurde der Präsident der Vereinigung der christlichen Bauernvereine, Andreas Hermes, wegen angeblicher Veruntreuungen und nachdem er sich heftig gegen eine Vereinigung mit den Großagrariern im Reichslandbund gewehrt hatte, verhaftet, sein Nachfolger Hermann von Lüninck später auf den Posten des Oberpräsidenten der preußischen Rheinprovinz abgeschoben. Im Reichslandbund rückte neben dem parteilosen Vorsitzenden, dem Grafen Kalckreuth, und dem Nationalsozialisten Werner Willikens mit Wilhelm Meinberg ein weiterer Vertrauter Darrés ins Präsidium. Nach der Einleitung von Fusionsverhandlungen Ende März wurde Darré am 4. April „einstimmig gebeten", den Vorsitz der „Reichsführergemeinschaft" der zu vereinigenden landwirtschaftlichen Interessenverbände zu übernehmen.

Die Verhaftung von Hermes, der zugleich Präsident des „Reichsverbandes der deutschen landwirtschaftlichen Genossenschaften – Raiffeisen" gewesen war, führte Darré und seine Vertrauensleute gleichzeitig an die Spitze des landwirtschaftlichen Genossenschaftswesens. Am 20. April 1933 konnte er seinem „Führer" als Geburtstagsgeschenk melden, daß er nun auch die „Führung von 40000 ländlichen Genossenschaften", die im Reichsverband zusammengeschlossen waren, übernommen habe.

Die Gleichschaltung des „Deutschen Landwirtschaftsrates" als Spitzenorganisation der Landwirtschaftskammern erfolgte widerstandslos. Sein Präsident, Dr. Brandes, begrüßte schon am 31. Januar in einer Entschließung die neue Regierung herzlich und sprach die Erwartung einer „Stärkung des Binnenmarktes" und einer „dauernden Wiederherstellung der landwirtschaftlichen Rentabilität" aus. Am 5. April bekannte sich Hitler auf der Vollversammlung des Landwirtschaftsrates nachdrücklich zu einer Politik der „Erhaltung des Bauerntums" als des tragenden Fundamentes des deutschen Volkstums und forderte es auf, „sich unbedingt hinter die Regierung zu stellen". Darauf „gelobte" die Vollversammlung in einer „einmütig angenommenen Entschließung" der Regierung „rückhaltlose und geschlossene Gefolgschaft."[16]

Der Rücktritt Kalckreuths am 5. Mai nach heftigen Angriffen wegen angeblicher persönlicher Bereicherung im Präsidentenamt und seine Ablösung durch Meinberg, eine Woche später der Rücktritt von Brandes und die Wegbeförderung von Lüninck machten für Darré den Weg an die Spitze des landwirtschaftlichen Organisationswesens endgültig frei: Am 28. Mai 1933 ließ er sich auf einer Sitzung der „Reichsführergemeinschaft" der landwirtschaftlichen Verbände unumschränkte Vollmachten als „Reichsbauernführer" erteilen.

Nun fehlte nur noch der Schritt zur Führung der staatlichen Landwirtschaftspolitik. Zwar hatte Hugenberg alles getan, um durch weitere Stützungsaktionen wie die Hebung der Preise für landwirtschaftliche Produkte, Schutzzölle und die staatliche Sanierung verschuldeter landwirtschaftlicher Betriebe („Vollstreckungsschutz") der Agrarwirtschaft zu helfen, aber er blieb mit dem Makel „agrarkapitalistischer Interessenpolitik" und „mangelnder völkisch-rassistischer Perspektiven" behaftet. Als er im Juni 1933 auf der Londoner Weltwirtschaftskonferenz zum Entsetzen des deutschen Delegationschefs, des Reichsaußenministers von Neurath, offenbar im Alleingang Kolonien für Deutschland und „Lebensraum im Osten" forderte, war dies ein willkommener Anlaß, ihn politisch kaltzustellen. Nach der Übernahme des Reichsministeriums für Ernährung und Landwirtschaft am 29. Juni 1933 vereinigte Darré eine auch für nationalsozialistische Begriffe ungewöhnliche Machtfülle durch seine Ämterakkumulation auf sich: als Reichsminister ein Staatsamt, als Leiter des Agrarpolitischen Apparates ein Parteiamt und als „Reichsbauernführer" die Spitzenfunktion der gesamten gleichgeschalteten landwirtschaftlichen Berufsvertretungen.

Der „Reichsnährstand"

Durch das Gesetz „über den vorläufigen Aufbau des Reichsnährstandes und Maßnahmen zur Markt- und Preisregelung für landwirtschaftliche Erzeugnisse"[17] vom 13. September 1933 wurden alle in der landwirtschaftlichen Erzeugung, in der Be- und Verarbeitung landwirtschaftlicher Produkte und im Landhandel sowie in der Fischereiwirtschaft tätigen Personen und Betriebe, die gleichgeschalteten Interessenverbände und öffentlich-rechtlichen Kammern zwangsweise unter einem Dach – dem „Reichsnährstand" – unter Leitung des Reichsbauernführers Darré zusammengefaßt; Mitte der dreißiger Jahre waren es etwa 17 Millionen Zwangsmitglieder. Unter dem Reichsbauernführer rangierten in einer streng hierarchischen Gliederung Landes-, Kreis- und Ortsbauernschaften. Die horizontale Gliederung des „Reichsnährstandes" auf Reichs-, Landes- und Kreisebene in drei Hauptabteilungen dokumentiert seinen umfassenden totalitären Kontrollanspruch: 1. „Der Mensch" für die früheren Aufgaben der landwirtschaftlichen Organisationen, Vereine

und Verbände für die Eindämmung der Landflucht und die Umsetzung der Blut-und-Boden-Ideologie (u.a. „Reichserbhofgesetz“), 2. „Der Hof“ für die früheren Aufgaben der Landwirtschaftskammern in fachlichen und betrieblichen Angelegenheiten, bes. die Leitung und Durchführung der „Erzeugungsschlachten“, 3. „Der Markt“ für die Organisierung und Überwachung der gesamten landwirtschaftlichen Marktordnung (u. a. Regelung der Agrarimporte, Erfassung der inländischen Produktion und deren gemeinsame Verteilung, Lenkung von Produktion und Absatz in Richtung Selbstversorgung durch Kontrolle der Markt- und Preisverhältnisse wie die Festlegung von Verarbeitungskontingenten, Lieferbedingungen, Handelsspannen usf.).
Der „Reichsnährstand“ war institutionell ein Zwitter: zwar formal eine „Selbstverwaltungskörperschaft des öffentlichen Rechts“ und eine gigantische berufsständische Einheitsorganisation, faktisch jedoch ein Organ des Staates und ein Instrument des Reichsernährungsministers zur Sicherung der Ernährung und zur Steigerung der Erzeugung, sein Ausführungsorgan zur totalen staatlichen Wirtschaftslenkung. Als „Staat im Staate“ und „Partei in der Partei“ zogen der „Reichsnährstand“ als ideologisches „Schoßkind“ des Regimes (Broszat) und der „Reichsbauernführer“ überall dort, wo es um die ideologische, sozialpolitische und kulturelle Betreuung seiner Mitglieder, insbesondere der Jugend, der Frauen und der Landarbeiter ging, Mißgunst und Haß der NSDAP mit ihren Gliederungen und der „Deutschen Arbeitsfront“ mit ihrem Totalitätsanspruch auf sich; Schacht biß sich als Reichswirtschaftsminister an den Kompetenzen seines Rivalen Darré vergeblich die Zähne aus, bis Göring 1936 den „Reichsnährstand“ als Teilorganisation der Vierjahresplanbehörde vereinnahmte. Führungschaos, Kompetenzenwirrwarr und Abgrenzungsrivalitäten waren auch hier wie überall im NS-Staat an der Tagesordnung.
Die Bauern ächzten und stöhnten unter der Überbürokratisierung des „Reichsnährstandes“, dem ehrgeizigen Gehabe seiner Funktionsträger bis zum Ortsbauernführer hinunter und dem dichten Geflecht von Vorschriften, Ver- und Geboten. Sie fühlten sich aber andererseits als Berufsstand politisch-ideologisch vom Regime aufgewertet. Das „öffentlich-rechtliche Mammut-Syndikat von Genossenschaften, Wirtschaftsvereinigungen und Fachämtern“ (Broszat) umfaßte „alle ernährungswirtschaftlichen Bereiche von Getreide bis zum Puddingpulver, von Fleisch und Fisch bis Öl und Margarine, von Käse und Bier bis Senf und Essig“ (Gies). Bäuerliches Leben und Wirtschaften wurde von oben reglementiert: von der Volkstumspflege und der völkisch verklärten Selbstdarstellung bei den jährlichen Erntedankfesten auf dem Bückeberg über die Standardisierung und Planung der Erzeugung bei Aussaaten und Anpflanzungen, die bäuerliche Betriebsführung bis hin zum Absatz und zur Preisgestaltung. Das Festpreissystem wurde immer wei-

ter ausgedehnt auf Brotgetreide, Milchprodukte, Vieh und Viehprodukte usf. Die schrittweise Abkehr von der Gewerbefreiheit und der freien Marktwirtschaft, die sich schon in der Weimarer Republik angekündigt hatte, war vollzogen.

„Reichserbhofgesetz"

Eine Krönung des völkisch-rassistischen und agrar-romantischen Aufbauwerkes sollte das „Reichserbhofgesetz" vom 29. September 1933 darstellen. Ihm ging bereits ein am 15. Mai 1933 vom preußischen Staatsministerium gegen den heftigen Widerstand Hugenbergs verabschiedetes „Gesetz über das bäuerliche Erbhofrecht" voraus. „Die Reichsregierung will unter Sicherung alter deutscher Erbsitte das Bauerntum als Blutsquelle des deutschen Volkes erhalten", hieß es eingangs in dem Reichsgesetz. „Bauer" konnte nur sein, „wer deutschen oder stammesgleichen Blutes" war (§ 13). Dies war durch „großen Abstammungsnachweis" bis zum 1. Januar 1800 zurück zu belegen. Als „Erbhöfe" galten alle landwirtschaftlichen Betriebe zwischen 7,5 und 125 ha. „Bauer" durfte sich nach dem Gesetz nur der Inhaber eines „Erbhofes" nennen, alle anderen Hofinhaber hießen „Landwirte". Der Erbhof durfte nur ungeteilt auf einen Nachkommen in der Regel ausschließlich im Mannesstamme vererbt werden. Miterben hatten nur ein Anrecht auf Berufsausbildung, Aussteuer und Heimatzuflucht. Der Verkauf war ebenso verboten wie die Belastung mit einem Realkredit. Der „Erbhofbauer" war auf Lebenszeit an seinen Boden gebunden. Entschuldung und Vollstreckungsschutz brachten zwar vorübergehend Vorteile, auch wurden Grund und Boden dem freien Marktverkehr und der Bodenspekulation entzogen und vor erneuter Verschuldung und vor Zersplitterung geschützt. Das grundsätzliche Verbot einer hypothekarischen Belastung erschwerte aber die Kapitalaufnahme für eine Modernisierung und Rationalisierung der Betriebe und eine Erneuerung ihres Maschinenparkes. Auch die starre Erbfolge konnte schädlich sein, wenn der Erbberechtigte nicht über die notwendigen fachlichen Fähigkeiten verfügte. Landwirtschaftliche Strukturpolitik fand im „Dritten Reich" nicht statt.

So war das „Reichserbhofgesetz" in seiner Wirkung sehr ambivalent und konnte gerade durch seine ideologische Fixierung zu einem Hemmnis für Fortschritt und Produktivitätszuwachs werden. 694997 Höfe wurden bis 1938 im „Altreich" zu „Erbhöfen" erklärt. Die Kritik im konservativen Lager und im Kabinett bei Schmitt, Papen und Gürtner war erheblich.

Bilanz der NS-Agrarpolitik

Bei einer allgemeinen Bilanzierung von Erfolg und Mißerfolg der nationalsozialistischen Agrarpolitik wird man zunächst einige grundsätzliche Aussagen machen müssen. Der Säkulartrend einer rasch fortschreitenden Industrialisierung und Verstädterung seit dem ausgehenden 19. Jahrhundert und, mit ihm einhergehend, einer De-Agrarisierung hielt in der deutschen Volkswirtschaft auch in den zwölf Jahren des „Dritten

Reiches“ unvermindert an. Dramatischer Ausdruck dieses Prozesses war die Landflucht. Zwischen 1933 und 1939 ging die Zahl der landwirtschaftlichen Arbeitnehmer um 440 000, nach anderen Angaben sogar um 1,4 Mio. zurück. HJ-Landdienst, Arbeitsdienst, Erntehilfe oder Pflichtjahr konnten diesen Ausfall schon qualitativ nicht wettmachen. Erst der Einsatz von Zwangsarbeitern und Kriegsgefangenen schuf hier später Abhilfe. Auch die traditionellen sozialen und ökonomischen Interessengegensätze liefen im Agrarbereich ebenso wie in dem der gewerblichen Wirtschaft weiter, wenngleich sie jetzt teilweise über die Transmissionsriemen des politischen Regimes, etwa über die „Deutsche Arbeitsfront“, geleitet und durch Parolen von der „Volksgemeinschaft“ nach außen verkleistert wurden. Die Rivalitäten der politischen Gliederungen des Regimes, seiner Gruppen und Führungscliquen wurden, wie am „Reichsnährstand“ gezeigt werden konnte, durch soziale Interessengegensätze aufgeladen und radikalisiert und wirkten wiederum auf diese zurück. Auch hier die gleiche Erscheinung wie in der gewerblichen Wirtschaft: Die alten Klassenspannungen wirkten untergründig weiter, wenn auch oft nach Ausschaltung der überkommenen Interessenorganisationen über andere politische Kanäle.
Für Hitler zählte im Gegensatz zu Darré weniger das ideologische Moment als primär das machtpolitische Ziel der Eigenversorgung und Nahrungssicherheit im Kriegsfall. Aus dieser Perspektive verboten sich für ihn alle effizienzmindernden Reformen und Experimente wie eine tiefgreifende Bodenreform, eine Zerschlagung des Großgrundbesitzes oder eine Intensivierung des bäuerlichen Siedlungsgedankens. Es gab weder eine steigende Nachfrage nach Siedlungsland noch ein wachsendes Angebot. Im Gegenteil: Wurden 1927/32 38771 neue Siedlerstellen mit 429934 ha geschaffen, so verringerte sich diese Zahl in dem folgenden Jahrfünft 1933/38 auf 20748 neue Siedlerstellen mit 325611 ha. Die privatwirtschaftlich organisierte bürgerlich-nationale Gesellschaft blieb auch in der Landwirtschaft das gesellschaftspolitische Leitziel, der mittel- und großbäuerliche Hof und der Gutsbesitz wie bisher das prägende Strukturelement.
Ähnlich wie in der gewerblichen Wirtschaft wurden auch in der Agrarwirtschaft politische Zielvorgaben gesetzt, die einerseits kaum auf einen gemeinsamen Nenner zu bringen waren und andererseits eine schließlich aus den eigenen nationalen Ressourcen nicht mehr zu bewältigende Belastung darstellten und mit einer gewissen inneren Zwangsläufigkeit in die gewaltsame Expansion einmünden mußten: Kostenminimierung und Produktivitätssteigerung, laufende Versorgung der Bevölkerung bei steigender allgemeiner Kauf- und Konsumkraft, optimale Selbstversorgung aus dem eigenen Raum und Unabhängigkeit von Einfuhren u. a. zum Einsparen von Devisen (Autarkie), wehrwirtschaftliche Kriegsbereitschaft.

Die Bilanz der agrarpolitischen Anstrengungen konnte sich partiell durchaus sehen lassen, obwohl sie weit hinter den hochgesteckten Erwartungen zurückblieb. Trotz Verringerung der landwirtschaftlichen Nutzfläche um mehr als 700 000 ha durch Autobahnen, Flug- und Truppenübungsplätze und den Bau des Westwalles und trotz Bevölkerungswachstums konnte der Anteil der Versorgung aus eigenem Boden von 68% im Jahre 1927/28 auf 83% im Jahre 1938/39 erhöht werden. Eine Steigerung war bei Brotgetreide, Hülsenfrüchten, Eiern, Fetten, Kartoffeln und Zuckerrüben zu verzeichnen. Defizitär war die Ernährungsbilanz nach wie vor bei Fetten, in der Fleischversorgung, bei Futtermitteln, Hülsenfrüchten und pflanzlichen Ölen. Die Auslandsabhängigkeit blieb hier hoch. Sie stieg sogar noch in den Jahren 1936/39, so daß nach wie vor für Nahrungsmittelimporte in erheblichem Umfange in der Rüstungswirtschaft dringend benötigte Devisen bereitgestellt werden mußten.
Die Abschottung vom Weltmarkt kam die deutschen Verbraucher teuer zu stehen. Im Herbst 1933 lag der Getreidepreis auf dem geschützten deutschen Binnenmarkt 100% höher als auf dem Weltmarkt; für Fleisch, Butter und Eier mußten das Zwei- bis Dreifache wie in Dänemark, dem traditionellen deutschen Einkaufsland, bezahlt werden. Der Preisanstieg für landwirtschaftliche Produkte von Anfang 1933 bis Ende 1934 belief sich auf durchschnittlich 25% mit erheblichen negativen Rückwirkungen auf die allgemeine Stimmung in der Bevölkerung.
Einer Steigerung der Agrarproduktion waren überall Grenzen gesetzt. Zunächst einmal durch das Gesetz des abnehmenden Bodenertrages. Denn die intensive Bodennutzung führte langfristig trotz des verstärkten Einsatzes von Düngemitteln zu einem Qualitätsabfall. Ein weiteres entscheidendes Hindernis war der überall spürbare Mangel an landwirtschaftlichen Fachkräften, die in Scharen in die Städte wanderten, wo sich ihnen ein höheres Einkommen und eine geregelte Arbeitszeit boten. Den eklatanten Widerspruch zwischen politisch motivierten niedrigen Erzeugerpreisen und hohen Mengenerwartungen versuchte das Regime durch Zwangsmaßnahmen und eine rigide Reglementierung des Marktes, durch die Förderung von Mechanisierung und Rationalisierung sowie durch den Einsatz von verbilligten Düngemitteln zu verringern. Jede Investition in der Landwirtschaft, eine Anhebung der Erzeugerpreise und eine Steigerung des landwirtschaftlichen Einkommens gingen, wenn sie nicht durch staatliche Subventionen, also mit Steuermitteln aufgefangen wurden, automatisch zu Lasten des Konsumenten und erhöhten den Lohndruck in der Arbeiterschaft und damit den Kostendruck in der Rüstungsindustrie. Etwas überspitzt wird man also sagen können: Die seit 1934 von Darré mit gewaltigem Propagandaaufwand inszenierten landwirtschaftlichen „Erzeugungsschlachten“ gerieten nicht selten in Konflikt mit den in gleichem Fortissimo propa-

gierten „Rüstungsschlachten". Die nationalsozialistische Blut-und-Boden-Ideologie stieß sich an den harten ökonomischen Realitäten. Zwar gelang es bis zu einem gewissen Grade, die Landwirtschaft zu sanieren, die Erzeugung zu steigern und auch das Einkommen der Landwirte zu heben, ohne daß diese freilich am Ende mit dem allgemeinen Anwachsen des Volkseinkommens Schritt halten konnten; dies alles geschah jedoch auch auf dem Rücken der Konsumenten und zwar in einem Ausmaß, das im Winter 1933/34 zu tiefen Einbrüchen in der politischen Stimmung führte und das Regime stark beunruhigte.
Auch in der Landwirtschaft bewahrheitete sich also wie auf dem gewerblichen Sektor das alte ökonomische Gesetz: Für ein Land wie Deutschland, das so arm an materiellen Ressourcen und so stark abhängig von Rohstoff- und Nahrungsmitteleinfuhren war und ist, bedeuteten jeder Schritt in die Autarkie und die Aufkündigung der herkömmlicherweise engen arbeitsteiligen Verflechtung mit dem Weltmarkt auf längere Sicht volkswirtschaftlich Wachstumsverluste, Stagnation und Krise. Darüber durften auch die kurzfristigen Erfolge der „Erzeugungsschlachten" nicht hinwegtäuschen.

4. Arbeiterschaft, Sozialpolitik und Arbeitsverfassung: Zwischen Bestechung und Entmündigung

Die Nationalsozialisten verfolgten gegenüber der Arbeiterschaft eine Doppelstrategie mit „Zuckerbrot und Peitsche": Wurden ihre politischen und gewerkschaftlichen Organisationen sofort nach dem 30. Januar 1933 einer unerbittlichen Verfolgung ausgesetzt, so sahen sich die Arbeiter selbst vom Regime auf jede Weise umworben und materiell „bestochen". Ihren zynischen Ausdruck fand diese Doppelstrategie darin, daß der pompösen Masseninszenierung des 1. Mai als „Tag der nationalen Arbeit" und – zum erstenmal in der Geschichte – als gesetzlicher Feiertag auf dem Tempelhofer Feld in Berlin unmittelbar darauf am 2. Mai um 10.00 Uhr morgens die brutale Zerschlagung der im „Allgemeinen Deutschen Gewerkschaftsbund" (ADGB) zusammengeschlossenen sozialistischen Freien Gewerkschaften mit der gewaltsamen Besetzung aller gewerkschaftlichen Einrichtungen und die Gleichschaltung der anderen Richtungsgewerkschaften folgten.

Ideologie der „Volksgemeinschaft"

Die NS-Führung gab sofort eindeutig zu verstehen, daß sie keine möglichen oppositionellen Zentren mehr duldete. Auf der anderen Seite hingen aber von der Leistungsbereitschaft und der Leistungskraft des deutschen Arbeiters ganz wesentlich der ökonomische Wiederaufstieg Deutschlands und seine erfolgreiche wehrwirtschaftliche Vorbereitung auf den Krieg ab. Nur die reibungslose Integration des Arbeiters in die „Volksgemeinschaft" garantierte politische Stabilität. Noch saß bei Hitler und seiner Führungsriege der traumatische Schock des November 1918 tief, als sich die demoralisierten und halb verhungerten Industriearbeiter gegen einen längst als sinnlos erkannten Krieg auflehnten. Dies durfte nicht wieder geschehen. Darin herrschte allgemeine Übereinstimmung. Doch blieb es stets ein Seiltanz für das Regime, der politisch entmündigten und ihrer gewerkschaftlichen Interessenvertretung beraubten Arbeiterschaft im Zuge der Aufrüstung und der Kriegswirtschaft in den „Arbeitsschlachten" immer höhere Produktionsziele vorzugeben, ohne durch überzogene Anforderungen den Bogen zu überspannen und die gewonnene Massenloyalität aufs Spiel zu setzen.

Soziale Disziplinierung und Ausgrenzung

Auch in der Arbeiter- und Sozialpolitik zeigte sich, wie intensiv sich die Energie der neuen Machthaber zunächst auf die destruktiven Ziele der Vernichtung ihrer Gegner konzentrierte und wie schwer sie sich mit einem konstruktiven Neuaufbau taten. Eine in sich homogene und geschlossene Gesellschaftspolitik haben die Nationalsozialisten ebensowenig entwickelt wie ein einheitliches Wirtschaftsprogramm. Es blieb bei der Improvisation. Die bis zur Ermüdung immer wieder propagierten Phrasen vom „Sozialismus der Tat" und von der „Volksgemeinschaft" als einer alle Klassen und Stände, Berufe und Konfessionen übergreifenden freiwilligen Unterordnung unter das vom Staat definierte nationale „Gesamtwohl" verfehlten zwar ihre hypnotisierende Wirkung auf die „Volksgenossen" nicht und markierten sicher auch gewisse nivellierende soziale Tendenzen damals. Hinter dieser propagandistischen Nebelwand bewiesen aber die Strukturen der überkommenen bürgerlich-kapitalistischen Klassengesellschaft eine bemerkenswerte Beharrungskraft und blieben die wirtschaftlichen und sozialen Interessengegensätze unberührt.[18] Die Spannungen zwischen den Klassen waren höchstens für einige Zeit durch Druck von oben ruhiggestellt oder gedämpft. Sie wirkten aber untergründig fort und wurden durch neue politische Kanäle und Konfliktfelder innerhalb der NS-Führung geleitet. Sozialpolitik war stets primär ein Mittel zur politischen Festigung des Systems, zur Loyalitäts- und Identifikationsstiftung, zur Durchsetzung totalitärer Herrschaft und Kontrolle, zur sozialen Disziplinierung und Erziehung der „Volksgenossen". Sozialpolitik war aber vor allem ein Instrument zur zutiefst inhumanen Selektion, Ausgrenzung und schließlich Vernichtung von „rassisch und erbbiologisch Minderwertigen", von „Asozialen", „Artfremden" und „Gemeinschaftsunfähigen" aus der arisch-germanischen „Volksgemeinschaft". Das Füllhorn sozialpolitischer Fürsorge und Vergünstigungen, über das noch zu sprechen sein wird, ergoß sich nur über politisch, rassisch und erbbiologisch „würdige" Empfänger. Nationalsozialistische Wohlfahrtspolitik und Wohlfahrtspflege standen im Dienste der Sozialhygiene, der Eugenik und der Rassenhygiene. Der Sozialstaat wurde pervertiert und mißbraucht für eine an sozialdarwinistischen und rassistisch-biologistischen Grundsätzen ausgerichtete Gesundheits- und Bevölkerungspolitik, wie sich in den Zwangssterilisierungen, in der euphemistisch als „Euthanasie" propagierten Auslöschung „lebensunwerten Lebens" und schließlich in den massenhaften Tötungen in Anstalten und Vernichtungslagern zeigen sollte. Wer also von der sozialpolitischen Leistungsbilanz des „Dritten Reiches" spricht, darf niemals vergessen, daß sie eingepaßt war in den Bezugsrahmen eines modernen Zwangsstaates, der den Menschen politisch entmündigt hatte und mit seinen rassistischen und imperialistischen Zielsetzungen weit hinter den bereits erreichten Stand einer humanen, westlich-demokratischen Zivilisation in die sozialdarwinistische Barbarei zurückfiel.

Kampflose Kapitulation der Arbeiterbewegung

Auch in der Arbeiterpolitik machten es die Gegner den Nationalsozialisten wieder leicht und räumten oft widerstandslos das Terrain. Besonders galt dies für die einst so mächtige deutsche Arbeiterbewegung. Ihre kampflose Kapitulation löste im Ausland Unverständnis und Verachtung mit dem Vorwurf der „Ehrlosigkeit" aus. Ungeachtet der massiven Verfolgungen, denen seine Funktionäre bereits ausgesetzt waren, rief der ADGB zur Teilnahme an den reichsweiten Feierlichkeiten zum „Tag der nationalen Arbeit" auf. Hitler und sein Meisterpropagandist Goebbels nahmen den symbolträchtigen 1. Mai zum Anlaß, die Volksgenossen auf die klassenübergreifende „Volksgemeinschaft" einzuschwören und mit ihrem Aufruf an die „schaffenden Arbeiter aller Stände" nicht ohne Erfolg den Klassenorganisationen der Arbeiterschaft ideologisch das Wasser abzugraben. Der Arbeiter und die Arbeit wurden mit allen Mitteln propagandistisch aufgewertet. Vor Hunderttausenden auf dem Tempelhofer Feld in Berlin gab Goebbels die Einstimmung[19]:

Am heutigen Abend findet sich über Klassen, Stände und konfessionelle Unterschiede hinweg das ganze deutsche Volk zusammen, um endgültig die Ideologie des Klassenkampfes zu zerstören und der neuen Idee der Verbundenheit und der Volksgemeinschaft die Bahn freizulegen.

Hitler nahm in seiner Ansprache diese Gedanken „des Insichkehrens und des neuen Sichzusammenfindens deutscher Menschen" auf und stellte in den Mittelpunkt seiner Ausführungen die Überwindung des Klassenkampfes, der Zwietracht und der Zerrissenheit.

Das deutsche Volk muß sich wieder gegenseitig kennenlernen! Die Millionen Menschen, die in Berufe aufgeteilt, in künstlichen Klassen auseinandergehalten worden sind, die, vom Standesdünkel und Klassenwahnsinn befallen, einander nicht mehr verstehen können, sie müssen wieder den Weg zueinander finden! Eine ungeheure, gewaltige Aufgabe – wir wissen es![...] Das ist der Sinn des 1. Mai, der von nun an die Jahrhunderte hindurch in Deutschland gefeiert werden soll, daß an ihm alle die, die im großen Räderwerk unserer schaffenden nationalen Arbeit tätig sind, zueinander finden und sich einmal im Jahre die Hände reichen mögen in der Erkenntnis, daß nichts geschehen kann, wenn nicht alle ihren Teil an Leistung und an Arbeit dabei vollbringen. Und so haben wir als Motto dieses Tages den Satz gewählt: Ehret die Arbeit und achtet den Arbeiter![20]

Diesen eindringlichen Appell zur Versöhnung und zur Eintracht verband Hitler mit der Ankündigung der Arbeitsdienstpflicht und der Beseitigung der Arbeitslosigkeit durch Arbeitsbeschaffung. Seine beschwörenden Worte verfehlten ihre Wirkung in einer millionenfachen Zuhörerschaft, die bisher nur Arbeitslosigkeit, Hunger und innere Zerrissenheit kannte, nicht. Klassenkämpferische Parolen zahlten sich nicht mehr aus und waren nicht geeignet, die hungrigen Mägen zu füllen. Der Ruf nach dem „starken Mann“ verband sich bei Millionen mit der Sehnsucht nach innerer nationaler Einigung und Harmonie. Dem hatten die Gewerkschaften nicht mehr allzuviel entgegenzusetzen, zumal da auch hier Hoffnungen auf eine die alte proletarische Zerrissenheit überwindende deutsche Einheitsgewerkschaft, wenn notwendig unter nationalsozialistischer Führung, wie sie aus linken Kreisen der NSDAP genährt wurden, auf fruchtbaren Boden fielen. Ein Heer von sechs Millionen Arbeitslosen hatte die Arbeiterschaft entsolidarisiert, proletarisches Selbstbewußtsein zerstört und dem Widerstandswillen der Gewerkschaften, ihrer Durchsetzungskraft und Glaubwürdigkeit den Boden entzogen.

Selbst bereits in der Defensive, beantwortete der ADGB die fortlaufenden Terroraktionen von SA- und SS-Hilfspolizei unter Führung von Funktionären der „Nationalsozialistischen Betriebszellenorganisation“ (NSBO) mit einem verstärkten Kurs der Anbiederung und der Selbstanpassung. Durch ihr Bekenntnis zur „positiven Mitarbeit“ im neuen Staat, ihren Verzicht auf politische Tätigkeiten und ihre betonte Distanz zur SPD hoffte die Gewerkschaftsführung die Organisation noch retten zu können. Aber alles war vergeblich. Mit den Ausschlag für das Verbot der Gewerkschaften gab möglicherweise der Ausgang der Betriebsratswahlen im März. Trotz Einschüchterungen und Anpassungsdruck konnte die NSBO-Liste nur 25% (1932: 4%) der Stimmen erringen. Am 4. April wurden die Betriebsratswahlen für ein halbes Jahr ausgesetzt und die Arbeitgeber ermächtigt, bei „Verdacht staatsfeindlicher Betätigung“ Betriebsratsmitglieder fristlos zu entlassen, ohne daß sie dagegen noch arbeitsrechtlichen Schutz hatten. Die Mitbestimmung der Arbeitnehmer im Betrieb und die Stellung der Freien Gewerkschaften war damit praktisch aus den Angeln gehoben.

Zerschlagung des ADGB

Ein inzwischen heimlich unter dem ehrgeizigen Opportunisten Robert Ley gegründetes „Aktionskomitee zum Schutze der Deutschen Arbeit“ setzte in einer präzise vorbereiteten Parteiaktion zum letzten Schlag gegen die „marxistischen“ Gewerkschaften an: am 2. Mai morgens wurden Volkshäuser, Büros, Banken und Redaktionen der Freien Gewerkschaften mit Gewalt und ohne Rechtstitel besetzt, das Vermögen beschlagnahmt und mit Leipart und Graßmann die führenden Funktionäre in „Schutzhaft" genommen. Die Masse der Gewerkschaftsangestellten wurde aufgefordert, unter NSBO-Kommissaren loyal weiterzuarbeiten. Die anderen Richtungsgewerkschaften unterstellten sich bis auf die christlichen Arbeitnehmervertretungen, denen noch bis zum Sommer eine kurze Schonfrist mit Rücksicht auf die Konkordatsverhandlungen mit dem Vatikan gegönnt wurde, einem „Aktionskomitee zum Schutz der deutschen Arbeit".

Gründung der DAF

Das traditionsreiche und einst so stolze deutsche Gewerkschaftsgebäude war innerhalb weniger Wochen geschleift. Über ein neues Bauwerk aus nationalsozialistischem Geist jedoch herrschte alles andere als Einigkeit in der Partei. Der feierliche Gründungsakt der „Deutschen Arbeitsfront" unter der Schirmherrschaft Hitlers und der Initiative Leys am 10. Mai 1933 trug denn auch alle Züge einer Improvisation und ließ eine eindeutige arbeitspolitische Konzeption vermissen. Als Ziel der Gründung wurde zunächst noch recht vage die „Bildung einer wirklichen Volks- und Leistungsgemeinschaft, die dem Klassenkampfgedanken abgeschworen hat," propagiert.

Zunächst schien es noch so, als könne sich die gewerkschaftlich orientierte Linke in der NSDAP mit ihrem Konzept einer nationalsozialistischen Einheitsgewerkschaft durchsetzen. Die DAF wurde als eine ständische Großorganisation in zwei „Säulen" gegliedert, die der Arbeiter mit 14 und die der Angestellten mit 9 Berufs- und Branchenverbänden. Später sollten noch eine 3. Säule der industriellen Arbeitgeber und eine 4. des handwerklichen und gewerblichen Mittelstandes hinzutreten.

Aber schnell wurde deutlich, daß der DAF und dem NSBO alle gewerkschaftlichen und tarifpolitischen Funktionen ebenso versagt bleiben sollten wie ein nennenswerter Einfluß auf die staatliche Wirtschafts- und Sozialpolitik. Einem zielbewußten Prozeß der „Ent-Gewerkschaftlichung" und der Zerstörung aller „antikapitalistischen Sehnsüchte" von einst fielen bis zur Ermordung Gregor Strassers im Juni 1934 alle „linken Kräfte" im NSBO und alle „alten Kämpfer" in den Führungspositionen der DAF zum Opfer. Sie wurden unter dem Vorwurf versteckter marxistischer Tendenzen und der Störung „des harmonischen Zusammenwirkens zwischen Unternehmern, Arbeitern und Angestellten" ausgebootet. Der hemmungslos ehrgeizige Ley schlug sich beflissen auf die Seite Hitlers. Er vereinte in sich in Personalunion die Führung der DAF und das Amt des Stabsleiters der Politischen Organisation der NSDAP. Ende 1934 rückte er zum Reichsorganisationsleiter der NSDAP auf und wurde damit zu einem der mächtigsten Männer des „Dritten Reiches".

Im November 1933 mußte sich Ley in das Unabwendbare fügen und zusammen mit dem Reichsarbeitsminister Seldte, dem Reichswirtschaftsminister Schmitt und dem Parteibeauftragten für Wirtschaftsfragen Keppler in einem gemeinsamen „Aufruf an alle schaffenden Deutschen" endgültig auf alle Ambitionen einer berufsständischen oder gewerkschaftlichen Interessenvertretung sowie auf Zuständigkeiten der DAF in der materiellen Arbeits- und Sozialpolitik zu verzichten.

Die Deutsche Arbeitsfront ist die Zusammenfassung aller im Arbeitsleben stehenden Menschen ohne Unterschied ihrer wirtschaftlichen und sozialen Stellung. In ihr soll der Arbeiter neben dem Unternehmer stehen, nicht mehr getrennt durch Gruppen und Verbände, die der Wahrung besonderer wirtschaftlicher oder sozialer Schichtungen und Interessen dienen. Der Wert der Persönlichkeit, einerlei ob Arbeiter oder Unternehmer, soll in der Deutschen Arbeitsfront den Ausschlag geben.[21]

Organisation der DAF

Als „totalitäre Großorganisation" (Broszat) mit 25 Mio. Mitgliedern (1942), 40000 haupt- und 1,3 Mio. ehrenamtlichen Funktionären war die DAF zuständig für die soziale und kulturelle Betreuung der Arbeitnehmer, ihre fachliche Berufsausbildung und -förderung mit den jährlichen „Reichsberufswettkämpfen", ihre ideologische Schulung und Indoktrination sowie für ihre möglichst totale Erfassung und Kontrolle. Der Beitritt war mehr oder weniger Zwang.

Der Beitrag von 1,5% des Lohnes wurde direkt abgezogen.

Nachdem ihr als einer „Organisation der schaffenden Deutschen der Stirn und der Faust" die letzten quasi-gewerkschaftlichen und klassenkämpferischen „Giftzähne" gezogen waren, gab der Führer des „Reichsstand der Deutschen Industrie", Gustav Krupp v. Bohlen und Halbach, unter ausdrücklichem Hinweis auf den „Aufruf" vom Vortage am 28. November 1933 den industriellen Unternehmern in einem Rundschreiben grünes Licht für den Beitritt zur DAF. Durch diesen Aufruf seien „die Stellung und der Aufgabenkreis der Deutschen Arbeitsfront [...] endgültig klargestellt", und die deutschen Unternehmer würden an dem „hohen Ziel" der „Herstellung einer wahren Volksgemeinschaft" nunmehr „freudig mitarbeiten."[22]

Die DAF trug der neuen Entwicklung Anfang 1934 auch dadurch Rechnung, daß alle berufsständischen Spuren getilgt und die Organisation analog zur NSDAP nunmehr zentralistisch-vertikal und hierarchisch gegliedert und Bezirks-, Gau-, Kreis-, Ortsgruppenverwaltern, Betriebs-, Zellen-, Straßen- und Blockwarten unterstellt wurde.

„Treuhänder der Arbeit"

In der neuen Arbeits- und Betriebsverfassung wurden die „sozialen Errungenschaften" von 1918 wie die Tarifautonomie, der kollektive Tarifvertrag, die Mitbestimmung der Arbeitnehmer und die freie Sozialpartnerschaft getilgt und die Betriebe dem Führerprinzip unterworfen. Arbeitskämpfe wurden verboten. Rechtliche Grundlage dieser autoritären Betriebsverfassungen waren das „Gesetz über die Einsetzung staatlicher Treuhänder" vom 19. April 1933 und das zentrale „Gesetz zur Ordnung der nationalen Arbeit" vom 20. Januar 1934.

Im Juni 1933 ernannte Hitler auf Vorschlag der Landesregierungen bzw. des Reichsarbeitsministers 13 „Treuhänder der Arbeit". Ihre Amtsbezirke waren identisch mit den 13 DAF-Bezirken. Sie unterstanden als Reichsbeamte der Dienstaufsicht des Reichsarbeitsministeriums und waren weisungsgebunden. Ihre bisherige Herkunft und Tätigkeit im Arbeitsrecht, in der Industrie, in den Industrie- und Handelskammern oder in der staatlichen Arbeits- und Wirtschaftsverwaltung garantierte, daß die „Treuhänder" in der Regel den Interessen der Unternehmer bzw. dem Standpunkt der staatlichen Arbeitsverwaltung und Wirtschaftsbürokratie näherstanden als denen der Arbeitnehmer oder der NSBO.

Sie legten die Tarifordnungen fest, überwachten die Betriebsordnungen, sorgten „für die Erhaltung des Arbeitsfriedens", fungierten als Schlichter in Streitfällen, wirkten mit bei der Bildung der innerbetrieblichen „Vertrauensräte", kontrollierten die Kündigungen und mußten vor allem bei Massenentlassungen angehört werden und nahmen die Anklagevertretung vor den sogenannten sozialen „Ehrengerichten" wahr. Die Einsetzung der „Treuhänder" wurde von der nationalsozialistischen Propaganda als entscheidender Schritt zur „Überwindung des Klassenkampfes" durch „Ausschaltung aller einseitigen Interessen" gefeiert. Sie fungierten als loyale Lenkungsorgane staatlicher Lohn- und Sozialpolitik.

Arbeitsordnung

Das Arbeitsordnungsgesetz vom 20. Januar 1934 dekretierte in § 1, daß im Betrieb „der Unternehmer als Führer des Betriebs, die Angestellten und Arbeiter als Gefolgschaft gemeinsam zur Förderung der Betriebszwecke und zum gemeinen Nutzen von Volk und Staat" arbeiten. „Betriebsführer" und „Gefolgschaft" standen in einem Fürsorge-Treue-Verhältnis zueinander (§ 2). Nach Beseitigung der demokratischen Mitbestimmungsmöglichkeiten wurden dem „Betriebsführer" in Betrieben mit mindestens 20 Beschäftigten aus der „Gefolgschaft" beratend „Vertrauensmänner" zur Seite gestellt, die mit ihm zusammen und unter seiner Leitung den „Vertrauensrat des Betriebes", nur noch eine Karikatur des früheren Betriebsrates, bildeten (§ 5). Die Einheitsliste wurde vom „Betriebsführer" „im Einvernehmen mit dem Obmann der Nationalsozialistischen Betriebszellen-Organisation" einmal im Jahr der Gefolgschaft zur geheimen Abstimmung vorgelegt. Als sich 1935 in den „Wahlen" eine zu starke Opposition in Gegenstimmen artikulierte, ging die Berufung der „Vertrauensmänner" auf die „Treuhänder" über (gem. § 9 (2)). Wenngleich formal auch die „Betriebsführer" der sozialen „Ehrengerichtsbarkeit" unterstanden und bei einer allzu starken Ausbeutung ihrer Betriebsangehörigen und einem eindeutigen Verstoß gegen die Betriebsordnung vor die „Ehrengerichte" zitiert werden konnten, wird man doch generell sagen können, daß der rigide Abbau moderner Arbeitnehmerrechte und der Sozialpartnerschaft zugunsten staatlicher Kontrolle und der kaum eingeschränkten Verfügungsgewalt der „Betriebsführer" einen eindeutigen Rückschritt in frühkapitalistische Ver-

hältnisse bedeutete und die alte patriarchalische „Herr-im-Haus-Stellung“ aus dem 19. Jahrhundert wieder zementierte.
Auch eine weitere Errungenschaft der modernen Industriegesellschaft, die Freizügigkeit in der Wahl des Wohnortes, des Berufes und des Arbeitsplatzes, wurde bis Kriegsbeginn durch mehrere Gesetze und Verordnungen Schritt für Schritt zugunsten einer staatlichen Lenkung der Arbeitskräfte in kriegswichtige Wirtschaftszweige und in die Landwirtschaft eingeschränkt. So konnte der Zuzug in bestimmte, übervölkerte Gegenden und Städte mit hoher Arbeitslosigkeit verhindert, die Rückführung von „Landflüchtigen“ verfügt oder der Arbeitskräfteeinsatz durch die Arbeitsämter in Mangelberufe oder dann etwa zum Bau des „Westwalles“ und zu anderen Arbeiten mit kriegswirtschaftlicher Bedeutung gelenkt werden. Eindeutig zurück in den Frühkapitalismus wies auch die Einführung des „Arbeitsbuches“ mit Gesetz vom 26. Februar 1935. Es mußte bei Dienstantritt dem Arbeitgeber ausgehändigt werden, um Zeit und Art der Beschäftigung eintragen zu lassen. Es diente offiziell der „Lenkung des Arbeitseinsatzes“ und im weiteren Sinne der Kontrolle des Arbeitsmarktes und der Erfassung von „Arbeitsscheuen“, die, obwohl arbeitsfähig, in zwei Fällen angebotene Arbeit ausgeschlagen oder sie kurz nach Dienstantritt wieder verlassen hatten. Dabei war unerheblich, ob die angebotene Arbeit zumutbar oder der Qualifikation angemessen war. Die Arbeitsämter führten Karteien über alle Eintragungen ins „Arbeitsbuch“. Am 26. Juni 1935 wurde der obligatorische „Reichsarbeitsdienst“ für männliche Arbeitskräfte im Alter zwischen 18 und 25 Jahren eingeführt.

Fraktionen der DAF

Zwar war der DAF jede tarifpolitische Funktion offiziell verwehrt, sie wurde aber zu „einer der wichtigsten Organisationen, die um die Macht im Dritten Reich kämpften“ und entwickelte sich bis zu einem gewissen Grade „zu einem starken Motor der sozialen Veränderung in Deutschland.“[23] Dies hing ganz wesentlich mit ihren umfassenden und vielgestaltigen sozialen Betreuungsfunktionen zusammen. Ihre Aktivitäten standen im Dienste der Leistungssteigerung und der Steigerung der Arbeitsproduktivität, der permanenten politischen Mobilisierung der „Volksgemeinschaft“ und der Loyalitätssicherung für das Regime. Wer noch heute in der älteren Generation nostalgisch die „sozialpolitischen Errungenschaften“ des „Dritten Reiches“ und ihren „modernen“ und wegweisenden Charakter beschwört, sollte niemals ihre Ambivalenz und ihre Kehrseite vergessen, selbst wenn diese den meisten „Volksgenossen“ damals kaum bewußt gewesen sein dürfte: Ausgrenzung und Isolierung der „unwürdigen“ Menschen, Verweigerung der politischen Partizipation, Indoktrination und Kontrolle, Bevormundung und Disziplinierung durch eine autoritäre Erziehungsdiktatur. Unter diesem grundsätzlichen Vorbehalt wird man feststellen können, daß sich nicht zuletzt mit Hilfe der DAF und ihrer Unterorganisationen moderne

Trends der Massenkultur, des Massenkonsums und des Massentourismus aus der Weimarer Zeit relativ bruchlos im „Dritten Reich" fortgesetzt haben oder auch erst in Gang gebracht worden sind. Insofern stellten die zwölf Jahre bei allen tiefen politischen und gesellschaftlichen Brüchen und Verwerfungen, und selbst wenn knapp fünf Jahre von ihnen unter den besonderen Bedingungen des Krieges abliefen, doch auch so etwas wie eine Brücke zwischen der Weimarer Republik und Nachkriegsdeutschland dar. Im Schoße der Betreuung durch die DAF und auch außerhalb konnte der Alltag im „Dritten Reich" – man scheut sich, dies angesichts der unvorstellbaren Greuel unter dem Nationalsozialismus zu sagen – für den angepaßten Normalbürger doch auch einen mehr oder weniger unpolitischen und attraktiven Vergnügungs- und Erholungswert haben.

Im Mittelpunkt der breit gestreuten Betreuung der „Volksgenossen" von der „Wiege bis zur Bahre", im Alltag wie in der Freizeit stand die Freizeitorganisation „Kraft durch Freude" (KdF). Am 27. November 1933 nach dem Vorbild der faschistischen italienischen Organisation „Opera Nazionale Dopolavoro" („nach der Arbeit") gegründet, griff die KdF ebenso auf die Tradition der Arbeiterbildungsvereine zurück, wie sie Einrichtungen und Vermögen der Gewerkschaften benutzte. Ihre fünf „Ämter" dokumentieren ihre vielfältigen Aktivitäten. Das Amt „Feierabend" veranstaltete Theateraufführungen, Konzerte u. a., die bis 1938 von etwa 38 Mio. Menschen besucht wurden. Angegliedert war ihm das „Deutsche Volksbildungswerk" als Zusammenfassung aller Volks- und Erwachsenenbildungsstätten. Seine Aufgaben waren die Vermittlung nationalsozialistischer Kultur und Ideologie, berufliche und kulturelle Bildung sowie Körperertüchtigung. Das „Sportamt" leitete den Betriebssport zur „Wehrertüchtigung" und „rassischen Vervollkommnung". Die KdF

Eine besondere Bedeutung gewann das dritte Amt „Schönheit der Arbeit". Das spöttische Wort vom „Geranientopf auf jedem Beamtenschreibtisch" greift hier viel zu kurz. Denn über dieses Amt gelang es der DAF vor allem im Zeichen der Vollbeschäftigung seit Mitte der dreißiger Jahre, als die Betriebe anfingen, sich durch betriebliche Zusatzleistungen und Locklöhne an den „Treuhändern" vorbei die immer knapper werdenden Facharbeiter gegenseitig abzuwerben, an den Arbeitsstätten verstärkt Fuß zu fassen und gleichsam durch die Hintertür als Interessenvertretung der Belegschaften wieder recht wirkungsvoll quasi-gewerkschaftliche Funktionen zu übernehmen. Unter Ausnutzung der Erkenntnisse und Methoden der modernen Arbeitswissenschaft, der Arbeitsmedizin, Arbeitspsychologie und Arbeitshygiene aus den USA, die auch schon in der Weimarer Republik von modernen Großkonzernen etwa in der Elektroindustrie längst erfolgreich erprobt worden waren, richteten die Betriebe – teils aus eigenen Stücken, teils auf Druck der DAF – Freizeitanlagen wie Grün- und Sportplätze, Kanti-

nen, Aufenthaltsräume, sanitäre Anlagen, Büchereien, Schwimmbäder, Erholungsheime usf. für ihre Belegschaften und deren Angehörige ein. Sie sorgten für hygienische und ästhetische Verbesserungen am Arbeitsplatz und organisierten kulturelle Angebote. Sie stellten sich den jährlichen Wettkämpfen als „nationalsozialistische Musterbetriebe". „Betriebsführer" mußten sich von den eigenen DAF-Funktionären zur Rechenschaft über ihre Sozialleistungen auffordern lassen und Vergünstigungen einräumen, die ähnlich wie die Löhne und betriebliche Zusatzleistungen auf der Kostenseite zu Buche schlugen. Dies alles geschah, um Leistungsbereitschaft und Arbeitsfreude zu steigern und die Arbeitnehmer im Zeichen eines durch Vollbeschäftigung und Arbeitskräftemangel wieder erheblich in Bewegung geratenen Arbeitsmarktes eng und unauflöslich an ihre Arbeitsplätze zu binden.
Ihre spektakulärsten Propagandaerfolge, die bis heute vielfach sehr positive Eindrücke in der Erinnerung der Zeitgenossen von damals hinterlassen haben, erzielte KdF mit ihrem fünften Amt „Reisen, Wandern und Urlaub": Es organisierte bis 1938 für 10,3 Mio. Menschen Urlaubsreisen zwischen dem Nordkap und Sizilien, aber auch in strukturschwache und touristisch wenig erschlossene Notstandsgebiete wie den Bayerischen Wald, des weiteren für etwa 35 Millionen Tagesausflüge. Die „weiße Flotte des Friedens" mit ihren KdF-Schiffen, an der Spitze die „Wilhelm Gustloff", brachte die Propagandabotschaft vom „neuen Deutschland" auf ihren Kreuzfahrten an ferne Küsten und ließ sich dann nach Kriegsbeginn unschwer als Truppentransporter einsetzen, die neuen KdF-Freizeitburgen an der See zu Lazaretten nutzen. Die KdF-Wagen, auf die mehr als 300000 Deutsche sparten, liefen im späteren Wolfsburg als Kübelwagen der Wehrmacht vom Band.
Die erstmalige Einführung eines bezahlten Tarifurlaubs zwischen 6 und 12 Tagen leitete das Zeitalter des modernen – staatlich organisierten – Massentourismus ein. Reisen sollte fortan wie das Erlebnis der „kulturellen Güter der Nation" nicht mehr ein „bürgerliches Privileg" und ein Luxusartikel, sondern allen Volksklassen zugänglich sein, vor allem auch solchen, die davon früher nur hatten träumen können. Das Motto lautete, „alle Vorrechte des Besitzes auf die Kulturgüter der Nation und die Schönheiten der Welt zu brechen". Reisen und die Hoffnung auf den eigenen „Volkswagen" verhießen Mobilität und boten die Chance, einmal aus der Enge der überkommenen Lebenssphäre auszubrechen.
Aber die Realität sah oft anders aus. Nur jeder 3. bis 4. Teilnehmer an den KdF-Reisen war Arbeiter. Eine siebentägige Fahrt nach Norwegen verschlang mit 60 RM ein Drittel des Monatsbudgets und war höchstens für den bürgerlichen Mittelstand erschwinglich. Da beschränkte man sich lieber auf Tagestouren oder fuhr nach Norderney, wo 8 Tage Vollpension inkl. Hin- und Rückfahrt nur 40 RM kosteten. Die Grenzen des beginnenden modernen Massentourismus und seiner angeblichen so-

zialen Nivellierungstendenzen zeigten sich dort, wo sich das Großbürgertum in seinen seit Generationen bevorzugten exklusiven Kurorten und Heilbädern irritiert und naserümpfend von der „Rummelbewegung" – so Goebbels zynisch – abwandte und den Cafés und Restaurants zustrebte, die das Schild „Hier keine KdF-Gruppen" an der Tür trugen. Die unterschiedlichen Volksklassen blieben doch auch im „Dritten Reich" trotz der „Eintopfsonntage" und der Sirenenklänge von der „Volksgemeinschaft", trotz Volkswagen und Volksempfänger lieber unter sich. Der angestrebte Abbau von Standesunterschieden und -schranken blieb eher eine vordergründige Propagandaformel, als daß er tiefere Spuren in der Gesellschaft hinterließ.
Das Bemühen, die „Volksgenossen" auch noch im Urlaub und in der Freizeit ideologisch zu berieseln, stieß zunehmend auf politisches Desinteresse. Man zog sich lieber in die Privatsphäre seiner Familie oder seines Freundeskreises zurück, suchte Ablenkung und Zerstreuung vor allem dann im Kriege in den vielfältigen Angeboten der Vergnügungsindustrie wie Kino oder Tanzen, ging abends wie eh und je in seine gewohnte Eckkneipe oder besuchte Massensportveranstaltungen. Die Menschen himmelten auch weiterhin ihre „Helden" an, seien es die beliebten Filmsterne und -sternchen, seien es Sonja Henie oder die Baiers auf dem Eis, Caracciola und Rosemeyer auf der Berliner „Avus", Schmeling im Box-Ring oder v. Cramm auf dem Tennis-Court. Selbst bis in den Krieg hinein lag auf Berlin noch etwas vom späten Glanz der „golden twenties".
Millionen Arbeitnehmer erlebten die Sicherheit des Arbeitsplatzes, den Stolz auf das materiell Erreichte, die propagandistische Aufwertung der Handarbeit, neue Karrieremuster und Aufstiegschancen über das Funktionärskorps der NSDAP und der ihr angeschlossenen Organisationen und das Bewußtsein, sich wieder „etwas leisten zu können", als durchaus positive Errungenschaften des NS-Regimes, selbst wenn die Löhne nur sehr langsam wieder das Niveau vor der Weltwirtschaftskrise erreichten und dies oft auch nur durch eine Verlängerung der Wochenarbeitszeit und durch Zusatzvergünstigungen in den rüstungswirtschaftlich wichtigen Betrieben. Es gelang insgesamt, die Arbeiterschaft in das NS-System relativ reibungslos zu integrieren.
Zu erwähnen neben den vier genannten Ämtern der KdF wäre das Amt „Wehrmachtheime" zur Pflege der Verbindung zur Wehrmacht und zum Reichsarbeitsdienst.

Sozialpolitische Konzepte

Hinter den Kulissen entwickelte auf Betreiben des ehrgeizigen Robert Ley das „Arbeitswissenschaftliche Institut" (AWI) als eine Art „Denkfabrik" der DAF seit 1939 eine umfassende Sozialstaatsplanung für die Nachkriegszeit[24]. Sie blieb zwar infolge des Kriegsausganges Makulatur und entbehrte auch nicht starker propagandistischer Züge, hatte aber konzeptionell einen durchaus fortschrittlichen und modernen kapitali-

stischen Charakter und nahm in manchen Punkten die sozialpolitischen Nachkriegsdiskussionen schon vorweg. Die Denkschriften der dreißiger und vierziger Jahre kreisten um vier große sozialpolitische Themen: 1. Verwirklichung der Vollbeschäftigung durch den Staat u. a. durch Berufserziehung, Berufslenkung, Umschulung und ständige Weiterbildung, durch Begabtenförderung, durch eine Verbesserung der Qualifikationen und ihre Anpassung an technologische Veränderungen und neue Anforderungsprofile; 2. Entwicklung eines gerechten Lohnsystems nach den Prinzipien „gleiche Bezahlung für gleiche Leistung" und „gleicher Lebensstandard bei gleicher Leistung" auf der Grundlage moderner arbeitswissenschaftlicher Studien mit Arbeitsplatzbewertung, Arbeitszeitstudien, wissenschaftlicher Betriebsführung und in Fortführung des REFA-Systems aus den zwanziger Jahren (seit 1936 „Reichsausschuß für Arbeitstudien"); 3. ein sozialer Maßnahmenkatalog zur ständigen Steigerung des Leistungsniveaus eines jeden „schaffenden Deutschen": Präventivmedizin, regelmäßige Grund- und Röntgenreihenuntersuchungen, sozialer Wohnungsbau zu tragbaren Mieten (in der Regel 15% des Bruttolohnes), Eigenheimbau mit Hilfe von Bausparverträgen und der von den Gewerkschaften 1933 übernommenen „Neuen Heimat"; 4. parallel zu dem Ende 1942 vorgelegten Beveridge-Plan für einen britischen „welfare state" Aufbau eines „Sozialwerkes des Deutschen Volkes" mit einem umfassenden System der Sozialversicherung zur Belohnung derjenigen „Reichsangehörigen deutschen und artverwandten Blutes", die ihr ganzes Leben lang gearbeitet und sich „bedingungslos zum Nutzen der Nation" eingesetzt haben, um jedem alten und invaliden Menschen „eine seinem bisherigen Einkommen angemessene soziale Mindestlebenshaltung" zu sichern.
Dies alles sollte nur dem „würdigen" Volksgenossen zukommen. Rassisch, eugenisch und politisch „Minderwertige" und „Asoziale" fielen durch das soziale Netz und wurden zur „Ausmerze" freigegeben. Erhöhung der Produktivität der Arbeitskraft, Leistungssteigerung und -anreiz, bevölkerungspolitische Selektion, soziale Kontrolle und Solidarisierung mit dem Regime standen als Ziele ebenso hinter der Nachkriegsvision vom nationalsozialistischen Sozialstaat wie das Bestreben, den Arbeiter seinem proletarischen Sozialmilieu und seinen überkommenen Klassenbindungen zu entfremden und ihm einen Weg zum gesellschaftlichen Aufstieg ins Kleinbürgertum zu weisen. Mochten sich auch die angestrebte Beseitigung der Unterschiede zwischen Arbeitern und Angestellten sowie der lohnpolitischen Diskriminierung der Frau auf dem Arbeitsmarkt, der Gedanke an einen „Generationenvertrag" als Basis des Rentensystems, geplante Arbeitsschutzmaßnahmen für Frauen und Kinder, das Bekenntnis zur städtischen Industriegesellschaft und zum großstädtischen Ballungsraum, zur Rationalisierung, Standardisierung und Massenfabrikation im Wohnungsbau aus der Nachkriegsper-

spektive ausgesprochen modern und fortschrittsorientiert ausnehmen, so war und blieb das NS-System doch „eine sehr ‚moderne' Form der Tyrannei" (Smelser).

Wirtschaftliche Bedeutung der DAF

Die DAF war weiterhin ein mächtiger Wirtschaftsfaktor mit ständig wachsendem Gewicht. Zu DAF-eigenen Unternehmen und Beteiligungen gehörten die Bank der Deutschen Arbeit, der Versicherungsring der Deutschen Arbeit, das KdF-Wagen-Werk (später Volkswagenwerk), die Beton-Schiffsbau GmbH, die Vulkan-Werft AG und die Hirtenberger Munitionswerke AG sowie Verlage u. a. Die Gesamteinnahmen aus Beiträgen und Erträgnissen aus wirtschaftlichen Beteiligungen verdoppelten sich von 280 Mio. RM im Jahre 1935 auf knapp 540 Mio. RM im Jahre 1939. Da der Gesamtüberschuß jährlich mehr als ein Drittel betrug und auch das konfiszierte Gewerkschaftsvermögen 1933 auf sie überging, konnte die DAF gewaltige Beträge in ihre Zwecke investieren.

So nimmt es nicht Wunder, daß diese Mammutorganisation, die wie ein Polyp ihre Tentakeln in alle Bereiche von Staat, Wirtschaft und Gesellschaft ausstreckte, nicht nur mit eigentlich allen Ministerien und Parteiorganisationen in Kompetenzstreitigkeiten geriet. Die rastlosen Aktivitäten ihres umtriebigen Führers R. Ley und seine ständigen Versuche, unter dem Druck der Mitglieder den Einfluß der DAF in den Betrieben und hier beim beruflichen Ausbildungswesen, bei der innerbetrieblichen Sozialpolitik und bei den materiellen Zuwendungen zu steigern, lösten auch Zorn bei den staatlichen „Treuhändern" und unüberhörbare Warnungen im Unternehmerlager aus: Sollte es bei diesen kaum verhüllten Monopolansprüchen der DAF bleiben, dann müsse „offen herausgesagt werden, daß diese Entwicklung die Gefahr einer Gewerkschaft von ungeheurer Dynamik bedeutete." [25]

Wohlfahrtsorganisationen

Einen zentralen Raum in der Sozialpolitik des „Dritten Reiches" nahm neben dem überkommenen staatlichen auch der nichtstaatliche Wohlfahrtsbereich der NSDAP ein: die „Nationalsozialistische Volkswohlfahrt" (NSV). Etabliert durch eine Verfügung Hitlers vom 3. Mai 1933, war die NSV ursprünglich aus der sozialfürsorgerischen Betreuung der Mitglieder in der „Kampfzeit" entstanden. Sie war zuständig „für alle Fragen nationalsozialistischer Wohlfahrtspflege und Fürsorge" und unterstand dem Hauptamt für Volkswohlfahrt in der Reichsleitung der Partei unter E. Hilgenfeldt, der zugleich in Personalunion Reichsbeauftragter für das „Winterhilfswerk" (WHW) war. Die NSV war regional-hierarchisch wie die Partei in Gau-, Kreis-, Ortsgruppenverwaltungen, Zellen und Blöcke gegliedert und fachlich in sechs Ämter, u. a. Wohlfahrtspflege und Jugendhilfe, Volksgesundheit, Propaganda und Schulung, aufgeteilt. Sie betreute „bedürftige Volksgenossen", sofern sie politisch, rassisch und erbbiologisch „würdig" waren, parallel zu den staatlichen Wohlfahrtseinrichtungen. Ziel der Hilfe sollten stets „Erziehung zur Selbsthilfe" sowie das Erreichen eines „möglichst hohen Leistungsstan-

des des deutschen Volkes" sein. „Hoffnungslose Fälle" wie Trinker, entlassene Sträflinge, „Asoziale" und „Artfremde" fielen also auch hier durch das Netz der sozialen Sicherheit.
Die NSV diente als „Sozialismus der Tat" ebenfalls der propagandistischen Selbstdarstellung des Regimes und der politischen Indoktrination der „Volksgenossen". Sie war überdies die Plattform der Gleichschaltung der Verbände der freien Wohlfahrtspflege wie der Caritas, der Inneren Mission und des DRK in einer von der NSV geführten Reichsgemeinschaft. Im Kriege zog die NSV auch die staatlichen Kompetenzen der Kinder- und Jugendbetreuung an sich. Im August 1944 verfügte Hitler schließlich, die NSV sei „Träger und Repräsentant der Volkspflege". Die Leistungen der NSV wurden u. a. durch die halbfreiwilligen Beiträge der 11 Mio. Mitglieder (1938), durch die Einkünfte aus dem WHW und die ehrenamtliche Tätigkeit von 1 Mio. Mitarbeitern ermöglicht. Im Vordergrund der Aktivitäten standen Gesundheitspflege und -beratung, Kuren, Tuberkulosebekämpfung, zahnmedizinische Reihenuntersuchungen u. a. Das „Hilfswerk Mutter und Kind" betreute im Rahmen der NSV „erbgesunde und für die Volksgemeinschaft wertvolle bedürftige Familien, insbesondere Mütter und Kinder" mit Hilfe der NS-Schwesternschaft, durch Wohnungs- und Siedlungshilfen, Arbeitsbeschaffung, durch die Bereitstellung von Kindergarten- und Krippenplätzen, durch die medizinische Betreuung von Kleinkindern, durch Jugenderziehungsberatungsstellen, Erholungsheime, Mütterfreizeiten, Kinderspeisungen u. a. Die ambulanten Beratungen wurden ergänzt durch rassenhygienische Belehrungen.
In eine bereits im Krisenwinter 1931/32 entstandene gemeinschaftliche Organisation der privaten Wohlfahrtsverbände (u. a. DRK, Paritätischer Wohlfahrtsverband, Deutsch-Israelitische Gemeinde, Arbeiterwohlfahrt, Innere Mission und Caritas) und der staatlichen Fürsorgebehörden schaltete sich die NSDAP beim „Winterhilfswerk" ein. Es war zur Unterstützung von Erwerbslosen und Bedürftigen mit Geld, Lebensmitteln, Speisen, Kleidung und Feuerung gegründet worden. Mit Aufrufen von Hitler und Goebbels wurde am 13. September 1933 das erste nationalsozialistische WHW 1933/34 eingeleitet. Obwohl offiziell als breit angelegte Organisation aller wohlfahrtspflegerischen Kräfte proklamiert, unterstand daß WHW faktisch der NSV als dem mit einem Sammlungsmonopol ausgestatteten führenden Spitzenverband der freien Wohlfahrtspflege. Die noch nicht gleichgeschalteten anderen Organisationen führten praktisch nur noch ein Schattendasein. Auch das WHW war hierarchisch analog zur NSV und Partei gegliedert und jeweils über Personalunionen mit den parallelen Amtsebenen der NSV verklammert.
Die Aktivitäten des WHW waren vielfältig: Straßen- und Haussammlungen für Geld und Kleidung, monatlicher Eintopfsonntag, Lohn- und Gehaltsabzüge mit Zwangscharakter, Sammelbüchsen für den „Winter-

pfennig", Reichswinterhilfslotterie. Das Spendenaufkommen betrug in den Jahren 1933/34 bis 1938/39 2,5 Mio. RM. Die Zuweisung der Unterstützung wurde in Zusammenarbeit mit den staatlichen Fürsorgebehörden über die Bezirksstellen abgewickelt. Der ursprünglich in der Weimarer Republik noch sehr weitgespannte Kreis der Spendenempfänger wurde bald auf politisch, rassisch und erbbiologisch „würdige Personen" eingeengt. Auch das WHW stand ganz im Zeichen der inneren Stabilisierung des Regimes und seiner totalitären Durchsetzung in der Bevölkerung. Es diente der Behebung der materiellen Not als vorrangiges Prestigeziel der Machthaber, der Mobilisierung und totalen, engmaschigen Erfassung der „Volksgenossen" bis in die Privatsphäre des heimischen sonntäglichen Eintopfes hinein, der Stimulierung einer nationalen Aufbruchstimmung, der solidarischen Dokumentation der „Volksgemeinschaft" und der allgemeinen „Opferbereitschaft", der Gleichschaltung und Selbstanpassung der freien Fürsorgeverbände, der propagandistischen Selbstdarstellung des für das WHW verantwortlichen Reichspropagandaministers und der Verkündung eines klassen- und gruppen-übergreifenden „Tatsozialismus" (K. Kaufmann). Die Parole hieß: „Ein Volk hilft sich selbst." Die Selektion von „Asozialen" und „rassisch und erbbiologisch Minderwertigen" sowie die Bekämpfung des „Bettelunwesens" machten auch das WHW zu einem Instrument der Unterdrückung. Dauernde Belästigungen in der beruflichen und privaten Sphäre durch Spendenaufforderungen und die dadurch bedingten finanziellen Belastungen vor allem für untere Einkommensgruppen führten zunehmend zum Überdruß und zu einer Abnahme der „freiwilligen" Spendenbereitschaft.

Attraktivität der „Volksgemeinschaft"

Die schwierige Frage, wie die „Volksgenossen" damals die Realität des nationalsozialistischen Alltages allgemein und die sozialpolitischen Zuwendungen im besonderen erlebt haben, kann kaum generell, sondern nur sehr differenziert nach Rang und Stellung, nach Herkunft und Werdegang, nach Alter und Geschlecht, nach Wohnort und Beruf und vor allem danach beantwortet werden, wieweit sich der einzelne angepaßt und in die „Volksgemeinschaft" hat integrieren lassen, in politischer Distanz zu ihr blieb oder wegen seiner Rassenzugehörigkeit und seiner politischen Einstellung radikal aus ihr ausgegrenzt wurde.

Unter diesem Vorbehalt gegen Verallgemeinerungen wird man sagen können: Die ganz überwiegende Mehrheit entdeckte für sich in dem neuen Staat Vorteile und etwas Attraktives und erwies dem Regime bis zu seinem Untergang eine erstaunliche Loyalität. Wie nahe „Zuckerbrot" und „Peitsche", Vergünstigungen und Verbrechen in ihm beieinander lagen, wurde entweder nicht wahrgenommen oder bewußt verdrängt. Die Möglichkeiten des individuellen sozialen Aufstiegs für bisher gesellschaftlich benachteiligte Schichten über die neuen politischen Karriereleitern und vielleicht auch ein Stück mehr Chancengleichheit

wurden ebenso begrüßt wie die Attacken gegen überkommenen „Standesdünkel" und „Klassenhaß", die existentielle Sicherheit ebenso wie die – freilich bald verknappten – Angebote des modernen Massenkonsums, die Aufwertung des „Arbeiters der Faust" gegenüber dem „Arbeiter der Stirn" ebenso wie das Erlebnis einer erhöhten Mobilität. Man wollte nicht mehr abseits stehen, sehnte sich nach innerer Harmonie und ließ sich in den suggestiv verpackten Sog der „Volksgemeinschaft" und des „Führer-Mythos" hineinziehen. Man blickte mit Stolz auf den nationalen Wiederaufstieg, identifizierte sich mit dem außenpolitischen Erfolg und fühlte sich geborgen in einer Gemeinschaft, in der die eigene Leistung mehr zählen sollte als ererbter Rang und Stand. „Freie Bahn dem Tüchtigen" hieß die Parole.
Den neuen Machthabern war es offenbar erstaunlich schnell gelungen, die Arbeiterschaft an der sozialen Front nach der Zerstörung ihrer Organisationen, der Schwächung ihres Sozialmilieus und der Zerreißung ihres überkommenen Netzes proletarischer Solidarität ruhigzustellen und in ihrer Mehrheit für den Staat zu gewinnen. Zeichen von Unzufriedenheit, Resistenz und Aufsässigkeit, die sich gegen Ende der dreißiger Jahre und dann im Kriege mehrten, wie Bummelei, Krankfeiern, Nachlässigkeit bis hin zur Produktion von Ausschußware, hier und dort Arbeitsverweigerungen oder unentschuldigtes Fehlen wurden zwar von der Gestapo sofort als Folge „marxistischer Verhetzung" politisch kriminalisiert und mit brutaler Härte geahndet; sie waren aber viel eher Ausdruck zunehmender Erbitterung über Leistungsdruck und Ausbeutung im Zuge der Rüstungsanstrengungen oder auch eines wachsenden Selbstbewußtseins, dringend gebraucht zu werden, als daß sie unter dem überall wachsamen Auge der Sicherheitsorgane zum Kristallisationskern von massenhaften Arbeitskämpfen im herkömmlichen Sinne oder von kollektiven politischen Widerstandshandlungen in einem für das Regime bedrohlichen Ausmaß hätten werden können.
Niemand wird in Abrede stellen wollen, daß gerade die Sozialpolitik im „Dritten Reich" von vielen Millionen nach der Misere und Massenverelendung in der Weltwirtschaftskrise subjektiv als fortschrittlich und modern erlebt wurde und sich auch konkret in mannigfachen Vergünstigungen gerade auch für kinderreiche Familien niederschlug. So etwas wie ein neues Lebensgefühl stellte sich ein. Dieser vermeintliche oder wirkliche „Fortschritt in die sozialpolitische Moderne" wurde aber für einen viel zu hohen Preis erkauft und forderte am Ende einen unmenschlichen Blutzoll. Sozialpolitik diente der Ausgrenzung und am Ende der „Ausmerze" aller Leistungsschwachen, „rassisch Minderwertigen" und „Gemeinschaftsunfähigen". Sie verwandelte die gleichgeschaltete und politisch entmündigte „Volksgemeinschaft" in eine „Leistungsmaschine" (Frei) zur Forcierung der Rüstungswirtschaft und zur Vorbereitung des Eroberungskrieges um „Lebensraum im Osten". Sozi-

alpolitik wurde vor allem dann im Kriege auf dem Rücken von KZ-Häftlingen und von mehr als 10 Millionen „fremdvölkischen" Arbeitssklaven, Kriegsgefangenen und Zwangsarbeitern aus Ost- und Südosteuropa, aus Frankreich, Belgien und den Niederlanden, aus Skandinavien und zuletzt sogar von den „Achsenpartnern" praktiziert, die – abgestuft je nach Herkunftsland – unter oft menschenunwürdigen Arbeits- und Lebensbedingungen dafür schufteten und starben, daß die germanischen „Herrenmenschen" bis weit in den Krieg hinein noch in der Illusion friedensähnlicher Zustände leben und ihre Freizeit genießen konnten.

5. Die Rolle der Frau: Zwischen Mutterkreuz und Arbeitseinsatz

Hitler widersetzte sich bis Kriegsende erfolgreich allem Drängen aus der Rüstungsindustrie und aus der Wehrmacht, eine umfassende Dienstpflicht für Frauen nicht nur einzuführen, sondern auch ohne Rücksicht auf Rang und Stand durchzusetzen. Göring zeigte sich zunächst einem derartigen Verlangen aus der Wirtschaft gegenüber aufgeschlossen, schwenkte aber Anfang 1942 auf die Linie seines „Führers" ein und lehnte ebenfalls den allgemeinen Fraueneinsatz kategorisch ab. Im März des Jahres gab er dem Generalbevollmächtigten für den Arbeitseinsatz, Fritz Sauckel, eindeutig zu verstehen, eine solche totale Frauendienstpflicht sei für ihn indiskutabel. Denn auch in der Pferdezucht unterscheide man zwischen Arbeits- und Rassepferden, die unterschiedliche Funktionen hätten. Wenn aber das zur Zucht bestimmte Rassepferd „am Pflug eingespannt werde, verbrauche es sich schneller" als das Arbeitspferd. Deshalb könne man nie zu einer Frauendienstverpflichtung im allgemeinen kommen. Weiter erklärte Göring nur die Frauen aus den oberen Gesellschaftsschichten zu „Kulturträgerinnen", und die Trägerinnen von „hochwertigem Kultur- und Erbgut" dürften nicht „den dummen Reden und dem frechen Gespött der einfachen Frauen ausgesetzt werden."[26]
Entlarvend an diesen Äußerungen des zweiten Mannes im Staat damals war nicht nur der menschenverachtende sozialdarwinistische Jargon, mit dem die frauenpolitischen Leitprinzipien des Regimes hier verkündet wurden; entlarvend waren auch die – von dem Kleinbürger Hitler geteilten – bürgerlich-elitären Vorurteile gegenüber körperlich arbeitenden Frauen, die alles Gerede von der „Würde des Arbeiters" und einer klassen- und schichtenübergreifenden egalitären „Volksgemeinschaft" Lügen straften.
Die Nationalsozialisten haben niemals eine einheitliche, klar umrissene

Frauen- und Familienideologie und -politik entwickelt und praktiziert. Im übrigen klaffte auch hier zwischen ideologischem Anspruch und gesellschaftlicher Realität jener Widerspruch, der uns schon häufig als typisch für das NS-Regime begegnet ist.

Mutterkult

In den programmatischen Äußerungen Hitlers über die gleichsam „angeborene" und „arteigene" Rolle der Frau als Mutter und Hausfrau artikulierten sich auffallend kontinuierlich bürgerlich-konservative, deutschnationale und antiemanzipatorische Traditionselemente, die die Nationalsozialisten in ihre eklektische „Weltanschauung" aufgenommen hatten. Sie erschienen nunmehr freilich ideologisch aufgeladen und radikalisiert durch das eugenisch-rassistische „Zuchtdenken" und die bevölkerungspolitische Vorbereitung auf den Krieg, bei der der Frau als „Gebärerin" und als Bewahrerin und Mehrerin der „völkischen Substanz" eine besondere Funktion zukam.

In „Mein Kampf" bestimmte Hitler den Wert der Frauen für den „völkischen Staat" allein unter dem Aspekt ihrer Gebärleistungen und ihrer Leistungen für die Familie. Die Ehe durfte nicht „Selbstzweck sein, sondern muß dem einen größeren Ziele, der Vermehrung und Erhaltung der Art und Rasse dienen. Nur das ist ihr Sinn und ihre Aufgabe." Der „völkische Staat" sehe nicht in der „tugendsamen alten Jungfer [...] sein Menschheitsideal, sondern in der trotzigen Verkörperung männlicher Kraft und in Weibern, die wieder Männer zur Welt zu bringen vermögen". „Das Ziel der weiblichen Erziehung hat unverrückbar die kommende Mutter zu sein."[27]

Ganz staatsmännisch als Hüter konservativer gesellschaftlicher Werte gab sich Hitler auf dem Nürnberger Parteitag am 8. September 1934 vor der NS-Frauenschaft:

[...] Das ist ja das Wunderbare in der Natur und Vorsehung, daß kein Konflikt der beiden Geschlechter unter- und nebeneinander möglich ist, solange jeder Teil die ihm von der Natur vorgezeichnete Aufgabe erfüllt. Das Wort von der Frauen-Emanzipation ist nur ein vom jüdischen Intellekt erfundenes Wort, und der Inhalt ist von demselben Geist geprägt. Die deutsche Frau braucht sich in den wirklich guten Zeiten des deutschen Lebens nie zu emanzipieren. Sie hat genau das besessen, was die Natur ihr zwangsläufig als Gut zur Verwaltung und Bewahrung gegeben hat [...] Was der Mann an Opfern bringt im Ringen seines Volkes, bringt die Frau an Opfern im Ringen um die Erhaltung dieses Volkes [...] Was der Mann einsetzt an Heldenmut auf dem Schlachtfeld, setzt die Frau ein in ewig geduldiger Hingabe, in ewig geduldigem Leid und Ertragen. Jedes Kind, das sie zur Welt bringt, ist eine Schlacht, die sie besteht für das Sein oder Nichtsein ihres Volkes [...] So war die Frau in allen Zeiten die Gehilfin des Mannes und damit seine treueste Freundin, und auch der Mann war zu allen Zeiten der Hüter seines Weibes und damit ihr bester Freund.[28]

Von jeder verheirateten Frau wurde die Mutterschaft gefordert. Gewollte Kinderlosigkeit erschien als „Fahnenflucht" und als „widernatürlich": Denn in ihrer letzten Konsequenz werde sie zum „Volkstod" führen. Mutterschaft war „Dienst an der Volksgemeinschaft", Empfängnis und Geburt sollten als „heroische Höhepunkte" im weiblichen Leben empfunden werden. Die Mutter war die „Hüterin des germanischen Blutes" und hatte dafür zu sorgen, daß dieses Blut „rein und unverfälscht" blieb. Von der politischen Mitverantwortung blieb die Frau in den männerbündischen Gemeinschaftsformen und im maskulinen Gesellschaftsbild der Nationalsozialisten ausgeschlossen. Der Zugang zu wirklichen Führungsaufgaben war ihr bewußt verwehrt. Dies mußte auch die „Reichsfrauenführerin" Gertrud Scholtz-Klink trotz ihres hochtrabenden Titels in ihrer niedrigen protokollarischen Einstufung in der politischen Hierarchie der Partei erfahren. Schwangerschaftsabbruch stand als ein Vergehen an der natürlichen weiblichen Berufung der Frau und als Verrat am Volk unter schwerer Strafe. Aufklärung über die verschiedenen Möglichkeiten der Empfängnisverhütung war verpönt und auch politisch inopportun. Ein krasses bevölkerungspolitisches Reproduktionskalkül stand hier ganz im Einklang mit den tradierten Normen einer verklemmten bürgerlichen Sexualmoral: Über Verhütung sprach man nicht und schon gar nicht in der Öffentlichkeit!

Muttertag

Ihren sichtbaren Ausdruck und ihre propagandistische Überhöhung fanden Mutterkult und Aufwertung der Mutterschaft als „das größte Geheimnis auf Erden" im „Muttertag" und im „Ehrenkreuz der Deutschen Mutter" („Mutterkreuz"). Ursprünglich von der amerikanischen Publizistin Ann Jarvis 1907 als Festtag zu Ehren der Mütter angeregt, wurde der „Muttertag" seit 1922 auch im Deutschen Reich begangen und dann nach 1933 „in den Dienst seiner Erziehung zu vertieftem Familienleben als der biologischen und sittlichen Grundlage des völkischen Staates" gestellt (Neuer Brockhaus 1941). Am „Muttertag" (zunächst 2. Sonntag im Mai, ab 1938 3. Sonntag, heute wieder 2. Sonntag) wurde das „Mutterkreuz" verliehen. Nachgebildet dem 1934 gestifteten Ehrenkreuz „zur Erinnerung an die unvergänglichen Leistungen des deutschen Volkes im Weltkriege" für Kriegsteilnehmer sowie Eltern und Witwen Gefallener, wurde das „Mutterkreuz" 1938 (in der Mitte ein Hakenkreuz umrahmt von den Worten: „Das Kind adelt die Mutter") in drei Stufen gestiftet: in Bronze für 4 oder 5 Kinder, in Silber für 6 oder 7 Kinder, in Gold für 8 und mehr Kinder. 1939 wurde es erstmalig an 3 Millionen Mütter verliehen.

Mutterkreuz

Frauenorganisationen

Ein dichtes Netz von Organisationen hatte die Aufgabe, die Mütter und ihre Kinder zu betreuen, sie auf ihre Rolle und Funktion in der Gesellschaft vorzubereiten. Die ursprünglich am 1. Oktober 1931 als Zusammenschluß aller Parteigenossinnen gegründete „Nationalsozialistische Frauenschaft" (NSF) beanspruchte nach 1933 für sich gegenüber allen übrigen Frauenverbänden die weltanschauliche, kulturelle und volkswirtschaftliche Führung, sah sich aber in der Praxis reduziert auf die Schulung und Betreuung von Haus- und Landfrauen. Denn R. Ley wachte eifersüchtig darüber, daß alle erwerbstätigen Frauen am Arbeitsplatz der Obhut des Frauenamtes der DAF unterstellt blieben. Durch Personalunion und organisatorisch ganz eng mit der NSF verbunden war das „Deutsche Frauenwerk" (DFW). Das DFW wurde 1933 gegründet als Dachverband der gleichgeschalteten Frauenvereine. NSF und DFW führten zusammen Programme durch, die ganz auf Mutterschaft, Hauswirtschaft und Wohlfahrt ausgerichtet waren. Als eine Abteilung von DFW und NSF war der „Mütterdienst" zuständig für die Mütterschulung in den Ehe- und (Heim-)Mütterschulen. Hier sollten verlobte und verheiratete Frauen über die „hohen Pflichten der Mutterschaft" belehrt und hauswirtschaftlich-pädagogisch geschult werden. Zu den Fächern der mehrwöchigen Kurse gehörten Säuglingspflege, Schneidern, aber auch Volkswirtschaft und Brauchtum sowie Rassen- und Vererbungslehre.

Trotz einer Mitgliedschaft von 3,3 Millionen im Jahre 1939 besaßen die Frauenorganisationen weder Einfluß in Partei und Staat, noch gelang es ihnen, die organisierten Frauen, die vielfach nicht einmal der Partei angehörten, zu glühenden Nationalsozialistinnen zu erziehen. Gertrud Scholtz-Klink als „Reichsführerin" von NSF und DFW und als „Reichsfrauenführerin" war nicht die Persönlichkeit, um im sprichwörtlichen Kompetenzengerangel in Staat und Partei ihren Organisationen irgendeinen nennenswerten Einfluß zu sichern oder frauenspezifische Rechte und Ansprüche auf aktive politische Mitgestaltung gegen die männlichen Konkurrenten durchzusetzen. Im übrigen verwundert es nicht, wenn sich die Frauen – abgesehen von einer kleinen Gruppe nationalsozialistischer Idealistinnen – in ihrer überwiegenden Mehrheit nicht wie ihre Männer von der Politik vereinnahmen ließen und auch nicht politisch engagierten, hatte man ihnen doch jahrelang gepredigt, daß ihre eigentliche Berufung in der Erziehung der Kinder und in der Führung des Haushaltes, nicht aber in politischen Aktivitäten liege. Überdies ließen die schweren Belastungen gerade für die arbeitenden Frauen im Kriege mit Schlangestehen, langen Anfahrtswegen zum Arbeitsplatz, Mangelernährung, Ausbombungen und Sorgen um das Überleben der Familie kaum Zeit zum politischen Einsatz.

BDM Die politische Erziehung der Mädchen und jungen Frauen übernahm bis zum Alter von 21 Jahren der „Bund Deutscher Mädel" (BDM). Als Teilorganisation der „Hitlerjugend" (HJ) war er untergliedert in „Jungmädelbund" (10–13 Jahre) und „Bund deutscher Mädel" (14–17 Jahre). Seit 1938 bestanden darüber hinaus Sondereinheiten für die 17- bis 2ljährigen, u. a. „Glaube und Schönheit" zur Vorbereitung auf die Hausfrauen- und Mutterrolle in Kursen für Körperpflege, Haushalt, Erziehung, Wohnungsgestaltung. Hinzu kamen hier intensive sportliche Betätigung (u. a. Tanz und Gymnastik) sowie die Beschäftigung mit modischen Fragen, da man das natürliche Interesse an Schick und Schmuck nicht ganz ignorieren konnte und wollte. Mit zunehmender Kriegsdauer verlor diese Einrichtung an Bedeutung. Am 1. April 1936 wurde der – zunächst noch freiwillige – weibliche Arbeitsdienst dem „Reichsarbeitsdienst“ (RAD) für die 18- bis 25jährigen angegliedert. Im Jahre 1939 wurde ein Dienstjahr für Frauen analog zur männlichen Wehrpflicht obligatorisch.

Obwohl bis 1939 offiziell kein Beitrittszwang zur HJ ausgeübt wurde, war der Anpassungsdruck für Jungen und Mädchen vor allem in der Schule hoch. Viele Mitglieder wurden einfach aus den gleichgeschalteten Verbänden übernommen, andere hielten es für opportun beizutreten. Manche „höhere Tochter“ aus bürgerlichem Elternhaus sah hier auch die Möglichkeit, sich seinen starren Konventionen zu entziehen und selbst zu verwirklichen, ein Stück persönlicher Freiheit zu finden, am „nationalen Aufbauwerk“ teilzuhaben, Kameradschaft zu pflegen und soziale Verantwortung zu übernehmen.[29] Gehorsam, Pflichterfüllung, eiserne Disziplin, Opferbereitschaft und Körperbeherrschung waren die Tugenden, die in der HJ eingeübt werden sollten. Auch die jungen Mädchen sollten über den BDM für den Nationalsozialismus gewonnen werden. In der Vermittlung des völkisch-kulturellen Erbes und in der hauswirtschaftlichen Ertüchtigung sollten bereits früh bei der künftigen Mutter die Voraussetzungen für die Erziehung erbgesunder Kinder geschaffen werden. Aber auch schon bei den jungen Menschen beiderlei Geschlechts entwickelte sich bald ein gewisser Überdruß gegen die Disziplin, den oft als langweilig empfundenen Dienst und die pausenlose politische Berieselung. Die Pflichten gegenüber Schule und HJ wurden geschickt gegeneinander ausgespielt und dadurch oft gewisse Freiräume geschaffen, in denen man sich doch eher nach individuellem Freizeitgeschmack einrichten konnte.

„Lebensborn“ – rassistisches Zuchtkonzept der SS

Eine perverse und menschenverachtende Entartung, die so gar nicht zur tradierten Normenwelt bürgerlicher Sexualmoral und zur Pflege der überkommenen Familie passen wollte und deshalb selbst bei vielen Nationalsozialisten erhebliche Irritationen auslöste, erfuhr der Mutterkult im rassistischen „Zuchtdenken“ eines Heinrich Himmler. Die Satzung des im Dezember 1935 im Rahmen des „Rasse- und Siedlungshauptamtes“ (RuSHA) gegründeten „Lebensborn eV.“ trug jedem SS-Mann auf, mindestens 4 Kinder zu zeugen. Dabei spielte es keine Rolle, ob dies ehelich oder nichtehelich geschah. Ab Oktober 1935 wurden die „biologische Ehe“ und die außereheliche Mutterschaft gegen den heftigen Widerstand der Katholischen Kirche ausdrücklich propagiert. Die Kinder sollten in den gut ausgestatteten Heimen des „Lebensborn“, im Volksmund auch als „Zucht-Bordelle“ abqualifiziert, zur Welt kommen.

Ihre Mütter blieben dort abgeschirmt von der Umwelt. Die Ausstellung von Geburtsurkunden, die Zahlung des Unterhaltes und gegebenenfalls die Adoption wurden vom „Lebensborn“ geregelt. In insgesamt 13 Heimen wurden bis 1944 ca. 11.000 Kinder geboren. Da die Akten und Unterlagen des „Lebensborn“ fast vollständig vernichtet wurden, ist schwer zu rekonstruieren, wieweit die viel weitergehenden „Züchtungs“-Pläne Himmlers verwirklicht worden sind und wieweit der „Lebensborn“ in den Raub, die „Eindeutschung“ und Adoption von „Kindern germanischen Typs“ im Osten verstrickt war.

„Hausfrau und Mutter“ als Leitbild

Zwar gehört die häufig kolportierte Behauptung, es seien vor allem die Frauen gewesen, die Hitler an die Macht gebracht hätten, in den Bereich der Legende; doch übte das von ihm propagierte Frauenbild, so sehr es auch aus heutiger Perspektive frauenfeindlich und antiemanzipatorisch erscheint, eine gewisse Faszination aus, soweit es an ein bürgerlich-konservatives und vorindustriell-patriarchalisches Rollenverständnis anknüpfte. Dies hatte mehrere Gründe: Für die große Mehrheit der Frauen damals vor allem in ländlichen und kleinstädtischen Sozialmilieus hatte der Prozeß der Emanzipation im Sinne einer Befreiung aus der geistigen, gesellschaftlichen und wirtschaftlichen Abhängigkeit und Vormundschaft in Familie und Ehe noch gar nicht begonnen, und wo er sich abzeichnete, wurde er eher als eine Bedrohung der eigenen weiblichen Identität und als gefährlicher Schritt aus einer traditionellen geschlechtsspezifischen Geborgenheit in die moderne Orientierungslosigkeit denn als Gewinn persönlicher Lebensgestaltung empfunden und dementsprechend abgelehnt. Schon früh im Kindesalter setzte die Erziehung für die „natürliche Berufung“ als Ehefrau, Hausfrau und Mutter und auf die angeblich typischen „fraulichen“ Berufe, d. h. vorwiegend auf pflegerische und pädagogische Berufe, ein und wurde kaum in Frage gestellt.

Viele verheiratete Arbeiterinnen empfanden die Fabrikarbeit als ermüdend und monoton, fühlten sich durch die schlechtere Bezahlung gegenüber den Männern bei gleicher Arbeit degradiert und litten unter der Mehrfachbelastung mit Familie und Haushalt. Ihnen erschien die Aussicht, zu Hause bleiben oder gar in einen pflegerischen oder Angestellten-Beruf im Büro „aufsteigen“ zu können, als durchaus verlockend. Männer sahen in der Weltwirtschaftskrise und bei der Freisetzung von Arbeitskräften durch Rationalisierung und Mechanisierung Frauen auf dem krisengeschüttelten Arbeitsmarkt als lästige Konkurrentinnen, die an sich „an den Kochtopf“ gehören. Im „neuen Mittelstand“, in Angestellten- und Beamtenkreisen und im gebildeten und besitzenden Bürgertum galt es nach dem Motto „Die Frau gehört ins Haus!“ nach wie vor als „unschicklich“, wenn die Frau einer außerhäuslichen Berufstätigkeit nachging, statt sich der Familie zu widmen, und dadurch sogar nach außen den Anschein erweckte, als könne der Mann seine Fa-

milie nicht „standesgemäß“ ernähren. Die „höheren Töchter“ studieren zu lassen, widersprach haushälterischer Vernunft, denn sie heirateten ja doch! Politische Emanzipation der Frau erschien als „Irrweg“.
Die bürgerliche Frauenbewegung hatte niemals als Massenbewegung die Frauen allgemein für ihre emanzipatorischen Ziele mobilisieren können. Im politischen Leben der Weimarer Republik nahm die Frau selbst in den aufgeschlosseneren demokratischen und Linksparteien eher eine Randstellung ein. Es kam der Agitation der Nationalsozialisten zugute, daß sich trotz Industrialisierung und Demokratisierung an dem vorindustriell-patriarchalisch besetzten Frauen- und Familienbild im Grunde wenig geändert hatte.

Verdrängung der Frauen aus dem Arbeitsmarkt

Die neuen Machthaber bemühten sich sofort 1933, ihr traditonelles Frauenbild arbeitsmarktpolitisch zu nutzen. Um den Arbeitsmarkt zu entlasten und die Massenarbeitslosigkeit möglichst schnell und publikumswirksam abzubauen, setzten sie Lockung und Zwang ein, die Frauen aus dem Arbeitsleben wieder an ihren „angestammten Platz“ zurückzuführen: Ehestandsdarlehen, Einrichtungskredite, Steuerermäßigungen, Kindergeld, Ausbau sozialer Leistungen für Mutter und Kind, Urlaub und Haushaltsvertretungen für die Mütter, aber auch heftige Attacken gegen das „Doppelverdienertum“. Diese Kampagne zur Verdrängung der Frauen aus dem außerhäuslichen Arbeitsprozeß griff freilich nur dort, wo der Staat – wie etwa im öffentlichen Dienst oder auf dem Verordnungswege – unmittelbar intervenieren konnte. Sie stieß aber in der Privatwirtschaft – sowohl im Handel als auch in den gewerblichen Sektoren – auf heftigen Widerstand eines am Profit orientierten Unternehmertums und geriet hier in Konflikt mit den modernen Arbeitsmarkttrends einer Ausweitung der erheblich billigeren weiblichen Beschäftigungsverhältnisse.

Akademikerinnen

Schon am 25. April 1933 wurde der Anteil der Studentinnen an den Hochschulen auf 10% der jährlichen Neuimmatrikulationen quotiert; er pendelte sich von 15,6% im Sommer 1933 bis 1939 auf 11,2% ein und stieg dann im Kriege durch den Fronteinsatz der wehrfähigen männlichen Kommilitonen von 30% auf fast 50% im Wintersemester 1943/44 mit Schwerpunktverlagerung zu den Fremdsprachen, zum Journalismus und zum Sport. Der Verdrängungswettbewerb gegen Beamtinnen (besonders Lehrerinnen) und Akademikerinnen hatte schon in der Weimarer Republik eingesetzt, dann in der Weltwirtschaftskrise durch die hohe Akademikerarbeitslosigkeit einen zusätzlichen Anstoß erfahren. Daran brauchten die Nationalsozialisten nur anzuknüpfen: Im Unterrichts- und Erziehungswesen wurden Frauen aus leitenden Positionen verdrängt. In Hamburg duldete die zuständige Behörde ab Juli 1933 nur noch an hauswirtschaftlichen Schulen weibliche Leitungen. Sonst wurden selbst an staatlichen Mädchenschulen Schulleiterinnen und stellvertretende Schulleiterinnen zugunsten von Männern aus ihren Ämtern entfernt. Zwischen 1933 und Mai 1935 wurde in ganz Deutschland die Zahl der Lehrerinnen an Mädchenschulen von 11 370 auf 9941 reduziert, ohne daß es sich hier überall um „Doppelverdienertum" handelte. Weitere Diskriminierungsmaßnahmen richteten sich gegen Ärztinnen, besonders wenn sie sich an Krankenhäusern oder für die Kassenzulassung bewarben, gegen Apothekerinnen, gegen Richterinnen und Anwältinnen bis hin zum Berufsverbot für Juristinnen. Frauen wurden erst, wenn überhaupt, mit dem 35. Lebensjahr verbeamtet. Erst im Kriege kehrte sich der Trend um: Alle Beamtinnen und Akademikerinnen, die nach ihrer Heirat entlassen oder auf ein berufliches Abstellgleis geschoben waren, wurden wiedereingestellt. Auch Ärztinnen waren jetzt unentbehrlich als Ersatz für ihre männlichen Kollegen, die bei der Wehrmacht dienten, selbst wenn sie bevorzugt auf weniger prestigeträchtigen und schlechter bezahlten Positionen in Betrieben und auf Gesundheitsämtern beschäftigt wurden. Der Anteil der Ärztinnen stieg von 6,5% (1932) auf 17% (1944). Das Frauenstudium im Kriege erschien wichtig, weil nach dem Kriege ein Frauenüberschuß herrschen würde und die gefallenen Akademiker durch Akademikerinnen ersetzt werden mußten. Trotz allgemeiner Dienstverpflichtung seit 1943 wurden studierende Frauen von der Rüstungsarbeit grundsätzlich freigestellt, mußten aber in den Semesterferien in Fabriken, bei der Ernte oder Siedlungsprojekten helfen. Es dürfte sich hier im Kriege also weniger um eine ideologische Wende des Regimes hin zu einer positiveren Einstellung gegenüber Akademikerinnen und Beamtinnen gehandelt haben als darum, Frauen befristet als Lückenbüßer in qualifizierten Positionen einzusetzen, bis wieder hinreichend männliche Bewerber zur Verfügung standen.

Arbeiterinnen und Angestellte

Ganz anders sah es in der Privatwirtschaft bei Arbeiterinnen und weiblichen Angestellten aus. Hier konnte man nicht auf die billigeren weiblichen Arbeitskräfte verzichten, zumal wenn sie als Facharbeiterinnen oder Angestellte eingearbeitet und in ihren Stellungen nicht einfach durch Männer zu ersetzen waren. So widersetzten sich die Unternehmer nachdrücklich und mit Erfolg den Versuchen von Arbeitsämtern und Parteidienststellen, auf ihre Personalpolitik von außen Einfluß zu nehmen, mit dem Hinweis auf den volkswirtschaftlichen Nutzen und den Wettbewerbsvorteil, den man mit billiger Frauenarbeit auf dem nationalen und internationalen Markt habe.

Die geläufige These, die Arbeitsbeschaffung seit 1933 habe so schnell und erfolgreich gegriffen, weil die Frauen vom Arbeitsmarkt verdrängt worden seien, muß also sehr differenziert nach Sektoren und Positionen überprüft werden und stimmt in dieser Pauschalität nicht. Hier nur einige Zahlen: Die Anzahl der krankenversicherten weiblichen Beschäftigten stieg von 4,6 Millionen im Jahre 1932 auf 4,75 Millionen 1933 und 5,05 Millionen 1934, also um knapp 10% in den ersten Jahren

der „Arbeitsschlacht". Allein die Anzahl der Industriearbeiterinnen erhöhte sich von 1,2 Millionen im Jahre 1933 auf 1,4 Millionen ein Jahr später. Nach einer Angabe des Statistischen Reichsamtes stieg die Gesamtzahl der erwerbstätigen Frauen von 11,6 Millionen im Jahre 1933 auf 14,6 Millionen bei Kriegsbeginn. Das wirtschaftliche Wachstum bewirkte also zusammen mit der Einführung der allgemeinen Wehrpflicht 1935 eine signifikante Zunahme der weiblichen Erwerbstätigkeit.
Differenzierter stellt sich das Bild wiederum in der berufsspezifischen Auffächerung dar. Die weiblichen Selbständigen und die Beamtinnen, also qualifiziertere Berufssparten, nahmen um je 14% und 5,5% ab. Die Zahl der Hausgehilfinnen vergrößerte sich um 7,4%, die der Industriearbeiterinnen um über 20 %. Die weiblichen Angestellten hatten einen Zuwachs von 18,9 % zu verzeichnen.
Das Erreichen der Vollbeschäftigung Mitte der dreißiger Jahre und der beginnende Arbeitskräftemangel in rüstungswichtigen Sektoren sowie vor allem in der Land- und Hauswirtschaft hatten auch erhebliche Rückwirkungen auf den weiblichen Arbeitsmarkt. Denn auch weibliche Angestellte und Arbeiterinnen konnten jetzt wie ihre männlichen Arbeitskollegen ihre „Ware Arbeitskraft" auf dem vielfach schon leergefegten Arbeitsmarkt der Nachfrage entsprechend mehr oder weniger meistbietend „verkaufen", ohne um ihr – freilich nach wie vor geringer entlohntes – Arbeitsverhältnis bangen oder fürchten zu müssen, der nationalsozialistischen Frauen- und Familienideologie wie gleich nach 1933 zum Opfer zu fallen. Ihre radikale Durchsetzung scheiterte, wenn sie denn je beabsichtigt war, an den Realitäten der Rüstungskonjunktur und der rasch fortschreitenden Industrialisierung in Deutschland mit all ihren Konsequenzen von der Landflucht bis hin zur Sogwirkung der in der Regel besser bezahlten und nach einem geregelten Arbeitsrhythmus ablaufenden Industriearbeit. Auch die „Weißkittelberufe" der Angestellten wurden, einem allgemeinen Trend der Zwischenkriegszeit folgend, für Frauen weitaus attraktiver und prestigeträchtiger als die Arbeit in der Haus- und Landwirtschaft mit unregelmäßiger Arbeitszeit und oft geringerer Bezahlung. Die Zahl der im öffentlichen Dienstleistungs- und Verwaltungssektor beschäftigten Frauen stieg von 954.000 im Mai 1939 auf 1,746 Millionen bis Mai 1944, also um über 80%. Da sich die Gesamtzahl der weiblichen Beschäftigten im selben Zeitraum nur um 180.000 erhöht hat, mußte eine umfangreiche Verlagerung der Arbeitskräfte stattgefunden haben.
Das 1938 für alle ledigen Arbeiterinnen und Angestellten unter 25 Jahren in öffentlichen und privaten Bereichen als obligatorisch eingeführte Pflichtjahr in der Haus- oder Landwirtschaft, das als eine Voraussetzung für den weiteren beruflichen Werdegang im „Arbeitsbuch" vermerkt wurde, schuf für den Arbeitskräftemangel in diesen Bereichen kaum Entlastung.

Auf eine weitere Ursache für die zunehmend katastrophale Mangelsituation auf dem Arbeitsmarkt bei Arbeiterinnen, Büroangestellten, Hausgehilfinnen usf. führen uns die Zahlen für 1939. Bei Kriegsbeginn wurden nur 50 000 Frauen dienstverpflichtet und dies auch meistens nur kurzfristig. Nach der Volks- und Berufszählung dieses Jahres gab es immer noch 948 000 nichterwerbstätige, aber erwerbsfähige ledige Frauen und über 5,4 Millionen nichterwerbstätige, doch erwerbsfähige verheiratete Frauen ohne Kind, alle zwischen 15 und 60 Jahren. Obwohl mit dem Dienstpflichtgesetz theoretisch die Möglichkeit totaler Maßnahmen zum Fraueneinsatz gegeben war, wurde diese praktisch weder bei Kriegsbeginn noch später unter den Bedingungen des „totalen Krieges" ab 1943 genutzt. Zum zweiten war es offenbar für viele verheiratete Frauen, nachdem ihre Männer wieder in Lohn und Brot standen, immer weniger attraktiv, die Doppelbelastung von Beruf und Haushalt auf sich zu nehmen.
Alle Statistiken bestätigen übereinstimmend, daß die nationalsozialistische Führung auf ausdrückliche Weisung Hitlers sowohl bei der Vorbereitung des Krieges als auch dann im Krieg selbst trotz Verschärfung des Dienstpflichtgesetzes in den Jahren 1943 und 1944 bewußt darauf verzichtet hat, das weibliche Arbeitskräftepotential in Deutschland unter Androhung von Zwang und Strafe auch nur annähernd auszuschöpfen, und zwar um so weniger,je höher die Frauen gesellschaftlich standen. Das genaue Gegenbeispiel bot Großbritannien während des Krieges.
Dafür gab es verschiedene Erwägungen: Ständig gaben Frauen ihre Erwerbstätigkeit auf oder verweigerten die Rückkehr in den Beruf. Denn die Unterhaltszahlungen für die Familien der eingezogenen Soldaten waren im Gegensatz zum Ersten Weltkrieg sehr großzügig, d. h. bis zu 85% des früheren Einkommens des Ehemannes bemessen. Weiterhin wurden Sozialleistungen wie Krankenkassenbeiträge und Mietzuschüsse gezahlt, während Beschäftigungsentgelte der Ehefrauen, sofern sie arbeiteten, zum überwiegenden Teil vom Unterhalt abgezogen wurden. Damit entfiel jeder Anreiz für verheiratete Frauen, in den Arbeitsprozeß zurückzukehren. Die NS-Führung befürchtete, materielle Not der Soldatenfamilien oder ein allzu rigoroser Zugriff auf erwerbsfähige Soldatenfrauen könne die Stimmung an der „Heimatfront" in bedrohlicher Weise drücken und ähnlich wie im Herbst 1918 zu ihrem Zusammenbruch führen.

Debatte um die Dienstverpflichtung

Hinter den eingangs beschriebenen scharfen Auseinandersetzungen um eine totale Durchsetzung der Dienstverpflichtung für Frauen zwischen Vertretern der Wehrmacht, der Staatsbürokratie, Rüstungstechnokraten und Industriellen auf der einen und Hitler auf der anderen Seite, die bis Kriegsende anhielten, verbargen sich ganz divergierende Anschauungen über die Frau „als Rasse- bzw. als Wirtschaftsfaktor" (Thalmann).

Während die erste Gruppe primär auf den „Endsieg" hinstrebte und im Interesse seiner schnellen Erringung ohne Rücksicht auf ideologische Empfindlichkeiten alle menschlichen und materiellen Ressourcen des Reiches optimal für die Kriegsanstrengungen ausschöpfen wollte, blieb Hitler ungeachtet auch seines Siegeswillens bis zuletzt doch so stark auf seine Rassen- und Blutsideologie fixiert, daß er seine Utopien vom globalen Herrschafts- und Lebensraumanspruch des „rassisch überlegenen germanischen Herrenmenschen" bereits auf die Zeit nach dem „Endsieg" projizierte und für dieses Ziel die „völkische Substanz" und die Erhaltung der ungeschmälerten Gebärfähigkeit der deutschen Frauen als „Hüterinnen des reinen Blutes" schon während des Krieges bewahrt sehen wollte.

So wurden von der „Verordnung über die Meldung von Männern und Frauen für Aufgaben der Reichsverteidigung" vom 13. Januar 1943 von der Meldepflicht aller Frauen (und Männer) zwischen 17 und 45 Jahren (1944 erweitert auf das 50. Lebensjahr) ausdrücklich schwangere Frauen, Frauen mit einem noch nicht schulpflichtigen Kind oder mit zwei Kindern unter 14 Jahren sowie Schüler/innen höherer Lehranstalten ausgenommen, obwohl sich in dieser heiklen Kriegslage, als alles bereits auf des Messers Schneide stand, sicher Möglichkeiten für die Unterbringung auch der jüngeren Kinder und damit für die Freistellung ihrer Mütter für den Arbeitseinsatz angeboten hätten. Auch wies Sauckel als Generalbevollmächtigter für den Arbeitseinsatz die Arbeitsämter an, aus bevölkerungspolitischen, wirtschaftlichen und „stimmungsmäßigen" Gründen große Rücksicht zu nehmen und deshalb auch mögliche Einwände der meldepflichtigen Frauen sorgfältig zu prüfen. Schließlich sollten diese Frauen auch mit Rücksicht auf die Stimmung der Betroffenen stufenweise aufgerufen werden je nach Familienstand. Hitlers Rechnung mit der Gebär- und Zeugungsfreudigkeit der „deutschen Mutter" und ihres Ehemannes ging insofern nicht auf, als sie allen materiellen Anreizen zum Trotz dem modernen Trend zur Ein- oder Zwei-Kinder-Familie vor allem in bessergestellten Kreisen auch weiter folgten und sich auch durch die Aussicht auf das „Mutterkreuz" hier in der Regel nicht umstimmen ließen. Die Steigerung der Geburtenrate von 14,7 pro 1000 Einwohner 1933 auf 18,9 im Jahre 1936 hatte sicher am allerwenigsten ideologische und eher wirtschaftliche Gründe.

Ersatz durch Arbeitssklaven

Man sollte wie bei der Sozialpolitik auch bei der nationalsozialistischen Bevölkerungspolitik im Kriege niemals vergessen, daß sich das Regime die relative Schonung der deutschen Frauen beim Arbeitseinsatz für die Rüstungsindustrie nur auf dem Rücken von Millionen männlicher und weiblicher Arbeitssklaven „leisten" konnte, die dafür um so härter und brutaler bis zur Erschöpfung und Vernichtung von der deutschen Industrie ausgebeutet wurden. Unter Einrechnung der Kriegsgefangenen gab es im Mai 1940 bereits 1,2 Millionen Fremdarbeiter und -arbeiterinnen im Reich. Diese Zahl steigerte sich mit der Erweiterung des deutschen Herrschaftsraumes kontinuierlich: 1941: 3 Millionen, 1942: 4,2 Millionen, 1944: 7,6 Millionen, davon fast 1,5 Millionen Frauen. Hinzuzurechnen zu diesem massiven Einsatz billiger Fremdarbeiter und -arbeiterinnen aus den besetzten und annektierten Ländern sind noch die Millionen Insassen der Konzentrations- und Vernichtungslager, die bis zum Umfallen und bis zu ihrer Ermordung für die deutsche Rüstungswirtschaft schuften mußten.

Die These von der „Modernisierung wider Willen"

Vielfach wird heute die Ansicht vertreten, die Konsequenzen einer fortschreitenden Industrialisierung im allgemeinen und die Zwänge des nationalsozialistischen Aufrüstungs- und Kriegskurses im besonderen hätten allen rückwärtsgewandten Utopien zum Trotz eine gesellschaftliche „Modernisierung wider Willen" in Deutschland gefördert. Dieser Prozeß der Modernisierung habe auch vor der Stellung der Frau in Wirtschaft und Gesellschaft nicht haltgemacht. Zwar habe man den Frauen wie den meisten Deutschen damals die politischen Rechte genommen. „Tendenzen sozialer Mobilität und Egalität" hätten jedoch die überkommenen Gesellschaftsstrukturen verändert und auch die „ökonomische Emanzipation" der Frau beschleunigt.[30]

Diese These eines tiefgreifenden sozialen Wandels auch für die Rolle der Frau in der modernen Industriegesellschaft im „Dritten Reich" verlangt eine Differenzierung. Zunächst einmal haben intensive Befragungen von Frauen nach dem Kriege, die 1933–1945 etwa zwischen dem zwanzigsten und vierzigsten Lebensjahr im Arbeitsprozeß standen, eindeutig ergeben, daß sie die vielen Möglichkeiten, die sich ihnen, nachdem die Männer zur Wehrmacht eingezogen worden waren, auf einmal beruflich im Dienstleistungssektor und im Büro, als Angestellte, technische Assistentin oder als Sekretärin boten, subjektiv durchaus als sozialen Aufstieg empfunden haben. Sie nahmen die Chance, aus der Enge eines haus- oder landwirtschaftlichen, eines dörflichen oder kleinstädtischen Milieus oder auch aus der eintönigen, schweren und niedrig bezahlten Schmutzarbeit in der Fabrik in die Großstadt, an einen „sauberen" Arbeitsplatz, aus der verschmierten blauen Montur der Arbeiterin in den weißen Kittel der Angestellten zu wechseln, mit dem sich seit jeher ein höheres Sozialprestige verband, rückblickend als eine sehr positive Seite des NS-Regimes wahr. In kommunalen Verkehrsbetrieben, bei der Reichspost oder Reichsbahn, im privaten Handel oder in der Verwaltung konnte man für die eingezogenen Männer einspringen und ein Stück mehr Verantwortung übernehmen, auf der gesellschaftlichen Rangskala ein wenig emporsteigen. Diese eindeutig positive Erinnerung wurde auch dadurch nicht wesentlich getrübt, daß viele Frauen nach Rückkehr der Männer ihren Arbeitsplatz wieder räumen mußten und dadurch auf ihre „Lückenbüßerfunktion" während des Krieges gestoßen wurden. Die meisten taten dies klaglos, denn die schweren materiellen und psychischen Belastungen der Nachkriegszeit gerade für Hausfrauen und Mütter ließen sie den Ausstieg aus der Erwerbstätigkeit weit eher als Erleichterung denn als gesellschaftlichen „Makel“ empfinden. Die weitere These lautet, der Krieg sei der große gesellschaftliche „Gleichmacher“ gewesen, in ihm seien überholte Standesschranken eingerissen worden. Im gemeinsamen Erleben an der Front und im Luftschutzbunker, beim Schlangestehen um die wenigen Lebensmittel, die die Regale noch füllten, und an der Werkbank, beim sonntäglichen „Eintopfessen“, im weiblichen „Pflichtjahr“ und beim Ernteeinsatz, in der Kinderlandverschickung und bei den Evakuierungen aus den zerbombten Städten, in den politischen Organisationen und im freiwilligen sozialen „Opferdienst“, im hypnotischen Rausch der Massenkundgebungen und dann in den Zerstörungen des „totalen Krieges“ seien „Volksgemeinschaft“ und das Prinzip „Gemeinnutz geht vor Eigennutz“ nicht nur propagiert, sondern von jedem einzelnen, auch gerade von den Frauen wirklich unmittelbar erfahren und als ein sozialer Gewinn empfunden worden.

Weiterbestehen der sozialen Unterschiede

Der Kriegsalltag stellte sich jedoch gerade für die dienstverpflichteten Rüstungsarbeiterinnen, die wie seit eh und je in der Regel aus der Arbeiterschicht oder aus den Familien kleiner Angestellter kamen, ganz anders und vielfach abstoßend dar. Der von Sauckel genüßlich gegen seinen Rivalen Göring kolportierte Bericht, nach dem die „Frau Reichsmarschall“ im Kriege in Berlin 70 bis 80 Generalsfrauen zu sich zum Kaffeeklatsch eingeladen habe und sich dabei die Tische von all den angebotenen Leckereien gebogen hätten, war nur die Spitze des Eisberges und ein besonders provozierendes Beispiel für die sprichwörtliche friedensmäßige Verschwendungssucht in der neuen braunen „Bonzokratie“ auch noch in Mangelzeiten.

Frauen und Töchter aus sogenannten „besseren Kreisen“ wurden nicht selten von der allgemeinen Dienstverpflichtung freigestellt. Sie gingen mit Hilfe ihrer Beziehungen zu einflußreichen Leuten sogenannte „Scheinarbeitsverhältnisse“ ein, besorgten sich ärztliche Atteste oder nutzten anderweitig ihre gesellschaftlichen Verbindungen für Ausnahmeregelungen. Nicht wenige widmeten sich auch ehrenamtlich sozialen Diensten oder ließen sich mit einem der vielen unteren Parteiämter betrauen. Ehefrauen von höheren Beamten und Angestellten, von Unternehmern, Offizieren oder Parteifunktionären wehrten sich gegen die „bolschewistischen Methoden“ und die „Eingriffe in persönliche Rechte“ bei der Dienstpflicht. Sie bestanden darauf, sich auch weiterhin Hausangestellte zu halten. Vielfach waren es auch gerade die Männer, auch Soldaten an der Front, die ihren Frauen verboten, ein Arbeitsverhältnis einzugehen.

Diese offenkundige Diskriminierung der „Arbeitspferde“ in den unteren Schichten führte zu einer starken und mit dem Kriege fortschreitenden

Verbitterung und zu einem Absinken der Arbeitsmoral unter den durch den Arbeitsprozeß und die Sorgen um den Erhalt der Familie besonders belasteten „Volksgenossinnen" in den rüstungswichtigen Betrieben. Der Krankenstand war nach Auskunft von Betriebsärzten und -ärztinnen alarmierend hoch. „Klassenkämpferische Instinkte" gegen die „Reichen" und „Feinen" wurden wieder wach, wie mit Sorge in den Stimmungsberichten vermerkt wurde. Besondere Wut erregten in der Bevölkerung Wohlleben und Prasserei in vielen Parteikreisen. Beim nachmittäglichen Einkauf auf dem Kurfürstendamm in Berlin oder auf der Düsseldorfer „Kö" flanierende „Bonzenfrauen" und Frauen aus „höhergestellten Kreisen", wohlgefüllte Großstadtcafés und Modeschauen straften das ganze Gerede von der „Volksgemeinschaft" als einer gemeinsamen und klassenübergreifenden nationalen „Opfer- und Wehrgemeinschaft", in der jeder mit jedem sozial teilt, offenkundig Lügen. NS-Frauenorganisationen kritisierten die „nationale Würdelosigkeit" dieser Frauen. Wer es sich „leisten" konnte, war auch im Kriege nicht allein auf Lebensmittelkarten und Bezugscheine angewiesen und versorgte sich über dunkle Quellen. Überhaupt hatte die Partei in der Bevölkerung gegen Kriegsende jeden Kredit verspielt, und dies zu einem Zeitpunkt, als der „Führermythos" noch eine erstaunliche Faszination ausübte. „Der Führer weiß von nichts, auch davon nicht, daß seine korrumpierten und prassenden ‚Goldfasane' und ihre Ehefrauen inzwischen die hehren Ideale des Nationalsozialismus mit Füßen traten" – lautete die allgemeine Einschätzung. Die überkommenen Klassenfronten zwischen Privilegierten und Nichtprivilegierten bestanden auch im „Dritten Reich" gerade für die Frauen kontinuierlich fort, nur hier und dort ideologisch verkleistert oder eher zur „braunen Elite" hin verschoben.

Frauen als Arbeitsreserve

Auch ein Blick auf die objektive Situation der Frauen im „Dritten Reich" nimmt der These vom Emanzipations-, Mobilisierungs- und sozialen Modernisierungsschub damals einiges von ihrer Überzeugungskraft. Frauen waren und blieben „Lückenbüßer" auf dem Arbeitsmarkt und auch so etwas wie eine „akademische Reservearmee", bis die Männer zurückkamen und die Kriegsverluste wieder ausgeglichen waren. Ihre Aufstiegschancen in leitende und verantwortliche Positionen waren in der Privatwirtschaft, aber auch im öffentlichen Dienst und beim Staat nach wie vor sehr begrenzt und in der Partei, wie gezeigt, völlig blockiert. Das hing primär auch damit zusammen, daß sie wie bisher überwiegend in „frauenspezifischen Berufen" wie Haus- und Landwirtschaft, Textil, Bekleidung, Tabakindustrie, Gaststättengewerbe, in pflegerischen und pädagogischen Berufen tätig waren und daß sie dort, wo sie in der Privatwirtschaft im Büro als Bürogehilfin (für die Verwaltung), als Teilzeichnerin (als Gehilfin von Zeichnern und Ingenieuren) oder Betriebsgehilfin (für Prüf- und Kontrollarbeiten in der Fertigung) arbeiteten, in typischen Anlernberufen beschäftigt waren. Eine spezifische Lehre war dafür nicht erforderlich, wie es überhaupt in fast allen Tätigkeitsfeldern an Ausbildungsordnungen fehlte, die ausdrücklich auch für junge Mädchen offen waren und ihnen in einem Lehrberuf immerhin die Chance eröffnet hätten, sich ebenso wie ihre männlichen Kollegen zu qualifizieren und im Betrieb ebenso wie sie aufzusteigen. Untere Führungsaufgaben wurden Frauen in den Betrieben in der Regel nur an weiblichen Arbeitsplätzen zugestanden, nicht aber an männlich besetzten.

Ungleiche Bezahlung gegenüber Männern

In vorindustriell-patriarchalische Zeiten weist die Regelung zurück, daß Männer bei identischer Arbeit eine „Geschlechtszulage" (Max Weber) – im Schnitt in der Privatwirtschaft bei branchenspezifischen Unterschieden 25% – gegenüber den Frauen erhielten mit der Begründung, sie trügen als Familienoberhäupter eine höhere Verantwortung und Belastung. Arbeiterinnen waren weit schlechter gestellt als weibliche Angestellte. Die Kampagne für einen gerechten „Leistungslohn" ohne Rücksicht auf das Geschlecht wurde in der Weimarer Republik von linken Kräften in den Gewerkschaften, in den Arbeiterparteien und von den Frauenorganisationen geführt und dann nach 1933 bruchlos von der DAF fortgesetzt. Sie stieß aber bei Hitler aus ideologischen und in der Privatwirtschaft aus lohnpolitischen Gründen mehr oder weniger auf taube Ohren. Der Durchbruch erfolgte hier bei dem Prinzip „gleicher Lohn für gleiche Arbeit" erst lange nach dem Zweiten Weltkrieg, erst dann wurde eine jahrhundertalte Diskrimisierung der Frau auf dem Arbeitsmarkt aufgehoben. Immerhin wird man im „Dritten Reich" aus arbeitsmarkt- und kriegsbedingtem Kalkül sektoral eine gewisse Annäherung zwischen Frauen und Männern feststellen können, weil man die Frauen als Aushilfen dringend benötigte. Im Bekleidungsgewerbe erhielten weibliche Angestellte etwa 90% der Gehälter ihrer männlichen Kollegen, im Bankgewerbe 90-100%, im Großhandel 85-90%, im Einzelhandel 82-93%. Gleich zogen Frauen im Kriege mit den Männern in Rüstungsbetrieben, wenn sie auf einem „männlichen Arbeitsplatz" tätig waren, bei der Reichsbahn als Bahnsteig- und Zugschaffnerinnen, als Straßenbahnschaffnerinnen, bei der Reichspost und in kommunalen Versorgungsbetrieben.

Arbeitsschutz für Frauen

Einen bis heute vorbildlichen Standard erreichte der Arbeitsschutz für Frauen. Mit auf energischen Druck der DAF und ihrer Obleute an den Arbeitsplätzen erließ der Reichsarbeitsminister im Oktober 1938 „Richtlinien für Aufenthalts-, Speise- und Waschräume, Kleiderablagen und Aborte" und wurde auch den kleinsten Betrieben die Auflage erteilt, mindestens für ausreichende und hygienisch einwandfreie Umkleide- und Waschgelegenheiten sowie Toiletten für Männer und Frauen getrennt zu sorgen. Größere Betriebe mußten Aufenthaltsräume mit Ruhegelegenheiten für Arbeiterinnen, Einrichtungen zum Aufwärmen der

Mahlzeiten und sogar Duschen mit heißem Wasser bereitstellen. Freilich wird niemand in Abrede stellen können, daß derartige sanitäre Maßnahmen vielfach die Ausdehnung der Wochenarbeitszeit für Frauen von 48 auf 56 Stunden mit vermehrtem Schichtdienst kompensieren sollten und einer Erhaltung und Steigerung der weiblichen Leistungskraft dienten, um bei den wachsenden familiären Belastungen der Arbeiterinnen produktivitätshemmenden Einbrüchen in der Arbeitsmoral, einer steigenden Zahl von Krankmeldungen und zunehmend streßbedingten Ermüdungserscheinungen entgegenzuwirken, die bei der Verschärfung der Arbeitsanforderungen im Kriege in den rüstungswichtigen Sektoren ganz natürlich waren.

Ehe- und Scheidungsrecht

Noch ein Wort zur rechtlichen Stellung der Frau. Sie war etwa im Familien- und Scheidungsrecht nach wie vor gegenüber dem Mann benachteiligt. Auch hier erfolgte der entscheidende Schritt zum Abbau der Diskriminierungen und zur rechtlichen Gleichstellung erst lange nach dem Zweiten Weltkrieg. Die Novellierung des Ehe- und Scheidungsgesetzes im Juli 1938 brachte sogar eine ideologisch und bevölkerungspolitisch motivierte schwerwiegende Verschlechterung des Rechtsstatus auch für die „deutschblütige" Frau: die §§ 48 und 53 führten die Weigerung zur Fortpflanzung als Scheidungsgrund ein, und der § 55 sah die Auflösung unfruchtbarer oder unfruchtbar gewordener Ehen zugunsten einer Wiederverheiratung zwischen fruchtbaren Ehepartnern vor, sofern das Ehepaar nicht schon eine „erbgesunde" eheliche Nachkommenschaft – gegebenenfalls auch durch Adoption – vorweisen konnte. Zu 80% waren Männer Nutznießer dieser Regelung, die oft nach 20 Ehejahren ein „neues" Leben anfingen. Dagegen blieb dies etwa drei Fünfteln der ca. 90 000 gegen ihren Willen geschiedenen Frauen mit über 45 Jahren verwehrt. Da sich überdies der vom geschiedenen Ehepartner zu zahlende Unterhalt bei neuen familiären Verpflichtungen reduzierte bzw. ganz wegfallen konnte, blieb der mittellos gewordenen geschiedenen Ehefrau oft nur noch eine schlecht bezahlte Arbeit. Nach wie vor lag auch die elterliche Gewalt allein beim Vater, während die Mutter nur am Sorgerecht teilhatte.

Erhebliche Sorgen bereitete den Machthabern auch die hohe Abtreibungsrate vor allem bei schwer schuftenden Arbeiterinnen und Bäuerinnen. Sie lag bei 600 000 „Fehlgeburten" jährlich, wie es nach außen offiziell hieß, wobei die wahrscheinlich hohe Dunkelziffer gar nicht berücksichtigt ist. SS-Ärzte sprachen sogar schon von einer „Abtreibungspsychose".

Wer also von dem vordergründig so hehren Ziel der „Wiederherstellung der Ehre und Würde der deutschen Frau und Mutter", mit dem die Nationalsozialisten 1933 in Deutschland antraten, spricht, darf die Kehrseite eines im Grunde menschenverachtenden und primär materialistisch und rassistisch ausgerichteten nationalsozialistischen Frauenbildes nicht unterschlagen. Er darf nicht schweigen von der „Zwangssterilisation" zur Auslese und „Ausmerze" von „eugenisch minderwertigem Erbgut", von dem Verbot des Umganges und der Ehe zwischen Juden und „Deutschblütigen", von der Anweisung Himmlers am 27. Mai 1942, in den eroberten Ostgebieten „anständige Bordelle" mit gesunden polnischen Mädchen für die Soldaten einzurichten (obwohl Hitler die Prostitution scharf gebrandmarkt hatte!) und dabei sicherzustellen, daß die deutschen Männer nicht krank würden, Kinder zeugten oder zu enge Bindungen mit den Slawinnen eingingen; er darf nicht schweigen von der Einrichtung von Bordellen für Fremdarbeiter und KZ-Häftlinge in den Rüstungsbetrieben im Reichsgebiet „zur Verhütung der Rassenvergiftung" und zur Steigerung der Arbeitsleistung und davon, daß sexuelle Beziehungen einer „ehrvergessenen Deutschen" mit „Elementen minderwertiger Rassen" und „fremdvölkischen Rassenschändern" hart bis hin zur Todesstrafe geahndet wurden; er darf schließlich nicht schweigen davon, daß in Ghettos und Lagern Zeugungsverbot herrschte und Frauen in den besetzten Ostgebieten zu Empfängnisverhütung, Abtreibung und Sterilisation angehalten wurden, während gleichzeitig auf der Grundlage von Expertengutachten Mädchen, Frauen und Kinder von dort, wenn es im Interesse einer Mehrung der „gutrassigen völkischen Substanz" lag, ins Reich zur „Eindeutschung" deportiert wurden.

6. Die Kirchen zwischen Anpassung und „Kirchenkampf"

Die Beziehungen der Kirchen zum Nationalsozialismus gehören bis heute zu den besonders kontrovers diskutierten und im Spannungsfeld von Schuld und Sühne stark moralisch und emotional aufgeladenen Themen. Ihr Verhältnis zum Diktaturstaat wies – je nach theologischer Position, kirchenpolitischen Erwartungen, historischen Vorprägungen und innerer Organisationsstruktur – ein breites Spektrum zwischen Anpassung und Kollaboration mit dem Regime auf der einen, kritischer Distanz und Selbstbehauptungswillen bis hin zum offenen Widerstand auf der anderen Seite auf.[31] Die beiden Kirchen lassen sich nur bedingt vergleichen. Der Begriff „Kirchenkampf" meinte ursprünglich 1933/34 in der evangelischen Kirche die innerkirchlich-theologischen Gegensätze zwischen der nationalsozialistisch ausgerichteten „Glaubensbewegung Deutsche Christen" (DC) und der oppositionellen „Bekennenden Kirche". Doch schon bald sprach man dort in einem umfassenderen Sinn von „Kirchenkampf", wo es um den tiefgreifenden und grundsätzlichen Konflikt zwischen dem Verkündigungsauftrag der christlichen Kirchen und dem weltanschaulichen Totalitätsanspruch des nationalsozialistischen Staates ging.

Verteilung der Konfessionen

Auch hinter dem Sammelbegriff „Kirche" verbergen sich nicht nur verschiedene Konfessionen, sondern in ihrer Reaktionsweise und ihrem Verhalten oft sehr unterschiedliche Kräfte und Institutionen: Die Amtskirche mit ihren Bischöfen, Pfarrern und weiteren kirchlichen Funktionsträgern, das Kirchenvolk in den Gemeinden, kirchliche Wahlkörperschaften (Synoden), das kirchliche Presse- und Vereinswesen, Bekenntnisschulen und theologische Fakultäten, Sozialeinrichtungen; kurz: hier trat den Nationalsozialisten eine in sich reich differenzierte gesellschaftliche Großgruppe gegenüber. Ihr Anliegen war weit über das religiöse Bekenntnis hinaus auf die Verteidigung ihrer Autonomie und ihrer inneren Selbstbestimmung gegenüber dem allgemeinen Prozeß der politischen und gesinnungsmäßigen Gleichschaltung gerichtet. 62,7% der Bevölkerung bekannten sich damals zum evangelischen und 32,5% zum katholischen Glauben; davon gehörten etwa knapp zwei Drittel der Katholiken und ein Viertel der Protestanten zu den „praktizierenden" Christen (regelmäßige Teilnahme am Abendmahl). Die „Entkirchlichung" war also im Protestantismus erheblich weiter als im Katholizismus fortgeschritten.

Die nationalsozialistische Machteroberung traf die beiden Kirchen in einer sehr unterschiedlichen inneren Verfassung und ließ sie entsprechend mehr oder weniger verwundbar gegenüber den neuen politisch-ideologischen Herausforderungen erscheinen.

Protestantismus

Der Protestantismus bot das Bild einer nicht nur organisatorischen und bekenntnismäßigen Zersplitterung, sondern auch theologisch-dogmatischer Richtungskämpfe und einer allgemeinen politischen Orientierungslosigkeit in der Weimarer Republik. 28 Landeskirchen mit voller Selbständigkeit in Bekenntnis (Lutheraner, Reformierte und Unierte), Verfassung und Verwaltung waren unter dem nur locker gefügten gemeinsamen Dach des „Deutschen Evangelischen Kirchenbundes" zusammengeschlossen. Weit verbreitet war entsprechend das Verlangen nach einer einheitlichen Reichskirche zur Überwindung der historisch begründeten inneren Zerrissenheit, das sich die Nationalsozialisten sofort geschickt zunutze machten.

Das Luthertum war in seiner vierhundertjährigen Geschichte zutiefst geprägt durch das „Bündnis von Thron und Altar", die enge Bindung von „kirchenfreundlicher Obrigkeit und obrigkeitsfreundlicher Kirche" (von Hehl). Es stand in seiner staatskirchlichen Tradition dem autoritären Obrigkeitsstaat und den Leitbildern einer patriarchalischen Gesellschaft weitaus näher als den Idealen eines modernen, demokratisch-pluralistischen Gemeinwesens, dem politischen Konservatismus, nach 1918 repräsentiert in der „Deutschnationalen Volkspartei", näher als den Mitte-Linksparteien. Daran vermochte auch die Weimarer Republik nichts zu ändern. Im Gegenteil: Untilgbar behaftet mit dem Luderruch der Revolution und des „Novemberverrates", hatte diese Republik, so wurde ihr unterstellt, den Protestantismus nicht nur um seine Throne und das landesherrliche Kirchenregiment gebracht, sondern ihm seinen überkommenen Identifikations- und Loyalitätspol geraubt und ihn dadurch nachhaltig verunsichert. Das Luthertum hatte niemals seinen Frieden mit der Republik von Weimar geschlossen. Um so faszinierender schienen 1933 die Parolen von der „nationalen Wiedergeburt" eines starken Machtstaates, die Hoffnungen auf eine Überwindung der inneren Zerrissenheit in einer sozialen Neugestaltung aus dem Geiste christlicher Solidarität und „Volksgemeinschaft", der Gedanke an eine einheitliche nationale Reichskirche unter staatlichem Schutz und Schirm, die Agitation gegen die katholischen „Römlinge" und ihren angeblich antinationalen Einfluß und Hitlers Bekenntnis zum „positiven Christentum" als Grundlage von Staat und Familie, was immer er konkret darunter verstehen mochte.

Die „Deutschen Christen"

Einen radikalen Schritt weiter als die Vertreter einer mittleren nationalprotestantisch-liberalen Traditionslinie in den Landeskirchen ging die 1932 gegründete „Glaubensbewegung Deutsche Christen" (DC) unter ihrem Reichsleiter, dem 31jährigen Pfarrer Joachim Hossenfelder, die „SA Jesu Christi", wie sie sich selbst verstand. Streng nach dem Führerprinzip ausgerichtet, suchte sie schon früh das Bündnis mit der völkischen Bewegung Hitlers, sah im deutschen Volkstum „das höchste zeitliche Gut" und erwartete die Erneuerung des protestantischen Christentums im Sinne einer „arteigenen", von den „jüdischen Traditionsfesseln des Alten Testamentes" gelösten arischen Volkskirche. Einem „artgemäßen Christus-Glauben, wie er deutschem Luthergeist und heldischer Frömmigkeit entspricht", verpflichtet[32], verlangten die DC, die Rassenreinheit auch zur Bedingung der Kirchenmitgliedschaft zu machen. Die Kirchenwahlen in der Altpreußischen Union im November 1932 brachten den DC immerhin bereits fast 1/3 der Sitze in den Synoden. Am 25. April 1933 machte der neue Kanzler den Königsberger Wehrkreispfarrer Ludwig Müller, der den DC nahestand und in Ostpreußen eng mit Blomberg als Befehlshaber des Wehrkreises zusammengearbeitet hatte, zu seinem „Bevollmächtigten für die Angelegenheiten der evangelischen Kirche" und signalisierte damit, daß er künftig bevorzugt auf die DC setzen wollte.

Kirchliche Gegenbewegung

In einer radikalen Gegenposition rief der reformierte Schweizer Theologe Karl Barth, einer der Mitbegründer der „dialektischen Theologie", die liberalen und nationalprotestantischen Theologen zu einer entschiedenen Neubesinnung auf das Evangelium auf. Er erteilte der politischen Theologie und der drohenden Verfälschung des Bekenntnisses eine klare Absage und stellte der „säkularisierten Eschatologie der völkischen Bewegung" die kompromißlose Rückbesinnung auf die göttliche Offenbarung im „Wort" und die unbedingte Autorität der Heiligen Schrift entgegen. Barth wurde mit dieser theologischen Position, mit seiner im Sommer 1933 erschienenen aufsehenerregenden Schrift „Theologische Existenz heute“ und als Mitverfasser der Barmer „Theologischen Erklärung“ vom Mai 1934 zusammen mit dem Dahlemer Pfarrer Martin Niemöller zu einem der markantesten Wegbereiter der „Bekennenden Kirche“ und im „Kirchenkampf“ mit zum eigentlichen geistigen Gegenpol gegen den Ansturm der Nationalsozialisten und ihrer deutsch-christlichen Hilfstruppe, bis er 1935 sein Lehramt an der Bonner Universität verlor und einem Ruf nach Basel folgte. Überhaupt wird man sagen können, daß sich aus der spezifischen inneren theologisch-dogmatischen und politischen Zerrissenheit des Protestantismus heraus – etwa im Vergleich zum Katholizismus – zwar auf der einen Seite ein besonders ausgeprägter Hang zur bedingungslosen Kollaboration mit dem Regime und zur Unterwerfung unter seine völkisch-rassistische Ideologie entwickelte, auf der entgegengesetzten Seite aber auch ein vergleichsweise entschiedenerer Wille zum offenen Widerstand und zur Selbstbehauptung entfaltete. Allgemein bleibt festzuhalten, daß die evangelische Verteidigungsbastion, wenn es sie denn überhaupt gegeben hat, längst wankte und in sich zerbröckelte, als 1933 die Stunde der Bewährung kam.

Katholizismus

Anders lagen die Verhältnisse im deutschen Katholizismus. Er war in sich viel geschlossener und homogener. Die entschiedene katholische Abwehrhaltung gegenüber dem Nationalsozialismus bis Frühjahr 1933, die bis zur Androhung der Exkommunikation für Parteimitglieder ging, fand ihren traditionellen Rückhalt in der Hierarchie des Klerus und im Vatikan, in einem weitverzweigten, lebendigen und alle Lebensbereiche durchdringenden Verbands- und Vereinsleben, in einem in sich recht gefestigten Sozialmilieu und in der katholischen Presselandschaft, vor allem aber auch im politischen Katholizismus. Zentrumspartei und Bayerische Volkspartei standen loyal auf dem Boden der Republik, hatte sie ihnen doch 1918 den Weg aus dem „Ghetto“ in der wilhelminischen Gesellschaft in die volle staatsbürgerliche Gleichberechtigung und in ein reiches politisches Betätigungsfeld geöffnet. Katholisches und proletarisches Sozialmilieu blieben bis zuletzt relativ resistent gegenüber dem „braunen Bazillus“.

Attraktivität des Nationalsozialismus für die Kirchen

Über die Konfessionsgrenzen hinweg konnten sich in der Aufbruchsstimmung von 1933 schließlich Christen aus allen Lagern der offenkundigen Attraktivität zahlreicher Punkte im politisch-ideologischen Angebot der neuen Machthaber nicht entziehen: Kampf gegen Marxismus, Materialismus, Säkularisierung, modernen Freigeist und allgemeinen Verfall der Sitten; Kampfansage an das „internationale Judentum“, die auf den im Christentum tief verwurzelten Antijudaismus gegen das „Volk der Christusmörder“ spekulierte; Eintreten für die „ewigen Werte“ von Heimat, Volk, Nation und deutscher Art; Stärkung von Autorität und Obrigkeit, Sitte und Ordnung gegen die allgemein in Weimar ein-

gerissene moderne Libertinage; Überwindung des Klassenkampfes in der „Volksgemeinschaft". Allgemein teilten die Kirchen die konservative Fehleinschätzung der Hitlerbewegung oder besser: ihre Unterschätzung mit allen Kreisen des deutschen Bürgertums. Sie gaben sich 1933 der Illusion auf einen friedlichen modus vivendi mit dem Regime hin.
Nicht ungeschickt leistete Hitler am Anfang dieser Illusion in zahlreichen Reden Vorschub, setzte er sich doch auch offenkundig so moderat und konstruktiv vom militant atheistischen Neuheidentum eines Alfred Rosenberg mit seinem „Mythus des zwanzigsten Jahrhunderts", eines Heinrich Himmler und Martin Bormann ab. Befriedigt nahm man unter Punkt 24 des Parteiprogrammes das Bekenntnis zu einem „positiven Christentum" und die Forderung nach „Freiheit aller religiösen Bekenntnisse im Staat" zur Kenntnis und übersah dabei offenbar die unmittelbar folgende drohende Einschränkung, „soweit sie nicht dessen Bestand gefährden oder gegen das Sittlichkeits- und Moralgefühl der germanischen Rasse verstoßen". In „Mein Kampf" beteuerte Hitler, dem politischen Führer hätten „religiöse Lehren und Einrichtungen seines Volkes immer unantastbar zu sein, sonst darf er nicht Politiker sein, sondern soll Reformator werden, wenn er das Zeug hierzu besitzt!"[33] In den Wahlkämpfen empfahl er sich den Kirchen als Bundesgenosse gegen den „gottlosen Bolschewismus" und den Nationalsozialismus als kraftvolle politische Alternative, die „unsere Kultur wieder mit christlichem Geist zu erfüllen" versprach.[34]

Hitlers Kirchenkonzept

Letzte Bedenken schienen ausgeräumt, als der neue Reichskanzler in seiner ersten Regierungserklärung am 1. Februar 1933 beteuerte, die „nationale Regierung", werde „das Christentum als Basis unserer gesamten Moral, die Familie als Keimzelle unseres Volks- und Staatskörpers in ihren festen Schutz nehmen"[35], und am 21. März 1933, dem „Tag von Potsdam", die „Vermählung zwischen den Symbolen der alten Größe und der jungen Kraft" in der Potsdamer Garnisonskirche so eindrucksvoll unter ein nationales und christliches Gepränge stellen ließ.
Der Bann war für beide Konfessionen gebrochen, als Hitler am 23. März für die Zustimmung der bürgerlichen Parteien zum „Ermächtigungsgesetz" scheinbar wesentliche Zugeständnisse machte.[36]
Die nationale Regierung sieht in den beiden christlichen Konfessionen die wichtigsten Faktoren zur Erhaltung unseres Volkstums. Sie wird die zwischen ihnen und den Ländern abgeschlossenen Verträge respektieren [...]. Die Sorge der Regierung gilt dem aufrichtigen Zusammenleben zwischen Kirche und Staat; der Kampf gegen eine materialistische Weltanschauung, für eine wirkliche Volksgemeinschaft dient ebenso den Interessen der deutschen Nation wie dem Wohl unseres christlichen Glaubens [...]. Ebenso legt die Reichsregierung, die im Christentum die unerschütterlichen Fundamente der Moral und Sittlichkeit des Volkes sieht, größten Wert auf freundschaftliche Beziehungen zum Heiligen

Stuhl und sucht sie auszugestalten. Hitler versprach, den Kirchen in Schule und Erziehung „den ihnen zukommenden Einfluß ein[zu]räumen“.

Hitler und Goebbels sahen die „Lösung der Kirchenfrage“ und die Ausgestaltung des Verhältnisses zu den beiden christlichen Konfessionen primär unter machttaktischem Aspekt und waren in der Wahl ihrer Mittel eher flexibel. Sie ließen niemals einen Zweifel daran, daß sie den politischen und weltanschaulichen Totalitätsanspruch des Nationalsozialismus, der „alle Bereiche des menschlichen Denkens, Fühlens und Handelns“ (Goebbels) umfassen sollte, rücksichtslos durchzusetzen gewillt waren und keine konkurrierenden Ansprüche der Kirchen dulden würden. Insbesondere sollte ihr Einfluß auf die Öffentlichkeit radikal beschnitten werden. Die weltanschauliche Indoktrination der Bevölkerung und namentlich der Jugend mit der nationalsozialistischen „Heilslehre“ von Volk und Rasse war oberstes Gebot.

Allerdings hatten die Nationalsozialisten kein geschlossenes kirchenpolitisches Konzept. Eine totale Konfrontation mit all ihren Konsequenzen sah am Anfang wohl niemand voraus. Auch war sich Hitler stets im klaren darüber, daß das Christentum seit Jahrhunderten zu den tragenden und prägenden geistigen und kulturellen Traditionselementen in Deutschland gehörte. Eine radikal atheistische Politik, wie sie dem „Führer“ von manchen seiner Scharfmacher angeraten wurde, war nur geeignet, das nationalkonservative Bürgertum mit seinen führenden Repräsentanten in der Wehrmacht, der Bürokratie, in der Justiz und Wirtschaft und im deutschen Geistesleben, auf deren loyale Kooperation er setzte und die er benötigte, ja selbst die eigene nationalsozialistische Klientel zu verschrecken, die inzwischen die Kirchen im Braunhemd füllte und nur sehr zögernd den Aufrufen zum Kirchenaustritt Folge leistete. Auch als Nationalsozialist blieb man – wenigstens nominell – in der Kirche, weil man es seit Generationen so gewohnt war. Atheistische „Bilderstürmerei“ fügte sich nicht in das ordnungsgewohnte Weltbild eines deutschen Bürgers und seiner Familie. Demonstrativ bekannte sich das konservative Establishment im Berliner Nobelviertel Dahlem bis zu seiner Amtsenthebung am 1. März 1934 durch einen besonders regen Kirchenbesuch zu seinem Gemeindepfarrer Martin Niemöller und erzwang sogar durch seine beharrlichen Proteste am 5. Juli seine Wiedereinsetzung.

Anpassung der Protestanten

Der allgemeinen nationalen Aufbruchsstimmung im Frühjahr 1933 und Hitlers Werbungen glaubten sich auch die Kirchen nicht mehr entziehen zu können und zu dürfen. Sie lebten in der illusionären Hoffnung, auch im neuen Staat eine gewichtige Rolle zu spielen. Voran ging der Generalsuperintendent der Kurmark, Otto Dibelius. In seiner Predigt in der Potsdamer Nikolaikirche am 21. März 1933 nahm er auf die Worte Bezug, mit denen der Hofprediger Ernst von Dryander am 4. August 1914 den deutschen Reichstag eröffnet und das Volk auf den Krieg eingestimmt hatte. Er beschwor am „Tag von Potsdam“ wie damals im August 1914 *einen Aufschwung des vaterländischen Gefühls, der alle mit sich fortriß; ein Aufflammern neuen Glaubens in Millionen Herzen; eine heiße Bereitschaft, das eigene Leben zu opfern, damit Deutschland lebe [...] Der heutige Tag ist jenem Tage ähnlich, und ist doch wieder anders. Durch Nord und Süd, durch Ost und West geht ein neuer Wille zum deutschen Staat, eine Sehnsucht, nicht länger, um mit Treitschke zu reden, 'eine der erhabensten Empfindungen im Leben eines Mannes' zu entbehren, nämlich den begeisterten Aufblick zum eigenen Staat.*

Freilich ließ es Dibelius in allem nationalistischen Überschwang auch an mahnenden Worten nicht fehlen:

Aber wir wären nicht wert, eine evangelische Kirche zu heißen, wenn wir nicht mit demselben Freimut, mit dem Luther es getan hat, hinzufügen wollten: staatliches Amt darf sich nicht mit persönlicher Willkür vermengen! Ist die Ordnung hergestellt, so müssen Gerechtigkeit und Liebe wieder walten, damit jeder, der ehrlichen Willens ist, seines Volkes froh sein kann.[37]

Anpassung der Katholiken

Nun mochte auch die katholische Kirche nicht mehr zurückstehen. Hitlers Bekenntnis zum „positiven Christentum“ und zur Bewahrung des kirchlichen Einflusses auf Schule und Erziehung, die Zustimmung von Zentrum und Bayerischer Volkspartei zum „Ermächtigungsgesetz“, Aussichten auf den Abschluß eines Reichskonkordates zwischen Berlin und dem Vatikan und wohl auch die Furcht, wieder wie einst im „Kulturkampf“ unter Bismarck in die Ecke von „Reichsfeinden“ gedrängt und zurück in ein katholisches „Ghetto“ gestoßen zu werden, veranlaßten die Fuldaer Bischofskonferenz am 28. März, den Bann gegen den Nationalsozialismus aufzuheben und ihren Frieden mit den Machthabern zu schließen.

Ohne die in unseren früheren Maßnahmen liegende Verurteilung bestimmter religiös-sittlicher Irrtümer aufzuheben, glaubt daher der Episkopat, das Vertrauen hegen zu können, daß die vorgezeichneten allgemeinen Verbote und Warnungen nicht mehr als notwendig betrachtet zu werden brauchen.[38]

Die Gläubigen wurden aufgefordert „zur Treue gegenüber der rechtmäßigen Obrigkeit und zur gewissenhaften Erfüllung der staatsbürgerlichen Pflichten unter grundsätzlicher Ablehnung allen rechtswidrigen oder umstürzlerischen Verhaltens“. Verbunden wurde diese Aufforderung freilich mit der eindringlichen Mahnung, für die Freiheit und Rechte der Kirche wie Konfessionsschule, Jugendorganisationen und kirchliches Vereinswesen einzutreten.

Das Reichskonkordat

Ihren spektakulären Höhepunkt fand die Kooperation zwischen der Reichsregierung und der katholischen Amtskirche in dem am 20. Juli 1933 mit dem Heiligen Stuhl abgeschlossenen Reichskonkordat. Es kam

nach längeren Verhandlungen in Rom zwischen Papen, dem Prälaten Kaas und dem Kardinalstaatssekretär Pacelli (1939 als Pius XII. zum Papst gewählt) zustande und orientierte sich an den 1929 zwischen Mussolini und dem Vatikan abgeschlossenen Lateranverträgen.
Um ein Reichskonkordat hatte sich der Vatikan bisher vergeblich in Deutschland bemüht, und so erschien es zunächst als Erfüllung eines lange gehegten Wunsches. Das am 10. September 1933 in Kraft getretene Vertragswerk garantierte die bestehenden Länderkonkordate mit Bayern (1924), Preußen (1929) und Baden (1932) weiter und sah u. a. vor: Gewährleistung der „Freiheit des Bekenntnisses und der öffentlichen Ausübung der katholischen Religion" (Art. 1), Garantien für das freie Besetzungsrecht der Kirche für alle Kirchenämter und Benefizien (Art. 14), für Orden und Religionsgemeinschaften (Art. 15), für das kirchliche Eigentum (Art. 17), für die Erhaltung der katholisch-theologischen Fakultäten an den staatlichen Hochschulen (Art. 19), die Errichtung neuer philosophischer und theologischer Lehranstalten für den Klerus (Art. 20), die Anerkennung des katholischen Religionsunterrichts an den öffentlichen Schulen (Art. 21), die Beibehaltung und Neueinrichtung von katholischen Bekenntnisschulen (Art. 23), den Schutz katholischer Organisationen und Verbände, „die ausschließlich religiösen, rein kulturellen und karitativen Zwecken dienen" (Art. 31, dessen konkrete Ausfüllung Verhandlungen mit dem deutschen Episkopat vorbehalten bleiben sollte, was nie erfolgte), das Verbot der Mitgliedschaft für Geistliche und Ordensleute in politischen Parteien (Art. 32). Ein geheimes Zusatzprotokoll regelte bereits 1933(!) die Stellung der Geistlichen bei der dann 1935 erfolgten Wiedereinführung der allgemeinen Wehrpflicht.
Gegen Preisgabe der gewerkschaftlichen und politischen Organisationen (4./5. Juli Selbstauflösung des Zentrums und der BVP) hoffte der Vatikan, angesichts der fortschreitenden totalitären Gleichschaltungsbestrebungen des Regimes durch dieses Konkordat dem drohenden Kirchenkampf Einhalt gebieten und eine international-rechtlich abgesicherte Verteidigungsstellung für die Selbstbehauptung der katholischen Kirche, ihre Eigenständigkeit und den Schutz des wichtigen Laienelementes und der Bekenntnisschulen aufbauen zu können. Denn rein formal hatte sie ein Maß an staatlichen Rechtsgarantien erreicht, von dem sie früher nur geträumt hatte.
Für Hitler bedeutete das Konkordat – der erste Vertrag, den er mit einer ausländischen Regierung abschloß! – außenpolitisch Anerkennung und einen hohen Prestigegewinn besonders in katholischen Ländern, eine völkerrechtliche Verbriefung seiner Vertrauenswürdigkeit durch den Vatikan und eine erste Durchbrechung der Isolierung Deutschlands, innenpolitisch einen beachtlichen Legitimitäts- und Loyalitätszuwachs bei den Katholiken sowie die Zerschlagung des politischen Katholizismus,

eines bis zuletzt recht gefährlichen Widersachers für seinen totalitären Machtanspruch, und eine Entpolitisierung der „politisierenden Pfaffen". Aber die Flitterwochen zwischen dem Regime und den Kirchen sollten nur von kurzer Dauer sein. Bereits in den Sommermonaten 1933 zeichneten sich in den Beziehungen erste drohende Wolken ab, und schon im Herbst setzte der „Kirchenkampf" zunächst mehr innerhalb der evangelischen Kirche voll ein. Dabei hielten Protestanten wie Katholiken noch lange an der – subjektiv sicher ehrlich gemeinten – Fiktion fest, hier gehe es primär um eine kirchliche, auch innerkirchliche, und religiöse Auseinandersetzung, nicht aber darum, „der rechtmäßigen Obrigkeit" und dem Staat gegenüber den Gehorsam aufzukündigen und einen politischen Widerstand zu organisieren. Die Kirchen hegten – am Anfang jedenfalls – keine prinzipielle Opposition gegen den Nationalsozialismus, sondern nur, wie sie meinten, gegen seine radikalen atheistischen Auswüchse. Diese Deutung des „Kirchenkampfes" entsprach sicher dem Empfinden der Mehrheit der Zeitgenossen und hat auch bis heute ihre Spuren in der Literatur hinterlassen.

Beginn des „Kirchenkampfs"

Dagegen ist jedoch grundsätzlich einzuwenden, daß in einem totalitären Diktaturstaat, der für sich das Weltanschauungsmonopol und die unbedingte Glaubens- und Hingabebereitschaft seiner Bürger beansprucht, jede Trennung von Politik und Religion, von öffentlicher und privater Sphäre eher fiktiv ist. Denn jeder Ansatz von Kritik und Auflehnung, mochte er auch rein religiös und kirchlich begründet sein, wurde vom Regime und seinen Handlangern im „Kirchenkampf", von Polizei, Gestapo, SD und SS, sofort als eine politische Herausforderung angenommen, politisch kriminalisiert und entsprechend brutal verfolgt. In diesem Staat gab es dem Anspruch des Regimes nach keinen „politikfreien" Raum. Die entschlossenen und realistischen Kirchenführer in beiden Konfessionen haben dies auch bald begriffen und danach gehandelt. Demgegenüber muteten in dieser den Kirchen aufgezwungenen totalen Konfrontation das Glückwunschtelegramm eines Martin Niemöller an Hitler im November 1933 zur „nationalen Tat" des Austrittes aus dem Völkerbund oder seine Bemühungen 1939 aus dem Konzentrationslager heraus, sich als U-Boot-Kommandant reaktivieren zu lassen, eher wie hilflose Gesten und illusionäre Bemühungen an, kirchlichen Widerstand aus dem Bekenntnis heraus und loyalen Staatspatriotismus doch noch miteinander in Einklang zu bringen. Honoriert wurden sie von den Machthabern nicht mehr.

Der Konflikt entzündete sich zuerst dort, wo die Widerstandsbastionen längst bröckelten und sich in Auflösung befanden: in den evangelischen Landeskirchen. Die Machthaber wandten hier die aus dem Bereich der politischen „Machtergreifung" bekannte und bewährte Mischung aus Verlockung und Einschüchterung, Scheinkonzessionen und gewaltsamer Verfolgung, aus pseudodemokratischen Prozeduren von

unten in den Synodalwahlen mit Hilfe der „SA Jesu Christi“ (DC) und der Einsetzung von Staatskommissaren von oben an.
Ende Mai 1933 einigte sich die Mehrheit der evangelischen Landeskirchen bereits in Vorwegnahme der Reichskirchenverfassung auf Friedrich von Bodelschwingh, den Leiter der Betheler Anstalten für Behinderte, als Reichsbischof, um die DC abzuwehren. Unter Hinweis auf die noch fehlende Rechtsgrundlage versagte ihm die Staatsführung allerdings die Anerkennung. Sie setzte am 24. Juni zur Regelung der kirchlichen Angelegenheiten einen Staatskommissar in Preußen ein. Bodelschwingh resignierte. Damit schien der Weg für Hitlers Wunschkandidaten, den Königsberger Wehrkreispfarrer Ludwig Müller, der den DC nahestand, frei. Am 14. Juli trat die mit Vertretern der Landeskirchen ausgehandelte Reichskirchenverfassung durch Reichsgesetz in Kraft. Darin wurde „das Evangelium von Jesus Christus“ als „unantastbare Grundlage der Deutschen Evangelischen Kirche“ bezeichnet und die Selbständigkeit der Landeskirchen in Bekenntnis und Kultur garantiert. Die 28 Landeskirchen wurden in einer einheitlichen Deutschen Evangelischen Kirche zusammengefaßt. Alte Hoffnungen auf einen reichskirchlichen Zusammenschluß des deutschen Protestantismus und eine Überwindung seiner historisch begründeten Zersplitterung schienen sich endlich erfüllt zu haben. Hitler hatte sein zentralistisches Instrument zur Gleichschaltung.

Die neue Reichskirchen-Verfassung

Unter massivem Einsatz staatlicher Propaganda und Drohkampagnen und mit erheblichem Engagement Hitlers persönlich brachten die Synodalwahlen am 23. Juli fast überall einen Zweidrittelsieg der DC. Am 27. September 1933 wurde Müller auf der Nationalsynode in Wittenberg zum Reichsbischof gewählt. Die Landeskirchen bewegten sich fortan in entgegengesetzte Richtungen. In Preußen, Sachsen, Thüringen, Mecklenburg, Hessen und Schleswig-Holstein übernahmen die DC das Kirchenregiment; es waren die sogenannten „zerstörten“ Kirchen. In den „intakten“ Landeskirchen Hannover, Bayern und Württemberg blieben die legitim bestellten bisherigen Bischöfe Marahrens, Meiser und Wurm im Amt; sie wurden zu Stützpunkten der „Bekennenden Kirche“. Meiser und Wurm gerieten bald in schweren Konflikt mit Hitler, wurden zeitweilig verhaftet, dann aber auf Druck ihrer Gemeinden wieder freigelassen.
Im Spätsommer und Herbst sollten sich die innerkirchlichen Fronten klären. Bemühungen um die Einführung des „Arierparagraphen“ in das Kirchenrecht, denen sich die Altpreußische Union am 5. September 1933 fügte, sowie um die Einführung des Diensteides für Pfarrer und Kirchenbeamte, die Überführung der evangelischen Jugendverbände in die Hitlerjugend im Dezember und weitere Gleichschaltungsbestrebungen provozierten heftige Opposition in der Pfarrerschaft. Das Faß zum Überlaufen brachte die Forderung des Hauptredners auf der DC-Kund-

gebung im Berliner Sportpalast am 13. November nach Entfernung aller Juden aus der Kirche, nach Einführung des Führerprinzips, nach dem „grundsätzlichen Verzicht auf die ganze Sündenbock- und Minderwertigkeitstheologie des Rabbiners Paulus" und nach Verwerfung des Alten Testamentes als eines „Buches von Viehjuden und Zuhältern" und schließlich seine Forderung nach „einer heldischen Jesusgestalt als Grundlage eines artgemäßen Christentums". Der Skandal lag zusätzlich darin, daß sich unter den in Berlin anwesenden deutsch-christlichen Theologen und Bischöfen keine Stimme der Kritik erhob. Massenaustritte aus der „Glaubensbewegung Deutsche Christen" waren die Reaktion auf diese Übernahme des nationalsozialistischen Kampfstils und Jargons in die Kirche.

Gründung des „Pfarrernotbunds"

Martin Niemöller, Pfarrer in der zur „zerstörten" Altpreußischen Union gehörigen Gemeinde in Berlin-Dahlem, rief schon am 21. September in Antwort auf die bevorstehende Wahl Müllers zum Reichsbischof zur Bildung eines „Pfarrernotbundes" auf. Ihm schloß sich bis Januar 1934 mit etwa 7000 Mitgliedern mehr als ein Drittel der evangelischen Pfarrerschaft in Deutschland an, während die DC nie mehr als etwa 2000 Pfarrer in ihren Reihen zählten. Unter Leitung der Pfarrer des „Pfarrernotbundes" bildeten sich in der Altpreußischen Union und in anderen Landeskirchen Bekenntnisgemeinschaften. Sie betonten ihre Bindung an die Heilige Schrift und an die Bekenntnisschriften der Reformation, sprachen den neugewählten deutsch-christlich beherrschten Institutionen und den der Kirche vom Staat aufoktroyierten Leitungen das Recht zur Führung ab und kündigten ihnen gegenüber den Gehorsam. Ein „Reichsbruderrat" übernahm im März 1934 die Koordination und lud zur ersten Barmer Bekenntnissynode am 29. bis 31. Mai 1934 ein. Hier wurde der endgültige Trennungsstrich zwischen dem sich auf seine reformatorischen Grundlagen und die Bekenntnisschriften unter wesentlichem Einfluß von Karl Barth und seiner weitverbreiteten Schrift „Christliche Existenz heute" (1933) zurückbesinnenden Protestantismus und dem staatlichen Reichskirchenregiment gezogen.
Vertreter von lutherischen, reformierten und unierten Kirchen (darunter Delegierte von 19 der insgesamt 28 evangelischen Landeskirchen), freier Synoden, Kirchentage und Gemeindekreise erklärten sich in Barmen (heute Wuppertal) zum erstenmal vereint gegen die Gleichschaltungsmaßnahmen des Reichskirchenregimentes und gegen die Verfälschung des evangelischen Bekenntnisses durch völkisch-rassische und politische Irrlehren. „Wir verwerfen die falsche Lehre, als solle und könne der Staat über seinen besonderen Auftrag hinaus die einzige und totale Ordnung menschlichen Lebens werden und also auch die Bestimmung der Kirche erfüllen". Die Reichssynode endete mit einer „Theologischen Erklärung", die in sechs Thesen und sechs Verwerfungen die Grundlagen des evangelischen Bekenntnisses formulierte und den Totalitätsan-

spruch des NS-Staates ebenso ablehnte wie staatliche Funktionen für die Kirche und die staatskirchlichen Traditionen des deutschen Protestantismus.

Formierung der „Bekennenden Kirche"

Auf einer zweiten Reichsbekenntnissynode in Dahlem am 19. und 20. Oktober 1934 wurden die „schriftwidrige Einführung des weltlichen Führerprinzips in die Kirche und die darauf begründete Forderung eines bedingungslosen Gehorsams" verworfen. Des weiteren wurde im Widerstand gegen die unrechtmäßige Kirchenleitung des Reichsbischofs und der Staatsorgane das „kirchliche Notrecht" proklamiert und auf dieser Grundlage als oberstes Organ der – nunmehr sich so verstehenden – „Bekennenden Kirche" ein „Bruderrat" berufen, der zusammen mit den Bischöfen der „intakten" Landeskirchen von Hannover, Württemberg und Bayern im November 1934 eine „Vorläufige Kirchenleitung der Deutschen Evangelischen Kirche" einsetzte. Sie war bis Februar 1936 im Amt.

Mit dieser offenen Aufkündigung des Gehorsams durch die „vorläufige Kirchenleitung" und der Proklamierung einer kirchlichen Gegenregierung war Hitlers Gleichschaltungspolitik mit Hilfe Müllers und der DC praktisch zusammengebrochen und das deutsch-christliche Reichskirchenregiment gescheitert. Hitler ließ Müller fallen und suchte das Ziel eines möglichst „friedlich-schiedlichen Arrangements mit den Kirchen" nunmehr auf einem anderen Wege zu erreichen. Am 16. Juli 1935 ernannte er den preußischen Justizminister Hanns Kerrl zum Reichskirchenminister. Kerrl glaubte an die Vereinbarkeit von Nationalsozialismus und Christentum. Er suchte mit der Bildung eines Reichskirchen- und landeskirchlicher Ausschüsse unter staatlicher Leitung, in denen alle Gruppen vertreten sein sollten, einen modus vivendi zwischen Staat und Kirche zu finden und den Widerstand der „Bekennenden Kirche" zu überwinden. Diese Kirchenausschußpolitik, die Anfang 1937 endgültig zusammenbrach, trug den Spaltpilz in die Bekenntnisfront. An der theologischen Grundsatzfrage, ob mit staatlich verfügten Ausschüssen und über sie mit dem nationalsozialistischen Staat eine friedliche Koexistenz überhaupt möglich sei, schieden sich die Geister: Eine gemäßigte Gruppe der „Bekennenden Kirche" aus den drei „intakten" Landeskirchen und einigen lutherischen Bruderräten zeigte sich kooperationsbereit und schloß sich in einem „Rat der Evangelisch-Lutherischen Kirche Deutschlands" („Lutherrat") zusammen. Die Gegner der Kirchenausschüsse, vornehmlich „Bruderräte" aus den „zerstörten" Landeskirchen, wählten am 12. März 1936 eine bekenntnischristliche, radikalere zweite „Vorläufige Leitung der Deutschen Evangelischen Kirche" und führten den „Kirchenkampf „ kompromißloser als vorher fort. Kerrl hatte den Widerstand nicht mundtot machen können und scheiterte an seinem Auftrag.

Die zweite „Vorläufige Kirchenleitung" richtete im Mai 1936 an den

Führer und Reichskanzler eine Protestschrift, die wohl zu den eindrucksvollsten und unzweideutigsten Zeugnissen kirchlichen Widerstandes in der Bekenntnisfront gehört und nunmehr auch direkt gegen das nationalsozialistische Unrechtsregime Front bezog. Sie ließ die anfänglichen Dimensionen innerkirchlicher und theologischer Auflehnung weit hinter sich und hatte einen hochpolitischen Akzent. Aus dem Konflikt in der Kirche um das rechte Bekenntnis und um die rechte Stellung im Staat war längst ein Konflikt zwischen Kirche und Staat geworden. Denkschrift vom Mai 1936

Die Denkschrift beschwört die „Gefahr der Entchristlichung" des deutschen Volkes. Sie setzt sich kritisch mit dem Begriff des „Positiven Christentums" und seiner „willkürlichen" Auslegung auseinander und wirft dem Staat die „Zerstörung der kirchlichen Ordnung" u. a. mit der Einsetzung von Staatskommissaren und staatlichen Kirchenausschüssen, mit der zeitweiligen Verhaftung der Landesbischöfe Wurm und Meiser 1934, der Überführung von Geistlichen in Konzentrationslager, ihrer Ausweisung aus ihren Amtsbezirken und ihrer Verhaftung sowie durch die dauernde Behinderung von Bekenntnisgottesdiensten vor. Unter den Parolen der „Entkonfessionalisierung" oder der „Überwindung der konfessionellen Spaltung" werde der Kirche ihre Öffentlichkeitsarbeit unmöglich gemacht. Ausdrücklich verworfen wird die „nationalsozialistische Weltanschauung", sofern in ihr „Blut, Rasse, Volkstum und Ehre den Rang von Ewigkeitswerten erhalten", der „arische Mensch verherrlicht wird", „dem Christen [...] ein Antisemitismus aufgedrängt wird, der zum Judenhaß verpflichtet" und damit gegen „das christliche Gebot der Nächstenliebe" verstößt, und die evangelischen Gemeindemitglieder in einen „schweren Gewissenskonflikt" gestürzt werden, „wenn sie das Eindringen dieser antichristlichen Gedankenwelt bei ihren Kindern, ihrer christlichen Elternpflicht entsprechend, bekämpfen müssen".

Kompromißlos werden der Grundsatz „Recht ist, was dem Volke nutzt", die „erschreckende Entwertung" des Eides, die Beeinträchtigung der Wahlfreiheit bei der letzten Reichstagswahl, „Willkür in Rechtsdingen" und die Tatsache angeprangert, „daß es in Deutschland, das sich selbst als Rechtsstaat bezeichnet, immer noch Konzentrationslager gibt und daß die Maßnahmen der Geheimen Staatspolizei jeder richterlichen Nachprüfung entzogen sind". Schließlich wird „dem Führer und Reichskanzler unsere Sorge kund[getan], daß ihm vielfach Verehrung in einer Form dargebracht wird, die allein Gott zukommt".

Diese u. a. von Niemöller, Albertz, Asmussen und Forck unterzeichnete geheime Eingabe an Hitler wurde durch Indiskretion bekannt und im Ausland veröffentlicht. Jetzt bekannte sich die zweite „Vorläufige Kirchenleitung„ in einer Kanzelabkündigung am 30. August 1936 öffentlich zu ihrer Kritik. Die Denkschrift löste eine Welle von Verfolgungen und Verhaftungen wegen Landesverrat aus und führte zu einer Verschär-

Höhepunkt des „Kirchenkampfs"

fung des Terrors. Der „Kirchenkampf" erreichte 1937 seinen Höhepunkt. In der nationalsozialistischen Presse und Schulung wurden die atheistischen Kampagnen mit der Aufforderung zum Austritt aus der Kirche immer unverhüllter vorangetrieben. In einem „Maulkorberlaß" untersagte Müller am 4. Januar 1937 alle kirchenpolitischen Kanzelabkündigungen. Kirchliche Veranstaltungen außerhalb des Kirchenraumes wurden verboten, Kruzifixe gegen heftigen und nicht selten erfolgreichen Protest der Eltern aus den Klassenzimmern entfernt, Bekenntnisschulen bedrängt und reduziert. Allein 1937 wurden an die 800 Mitglieder der „Bekennenden Kirche" – Pfarrer und Kirchenjuristen – vor Gericht gestellt, unter ihnen auch Martin Niemöller, der dann nach Verbüßung seiner Strafe bis Kriegsende im KZ Sachsenhausen inhaftiert blieb. Ein Jahr später wurde insgesamt gegen 2.256 Geistliche Strafanzeige wegen Vergehens gegen den – noch aus dem „Kulturkampf" der Bismarck-Zeit stammenden – „Kanzelparagraphen", gegen das „Heimtückegesetz", wegen öffentlicher Aufforderung zum Ungehorsam, wegen Verleumdungen usf. erstattet, 69 wurden verurteilt, 72 in Konzentrationslager eingewiesen, 37 erhielten Redeverbot, 100 mußten ihre Gemeinde verlassen, gegen 439 wurden Verwarnungen ausgesprochen. Durch Verordnung wurden die Finanzhoheit 1937 praktisch von der Kirche auf den Staat übertragen und Ende September dieses Jahres das theologische Ausbildungswesen der „Bekennenden Kirche" durch Himmler verboten. Es folgten das Verbot konfessioneller Jugendlager und des Hebräischunterrichts an den Schulen, Beschlagnahmen und Verbote kirchlicher Presseerzeugnisse, Amtssuspendierungen von Pfarrern und Professoren, Rede- und Reiseverbote besonders ins Ausland, Denunziationen und Bespitzelungen sowie eine Verschärfung der atheistischen Propaganda. So wurde der Propagator des nationalsozialistischen Neuheidentums, Alfred Rosenberg, 1934 zum „Beauftragten des Führers für die Überwachung der gesamten geistigen und weltanschaulichen Schulung und Erziehung der NSDAP" ernannt und 1937 ostentativ mit dem „Deutschen Nationalpreis für Kunst und Wissenschaft" ausgezeichnet. Die Kirchen beantworteten diese antikirchlichen Kampagnen ihrerseits mit einer entschiedenen Bekämpfung des „Mythus des zwanzigsten Jahrhunderts" von Rosenberg im Bereich von Schule und Erziehung. Alles deutete darauf hin, daß nunmehr die Verankerung der Kirchen im Volk radikal zerstört werden sollte.

Die Position der Katholischen Kirche

In den „Kirchenkampf" war im Jahre 1937 längst auch die Katholische Kirche mit aller Härte und Brutalität einbezogen. Zwar blieb ihr von ihrer hierarchischen und relativ homogenen inneren Struktur her das deprimierende Schauspiel der inneren Zerstrittenheit wie im Protestantismus erspart, das Reichskonkordat erwies sich aber nicht, wie erhofft, als eine widerstandsfähige und wirkungsvolle Schutzwehr gegenüber dem nationalsozialistischen Totalitätsanspruch. Es häuften sich die Verstöße gegen alle grundlegenden Artikel wie Artikel 15 (Garantien für Orden und Religionsgemeinschaften), 17 (Schutz kirchlichen Eigentums), 19 (Garantien für die Erhaltung der katholisch-theologischen Fakultäten), 23 (Existenzsicherung für die Bekenntnisschulen) und 31 (Schutz katholischer Organisationen und Verbände religiösen, kulturellen und karitativen Charakters). Bereits im September und dann fortlaufend mußte Pius XI. Klage über Konkordatsverletzungen führen. Katholische Verbände und Organisationen wurden drangsaliert, Presseorgane verboten, Jugend- und Arbeitervereine seit 1935 schrittweise aufgelöst, die „Caritas" durch die NSV aus der öffentlichen Wohlfahrt verdrängt, katholische Fakultäten geschlossen und gleichzeitig eine massive Offensive gegen die Bekenntnisschulen eröffnet. Gegen Ordensleute wurden Devisen- und Sittlichkeitsprozesse angestrengt, um sie in der Öffentlichkeit in hämischen Pressekampagnen durch die Mobilisierung niedriger Masseninstinkte als korrupt, geldgierig und moralisch verkommen zu diffamieren. Fehlte es beim Vorwurf von Sittlichkeitsdelikten (250 Prozesse) in der Regel an gesicherten Beweisgrundlagen, so ließen sich andererseits rein formal „Devisenvergehen" bei der internationalen Verflechtung der katholischen Kirche und bei dem Dschungel von Vorschriften oft unschwer konstruieren. Goebbels bezeichnete die katholische Kirche öffentlich als einen „moralischen Sumpf". Das Reichskonkordat wurde als „überholt und unhaltbar" bezeichnet, weil sich „Überbleibsel aus dem parlamentarischen Mehrparteiensystem" in ihm fänden und „weltanschauliche Grundsätze aus der Zeit des Liberalismus und Individualismus" in ihm weiterlebten. Ein kirchlicher Lagebericht konstatierte Ende 1937 nüchtern: „Der christliche Teil des deutschen Volkes steht unter Ausnahmerecht."[39]

Ihren spektakulären Höhepunkt erreichte die Intervention des Vatikans in dem päpstlichen Rundschreiben „Mit brennender Sorge" vom 14. März 1937, das erste und einzige in seiner Art in deutscher Sprache. Die auf einen Entwurf des Münchner Kardinals Faulhaber zurückgehende Enzyklika „Über die Lage der Katholischen Kirche im Deutschen Reich" unterzieht das nationalsozialistische „Neuheidentum" und seinen „Götzenkult" um Rasse, Volk und Staat einer scharfen Kritik im Lichte des christlichen Glaubens. „Reiner Christusglaube" wird dem „Mythos von Blut und Rasse" entgegengehalten. Der Papst beklagt, daß der „in die deutsche Erde gesenkte Friedensbaum" des Konkordates durch fremde Schuld nicht die erhofften Früchte getragen habe. Er warnt vor „zersetzenden Religionskämpfen" und mahnt die Erfüllung der Konkordatszusagen an, vermeidet aber Hinweise auf die Konzentrationslager oder die Judenverfolgungen in Deutschland. Eindringlich wird die durch unchristliche Staatserziehung gefährdete Jugend in Deutschland aufgefordert, über die Treue gegen das Vaterland nicht der Untreue an Gott und seiner Kirche zu verfallen.

Das Regime reagierte heftig. Die Gestapo beschlagnahmte Tausende von gedruckten Exemplaren der Enzyklika schon in den Druckereien, ohne jedoch ihre Verlesung in den Kirchen am 21. März 1937 verhindern zu können.

Aus politischer Zweckmäßigkeit, um die Volksgemeinschaft, den Kampfwillen und die Moral in der Truppe nicht zu gefährden, ließ Hitler mit Kriegsbeginn 1939 den „Kirchenkampf" abbauen und vordergründig einen „Burgfrieden" zwischen Staat und Kirche herstellen. Hinter dieser Kulisse gingen die Auseinandersetzungen und die antikirchlichen Maßnahmen jedoch weiter, und auch Hitler ließ in seinen „Tischgesprächen" keinen Zweifel daran, daß er nach dem „Endsieg" den Einfluß von Kirche und Christentum auszulöschen plante. Wie diese radikale Lösung der „Kirchenfrage" konkret aussehen würde, konnte der Reichsstatthalter Arthur Greiser bereits während des Krieges in seinem „Reichsgau Wartheland" als Versuchsfeld für eine planmäßige Entchristlichung ungehindert vorwegnehmen. Dort wurden die Kirchen zu privaten Vereinen zurückgestuft, die fast völlige Einstellung der staatlichen Unterstützung verfügt, Kontakte mit den Schwesterkirchen in Deutschland verboten und durch Massenverhaftungen von Pfarrern das Gemeindeleben lahmgelegt.

Die Kirchen zwischen Widerstand und Anpassung

Den Kirchen beider großen Konfessionen und ihren Repräsentanten ist nach dem Kriege als schwere Schuld angelastet worden, sie hätten sich, von wenigen Ausnahmen abgesehen, nicht massiv und glaubwürdig genug in der Öffentlichkeit für die Opfer des Regimes und hier insbesondere für die entrechteten und vom Massenmord bedrohten Juden eingesetzt und Widerstand geleistet. Lediglich wo getaufte Juden wie bei der Einführung des „Arierparagraphen" in der Evangelischen Kirche 1933 oder „deutschblütige" Geisteskranke wie in den „Euthanasie"-Aktionen bedroht gewesen seien, sei der Klerus eingeschritten und dies keineswegs ohne Erfolg, wie die – freilich nur offizielle! – Einstellung der Anstaltsmorde im August 1941 auf Befehl Hitlers nicht zuletzt unter dem Druck der drei unerschrockenen und aufsehenerregenden Protestpredigten des Bischofs Graf Galen, des „Löwen von Münster", im Juli/August des Jahres bewiesen habe. Eine entschiedene und rechtzeitige Mobilisierung der Öffentlichkeit durch ein gemeinsames Vorgehen der Kirchen gegen die Unrechtstaten des Regimes und ihre öffentlichkeitswirksame Brandmarkung, so lautet der Vorwurf, hätten vielen Bedrohten das Leben gerettet und möglicherweise sogar den „Holocaust" verhindern können.

Niemand wird heute mehr bestreiten können, daß Feigheit und mangelnde Zivilcourage, kleinmütiges Lavieren und Arrangieren mit den Machthabern, eine übergroße Anpassungsbereitschaft, egoistische Sorge um die Rettung der eigenen Institutionen und nicht zuletzt auch ein tiefverwurzelter Antijudaismus dort einen schweren Schatten auf das

Verhalten vor allem der Amtskirchen und ihrer Vertreter im „Kirchenkampf" fallen lassen, wo sie eigentlich ein aufrüttelndes Zeichen der christlichen Nächstenliebe und des Bekennermutes auch für die „Ungetauften" hätten setzen müssen. Als auf Betreiben des Berliner Domkapitulars Lichtenberg an den Vorsitzenden der Fuldaer Bischofskonferenz, den wegen seiner Konfliktscheu und Leisetreterei auch in katholischen Kreisen umstrittenen Breslauer Kardinal Bertram, die Bitte herangetragen wurde, kraft seines Amtes beim Reichspräsidenten und bei der Reichsregierung für die Aufhebung des Boykottes jüdischer Geschäfte am 1. April 1933 zu intervenieren, kleidete dieser seine Bedenken in die entlarvende Begründung:
daß es sich um einen wirtschaftlichen Kampf in einem uns in kirchlicher Hinsicht nicht nahestehenden Interessenkreise handelt; daß der Schritt als Einmischung in einer Angelegenheit erscheint, die das Aufgabengebiet des Episkopats weniger berührt, der Episkopat aber triftigen Grund hat, sich auf sein eigenes Arbeitsgebiet zu beschränken [...] daß dieser Schritt, der nicht vertraulich im engeren Kreise bleiben kann, sicher die übelste Interpretation in den weitesten Kreisen von ganz Deutschland finden würde, was bei der überaus diffizilen und dunklen Gesamtlage keineswegs gleichgültig sein kann.[40]
Offenbar fixiert auf ihren eigenen Abwehrkampf und die Fortexistenz ihrer Organisationen und Institutionen und darum bemüht, nicht noch eine weitere Front im „Kirchenkampf" aufzubauen, unterließen die Kirchen jedes offizielle kritische Wort zu den „Nürnberger Gesetzen" 1935 und eine öffentliche Anklage gegen die Verbrennung von Synagogen und die ersten Mordaktionen gegen unschuldige jüdische Mitbürger in der „Reichspogromnacht" am 9./10. November 1938. Eine öffentliche Solidarisierung mit den Juden unterblieb.

Opfer im kirchlichen Widerstand

Das Bild der Kirche im „Kirchenkampf" bliebe aber einseitig, wenn nicht auch positive Zeichen des Protestes und des todesmutigen Einsatzes einzelner für die Bedrängten gewürdigt würden. Für jüdische Auswanderer und viele andere Verfolgte wurde humanitäre und materielle Hilfe organisiert, nicht selten im Verborgenen, um die Machthaber nicht öffentlich mit ihren Verbrechen bloßzustellen, zu Repressalien zu provozieren und sich dadurch selbst den eigenen Handlungsspielraum zum Helfen und für die Seelsorge einzuengen oder gar zu zerstören. Stellvertretend für viele andere seien hier als bewundernswerte Beispiele des mutigen Widerstandsgeistes und der tatkräftigen Mitmenschlichkeit nur genannt: die Breslauer Vikarin Katharina Staritz, der noch kurz vor Kriegsende von der SS in Flossenburg ermordete evangelische Theologe Dietrich Bonhoeffer, der Anfang Februar 1945 in Berlin-Plötzensee hingerichtete Jesuit Alfred Delp, Pfarrer Heinrich Grüber mit seinem Büro für „rassisch„ verfolgte evangelische Christen, Bernhard Lichtenberg, Domprobst an der katholischen St.-Hedwigs-Kathedrale in

Berlin, mit seinem öffentlichen Eintreten für Juden, Konzentrationslagerhäftlinge und gegen die „Euthanasie", das er mit dem Transport in das KZ Dachau bezahlte, den er nicht überlebte, der Pfarrer Paul Schneider, der noch im KZ Buchenwald seinen Mithäftlingen aus dem Zellenfenster heraus christlichen Trost zusprach und nach schwerer Prügelstrafe an den Folgen einer überdosierten Strophanthininjektion starb, oder der Württemberger Bischof Theophil Wurm, der lauter als die meisten seiner Amtsbrüder öffentlich gegen die „Euthanasie" und gegen die Verfolgung der Juden Stellung bezog.
Populär in der Bevölkerung wurden die Bischöfe Konrad Graf von Preysing (Berlin) und Clemens August Graf Galen (Münster) für ihr standhaftes öffentliches Eintreten für die Verfolgten und ihre Unmutsäußerungen gegen den defensiven Kurs des Kardinals Bertram. Ein gemeinsamer Hirtenbrief vom 19. August 1938 stellte offen fest, der nationalsozialistische „Kirchenkampf" erstrebe die „Zerstörung der katholischen Kirche innerhalb unseres Volkes, ja selbst die Ausrottung des Christentums überhaupt."[41]
Weiten Widerhall fanden die drei berühmten Protestpredigten Graf Galens von Juli/August 1941 gegen „Euthanasie"-Morde, Klostersturm und Gestapoterror. Sie wurden als Flugblätter von den Alliierten über Deutschland abgeworfen und fanden auch sonst Verbreitung und zeigten weit über den Katholizismus hinaus Wirkung. Die einsetzenden Deportationen der Juden veranlaßten den Münchner Kardinal Michael von Faulhaber, bei Bertram – freilich wieder vergeblich – einen Protest des Gesamtepiskopates zu verlangen, „damit wenigstens die härtesten Härten, die einmal auf unser Volk zurückfallen, vermieden werden."[42] Das Ergebnis dieser Intervention war immerhin der sogen. „Menschenrechtshirtenbrief", der im März 1942 von den Kanzeln verlesen wurde. „Jeder Mensch", heißt es hier im Blick auf den Anlaß, „hat das natürliche Recht auf Leben und auf die zum Leben notwendigen Güter." Die Bischöfe fügten hinzu: „Wir Bischöfe werden nicht unterlassen, gegen die Tötung Unschuldiger Verwahrung einzulegen. Niemand ist seines Lebens sicher, wenn nicht unangetastet dasteht: Du sollst nicht töten!"[43]
Die letzte gemeinsame Kundgebung war das am 12. September 1943 von den Kanzeln verkündete Hirtenwort über die Zehn Gebote Gottes als Lebensgesetz der Völker.[44] Darin heißt es:
Tötung ist in sich schlecht, auch wenn sie angeblich im Interesse des Gemeinwohls verübt würde: an schuld- und wehrlosen Geistesschwachen und -kranken, an unheilbar Siechen und tödlich Verletzten, an erblich Belasteten und lebensuntüchtigen Neugeborenen, an unschuldigen Geiseln und entwaffneten Kriegs- oder Strafgefangenen, an Menschen fremder Rassen und Abstammungen. Auch die Obrigkeit kann und darf nur wirklich todeswürdige Verbrecher mit dem Tode bestrafen.

Insgesamt wurden im Kriege 447 deutsche Geistliche ins KZ Dachau eingeliefert, davon 411 (92%) katholische und 36 (8%) evangelische. Nach neuesten Erhebungen wurden etwa 50% des katholischen (Welt) Klerus von Verhören, Schikanen, Predigtverboten, Geld- oder Haftstrafen und Ausweisungen unterhalb der KZ-Haft betroffen. Vergleichszahlen für die evangelische Kirche liegen nicht vor. Am 23. August 1945 legten die katholischen Bischöfe in ihrem ersten Nachkriegshirtenbrief ein Schuldbekenntnis vor, zwei Monate später, am 18. Oktober 1945, der Rat der Evangelischen Kirche in Deutschland sein lebhaft diskutiertes „Stuttgarter Schuldbekenntnis".

Bewunderung nötigt noch heute die klare Frontstellung der „Zeugen Jehovas" gegen den Nationalsozialismus ab. Sie manifestierte sich in der Verweigerung des Hitlergrußes als Mißbrauch einer Heilsanrufung, der Eidesleistung und des Wehrdienstes und führte zu einem besonders hohen Blutzoll.

Im „Kirchenkampf" standen grundsätzliche Fragen des kirchlichen Selbst- und Amtsverständnisses, der Stellung der Kirche im und zum Staat und auch – im Protestantismus – des rechten Bekenntnisses zur Diskussion. Taktisches Lavieren, Anpassungsbereitschaft und Loyalitätsbekundungen der Amtskirchen und ihres Klerus gegenüber dem NS-Regime wie etwa die Erklärung der Fuldaer Bischofskonferenz vom 28. März 1933 führten unter dem Kirchenvolk und seinen Hirten an der vorderen Front der Gemeinden vielfach zu tiefen Verunsicherungen und zur Mutlosigkeit und lähmten die Widerstandsbereitschaft gegenüber Gleichschaltung und Einschüchterung. Nicht selten stand hier die innere Glaubwürdigkeit der Amtsinhaber und ihrer Bereitschaft, im Extremfall auch das Martyrium auf sich zu nehmen, in Frage.

Demonstrative Beteiligung am kirchlichen Leben

Auf der anderen Seite löste die gemeinsame Bedrohung im Kirchenvolk auch eine zunehmende Beteiligung am kirchlichen Leben und ein Engagement aus, seine Kirchenzugehörigkeit nun auch demonstrativ zu praktizieren und religiösen Selbstbehauptungswillen zu demonstrieren. Volksmissionen und Exerzitien, Prozessionen, Wallfahrten und Glaubenskundgebungen erlebten vor allem im katholischen Raum eine neue Blüte; nahmen in der Karwoche 1933 noch etwa 30 000 katholische Männer an der „Kalker Bußwallfahrt" in Köln teil, so stieg diese Zahl ein Jahr später auf 40 000. Katholische Jugendorganisationen hielten trotz Verbot und Verfolgung an ihrer Gruppenarbeit fest. Eltern verboten – nicht selten mit Erfolg – ihren Kindern den Schulbesuch, solange das Kruzifix oder das Lutherbild im Klassenzimmer nicht wieder aufgehängt war. Mutige oppositionelle Kanzelabkündigungen wurden von der Gemeinde mit Beifall bedacht, Andachten und Gottesdienste erhielten neuen Zulauf. Sicher war dies alles nicht aktiver politischer Widerstand gegen das Regime, aber immerhin doch Ausdruck der Resistenz gegenüber dem nationalsozialistischen Neuheidentum und seinen

Bemühungen, traditionelle christliche Loyalitäten und Lebensformen zu vernichten. Auch äußerte sich hier nicht selten Unmut gegen die Nachgiebigkeit der Kirchenführer und Solidarität mit einem glaubensstarken Gemeindepfarrer. Im Jahre 1940 bekannten sich immerhin noch 95% der Bevölkerung zu den Kirchen. Das Regime war hier offenkundig an die Grenzen seines weltanschaulichen Indoktrinations- und Zerstörungswillens gestoßen. Kirchenaustritte nahmen nicht spektakulär zu, und die offizielle Agitation für das verschwommene Bekenntnis zur „Gottgläubigkeit", was immer dies meinte, verpuffte weitgehend. Das Ziel einer Entchristlichung des deutschen Volkes hatten die Machthaber im „Kirchenkampf" weit verfehlt. Der Krieg und die Rücksichtnahme auf die allgemeine Stimmung in der Bevölkerung schufen ein zusätzliches Hindernis.

7. Jugend und Erziehung: Der nationalsozialistische „Jugendkult" zwischen Faszination und Drill

„Wer die Jugend hat, hat die Zukunft." Nach diesem Motto konzentrierten sich die Machthaber schon früh auf die möglichst totale Erfassung, Mobilisierung und politische Indoktrination der jungen Generation auf allen Altersstufen.[45] Erwies sich der Zugriff auf die beiden herkömmlichen Erziehungsinstanzen – auf Elternhaus und Schule – als relativ schwierig und langwierig, so rückte die Hitlerjugend (HJ) als eine spezifisch nationalsozialistische dritte Säule der jugendlichen Sozialisation in das Zentrum der Bemühungen.

Dabei kamen den Nationalsozialisten zwei Dinge zur Hilfe: das jugendlich-dynamische Erscheinungsbild, in dem sich die braune Bewegung schon vor 1933 ihren Jung- und Erstwählern mit beträchtlichem propagandistischem Geschick darstellte, und ihre Anknüpfung an die Traditionen der organisierten bürgerlichen Jugendbewegung des kaiserlichen und des Weimarer Deutschlands, insbesondere an die im Wandervogel und in der Bündischen Jugend entwickelte neuromantisch-antibürgerliche „Jugendkultur".

Jugendliches Erscheinungsbild der NSDAP

„Nationalsozialismus ist organisierter Jugendwille" – hieß die zugkräftige Parole der „nationalen Revolution", mit der um die junge Generation geworben wurde. Das Schlagwortrepertoire der „konservativen Revolution" bereitete bereits in der Weimarer Republik den ideologischen Nährboden, auf dem die Nationalsozialisten auf Stimmenfang bei jungen Menschen gingen: Der Aufruf zu einer „Querfront der Jungen" über die Klassenfronten hinweg und quer zu ihnen, der Appell an die „nationale Sendung der jungen Generation" und an die „völkische Regeneration" durch die nachwachsende Generation oder auch der Ruf nach dem „verjüngten Staat". „Macht Platz, ihr Alten!" – mit dieser Aufforde-

rung mobilisierte Gregor Strasser die Jungwähler gegen die „verkrustete" ältere Generation und gegen das Weimarer Establishment und nutzte den Generationenkonflikt als Instrument zur Machteroberung. Diese selbst stellte sich als ein Generationswechsel an der Spitze des Reiches dar und wurde entsprechend mit allem Pathos gefeiert: Der Reichskanzler 43 Jahre, sein Stellvertreter als Parteiführer, Rudolf Heß, 38 Jahre, der Propagandaminister Joseph Goebbels 35 Jahre, der Reichsjugendführer der NSDAP und „berufsjugendliche Germanistikstudent" (K.D. Bracher) Baldur von Schirach, 25 Jahre, usf.
Die Nationalsozialisten präsentierten sich als die „Partei der verratenen Frontgeneration" und der „nationalen Wiedergeburt", als deutsche Patrioten und Nationalisten. Sie appellierten an Opferbereitschaft und Hingabewillen der Jugendlichen, setzten auf ihre – nicht selten irrationale – Sehnsucht nach Aufbruch und Erneuerung, auf ihre Begeisterungsfähigkeit für das Wesentliche, was immer dies meinte. Ihre „braunen Kolonnen" gaben sich mutig, entschlossen und einsatzbereit. Pausenlos geschürte Ressentiments gegen „Parteienstaat" und „Novemberrepublik", gegen Liberalismus und Parlamentarismus, gegen satte Bürgerlichkeit und verknöchertes Honoratiorentum fielen bei jungen Menschen auf fruchtbaren Boden. Soziale Konflikte und Klassenkämpfe der modernen pluralistischen Industriegesellschaft sollten durch innere Harmonie und „Volksgemeinschaft" überwunden, dem kapitalistischen Internationalismus der Vergangenheit der nationale Sozialismus der Zukunft, der miefigen Enge alltäglicher Routine die heroische Tat des Neubeginns entgegengestellt werden.

Anknüpfen an die deutsche Jugendbewegung

Hier traf sich das Angebot der Nationalsozialisten mit idealistischen Erwartungshaltungen in der deutschen Jugendbewegung. Niemand denkt daran, die Jugendbewegung insgesamt als faschistisch oder präfaschistisch zu diffamieren. Jugendbewegte stiegen ebenso in höhere SS-Ränge auf wie sie zu Widerstandskämpfern und Opfern des Terrorregimes wurden. Auch sollte die HJ mit ihrem sterilen Drill, ihrem Gehorsam und Anpassungszwang viele Gläubige bald enttäuschen und abstoßen. Dennoch gab es bestimmte Züge in der jugendbewegten Lebenswelt und Kultur, in ihren Leitbildern und Mentalitäten, die sie anfällig für nationalsozialistische Parolen machten, während die HJ ihrerseits ganz bewußt „jugendgemäße" bündische Traditionselemente aufgriff und durch sie, verbunden mit Einschüchterung und Anpassungsdruck, in den ersten beiden Jahren der Machteroberung bis Ende 1934 einen Massenzulauf von etwa 3,4 Millionen neuen Mitgliedern (Ende 1932: 100.000 Mitglieder) auslöste.
Lagerromantik, Geländespiele und Sport, Heimabende, Fahrten, gemeinsames Singen und Klampfenspiel, das kameradschaftliche Gruppenerlebnis und ein Leben abseits von der Erwachsenenwelt zogen viele bürgerliche Jugendliche (und um sie handelte es sich vorwiegend)

ebenso in ihren Bann wie das schon in der Bündischen Jugend ritualisierte „Führer-Gefolgschafts-Verhältnis", wie das pädagogische Leitbild „Jugend muß durch Jugend geführt werden", wie die Bereitschaft, einen „Sozialismus der Tat" über die Klassengrenzen hinweg in – zunächst noch freiwilligen – Arbeitslagern zu praktizieren, wie „soldatische Tugenden" und rassistisch-völkisches Gedankengut. Dagegen zeigten die Katholischen Jugendverbände (1932: ca. 1 Mio. Mitglieder), die Gewerkschaftsjugend (1932: ca. 400 000), die Sozialistische Arbeiterjugend (1932: ca. 90 000), der Kommunistische Jugendverband (1932: ca. 55 000) und die anderen linken Jugendgruppen bis zu ihrer Zerschlagung eine bemerkenswerte Resistenz gegenüber den nationalsozialistischen Verführungsangeboten.
Schließlich wird man jungen Menschen damals das gleiche zugute halten müssen wie ihren Eltern. Sie wollten im allgemeinen Rausch der nationalen Begeisterung nicht abseits stehen, sich in ihrer jugendlichen Gemeinschaft, in der Klasse oder im Freundeskreis nicht ausgegrenzt sehen und mitwirken am „nationalen Aufbauwerk". Viele mögen sich auch von der HJ-Mitgliedschaft persönliche Vorteile erhofft haben oder ließen sich von der Uniform, der neuen braunen „Kluft", von Sternen, Litzen und Auszeichnungen oder auch von einer neuen Verantwortung als HJ-Führer faszinieren. Aber auch der steigende Druck auf Eltern, in der Schule und am Arbeitsplatz, der HJ beizutreten, darf nicht vergessen werden. Eine gewiß unverdächtige Zeitzeugin, Inge Scholl, deren Schwester Sophie 1943 als Mitglied der „Weißen Rose" hingerichtet wurde, beschreibt eindrucksvoll, was sie und ihre Geschwister aus bürgerlichem Elternhaus am Anfang zum Nationalsozialismus hingezogen hat:

War es nicht großartig, mit jungen Menschen plötzlich etwas Gemeinsames und Verbindendes zu haben, denen man sonst vielleicht nie nähergekommen wäre? Wir trafen uns zu den Heimabenden, es wurde vorgelesen und gesungen, oder wir machten Spiel oder Bastelarbeiten. Wir hörten, daß wir für eine große Sache leben sollten. Wir wurden ernst genommen, und das gab uns einen besonderen Auftrieb [...] Wir fühlten uns beteiligt an einem Prozeß, an einer Bewegung, die aus der Masse Volk schuf.[46]

Ganz ähnliche Empfindungen bewegten die gleichaltrige Melita Maschmann damals, auch sie aus den gleichen bürgerlichen Kreisen. Sie ging dann freilich den entgegengesetzten Weg, nicht in den Widerstand, sondern in eine BDM-Führungsposition.

Wenn ich den Gründen nachforsche, die es mir verlockend machten, in die Hitler-Jugend einzutreten, so stoße ich auch auf diesen: Ich wollte aus meinem kindlichen, engen Leben heraus und wollte mich an etwas binden, das groß und wesentlich war. Dieses Verlangen teilte ich mit unzähligen Altersgenossen.[47]

Freudig wurde das Angebot von „Pimpfen“ und „Jungmädeln“ angenommen, auf „große Fahrt“ zu gehen, sich wenigstens für einige Tage aus der elterlichen Obhut und Bevormundung zu befreien, die provinzielle Enge des Dorfes oder der Kleinstadt hinter sich zu lassen und mit Menschen aus allen sozialen Schichten zusammenzukommen. Man fühlte sich schon früh – viel zu früh, wie viele später zugaben! – erwachsen, mit Aufgaben und Verantwortung auch für die Kameraden betraut, auf die man altersmäßig noch gar nicht vorbereitet war. Dies galt besonders dann im Kriege für die Älteren, als eine ganze Generation im Flakhelfereinsatz oder im „letzten Aufgebot“ des „Volkssturmes“ von fanatisierten und verantwortungslosen Erwachsenen verheizt werden sollte.

Organisation der HJ

Wie in allen anderen politisch-gesellschaftlichen Bereichen wäre auch in der Gewinnung der Jugend den Nationalsozialisten nicht ein so überraschend schneller Erfolg vergönnt gewesen, wenn nicht auch mit der „Hitlerjugend“ 1933 längst schon ein quasistaatlicher Apparat aus der „Kampfzeit“ bereitgestanden hätte, der die Aufgabe hatte, die jungen Menschen politisch zu mobilisieren, zu erfassen und zu indoktrinieren und gleichzeitig konkurrierende Jugendverbände entweder gleichzuschalten oder zu zerschlagen. Entstanden aus dem 1922 in München als Nachwuchsorganisation der SA gegründeten „Jungsturm Adolf Hitler“, konstituierte sich die HJ 1926. Nach seiner Ernennung zum „Reichsjugendführer der NSDAP“ am 30. Oktober 1931 suchte Baldur von Schirach sich alle NS-Jugendverbände zu unterstellen: Neben der HJ den 1929 gegründeten „Bund Deutscher Mädel“ (BDM), den NS-Schülerbund, das Deutsche Jungvolk. Ende 1932 wurden die Verbände der HJ als „Deutsches Jugendwerk“ in den „Reichsausschuß der Deutschen Jugendverbände“ eingegliedert. Die Besetzung seiner Zentrale in Berlin am 5. April 1933 durch 50 Hitlerjungen leitete die Gleichschaltung der anderen Jugendorganisationen und ihre Unterstellung unter den Monopolanspruch der HJ resp. ihre Zerschlagung ein. Baldur von Schirach wurde für seinen Einsatz von Hitler „durch Handschlag“ am 18. Juni 1933 mit dem Amt eines „Jugendführers des Deutschen Reiches“ belohnt; die „Reichsjugendführung“ (RJF) rückte 1936 zur „obersten Reichsbehörde“ direkt unter dem „Führer“ und als solche zugleich neben ihrer ursprünglichen Funktion als Parteidienststelle und Reichsleitung der HJ in der typischen Verklammerung von Staat und Partei zum staatlichen Organ der Jugendpolitik auf. Mit dem „Gesetz über die HJ“ vom 1. Dezember 1936 wurde die „Hitlerjugend“ zur Staatsjugend mit Monopolcharakter und einem Organisationsgrad von damals 60% der Jugendlichen. Mit der „Durchführungsverordnung zum Gesetz über die HJ“ vom 25. März 1939 wurde die allgemeine Dienstpflicht für Jugendliche zwischen 10 und 18 Jahren eingeführt. Bereits im Dezember 1935 hatte der Reichsbischof Müller die Evangelischen Jugendverbände

(1932: ca. 600.000 Mitglieder) der HJ überantwortet. Den Katholischen Jugendverbänden war nur noch bis 1937/38 unter dem zweifelhaften Schutz des Reichskonkordates eine von Schikanen und Verfolgungen eingeschränkte Existenz vergönnt.
Die HJ umfaßte – nach Alter und Geschlecht differenziert – das „Jungvolk“ (10- bis 14jährige), „Jungmädel“ (10- bis 14jährige), den „Bund Deutscher Mädel“ (BDM) und die eigentliche HJ (15- bis 18jährige). Sie gliederte sich regional und streng hierarchisch in 40 Gebiete, unterteilt wiederum in Banne, Stämme, Gefolgschaften, Scharen und Kameradschaften. Die Heranwachsenden wurden des weiteren nahezu lückenlos erfaßt durch den „Reichsarbeitsdienst“ (RAD), eine am 26. Juni 1935 eingeführte allgemeine Dienstpflicht von männlichen Arbeitskräften im Alter von 18–25 Jahren in geschlossenen Einheiten für gemeinnützige Aufgaben (am 1. April 1936 wurde dem RAD ein weiblicher Arbeitsdienst zunächst noch auf freiwilliger Basis angegliedert; erst ab 1939 wurde ein Dienstjahr für Frauen obligatorisch), durch die am 19. Januar 1938 gegründete BDM-Sondereinheit „Glaube und Schönheit“ für die 17- bis 21jährigen jungen Frauen, durch Landjahr und Pflichtjahr sowie durch die 1935 eingeführte Allgemeine Wehrpflicht für Männer.
Auch die HJ teilte mit den anderen nationalsozialistischen Großorganisationen die Tendenz, zu expandieren und wie ein Polyp mit seinen Tentakeln in weite politische und administrative Bereiche der Erziehung, der Jugendpolitik und Jugendpflege hineinzugreifen: Jugendherbergswerk und Heimbeschaffung, Winterhilfswerk und „Spinnstoffsammlungen“, Kinderlandverschickung (bekanntgeworden durch die Evakuierung von Kindern und Jugendlichen im Kriege aus den luftkriegsgefährdeten Städten im Rahmen der „erweiterten“ KLV), Gesundheitskontrollen, Schul- und Betriebsjugendwalter, Ausrichtung von Reichsberufs- (1939: 3,5 Mio. Jungen und Mädchen) und Reichssportwettkämpfen (1939: 7 Mio. Teilnehmer und Teilnehmerinnen) und zusätzliche Berufserziehung, Gestaltung des Ende 1934 eingerichteten „Staatsjugendtages“ am Sonnabend mit Unterrichtsbefreiung für alle HJ-Mitglieder, vormilitärische Ausbildung und dann ab 1939 kriegsbedingte Einsätze zusammen mit Wehrmachtoffizieren in „Wehrertüchtigungslagern“, im polizeilichen „HJ-Streifendienst“, als Flak- und Marinehelfer, im Luftschutz, im Ernteeinsatz, als Wehrmachtshelferinnen und zuletzt im „Volkssturm“ und im „Werwolf“.
Zum Aufgabenfeld und Angebot der HJ gehörten neben der politischen Indoktrination und Sport, neben Heimabenden, Fahrten und Lagern auch so attraktive, technisch ausgerichtete „Sonderformationen“ wie die Flieger-, die Marine-, die Motor- und die Nachrichten-HJ. Es blieb nicht aus, daß es zu den typischen Kompetenzkonflikten mit konkurrierenden Institutionen wie der DAF, dem Reichserziehungsministerium, der Wehrmacht, der NSV oder auch dem Reichspropagandaministerium

und Rosenberg um die politische Erziehungsarbeit kam. Diesen Rivalitäten war der seiner Natur nach eher weichliche und kraftlose Schirach am Ende nicht mehr gewachsen, so daß er 1940 als „Reichsjugendführer" von Arthur Axmann abgelöst wurde. Dieser verordnete der HJ eine stramme Militarisierung und zeichnete für ihren Kriegseinsatz bis zum verbrecherischen „letzten Aufgebot" 1944/45 mit verantwortlich.
Die HJ verlor für viele Jugendbewegte und andere junge Menschen, die ihr zunächst aus idealistischer Begeisterung mit fliegenden Fahnen zugeeilt waren, ab Mitte der dreißiger Jahre mehr und mehr an Glanz. Sie wandten sich innerlich enttäuscht und desillusioniert ab. Statt Wandern und Fahrten erlebten sie „Lager und Kolonne" (B. Rust), statt individueller Selbstverwirklichung und kritischer Denkfähigkeit kollektivistischen Gehorsam und ideologische Indoktrination, statt Pfadfinderromantik Marschieren und Gleichschritt als Ausdruck bedingungsloser Einordnung, statt Geländespiel vormilitärische Übungen, statt Selbstbestimmung Drill und Dienstvorschriften, statt Menschenbildung Erziehung zu „soldatischen Tugenden", statt Wahl der Gruppenführer ihren Einsatz von oben usf.

Enttäuschte Erwartungen

Die „Meißnerformel" der „Freideutschen Jugend" von 1913, sie wolle „aus eigener Bestimmung, vor eigener Verantwortung, mit innerer Wahrhaftigkeit ihr Leben gestalten", war längst Makulatur geworden. Bündische, die die Eigenständigkeit der Jugendbewegung unter dem gemeinsamen Dach des im März 1933 gegründeten „Großdeutschen Bundes" hofften erhalten zu können, sahen sich bitter getäuscht und verfolgt. „Bündische Umtriebe" und der „Befall vom bündischen Jugendbazillus" in Form von geheimen Gruppentreffen und Fahrten wurden sofort kriminalisiert und streng geahndet. Bitter resümiert Melita Maschmann rückblickend:
Als wir eben so weit waren, daß wir hätten lernen können, zu denken und uns einen geistigen Besitz zu erarbeiten, begann die Zeit, in der das Denken als eine bionegative Betätigung entarteter Gehirne betrachtet wurde. Wir haben uns nicht gebildet, wir haben immer nur ‚erlebt'. Viel zuviel. Jedenfalls mehr, als im Zeitraum eines Jahrdutzends von einem Menschen ‚verkraftet' [...] werden konnte. Darum sind wohl auch manche unserer Erlebnisse unfruchtbar in uns geblieben. Sie lassen sich nicht ‚auflösen' in einem allgemeinen Reifungsprozeß. Sie führen zu nichts mehr, außer zu schlechter Laune.
[...]
Niemand hielt uns zu selbständigem Denken und zur Entwicklung eines eigenverantwortlichen, ethischen Urteilsvermögens an. Unsere Parole hieß: Führer befiehl, wir folgen![48]

HJ und Schule

Der Unterschied zwischen HJ und Schule, zwischen Schulung und Ausbildung, zwischen Dienst und Unterricht blieb zunächst noch gewahrt, und der am 30. April 1933 zum Reichsminister für Wissenschaft, Erziehung und Volksbildung ernannte Bernhard Rust bemühte sich zwar eilfertig, das deutsche Schulsystem nach den nationalsozialistischen Erziehungszielen auszurichten, dabei aber doch die konkurrierenden Einflüsse von Schirach (HJ), Ley (Ordensburgen), Rosenberg (Weltanschauung) und Himmler (Junkerschulen) auf die ideologische Durchdringung und Gleichschaltung des schulischen Erziehungswesens abzuwehren. Da er in der NS-Hierarchie trotz seiner unbedingten Loyalität zum „Führer" kaum eine Rolle spielte, blieben seine Bemühungen weitgehend ohne Erfolg. Die arrogante Einmischung der HJ in Schule und Unterricht wurde immer unerträglicher. Denn sie witterte hier mit gewisser Berechtigung eine überkommene Bildungsbastion, die zwar formal, mit neuen, nationalsozialistischen Lehrplänen und Unterrichtsmaterialien relativ schnell zu schleifen war, aber in der konkreten Unterrichtswirklichkeit, wie wir heute aus Schülerberichten wissen, doch noch erhebliche Freiräume und Möglichkeiten zur Resistenz gegenüber der Indoktrination bot, wenn die Lehrer und Lehrerinnen im Klassenzimmer die nötige Zivilcourage aufbrachten und zu ihren Schülern und Schülerinnen ein Klima des gegenseitigen Vertrauens schaffen konnten. Richtlinien und Leselisten, Lehrpläne und Schulbücher von damals sagen eben nichts über den realen Ablauf des Unterrichts und auch nichts darüber aus, wie die Lehrkräfte didaktisch mit ihnen umgingen.

Die Eingriffe der HJ in den Schulbetrieb häuften sich. Ihre Mitglieder beanspruchten eine Vorzugsbehandlung oder schwänzten den Unterricht wegen „dienstlicher" Verpflichtungen. HJ-Führer mischten sich in Fragen der Disziplin und Leistungskontrolle ein und maßten sich hier Mitbestimmungsrechte an. Lehrer beklagten sich über eine „Geringschätzung der schulischen Arbeit", die häufig einen Abfall der Leistungen zur Folge hatte. Die Kinder entdeckten aber auch im Dschungel widerstreitender Kompetenzen, Anforderungen und Vorschriften nicht selten private Nischen und „Reservate", in denen sie die Ansprüche von Schule und Dienstpflicht geschickt gegeneinander ausspielten.

Funktion der Schulen

Sicher gehörten Schulen, insbesondere die überwiegend nationalkonservativ ausgerichteten Höheren Schulen, und Universitäten in der Weimarer Republik nicht zu den Bollwerken demokratischer Erziehung. Doch boten sie nach 1933 ein sehr ambivalentes Bild zwischen traditioneller Beharrungskraft und revolutionär-ideologischer Umgestaltung. Man hielt am dualen System der Berufsbildung (freilich mit erheblichen Eingriffsmöglichkeiten der DAF in die betriebliche Ausbildung) ebenso fest wie, aufbauend auf der nach 1919 eingeführten vierjährigen Grundschule, an dem dreigliedrigen Schulsystem. Die bisherige Vielfalt des Angebotes höherer Bildung wurde auf drei Formen beschränkt: Oberschule für Jungen, Oberschule für Mädchen je mit naturwissenschaftlichem und neusprachlichem Zweig und in begrenztem Umfang das humanistische Gymnasium. Der Koedukationsgedanke der modernen Pädagogik, der in der Weimarer Zeit erst in Ansätzen verwirklicht war, wurde ganz verworfen und hat sich erst lange nach 1945 allgemein Bahn brechen können. Wird man der HJ und den nationalsozialistischen Ausleseschulen, wie den Adolf-Hitler-Schulen, immerhin zugute halten können, daß sie eine höhere soziale Durchlässigkeit und auch für Arbeiterkinder die Chance zum gesellschaftlichen Aufstieg boten, so hat sich die soziale Zusammensetzung der Schülerschaft auf den weiterführenden allgemeinbildenden Schulen gegenüber der Weimarer Zeit nicht signifikant verändert. Auch hier brachte das Ende des „Dritten Reiches" 1945 zunächst für einige Jahrzehnte keinen Wandel. Die Abschaffung und Ächtung der Schülermützen für die Gymnasiasten nach 1933 symbolisierte nur vordergründig einen Abbau von Standesdünkel.

Ideen von der „politischen Schule" und der „deutschen Gemeinschaftsschule" als „völkische Weltanschauungsschule" oder auch die Forderung nach einer autoritär-völkischen und rassistischen Erziehung wurden von den beiden Star-Pädagogen des „Dritten Reiches", Alfred Baeumler, Professor für „politische Pädagogik" in Berlin und Panegyriker der Bücherverbrennung als eine Beseitigung von „Giftstoffen„, und Ernst Krieck, 1933 erster nationalsozialistischer Rektor einer deutschen Universität in Frankfurt und als Lehrstuhlinhaber in Heidelberg Autor des NS-Standardwerkes „Völkisch-politische Anthropologie", schon vor 1933 vertreten.[49] Diese Ideen ließen sich administrativ von oben zum einen durch die Ausrichtung rassen-, volks- und staatspolitisch besonders anfälliger Fächer wie Geschichte, Geographie, Germanistik, Sport und Biologie auf gemeinschaftsbildende „rassenkundliche" und militärische Werte und die Schaffung eines neuen Faches „Rassenkunde" und zum zweiten durch die Einrichtung von NS-Eliteschulen realisieren, die über die allgemeinbildenden Schulen hinaus das künftige nationalsozialistische Führerkorps heranzüchten sollten. Im Grunde blieb aber kein Unterrichtsfach frei von politisch-ideologischer Vereinnahmung, Griechisch und Latein ebensowenig wie Physik, Chemie, Rechnen und Mathematik, wo die Beispiele schon in den Anfangsklassen aus dem Bereich der „Ausmerze unwerten Lebens" und der „Wehrkunde" genommen wurden.

Das Fach Geschichte

Geschichte, um nur ein besonders krasses Beispiel herauszunehmen, sollte nur noch „mit den Augen des Blutes" gesehen werden, unter der Perspektive des „Führergedankens unserer Zeit, der an die ältesten Vorbilder deutscher Vergangenheit anknüpft" (Frick) und vornehmlich der „politischen, geistigen und seelischen Rüstung der Nation [...] dienen."[50] Platons Staat ließ sich ohne weiteres für die „Wehrerziehung" ausschlachten. Wo der angebliche Nachweis von „Goethe als Freimaurer und Giftmörder an Schiller" oder die Revision des Geschichtsunterrichts und die Ausrichtung des dort vermittelten nationalen Geschichtsbildes von Widukind, Heinrich dem Löwen, Friedrich dem Großen und Bismarck hin auf den Gipfelpunkt des Nationalsozialismus die nationalsozialistische Bildungs- und Erziehungspolitik im Bildungsbürgertum der Lächerlichkeit preiszugeben drohte, schritt der in diesen Dingen höchst sensible Goebbels ein und wandte sich gegen einen „Ausverkauf der deutschen Geschichte", der „nicht im Sinne und Interesse der NS-Volksaufklärung" liegen könne. Der nationalpolitischen Indoktrination „von oben" stand „von unten" vielfach die Tatsache entgegen, daß aus den Schulkollegien zwar nach Erlaß des „Gesetz zur Wiederherstellung des Berufsbeamtentums" vom 7. April 1933 die „politisch belasteten" Lehrkräfte (in der Regel eher die stärker republikanisch und sozialdemokratisch orientierten Volksschullehrer und -lehrerinnen) sowie diejenigen Beamten und Beamtinnen ausscheiden mußten, die 1933 keinen „Ariernachweis" beibringen konnten, daß aber die neuen Machthaber auf die bewährten und erfahrenen Pädagogen und Pädagoginnen der „Systemzeit" sonst noch nicht verzichten konnten und wollten.

NS-Eliteschulen

Anders sah es mit den entweder umgewidmeten oder neu gegründeten NS-Eliteschulen aus: den „Nationalpolitischen Anstalten" (Napolas), den „Adolf-Hitler-Schulen" (AHS) und den „Ordensburgen". Die Napolas gingen aus den – in der Tradition der preußischen Kadettenanstalten (1919 verboten) stehenden – Internatsschulen hervor. 1944 gab es innerhalb und außerhalb der Grenzen des „Altreiches" 35 Napolas, davon eine für Mädchen. In einer Verbindung von preußischem Geist und nationalsozialistischen Werten sollten den 10- bis 18jährigen Schülern und Schülerinnen neben dem herkömmlichen Fächerkanon der Gymnasien und der musischen Ausbildung soldatischer Geist, Dienstethos und vormilitärische Ausbildung etwa in außerschulischen gesellschaftspolitischen „Einsätzen" – Landdienst im Osten, Fliegerschulung und Arbeit in der Industrie – vermittelt werden. Aus den Napolas sollten das Führerpersonal für Partei, SA und SS und der Offiziersnachwuchs hervorgehen. Die konkurrierende Unterstellung der Napolas unter die Schulaufsicht des Reichserziehungsministeriums und der SS (SS-Obergruppenführer Heißmeyer) führte zu erheblichen Konflikten.

Die „Adolf-Hitler-Schulen" (seit 1937), ein Schulverband von zuletzt 12 Einrichtungen, galten als Vorschulen für die „Ordensburgen", als Kaderschmieden für den Parteiführernachwuchs und als Repräsentanten der „nationalsozialistischen Revolution" in Kultur und Erziehung. Sie standen unter der finanziellen Trägerschaft der DAF und unter der Aufsicht der „Reichsjugendführung". Ihre Unterbringung in burgartiger Architektur mit pseudogermanisch-heldischen Stilelementen sollte ebenso wie bei den „Ordensburgen" ihren ideologischen Zweck sichtbar dokumentieren. Die unentgeltlichen AHS standen 12-jährigen Schülern offen, die von der Partei und der HJ empfohlen waren und unabhängig

von ihrer sozialen Herkunft über „Erbgesundheit", „Rassereinheit" und „Führereigenschaften" verfügten. Neben die herkömmlichen Fächer und politisch-ideologischen Kernfächer wie Biologie, Volkskunde, Auslandskunde und Verwaltungslehre traten auch hier wie bei den Napolas außerschulische „Einsätze" zur persönlichen „Bewährung", Sport, musische Betätigungen und vormilitärischer Drill. Eine „Abschlußbeurteilung" nach 5jährigem Besuch berechtigte zum Hochschulstudium.
Die drei „Ordensburgen" (unter ihnen die bekannteste wohl Sonthofen im Allgäu), finanziert von der DAF, standen im Arbeits- und Wehrdienst sowie in der Parteiarbeit besonders bewährten verheirateten Absolventen der Napolas und AHS im Alter zwischen 23 und 30 Jahren zur dreijährigen ideologischen Weiterbildung als „nationalsozialistische Führerauslese" offen. Der dreijährige Erziehungszyklus sollte den „Adel der Nation" auf seine Aufgaben vorbereiten: auf der ersten Ordensburg die rassenbiologische und ideologische Schulung, auf der zweiten eine sportlich-militärische Ausbildung und als Krönung im dritten Jahr die Ausrichtung auf die neuen Aufgaben im „Osten" auf der restaurierten westpreußischen Marienburg. In der Selbststilisierung als „Orden" war die SS freilich mit ihren „Junkerschulen" erfolgreicher. Dies war seit 1937 die Bezeichnung der 1934/35 eingerichteten SS-Führerschulen in Bad Tölz und Braunschweig mit zehnmonatigen (im Kriege viermonatigen) Lehrgängen für Teilnehmer auch ohne abgeschlossene höhere Schulbildung zur späteren Verwendung in der Waffen-SS, in Polizei, SD usf. Rosenbergs „Hohe Schule" der NSDAP, im Kriege geplant als braune „Alternativ-Universität" (Bollmus) und als Forschungs- und Lehrstätte zum Ausbau der nationalsozialistischen Weltanschauung kam über Ansätze nicht hinaus.

Wirkung der NS-Erziehung auf die Jugend

Über Alltag und lebensweltliche Erfahrungen im „Dritten Reich" wie über Wirkung und Erfolg der Erziehungsarbeit und der politischen Indoktrination sind bei Kindern und Jugendlichen ebensowenig allgemeine Aussagen zu machen wie bei Erwachsenen. Zu unterschiedlich waren lebensgeschichtlicher Erfahrungshintergrund und Prägung im Elternhaus, unmittelbar erlebte Schul- und HJ-Wirklichkeit und soziale Herkunft, regionale und lokale Verwurzelung und Einflüsse außerhalb von Schule und Politik etwa durch kirchliche Gemeindearbeit, proletarisches oder bürgerliches Milieu oder durch Freundeskreise. Vor allem das Alter spielte eine erhebliche Rolle für die Aufnahme der nationalsozialistischen Erziehungspolitik: Jungen und Mädchen etwa des Jahrganges 1920 und älter waren schon durch die Weimarer Republik und auch gerade durch ihre Schattenseiten mit der tiefen Verelendung breiter Bevölkerungsschichten, mit Arbeitslosigkeit im Elternhaus und trüben Aussichten für die eigene berufliche Zukunft geprägt, möglicherweise auch durch die Jugendbewegung, und begrüßten den „nationalen Wiederaufbau" nach 1933. Ihnen standen die Jüngeren gegenüber, die ihre schulische und außerschulische Erziehung fast ganz im Zeichen des Nationalsozialismus durchliefen, mit Kriegsbeginn oder später eingezogen wurden und dann an der Front einen besonders hohen Blutzoll zahlen mußten. Bleibt die Kriegsgeneration etwa Jahrgang 1930 und jünger. Sie nahm noch im Kindesalter im Jungvolk und im Kriegsalltag in der Heimat, im Luftschutzkeller, bei Flucht und Vertreibung prägende Eindrücke auf, erlebte ihre Adoleszenz aber weitgehend erst nach dem Krieg. Schließlich waren die zwölf Jahre nationalsozialistischer Diktatur, davon noch fünfeinhalb Jahre unter den besonderen Bedingungen des Krieges, glücklicherweise zu kurz, als daß die hochgesteckten nationalsozialistischen Erwartungen von der Schaffung einer „neuen Generation“ von „politischen Soldaten“ auch nur annähernd hätten in Erfüllung gehen können. In dem folgenden Versuch einer Bilanz mag sich der ältere Leser also nur partiell oder vielleicht auch gar nicht mit seiner Jugend wiederfinden.

Kinder und Jugendliche reagierten auf die nationalsozialistischen Indoktrinationsbemühungen in einer ähnlichen Vielschichtigkeit und differenzierten Breite wie Erwachsene. Radikale Positionen wie fanatische „Führer“-Gläubigkeit, bedingungslose Selbstaufgabe und blinder Gehorsam bis zum bitteren Ende auf der einen oder der Einsatz des eigenen Lebens im Kampf gegen das Unrechtsregime auf der anderen Seite waren verhältnismäßig selten. Für letzteres soll hier beispielhaft der studentische Widerstandskreis „Die Weiße Rose“ stehen, für ersteres die SS-Division „Hitlerjugend“, eine Elite-Einheit, rekrutiert aus freiwilligen Mitgliedern der HJ z. T. aus Wehrertüchtigungslagern, die an der Invasionsfront 1944 bis auf geringe Reste verblutete und bei den Alliierten den Namen „Baby-Division“ trug.

Zwischen diesen extremen Verhaltensweisen gab es eine erhebliche Bandbreite von Reaktionen: von jugendlicher Begeisterung, Hingabe und Faszination über Anpassung, Karrierismus und Mitläufertum bis hin zu Aufmüpfigkeit, Resistenz und Verweigerung. Gläubige und kritiklose Einsatzbereitschaft nahm allerdings gegen Mitte und Ende der dreißiger Jahre und dann im Kriege eher ab und machte einer Ernüchterung Platz. Die Mehrheit verhielt sich dem System gegenüber loyal. Eine breite Opposition gab es nicht, die restlose Gleichschaltung der Jugend ist aber auch nie gelungen.

Nischen des Nonkonformismus

Der immer mehr in Drill und Disziplin erstarrte und inhaltsleere Apparat der HJ und ihr totalitärer Anspruch ließen viele junge Menschen Auswege in die Privatsphäre und – je nach Neigung – in seichte Unterhaltung oder auch in die – im Kriege besonders wieder gepflegten – bildungsbürgerlichen Werte in Theater und Konzert, vor allem aber Auswege aus der „Welt der Kasernen“ in jugendgemäße, selbstbestimmte und nonkonformistische Lebensformen suchen. Überall bildeten sich spontan und oft in Anknüpfung an jugendbewegte Traditionen vor allem in den Großstädten Jugendcliquen aus Protest gegen politische und kulturelle Bevormundung und Reglementierung: die anglophile „Swing-Jugend“ im Hamburger Bürgertum, die durch ihre Kleidung, ihre längeren Haare, Rauchen in der Öffentlichkeit mit langer Zigarettenspitze und Jazz-Feten ihre Distanz zum Anpassungszwang der HJ auch äußerlich dokumentierte, aus proletarischem Milieu stammende „Meuten“ in Leipzig, „Blasen“ in München und „Edelweißpiraten“ im Rhein-Ruhr-Gebiet. Grundsätzlich wurden diese „wilden“ Jugendgruppen als „Cliquen“, wie sie in der Behördensprache hießen, alle vom Regime kriminalisiert und brutal verfolgt. Denn das Ausleben eines individuellen jugendlichen Freiheitsbedürfnisses von Jungen und Mädchen in kleinen, unbeaufsichtigten Gruppen und auf Fahrten mit Attributen der bündischen, christlichen oder proletarischen Jugendorganisationen (Kluft, Klampfen, bündische Lieder) und die Entfaltung einer ungebundenen jugendlichen Gegenkultur wurden von der Gestapo als „wilder Wandertrieb bündischer und konfessioneller Jugendgruppen“ registriert, als eine gefährliche Sprengkraft in der HJ und als eine Art „Wehrkraftzersetzung“ eingeschätzt und entsprechend gnadenlos „polizeilich behandelt“. Objektiv konnte von bewußtem Widerstand kaum die Rede sein.

Lediglich bei den „Edelweißpiraten“ waren die Grenzen fließend, etwa wenn einige Mitglieder von ihnen Flugblätter verteilten, in die Illegalität gingen, Sabotageakte in der Rüstungsindustrie oder Anschläge auf SA-Männer verübten und dafür Ende 1944 ohne Verfahren in ihrer Heimatstadt Köln öffentlich gehenkt wurden. Eine Ehrung als Widerstandskämpfer wurde ihnen in Köln erst spät, viel zu spät zuteil.

Jugend im Krieg

Die Jahrgänge, die im Kriege im Uniformrock in die Welt der Erwachsenen hineinwuchsen, mußten mit Schrecken erkennen, wie weit sich die unmenschlichen Realitäten des Krieges inzwischen von den hohen Idealen ihrer Jugend entfernt hatten. Sie erlebten oder hörten – wie Sophie und Hans Scholl und ihre Freunde – von den Verbrechen an Juden, Russen und Polen, an Kriegsgefangenen und Zwangsarbeitern; Recht und Moral wurden in Deutschland längst mit Füßen getreten; Denunziantentum, Spitzelwesen und Unterdrückung bestimmten den Kriegsalltag an der „Heimatfront“. Schließlich suchte jeder für sich, irgendwie „über die Runden zu kommen“ und „in Deckung zu gehen“ und seine je individuelle „Überlebensstrategie“ abseits der großen Politik zu entwickeln.

Schon Anfang 1940 nahmen aus der Sicht der Staats- und Parteiorgane „Jugendverwahrlosung“ und „Jugendkriminalität“ ein Ausmaß an, das angeblich auch die „Wehrfähigkeit“ tangierte und am 9. März den Reichsführer SS und Chef der Deutschen Polizei, Heinrich Himmler, zu einer „Polizeiverordnung zum Schutze der Jugend“ veranlaßte. Danach durften sich Jugendliche unter 18 Jahren „während der Dunkelheit“

nicht „auf öffentlichen Straßen und Plätzen oder an sonstigen öffentlichen Orten herumtreiben"; der Zugang zu öffentlichen Lokalen, Kinos u. a. war für sie ohne Begleitung von Erziehungsberechtigten nach 21 Uhr generell, für Jugendliche unter 16 Jahren der Lokalbesuch auch vor 21 Uhr verboten; Alkoholgenuß in Gaststätten wurde für Jugendliche eingeschränkt bzw. untersagt, ebenso für Jugendliche unter 18 Jahren das Rauchen in der Öffentlichkeit. Bei Zuwiderhandeln drohten „Jugendarrest" oder die polizeiliche „Erzwingung der Jugenddienstpflicht", äußerstenfalls auch Einweisung in die Fürsorgeerziehung, für die Erziehungsberechtigten Zwangsgeld oder ersatzweise Zwangshaft. 1941 wurden im Reichsgebiet 37 853 Jugendliche rechtskräftig verurteilt, ein Jahr später bereits knapp 40% mehr, eine „Kriminalitätsquote", die signifikant über der vor 1933 bzw. vor 1939 lag. Im letzten Kriegsjahr wurden besondere „Richtlinien zur Bekämpfung jugendlicher Cliquen" erlassen. Durchgesetzt wurden all diese Maßnahmen auch mit Hilfe von „HJ-Streifendiensten".

Kinder und Jugendliche wuchsen im Kriege heran in einer militarisierten und von kriegerischer Gewalt geprägten Gesellschaft; ihren Familien fehlten der Vater und der wehrpflichtige Bruder; die Jüngeren mußten oft deren Stellung einnehmen und in der Bewältigung der Lasten und Sorgen des Alltages, nach Ausbombungen, bei der Organisierung von Lebensmitteln und Brennstoffen, auf der Flucht und bei der Vertreibung aus der Heimat Verantwortung auf sich nehmen, der sie in ihrem Alter noch gar nicht gewachsen waren; sie erlebten die Ausgrenzung und Verfolgung „politisch und rassisch Minderwertiger" und die Zersetzung und Pervertierung bürgerlicher Moral und menschlichen Anstandes; Gewalt und Tod wurden ihnen schon früh vertraut; sie sahen, wie Nachbarn und Freunde abgeholt wurden, nur weil sie Juden waren oder mißliebige politische Äußerungen gemacht hatten; ihnen fehlten die Zeit zum inneren Reifen, die Muße zum Nachdenken und die nötigen Freiräume zur kritischen Auseinandersetzung mit der Elterngeneration und zur Findung der eigenen Identität; man „boxte sich durch", auch wenn es auf Kosten der eigenen „Volksgenossen" ging, und spürte am Ende, wie schal und hohl das ganze Gerede von der „Volksgemeinschaft" gewesen war. Um so mehr Bewunderung galt den Müttern, denen es in dieser allgemeinen Desorientierung und in den Wirrnissen des Kriegsalltages dennoch gelang, ihren Kindern eine einigermaßen heile kindliche Welt zu bewahren.

Schwere Schuld gegenüber der heranwachsenden Generation dagegen luden die Erwachsenen auf sich, die für Situationen wie die folgende, die uns aus einer Mitteilung des fränkischen Gauleiters Holz vom 17. April 1945 überliefert ist, verantwortlich waren:

Der Gau hat innerhalb von sechs Wochen ein Regiment Panzervernichtungstrupps der HJ aufgestellt. Sie haben sich an verschiedenen Fronten hervorragend geschlagen. Es ist aber schade um dieses junge und kostbare Blut, wenn es in solchen Kämpfen dahinfließt. Ein Bataillon ist bereits nahezu aufgerieben.[51]

8. Bildung und Wissenschaft

Hitlers Erziehungskonzept

Hitler hat vor und nach 1933 niemals einen Zweifel daran gelassen, daß nur eine totale „Revolution der Erziehung", ihrer Inhalte, Formen und Zielsetzungen und mithin auch eine politisch-ideologische Indienstnahme von Bildung und Wissenschaft dem „Dritten Reich" Dauer verleihen werde.[52] Er forderte in „Mein Kampf"[53] „die Erziehung des Willens und der Entschlußkraft" und wandte sich voller Verachtung gegen „die übermäßige Betonung des rein geistigen Unterrichtes und die Vernachlässigung der körperlichen Ausbildung".

Der völkische Staat hat [...] seine gesamte Erziehungsarbeit in erster Linie nicht auf das Einpumpen bloßen Wissens einzustellen, sondern auf das Heranzüchten kerngesunder Körper. Erst in zweiter Linie kommt dann die Ausbildung der geistigen Fähigkeiten. Hier aber wieder an der Spitze die Entwicklung des Charakters, besonders die Förderung der Willens- und Entschlußkraft, verbunden mit der Erziehung zur Verantwortungsfreudigkeit, und erst als letztes die wissenschaftliche Schulung. Der völkische Staat muß dabei von der Voraussetzung ausgehen, daß ein zwar wissenschaftlich wenig gebildeter, aber körperlich gesunder Mensch mit gutem, festem Charakter, erfüllt von Entschlußfreudigkeit und Willenskraft, für die Volksgemeinschaft wertvoller ist als ein geistreicher Schwächling.

Auch der Geschichte weist Hitler im Prozeß der politischen Bildung ihren festen Platz zu:

Denn man lernt eben nicht Geschichte, um nur zu wissen, was gewesen ist, sondern man lernt Geschichte, um in ihr eine Lehrmeisterin für die Zukunft und für den Fortbestand des eigenen Volkstums zu erhalten. Das ist der Zweck, und der geschichtliche Unterricht ist nur ein Mittel zu ihm.

Erziehung ist für ihn die Kunst, *aus dem geschichtlichen Werden unseres Volkes einige wenige Namen herauszuheben und sie zum Allgemeingut des gesamten deutschen Volkes zu machen, um so durch gleiches Wissen und gleiche Begeisterung auch ein gleichmäßig verbindendes Band um die ganze Nation zu schlingen.*

Die Wissenschaft erscheint im völkischen Staat als ein „Hilfsmittel [...] zur Förderung des Nationalstolzes".

Nicht nur die Weltgeschichte, sondern die gesamte Kulturgeschichte muß von diesem Gesichtspunkt aus gelehrt werden [...] Aus der Unzahl all der großen Namen der deutschen Geschichte aber sind die größten herauszugreifen und der Jugend in so eindringlicher Weise vorzuführen, daß sie zu Säulen eines unerschütterlichen Nationalgefühls werden.

Nationalsozialistische Erziehungs- und Bildungspolitik war bei all ihrer diffusen Verschwommenheit also von ihrem Anspruch her der Versuch, den gesamten Lebensablauf und nicht nur den der Kinder und Jugendlichen ideologisch auf die neue Weltanschauung auszurichten. In ihrem krassen Antiintellektualismus und in ihrer Wissenschaftsfeindlichkeit stellte sie nicht nur eine kämpferische Absage an eine jahrhundertealte europäisch-abendländische Bildungstradition der Aufklärung, sondern auch, radikal zu Ende gedacht, eine Kampfansage an den „Industriestandort Deutschland" dar. Denn ein relativ rohstoffarmes Land wie Deutschland lebte von der optimalen Förderung und Entwicklung seines wissenschaftlich-technischen Know-how, und eines mußte auch dem stursten Ideologen bald deutlich werden: ein moderner Krieg ließ sich nicht mehr mit „gestählten" Körpern ohne Hirn, sondern nur noch mit einem gesicherten Vorsprung in der Rüstungs- und Waffentechnologie führen.

Aber auch auf dem Bildungs- und Wissenschaftssektor klafften wie in anderen Bereichen totalitärer machtpolitischer Anspruch und Realität erheblich auseinander. Konflikte und Widersprüche waren auch hier an der Tagesordnung. Die Traditionen bürgerlicher Bildungseinrichtungen in Schule und Hochschule zeigten sich dort anfällig für eine spezifisch nationalsozialistische Bildungs- und Wissenschaftspolitik, wo man auf dem gemeinsamen Boden nationalkonservativer und autoritär-antidemokratischer Wertordnungen zu stehen meinte; sie entfalteten aber dort eine gewisse Resistenz- und Beharrungskraft, wo es galt, absurde ideologische Überspitzungen wie die Kampfansage an das wissenschaftliche Denken und Arbeiten schlechthin abzuwehren. Opportunismus, Anpassung und Selbstgleichschaltung, vorauseilender Gehorsam und aktive Mithilfe fanden sich bei Lehrern und Hochschullehrern ebenso wie der Wille zur fachlich-wissenschaftlichen Selbstbehauptung und Redlichkeit und zur Bewahrung überkommener Bildungsgüter. Der Besuch der weiterführenden höheren Schule und der Universität war und blieb auch im „Dritten Reich" im Grunde ein bürgerliches Bildungsprivileg mit einer nach wie vor geringen sozialen Durchlässigkeit und Mobilität nach unten, und die Begünstigten teilten mit dem deutschen Bürgertum, aus dem sie kamen und in dem sie sich verwurzelt fühlten, die Illusion, nationalsozialistische Radikalität in der staatlichen Verantwortung „zähmen" zu können.

Die Bildungsinstitutionen blieben als solche unangetastet. Sie wurden aber nach der Verdrängung von Ländern, Kommunen, Kirchen, freien Verbänden, Gewerkschaften und Parteien aus ihrer Trägerschaft reichseinheitlich dem rigiden zentralistischen Prozeß der Gleichschal-

tung und ideologischen Indoktrination durch das 1934 eingerichtete „Reichsministerium für Erziehung, Wissenschaft und Volksbildung" unter Bernhard Rust unterworfen. Parteiorganisationen und angeschlossene Verbände wie der „Nationalsozialistische Lehrerbund" (NSLB), der „Nationalsozialistische Deutsche Dozentenbund" (NSD-Dozentenbund) und der „Nationalsozialistische Deutsche Studentenbund" (NSDStB), die HJ, die DAF mit ihrer Bildungsarbeit in den Betrieben oder auch die KdF leisteten bei der politischen Erfassung aller Lehrenden und Lernenden und ihrer ideologischen Gleichschaltung aktiv Schützenhilfe, wenn sie nicht – wie die HJ – ihre eigenen Ziele verfolgten und dabei ständig in Konflikt mit den staatlichen Erziehungsinstanzen gerieten.
Die Eingriffsmöglichkeiten von Staat und Partei in die Schulen und Hochschulen waren breit gestreut und umfassend: über die Personalpolitik mit Hilfe des „Gesetz zur Wiederherstellung des Berufsbeamtentums" vom 7. April 1933 und diverser Durchführungsverordnungen; politisch unzuverlässige Lehrkräfte und Schulverwaltungsbeamte wurden entlassen; den „Säuberungen" an den Hochschulen fielen 1933/34 1600 jüdische oder politisch mißliebige Wissenschaftler zum Opfer, darunter 1100 Professoren und Privatdozenten oder 16% des Lehrkörpers an den Universitäten (an der Spitze Berlin und Frankfurt mit 32%, gefolgt von Heidelberg mit über 24%); über Zulassungsbeschränkungen im Rahmen des „Gesetz gegen die Überfüllung deutscher Schulen und Hochschulen" vom 25. April 1933 mit dem Ziel der Herausdrängung weiblicher, jüdischer und ausländischer Studierender; über Lehrpläne, Richtlinien und Unterrichtsmaterialien, für die Philipp Bouhler als Chef der Kanzlei des Führers verantwortlich zeichnete; über Qualifikations- und Laufbahnverordnungen mit der Vorschrift des Besuches von Schulungs- und Dozentenlagern etwa als Voraussetzung für das Studium oder für die Erteilung der „Lehrbefähigung" (venia legendi) an der Universität oder auch über die Lehrerausbildung allgemein. Darüber darf man nicht die zahllosen Einmischungen der HJ in das Schulleben und die brutalen Einschüchterungen, Drangsalierungen und Störungen vergessen, deren sich schon vor 1933 und dann in der Phase der Machteroberung 1933/34 Mitglieder des NSDStB und der – bereits früh nationalsozialistisch ausgerichteten – „Deutschen Studentenschaft" gegenüber jüdischen Gelehrten schuldig machten, bis diese ihre Heimat verlassen mußten.
Alle fruchtbaren Ansätze der Weimarer Reformpädagogik wurden entweder wie das jugendbewegte Erbe mit Lager- und Fahrtenromantik, Laienspiel, Musizieren usf. für die HJ instrumentalisiert und totalitär pervertiert oder gleichgeschaltet resp. verboten. Darunter fielen die Koedukation, die Landerziehungsheime als Versuchsstätten reformpädagogischer Erziehung, das vielfältige Privatschulwesen und überhaupt alle Schulformen, in denen „Selbsttätigkeit" und „Selbstbestim-

mung“ der Schüler und Schülerinnen etwa in der Schülermitverwaltung, gemeinschaftsbildende Aktivitäten und Spontaneität, musische Kreativität und Werken bevorzugt eingeübt wurden. Die Ausbildung der Volksschullehrer wurde im Niveau gesenkt, indem die preußischen pädagogischen Akademien ihren Charakter als wissenschaftliche Hochschulen verloren und die Lehrerausbildung reichseinheitlich auf „Hochschulen für Lehrerbildung“, ab 1940 dann auf „Lehrerbildungsanstalten“ ohne Abitur als Zugangsvoraussetzung verlagert wurde.

Religiöse Erziehung

Besonderen Angriffen sahen sich mit der Verschärfung des Kirchenkampfes trotz rechtlicher Bestandsgarantien u. a. durch das Reichskonkordat der Religionsunterricht und die Konfessionsschulen ausgesetzt: Geistliche wurden vom Religionsunterricht ausgeschlossen, der Druck auf Eltern und Kinder wuchs, sich von ihm abzumelden, Schulandachten und Schulgottesdienste wurden verboten, vakante religionspädagogische Lehrstühle nicht wieder besetzt. Die Kirchen sollten als Träger der Erziehung ausgeschaltet werden, ihre Aktivitäten verlagerten sich auf den katechetischen Unterricht. Die 1938 u. a. durch Mobilisierung des „Elternwillens“ allgemein durchgesetzte Gemeinschaftsschule stieß nach den endlosen Schulkonflikten in der Weimarer Republik wohl nicht nur bei Nationalsozialisten auf ungeteilten Beifall.

Berufsbildung

Im beruflichen Bildungswesen erfuhren die Berufs-, Fach- und Ingenieurschulen mit den drei hierarchischen Ebenen der beruflichen Bildung – Erstausbildung, Techniker-, Ingenieurstufe – eine intensive Förderung nach dem Motto von Ley, daß jeder deutsche Arbeiter ein Facharbeiter sein solle. An der Gestaltung der dualen Ausbildung wirkten die Vertreter der staatlichen Schulaufsichtsbehörden, der Industrie und Wissenschaft sowie für den betrieblichen Bereich die DAF und – bei der Ausrichtung der jährlichen „Reichsberufswettkämpfe“ – DAF und HJ nicht selten miteinander konkurrierend mit.

Erwachsenenbildung

In der Volks- und Erwachsenenbildung wurde das in der Weimarer Republik florierende breite Spektrum von Volks- und Heimvolkshochschulen, von Volksbibliotheken und anderen Bildungseinrichtungen aus der bisherigen Trägerschaft von Städten und Kommunen, Parteien und Gewerkschaften sowie „freien“ Organisationen genommen, enteignet oder dem „Deutschen Volksbildungswerk“ inkorporiert, eine dem Schulungsamt der NSDAP unterstellte und der KdF angegliederte Einrichtung. Seine Aufgabe war die Vermittlung nationalsozialistischer Kultur und Weltanschauung, die berufliche und kulturelle Weiterbildung sowie die Körperertüchtigung. Nur evangelische, katholische und jüdische Volksbildungsstätten konnten weiterbestehen, wenn auch unter sehr eingeschränkten Bedingungen. Die Veranstaltungen des „Deutschen Volksbildungswerkes“ fanden reichlich Zulauf. Die Beteiligung an Vorträgen und Vortragsreihen stieg von 2,2 Mio. (1937) auf 5 Mio. (1942), die an Arbeitsgemeinschaften, Arbeitskreisen und Kursen im gleichen Zeitraum von 924 000 auf 6,8 Mio. Insgesamt wurden in der organisierten Volksbildung 1937 6,3 Mio. und fünf Jahre später 15 Mio. Teilnehmer erfaßt.

Fächer

An den allgemeinbildenden Schulen blieb der überkommene Fächerkanon im Unterricht, ergänzt um Rassenkunde und Vererbungslehre. In den ideologisch anfälligen Fächern wie Geschichte, Deutsch, Biologie oder Geographie erfolgte freilich der Einbruch biologistisch-rassistischer, völkisch-nationalistischer und militaristischer Bildungsinhalte. Das an der Schule zu vermittelnde Geschichtsbild sollte vorwiegend auf die deutsche Geschichte und ihre antiken Wurzeln in seiner Vorbildfunktion nationalpolitisch pädagogisiert und in Schwarz-Weiß-Manier koloriert werden: das „Dritte Reich“ als Erfüllung der mittelalterlichen Sehnsucht nach dem „Tausendjährigen Reich“, Widukind als lichte Heldengestalt gegen den „Sachsenschlächter“ Karl, Heinrich der Löwe und „Friedrich der Einzige“ (Rosenberg) als herausragende Gestalten eines preußisch-germanischen Heldenepos usf.

Deutschunterricht

Der Deutschunterricht aller Klassenstufen der höheren Schulen sollte nach neuen staatlichen Lehrplänen vier Kerngedanken vermitteln: *1. Das Volk als Blutsgemeinschaft: Der Rassen- und Vererbungsgedanke, Familien- und Ahnenkunde, Volkskunde. 2. Das Volk als Schicksals- und Kampfgemeinschaft: Kampf um Raum. Soldatentum (Heer, Flotte, Luftmacht), Heldentum, Kriegsdichtung, der Frontkämpfer des Weltkriegs als mythische Gestalt und sittliche Kraft. Die Frau im Weltkriege. Nationalsozialistische Kampfgemeinschaften und Verbände. Siedlung, Führertum, Kameradschaft. Der volksdeutsche Kampf im Grenzland und im Ausland. 3. Das Volk als Arbeitsgemeinschaft: Das Leben des Werkmanns und des Bauern, des Kaufmanns, des Forschers und des Künstlers, der deutschen Frau. 4. Das Volk als Gesinnungsgemeinschaft: Von germanischer Weltanschauung und germanischem Lebensgefühl. Der Volks- und Staatsgedanke in der deutschen Dichtung. Völkische Erwecker und politische Denker im geistigen Kampfe. Naturgefühl und Gottsuchertum.*[54]

Ein seltsamer Zwitter aus bewährtem Bildungsgut und nationalsozialistischer Indoktrination war der 1938 herausgegebene erste reichseinheitliche Erlaß „Erziehung und Unterricht in der Höheren Schule“[55]. Den Zielen der Weimarer Bildungsreformer und ihrer Orientierung am Bildungsidealismus der preußischen Reformära stellten die Autoren den Vorrang der Politik vor der Pädagogik und der politischen Tat als Ziel und Richtung der Erziehung entgegen. Doch dann folgte Erstaunliches: Ein Bekenntnis zum Leistungsprinzip und zu dem Gedanken, zur nationalen Selbsterkenntnis dadurch zu gelangen, daß man „über die Grenzen seines Volkes hinauszuschauen“ und „Achtung vor dem Lebensrecht anderer Völker“ lerne, sowie die Forderung, daß die höhere Schule zur Selbständigkeit des Denkens erziehen solle, zu „wissenschaftlicher Gediegenheit, Sachlichkeit und Wahrhaftigkeit". „Logik und das unerbittliche Gesetz der Sachlichkeit [seien] nicht die schlechtesten Erzieher des Charakters." Offenbar hatten vier Jahre nationalsozialistische Erziehungsrevolution noch nicht ausgereicht, um alle Reste des Humboldtschen Bildungsideals einer freien Persönlichkeitsentfaltung, nach dem „der wahre Zweck des Menschen [...] die höchste und proportionierlichste Bildung seiner Kräfte zu einem Ganzen" ist, in Deutschland zu tilgen.

Auch hier sei noch einmal hervorgehoben, was wir aus Erfahrungsberichten damaliger Schüler und Schülerinnen längst wissen: Die konkrete Umsetzung der bildungspolitischen und pädagogischen Vorgaben im Klassenzimmer und der Umgang mit Texten und Unterrichtsmaterialien im Alltag des Unterrichts hing wesentlich vom Lehrer ab und sah oft ganz anders aus, als es sich die Bildungsfunktionäre erhofft haben mögen, vor allem dann, wenn neben kritischen Lehrern und Lehrerinnen auch Eltern und Freunde gesinnungsmäßig „gegensteuerten".

Rassistische Bildungspolitik

Erziehung und Bildung hatten im „Dritten Reich" nicht nur eine herrschaftspolitische Funktion zur Durchsetzung und Stabilisierung des nationalsozialistischen Regimes; sie dienten wesentlich auch der Ausgrenzung und Unterdrückung rassisch und eugenisch „Minderwertiger" und dann im Kriege der Herabwürdigung der unterworfenen Völker im Osten auf ein Helotendasein im Dienste des nordisch-germanischen „Herrenvolkes". So mußten als Folge des „Gesetz zur Verhütung erbkranken Nachwuchses" vom 14. Juli 1933 die Sonderschulen und ihre Lehrer auch die „Erziehbarkeit" ihrer Schüler und Schülerinnen begründen und sie damit gegebenenfalls mit zur „Auslese" und „Ausmerze" freigeben. Bereits 1933 wurde der Anteil jüdischer Abiturienten an den Studienanfängern auf 1,5%, den angeblichen Anteil der Mitbürger jüdischen Glaubens an der Gesamtbevölkerung, begrenzt, wurden Juden aus Hochschulen und akademischen Berufen vertrieben. Am 10. September 1935 verfügte Rust die Einrichtung gesonderter jüdischer Schulen. Sie sollten noch für wenige Jahre zu Stätten der Entwicklung und Pflege jüdischer Identität und jüdischen Kulturlebens werden. 1938 wurde Juden der Besuch „deutscher Schulen" verboten. 1942 wurden ihnen im Reichsgebiet auch die Lernmöglichkeiten an jüdischen Schulen verwehrt. Für die Lehrer und ihre Schüler und Schülerinnen begann der Todesweg in die Vernichtungslager. Die Ausgrenzung jüdischer Mitbürger aus der bürgerlichen Gesellschaft und ihren Bildungsinstitutionen, in denen sie seit vielen Generationen bereits heimisch geworden waren und Wurzeln geschlagen und die sie mit ihren weltweit anerkannten Leistungen in Kultur und Wissenschaft so wesentlich bereichert hatten, war neben der räumlichen auch ein Stück geistiger „Re-Ghettoisierung" und damit zugleich ein Schritt zur physischen Vernichtung im Kriege.

Die deutschen Besatzungsbehörden in den besetzten Gebieten Osteuropas zerschlugen, um jeden Widerstand der unterworfenen Völker im Keime zu ersticken, das weiterführende Schulwesen und rotteten die Intelligenz aus, so etwa den gesamten Lehrkörper der traditionsreichen, 1364 gegründeten Jagellonischen Universität in Krakau, im Zweiten Weltkrieg Hauptstadt des „Generalgouvernements". Die Polen benötigten, so Himmlers zynische Begründung, künftig nur noch die in den ersten vier Grundschuljahren zu vermittelnden Grundkenntnisse im Lesen, Schreiben und Rechnen. Die demonstrative Gründung von „Reichsuniversitäten" in Posen und Straßburg sollte den deutschen Kulturimperialismus in Europa dokumentieren und Vermittlungsstätten für die Rassenlehre und völkisches Denken schaffen.

Anpassung der Universitäten

Die rasche Anpassungsbereitschaft der Universitäten im „Dritten Reich", ihrer Hochschullehrer und Studenten war alles andere als ein Ruhmesblatt deutscher Geistes- und Wissenschaftsgeschichte. Von mutiger Selbstbehauptung der „civitas academica" konnte ebensowenig die Rede sein, wie es den Machthabern auf der anderen Seite gelang, eine „braune Universität" durchzusetzen. Es gab sicher viele Gründe dafür, daß gerade die Stätten deutschen Geisteslebens, die sich doch immer so sehr auf die Freiheit von Lehre und Forschung und auf ihre akademische Autonomie berufen hatten, so wenig akademische Würde und Widerstandsgeist, von wenigen bemerkenswerten Ausnahmen abgesehen, entwickelt haben.

National-konservative und autoritäre Bildungsvorstellungen in den deutschen Erziehungs- und Bildungsinstitutionen verbanden sich mit einer vordemokratischen Staatsvergottung, einer Bewunderung für erfolgreiche Machtpolitik und machtstaatliches Erfolgsdenken. Die Universität teilte ihre kritische Distanz zur demokratischen Republik von Weimar und die eher deutschnationale Einstellung ihres Lehrkörpers mit dem gesamten höheren Bildungswesen. Sicher mit einiger Erleichterung registrierte die Mehrheit der Hochschullehrerschaft jedes Jahr, daß der „Verfassungstag", der 11. August, an dem 1919 die Weimarer Reichsverfassung von der Nationalversammlung verabschiedet worden war, regelmäßig in die vorlesungsfreie Zeit fiel und deshalb ein besonderes Engagement aus diesem Anlaß nicht erwartet wurde. In einer bemerkenswert unpolitischen Haltung mit freilich hochpolitischen Konsequenzen galt den meisten die Politik als „schmutziges Geschäft", das man lieber anderen überließ. Man kapselte sich von der Wirklichkeit ab, flüchtete in den „Elfenbeinturm" seines wissenschaftlichen Spezialistentums und wehrte jedes Ansinnen einer gesellschaftlichen Verantwortung von sich ab. Das Bewußtsein, das die „Göttinger Sieben" 1837 und gut zehn Jahre später viele Professoren in der Frankfurter Paulskirche in die Politik geführt hatte, war der deutschen Professorenschaft in ihrer Mehrheit offenbar längst abhanden gekommen: Die Freiheit von

Lehre und Forschung gedeiht letztendlich nur in einem demokratisch-pluralistischen Verfassungsstaat. Die von den Nationalsozialisten praktizierte Reglementierung von Erziehung und Wissenschaft erstickte im Grunde den freien wissenschaftlichen Diskurs und ein unabhängiges Erkenntnisstreben, das der Wahrheit verpflichtet ist.
Die zunehmende gegenseitige Isolierung in den Disziplinen und der Hang zum eigenwilligen Einzelgängertum des Spezialisten ohne die gemeinsame Verpflichtung auf verbindende religiöse, philosophische oder auch freiheitlich demokratische Wertordnungen zerstörten auch das kollegiale Vertrauensverhältnis unter den Hochschullehrern und machte sie als Korporation besonders wehrlos gegenüber dem geschlossenen Ansturm der Nationalsozialisten. Nur so ist das würdelose Verhalten zu begreifen, mit dem die Fakultäten auf die Entlassung der jüdischen Kollegen reagierten und ihnen jede öffentliche Solidarisierung versagten. Als der international anerkannte Völkerrechtler und Begründer des Hamburger „Institut für Auswärtige Politik" Albrecht Mendelssohn Bartholdy, um nur ein Beispiel zu nennen, und mit ihm viele weitere Kollegen, auf Grund des „Gesetz zur Wiederherstellung des Berufsbeamtentums" vom 7. April 1933 von seinem Lehrstuhl vertrieben wurde, unterblieb jeder öffentliche Widerspruch der Hamburger Juristischen und der anderen Fakultäten. Man begnügte sich damit, den betroffenen Kollegen in privaten Schreiben sein persönliches Mitgefühl auszudrücken. Sicher haben bei der schnellen und reibungslosen Entsolidarisierung und Gefügigmachung der universitären Lehrkörper auch wie in anderen Berufen Opportunismus, Mangel an Zivilcourage, Konkurrenzneid, Karrierismus und Strebertum eine zerstörerische Rolle gespielt, von der antisemitischen Einstellung vieler Hochschullehrer ganz zu schweigen.
Nach dem 30. Januar 1933 setzte an den Universitäten ein Wettlauf um die Gunst der neuen Machthaber ein. Am 23. April begrüßte der „Verband der deutschen Hochschulen", die „Standesvertretung der Hochschullehrer", die nationalsozialistische „Machtergreifung". Wenige Tage später wurde ein Wahlaufruf zur Märzwahl von Professoren unterzeichnet, im November vereinigten sich sogar 700 zu einem „Bekenntnis der Professoren an den deutschen Universitäten und Hochschulen zu Adolf Hitler und dem nationalsozialistischen Staat".

Bücherverbrennung 10. 5. 1933

Am Abend des 10. Mai verbrannten – teilweise uniformierte – Studenten unter dem Beifall und „Feuersprüchen" ihrer Professoren, einige von ihnen im Talar, in fast allen deutschen Universitätsstädten die Bücher „entarteter und jüdischer Literaten", unter ihnen die Werke von Marx, Bloch, Freud, Heine, Heinrich Mann, Brecht, Kerr, Schnitzler und sogar des Amerikaners Hemingway. Nationalsozialistische Studenten und Professoren legten schwarze Listen politischer „Schmutzschriften" von Marxisten und Pazifisten an und sorgten beflissen dafür, daß Uni-

versitätsbibliotheken und -buchhandlungen von den „Produkten undeutschen Geistes" „gereinigt" wurden. Vom gebildeten deutschen Bürgertum wurden die Bücherverbrennungen als „studentischer Bierulk" aufgenommen und verharmlost. Nicht genug damit, daß studentischer Mob schon vor 1933 jüdische Gelehrte gewaltsam vom Katheder drängte; nun wurde zusätzlich noch die Forderung laut, sie sollten künftig nur noch in hebräischer Sprache lehren dürfen.
Im Frühjahr 1933 lief alles in ganz wenigen Wochen ab. Denn das kommende Semester sollte ohne größere Störungen beginnen. Die akademische Selbstverwaltung wurde aufgehoben und die Universitäten dem Führerprinzip unterstellt. Rektoren und Dekane wurden künftig vom Ministerium ernannt.

Vertreibung jüdischer Wissenschaftler

Unmittelbar nach Erlaß des „Gesetz zur Wiederherstellung des Berufsbeamtentums" am 7. April setzte ein intellektueller Aderlaß in Deutschland ein, der für eine zivilisierte Kulturnation wohl beispiellos gewesen sein dürfte und von dem sich das deutsche Geistesleben in bestimmten, besonders betroffenen Disziplinen nicht mehr erholen sollte. Forschungsinstitute, Fachrichtungen und wissenschaftliche Schulen wurden zerrissen und zerstört, Fakultäten ihrer brillantesten Köpfe beraubt. Allein 24 Nobelpreisträger trieb das Regime in die Emigration, darunter Albert Einstein, Max Born, Fritz Haber, Heinrich Hertz, James Franck, Erwin Schrödinger und Otto Stern. Unter den emigrierten Nationalökonomen ragten Alexander Rüstow, Wilhelm Röpke, Joseph Schumpeter und Moritz Julius Bonn heraus, unter den Staatsrechtlern Hans Kelsen und Hermann Heller, unter den Sozialwissenschaftlern Karl Mannheim und Emil Lederer, unter den Philosophen Ernst Cassirer, Ernst Bloch, Karl Löwith und Karl Popper, unter den Historikern Hans Rothfels und Ernst Kantorowicz, unter den evangelischen Theologen Paul Tillich. Das gesamte renommierte Frankfurter Institut für Sozialforschung, die „Marxburg", mit Theodor Adorno, Max Horkheimer und Herbert Marcuse, ging in die USA, um dann nach dem Kriege im Zusammenhang mit der „Studentenrevolution" von 1968 als „Frankfurter Schule" eine neue Blütezeit zu erleben.
Nur wenige erhoben damals mutig ihre Stimme. Zu ihnen gehörten der renommierte Kieler Soziologe Ferdinand Tönnies, der im Februar in Berlin öffentlich für die bedrohte Freiheit der Wissenschaft eintrat, und der Schriftsteller Oskar Maria Graf, der im Februar Deutschland verließ und am 12. Mai in einem Brief forderte „Verbrennt mich!", da ihm die Nationalsozialisten nicht die Ehre erwiesen hatten, in die Liste des „undeutschen" Schrifttums aufgenommen zu werden.

Wissenschaftler im Dienst des NS-Regimes

Auf der anderen Seite ließen sich bekannte Wissenschaftler von der Idee einer „politischen Universität" und vom allgemeinen Sog der „nationalen Revolution" faszinieren und werteten mit ihrem nationalen und internationalen Ruf den braunen Ungeist in einer Weise auf, die erschrecken ließ: der Staatsrechtler Carl Schmitt mit seiner Rechtfertigung der staatlichen Morde in der Röhm-Affäre 1934 („Der Führer schützt das Recht") und seiner späteren Billigung des nationalsozialistischen Angriffskrieges als „Raumrevolution" und „Raumordnungskrieg" und sein Kollege Ernst-Rudolf Huber mit seiner Legitimation des Führerstaates in seinem damals führenden Lehrbuch „Verfassungsrecht des Großdeutschen Reiches"; der Hamburger Historiker und erste Rektor der nationalsozialistischen Hansischen Universität Gustav Adolf Rein mit seiner Forderung nach einer Universität der „völkischen Wissenschaft" als Kern einer „Hochschulreform" oder der Soziologe und Philosoph Hans Freyer, mit seinem Hauptwerk „Revolution von rechts" (1931) einer der intellektuellen Wegbereiter des Nationalsozialismus, der von der Universität verlangte, sie habe als „Hohe Schule des Staates" politische Erziehung im neuen Geist und „soldatische Schulung" zu leisten. Der Münchener Historiker Karl Alexander von Müller protegierte mit seinem guten Namen 1935 die Errichtung des „Reichsinstitut für Geschichte des neuen Deutschlands" unter dem ehrgeizigen antisemitischen Historiker Walter Frank.

Besonderes Aufsehen erregte die Freiburger Rektoratsrede des Philosophen Martin Heidegger „Die Selbstbehauptung der deutschen Universität" am 27. Mai 1933. Der berühmte Autor von „Sein und Zeit" (1927), der kein Wort des Protestes gegen die Verfemung seines jüdischen Lehrers Edmund Husserl fand, bekannte sich zur „Größe" und „Herrlichkeit" des deutschen Aufbruches und propagierte die Erneuerung der Universität aus der Verbindung von Arbeits-, Wehr- und Wissensdienst.

Nicht Lehrsätze und Ideen seien die Regeln Eures Seins! Der Führer selbst und allein ist die heutige und künftige deutsche Wirklichkeit und ihr Gesetz.

Der akademischen Freiheit erteilte er eine schroffe Absage:

Die vielbesungene 'akademische Freiheit' wird aus der deutschen Universität verstoßen; denn diese Freiheit war unrecht, weil nur verneinend. Sie bedeutete vorwiegend Unbekümmertheit, Beliebigkeit der Absichten und Neigungen, Ungebundenheit im Tun und Lassen. Der Begriff der Freiheit des deutschen Studenten wird jetzt zu seiner Wahrheit zurückgebracht. Aus ihr entfalten sich künftig Bindung und Dienst der deutschen Studentenschaft. Die erste Bindung ist die in die Volksgemeinschaft [...] Diese Bindung wird fortan festgemacht und in das studentische Dasein eingewurzelt durch den Arbeitsdienst [...] Die zweite Bindung...umgreift und durchdringt künftig das ganze studentische Dasein als Wehrdienst. Die dritte Bindung der Studentenschaft ist die an den geistigen Auftrag des deutschen Volkes [...].[56]

Erschreckende Zeugnisse einer derartigen intellektuellen „Selbstdemontage" (Bracher) der deutschen Universitäten und ihrer Indienstnahme für die Verbrechen des Regimes finden sich im Grunde in jeder Fakultät: Baeumler und Krieck setzten sich für eine politische Pädagogik aus nationalsozialistischem Geist ein; ihre antisemitische Besessenheit gegenüber dem Juden Einstein ließ die beiden Physiker und Nobelpreisträger Philipp Lenard (Nobelpreis 1905) und Johannes Stark (Nobelpreis 1919) sich zu der absurden Forderung nach einer „deutschen" oder „arteigenen Physik" versteigen; praktisch jede Disziplin ließ sich für die „Kriegswissenschaft" in Dienst nehmen: Kriegschemie, Kriegsgeographie, Kriegsgeschichte, Kriegspsychologie, Kriegswirtschaft, Kriegsphysik, Kriegsmedizin, Kriegstechnologie bis zur krönenden Kriegsphilosophie. Im „Kriegspropagandaeinsatz" sammelten Philosophen, Historiker, Anglisten, Germanisten und Juristen Material für Pressepropaganda und Parteiredner. In evangelisch-theologischen Fakultäten grassierte der Ungeist der „Deutschen Christen"; Juristen legitimierten die Verbrechen des nationalsozialistischen Unrechtsstaates; Mediziner, Psychiater, Anstaltsärzte und Humangenetiker ließen sich für „Euthanasie" und Anstaltsmorde, für Menschenversuche und Selektionen an der Rampe von Auschwitz einspannen und wähnten sich dabei noch an der Spitze des medizinischen Fortschritts hin zu einer von allem Kranken, Schwachen und „Minderwertigen" gereinigten gesunden und heilen Welt der Zukunft. Angesichts dieser Anbiederung und Willfährigkeit namhafter Repräsentanten des deutschen Geisteslebens konnte sich Hitler in seiner Verachtung der Intellektuellen, der Wissenschaft und der Juristen sogar bestätigt sehen.

Universitätsalltag

Jenseits der angesprochenen Verirrungen und schuldhaften Verstrickungen lief freilich der Universitätsalltag auch nach 1933 dort relativ normal weiter, wo es Hochschullehrern und ihren Studenten in ihren Fächern gelang, sich in Freiräume mehr oder weniger unpolitischen und positivistischen Lehrens und Lernens zurückzuziehen. Die Ideologisierung der Disziplinen hatte selbst in den eher dafür anfälligen Sozial- und Geisteswissenschaften Grenzen. Einen zu scharfen Konfrontationskurs konnte sich das Regime gerade in den kriegswichtigen Fachgebieten, auf die man angewiesen war, gar nicht leisten. Im übrigen gab es zahllose Hochschullehrer, die auch damals Charakter zeigten. Für viele stellvertretend genannt seien hier nur der Münchner Musikwissenschaftler Kurt Huber, der 1943 sein Engagement für die „Weiße Rose" mit dem Leben bezahlen mußte, oder der Hamburger Gräzist Bruno Snell.

Die studentischen Verbindungen lösten sich, wenn sie nicht freiwillig – wie im Januar 1934 der katholische CV mit den katholischen Burschenschaften – zu den neuen Machthabern überliefen, unter Druck selbst auf – wie am 28. Oktober 1935, am 120. Jahrestag des Wartburgfestes, die Deutsche Burschenschaft und fast gleichzeitig der Kösener S.C. – oder wurden verboten.

Es gehört sicher mit zu den bedrückendsten Kapiteln der restaurativen

Tendenzen nach 1945, daß die deutsche Universität damals nicht den Mut fand, sich aus eigener Initiative gründlich zu reformieren und daß es erst der „Studentenrevolution" der späten sechziger Jahre bedurfte, um alte hierarchische und vordemokratische Ordinarienstrukturen aufzubrechen und einen Prozeß der gründlichen selbstkritischen Aufarbeitung der Verführbarkeit von Bildung und Wissenschaft nach 1933 einzuleiten.

9. Kunst und Kultur

Die Kulturpolitik im „Dritten Reich", seine Kunstproduktion und seine künstlerische Szene zeigten ein in sich durchaus widersprüchliches und ambivalentes Bild zwischen radikaler, ideologisch-rassistisch motivierter „Säuberungs"-Praxis auf der einen und kontinuierlicher Traditionspflege auf der anderen Seite. Kunstpolitischer Anspruch und künstlerische Realität klafften nicht selten bemerkenswert auseinander.[57]

Kunst und Kultur im Dienst von Volk und Rasse

Die Intention war deutlich. Hitler ließ darüber niemals einen Zweifel, ebensowenig seine kulturpolitischen Erfüllungsgehilfen, Alfred Rosenberg als Führer des 1929 gegründeten „Kampfbund für deutsche Kultur" und Joseph Goebbels in seiner dreifachen Funktion als Reichspropagandaleiter der NSDAP (seit 1930), als Reichsminister für Volksaufklärung und Propaganda (13. März 1933) und als Präsident der mit Gesetz vom 22. September 1933 gegründeten und am 15. November feierlich eröffneten „Reichskulturkammer".

Kunst und Kultur waren grundsätzlich nicht autonom, sondern in den Dienst von Staat, Volk und Rasse zu stellen. Daraus ergaben sich der Kampf gegen alles „Artfremde" und „Undeutsche" und die Förderung des „Artgemäßen" und der „deutschen Kultur". So forderte Hitler 1925 in „Mein Kampf", man müsse „mit dem Unrat unserer sittlichen Verpestung der großstädtischen 'Kultur' aufräumen, und zwar rücksichtslos und ohne Schwanken vor allem Geschrei und Gezeter, das natürlich losgelassen werden wird".

Dieses Reinemachen unserer Kultur hat sich auf fast alle Gebiete zu erstrecken. Theater, Kunst, Literatur, Kino, Presse, Plakat und Auslagen sind von den Erscheinungen einer verfaulenden Welt zu säubern und in den Dienst einer sittlichen Staats- und Kulturidee zu stellen.[58]

Bei der feierlichen Einweihung des „Haus der Deutschen Kunst" in der Prinzregentenstraße in München (wegen seiner antikisierenden Fassade vom Volksmund auch als „Hauptbahnhof Athen" bespöttelt) am 19. Juli 1937, die verbunden war mit einer Ausstellung „deutscher Kunst" und einem Festumzug „2000 Jahre deutsche Kultur" von den Griechen bis zur Gegenwart, wandte sich Hitler heftig gegen die „sogenannte ‚moderne' Kunst" und sprach sich dagegen für „eine wahre und ewige deutsche Kunst" aus. *Das nationalsozialistische Deutschland aber will wieder eine ‚deutsche Kunst', und diese soll und wird, wie alle schöpferischen Werte eines Volkes, eine ewige sein. Entbehrt sie aber eines solchen Ewigkeitswertes für unser Volk, dann ist sie auch heute ohne höheren Wert [...] Daher wird die Kunst dieses neuen Reiches nicht mit Maßstäben von alt oder modern zu messen sein, sondern sie wird als eine deutsche Kunst sich ihre Unvergänglichkeit vor unserer Geschichte zu sichern haben [...] Mit der Eröffnung dieser Ausstellung aber hat das Ende der deutschen Kunstvernarrung und damit der Kulturvernichtung unseres Volkes begonnen. Wir werden von jetzt ab einen unerbittlichen Säuberungskrieg führen gegen die letzten Elemente unserer Kulturzersetzung.*[59]

Die von Hitler beschworene deutsche „Kulturidee" gründete sich auf die „rassische Substanz" des Volkes und war zugleich ihr unmittelbarer Ausdruck. Kunst als die Gesamtheit ästhetisch gestaltenden Schaffens in der Bildhauerkunst, der Malerei, der Literatur, der Musik und auch im Film entsprang nach dieser Lehre nicht allein schöpferischer Phantasie, Eingebung und Genialität, sondern ganz wesentlich der „rassischen, blutsmäßigen und völkischen Zugehörigkeit" der „Kulturschaffenden". Nach völkischen Vorstellungen waren nur bestimmte Rassen fähig, Kultur zu schaffen und zur Blüte zu führen, die „arischen Kulturstaaten". Diesen „kulturschöpferischen" Völkern standen die unproduktiven „Kulturträger" und die „Kulturzerstörer" gegenüber, die „jüdischen Schmarotzerkolonien" (Hitler). Nur die Arier waren nach Hitler zur Herrschaft auserwählt, da sie „die ursprünglichen Träger der menschlichen Kultur waren und damit die wirklichen Begründer dessen, was wir mit dem Worte Menschheit alles umfassen".

Die Blutsvermischung und das dadurch bedingte Senken des Rassenniveaus ist die alleinige Ursache des Absterbens alter Kulturen; denn die Menschen gehen nicht an verlorenen Kriegen zugrunde, sondern am Verlust jener Widerstandskraft, die nur dem reinen Blut zu eigen ist.[60]

Der Kampf gegen „artfremde" und „ungesunde" und das hieß in erster Linie gegen „jüdische Kultureinflüsse" und „jüdisches Kulturschaffen" war also zugleich für die Nationalsozialisten ein Kampf um den Fortbestand der „deutschen Kultur", der in ihr zum Tragen kommenden „völkischen Substanz" und damit im weitesten Sinne ein Ringen um das Überleben von Volk und Rasse. Das gab der nationalsozialistischen Kunst- und Kulturpolitik in der Bekämpfung ihrer Gegner jene brutale und kompromißlose Unerbittlichkeit, wie wir sie aus der Rassenpolitik bereits kennen.

Verfemte Künstler

Diese Kulturpolitik erschöpfte sich im wesentlichen im Negativen, in der Zerstörung und in der aggressiven Abgrenzung gegen die sogenannte „entartete Kunst". Unter ihr wurden alle linken, modernen, avantgardistischen, formal experimentierfreudigen, nicht naturalistischen sowie inhaltlich sozialkritischen und pazifistischen Kunstströmungen wie der Expressionismus, der Dadaismus oder die abstrakte Kunst diffamierend zusammengefaßt. Der Begriff wurde aus der biologisch-medizinischen Deformation entlehnt und schon 1893 von dem Arzt Max Nordau in seinem zweibändigen Werk „Entartung“ in die Kunstkritik eingeführt. Von Rosenbergs „Kampfbund für die deutsche Kultur“ aufgegriffen und popularisiert, wurde der Begriff „künstlerische Entartung“ dann ab 1933 zum Herzstück eines „unerbittlichen Säuberungskrieges“ gegen „Kulturbolschewisten“ und ihre Erzeugnisse. „Entartet“ waren in der Malerei und Plastik so prägende Stilrichtungen wie der „Blaue Reiter“ (Wassily Kandinsky, Franz Marc, August Macke, Alfred Kubin, Paul Klee) und die „Brücke“ (Ernst Ludwig Kirchner, Erich Heckel, Karl Schmidt-Rottluff), die Expressionisten Emil Nolde und Käthe Kollwitz, „weil sie in ihrer zügellosen individualistischen Willkür geistig destruktiv gewirkt [...] und ein Untermenschentum propagiert haben“ (Deutsche Kultur-Wacht 1933); in der Musik die „Wiener Schule“ um Arnold Schönberg und seine Schüler Alban Berg und Anton Webern mit ihrer atonalen Kompositionstechnik; in der Literatur die Berliner Avantgarde um Brecht, Döblin, Seghers, Tucholsky u. a.; in der Architektur das Dessauer Bauhaus mit den „Baubolschewisten“ Walter Gropius und Ludwig Mies van der Rohe; das sozialkritische Experimentiertheater mit Bertolt Brecht und Erwin Piscator. Auch Max Reinhardt mit seinem modernen Regietheater ist hier zu erwähnen.

„Entartete Kunst“

Im Jahre 1937 wurden auf „Führerbefehl“ im Münchner „Haus der Kunst“ Gemälde, Graphiken und Plastiken nunmehr verfemter „Künstler der Verfallszeit“ unter dem Titel „Ausstellung der entarteten Kunst“ mit ausgesprochen aufhetzenden Beschriftungen wie „Ausgeburten des Wahnsinns, der Frechheit“ usf. präsentiert. Darunter befanden sich neben den schon erwähnten auch Werke von Max Beckmann, Georges Braque, Paul Cezanne, Marc Chagall, Lovis Corinth, Otto Dix, Lyonel Feininger, Paul Gauguin, Vincent van Gogh, George Grosz und Oskar Kokoschka. Mit 2 Mio. Besuchern, darunter viele britische und amerikanische Touristen, stellte diese Präsentation, die in mehreren deutschen Städten gezeigt wurde, die gleichzeitig laufende „Große Deutsche Kunstausstellung“ in München weit in den Schatten. Ein Jahr später wurden die Kunstwerke mit dem „Gesetz über die Einbeziehung von Erzeugnissen entarteter Kunst“ vom 31. Mai 1938 entschädigungslos enteignet. Sie verschwanden entweder in Magazinen oder wurden ins Ausland verkauft oder den Flammen überantwortet.

In der hämischen Ablehnung der Weimarer Avantgardekunst waren sich Nationalsozialisten und bürgerlich-konservative Kreise einig. Hier konnte man gemeinsam an die antikommunistischen und antisozialistischen Affekte anknüpfen und Front machen gegen alles, was aus der Perspektive dieser Kreise eine „zielbewußte Entwertung von Moral, Ehre und Familie, Vaterland" darstellte und als „ungesund" und „undeutsch" erschien. Denn als „Kultur-" oder auch „Kunstbolschewismus" wurde in der Weimarer Zeit zugleich der relativ kurzlebige Versuch diffamiert, in der Sowjetunion nach der Oktoberrevolution einen „Prolet-Kult", d. h. proletarisch-revolutionäre Kunst und Kultur, zu begründen.

NS-Kunst

Neben der eindeutig zerstörerischen Zielrichtung nationalsozialistischer Kulturpolitik als Instrument völkisch-rassistischer „Säuberungen" sollte man auch niemals übersehen, daß mit Hilfe der Kunst auch der Macht- und Herrschaftswille des Regimes mit einschüchternder Wirkung demonstriert und die ideologische Blut-und-Boden-Wertwelt der Nationalsozialisten, ausgerichtet an Themen wie Bauer und Krieger, Heimat und Familie, Mutter und Kind, Volk und Vaterland, vermittelt werden sollte. Dies galt besonders für die Architektur und die Plastik, so etwa für die Neue Reichskanzlei in Berlin, das Braune Haus in München, das Reichsparteitagsgelände in Nürnberg oder Hitlers und Speers gigantische Entwürfe für die neue „Welthauptstadt Germania" (Berlin) oder in der Plastik für das heroische Pathos der Monumentalfiguren von Arno Breker und Josef Thorak.

Organisation der NS-Kulturpolitik

In den üblichen Konflikten um die Zuständigkeit für die Kulturpolitik setzte sich schnell Goebbels mit seinem neuen Propagandaministerium durch. Rosenbergs „Kampfbund" wurde als „Nationalsozialistische Kulturgemeinde" zu einer Theaterbesucherorganisation degradiert und dann 1937 von KdF übernommen. Diese Freizeitorganisation drängte über ihr „Deutsches Volksbildungswerk" heftig in die Kulturaktivitäten, ohne sich jedoch hier bei Festlegung und Durchführung der prinzipiellen Richtlinien gegen Goebbels durchsetzen zu können. Dieser schuf sich mit der Reichskulturkammer und ihren sieben Einzelkammern für Bildende Künste, Schrifttum, Musik, Theater, Film, Rundfunk und Presse das zentrale kulturpolitische Zwangs- und Selektionsinstrument auch für die personellen „Säuberungen" im gesamten Kulturbetrieb. Den Kammern gehörten alle „Kulturschaffenden" sowie alle Berufe und Wirtschaftszweige an, die „bei der Erzeugung, der Wiedergabe, der geistigen oder technischen Verarbeitung, der Verbreitung, der Erhaltung, dem Absatz oder der Vermittlung des Absatzes von Kulturgut" mitwirkten. Die etwa 250 000 Mitglieder der Einzelkammern rekrutierten sich also nicht nur aus dem Kunstschaffen im engeren Sinne, sondern aus Kunsthandwerkern, Raumausstattern, Kunstverlegern und -händlern, Kopisten, Restauratoren, Gebrauchsgraphikern, Antiquitätenhändlern usf.

Ausschluß aus einer der Kammern aus „rassischen" oder „politischen Gründen" oder Nichtzulassung bedeuteten praktisch Berufs- und Veröffentlichungsverbot. Hier war also administrativ in Verbindung mit dem „Gesetz zur Wiederherstellung des Berufsbeamtentums" vom 7. April 1933 die Möglichkeit gegeben, gleichsam über Nacht Intendanzen, Museen, Akademien, Theaterensembles, Orchester oder filmische „Besetzungslisten“ von „artfremden“ Elementen zu „säubern“, öffentliche Sammlungen moderner Kunst für die Konfiszierung, den Verkauf oder nach 1937 auch für die Vernichtung freizugeben und „volksfremdes“ Schrifttum zusammen mit den Produzenten zu ächten und aus dem Kulturbetrieb und der Öffentlichkeit zu eliminieren. Nationalsozialistische Kulturpolitik war also zuallererst Personalpolitik und ein Mittel, künstlerische Existenzen zu vernichten und die Künstler selbst in die äußere oder innere Emigration zu treiben.

Inhaltliche Widersprüche

Der Feind war klar fixiert: der Jude als verantwortlich für den „Niedergang deutscher Kunst und Kultur“, ebenso das Ziel: die „Arisierung“ der „Kulturschaffenden“ und des „Kulturschaffens“. Viel schwieriger waren die Fragen der inhaltlichen und ästhetischen Abgrenzung, zumal wenn an der „arischen Abstammung“ des Künstlers kein Zweifel bestand. Hier tat sich das Regime naturgemäß recht schwer. Was war überhaupt „moderne Kunst“ oder „deutsche Kunst“? Was konnte als „entartet“, als „ungesund“ oder „volksfremd“ bei einem einwandfrei „arischen Künstler“ gelten? Was sollte „gesäubert“ werden? Ästhetische Kriterien waren kaum eindeutig zu definieren, ebensowenig das Wesen dessen, was man konkret unter „nationalsozialistischer Kunst“ zu verstehen hatte. Näher lagen hier schon die Themenwahl und die künstlerische Ausgestaltung dieser Themen als Auswahlprinzip. Aber auch hier gab es immer wieder Unsicherheit und Diskussionen. Bekanntgeworden ist die noch 1933/34 mit aller Härte und Offenheit geführte Berliner Expressionismusdebatte. Goebbels wollte den schon früh zum Nationalsozialismus gestoßenen Expressionisten Emil Nolde als „nordischen“ Künstler vereinnahmen und stieß hier auf erbitterten Widerstand Rosenbergs. Am Ende wurden Noldes „grell-gräßliche Machwerke“ als „entartet“ verfemt und 1937 aus allen öffentlichen Sammlungen entfernt. Nachdem er sich noch einige Zeit der Gunst der KdF erfreuen konnte, wurde dem Künstler 1941 offiziell Malverbot auferlegt. Er schuf bis Kriegsende in seiner idyllischen Einsiedelei in Seebüll in Nordfriesland heimlich rund 1300 Aquarelle, seine sogenannten „ungemalten Bilder“, die heute zu den berühmtesten Zeugnissen moderner Malerei gehören.

Ähnlich unsicher war das Regime zunächst bei der Einordnung von Ernst Barlach, dessen „unheldische“ Skulpturen bald aus Museen und Kirchen verbannt und teilweise zerstört wurden, oder des Komponisten Paul Hindemith, der schließlich als „Musikbolschewist“ 1938 über die Schweiz in die USA emigrieren mußte, obwohl Wilhelm Furtwängler noch lange seine schützende Hand über ihn wie auch übrigens über manches „nichtarische“ Mitglied seines Berliner Philharmonischen Orchesters zu halten sich bemühte. Auch protestierte Fritz Hippler, führend im „Nationalsozialistischen Deutschen Studentenbund“ und dann „Reichsfilmintendant“, noch im Juni 1933 im Auditorium Maximum der Berliner Universität gegen die „Kulturreaktion" Rosenbergs und seines „Kampfbundes", und man bekannte sich zu Nolde, Barlach, Heckel und Schmidt-Rottluff als Vertretern einer „neuen deutschen Kunst". Diese wenigen Beispiele mögen nur zeigen, wie sehr die allgemeine Unsicherheit in der Bestimmung dessen, was „artgemäß" oder „artfremd", was „deutsch" oder „undeutsch" war, der Willkür persönlicher Entscheidungen durch Goebbels oder Hitler persönlich Tor und Tür öffnete. Zwar wurde dem Reichspropagandaminister eine ausgesprochene Vorliebe für moderne Kunst, etwa für den Expressionismus oder auch für den italienischen Futurismus, den er 1934 anläßlich einer Ausstellung in Berlin offen protegierte, nachgesagt; aber selbst er lebte so in der Furcht vor seinem Herrn, daß er vor Besuchen Hitlers eventuell mißliebige Kunstwerke in seinem Haus versteckt haben soll.

Traditioneller Kulturbetrieb

Der Kunst- und Kulturbetrieb im „Dritten Reich" stellte sich ebenso wie die Kulturpolitik seiner Machthaber damals für die Zeitgenossen und stellt sich auch heute für uns im Rückblick als viel differenzierter und uneinheitlicher dar, als es so spektakuläre Ereignisse wie die Bücherverbrennungen am 10. Mai 1933 oder die Vertreibung vieler namhafter Künstler nahelegen könnten. Auch hier scheut man sich, ihn als das zu bezeichnen, was er in vielen Bereichen war: als normal und ausgesprochen traditionell. Sonst wäre es kaum zu erklären, daß selbst die radikalen Auswüchse nationalsozialistischer Kulturpolitik oder besser Kulturverfolgung nicht nur nicht zu einer Einbuße an Loyalität in der Massenanhängerschaft geführt haben, sondern in breiten Kreisen bis ins kulturell interessierte Bürgertum hinein teilweise sogar ausgesprochen begrüßt wurden.

Dies hing mit vier Dingen zusammen: Das Regime konnte sich mit weltberühmten Namen „schmücken", wie mit Richard Strauss als erstem Präsidenten der Reichsmusikkammer, Gustaf Gründgens als Generalintendanten der Preußischen Staatstheater, dem Dichter Gerhart Hauptmann oder Wilhelm Furtwängler als Chef der Berliner Philharmoniker und Karl Böhm als Direktor der Dresdner Staatsoper, und dadurch viele über den enormen kulturellen „Aderlaß" hinwegtäuschen; es widmete sich demonstrativ der deutschen und auch europäischen Traditionspflege in der klassischen und romantischen Dichtung, in der Malerei, auf der Bühne und im Konzert- und Opernbetrieb und ließ darüber vergessen, daß Mendelssohn Bartholdy und Mahler als „artfremd" verfemt waren; es machte sich Ressentiments, Ablehnung und Unverständnis gegenüber modernen Kunstrichtungen in weiten Bevölkerungsschichten und auch im konservativen Bildungsbürgertum schon in der Weimarer Republik zunutze. Die Produkte der Avantgardekunst, abstrakte, gegenstandslose oder nicht naturalistische Malerei und Plastiken, sozialkritische pazifistische und linke Literatur, funktionales Bauen und neue Sachlichkeit, Experimentiertheater oder Atonalität hatten stets nur

das Interesse relativ weniger Menschen geweckt. Die Mehrheit verstand kaum etwas, fühlte sich eher abgestoßen, gelangweilt oder zumindest nicht so angesprochen, daß man dafür auf die Barrikaden zu gehen gewillt war. Darüber vergaß man allerdings oder merkte es erst, als es zu spät war, daß mit der Verfolgung „artfremder" Kunst nur ein Einstieg für eine rigide Kontrolle des gesamten Kulturlebens gegeben war.
Schließlich gaben sich die Verantwortlichen dort, wo sie sich es glaubten leisten zu können, ausgesprochen weltoffen und liberal: Übersetzt und verkauft wurden auch noch nach 1933 mit teilweise hohen Auflagen die Amerikaner Thomas Wolfe, Thornton Wilder, William Faulkner und Ernest Hemingway, Margret Mitchells Bestseller „Vom Winde verweht" oder die Franzosen André Maurois, Henry de Montherlant, Jules Romains, Paul Claudel, Jean Giraudoux und mit besonderem Erfolg „Nachtflug" und „Wind, Sand und Sterne" von Saint-Exupery. Hollywood-Filme konnte man im Kino selbst noch mit der inzwischen emigrierten Marlene Dietrich, mit Joan Crawford, Gary Cooper, Clark Gable und der unvergessenen Greta Garbo sehen. Jazz und Swing waren geduldet, wenn der Hinweis auf ihre amerikanische Herkunft als „Niggermusik" fehlte.

Verfemte Autoren

Verfemt und, soweit sie Mitglieder waren, aus der „Preußischen Akademie der Künste" ausgeschlossen und ins Exil verbannt wurden Hermann Broch, Alfred Döblin, Leonhard Frank, Stefan George, Georg Kaiser, Alfred Kerr, Else Lasker-Schüler, Thomas und Heinrich Mann, Alfred Mombert, Robert Musil, Carl von Ossietzky, Erich Maria Remarque, Anna Seghers, Kurt Tucholsky, Fritz von Unruh, Jakob Wassermann, Franz Werfel, Carl Zuckmayer, Arnold und Stefan Zweig und viele andere. Es blieben Werner Bergengruen, Rudolf G. Binding, Hans Carossa, Hermann Claudius, Hans Fallada, Ernst Jünger, Hermann Kasack, Marie Luise Kaschnitz, Elisabeth Langgässer (1936 Publikationsverbot), Agnes Miegel, Reinhold Schneider, Rudolf Alexander Schröder, Ina Seidel, Frank Thieß, Ernst Wiechert u. a. Wichtig für die Nachkriegszeit sollten die Jüngeren wie Günther Eich, Peter Huchel und Karl Krolow werden. Nur wenige von ihnen erlagen – wie Binding – der Faszination des Nationalsozialismus und ließen sich – wie Hauptmann – propagandistisch von ihm vereinnahmen; die meisten blieben als Künstler und Menschen integer; einige suchten – wie Bergengruen, Hagelstange, Schneider, Schröder oder Thieß – den „Rückzug ins Schweigen" oder die „innere Emigration" – ein 1933 für die Daheimgebliebenen von Thieß geprägter umstrittener Begriff, der nach 1945 zu heftigen Auseinandersetzungen mit den Exilierten führen sollte.
Ein unrühmlicher Sonderfall war der prominente expressionistische Lyriker Gottfried Benn. Sein öffentliches Bekenntnis zum „totalen Staat", seine Verherrlichung des „Führers" und seine höhnische „Antwort an die literarische Emigration", die er 1933 im Rundfunk seinen verfolgten

Freunden ins Exil nachsandte, retteten Benn jedoch nicht 1938 vor dem Ausschluß aus der Reichsschrifttumskammer und vor einem Veröffentlichungsverbot.

NS-Literatur

Im Jahre 1933 begann in der Dichtung die Stunde des nationalsozialistischen Mittelmaßes[61]: In der „volkhaften Dichtung“ mit Heimat-, Bauern-, Kolonial- und historischen Romanen, deren Wurzeln ideologisch schon ins 19. Jahrhundert zurückwiesen (Hans Friedrich Blunck, Adolf Bartels, Gustav Frenssen, Hans Grimm, Erwin Guido Kolbenheyer, Will Vesper u. a.); in der „heldischen Dichtung“ mit Weltkriegsromanen und einer Verherrlichung des Fronterlebnisses und der Kampfgemeinschaft (Werner Beumelburg, Edwin Erich Dwinger, Franz Schauwecker) sowie in der „Weihedichtung“ mit liturgischen Texten für NS-Feiern, Thing-Spielen, Marsch- und Kampflyrik usf. (am bekanntesten wohl Hans Baumann). Zum Paradedichter des „Dritten Reiches“ hochgelobt wurde Hanns Johst mit seinem 1932 entstandenen bekanntesten und meistgespielten Drama „Schlageter“, das er „Adolf Hitler in liebender Verehrung und unwandelbarer Treue“ widmete. Er wurde belohnt mit dem Amt des Präsidenten der „Akademie für Deutsche Dichtung“ und des Präsidenten der „Reichsschrifttumskammer“ sowie vielen weiteren Auszeichnungen. All diese intensiven Bemühungen um die Förderung einer spezifisch nationalsozialistischen Kunstproduktion konnten jedoch nicht darüber hinwegtäuschen, daß die Ergebnisse provinziell und durchschnittlich blieben und vom Publikum oft nicht angenommen wurden. Dies galt im Grunde auch für die anderen Kunstbereiche, es sei denn, hier wurde bewußt an ein konservativ-nationales und bürgerliches Traditionserbe angeknüpft, wie etwa in der Malerei, in der Bildhauerkunst oder auch in der Musik.

NS-Malerei

So griff man etwa in der ersten umfassenden und repräsentativen Ausstellung 1937 im „Haus der deutschen Kunst“ auf die gegenständliche und naturalistische Genremalerei des 19. Jahrhunderts zurück, auf bäuerliche, Familien-, Landschafts- und Sommerwiesen-Idylle mit Titeln wie „Heimat“, „Trösterin Natur“, „Scholle“ oder „Sehnsucht nach dem einfachen Leben“. Klischeehafte Bauernbilder aus dem Geist von „Blut und Boden“ zeigten den „Nährstand“ auf „deutscher Erde“ hinter pflugziehenden Pferden oder mit Sense oder den „Wehrstand“ mit dem Schwert. Vorindustrielle Idylle dokumentierte sich in Handwerkerbildern, Stilleben, stillenden deutschen Müttern und Frauen am Spinnrad. Weibliche Akte mit einem prickelnden Hauch schwüler Erotik knüpften teilweise an die bürgerliche Salonmalerei des 19. Jahrhunderts an. Im Krieg schoben sich soldatische Helden- und Schlachtengemälde situationsbedingt mehr in den Vordergrund. Konventioneller kleinbürgerlicher Kunstgeschmack konnte nach dem Motto „preiswerte Kunst dem Volke“ in diesen Produkten im Grenzbereich von Kunsthandwerk und Kitsch seine Erfüllung finden.

Plastik Nicht nur in der Malerei, auch in der Bildhauerkunst und in der Architektur konnten die Nationalsozialisten unschwer an bewährte Stilrichtungen anknüpfen und damit auch dem Massengeschmack entgegenkommen. Denn daß staatlich geförderte Plastiken und Denkmäler (Helden- und Kriegerdenkmäler) oder auch öffentliche Gebäude traditionell auch bestimmte politisch-historische Botschaften der Obrigkeit überbringen oder Herrschaft symbolisieren sollen, war auch außerhalb Deutschlands nichts Neues. Der Historismus im 19. Jahrhundert mit seinen geschichtlichen Anleihen bei der Renaissance, der Gotik und dem Barock war ein anschauliches Beispiel. Die epigonenhafte nationalsozialistische Ästhetik orientierte sich am Vorbild der klassischen Antike, des „nordischen Abendlandes", wie es in der Propaganda hieß. „Heroische Zeiten", dekretierte Hitler, suchten immer „Brücken zur heroischen Vergangenheit".

Die idealisierenden und entindividualisierten Monumentalplastiken, Reliefdarstellungen und Porträtbüsten eines Arno Breker und Josef Thorak mit ihrem kalten und hohlen heroisierenden Pathos kamen diesem Kunstideal besonders entgegen. Herrische Männergestalten, muskelbepackte Helden, pflügende Bauern und kämpfende Soldaten dokumentierten Stolz und Stärke des „neuen Deutschlands", seine Leitbilder und „Rassenideale". Frauenakte verwiesen durch „Anmut und Hingabe" auf die „naturgemäße" Rolle der Frau als Gebärerin. Arno Breker ließ sich 1942 in Paris auf einer seinem Schaffen gewidmeten Ausstellung von dem greisen französischen Bildhauer Maillol als „deutscher Michelangelo" feiern. In seinen im staatlichen Auftrag gefertigten Monumentalfiguren wie den Plastiken für das Berliner Olympiastadion oder seinen – das Hauptportal der Neuen Reichskanzlei flankierenden – heroischen allegorischen Standbildern „Partei" und „Wehrmacht" sah der Kulturideologe Rosenberg „Wucht und Willenhaftigkeit" der neuen Zeit.

Architektur Auch in der klassizistischen Monumentalarchitektur, die im übrigen damals keineswegs auf Deutschland beschränkt war, fand der verhinderte Künstler Adolf Hitler mit den Architekten Paul Ludwig Troost (gest. 1934) und Albert Speer kongeniale Interpreten des nationalsozialistischen Kunststils. Vorbild für Hitler und seine Architekten war auch hier das „Schönheitsideal der antiken Völker und Staaten", Stein geworden und auf Dauer geschaffen in den Kulturbauten Griechenlands. Nationalsozialistischer Klassizismus und stilistische Anleihen beim mittelalterlichen Fachwerk- und Burgenbau sollten sich vereinen zu einer spezifisch „germanischen Tektonik". In den naturhaften Baumaterialien – Granit und Kalkstein – sollte sich wie einst bei den Griechen auch jetzt der Anspruch auf zeitlose Schönheit, auf Ewigkeit und Standfestigkeit des Regimes, im monumentalen Festungscharakter der Burgen – etwa der Ordensburgen – sein imperialer Lebensraumanspruch nach Osten verkörpern.

Gezielt nach 1933 in Auftrag gegebene „nationale Weihestätten" von „historischer Einmaligkeit" sollten vom Charisma der „Führerherrschaft" künden, die Gefolgschaft mobilisieren und den Rahmen für Massenaufmärsche schaffen. Auf die „Bauten der Bewegung" – „Braunes Haus" in München und Nürnberger Reichsparteitagsgelände als „Dokument stilbildender Art" – folgten die Bauten des Staates und des Weltreiches: „Neue Reichskanzlei" und Konzipierung der neuen „Welthauptstadt Germania" (Berlin) als repräsentatives Zentrum des imperialen Herrschaftswillens; denn „nur das Vorhandensein eines solchen mit dem magischen Zauber eines Mekka oder Rom kann auf die Dauer der Bewegung Kraft geben" (Hitler). In den Entwürfen für dieses nordisch-germanische „Mekka", eine 10-Millionen-Metropole, von der aus ein Weltreich regiert werden sollte, waren als Magistrale eine Prachtallee als „längste Geschäftsstraße der Welt" und eine „Große Volkshalle" mit einer 300m hohen Backsteinkuppel geplant.
Aber diese monumentale und in ihrer Wirkung auch brutale und einschüchternde architektonische Ästhetisierung des nationalsozialistischen Herrschaftswillens war nur die eine Seite der Baukunst im „Dritten Reich". Gleichzeitig folgte im nichtstaatlichen Bereich der funktional-moderne Industriebau mit Natur- und Backstein, Eisen und Stahl dem internationalen Trend der Industriearchitektur. Zwar verlor der private Wohnungsbau gegenüber der Zeit vor 1933 durch Einsparungen an Bedeutung; staatlich propagierte Klein- und Werkssiedlungen konnten aber die stadtplanerischen Impulse der Gartenstadtbewegung seit der Jahrhundertwende und der Siedlungsprojekte der Weimarer Zeit nicht verleugnen.
Besonders traditionell gab sich nach den „Säuberungen" von jüdischen Komponisten und Künstlern die Musikpflege. Erwünscht waren gerade auch im Kriegsalltag zur Hebung der Stimmung in der Bevölkerung im Konzertsaal und auf der Opernbühne nach wie vor die Werke der „großen Deutschen" wie Beethoven, Wagner und Bruckner, besonders auch Bach, Haydn, Mozart, Schubert, Schumann, Brahms, Pfitzner und R. Strauss. Neben Strauss repräsentierten Werner Egk und Carl Orff mit ihren Anleihen bei der bayerischen Folklore und ihrer naturalistischen Urwüchsigkeit die „Moderne". Orffs „Carmina Burana" wurden vielbeachtet 1937 uraufgeführt. Besonders gefördert aus politischen Gründen wurden Marschlieder, Märsche, Volksmusik, Festmusiken, Kantaten und Chorwerke, soweit sie volkstümlich, gemeinschaftsfördernd, kämpferisch, heroisch oder feierlich waren oder einfach einen entspannenden und betont „unpolitischen" Zerstreuungswert besaßen. Tanz- und Unterhaltungsmusik und Schlager von Michael Jary, Peter Kreuder, Herms Niel oder Norbert Schultze erfreuten sich besonderer Wertschätzung. „Schräge" Swing- und Jazzrhythmen wurden geduldet, wenn sie ihre amerikanische Herkunft als „artfremde Nigger-Musik" verleugneten

Musik

und „deutsch“ verpackt waren, etwa beim populären Swing-Orchester Teddy Stauffer, den „Original Teddies“.

Theater

Ein Blick in die damaligen Veranstaltungskalender deutscher Theater, Opernbühnen oder Konzertsäle läßt die bewußte Pflege bewährter bürgerlicher Kulturtradition und einen akademischen Traditionalismus besonders deutlich werden. Nach dem Verbot „entarteter Kunst“ und der Weimarer Avantgarde beherrschten nach wie vor die „Klassiker“ und das moderne Boulevardstück die Spielpläne, ohne daß sich eigenständige nationalsozialistische Werke beim Publikum durchsetzen konnten. Verfemt und geächtet in der Musik wurden neben den schon genannten Komponisten auch Jacques Offenbach, Paul Dessau, Kurt Weill und Hanns Eisler, alle „fremdvölkische“ Musik wie Zigeunerweisen und so weltberühmte Interpreten wie die Dirigenten Fritz Busch, Otto Klemperer, Bruno Walter, die Sänger Richard Tauber und Joseph Schmidt oder der Pianist Rudolf Serkin. Im Jahre 1938 gab die Ausstellung „Entartete Musik“ einen richtungweisenden Überblick.

Niemand wird bestreiten können, daß das kreative und experimentierfreudige künstlerische und literarische Leben der Weimarer Republik mit seinem kosmopolitischen Charme 1933 zerstört und seine Repräsentanten ins Exil getrieben worden sind. Dabei darf aber nicht übersehen werden, daß die angestrebte totale Politisierung der Freizeit und des Urlaubs dem Regime niemals auch nur annähernd gelungen ist und daß dementsprechend noch hinreichend Freiräume in der privaten Sphäre für den öffentlich nicht geduldeten Genuß „entarteter Kunst“ geblieben sind. Auch wurden z. B. die Werke Thomas Manns trotz des Autodafés vom 10. Mai 1933 zunächst noch weiter verlegt.

Massenkultur

Ein ganz anderes Bild als in der ideologisch stark reglementierten und selektierten sogenannten „hohen“ und anspruchsvollen Kunst ergab sich in der unterhaltenden Kunst und in der Massenkultur. Revolutionierende technische Neuerungen wie der (Ton-) Film, die Photographie, Rundfunk und Schallplatte, in der ersten Experimentierphase auch bereits das Fernsehen veränderten im 20. Jahrhundert gründlich die bis dahin etablierte Kunst, ihre Produktion, ihre Vermittlung und ihre Rezeption. Künstlerisches Schaffen und sein Genuß waren nicht mehr wie bisher im wesentlichen beschränkt auf bürgerliche „Kunsttempel“, auf das Theater, die Oper, den Konzertsaal oder das Museum und auf einen relativ kleinen elitären Kreis von „Kunstfreunden“. Mit Hilfe der neuen Medien und Reproduktionsformen fand so etwas wie eine tiefgreifende „Demokratisierung“, Popularisierung und Potenzierung des Kunst- und Kulturgenusses in breiten Bevölkerungsschichten statt. Gleiches galt für die angewandte Kunst. Modernes Industriedesign und mit ihm die moderne Reklame drangen über die industrielle Massenfertigung und die Vermarktung von Gebrauchsgütern des täglichen Bedarfs wie Möbel, Geschirr, Bestecke, Elektrogeräte usf., auch vor al-

lem in den USA über das Automobil in viele Haushalte ein und prägten die moderne Alltagswelt.
Hier wurden schon seit der Jahrhundertwende besonders auch in den USA Trends moderner Massenkultur und eines kulturellen Massenkonsums ausgelöst, die sich relativ ungebrochen von der Weimarer Republik über die nationalsozialistische Ära bis in die Nachkriegszeit fortsetzten und jeder Nazifizierung von oben widersetzten. Coca-Cola als Inbegriff der „Amerikanisierungswelle" hatte längst seinen Siegeszug auch in Europa angetreten und war selbst von verbohrten braunen Ideologen nicht mehr zu bremsen.
Kultur sollte ebenso wie das Reisen kein elitäres bürgerliches Privileg mehr sein, sondern nach dem Motto „Kunst dem Volke" allen offenstehen. Auch wenn der Bildungsbürger ebenso wie der gutsituierte Kurgast die Nase rümpften und ihre bis dahin exklusiven Kurstätten und Sanatorien vom Massenansturm entweiht sahen: „Kraft durch Freude" ließ es sich nicht nehmen, Menschen, die früher niemals daran gedacht hatten oder sich so etwas vorher nicht leisten konnten, massenhaft ebenso in Seebäder wie in Kunstausstellungen, Konzerte, Theater- und Opernaufführungen zu reduzierten Preisen zu schicken, Ausstellungen auf dem Fabrikgelände zu arrangieren oder mit dem „Thespiskarren" und Filmvorführwagen in die entlegene Provinz zu fahren.

Rundfunk

Lauschten Anfang 1932 nur erst 4 Millionen Hörer den Rundfunkprogrammen, so verdreifachte sich diese Zahl bis Kriegsbeginn. Waren es 1934/35 250 Millionen Besucher, die ins Kino gingen, so vervierfachte sich diese Zahl 1942 auf mehr als 1 Milliarde Kinobesucher, m. a. W. jeder Deutsche ging im Schnitt einmal im Monat, in der Regel aber wohl eher wöchentlich ins Kino. Der Film war nach Goebbels „eines der modernsten und weitreichendsten Mittel zur Beeinflussung der Masse" . Finanziell großzügig geförderte Unterhaltungs-, Liebes-, Revue-, Musik- und Abenteuerfilme entführten im Kriege die abgearbeiteten und müden Menschen für kurze Zeit in eine Traumwelt und ließen sie die Sorgen und Mühen des Kriegsalltages vergessen. Politische Propagandafilme waren eindeutig in der Minderheit.

Kino

Ein kinowilliges und filmbegeistertes Publikum konnte man über sogenannte unpolitische Filme immerhin auch gleichzeitig in die „Wochenschauen" der NS-Propaganda locken. Aber auch die Funktion des Unpolitischen war hochpolitisch, denn „unser Volk bei guter Laune zu halten, das ist auch kriegswichtig" (Goebbels). Der „kleine Mann" sollte nach dem Willen des Propagandaministers im Kino „den Krieg für wenige Stunden vergessen". Der „Heimatfilm" der fünfziger Jahre konnte an diese anspruchslosen Produktionen einer biederen Heimat- und Familienidylle, in der Leitbilder wie Anpassung, Gemeinschaftssinn, Schicksalsergebenheit und moralische Sauberkeit vermittelt werden sollten, bruchlos anknüpfen.

In etwa hundert Filmproduktionen pro Jahr konnte das Publikum quer durch alle Schichten seine Lieblinge Hans Albers, Willy Birgel, Willy Fritsch, Otto Gebühr („Friedericus Rex"), Heinrich George, Heidemarie Hatheyer, Emil Jannings, Werner Krauss, Theo Lingen, Hans Moser, Marika Rökk, Heinz Rühmann, Ilse Werner, Paula Wessely, Zarah Leander in formal recht perfektionierter und schauspielerisch gekonnter filmischer Konfektionsware erleben, die sich mit Hollywood durchaus messen ließ. Der 1942 uraufgeführte Zarah-Leander-Kassenschlager „Die große Liebe" erreichte über 25 Millionen Menschen, und viele von ihnen dürften den Ohrwurm „Es wird einmal ein Wunder geschehen" gepfiffen oder gesungen haben. Darüber vergaß oder verdrängte man die Vertreibung solcher Weltstars wie Elisabeth Bergner, Marlene Dietrich, Oskar Homolka oder Peter Lorre und der Regisseure Fritz Lang, Georg Wilhelm Pabst, Otto Preminger und Billy Wilder, die es dann in den USA zu Weltruhm bringen sollten.

Eine spezifisch „nationalsozialistische Kunst" gab es nicht, wohl aber eine nationalsozialistische Kunst- und Kulturpolitik. Sie hat vieles zerstört und viel Leid über die Verfolgten gebracht. Sie hat aber auch auf viele Menschen eine gewisse Anziehungskraft ausgeübt und insofern mitgeholfen, das Regime zu stützen und ihm Gefolgschaft und Loyalität zu sichern. Nichts wäre verfehlter, als im Rückblick in Schwarz-Weiß-Manier nur zwischen propagandistischer Selbstdarstellung des Regimes auf der einen und seinen Opfern auf der anderen Seite zwischen dilettantischem und ideologisiertem Banausentum und künstlerischer Avantgarde zu scheiden. In der modernen Massengesellschaft mit ihrer hochgradigen sozialen Differenzierung wurden zwischen diesen Polen ebenso differenzierte Wünsche, Erwartungen und Geschmacksrichtungen in allen Bereichen von Kunst und Kultur formuliert und entwickelt. Auch unter nationalsozialistischer Herrschaft konnten sie auf die eine oder andere Weise in relativ hohem Maße erfüllt werden.

10. Recht und Justiz: Die Zerstörung der Rechtskultur

Die systematische Zerstörung der rechtsstaatlichen Ordnung in Deutschland und die Instrumentalisierung des Justizapparates für die Errichtung und Durchsetzung des Unrechts- und Terrorsystems innerhalb weniger Jahre zählen mit zu den bedrückendsten Hinterlassenschaften, die das „Dritte Reich" dem Wiederaufbau nach 1945 aufgebürdet hat und mit deren Bewältigung die damals für diesen Wiederaufbau Verantwortlichen sich besonders schwergetan haben.[62] Wie konnte es geschehen, daß gerade in einem Land, das mit gutem Grund stolz auf seine solide preußisch-deutsche Rechtsstaatstradition seit dem 18. Jahrhundert, auf die Gesetzmäßigkeit und Integrität seiner Verwal-

tung und die Unabhängigkeit seiner Rechtsprechung war, in kurzer Zeit das Recht so pervertiert und die rechtsstaatlichen Bastionen zum Schutz des Individuums gegen Übergriffe des Staates und der Partei auf sein Leben so relativ widerstandslos geschleift werden konnten?
Es gehört mit zu den unrühmlichsten Kapiteln deutscher Rechts- und Justizgeschichte, wie willfährig und beflissen viele Richter, Anklagevertreter, Justizbeamte und Rechtspolitiker das Recht gebeugt und sich den nationalsozialistischen Machthabern als Handlanger der politischen Gleichschaltung angedient haben, um Andersdenkende und Kritiker mundtot zu machen, Frauen und Männer des Widerstandes dem sicheren Schafott auszuliefern, „rassisch Minderwertige", „lebensunwertes Leben", „Asoziale" und dann im Kriege „Fremdvölkische" „auszumerzen" und den Massentod von Millionen Unschuldiger mitzuverantworten. International bekannte Rechtsgelehrte wie Ernst Forsthoff, Theodor Maunz oder Carl Schmitt haben ohne Not ihren guten Namen gegeben, um das Unrechtsregime zu rechtfertigen, seine Untaten in der einen oder anderen Weise wissenschaftlich zu legitimieren und ihnen dadurch gleichsam einen verführerischen Schein bürgerlicher „Seriosität" und „Normalität" zu geben. Die tiefe schuldhafte Verstrickung vieler Hunderter von Juristen in die Vernichtung des Rechtsstaates und seiner bewährten aufklärerisch-liberalen Rechtskultur zur Verteidigung einer individuellen Freiheitssphäre gegen staatliche Übergriffe haben sie nicht daran gehindert, nach dem Kriege in der Bundesrepublik wieder Karriere zu machen.
In welchen Formen, auf welchen Ebenen und mit welchen Mitteln lief der Erosionsprozeß vom Rechts- zum Unrechtsstaat ab? Welches politisch-ideologische Verständnis von Recht verbarg sich hinter diesem Prozeß und verlieh ihm seine Impulse? Wer zeichnete verantwortlich? Welches waren die Motive, die die Verantwortlichen in ihrem destruktiven Handeln leiteten? Gab es auch hier wie in anderen gesellschaftlichen Bereichen Handlungsspielräume, in denen sich Zivilcourage und der Mut zur Widersetzlichkeit entfalten konnten, und wieweit wurden diese Freiräume genutzt? War es seitens der Justiz ein Prozeß der Selbstanpassung und Kapitulation gegenüber dem Druck der Machthaber, eine Taktik eilfertiger Vorleistungen, um „Schlimmeres zu verhüten", oder bot sich das Bild einer „leidenden Justiz", einer schrittweisen Entmachtung der Gerichte durch die Organe des Polizeiapparates und das Reichsjustizministerium, wie es nach 1945 in eindeutig apologetischer Absicht insbesondere von Vertretern der richterlichen Standesorganisationen vermittelt wurde?

Nationalsozialistisches Rechtsverständnis

Zunächst einmal kann auch hier nicht häufig genug darauf verwiesen werden, daß Hitler und seine Führungsmannschaft niemals öffentlich einen Hehl aus ihrem nationalsozialistischen Rechtsverständnis und aus der Rolle und Funktion gemacht haben, die Recht und Justiz nach ihrer

Ansicht im neuen völkischen Staat zukommen sollten. Niemand konnte und kann sich also darauf zurückziehen, er habe von nichts gewußt. Hitlers Reichstagserklärung zum „Ermächtigungsgesetz“ am 23. März 1933 sprach eine deutliche Sprache:

Unser Rechtswesen muß in erster Linie der Erhaltung dieser Volksgemeinschaft dienen. Der Unabsetzbarkeit der Richter auf der einen Seite muß die Elastizität der Urteilsfindung zum Wohl der Gesellschaft entsprechen. Nicht das Individuum kann Mittelpunkt der gesetzlichen Sorge sein, sondern das Volk. Landes- und Volksverrat sollen künftig mit aller Rücksichtslosigkeit ausgetilgt werden. Der Boden der Existenz der Justiz kann kein anderer sein als der Boden der Existenz der Nation. Möge diese daher auch stets die Schwere der Entschließung derer berücksichtigen, die unter dem harten Zwang der Wirklichkeit das Leben der Nation verantwortlich zu gestalten haben.[63]

Das Recht hatte also „in erster Linie“ nicht mehr, wie es in der überkommenen liberalen Rechtsstaatsordnung verankert war, dem Schutz des Individuums gegenüber der Obrigkeit zu dienen, sondern „der Erhaltung der Volksgemeinschaft“. Minderheiten und Außengruppen, die aus der „Volksgemeinschaft“ ausgegrenzt wurden, konnten damit folgerichtig auch nicht mehr den Schutz des Rechts und „gesetzliche Sorge“ für sich in Anspruch nehmen. Die „Unabsetzbarkeit der Richter“ – ein weiterer zentraler Baustein des Rechtsstaates – war nur noch soweit gewährleistet, wie die Richter in ihrer Urteilsfindung, statt sich wie bisher an rechtliche Normen gebunden zu fühlen, eine gewisse „Elastizität“ zugunsten des vom Regime dekretierten und definierten „Wohles der Gemeinschaft“ oder „Volkswohls“ zeigten, sich also den Weisungen der neuen Machthaber beugten. Des weiteren – und dieses war eine dritte unheilvolle Ankündigung – stellte Hitler mit der für ihn typischen Diktion („ausgetilgt“) eine rücksichtslose Verschärfung des politischen Strafrechts zur Bekämpfung von „Landes- und Volksverrat“ in Aussicht. Schließlich befreite er sich selbst und seine Führungsclique de facto von allen rechtlichen Bindungen, wenn er der Justiz aufgab, bei ihren Rechtsentscheidungen „die Schwere der Entschließung“ der für „das Leben der Nation“ Verantwortlichen zu berücksichtigen. Der bewährte liberale Rechtsgrundsatz der Gleichheit jedes Menschen vor Recht und Gesetz wurde also aus eigener Machtvollkommenheit des „Führers“ aufgehoben: nach oben zugunsten der nationalsozialistischen Machthaber, nach unten zu Lasten der Opfer ihrer Verfolgungs- und Selektionspolitik. Folglich wurde Straftätern für Taten, „die im Kampf für die nationale Erhebung des Deutschen Volkes, zu ihrer Vorbereitung oder im Kampfe für die deutsche Scholle begangen sind“, auch rückwirkend durch Verordnung vom 21. März 1933 Straffreiheit zugesichert.

Die Rechtsgrundsätze des Nationalsozialismus und seine (Un)Rechtspraxis waren bewußt verschwommen und vage gehalten. Denn so blieb der Justiz und ihren Instanzen, aber vor allem auch den im rechtsfreien Raum agierenden Organen der NSDAP und des „SS-Staates" (SS, Sicherheitspolizei, SD) ein relativ breiter Ermessensspielraum zur ständigen Verschärfung der politischen Strafrechtspraxis und der terroristischen Verfolgung. Das „gesunde Volksempfinden" und Leitsätze wie „Gemeinnutz geht vor Eigennutz" oder „Recht ist, was dem Volke nützt" resp. „dienlich ist" traten als normative Vorgaben für die Rechtssprechung immer mehr an die Stelle der überlieferten Normen eines „verknöcherten und verklausulierten Juristenrechts". Das nationale Recht wurde als „das Recht eines bestimmten Volkes" (Carl Schmitt) aus seinen internationalen Bindungen gelöst und als „völkisches Recht" bzw. „arteigenes Recht" der europäisch-abendländischen liberalen Rechtstradition und dem „artfremden" Recht gegenübergestellt. Recht war verankert in der „Wirklichkeit der Volks- und Rassezugehörigkeit" (Carl Schmitt) und mußte aus dieser konkreten völkischen Ordnung heraus gesprochen werden. Die Justiz hatte dementsprechend die Aufgaben, der Erhaltung des Volkes und der völkisch-rassischen Substanz zu dienen, die Durchsetzung des totalitären nationalsozialistischen Machtanspruches zu sichern, den Diktaturstaat gegen seine Gegner zu schützen und „Schädlinge", „Gemeinschaftsfremde" und „Fremdrassige" „auszumerzen".

„Völkisches Recht"

Aber wer bestimmte, was dem Volke nützt und was das Volk für Recht empfindet? Wer artikulierte in der Diktatur, die keine freie Selbstbestimmung in Wahlen mehr kannte, das „gesunde Volksempfinden" und das, was das Volk dachte und wollte? Diese Kernfrage nationalsozialistischer Staats- und Rechtsauffassung fand im „Führerstaat" ihre Antwort in der postulierten totalen Identität von Volks- und Führerwillen, wie sie sich angeblich etwa in den plebiszitären 99%-Voten der Volksabstimmungen oder in den Jubelchören der Massenveranstaltungen so sinnfällig äußerte. Der „wahre Wille des Volkes" fand nach einem Diktum des berüchtigten Präsidenten des Volksgerichtshofes, Roland Freisler, seinen Ausdruck in den „autoritativen Willenskundgebungen des Führers" und in den „im Parteiprogramm der NSDAP enthaltenen Grundforderungen als Ausdruck des gesunden Volksempfindens". Dieses habe sich der Richter anzuschauen, wenn er nicht fehlgehen wolle. So war es nur folgerichtig, daß die Worte und Taten des „Führers" und die von ihm geschaffene Weltanschauung zur Grundlage der Rechtsprechung wurden und der „Führer" selbst sich in der berühmten Reichstagssitzung am 13. Juli 1934, als er Rechenschaft über die blutige Niederschlagung der angeblichen „Röhmrevolte" ablegte, unter dem Beifall seiner Gefolgsleute, der Reichswehrführung und des konservativen Justizministers Gürtner zum „obersten Gerichtsherrn" des deutschen Volkes aufschwang.[64] „Das Recht und der Wille des Führers sind eins", applaudierte Göring ihm für seine Mordtaten. Carl Schmitt beeil-

Identität von Volks- und Führerwillen

te sich, in seinem Aufsatz „Der Führer schützt das Recht" zu erklären, der wahre Führer sei immer auch Richter, aus dem Führertum fließe das Richtertum, und die Mordaktion am 30. Juni sei dementsprechend „echte Gerichtsbarkeit" gewesen. Im „deutsche Rechtsstaat Adolf Hitler" (Carl Schmitt) wurde der Richter nach altgermanischer Rechtsauffassung vom „Führer" als oberstem Richter mit seinem Richteramt „belehnt" (Otto Thierack), war seine richterliche Gewalt allein aus der „Führergewalt" abgeleitet.

Hitlers Verachtung der Juristen

Hitler selbst hat die Juristen ebenso wie die konservative Beamtenschaft und das traditionelle Offizierskorps zutiefst als „reaktionär" und „bürgerlich" verachtet. „Letzten Endes" – erklärte er bei seinen „Tischgesprächen" im Kriege höhnisch[65] – „sei die ganze heutige Rechtslehre nichts anderes als eine einzige große Systematik der Abwälzung der Verantwortung", und statt Menschen heranzubilden, „die fürs Leben paßten und geeignet seien, dem Staat die Aufrechterhaltung seiner natürlichen Rechtsordnung zu garantieren", sei das Rechtsstudium „eine einzige Erziehung zur Verantwortungslosigkeit". Für ihn sei klar, daß „jeder, der Jurist sei, entweder von Natur defekt sein müsse oder aber es mit der Zeit werde". Unter Anspielung auf die ihm am 26. April 1942 als „oberstem Gerichtsherrn" erteilten unumschränkten Vollmachten, gegebenenfalls auch „ohne Rücksicht auf sogenannte wohlerworbene Rechte" Richter bei Pflichtverletzung absetzen zu können, brüstete sich Hitler, er habe sich damit „die Möglichkeit geschaffen, Juristen, die Schädlinge seien, am Schlafittchen zu kriegen". „Schon die Erziehung des Juristen sei so spitzbubenmäßig, daß der Nachwuchs von selbst ins gleiche Fahrwasser komme." Doch seine Schmähungen waren noch einer Steigerung fähig: *Wenn früher der Schauspieler auf dem Schindanger begraben worden sei, so verdiene es heute der Jurist, dort begraben zu werden. Niemandem komme der Jurist näher als dem Verbrecher, und auch in ihrer Internationalität gebe es zwischen den beiden keinen Unterschied.*

Himmlers „Schwarzes Korps" war sich nicht zu schade, die Juristen als „Kloaken-Tierchen" zu bezeichnen.

Der in dieser oder ähnlicher Weise immer wieder auch öffentlich von den Machthabern an den Pranger gestellte und in seiner Standesehre gekränkte Berufsstand der Juristen hat sich nichtsdestotrotz ohne größeren Widerstand dazu hergegeben, Rechtsstaat und Rechtssicherheit des einzelnen in Deutschland mit zu zerstören und sich in den terroristischen Herrschaftsapparat einbauen zu lassen. Dies geschah in vielfältiger personeller, organisatorischer und verfahrensrechtlicher Weise.

Permanenter Ausnahmezustand

Den Anfang machte die Schaffung des permanenten zivilen Ausnahmezustandes mit Hilfe der „Verordnung zum Schutze des Deutschen Volkes" vom 4. Februar und der „Verordnung zum Schutze von Volk und Staat“ vom 28. Februar 1933, der sogenannten „Reichstagsbrandverordnung“. Dieser Ausnahmezustand sollte bis Kriegsende in Kraft bleiben und die eigentliche Grundlage für die Terrorherrschaft bilden. Auf diesem Wege wurden fundamentale Grundrechte wie die Unverletzlichkeit der „Freiheit der Person“ (Art. 114 WRV), die Unverletzlichkeit der Wohnung (Art. 115 WRV), das Brief-, Post-, Telegraphen- und Fernsprechgeheimnis (Art. 117 WRV), das Recht auf freie Meinungsäußerung (Art. 118 WRV), die Vereins- und Versammlungsfreiheit (Art. 123, 124 WRV) und die Gewährleistung des Eigentums (Art. 153) außer Kraft gesetzt. Der ursprüngliche Zweck der Verordnung, die „Abwehr kommunistischer staatsgefährdender Gewaltakte“, wurde rasch auf immer weitere Gegnergruppen ausgedehnt. Mit der Einrichtung von „Schutzhaft-“ und dann „Konzentrationslagern“, in denen die Inhaftierten keinen Rechtsschutz mehr genossen und hilflos der Willkür der Polizeiorgane, der SA und SS ausgeliefert waren, entstand zugleich mit der Aufhebung der Grundrechte der nationalsozialistische „Maßnahmenstaat“ (Ernst Fraenkel). Es war jener Teil der Staatstätigkeit, der ohne Bindung an rechtliche Normen und rein nach politischer Zweckmäßigkeit im Bereich der Herrschaftssicherung des Regimes und der Bekämpfung seiner politischen Gegner immer expansiver und rücksichtsloser ausgeübt werden sollte. Gegenüber dieser progressiven Kompetenzausweitung des rechtlich und gesetzlich ungebundenen SS- und Polizeiapparates sollte der in der Justiz repräsentierte überkommene „Normenstaat“ nicht nur schnell in die Defensive geraten und Schritt für Schritt zum Rückzug gezwungen werden. Seine Vertreter mit dem konservativ-nationalen Reichsjustizminister Gürtner an der Spitze entwickelten auch, um „Schlimmeres zu verhüten“ und ihre rechtlichen Zuständigkeiten zu retten, jene gefährliche Taktik der Selbstanpassung und des vorauseilenden Gehorsams, die die Rechtssicherheit in Deutschland zusätzlich aushöhlen und zerstören sollte. Die scharfe Rechtsprechungspraxis in politischen Strafsachen wurde den Wünschen des Regimes angepaßt, um – so hoffte man – den Ausnahmezustand überflüssig zu machen und ein gewisses Maß an Gesetzlichkeit wiederherzustellen.

„Lex van der Lubbe“

Erstes aufsehenerregendes Beispiel für dieses Vorgehen war die sogenannte „Lex van der Lubbe“. Den rechtsstaatlich korrekten und am Ende auch erfolgreichen Bemühungen, das Verfahren gegen „Van der Lubbe und Genossen“ wegen Brandstiftung im Reichstagsgebäude vor dem IV. Strafsenat des Leipziger Reichsgerichts einzuleiten, setzte Hitler massiven Widerstand entgegen. Er forderte standrechtliche Erschießung oder ein Schnellverfahren gegen den Holländer. Gegen den Widerstand seines Staatssekretärs Schlegelberger stimmte Gürtner, um das Verfahren im Kompetenzbereich der Justiz zu halten, im Kabinett dem „Gesetz über Verhängung und Vollzug der Todesstrafe“ vom 29. März 1933 zu und damit zugleich der Aufhebung eines Kernsatzes abendländischer Rechtstradition: nulla poena sine lege. Denn das Gesetz verlängerte die im § 5 der „Reichstagsbrandverordnung" erstmalig angedrohte Todesstrafe für Brandstiftung an öffentlichen Gebäuden zurück auch auf Taten, „die in der Zeit zwischen dem 31. Januar und dem 28. Februar 1933 begangen sind" (§ 1).

Organisation der NS-Juristen

Ein wirksames Mittel zur Disziplinierung und Einschüchterung der Richterschaft waren die Gleichschaltung der Berufsverbände und die Personalpolitik. Der 1928 gegründete „Bund Nationalsozialistischer Deutscher Juristen" (BNSDJ) fungierte seit 1933 unter dem „Reichsrechtsführer" und späteren Generalgouverneur in Polen, Hans Frank, als „Kampftrupp der nationalsozialistischen Gefolgschaft Hitlers" (Frank) als Werkzeug der Gleichschaltung aller Berufsverbände im Bereich der Rechtspflege. Bis Ende 1934 wurden die Mitglieder der Richter- und Anwaltsvereinigungen in den BNSDJ überführt. Der Zusammenschluß aller in der Rechtspflege Beschäftigten wurde – analog zur „Deutschen Arbeitsfront" – als Errichtung der „Deutschen Rechtsfront" zum Kampf aller Kräfte für die nationalsozialistische „Rechtserneuerung" gefeiert. Die Umbenennung des BNSDJ im Jahre 1936 in „Nationalsozialistischer Rechtswahrerbund" (NSRB) sollte die Einbeziehung aller nichtakademischen Berufe im Rechtswesen zum Ausdruck bringen.

Am 26. Juni 1933 wurde ebenfalls unter der Präsidentschaft von Hans Frank die „Akademie für Deutsches Recht" mit der Aufgabe gegründet, das deutsche Rechtsleben neu zu gestalten. Freilich sollten alle Bemühungen, im Rahmen einer grundsätzlichen Rechtsreform das Bürgerliche Recht statt im BGB neu in einem volksnahen „Volksgesetzbuch" auf völkischer Grundlage zu schaffen und auch das politische Strafrecht mit Hilfe einer amtlichen Strafrechtskommission umfassend neu zu kodifizieren, u. a. an Unstimmigkeiten zwischen Hitler, Akademie und Reichsjustizministerium und an der Abneigung des „Führers", sich durch ein einheitliches nationalsozialistisches Gesetzgebungswerk zu binden, scheitern. Auch hier dasselbe Bild wie in der Verfassungsdiskussion: Das Regime änderte das Recht nur dort stückweise durch Gesetze und Verordnungen radikal, wo es an seiner politischen Instrumentalisierung und Funktionalisierung für seine politischen und völkisch-rassistischen Ziele interessiert war, und ließ sonst weite Bereiche des Bürgerlichen Rechts unangetastet.

Entlassung mißliebiger und jüdischer Juristen

Unmittelbar nach der Machteroberung wurden u. a. durch das „Gesetz zur Wiederherstellung des Berufsbeamtentums" vom 7. April 1933 politisch mißliebige und jüdische Richter und Justizbeamte entlassen, und das Wirken jüdischer Rechtsanwälte wurde gleichzeitig schrittweise eingeengt. Das geheiligte Prinzip der Unabsetzbarkeit von Richtern und Beamten wurde de facto, dann mit dem „Deutschen Beamtengesetz"

(§ 71) vom 26. Januar 1937 auch de jure aufgehoben, als Staatsanwälte generell zu politischen Beamten gemacht wurden. Solange das Regime die führenden Positionen noch nicht mit „alten Kämpfern" besetzen konnte, war es auf die bewährten Richter und Justizbeamten der Republik angewiesen. Aber über ihnen und ihrer Rechtsprechung hing fortan ständig das Damoklesschwert der Kontrolle, der Einschüchterung, der Disziplinierung und ständigen Bespitzelung durch die Gestapo bis hin zur Androhung der Entlassung durch die politischen Organe. Wieweit dies Einfluß auf die Urteilsfindung in jedem einzelnen Fall hatte, dürfte schwer nachzuweisen sein.

Gleichschaltung der Gerichte

Die autonome Geschäftsverteilung durch unabhängige richterliche Gremien wurde nach 1933 zunehmend eingeschränkt. So konnten nicht regimetreue Richter durch eine Veränderung der Geschäftsverteilung aus ihren bisherigen Zuständigkeiten gedrängt werden. 1935 wurden alle Gerichte „verreichlicht" und die Länderjustiz dem Reichsjustizministerium unterstellt, 1937 ihre Selbstverwaltung endgültig aufgehoben. Das Ministerium regelte jetzt die Ernennungen und Beförderungen, nicht ohne daß dafür vorher die Zustimmung der Gauleitungen eingeholt werden mußte, sowie die Geschäftsverteilung.

Richterliche Urteile wurden laufend von Parteiinstanzen und der Politischen Polizei angezweifelt oder öffentlich angeprangert, etwa im „Schwarzen Korps„, und nicht selten unter Strafandrohung für die Richter selbst eine Verschärfung des als „ungenügend" empfundenen Urteils gegen „Staatsfeinde" gefordert. Hitler selbst griff häufig in schwebende Verfahren ein oder verlangte eine Strafverschärfung. Ab 1935 wertete das Reichsjustizministerium die Rechtsprechung mit Hilfe von Berichten der Oberlandesgerichtspräsidenten systematisch aus, um die Justiz immer stärker lenken zu können. In Runderlassen, Einzelgesprächen, Konferenzen und gezielten Presseveröffentlichungen wurde den Richtern vom Ministerium nahegebracht, was man dort von ihnen erwartete. Seit 1942 stellte das Reichsjustizministerium unter seinem neuen Minister Otto Thierack den Richtern „streng vertraulich" sogenannte „Richterbriefe" mit detaillierten Ausführungen über einzelne Gesetzesauslegungen, Strafmaße bei bestimmten Straftaten und über sonstige richterliche Entscheidungen als praktisch verbindlich zu, um die Richterschaft unter Druck zu setzen. Gleichzeitig wurden in Vor- und Nachschaubesprechungen unter Vorsitz des jeweiligen Oberlandesgerichts- oder Landgerichtspräsidenten im Ergebnis verbindliche Weisungen über den Fortgang politisch wichtiger Verfahren und über das erwartete Strafmaß erteilt. Freisler drohte bei einem weiteren „Versagen" der Justiz die Einführung einer reinen „Polizeijustiz" an. Das politische Strafrecht wurde zum „Kampfrecht" erklärt.

Besonders gravierend waren die Änderungen in der Gerichtsverfassung und im Prozeßrecht auf der Grundlage des permanenten Ausnahmezustandes. Mit ein Grund war die Empörung Hitlers über den noch relativ korrekten rechtsstaatlichen Verlauf des Reichstagsbrandprozesses vor dem Leipziger Reichsgericht und vor allem über das unabhängige Urteil vom 23. Dezember 1933 mit dem Freispruch der angeklagten kommunistischen Funktionäre Dimitroff, Torgler u. a. „mangels Beweisen" trotz erheblicher Beschränkungen der Verteidigung.

Errichtung von „Sondergerichten"

Zur Aburteilung politischer Delikte wurde durch Verordnung vom 21. März 1933 in jedem Oberlandesgerichtsbezirk ein „Sondergericht" gebildet. Es war zuständig für Verstöße gegen die „Reichstagsbrandverordnung" und gegen die am gleichen 21. März erlassene Verordnung „zur Abwehr heimtückischer Angriffe gegen die Regierung der nationalen Erhebung" (sog. „Heimtückeverordnung"). Nach ihr war sogar die Bestrafung von regimekritischen Äußerungen von Privatpersonen im privaten Kreis möglich. Nach § 3 war es in einer der so typischen dehnbaren und auslegungsfähigen Formulierungen, die der Ermessensfreiheit des Richters auch in einer radikalisierenden Richtung vergleichsweise weiten Raum ließ, strafbar, wenn jemand „eine unwahre oder gröblich entstellte Behauptung" aufstellte oder verbreitete, die geeignet war, „das Wohl des Reichs oder eines Landes oder das Ansehen der Reichsregierung oder einer Landesregierung oder der hinter diesen Regierungen stehenden Parteien oder Verbände schwer zu schädigen".

War die Zuständigkeit der „Sondergerichte" – ihre Zahl stieg von anfänglich 26 auf 74 Ende 1942 – zunächst auf einzelne politische Verbrechen begrenzt, so lag es ab 1938 im Ermessen der Anklagebehörde, ob eine Tat trotz Zuständigkeit des Amts- oder Landgerichts hier angeklagt wurde. Die „Sondergerichte" zeichnete ein schnelles und vereinfachtes Verfahren mit standgerichtlichem Charakter aus: kein gerichtliches Vorverfahren, kurze Ladungsfrist, Schwächung der Verteidigung und Stärkung der Anklagebehörde; seit 1940 war eine sofortige Verurteilung (häufig zum Tode) möglich. Die Urteile wurden mit Verkündigung rechtskräftig und teilweise umgehend vollstreckt, herkömmliche Rechtsmittel waren nicht zulässig. Urteile von „Sondergerichten" konnten nur durch das Reichsgericht in Leipzig nach Einlegung des außerordentlichen Einspruchs oder einer Nichtigkeitsbeschwerde aufgehoben werden.

Der „Volksgerichtshof"

Im Jahre 1934 wurde mit als Antwort auf den Ausgang des Reichstagsbrandprozesses der „Volksgerichtshof" gegründet. Auf ihn gingen zunächst im wesentlichen die Zuständigkeiten des Reichsgerichts in politischen Sachen über. Durch Gesetz vom 18. April 1936 wurde der „Volksgerichtshof" in ein ordentliches Gericht umgewandelt. Seine Zuständigkeiten wurden nach und nach erweitert auf Wehrkraftzersetzung, Spionage, Beschädigung von Wehrmachteigentum usf. Die politische Zuverlässigkeit der Richter an „Sondergerichten" und am „Volksgerichtshof" war gewährleistet, u. a. auch dadurch, daß Hitler die eh-

renamtlichen Mitglieder des „Volksgerichtshofes" auf Vorschlag des Reichsjustizministers persönlich aus der Wehrmacht, der Polizei oder Parteiorganisationen bestellte. Die 6 Senate waren jeweils mit 5 Richtern besetzt, von denen nur 2 Berufsrichter sein mußten.
Erster Präsident des „Volksgerichtshofes" wurde 1936 der spätere Reichsjustizminister Thierack, unter dessen Führung die Rechtsprechung ständig verschärft wurde. Unter seinem Nachfolger Roland Freisler (ab 1942) wurde der „Volksgerichtshof" mit seinen Schauprozessen nach stalinistischem Vorbild zu einem reinen Terrorinstrument zur Vernichtung der politischen Gegner: Er verhängte zwischen 1942 und 1944 insgesamt 4951 Todesurteile, u. a. gegen die Widerstandskämpfer der „Weißen Rose" und des 20. Juli 1944.

Verschärfung des politischen Strafrechts

Parallel zu den Änderungen in der Gerichtsverfassung und im Verfahrensrecht erfolgten eine fortschreitende Verschärfung des politischen Strafrechts und der Urteilssprechung, eine immer umfassendere Definiton des „Täterkreises" sowie die Einbeziehung immer neuer politischer Straftatsbestände im Rahmen des Hoch- und Landesverrates wie das Abhören von „Feindsendern", die Weitergabe antinationalsozialistischer Schriften, das Erzählen von Flüsterwitzen usf. Rechtsquellen und -grundlagen waren längst nicht mehr rechtsstaatliche Normen und Gesetze, sondern in wachsendem Maß das von Hitler definierte „gesunde Volksempfinden" und die nationalsozialistische Weltanschauung. Es fand erstmalig offiziell Eingang in das „Gesetz zur Änderung des Strafgesetzbuchs" vom 28. Juni 1935. Nach ihm wurde bestraft, „wer eine Tat begeht, die das Gesetz für strafbar erklärt oder die nach dem Grundgedanken eines Strafgesetzes und nach gesundem Volksempfinden Bestrafung verdient" (§ 2). Hier wurde eine völlig vage und willkürlich handhabbare Generalklausel zur Verfolgung Andersdenkender formuliert. Neben der Generalklausel wurde die in diesem Gesetz fixierte Analogie zur Grundlage der Rechtsprechung. Mit ihr wurde nationalsozialistischen Richtern ein nahezu unbeschränkter Ermessensspielraum gegeben und der Willkür Tor und Tür geöffnet. Denn der Richter hatte nun nicht nur zu prüfen, ob nach wörtlicher Auslegung des Gesetzes eine strafbare Handlung vorliege, sondern ob eine Tat „nach dem Grundgedanken eines Strafgesetzes" Bestrafung verdiene. Finde „auf die Tat kein bestimmtes Strafgesetz unmittelbar Anwendung, so wird die Tat nach dem Gesetz bestraft, dessen Grundgedanke auf sie am besten zutrifft" (§ 2).

Willkürjustiz

In Strafsachen wurden zwei neue Rechtsmittel gegen rechtskräftige Urteile eingeführt, um zusätzlich Möglichkeiten zur Überprüfung und Korrektur nichtwillkommener Urteile zu schaffen: Der außerordentliche Einspruch und die Nichtigkeitsbeschwerde des Oberreichsanwaltes.
Die willfährige Anpassungsbereitschaft der Justiz und ihrer Organe und vor allem auch des Reichsjustizministers Gürtner an die Erwartungen

der Machthaber in der Bereitstellung immer neuer Gesetze und Verordnungen zur „Gegnerbekämpfung", bei der weitestmöglichen Auslegung dieser Gesetze zu Lasten der Angeklagten im Bereich von „Heimtücke", Landes- und Hochverrat und bei der drakonischen Verschärfung der Strafmaße, kurz: eine immer offenkundigere politische Rechtsverletzung und Rechtsbeugung retteten diese Organe nicht und retteten nicht einmal „Sondergerichte" und „Volksgerichtshof" vor ständiger Urteilsschelte seitens der Politischen Polizei und der Partei.
Geltungsbereich und praktische Bedeutung der justiziellen Rechtsprechung, die den Betroffenen immer noch ein gewisses, wenn auch immer stärker reduziertes Maß an Rechtsschutz garantierte, wurden dadurch von Anfang an erheblich eingeschränkt, daß auf dem Boden des Ausnahmerechts und zum Zweck der Herrschaftsdurchsetzung und -sicherung das Rechtsprechungsmonopol der Gerichte, eine der Kernerrungenschaften des modernen westlichen Rechtsstaates, durch staatliche Behörden und Parteistellen, insbesondere durch die Gestapo und die SS durchbrochen wurde. Ohne richterliche Kontrolle und auch ohne Nachprüfung durch die Verwaltungsgerichte konnte die Politische Polizei als „Sonderpolizeibehörde" nach dem Gestapogesetz vom 10. Februar 1936 und einer entsprechenden Ergänzung als zentrales Instrument der terroristischen Exekutive im „Maßnahmenstaat" (Fraenkel) in dem bisherigen ausschließlichen Zuständigkeitsbereich der Gerichte konkurrierend tätig werden, die Einleitung vorgeschriebener justizförmiger Verfahren verhindern, in schwebende Verfahren eingreifen oder unabhängig vom Ausgang selbst rechtskräftig abgeschlossener Verfahren selbständig handeln. Freigesprochene Angeklagte oder solche, die ihre ordentliche Haft verbüßt hatten, wurden noch im Gerichtssaal oder am Tor der Gefängnisse von den gefürchteten „Männern im Ledermantel", den Gestapo-Beamten abgeholt und in den Gestapokellern mißhandelt und gefoltert, um dann im Konzentrationslager oft dem sicheren Tod ausgeliefert zu werden, ohne daß ihnen noch ein Rechtsbeistand helfen konnte. Der Staatssekretär im Reichsjustizministerium, Curt Rothenberger, schlug vor, daß im Falle einer Exekution durch die Gestapo, um die „Autorität der Gerichte" zu wahren, von einer „öffentlichen Bekanntgabe" abgesehen werden sollte, nachdem die Entscheidung Hitlers eingeholt sei.
Dieses Willkürverfahren führte zusätzlich zu einer erheblichen Rechtsunsicherheit und gefährdete Ansehen und Autorität der Justiz. Um dem entgegenzuwirken, forderte etwa Curt Rothenberger noch als Präsident des Hanseatischen Oberlandesgerichtes eine Verschärfung der Rechtsgrundlagen für die Urteilsfindung, fanden im Vorwege Absprachen zwischen Staatsanwaltschaften, Richtern und Gestapo wegen „Überstellung" von Angeklagten an die Politische Polizei statt oder setzten manche Richter ein besonders hohes Strafmaß fest, dies nicht selten auch,

um die Verurteilten möglichst lange im ordentlichen Justizgewahrsam zu halten und dadurch vor dem KZ zu bewahren.

Vorbeugehaft

Im Jahre 1937 wurde der Begriff der „vorbeugenden Verbrechensbekämpfung durch die Polizei" eingeführt, die in der Regel mit der „Überstellung" in ein Konzentrationslager endete. Unter die „Vorbeugehaft" fielen „Gewohnheitsverbrecher" und „Asoziale" wie Bettler, Landstreicher, Arbeitsscheue oder „Gemeinschaftsfremde", die durch das Gesetz nicht ohne weiteres erfaßt wurden und auch niemals klar eingegrenzt werden konnten. An die Stelle einer klaren rechtswirksamen Definition trat auch hier das „gesunde Volksempfinden" als Kriterium.

Kollaboration bei der Rassengesetzgebung

Zu den dunkelsten Punkten der Justiz im „Dritten Reich" gehören ihre willfährigen Handlangerdienste bei der Umsetzung des neuen nationalsozialistischen Rasserechts und der entsprechenden Rassengesetzgebung. Deutsche Gerichte halfen eifrig mit, die Juden schrittweise zu entrechten, sie aus der bürgerlichen Rechtsgemeinschaft auszuschließen, sie „vogelfrei" zu machen und dadurch mit dem „bürgerlichen Tod" letztendlich auch der physischen Vernichtung preiszugeben. Obwohl die wenig präzise und lückenhafte Gesetzgebungs- und Verordnungspraxis gerade in den ersten Jahren der Verfolgung den Richtern noch einen erheblichen Ermessensspielraum ließ, wurde dieser mit auf Druck des „Bund Nationalsozialistischer Deutscher Juristen", des Reichsjustiz- und des Reichsinnenministeriums, dem „Rassegedanken" radikal zum Durchbruch zu verhelfen, nicht sehr mutig, eher expansiv, mit erheblicher Eigeninitiative und in einer Art vorauseilendem Gehorsam gegenüber den Erwartungen des Regimes genutzt. Man überbot sich geradezu in einem „rassenpolitischen" Eifer, legte zivilrechtliche Bestimmungen etwa beim Verlust des Arbeitsplatzes auf Grund der „Rassenzugehörigkeit", bei der Kündigung der Wohnung oder beim Vertragsrecht in der Regel zu Lasten der Juden aus oder trennte Ehen zwischen Juden und „Deutschblütigen" schon vor 1935 gegen den Willen des jüdischen Partners.

Standesbeamte verweigerten mit richterlicher Unterstützung Eheschließungen zwischen „einer Deutschen und einem Juden" wegen Verstoßes gegen die „Reinerhaltung der Rasse", noch bevor die „Nürnberger Gesetze" erlassen wurden. Gerichte entzogen den Mieterschutz, nur weil der „arischen Hausgemeinschaft" das Zusammenleben mit einem Juden nicht „zuzumuten" war, ohne daß dies schon durch ein entsprechendes Gesetz gedeckt war. Auch der „gemischtrassige Geschlechtsverkehr" zwischen Juden und „Deutschblütigen" wurde auf der Grundlage des Verbotes durch die „Nürnberger Gesetze" im konkreten Fall oft sehr weitgehend durch die Gerichte ausgelegt und Küssen oder bloßes Berühren entsprechend kriminalisiert.

Terrorjustiz im Krieg

Mit Kriegsbeginn instruierten Gürtner und sein Staatssekretär Freisler die Vorsitzenden der „Sondergerichte" über die Grundsätze einer

„kriegsgerechten" Rechtsprechung. Ihr Ziel habe es nunmehr zu sein, einen Zusammenbruch der „inneren Front" zu verhindern. Deshalb – so Freisler – müßten jetzt „Friedensmaßstäbe" fallengelassen werden und bei der Anwendung des Strafrechts eine „Umwertung der Werte" erfolgen. Zur Aufrechterhaltung der Disziplin in der Bevölkerung sei mit größter Härte vorzugehen. Gürtner und Freisler forderten eine „blitzartige" Aburteilung der Straftäter. Die „Sondergerichte" seien jetzt bei der Kriegsrechtsprechung die „Panzertruppe" (Freisler) der Rechtspflege.

Die „Verordnung gegen Volksschädlinge" vom 5. September 1939 und weitere Verordnungen legten neue und erweiterte Straftatbestände mit einer drakonischen Verschärfung der Strafen bis hin zur Todesstrafe sowie einem Ausbau der Zuständigkeiten und Entscheidungsbefugnisse der „Sondergerichte" fest: „Plünderungen" sowie die Ausnutzung der „Kriegsumstände" wie Verdunkelungen oder die Räumung von Gebäuden oder Räumen für Straftaten, Diebstahl aus Metallsammlungen, Verstöße gegen die Kriegswirtschaftsverordnung wie das Horten von Lebensmitteln, Schwarzschlachtungen usw., Abhören von „Feindsendern", „Wehrkraftzersetzung", verbotener Umgang mit Kriegsgefangenen und „fremdvölkischen" Zwangsarbeitern und -arbeiterinnen. Die Rechte der Angeklagten wurden im Kriege faktisch aufgehoben, die Straftatbestände und Strafmaße der neuen Gesetze und Verordnungen aus Gründen der Abschreckung sehr unscharf gefaßt.

Die Zahl der todeswürdigen Tatbestände erhöhte sich von 3 vor 1933 bis 1943 auf 46, die der Todesurteile mit unter dem Eindruck der massiven alliierten Luftangriffe und der dadurch gegebenen Bedrohung der „inneren Front" von 86 im Jahre 1937 auf 5.336 im Jahre 1943. Eine Statistik aus den Akten des Reichsjustizministeriums registrierte von 1938 bis zum August 1944 insgesamt 11.733 von Zivilgerichten verhängte und bestätigte Todesurteile für das Reichsgebiet (ohne Protektorat). In den letzten Monaten des Krieges sollte die Zahl der teilweise von „fliegenden Standgerichten" verhängten und vollstreckten Todesurteile noch einmal dramatisch in die Höhe schnellen.

Im Kriege zog die SS-Justiz mit der Sicherheitspolizei Verfahren gegen straffällig gewordene „Fremdvölkische", gegen „politisch gefährliche Elemente", gegen „Plünderer", „Asoziale", „Arbeitsbummelanten", Wehrdienstverweigerer, „hetzerische Pfaffen", Kommunisten und andere immer mehr an sich und wies die Betroffenen entweder in Konzentrationslager ein oder exekutierte sie auf der Stelle. Die Justiz wurde endgültig zum Erfüllungsgehilfen des SS-Staates. Sie war nicht mehr in der Lage, staatliche Kriminalität einzudämmen, wer staatlich befohlene Verbrechen strafrechtlich verfolgte, setzte sich selbst einem Strafverfahren aus.

Bürgerliches Recht

Es gehörte mit zur schillernden Ambivalenz des Unrechtsstaates, daß in all den Bereichen des Bürgerlichen Rechts, die unabdingbar waren für die Funktion und Leistungsfähigkeit der privatkapitalistischen Wirtschaft, der Verwaltung und der bürgerlichen Gesellschaft, ein gewisses Maß an überkommener Rechtsstaatlichkeit und Regelhaftigkeit auch nach 1933, sieht man einmal von den Einbrüchen des Rasserechts ab, erhalten blieb. Dies galt für das Zivil-, Wirtschafts-, Gewerbe- und Steuerrecht, teilweise sogar für das Strafrecht. Auch ist nicht abzustreiten, daß Richter und Rechtsanwälte damals vereinzelt noch ein hohes Maß an Zivilcourage bewiesen, etwa bei der Verteidigung von „politischen Straftätern", und daß sie sich oft bis an die Grenzen ihrer beruflichen Existenz und ihrer persönlichen Sicherheit darum bemühten, rechtsstaatliche Prinzipien anzuwenden. Aber zu einem geschlossenen und aktiven Widerstandshandeln der Justiz hat sich das mutige Engagement einzelner niemals verdichtet, abgesehen davon, daß die Gestapo stets entschlossen und in der Lage war, „zu milde" Urteile zu korrigieren und die Verfahren an sich zu ziehen.

Traditionelles Verfassungs- und Staatsverständnis der deutschen Justiz

Dies führt uns auf die letzte und entscheidende Frage nach den Gründen und Motiven dafür, daß die Justiz und ihre Organe ihre politische Gleichschaltung und Korrumpierung als Instrumente im Dienste des Unrechtsstaates insgesamt so widerstandslos hingenommen und vielfach noch eifrig unterstützt haben. Jeder Richter unter dem Nationalsozialismus mußte wissen, was von ihm erwartet wurde: „einer der vornehmsten Vollstrecker des Führerwillens" zu sein (Curt Rothenberger). Viele mögen wie die anderen Führungskräfte in der Wehrmacht, in der Bürokratie und in der Wirtschaft zumindest am Anfang, bis es zu spät war, die Illusion gehegt haben, durch scharfes Mitmachen so viele Zuständigkeiten, wie möglich, noch für die Justiz retten und der Usurpation durch die Politische Polizei entziehen zu können. Freiwillige Selbstgleichschaltung also auch hier als Mittel, um eine totale Politisierung der richterlichen Tätigkeit zu verhindern. Andere wollten auch weiter Karriere machen und diese nicht durch Widersetzlichkeit gefährden.

Schon in der Weimarer Republik war die deutsche Justiz vor allem in politischen Strafsachen, wenn es um den Schutz von Republik und Demokratie ging, auf dem rechten Auge eher blind. Der skandalöse Ablauf des Prozesses gegen Hitler 1924 war ein frühes Menetekel. Die Richterschaft huldigte nach Herkunft und Ausbildung mehrheitlich einem antidemokratischen und autoritären Verfassungs- und Staatsverständnis, das sie dann nach 1933 im „Dritten Reich" verwirklicht sah. Aus Anlaß „nationaler Notstände" und „staatspolitischer Notwendigkeiten" war man schon geneigt, die Durchbrechung rechtsstaatlicher Prinzipien in Kauf zu nehmen, wenn es denn rechten nationalen Zwecken diente. Dabei entgingen der Justiz wohl allzu lange die gravierenden Unterschiede zwischen einem überkommenen autoritären Rechts- und Staatsverständnis als Erbe des preußisch-deutschen Obrigkeitsstaates auf der einen und den totalitären völkisch-rassistischen Rechtsvorstellungen des nationalsozialistischen Diktaturstaates auf der anderen Seite. Oder man wollte sie nicht sehen, bis man so weit in das Unrecht verstrickt war, daß ein Entkommen nur noch unter Gefährdung der beruflichen Existenz und der eigenen Sicherheit und der der Familie möglich gewesen wäre.

Hier sollte es sich wie in vielen anderen politisch-gesellschaftlichen Bereichen rächen, daß es beim Übergang vom Kaiserreich zur Republik nicht gelungen war, eine wirklich demokratische Rechtskultur mit einer Verinnerlichung der westlich-liberalen Grund- und Menschenrechte zu schaffen und daß die Justiz kontinuierlich über 1918/19 hinweg von antidemokratischen und antisemitischen Feindbildern bestimmt blieb, die dann nach 1933 wieder Konjunktur haben sollten. Entschiedene Distanz zum Weimarer System machte sie blind für die Rechtlosigkeit unter Hitler und seinen Haß gegenüber der „dritten Gewalt", bis es zu spät war.

Versuche, die starke rechtspositivistische Fixierung der deutschen Juristen und ihr mangelndes Gespür für das grundsätzliche Individualrecht des einzelnen auf Schutz gegen Übergriffe des Staates unabhängig von seiner Herkunft und politischen Überzeugung als Erklärung für die Komplizenschaft mit dem Unrechtsstaat zu bemühen, greifen nur teilweise. So sehr einerseits die pseudolegale Steuerung, Formalisierung und Sanktionierung der Judenverfolgung „von oben" auf dem Gesetzes- und Verordnungswege dem rechtlichen Ordnungssinn der Bürger und auch der rechtsformalistischen Einstellung vieler Richter entgegenkam und auch Bedenken, wenn sie sich denn einstellten, wegspülte, so sehr muß man andererseits auch immer wieder hervorheben, daß viele Gerichte, wie angedeutet, bereits ein antisemitisches Übersoll erfüllten, längst bevor die entsprechenden Rechtsgrundlagen geschaffen waren, und sich auch in der „Gegnerbekämpfung" nach links schon vor 1933 und erst recht dann nach 1933 nicht zimperlich zeigten.

Schließlich sollte man auch die Konfliktsituation nicht zu gering veranschlagen, in der sich viele Richter befanden: auf der einen Seite durch korrekte Anwendung der gesetzlichen Bestimmungen der Gerechtigkeit Genüge zu tun, auf der anderen Seite aber gerade dadurch die Gefahr für die Angeklagten heraufzubeschwören, daß die Politische Polizei das Verfahren an sich zog und das Urteil korrigierte. So ergab sich die heute absurd anmutende Situation, daß eine extensive und vielleicht sogar auch mißbräuchliche Anwendung des Rechts durch das Gericht mit der anschließenden „Überstellung" in den Justizgewahrsam für die Betroffenen die Rettung vor dem sicheren Tod im Konzentrationslager bedeuten konnte.

11. Widerstand und Exil

Perzeption des Widerstandes

Wir Deutschen tun uns bis heute recht schwer im Umgang mit dem Widerstand gegen den Nationalsozialismus. Das hängt wesentlich mit zwei Dingen zusammen, mit der Tradition des Gedenkens und mit dem Begriff Widerstand selbst. Bis in die sechziger Jahre hinein glaubten die beiden deutschen Staaten, in einer Art historiographischen „Arbeitsteilung" jeweils einen herausgehobenen Teil des Widerstandes als ein politisch legitimierendes Traditionserbe für sich reklamieren zu können: Die Bundesrepublik Deutschland den nationalkonservativen, den militärischen, den christlichen und den sozialdemokratischen Widerstand, kulminierend im versuchten Staatsstreich vom 20. Juli 1944, da er in der einen oder anderen Weise westlichen Werten verpflichtet war, während man um den linken Arbeiterwiderstand lange einen Bogen machte; die DDR dagegen feierte den kommunistischen als den eigentlichen antifaschistischen Widerstand und sah sein Erbe letztendlich in der eigenen sozialistischen Gesellschaftsordnung verwirklicht[66]. Auch noch im Jahre 1994 hat es aus Anlaß der Rückbesinnung auf den 20. Juli 1944 nicht an Versuchen gefehlt, zwischen einem „guten" und einem „schlechten" Widerstand zu unterscheiden, dem „guten" Widerstand die Militärs um den Obersten Stauffenberg, den „Kreisauer Kreis" um den Grafen Helmuth James von Moltke oder die „Weiße Rose" der Geschwister Scholl und ihrer Freunde zuzuordnen, dem „schlechten" die Kommunisten, die „Rote Kapelle", das „Nationalkomitee Freies Deutschland" oder den „Bund Deutscher Offiziere". Als Begründung hierfür werden die langfristigen Zielsetzungen der jeweiligen Gruppen und Personen für die Zeit nach der Überwindung des Nationalsozialismus angegeben.

Demgegenüber ist vor einem Rückfall in die moralisierende und aktuelle Bezüge suchende Betrachtungsweise der ersten Nachkriegsjahre zu warnen, als man glaubte, diesseits und jenseits der Elbe den Kampf gegen die NS-Diktatur zum legitimierenden Traditionsgut des Neuanfangs nach 1945 instrumentalisieren zu können, und dabei übersah, daß weder von den damals unter den besonderen Bedingungen des Diktaturstaates und des Krieges entwickelten Gesellschaftsentwürfen und Verfassungsordnungen, noch von den außenpolitischen Konzeptionen der Frondeure eine ungebrochene Traditionslinie in die Nachkriegszeit führte, nicht in die freiheitlich-westliche Bonner Demokratie und auch nicht in den sozialistischen Staat der DDR. Es war kein Widerstand aus dem Geist heutigen Demokratie-Verständnisses. Was damals zählte und uns auch heute noch hohe Achtung abnötigen sollte, war die Auflehnung gegen die Verbrechen des totalitären Unrechtsstaates bis hin zum Einsatz des eigenen Lebens, war der beispielhafte Mut, sich aus der „Vollmacht des Gewissens"[67] dem Terror des Regimes und seinen Mordgehilfen entgegenzustemmen, am Ende auf seinen Sturz mit Gewalt hinzuarbeiten, bevor es zu spät war, unabhängig von den ganz unterschiedlichen Motiven, Interessen und Absichten, die den einzelnen zu seinem Handeln angetrieben haben mögen.

Widerstand „von oben" und „von unten"

Die siebziger Jahre brachten nicht nur eine politische Entkrampfung im Umgang mit dem Thema Widerstand, eine wachsende Bereitschaft in West und Ost, die im politischen Klima des „Kalten Krieges" vielfach getrübten Urteile zu revidieren, hier dem kommunistischen Widerstand und dort dem Kreis um Stauffenberg mehr Gerechtigkeit widerfahren zu lassen; die Aufmerksamkeit der Forschung griff nun auch über den eher spektakulären „Widerstand von oben" von den Schalthebeln der militärischen und bürokratischen Macht weit hinaus und bezog ein breites und reich differenziertes Spektrum von Verhaltensformen und Aktionen zwischen Anpassung und Widerstand „von unten" in der Gesellschaft in die Untersuchungen mit ein. Innerhalb von Städten und kleinen, überschaubaren Regionen wurden die verschiedenartigen Formen von Auflehnung und Widerstand vieler Tausender von mehr oder weniger namenlos gebliebenen Männern und Frauen, von Jugendlichen und Kindern erforscht, wurden ihre Handlungsmöglichkeiten und Handlungsperspektiven im Alltag des totalitären Staates ausgelotet, ihre Lebensschicksale und Lebensverhältnisse ins Bewußtsein der Nachwelt gerückt.[68]

Diese gewiß verdienstvolle Wiederentdeckung der „kleinen Leute" und ihres vielfach heldenhaften, weil lebensgefährlichen Aufbegehrens gegen das Unrecht, die einherging mit einer gewissen „Entmonumentalisierung" des Widerstandes, ohne ihm die verdiente Achtung zu versagen, löste aber neue Schwierigkeiten aus, und zwar mit der angemessenen und treffenden Benennung und Zuordnung. Was sich schon gleich nach 1945 – damals noch aus durchsichtigen Gründen der „Reinwaschung" von Schuldvorwürfen – angekündigt hatte, wuchs sich nunmehr zu einem Problem aus: die um sich greifende Inflationierung des Begriffes Widerstand mit der Gefahr, daß er immer mehr an Randschärfe verlor und die anstehenden Sachverhalte eigentlich mehr verdunkelte als klar umschrieb. Alles oppositionelle Verhalten und Handeln wurde unter ihm subsumiert.

So schwierig es ist, die sehr unterschiedlichen „widerständigen" Verhaltensformen und Reaktionen in der Bevölkerung klar gegeneinander abzugrenzen, vor allem da hier auch Entwicklungsprozesse von der anfänglichen rückhaltlosen Bejahung des Regimes – etwa bei Stauffenberg – hin zu seiner strikten Ablehnung stattgefunden haben, so spricht doch heute einiges dafür, von aktivem und prinzipiellem Widerstand nur bei den Männern und Frauen zu sprechen, die rückhaltlos bereit waren, im Kampf gegen das Regime ihr eigenes Leben und oft auch das ihrer Familie aufs Spiel zu setzen und das Letzte zu wagen.

Unterhalb dieses letzten Einsatzes gab es – abgestuft zwischen Anpassung und offener Gegnerschaft – eine ganze Palette von Reaktionsweisen gegenüber dem Regime: punktuelle Unzufriedenheit und kritische Distanz gegenüber seinen einzelnen Aspekten, Resistenz gegenüber seinem ideologischen Totalitätsanspruch, Nonkonformismus gegenüber dem geistigen und äußeren Anpassungsdruck etwa in Jugendcliquen und „Meuten", offene Verweigerung bestimmter Zumutungen wie das Bespitzeln von Freunden und Verwandten, öffentlicher Protest etwa des Bischofs Graf von Galen 1941 gegen die „Euthanasie" oder bischöflicher Hirtenbriefe gegen die Massenmorde, Arbeitsverweigerungen, Obstruktionen, informelle Streiks und Sabotageaktionen in den Betrieben, totale politische Opposition und schließlich radikale Widerstandsaktionen zum Sturz des Regimes.

Aus der Sicht der Machthaber, ihres Anspruches auf absolute Konformität und auf eine totale ideologische und politische Durchdringung der Gesellschaft und ihrer unbedingten Gehorsamserzwingung wurde freilich dieses breite Spektrum von Opposition und Teilopposition ebensowenig geduldet wie eine staatsfreie Lebenssphäre. Jedes abweichende Verhalten war bereits ein Politikum und wurde entsprechend als Widerstand kriminalisiert und geahndet. Das Abhören von „Feindsendern", das Weitererzählen von politischen Flüsterwitzen oder der intime Umgang mit „Fremdarbeitern" konnte ebenso mit dem Tode bestraft werden wie das Attentat gegen Hitler. Wie die Staatsorgane und ihre Schergen jeden Versuch eines Rückzuges in den privaten, unpolitischen Bereich mit Mißtrauen verfolgten, griffen sie auch dort mit aller Härte zu, wo sie Ablehnung, Verweigerung, Kritik oder Opposition spürten, mochte diese auch eher unpolitisch oder persönlich motiviert gewesen sein und sich nur an den einzelnen, besonders abstoßenden Seiten wie der Drangsalierung der Juden oder etwa auch an der allgemeinen Versorgungslage entzündet haben, ohne daß die „Leistungen" des Nationalsozialismus grundsätzlich in Frage gestellt wurden.

Bewertung des Widerstands

Der Widerstand gegen das nationalsozialistische System war ein „Widerstand ohne Volk". Er hat niemals wirklich eine in sich geschlossene und einheitliche Massenbasis gewonnen und das Regime selbst in eine Existenzkrise gebracht, auch der Staatsstreichversuch vom 20. Juli 1944 nicht. Es gab keine koordinierte Auflehnung breiter Schichten. Deutschland ist 1945 von außen von der braunen Diktatur befreit worden, aus eigener Kraft haben die Deutschen dies nicht geschafft.

Hemmnisse für einen Massenwiderstand

Diese bei allem persönlichen und opfervollen Einsatz von Menschen aus unterschiedlichen Bevölkerungsschichten, politischen Richtungen und Glaubensbekenntnissen im Grunde ernüchternde Bilanz führt uns auf die vielen Hemmnisse, die es nicht zu einer massenhaften und solidarischen Auflehnung der Deutschen gegen die Diktatur und dazu haben kommen lassen, daß sie das Unrechtsregime von sich aus abzuschütteln vermochten.

Fortdauernde politische, soziale und religiöse Gegensätze

Die sozialen, politischen und religiösen Gegensätze und Gegnerschaften der Weimarer Republik setzten sich auch unter Verfolgungen und Terror nach 1933 fort und verhinderten eine breite oppositionelle Solidarisierung. Die ersten Opfer dieser Verfolgungen, Männer und Frauen aus der Arbeiterbewegung und ihren – schnell zerschlagenen – Organisationen, verharrten nach wie vor unversöhnlich im sozialistischen „Bruderkampf". Sozialdemokraten mußten sich von den Kommunisten weiterhin als „Sozialfaschisten" diffamieren lassen. Angebote aus Moskau zur Bildung einer „Volksfront" stießen dementsprechend auf Mißtrauen und Ablehnung. Erst im Juli 1944 nahmen die Sozialdemokraten Julius Leber und Adolf Reichwein Kontakte zu einer kommunistischen Widerstandsgruppe auf, wurden dabei aber Opfer eines Gestapospitzels.

Konservative Tradition

Marxisten und Bolschewisten, Linksintellektuelle und Berliner „Asphaltliteraten", „System-" und „Verzichtpolitiker" hatten aus bürgerlich-konservativer Sicht in der Gesellschaft kaum ein Existenzrecht. Sie durften sich dementsprechend auch nicht wundern, wenn die neuen Machthaber hart gegen sie vorgingen. Gleiches galt für die als „asozial" Deklassierten, für Homosexuelle, für Sinti und Roma, für die „Erbkranken", für Trinker und Vagabunden und für viele andere mehr. Protestanten frohlockten, wenn der Einfluß der „Römlinge" endlich zurückgedrängt werden sollte. Für Juden hatte man nur Mitleid, wenn es den engsten Freund oder Nachbarn traf, und auch meist hier nicht die Zivilcourage, sich mit ihm öffentlich zu solidarisieren oder ihm gar zu helfen.

Selbstkritisch beklagte Pastor Martin Niemöller, seit 1937 in KZ-Haft, rückblickend die Zerrissenheit der Opfer und Gegner des Regimes:

Als die Nazis die Kommunisten holten, habe ich geschwiegen; ich war ja kein Kommunist. Als sie die Sozialdemokraten einsperrten, habe ich geschwiegen; ich war ja kein Sozialdemokrat. Als sie die Katholiken holten, habe ich nicht protestiert; ich war ja kein Katholik. Als sie mich holten, gab es keinen mehr, der protestieren konnte.[69]

Auf dem Nährboden einer tief eingeschliffenen und religiös durch den Nationalprotestantismus überhöhten preußisch-deutschen Staatsvergottung und Obrigkeitshörigkeit konnten sich weder eine Widerstandstradition noch eine stabile demokratische Kultur entfalten, um rechtzeitig vor 1933 und dann auch später ein erfolgreiches Abwehrpotential auch gegen eine verbrecherische und den Rechtsstaat mit Füßen tretende Obrigkeit zu entwickeln. Dies galt für die Bürokratie ebenso wie für die Wehrmacht, für die Kirchen ebenso wie für die gesellschaftlichen Organisationen. Man glaubte, dem Staat gegenüber loyal bleiben zu müssen, auch wenn sich gegenüber dem Regime manche Kritik anmelden ließ.

Die Nationalsozialisten verunsicherten ihre Widersacher und Kritiker durch ihre Taktik einer gleitenden und pseudolegalen Machteroberung und Machtdurchsetzung. Viele glaubten, ein ganzes Stück mit ihnen zusammenarbeiten zu können, bis sie merkten, daß sie den rechten Zeitpunkt für einen erfolgreichen Widerstand verpaßt hatten und das Regime fest im Sattel saß. Die Fiktion der Legalität der sogenannten „Machtergreifung“ und ihre propagandistische Drapierung mit Begriffen wie „legale Revolution“ oder „nationale Erhebung“ verfehlten ihre Wirkung gerade in nationalkonservativen Kreisen nicht und schwächten potentielle Gegenkräfte. Sie hofften noch lange, durch ihre Politik der konservativen „Einrahmung“ und des Mitmachens „Schlimmeres verhüten zu können“, und merkten dabei gar nicht oder verdrängten, daß sie selbst inzwischen tief in den Unrechtsstaat verstrickt waren. Dies galt für die willfährige Reichswehrführung unter Blomberg ebenso wie für die beflissene Staatsbürokratie. Hitler erschien den Kirchen mit seiner Regierungsübernahme am 30. Januar 1933 und nach seinen wiederholten Bekundungen, „im Christentum die unerschütterlichen Fundamente der Moral und Sittlichkeit des Volkes“ zu sehen (so in seiner Erklärung zum „Ermächtigungsgesetz“ am 23. März 1933), als die „rechtmäßige Obrigkeit“, die Anspruch auf Treue und Gehorsam einfordern konnte. Die Bindung der Wehrmacht an den „Führer“ durch den 1934 eingeführten persönlichen Eid war für viele Offiziere ein weiteres Hindernis auf dem Wege zum Widerstand.

Identifikationsangebote des Regimes

Hier und dort aufkeimende Gedanken an Opposition und Protest wurden auch dadurch erstickt, daß die neue Reichsregierung und ihr „Führer“ Ziele und Absichten wie die der „nationalen Wiedergeburt“, der „Wiederwehrhaftmachung“ und der „Revision des Versailler Schanddiktates“, aber auch den Kampf gegen Marxismus und Bolschewismus proklamierten, mit der sich die überwältigende Mehrheit der Bevölkerung identifizieren konnte, und daß ihr im Inneren wie auch außen Erfolge gelangen, die der Weimarer Republik versagt geblieben waren. Die überraschend schnelle materielle Besserung, Arbeitsplatzsicherheit und Vollbeschäftigung ließen auch in der Arbeiterschaft, deren politische und gewerkschaftliche Vertreter zu den ersten Opfern der Verfolgung wurden, bald Kritik verstummen, bis freilich ab Ende der dreißiger Jahre und dann vor allem im Kriege die rüstungsbedingte Verschärfung des Arbeitstempos und der Ausbeutung der Arbeitskraft zu immer zahlreicheren, aber wohl weniger politisch motivierten Äußerungen von Unmut und Verweigerung am Arbeitsplatz führten.

Die Geschichte Hitlers war, wie wir schon mehrfach gehört haben, die Geschichte seiner Unterschätzung. Kommunisten und Moskauer Führung teilten mit Sozialdemokraten die Illusion, das neue Regime werde schnell abwirtschaften und an seinen eigenen Schwierigkeiten zugrunde gehen, und flüchteten sich in den selbstgerechten Slogan „Nach Hitler kommen wir“. Sozialdemokraten spekulierten darauf, daß es schlimmer als unter dem „Sozialistengesetz“ der Bismarckzeit auch nicht kommen werde und daß es deshalb gelte, wie damals unter den zeitweiligen Verfolgungen die Organisationen intakt zu halten und die seit langem erkämpften sozialpolitischen Errungenschaften zu bewahren. Die überraschend schnelle Eroberung und Konsolidierung der Macht durch die Nationalsozialisten trafen auch die Arbeiterbewegung im Grunde unvorbereitet und verhinderten den rechtzeitigen Ausbau von Abwehrstellungen.

Überwachung und Terror

Schließlich sind Terror, Einschüchterung und eine immer perfektere Überwachung nicht zu unterschätzen, mit denen Polizei, Gestapo und ihre braunen Hilfstruppen schon im Februar 1933 jede Regung von Opposition im Keime zu ersticken suchten, auch nicht der umfangreiche Apparat von Spitzeln und Zuträgern, die in alle Gruppen und Organisationen eingeschleust wurden, die sich irgendwie verdächtig machten. Der Weg in den Widerstand war für die meisten ein langer und gefährlicher Lernprozeß, in dem sie in der Regel mehr oder weniger auf sich allein gestellt und einsam blieben oder nur wenige Freunde einweihen konnten, um ihre Familien zu schützen und ihr Vorhaben nicht vorschnell bekannt werden zu lassen. Entscheidend war, ob man noch einer gesellschaftlichen oder politischen Gruppierung angehörte – etwa der Kirche, der Wehrmacht oder dem Staatsapparat –, die sich als Institution gegenüber dem Nationalsozialismus hatte behaupten können, und sich als Oppositioneller damit noch in gewissen institutionellen „Schutzräumen" bewegen konnte oder ob man als Jude oder als Mitglied der Arbeiterbewegung nach der Zerschlagung der eigenen Organisation den Weg in die Illegalität kleiner und isolierter konspirativer Zirkel ging.

Bemühungen um den „Staatsstreich von oben"

Nachdem sich schon 1933 herausgestellt hatte, daß eine breite innere Umwälzung „von unten" gegen das Regime chancenlos war, konzentrierten sich gegen Ende der dreißiger Jahre und dann ab 1943 die Bemühungen auf den „Staatsstreich von oben" aus den Schaltstellen der – insbesondere militärischen – Macht heraus. Das bedeutete aber für Offiziere wie Stauffenberg, Oster oder Olbricht, nach außen loyal ein ganzes Stück Weges mitzugehen, um die exponierte Schlüsselposition, von der aus ein erfolgreiches Handeln gegen die Staatsführung überhaupt möglich war, nicht aufs Spiel zu setzen, und sich dabei selbst immer tiefer mit in den Unrechtsstaat zu verstricken und gerade auch im Ausland ins Zwielicht der Kollaboration zu geraten.

Die Frondeure standen in einem Dilemma: Um das Regime ablösen zu können, mußten sie gegenüber der eigenen Bevölkerung und auch gegenüber dem Ausland als eine glaubwürdige Alternative zum nationalsozialistischen Unrechtsstaat erscheinen. Dies war schwierig, solange Hitler von Erfolg zu Erfolg eilte und ihm 1938 der Triumph von München als Geschenk Großbritanniens und Frankreichs kampflos in den Schoß fiel. Als sein Stern dann mit den militärischen Rückschlägen vor

Moskau ab Herbst 1941 zu sinken begann, sahen sich die Widerstandskreise in ihrem Handlungsspielraum nach außen zunehmend beschränkt und nach innen mit der Gefahr konfrontiert, daß ein erfolgreicher Staatsstreich und ein anschließender Waffenstillstand – sei es nur nach Westen, sei es nach Westen und Osten – zur Geburtsstunde einer neuen „Dolchstoßlegende“ werden würde, die den geplanten Neuanfang nach Hitler in einem noch viel verheerenderen Ausmaß zu belasten drohte als die Gründung der Weimarer Demokratie 1919. Zudem gab es in Deutschland keine intakte konservative Auffangstellung mehr, wie sie 1943 in Italien Königshaus und Generalstab repräsentierten.
Berücksichtigt man die vielfältigen grundsätzlichen Widrigkeiten, die einer Auflehnung gegen eine verbrecherische Obrigkeit gerade in der deutschen Staatstradition entgegenstanden, so verdienen die Männer und Frauen, die Gruppen und Kreise aus allen sozialen Schichten und politischen Richtungen, die sich dem Unrecht in der einen oder anderen Form dennoch widersetzten, um so höheren Respekt.
Als zeitliche Schwerpunkte der Betrachtung bieten sich die Phase der Machteroberung 1933/34, die erste große außenpolitische Krise 1938 und dann die zweite Phase des Krieges 1943/44 an. In diesem chronologischen Rahmen soll ein allgemeiner Überblick über die oppositionellen Kräfte, ihre Ziele und ihre Durchsetzungschancen gegeben werden.

Widerstand der Arbeiterbewegung

Die unmittelbar nach dem 30. Januar 1933 unerwartet schnell und massiv einsetzenden Verfolgungen trafen die ersten Opfer, die Männer und Frauen der Arbeiterbewegung, mehr oder weniger unvorbereitet und hilflos und vor allem in einem Zustand der heillosen inneren Zerstrittenheit. Ihr Widerstand war, wenn er überhaupt geleistet wurde, eher improvisiert.

SPD

Die SPD-Führung spaltete sich über den zukünftig einzuschlagenden Weg: Ein Restvorstand unter Paul Löbe in Berlin führte die alte Strategie unbedingter Legalität und Anpassung weiter, ohne das Verbot der Partei am 22. Juni 1933 verhindern zu können. Der Exilvorstand der „Sopade“ (Sozialdemokratische Partei Deutschlands) konstituierte sich mit Otto Wels, Hans Vogel, Friedrich Stampfer u. a. in Prag. Von hier aus hielt er über Grenzsekretariate und Kuriere laufend illegale Kontakte mit den Mitgliedern in Deutschland. Der „Neue Vorwärts“ wurde aus Prag über die „grüne Grenze„ ins Reich geschmuggelt, von dort wurden Informationen über die politische, wirtschaftliche und soziale Lage, über die Stimmung in der Bevölkerung, über das allgemeine Arbeitsklima in den Betrieben, über Korruption und Mißwirtschaft des Regimes als „Grüne Berichte“ für die politische Aufklärung im In- und Ausland gesammelt. Im Jahre 1980 als „Deutschland-Berichte der Sozialdemokratischen Partei Deutschlands (Sopade)“ veröffentlicht, sind diese Informationen für uns heute eine sehr instruktive und relativ un-

voreingenommene und realitätsnahe Quelle für die Stimmung damals in Deutschland.
Jüngere und linke Sozialdemokraten um die Gruppe „Neu Beginnen", auch Männer der Weltkriegsgeneration wie der Redakteur Julius Leber (Jg. 1891), der Journalist Carlo Mierendorff (Jg. 1887), der Pädagoge Adolf Reichwein (Jg. 1898), der Redakteur Theodor Haubach (Jg. 1896) oder der Gewerkschafter und frühere hessische Innenminister Wilhelm Leuschner (Jg. 1890) gingen zu unterschiedlichen Zeiten unter heftiger Kritik der Parteiführung den Weg in die Illegalität. Sie bezahlten ihn mit oft jahrelanger KZ-Haft und Folter und schließlich mit dem Tode. Ihre Entscheidung fiel vor dem Hintergrund eines Generationenkonfliktes, der schon lange in der Partei schwelte. Die jüngeren Aktivisten kritisierten die abwartende und taktierende Haltung der überalterten Parteiführung und des inzwischen vielfach verknöcherten Funktionärsapparates und forderten eine organisatorische und programmatische Erneuerung und Modernisierung der alten Sozialdemokratie von innen heraus aus dem Geist eines entschiedenen Sozialismus. Ihre Aufmerksamkeit richtete sich weit über den antifaschistischen Widerstand hinaus bereits auf einen Neuanfang nach der „Stunde Null".
Nachdem bereits Tausende von Sozialdemokraten verhaftet worden oder emigriert waren, mußte die Mehrheit der von der Verfolgung verschonten Parteimitglieder einsehen, daß offener Widerstand zwecklos war und auch eine illegale Massenorganisation unter den wachsamen Augen der Gestapo keine Chance hatte. Die im Reich zurückgebliebenen Genossen beschränkten sich darauf, die freundschaftlichen Kontakte von früher weiterzupflegen, Gesinnungs- und Traditionspflege in kleinen, informellen Gruppen ihres proletarischen Sozialmilieus zu betreiben, Informationen über Verhaftungen und Drangsalierungen auszutauschen, den Familien der Verfolgten solidarische Hilfe zukommen zu lassen, Resistenz gegen den nationalsozialistischen Totalitätsanspruch zu üben und sich, soweit möglich, gegen ihn abzuschotten, politische Konzeptionen für die Nachkriegszeit zu entwerfen und über die Fehler der Vergangenheit nachzusinnen, kurz: „zu überwintern", bis an sie der Ruf zum Neuaufbau aus den Trümmern des Faschismus ergehen würde.

Gewerkschaften

Auch die Gewerkschaften waren im Zeichen von 6 Millionen Arbeitslosen gelähmt, sie bemühten sich, ihre Konzeptionslosigkeit durch eine Politik des Wohlverhaltens zu überspielen, die sie freilich nicht vor dem braunen Sturm auf die Gewerkschaftshäuser am 2. Mai 1933 retten sollte. Der politische Massenstreik war in der deutschen Gewerkschaftsbewegung spätestens seit der „Massenstreik-Debatte" des frühen 20. Jahrhunderts – mit der Ausnahme des Generalstreiks gegen den Kapp-Putsch im März 1920 – kein Thema mehr. Oppositionelles Verhalten äußerte sich in zahlreichen ablehnenden Voten gegen die DAF-Einheitsliste bei den Betriebs- und Vertrauensratswahlen 1933/34, im Aufbau einer illegalen Reichsleitung und in den Bemühungen Leuschners und des christlichen Gewerkschafters Jacob Kaiser, die alten sozialistischen, christlichen und liberalen Richtungsgewerkschaften zu überwinden und nach der Beseitigung des Nationalsozialismus einen Neuanfang mit einer von Konfessions- und weltanschaulichen Bindungen freien Einheitsgewerkschaft zu gestalten.

Kommunisten

Einschüchternd auf die Arbeiterbewegung und entmutigend auf oppositionelle Regungen wirkte zweifellos der außerordentlich hohe Blutzoll, den die Kommunisten besonders am Anfang in ihrem Kampf gegen den Faschismus entrichten mußten. Nach einer Schätzung gehörten von den 300 000 eingeschriebenen Parteimitgliedern (Ende 1932) etwa 150 000 zu den Opfern von Verfolgung, KZ-Haft, Gefängnis, Zuchthaus und Vertreibung, davon mußten etwa 20 000 ihren Widerstand mit dem Tode bezahlen. Das ist mehr als die Hälfte aller Deutschen, die wegen ihrer politischen Überzeugung hingerichtet wurden. Niemand wird diesen Menschen seine Achtung versagen dürfen, die sich von ihrer Parteiführung in einen letztlich aussichtslosen Kampf schicken ließen. Gleichzeitig aber gilt es, die spätere Legendenbildung in der DDR zurückzuweisen, als hätten die Kommunisten stets ein leuchtendes Vorbild im antifaschistischen Abwehrkampf abgegeben, ihn recht eigentlich getragen und geführt, dabei eine hohe innere Geschlossenheit und Solidarität gewahrt und im vollen Einklang mit Auslandsführung und Komintern gehandelt. Das Gegenteil war oft der Fall.

Sicher wurde in der KPD schon vor 1933 mit einem Parteiverbot gerechnet und an Widerstand gedacht, zumal da die Partei in der Weimarer Republik oft am Rande der Legalität und in einer isolierten Außenseiterposition operierte. Eigentliche Gegner waren aber die „Sozialfaschisten“ der SPD, der bürgerliche „Brüning-“, „Papen-“ und „Schleicher-Faschismus“, weniger die Nationalsozialisten. Von ihnen nahm man an, daß sie in der Regierungsverantwortung sowieso schnell abwirtschaften würden. Nach dem 30. Januar 1933 stürzten sich die Kommunisten angesichts der Verhaftungswellen und der gezielten Illegalisierung der Partei in verlustreiche und geradezu selbstmörderische Aktivitäten: Durch illegale Flugblätter, Zeitungen und Aufrufe, durch Inschriften an Mauern und Häuserwänden riefen sie die Bevölkerung zu Massendemonstrationen und Streiks auf. Ihr Schwerpunkt lag zunächst noch bei der „offenen Arbeit“. Als diese Aufrufe praktisch verpufften und keine Resonanz in der Bevölkerung fanden, zogen sich kleinere Gruppen und Zellen in die Illegalität zurück, um von hier aus nur noch mit begrenzter öffentlicher Wirksamkeit den Kampf fortzusetzen. Von der politischen Hinhaltetaktik und vom Desinteresse Moskaus an den Geschehnissen in Deutschland mußten sich die Kommunisten überdies im Stich gelassen fühlen. Die schnelle Verhaftung des Parteivorsitzenden Ernst Thälmann schon am 3. März 1933 ließ Spannungen und Konflikte in der Partei aufbrechen. Wilhelm Pieck, Franz Dahlem und Wilhelm Florin emigrierten schon im Mai nach Paris, im Herbst folgte das ganze Politbüro mit Walter Ulbricht, einem treuen Gefolgsmann Stalins. Später siedelte man nach Moskau über. Über „Abschnittsleitungen" in Kopenhagen, Amsterdam, Saarlouis, Prag und Basel wurde die illegale Untergrundarbeit im Reich in verschiedenen „Reichsabschnitten" gelenkt, wurden Kuriere ins Land geschickt. Spannungen und Verbitterung zwischen den Illegalen im Land und der Auslandsleitung blieben nicht aus.

Alle Versuche, neben dem Parteiapparat auch die Revolutionäre Gewerkschaftsopposition (RGO), die Rote Hilfe und den Kommunistischen Jugendverband aufrechtzuerhalten, scheiterten. Der Kampf wurde bis Mitte der dreißiger Jahre immer aussichtsloser, die Zellen von der Gestapo zerschlagen. Auch als die Komintern 1935 in Moskau die neue Taktik der „Volksfront" mit den Sozialdemokraten verkündete, ließ sich der Widerstand nicht mehr entscheidend aktivieren. Angebote zur Zusammenarbeit an die SPD stießen hier auf berechtigtes Mißtrauen und Ablehnung, die Basis war durch diese taktische Kursschwenkung verwirrt. Die Verbindungen der kommunistischen Auslandsleitung in Moskau zu den Widerstandsgruppen im Reich rissen ab. Der Aufruf des Generalsekretärs der Komintern, Georgi Dimitroff, nunmehr die Taktik des „Trojanischen Pferdes" einzuschlagen und die nationalsozialistischen Massenorganisationen wie die DAF zu unterwandern, gingen ins Leere und verschafften der Gestapo nur neue Möglichkeiten, ihrerseits die illegalen Zellen und Gruppen zu unterwandern. Der Abwehrkampf der Arbeiterbewegung war praktisch Mitte der dreißiger Jahre gescheitert. Die Moskauer „Säuberungen" 1937, die wahrscheinlich mehr kommunistische Opfer, darunter auch deutsche Kommunisten, als Hitlers Verfolgungen kosteten, und der Hitler-Stalin-Pakt 1939 schufen neue Desorientierungen, standen die Kommunisten doch nun plötzlich auf der faschistischen Seite und mußte sich die Moskauer KPD-Führung von dem britischen Sozialisten Victor Gollancz einen „objektiven Pronazismus" vorwerfen lassen.

Kleine sozialistische Gruppen

Der antifaschistische Widerstand war die Stunde kleiner sozialistischer Splittergruppen zwischen den großen und verkrusteten Parteiapparaten von SPD und KPD, die teilweise schon vor 1933 gegründet worden waren und auf eine sozialistische Erneuerung und einen Brückenschlag zwischen den beiden verfeindeten Flügeln der Arbeiterbewegung drängten. Neben der schon erwähnten Gruppe „Neu Beginnen" seien hier genannt der „Internationale Sozialistische Kampfbund" (ISK), die „Sozialistische Arbeiterpartei Deutschlands" (SAP – seit 1931 die politische Heimat Willy Brandts), die „Kommunistische Partei Deutschlands/Opposition" (KPO), der „Rote Stoßtrupp", die „Sozialistische

Front" oder auch die „Gruppe Saefkow-Jacob-Uhrig". Als eine unabhängige linkssozialistische Gruppierung hielt sie im Krieg sowohl Kontakte zur „Roten Kapelle" (eine von der Gestapo geprägte Bezeichnung), eine politisch stark differenzierte Gruppe von Linksintellektuellen, Schriftstellern, Künstlern, Journalisten und Arbeitern um den Oberleutnant Harro Schulze-Boysen im Reichsluftfahrtministerium und den Nationalökonomen Arvid Harnack, die regelmäßig Funkkontakte nach Moskau unterhielt und militärisches Geheimmaterial durchgab wie u. a. die deutschen Aufmarschpläne 1941, als auch zu den Sozialdemokraten im „Kreisauer Kreis", Julius Leber und Adolf Reichwein. Aufgrund ihrer geringen Mitgliederzahl und ihres engen Zusammenhaltes konnten die genannten Gruppen relativ lange konspirativ weiterarbeiten an ihren Plänen zur Bildung einer wirklichen linkssozialistischen „Volksfront" von unten zwischen Sozialdemokraten, Sozialisten und Kommunisten, bis dann im Kriege die Gestapo auch diesen Aktivitäten durch Verhaftungen, Prozesse und Hinrichtungen ein Ende bereitete.

Die Hoffnungen auf eine Versöhnung zwischen Kommunisten und Sozialdemokraten und einen neuen Brückenschlag über die tiefen Gräben hinweg sollten aber nicht versiegen, sondern im Gegenteil aus dem gemeinsamen Erlebnis der Verfolgung und der Inhaftierung in den Konzentrationslagern neue Nahrung erhalten, bis sie 1946 in der Zwangsvereinigung von KPD und SPD zur SED in der Sowjetischen Besatzungszone ganz anders verwirklicht wurden, als es viele Antifaschisten sich ersehnt hatten.

Kirchlicher Widerstand

Der totalitäre politische und geistig-ideologische Herrschaftsanspruch des NS-Regimes stellte nicht nur für die Arbeiterbewegung, sondern auch für die andere gesellschaftliche Großgruppe, die Kirche, eine besondere und bisher nicht gekannte Herausforderung dar. Er konnte aber in dieser Institution von ihrem Wesen und ihrem Selbstverständnis her naturgemäß keinen politischen Widerstand provozieren. Das Kapitel über den Kirchenkampf zeigt, wie schwer es den beiden großen Konfessionen fiel und in ihrer obrigkeitstreuen Tradition wohl auch fallen mußte, sich auf eine Herausforderung einzustellen, die auf die totale Erfassung und Entmündigung des Menschen nicht nur in seinen politischen und sozialen Bezügen, sondern auch in seiner geistigen und religiösen Existenz zielte und dementsprechend für das christliche Bekenntnis und die Institution Kirche letztendlich eine tödliche Bedrohung bedeutete. Protestanten wie Katholiken haben lange, wahrscheinlich zu lange in der Illusion gelebt, Hitler meine es ernst mit seinen mehrfachen Zusicherungen zur Bewahrung und Förderung des christlichen Glaubens und ihre überkommene grundsätzliche Loyalität zur „rechtmäßigen Obrigkeit" lasse sich vereinbaren mit partieller Kritik an radikalen kirchenfeindlichen und atheistischen Auswüchsen und Entgleisungen – wie man glaubte – seitens der Partei und ihrer Ideologen um Alfred Rosenberg. Die Katholiken und der katholische Episkopat wähnten sich überdies geschützt durch das Reichskonkordat.

„Religiöse" und „politische" Opposition

So haben die Kirchen auch bis zum Ende der – zunehmend als verbrecherisch erkannten – staatlichen Obrigkeit ihren Gehorsam prinzipiell niemals aufgekündigt und ihre Gläubigen niemals den letzten radikalen Weg in das Martyrium und die Katakombe gewiesen oder in ihren führenden Repräsentanten vorgelebt. Oberstes Ziel blieben Verteidigung und Erhalt der Institution Kirche. Mochte dieser Kurs der Kooperation mit dem Regime den Vertretern beider Konfessionen auch mit gutem Recht nach dem Kriege viel Kritik wegen allzu intensiver Leisetreterei und feigen Wegblickens angesichts von Mord und Verbrechen eingetragen haben, so wird man doch andererseits nicht übersehen können, daß damit gleichsam „Schutzräume" der Resistenz gegen eine gezielte Entchristlichung der Gesellschaft erhalten blieben, die die Machthaber bis zuletzt nicht haben zerstören können. Noch im Kriege bekannten sich mehr als 90% der Deutschen als zur Kirche gehörig. Was sich uns heute als eine „Widerstandsbewegung wider Willen" (Ernst Wolf) darstellt, war ebensowenig wie in der Arbeiterbewegung ein Massenphänomen, sondern äußerte sich nur im mutigen Handeln einzelner herausragender christlicher Persönlichkeiten wie der Brüder Dietrich und Klaus Bonhoeffer, des Jesuitenpaters Alfred Delp, des Berliner Domprobstes Alfred Lichtenberg, von Männern aus der christlichen Arbeiterbewegung wie Jacob Kaiser, Bernhard Letterhaus, Josef Joos oder Otto Müller, im Einsatz eines Heinrich Grüber als Leiter des Hilfswerkes für die getauften Judenchristen oder eines Martin Niemöller in der Bekennenden Kirche. Aus christlichem Geist und christlicher Verantwortung handelten auch die Männer des „Kreisauer Kreises".
Unterhalb des nur von wenigen gewählten Weges in die Illegalität und in die Konspiration zum Sturz des Regimes, mit dem man nicht nur sein eigenes Leben, sondern auch das seiner Familie und oft auch seiner Freunde gefährdete, gab es auch im kirchlichen Raum unter Protestanten wie Katholiken eine breite Palette von Opposition, öffentlichem Protest, Verweigerung und Nonkonformismus, die die angestrebte totale Gleichschaltung und Zerstörung der Kirche verhindert haben. Dabei war es nicht allen von vornherein klar, und es bedurfte erst eines längeren Prozesses des Lernens und der Erfahrungen, daß das, was sich vordergründig als eine rein religiöse Auseinandersetzung innerhalb der Kirche (etwa der Konflikt mit den „Deutschen Christen") oder als Übergriffe radikaler Parteiideologen darstellte, im Grunde ein hochpolitischer Angriff des Staates und seiner Hilfstruppen auf die autonome Existenz der Kirche schlechthin war und dementsprechend als Politikum eine politische Fundamentalopposition auch und gerade seitens kirchlicher Vertreter hervorrufen mußte. Wie bereits ausgeführt: Die Differenzierung zwischen religiöser und politischer Opposition erweist sich

in dem Augenblick als Fiktion, da die Obrigkeit eine staatsfreie und unpolitische Lebenssphäre ausdrücklich verneint.
Die ersten, im wesentlichen mit Hilfe der „Deutschen Christen" in der Evangelischen Kirche eingeleiteten Schritte wie die Einführung des „Arierparagraphen", die Verkündigung völkisch-rassistischer Irrlehren und die Verfälschung des Bekenntnisses schienen noch eine Teilopposition unter voller Wahrung der Loyalität gegenüber dem Staat zu rechtfertigen, wie sie der von Martin Niemöller begründete „Pfarrernotbund" und die „Bekennende Kirche" unter Berufung auf die Autorität der Heiligen Schrift und der Bekenntnisschriften praktizierten, um die Autonomie der Kirche und einen unverfälschten Christusglauben gegen Gleichschaltung und Nazifizierung zu verteidigen. Die „Judenfrage" wurde generell zum Prüfstein evangelischer und katholischer Opposition: Während den Judenchristen immerhin, wenn auch eher aus privatem Einsatz und nicht kirchenoffiziell Hilfe zuteil wurde, versagten die Kirchen den Mitbürgern jüdischen Glaubens in den Stunden ihrer größten Bedrängnis die Solidarität.
In der Katholischen Kirche mobilisierten die ständigen Verletzungen des Reichskonkordates vor allem in der Schulfrage und bei der Gleichschaltung der Jugendverbände und die Verfolgung von Priestern und Nonnen erste Proteste, ohne daß auch hier grundsätzlich an der Autorität des nationalsozialistischen Staates gerüttelt und ihm der Gehorsam aufgekündigt wurde. Das Reichskonkordat wirkte insofern auch lähmend, als der Vatikan es ablehnte, den Vertrag mit Berlin zu kündigen, und dadurch dem NS-Regime weiterhin seine Anerkennung als Vertragspartner zukommen ließ.

Verschärfung der kirchlichen Opposition

Entschiedene Schritte von der kirchlichen Opposition in die öffentliche, weltanschauliche und politische Konfrontation mit dem nationalsozialistischen Staat vollzogen die Bekenntnisfront mit der Barmer Bekenntnissynode vom Mai 1934 und der Denkschrift ihres radikalen Flügels zwei Jahre später und der Vatikan mit der Enzyklika „Mit brennender Sorge" im Jahre 1937. So hieß es im Artikel 5 der Barmer Erklärung: *Wir verwerfen die falsche Lehre, als solle und könne der Staat über seinen besonderen Auftrag hinaus [Recht und Frieden zu wahren] die einzige und totale Ordnung menschlichen Lebens werden und also auch die Bestimmungen der Kirche erfüllen.*[70]
Einen Schritt weiter ging noch die „Denkschrift der Vorläufigen Leitung" vom Mai 1936. Hier wurde nicht nur gegen den antikirchlichen Kurs Stellung genommen, sondern ganz eindeutig die NS-Weltanschauung, der Rassenantisemitismus, die Rechtswillkür, die Mißachtung der Menschenrechte, das System der Konzentrationslager, der Gestapo-Terror und der Führerkult angeprangert.
Ähnlich eindeutig kritisierte der Vatikan in der Enzyklika, die auf die Initiative des Münchener Kardinals Faulhaber zurückging, das nationalso-

zialistische „Neuheidentum" und seinen „Götzenkult" um Rasse, Volk und Staat sowie die Verletzungen des Konkordates und warnte vor „zersetzenden Religionskämpfen", vermied aber Hinweise auf die Judenverfolgungen in Deutschland. Die hektischen, aber letztlich erfolglosen Reaktionen der Polizeiorgane, um Bekanntwerden und Verbreitung von Denkschrift und Enzyklika zu verhindern, beweisen, wie ernst das Regime diese Bekundungen des Protestes als Politikum nahm. Dem katholischen und protestantischen Widerspruch gegen die „Euthanasie", gipfelnd in den Anklagepredigten des münsterschen Bischofs Graf von Galen im August 1941, trat kein entsprechender Protest gegen die Verfolgung der Juden zur Seite. Es blieb bei Einzelaktionen oder einzelnen Hilfsmaßnahmen.

Oppositionelles Verhalten in der Bevölkerung

Angesichts der Kooperationsbereitschaft der kirchlichen Leitungsgremien und ihrer führenden Repräsentanten mit dem Regime verdienen die zahlreichen Zeugnisse der Solidarität mit den Verfolgten, wie sie uns immer wieder in einer doch recht breiten und namenlosen Volksopposition entgegentreten, höchsten Respekt. Einfache Menschen in den Gemeinden und in der Anonymität der Großstadt, in Freundeskreisen aus der Zeit der Jugendbewegung und der Arbeitervereine, Laien und Pfarrer, Christen und Nichtchristen wandten Unterdrückten praktische Nächstenliebe zu, versteckten Juden, verhalfen ihnen zur Flucht, arbeiteten in der Gefangenenfürsorge oder gingen menschlich mit Kriegsgefangenen und Zwangsarbeitern um. Demonstrative Teilnahme am Gemeindeleben und an Prozessionen, Proteste der Eltern gegen die Entfernung von Kruzifixen in Klassenzimmern, illegale Fortführung von Jugendgruppenarbeit oder öffentliche Solidarisierung mit verfolgten Gemeindepfarrern, wie bei Martin Niemöller in seiner Gemeinde in Berlin-Dahlem, waren bemerkenswerte Formen der Resistenz. Hier wurden in mutiger privater Initiative Freiräume gegen den Totalitätsanspruch des Regimes ausgenutzt oder auch erst geschaffen und ihm Grenzen gewiesen, dies oft in dem bitteren Gefühl, von den kollaborierenden Bischöfen im Stich gelassen zu sein.

Bürgerlich-nationalkonservativer und militärischer Widerstand

Naturgemäß dauerte es in bürgerlich-nationalkonservativen und militärischen Kreisen sehr viel länger als in der Arbeiterschaft, bis sie sich aus dem Banne des Nationalsozialismus und seiner zunächst offenkundigen innen- und außenpolitischen Erfolge lösten und bis sich hier erste Widerstandszentren unter Offizieren und Diplomaten, hohen Beamten und unabhängigen Intellektuellen bildeten. Insbesondere der 1934 auf Weisung Blombergs in der Reichswehr geleistete persönliche Eid auf den „Führer und Reichskanzler" als Obersten Befehlshaber der Wehrmacht löste schwere Gewissensskrupel aus, gegen das Staatsoberhaupt vorzugehen. Die preußisch-deutsche Armee war gegenüber ihrem Kriegsherren stets loyal. Der Gedanke an einen Staatsstreich widerstrebte der Tradition des „unpolitischen Soldaten" (Seeckt).

Auslösende Momente für erste Widerstandsplanungen waren nach innen die Blomberg-Fritsch-Krise im Februar 1938 und dann vor allem nach außen der riskante Kriegskurs Hitlers in der Sudetenkrise im Sommer desselben Jahres. Er öffnete vielen, die bis jetzt loyal mitgearbeitet und sich auch mit dem Nationalsozialismus zumindest partiell identifiziert hatten, wie dem Generalstabschef Ludwig Beck und Carl Goerdeler, bis 1935 Reichspreiskommissar und bis zu seinem Rücktritt 1937 aus Protest gegen die Beseitigung des Mendelssohndenkmales vor dem Gewandhaus Leipziger Oberbürgermeister, die Augen über die amoralische Spielernatur des Diktators, wenn ihnen nicht schon vorher Bedenken wegen der Liquidierung des Rechtsstaates und wegen der Kirchen- und Rassenpolitik gekommen waren. Es galt jetzt 1938, einen Krieg, den Deutschland damals bei seinem ungenügenden Rüstungszustand nur verlieren konnte, um jeden Preis, auch um den eines Sturzes des Staatsoberhauptes, zu verhindern. Pläne 1938

Im Sommer 1938 entwickelte sich zum erstenmal eine ernsthafte zivile und militärische Widerstandsfront mit einer ersten Vernetzung der verschiedenen Kreise, Gruppen und individuellen Aktivitäten. Gemeinsame Herkunft, verwandtschaftliche Beziehungen und langjähriger vertrauter gesellschaftlicher Umgang miteinander halfen oft mit, diese konservativen Widerstandsnetze zu knüpfen und ihnen dann auch im Kriege eine starke innere Resistenzfähigkeit gegenüber der Unterwanderung durch die Gestapo zu verleihen. Einer der frühen Mittelpunkte und politischer Kopf war Carl Goerdeler. Als Berater des Bosch-Konzerns und gedeckt durch Robert Bosch konnte er in rastlosen Aktivitäten auf Reisen im In- und Ausland Kontakte aufbauen und die Absprachen vorantreiben.

Zum Hoffnungsträger der militärischen Opposition und zu ihrem Zentrum wurde Ludwig Beck. Die Weisung für den „Fall Grün" vom 30. Mai 1938 zur „Zerschlagung" der Tschechoslowakei half dem Generalstabschef, schwere moralische und militärische Skrupel zu überwinden. Im „Zwiespalt zwischen soldatischer Pflichterfüllung, fachlicher Skepsis und politisch-moralischer Opposition zum NS-Regime" (Bernd Wegner) rang er sich dazu durch, die generalstabsmäßige Vorbereitung des Einfalls deutscher Truppen in die Tschechoslowakei angesichts der drohenden Gefahr eines europäischen oder gar Weltkrieges zu verweigern. Er bemühte sich in mehreren Denkschriften, über den Oberbefehlshaber des Heeres, von Brauchitsch, Hitler von seinem verantwortungslosen Vorhaben abzubringen. So schrieb er am 16. Juli über die Pflicht der Wehrmachtführung u. a.:

Es stehen hier letzte Entscheidungen über den Bestand der Nation auf dem Spiel; die Geschichte wird diese Führer mit einer Blutschuld belasten, wenn sie nicht nach ihrem fachlichen und staatspolitischen Wissen und Gewissen handeln. Ihr soldatischer Gehorsam hat dort eine

Grenze, wo ihr Wissen, ihr Gewissen und ihre Verantwortung die Ausführung eines Befehls verbietet. Finden ihre Ratschläge und Warnungen in solcher Lage kein Gehör, dann haben sie das Recht und die Pflicht vor dem Volk und vor der Geschichte, von ihren Ämtern abzutreten.[71]

Beck fand kein Gehör, weder bei Brauchitsch noch bei Hitler. Am 18. August erbat er seinen Abschied, ließ sich aber in einem letzten Akt der Pflichterfüllung überreden, einer Veröffentlichung dieses Abschiedes erst nach der Sudetenkrise zuzustimmen. Sein Nachfolger als Generalstabschef, Franz Halder, war in die Oppositionsplanungen zwar eingeweiht, lehnte aber eine aktive Teilnahme aus Gründen soldatischen Gehorsams ab.

Von Beck liefen die Kontakte zum militärischen Nachrichten- und Spionageabwehrdienst, kurz „Abwehr", und hier zum Obersten Hans Oster. Spätestens seit der Ermordung Schleichers 1934 erbitterter Gegner des Nationalsozialimus, wurde Oster, abgeschirmt durch den Abwehr-Chef Admiral Canaris, zum Motor des militärischen Widerstandes. Es glückte ihm lange auch noch im Kriege, die Verschwörer zu tarnen, ihre Vorhaben gegen die Gestapo abzusichern und den Kriegsgegnern deutsche Angriffspläne zukommen zu lassen, ohne daß diese sie freilich ernstnahmen. Schließlich beschaffte er für die verschiedenen Attentatsversuche 1943/44 Sprengstoff.

Durch ihre intensiven Auslandskontakte entfalteten Adam von Trott zu Solz, der 1940 in die Informationsabteilung des Auswärtigen Amtes eintrat, Hans-Bernd von Haeften, seit 1933 im Auswärtigen Amt, Otto Karl Kiep, 1933 aus Protest gegen das Regime auf eigenen Wunsch aus dem auswärtigen Dienst ausgeschieden, sowie die Brüder Erich und Theodor Kordt, beide Diplomaten, wichtige Aktivitäten, um rechtzeitig die Westmächte in die Staatsstreichpläne einzuweihen und ihre Unterstützung zu gewinnen. Der Außenamts-Staatssekretär Ernst von Weizsäcker hat vieles gedeckt, ohne selbst zum engeren Widerstandskreis zu gehören.

Reichsgerichtsrat Hans von Dohnányi legte ein Dossier über die nationalsozialistischen Verbrechen an, um Hitler dann nach seiner geplanten Verhaftung vor dem Reichsgericht anklagen zu können. Nach der Röhm-Affäre 1934 fand er zum Goerdeler-Kreis, nach der Fritsch-Krise zum militärischen Widerstand um Beck. Dieser vermittelte ihn 1939 zur Abwehr, wo er unter Oster das politische Referat leitete und eine reiche Informationssammlung aufbaute, die bei der Verhaftung Dohnányis 1943 mit vielen Hinweisen auf Mitverschwörer der Gestapo in die Hände fiel. Dohnányis Schwager, der Theologe Dietrich Bonhoeffer, einer der profiliertesten Mitstreiter der Bekennenden Kirche und Seminarleiter bei der illegalen Ausbildung von deren Pfarrernachwuchs, nutzte seine Stellung in der ökumenischen Bewegung, um bis weit in den Krieg hinein Informationsaufträge zu den Kirchen in der Schweiz, in

Skandinavien und England zu unternehmen. Zu Gegnern des Regimes entwickelten sich in der Berliner Polizeiführung die anfänglich überzeugten Nationalsozialisten Wolf Heinrich Graf von Helldorf, der Polizeipräsident, und sein Stellvertreter Fritz-Dietlof Graf von der Schulenburg.

Die „Mittwochsgesellschaft", eine 1863 gegründete „Freie Gesellschaft für wissenschaftliche Unterhaltung", der jeweils 16 führende Berliner Wissenschaftler, Künstler, Militärs, Politiker u. a. angehörten, brachte Beck mit weiteren Verschwörern wie dem preußischen Finanzminister Johannes Popitz und dem 1938 aus dem aktiven Dienst entlassenen früheren Botschafter in Rom, Ulrich von Hassell, zusammen. Popitz sollte später in einer eigenwilligen Mischung aus Kollaboration und Opposition den verwegenen Entschluß fassen, bei Himmler zu sondieren, wie er sich zu einem Staatsstreich stellen würde. Selbst zwar Vertreter einer deutschen Kontinentalhegemonie, verurteilte Hassell dennoch den riskanten außenpolitischen Kurs Hitlers und schloß sich nach seiner Entlassung Beck und Goerdeler an. Goerdeler war zugleich Verbindungsmann zu oppositionellen Sozialdemokraten und Gewerkschaftern wie dem gerade haftentlassenen Julius Leber, Wilhelm Leuschner, Ernst von Harnack, Theodor Haubach, Max Habermann vom früheren „Deutschnationalen Handlungsgehilfenverband" und zu dem christlichen Gewerkschafter Jacob Kaiser.

Mißtrauen im westlichen Ausland

Bei den Widerstandsplänen im Sommer 1938 zeichnete sich zum erstenmal jenes grundsätzliche Dilemma ab, das die Widerstandsbewegung dann auch im Kriege nicht überwinden konnte: Um Hitlers Vabanquespiel mit dem Schicksal des Volkes vor aller Welt und besonders auch vor der deutschen Öffentlichkeit unwiderlegbar demonstrieren und ihn ins Unrecht setzen zu können, mußten die Westmächte, die bisher Schritt für Schritt zurückgewichen waren, mitspielen und den deutschen Gewaltandrohungen gegenüber der Tschechoslowakei selbst um das Risiko, mit in einen Krieg verwickelt zu werden, energisch entgegentreten. Mit dem ersten Schuß sollte Hitler dann mit Hilfe des Berliner Wehrkreisbefehlshabers General von Witzleben und des Kommandeurs der Potsdamer Division Generalmajor Graf Brockdorff-Ahlefeld – so das Kalkül der Frondeure – verhaftet und vor ein Gericht gestellt werden, um ihn mit dem inzwischen gesammelten Belastungsmaterial zu konfrontieren. Dieser Plan setzte aber – abgesehen von der grundsätzlichen Einschätzung Hitlers und seiner Ansprüche in Paris und London – ein hohes Vertrauen der westlichen Regierungen in den innerdeutschen Widerstand als mögliche Alternative zum NS-Regime voraus. An ihm hat es 1938 und dann später im Kriege bis zum 20. Juli 1944 gefehlt. Nichts konnte dies deutlicher dokumentieren als das Zurückweichen der Westmächte vor den Erpressungen Hitlers in München Ende September 1938. Das Münchener Abkommen war ein schwerer Schlag für die deutsche Opposition und hat sie auf lange Zeit gelähmt.

Sicher hatten Chamberlain und Daladier eine Reihe von Gründen, sich mit Hitler zu arrangieren und nicht mit dem Widerstand, Gründe, die hier nicht zu diskutieren sind. Sicher auch wäre es verfehlt und unangemessen, den bürgerlich-militärischen Widerstand aus der mißtrauischen Perspektive des Auslandes zu bewerten. Aber es bleibt ein Faktum, daß die meisten Repräsentanten des bürgerlich-konservativen und des militärischen Widerstandes einem Traditionsmilieu entstammten, aus dem der demokratischen Weimarer Republik nur Verachtung entgegengebracht, dem NS-Regime jedoch zumindest in seinen ersten Jahren ein hohes Maß an loyaler Unterstützung und Beifall zuteil wurde. Offiziere wie Halder, General Friedrich Olbricht, obwohl schon seit 1938 in Verbindung mit militärischen Widerstandskreisen, und auch Stauffenberg haben im Kriege ihren hohen professionellen Sachverstand als Militärs teilweise in Schlüsselpositionen der Reichsführung zur Verfügung gestellt, haben mitgeholfen, daß Hitler bis 1941 von Sieg zu Sieg eilen konnte, ohne im Inneren auf nennenswerte Opposition zu stoßen. Sie haben damit aus der Sicht des Auslandes alle konspirativen Botschaften eines Hans Oster, eines Adam von Trott zu Solz und anderer Emissäre seit 1938, in Berlin warte eine geschlossene Widerstandsfront nur darauf, mit Rückendeckung durch die Westmächte den Staatsstreich zu wagen und Hitler zu beseitigen, dementiert und unglaubwürdig gemacht.

Wenngleich die Vorbereitungen der verschiedenen Kreise und Gruppen, Hitler zu stürzen und den Krieg zu beenden, auch während der militärischen Erfolge bis 1942 nicht abbrachen, traten sie doch erst 1943 wieder in ein konkretes Stadium, als sich schon die Niederlage abzeichnete. Erst damit bot sich die Chance, einer desillusionierten Bevölkerung mit einigem Erfolg vor Augen zu führen, daß das Regime abgewirtschaftet hatte und zudem mit bisher unvorstellbaren Verbrechen belastet war. Dies führt uns aber in die Vorgeschichte des 20. Juli 1944 und soll deshalb einem späteren Kapitel vorbehalten bleiben.

Deutsche Emigration 1933–1945

Die Ablehnung des NS-Regimes artikulierte sich aber nicht nur in der Auflehnung von innen. Auch die deutsche Emigration zwischen 1933 und 1945 war stets beides: Flucht vor Demütigung, Verfolgung und drohendem Tod und Protest gegen die Gleichschaltung, Nazifizierung und geistige Entmündigung. Emigration und Widerstand gehören untrennbar zusammen. Viele spätere Emigranten haben oft schon vor 1933 ahnungsvoll gesehen, wohin der Aufstieg der NSDAP führen werde, und sich schon früher dagegen gestemmt als manche anderen, die sich erst langsam von der Faszination des Nationalsozialismus lösten und den Weg in den Widerstand gingen. Die Emigration war ebensowenig wie der Widerstand eine Kollektiv- und Massenbewegung. Überspitzt formuliert: „Es gab keine deutsche Emigration; es gab nur deutsche Emigranten“ (Sebastian Haffner). Es bildete sich weder ein politisches Führungszentrum in den Gastländern oder eine Exilregierung – wie etwa bei den Franzosen, Tschechen oder Niederländern – noch eine geschlossene Organisation. Lediglich in der Sowjetunion kam es unter kommunistischer Ägide zur Gründung des „Nationalkomitee Freies Deutschland“ im Juli 1943 und des „Bund deutscher Offiziere“ im September desselben Jahres, ohne daß von diesen Organisationen freilich einen nennenswerte Wirkung auf die kämpfende Truppe und die Heimatfront ausging. Das Exil war ähnlich heterogen, diffus und gespalten wie der Widerstand. Auch hier setzten sich – etwa zwischen Sozialdemokraten und Kommunisten – die alten Konflikte aus der Weimarer Zeit fort.

Die Wellen der politischen Emigration waren zugleich ein Spiegel der fortschreitenden Gleichschaltung und Terrorisierung des politischen und gesellschaftlichen Lebens. Zunächst traf es die politische Linke, Sozialdemokraten, Kommunisten und Gewerkschaftsführer, dann demokratisch-republikanische Politiker und Verwaltungsbeamte wie die Reichskanzler Heinrich Brüning und Joseph Wirth, die ehemaligen Reichsminister Gottfried Treviranus und Erich Koch-Weser oder den preußischen Ministerpräsidenten Otto Braun; auch prominente frühere Nationalsozialisten wie der Renegat Otto Strasser und der ehemalige Danziger Senatspräsident Hermann Rauschning blieben nicht verschont. Am stärksten hatten von Anfang an die Juden unter der Verfolgung zu leiden. Etwa 330 000 von 500 000 konnten aus Deutschland durch Auswanderung entkommen, 150 000 aus Österreich und 25 000 aus dem Sudetenland.

Hinter dem Begriff „jüdisch“ verbarg sich jedoch für die nationalsozialistischen Haß- und Vernichtungsfeldzüge viel mehr: der unerbittliche Kampf gegen „Kulturbolschewisten“, gegen „Asphaltliteraten“, „Pazifisten“, „Internationalisten“ und „Linksintellektuelle“, kurz: der Kampf gegen die geistig-kulturelle und politische Weimarer Avantgarde. Auswanderung aus „rassischen Gründen“, Kulturemigration und politische Emigration waren nicht scharf voneinander zu trennen, die Grenzen fließend. Über den geistigen und wissenschaftlichen Aderlaß, den die Emigration für Deutschland bedeutete, ist in anderem Zusammenhang gesprochen worden.

Leben im Exil

Der Entschluß, seine Heimat zu verlassen und im Exil eine neue Existenz aufzubauen, war für die meisten sehr schwer und einsam und entsprang ganz unterschiedlichen persönlichen Motiven. Es war ein Weg ins Dunkle, eine „unsinnige Katastrophe“ (Thomas Mann). Emigration hieß jähe Entwurzelung in der alten Heimat, hieß Leid und Entbehrungen, oft Verlust der bürgerlichen Existenz, Emigranten wurden aus ihren alten verwandtschaftlichen und freundschaftlichen Bindungen, aus dem kulturellen, beruflichen und sozialen Milieu, in dem sie aufgewachsen waren und das sie geprägt hatte, aus ihren liebgewordenen Gewohnheiten und ihrem vertrauten privaten Umfeld herausgerissen, mußten ihre Bibliothek, ihr Haus oder ihre Wohnung verlassen, sich als deutsche Patrioten ausgrenzen und verächtlich machen lassen, mußten es hinnehmen, daß ihnen ihr Deutschtum und ihre deutsche Identität abgesprochen wurden. Im Exil galt es dann, wieder von unten und von vorn anfangen zu müssen. Der Landgerichtspräsident fristete sein Leben als ungelernter Arbeiter an der Werkbank, der Universitätsprofessor, wenn er nicht rechtzeitig einen Ruf erhalten hatte, als wissenschaftliche Hilfskraft. Vielen wurde die Arbeitserlaubnis überhaupt verweigert. Viele stießen in ihren Gastländern, wo damals überall Arbeitslosigkeit und Wirtschaftsnot herrschten, auf Ablehnung und Mißtrauen, viele aber auch auf eine spontane Hilfsbereitschaft und Gastfreundschaft. Schriftsteller und Journalisten, Schauspieler und Regisseure konnten in ihrer vertrauten Muttersprache nicht weiterarbeiten und lernten es vor allem in vorgerücktem Alter nur schwer, wenn überhaupt, sich in einer fremden Sprache und einer fremden Kultur auszudrücken und zurechtzufinden.

Thomas Mann – um nur ein besonders prominentes Beispiel zu nennen – hat schwer an seiner Trennung von Deutschland und seiner Ausbürgerung in Lübeck getragen: *Ich bin ein viel zu guter Deutscher, mit den Kultur-Überlieferungen und der Sprache meines Landes viel zu eng verbunden, als daß nicht der Gedanke eines jahrelangen oder auch lebenslänglichen Exils eine sehr schwere, verhängnisvolle Bedeutung für mich haben müßte.*[72]

Exil hieß aber auch, oft monatelang in Lagern und unter bürokratischen Immigrationsschikanen leben zu müssen, selbst in den Gastländern – Tschechoslowakei, Frankreich, Niederlande, Belgien, Schweden, Großbritannien, USA – nicht sicher vor Bespitzelung und Verfolgung durch deutsche Sicherheitsorgane zu sein. Exil bedeutete, um nicht ab 1939 von den deutschen Eroberungszügen auf dem Kontinent überrollt zu werden, das erste Gastland oft fluchtartig im letzten Augenblick verlassen und ein neues aufsuchen oder untertauchen und jahrelang in der Illegalität unter den argwöhnischen Blicken etwa der Häscher Vichy-Frankreichs leben zu müssen. In der Sowjetunion erwarteten die kommunistischen Emigranten dann in den Jahren der „Säuberungen" 1936/37 vielfach wiederum Verfolgung und Tod oder dann 1939 die Auslieferung an die Gestapo.

Verbindungen nach Deutschland

Politische Emigranten und ihre Exilorganisationen vor allem aus der politischen Linken, aber auch viele Schriftsteller und Journalisten haben auf ihre Art versucht, dem Regime von außen her entgegenzutreten und ihre Anklage in die Öffentlichkeit zu tragen: durch sorgfältige Kontaktpflege zum Widerstand im Inland von Prag, Paris, Amsterdam und

Stockholm sowie von Moskau aus, durch publizistischen Kampf gegen die Machthaber mit Hilfe von über 400 Zeitungen, Zeitschriften, Rundbriefen und anderen Nachrichtenmitteln, durch eine „Offensive der Wahrheit“ über die Zustände in Deutschland, durch öffentliche Reden und Vorträge, durch Buchpublikationen von Exilschriftstellern etwa bei Bermann Fischer in Stockholm.

Verfolgung im Exil

Zwar vermochten die publizistischen Aktivitäten der Emigranten von außen das NS-Regime ebensowenig zu gefährden wie der Widerstand im Innern und höchstens einige Wirkung zeigen, indem sie dem von Goebbels und seinen Medien vermittelten Propagandabild des „neuen Deutschland“ im Ausland einige realistische Korrekturen und Informationen über das, was wirklich geschah, entgegensetzten; aber die Machthaber haben doch subjektiv diese Herausforderungen von außen so ernst genommen, daß sie die Emigranten durch Bespitzelungen, durch Entführungen und Mord, aber auch ihre Gastländer auf diplomatischem Weg einzuschüchtern und willfährig zu machen suchten. Die Aberkennung der deutschen Staatsbürgerschaft und der Entzug des deutschen Passes bedeuteten zusätzliche Schwierigkeiten im Aufnahmeland und eine Einschränkung der Bewegungsfreiheit in Europa.

Ein weiteres Schicksal teilten nach Jahren der Verfolgung und Diffamierung Emigranten mit den Widerstandskämpfern nach Kriegsende: Sofern sie sich nicht entschieden hatten, in ihrem Gastland zu bleiben und sich dort zu assimilieren, erlebten auch sie in ihrer überwiegenden Mehrzahl nicht bei der Rückkehr nach Deutschland einen triumphalen Empfang oder die Aufforderung, an vorderster Front am Wiederaufbau Deutschlands teilzunehmen. Der erste Hamburger Nachkriegsbürgermeister Max Brauer war eine rühmliche Ausnahme. Im Gegenteil: Künstler, Schriftsteller und Journalisten, Wissenschaftler und Politiker, die schon früh emigrierten, mußten sich nicht selten später den Vorwurf gefallen lassen, aus Deutschland in schwieriger Zeit desertiert zu sein, statt gegen das Regime Zeichen zu setzen oder wenigstens in die „innere Emigration“ zu gehen.

Männer und Frauen, die unter dem Terror der Staatsorgane zur Auswanderung gezwungen waren, konnten sich in der Regel ihr Schicksal nicht aussuchen. Daheim bleiben hieß bestenfalls, mundtot gemacht und zum Schweigen verurteilt zu werden, und hieß schlimmstenfalls Verschleppung ins Konzentrationslager. In Deutschland bestand nicht mehr die Chance des freien Wortes. Nur noch im Ausland konnte gegen Unrecht und Verfolgung protestiert und konnte offen Zeugnis abgelegt werden von einer einst reichen kulturellen und geistigen Tradition, die im Lande für zwölf Jahre zum Verstummen gebracht war. Widerstand im Inneren und Emigration nach außen gegeneinander moralisch aufzurechnen, ist ebenso verfehlt wie die eingangs kritisierte Aufrechnung von „gutem“ und „schlechtem“ Widerstand.

V. Kapitel

Außenpolitik zwischen Revision und Expansion (1933–1939)

1. Nationalsozialistische oder deutsche Außenpolitik: Kontinuitätslinien und Brüche

Im Jahre 1951 hielt der Marburger Historiker Ludwig Dehio in Bremen einen Vortrag über das Thema „Deutschland und die Epoche der Weltkriege", der in Fachkreisen wie ein Paukenschlag gewirkt und der Forschung neue Perspektiven eröffnet hat.[1] Die Mehrheit der Historiker hatte sich bis dahin der Aufgabe verschrieben, das „Dritte Reich", seine Kriegspolitik und die Auslösung des „Zweiten Weltkrieges" gleichsam als einen „Betriebsunfall" (Fritz Stern) aus dem umfassenden Gesamtzusammenhang der jüngeren preußisch-deutschen Geschichte herauszulösen und scharfe Zäsuren bei den Jahren 1933 und 1945 zu setzen. Damit sollte zugleich eine Abwehrfront gegen die von Siegermacht und „Re-education" damals dekretierte „faschistische Ahnenreihe" von Luther über Friedrich II., Bismarck, Ludendorff bis hin zu Hitler aufgebaut werden.

Dehios These von der Kontinuität des europäischen Hegemonialkampfes

Unter heftigem Protest seiner Kollegen wollte Dehio eine Legende zerstören. Sein „Leitbegriff" war der „Hegemonialkampf" in Europa. Dehio sprach davon, daß die beiden Weltkriege „untereinander als zwei Akte desselben Dramas" eng zusammenhingen und beide als Hegemonialkämpfe „aufs höchste gesteigert die wohlbekannten Familienzüge jener europäischen Hauptkriege" zeigten, „wie sie bezeichnet werden durch die Namen Karls V. und Philipps II., Ludwigs XIV. und Napoleons I."[2] Dehio maß jedoch „in der Kette der Hegemonialkriege dem deutschen Doppelgliede seine einzigartige Bedeutung" zu.[3] Denn nur Deutschland habe zweimal als „Hegemonialmacht unserer Zeit" auf dem Wege zu einer europäischen Vormachtstellung zugleich „die zentralen Lebensnerven der englischen Weltmacht" unmittelbar bedroht. Der an sich typische deutsche Imperialismus habe „damit einen singulären Zug" angenommen. Aber singulär war er nicht nur durch die zweimalige Herausforderung Großbritanniens als Weltmacht. „Man mag die

Bedeutung des deutschen Hegemonialkampfes auch so ausdrücken: er entwickelte in höherem Maße als alle seine Vorgänger zerstörende Gewalt im materiellen wie im geistigen Bereich."[4]
Dehio hatte ein Grundthema angeschlagen, das bis heute in immer neuen Variationen die Diskussion um das „Dritte Reich" und seine Außenpolitik gleichsam leitmotivisch bestimmen sollte: Kontinuität oder Bruch zwischen Erstem und Zweitem Weltkrieg, zwischen imperialistischen Weltmachtbestrebungen im wilhelminischen Deutschland bis 1918 und im Deutschland Hitlers nach 1933.
Der Streit um Dehios These vom inneren Zusammenhang eines zweimal von Deutschland riskierten und beide Male dann gescheiterten Anlaufes zunächst zur europäischen Vormacht und dann zur Weltmacht im zwanzigsten Jahrhundert war jedoch nur ein gedämpftes und fachinternes Vorspiel für die erbitterten und weit über die engere „Zunft" hinaus in einer breiten nationalen und internationalen Öffentlichkeit geführten Auseinandersetzungen, die der Hamburger Historiker Fritz Fischer, sich Dehio ausdrücklich verbunden fühlend, in den sechziger Jahren mit seinen bahnbrechenden Untersuchungen zum „Griff nach der Weltmacht" – so der plakative Titel seines Buches – im Rahmen der wilhelminischen Außenpolitik und der deutschen Kriegsziele im Ersten Weltkrieg auslösen sollte. Ein unscheinbarer, im Vorwort versteckter Satz lenkte die leidenschaftliche Kontroverse um Fischers Buch in Bahnen, die die ursprünglich vom Autor beabsichtigte Rekonstruktion der kaiserlichen Kriegszielpolitik 1914 bis 1918 schnell verließen: Das Buch weise über sich hinaus, „indem es bestimmte Denkformen und Zielsetzungen für die deutsche Politik im Ersten Weltkrieg aufzeigt, die weiterhin wirksam geblieben sind. Von daher gesehen, dürfte es auch ein Beitrag zu dem Problem der Kontinuität in der deutschen Geschichte vom Ersten bis zum Zweiten Weltkrieg sein."[5] Vielen Deutschen gerade der älteren Kriegsgeneration verschlug es den Atem: Ihr Land und seine Führung sollten zweimal – 1914 und 1939 – schuldig oder doch wesentlich mitschuldig an der „Entfesselung" (Walter Hofer) eines Weltkrieges geworden sein und dies, um maßlose Träume von Hegemonie und Weltmacht zu verwirklichen? Der braune Diktator Adolf Hitler als Vollstrecker dessen, was der Kaiser Wilhelm II. bereits entworfen und in Gang gesetzt hatte, und wie dieser ebenfalls gescheitert? Hier ging es für viele, die in diesen Kriegen mitgekämpft oder sie doch erlebt hatten, um viel mehr als um ein Geschichtsbild. In einem emotional stark aufgeheizten Klima damals ging es um nationale Identität, um die Selbstachtung des Bundesdeutschen und nicht selten auch um eine – sei es real erlebte, sei es als von außen aufgeredet empfundene – Schuldverstrickung, um den Vorwurf nationalen „Flagellantentums" und peinlicher „Nestbeschmutzung", wie die zahllosen Kritiker nicht müde wurden, Fischer vorzuhalten. Immerhin aber war die Aufmerk-

Fritz Fischer: Deutschlands „Griff nach der Weltmacht"

samkeit der Fachwelt und der geschichtlich interessierten Öffentlichkeit nunmehr mit Nachdruck auf langfristige Traditions- und Kontinuitätslinien gelenkt, in denen dann „Hitlers Ort in der Geschichte des preußisch-deutschen Nationalstaates“ [6] vor allem auch in seiner Außenpolitik präziser zu bestimmen war. Es galt, die Wurzeln des Ersten und des Zweiten Weltkrieges in dem 1870/71 von Bismarck und Preußen geschaffenen Nationalstaat freizulegen.

Die durchgängigen Linien, die verbindenden Züge über die Epocheneinschnitte hinweg, welche Bismarck-Zeit, Wilhelminische Ära, Weimarer Republik und ‚Drittes Reich‘ voneinander trennen, drängen sich ihm [dem Historiker] viel mehr als bestimmendes Element in dieser heute abgeschlossenen und daher als Ganzes überschaubaren Geschichte auf als die Brüche und Neuansätze, die dem Historiker der älteren Generation als Zeitgenossen geradezu als das Charakteristische in der jüngsten deutschen Geschichte erscheinen.[7]

Oder noch prägnanter aus der Feder eines anderen Experten der nationalsozialistischen Außenpolitik: *Hitlers ‚Programm‘ aber integrierte prinzipiell alle seit Bismarcks Tagen in der deutschen Gesellschaft vorhandenen politischen Forderungen, wirtschaftlichen Notwendigkeiten und sozialpsychologischen Erwartungen.*[8]

Probleme der Kontinuitätsthese

So attraktiv und erhellend es auch sein mag, mit dem zentralen Begriffspaar „Kontinuität“ und „Diskontinuität“, „Tradition“ und „Bruch“ als Leitperspektive der Darstellung zu arbeiten, so enorm sind jedoch auch die theoretischen und methodischen Schwierigkeiten, die damit aufgeworfen werden. Der Versuch, Kontinuitätslinien vom „Zweiten“ zum „Dritten Reich“ über die Weimarer Republik hinweg zu ziehen und in diese dann die Außen- und Kriegspolitik ab 1933 einzubetten, kann und darf nicht heißen, die jüngere deutsche Geschichte seit 1870/71 eindimensional und undifferenziert auf die Vorgeschichte zweier Weltkriege zu reduzieren. „Gewiß ist Kontinuität nicht Identität.“[9] Der Begriff „Kontinuität„ selbst ist „eine so allgemeine, universal-geschichtliche Kategorie“ [10], daß es zunächst darum geht, sich zu verständigen, wovon man denn konkret spricht, wenn man mit dem schwammigen Terminus „Kontinuität“ (oder seinem Gegenbegriff „Diskontinuität“) arbeitet. Es ist also notwendig, genau die Ebene zu bestimmen und zu begründen, auf der *ein* Kontinuitätsstrang aus einer tendenziell vielleicht unbegrenzten Fülle sowohl relativ autonom nebeneinander herlaufender als auch miteinander verschränkter, teils kürzerer, teils längerer Entwicklungslinien analytisch herauspräpariert und oft unzulässig isoliert dargestellt wird. Denn „Kontinuität“ ist auch „eine Kategorie des historischen Bewußtseins, unter der wir das Material der historischen Überlieferung auswählen und organisieren“, und die in der Regel sehr komplexe geschichtliche Wirklichkeit „kann sich einem solchen Organisationsversuch widersetzen.“[11]

Auf unser Thema bezogen, sollten wir also jeweils die konkrete Betrachtungsebene für „Kontinuitäten“ und „Diskontinuitäten“ angeben: die handlungsleitenden Programme und Ziele, die verantwortlichen Akteure und ihre politisch-gesellschaftliche Stellung, ihr politischer Stil, ihre Vorgehensweise und ihre Instrumentarien, die Politikfelder, auf denen sie agieren – Diplomatie, Macht-, Sicherheits- oder Außenwirtschaftspolitik, Strategie und Rüstung, Ideologie und Weltanschauung – und schließlich die gerade für das deutsch-britische Verhältnis so wichtige Ebene der gegenseitigen Wahrnehmung, der Feind- und Fremdbilder. Auch würde ein simples Entweder-Oder gerade die Komplexiät nationalsozialistischer Außenpolitik verfehlen. Denn wie andere Politikbereiche des „Dritten Reiches“ stellt sich auch seine Außenpolitik vor allem in den ersten Jahren bis 1937 als eine „Verschränkung von Kontinuität und Bruch“ (Marie-Luise Recker), als eine Verflechtung von traditionell-machtpolitischen, revisionspolitischen und revolutionär-ideologischen Komponenten dar.

Nationalsozialistische Außenpolitik als Vorbereitung des Krieges

Nationalsozialistische Außenpolitik hat „in ihrem In- und Gegeneinander Elemente der Kontinuität von Personen, Bestimmungsfaktoren und Perspektiven wie des Bruchs mit bisherigen Methoden und Zielsetzungen eingeschlossen“ [12]. Mit dieser Feststellung sei auch allen Versuchen eine klare Absage erteilt, zwischen einer sogenannt „friedlichen“ und „vernünftigen“ (1933–1938) und einer „kriegerischen“ Phase (ab 1938) dieser Außenpolitik zu unterscheiden. Im Gegenteil: Hinter der aus taktischen Gründen mit Rücksicht auf das In- und Ausland zunächst gewählten Fassade von Tradition, Kontinuität und Friedfertigkeit wurde von Anbeginn der Krieg mit dem Ziel der Gewinnung von „Lebensraum im Osten“ und der radikalen Neuordnung Europas nach rassebiologischen Prinzipien nicht nur als Möglichkeit mit einkalkuliert, sondern bewußt geplant und vorbereitet.

Kontinuitätslinien deutscher Außenpolitik im Nationalsozialismus

Das am 30. Januar 1933 berufene Kabinett Hitler mit dem nationalkonservativen Karrierediplomaten Konstantin von Neurath als Reichsaußenminister und seinem Staatssekretär, dem ebenso kompetenten wie durchsetzungsfähigen Bernhard Wilhelm von Bülow (1930–1936), konzipierte und betrieb seine Außenpolitik zunächst unter dem prägenden Eindruck von drei geschichtlichen Vorgängen, in denen sich zugleich aus nationaler Perspektive Grundzüge deutscher Außenpolitik seit dem späten 19. Jahrhundert manifestierten: Dies war zum einen der Übergang zum Imperialismus im kaiserlichen Deutschland seit 1890 mit seinem „Griff nach der Weltmacht“ vor und im Ersten Weltkrieg; zum zweiten das abrupte vorläufige Ende dieses Weltmachtstrebens durch die Niederlage von 1918 und der aus der Auflehnung gegen diese Niederlage geborene Revisionismus der Weimarer Republik und zum dritten das weltweite Schockerlebnis der „Doppelkrise des Weltwirtschafts- und Weltstaatensystems“ (Gustav Schmidt) 1929/32 mit der Konsequenz eines verschärften revisionspolitischen Kurses in der Außenpolitik der Präsidialkabinette Brüning, Papen und Schleicher.

Ein Austausch der gesellschaftlich-ökonomischen und bürokratischen Eliten fand 1918/19 ebensowenig statt wie 1933. Auch die außenpolitischen Führungskräfte im Auswärtigen Amt und in den anderen, im weitesten Sinne mit Außen- und Außenwirtschaftspolitik befaßten Reichsressorts (Reichswirtschaftsministerium, Reichsfinanzministerium, Reichsbank) überlebten die „Revolution“ von 1918/19 in der Regel ebenso wie die „Säuberungen“ von 1933, sofern sie nicht zu Opfern des „Arierparagraphen“ wurden. An den „Schalthebeln der Macht“, vor allem im wichtigen „zweiten Glied“ der Ministerialbürokratie, in der Wirtschaftsbürokratie, in den Vorstandsetagen von Industrie, Handel und Banken und in den (gleichgeschalteten) Wirtschaftsverbänden saßen nach wie vor Männer, deren politisches Weltbild durch die nostalgisch verklärte Erinnerung an Deutschlands Größe und Macht vor 1914, durch das intensive Verlangen nach Revision und Beseitigung der „Fesseln des Versailler Schanddiktates“ und durch den autoritären Regierungskurs seit Brüning geprägt war. Sie hatten schon vor 1933 wichtige Schlüsselpositionen inne und bürgten auch nach 1933 sowohl personell und institutionell als auch konzeptionell dafür, daß die Nationalsozialisten nach innen ihre Herrschaft vergleichsweise reibungslos etablieren und konsolidieren konnten und daß außenpolitisch eine kontinuierliche Linie der Revision und des angestrebten Wiederaufstiegs Deutschlands zur europäischen Großmacht weiterverfolgt werden konnte.

Kontinental-hegemonie in „Mitteleuropa“

Unverrückbar verankert im Denken und Planen der „wilhelminischen Imperialisten,“[13] die etwa durch Männer wie den Reichsbankpräsidenten (1933–1939) und Reichswirtschaftsminister (1934–1937)Hjalmar Schacht, den Führer der Kolonialbewegung Franz Xaver Ritter von Epp oder auch den Kolonialfachmann und „Außenminister“ der Deutschen Bank, Dr. Kurt Weigelt, und viele andere mehr repräsentiert waren und in dem als eher „gemäßigt“ geltenden Hermann Göring[14] ihren Bündnispartner sahen, war die konzeptionelle Verbindung von mitteleuropäischer Kontinentalhegemonie, wirtschaftlichem Großraumdenken (mit Schwerpunkt in Südosteuropa), überseeischem Kolonialerwerb und einem gleichberechtigten Weltmachtstatus neben Großbritannien und den USA. Ein deutsch beherrschtes „Mitteleuropa“ mit der wirtschaftlichen und machtpolitischen Ergänzung durch ein „Informal Empire“ im Donau- und Balkanraum, zunächst als Friedens- und dann ab 1914 als Kriegsziel, war wie kaum eine andere außenpolitische Konzeption geeignet, eine Brücke der Kontinuität kontinentalhegemonialer Zielvorstellungen seit dem ausgehenden 19. Jahrhundert über den Ersten Weltkrieg und die Weimarer Republik hinweg bis zum nationalsozialistischen Lebensraumdenken zu schlagen.[15] Dabei wird man sich freilich stets vor Augen halten müssen, daß die genannten Vertreter und Kräfte aus dem bürgerlich-nationalkonservativen Lager in der Kontinentalhegemonie stets ein Ziel an sich sahen, während sie für Hitler nur ein Sprungbrett und eine Ausgangsbasis für die Gewinnung von „Lebensraum im Osten“ und für den rassischen Vernichtungskrieg gegen „Bolschewismus und Judentum“ als sein eigentliches programmatisches Endziel darstellte.

Das traditionelle „Mitteleuropa“-Programm war so etwas wie ein konzeptioneller außenpolitischer Schirm, unter dem sich ganz unterschiedliche Kräfte und Gruppen in Politik, Wirtschaft und Gesellschaft, nationalkonservative Eliten und Nationalsozialisten auch nach 1933 sammeln und in einer vermeintlichen Identität der Zielsetzungen in der Planung und Durchführung der deutschen Außenpolitik ein weites Stück zusammengehen konnten: Da gab es Anwälte einer modernen Form mehr indirekter politisch-ökonomischer Beherrschung „Mitteleuropas“ mit Hilfe der überlegenen deutschen Wirtschafts- und Kapitalmacht in den Exportindustrien, im Außenhandel und bei den Banken. Durch eine geschickte Handhabung wirtschaftlicher, finanzieller und politischer Instrumentarien und durch den Einsatz des attraktiven großen deutschen Absatzmarktes sollten sich Annexionen, kriegerischer Gewalteinsatz und direkte Raumbeherrschung erübrigen. Um den Kern eines hochindustrialisierten „Großdeutschen Wirtschaftsraumes“ (Deutschland, Österreich) herum sollte sich im Rahmen einer „ligue commerciale“ ein Kranz abhängiger Rohstoff- und Nahrungsmittelproduzenten sowie von Abnehmern deutscher Industrieprodukte gruppieren mit dem Schwerpunkt eines „wirtschaftlichen Ergänzungsraumes Südosteuropa“, über Donau und Balkan verlängert bis hin zur Türkei. Die traditionelle Stoßrichtung des deutschen Imperialismus seit dem ausgehenden 19. Jahrhundert auf der Linie Berlin-Saloniki-Istanbul bis in den Nahen Osten sollte bis in den Zweiten Weltkrieg hinein für die deutschen Wirtschaftskreise nichts von ihrer Faszination einbüßen.

Eng dem hegemonial strukturierten Mitteleuropäischen Wirtschaftsverbund unter deutscher Führung zugeordnet waren im Denken der „Mitteleuropäer“, etwa Schachts, weitere „Ergänzungsräume“: Nordosteuropa (Baltische Staaten), Skandinavien (besonders das erzreiche Schweden), Westeuropa mit Frankreich und den Benelux-Staaten, Italien, gegebenenfalls auch Spanien, Südamerika und ein afrikanisches Kolonialreich.

In dem Maße, wie sich sowohl vor 1914 als auch vor 1939 zunehmend die Gefahr eines Kriegseintritts Großbritanniens und Frankreichs gegen Deutschland und dann im Kriege die Blockade der deutschen Zufuhren abzeichneten, gewann die „Mitteleuropa“-Konzeption eine zusätzliche geostrategische und wehr- resp. kriegswirtschaftliche Funktion:

ein blockadesicheres „Mitteleuropa“ mit den zugeordneten wirtschaftlichen „Ergänzungsräumen“ sollte die Rohstoff- und Lebensmittelzufuhren in der ersten Phase des Krieges bis zur militärischen Niederringung Frankreichs und Rußlands sichern, damit dann von einer umfassend ausgebauten und den deutschen Bedürfnissen dienstbar gemachten kontinentaleuropäischen Plattform aus die globale Auseinandersetzung mit dem Britischen Empire und den USA mit einiger Aussicht auf Erfolg eingeleitet werden konnte.

Rußland und Polen im „Mitteleuropa“-Konzept

Umstritten war – sowohl im Kaiserreich als auch im nationalsozialistischen Deutschland – die politische und wirtschaftliche Zuordnung Rußlands/der Sowjetunion, später auch Polens zu „Mitteleuropa“. Schon in der Spätbismarckzeit und in der Ära des Reichskanzlers Georg Leo Graf von Caprivi (1890-1894) zeichnete sich trotz Abschluß des Rückversicherungsvertrages von 1887 und des wichtigen deutsch-russischen Handelsvertrages von 1894 in den mitteleuropäischen Hegemonialplänen eine ausgesprochen antirussische Komponente ab. Abgelöst wurde sie in der Weimarer Republik im Anschluß an den Vertrag von Rapallo (1922) von einer Linie der erfolgreichen deutsch-sowjetischen Kooperation mit gemeinsamer revisionistischer Frontstellung gegen Polen. Dies geschah mit auf energisches Drängen der deutschen Investitionsgüterindustrien, die sich in den forcierten Industrialisierungskurs der Sowjetunion ab 1928 unter Stalin als Zulieferer und Kreditgeber hofften einschalten zu können, sowie auf Druck der Reichswehr, die in engem und vertrauensvollem Zusammenspiel mit der Roten Armee die Rüstungsbeschränkungen des Versailler Vertrages etwa bei der Luftwaffe und bei schweren Waffen umgehen konnte.

Die ziemlich abrupte und wesentlich von Hitler verantwortete Abkehr vom „Rapallo-Kurs“ der Weimarer Republik und vom Kurs einer Partnerschaft mit Moskau und die gleichzeitige Hinwendung zu Polen 1933/34 sollten dann deutliche Kritik bei jenen „Mitteleuropäern“ in Wirtschaft, Armee und Auswärtigem Amt auslösen, die die umfangreichen Wirtschaftsressourcen der Sowjetunion bei der Absicherung der kontinentaleuropäischen Rohstoff- und Nahrungsmittelautarkie gerade auch gegen eine Bedrohung aus dem Westen für unverzichtbar hielten und deshalb energisch für freundschaftliche Beziehungen mit Moskau plädierten. Während Hitler allen zeitweiligen taktischen Wendungen zum Trotz im Grunde doch besessen an seinem ideologisch-rassistischen Ziel einer Gewinnung von „Lebensraum im Osten“ und einer „Ausrottung von Bolschewismus und Judentum“ festhielt, entwickelte sein außenpolitischer Adlatus Joachim von Ribbentrop zumindest bis zum Überfall auf die Sowjetunion 1941 eine Alternative, die mit ihrer prononciert antibritischen Spitze in das Kaiserreich zurückwies und durchaus auch an die Weimarer „Rapallo-Linie“ anknüpfte: In einem gigantischen Kontinentalblock „von Madrid bis Yokohama“, gruppiert um das „weltpolitische Dreieck Berlin-Rom-Tokio", sollte einer befreundeten Sowjetunion ein bevorzugter Platz als Bündnispartner gegen Großbritannien zukommen. Der „Hitler-Stalin-Pakt" vom 23. August 1939 und die enge politische und kriegswirtschaftliche Kooperation zwischen Berlin und Moskau 1939-1941 schienen die Tragfähigkeit von Ribbentrops Konzeption zu bestätigen, bis Hitler ihr mit dem Angriffsbefehl vom 22. Juni 1941 eine endgültige und schroffe Abfuhr erteilte.

Widersprüche im deutschen Rußlandbild

Ganz frei von inneren Widersprüchen ist das Rußlandbild der „Mitteleuropäer" – Bismarck eingeschlossen – seit der Spätbismarckzeit nie gewesen. Dies mag später mit ein Grund dafür gewesen sein, daß sich auch die ursprünglich prorussischen Kräfte am Ende relativ widerstandslos in den antisowjetischen Kriegs- und Eroberungskurs der Nationalsozialisten fügten. So sehr an sich die politische und vor allem auch die wirtschaftliche Vernunft die deutsche Außenpolitik immer wieder nach Osten auf einen Ausgleich mit dem zaristischen und dann mit dem bolschewistischen Rußland verwies, besonders wenn sich ein Konflikt mit dem Westen und damit eine bedrohliche Zweifrontensituation abzeichneten, so unverkennbar ist doch auch, daß die „Mitteleuropa"-Konzeption von Anfang an von gewissen Bedrohungsgefühlen aus dem Osten bestimmt war. Die schon früh bei den Deutschen ausgeprägte völkisch-rassistische Geringschätzung der „halbasiatischen Barbarei" stand in einem auffallenden Kontrast zu einer tiefverwurzelten Furcht, eine mit deutschem Kapital und industriellem „know how" entwickelte und modernisierte „russische Dampfwalze" wenige hundert Kilometer östlich von Berlin werde sich eines Tages nach Westen in Bewegung setzen und dann mit ungestümer und unwiderstehlicher Kraft Deutschland in der Mitte Europas überrollen und gleichsam erdrücken. Durch die rote Oktoberrevolution 1917 erhielten derartige Bedrohungsängste neuen Auftrieb durch die Furcht, der Westen könne mit dem „kommunistischen Bazillus" infiziert und damit reif für die Weltrevolution gemacht werden.

Hitlerdeutschland überfiel 1941 die Sowjetunion mit einem entsprechend zwiespältigen „Feindbild": auf der einen Seite die maßlose und nunmehr rassistisch aufgeladene Hybris des „nordischen Herrenmenschen", mit dem „slawischen bolschewistischen Untermenschentum" kurzen Prozeß zu machen und das Land innerhalb von sechs Wochen unterwerfen zu können, auf der anderen Seite sehr schnell die Erfahrung vor allen Dingen der Soldaten an der vorderen Front, hier auf einen Gegner zu treffen, der hochmotiviert und tapfer seine Heimat gegen die Eindringlinge verteidigte und ihnen im Winter vor Moskau die ersten Niederlagen beibrachte. Die nationalsozialistische „Feindpropaganda" hatte alle Schwierigkeiten, mit diesem offenkundigen Zwiespalt zwischen indoktriniertem „Feindbild„ und ernüchternder Realität – in der Psychologie der kollektiven Wahrnehmung als „kognitive Dissonanz“ bezeichnet – fertigzuwenden, ohne allzu unglaubwürdig zu werden.

In einer kontinuierlichen Linie vom Kaiserreich über die Weimarer Republik zum „Dritten Reich“ ließen sich bei der antirussisch bzw. dann antisowjetisch akzentuierten „Mitteleuropa“-Konzeption subjektiv empfundene Angst- und Bedrohungsgefühle einerseits und geschickte Manipulationstechniken der politischen Führung andererseits kaum säuberlich voneinander trennen. Denn die „russische Gefahr“ und dann das „antikommunistische Revolutionstrauma“, „Einkreisungsphobien“ und die geostrategische „Mittellage“ Deutschlands in Europa mit der stets virulenten Möglichkeit eines Zweifrontenkrieges wurden von Bismarck bis Goebbels geschickt für innen- und außenpolitische Ziele instrumentalisiert: innenpolitisch für die Immunisierung des politisch-sozialen Systems gegen Auflehnung und Revolution und für die Disziplinierung der Nation, dann nach 1933 für ihre Terrorisierung und psychologische Mobilisierung für den Krieg; außenpolitisch für die Erzwingung der britischen Neutralität und das „Appeasement“ der Briten, wenn Rußland in die Rolle des Bedrohers „abendländischer Kultur und Zivilisation“ manövriert werden konnte und sich das kaiserliche wie das nationalsozialistische Deutschland als deren Verteidiger darstellten. Zogen die Deutschen in den Ersten Weltkrieg als Vorkämpfer gegen die zaristische Autokratie, so stilisierte sich Hitler 1941 zum Führer eines „europäischen Kreuzzuges“ gegen die sowjetische Bedrohung.

Tradition des deutschen Wirtschaftsimperialismus

Zum außenpolitischen Traditionserbe des Kaiserreiches, das kontinuierlich über die Weimarer Republik bis ins „Dritte Reich“ wirksam war, gehörten aber nicht nur jene Vertreter einer „Mitteleuropa“-Konzeption, die für eine modernere Form der indirekten Beherrschung und der „pénétration économique“ eintraten, auch „liberale Imperialisten“ genannt; zu ihm gehörten auch schon vor dem Ersten Weltkrieg chauvinistisch-alldeutsche und völkische Ideologen mit sehr konkreten Vorstellungen von Annexion und direkter Herrschaft in Europa, die dann auch im Zweiten Weltkrieg wie schon bei den Kriegszieldiskussionen im Ersten ihre Stunde bei der Ausplünderung der unterworfenen Gebiete, insbesondere der eroberten Ostgebiete wieder gekommen sahen. Um einer weitverbreiteten These, die insbesondere in der marxistischen Deutung Hochkonjunktur hatte, entgegenzutreten: Es gibt keine Belege dafür, daß Hitler den Zweiten Weltkrieg auf Druck von imperialistischer Wirtschaftsmacht oder gar als ihr „Handlanger“ und „Werkzeug“ vorbereitet und ausgelöst hat. Es gibt aber zahlreiche Zeugnisse dafür, daß die deutschen Wirtschaftskreise loyal die wehrwirtschaftlichen Voraussetzungen für die Auslösung des Krieges mitgeschaffen und sich dann im Gefolge der siegreichen Armeen intensiv

und rücksichtslos an der Ausbeutung der besetzten Gebiete beteiligt haben.
Schon im Ersten Weltkrieg wurden von wirtschaftsimperialistischen Kreisen in der Schwerindustrie und in der Großlandwirtschaft, wie Fischer mit viel Material nachgewiesen hat, ein häufig uferloser Annexionismus propagiert. Im Interesse einer krisensicheren Versorgung der deutschen Wirtschaft mit Rohstoffen (Eisenerz) und einer Gewinnung von Siedlungsland setzten sich schwerindustrielle und landwirtschaftliche Gruppen für die direkte militärische Beherrschung Belgiens, Nordfrankreichs und des lothringischen Beckens von Longwy-Briey im Westen, im Osten für die Annexion eines polnischen Grenzstreifens, die Zurückdrängung Rußlands auf seine Grenzen vor Peter dem Großen, die Eingliederung der baltischen Länder und Übernahme der russischen Erzgruben durch deutsche Firmen ein. Der „Eisenbahnvormarsch" der dritten Obersten Heeresleitung Hindenburg/Ludendorff tief hinein in das geschlagene und sich auflösende Rußland Anfang 1918, der Diktatfrieden von Brest-Litowsk (3. März 1918) und von Bukarest (7. Mai 1918) sowie die deutsche Ukrainepolitik weisen bereits wichtige Dimensionen des deutschen Imperialismus auf, die sich dann, freilich rassebiologisch ideologisiert und radikalisiert, nach dem deutschen Überfall auf die Sowjetunion am 22. Juni 1941 wiederfinden sollten.
Der Entwurf eines dem „Mitteleuropa"-Konzert zugeordneten mittelafrikanischen Kolonialreiches, der sich schon in den Kriegszieldiskussionen des Ersten Weltkrieges fand, war in der 1935 gleichgeschalteten Kolonialbewegung ungebrochen bis in den Zweiten Weltkrieg lebendig und verband sich mit der Forderung nach Rückgabe der alten deutschen Kolonialgebiete. Freilich war Hitler hier – jedenfalls zeitweilig – bereit, mit Rücksicht auf das angestrebte Bündnis mit England Verzicht zu üben.

Hitlers "Lebensraum"-Konzept

Auch Hitlers Vorstellung, daß es für die überlegenen Staaten so etwas wie ein Recht auf „Lebensraum" gebe, war nichts Neues. Sie wurde ihm wahrscheinlich in seiner Landsberger Haft 1924/25 von seinem Vertrauten Rudolf Heß nahegebracht, der in München als Student die Vorlesungen Karl Haushofers, des Begründers der Geopolitik in Deutschland und des Herausgebers der „Zeitschrift für Geopolitik", besuchte. Das geopolitische und neomerkantilistische Lebensraumdenken (wobei dieser Begriff „Lebensraum" erst später geprägt wurde) nicht nur in Deutschland geht bereits auf das späte 19. Jahrhundert zurück. Einer seiner namhaftesten Vertreter, der gleichsam die Erwartungshaltung seiner Generation zum Ausdruck brachte, war der bekannte Nationalökonom Gustav Schmoller. Als Ziel wurde erklärt, die klein-deutsche Basis des Deutschen Reiches von 1871 in der Mitte Europas wirtschaftlich und machtpolitisch zu verbreitern und dadurch für Deutschland in einem wie auch immer strukturierten Verbund mit den benachbarten europäischen Staaten als „vierte" Weltmacht in einem Weltstaatensystem der Zukunft eine Überlebenschance gegenüber dem wachsenden Konkurrenzdruck des Britischen Weltreiches, der USA und Rußlands zu sichern. Unmittelbar nach Ausbruch des Ersten Weltkrieges brachte es der bedeutende Elektroindustrielle Walther Rathenau, Vorstandsmitglied der von seinem Vater begründeten AEG und Repräsentant der „liberalen Imperialisten", am 7. September 1914 knapp und bündig auf den Punkt:

Mitteleuropa geeinigt unter deutscher Führung gegen Amerika und England einerseits, gegen Rußland andererseits, politisch und wirtschaftlich gefestigt.[16]

Es sollte dann dem renommierten nationalsozialistischen Staatsrechtler Carl Schmitt vorbehalten bleiben, dieses hier noch überwiegend wirtschaftimperialistisch, machtpolitisch und geostrategisch bestimmte Großraumdenken zu ideologisieren und weiterzuentwickeln in Richtung auf eine „deutsche Monroedoktrin" im Zeichen des völkischen Überlegenheitsanspruches.[17] Auch hier haben wir wieder den bekannten Befund: Das traditionelle Erbe deutscher Macht- und Hegemonialpolitik aus dem Kaiserreich, hinter dem als Motor die gesamte Dynamik des deutschen Bevölkerungs- und Wirtschaftswachstums seit den 1870er Jahren stand und nur erst vereinzelt völkisch-rassistische Triebfedern, wurde nach 1933 überlagert, durchsetzt und radikalisiert durch die spezifisch nationalsozialistische Ideologie des Höherwertigkeitsanspruches der „germanischen Rasse" gegenüber den „minderwertigen Rassen" und durch den Plan, den europäischen Kontinent nach rassebiologischen Prinzipien neu zu ordnen und um das „Großgermanische Reich deutscher Nationen" herum Satellitenstaaten und Expansions- und Siedlungsräume insbesondere im Osten zu gruppieren, deren materielle und menschliche Ressourcen dem deutschen Zugriff jederzeit offenstehen würden.

Kontinuität der Weimarer Revisionspolitik

Der Revisionismus der Weimarer Republik, die zweite, die nationalsozialistische Außenpolitik nachhaltig prägende Komponente, führt unter drei Aspekten zu ihrem genaueren Verständnis nach 1933: Zum ersten stellte der Revisionismus eines der konstitutiven konzeptionellen Bindeglieder zwischen wilhelminischer und nationalsozialistischer Außenpolitik, zwischen Erstem und Zweitem Weltkrieg dar; zum zweiten schuf er die machtpolitischen Grundlagen, auf denen Hitler 1933, all seinen Haßtiraden gegen die „Weimarer Systemzeit" zum Trotz, aufbauen konnte, und zum dritten fungierte der Revisionismus psychologisch als eine wichtige Brücke, auf der nicht nur die konservativen alten Führungsschichten, sondern nahezu die gesamte Nation mehr oder weniger problemlos ihren Weg ins „Dritte Reich" gehen und sich mit dem Regime arrangieren konnte.

Denn nach der Niederlage von 1918 herrschte in Deutschland breite Übereinstimmung darüber, daß die nationale Sicherheit künftig nur dann garantiert war, wenn es innerhalb kurzer Zeit gelingen würde, die „Fesseln von Versailles“ abzustreifen, die internationale Handlungs- und Bündnisfähigkeit sowie den Status einer europäischen Großmacht zurückzugewinnen. Der Versailler Vertrag hatte zwar den ersten Anlauf zur Weltmacht blockiert und die Hegemonialstellung des Bismarckreiches auf dem Kontinent zunächst zerstört, ihm „aber – was entscheidend werden sollte – potentiell die Chance zu ihrer Wiedergewinnung“ belassen.[18] Ein neuer „Griff nach der Weltmacht“ auf der Grundlage eines wiedererlangten Großmachtstatus in Europa war zwar 1919 reine Utopie, wurde aber als Zielperspektive niemals aus dem Auge verloren.

Deutschland und der Versailler Vertrag

Der Revisionismus als Kern nationaler Sicherheitspolitik orientierte sich an der Stellung des Kaiserreiches auf dem Höhepunkt seiner Macht 1914. Er hatte mehrere Aspekte: einen territorialen (Wiederherstellung der Grenzen von 1914, Anschluß Österreichs, Räumung der besetzten Gebiete im Westen, Aufhebung der Entmilitarisierung des Rheinlandes), einen finanziellen (Abschüttelung der Reparationslasten), einen militärpolitischen (Aufhebung der deutschen Rüstungsbeschränkungen, Wiederherstellung der uneingeschränkten Wehrhoheit), einen politisch-moralischen (Revision der als besonders belastend empfundenen These von der Alleinschuld Deutschlands am Ersten Weltkrieg im Artikel 231 des Versailler Vertrages), einen machtpolitischen (Anerkennung Deutschlands als gleichberechtigte Großmacht) und einen ökonomischen (Wiedererlangung der handelspolitischen Souveränität und Ausbau der deutschen Wirtschaftskraft als Instrument zur Durchsetzung politischer Ziele). Hitler konnte davon profitieren, daß die finanziellen und wirtschaftlichen Revisionsziele 1933 bereits erreicht und die territorialen und militärpolitischen mit der vorzeitigen Räumung des Rheinlandes 1930 und der grundsätzlichen Anerkennung der militärischen Gleichberechtigung Deutschlands in Genf im Dezember 1932 der Lösung ein bedeutsames Stück nähergebracht waren.

Aspekte des Revisionismus

Kommen wir nun zur dritten Komponente, die die Außenpolitik im „Dritten Reich“ nachhaltig geprägt hat und geeignet ist, zumindest außenpolitisch die These vom „qualitativen Sprung“ im Jahre 1933 zu relativieren und Kontinuitätslinien aufzuzeigen: Die Doppelkrise des Weltwirtschaftssystems und des Systems der kollektiven Sicherheit im Völkerbund und die Konsequenzen, die die deutsche Außenpolitik aus diesen Krisen gezogen hat.

Weltwirtschaftskrise und Krise des Völkerbundes

Seit dem Erscheinen von Karl Dietrich Brachers wegweisendem Buch über die „Auflösung der Weimarer Republik“ (1955) haben wir uns daran gewöhnt, den Reichskanzler Heinrich Brüning (1930-1932) vor allem wegen seiner Innenpolitik – zwar nicht willentlich, aber doch objektiv – als einen der Wegbereiter des Hitlerschen Diktaturstaates zu sehen. Dies ergibt Sinn, wenn wir an die im Frühjahr etablierte „Präsidialdiktatur“, an die schleichende Entmachtung des Reichstages und der Parteien durch das bürokratisch-autoritäre Verordnungsregime und an die verheerenden Folgen der Deflations- und Sparpolitik, etwa Massenarbeitslosigkeit und politische Radikalisierung, denken. Aber auch in der Außenpolitik der „Präsidialkanzler“ Brüning, Papen und Schleicher wurden – wenn auch naturgemäß wieder ungewollt – wichtige Meilensteine auf dem Weg zur nationalsozialistischen Außenpolitik ab 1933 gesetzt. Die Weltwirtschaftskrise markierte auch einen Wandel in der deutschen Revisions- und Aufrüstungspolitik, so daß mit vollem Recht „die neuere Forschung zur Außenpolitik der autoritären Regierungen in Deutschland dieser Politik eine Qualität zugemessen hat, die sie substantiell und tendenziell stärker der Außenpolitik nach 1933 als der Stresemanns zuordnet.“[19] Mit Blick auf die Berufung von Bülows, eines ausgeprägten nationalen Machtpolitikers, zum Staatssekretär im Auswärtigen Amt im Juni 1930 wird hervorgehoben, „daß in den gut drei Jahren zwischen dem Tod Stresemanns (Oktober 1929) und dem Machtantritt Hitlers die Nachfolger Stresemanns den Revisionskurs der deutschen Außenpolitik erheblich forcierten“ und vor allem von dem Grundsatz Stresemanns abgingen, nach dem eine erfolgreiche Revision des Versailler Vertrages und ein Wiederaufstieg Deutschlands zur Großmacht nur in einer umfassenden Verständigung mit den anderen Großmächten, insbesondere mit Frankreich, auf dem Boden kollektiver Sicherheit im Rahmen des Völkerbundes und nicht gegen ihn möglich sei.[20]

Projekt „Großwirtschaftsraum“

Sicher lassen sich der ab 1930 forcierte wirtschaftliche, reparations- und aufrüstungspolitische Revisions- und Expansionskurs und die damals energisch einsetzenden Bemühungen um den Aufbau eines von Deutschland hegemonisierten „Großwirtschaftsraumes“ in Mittel- und Südosteuropa vor allem als eine Reaktion der Reichsregierung und der deutschen Wirtschaft auf den nationalistischen Rechtsruck und den Wahlsieg der NSDAP im September 1930 im Innern, nach außen als eine Folge des dramatischen Zusammenbruches des internationalen Handels- und Kreditsystems, der weltweiten Agrarkrise und überall einsetzender Autarkietendenzen der Großmächte sowie auf den Zusammenbruch des internationalen Systems der kollektiven Sicherheit deuten. Sicher wurde das Deutsche Reich durch den Übergang der USA und Großbritanniens zum Schutzzoll, die britische Pfundabwertung 1931 und die Einrichtung eines Systems von Präferenzzöllen im Empire 1932 (Ottawa-Präferenzen), durch die rasche Erosion der internationalen Wirtschaftsordnung, dramatische Kapitalabzüge insbesondere der Amerikaner, eine allgemeine Entflechtung der Welthandelsbeziehungen mit gegenseitiger Abkapselung der nationalen Wirtschaftsräume und schließlich durch den spektakulären Fehlschlag der Londoner Weltwirtschaftskonferenz, die im Juli 1933 noch einmal versuchte, das Weltwährungs- und internationale Preissystem zu stabilisieren und den Welthandel zu liberalisieren, gezwungen, auch seinerseits mit nationalwirtschaftlichen und protektionistischen Lösungen der Krise Herr zu werden. Wenn Hitler und die Nationalsozialisten eine Autarkie und eine nationale Wirtschaftspolitik als Ausweg aus der Krise propagierten, so konnten sie mit einigem Recht auf das Vorbild der anderen Großmächte verweisen. Aber die Weltwirtschaftskrise verschärfte nur einen offensiven Revisionskurs und verlieh ihm eine gewisse internationale Rechtfertigung, der schon vorher ohne internationalen Krisendruck von der staatlichen Wirtschaftsbürokratie und der Privatwirtschaft konzipiert und eingeleitet worden war.

Verschärfter Revisionismus in der Ära Brüning

Der verschärfte Revisionskurs der Präsidialregierung Brüning im Alleingang manifestierte sich in einer Reihe spektakulärer außenpolitischer und außenwirtschaftlicher Schritte mit dem gemeinsamen Ziel der Errichtung eines deutschen „Informal Empire“ in Südosteuropa.[21] Brüsk wurde der Europa-Plan des französischen Außenministers Briand vom 1. Mai 1930 von der Reichsregierung am 11. Juli zurückgewiesen. Denn er hätte aus Berliner Sicht eine Zementierung der Versailler Ordnung und der französischen Vormachtstellung in Europa sowie einen Verzicht Deutschlands auf seine Revisionsansprüche gegenüber Polen und auf den „Anschluß“ Österreichs bedeutet. Die revisionistische deutsche Antwort auf den antirevisionistischen Plan Briands war das Projekt einer deutsch-österreichischen Zollunion. Es wurde am 17. März 1931 durch eine Indiskretion in der Wiener Presse vorzeitig bekannt und scheiterte am Ende vor allem am vehementen Widerstand Frankreichs. Das Projekt sollte ein erster Schritt zum politischen „Anschluß“ Österreichs sein und das Tor nach Südosteuropa aufstoßen. Gleichzeitig blockierte die Berliner Regierung im Verein mit der italienischen rigoros alle Versuche insbesondere von britischer und französischer Seite (Tardieu-Plan vom März 1932), durch einen wirtschaftlichen und zollpolitischen Zusammenschluß der Donaustaaten *ohne* Beteiligung Deutschlands für die Agrarstaaten Südosteuropas einen größeren Markt zu schaffen und sie damit wirtschaftlich zu retten. Einem Ausschluß Deutschlands aus dem Südostraum, d. h. aus seinem „natürlichen“ Expansionsraum wurde erbitterter Widerstand entgegengesetzt und dadurch die Tür für eine künftige Wiederaufnahme des traditionellen deutschen „Dranges nach Südosten“ offengehalten.

Auch der Abschluß von zollpolitischen Präferenzverträgen mit Rumänien (27. Juni 1931) und Ungarn (18. Juli 1931), die freilich am Widerstand der USA scheitern sollten, verriet einen neuen revisionspolitischen Stil. Deutschland vollzog demonstrativ in diesen Verträgen seine Abkehr von einem multilateralen Handelsvertragssystem auf der

Grundlage der Meistbegünstigung und seine Hinwendung zu einer Bilateralisierung und Regionalisierung eines komplementären Außenhandels zwischen einem Industriestaat in der Mitte Europas und einem angrenzenden Kranz von Rohstoff- und Nahrungsmittellieferanten. Die Politik der „schärferen Gangart" ab 1930 zielte aber nicht nur darauf, eine wirtschaftliche Interessenzone in Mittel- und Südosteuropa aufzubauen, sondern weit darüber hinaus den machtpolitischen Einfluß Frankreichs, den es sich nach 1918 durch einen antirevisionistischen „cordon sanitaire" gegen Deutschland (und die Sowjetunion) zwischen Ostsee und Schwarzem Meer (Bündnis mit Polen, Unterstützung der „Kleinen Entente" zwischen der Tschechoslowakei, Rumänien und Jugoslawien) aufgebaut hatte, zu zerstören, den „cordon sanitaire" selbst zum Einsturz zu bringen, die betroffenen Staaten politisch und wirtschaftlich auf Deutschland zu orientieren und dadurch die alte Hegemonialstellung der Vorkriegszeit wiederzugewinnen.

Anknüpfungspunkte nationalsozialistischer Außenpolitik

Wirtschaftlicher und politischer Revisionismus, wirtschaftlicher „Ergänzungsraum Südosteuropa", „Mitteleuropäische Wirtschaftsgemeinschaft", „gesunde Nationalwirtschaft", „Autarkie im Großwirtschaftsraum", Bilateralisierung und Regionalisierung des Außenhandels, gezielte Schaffung „struktureller Abhängigkeiten" durch langfristige Bindung der Agrar- und Rohstoffproduzenten an den deutschen Markt und Mobilisierung der deutschen Wirtschaftskraft für machtpolitisches Expansionsstreben – dies war ein Bündel von gleichgerichteten Zielen, das die hohe Ministerialbürokratie im Auswärtigen Amt und im Reichswirtschaftsministerium im Zusammenwirken mit interessierten Wirtschaftskreisen vor allem in den Schwer- und Exportindustrien seit 1930 beharrlich und kontinuierlich auch über 1933 hinaus verfolgte.

„Autarkie"-Politik

Das nationalsozialistische Ziel der Schaffung eines blockadesicheren und verteidigungsfähigen „Großwirtschafts- und Ergänzungraumes" mit Stoßrichtung nach Skandinavien, nach Ost- und Südosteuropa stand also eindeutig in der Tradition des deutschen liberalkapitalistischen Imperialismus seit dem ausgehenden 19. Jahrhundert und der deutschen Kriegsziele des Ersten Weltkrieges. Es fand deshalb den einstimmigen Beifall der traditionellen Führungseliten. „Autarkie" erschien – worauf auch Hitler nicht müde wurde hinzuweisen – gerechtfertigt durch die traumatischen Erfahrungen der britischen Fernblockade 1914 bis 1919 und durch die Weltwirtschaftskrise mit dem Übergang auch der anderen Großmächte zu einer mehr raumgebundenen nationalen Wirtschaftspolitik: die USA in der „westlichen Hemisphäre" Nord- und Südamerikas, Großbritannien und Frankreich in ihren Kolonialreichen und Japan in Fernost.

Bereits unter Brüning wurden seit 1930 auch die wirtschaftstheoretischen Konzeptionen und die kommerziellen und finanziellen Methoden entwickelt und erprobt, an die die nationalsozialistische Außen-

und Außenwirtschaftspolitik dann nahtlos und kontinuierlich anknüpfen konnte: Devisenbewirtschaftung (ab 15. Juli 1931), wachsender Staatsinterventionismus, eine „zielbewußte planmäßige Gestaltung [...] der zwischenstaatlichen Wirtschaftsvorgänge von einem nationalen Mittelpunkt aus" (Werner Sombart), schrittweise Ablösung des Freihandels und der Meistbegünstigung durch Präferenzen, Umstrukturierung der multilateralen Waren und Kapitalströme hin zu einem bilateralen Austausch zwischen Rohstoff- und Agrarproduzenten auf der einen und dem Industriestaat auf der anderen Seite nach dem Motto „Kaufe bei Deinem Kunden!", möglichst Umstellung des Außenhandels auf das devisenlose Verfahren des Clearings und auf Kompensationsabkommen.

Das Schlagwort der „Autarkie" füllte die Gazetten. Es wurde vielfach gleichbedeutend mit „Großwirtschaftsraum" und „Lebensraum" verwandt. Die Begriffe waren durchaus vieldeutig, schwammig und auslegungsfähig. Hinter ihnen verbargen sich sehr unterschiedliche Konzeptionen zu ihrer konkreten Verwirklichung und in ihren räumlichen Dimensionen in Industrie und Handel, in der Bürokratie des Reichswirtschafts- und Reichsfinanzministeriums, im Auswärtigen Amt, in der Wehrmacht und schließlich auch in der NSDAP selbst.

Vieldeutigkeit und Ambivalenz boten den Nationalsozialisten erhebliche Vorteile. Hier konnten sie unterschiedliche Ziele, Wünsche und Absichten durch gleichlautende Parolen integrieren und den Interessenten das Gefühl geben, die Regierung lasse sich in ihrer Politik von deren Ambitionen leiten. Gerade die Vagheit der Begriffe und Zielperspektiven erlaubten es den traditionellen „wilhelminischen Eliten" (Hildebrand) in Wirtschaft, Bürokratie und Wehrmacht, im Bewußtsein scheinbar identischer Interessen ein ganzes Stück Weges mit den nationalsozialistischen „Autarkisten" und ihrer „Lebensraum"-Propaganda zusammenzugehen. Sie gaben sich dabei der Hoffnung hin, wenn es denn konkret „zum Schwur" kommen werde, die Außenpolitik schon in die richtige Richtung steuern und sie vor radikalen rasseideologischen „Verirrungen" bewahren zu können. „Mitteleuropa", „Großwirtschaftsraum", „Autarkie" und „Lebensraum" stellten ungeachtet tiefgreifender Differenzen zwischen den einzelnen Kräften das gemeinsame programmatische Dach dar, unter dem sich 1933 der Übergang von der Weimarer Republik zum „Dritten Reich" vergleichsweise reibungslos und gleitend vollziehen ließ. Die Nationalsozialisten entwickelten das „Autarkie"-Programm zu einem Instrument ihrer Agitation und Propaganda, um zusammen mit einer Reaktivierung alter „Einkreisungstraumata" auch unpopuläre außenpolitische Schritte und den „Lebensraumkrieg" gegenüber der Bevölkerung zu rechtfertigen, ihr äußerste Opfer abzuverlangen und ihre Loyalität für das Regime zu sichern.

Spätestens wenn es um den anvisierten nationalsozialistischen Krieg

Nationalsozialistische Außenpolitik zwischen Tradition und Revolution

um „Lebensraum" im Osten geht, ist jedoch zu differenzieren. Denn die bisher skizzierte traditionelle deutsche Revisions- und Großmachtpolitik mag ein Schrittmacher für die spezifisch nationalsozialistische Außenpolitik gewesen sein; letzlich stand sie aber doch auch, selbst wenn sie ab 1930 wieder deutlich aggressive und expansive Züge annahm, in einem deutlichen Kontrast zur rasseideologischen und sozialdarwinistischen Fundierung dieser Außenpolitik, zu ihren uferlosen Raumzielen, ihrer Gewaltideologie und ihren „revolutionären" Methoden.

Alle „Ingredienzien" des eklektischen außenpolitischen „Programmgebräus" Hitlers lassen sich bereits im politischen Denken, aber auch in der politischen Praxis in Deutschland (und nicht nur hier) nachweisen: wirtschaftliches Groß- und Lebensraumdenken, ein teilweise uferloser Annexionismus und Expansionismus nach Osten im Ersten Weltkrieg, völkisches Denken und rassebiologischer Antisemitismus, Sozialdarwinismus mit der Proklamation des Rechtes des Stärkeren, die „natürliche Auslese" durch Kampf und der gleichsam „naturgegebene" Führungsanspruch der germanischen Rasse, die Propagierung von Krieg und Gewalt als legitime Mittel der Auseinandersetzung zwischen den Völkern, die damit einhergehende Militarisierung der Gesellschaft und ihrer sozialen Normen, Wirtschaftsimperialismus, Ausbeutung fremder Völker und Umsiedlungspläne im Osten, Antibolschewismus und germanisches Überlegenheitsgefühl gegenüber „slawischen Untermenschen" und schließlich die „Geopolitik" des Schweden Rudolf Kjellen und der Deutschen Friedrich Ratzel und Karl Haushofer. Es war jene unheilvolle, sozialdarwinistisch eingefärbte These von der geographischen Bedingtheit der Politik, durch die der deutsche Anspruch auf „Lebensraum" scheinbar wissenschaftlich begründet, propagiert und popularisiert worden ist.

Die spezifische Qualität nationalsozialistischer Außenpolitik

Durchaus nationalsozialistisch und in diesem Sinne auch qualitativ neuartig und „revolutionär" waren die ideologische Radikalität und Konsequenz, mit der Hitler diese „Ingredienzien" zu einem „Programm" zusammengefügt, sie erstmals in der deutschen Geschichte ebenso wie den radikalen Rassenantisemitismus zu einer Art offizieller und verbindlicher „Staatsdoktrin" erhoben und sie dann in der Außen- und Kriegs- bzw. Besatzungspolitik bis 1945 mit mörderischen Folgen für die Betroffenen – Millionen europäischer Juden, Russen, Polen und viele andere Besatzungsopfer – verwirklicht hat resp. von seinen zivilen und militärischen Organen verwirklichen ließ.

Nationalsozialistische Außenpolitik war programmatisch in der gefährlichen Verbindung von „Rasse" und „Raum", von Antibolschewismus, Judenhaß und rückwärtsgewandter Agrarutopie (Siedlungsland im Osten) gegründet. Hitlers Denken und Planen kreiste von Anfang bis Ende mit einer fast manischen Besessenheit um eine Maxime, die für ihn zur Haupttriebkraft außenpolitischen Handelns wurde: Die Selbst- und Forterhaltung der Art und die Sicherstellung der materiellen Existenzgrundlagen „der durch den Staat zusammengefaßten Rasse auf diesem Planeten."[22] Dem „Wahn der Weltwirtschaft" und der „Erpressung durch die internationale Hochfinanz" erteilten er und seine Partei von vorneherein eine klare Absage. Da es für Hitler und seine Bewegung nur dynamisches Wachstum geben konnte, Stillstand, Geburtenrückgang oder gar „Sterilisation" zu sozialen Spannungen im Innern führen mußten (Hoßbach-Niederschrift), andererseits aber der Lebensraum für das rassisch höherwertige Volk auf der Erde begrenzt war, kam der „Außenpolitik des völkischen Staates" die primäre Aufgabe zu, „zwischen der Zahl und dem Wachstum des Volkes einerseits und der Größe und Güte des Grund und Bodens andererseits ein gesundes, lebensfähiges, natürliches Verhältnis" zu schaffen.[23] „Die nationalsozialistische Bewegung muß versuchen, das Mißverhältnis zwischen unserer Volkszahl und unserer Bodenfläche – diese als Nährquelle sowohl wie auch als machtpolitischer Stützpunkt angesehen – [...] zu beseitigen."[24] Nationalsozialistische Außenpolitik hatte den Zweck „der Erhaltung und Ernährung unseres Volkes für die Zukunft."[25] Hitler war klar, daß für die utopischen deutschen Siedlungspläne auf dem Kontinent kein freier Raum mehr zur Verfügung stand und dementsprechend die geplante „Ostkolonisation" in dichtbesiedelten Gebieten auf erbitterten Widerstand stoßen würde. Auch Schacht hat sich darüber einmal ihm gegenüber kritisch geäußert, aber offenbar, wie viele Vertreter der nationalkonservativen Steigbügelhalter, die Konsequenzen dieser Weltsicht übersehen, verdrängt oder die Chancen ihrer konkreten Umsetzung als relativ gering angesehen. Für den „Führer" jedenfalls war der Krieg mit zwingender Logik die „Orientierungsmarke seiner Außenpolitik."[26]

Daraus leitete sich ein spezifisches Politikverständnis des Nationalsozialismus ab: „Politik ist die Kunst der Durchführung des Lebenskampfes eines Volkes um sein irdisches Dasein" mit dem Ziel, „der jeweiligen Volkszahl die zur Ernährung notwendige Raummenge zu sichern". Außenpolitik war „die Kunst, einem Volke den dafür notwendigen Machteinsatz in Form seines Rassenwertes und seiner Zahl zu erhalten."[27]

Das eigentlich Radikale nationalsozialistischer Außenpolitik und des neuen Politikstils nach 1933 lag darin, daß Drohung und Erpressung, Krieg und Gewalt in Hitlers sozialdarwinistischem Denken gleichsam das Naturgesetz des permanenten Lebenskampfes eines Volkes und damit auch letztendlich das Naturgesetz des Zusammenlebens der Staaten waren. Außenpolitik diente der egoistischen und rücksichtslosen Durchsetzung der eigenen Interessen und am Ende der Vorbereitung des kriegerischen Gewalteinsatzes. Kompromisse waren stets nur taktisch bedingt und auf Zeit angelegt.

Auch hier kamen die Umstände Hitler wieder zur Hilfe und erweiterten seinen Handlungsspielraum:

Rahmenbedingungen der nationalsozialistischen Außenpolitik

Die Doppelkrise der Weltwirtschaft und des Systems internationaler Sicherheit hatte – beispielhaft etwa in der gewaltsamen japanischen Annexion der Mandschurei 1931 und im Austritt Japans aus dem Völkerbund 1933 – längst wieder einem Stil der rüden einseitigen Durchsetzung von Machtinteressen auf der internationalen Bühne Vorschub geleistet und vor allem die 1919 mit dem Völkerbund eingebaute Bremse der kollektiven Solidarität zwischen den Völkern gegenüber einem Aggressor zunehmend wirkungslos erscheinen lassen. Die antirevisionistische Front der Sieger von 1918 hatte längst begonnen zu bröckeln. Frankreich rückte hinter England in den dreißiger Jahren eher ins zweite Glied. Davon profitierte Hitler. Dem Gedanken der multilateralen, schiedlich-friedlichen Schlichtung von Konflikten am Verhandlungstisch setzte er die Androhung von Gewalt und Erpressung und eine bewußt eingeschlagene Strategie der Bilateralisierung der Außenbeziehungen entgegen, um die Staatengemeinschaft zu entsolidarisieren und sich jedes ihrer Glieder einzeln und, wenn möglich, nacheinander – sei es als gesuchten Partner, sei es als Widersacher – vornehmen zu können.

Verklärung von Gewalt und Krieg

Die mit allen Mitteln der Propaganda und Erziehung betriebene Verklärung der Gewalt und des Krieges als eines legitimen Mittels der Politik und als Regel- und Normalfall im Zusammenleben der Völker, das ewige Pochen auf dem Recht des Stärkeren waren spezifisch nationalsozialistische Erscheinungsformen. Sie ließen alle Ansätze einer Militarisierung und ideologischen Mobilisierung der Gesellschaft mit Hilfe einer imperialistischen Gewaltideologie im Kaiserreich und auch im Ersten Weltkrieg, ja selbst die chauvinistischen Bemühungen der Alldeutschen weit hinter sich. Hier war die überkommene Trennung von Krieg und Frieden letztendlich aufgehoben oder, um mit Hitler zu sprechen, „die beiden Begriffe Friedens- und Kriegspolitik“ mußten „sofort in ein Nichts versinken.“ [28]

Auch in einem anderen Sinne galten traditionelle Unterscheidungen nicht mehr: Der Unterschied von Innen- und Außenpolitik war obsolet geworden. Alles löste sich auf in eine einheitliche Politik der „Wiederwehrhaftmachung“ der Nation und der Kriegsvorbereitung, bei der es nur noch zwischen einer mehr innenpolitisch orientierten „abschirmenden“ Phase der Außenpolitik am Anfang und ihrer anschließenden Aktivierung mit dem Ziel einer optimalen internationalen Konstellation für die kriegerische Lösung der „Lebensraumfrage“ zu differenzieren galt. „Denn so sehr die Innenpolitik der Außenpolitik das völkische Kraftinstrument liefern muß, so sehr muß aber auch die Außenpolitik durch die von ihr eingeschlagenen Handlungen und Maßnahmen die Bildung dieses Instrumentes fördern und unterstützen.“[29] Nach Hitler war es „zunächst Aufgabe der deutschen Innenpolitik, dem deutschen Volk wieder eine zweckmäßige militärische Organisation seiner nationalen Kraft zu geben. Da aber die Formen der heutigen Reichswehr diesem Zweck nie genügen können und umgekehrt durch außenpolitische Momente bestimmt sind, ist es Aufgabe der deutschen Außenpolitik, alle Möglichkeiten herbeizuführen, die die Wiederorganisation eines deutschen Volksheeres gestatten könnten."[30] „Dieses Schwert zu schmieden, ist die Aufgabe der innenpolitischen Leitung eines Volkes; die Schmiedearbeit zu sichern und Waffengenossen zu suchen, die Aufgabe der außenpolitischen."[31]

Mit seinem „Kriegsszenario" und seinen entsprechenden Planungen befand sich Hitler insofern im Trend der Zeit, als spätestens seit dem Ersten Weltkrieg mit der Hungerblockade und den schweren Leiden der Zivilbevölkerung alle Verantwortlichen, unter ihnen vor allem die Reichswehrführung, schon in der Weimarer Zeit davon ausgingen, daß der Krieg der Zukunft ein „totaler Krieg" sein werde, und daß die Nation in allen ihren Lebensbereichen einschließlich der Erziehung auf ihn rechtzeitig vorbereitet werden müsse. Es herrschte breiter Konsens auch schon vor 1933, daß die gesamte Innenpolitik auf den bewaffneten Konflikt ausgerichtet sein müsse. Die Schlußfolgerungen aus den Erfahrungen des Ersten Weltkrieges, derer sich der Weltkriegskämpfer Hitler durchaus bewußt war, lauteten: Massenheere, Materialschlachten, Bedrohung aus der Luft, Wirtschaftskrieg, technisierte Kriegführung, Intervention des Staates in allen Bereichen des öffentlichen Lebens, totale, auch psychologische Mobilisierung der Heimatfront und eine globale Ausweitung der Kriegsschauplätze hatten alle Grenzen des überkommenen „Kriegshandwerks" gesprengt. Kriegführung und Landesverteidigung in einem hochtechnisierten Krieg wurden künftig zu einer Aufgabe, die in ihrer breitgefächerten Komplexität die Vorstellungskraft eines eingleisigen militärischen Ressortdenkens weit hinter sich ließ und die Entfaltung aller Kräfte erforderte.

Expansion nach Osten

Der Weg nach Osten zur „Bodenpolitik der Zukunft" auf der Grundlage eines angestrebten Bündnisses mit Großbritannien und Italien und nach der Ausschaltung der französischen Bedrohung im Rücken bot sich für den nationalsozialistischen Lebensraumimperialismus unter mehreren Aspekten an: In diese Richtung hatte schon die Kriegszielpolitik des kaiserlichen Deutschlands, zuletzt nach dem Zusammenbruch des Zarenreiches 1917, fast uferlose Ambitionen entwickelt, in denen sich die Hoffnungen deutscher Kolonisten auf Siedlungsland mit dem Annexionismus schwerindustrieller Kreise, etwa in den Erzgebieten des Donez-Beckens, verbanden. Insofern war die östliche Expansionsrichtung den „wilhelminischen Eliten" und den Alldeutschen bereits vertraut. Dem „Blick nach dem Osten" (Hitler) schienen sich nahezu unbegrenzte Möglichkeiten für die Erschließung durch den deutschen Pflug zu bieten. Möglichen Bedenken gegen eine Helotisierung, Vertreibung oder gar Vernichtung der einheimischen Bevölkerung, wie sie u.a. Hjalmar Schacht gegenüber Hitler formulierte, setzten die Nationalsozialisten eine zutiefst inhumane Rassenideologie und einen Herrenmenschendünkel entgegen, die in den Slawen zur Kulturschöpfung unfähige „Untermenschen" sahen. Alldeutsch-völkischem Denken war dieses Argument bereits vor 1914 nicht ganz fremd.

Antibolschewismus und Judenhaß

Schließlich schien die Sowjetunion selbst „rassenpolitisch" ein leichtes Opfer und reif für die innere Auflösung und den Untergang. Denn die Bolschewisierung hat nach Hitler dem russischen Volk „die staatsbildende Wirksamkeit des germanischen Elementes in einer minderwertigen Rasse" genommen.[32] An die Stelle des „germanischen Kern[es]" sei in der Führung der Sowjetunion das Judentum als „ein Ferment der Dekomposition" getreten. „Das Riesenreich im Osten ist reif zum Zusammenbruch. Und das Ende der Judenherrschaft in Rußland wird auch das Ende Rußlands als Staat sein. Wir sind vom Schicksal ausersehen, Zeugen einer Katastrophe zu werden, die die gewaltige Bestätigung für die Richtigkeit der völkischen Rassentheorie sein wird."[33] Hitler präsentierte sich als „Retter Europas" vor dem bolschewistischen Ansturm aus dem Osten.

Hier zeichnete sich in den Programmschriften Hitlers schon früh jene unheilvolle Verbindung von Antibolschewismus und Judenhaß ab, die die Sowjetunion mit erbarmungsloser Konsequenz sofort nach dem deutschen Überfall am 22.Juni 1941 zum ersten Experimentierfeld für den Massenmord an den Juden werden ließ.

Antisemitismus, Antibolschewismus und Raumdenken sind als Kernbestandteile nationalsozialistischer Außen- und Kriegspolitik nicht voneinander zu trennen.

Die Frage, ob Hitler ein reiner Kontinentalpolitiker gewesen ist und dementsprechend sein Endziel in der Eroberung von „Lebensraum im Osten" gesehen hat oder ob es bereits vor 1939 konkrete Hinweise dafür gab, daß die Kontinentalhegemonie nur die Basis für eine überseeische Weltmachtstellung darstellen sollte, um, sei es mit Großbritannien als „Juniorpartner" oder sei es nach seiner militärischen Niederringung, zum Endkampf um die Weltherrschaft gegen die USA anzutreten, wird bis heute kontrovers diskutiert. Hier verliert sich bei Hitler – mit Ausnahme vielleicht des Jahres 1940/41, als er nach der Niederlage Frankreichs auf dem Höhepunkt seiner Macht stand, noch nicht die ersten schweren Rückschläge im Osten im Winter 1941/42 hinnehmen mußte und sich tatsächlich in globalen Zielperspektiven erging – vieles in visionären und utopischen Spekulationen. Bei Hitler verband sich eben stets ein hartnäckiges Festhalten an seinen Endzielen mit hoher taktischer Flexibilität auf dem Wege dorthin. Rationales Kalkül und irrationales Wunschdenken, rassebiologisches Dogma und taktische Virtuosität lagen in seinem Denken und in der Politik der Nationalsozialisten stets eng beeinander.

Schließlich darf man einen weiteren Grundzug und eine weitere Funktion nationalsozialistischer Außenpolitik nicht übersehen: Ihre tendenziell uferlose und irrationale Dynamik war immer auch ein Instrument zur totalen ideologischen Mobilisierung und politischen Erfassung der Massen, war ein Mittel, sie auf Trab zu halten, gar nicht erst zum Nachdenken kommen zu lassen und im übrigen die Erfolgsfähigkeit und Durchsetzungskraft des Regimes zu demonstrieren. Permanenter Lebenskampf, ununterbrochene Mobilisierung, Gewalt und Gewaltandrohung nach innen wie nach außen waren so etwas wie ein sozialdarwinistisches Lebenselexier der braunen Bewegung, eine Garantie ihres Bestandes und ihres Wachstums sowie ein Ventil zur Ableitung innergesellschaftlicher Spannungen und Konflikte nach außen. „An die Stelle eines im Grunde genommen erstarrten Zustandes" sollte nach Hitler „eine Periode des Kampfes" treten. „Doch wie immer und in allem auf dieser Welt, wird auch hier das Wort Geltung behalten, daß ‚wer rastet – rostet', und weiter, daß der Sieg ewig nur im Angriff liegt. Je größer dabei das Kampfziel, das uns vor Augen schwebt, und je geringer das Verständnis der breiten Masse im Augenblick dafür sein mag, um so ungeheurer sind aber, den Erfahrungen der Weltgeschichte nach, die Erfolge und die Bedeutung dieser Erfolge dann, wenn das Ziel richtig erfaßt und der Kampf mit unerschütterlicher Beharrlichkeit durchgeführt wird."[34]

Rational kalkulierende Außenpolitik als „Kunst des Möglichen" (Bismarck) hält sich stets mehrere Wege offen, um international manövrier- und kompromißfähig zu bleiben. So handelten die Reichsführungen des kaiserlichen Deutschlands (vielleicht mit Ausnahme der letzten Monate vor der Julikrise 1914) und so handelten auch die Weimarer Regierungen. Demgegenüber prägte ein radikal zugespitztes „Entweder-Oder" nicht nur den Denkstil Hitlers – „Deutschland wird entweder Weltmacht oder überhaupt nicht sein"[35] -, sondern zunehmend auch den Stil der nationalsozialistischen Außenpolitik. Sie sollte dann im Zeichen von „Sieg oder Untergang" im Kriege die letzte radikale Aufgipfelung einer ihr von Anfang an immanenten Radikalität erleben und endgültig in die Selbstvernichtung des Reiches einmünden. Es erscheint somit am Ende zweifelhaft, wieweit eine Außenpolitik, die von Anbeginn an so alternativ- und kompromißlos wie die nationalsozialistische auf den Krieg mit höchstem Einsatz aller Mittel zusteuerte, überhaupt noch diesen Namen verdient. Die rasseideologische und sozialdarwinistische Radikalisierung überkommener Außen- und Machtpolitik ließ in einer künftigen „Pax Germanica" in Europa keinen Raum mehr für gleichberechtigte und souveräne Bündnispartner, sondern nur noch für willfährige Satelliten und Heloten.

2. Die Jahre der außenpolitischen Isolierung (1933-1935): Konsolidierung nach innen, Abschirmung nach außen

Präsentation der Regierung Hitler im Ausland

Noch am Tage der Ernennung Hitlers zum Reichskanzler, am 30. Januar 1933, übermittelte der Staatssekretär im Auswärtigen Amt, Bernhard von Bülow, den deutschen Missionschefs in einem telegrafischen Runderlaß[36] die Sprachregelung für die Präsentation der neuen Regierung und ihrer Politik im Ausland: Die Diplomaten sollten beruhigend auf die betreffenden Länder einwirken und darauf verweisen, daß das Kabinett auch auf den mehrfach geäußerten Wunsch des Reichspräsidenten Hindenburg auf dem Boden der Verfassung gebildet worden sei. Die Regierungsbildung durch die stärkste Reichstagspartei sei unter maßgeblicher Beteiligung der Deutschnationalen und des Stahlhelms, der Frontkämpferorganisation des Ersten Weltkrieges, erfolgt. Noch schwebende Verhandlungen mit dem Zentrum und der Bayerischen Volkspartei wegen Beteiligung oder Tolerierung könnten sogar eine arbeitsfähige Reichstagsmehrheit ergeben.

Es scheint Bülow nicht in den Sinn gekommen zu sein, daß ausgerechnet sein Hinweis auf so reaktionäre und chauvinistische Kräfte wie den Stahlhelm und Hugenbergs DNVP, eine der schärfsten Befürworterinnen der im Ausland besonders irritierenden Abschottung des deutschen Agrarmarktes vom Weltmarkt, oder auch auf die „Wiederherstellung sogenannter Harzburger Front“, einen am 11. Oktober 1931 begründeten Zusammenschluß rechtskonservativer und rechtsradikaler Gruppen zur „Nationalen Opposition“ zum Sturz Brünings, eine „Visitenkarte“ war, deren Präsentation den westlichen Hauptstädten in keiner Weise Grund zur Beruhigung gab. Im Gegenteil!

Weiterhin böten – so Bülow in dem Zirkular – der Reichsfinanzminister Graf Schwerin von Krosigk und der Reichswehrminister von Blomberg Gewähr für eine kontinuierliche Linie in der Finanz-, Währungs- und Militärpolitik. Der innenpolitische Kurs der neuen Regierung sei eine rein deutsche Angelegenheit, wie sich ja auch Deutschland einer Einmischung in fremde Angelegenheiten enthalte. Entsprechend dieser Sprachregelung interpretierten die deutschen Missionschefs im Vertrauen auf die Vernunft und das außenpolitische Prestige des Karrierediplomaten Konstantin von Neurath die nationalsozialistische Machtübernahme vorwiegend positiv und optimistisch. Als einziger Spitzendiplomat quittierte der Vertreter in Washington, Baron von Prittwitz und Gaffron, den Dienst.

Vier Tage später, am 3. Februar, folgte Hitler einer Einladung des Reichswehrministers Blomberg zur Feier des 60. Geburtstages des Reichsaußenministers von Neurath im Haus des Chefs der Heeresleitung, des Generals Kurt von Hammerstein-Equord. Hier entwickelte der frisch ernannte Reichskanzler in einer zweieinhalbstündigen Rede vertraulich seine Ziele und Gedanken vor den Befehlshabern des Heeres und der Marine. Eine knappe Zusammenfassung seiner Ausführungen liegt uns in Aufzeichnungen eines der Teilnehmer, des Generalleutnants Liebmann, vor.[37]

Hitlers Erläuterung seiner politischen Ziele am 3. 2. 1933

Als „Ziel der Gesamtpolitik“ proklamierte Hitler in voller Übereinstimmung mit den konservativen Kreisen die „Wiedergewinnung der pol(itischen) Macht“, auf die die gesamte Staatsführung eingestellt werden müsse. Dies werde im Innern eine „völlige Umkehrung der gegenwärt(igen) innenpol(itischen) Zustände in D(eutschland)“ bedeuten. Konkret hieß dies: Beseitigung des Pazifismus, „Ausrottung des Marxismus mit Stumpf und Stiel“, Umerziehung des gesamten Volkes, die Jugend eingeschlossen, „auf den Gedanken, daß nur d(er) Kampf uns retten kann u(nd) diesem Gedanken gegenüber alles zurückzutreten hat“, weiterhin Wehrertüchtigung der Jugend und „Stärkung des Wehrwillens“, „Todesstrafe für Landes- u(nd) Volksverrat“, „straffste autoritäre Staatsführung“ sowie Beseitigung des „Krebsschadens der Demokratie“.

Außenpolitisch proklamierte Hitler den „Kampf gegen Versailles“, Gleichberechtigung bei der Abrüstungskonferenz in Genf sowie die Sorge um Bundesgenossen als Ziele. Das Wirtschaftsprogramm sollte im Dienste der Rettung der Bauern und der Siedlungspolitik stehen, um das Arbeitslosenheer abzubauen. All dies könne aber nur ein vorübergehendes Aushilfsmittel sein. Eine Absage an eine Ankurbelung des Außenhandels mit der Begründung, die „Aufnahmefähigkeit d(er) Welt ist begrenzt“ und überall bestehe ein Produktionsüberhang, verband Hitler mit seinem bekannten Hinweis auf die Enge des Lebensraumes für das deutsche Volk. Unabdingbare Voraussetzung für die „Wiedererringung der pol(itischen) Macht“ waren für den Reichskanzler der „Aufbau der Wehrmacht“ und die Wiedereinführung der allgemeinen Wehrpflicht. Seine Vorstellungen über den Gebrauch der wiedergewonnenen politischen und militärischen Macht kleidete der Redner in jenen berühmten Kernsatz, der in keinem Lehrbuch zur NS-Geschichte fehlt: *Vielleicht Erkämpfung neuer Export-Mögl(ichkeiten), vielleicht – und wohl besser – Eroberung neuen Lebensraums im Osten u(nd) dessen rücksichtslose Germanisierung.*

Angesichts der Tatsache, daß Hitler bereits vorher die Wiedereingliederung in den Welthandel als „zwecklos“ verworfen hatte, gewinnt die Alternative des Lebensraumkrieges und der Germanisierung des Ostens doch hier bereits trotz der noch etwas tastenden Formulierungen recht konkrete und scharfe Konturen.

Unmittelbar an die Adresse der Reichswehrführung und des Reichsaußenministers gerichtet waren die beiden Schlußgedanken: Die Wehr-

macht als wichtigste Einrichtung des Staates solle „unpol(itisch) u(nd) überparteilich" bleiben, sich nicht in die innenpolitischen Auseinandersetzungen einmischen und ihre Selbständigkeit gegenüber der SA behalten. Die Übergangsperiode während der Aufrüstung werde die „gefährlichste Zeit" sein, und wenn Frankreich Staatsmänner habe, werde es Deutschland in dieser kritischen Periode keine Atempause gönnen, sondern vor Abschluß des Aufbaues der Wehrmacht – gegebenenfalls mit seinen „Ost-Trabanten" – „über uns herfallen". Dies war eine klare Weisung an das Auswärtige Amt, den Umbau im Inneren nach außen, besonders gegenüber Frankreich und Polen, dessen „Ost-Trabanten", abzuschirmen.
Der „Völkische Beobachter" feierte dieses Treffen im Hause Hammerstein mit der Schlagzeile „Das Reichsheer Schulter an Schulter mit dem neuen Kanzler."[38] Von Kritik an Hitlers kriegerischen und brutalen Ausführungen aus dem Kreis der Eingeladenen ist nichts bekannt. Einige verließen die Runde sichtlich beeindruckt von dem „starke(n) Willen und ideale(n) Schwung" des Kanzlers. Andere, wie der Oberstleutnant Fromm (am 20. Juli 1944 Oberbefehlshaber des Ersatzheeres), beschwichtigten aufkommende Sorgen mit der Bemerkung, „daß die maßlosen Vorhaben an der Härte der Tatsachen scheitern und auf ein nüchternes Maß zurückgeführt" werden müssen. Einigen fiel auch Schillers Wort ein „Stets war die Rede kecker als die Tat". Niemand schien bemerkt zu haben oder wollte wahrhaben, daß der „Führer" in vertraulicher Runde die Friedensmaske hatte fallenlassen und nun sein wahres Gesicht zeigte. Nichts war mehr zu hören von dem noch kurz vorher in der Regierungserklärung öffentlich geäußerten „aufrichtigen Wunsch" nach „Erhaltung und Festigung des Friedens" sowie nach „Beschränkungen der Rüstungen" nach außen und nach einem „Akt der Versöhnung" im Innern. Oder sollte das geschickte Bekenntnis Hitlers zum Waffenmonopol der Wehrmacht gegenüber konkurrierenden Ansprüchen der SA die hohe Generalität in eine Stimmung unkritischer Euphorie gestürzt haben?

Bülows „Drei-Stufen-Plan" vom 13. 3. 1933

Am 13. März 1933 legte der Staatssekretär Bülow in enger Absprache mit dem Reichswehrministerium seinem Chef Neurath „eine Aufzeichnung über die außenpolitische Lage Deutschlands"[39] vor, die dieser am 7. April in gekürzter Fassung in eine Ministerbesprechung unter Vorsitz Hitlers einbrachte.[40] In einem „Drei-Stufenplan" entwickelte Bülow hier außenpolitische Zielvorstellungen, die sich in hohem Maße mit Konzeptionen der traditionellen politischen Führungsschichten Deutschlands seit dem Kaiserreich deckten. Wahrscheinlich wollten Neurath und Bülow, unterstützt von Blomberg, mit diesem Schritt den Reichskanzler im Kabinett gleich zu Anfang nachdrücklich und verbindlich auf die alleinige institutionelle Verantwortlichkeit des Auswärtigen Amtes, programmatisch auf die Traditionslinien des wilhelminischen Imperialismus und des Weimarer Revisionismus festlegen. Neurath tat dies in Kenntnis der Rede Hitlers vom 3. Februar. Die auffallend starke Betonung der Wirtschaftspolitik in der außenpolitischen Tour d'horizon deutet auf den beherrschenden Einfluß, den die Folgen der Weltwirtschaftskrise und Stresemanns Konzeption einer Instrumentalisierung der Wirtschaftspolitik für revisionspolitische Ziele damals auf alle Planungen zur Außenpolitik ausübten. Auf der ersten, defensiven Stufe überwogen nach Ansicht des Staatssekretärs eindeutig die außenpolitischen Passiva: Die militärische Schwächung durch den Versailler Vertrag; die Unterlegenheit gegenüber den Nachbarn Frankreich und Polen und die Notwendigkeit, die Auf- und Umrüstungsmaßnahmen „verhältnismäßig langsam und möglichst geräuschlos durchführen zu müssen, um Interventionen, Präventivaktionen und außenpolitische Erschütterungen zu vermeiden"; Gerüchte über polnische Präventivkriegspläne, möglicherweise sogar mit Hilfe Frankreichs; die prekäre finanzielle, kredit- und handelspolitische Lage Deutschlands angesichts einer immer noch starken Außenhandelsabhängigkeit bei einer fortschreitenden Schrumpfung des Außenhandels und einer weltweiten Tendenz zur Autarkie; damit verbunden „eine starke Schwächung der politischen Einflußmöglichkeiten" etwa in Südosteuropa, weil der Agrarprotektionismus die Aufnahmemöglichkeiten des deutschen Marktes für Südostprodukte stark reduziere.

Wirtschaftspolitisches Gewicht in der Außenpolitik

Neben den Passiva sah Bülow „geringe Aktiva", die zur Rückgewinnung der deutschen Großmachtstellung eingesetzt werden sollten und die fast wörtlich auch von Stresemann hätten stammen können: die Mittellage Deutschlands in Europa; die große Aufnahmefähigkeit des deutschen Marktes; das Interesse der auswärtigen Gläubiger am Wohlergehen ihrer Schuldner; die erwartete führende Rolle Deutschlands bei der Überwindung der Weltwirtschaftskrise sowie ein wachsendes Schuldgefühl der Siegermächte gegenüber dem Besiegten.

Die zweite, schon offensive Stufe sollte nach Ansicht Bülows ganz im Zeichen der „Durchführung der Revision von Versailles" stehen: als Hauptziel galt nach wie vor „die Umgestaltung der Ostgrenze, wobei die Wiedergewinnung sämtlicher in Frage kommenden polnischen Gebiete gleichzeitig anzustreben und Teil- oder Zwischenlösungen abzulehnen sind (nur noch *eine* Teilung Polens)". Neben dem „Ostproblem" skizzierte der Staatssekretär für die fernere Zukunft weitere territoriale Revisionsziele: die Grenze Nordschleswigs, die Rückgliederung Eupen-Malmedys und zu einem späteren Zeitpunkt auch Elsaß-Lothringens, die Rückgewinnung früherer und gegebenenfalls den Erwerb neuer Kolonien und den Anschluß Österreichs, sofern mit einer Gegnerschaft Italiens nicht mehr zu rechnen sei.

Revision des Versailler Vertrags

In der Abrüstungsfrage plädierte der Verfasser dafür, auf der Abrüstungskonferenz „aus naheliegenden taktischen Gründen [...] nach außen hin als unser Ziel [...] den Ausgleich des Rüstungsstandes mit unseren Nachbarn, in erster Linie im Wege der Abrüstung der anderen (ziffernmäßige Beschränkung, Waffenverbote), anzustreben."

Expansionspolitik

Mit der – wenn auch zurückhaltenden – Erwähnung Elsaß-Lothringens, Österreichs und des Erwerbs neuer Kolonien sprengte die Denkschrift bereits ihren traditionellen Revisionsrahmen und wies auf eine dritte Stufe deutscher Hegemonial- und Großmachtpolitik. Auch die geopolitischen Argumente Bülows für die „Erstarkung Deutschlands nach allen Richtungen" und seine Andeutungen über die Antriebskräfte und die Wahl der politisch-ökonomischen Mittel verrieten, daß der 1930 eingeschlagene expansivere und aggressivere außenpolitische Kurs unvermindert und unter günstigeren Bedingungen sogar verschärft fortgesetzt werden sollte: Die außenpolitischen Ziele des Reiches sollten sich herleiten „aus der Umwälzung der politischen und wirtschaftlichen Gestaltung insbesondere Europas", aus seiner geographischen Mittellage, seinen wirtschaftlichen Grundlagen wie Überbevölkerung und eine zu schmale Rohstoffbasis sowie aus der Notwendigkeit für die Industrien aller Länder, neue Gebiete zu erschließen und im Interesse einer ewigen Festschreibung der internationalen Arbeitsteilung die Industrialisierung der Agrarländer zu bekämpfen. Auch die deutschen Minderheiten jenseits der Grenzen und das Auslandsdeutschtum sollten zur Unterstützung des expansiven Kurses eingesetzt werden. Wenige Jahre später sollte diese Taktik in der Tschechoslowakei und in Polen verfolgt werden.

Vermeidung von Bündnissen

Bülow war sich ebenso wie Hitler, Neurath und Blomberg vollkommen darüber im klaren, daß es in der kritischen Aufbauphase auf dem Wege zur europäischen Großmacht unter allen Umständen galt, „politische und wirtschaftliche Gefahrenzonen" zu meiden, und daß gerade die Wiederwehrhaftmachung so weit gegen auswärtige Interventionen abgeschirmt werden mußte, daß das Fundament jeder künftigen Großmachtpolitik nicht schon gefährdet war, bevor diese recht eigentlich eingeleitet worden war. Deutschlands „gefährliche Schwäche" schreibe bis auf weiteres eine Politik „ohne Bündnisse und unter elastischer, nach dem Charakter der jeweiligen Probleme zu gestaltender Anlehnung an andere Staaten" vor, um nicht durch einen Bündnispartner in Konflikte gezogen zu werden. Die Linie seiner Vorgänger weiterführend und in voller Übereinstimmung mit Hitler, plädierte Bülow für ein „gutes Verhältnis zu England", da „der Versuch einer Durchsetzung unserer Revisionswünsche ohne englische Hilfestellung oder gar im offenen Gegensatz zu England [...] aussichtslos" sein würde. Seine sehr negative Einschätzung der Möglichkeit „einer dauernden freundschaftlichen Gestaltung der beiderseitigen Beziehungen" mit Frankreich und sein Hinweis auf den „Zusammenstoß" zwischen französischem Antirevisionismus und „dem Drängen der deutschen Außenpolitik in entgegengesetzter Richtung" zeigen, wie weit sich das Auswärtige Amt schon 1933 von der Ära der engen Kooperation zwischen Briand und Stresemann entfernt hatte. Gleiches galt auf der anderen Seite auch für den Quai d'Orsay. Immerhin warnte Bülow vor einer „grundsätzliche[n], demonstrativ betonte(n) Abkehr Deutschlands von Frankreich", „weil ohne und gegen Frankreich die deutschen Ziele nicht zu verwirklichen sind, sofern wir uns nicht ernstesten Konfliktgefahren aussetzen wollen".

Zusammenarbeit mit Italien

Die gewünschte enge Zusammenarbeit mit Italien war nur möglich bei einer gegenseitigen Abstimmung der unterschiedlichen Interessen in der Frage der österreichischen Unabhängigkeit und bei den Problemen des Donauraumes. Denn Bülow sah mit Recht, daß sich die deutsche Anschlußpropaganda und die expansive Südosteuropapolitik Berlins kaum in Einklang bringen ließen mit den Bestrebungen Roms, sich in Übereinstimmung mit Wien und Budapest selbst eine unangreifbare Vormachtstellung im Südosten aufzubauen. Im Ausgleich zunächst frontal aufeinanderprallender Stoßrichtungen des deutschen und des italienischen Hegemonialstrebens sollte bis 1937 noch eine der schwierigsten Aufgaben der Regierung Hitlers warten, bevor dann die Zeit für den Anschluß Österreichs mit Zustimmung Mussolinis Anfang 1938 reif war. Deshalb setzte sich der Staatssekretär gegenüber Österreich zunächst für ein vorsichtiges Taktieren ein, um wenigstens den „gegenwärtigen Schwebezustand Österreichs" zu erhalten. Es sollten zunächst „die inneren Widerstände Österreichs gegen ein Abgleiten in deutschlandfremde politische Kombinationen nach Möglichkeit" gestärkt werden, und dies durch „die Gewährung fühlbarer wirtschaftlicher Hilfe seitens des Reichs" oder konkret durch die Gewährung von Zollpräferenzen für die Einfuhr österreichischer Produkte.

Überlegungen zu Südosteuropa

Einen vergleichsweise breiten Raum nimmt in dieser Denkschrift die für die traditionellen deutschen Führungsschichten vorrangige Zielrichtung des deutschen Imperialismus ein: der Donau- und Balkanraum. Es scheint, als sollte der neue Reichskanzler hier vom Auswärtigen Amt auf Ziele festgelegt werden, die immerhin eine realistische wirtschaftsimperialistische Alternative zu seinen hochideologisierten radikalen „Lebensraum"-Utopien im Osten und überdies den Vorteil boten, daß sich hier kontinuierlich an Entwicklungen im Kaiserreich und in der Weimarer Republik anknüpfen und die Gefahr eines Krieges reduzieren ließ.

Freilich mußte Bülow bei diesem Thema den bereits seit der Bismarckzeit bestehenden und in der Ära Brüning unter dem Einfluß der Weltwirtschaftskrise verschärften grundsätzlichen Zielkonflikt zwischen großlandwirtschaftlichem Agrarprotektionismus mit dem Bestreben einer Abschottung des heimischen Marktes gegen Konkurrenzprodukte aus dem Ausland einerseits und den Exportinteressen der Industrie an-

dererseits in Rechnung stellen. Schienen auf der einen Seite auf deutsche industrielle Investitions- und Konsumgüter und Kapitalien im „Großwirtschaftsraum Südosteuropa" recht lukrative Absatz- und Anlageräume zu warten, so stellte sich auf der anderen die immer noch mächtige Agrarlobby in Ostelbien schon seit dem ausgehenden 19. Jahrhundert und dann verstärkt seit der Weltwirtschaftskrise, die primär auch eine weltweite agrarische Absatz- und Preiskrise war, vehement gegen alle Bemühungen, den deutschen Markt im Gegenzug zu Industrieexporten für die konkurrierenden landwirtschaftlichen Produkte des Südostens (gleiches galt auch für Skandinavien und Westeuropa) zu öffnen. Dementsprechend konnten Auswärtiges Amt, Reichswirtschaftsministerium und die interessierten Ausfuhrkreise der Privatwirtschaft erst in dem Augenblick zu einer Aktivierung der Südosteuropapolitik ansetzen, als im Juni 1933 der Vertrauensmann der Großagrarier, Alfred Hugenberg, nach seinem skandalösen Auftritt auf der Londoner Weltwirtschaftskonferenz mit seiner Forderung nach Kolonien und „Lebensraum" im Osten zum Rücktritt von seinen diversen Ämtern als „Wirtschaftsdiktator" (Reichswirtschafts- und Reichsernährungsminister, kommissarischer preußischer Wirtschafts- und Handelsminister) gezwungen und die Großlandwirtschaft durch Walter Darré im „Reichsnährstand" politisch entmachtet und gleichgeschaltet wurde.
Der hartnäckige Widerstand der Agrarprotektionisten gegen landwirtschaftliche Einfuhren aus Ungarn, Rumänien und Jugoslawien mußte auch aus machtpolitischen Gründen gebrochen werden. Denn nur so war eines der zentralen und seit Jahren bereits in großer Regelmäßigkeit propagierten Ziele des Auswärtigen Amtes zu erreichen: Die Lockerung der Bindungen der „Kleinen Entente" (Tschechoslowakei, Rumänien, Jugoslawien) an die Schutzmacht Frankreich und die schrittweise innere Auflösung dieses antirevisionistischen Sperriegels gegen eine Wiederaufnahme des „deutschen Dranges nach Südosten". Dies sollte unter Einsatz ökonomischer Mittel geschehen, wie Bülow nicht müde wurde zu betonen: Öffnung des deutschen Absatzmarktes für Produkte dieser – von einer schweren Krise heimgesuchten – Länder, Politik der Unterstützung der unteren Donaustaaten (Ungarn, Rumänien, Jugoslawien, Bulgarien), Gewährung von Getreidepräferenzen.

Die Sowjetunion und Polen in der Konzeption Bülows

Die Beziehungen zur Sowjetunion und zu Polen stellte Bülow in den bekannten revisionspolitischen Zusammenhang. Die Erwähnung der russischen „Rückendeckung gegen Polen", der guten Beziehungen zur Roten Armee und der Wünschbarkeit einer Wiederbelebung des beiderseitigen Warenaustausches durch eine Steigerung der deutschen Einfuhren verknüpfte er mit der Forderung nach einer – seit zwei Jahren anstehenden – Ratifizierung der Verlängerung des Berliner Neutralitätsvertrages zwischen beiden Staaten vom 24. April 1926. Sie wurde am 5. Mai 1933 vollzogen. Mit Polen war eine Verständigung „weder möglich noch erwünscht". Im Gegenteil, ein „gewisses Maß deutsch-polnischer Spannung" sollte erhalten werden, „um die übrige Welt für unsere Revisionsforderungen zu interessieren und um Polen politisch und wirtschaftlich niederzuhalten". Ein Austritt aus dem Völkerbund komme „zur Zeit nicht in Frage", damit Deutschland die Möglichkeit behalte, das „Genfer Instrument" in der Frage der Abrüstung und des Minderheitenschutzes als „Gläubiger" auch weiterhin für entsprechende Revisionsforderungen und Ansprüche einzusetzen.

Krieg und Frieden

Zweideutig war die Haltung Bülows zu Krieg und Frieden. Zwar sprach auch er sich – in voller Übereinstimmung mit Hitler – dafür aus, „außenpolitische Konflikte möglichst solange zu vermeiden, bis wir weiter erstarkt sind", und in der Zwischenzeit die Weltwirtschaftskrise als „die große Chance" zu nutzen, „durch planmäßiges Vorgehen die allgemeinen Übel rascher als andere zu überwinden und damit zu einer für uns vorteilhaften Neugestaltung der weltwirtschaftlichen Situation zu gelangen". Auch trennten ihn sicher Welten von der Spielernatur Hitlers. In einer für die damalige Übergangssituation zwischen verschärftem Weimarer Revisionismus und nationalsozialistischer Expansions- und Kriegspolitik sehr typischen Einschätzung stand jedoch auch ein Konservativer wie Bülow der vermeintlichen Ambivalenz eines „außenpolitischen Gottesfriedens" von einigen Jahren Dauer in Europa doch recht skeptisch gegenüber und dokumentierte damit, daß Krieg als ultima ratio der Politik ein halbes Menschenalter nach Verdun in Deutschland wieder denkbar geworden oder immer noch denkbar war: So sehr „eine Periode relativer außenpolitischer Ruhe" als ein „natürliches Gegenstück zu dem vierjährigen Programm für den Wiederaufbau im Innern" (offenbar eine Anspielung auf Hitlers Regierungserklärung) geeignet sein werde, Deutschland „in ganz anderer Weise zu Kräften kommen [zu] lassen als die Entfesselung ständigen außenpolitischen Kampfes", so sehr dürften doch auch die erheblichen Nachteile nicht übersehen werden: Die Gegner Deutschlands könnten „alles auf eine spätere nochmalige Verlängerung des Gottesfriedens und damit eine Befestigung des Status quo anlegen". Auch werde es schwierig sein, den „Gottesfrieden" in einer Form zu realisieren, die „nicht nur jede Anerkennung der gegenwärtigen Grenzen ausschließt, sondern, wie es für uns erforderlich wäre, die Grenzfragen als anerkannt offene Fragen erscheinen läßt". Ein nationalkonservatives Deutschland ohne Hitler mit seinen massiven revisionistischen Ansprüchen hätte Europa möglicherweise nicht 1939 einen Weltkrieg aufgezwungen, aber sicher auch nicht zur Ruhe kommen lassen.

Nachdem Neurath diese Denkschrift seines Staatssekretärs am 7. April 1933 dem Kabinett gekürzt vorgetragen hatte, wurde die Diskussion auf den 12. Mai vertagt.[41] Im Mittelpunkt dieser Ministerbesprechung stand dann die für Deutschland als sehr hoffnungsvoll eingeschätzte

Entwicklung auf der Genfer Abrüstungskonferenz. Neurath und Blomberg plädierten unter dem Eindruck einer Verhärtung der Haltung der anderen Mächte in Genf für eine „Politik des leeren Stuhles“ oder sogar für einen Austritt aus der Konferenz. Hitler dagegen hielt sich damals noch merklich zurück.

Übereinstimmung mit Hitlers Zielen

In vielem bestand also im Frühjahr 1933 ein auffallend harmonischer programmatischer Gleichklang zwischen den konservativen Eliten und Hitler: Bei der Beschleunigung und Intensivierung der Aufrüstung (wobei Hitler seine Ressortchefs sogar noch bremsen mußte) ebenso wie bei der als notwendig empfundenen äußeren „Abschirmung“ der inneren Wiederwehrhaftmachung, bei der Forcierung des revisionistischen Tempos und der propagandistischen Vorbereitung der Expansion mit Hilfe geopolitischer und geostrategischer Argumente ebenso wie bei der strikten Ablehnung einer starren Bündniskonstellation. Gemeinsam berief man sich auf die Überbevölkerung Deutschlands und seine zu schmale Rohstoffbasis. Nationalsozialistische Führung wie Auswärtiges Amt plädierten für den Einsatz wirtschaftlicher Mittel im Dienste machtpolitischer Ziele sowie für die Ausnutzung der deutschen Mittellage in Europa und des nahezu unbegrenzten deutschen Konsummarktes zur politischen Einflußnahme. Unverkennbar war, wie sehr der Völkerbund in allen Kreisen inzwischen an Ansehen verloren und wie sehr die Skepsis gegenüber allen Formen kollektiver Konfliktlösung am Verhandlungstisch und gegenüber einem dauerhaften Interessenausgleich mit den Nachbarstaaten, vor allem Frankreich, zugenommen hatten.

Damit war bereits 1933 der gemäßigte politische Revisionsansatz aus den zwanziger Jahren in Kooperation mit Frankreich, für den der Name Stresemann stand, „auch ohne das Eingreifen Hitlers wieder verschüttet“. Gedeckt durch Neurath und Blomberg und in Übereinstimmung mit den traditionellen Führungsschichten in Politik und Gesellschaft, griff Bülow in seiner Denkschrift auf die Konzeption wilhelminischer Großmachtpolitik zurück, die „durch die Ausweitung der politischen Fernziele, durch die Betonung der militärpolitischen Vorstellungen und die damit verbundenen innenpolitischen Komplikationen einen geeigneteren Anknüpfungspunkt für die nationalsozialistischen Intentionen darstellte als die Konzeption Stresemanns.“[42]

Allerdings hing nach dem 30. Januar 1933 alles davon ab, wie lange Hitler die Außen- und Wehrpolitik allein der Regie Neuraths und Blombergs überlassen und sich selbst außenpolitisch zurückhalten würde. Denn sowohl die Führung des Auswärtigen Amtes als auch die Reichswehrführung mußten spätestens seit dem 3. Februar 1933 davon ausgehen, daß die deutsche Außen- und Wehrpolitik in dem Augenblick, da Hitler selbst, unterstützt durch seine außenpolitisch ambitionierten Paladine Göring, Ribbentrop (ab 1934 Chef der aus seinem Büro als Beauftragter für Abrüstungsfragen hervorgegangenen „Dienststelle Ribbentrop") und Rosenberg (Leiter des am 1. April 1933 in bewußter Konkurrenz zum Auswärtigen Amt gegründeten „Außenpolitischen Amtes der NSDAP"), die Zügel in die Hand nehmen würde, doch am Ende eine viel radikalere Richtung nehmen würde: Lebensraumkrieg gegen die Sowjetunion und eine rasseideologisch motivierte Weltherrschaft.

Internationale Rahmenbedingungen nationalsozialistischer Außenpolitik

Die Durchsetzungschancen des außenpolitischen Kurses der neuen Regierung hingen ganz wesentlich auch von ihrem Bewegungsspielraum im internationalen Mächtesystem ab. Dieser war, wie gezeigt, 1933 ganz erheblich. Das System kollektiver Sicherheit befand sich in Auflösung, und Japan hatte bereits als Völkerbundsmitglied vorexerziert, daß man einen fremden Staat überfallen konnte, ohne Sanktionen des Völkerbundes befürchten zu müssen. Dem bereits diskreditierten System kollektiver Friedenssicherung setzten die Nationalsozialisisten eine Strategie bilateraler Abmachungen entgegen, um gerade die schwächeren Nachbarn isolieren und erpressen zu können. Eine allgemeine Tendenz der Industriestaaten zur gegenseitigen Abschottung und zur vorrangig nationalwirtschaftlich-egoistischen Bekämpfung der Weltwirtschaftskrise ließen Deutschlands Weg in die Großraumwirtschaft kaum spektakulär und auf keinen Fall als eine Art „Sonderweg" erscheinen. Er ließ sich überdies durch den Hinweis auf den – wesentlich von den USA zu verantwortenden – Fehlschlag der Londoner Weltwirtschaftskonferenz im Sommer 1933 überzeugend nach inne und nach außen als einziger Ausweg aus der weltweiten Misere verkaufen.

Die Nachbarstaaten England, Frankreich und Sowjetrußland[43] waren damals tief in ihre eigenen immensen ökonomischen, gesellschaftlichen und politischen Schwierigkeiten verstrickt und suchten sie durch eine Politik der Friedensbewahrung nach außen (appeasement) ohne den Zwang zu einem neuen internationalen Wettrüsten zu bewältigen. Die USA waren sehr fern von Europa, verharrten in ihrem politischen Isolationismus und gaben ihre grundsätzliche Abneigung zu erkennen, sich noch einmal wie 1917 in die europäischen Händel verwickeln zu lassen.

Frankreich

Frankreich als stärkste Militärmacht des Kontinents befand sich innenpolitisch in einem Zustand der Dauerkrise, so daß es auf eine aktive und durchsetzungsfähige Außen- und Sicherheitspolitik in den dreißiger Jahren weitgehend verzichtete und sich gegenüber Großbritannien mit der Rolle des Juniorpartners begnügte. Seine sterile und phantasielose Defensivstrategie hinter der Maginot-Linie (gebaut 1929–1932), eine Konsequenz aus dem jahrelangen Schützengrabenkrieg 1914–1918, dokumentierte nicht nur operativ den Verzicht auf eine bewegliche und raumgreifende offensive Kriegsführung, sondern war auch politisch geeignet, unter den ostmittel- und südosteuropäischen Bündnispartnern (Polen und „Kleine Entente") ein tiefes Mißtrauen gegenüber der französischen Unterstützungsbereitschaft im Falle einer Bedrohung ihrer Existenz zu säen. Die Folge war eine Erosion des von Frankreich ursprünglich aufgebauten und garantierten osteuropäischen „cordon sanitaire" gegen Deutschland und die Sowjetunion. Die Weltwirtschaftskrise trieb diesen inneren Auflösungsprozeß der antideutschen Front der zwanziger Jahre weiter voran und veranlaßte die krisengeschüttelten kleineren Staaten in Ostmittel- und Südosteuropa, sich auch wirtschaftlich immer eindeutiger nach Deutschland zu orientieren. Eine Ausnahme bildete nur die hochindustrialisierte Tschechoslowakei, deren kapitalmäßige und wirtschaftliche Abhängigkeit von Frankreich bis 1938 ein Abdriften in den deutschen Sog verhinderte.

Großbritannien

Großbritannien, seinerseits vor schwierige wirtschaftliche und gesellschaftliche Probleme im Innern in einer Periode des Umbruches und der Modernisierung gestellt und überdies außenpolitisch damals noch sehr intensiv auf sein Weltreich orientiert,[44] schreckte davor zurück, in das von Frankreich hinterlassene Sicherheitsvakuum einzutreten und auf dem Kontinent über seine Locarno-Verpflichtungen von 1925 hinaus neue Bindungen zur Garantierung der „balance of power" einzugehen. Die gleichzeitige Herausforderung des Britischen Empires und des Mutterlandes damals an drei neuralgischen Punkten durch Deutschland (Westeuropa), Italien (Mittelmeer und Afrika) und Japan (Fernost) zwang die Londoner Regierung, um eine Verzettelung und Überstrapazierung („over-commitment and strategic overextension") der beschränkten eigenen militärischen und wirtschaftlichen Kräfte zu verhindern, gewisse Prioritäten des Ausgleiches und der Entspannung zu setzen, und zwar gegenüber dem nationalsozialistischen Deutschland. Eine tiefverwurzelte Friedensliebe in einer Generation, die wie überall noch schwer an den blutigen Erfahrungen des Ersten Weltkrieges trug, so etwas wie ein Schuldgefühl gegenüber den als legitim empfundenen „German grievances" und das Empfinden, daß sich der Versailler Vertrag überlebt habe, ließen keine Begeisterung aufkommen, sich seiner endgültigen Revision militärisch entgegenzustemmen. Dies waren Hintergrund und Kern der sogenannten „Appeasement"-Politik. Sie wurde nach der Münchner Konferenz 1938 schon von vielen Zeitgenossen und dann auch später nach dem Zweiten Weltkrieg häufig als eine Politik der Schwäche und der Kapitulation vor den Diktatoren verteufelt und mißverstanden, fand aber vorher durchaus ein positives Echo und beinhaltete eine konstruktive und vernünftige Doppelstrategie von „peace and rearmament". „Appeasement" strebte nach einer endgültigen Bereinigung aller europäischen Streitfragen am Verhandlungstisch („general settlement") und sah auch einen friedlichen Wandel („peaceful change") in Europa vor.

Hitlers propagandistisch groß herausgestrichener Anspruch, mit dem nationalsozialistischen Deutschland ein Bollwerk gegen eine Bolschewisierung Europas darzustellen, fiel unter dem Eindruck der

Schreckensmeldungen aus Rußland über das Terrorregime Stalins und seine innenpolitischen „Säuberungen“ ab 1936 nicht nur im Inland, sondern auch bei den konservativ-bürgerlichen Führungsschichten des westlichen Auslandes auf fruchtbaren Boden. So sprach der britische Premier Chamberlain nur verächtlich von „halfasiatic Russia“. Gleiches galt für Hitlers permanente Beteuerungen, Deutschland wünsche nichts mehr als internationale „Gleichberechtigung“ unter den Großmächten, selbst wenn sich hinter dieser geschickt verharmlosenden „Gleichberechtigungsstrategie“ eine „verdeckte Agressionsvorbereitung“[45] und der „Auftakt zur Expansionspolitik im Gewande traditioneller Revisionsforderungen“[46] verbargen. Die häufigen Friedensbekundungen des Diktators, für die stellvertretend hier nur seine berühmte Friedensrede am 17. Mai 1933 genannt sei, und seine Versicherungen, als Weltkriegsteilnehmer wisse er um die Schrecken eines neuen Krieges, verfehlten nicht ihre Wirkung auf eine Welt, die noch unter den Folgen des letzten Krieges litt, nichts sehnlicher als eine international garantierte und kontrollierte Abrüstung und einen dauerhaften Frieden wünschte.
Hitler konnte auch auf einem gesicherten Fundament aufbauen, das seine Vorgänger durch ihre revisionspolitischen Erfolge seit Stresemann errichtet hatten. Er durfte von dem großen Vertrauenskapital und dem internationalen Ansehen Deutschlands zehren, das die Weimarer Regierungen, zuletzt Brüning, mit ihrer korrekten, wenn auch im Inland heftig umstrittenen „Erfüllungspolitik“ vor allem in London und Washington angespart hatten. Ihnen war es mit zu verdanken, daß die Überzeugung von der Vernünftigkeit des Versailler Friedens im Ausland vielfach ins Wanken geraten und ein Gefühl der Schuld und der Pflicht zur Wiedergutmachung gegenüber dem Besiegten von 1918 und seiner Behandlung durch die Sieger Platz gemacht hatte. Dieses Empfinden verband sich in Londoner Regierungskreisen mit einer wachsenden Gereiztheit gegenüber den Franzosen, weil diese sich vor allem in der Frage der internationalen Abrüstung besonders nach dem 30. Januar 1933 aus Erwägungen eigener Sicherheit ungebrochen starr zeigten und nach wie vor mit großer Hartnäckigkeit auf einer Respektierung des Versailler Vertrages, soweit er nicht schon modifiziert war, durch Deutschland bestanden.
Wichtige Veränderungen im internationalen Kräftesystem ermöglichten also Deutschland ab 1933 auf dem Wege zu einer neuen hegemonialen Großmachtstellung in Europa bei einiger Geduld nach Osten und Südosten einen wachsenden außenpolitischen Handlungsspielraum. Eine der zentralen Fragen der weiteren Betrachtung wird sein, wieweit die Berliner Diplomatie aus dieser relativ günstigen Konstellation für ihre dargestellten machtpolitischen Ambitionen hat Nutzen ziehen können. Den erwähnten Aktivposten standen jedoch von Anfang an nicht uner-

Hypotheken der deutschen Außenpolitik

hebliche systembedingte Passiva gegenüber. Sie beeinträchtigten die deutsche Außenpolitik zunehmend und drohten zu einer erneuten Isolierung des Reiches zu führen. Denn die brutalen Methoden der „Gleichschaltung" und Nazifizierung im Innern mit der unterschiedslosen Verfolgung von Pazifisten, Demokraten, Liberalen, Sozialdemokraten und Kommunisten sowie die Erklärung des Bürgerkrieges gegen die Juden mit dem Boykott vom 1. April 1933 weckten in den westlichen Ländern Abscheu und Entsetzen, aber auch wachsendes Mißtrauen, ob es denn künftig noch sinnvoll sein könne, gegenüber diesen abstoßenden Bekundungen eines – wie viele meinten – neuerwachten „Prussianism" und „Kasernenhofstaates" überhaupt Konzessionsbereitschaft zu zeigen. Alarmierend waren die Nachrichten, die der zunehmende Strom der Emigranten aus Deutschland mitbrachte. Die paramilitärischen Umtriebe der SA und die allgemein zu beobachtende Militarisierung in der deutschen Gesellschaft taten ein übriges, um vor allem Franzosen und Polen zu alarmieren, die französische Haltung in der Abrüstungsfrage wieder zu versteifen und auch in London Zweifel zu säen, ob denn die massive britische Kritik an der französischen Rüstungspolitik angesichts der sich abzeichnenden Gefahren aus Deutschland mit den Sicherheitsinteressen Europas überhaupt noch vereinbar sei.

Zwei grundsätzlich konträre Tendenzen prägten die europäische Entwicklung zwischen 1933 und 1935: hier die deutsche Forderung nach einer autonomen und ungebundenen Aufrüstung allein nach Maßgabe der eigenen Machtinteressen, dort die wiederholten Versuche der Westmächte, das immer aggressivere „Dritte Reich" auch nach seinem spektakulären Austritt aus der Genfer Abrüstungskonferenz und aus dem Völkerbund am 14. Oktober 1933 wieder in ein wie immer geartetes multilateral vereinbartes und kontrolliertes System kollektiver Sicherheit und Rüstungsbegrenzung einzubinden.

Aufrüstungspolitik

Dem Kabinett Hitler war außenpolitisch keine lange Atempause vergönnt, wie es manche im Interesse der vorrangigen inneren „Gleichschaltung" gehofft haben mögen. Denn in der wichtigen Frage der deutschen Aufrüstung standen Entscheidungen an, die keinen längeren Aufschub mehr duldeten. Bereits Jahre vor der nationalsozialistischen „Machtergreifung" war mit dem ersten (1928/29–1932) und dem zweiten (1932/33–1938) Aufrüstungsprogramm, wenn auch zunächst geheim und noch im Planungsstadium, eine militärpolitische Dynamik in Gang gesetzt worden, die ihre Schatten weit vorauswarf. Sie entwickelte eine gewisse Eigengesetzlichkeit und immanente Sachzwänge, denen sich die neue Regierung, wollte sie nicht das Steuer radikal herumwerfen, nicht entziehen konnte und im übrigen auch gar nicht entziehen wollte. Die 1932 unter Schleicher als Reichswehrminister eingeleitete dynamische Rüstungsentwicklung mußte mit innerer Notwendigkeit über kurz oder lang, würde sie nicht kurzfristig gebremst werden, auf eine zunächst geheime und dann offene Revision der Militärartikel des Versailler Vertrages und damit auf eine grundlegende Veränderung des militärischen Gleichgewichts in Europa hinauslaufen. „Der Prozeß des Mächtigwerdens hatte seine eigene Dynamik", schreibt einer der besten Kenner dieses Themas.[47] „Aufrüstung stärkte nicht nur die deutsche militärische Macht, sondern provozierte Reaktionen, die die eigene Rüstung und Politik und die Ermöglichungen einer militärischen Revisionspolitik negativ beeinflußten."

Die entscheidenden Aufrüstungsdaten für die Reichswehr waren Hitler und Blomberg mit dem zweiten Rüstungsprogramm vom März und dem Umbauplan vom November 1932 bereits durch die Initiativen Schleichers vorgegeben: Erhöhung des 100 000-Mann-Heeres (sieben Divisionen) bis zum Frühjahr 1938 mit Hilfe von Berufssoldaten und Reservisten auf ein 21-Divisionen-Feldheer mit einer Stärke von 570 000 Mann. Die vielschichtige und umfassende Bedeutung einer solchen Aufrüstungsentscheidung – ob nun international sanktioniert oder nicht – wird erst vor dem Hintergrund des Kriegsbildes der Zukunft verständlich, das bereits in der Reichswehr in den zwanziger Jahren aus den Erfahrungen des Ersten Weltkrieges entwickelt worden war und dann für die weiteren rüstungspolitischen Schritte bis zum Beginn des Zweiten Weltkrieges verbindlich bleiben sollte: Selbst wenn es gelingen sollte, die Gegner zunächst durch ein „blitzartiges Zuschlagen" einzeln nacheinander niederzuringen (was sich spätestens im Sommer 1940 nach dem Sieg über Frankreich als Illusion erweisen sollte), zeichnete sich doch in den militärpolitischen Planspielen ein Szenario des „totalen Krieges" ab, in dem die gesamte Nation im modernen technisierten Massen- und Materialkrieg zum Instrument der Kriegsvorbereitung und -führung wurde. Wirtschaft und Gesellschaft, darüber herrschte ein breiter Konsens aller politischen, militärischen und wirtschaftlichen Führungskreise, mußten schon im Frieden auf den Krieg hin ausgerichtet, alle Bereiche des öffentlichen Lebens nach wehrwirtschaftlichen und militärpolitischen Gesichtspunkten organisiert werden. Rüstung und militärische Abläufe waren nur noch Teilbereiche eines umfassenden militärisch-politisch-gesellschaftlich-massenpsychologisch-ökonomischen Komplexes. Die Entscheidung zum Krieg durfte sich künftig nicht mehr nur am „Militärhandwerk", an strategischen und taktischen Planungen und an der Zahl der zur Verfügung stehenden Truppen orientieren, sondern sie mußte darüber hinaus die rüstungsindustriellen Kapazitäten, das technische Know-how und die Leistungskraft der modernen Volkswirtschaft, die Finanzkraft des Staates, die Möglichkeiten des Außenhandels und einer blockadesicheren Versorgung aus dem Ausland sowie die gesamten Rohstoff- und Nahrungsmittelreserven mit einkalkulieren.

Szenario des „totalen Krieges"

Die Erfolgschancen eines industrialisierten und technisierten „totalen" Krieges auf der Basis sehr knapper Ressourcen, wie es in Deutschland der Fall war, hingen wesentlich von drei Dingen ab: von einer straffen und in sich homogenen politisch-militärischen Spitzengliederung, bei der Ressorts und Kompetenzen wirkungsvoll gebündelt und funktional einander zugeordnet waren; von einem hohen Maß an materieller Entbehrungsfähigkeit, das die Regierung der Bevölkerung bereits im Frieden im Interesse der „Wehrwirtschaft" glaubte zumuten zu können; schließlich nach außen vom Gelingen einer Politik der „Abschirmung", die es möglichst lange verhinderte, daß die eigenen Rüstungsanstrengungen Gegenmaßnahmen der potentiellen Gegner provozierten und dadurch der eigene Vorteil zunichte wurde, bevor noch der erste Schuß fiel. In allen drei Bereichen gab es eklatante Defizite. Sie sollten den geplanten Angriffskrieg, dessen Auslösung 1939 schon an sich ein Verbrechen war, zusätzlich noch von Anfang an zu einem Vabanquespiel machen.

Defizite der Kriegsplanung und -vorbereitung

Dem „Dritten Reich" hat es von Beginn an bis zu seinem Ende an einer einheitlichen und koordinierenden Spitzengliederung für die Planung und Durchführung des Krieges ebenso gefehlt wie an einer langfristigen, in sich konsistenten und alle politischen, militärischen und wirtschaftlichen Bereiche aufeinander abstimmenden Planung. Das schon mehrfach als charakteristisch für das nationalsozialistische Herrschaftssystem angesprochene Kompetenzenchaos und konkurrierende Mit- und Gegeneinander der zuständigen Ressorts machten auch vor diesem zentralen Bereich nicht halt. Die wichtigen Aufgabenfelder „Wehrwirtschaft" und Außenhandel, Außenpolitik, Militärpolitik und Militärstrategie fielen auseinander, und selbst im engeren Sektor der Rüstungswirtschaft, bei der Bedarfsplanung und im Zuteilungswesen, sah es nicht besser aus. Materielle Rüstung, personeller Aufbau und Einsatzplanungen waren nicht aufeinander abgestimmt. Durch den Verzicht auf eine enge Abstimmung zwischen Außenpolitik, „Wehrwirtschaft" und Aufrüstung war aus dem konservativen Revisionsprogramm, wie es von Bülow für die traditionellen Führungsgruppen vertrat, schon 1933 ein Kernelement herausgebrochen: Die Prämisse, daß Deutschland erst dann zu einer territorialen Revision und einer aktiven Hegemonialpolitik in Europa unter Einkalkulierung auch eines bewaffneten Konfliktes übergehen könne, wenn es einen Rüstungsstand erreicht habe, der jedes Sicherheitsrisiko gegenüber Frankreich und Polen, den beiden von der „Landesverteidigung" her seit langem anvisierten potentiellen Gegnern, ausschloß. Es war in schroffem Gegensatz zur Ära des Reichswehrministers Groener (1928–1932) und auch noch zur Konzeption seines Nachfolgers Schleicher (1932–1933) „symptomatisch für die neue Linie der Militärpolitik, daß Blomberg trotz des gegebenen und in der Phase der beginnenden Aufrüstung noch verstärkten militärischen Schwächezustandes der Reichswehr zu den ausgesprochenen Befürwortern einer einseitigen, außenpolitisch nicht abgesicherten deutschen Aufrüstung gehörte"[48] und hierin den „österreichischen Gefreiten" an Entschlossenheit und Tempo am Anfang sogar noch übertraf.

Das Trauma der „Novemberrevolution" von 1918 ließ die nationalsozialistische Führung ihr ganz besonderes Augenmerk auf die „Heimatfront" und die psychologische Mobilisierung und Durchhaltekraft der Bevölkerung richten. Die nationalsozialistischen Rüstungsanstrengungen fanden bis in die Ära Speer (1942–1945) hinein ihre Grenzen an der Unwilligkeit des Regimes, wirklich alle Kräfte des Volkes für den „totalen Krieg" zu mobilisieren. Es glaubte selbst im Kriege noch, einer politisch entmündigten und terrorisierten Bevölkerung nicht jene materiellen Opfer und Entbehrungen im Konsumgüterbereich zumuten zu können, die an sich einem „totalen Krieg" und seiner Vorbereitung angemessen gewesen wären. Das schon vor dem Krieg und dann besonders nach 1939 zwangsrekrutierte Millionenheer von Konzentrationslagerhäftlingen, ausländischen Zwangsarbeitern und -arbeiterinnen und Kriegsgefangenen leistete der Illusion unter den Machthabern Vorschub, es werde auch die in Kreisen des Militärs und der Rüstungswirtschaft heftig kritisierte Strategie von „Kanonen *und* Butter" schließlich zum „Endsieg" führen.

Deutschland auf der Genfer Abrüstungskonferenz 1933

So waren die ersten Schritte der neuen Machthaber auf dem glatten Genfer Abrüstungsparkett Anfang 1933 von mannigfachen internen und externen Schwierigkeiten überschattet. Denn die einseitig forcierte deutsche Aufrüstungspolitik mußte zunächst noch, jedenfalls nach außen, dem durch die Genfer Fünfmächteerklärung vom 11. Dezember 1932 gesteckten Rahmen kollektiver internationaler Abrüstungsbemühungen angepaßt werden. Hier war festgelegt worden, „Deutschland und den anderen durch Vertrag abgerüsteten Staaten die Gleichberechtigung zu gewähren in einem System, das allen Nationen Sicherheit bietet". Aber wie die hier grundsätzlich zugestandene „Gleichberechtigung" konkret umgesetzt werden sollte – ob durch Abrüstung der anderen Mächte oder eine moderate Aufrüstung Deutschlands -, war noch ganz offen.

Die deutsche Seite sprach in den am 3. Februar 1933 in Genf anlaufenden komplizierten Verhandlungen von „Gleichberechtigung", „Abrüstung" und allgemeinem Friedenswillen. Sie verwies dabei nicht ungeschickt immer wieder auf ihre längst erbrachten Vorleistungen mit dem 100 000-Mann-Heer, während sie tatsächlich bereits auf militärische Stärke und Revision gesetzt hatte. Neurath und Blomberg mußten davon ausgehen, daß die Internationalisierung der Abrüstungsfrage in Genf oder gar eine Einigung dort der eigenen massierten Aufrüstung nur Fesseln anlegen und die fortgesetzten Verstöße gegen die Militär-

artikel von Versailles sich nicht mehr lange würden geheimhalten lassen. Der Zwang zur Illegalität und zur Geheimhaltung der nationalen Aufrüstungsanstrengungen konnte sich künftig nur bremsend auf das anvisierte Aufrüstungstempo auswirken. So nahte also in Genf die „Stunde der Wahrheit“ für die deutsche Delegation. Ihr Leiter, der Botschafter Nadolny, drängte gerade deshalb auf eine wirkliche Abrüstungsvereinbarung und legte sich damit quer zu den Absichten in Berlin. Das ganze Gebäude der Tarnung und „Abschirmung“ drohte schon früh wie ein Kartenhaus zusammenzufallen.
Auswärtiges Amt und Reichswehrministerium zogen aus diesem Dilemma bereits im Mai übereinstimmend die Konsequenz, alle Vermittlungsvorschläge besonders Großbritanniens und Italiens abzublocken, dabei aber Frankreich in die Ecke des am Scheitern der Konferenz Schuldigen zu drängen und es gegebenenfalls durch kompromißloses Auftreten auf einen Konferenzabbruch ankommen zu lassen. Hitler verhielt sich zunächst vor allem Frankreich gegenüber sehr viel flexibler und weniger schroff als Neurath. Im Interesse einer ungehinderten Durchführung der inneren „Gleichschaltung“ und einer zeitweiligen Entspannung des internationalen Klimas während dieser Zeit scheint er bis zum Herbst 1933 daran gedacht zu haben, der Genfer Konferenz doch noch eine Chance zu geben.
Bei dem pausenlosen Zusammenprall zwischen französischem Sicherheitsverlangen und den deutschen Wünschen nach Gleichberechtigung hatten die Deutschen zunächst durchaus günstige Karten, waren es doch die Briten leid, auf die Intransigenz der Pariser Regierung in der Frage der weltweiten Abrüstung dauernd Rücksicht nehmen zu müssen. Als sich jedoch das Konferenzklima für Deutschland infolge der innerdeutschen Exzesse (Terror, Judenverfolgung, paramilitärische Umtriebe der SA) zunehmend verschlechterte und die deutsche Delegation am Ende in die Isolierung zu geraten drohte, kamen der britische Premier MacDonald mit seinem Abrüstungsplan vom 16. März und Mussolini mit seinem Viererpaktvorschlag vom Tag darauf den Deutschen indirekt zur Hilfe.
Der britische Plan sah innerhalb von fünf Jahren eine Angleichung der deutschen, französischen und polnischen Truppenstärken auf jeweils 200 000 Mann vor, nach einer gewissen Übergangszeit auch eine volle Gleichberechtigung der materiellen Ausrüstung und die Aufhebung der Militärklauseln des Versailler Vertrages. Hatte schon dieser Plan kaum eine Chance, von *allen* Verhandlungspartnern angenommen zu werden, so lieferten die Engländer Anfang Oktober der deutschen Regierung einen geradezu idealen Vorwand, mit einem – längst geplanten, aber dann konkret wohl erst sehr kurzfristig ins Auge gefaßten – Paukenschlag das Genfer Forum zu verlassen. Denn London beugte sich französischem Druck und legte einen neuen Abrüstungsplan vor, den

sogenannten Simon-Plan, der eine internationale Abrüstung erst nach einer vierjährigen deutschen Bewährungsphase unter internationaler Kontrolle vorsah. Die deutsche Delegation, die diesen Plan als unzumutbare Diskriminierung sofort schroff zurückwies, konnte dadurch ihr Gesicht wahren und verließ am 14. Oktober 1933 Abrüstungskonferenz und Völkerbund, ohne eine Intervention von außen befürchten zu müssen. Da der Völkerbund in der deutschen Öffentlichkeit nie recht populär gewesen war, konnte Hitler überdies mit einem Schritt, dem er eigentlich zu diesem Zeitpunkt widerstrebte, einen großen propagandistischen Erfolg für sich verbuchen.

Austritt aus dem Völkerbund

Auch Mussolinis Initiative zum Abschluß eines Viererpaktes zwischen Deutschland, Italien, Großbritannien und Frankreich erfuhr in den Sommermonaten unter französischem Druck eine deutliche Verwässerung zum Nachteil Deutschlands. Denn seine ursprünglich anvisierten Bedingungen – Restauration des Konzertes der europäischen Großmächte, Anerkennung des Prinzips der Revision der Friedensverträge im Rahmen des Völkerbundes und die Verwirklichung der militärischen Gleichberechtigung für Deutschland beim Scheitern der Abrüstungskonferenz – entfachten in Polen und in der „Kleinen Entente" einen solchen Sturm des Protestes, daß am Ende nur ein belangloser Verweis auf die längst bekannte Verantwortlichkeit des Völkerbundes bei einer Revision gem. Art. 19 der Völkerbundsakte blieb. Zwar veranlaßte Hitler unter Beifall Görings und gegen den Einspruch Neuraths noch die feierliche Unterzeichnung in Rom, der Vertrag blieb aber nur ein Stück Papier.

Schien der Ablauf in Genf bis zum Herbst 1933 noch einmal zu bestätigen, daß das Auswärtige Amt unter Neurath in der deutschen Außenpolitik uneingeschränkt federführend war und daß sich Hitler an die informelle „Geschäftsgrundlage" der Aufgabenverteilung vom 30. Januar 1933 zu halten gedachte, so entwickelte der „Führer" in der Ostpolitik gleichzeitig bereits eine eigene Handschrift. Sie sollte ihn von der Bülow-Denkschrift weg führen, seinen eigenen außenpolitischen Zielen aber ein ganzes Stück näherbringen.

Verhältnis zur Sowjetunion und zu Polen

Das Verhältnis Berlins zu Warschau und Moskau glich seit dem Ersten Weltkrieg dem zwischen zwei kommunizierenden Röhren: Stieg der Grad der Vertrautheit zu einem der östlichen Nachbarn, so bewegten sich die Beziehungen zum anderen nahezu automatisch gegen Null und umgekehrt. Die Ostpolitik des neuen Regimes entwickelte sich überdies zu einer Bewährungsprobe für die Autonomie und das politische Gewicht des Auswärtigen Amtes und für das konservative Konzept der „Eindämmung" und „Abnutzung" des nationalsozialistischen Einflusses.

Auf der einen Seite bemühten sich Neurath, Bülow, der Moskauer Botschafter von Dirksen und sein Nachfolger Nadolny beharrlich darum, durch demonstrative Entscheidungen wie den Abschluß eines Kreditabkommens über 140 Millionen Reichsmark am 25. Februar und die Verlängerung des Berliner Neutralitätsvertrages von 1926 am 5. Mai den Draht nach Moskau nicht erkalten zu lassen und das inzwischen durch die Nationalsozialisten zerschlagene Porzellan in den beiderseitigen Beziehungen immer wieder zu kitten; auf der anderen Seite näherte sich Hitler mit Unterstützung Görings, des Warschauer Gesandten von Moltke und des neuen Danziger Senatspräsidenten Rauschning sowie unter dem Beifall der deutschen Ausfuhrwirtschaft zur gleichen Zeit mit ebenso demonstrativen Schritten gegenüber dem polnischen Gesandten Wysocki und seinem Nachfolger Lipski dem verhaßten „Saisonstaat" Polen. Der langjährige Zollkrieg zwischen beiden Staaten wurde durch den Abschluß eines Handelsvertrages beendet. Am 26. Januar 1934 wurde ein zehnjähriger deutschpolnischer Nichtangriffspakt unterzeichnet.

Deutsch-polnischer Nichtangriffspakt 26. 1. 1934

Dieser spektakuläre Schritt ging eindeutig auf Hitlers Initiative zurück. Er bedeutete nach außen einen demonstrativen Bruch mit der bisherigen Linie konservativer Revisionspolitik in enger Kooperation mit der Sowjetregierung, irritierte in Moskau, leitete nach innen die schrittweise Entmachtung des Auswärtigen Amtes ein und stieß selbst in Parteikreisen weithin auf Unverständnis und Ablehnung. Allerdings sah das Abkommen ausdrücklich keinen Verzicht auf die Revision der Ostgrenze vor, sondern wohl eher den Aufschub in eine fernere Zukunft. Für Hitler bedeutete der Nichtangriffspakt in mehrfacher Hinsicht einen Erfolg. Er war nur wenige Wochen nach der dramatischen einseitigen Aufkündigung der Mitarbeit im System kollektiver Sicherheit in Genf die erste erfolgreiche Bewährungsprobe für die neue Strategie bilateraler Vereinbarungen und hatte dementsprechend für alle späteren Abmachungen so etwas wie einen Modellcharakter. Er nahm weiterhin einen gewissen Druck von der deutschen Ostgrenze, wie ernst auch immer die angeblichen Präventivkriegspläne Pilsudskis gewesen sein mögen, und bereitete, so hoffte Hitler, das Glacis für den späteren Kampf um „Lebensraum im Osten" zusammen mit Polen vor. Der Diktator hat seine polnischen Partner nie im Zweifel darüber gelassen, daß eine gemeinsame antisowjetische Stoßrichtung sein eigentliches Anliegen war. So konnte auch der polnische Außenminister Beck im Winter 1938/39 nicht überrascht sein, als die Berliner Regierung die Ernte aus der 1934 gesäten Saat gemeinsamer Bündnispolitik einforderte und den Anschluß Polens an den Antikominternpakt verlangte. Schließlich war mit dem Abkommen in das antideutsche französische Sicherheitssystem in Osteuropa nach dem Locarnopakt von 1925 und der dort erfolgten Festlegung völkerrechtlich unterschiedlich gesicherter Grenzen in West und Ost eine weitere entscheidende Bresche geschlagen und überdies einer möglichen antideutschen Anlehnung Warschaus an Moskau vor-

gebeugt. Die endgültige Einstellung des seit 1925 laufenden Zollkrieges lag überdies im Interesse der deutschen Exportwirtschaft.
Eine lange sorgfältig gepflegte Legende will wissen, Neurath habe, um Schlimmeres zu verhüten, in entsagungsvoller Kleinarbeit hinter den Kulissen bis zu seinem Rücktritt Anfang 1938 einen hartnäckigen Kampf geführt, um das Auswärtige Amt als letzte Domäne konservativer Vernunft gegen Übergriffe von Parteikräften abzuschotten. Neuere Untersuchungen[49] haben jedoch ergeben, daß der Chef des Auswärtigen Amtes von Anfang an wie die meisten konservativen Mitarbeiter einen Kurs der freiwilligen Selbstanpassung an das Regime betrieben und sein Ansehen wie sein Können in den Dienst der braunen Machthaber gestellt hat. Sein Einschwenken auf die propolnische und antisowjetische Linie Hitlers legt dafür ein erstes beredtes Zeugnis ab.
Die Technik der äußeren „Abschirmung" der inneren „Wiederwehrhaftmachung" hat sich überwiegend bewährt. Nach Überwindung einer international kritischen Startphase konnten die politische und militärische Führung ihren Kurs der einseitigen und ungebundenen Wiederaufrüstung und Machtentfaltung nunmehr beschleunigt und ungebremst durch kollektive Verpflichtungen fortsetzen, ohne eine Intervention von außen befürchten zu müssen. Die Einheitsfront der Garantiemächte von Versailles löste sich auf, die Beziehungen zwischen London und Paris waren gestört.

Verstimmung und Verwirrung im westlichen Ausland

Ein schlechtes Gewissen über die kränkende Behandlung der Deutschen in Genf durch eine zu große Nachgiebigkeit gegenüber französischem Druck verband sich in politischen Kreisen der britischen Hauptstadt mit der Illusion, eine deutsche Aufrüstung werde nun gerade günstige Voraussetzungen schaffen, um von einem gemeinsamen Rüstungsstand und einer vollen Gleichberechtigung Deutschlands aus eine ernsthafte Abrüstung einzuleiten. Fortgesetzte Avancen Hitlers gegenüber Frankreich und Großbritannien und seine immer wieder lancierten Angebote zum Abschluß zweiseitiger Nichtangriffs- und Rüstungsbegrenzungsabkommen vor allem in der Luft taten ein übriges, um im westlichen Ausland Verwirrung zu stiften und Ansätze zum Neuaufbau einer antideutschen Abwehrfront zu blockieren, obwohl sich die eingeweihten Kreise in London und Paris über das gefährliche Ausmaß und die Ernsthaftigkeit der deutschen Aufrüstung völlig im klaren waren.

Wiedereinführung der Allgemeinen Wehrpflicht am 16. 3. 1935

Die spektakuläre Wiedereinführung der Allgemeinen Wehrpflicht am Wochenende des 16. März 1935 zunächst mit der einjährigen und dann ab August 1936 mit der zweijährigen Dienstzeit war von der Sache her spätestens seit 1932 vorprogrammiert und längst überfällig. Auch die westlichen Geheimdienste waren nicht überrascht. Der Schritt lag konsequent auf der Linie der 1932/33 eingeleiteten Aufrüstungsmaßnahmen und wurde auch von der Reichswehrführung ab Ende 1933 mit

Nachdruck an sich schon für 1934 gefordert. Im Dezember 1933 war die Entscheidung für den Aufbau eines 300 000-Mann-Friedensheeres gefallen. Etwa zur gleichen Zeit waren die Planspiele für einen Mehrfronten-Verteidigungskrieg angelaufen, während vorher als Gegner im Ernstfall lediglich Frankreich und Polen einkalkuliert worden waren. Beides, die Beschleunigung der Aufrüstung und die Rundumverteidigung, waren nur zu verwirklichen und durchzuhalten, wenn es möglich war, die erforderlichen Rekrutenjahrgänge und Mannschaftsreserven offen und unverhüllt auf der Basis einer allgemeinen Wehrpflicht einzuziehen und aufzubauen. Die Folgerichtigkeit dieser Maßnahme betonte der Chef der Heeresleitung, Fritsch, am 24. April 1935, als er meinte, daß die „Verkündigung zwar mit weniger Dramatik mögl(ich), daß sie aber in irgendeiner Form nicht zu umgehen" gewesen sei, da eine „Weiterentw(icklung) d(es) Heeres ohne Wehrpfl(icht) nicht mehr [...] möglich u(nd) heiml(iche) Wehrpfl(icht) nur in begrenztem Umfange" durchzuführen seien.[50]

Remilitarisierung des Rheinlandes am 7. 3. 1936

In der Konsequenz der Sachzwänge läßt sich sogar eine kontinuierliche Linie bis zur Remilitarisierung des Rheinlandes am 7. März 1936 ziehen: Eine erfolgreiche militärische Verteidigung gegen Frankreich und eine Sicherung des Rüstungspotentials im Ruhrgebiet ließen sich nur dann gewährleisten, wenn es gelang, das entmilitarisierte Rheinland aktiv in die Planspiele und Manöver der Wehrmacht einzubeziehen, die Verteidigungslücke im Westen zu schließen und die militärische Verteidigungslinie wieder unmittelbar an die französische Grenze vorzuverlegen. Dies wurde dokumentiert und propagandistisch groß herausgestellt durch den Baubeginn am „Westwall" Anfang 1938.

Reaktionen der Westmächte

Lagen also die aufsehenerregenden deutschen Revisionsschritte der Jahre 1935 und 1936 durchaus in der Logik der 1932/33 eingeleiteten Aufrüstungsmaßnahmen, so läßt sich ähnliches auch für die Reaktionen der Westmächte sagen. Nach den Erfahrungen vom Oktober 1933 war aus London und Paris wenig mehr als formaler und verbaler Protest gegen die einseitigen deutschen Schritte zu erwarten. Gleiches galt für den Völkerbund. Dabei stellte sich die Frage einer entschiedenen Gegenwehr bei der Rheinlandbesetzung 1936 deshalb noch dringender, weil Deutschland hier formal nicht eine Klausel des Versailler Vertrages, sondern eine freiwillig in Locarno 1925 eingegangene Vertragsverpflichtung verletzt hatte. Die britische Regierung entwandt sich ihrer damals festgelegten Verpflichtung auch zur Garantierung der Entmilitarisierung des Rheinlandes mit dem Hinweis, es habe keine direkte deutsche Angriffshandlung gegen die französische Staatsgrenze vorgelegen. Zudem habe Deutschland ja nur seinen eigenen „Küchengarten" wiederbetreten.

„Stresafront" 1935

Es gab nur einen Versuch, eine Abwehrbastion gegen den deutschen Revisionismus aufzubauen: Die sogenannte „Stresafront" vom 14. April

1935. Hier stellten die Regierungschefs Großbritanniens (MacDonald), Frankreichs (Flandin) und Italiens (Mussolini) – in freilich sehr allgemein gehaltenen Formulierungen – ihren Willen fest, „sich mit allen geeigneten Mitteln jeder einseitigen Aufkündigung von Verträgen zu widersetzen, durch die der Friede in Europa gefährdet werden könnte", für die Unabhängigkeit und territoriale Integrität Österreichs und eine Erfüllung ihrer Verpflichtungen aus dem Locarnopakt im Falle einer einseitigen Remilitarisierung des Rheinlandes durch Deutschland einzutreten und sich um kollektive Sicherheit in Osteuropa (ein sogenanntes „Ost-Locarno"), einen Luftpakt im Westen und internationale Abrüstung zu bemühen.

Kaum war die Tinte auf der Vereinbarung von Stresa trocken, scherten Großbritannien durch das Flottenabkommen mit Deutschland vom 18. Juni 1935 und Italien wenige Monate später durch seinen Überfall auf Abessinien im Oktober aus der gemeinsamen „Front" wieder aus. Hitlers außenpolitischer Handlungsspielraum vergrößerte sich erneut, vor allem da er nun seine nächsten Schritte, auch 1936 den Bruch der Vereinbarungen von Locarno, im „Windschatten" von Ereignissen durchführen konnte, die die Aufmerksamkeit der europäischen Staaten und des Völkerbundes weitaus mehr fesselten: Der Abessinienkrieg Italiens 1935/36 und der Spanische Bürgerkrieg 1936–39.

Deutsch-britisches Flottenabkommen am 18. 6. 1935

Das Flottenabkommen mit Großbritannien, in dem die deutsche Flottenstärke auf 35% der britischen bei möglicher Parität in der U-Boot-Rüstung festgelegt wurde, war vordergründig ein Pluspunkt für Hitler. Denn es brachte implizit die Anerkennung der deutschen Aufrüstung durch die Londoner Regierung und eine Schwächung der „Stresafront", ohne daß die deutsche Seite zunächst einen fühlbaren Preis zu zahlen brauchte. Die 35-Prozent-Grenze der deutschen Marinerüstung[51] würde erst in einigen Jahren erreicht sein. Im übrigen sah Hitler wie in jedem völkerrechtlichen Vertrag so auch im Flottenabkommen nur einen vorläufigen und jederzeit korrigierbaren Zwischenschritt zur kontinentalen Hegemonie. Seine einseitige Kündigung durch Berlin erfolgte am 28. April 1939. Weiterreichende Hoffnungen auf ein Bündnis mit London zu deutschen Bedingungen – eine Teilung der Interessensphären: Garantie des britischen Weltreiches durch Berlin und dafür „freie Hand" für die Deutschen auf dem Kontinent – , die Hitler mit dem Flottenabkommen verband, sollten sich freilich nicht erfüllen. Zu einem derartigen Handel waren auch die überzeugtesten „Appeasers" in London niemals bereit.

Wirkung der „Wiederwehrhaftmachung" auf die deutsche Bevölkerung

Die „Wiederwehrhaftmachung" Deutschlands war, wie Hitler als meisterhafter Demagoge nie müde wurde zu betonen, nicht nur ein militärischer und wehrwirtschaftlicher Vorgang, sondern auch ein Mittel der propagandistischen und massenpsychologischen Disziplinierung und Vorbereitung der Bevölkerung auf den Krieg, ein Instrument zur

„Gleichschaltung" der deutschen Gesellschaft. Außenpolitische Erfolge sollten dem Regime nach außen wie nach innen so etwas wie eine „sekundäre" Legitimation – eine „primäre" Legitimation über demokratische Wahlen und Teilhabe an der Macht verbot sich im Diktaturstaat von selbst – schaffen, Massenloyalität mobilisieren, die nationalsozialistische Herrschaft konsolidieren und gleichzeitig die pausenlose innere Dynamik als zentrales Bewegungsgesetz des Regimes am Laufen halten. „Sondermeldungen" sollten im Frieden wie dann im Kriege die Massen in eine Art permanenten Betäubungszustand versetzen und gar nicht zum kritischen Nachdenken über ihre wirkliche Lage und ihre politische Entmündigung kommen lassen.

Volksabstimmungen und sogenannte „Reichstagswahlen" waren für die NS-Führung ein wichtiges Mittel der plebiszitären Herrschaftssicherung und -bestätigung. Hitler koppelte sie mehrfach mit seinen außenpolitischen Schritten und nahm sie zum Anlaß, um gegenüber dem Ausland sein Prestige im eigenen Volk zu dokumentieren und durch die Bekundung von „völkischer Geschlossenheit und Homogenität" und eines „klaren Gefolgschaftswillens" hinter dem „Führer" diesen Schritten zusätzlich jenes Maß an scheinbarer Berechtigung zu vermitteln, das seine Widersacher im In- und Ausland immer wieder verunsichern und schwächen sollte.

Stimmungslage in der deutschen Bevölkerung

Dabei erwies es sich zusätzlich als hilfreich für Hitler, daß sich der Völkerbund als Werkzeug zur Durchsetzung des Versailler „Friedensdiktates" in der deutschen Bevölkerung nie einer breiten Zustimmung erfreut hatte und alle Bemühungen der Westmächte, ihn Mitte der dreißiger Jahre – möglicherweise in revidierter Form – wieder ins Spiel zu bringen und für Deutschland akzeptabel zu machen, kein Echo dort fanden. So waren die 95,1% Ja-Stimmen für den Austritt aus dem Völkerbund vom 12. November 1933 bei einer Wahlbeteiligung von 96,3% sicher nicht allein das Ergebnis von Einschüchterung und Manipulation. Auf jeden Fall nahm Hitler das Ergebnis als triumphale Bestätigung seines außenpolitischen Kurses und seines Prestiges. Er setzte es für seine künftige Politik ein. Gleiches galt für die – unter internationaler Kontrolle – stattfindende Saarabstimmung am 13. Januar 1935 mit 90,67% für die Rückkehr nach Deutschland, für die – in eine „Reichstagswahl" gekleidete – Abstimmung über die Remilitarisierung des Rheinlandes am 29. März 1936 mit 98,8% und die Volksabstimmung über den „Anschluß" Österreichs am 10. April 1938 mit 99,7% Ja-Stimmen.

Auch das „Bündnis" Hitlers mit der bewaffneten Macht unter Blomberg und mit der Wirtschaft erfuhr in der schwierigen Phase der Machteroberung und -konsolidierung durch die offenkundigen innen- und außenpolitischen Erfolge der Führung eine nicht unbeträchtliche Stärkung, die die weitere Risikopolitik nach außen bis 1939 mit ermöglichte und Widerstände weitgehend ausräumte. Schließlich war der überraschend schnell zustande gekommene Abschluß des Reichskonkordates mit dem Vatikan am 20. Juli 1933, der erste völkerrechtliche Vertrag des neuen Regimes, „in der gegenwärtig isolierten Lage Deutschlands ein ungeheurer moralischer Gewinn" (Mussolini) besonders in der katholischen Staatenwelt und wurde von der nationalsozialistischen Propaganda auch prompt als „feierliche Anerkennung der nationalsozialistischen Revolution durch die höchste Autorität des Katholizismus" gefeiert.

Reichskonkordat vom 20. 7. 1933

Zum persönlichen Führungsstil Hitlers sowie zur schrittweisen Entmachtung des Auswärtigen Amtes gehörte auch die parasitäre Anlagerung von immer neuen – oft parteioffiziellen – Sonderämtern und konkurrierenden Institutionen an die überkommene Staatsbürokratie und die Betrauung von Sonderbotschaftern, die das besondere Vertrauen des „Führers" und den direkten Draht zu ihm hatten, mit bestimmten Sonderaufgaben und Sondermissionen. Diese Entwicklung geschah am Auswärtigen Amt vorbei und stufte es, vor allem als Neurath mit dem Tode des Reichspräsidenten von Hindenburg am 2. August 1934 nicht mehr dessen Rückendeckung erfuhr, immer mehr auf den Rang einer willfährigen obersten Verwaltungs- und Verhandlungsbehörde zur routinemäßigen Abwicklung der Außenbeziehungen des Reiches hinunter, ohne daß der Reichsaußenminister noch außenpolitische Konzeptionen von Gewicht entwickeln oder gar umsetzen konnte. Dies galt übrigens nicht nur für Neurath, sondern auch selbst für den von Hitler hofierten Parteigenossen Ribbentrop, nachdem er im Februar 1938 an die Spitze des Auswärtigen Amtes gerückt war.

Errichtung von außenpolitischen Sonderinstitutionen

Vielfältig und oft miteinander konkurrierend waren die staatlichen und nichtstaatlichen Institutionen und Repräsentanten nationalsozialistischer Außenpolitik[52]: neben dem Auswärtigen Amt u. a. die „Auslandsorganisation" der NSDAP (AO) unter Ernst Wilhelm Bohle zur Betreuung der „Auslandsdeutschen", der „Volksdeutsche Rat" zur Volkstumsführung unter Heß, ab 1937 die „Volksdeutsche Mittelstelle" (Vomi) unter Lorenz, das „Außenpolitische Amt" der NSDAP (APA) unter Rosenberg und die „Dienststelle Ribbentrop". Die Parteidienststellen haben im Ausland mit Ausnahme vielleicht bei der Anknüpfung der Beziehungen zu General Franco in Marokko und Spanien 1936 bei Ausbruch des Bürgerkrieges sowie beim „Anschluß" Österreichs und des Sudetenlandes 1938 keine nachhaltigen oder gar erfolgreichen Aktivitäten entfaltet, die sich mit denen einer „fünften Kolonne" vergleichen ließen. Dagegen haben die nationalsozialistischen Wühlereien und Übergriffe etwa in Südamerika, im Donauraum, in West- und Nordeuropa oder in der neutralen Schweiz den offiziellen diplomatischen Vertretern nicht selten erhebliche Schwierigkeiten gemacht.

Wirkungsvoller war da schon die Einrichtung der Sonderbotschafter oder Sonderbevollmächtigten. Göring war zwar in Italien wenig erfolg-

Einsetzung von Sonderbeauftragten

reich, entfaltete aber in Warschau 1933/34 und dann ab 1936 in den Hauptstädten Südosteuropas als „Wirtschaftsdiktator" erhebliche und keineswegs ergebnislose Aktivitäten. Dies geschah in Konkurrenz zum Reichswirtschaftsminister Schacht, der im Aufbau eines „Großwirtschafts- und Ergänzungsraumes Südosteuropa" mit Hilfe seines „Neuen Planes" vom September 1934 und einer durch diesen ermöglichten gezielten Regionalisierung und Bilateralisierung der Außenwirtschaftsbeziehungen ein besonderes Ziel seines rastlosen Ehrgeizes sah.

Joachim von Ribbentrop, der Intimus seines „Führers", der fehlenden nationalsozialistischen „Stallgeruch" stets mit besonderer persönlicher Ergebenheit und rastlosen außenpolitischen Aktivitäten kompensiert[53], konnte sich zum ersten Mal mit seiner Ernennung zum „Sonderbeauftragten für Abrüstungsfragen" am 18. März 1934 als Belohnung für erfolgreiche Spezialmissionen nach Paris und London außenpolitisch neben Neurath mehr profilieren. Mit dem Aushandeln des deutsch-britischen Flottenabkommens 1935 lieferte er sein Gesellenstück, das den diplomatischen Amateur zum deutschen Botschafter in der britischen Hauptstadt (August 1936–Januar 1938) qualifizieren sollte.

Problemfall Österreich

Neben den Erfolgen der ersten Jahre dürfen aber auch die Belastungen der internationalen Stellung des „Dritten Reiches" damals nicht übersehen werden. Die Behandlung seiner Heimat Österreich trug naturgemäß die ganz persönliche Handschrift Hitlers, während Neurath zwar allen Schritten zustimmte, sich aber zurückhielt. Dadurch konnte sich hier die nationalsozialistische „Parteipolitik" zeitweilig rücksichtslos und hektisch vor die hinsichtlich eines „Anschlusses" eher zögernde und in längeren Fristen planende „Staatspolitik" des Auswärtigen Amtes schieben, wie sie Bülow in seiner Denkschrift richtungsweisend formuliert hatte. Hitler hoffte 1933, mit Hilfe der österreichischen NSDAP und ihres Landesinspekteurs Theodor Habicht den revolutionären nationalen Schwung gleichsam in einem Zuge aus dem Reich ins deutsche Bruderland hinüberleiten und dieses von innen her durch eine nationalsozialistische „Machtergreifung" für den „Anschluß" reif machen zu können. Flankiert wurde dieser angestrebte innere Auflösungsprozeß der österreichischen Eigenstaatlichkeit am 26. Mai 1933 durch eine 1000-Reichsmark-Sperre für deutsche Touristen. Mit dieser Zahlungspflicht bei einem Urlaub in Österreich sollte das vom Tourismus abhängige Land wirtschaftlich in die Knie gezwungen werden.

Hitler hatte aber weder mit dem Widerstandswillen des österreichischen Bundeskanzlers Engelbert Dollfuß noch mit der Entschlossenheit Mussolinis gerechnet, die Selbständigkeit und Integrität der benachbarten Alpenrepublik um jeden Preis zu verteidigen. Der Fehlschlag des nationalsozialistischen Putsches in Wien ein Jahr später, am 25. Juli 1934, und die Ermordung von Dollfuß sollten die erste Phase der nationalsozialistischen Österreich-Politik in einem völligen Fiasko enden lassen. Den demonstrativen Aufmarsch italienischer Truppen am Brenner beantwortete Hitler damit, daß er sich sofort offiziell vom Putsch distanzierte, Habicht seines Amtes enthob und mit der Entsendung Franz von Papens als Sonderbotschafter nach Wien von der überstürzten amateurhaften „Parteipolitik" wieder auf die geduldigere und professionellere „Staatspolitik" umschaltete, ohne freilich sein Ziel der Einverleibung des Nachbarstaates aus dem Auge zu verlieren. Der „Anschluß" war vorerst auf die lange Bank geschoben. Das Verhältnis zwischen Hitler und Mussolini erwies sich bei einem ersten Treffen in Venedig am 14./15. Juni 1934 als eisig und gestört und der Weg über Wien nach Südosteuropa durch die „Römischen Protokolle" vom 17. März 1934, wenn auch nicht grundsätzlich versperrt, so doch erheblich erschwert. In ihnen verpflichteten sich Italien, Österreich und Ungarn auf eine gemeinsame Politik und damit indirekt auch auf die Verteidigung der österreichischen Unabhängigkeit.

Londoner Weltwirtschaftskonferenz im Juni 1933

Das herausfordernde Auftreten des deutschen Reichswirtschaftsministers Hugenberg auf der am 12. Juni 1933 eröffneten Londoner Weltwirtschaftskonferenz mit dem Verlangen nach Kolonien und Siedlungsland für Deutschland, womit nur der Osten gemeint sein konnte, war nicht geeignet, das starke Mißtrauen in das neue Regime vor allem in Moskau zu lindern, wenngleich Hugenberg sofort von dem deutschen Delegationschef Neurath desavouiert und von Hitler nach Berlin zurückgerufen wurde, um seine Entlassungsurkunde entgegenzunehmen. Kehrte das neue Regime in Berlin – lautete die bange Frage jenseits der Grenzen – in die alten Bahnen des aggressiven „Prussianism" zurück? Hatte „the Kaiser" (so die damals noch sehr gegenwärtige Erinnerung an Wilhelm II. im angelsächsischen Ausland) in dem braunen Diktator einen gleichgesonnenen Nachfolger gefunden?

Schachts Transfermoratorium vom 9. 6. 1933

Den Teilnehmern in London war auch nicht entgangen, daß der deutsche Reichsbankpräsident Schacht durch ein Transfermoratorium vom 9. Juni mit Wirkung zum 1. Juli 1933 für alle öffentlichen deutschen Auslandsverbindlichkeiten die internationalen Gläubiger, deren Interessenvertretung in den USA der junge Anwalt und spätere Außenminister John Foster Dulles übernahm, unter ein einseitiges Diktat gezwungen hatte, das weltweit Empörung und tiefe Beunruhigung hervorrief. Da zunächst auch die Dawes- und Young-Anleihen, mit denen Berlin einen Teil seiner Reparationen bezahlt hatte, in dieses Moratorium einbezogen waren, hinterließ Schacht mit seinem mit Devisennot begründeten Schritt tiefe Zweifel an der deutschen Bonität und an der „Diskontfähigkeit" der deutschen Unterschrift. Würde auch das „Dritte Reich" ähnlich wie die Sowjetunion nach 1917 – so die Befürchtungen in Wirtschafts- und Finanzkreisen des Auslandes – in die wirtschaftliche Isolation abdriften, sein Wirtschaftssystem sozialisieren und fremde kapitalistische Eigentumsrechte entschädigungslos enteignen? Selbst wenn in der Transferfrage schließlich eine gütliche Einigung mit den Gläubigern ausgehandelt und dabei die beiden Reichsanleihen grundsätzlich künftig von einem Moratorium ausgenommen wurden, blieb diese Waffe ein Damoklesschwert, das – wie schon ein Jahr später – jederzeit auf die internationalen Finanzbeziehungen des Reiches von Berlin aus niedergehen und sie nachhaltig schädigen konnte. Die Drohungen mit einem einseitigen Moratorium blieben ein ständiges Element der Unruhe und Irritation, das die angeschlagenen Außenbeziehungen Deutschlands zusätzlich belastete.

Die einseitigen Schritte der Reichsbank und die wachsende Besorgnis über die Wirtschaftsentwicklung in Deutschland und die Sicherheit fremden Eigentums dort halfen mit, das sich nach dem 30. Januar 1933 rasch verdunkelnde Deutschlandbild im Ausland noch weiter negativ einzufärben[54]. Die überraschend schnelle Auslöschung der Weimarer Republik und all dessen, wofür sie auch gerade kulturell stand, durch die Nationalsozialisten, die Diskriminierung der Juden, die Verfolgungen politischer Gegner, die Terrorakte, aber auch die offenkundige Militarisierung der Gesellschaft und das zügellose Treiben der paramilitärischen Verbände weckten allen Abwiegelungstendenzen seitens des Auswärtigen Amtes zum Trotz, wie sie in dem erwähnten Zirkular Bülows vom 30. Januar 1933 zum Ausdruck kamen, in den USA, Großbritannien und Frankreich sowie überhaupt in allen demokratischen Staaten Abscheu und tiefe Sorge um die Zukunft Europas und um die eigene Sicherheit. Dies galt auch für die Sowjetunion, als sich das nationalsozialistische Regime entgegen anfänglichen Prognosen doch als überraschend stabil und dauerhaft erwies und sich von Moskau ab- und Polen zuwandte.

Die fortgesetzte Politik der Drohungen und Erpressungen seitens der nationalsozialistischen Regierung wie auch im besonderen ihre Brüskierungen gegenüber Moskau und ihre ostpolitische Wende 1934 setzten, selbst wenn sie kurzfristig zu Erfolgen führten, doch längerfristig im europäischen Mächtesystem einen Prozeß des Wandels und der Umorientierung in Gang, durch den der eigene Bewegungsspielraum zunehmend wieder eingeengt wurde.

Das Verhältnis zur Sowjetunion

Das deutsch-sowjetische Verhältnis war schon in der Weimarer Republik recht labil gewesen und hatte dann in der Präsidialphase ab 1930 eine weitere Abkühlung erfahren. Brünings enge Kontakte mit der britischen Regierung, die vorläufige Nichterneuerung des 1931 auslaufenden Berliner Vertrages von 1926 und Papens profranzösische Haltung schienen das alte Mißtrauen Moskaus zu bestätigen, daß sich Deutschland doch eines Tages ganz nach Westen orientieren werde. So hatte die Sowjetunion schon 1932 für diesen Fall eine Politik der „Rückversicherung“ durch den Abschluß von Nichtangriffspakten mit Polen, Frankreich, Lettland, Estland und Finnland sowie eine Annäherung an

die „Kleine Entente“ eingeleitet. Dahinter stand auch die Furcht, im Kriegsfall im Westen von Deutschland und im Osten von Japan eingekreist zu werden.
Stalin nahm die Regierung Hitler zunächst mit einiger Gelassenheit auf und erwartete in einer gewissen ideologischen Blindheit, daß die Faschisten schnell „abwirtschaften“ würden und dann die Stunde der Kommunisten in Deutschland schlagen werde. Die eigentlichen Gegner für ihn waren Papen, der antisowjetische Hugenberg und der baltische Ideologe Rosenberg mit seinen engen Kontakten zur weißrussischen Emigration in Süddeutschland, weniger jedoch Hitler selbst. Die Stabilisierung des Regimes, seine zunehmenden Ausfälle gegen die Sowjetunion etwa im Zusammenhang mit dem Reichstagsbrandprozeß, Übergriffe gegen sowjetische Staatsbürger sowie seine Annäherung an Polen, aber auch verstärkter Druck durch Japan in Fernost beschleunigten die Aktivitäten einer Westorientierung im Kreml unter Federführung des prowestlichen Außenministers Litwinow: Der 16. November 1933 brachte die völkerrechtliche Anerkennung der Sowjetunion durch die USA, am 18. September 1934 folgte die Aufnahme in den Völkerbund und am 2. Mai 1935 der Abschluß eines sowjetisch-französischen Beistandspaktes.
Im Juni 1934 scheiterte ein letzter Versuch des Kreml, durch einen deutsch-sowjetischen Garantiepakt über die Unabhängigkeit der baltischen Staaten den Draht nach Berlin wieder zu intensivieren. Gleichzeitig entwickelte die französische Diplomatie in Ostmitteleuropa Aktivitäten zum Aufbau eines neuen Systems kollektiver Sicherheit, die, wären sie erfolgreich gewesen, den Bewegungsspielraum der deutschen Ostpolitik nahezu völlig blockiert hätten. Im Mai 1934 einigten sich der französische und der sowjetische Außenminister über einen „Ostpakt“ in Ergänzung des „Westpaktes“ von Locarno. In einem kollektiven Nichtangriffs- und Hilfeleistungspakt unter französischer Garantie sollten die Sowjetunion, Deutschland, Polen, die Tschechoslowakei, Finnland und die drei baltischen Staaten einbezogen werden. Die Sowjetunion sollte dafür als Garantiemacht in den „Westpakt“ aufgenommen werden. Dieser Akt klassischer französischer Sicherheitspolitik mit dem Bemühen, das West-Locarno knapp zehn Jahre später nun doch noch durch ein Ost-Locarno zu ergänzen, scheiterte am 10. September 1934 an der deutschen Ablehnung. Acht Tage später trat die Sowjetunion dem Völkerbund bei. Was blieb, war der Abschluß eines Militärbündnisses zwischen Moskau und Prag, das jedoch auf ausdrücklichen Wunsch der Tschechoslowakei im Ernstfall erst *nach* einer französischen Hilfeleistung, wie sie im Freundschafts- und Bündnisvertrag von 1924 vorgesehen war, aktiviert werden sollte. Dies sollte sich in der Sudetenkrise im September 1938, als Frankreich seinem Bündnispartner nicht zu Hilfe kam und damit formal korrekt die Sowjets aus

ihrer Verantwortung entließ, bitter für die bedrängte Prager Regierung rächen und für Hitler als Vorteil erweisen.
Eine ganz ähnliche Situation wie 1934 entwickelte sich noch einmal im Frühjahr und Sommer 1939 nach dem deutschen Einmarsch in Prag Mitte März: Paris und diesmal auch London versuchten erneut, den deutschen Expansionismus im Herzen Europas durch den Aufbau eines Systems kollektiver Sicherheits- und Hilfsvereinbarungen zu konterkarieren und die Sowjetunion einzubinden. Für die Berliner Hegemonialpolitik und ihre Taktik der zweiseitigen Verträge zeichnete sich beide Male, 1934 und 1939, die Gefahr einer Blockierung ab. Beide Male kam der deutschen Seite in einer Situation, die sie subjektiv als eine erneute – freilich von ihr selbst provozierte – „Einkreisung" durch Frankreich und Rußland ähnlich der Lage nach dem französisch-russischen Militärabkommen von 1892 empfinden mußte, die stark antisowjetische Stimmung in Ost- und Südosteuropa entgegen. Die baltischen Staaten, Polen und Rumänien wehrten sich vehement gegen eine Hereinnahme der Sowjetunion in ein europäisches Sicherheitssystem aus Angst, dann im Kriegsfall zum Aufmarschgebiet sowjetischer Truppen gegen Deutschland und schlimmstenfalls von der Sowjetunion politisch vereinnahmt zu werden.

Resümee

Nationalsozialistische Außen- und Kriegspolitik erschließt sich nur, wenn man ständig den persönlichen Faktor Adolf Hitler, seine Spielernatur und seinen Hang zum Vabanque und zum äußersten Risiko mit einbezieht. Das schloß nicht aus, daß er nicht auch gleichzeitig dem rationalen Kalkül zugänglich war und dort, wo es ihm notwendig und zwingend erschien, zeitweilig von seinen Zielen Abstriche machen und wieder einen Schritt zurückgehen konnte – etwa beim Abschluß des Paktes mit Stalin am 23. August 1939. Außenpolitische Erfolge waren für einen manischen Egozentriker und „Narziß" wie Hitler stets auch ein wesentliches Stück Selbstbestätigung und Prestigehascherei.
Unter diesem Aspekt wird man hinter die zahlreichen Aktivposten der Jahre 1933 bis 1935 zusammenfassend noch einmal ein dickes Fragezeichen setzen müssen. Die internationalen Erfolge dieser Jahre fielen dem Diktator gleichsam in den Schoß. Sie wurden ihm von den anderen Großmächten aus Gründen, die im einzelnen angedeutet worden sind, allzu leicht gemacht. Ein wirkliches Risiko stellten die sogenannten „Wochenendcoups" 1935 und 1936 für die Existenz des Reiches, wie sich sehr schnell zeigen sollte, nicht dar. Dadurch haben sich aber im Denken und Planen Hitlers nachweislich schon früh alle Maßstäbe für das international Machbare gefährlich verschoben. Seine Neigung zum Risikoeinsatz, sein grenzenloses Vertrauen auf seine Intuition und auch seine Verachtung für die Staatsmänner des Westens sind nicht ohne Zutun der anderen Mächte und nicht ohne die überwältigenden plebiszitären Bestätigungen durch das eigene Volk bereits Mitte der dreißi-

ger Jahre ins Bedrohliche gewachsen. Zunehmend hat er bis 1939 und auch noch im Kriege Warnungen und Mahnungen zur Vernunft und zum Maßhalten auch aus der eigenen Umgebung überhört oder beiseite gewischt mit dem triumphierenden Hinweis auf die leichten Erfolge der ersten fünf Jahre.

3. Entscheidungen ohne Umkehr: Aufrüstung und Vierjahresplan (1936)

Politische Konstellation Anfang 1936

Im Jahre 1936 gewann der geplante Krieg mit dem Vierjahresplan und der geheimen Denkschrift Hitlers zum erstenmal konkrete Umrisse. Es fielen Entscheidungen, die, wie sich schnell herausstellte, nicht mehr korrigiert werden sollten. Auch in diesem Jahr lagen wieder Erfolge und Mißerfolge für das Regime eng nebeneinander: eine Erweiterung des politischen Handlungsspielraumes in Europa nicht zuletzt durch die Ablenkung der allgemeinen Aufmerksamkeit auf den Spanischen Bürgerkrieg und Fortschritte bei der „Wiederwehrhaftmachung" auf der einen, eine dramatische Zuspitzung der Wirtschaftskrise auf der anderen Seite. Zusammen bildete dies den Rahmen, in dem das Geschehen dieses Jahres ablief. Das Regime setzte sich von Anfang an mit der Vorbereitung auf den Krieg selbst unter politischen, ökonomischen und militärischen Handlungszwang. Es löste damit zugleich einen rasch zunehmenden Zeitdruck aus, der ab 1936 keinen allzu langen Aufschub für den Einsatz der Wehrmacht mehr duldete, es sei denn, das Steuer würde radikal auf Frieden herumgeworfen. Das lag aber niemals im Interesse Hitlers.
Dabei war es jedoch noch alles andere als geklärt, unter welcher Bündniskonstellation und mit welcher Frontstellung der – grundsätzlich als Möglichkeit bereits einkalkulierte – bewaffnete Konflikt ausgelöst werden sollte. Ein Zweifrontenkrieg wie 1914 sollte auf jeden Fall vermieden werden. Dadurch kam von Anfang an bis weit über Kriegsbeginn 1939 hinaus ein starkes Unsicherheitsmoment in die rüstungs- und militärstrategischen Planungen. Für welchen Krieg sollte gerüstet werden und gegen welchen Gegner?

Unsicherheitsfaktor Großbritannien

Auch über den politischen und militärischen Aktivitäten der mittleren dreißiger Jahre lag der schwere Schatten Großbritanniens als eines für Berlin völlig unkalkulierbaren Unsicherheitsfaktors. Wie schon beim ersten Anlauf Deutschlands zur Weltmacht vor 1914 blieb das Inselreich auch beim zweiten im Vorfeld des Krieges der zentrale „Schlüssel im Schloß der deutschen Außenpolitik und ihrer expansiven Herausforderungen"[55]. Alles, was geplant und getan wurde, geschah mit Blick auf England. Die Kernfrage für die Prioritäten in der Aufrüstung – Heer,

Flotte oder Luftwaffe – und für die deutsche Bündnispolitik lautete: Würde die britische Regierung dem Aufbau einer deutschen Hegemonialstellung auf dem Kontinent und dem gewaltsamen Ausgreifen nach Osten tatenlos zusehen, würde sie den Deutschen, wie erhofft, freie Hand in Europa geben oder würde der Widerstand Londons und der Franzosen vor dem angestrebten „Lebensraumkrieg" nach Osten noch als Rückendeckung einen „vorgeschalteten Zwischenkrieg" nach Westen notwendig machen? Die weitere Entwicklung in Europa hing wesentlich von einer Antwort auf diese Frage ab. Eine klare und unzweideutige Reaktion und Festlegung aus London für den Konfliktfall auf dem Kontinent stand noch aus bzw. war auch von einem parlamentarisch-demokratischen Regierungssystem kaum so leicht zu erwarten. So etwas wie ein Eingreif-Automatismus war unvereinbar mit der vom britischen Kabinett stets beanspruchten souveränen Handlungsfreiheit.

Der Einmarsch ins Rheinland 7. 3. 1936

Hitler soll nach eigenen Worten „die 48 Stunden nach dem Einmarsch ins Rheinland" als die „aufregendste Zeitspanne meines Lebens" bezeichnet haben.[56] An diese berühmte Äußerung und an den „Überraschungscoup" vom 7.März 1936 haben sich bis heute eine ganze Reihe von Legenden geknüpft.[57] Hier handelt es sich nicht um einen jener einsamen und kühnen „blitzartigen" Entschlüsse, mit denen der Diktator seine faszinierte Mitwelt immer wieder verblüfft und die er angeblich gegen den Willen seiner bremsenden militärischen Ratgeber gefaßt und durchgesetzt haben soll. Es war weder ein improvisierter „Überraschungscoup", noch stimmt die Behauptung, bei einem französischen Eingreifen hätten sich die drei Infanteriebataillone sofort aus dem Rheinland wieder zurückgezogen. Selbst wenn die Militärs um Fritsch das Risiko des Einmarsches höher als Hitler veranschlagt und Blomberg wohl während der Aktion zeitweise die Nerven verloren haben soll, war die militärische Führung doch Wochen vorher schon von den Absichten Hitlers unterrichtet worden und hatte auch keine wesentliche Einwände erhoben. Denn der Schritt lag grundsätzlich auf ihrer rüstungspolitischen Linie. Zudem war das eingegangene Risiko im Verhältnis zur weitreichenden Wirkung der ganzen Aktion und zu ihrem enormen Erfolg durchaus kalkulierbar und vergleichsweise gering.

Reaktionen der Westmächte

Hitler konnte „diese Revolution in der außenpolitischen und vertragspolitischen Konstellation Europas"[58], die einseitige Aufkündigung des Locarno-Vertrages von 1925 aus mehreren Gründen gefahrlos riskieren: Der von ihm vorgeschobene Anlaß, die Ratifikation des französisch-sowjetischen Beistandspaktes durch die Pariser Kammer, war bei den beiden Garantiemächten von Locarno, Großbritannien und Italien, und in konservativen Kreisen Frankreichs selbst sehr unpopulär. Denn Großbritannien und Italien sahen ähnlich wie Hitler mit Mißtrauen, daß die Franzosen auf diesem Weg indirekt die Sowjetunion in das Netz kollektiver Sicherheit in Westeuropa mit hineingeholt hatten. Dagegen

konnte Hitler einmal mehr aus seinem Ruf als „Retter Europas vor dem Bolschewismus“ im konservativen Bürgertum Kapital schlagen.
England hatte ebenso wie Polen bereits vorher signalisiert, daß ein Einmarsch ins Rheinland als ein gleichsam natürliches Recht der Deutschen keine vitalen Sicherheitsinteressen berühren würde. In Paris amtierte wieder einmal ein schwaches und entscheidungsunfähiges Übergangskabinett, diesmal unter Sarraut. In Rom war sich Mussolini dankbar der materiellen und moralischen Hilfe bewußt, die ihm sein Diktator-Kollege für sein Abenteuer in Abessinien hatte zukommen lassen. Hitler selbst federte propagandistisch sehr geschickt möglichen Widerstand ab durch eine Reihe – wohl kaum ernst gemeinter und auch für Paris kaum akzeptabler – Verhandlungsvorschläge über den Fortbestand der entmilitarisierten Zone am Rhein, allerdings auch auf französischer Seite. Außerdem schlug er einen Dreierpakt zur Sicherheit der belgischen und niederländischen Integrität, einen Luftpakt zwischen den drei Westmächten sowie einen langfristigen Nichtangriffspakt mit Frankreich vor und nahm die Pläne eines Viererpaktes vom Sommer 1933 wieder auf. Schließlich konnte sich der „Führer“ des rückhaltlosen Beifalles der eigenen Nation und ihrer Führungsschichten sicher sein.
Neben den erwähnten militärstrategischen Erwägungen bei der Rheinlandbesetzung in der logischen Konsequenz der „Wiederwehrhaftmachung“ seit 1933 – Wiederbesetzung einer Aufmarsch- und Sicherheitszone sowohl gegen Frankreich als auch zum Schutz des rüstungswirtschaftlich zentralen Ruhrgebietes gegen mögliche französische Sanktionen, volle Ausschöpfung des Menschenpotentials im Rheinland für die allgemeine Wehrpflicht – reichten die Auswirkungen des „Wochenendcoups“ auf die deutsche Machtstellung in Mitteleuropa noch wesentlich weiter: Belgien löste sein Bündnis mit Frankreich und kehrte in seine traditionelle Neutralität zurück. Polen und die „Kleine Entente“ verloren ihr Vertrauen in die Bereitschaft und auch in die Fähigkeit der französischen Armee, ihnen gegen einen deutschen Überfall zu Hilfe zu kommen. Sie orientierten sich ab 1936 – mit Ausnahme der Tschechoslowakei – politisch und außenhandelswirtschaftlich entschieden auf Berlin. Der Weg für eine Expansion nach Osten und Südosten schien geebnet. Italien band sich künftig noch enger an Deutschland mit schwerwiegenden Rückwirkungen auf die Unabhängigkeit Österreichs. Als neuer „Testfall“ für die Ernsthaftigkeit der Garantiemächte von Versailles und Locarno, das System der kollektiven Sicherheit oder das, was von ihm übriggeblieben war, zu verteidigen, schien die gefahrlose Remilitarisierung des Rheinlandes Hitlers Risikofreude ein glänzendes Zeugnis auszustellen.
Der Diktator ging mit einem mächtig gestärkten Ansehen im In- und Ausland aus der Krise hervor. Sein Volk applaudierte ihm in der anschließenden Abstimmung mit den schon üblichen und sicher auch

manipulierten 99%. Die konservativen Kreise unter Einschluß der Wehrmacht spendeten dem „genialen" und „kühnen" Strategen Beifall. Die Warnungen kleinmütiger militärischer Ratgeber aus der Generalität konnte der „böhmische Gefreite" fortan höhnisch in den Wind schlagen. Seine Beziehungen zur militärischen Macht, der er nunmehr freie Bahn zur vollen Wiederentfaltung geschaffen hatte, waren fester denn je, das Auswärtige Amt endgültig überspielt. Wieder war dem „Führer" nicht ohne Zutun der anderen Mächte ein leichter Sieg in den Schoß gefallen. Er sollte seine Selbstüberschätzung und seine Ungeduld zusätzlich schüren.

Entstehung der "Achse Berlin–Rom" und die Position Österreichs

Die Annäherung zwischen den beiden Diktatoren im Jahre 1936 verschob das Gleichgewicht in Mitteleuropa weiter zu Deutschlands Gunsten. Mussolini löste demonstrativ die Vertreter eines prowestlichen Kurses, Suvich und Aloisi, ab und ersetzte sie im Juni durch seinen Schwiegersohn Ciano als Außenminister. Schon Anfang Januar versicherte er dem deutschen Botschafter Ulrich von Hassell, Österreich dürfe ein deutscher Satellit werden und deutsche Politik betreiben, sofern es formal selbständig bleibe.[59] Gleichzeitig ermahnte er den österreichischen Bundeskanzler Schuschnigg, die Beziehungen zum Reich im Interesse einer deutsch-italienischen Annäherung zu regeln und dauerhaft zu gestalten.

Dies geschah durch das deutsch-österreichische Abkommen vom Juli 1936. Im öffentlichen Teil erkannte Berlin „die volle Souveränität des Bundesstaates Österreich" und den Grundsatz der Nichteinmischung in die inneren Angelegenheiten an. Im Gegenzug sagte Wien eine Politik zu, „die der Tatsache, daß Österreich sich als deutscher Staat bekennt, entspricht". Die deutsche Seite erwartete konkret eine Zollunion und militärische Absprachen. Österreich verhielt sich aber eher abwartend und trat auch nicht der „Achse" bei. Ein geheimes Zusatzabkommen sah u. a. im entscheidenden Punkt 9 das österreichische Zugeständnis vor, „in dem geeigneten Zeitpunkte, der für die nahe Zeit in Aussicht genommen ist", Vertreter der bisherigen „nationalen Opposition in Österreich" zur Mitwirkung an der politischen Verantwortung heranzuziehen [...]". Diese Vertreter sollten „für die innere Befriedung der Nationalen Opposition und ihre Beteiligung an der politischen Willensbildung in Österreich sorgen". Hier wurde also der Weg für die innere Machteroberung durch die Nationalsozialisten nach deutschem Vorbild und für die evolutionäre Schaffung Großdeutschlands vorbereitet. Die „Achse Berlin-Rom" wurde nach einem sehr bildkräftigen Wort des Schweizer Historikers von Salis zum „Bratspieß", auf dem man Österreich aufspießen und braun braten lassen konnte.[60]

Hitler entwickelte Ende Oktober 1936 dem italienischen Außenminister Ciano in Berlin seine Perspektive eines deutsch-italienischen Zusammengehens und erkannte das italienische Kaiserreich Äthiopien formell

an. Seine Absicht war es, im Zeichen des inzwischen im Juli ausgebrochenen Spanischen Bürgerkrieges den Italiemern den Mittelmeerraum (das italienische „Mare Nostro") als Expansionsfeld zuzugestehen, um die Franzosen abzulenken und zu binden, die Engländer durch die potentielle Bedrohung ihrer Seeroute in den Orient und nach Indien unter Druck zu setzen und die Italiener selbst aus einer Neuordnung in Mittel- und Südosteuropa möglichst auszuschließen. Dies war zugleich ein weiterer Schritt zur Isolierung Österreichs und zur Schaffung des deutschen „Großwirtschaftsraumes Mittel- und Südosteuropa".
Selbst wenn die italienische Regierung nicht bereit war, sich widerstandslos aus dem Donau- und Balkanraum herausdrängen zu lassen, nahm Mussolini den ihm von Berlin zugespielten Ball auf und proklamierte mit gewaltigem propagandistischen Getöse am 1. November 1936 auf dem Mailänder Marktplatz die „Achse Berlin–Rom", „um die die übrigen Staaten Europas sich gruppieren könnten"[61].

Militärisches Engagement im Spanischen Bürgerkrieg

Somit stand auch das militärische Engagement Deutschlands in dem am 18. Juli 1936 ausgebrochenen Spanischen Bürgerkrieg, das die „Auslandsorganisation" der NSDAP unter Gauleiter Bohle am Auswärtigen Amt vorbei vermittelt hatte, ganz mit im Zeichen einer Festigung der entstehenden deutsch-italienischen Partnerschaft. Über die Beweggründe des militärischen Eingreifens auf der iberischen Halbinsel an der Seite Italiens besteht bis heute eine gewisse Unsicherheit.[62] Zunächst einmal war die deutsche Reichsführung von dem Militäraufstand Francos in Spanisch-Marokko und seiner Bitte um Unterstützung für die Überführung seiner Truppen nach Spanien zweifellos überrascht und dadurch wider Willen in eine Art Zugzwang zum Handeln gebracht worden. Im Vordergrund der Hilfeleistung stand sicher auch das große wehrwirtschaftliche Interesse der deutschen Rüstungsindustrie an den spanischen Rohstoffen, das in einem anderen Zusammenhang noch einmal behandelt werden soll. Ein weiterer Beweggrund dürfte die Verhinderung einer antideutschen und kommunistischen Einflußzone um das Reich herum, bestehend aus einem linksregierten Spanien, der Volksfrontregierung in Paris und der Sowjetunion, gewesen sein. Stattdessen strebte Hitler danach, Frankreich mit Hilfe einer profaschistischen Regierung in Madrid „einzukreisen", alte Traumata aus der Zeit Karls V. mit der habsburgischen „Umklammerung" in Paris wiederzuerwecken, die Franzosen wirkungsvoll im Mittelmeer zu beschäftigen, sie Italien zu entfremden und dadurch die deutsche Westgrenze zu entlasten. Er konnte sich dabei wieder in der bekannten Manier als „Retter des christlichen Abendlandes vor dem Bolschewismus" und den allgegenwärtigen Wühlereien der Komintern und ihrer „fünften Kolonne" aufspielen. Dies verfehlte gerade während des Bürgerkrieges seine Wirkung in konservativen Kreisen in London und Paris nicht. Auch der Prestigegewinn einer faschistischen Solidargemeinschaft dürfte für Hitler eine Rolle gespielt haben. Schließlich würde ein francistisches Spanien am Eingang zum Mittelmeer eine nicht zu unterschätzende Bedrohung der britischen Überseeverbindungen darstellen. Demgegenüber ist die Forschung heute geneigt, die Funktion Spaniens als Testfeld für die Erprobung der jungen deutschen Luftwaffe unter kriegsmäßigen Bedingungen eher geringer anzusetzen, als dies lange geschehen ist. Auf jeden Fall bedeutete die Intervention in Spanien, gegen die sich im übrigen auch die Kriegsmarine stellte, im inneren Machtkampf einen weiteren entscheidenden Einflußverlust für Neurath und sein Auswärtiges Amt.

Deutschland und Japan

Zur gleichen Zeit wandte sich Ribbentrop, der „geheime Außenminister" Hitlers, der auf seinem Londoner Botschafterposten, den er im August 1936 nach dem plötzlichen Tod seines Vorgängers Hoesch angetreten hatte, offenbar noch kein ausfüllendes Betätigungsfeld für seinen rastlosen Ehrgeiz gefunden hatte, dem Fernen Osten zu. Dies geschah ohne Absprache mit dem Auswärtigen Amt. Die Tatsache, daß Japan gerade in schwere Konflikte mit der Sowjetunion verwickelt war, konnte Ribbentrop zur Förderung seines Lieblingsprojektes, eines „Weltpolitischen Dreiecks Berlin–Tokio–Rom" ausnutzen. Am 25. November 1936 wurde das sogenannte „Antikominternabkommen" zwischen Deutschland und Japan unterzeichnet. Es enthielt in seinem veröffentlichten Teil das Versprechen, „sich gegenseitig über die Tätigkeit der Kommunistischen Internationale zu unterrichten, über die notwendigen Abwehrmaßnahmen zu beraten und diese in enger Zusammenarbeit durchzuführen". Dritte Staaten – wie ein Jahr später Italien – sollten zur gemeinsamen Abwehr der Zersetzungsarbeit der Komintern eingeladen werden.

„Antikominternabkommen" 25. 11. 1936

Ein „geheimes Zusatzabkommen", in dem von einer mißtrauischen zeitgenössischen Öffentlichkeit mehr vermutet wurde, als es wirklich enthielt, stellte die bedrohliche Interessengemeinschaft zwischen der Sowjetunion und der Komintern fest und sah „zur Wahrung der gemeinsamen Interessen" für den Fall eines unprovozierten Angriffes oder einer entsprechenden Angriffsdrohung durch die UdSSR die Neutralität des Vertragspartners vor. „Ohne gegenseitige Zustimmung" sollte auch kein Partner politische Verträge mit Moskau abschließen dürfen, „die mit dem Geiste dieses Abkommens nicht übereinstimmen". Die offenkundige Verletzung dieser Klausel durch Berlin mit dem Abschluß des Hitler-Stalin-Paktes am 23. August 1939, der für die Sowjetunion eine erhebliche Entlastung an ihrer Westgrenze bedeutete, sollte dann Japan zum Anlaß nehmen, seine Beziehungen zu Moskau nach Kriegsbeginn schrittweise wieder zu normalisieren. Am 6. November 1937 vollzog Italien seinen Beitritt zum „Antikominternabkommen".

Dieser „Antikominternpakt" sollte als ein reines Defensivabkommen mit antisowjetischer Spitze niemals zur Grundlage einer engen gemeinsamen politischen und militärischen Kooperation zwischen Berlin und Tokio werden und markiert im Grunde bis 1945 das, was die Zusammenarbeit von Anfang an war: eine „Allianz ohne Rückgrat" (Theo Sommer). Kurzfristig brachten die Initiativen Ribbentrops eher Nachteile. Denn die Annäherung an Japan leitete das Ende der traditionell engen wirtschaftlichen und militärischen Zusammenarbeit mit der nationalchinesischen Regierung Tschiang Kai-scheks ein und stieß infolgedessen auf heftige Kritik bei der China-Lobby im Auswärtigen Amt, in der Wehrmacht und in der Wirtschaft. Das verbale Getöse von der unverbrüchlichen „Achsenfreundschaft" zwischen Berlin, Tokio und Rom war nur eine Propagandafassade, hinter der jede Macht egoistisch ihre eigenen Interessen ohne Rücksicht auf die des Partners verfolgte. Das Mißtrauen zwischen Deutschen und Japanern, die überdies als „gelbe Rasse" auf Hitlers „Rassenskala" nur als „kulturerhaltend" und nicht als „kulturschöpferisch" eingestuft waren, saß tief und konnte auch durch den Abschluß des Dreimächtepaktes im September 1940 nicht ausgeräumt werden.

Hitler sah in dem „Antikominternpakt" einen wichtigen Baustein für seine Allianz gegen die Sowjetunion und gegebenenfalls das Vorspiel für ein späteres enges Militärbündnis mit Japan, um die Sowjetunion auch von Osten her wirkungsvoll einzukreisen. Zwar war Japan für ihn aus rasseideologischen Gründen nur die „zweite Wahl", als sich 1936 abzeichnete, daß sich die Briten nicht für einen „Lebensraumkrieg" nach Osten würden einspannen lassen. Aber noch hoffte Hitler darauf, daß die britische Regierung dem „Antikominternpakt" beitreten und damit das bereits in „Mein Kampf" vorgezeichnete antikommunistische „Wunschbündnis" zwischen Deutschland, Italien und Großbritannien vollenden würde.

Ribbentrops außenpolitische Gegenposition

In eine ganz andere Richtung bewegte sich das außenpolitische Denken Ribbentrops[63]. Er mußte als Botschafter in London bald feststellen, daß hier weder das Bündnis gegen die Sowjetunion noch die „freie Hand" auf dem Kontinent zu erreichen waren, und dachte in dieser Beziehung sicher sehr viel realistischer als sein „Führer". Die folglich antibritische Stimmung des Botschafters verfestigte sich um die Jahreswende 1937/38 zu einem ausgesprochenen Haß. Mit schuld daran war sicher auch die Tatsache, daß er in London wenig reüssierte und seine zahlreichen protokollarischen Entgleisungen sowie seine häufige Abwesenheit als „wandernder Arier" (so eine satirische britische Zeitschrift) von seinem Arbeitsplatz ihm seitens der Engländer nur offen zur Schau gestellte Ablehnung und Verachtung eintrugen. Dies ließ den Amateurdiplomaten nach einer alternativen Konzeption zu Hitlers Anglophilie suchen.

Sein Ziel war ein antibritisches Kontinentalbündnis in enger Zusammenarbeit mit der Sowjetunion, wie es auch schon vor 1914 etwa von

Tirpitz als Alternative zum probritischen Kurs des Reichskanzlers Bethmann Hollweg vertreten wurde. Unter diesem Blickwinkel kehrte sich die Funktion des „Antikominternpaktes" für Ribbentrop innerhalb kurzer Zeit völlig um, ohne daß dies je konkret mit Tokio abgesprochen worden wäre: Die Japaner sollten sich mit den Sowjets in der Mandschurei und in der Mongolei, den Hauptkonfliktherden, einigen und die Stoßrichtung ihrer militärischen Kraft gegen die britischen und amerikanischen Positionen im Pazifik kehren, um Deutschland eine gewisse Entlastung vom britischen Druck zu schaffen. Konsequent auf dieser antibritischen Linie lagen denn auch der von Ribbentrop betriebene Abschluß des Hitler-Stalin-Paktes am 23. August 1939 und seine Bemühungen im Sommer und Herbst 1940, durch den Aufbau einer weltumspannenden Bündnisfront von „Madrid bis Yokohama" unter Einschluß Franco-Spaniens, Vichy-Frankreichs, der Sowjetunion und Japans, das Inselreich auf die Knie zu zwingen und die USA aus dem Krieg herauszuhalten.
Mit diesem Programm, zu dessen antibritischer und prorussischer Ausrichtung sich ab 1936 auch noch die besonders von Ribbentrop vertretenen Kolonialforderungen an die Adresse Londons gesellten, konnten sich konservative Kreise im Auswärtigen Amt und die Wehrmacht durchaus befreunden. Es hatte aber niemals die Chance, Hitler von seinem „programmatischen" Ostkrieg langfristig abzubringen. Dafür war Ribbentrop als Persönlichkeit zu schwach und seinem „Führer" zu sehr ergeben. Auch hatte er in der NSDAP keine „Hausmacht". Zwar konnte man von einem gewissen „Pluralismus" der außenpolitischen Konzeptionen sprechen, niemals jedoch von einer wirklich „pluralistisch" betriebenen Außenpolitik. Die Handschrift Hitlers war gerade in der Außen- und dann in der Kriegspolitik stets und überall sichtbar. Das Werben um England und um dessen Zustimmung zur deutschen Beherrschung des Kontinents stand für ihn im Mittelpunkt seines Denkens und Handelns.

Hitlers England-Hoffnungen

Aber gerade an diesem Punkt war der scheinbar so allmächtige Diktator immer wieder ratlos und verunsichert. Denn die britische Regierung weigerte sich auch nach Abschluß des Flottenabkommens 1935, sich seinem globalen Wunschdenken zu beugen und auf dem Kontinent gleichsam macht-politisch abzudanken. Auch die entschiedenen „Appeasers" dachten nicht ernsthaft daran, das seit Jahrhunderten erfolgreich behauptete Recht, in den europäischen Angelegenheiten mitzusprechen und durch eine Politik der „balance of power" dort die eigene insulare Sicherheit zu behaupten, für das fragwürdige „Linsengericht" einer deutschen Militärhilfe bei der Verteidigung des British Empire (gegen wen wohl?) einzutauschen, wie es Hitler in einer für ihn so charakteristischen Fehleinschätzung der britischen Politik anbot. Wenn die Reichsregierungen sowohl 1914 als auch 1939 auf die unbedingte Neutralität Englands bei einem europäischen Kontinentalkrieg gesetzt haben, so bewegten sie sich in jener verhängnisvollen „Kontinuität des Irrtums", die dem deutschen Nationalstaat von 1870/71 in zwei Weltkriegen mit zum Verhängnis werden sollte. Nur einmal, durch Napoleons „Kontinentalsperre" von 1806, hatten sich die Briten vom Kontinent aussperren lassen. Ein zweites Mal sollte ihnen dies nicht passieren.

Bei Hitler kam nun ab 1936 in seinem Hoffen auf England und seinem Schwanken zwischen Zuversicht und Enttäuschung noch eine auffallende Unrast und fast hilflose Ratlosigkeit hinzu, die die Vermutung bestätigen, daß damals zwar grundsätzliche und unumkehrbare Beschlüsse hin auf einen Krieg gefaßt worden sind, das genaue „Kriegsszenario" aber noch nicht feststand. Die Beweggründe für diese Rastlosigkeit im Denken und Planen des Diktators gilt es noch aufzuhellen.

„Ich weiß wirklich nicht, was ich tun soll", erklärte der Diktator im Herbst 1935, unruhig im Garten des Obersalzberges hin- und hergehend, seinem Stararchitekten Albert Speer. „Es ist eine schwere Entscheidung. Am liebsten würde ich mich den Engländern anschließen. Aber die Engländer haben sich oft in der Geschichte als unzuverlässig erwiesen. Gehe ich mit ihnen, dann ist es zwischen Italien und uns für immer aus. Die Engländer lassen mich danach fallen und wir sitzen zwischen beiden Stühlen."[64]

Wende in Hitlers England-Politik 1937

Im Herbst 1937 scheint sich Hitler wohl auch unter Eindruck der negativen Berichte Ribbentrops aus London dazu durchgerungen zu haben, die Entscheidung auf dem Kontinent gegebenenfalls auch ohne England oder gar gegen den britischen Widerstand zu suchen. Auf der Oberbefehlshaberbesprechung vom 5. November 1937 (Hoßbach-Niederschrift) spricht er zum erstenmal von den beiden „Haßgegnern" England und Frankreich.

Offenbar war der „Führer" in seiner Englandpolitik damals am Ende seines Lateins. Weder (scheinbare) Konzessionen noch Drohungen konnten das „nordisch-germanische Brudervolk" der Engländer zum Eingehen auf die deutschen Vorstellungen und zum Verzicht auf Mitsprache in den kontinentalen Angelegenheiten bringen: weder das „großzügige Angebot" einer Unterstützung bei der Verteidigung des Weltreiches noch der Verzicht auf die wilhelminische Flotten- und Weltpolitik, weder die seit 1936 mit der Gleichschaltung der Kolonialbewegung unter Ribbentrop als diplomatisches Druckmittel eingesetzten Forderungen auf Rückgabe der deutschen Kolonien[65] noch die Rüstungsanstrengungen, weder die Unterstützung Italiens im Mittelmeer und in Ostafrika (wobei Deutschland freilich auch die äthiopische Gegenpartei mit Waffen belieferte, um den Krieg in die Länge zu ziehen!) noch die gemeinsame deutsch-italienische „Waffenbrüderschaft" in Spanien. Damit aber waren die außenpolitischen Planungen Hitlers in

ihrem Kern als pures Wunschdenken entlarvt und dies in einem Augenblick, als sein Zeitplan auf einen baldigen bewaffneten Konflikt und den Übergang zur gewaltsamen Expansion abgestellt war. „Zum langfristigen Abtasten von Kooperationsmöglichkeiten blieb im Rahmen der selbst provozierten Zwangsläufigkeiten keine Zeit mehr.“[66]
Aber warum fühlte sich der Diktator offenbar immer mehr unter Zeitdruck gesetzt und warum glaubte er, immer weniger Spielraum für eine geduldige Verhandlungslösung der anstehenden internationalen Probleme zu haben? Eine Begründung für die von Hitler immer wieder erwähnten rüstungstechnischen und wehrwirtschaftlichen Zwangslagen bieten im Innern die geradezu atemberaubende Dynamik, mit der die längst angelaufene Aufrüstung 1936 noch einmal beschleunigt wurde, und nach außen die Befürchtung, daß bei einem längeren Warten der deutsche Rüstungsvorsprung angesichts der 1935 anlaufenden britischen Aufrüstung von Jahr zu Jahr mehr dahinschmelzen würde.

Verschärfung der Rüstungsanstrengungen

Die Militärs verfingen sich in den Fallstricken ihrer eigenen professionellen Logik: Das mit der Aufrüstung bewußt eingegangene außenpolitische Sicherheitsrisiko führte zu einer Isolierung des Reiches in Mitteleuropa und zur wachsenden Gefahr einer französischen und britischen Intervention; dies wiederum hatte eine Verschlechterung der deutschen Sicherheitslage zur Folge und provozierte neue Rüstungsanstrengungen usf. Hier bestätigten sich die gefährlichen immanenten Tendenzen moderner Rüstungspolitik: Die Rüstungsspirale, einmal in Gang gesetzt, war offenbar nicht mehr zu bremsen, es sei denn, die politische Führung oder internationale Vereinbarungen setzten ihr energisch Grenzen.

Bedenken im Militär gegen "Breitenrüstung"

Bei dem offenkundigen Auseinanderklaffen zwischen den gigantischen quantitativen und militärstrategischen Zielvorgaben innerhalb eines relativ kurzen Zeitraumes von wenigen Jahren auf der einen Seite und der nur vergleichsweise schmalen materiellen und finanziellen Basis der deutschen „Wehrwirtschaft“ mit ihren begrenzten Ressourcen an Rohstoffen und industriellen Kapazitäten auf der anderen entschieden sich Militär und Politik gegen ausdrücklichen Widerstand von Generalmajor Thomas, seit 1938 Chef des „Wehrwirtschaftsstabes“ im OKW und eine der Schlüsselfiguren in der wirtschaftlichen Kriegsvorbereitung, für eine „Breitenrüstung“. Ziel war die schnellstmögliche Konzentration der vorhandenen Kräfte und Mittel auf einen quantitativen Höchststand und auf eine rasche Einsatzmöglichkeit im Mobilmachungsfall. Dabei nahm es die Heeresführung trotz Bedenken einiger höherer Offiziere in Kauf, daß bei dem extremen Aufrüstungstempo die Qualität des Heeres sinken mußte, etwa der Offiziersanteil im Herbst 1935 statt wie erwünscht 7% nur 1,7% ausmachte, und daß im Kriegsfall der Nachschub nur für wenige Monate gesichert war. Das Bestreben schon in der Reichswehr, Bewaffnung und Ausrüstung auf modernstem technischen Stand voranzutreiben, geriet in Konflikt mit dem Zwang, einen schnellen Ausstoß von Waffen für die rasch wachsende Wehrmacht sicherzustellen, die oft nicht die notwendige Erprobungsphase durchlaufen hatten und dementsprechend noch erhebliche Mängel aufwiesen.

Alternative zur „Breitenrüstung"

Die Alternative wäre eine „Tiefenrüstung" mit tief gestaffelten und umfangreichen Reserven zum Durchstehen eines mehrjährigen Material- und Abnutzungskrieges wie zwischen 1914 und 1918 gewesen. Den dafür notwendigen langen Atem bei der Aufrüstung glaubte die politische Führung aber nicht zu haben. Das offenkundig hohe Risikomoment, das in dieser Entscheidung der Militärs zur „Breitenrüstung" angesichts der Erfahrungen des Ersten Weltkrieges lag und das, wie gesagt, durch einen aus der eigenen Mangellage resultierenden Zwang zur Improvisation vorgeschrieben schien, sollte reduziert werden durch eine geschickte Bündnispolitik und die Fähigkeit zu kurzen, erfolgreichen und blitzartigen Überraschungsschlägen einer modernen und *noch* überlegenen Wehrmacht. Dadurch sollte dann der Weg geebnet werden, um den Fortgang des Krieges Schritt für Schritt durch die materielle Ausbeutung der eroberten Gebiete zu ermöglichen. Der moderne Materialkrieg sollte sich also praktisch wie die mittelalterlichen Söldnerheere aus dem unterworfenen Land „ernähren".

Rüstung zum Angriffskrieg

Dieser – wie die Führung glaubte – Zwang zum „blitzartigen Erstschlag", um eine kurzfristige Ad-hoc-Überlegenheit auszunutzen und das Eingreifen weiterer Gegner zu verhindern, brachte in die Außenpolitik der letzten Vorkriegsjahre ein zusätzliches Element der Aggressivität.

Beim bewußten Übergang von einem „qualitativ möglichst hochwertigen, allmählichen Aufbau des neuen Friedensheeres zu einem mobilmachungsmäßigen Aufbau" – so der Generalstabschef des Heeres, Ludwig Beck, im Juli 1935[67] – setzten sich 1936 zwei neue richtungsweisende Stichworte mit enormen politischen Konsequenzen durch: der Begriff der „offensiven Abwehr" und die „Erhöhung der Angriffskraft des Heeres" bzw. der Aufbau „eines zu einem entscheidungssuchenden Angriffskrieg befähigten Heeres" (Beck). Der Rüstungsplan des Allgemeinen Heeresamtes vom 1. August 1936 sah bereits zum 1. Oktober 1939 den Aufbau eines Friedensheeres von 830 000 und eines Kriegsheeres von 4 620 000 Mann vor, davon ein Feldheer von 102 Divisionsverbänden. Gleichzeitig wurde mit dem Panzer unter Verantwortung von Guderian eine Waffe weiterentwickelt und von dem faszinierten Hitler begrüßt, die künftig den mobilen und offensiven Einsatz technisierter und beweglicher moderner Kampfverbände ermöglichte. Hier öffnete sich für den Generalstab des Heeres „eine neue operative Dimension"[68], die die Möglichkeiten der „beweglichen Kampfführung" mit Durchbrüchen, schnellen, offensiven Umfassungsmanövern und weiträumigen Operationen von Panzerverbänden erheblich ausweitete. Mit der Ausweitung der operativen und strategischen Planungen, mit der ständigen Verkürzung der zeitlichen Planungsvorgaben und der Vergrößerung der Soll-Stärke der Wehrmacht für den Mobilisierungsfall war die – ohnehin fließende – Grenze vom reinen Verteidigungskrieg in der Ära Groener (1928–1932) zum offensiven Angriffskrieg konzeptionell überschritten.

Dieser wichtige Schritt im militärischen Denken und Planen fügte sich in die gleichzeitige Forcierung der machtpolitischen Hegemonialansprüche des Reiches in Europa ein. Er engte überdies den außenpolitischen Bewegungsspielraum der politischen Führung ein. Denn der Einsatz des modernen und technisierten Kriegsinstrumentes schien, wie Hitler auf der Oberbefehlshaberbesprechung am 5. November 1937 mit einer gewissen zwingenden inneren Logik betonte, nur so lange erfolgversprechend, wie die potentiellen Gegner nicht nachgezogen und ihre eigenen überlegenen materiellen und personellen Ressourcen entfaltet hatten.

Anforderungen des modernen Krieges

Die Verlagerung von Strategie und Taktik auf eine moderne, technisierte und bewegliche Kriegführung mit dem Einsatz selbständig operierender Panzerverbände, teilweise motorisierter Heeresdivisionen und einer ausgebauten Luftwaffe, von der allerdings 1936 noch nicht im entferntesten die Rede sein konnte, stellte in der Versorgung mit industriellen Rohstoffen (Eisen, Stahl, Gummi, Aluminium, Kupfer und andere Nichteisenmetalle) sowie mit Treibstoff und Munition ungleich höhere Anforderungen an die Produktionskapazitäten der Rüstungsindustrien und auch an die fachliche Qualifikation und den Ausbildungsstand der Offiziere, als dies im Ersten Weltkrieg der Fall gewesen war.

Planungsdefizite der militärischen Führung

Freilich hat die militärische Führung damals alle an sich naheliegenden makro- und mikroökonomischen Überlegungen, ob denn das Ganze auch rüstungstechnisch und versorgungsmäßig machbar und finanzierbar sei, aus ihrem Planen und Handeln ausgeklammert. Ein stark auf sein Blickfeld beschränkter Professionalismus von Militärtechnokraten hatte offenbar nicht die Warnungen von Groener beherzigt, daß die umfassenden und gewaltigen Anforderungen eines technisierten Krieges der Zukunft, wenn überhaupt, nur in einem engen Zusammenspiel zwischen militärischer und politischer Führung unter sorgfältiger und allseitiger Abschätzung der ökonomischen Möglichkeiten und Grenzen zu bewältigen sei. Kriegführung und Landesverteidigung waren zum erstenmal zu Aufgaben geworden, die in ihrer breitgefächerten Komplexität die Vorstellungkraft eines eingleisigen militärischen Ressortdenkens und die traditionellen Grenzen des „Kriegshandwerks" weit hinter sich ließen und ständige Absprachen zwischen den zuständigen militärischen, politischen und rüstungswirtschaftlichen Stellen erforderlich machten. Daran hat es im „Dritten Reich" gefehlt.

Die entscheidende Frage nach den politischen und ökonomischen Implikationen und Konsequenzen der forcierten Aufrüstung hat offenbar im Schlüsseljahr 1936 nur der Chef des Allgemeinen Heeresamtes, Generalmajor Fromm, dem Oberbefehlshaber des Heeres, Fritsch, gestellt: „Es muß also anschließend an die Aufrüstungsperiode bald der Einsatz der Wehrmacht erfolgen oder eine Milderung des Zustandes dadurch erreicht werden, daß die Forderungen an die Höhe der Kriegsbereitschaft gesenkt werden."[69] Vor der Ausarbeitung eines endgültigen Rüstungsplanes müsse Fritsch bei Blomberg die Devisen- und Rohstoff-Frage sowie die Möglichkeit einer breiten Exportoffensive ab 1940 zur Herabsetzung der Belastungen aus den Mindestbeschaffungssätzen klären. Vor allem müsse erkundet werden, ob „eine feste Absicht" besteht, „die Wehrmacht zu bestimmtem, schon festgelegtem Zeitpunkt einzusetzen oder nicht". Von einer Antwort auf diese zentrale Frage ist nichts bekannt. „Die volkswirtschaftlichen Konsequenzen der Aufrüstung, die enorme finanzielle Dauerbelastung und die sich möglicherweise daraus entwickelnden sozialen Folgen spielten dabei für die höchste militärische Führung nur eine ausgesprochen untergeordnete Rolle."[70]

Die Vorbereitungen für die Konzipierung des Rüstungsprogramms vom August 1936 mit seiner zeitlichen Fixierung des Mobilmachungsfalles auf den 1. April 1940 liefen zeitlich genau parallel mit der Entstehung des „Vierjahresplanes". Die geheime Denkschrift Hitlers von Ende August stellte Wirtschaft und Armee die Aufgabe, „in vier Jahren kriegsfähig" bzw. „einsatzfähig" zu sein.

Ausrichtung der Volkswirtschaft auf die „Wehrwirtschaft"

Wir wenden uns damit nach den revisionspolitischen und militärischen Entscheidungen des Schlüsseljahres 1936 der dritten zentralen Entscheidungsebene zu: der endgültigen Ausrichtung der deutschen Volkswirtschaft als „Wehrwirtschaft" auf die Vorbereitung des Krieges und, damit eng verknüpft, dem Übergang zur Autarkie ohne Rücksicht auf Kostenfaktoren und liberal-kapitalistische Grundsätze der Wirtschaftlichkeit und internationalen Wettbewerbsfähigkeit. Gegen den Widerstand des Reichswirtschaftsministers und Reichsbankpräsidenten Schacht, aber mit aktivem Engagement Görings, der 1936 zum „Wirtschaftsdiktator" aufsteigen sollte, und mit grundsätzlicher Unterstützung durch Blomberg sollte am Ende dieses kostspieligen und unökonomischen Weges die militärisch abgesicherte Selbstversorgung des Reiches aus einem blockadesicheren und dem Zugriff fremder Mächte entzogenen „Großwirtschaftsraum" stehen. Aber bis zur Erreichung dieses Zieles galt es noch, eine militärisch und ökonomisch schwierige und gefährliche Übergangsphase durchzustehen.

Der Schritt gleichzeitig in die Autarkie und in die wehrwirtschaftliche Kriegsvorbereitung innerhalb relativ knapp bemessener Fristen legte unzweideutig die Schwächen und Grenzen der deutschen Volkswirtschaft sowie die unaufhebbaren inneren Zielkonflikte nationalsozialistischer Wirtschaftspolitik frei. Ergebnis waren eine permanente Überforderung der nationalen Wirtschaft und eine Mangel- und Raubbauwirtschaft bisher unbekannten Ausmaßes. Ihre Symptome zeigten sich bereits in den außen- und binnenwirtschaftlichen Krisen der Jahre 1934 und 1936, die ihrerseits wiederum den Augenblick zum gewaltsamen „Losschlagen“ immer näher heranrücken ließen. Der einmal aus freien Stücken gefaßte grundsätzliche Entschluß der politischen Reichsführung zum Kriege und zur kriegerischen „Lösung der Raumfrage“ auf der Grundlage einer unzureichenden heimischen Ressourcenbasis schuf sehr schnell Engpässe und Zwangslagen, die ihrerseits wiederum die Entscheidungsabläufe auf den Krieg hin scheinbar legitimierten und beschleunigten und dadurch neue Mängel produzierten – ein verhängnisvoller circulus vitiosus, dem sich am Ende niemand mehr entziehen konnte und wollte. Hitler hat in Verfolgung seiner Lebensraumpläne erst die ökonomischen Zwänge geschaffen, die er ihnen ursprünglich als Rechtfertigung und Antriebskraft vorangestellt hatte.

Das Kriegsszenario des Jahres 1936 hatte einen außen- und einen binnenwirtschaftlichen Aspekt. Der Mitte September 1936 auf dem „Reichsparteitag der Ehre“ in Nürnberg von Hitler bombastisch verkündete „Vierjahresplan“ war das binnenwirtschaftliche Gegenstück zu Schachts außenwirtschaftlichem „Neuen Plan“ vom 24. September 1934. Beide Maßnahmen müssen in einem engen Zusammenhang von nationaler Krisenbewältigung, Autarkisierung der deutschen Volkswirtschaft und Absicherung der „Wehrwirtschaft“ als „die Gestaltung der Volkswirtschaft im Frieden für den Krieg unter militärischen Gesichtspunkten“[71] gesehen werden.

Anforderungen an die deutsche Volkswirtschaft

Von der deutschen Volkswirtschaft gefordert waren gleichzeitig Vollbeschäftigung und eine ausreichende Befriedigung der zivilen Konsumbedürfnisse angesichts einer wachsenden Kaufkraft der Bevölkerung durch den Konjunkturaufschwung, um dem Regime die Massenloyalität zu erhalten, eine optimale rüstungswirtschaftliche Vorbereitung auf den Krieg, der Ausbau der Selbstversorgung und die Steigerung des Wirtschaftspotentials, Exportpflege, um die kriegswichtige Rohstoffeinfuhr zu sichern, sowie eine vorübergehende Aufrechterhaltung der Einbindung in die Weltwirtschaft, solange noch nicht die Versorgung aus dem eigenen „Großwirtschaftsraum“ erfolgen konnte.

Dies bedeutete eine offenkundige permanente Überbeanspruchung der deutschen Wirtschaftskraft. Schon im Sommer 1934 stellte sich unter dem Druck einer verheerenden Devisenkrise die „Gretchenfrage“: Weiterführung und Forcierung der „Wehrwirtschaft“ um jeden Preis, selbst um den einer Senkung des Lebensstandards und einer Ruinierung der Volkswirtschaft mit der Aussicht auf einen baldigen Zwang zum Losschlagen oder vorübergehende Drosselung der Aufrüstung und Steigerung der Ausfuhren mit der Chance einer Reintegration in eine sich belebende Weltwirtschaft? Für die zweite Möglichkeit einer Wiedereingliederung in den Weltmarkt, einer Liberalisierung des Außenhandels und eines Abbaues staatlicher Eingriffe, votierten 1934 die Hansestädte, die Exportwirtschaft, die Schiffahrt, der „Deutsche Industrie- und Handelstag" (DIHT), der Reichsfinanzminister Schwerin von Krosigk und der Staatssekretär Hans-Ernst Posse aus dem Reichswirtschaftsministerium nachdrücklich bei Hitler. Aber vergebens. Mit einem Machtwort des „Führers" setzte sich die planwirtschaftliche Linie Schachts durch. In voller Übereinstimmung mit Blomberg, Reichenau und Thomas konnte er mit Erfolg die Erfordernisse einer national unabhängigen Wirtschaftspolitik im Interesse der „Landesverteidigung" und der Aufrüstung geltend machen.

Sein Instrument, um die ständig wachsenden Rüstungsanforderungen, den steigenden Einfuhrbedarf einer wieder angesprungenen Binnenkonjunktur und die Außenwirtschaft auf einen Nenner zu bringen, war der „Neue Plan" von Ende September 1934. Ein dichtes, branchenmäßig strukturiertes Netz von 27 Außenhandelsüberwachungsstellen sollte die Einfuhren und den Devisenverbrauch auf das Mindestmaß des durch Export- und Rüstungsaufträge Gebotenen drosseln. Durch diesen „Neuen Plan" erreichte der Reichswirtschaftsminister neben einer kurzfristigen Konjunkturstabilisierung im Inland sowie einer Reduktion der Einfuhren und des Devisenabflusses langfristig mit der zusätzlichen Hilfe von Verrechnungs- (Clearing-) und Kompensationsabkommen nach dem Motto „Kaufe bei Deinem Kunden!" die Regionalisierung und Bilateralisierung der Außenhandelsströme und ihre teilweise Umleitung auf die angestrebten „Großwirtschafts- und Ergänzungsräume" in Südamerika, in Skandinavien und vor allem in Südosteuropa.

Der „Neue Plan" vom 24. 9. 1934

Der auch aus machtpolitischen und geostrategischen Gründen angestrebte Anschluß eines blockadesicheren „Großwirtschaftsraumes Südosteuropa" an den deutschen Markt auf dem Wege zweiseitiger Waren- und Zahlungsabkommen (beginnend mit Jugoslawien und Ungarn) machte ab 1936 sichtbar Fortschritte. Freilich sollte Südosteuropa auf dem Höhepunkt der wirtschaftlichen und politischen Verflechtung 1941 nur etwa 15% des deutschen Einfuhrbedarfs – darunter besonders Erdöl, Bauxit, Kupfer, Blei, Aluminium und Agrarprodukte – decken, während umgekehrt einzelne Staaten wie Bulgarien mit mehr als 50% ihres Außenhandels von Deutschland abhängig waren. Der „Neue Plan" von 1934 war somit ein wichtiger Meilenstein zur Autarkisierung der deutschen Volkswirtschaft.

Aber er schuf nur vorläufig Entlastung. Die Devisenkrise von 1934 war lediglich ein Vorspiel für die ungleich dramatischere Versorgungskrise von 1936. Sie kündigte sich bereits im Jahr vorher mit scharfen Ausein-

Versorgungskrise 1936

andersetzungen zwischen Schacht und dem Reichsernährungsminister Walter Darré um eine Sonderzuteilung von Devisen für die Deckung der dringendsten Lebens- und Futtermittelimporte an. Die von Darré 1934 mit großem Propagandaaufwand proklamierte landwirtschaftliche „Erzeugungsschlacht" konnte nur notdürftig verhüllen, daß Zivilbevölkerung und Wehrmacht vor allem nach der Mißernte von 1934 nicht hinreichend aus dem eigenen Ernährungsraum versorgt werden konnten. Vor allem die „Fettlücke" machte sich bis Kriegsbeginn immer wieder bemerkbar.

Die Mängellisten und die Aufstellungen über den Rückgang der Rohstoffbevorratung nahmen 1935 von Monat zu Monat immer dramatischere Formen an, so daß das Aufrüstungsprogramm in dem Augenblick ernstlich gefährdet war, als es quantitativ gewaltige Dimensionen erreichte. Die Rüstungsindustrie verfügte 1935 nur noch über eine Bevorratung von ein bis zwei Monaten und lebte bei Kautschuk, Eisenerz, Blei und Zink sowie Textilrohstoffen praktisch von der Hand in den Mund bzw. vom Verbrauch der Reserven. Der Waffenexport nach Rumänien konnte im letzten Augenblick die Erdölversorgung sicherstellen, als sich Bukarest unter dem Eindruck der großen deutschen Clearing-Verschuldung weigerte weiterzuliefern.

Schacht wurde nicht müde zu betonen, daß die Aufrüstung an die Grenzen der Produktionskraft der nationalen Volkswirtschaft stieß und nunmehr ein Wendepunkt erreicht sei, der nach einem Bericht des Wehrwirtschaftsstabes über den Stand der wirtschaftlichen Lage vom 1. August 1936 (es war der Tag der Vorlage des August-Programmes durch Fromm!) „durchgreifende Maßnahmen der Reichsregierung lange nicht mehr aufzuschieben" erlaubte.[72] Auch machte sich in rüstungswirtschaftlichen Schlüsselindustrien nach Erreichen der Vollbeschäftigung zum ersten Mal ein Facharbeitermangel bemerkbar. Er war geeignet, durch illegale Abwerbungen einen erheblichen Lohndruck zu erzeugen und damit in einem kritischen Augenblick zusätzlich die Lohn-Preis-Spirale in Gang zu setzen. So mußten 1936 neben der wachsenden Rohstoff- und Nahrungsmittelverteilung auch für die allgemeine Lenkung des Arbeitsmarktes verschärfte administrative Kontroll- und Regulierungsmaßnahmen ins Auge gefaßt werden, etwa auch um der wachsenden Landflucht und damit der Gefährdung der Einbringung der Ernte Einhalt zu gebieten.

Die dramatische Zuspitzung der deutschen Wirtschaftskrise im Sommer 1936, eine untrennbare Verbindung von Außenhandels-, Rohstoff-, Mineralöl-, Ernährungs-, Arbeitsmarkt- und Devisenkrise, ließ als Ausweg drei Möglichkeiten zu: Erstens eine sofortige Drosselung des Rüstungstempos und eine Verlagerung der Produktion auf zivile Exportgüter, um den Außenhandel wieder anzukurbeln, die Devisenbilanz zu aktivieren und dadurch den dringenden Einfuhrbedarf an Rohstoffen, Lebensmitteln, Futtergetreide und Erdöl zu decken. Für diesen Weg plädierte Schacht. Er hielt den forcierten Ausbau der Eratzstoffproduktion sowie die Verarbeitung ferroarmer deutscher Eisenerze in Salzgitter und in der Oberpfalz für unwirtschaftlich und für einen Notbehelf bis zur Wiedereingliederung der deutschen Volkswirtschaft in einen wieder funktionsfähigen Weltmarkt. Auch fürchtete er auf diesem Wege eine Verteuerung der deutschen Industrieerzeugnisse im Ausland und damit eine Beeinträchtigung ihrer Wettbewerbsfähigkeit.

Bei der alternativen zweiten Möglichkeit des weiteren Improvisierens und Laufenlassens war abzusehen, daß die „Wehrwirtschaft" unter Prestigeeinbußen für Hitler und sein Regime in der Bevölkerung über kurz oder lang einen Kollaps erleben würde mit allen kurzfristigen Folgen auch auf dem Arbeitsmarkt. So entschieden sich Hitler, Göring und Blomberg, da für sie weder eine Verlangsamung des Rüstungstempos noch ein Verzicht in Frage kamen, für eine dritte Variante: Straffe dirigistische Lenkung der Rüstungsproduktion auf unmittelbar kriegswichtige Erzeugnisse und ihre teilweise Substitution (Buna, Synthesebenzin, synthetische Spinnstoffe usf.) sowie Ausrichtung der Planvorgaben auf einen militärischen Einsatz in absehbarer Zeit.

Damit wurde die zentrale „Treibstoff-Frage" nicht nur zum entscheidenden Faktor für die neue Wirtschaftspolitik, sondern zugleich zum „Treibsatz" für ein wichtiges Revirement an der Spitze der „Wehrwirtschaft": für die schrittweise Entmachtung des noch in wilhelminischen Traditionen wurzelnden liberal-konservativen Imperialisten und „Mitteleuropäers" Schacht mit seiner – aus nationalsozialistischer Perspektive – noch allzu „friedenswirtschaftlichen" Konzeption durch den ehrgeizigen Gefolgsmann Hitlers, Hermann Göring. Bereits am 4. April 1936 war Göring durch einen Geheimerlaß Hitlers zur weiteren „Wehrhaftmachung" des Reiches zum Beauftragten für alle Rohstoff- und Devisenfragen ernannt worden. Einen Monat später begann der Rohstoff- und Devisenstab seine Arbeit. Im Wirtschaftsbereich vollzogen sich an der Spitze eine „Gleichschaltung" und Nazifizierung, die Ende 1937 mit der Ersetzung Schachts durch den gefolgsamen Walther Funk als neuen Reichswirtschaftsminister vollendet wurde und Anfang 1938 im Auswärtigen Amt mit der Ernennung Ribbentrops und in der Berufung Keitels an die Spitze des neugeschaffenen OKW ihre Entsprechung fand.

Der „Vierjahresplan" vom September 1936

Der „Vierjahresplan" vom September 1936 war durch seine einseitige Ausrichtung auf die chemische Syntheseproduktion und seine enge personelle und organisatorische Verzahnung von Staatsbürokratie und privatwirtschaftlichem Management im Grunde ein „IG-Farben-Plan". Er bot Hitler das Instrument zur Kriegführung und gleichzeitig die Chance, diesen Krieg mit einer zuverlässigen Gruppe treuer und loyaler Gefolgsleute in der Wirtschaft beginnen und führen zu können.

Zwischen Mitte und Ende August 1936 verfaßte der Diktator seine ge-

Hitlers Denkschrift

heime Denkschrift zum „Vierjahresplan“[73]. Von drei überhaupt nur vorhandenen Exemplaren übergab er zwei Göring und Blomberg und das dritte 1944 Speer. Er tat dies mit der Bemerkung, „der Unverstand des Reichswirtschaftsministeriums und der Widerstand der deutschen Wirtschaft gegen alle großzügigen Pläne hätten ihn veranlaßt, diese Denkschrift auf dem Obersalzberg auszuarbeiten. Er habe sich damals entschlossen, einen Vierjahresplan durchzuführen und Göring damit zu beauftragen.“[74]

Nahezu in jedem Satz dieser Denkschrift wird die scharfe und kompromißlose Abrechung Hitlers mit allen Wirtschaftsführern wie Schacht, Industriellen wie den Eisen- und Stahlproduzenten oder auch den Militärs wie Thomas greifbar, die für eine Vorratshaltung von Rohstoffen im Rahmen einer „Tiefenrüstung“, für mehr Wirtschaftlichkeit und Kostenbewußtsein oder für eine teilweise Verlagerung auf Friedensproduktion eintraten, eine Verlangsamung des Rüstungstempos verlangten, wirtschaftliche über politische Gesichtspunkte stellten und immer wieder ihre Bedenken gegen eine ganz ungesunde Autarkisierung der deutschen Volkswirtschaft vorbrachten: „Das Volk lebt nicht für die Wirtschaft oder für den Wirtschaftsführer und alle Theorien haben ausschließlich diesem Selbstbehauptungskampf unseres Volkes zu dienen.“

Der Privatwirtschaft wurde, falls sie sich nicht zur Bewältigung der gestellten Aufgaben in der Lage zeigen würde, angedroht, daß dann „der nationalsozialistische Staat aus sich heraus diese Aufgabe zu lösen wissen (wird)“. Das konnte aber konkret nur Sozialisierung bedeuten. „Obstrukteuren“ und „Saboteuren“ wurde, sofern sie etwa Fluchtkapital ins Ausland fließen ließen, die Todesstrafe in Aussicht gestellt. Diesen Drohungen, gegebenenfalls auch „das gesamte Judentum“ für Schäden an der deutschen Volkswirtschaft „haftbar“ zu machen, schloß sich dann die oft zitierte Forderung an, Armee und Wirtschaft innerhalb von vier Jahren „einsatzfähig“ und „kriegsfähig“ zu machen.

Der neue „Wirtschaftsdiktator“ Göring nahm das Steuer sofort energisch in die Hand. Am 4. September 1936 stellte er den Ministerrat, mithin also auch Schacht, vor vollendete Tatsachen. Er verlas im Kommandoton Auszüge aus der Denkschrift und kommentierte, sie gehe „von dem Grundgedanken aus, daß die Auseinandersetzung mit Rußland unvermeidbar“ sei. Hitler habe ihn für die Durchführung der gestellten Aufgabe verantwortlich gemacht. Göring schloß mit der Bemerkung: „Alle Maßnahmen haben so zu erfolgen, als ob wir uns im Stadium der drohenden Kriegsgefahr befänden.“

Der Weg in die Autarkie und „Großraumwirtschaft“ wurde dem „Dritten Reich“ nicht, wie es teilweise später entlastend gedeutet wurde, durch die Weltwirtschaftskrise und die Abschließungstendenzen der anderen Großmächte, an der Spitze die USA und Großbritannien, aufgezwungen. Die Einbettung des „Vierjahresplanes" in den politisch-militärisch-ökonomischen Gesamtzusammenhang seit 1933 dürfte deutlich gemacht haben, daß diesem Schritt in die Autarkie eine schon früh getroffene bewußte ideologisch-politische Willensentscheidung des „Führers" zugrundegelegen und er bei diesem Entschluß die Zustimmung und Unterstützung der militärischen Führung, der Wirtschaftsbürokratie und auch wichtiger Industriegruppen wie der Großchemie gefunden hatte.[75] Es sollte sich schnell zeigen, welche verheerenden Folgen dieser langfristig schädliche und ganz ungesunde Weg Deutschlands in die abgeschlossene National- und Großraumwirtschaft hatte, und daß er mithalf, die wirtschaftliche Krisenlage des Reiches, die er doch entschärfen sollte, im Gegenteil gerade noch weiter zuzuspitzen.

4. Die Schaffung des „Großdeutschen Wirtschaftsraumes" als Ausgangsbasis für den Krieg (1938)

Am 10. Februar 1939 erklärte Hitler in einer Geheimrede[76] vor den Truppenkommandeuren des Heeres rückblickend auf das Vorjahr, dieses habe „mit dem vielleicht größten Erfolg zunächst unserer neueren Geschichte abgeschlossen". Dieser Erfolg sei *nur die konsequente Fortsetzung der Entschlüsse, die ihre Verwirklichung beginnend mit dem Jahre 1933 gefunden hatten. Es ist nicht so, als ob etwa dieses Jahr 1938 – sagen wir – eine besondere, vorher nicht ins Auge gefaßte Handlung darstellen würde, sondern im Gegenteil, alle die einzelnen Entschlüsse, die nun seit dem Jahre 1933 verwirklicht worden sind, sind nicht das Ergebnis augenblicklicher Überlegungen, sondern sind die Durchführung eines an sich vorhandenen Planes, nur vielleicht unter nicht genauer Einhaltung vorgesehener Termine.*
Nach einer Tour d'horizon über die Schlusselereignisse zwischen 1933 und 1938 heißt es weiter: *Ebenso war es klar, daß zur weiteren Festigung der deutschen politischen und besonders der militärpolitischen Stellung das österreichische und das tschechoslowakische Problem gelöst werden mußte. Ich war am Anfang mir nicht ganz im klaren, ob beide Probleme zur selben Zeit gelöst werden mußten oder konnten, ob man erst die Frage der Tschechoslowakei oder erst die Frage Österreichs in Angriff nehmen sollte. Darüber, daß diese Fragen gelöst werden mußten, konnte es keinen Zweifel geben. Und es sind daher alle diese Entschlüsse nicht etwa Gedanken, die im Augenblick des Kommens ihre Verwirklichung gefunden hatten, sondern es waren lange zurückliegende Pläne, zu deren Verwirklichung ich in eben dem Augenblick von vornherein entschlossen war, in dem ich glaubte, daß die allgemeinen Zeitumstände dafür günstig sein würden.*

Hitler suggeriert hier in einer gekonnten Form propagandistischer Selbststilisierung im Rückblick eine bruchlose Kontinuität und Folgerichtigkeit seines Planens und Handelns nach der Machteroberung 1933. Ihm folgend, haben dann später manche Historiker versucht, dem erfolgreichen Ablauf des Geschehens ex eventu einen hohen Grad immanenter Logik und stringenter „programmatischer" Planmäßigkeit in Form von „Stufenplänen" zu unterlegen. Sie haben dabei übersehen, daß der Diktator gerade 1938 oft schwankte und unsicher war, um dann im nächsten Augenblick zum Schrecken seiner Umwelt zum risikoreichen Vabanque anzusetzen. Auch hier kamen ihm die „allgemeinen Zeitumstände" wieder entgegen.

Beschleunigung der Kriegsvorbereitungen 1938

Zunächst fällt in der bekannten Risikopolitik des „Führers" die Tempobeschleunigung 1938 sowohl bei der Schaffung der mitteleuropäischen Ausgangsbasis für den Krieg und beim Ausbau des „Großdeutschen Wirtschaftsraumes" als auch bei der Vorbereitung der längst anvisierten kriegerischen Gewaltlösung selbst auf. Hierfür gibt es drei Erklärungen, über die sich Hitler am 10. Februar 1939 naturgemäß ausgeschwiegen hat: 1. Das Scheitern des „Vierjahresplanes" von 1936 bereits im zweiten Jahr seines Bestehens und die dramatischen Anzeichen einer erneuten Verschlechterung der Wehrwirtschaftslage, 2. die inzwischen in Gang gesetzte Aufrüstung der Westmächte, besonders Großbritanniens seit 1937, und das Bewußtsein ihrer langfristigen materiellen Überlegenheit in diesem Rüstungswettlauf bei Hitler sowie 3. die wachsende Erkenntnis, daß London und Paris sich dem deutschen Drängen auf „freie Hand" in Europa versagten, nach wie vor ein Mitspracherecht bei der Veränderung der Grenzen beanspruchten und daß infolgedessen der Krieg „mit verkehrter Frontstellung" zunächst gegen die „Haßgegner" England und Frankreich geführt werden mußte, bevor der eigentliche „Lebensraumkrieg" begonnen werden konnte. Es war abzusehen, daß die Zeit der leichten Siege und „blitzartigen Überraschungscoups" bald, wenn auch nach fester Überzeugung Hitlers noch nicht bei Österreich und der Tschechoslowakei, ablaufen und daß es dann ernst werden würde.

Hitlers Analyse vom 5. 11. 1937

Hitler selbst entwickelte diese Hintergründe seines Vorgehens am 5. November 1937 in einem mehr als zweistündigen Monolog vor dem Reichsminister von Blomberg, dem Reichsaußenminister von Neurath und den Oberbefehlshabern der drei Wehrmachtsteile von Fritsch, Raeder und Göring. Die Gedächtnisniederschrift über die Konferenz fertigte der anwesende Wehrmachtsadjudant Oberst Hoßbach an (fälschlich oft „Hoßbach-Protokoll" genannt).[77] Seine Ausführungen enthielten zunächst nichts, was nicht schon durch „Mein Kampf" und zahllose spätere Äußerungen geläufig, aber fatalerweise im In- und Ausland allzu lange nicht recht ernst genommen worden war: Anspruch auf Lebensraum für einen in sich „fest geschlossenen Rassekern" von „über

85 Millionen Menschen“ (offenbar bereits eine großzügige Vorwegnahme der „Eingemeindung“ der Deutschen in Österreich, der Tschechoslowakei und Polen), die typische Verbindung von sozialdarwinistischem Denken und Geopolitik und die Erhebung der expansiven Raumpolitik in den Rang eines gleichsam ewigen historischen und biologischen Lebensgesetzes von Volk und Rasse, Absage an eine Beteiligung an der Weltwirtschaft und an den Erwerb von Kolonien und dafür Gewinnung von Siedlungsraum und Rohstoffgebieten „in unmittelbarem Anschluß an das Reich in Europa“, „Entschluß zur Anwendung von Gewalt unter Risiko“.

Hitlers Deutung der internationalen Mächtekonstellation

Im Anschluß an seine dramatische Beschwörung der langfristig gefährdeten und kritischen deutschen Wirtschaftslage und in engem Zusammenhang mit ihr kam Hitler dann auf den zweiten großen Themenkomplex zu sprechen, der ihn im Herbst 1937 offenbar intensiv beschäftigte: auf die internationale Mächtekonstellation. Mit einer seine Zuhörer offenbar alarmierenden, bisher unbekannten Eindeutigkeit und Schroffheit sprach der „Führer“ hier zum ersten Mal von „den beiden Haßgegnern England und Frankreich [...], denen ein starker deutscher Koloß inmitten Europas ein Dorn im Auge sei, wobei beide Staaten eine weitere deutsche Erstarkung sowohl in Europa als auch in Übersee ablehnten und sich in dieser Ablehnung auf die Zustimmung aller Parteien stützen könnten“. Eine neue Frontstellung kündigte sich damals an: Nicht mehr der Osten war offenbar das vorrangige Ziel deutscher Kriegsvorbereitung, sondern die beiden Westmächte. Freilich stellte der „Führer“, offenbar um den Widerstand seiner Zuhörer gegen einen zu frühen und überhasteten Einsatz der noch unfertigen Wehrmacht zu überwinden, seine potentiellen Gegner Großbritannien und Frankreich als innerlich schwach und militärisch noch nicht handlungsfähig dar.

Hitlers Überlegungen zum Kriegsbeginn

Die beiden vorher abgehandelten Themenkomplexe – die Anzeichen für eine bevorstehende ernste Wirtschaftskrise und die sich als möglich abzeichnende neue Frontstellung nach Westen – führten den monologisierenden Hitler mit einer gewissen Logik zur Frage nach dem Zeitpunkt zum Losschlagen. Als spätesten Termin, um „die deutsche Raumfrage zu lösen“, nannte er die Jahre 1943 bis 1945 (Fall 1). Nach dieser Zeit sei nur noch eine Veränderung zu unseren Ungunsten zu erwarten.

Die Aufrüstung der Armee, Kriegsmarine, Luftwaffe sowie die Bildung des Offizierskorps seien annähernd beendet. Die materielle Ausstattung und Bewaffnung seien modern, bei weiterem Zuwarten läge die Gefahr einer Veraltung vor. Besonders der Geheimhaltungsschutz der ‚Sonderwaffen' ließe sich nicht immer aufrecht erhalten. Die Gewinnung von Reserven beschränke sich auf die laufenden Rekrutenjahrgänge, ein Zusatz aus älteren unausgebildeten Jahrgängen sei nicht mehr verfüg-

bar. Im Verhältnis zu der bis dahin durchgeführten Aufrüstung der Umwelt nähmen wir an relativer Stärke ab. Wenn wir bis 1943/45 nicht handelten, könne infolge des Fehlens von Reserven jedes Jahr die Ernährungskrise bringen, zu deren Behebung ausreichende Devisen nicht verfügbar seien. Hierin sei ein ‚Schwächemoment des Regimes' zu erblicken. Zudem erwarte die Welt unseren Schlag und treffe ihre Gegenmaßnahmen von Jahr zu Jahr mehr. Während die Umwelt sich abriegele, seien wir zur Offensive gezwungen [...] Auf der einen Seite die große Wehrmacht mit der Notwendigkeit der Sicherstellung ihrer Unterhaltung, das Älterwerden der Bewegung und ihrer Führer, auf der anderen Seite die Aussicht auf Senkung des Lebensstandards und auf Geburteneinschränkung ließen keine andere Wahl als zu handeln.

In seiner maßlosen Egozentrik deutete Hitler auch die Möglichkeit seines vorzeitigen Ablebens als Grund für ein bald notwendiges Losschlagen an. Er lebte in ständiger Furcht vor Attentaten. Es war ihm ernst mit der Befürchtung, eine sehr geschickt als „jugendlich" und „dynamisch" verkaufte „Bewegung" könne sich mangels innerer und äußerer Erfolge eines Tages tot- oder einfach ins Leere laufen. Gerade ein diktatorisches Regime wie das nationalsozialistische konnte sich, das wird aus den Beschwörungen unmißverständlich deutlich, nichts weniger leisten als Mißerfolg, Stillstand oder gar Krisen und Rückschläge.

Das "strategische Fenster"

Bringt man die Substanz von Hitlers weitschweifigen und nicht selten auch bramarbasierenden Ausführungen auf eine knappe Formel, so bietet sich hier das Bild vom „strategischen Fenster" oder vom „immanenten Zeitfaktor" an: *Noch* war das Reich seinen potentiellen Gegnern überlegen und strebte dem Höhepunkt seiner militärischen Macht zu, aber die Sanduhr drohte von einem bestimmten Punkt an abzulaufen. Das günstig geöffnete „strategische Fenster" zwischen optimaler, wenn auch noch längst nicht abgeschlossener eigener Kriegsvorbereitung einerseits und noch unzureichender Abwehrbereitschaft der Gegner andererseits konnte sich in naher Zukunft, spätestens aber 1943 bis 1945 relativ rasch schließen. Es drohte dann der gefährliche Umschlag von der Stärke zur Schwäche. Was lag also näher, als loszuschlagen, solange es noch nicht zu spät war und die eigene Überlegenheit und der eigene Bewegungsspielraum im internationalen Mächtesystem noch als hinreichend groß eingeschätzt wurden, um beim „blitzartigen Überfall" und unter Ausnutzung des Überraschungsvorteils einen Sieg zu garantieren.

Hitler gab seinem Außenminister und seinen höchsten Militärs freimütig zu verstehen, daß er gerade unter diesem Aspekt entschlossen war, eine politische und militärische Schwächung Frankreichs für ein „blitzartig schnelles" Losschlagen gegebenenfalls sogar schon 1938 auszunutzen. Mögliche strategische Vorteile sah er dabei in einer „Lahmlegung Frankreichs durch einen Bürgerkrieg" (Fall 2) oder in seiner Verwicklung in einen Mittelmeerkonflikt mit Italien, so „daß es gegen Deutschland nicht ‚vorgehen' kann" (Fall 3).

Hitlers strategische Analyse

Dann nahm der Diktator seine nächsten Gegner einer geplanten Aggression ins Visier: „Zur Verbesserung unserer militärpolitischen Lage müsse in jedem Fall einer kriegerischen Verwicklung unser 1. Ziel sein, die Tschechei und gleichzeitig Österreich niederzuwerfen, um die Flankenbedrohung eines etwaigen Vorgehens nach Westen auszuschalten." Außerdem sei bei einer Niederwerfung der Tschechoslowakei und der Schaffung einer gemeinsamen Grenze mit Ungarn die Neutralität Polens in einem deutsch-französischen Konflikt eher gewährleistet. Um mögliche Einwände seiner Zuhörer gegen das zu hohe Risiko eines solchen Vorgehens schon im Vorwege abzublocken, prophezeite er – wie sich bald zeigen sollte, nicht zu Unrecht! –, „mit hoher Wahrscheinlichkeit" hätten England und voraussichtlich auch Frankreich „die Tschechei bereits im Stillen abgeschrieben und sich damit abgefunden, [...] daß diese Frage eines Tages durch Deutschland bereinigt würde". Zudem werde sich Großbritannien infolge seiner Schwierigkeiten im Empire nicht erneut in einen längeren europäischen Krieg verwickeln lassen wollen und damit zugleich einen zügelnden Einfluß auf Frankreich ausüben.

Unübersehbar sind neben den militärstrategischen auch die wehrwirtschaftlichen Argumente. Bei einer gewaltsamen „Einverleibung der Tschechei und Österreichs" stellte Hitler „den Gewinn von Nahrungsmitteln für 5 bis 6 Millionen Menschen" in Aussicht, dies freilich unter der Bedingung, „daß eine zwangsweise Emigration aus der Tschechei von zwei, aus Österreich von einer Million Menschen zur Durchführung gelange". Dieses Argument verrät, sollte es so gefallen sein, ebensoviel hemmungslosen Zynismus wie blanke Ignoranz. Jedem einigermaßen Informierten, auch Hitler, wie aus seiner Bemerkung über die dicht besiedelte Tschechoslowakei deutlich wird, mußte klar sein, daß die beiden hochindustrialisierten Staaten eher ernährungswirtschaftliche Zuschuß- als Überschußgebiete waren und dementsprechend ihre „Einverleibung" für die deutsche Ernährungsbasis keine grundlegende Entlastung bringen würde. Im übrigen dürfte der Diktator nicht ernsthaft an die Vertreibung deutscher Landsleute aus ihrer österreichischen Heimat gedacht haben. Erheblich günstiger dagegen lagen die Dinge für Deutschland bei den rüstungswirtschaftlich wichtigen Rohstoffen und den industriellen Kapazitäten beider Länder, wenn sie für deutsche Ziele eingespannt wurden.

Geostrategisch argumentierte der Diktator, eine Verkürzung der großdeutschen Grenzen durch die „Angliederung" der beiden Staaten würde im Kriegsfall, den er für diese „Angliederung" noch nicht annahm, Verteidigungsstreitkräfte für andere, das hieß doch wohl, für offensive Zwecke nach Westen freisetzen. Weiterhin kalkulierte Hitler schon die

„angegliederte“ Bevölkerung als ein unverzichtbares Rekrutierungsreservoir „bis in Höhe von etwa 12 Divisionen“ für den beschleunigten Aufbau der großdeutschen Wehrmacht ein.
Die entscheidende Frage drängt sich nun auf, welche Faktoren dazu geführt haben, daß sich der ursprünglich anvisierte Termin für die Auslösung eines kriegerischen Konfliktes (1943 bis 1945) offenbar immer weiter nach vorn verschoben hat. Nationale Zwangslagen haben hier ebenso eine Rolle gespielt wie die Zuspitzung in der internationalen Situation nicht zuletzt durch Gegenreaktionen Großbritanniens im Jahre 1939.

Krise der „Wehrwirtschaft“ 1938

Bevor die Konsequenzen aus der Oberbefehlshaberbesprechung vom 5. November 1937 für das folgende Jahr weiterzuverfolgen sind, soll die katastrophale Wirtschaftslage als Hintergrund für die Entscheidungen des Jahres 1938 kurz beleuchtet werden. Es mehrten sich überall die Anzeichen für ein „Heißlaufen“ der deutschen „Wehrwirtschaft“ und die Gefahr ihres Kollapses.[78] Westwall, Aufrüstung und eine gewisse, massenpsychologisch motivierte Rücksichtnahme auf den Lebensstandard der Bevölkerung stellten ungewöhnliche Anforderungen an den Arbeitsmarkt mit seinem Facharbeitermangel, an die Industriekapazitäten vor allem auch in der Bauwirtschaft, an die außen-wirtschaftlichen Clearing-Konten sowie an die Devisen-und Rohstoffreserven. Die ursprünglich breitgefächerten wehrwirtschaftlichen Planungen für die Aufrüstung und den Übergang zur Selbstversorgung konnten nicht mehr aufrechterhalten werden. Als Alternative für eine Drosselung des Rüstungstempos, die politisch außerhalb aller offizieller Erwägungen stand, bot sich nur noch der Weg einer dirigistischen und schwerpunktartigen Bündelung aller Ressourcen und Produktivkräfte auf den Mobilmachungsfall hin an. Göring bilanzierte am 16. Juli 1938 die unzureichenden Ergebnisse des „Vierjahresplanes“: „Bisherige Leistungen des Vierjahresplanes unbefriedigend auf den kriegswichtigen Gebieten, da zu große Zersplitterung. Katastrophal die Lage auf dem Pulver- und Sprengstoffgebiet als Folge des Streites um Zuständigkeiten. Schärfste Zusammenfassung des Vierjahresplanes notwendig für folgende Erzeugungsanlagen: a) Pulver und Sprengstoffe, b) Treibstoffe, c) Aluminium, d) Buna, e) Erzversorgung.“[79]

Der „Wehrwirtschaftliche Neue Erzeugungsplan“ vom 12. 7. 1938

Der „Wehrwirtschaftliche Neue Erzeugungsplan“ (WNE) vom 12. Juli 1938, der die bisherigen Vierjahresplanungen ablöste, war eine Konsequenz aus den Fehlschlägen seit 1936. Der WNE, auch Karinhall-, Krauch- oder Chemischer Erzeugungs-Plan genannt, regelte die Planungen für Pulver, Spreng- und Kampfstoffe und deren Vorprodukte sowie für Leichtmetalle (Aluminium und Magnesium), Mineralöl und Kautschuk. Die zeitlichen Vorgaben bezogen sich nicht mehr wie noch die des Vierjahresplanes von 1936 auf das Jahr 1940, sondern in etwa parallel zu der Terminierung der „Hoßbach-Niederschrift“ auf den Zeitraum 1943/45. Wegen der Sudetenkrise wurde der Plan schon am 13. August 1938 zum „Schnellplan" erweitert mit einer Erhöhung des Plansolls und des Aufbautempos der Anlagen, um die Ziele des WNE früher zu erreichen. Durch eine konzentrierte Kraftanstrengung sollte die Mobilmachungsbereitschaft schnellstens erreicht werden. Bei Kriegsbeginn 1939 war das ganze WNE-Projekt noch ein Torso, eine Entlastung der Rohstoffversorgung erst nach ein bis zwei Jahren zu erwarten.

Lagebeurteilung vom „Wehrwirtschaftsstab" des OKW

Es häuften sich überall, besonders aus dem „Wehrwirtschaftsstab" des OKW unter dem inzwischen zum Generalmajor ernannten Georg Thomas die Alarmmeldungen[80], daß die kritische Rohstoff- und Ernährungslage nur einen kurzen Krieg erlaube und einen längeren Abnutzungskrieg wie zwischen 1914 und 1918 nicht zulasse. Dagegen hob Thomas den beschleunigten Ausbau der Vorratshaltung mit kriegswichtigen Rohstoffen in Großbritannien, die kriegswirtschaftlichen Anstrengungen der Westmächte und ihre – im Vergleich zu Deutschland (1937 nur noch 70 Millionen Reichsmark) – überlegenen Gold- und Devisenreserven hervor. Einer nach wie vor erheblichen Einfuhrabhängigkeit des Reiches stünden „zur Zeit" keine nennenswerten Gold- und Devisenreserven gegenüber. Damit fehle „ein wesentlicher Faktor für die äußere Finanzierung des Krieges". Aus dieser selbstverschuldeten Zwangslage ergab sich für Hitler mit zwingender Logik die Konsequenz, die ersten Schritte zur „Raumgewinnung" in Mitteleuropa und zur Erweiterung der wehrwirtschaftlichen Basis in Österreich und in der Tschechoslowakei möglichst „blitzartig" durchzuführen und dabei Frankreich und Großbritannien so lange wie möglich herauszuhalten, um sich nicht zur Unzeit den gefürchteten Zweifrontenkrieg aufzwingen zu lassen. Das hieß aber konkret: die noch vorhandenen Schwächen der Westmächte und ihren mangelnden Rüstungsstand auszunutzen, bis es zu spät war.

Es war nur folgerichtig, daß sich das Allgemeine Heeresamt (AHA) mit Göring als dem Beauftragten für den „Vierjahresplan" im Juni 1938 dahingehend verständigte, daß die Kriegsbereitschaft selbst um den Preis eines „Zusammenbruches von Teilen der Wirtschaft" herbeigeführt werden sollte[81]. Gleichzeitig signalisierte der „Wehrwirtschaftsstab" eine völlige Erschöpfung der Arbeitsmarktreserven und eine defizitäre Bilanz des Außenhandels vor allem mit den Clearing-Partnern. Offenbar war es jetzt auch ein allgemein anerkannter Grundsatz, daß nach kurzen, „blitzartigen" Schlägen die weitere rüstungswirtschaftliche Versorgung dann jeweils wesentlich mit aus dem gewaltsam erweiterten „Wehrwirtschaftsraum" erfolgen sollte.

Die Lageeinschätzung aus dem Oberkommando der Luftwaffe von Ende April 1938 bestätigte die langfristig pessimistischen Prognosen von Thomas über die ständig wachsenden Kräfte der angenommenen Gegner. „Zusammenfassend kann über die großen Luftmächte Frankreich,

Großbritannien und Sowjetrußland für den gegenwärtigen Zeitpunkt gesagt werden, daß die Kriegsbereitschaft noch verhältnismäßig gering ist, daß aber große Anstrengungen gemacht werden, diese zu heben. Wenn keine ernsthaften Rückschläge in der Flugzeugerzeugung eintreten, muß ab Sommer 1939 mit der Neuausrüstung sowie einer wesentlichen Steigerung der Kriegsbereitschaft der Luftwaffe Frankreichs und Großbritanniens gerechnet werden."[82]

Die äußerst angespannte wehrwirtschaftliche Situation des Frühjahrs und Sommers 1938 läßt zwei grundsätzliche Aussagen zu: 1. Die beginnende territoriale Expansion in diesem Jahr erfolgte ganz wesentlich auch unter der rüstungswirtschaftlichen Zielsetzung einer Erweiterung des „Großwirtschaftsraumes". 2. Wenngleich die Zeitvorgaben des WNE schließlich auf 1942/43 hinausgeschoben wurden, rückte doch der Herbst 1939 aus verschiedenen militärischen, politischen und wehrwirtschaftlichen Perspektiven als eine Art Schlüsseldatum und zeitlicher Fluchtpunkt, auf den alle Planungen hingeordnet waren, immer stärker in den Vordergrund. Dies geschah nicht zuletzt unter dem Eindruck, daß die Rüstungsanstrengungen der potentiellen Gegner inzwischen voll einsetzten und daß sie bei längerem Zuwarten schließlich auch wirtschaftlich und finanziell doch den längeren Atem haben würden, um den Krieg erfolgreich durchzuhalten.

Die personellen Umbesetzungen und Neustrukturierungen im Februar 1938 sowohl im Auswärtigen Amt mit der Ersetzung von Neuraths durch Ribbentrop als auch an der Wehrmachtspitze mit der Entlassung Blombergs und Fritschs, der Ernennung Brauchitschs zum Oberbefehlshaber des Heeres und der Schaffung des „Oberkommandos der Wehrmacht" unter Keitel sollten zwei zentrale Ressorts zu willfährigen Werkzeugen des „Führers" machen, so daß von hier aus bei den anvisierten Schritten kein Widerstand mehr zu erwarten war.

Der „Anschluß Österreichs" 12./13. 3. 1938

Der zwar seit langem geplante, dann aber am 12./13. März 1938 im „Schatten der Weltpolitik" (Spanischer Bürgerkrieg, seit 1937 japanisch-chinesischer Krieg) mehr oder weniger improvisiert durchgeführte „Anschluß Österreichs" war das Produkt des seit 1933 funktionierenden Zusammenspiels von „Staatspolitik" unter Hitler, der sich freilich primär auf den reibungslosen militärischen Ablauf („Fall Otto") konzentrierte, und „Parteipolitik" unter Göring. Dabei lieferte der außenpolitisch inzwischen total isolierte österreichische Bundeskanzler Schuschnigg dem deutschen Diktator mehrere Vorwände zum Eingreifen. Schuschnigg hatte den im Juliabkommen 1936 zugesagten Einbau der „Nationalen Opposition" in die politische Verantwortung nicht vollzogen, um nicht die Unabhängigkeit seines Landes durch eine innere „Machtergreifung" und Gleichschaltung aufs Spiel zu setzen.

Das mit dem österreichischen Bundeskanzler am 12. Februar 1938 „ausgehandelte", tatsächlich aber unter ultimativem Druck Hitlers zustandegekommene „Berchtesgadener Abkommen“ sah im einzelnen die Unterwerfung des Nachbarlandes unter ein deutsches Diktat vor: Abstimmung der Wiener Außenpolitik mit der des Reiches, Berufung des Nationalsozialisten Seyß-Inquart zum Innenminister, Legalisierung der österreichischen NSDAP und allgemeine Amnestierung ihrer Mitglieder sowie Generalstabsbesprechungen und Offiziersaustausch zwischen beiden Armeen und Intensivierung des Wirtschaftsverkehrs. Berchtesgaden war jedoch nur eine kurze Atempause bis zum Schlußakt. Wieder lieferte Schuschnigg den Vorwand: Zur Rettung der Unabhängigkeit seines Landes in letzter Minute setzte er als Verzweiflungsschritt am 9. März plötzlich zum 13. März eine – im übrigen äußerst schlampig vorbereitete – Volksabstimmung an unter der umfassenden Parole: „Für ein freies und deutsches, unabhängiges und soziales, für ein christliches und einiges Österreich. Für Frieden und Arbeit und die Gleichberechtigung aller, die sich zu Volk und Vaterland bekennen!“

Damit war Hitler unter Zugzwang gesetzt. Da sich eine Mehrheit der österreichischen Bevölkerung für diese Formel abzeichnete, war sofortige Intervention angesagt, sollte der „Anschluß“ nicht ad infinitum vertagt werden. Der Diktator verlangte mit der Begründung eines Bruches des Berchtesgadener Abkommens ultimativ die Absetzung der Volksabstimmung und die Einsetzung von Seyß-Inquart zum Bundeskanzler. Außerdem erwirkte er die Zusage Mussolinis, diesmal anders als 1934 stillzuhalten. Als Seyß-Inquart sich nach seiner Ernennung in einem Telephongespräch mit Göring sträubte, einen „Hilferuf“ der österreichischen Regierung nach Berlin zu übermitteln, veröffentlichte Göring aus eigenen Stücken ein entsprechendes Telegramm, das niemals aus Wien abgeschickt worden war.

Der in den frühen Morgenstunden des 12. März beginnende und nicht ohne technische Pannen ablaufende Einmarsch deutscher Truppen wurde von der Bevölkerung mit Blumen und Jubel begrüßt. Die ursprünglich wohl nicht beabsichtigte staatsrechtliche Angliederung Österreichs an das Reich am 14. März 1938 brachte dem Diktator in einem neuen Plebiszit am 10. April mit mehr als 99% einen überwältigenden Erfolg. Selbst der prominente österreichische Sozialist Renner stimmte öffentlich mit „Ja“, und der österreichische Episkopat unter Kardinal Innitzer ließ die Kirchen mit Hakenkreuzfahnen schmücken und begrüßte den „Anschluß“ freudig. Ein willkommener Nebeneffekt dieses außenpolitischen Erfolges war sicher die Ablenkung von den unwürdigen und peinlichen Vorgängen bei der Ablösung Blombergs und Fritschs.

Ziele des „Anschlusses“

Hinter dem „Anschluß“, der wesentlich mit auf Betreiben Görings zurückging und der sich nach außen propagandistisch wirkungsvoll als Vollzug des nationalen Selbstbestimmungsrechts und des völkischen

Prinzips verkaufen ließ, standen in Wirklichkeit machtpolitische, strategische und wehrwirtschaftliche Ziele[83]:
1. Die tschechoslowakische Südflanke war damit dem nächsten deutschen Expansionsschritt schutzlos preisgegeben.
2. Der „Anschluß" stieß endgültig das Tor nach Südosten auf und verstärkte mit Hilfe der traditionellen Funktion Wiens als kommerzielle und finanzielle Drehscheibe zwischen Mittel- und Südosteuropa die ökonomische Ausrichtung des „Großwirtschaftsraumes Südosteuropa" als Ergänzungsraum auf den „Großdeutschen Wirtschaftsraum". Die ergänzungswirtschaftliche Verflechtung der einzelnen Donaustaaten (mit Ausnahme der Tschechoslowakei) mit dem deutschen Markt und damit auch ihre politische Abhängigkeit hatten inzwischen mit Hilfe des „Neuen Planes" von 1934 und des „Vierjahresplanes" von 1936 sichtbare Fortschritte gemacht. Durch den „Anschluß" sollten die deutschen Marktanteile steil auf 40-50% hochschnellen, so daß Deutschland praktisch ein Marktdiktat als Anbieter und Lieferant ausüben konnte. Lediglich die hochindustrialisierte und nach wie vor eng mit Frankreich verbundene Tschechoslowakei stellte im Vergleich mit den Agrarstaaten des Südostens so etwas wie ein „Fremdkörper" in der arbeitsteiligen Gliederung dar.
3. Inklusive eingezogener privater Werte fielen den Deutschen Gold- und Devisenvorräte von rund 1,4 Milliarden Reichsmark in die Hände (bei einem Barschatz der Reichsbank von 76 Millionen Reichsmark!).
4. Wichtige Rohstoffe wie Eisenerze, Blei, Zinkerze, Holz, Erdöl und Magnesit, ausbaufähige Wasserkräfte, brachliegende Industriekapazitäten und ein Heer von 600 000 Arbeitslosen, darunter hochqualifizierte Fachkräfte, brachten der überforderten deutschen Volkswirtschaft eine willkommene Entlastung; dies allerdings nur vorübergehend, da das industrialisierte Österreich seit 1918 ein Ernährungszuschußgebiet war und dementsprechend die Versorgung der Bevölkerung für den nunmehr großdeutschen Devisenhaushalt erhebliche finanzielle Probleme aufwarf.
5. Die Eingliederung des österreichischen Bundesheeres erbrachte für die großdeutsche Wehrmacht einen Zuwachs von zwei Infanterie-, zwei Gebirgsjäger-, einer Panzer- und einer leichten Division mit rund 60 000 Soldaten und 1600 Offizieren.

Vorbereitung des Einmarsches in die Tschechoslowakei

Geostrategische, machtpolitische und wehrwirtschaftliche Gründe waren es denn auch, die die deutsche Führung, kaum daß der „Anschluß" der Alpenrepublik international mit der Anerkennung durch die Westmächte Ende März sanktioniert war, dazu veranlaßten, auf dem Wege der schrittweisen Ausdehnung des mitteleuropäischen Großwirtschafts- und Versorgungsraumes als Plattform für den Krieg beschleunigt weiterzugehen. Wiederum unter dem wirkungsvollen Deckmantel des Selbstbestimmungsrechts der Auslandsdeutschen, diesmal der Sudetendeutschen, wurde „die tschechische Frage" („Fall Grün") noch im März 1938 in Angriff genommen. Offenbar durch den reibungslosen „Anschluß" Österreichs sah sich Hitler in seinem Optimismus bestärkt und schätzte die Chancen für den Erfolg eines „blitzschnellen Handelns" auch in der tschechoslowakischen Frage und für eine Lokalisierung und Isolierung des Konfliktes in Mitteleuropa – gegen die Skepsis und teilweise auch den Widerstand seiner Militärs, des Auswärtigen Amtes und Görings – aus folgenden Erwägungen noch recht günstig ein: Die britische Aufrüstung werde noch nicht zum Tragen kommen und die französische noch Jahre beanspruchen. Mussolini habe ihm gerade persönlich bei einem Italienbesuch sein Desinteresse bekundet. Das deutsche Volk sei psychologisch hinreichend vorbereitet. Die tschechischen Befestigungen seien noch nicht voll ausgebaut. Warschau und Budapest, die beide ebenfalls Minderheiten in der Tschechoslowakei hatten, seien an einer Beteiligung an der Beute interessiert. Die Sowjetunion schließlich sei nicht zuletzt infolge ihrer blutigen „Säuberungen" in der Armee 1936/37 unfähig zur Führung eines Entlastungskrieges für Prag.

Im Zusammenhang mit einer sich abzeichnenden Verkehrung der Frontenbildung durchlief auch die Tschechoslowakei geostrategisch einen Funktionswandel im deutschen Kalkül: Sie war nun nicht mehr – durch ihren Vertrag mit Moskau – ein „kommunistisches Flugzeugmutterschiff" in Mitteleuropa, mit dessen Ausschaltung zugleich die Aufmarschbasis für den Ostkrieg geschaffen werden sollte, sondern eine gefährliche Bedrohung im Rücken für den Fall eines Westkrieges, deren Beseitigung die Operationsfreiheit am Rhein sicherte.

Hitlers Weisung vom 30. 5. 1938

Hitler erließ am 30. Mai 1938 seine berühmte Weisung mit dem vielzitierten Eingangssatz:

Es ist mein unabänderlicher Entschluß, die Tschechoslowakei in absehbarer Zeit durch eine militärische Aktion zu zerschlagen. Den politisch und militärisch geeigneten Zeitpunkt abzuwarten oder herbeizuführen, ist Sache der politischen Führung.[84]

Die Ausführung des „Fall Grün" sollte „spätestens ab 1. 10. 38 sichergestellt sein". Die militärische Entscheidung war durch Ausnutzung des Überraschungsmomentes und ein blitzschnelles Vordringen in den ersten drei Tagen herbeizuführen, um die Abschreckung „interventionslüsterner gegnerischer Staaten" zu gewährleisten und Polen und Ungarn zum sofortigen Eingreifen gegen die Tschechoslowakei zu veranlassen.

Zur „Abschirmung" des Vorgehens nach außen und als erster Schritt bot sich das „chemische Verfahren" (Weizsäcker) an, also die innere Zersetzung der Tschechoslowakei durch ein wirkungsvolles Hochspielen ihrer Nationalitätenprobleme und des Selbstbestimmungsrechtes der einzelnen Volksgruppen unter Einsatz der „Parteipolitik" sowie zusätzlich wirtschaftliche Sanktionen. Wie schon häufiger kamen Hitler wieder äußere Umstände zu Hilfe. Denn niemand wird heute im Rückblick behaupten können, daß die Prager Regierung und das tschechische Staatsvolk nach 1918 mit ihrem zentralistischen, wenn auch demokratischen Kurs gegenüber den nationalen Minderheiten, die drei Millionen Sudetendeutschen eingeschlossen, eine glückliche Politik betrieben haben. Dennoch ist nicht zu leugnen, daß nach eineinhalb Jahrzehnten der betonten Zurückhaltung in der Weimarer Republik die Machtübernahme durch die Nationalsozialisten im Reich im Jahre 1933 zu einer sichtlichen Verschärfung der sudetendeutschen Autonomieforderungen und einer Intensivierung der inneren Spannungen im Nachbarland geführt hatte.

Schürung der Sudetenkrise

Die von Berlin finanzierte Sudetendeutsche Partei (SdP) unter Konrad Henlein eroberte 1935 zwei Drittel aller deutschen Stimmen (44 von 300 Parlamentssitzen) und konnte bis zum Sommer 1938 ihre Mitgliederzahl auf 1,3 Millionen hochschrauben. Damit wurde die SdP für Hitler zu einem willfährigen und wirkungsvollen Instrument, um durch eine ständige Verschärfung der Autonomieforderungen die Sudetenkrise anzuheizen, den tschecheslowakischen Staat von innen her „sturmreif" zu machen, ihn „chemisch" aufzulösen und dann einen „geeigneten" Anlaß für eine Intervention der Wehrmacht zu schaffen, der sich überdies im Ausland propagandistisch ähnlich wie im Falle Österreichs als „Hilferuf" des bedrohten Auslanddeutschtums und als Wahrnehmung des Selbstbestimmungsrechts in der Stunde höchster Not kaschieren ließ. Ende März wurde Henlein von Berlin angewiesen, seine Autonomieforderungen ständig höherzuschrauben und damit die Sudetenkrise bis zum Siedepunkt zu treiben. Die Formulierung des „Karlsbader Programm" der SdP vom 24. April war ein erster Schritt auf dem Wege einer geschickten Synchronisation von „Staatspolitik" und „Parteipolitik" durch Berlin. Es sah in acht Punkten u. a. die weitgehende Selbstverwaltung der Sudetendeutschen und ihre volle Gleichberechtigung und Gleichrangigkeit mit dem tschechischen Staatsvolk vor, also eine Art „Schweizer Lösung", war aber aus Berliner Sicht eindeutig nur eine taktische Durchgangsstufe für die angestrebte Auflösung des tschechoslowakischen Staates.

Die Entwicklung der Sudetenkrise verlief alles andere als „planmäßig" für Hitler. Sie zeigte ihn keineswegs als den überlegen Kalkulierenden und Handelnden, als den ihn die nationalsozialistische Propaganda und als den er sich selbst hinstellte, sondern eher als den Getriebenen, der sich immer mehr in seinen eigenen Fallstricken verfangen sollte. „Anfang September wurde er geradezu gejagt von Anwandlungen kalter Entschlossenheit und von Unsicherheit"[85]. Es zeigte sich bei ihm jene „Mischung von Entschlossenheit, Phrase, Selbstbetrug und Blindheit"[86], die es für uns heute so schwer macht, bei diesem Mann genau

die Grenze zu ziehen zwischen rationalem Kalkül, fanatischer Autosuggestion und geschickter Schauspielerei.
Mit seinem Entschluß, die Tschechoslowakei bis zum Herbst 1938 „zu zerschlagen", seiner schroffen Politik des „Entweder-Oder" und seiner öffentlichen propagandistischen Festlegung auf immer radikalere Ziele bis hin zur Abtretung des Sudetengebietes hatte sich Hitler selbst in eine Zwangslage hineinmanövriert. Sie schien am Ende, sofern Prag nicht nachgab, nur noch die Alternative zwischen Krieg mit einem für die Existenz des Reiches unkalkulierbaren Risiko oder Zurückweichen, Abbruch der bereits eingeleiteten operativen Vorbereitungen und damit einem innenpolitisch für den Diktator schwer erträglichen Gesichtsverlust offenzulassen. Die im Mai selbstherrlich aufgestellte Sanduhr lief ab. Der „Führer" stieß angesichts der Unkalkulierbarkeit der britischen, französischen und tschechoslowakischen Reaktionen überall, innen- wie außenpolitisch zum erstenmal wirklich an die Grenzen seiner angenommenen Allmacht. Sie zwangen ihn schließlich wider Willen in München zum Kompromiß und zur Anerkennung des „halben Sieges" einer Abtretung der Sudetengebiete.

Internationale Reaktion auf die Sudetenkrise

Wieder war es also Großbritannien, das mit seiner – aus der eigenen Rüstungsschwäche und den Zweifeln über das Verhalten der Pariser Regierung resultierenden – Hinhaltetaktik des „keep Germany guessing" und seinem nachdrücklichen Pochen auf Mitsprache in Mitteleuropa – dokumentiert etwa in der Entsendung Lord Runcimans als Vermittler nach Prag – zutiefst verunsichernd auf die Berliner Politik wirkte. Chamberlain hegte zwar erhebliche Aversionen gegenüber der Tschechoslowakei, jenem „künstlichen" Gebilde, dessen Existenz er als relativ unwichtig für Großbritannien ansah, und tat auch vertraulich alles, um mäßigend auf die französische Regierung bei der Erfüllung ihrer Vertragsverpflichtungen gegenüber Prag einzuwirken; er vermied es auch beharrlich, verbindlich den Augenblick anzugeben, an dem seine Regierung den Franzosen in Erfüllung ihrer Bündnisverpflichtungen aktiv zur Hilfe kommen werde. Er ließ aber Hitler auch wissen, daß die erhebliche Konzessionsbereitschaft Londons hinsichtlich einer Abtretung des Sudetenlandes dort ihre Grenzen habe, wo er Gewalt gegen die Tschechoslowakei einsetzen und damit indirekt Frankreich in den Konflikt ziehen werde.
Die Sowjetunion konnte sich in der Sudetenkrise bedeckt halten, da für sie der casus foederis gegenüber Prag von einer vorherigen französischen Hilfeleistung abhängig war. Ob sie der Tschechoslowakei – wie später immer wieder in Moskau behauptet – zur Hilfe gekommen wäre, wenn die Westmächte nicht am Ende nachgegeben, sondern den Konflikt riskiert hätten, muß reine Spekulation bleiben. Mussolini signalisierte eindeutig, daß er im Falle eines Krieges nicht unbedingt an der Seite seines „Achsenpartners" eingreifen werde, sondern eher im

Zusammenspiel mit dem Foreign Office und den kompromißbereiten Kräften im Auswärtigen Amt um den Staatssekretär von Weizsäcker auf Vermittlung und eine internationale Konferenz setzte. Schließlich appellierten der amerikanische Präsident Roosevelt und der schwedische König an Hitler.

Widerstände im Militär

Aber nicht nur von außen fühlte sich der Diktator „in Fesseln gelegt". Auch im Innern waren Warnungen vor einem Vabanquespiel mit dem Schicksal des Reiches unüberhörbar, und zwar nicht nur von ausgesprochenen Gegnern des Regimes, die sich in der Sudetenkrise zum erstenmal zu einer aktiven Fronde unter wesentlicher Initiative von Oberstleutnant Hans Oster in der Abwehr organisierten, den Kontakt nach London knüpften und im Zusammenspiel mit den Westmächten für den Fall eines von Hitler ausgelösten bewaffneten Konfliktes seinen Sturz planten[87]; und nicht nur von General Beck, der im August aus Protest gegen die riskante Außenpolitik sein Amt als Generalstabschef des Heeres zur Verfügung stellte, nicht ohne vorher seinen Nachfolger Halder in die Konspiration einzuweihen, sondern auch aus der an sich loyalen militärischen Führung selbst. Der Westwall war vorerst noch eine Baustelle und garantierte deshalb bei einem Überfall auf die Tschechoslowakei im Westen keine Rückendeckung gegen einen französischen Entlastungsangriff. Das Ruhrgebiet war angesichts der Tatsache, daß sich die deutsche Luftwaffe noch im Aufbaustadium befand, einer Intervention der Westmächte schutzlos preisgegeben. Vor allem konnte der „Führer" diesmal seinen Generälen keine hundertprozentige Gewähr für eine Isolierung und Lokalisierung des Konfliktes geben. Es war allgemeine Überzeugung, daß das Reich bei dem derzeitigen Stand der Wehrmachtrüstung und angesichts der allgemeinen Mangellage bei den Rohstoff- und Munitionsvorräten einen drohenden Mehrfrontenkrieg nicht lange werde durchhalten können. Andererseits war Hitler nicht bereit, eine einmalig günstige Gelegenheit zu verpassen, die ihm mit dem propagandistischen Deckmantel der Durchsetzung des Selbstbestimmungsrechts der Deutschen in der Tschechoslowakei zu diesem Zeitpunkt gegeben schien, und auf Gewaltanwendung zu verzichten.

Schlechte Stimmung in der Bevölkerung

Ausgesprochen negativ dürften den „Führer" und seinen Propagandachef aber in den Sommermonaten 1938 die realistischen Lageberichte der Behörden über die gedrückte Stimmung in der Bevölkerung angesichts einer dramatischen Verdichtung der Kriegsgerüchte beeindruckt haben[88]. Nicht nur die Tatsache, daß am 27. September spätnachmittags eine durch die Reichshauptstadt geschickte kriegsmäßig ausgerüstete motorisierte Division nur auf schweigende Ablehnung in der Bevölkerung stieß, dagegen ausgerechnet Chamberlain, der eingefleischte britische Zivilist mit seinem sprichwörtlichen Regenschirm und seiner von der NS-Propaganda stets abfällig apostrophierten pazifistischen „Regenschirmmentalität", bei seinen mehrfachen Besuchen in Deutschland begeistert als eine Art Friedensapostel begrüßt wurde, mußte den „Führer" nachdenklich stimmen. Ihm mußte auch klarwerden, daß er bei einer propagandistisch nicht hinreichend abgestützten Steigerung des Kriegsrisikos das enorme Kapital an nationaler Begeisterung und Bewunderung für den leichten Erfolg im „Blumenkrieg" gegen Österreich rasch verspielen würde. Zwar verfehlten die Anfang August massiv einsetzende Propaganda gegen „tschechische Greuel und Kriegstreiberei" und für die „Heimholung der Sudetendeutschen ins Reich" nicht ihre Wirkung, doch ließ eine allgemeine Kriegsangst im August und September nach übereinstimmenden Berichten der Behörden die niedergedrückte Stimmung in der Bevölkerung auf den Nullpunkt sinken[89].

Nach Tagen und Stunden höchster Spannung, die Europa zum erstenmal nach 1914 wieder an den Rand eines Krieges führten, fand die Sudetenkrise durch drei spektakuläre Ereignisse ihre vorläufige Lösung: durch die beiden Besuche Neville Chamberlains bei Hitler in Berchtesgaden (15. September) und Bad Godesberg (22./23.September), der damit sein ganzes Prestige als Premier eines Weltreiches in die Waagschale warf, und schließlich durch die Münchener Konferenz zwischen Hitler, Mussolini, Chamberlain und Daladier (29./30.September), die hinter Hitlers Rücken vom Auswärtigen Amt (Weizsäcker) und Mussolini vorbereitet wurde.

Das „Münchener Abkommen" vom 30. 9. 1938

Im „Münchener Abkommen" wurde der Frieden Europas noch einmal für ein Jahr, wie sich zeigen sollte, gerettet, der Prager Regierung, deren Vertreter in München vor der Tür bleiben mußten und zu reinen Befehlsempfängern degradiert wurden, von den Regierungen in Berlin, Rom, London und Paris aber eine territoriale Amputation regelrecht diktiert, die den tschecho-slowakischen Staat (so die neue staatsrechtliche Bezeichnung des „Bindestrich-Staates") kaum mehr aus eigenen Kräften lebensfähig erscheinen ließ. Der Staat verlor nicht nur durch seine erzwungenen Abtretungen an Deutschland (1.-10. Oktober Sudetengebiet), Polen (2. Oktober Teschen) und Ungarn (4.-11. Oktober südlicher Streifen der Slowakei) wirtschaftlich und strategisch wichtige Gebiete, u. a. den Festungsgürtel im Sudetengebiet, deren Verlust ihn verteidigungsunfähig machte. Er ging auch einem von Berlin aus zielbewußt unterstützten inneren Auflösungsprozeß (5.-8. Oktober Autonomie für die Slowakei und die Karpato-Ukraine) entgegen und wurde de facto bereits Teil des „Großdeutschen Wirtschaftsraumes" und deutscher Satellit. Die dem „Rumpfstaat" als Kompensation für seine ihm abgepreßten „Konzessionen" zugesagte internationale Garantierung durch die „Großen Vier" von München wurde nie ausgesprochen.

Das Jahr 1938 schloß für Hitler vordergründig wieder mit einer positiven Bilanz ab. Die Eingliederung des Sudetengebietes führte der deutschen „Wehrwirtschaft" weitere wichtige Industriezweige (Eisen-, Stahl-,

Metallwaren, Maschinenbau, Elektro-, Textil-, Glaswaren- und chemische Industrie) mit teilweise nicht voll ausgelasteten Kapazitäten, Lagerstätten mit Wolfram- und Uranerzen, hochwertige Braunkohlevorkommen und Holzvorräte zu. Auch war die hochqualifizierte sudetendeutsche Facharbeiterschaft ein willkommener Gewinn angesichts der inzwischen eingetretenen Engpässe auf dem deutschen Arbeitsmarkt.
Die „Schockwirkung" von München führte die Donau- und Balkanstaaten noch enger an Berlin heran und verstärkte den deutschen Einfluß dort. Der „Großdeutsche Wirtschaftsraum" war vollendet, der deutsch beherrschte „Großwirtschaftsraum Mittel- und Südosteuropa" stand unmittelbar vor seiner Vollendung. Die – von Hitler verächtlich so apostrophierte – „Rest-Tschechei" war politisch, wirtschaftlich und militärisch dem deutschen Zugriff praktisch wehrlos preisgegeben.
Das deutsch-britische Verhältnis schien durch eine zwischen Hitler und Chamberlain am 30. September 1938 in München vereinbarte Erklärung über den Wunsch beider Völker, nie wieder gegeneinander Krieg zu führen und sich gegenseitig zu konsultieren, wieder entspannt, ohne daß die Engländer allerdings, wie gehofft, auf ihr Mitspracherecht auf dem Kontinent grundsätzlich verzichtet hätten.
Hinter dieser Fassade des Erfolges hatte Hitler freilich, gemessen an seinem ursprünglichen Ziel einer Vernichtung der Tschechoslowakei, vorerst erheblich zurückstecken müssen und einen ersten außenpolitischen Rückschlag erlitten. Vor allem mußte er es hinnehmen, daß sein „Achsenfreund" Mussolini in engem Zusammenspiel mit den Briten eine kollektive Regelung am „runden Tisch" in München erzwungen und die Londoner Regierung erfolgreich zumindest ihr Mitspracherecht an einer kontinentalen Angelegenheit durchgesetzt hatte.
Dieser „Stachel" saß bei Hitler tief und soll ihn ein Jahr später veranlaßt haben, erneute Vermittlungsbemühungen des „Duce", nunmehr in der polnischen Frage, kompromißlos zurückzuweisen. Der Diktator ließ intern keinen Zweifel daran, daß das Münchener Abkommen für ihn nur ein Zwischenspiel von kurzer Dauer war, nur ein Prolog für die endgültige Vernichtung der Tschechoslowakei. Großbritannien hatte insofern ein wertvolles Jahr Zeit gewonnen, als es am 3. September 1939 aus einer bedeutend günstigeren, auch rüstungsmäßig günstigeren Position heraus in den Krieg eintreten konnte, als dies im September 1938 der Fall gewesen wäre. Denn der deutsche Überfall auf Polen war nach der Garantierung der polnischen Unabhängigkeit durch London am 31. März 1939 weit eher geeignet, die eigene Bevölkerung und die des Empires für einen Waffengang in Europa zu mobilisieren, als die für London eher sekundäre Sudetenfrage.

Fortsetzung der Kriegsvorbereitungen

In Deutschland wurden die Vorbereitungen nicht nur gegen Prag, sondern weit darüber hinaus für die „Entfesselung" eines bewaffneten Konfliktes nach mehreren Seiten hin im Winter 1938/39 planmäßig und kontinuierlich vorangetrieben, an der äußeren, der inneren und an der militär- und rüstungspolitischen Front.

Hitlers Taktik gegenüber Großbritannien

Gegenüber Großbritannien leitete Hitler persönlich mit seiner Saarbrückener Rede vom 9. Oktober 1938[90] eine Politik der Drohungen und gleichzeitig Werbungen ein. Diese Taktik sollte dann zusätzlich von dem Entsetzen ablenken, das die „Reichspogromnacht" vom 9. November 1938 im westlichen Ausland auslöste. Offenbar setzte der „Führer" seit München nicht mehr unbedingt auf die britische Neutralität, sondern kalkulierte immer mehr auch den Krieg mit Großbritannien ein, ohne freilich schon über ein genaues strategisches und operatives Konzept zur Ausschaltung der Seemacht zu verfügen. „Es braucht nur", mischte sich Hitler in Saarbrücken in die britische Innenpolitik ein, „in England statt Chamberlain Herr Duff Cooper oder Herr Eden oder Herr Churchill zur Macht kommen, so wissen wir genau, daß es Ziel dieser Männer wäre, sofort einen neuen Weltkrieg zu beginnen. Sie machen gar keinen Hehl, sie sprechen das offen aus." Deutschland wolle „nichts als den Frieden", und deshalb würde es gut sein, „wenn man in Großbritannien allmählich gewisse Allüren der Versailler Epoche ablegen würde. Gouvernantenhafte Bevormundung vertragen wir nicht mehr!" Offenbar saß bei Hitler der „Stachel" gegen seinen einstigen „Wunschpartner" seit München so tief, daß er es nicht mehr für notwendig hielt, auf den innenpolitisch angeschlagenen und einer zunehmenden Kritik seitens der „Anti-Appeasers" um Churchill ausgesetzten Chamberlain Rücksicht nehmen zu müssen.

Deutsch-französisches Abkommen vom 6. 12. 1938

Am 6. Dezember 1938 unterzeichneten Ribbentrop und sein französischer Kollege Bonnet ein Abkommen, in dem sich beide Mächte gute Beziehungen, eine Anerkennung der beiderseitigen Grenze und Konsultationen in gemeinsam interessierenden Fragen zusicherten. Dahinter stand die deutsche Absicht, Frankreich von einer Einmischung in die mittel- und osteuropäischen Angelegenheiten abzuhalten und seine Bindungen zu Moskau weiter zu lockern.

Zerschlagungspolitik gegenüber der Tschecho-Slowakei

Gegenüber der amputierten Tschecho-Slowakei setzten unter tätiger Mitwirkung Görings sofort intensive Bemühungen ein, durch eine gezielte Unterstützung der Autonomie- und Separationsbestrebungen in der Slowakei und in der Karpato-Ukraine als „Sprengmittel" (Hofer) den inneren Zerfall des international völlig isolierten Staates, seine „chemische Auflösung" von innen her (Weizsäcker) voranzutreiben. Hitler verbot persönlich die Auswanderung der Volksdeutschen aus der sogenannten „Rest-Tschechei", um sie für den künftigen Ausbau der deutschen Stellung dort verwenden zu können. Gleichzeitig sabotierte Berlin erfolgreich die in München vereinbarte internationale Garantie der tschecho-slowakischen Eigenständigkeit.

Einen eindringlichen Einblick in die damals einsetzenden propagandistischen Bemühungen um eine psychologische Mobilisierung der „Hei-

Propaganda-offensive im Innern

matfront" für den Krieg vermittelte die Geheimrede, die Hitler am 10. November 1938 im „Braunen Haus" in München vor 400 namhaften deutschen Verlegern und Journalisten im Beisein von Heß, Goebbels und Rosenberg gehalten hat[91]. Offenbar hatten die Erfahrungen der Sommermonate, daß die Gerüchte über einen bevorstehenden Krieg das Stimmungsbarometer in der verängstigten Bevölkerung sehr tief hatte sinken lassen, ihre Wirkung auf den „Führer" nicht verfehlt. Deshalb kam nun alles darauf an, einem erneuten Absinken der Stimmung beim nächsten außenpolitischen Konflikt rechtzeitig durch eine großangelegte Propagandaoffensive vorzubeugen.

Der Presse wurde als ihre vornehmste Aufgabe zugewiesen, „ein glaubensstarkes, geschlossenes, selbstsicheres, zuversichtliches deutsches Volk" hinter seinen „Führer" zu scharen, ein Volk, das es gelernt habe, „so fanatisch an den Endsieg zu glauben, daß, selbst wenn wir einmal Niederlagen erleiden würden, die Nation sie nur, ich möchte sagen, von dem höheren Gesichtspunkt aus wertet: Das ist vorübergehend; am Ende wird uns der Sieg sein!" Das deutsche Volk sollte psychologisch geschickt auf den Krieg eingestellt und ihm klargemacht werden, „daß es Dinge gibt, die, wenn sie nicht mit friedlichen Mitteln durchgesetzt werden können, mit Mitteln der Gewalt durchgesetzt werden müssen". Dafür mußten dem Volk schon in der Vergangenheit „bestimmte außenpolitische Vorgänge" so beleuchtet werden, „daß die innere Stimme des Volkes selbst langsam nach der Gewalt zu schreien begann". Den Intellektuellen warf der Redner vor, keine Ahnung zu haben, „wie man ein Volk letzten Endes zu der Bereitschaft bringt, geradezustehen, auch wenn es zu blitzen und zu donnern beginnt".

Unverhüllt legte Hitler auch die rein taktische Bedeutung seiner Friedenspropaganda seit 1933 dar. Nur durch die „fortgesetzte Betonung des deutschen Friedenswillens und der Friedensabsichten" sei es ihm möglich gewesen, „dem deutschen Volk Stück für Stück die Freiheit zu erringen und ihm die Rüstung zu geben, die immer wieder für den nächsten Schritt als Voraussetzung notwendig war". Dabei beunruhigten ihn auch die Nachteile einer solchen Friedenspropaganda. Denn sie könne im eigenen Volk zu der Auffassung verleiten, „daß das heutige Regime an sich identisch sei mit dem Entschluß und dem Willen, den Frieden unter allen Umständen zu bewahren". Damit sei die Gefahr gegeben, den kriegerischen Charakter des Systems zu verkennen und die Nation mit einem Geist zu erfüllen, „der auf die Dauer als Defaitismus gerade die Erfolge des heutigen Regimes nehmen würde und nehmen müßte". Eindeutig in Richtung Krieg wies die Bemerkung, „die pazifistische Platte" sei nunmehr in Deutschland „abgespielt".

Obwohl seine Rhetorik eindeutig auf den Propagandaeffekt und auf die Dokumentation seiner überlegenen und unbestrittenen Führungsmacht abgestellt war, formulierte Hitler hier dennoch Maßstäbe einer brutalen Gewaltideologie, an denen er sich selbst und sein Handeln in den nächsten Wochen und Monaten gemessen wissen wollte. Mit ihnen verband er sein Prestige. Ein erneutes Zurückweichen vor inneren und äußeren Widerständen wie 1938 drohte ein Jahr später angesichts dieser kriegerischen und selbstbewußten Vorgaben einer Politik des „Alles oder Nichts" zu einem Gesichtsverlust zu führen, aus dem das Regime, ohne propagandistisch Schaden zu nehmen, kaum mehr würde herauskommen können.

Gleichzeitig wurde die öffentliche Propaganda nach dem Stimmungseinbruch während der Sudetenkrise jetzt auf Vertrauen, Sicherheit, nationale Solidarität und allgemeine Zuversicht abgestellt. Diesem Ziel galten Hitlers wiederholte Hinweise in Saarbrücken auf die Zurückführung von zehn Millionen Deutschen im Saarland, in Österreich und im Sudetengebiet heim ins Reich, auf den unheilvollen „Geist von Versailles", die weltanschauliche Erziehungsarbeit, die nationale Rüstung, die „jüdisch-bolschewistische Weltgefahr", die „Achsenpartnerschaft" mit Italien und Japan sowie auf die Einbeziehung des Aachener und Saarbrückener Gebietes in die Befestigungen des Westwalles. *Noch* hielt es Hitler in der Öffentlichkeit für angebracht, die verachtete „pazifistische Platte" weiterzuspielen, um das eigene Volk nicht vorzeitig in Panik zu versetzen und das mißtrauische Ausland nicht zur Gegenwehr zu provozieren, solange die deutsche Aufrüstung nicht abgeschlossen war.

Intensivierung der Kriegsvorbereitungen

Hinter den Kulissen jedoch liefen die strategischen, operativen und rüstungsmäßigen Planungen und Vorbereitungen für den Ernstfall im Winter 1938/39 auf Hochtouren.

Schon drei Wochen nach der Münchener Konferenz, am 21. Oktober, erließ Hitler Weisungen über die „Erledigung der Rest-Tschechei"[92] und die „Inbesitznahme des Memellandes". „Es muß möglich sein, die Rest-Tschechei jederzeit zerschlagen zu können, wenn sie etwa eine deutsch-feindliche Politik betreiben würde." Die Vorbereitungen der Wehrmacht, hieß es, müßten „unter Verzicht auf planmäßige Mobilmachungsmaßnahmen eine ständige und wesentlich höhere Bereitschaft (d. h. als beim „Fall Grün",Wdt.) gewährleisten." „Organisation, Gliederung und Bereitschaftsgrad der dafür vorgesehenen Verbände sind schon im Frieden derart auf Überfall abzustellen, daß der Tschechei selbst jede Möglichkeit planmäßiger Gegenwehr genommen wird." Die Vorbereitungen müßten „die rasche Besetzung der Tschechei und die Abriegelung gegen die Slowakei" sowie gleichzeitig die „Grenzsicherung West" gewährleisten. Ergänzend befahl Hitler dann am 17. Dezember, nach außen müsse „klar in Erscheinung treten, daß es sich nur um eine Befriedungsaktion„ handele. Die Weisung vom 24. November 1938 über die Inbesitznahme Danzigs macht deutlich, daß der Diktator sich bereits auch intensiv mit dem Verhältnis zu Polen beschäftigte.

Seekriegsplanung

Alle Zeichen der Unsicherheit trugen wiederum die Planungen zur Ausschaltung der britischen Seemacht in der zweiten Jahreshälfte 1938. Denn selbst wenn sich Großbritannien als möglicher Gegner ab Frühjahr 1938 nachweisbar immer stärker in den Vordergrund der seestrategischen und rüstungswirtschaftlichen Überlegungen schob und hier eine deutliche Umorientierung vom Zweifrontenkrieg gegen Frankreich und Polen/Sowjetunion zum ozeanischen Krieg gegen das Inselreich stattfand, fehlte doch, ähnlich wie im wilhelminischen Deutschland, das sichere Rezept, um Großbritannien und sein Weltreich so zu schwächen, daß es sich künftig vom Kontinent fernhalten und den Deutschen „freie Hand" lassen würde.

Wieder traten wie vor 1914 zwei divergierende seestrategische „Schulen" mit jeweils sehr weitreichenden Konsequenzen für Bauprogramme und Prioritäten in der Zuteilung rüstungswirtschaftlicher Rohstoffe im Winter 1938/39 in Konkurrenz zueinander: Die alte Tirpitz-Schule des Schlachtflottenbaus und die moderne Schule der beweglichen Kreuzerkriegführung, wie sie schon vor dem Ersten Weltkrieg von der französischen „jeune école" vertreten wurde.[93]

In der realistischen, aus der britischen Fernblockade der Deutschen Bucht im Ersten Weltkrieg gewonnenen Erkenntnis, daß Deutschland im Kriegsfall seine eigene überseeische Zufuhr nicht werde aufrechterhalten können und seine Flotte zu schwach sei, um eine neue britische Blockade dauerhaft zu sprengen, plädierte der Fregattenkapitän Hellmut Heye aus der Operationsabteilung der Seekriegsleitung (SKL) in einer vom Oberbefehlshaber der Marine, Raeder, in Auftrag gegebenen Denkschrift über die Möglichkeiten der „Seekriegführung gegen England und die sich daraus ergebenden Forderungen für die strategische Zielsetzung und den Aufbau der Kriegsmarine" vom 25. Oktober 1938 für eine bewegliche ozeanische Kreuzerkriegführung. Deren Ziel sollte es sein, den britischen Überseehandel nachhaltig zu stören und die Briten durch einen wirkungsvollen Handelskrieg von ihrer notwendigen maritimen Versorgung abzuschneiden. Aus dieser seestrategischen und operativen Perspektive leitete Heye mit einer Zeitperspektive bis in die Mitte der vierziger Jahre folgende Forderungen ab: Bau von neuartigen schnellen und mobilen Panzerkreuzern mit großem Aktionsradius, von kleinen Kreuzern und U-Booten, Gewinnung von Versorgungsstützpunkten im mittleren und südlichen Atlantik, gegebenenfalls auch Rückgewinnung der Kolonien, Mitbenutzung von Stützpunkten befreundeter und neutraler Mächte wie Spanien, Italien und Japan, eine entsprechende Bündnispolitik sowie die Eroberung der französischen Kanalküste bis Brest.

Bedeutsam erscheint diese Denkschrift aus der SKL im Rückblick vor allem aus drei Gründen: Zum einen wurde hier aus bitteren Erfahrungen der jüngeren Geschichte eine Strategie der beweglichen Seekriegführung entwickelt, die unter Berücksichtigung der relativ schmalen deutschen Ressourcen und der maritimen Unterlegenheit insbesondere mit Hilfe der U-Boot-Waffe eine weitaus nachhaltigere Wirkung versprach als das sterile, aufwendige und im Grunde schon vor 1914 gescheiterte Schlachtflottenkonzept der Ära Tirpitz[94], dessen Produkte während des Ersten Weltkrieges in den Häfen vor sich hinrosteten, ohne nach der Skagerrak-Schlacht Ende Mai/Anfang Juni 1916 noch einmal wirklich zum Einsatz zu kommen; zum zweiten wurde eine Alternativkonzeption zum Hitlerschen Lebensraumkrieg gegen den Osten vorgestellt, die eine Konzentration aller Kräfte auf den Seekrieg gegen den Hauptfeind England vorsah, insofern gar nicht so weit von den Vorstellungen Ribbentrops entfernt war und im übrigen zwischen Juni und Dezember 1940 unter dem Aspekt einer maritimen „Kriegführung von der Peripherie" gegen das britische Weltreich noch einmal aktualisiert und intensiv gerade in der Marine diskutiert wurde, bevor dann am 6. Dezember 1940 mit der Weisung „Barbarossa" endgültig die Würfel für den Überfall auf die Sowjetunion fielen. Zum dritten schließlich bestand zu einem Zeitpunkt, da sich ein Konflikt mit Großbritannien bereits konkret abzeichnete, weder Konsens noch „volle Klarheit über die strategischen Grundlagen eines Krieges gegen England" (so Vizeadmiral Günther Guse, Chef des Stabes der SKL im Herbst 1938), und alle Zeitperspektiven für das Bautempo der Flotte waren auf die mittleren vierziger Jahre abgestellt.

Der „Z-Plan" der Marine vom 27. 1. 1939

Tatsächlich gestand Hitler zwar Mitte 1938 der Marine im Blick auf Großbritannien einen beschleunigten Bau von U-Booten zu, setzte aber gegen erhebliche Bedenken in der Marineführung am 27. Januar 1939 den Bau einer Flotte allein mit überdimensionierten Großkampfschiffen des Typs H als Kern durch, die frühestens ab 1944 vorhanden sein würden. Dieser sogenannte „Z-Plan" sah den Bau von sechs schweren Schlachtschiffen bis 1944 sowie den von vier weiteren Panzerschiffen bis Ende 1943 vor und war operativ eindeutig wieder auf die Nordseekriegführung gegen die britische Blockade abgestellt.

Der Mobilisierungs-Bedarf an Heizöl für die Z-Plan-Flotte errechnete sich auf sechs Millionen, der entsprechende Bedarf an Dieselöl auf zwei Millionen Tonnen, während sich 1938 der gesamte deutsche Verbrauch an Mineralölprodukten auf 6,15 Millionen Tonnen bezifferte, wovon nur 2,4 Millionen Tonnen aus heimischer Produktion stammten! Da zur gleichen Zeit erhebliche Kontingente an Stahl und Zement dauerhaft „in einen militärtechnisch nur bedingt geeigneten, aber politisch abschreckenden Westwall gegen Frankreich und Belgien" (Dülffer) verbaut wurden und Göring im November 1938 eine erneute Verfünffachung der Luftwaffe verkündete, verschärften sich die Rüstungsengpässe dramatisch. Längst hatte ein Wettlauf aller militärischen und zivilen „Bedarfsträger" um die immer knapper werdenden Rohstoffe und

Arbeitskräfte eingesetzt, ohne daß es unterhalb des „Führers" eine koordinierende Instanz gab mit Vollmachten, die sie wirkungsvoll etwa gegen den ehrgeizigen Göring oder gegen Raeder hätte durchsetzen können. Der „Z-Plan" bedeutete zunächst einmal auch einen wichtigen Prestigezuwachs für die Marineführung, die bisher am Rande des Rüstungsgeschehens stand, in dem rücksichtslosen Gerangel um Einfluß und Macht an der Spitze des Reiches, und wenn er diese Funktion erfüllte, schienen weitere Überlegungen eher sekundär.
Es hieße wohl, derartig utopischen und größenwahnsinnigen Zukunftsprojektionen Hitlers wie dem „Z-Plan", der parallel zur Vorbereitung des Landkrieges um Lebensraum im Osten in Angriff genommen werden sollte, jedoch bereits im Planungsstadium steckenblieb, zu viel Realitätsgehalt und einen zu hohen programmatischen Verbindlichkeitsgrad beizumessen, wollte man in ihnen bereits einen konkreten Ansatz für einen zweiten „Griff nach der Weltmacht" zur Durchsetzung einer „atlantisch-überseeische(n) Weltmachtstellung" gegen die USA nach Ausschaltung der Sowjetunion und der Erringung der Kontinentalhegemonie sehen[95]. Der „Z-Plan" antizipierte nicht eine nebulöse Zukunftsstufe des Hitlerschen Expansionsprogrammes, sondern war vielmehr Ausdruck der pompösen propagandistischen Selbstdarstellung des Regimes, aber auch von Hilflosigkeit und Verwirrung in der Führungsspitze angesichts der nunmehr immer näher rückenden Wahrscheinlichkeit, daß London weiteren deutschen Gewaltaktionen auf dem Kontinent nicht mehr tatenlos zusehen würde. Für diesen konkreten Fall einer britischen Intervention galt es zunächst, entweder ein Abschreckungs- oder auch ein Abwehrinstrument zu entwickeln, wobei freilich der Zeitplan (1943/44) in krassem Widerspruch zu den Mobilisierungsplänen der Wehrmacht (1940) und zur dramatischen Zuspitzung der internationalen Situation stand.
Daß dieses ständig improvisierende und sprunghafte Vorgehen in der Formulierung der militärischen und rüstungswirtschaftlichen Zielvorgaben letztlich zu einer weiteren Schwächung der ohnehin unterlegenen deutschen Marinerüstung und zu einer zusätzlichen Überstrapazierung der Rüstungsproduktion, ihrer Kapazitäten, Rohstoffe und ihres Arbeitskräftepotentials führen mußte, erkannte Raeder spätestens bei Kriegsbeginn am 3. September, als er das deprimierende Fazit aus einer über sechsjährigen Aufbauphase der Marine zog:
Was die Kriegsmarine anbetrifft, so ist sie selbstverständlich im Herbst 1939 noch keineswegs für den großen Kampf mit England hinreichend gerüstet [...] Die Überwasserstreitkräfte aber sind so gering an Zahl und Stärke gegenüber der englischen Flotte, daß sie – vollen Einsatz vorausgesetzt – nur zeigen können, daß sie mit Anstand zu sterben verstehen und damit die Grundlage für einen späteren Wiederaufbau zu schaffen gewillt sind.[96]

In dieser eindeutigen Bankrotterklärung kalkulierte der Oberbefehlshaber der Marine also bereits kühl das Sterben Tausender von Menschen für eine Machtdemonstration zur See ein, die unter den gegebenen Stärkeverhältnissen niemals zu gewinnen war! Hier stellt sich wieder die alte Leitfrage aus der Oberbefehlshaberbesprechung vom 5. November 1937, auf der Raeder sich im übrigen, als es um die Frage eines künftigen Krieges ging, ganz zurückgehalten zu haben scheint: Wo lagen die Gründe und Impulse für diese hemmungslose Anpassungsbereitschaft der Militärs (und auch der Zivilisten), oft wider besseres fachliches Wissen, an die völlig utopischen und risikoreichen Vorgaben Hitlers? Dülffer trifft zweifellos den Kern[97]: Ein Eingehen auf Hitlers Präferenzen und Wünsche sicherte, mochten sie auch noch so unrealistisch und – vom militärfachlichen Standpunkt aus – amateurhaft sein, der Marine gegenüber den Konkurrenten von Heer und Luftwaffe (und entsprechendes galt für jede Teilstreitkraft und jedes Ressort!) erst einmal einen vorderen Platz im Herrschaftssystem des „Dritten Reiches“ und bei der Zuteilung der knappen Rüstungsressourcen und Baukapazitäten. Etwaige Skrupel ließen sich in diesem einspurigen und engen technokratisch-professionellen Ressortdenken mit der Hoffnung verdrängen, bleibe man grundsätzlich mit seinen strategischen und operativen Erfüllungsleistungen „am Ball“, so sichere dies immerhin die Chance, auf Hitlers Vorstellungen dann im weiteren Verlauf eventuell korrigierend und vielleicht auch mäßigend einwirken zu können – wieder also das bekannte Handlungsmuster aller konservativen „Mittäter“.

Resümee

Die politische und militärische Führung des „Dritten Reiches“ überschritt 1938/39 die entscheidende Schwelle vom letzten Friedens- zum ersten Kriegsjahr eigentlich nur mit Gewißheit in zwei Dingen: daß das Schicksal der sogenannten „Rest-Tschechei“ besiegelt war und daß nunmehr bereits Polen und Danzig „auf der Tagesordnung“ standen und daß der Übergang von der friedlichen Revision zur gewaltsamen Aggression angesichts der von Deutschland provozierten Zuspitzung der internationalen Lage und einer sich für die nicht mehr ferne Zukunft drohend abzeichnenden ökonomisch-militärischen Unterlegenheit der deutschen Seite gegenüber den inzwischen massiv aufrüstenden Westmächten immer näher rückte. Darüber hinaus bestanden Ungewißheit, Zweifel und Unsicherheit: Ungewißheit über die Frontstellung in einem Krieg, und hier vor allem über die Haltung der Westmächte und Polens, Zweifel über die Leistungskraft der deutschen „Wehrwirtschaft“ und Unsicherheit in der Einschätzung des psychologischen Durchhaltevermögens der deutschen Bevölkerung. Auch ein einheitlicher Kriegsplan existierte nicht. Jede Teilstreitkraft plante und improvisierte ohne gegenseitige Abstimmung und holte sich jeweils nur das Plazet bei Hitler bzw. reagierte auf seine „Weisungen“. Der

„Führer" jedoch wich der Entscheidung zur eindeutigen und realistischen Prioritätensetzung ständig aus, um niemanden zu verprellen, keinen gefährlichen Widerstand in seiner Umgebung zu provozieren und nach dem Herrschaftsprinzip des „divide et impera" die gegenseitig miteinander rivalisierenden Machtträger in einen Zustand ständiger Abhängigkeit von sich zu halten. Dies alles wurde übertönt mit militärischem Propagandagetöse und demonstrativer Zurschaustellung scheinbarer totalitärer Geschlossenheit und wiedergewonnener Macht, die ihre einschüchternde Wirkung auf das In- und Ausland nicht verfehlten.

5. Das Jahr 1939: Durch das „strategische Fenster" in den Zweiten Weltkrieg

Verschlechterung der innenpolitischen Situation 1939

Eine sich abzeichnende Versorgungskrise im Innern und nach außen der drohende Umschlag von einem relativen militärischen Übergewicht Deutschlands in eine Unterlegenheit nahmen nicht nur in den Äußerungen Hitlers zwischen Frühjahr und Herbst 1939 einen zentralen Platz ein. Seine Befürchtungen, das „strategische Fenster" oder der zeitliche Korridor für ein erfolgreiches Losschlagen könne sich schnell schließen, fanden auch eine Bestätigung in der Entwicklung der nationalen und internationalen Lage. Dabei handelte es sich hier nicht nur objektiv um eine selbstverschuldete Verschlechterung der innen- und außenpolitischen Situation des Reiches, wie sie die Historiker heute aus vorliegenden Krisendaten rekonstruieren können. Die deutsche Führungsspitze war sich auch der katastrophalen Folgen einer forcierten Rüstungskonjunktur ohne Rücksicht auf das vernünftig Machbare voll bewußt. Nachrichten und Warnungen in dieser Richtung gab es genug. Wir können davon ausgehen, daß bis hinauf zu Hitler in den entscheidenden Wochen und Monaten vor der „Entfesselung" des Krieges in Berlin eine ausgesprochene Krisenstimmung herrschte.[98] Freilich dürfte sie Hitler nicht unwillkommen gewesen sein, schien sie doch wie eine Art „self-fulfilling prophecy" seine ständigen Forderungen nach „Lebensraum im Osten" geradezu zu bestätigen. Waren die sich überall einstellenden Engpässe nicht ein schlagender Beweis für die raumpolitische Weitsichtigkeit des „Führers"?!
Objektive Krisenlage und subjektives Krisenbewußtsein kamen in den späten dreißiger Jahren zur Deckung. Die Frage war nur, wie diese Wahrnehmung Eingang in die politischen und militärischen Entscheidungsprozesse finden und welche Konsequenzen die Reichsführung aus diesem Bewußtsein ziehen würde. Grundsätzlich stellte sich auch jetzt noch die Alternative: radikale Kehrtwendung und Abrüstung, al-

lerdings kurzfristig mit der Gefahr einer – die Massen verunsichernden – Demobilmachungskrise, wie es Generalmajor Fromm schon 1936 prognostiziert hatte, oder mit einem „jetzt gerade“ der Ausbruch nach vorn in die Gewalt.

Die Quellen 1939 geben, da es sich auch bei ihnen wie bei der „Hoßbach-Niederschrift“ von 1937 um Nachschriften von Geheimbesprechungen handelt, zwar nicht den Wortlaut, aber doch den Sinn von Hitlers Ausführungen im wesentlichen zutreffend wieder. Ihre Glaubwürdigkeit wird durch zahlreiche Parallelzeugnisse von Teilnehmern im großen und ganzen bestätigt.

Nach der – im einzelnen besonders umstrittenen – Niederschrift seines Adjudanten Schmundt soll Hitler am 23. Mai 1939, als die Angriffsvorbereitungen gegen Polen bereits liefen, vor seinen Militärs dem Sinne nach erklärt haben:

Die 80 Millionen Masse hat die ideellen Probleme gelöst. Die wirtschaftlichen Probleme müssen auch gelöst werden. Um die Schaffung der wirtschaftlichen Voraussetzungen hierzu kommt kein Deutscher herum [...] Ohne Einbruch in fremde Staaten oder Angreifen fremden Eigentums ist dies nicht möglich.[99]

Nach der nationalpolitischen Einigung der Deutschen könnten nunmehr „weitere Erfolge [...] ohne Blutvergießen nicht mehr errungen werden“. Später kam der „Führer“ wie üblich auch auf sein Lieblingsthema England zu sprechen. Es gab ihm vor allem durch die seit 1937 energisch betriebene englische Aufrüstung nach wie vor unüberwindliche Schwierigkeiten auf:

Ziel ist immer, England auf die Knie zu zwingen. Jede Waffe trägt die schlachtentscheidende Wirkung nur so lange in sich, als sie der Feind nicht besitzt. Das gilt für Gas, U-Boote und Luftwaffe.

Gegen die deutsche Luftwaffe werde England ab 1940 über Abwehrmittel verfügen. Am 14. August 1939 notierte der Generalstabschef Halder Hitlers Besorgnisse über das neue britische Rüstungsprogramm aller drei Teilstreitkräfte, das nach 1940 eine Verstärkung an Kreuzern und Zerstörern, nach 1941 eine solche an Schlachtschiffen bringen werde. Halders Fazit – „im ganzen also noch ein Entwicklungsstadium etwa wie bei uns 1934“ – war sicher viel zu optimistisch.[100]

Auf der Oberbefehshaberbesprechung am 22. August 1939 klangen die Argumente über das augenblicklich noch vorhandene Rüstungsübergewicht Deutschlands ganz ähnlich.[101] Offenbar in der Absicht, seine Generale von der Notwendigkeit des bevorstehenden Angriffs auf Polen zu überzeugen, äußerte Hitler über England:

Wesentliche Verstärkung der Flotte nicht vor 1941 oder 1942 [...] Noch ist Englands Luftwaffe verwundbar. In zwei bis drei Jahren kann sich dies ändern.

Auch auf die Wirtschaftsprobleme kam er zu sprechen:

Wir haben nichts zu verlieren, nur zu gewinnen. Unsere wirtschaftliche Lage ist infolge unserer Einschränkungen so, daß wir nur noch wenige Jahre durchhalten können. Göring kann das bestätigen. Uns bleibt nichts anderes übrig, wir müssen handeln.

Nach einer anderen Version soll Hitler sogar gesagt haben:

Göring hat ja ausgeführt, daß Vierjahresplan gescheitert und wir am Ende, wenn nicht Sieg im kommenden Krieg.

Unverkennbar ist hier auch das taktische Kalkül, mit dem der Diktator die Wirtschaftskrise als zusätzliches Argument für ein sofortiges Handeln einsetzte.

In seiner bekannten Egozentrik führte er auch wieder mit seiner eigenen Person und der seines Freundes Mussolini „zwei persönliche Bedingungen“ ein, deren Existenz *noch* eine Überlegenheit gegenüber den Westmächten garantiere, eine sehr prekäre Überlegenheit freilich, die durch ein Attentat jederzeit beseitigt werden könne. Diese persönlichen und die allgemeinpolitischen Umstände in Europa ließen Hitler den Zeitpunkt zum Losschlagen jetzt „günstiger als in zwei bis drei Jahren“ erscheinen. Die Getreide-, Vieh-, Kohle-, Blei- und Zinklieferungen aus dem Osten, die auf einem wichtigen Wirtschaftsabkommen mit der Sowjetunion vom 19. August 1939 (vier Tage vor Abschluß des Hitler-Stalin-Paktes!) basierten, würden es im übrigen erlauben, „keine Angst vor Blockade zu haben“.

Die geheime „Denkschrift und Richtlinien über die Führung des Krieges im Westen“ vom 9. Oktober 1939 war argumentativ ganz abgestellt auf Hitlers Absicht, gegen den geschlossenen Widerstand der Generalität, der sich damals zum zweiten Mal nach 1938 im Umkreis von Hans Oster aus der Abwehr zu Staatsstreichplanungen verdichtete, noch im Herbst gleichsam in einem Schwung nach dem schnellen Sieg über Polen auch Frankreich anzugreifen.[102] Auch hier war es wieder der Zeitfaktor, den der „Führer“ mehrfach für seinen riskanten Angriffsentschluß ins Feld führte:

Die Zeit ist in diesem Kriege, wie überhaupt bei allen geschichtlichen Vorgängen, kein Faktor, der seinen Wert in sich selbst trägt, sondern der ausgewertet werden muß. Nach Lage der Dinge kann unter dieser Voraussetzung die Zeit mit größerer Wahrscheinlichkeit als Verbündeter der Westmächte gelten, denn als Verbündeter von uns [...] Die kommenden Monate werden zu keiner wesentlichen Vergrößerung unserer eigenen Angriffskraft führen, wohl aber zur wesentlichen Verstärkung der Abwehrkraft unserer Gegner.

Hier werde „das immer stärker in Erscheinung tretende England“ eine, wenn überhaupt, noch zu erwartende Zunahme der militärischen Kraft des Reiches auf jeden Fall kompensieren.

Zur Abrundung des vorgestellten Bildes, das den Diktator unter fortschreitendem Zeitdruck zeigt, sei noch auf die Oberbefehlshaberbesprechung vom 23. November 1939 hingewiesen, und zwar auf die Kernsätze:

Jetzt ist ein Kräfteverhältnis, das sich für uns nicht mehr verbessern, sondern nur verschlechtern kann. Der Gegner wird nicht Frieden schließen, wenn das Kräfteverhältnis für uns ungünstig ist [...] Heute haben wir noch Überlegenheit, wie wir sie nie gehabt haben. [103]

Offenbar war sich der Diktator auch der Wirkung seiner Durchhalteparolen auf das Volk nicht mehr ganz sicher: „Hinter mir steht das deutsche Volk, dessen Moral nur schlechter werden kann."

Wirtschaftskrise

Zwar wird man das taktische Kalkül in Hitlers Reden niemals übersehen dürfen. Aber alle Wirtschaftsdaten des Jahres 1939 und auch die immer ungünstiger werdende internationale Konstellation sprechen dafür, daß Hitler hier mit instinktiver Sicherheit den Ernst der politischen und ökonomischen Zwangslage, in die sich das Reich hineinmanövriert hatte, erkannt und daraus seine Konsequenzen gezogen hat. In seiner starren ideologischen Fixierung auf ein „Alles oder Nichts" nahm der Diktator die Krisendaten aber nicht, wie es viele Warner gerade auch aus der Wehrmacht vielleicht noch erhofft haben mögen, zum Anlaß eines radikalen Kurswechsels, sondern im Gegenteil noch als zusätzliches Argument für seinen längst anvisierten „Lebensraumkrieg". Offenbar hat auch dieses innen- und außenpolitische Krisenszenario des Sommers 1939 seine Wirkung auf die politischen und militärischen Spitzen des Reiches nicht verfehlt und sie durch eine erneute Mobilisierung des alten „Einkreisungs-" und „Belagerungstraumas" eher kriegswillig gemacht.

Krisensymptome häuften sich 1939 bei den Finanzen[104], im Bereich Devisen/Außenhandel[105], in der Landwirtschaft und auf dem Arbeitsmarkt. Die von Schacht 1933 in Gang gesetzte und verantwortete Politik des „deficit spending" zur Finanzierung der Aufrüstung mit Hilfe von Mefo-Wechseln stieß Ende der dreißiger Jahre nach Erreichen der Vollbeschäftigung und mit der vollen Auslastung der Produktionskapazitäten an ihre Grenzen. Dies hätte an sich – wie Schacht es damals forderte – ein Umschalten auf Sparkurs, Haushaltskonsolidierung und Einlösen der Wechselschuld des Reiches notwendig gemacht. Stattdessen wurde der protestierende Reichsbankpräsident Anfang Januar 1939 entlassen und im Juli die Reichsbank unter ihrem neuen Präsidenten, dem Reichswirtschaftsminister Walther Funk, gleichgeschaltet. Es wurde deutlich, daß die Lasten der Aufrüstung auf die zu unterwerfenden Völker abgewälzt werden sollten.

Preis- und Lohnstopps konnten, soweit sie angesichts der Überbeschäftigung überhaupt noch griffen, nicht über den Inflationsstau hinwegtäuschen, der sich trotz aller Kaufkraftabschöpfung durch die zunehmende Nachfrage nach Konsumgütern bei Einschränkung des Angebotes ständig verstärkte. Es war abzusehen, daß dieses labile Gebäude aus Kontrollen, künstlichem Inflationsstau, währungstechnischen Manipulationen und kurzfristigem Krisenmanagement über kurz oder lang einstürzen mußte.

Wehrwirtschaftliche Vorbereitungen

Wenn wir davon ausgehen, daß dem Außenhandel zwei wichtige Aufgaben zugewiesen worden waren – (a) Sicherstellung der notwendigen Rohstoff- und Nahrungsmittelimporte in der Phase der Aufrüstung und (b) schrittweiser Ausbau einer blockadesicheren Großraumwirtschaft -, so hatte er beide Ziele verfehlt oder doch unter Friedensbedingungen nicht hinreichend erfüllen können. Das Konzept der ausreichenden Versorgung aus einem arbeitsteiligen Großwirtschafts- und Ergänzungsraum in Europa, der dem Zugriff der Feindmächte im Kriegsfall entzogen sein würde und ausschließlich auf die deutschen Bedürfnisse zugeschnitten war (Autarkie), drohte zu scheitern bzw. sich als reines Wunschdenken zu erweisen, bevor noch der erste Schuß gefallen war. Die hohe Auslandsabhängigkeit Großdeutschlands vor allem bei Nahrungs- und Futtermitteln („Fettlücke" von 40 bis 50%) sowie bei Öl und Nichteisenmetallen blieb. Im Kriegsfall waren als „blockadesicher" nur 44,4% der Nahrungsmittel- und 33% der Rohstoffimporte aus benachbarten europäischen Staaten unter Einschluß Skandinaviens, der Sowjetunion und Italiens gedeckt. Der „Großdeutsche Wirtschaftsbereich" unter Einschluß Böhmens und Mährens, der Slowakei und des besiegten Polens (neue deutsche Ostgaue und Generalgouvernment) konnte 1939 aus sich heraus nur 87% seiner Lebensmittelversorgung decken. Erst unter Einschluß der Sowjetunion, Skandinaviens, Südosteuropas, des Baltikums, Hollands und Belgiens war bei Lebensmitteln ein Selbstversorgungsgrad des Gesamtraumes von 96% erreicht, dies alles freilich unter der Bedingung, daß in den erwähnten Staaten ohne Kriegseinwirkung entsprechend den deutschen Wünschen normal weiterproduziert wurde.

Bei Mineralöl bestand 1939 eine Auslandsabhängigkeit von knapp 50%. Deutschland begann den Krieg praktisch ohne größere Vorräte an synthetischem und natürlichem Gummi. Bei Textilrohstoffen lag der Grad der deutschen Selbstversorgung nur bei 43%. Überdies mußte Großdeutschland im Kriegsfall nicht nur die eigene Kriegsbereitschaft und Versorgung, sondern auch die seiner Bündnispartner innerhalb des europäischen „Großwirtschaftsraumes" sicherstellen. Ein relativ hoher Grad von Selbstversorgung bestand im „Großwirtschaftsraum" nur bei Kohle, Eisenerz und Schrott, bei einigen Leichtmetallen und bei Mineralöl. Dagegen sah die Situation bei so kriegswichtigen Rohstoffen wie der Mehrzahl der Nichteisenmetalle (Blei, Kupfer, Aluminium, Zink, Nickel, Zinn), bei Kautschuk, Baumwolle und Wolle sehr ungünstig aus. So gelangte das OKW zu der Einsicht, „die wehrwirtschaftliche Blockadesicherheit auch bei den größten Anstrengungen und unter den günstigsten Voraussetzungen", d. h. bei der ungestörten Lieferbe-

reitschaft Skandinaviens im Kriege, „nur in begrenztem Umfang erreichen“ zu können.[106]
Auf jeden Fall gingen alle wehrwirtschaftlichen Planspiele zur blockadesicheren Versorgung im Kriegsfall wie selbstverständlich davon aus, daß dann freundschaftliche und reibungslose Wirtschaftsbeziehungen mit der Sowjetunion gewährleistet seien. Hier waren also der Außenpolitik von der „Wehrwirtschaft“ aus, eifrig unterstützt von der Wehrmachtführung und dem „Wehrwirtschaftsstab“ unter Generalmajor Thomas sowie vom Auswärtigen Amt und Industriekreisen, klare Zielvorgaben einer rechtzeitigen politischen und wirtschaftlichen Verständigung mit Moskau und einer Reaktivierung des traditionellen Rapallo-Kurses von 1922 als Vorbedingung für einen erfolgreichen Krieg gegen die Westmächte und gegen Polen aufgegeben. Denn nur die Sowjetunion konnte eine annähernd hinreichende Zufuhr mit rüstungswichtigen Rohstoffen u. a. auch als Transitland für den Fernosthandel bei einer Blockade durch England im Westen garantieren. Das bedeutete aber für Hitler vorerst Verzicht auf seinen „Lebensraumkrieg“, jedenfalls solange er im Westen gebunden war.
Insgesamt ist einem Expertenurteil zuzustimmen:
Der angestrebte europäische Großwirtschaftsraum war 1938/39 also nicht einmal für seinen primär geschaffenen Zweck, den militärischen Konflikt, einsatzbereit. Die mit handelspolitischen Mitteln durchgeführte Südosteuropapolitik gestaltete sich politisch zwar zum Teil erfolgreich, ökonomisch aber war sie ein klarer Mißerfolg.[107]
Angesichts der großen Engpässe und Schwierigkeiten im Außenhandel, in den Finanzen, auf dem Arbeitsmarkt, in der Rüstungsproduktion und in der Landwirtschaft sowie in der Rohstoffversorgung ergab sich eine gewisse immanente zwingende Logik im Sommer 1939 zum „blitzartigen“ Losschlagen und zum kurzen Raubkrieg als Ausweg aus dem Versorgungsdilemma. Dadurch schien es zumindest möglich zu sein, Polen als Objekt wehrwirtschaftlicher Ausbeutung zu unterwerfen und den machtpolitischen Druck auf die weiteren europäischen Ergänzungsräume in Skandinavien, Nordost- und Südosteuropa zu verstärken. Außerdem bot die außenwirtschaftliche Zwangslage der Führung einen scheinbar unwiderlegbaren Rechtfertigungsgrund für eine kriegerische Risikopolitik, die aus der nüchternen Perspektive des wehrwirtschaftlichen und rüstungsmäßigen Vorbereitungsstandes nach allen reichlich verfügbaren Wirtschaftsdaten eigentlich nur ein Vabanquespiel sein mußte.
Erst der Einsatz von Millionen von Kriegsgefangenen, Fremd- und Zwangsarbeitern und Konzentrationslagerhäftlingen ab September 1939 brachte vor allem in der Landwirtschaft und auf dem Rüstungssektor eine spürbare Entlastung auf dem Arbeitsmarkt.
Bei der Diskussion der offenkundigen Krisenerscheinungen in der

Hitler verschärft die Krise

deutschen Volkswirtschaft und ihrer Ursachen in den Monaten vor Kriegsbeginn sollte man niemals übersehen, daß Hitler selbst durch selbstherrliche kurzfristige Eingriffe in das Wirtschaftsgeschehen alles tat, um die Überlastung der Produktionskapazitäten, die zunehmende Verknappung der Rohstoffe und Arbeitskräfte und die Engpässe bei der industriellen Auftragserfüllung noch drastisch zu verschärfen. Dies galt für den arbeitskräfte- und materialaufwendigen Bau des Westwalles ebenso wie für die prestigeheischenden Repräsentativbauten des Regimes in der Reichshauptstadt und in anderen Großstädten oder für die utopischen Zielvorgaben des „Z-Planes" mit dem Bau gigantischer „eisen- und stahlfressender" Großkampfschiffe.

Schließlich waren auch die schon mehrfach angesprochene Entscheidungsunwilligkeit Hitlers (Göring: „Führer will möglichst wenig entscheiden"), seine fatale Neigung, einer Festlegung von Prioritäten oft bis zum letzten Augenblick auszuweichen, sowie das „wohlgeordnete Chaos" in der Befehls- und Kommandostruktur des „Dritten Reiches" und der Verzicht auf einheitliche und koordinierende Planungs- und Lenkungsinstanzen für die gesamte Volkswirtschaft mit umfangreichen Vollmachten und klaren Kompetenzabgrenzungen mit Schuld daran, daß die vorhandenen knappen Ressourcen und Kapazitäten nicht effizient und zweckrational genug eingesetzt wurden. Überall geriet immer wieder Sand in das total verbürokratisierte Getriebe.

Wann und in welcher Form die dargestellte „Kettenreaktion der Mangelerscheinungen" (Tim Mason) und die Zerrüttung der Staatsfinanzen ohne Krieg zu einem Kollaps der deutschen Volkswirtschaft mit weitreichenden sozialen und massenpsychologischen Konsequenzen für das Regime hätte führen können, und wie belastbar der überstrapazierte und inzwischen heißgelaufene Wirtschaftsorganismus 1939 überhaupt noch war, läßt sich heute nicht mehr mit letzter Sicherheit sagen. Die bisweilen vertretene Auffassung, die – zweifellos vorhandenen – gesellschaftlichen Spannungen vor allem in der Arbeiterschaft hätten 1939 einen solchen Siedepunkt erreicht, daß sich die Machthaber gezwungen gesehen hätten, durch einen Aggressionskrieg den aufgestauten Druck im Innern nach außen „abzulassen" und zugleich durch diesen Krieg eine Situation zu schaffen, in der sie der Bevölkerung verschärfte Entbehrungen hätten auferlegen können, die im Frieden aus massenpsychologischen Gründen unmöglich waren, erscheint weit übertrieben. Sie geht vor allem an der Tatsache vorbei, daß einem Diktaturstaat eine breite Palette von Mitteln zur Verfügung stand, vom Terror und der Einschüchterung über die materielle Bestechung bis zur Propaganda und „Volksgemeinschaftideologie", um die Bevölkerung zu disziplinieren, trotz Mangelerscheinungen Massenloyalität zu erzwingen und Unzufriedenheit frühzeitig einzudämmen.

Dennoch wird man sagen können, daß 1939 das Zusammenwirken

von innerer Krise in Deutschland, einer Verschärfung der europäischen Konfliktsituation und einer Beschleunigung des internationalen Wettrüstens in Europa die Bereitschaft in Berlin für eine „Flucht nach vorn" in die gewaltsame Aggression erheblich gestärkt und Widerstände gegen den Krieg abgebaut hat. Hitler konnte schließlich mit dem Argument, die dramatische Zuspitzung der inneren und äußeren Spannungen habe ihm keine andere Möglichkeit als den Weg der Gewalt gelassen, Militärs, Politiker, Diplomaten, Wirtschaftsführer und am Ende das gesamte Volk zwar nicht in Hurra-Stimmung wie 1914, aber doch in einer Art fatalistischer Entschlossenheit hinter sich sammeln. Die Hoffnung, in einer weitgehenden Identität der Ziele und Interessen an den Groß- und Weltmachtambitionen des „Führers" und an seinem „Raubkrieg" künftig ideell wie materiell partizipieren zu können, erstickten schließlich etwaige Zweifel und Hemmungen bei den alten Führungseliten. Auch sie verinnerlichten am Ende die Ansicht ihres „Führers", es habe angesichts der offenkundigen Kumulierung innerer und äußerer Schwierigkeiten keinen anderen Ausweg als den Krieg gegeben. Nicht unerheblich dürften auch die aus dem „Appeasement" der Westmächte in den vorgehenden Jahren genährten Erwartungen gewesen sein, dem „Führer" werde es auch diesmal wieder gelingen, die „Strafaktion" gegen Polen – so die offizielle Sprachregelung vom 1. September 1939 – zu lokalisieren und den großen Krieg zu vermeiden – eine ähnliche Illusion wie 1914, als die deutsche Reichsleitung ebenfalls auf die Neutralität Englands setzte!

Wandel im internationalen Mächtesystem im Frühjahr 1939

Warum derartige Erwartungen auf Sand gebaut waren, soll ein Blick auf den dramatischen Wandel im internationalen Mächtesystem ab Frühjahr 1939 zeigen, der als Reaktion auf die deutschen Herausforderungen den äußeren Handlungsspielraum Berlins erheblich einengte.

Zerschlagung der Tschecho-Slowakei am 16. 3. 1939

Während der Wintermonate 1938/39 ging die innere Auflösung der Tschecho-Slowakei durch die Förderung des slowakischen Separatismus unter dem slowakischen Ministerpräsidenten Jozef Tiso planmäßig und in schnellen Schritten voran. Sie erreichte am 14. März 1939 mit der in Berlin diktierten Unabhängigkeitserklärung der Slowakei, am darauffolgenden Tag mit der Besetzung Prags durch deutsche Truppen und dann am 16. März mit der Proklamation des „Protektorats Böhmen und Mähren" durch Hitler vom Hradschin, der alten Prager Burg, ihren Höhepunkt und Abschluß. Zum Reichsprotektor wurde der ein Jahr vorher als Außenminister entlassene Konstantin von Neurath ernannt. Damit war der „Großdeutsche Wirtschaftsraum" vollendet und die Südflanke Polens militärisch dem deutschen Zugriff ausgeliefert. Die tschechischen Armeebestände reichten zur Ausrüstung bzw. Komplettierung von 20 Divisionen. Dazu kamen Kriegsgerät im Gesamtwert von 77 Millionen Reichsmark, hochentwickelte und ausgedehnte rüstungsindustrielle Kapazitäten (Skoda-Werke in Pilsen/Prag und Tschechoslowakische Waffenwerke A.G. in Brünn), umfangreiche Gold- und Devisenreserven, Vorräte an Kupfer, Nickel, Blei, Aluminium, Zink und Zinn sowie in der Slowakei, fortan einem deutschen Satellitenstaat, Eisen- und Kupfererz, Edelmetalle, Mangan, Erdgas, Nahrungs- und Futtermittel sowie Lebendvieh. Schließlich wurde verkehrsgeographisch und durch den Zugriff auf das tschechische Bank- und Investitionskapital der Zugang zum Donau- und Balkanraum endgültig geöffnet.

Wirtschaftsabkommen mit Ungarn und Rumänien im März 1939

Im gleichen Monat März wurden in kurzem Abstand zwei wichtige und richtungsweisende Wirtschaftsverträge geschlossen: am 2. März ein deutsch-ungarisches und am 23. März ein deutsch-rumänisches Abkommen, der „Wohlthat-Vertrag", genannt nach dem verhandlungsführenden Ministerialdirektor Helmut Wohlthat aus dem Göringschen Stab des „Vierjahresplanes". Der innere Zusammenhang der drei Ereignisse ist unverkennbar: Er wird durch das Ziel markiert, nicht nur den „Großdeutschen Wirtschaftsraum" nunmehr forciert auszubauen, sondern gleichzeitig auch den Übergang vom bilateralen Außenhandel zur kontrollierten arbeitsteiligen Großraum- und Ergänzungswirtschaft in Südosteuropa zu vollziehen.

Denn beide Wirtschaftsabkommen sahen weit über den Rahmen üblicher Handelsverträge hinaus die organische und strukturelle Eingliederung zweier Volkswirtschaften des Südostens in die kontinentale und von Deutschland dominierte Großraumwirtschaft mit einer auf die deutschen Bedürfnisse ausgerichteten Planung und Lenkung von Anbau und Produktion vor. Freilich war das Gelingen dieses Konzeptes unter Friedensbedingungen immer noch daran gebunden, daß Großdeutschland mit seinen Gegenlieferungen nicht allzu lange in Verzug blieb, seine hohe Clearing-Verschuldung (1939 eine halbe Milliarde Reichsmark!) abbaute und in Rumänien die starken amerikanischen, britisch-niederländischen und französisch-belgischen Kapitaleinflüsse auf die Erdölgewinnung ausschalten konnte. Dies gelang erst durch Konfiszierung im Kriege.

Die Reaktion Großbritanniens

Zwar reagierten die Regierungen in London (mit zweitägiger Verspätung in der Birmingham-Rede Chamberlains vom 17. März!), Paris, Washington und Moskau mit scharfen Protesten gegen den faktischen Bruch des von Hitler selbst unterzeichneten „Münchener Abkommens" sowie gegen die Auslöschung des tschecho-slowakischen Staates, und sie verweigerten die rechtliche Anerkennung des deutschen Schrittes, der sich im übrigen zum erstenmal nicht mehr revisionistisch und völkisch begründen ließ, sondern zur Unterwerfung einer fremden Volksgruppe führte. Aber konkrete Gegenmaßnahmen erfolgten zunächst nicht. Das „Appeasement" Chamberlains hatte einen schweren Rückschlag erlitten und auch innenpolitisch die Basis einer breiten Zustimmung der Bevölkerung verloren. Von einer radikalen Kehrtwendung gegen Deutschland und einem Ende des „Appeasement" am 15. März

1939 konnte freilich nicht die Rede sein. Die Türen zu einer Verständigung mit Berlin, allerdings zu britischen Bedingungen, blieben offen. Am 22. März 1939 wurde das Memelgebiet wieder Deutschland angegliedert.

Gleichzeitig mit der Vernichtung der Tschecho-Slowakei liefen bereits die Vorbereitungen für die nächste Phase der deutschen Eroberungspolitik. Sie zielte auf eine endgültige „Bereinigung" des Verhältnisses zu Polen und stand wiederum im Schatten der nach wie vor ungeklärten Beziehungen zu Großbritannien. Nichts kennzeichnet das deutsche Dilemma damals deutlicher als die Bemerkung Weizsäckers Mitte Dezember 1938: Hitler und Ribbentrop bewegten sich auf den Krieg zu, „man schwanke nur, ob gleich gegen England, indem man sich dafür noch Polens Neutralität erhalte, oder zuerst im Osten zur Liquidation der deutsch-polnischen und der ukrainischen Frage."[108]

Polen

Zwischen Ende Oktober und Ende März bemühten sich Hitler und sein Außenminister intensiv darum, sich der Wirtschaftsressourcen Polens zu vergewissern, den Staat durch einen Beitritt zum Antikominternpakt als Satelliten in die anti-sowjetische Front mit einzubeziehen, dadurch das Glacis für einen Aufmarsch im Osten zu planieren, gleichzeitig aber auch den Rücken an der Ostgrenze für den Fall eines „vorgeschalteten" Krieges gegen die Westmächte zu sichern. Welche der ihm zugedachten Funktionen Polen zuerst erfüllen sollte, hing also von der Haltung Londons ab. Berlin forderte die Rückkehr Danzigs zum Reich und eine exterritoriale Auto- und Bahnverbindung nach Ostpreußen sowie eine enge Partnerschaft gegen die Sowjetunion. Es bot dafür die Anerkennung des polnischen Korridors und eine Garantie der polnischen Interessen in der Ukraine. Bereits Anfang März 1939 gab der polnische Außenminister Beck definitiv zu verstehen, daß seine Regierung eine enge Anlehnung an das „Dritte Reich" als Satellit für den „Lebensraumkrieg" nach Osten entschieden ablehne und auch künftig entschlossen sei, einen Kurs der Unabhängigkeit zwischen Moskau und Berlin zu betreiben. Damit war Polen aus deutscher Sicht endgültig in das Lager der potentiellen Gegner abgewandert, obwohl die Reichsregierung nicht müde wurde, den gemäßigten und verständigungsbereiten Charakter der deutschen Vorschläge herauszustellen.

Der Handlungsspielraum der deutschen Außenpolitik in Europa wurde in diesen Wochen vor allem wieder von der Schlüsselmacht Großbritannien, wie spätestens seit 1937 ständig befürchtet, entscheidend eingeengt. Nachdem im letzten Märzdrittel Versuche Londons, die Sowjetunion zusammen mit den ostmitteleuropäischen Staaten in eine Defensivallianz mit den Westmächten gegen Deutschland einzubinden, am Widerstand Warschaus und Bukarests, die beide im Kriegsfall einen Einmarsch sowjetischer Truppen fürchteten, gescheitert waren, garantierte die britische Regierung zusammen mit Frankreich am 31. März öf-

Britische Garantieerklärungen für Polen, Rumänien und Griechenland im März/April 1939

fentlich die polnische Unabhängigkeit („independence“, nicht „integrity“!). Am 6. April wurde die einseitige Garantie auf Wunsch Warschaus in ein zweiseitiges britisch-polnisches Beistandsversprechen umgewandelt. Am 13. April folgten (auch als Antwort auf den italienischen Überfall auf Albanien am 7. April) britisch-französische Garantieerklärungen für Rumänien und Griechenland, am 12. bzw. 23. Mai Beistandserklärungen zwischen Großbritannien bzw. Frankreich und der Türkei für den Fall eines Mittelmeerkonfliktes.

Damit waren die Briten zum erstenmal seit dem Locarno-Abkommen 1925 wieder eine sehr weitreichende Bindung auf dem Kontinent eingegangen, die sie schnell in einen kontinentalen Krieg verwickeln konnte. Sie hatten erneut energisch ihr Mitspracherecht in Mitteleuropa geltend gemacht, es dabei jedoch versäumt, konkrete operative Pläne für eine militärische Hilfeleistung an Polen im Falle eines deutschen Angriffes auszuarbeiten oder eine Waffenhilfe einzuleiten. Dies sollte sich nach dem deutschen Überfall auf Polen am 1. September 1939 bitter rächen für die Polen, standen sie doch nunmehr praktisch hilflos und isoliert den deutschen Truppen gegenüber. So ist es erlaubt, von einem „ungedeckten Wechsel“ zu sprechen, den Chamberlain mit seiner Garantieerklärung am 31. März 1939 ausstellte.

Die USA

Zur gleichen Zeit häuften sich nach Abschluß des britisch-amerikanischen Handelsvertrages vom November 1938 die Warnungen u. a. durch den deutschen Botschafter in Washington, Dieckhoff, daß Roosevelt bei einem deutsch-britischen Konflikt und einer Existensbedrohung Großbritanniens nicht untätig bleiben und sich um einen raschen Abbau des politischen und militärischen Isolationismus (einen wirtschaftlichen hatte es niemals gegeben!) der USA intensiv bemühen werde. In journalistischen Kreisen und im Auswärtigen Amt wurde bereits mit einigem Recht von einer „handelspolitischen Einkreisung“ Deutschlands durch die Amerikaner mit dem Ziel, das nationalsozialistische Deutschland auch zu politischen Konzessionen zu zwingen, gesprochen. Die USA waren durch die deutschen ideologischen und kommerziellen Aktivitäten in Südamerika, d. h. in ihrer eigenen „westlichen Hemisphäre“ sichtlich verunsichert und beantworteten die brutalen Ausschreitungen gegen die Juden in der „Reichspogromnacht“ des 9./10. Novembers 1938 mit einer demonstrativen Abberufung ihres Botschafters aus Berlin.

Verschärfte britische Aufrüstungen

Die Regierung Chamberlain forcierte in diesen Frühjahrswochen durch die Einführung der allgemeinen Wehrpflicht (zum erstenmal in Friedenszeiten!), eine starke Ausweitung des Militärhaushaltes für 1939/40, eine Verstärkung der Feldarmee für den Einsatz auf dem Kontinent als Expeditionskorps an der Seite Frankreichs, eine Verdoppelung der Territorialarmee für die Heimatverteidigung von 13 auf 26 Divisionen und einen schnellen Ausbau der Royal Air Force in Absprache mit Wa-

shington und Ottawa das Aufrüstungstempo. Die Briten taten dies in der Gewißheit, daß Deutschland damals weder über eine die Sicherheit des Inselreiches wirklich bedrohende Flotte noch über eine strategische Luftwaffe mit weitem Aktionsradius verfügte.
Hitler stellte mit Hilfe seines Propagandaministers diese britischen Aktionen, insbesondere die Polengarantie, wirkungsvoll als eine „Einkreisung" Deutschlands dar. Es war nun seinerseits zu einer scharfen Ankurbelung des Tempos gezwungen, wollte er nicht den international optimalen Augenblick zum militärischen Losschlagen verpassen. Das OKW richtete seine operativen Planungen auf die Bezwingung der Maginotlinie in der Annahme ein, damit werde Frankreich militärisch praktisch niedergeworfen sein. Außerdem hing die Wehrmachtführung bis zum Sommer 1940 der Illusion nach, die Briten durch einen Seekrieg gegen die englisch-französischen Verbindungslinien in Nordsee und Atlantik, durch einen offensiven Luftkrieg und durch die militärische Besetzung der Gegenküste zum Einlenken bewegen können. Konkrete Pläne für eine Besetzung der Insel selbst bestanden bis zum geplanten Unternehmen „Seelöwe" (Codewort für die geplante Landung in England) nicht.

Deutsche Vorbereitungen für den Angriff auf Polen

Nachdem der polnische Außenminister Beck zweifellos mit aus der Furcht heraus, sein Staat könne als Satellit an der Seite Deutschlands bald das gleiche Schicksal wie Österreich und die Tschechoslowakei erleiden, sicher aber auch in der Überschätzung der polnischen Bewegungsfreiheit zwischen Berlin und Moskau, am 26. März 1939 zum letztenmal die deutschen Vorschläge zur künftigen Zusammenarbeit kompromißlos abgelehnt hatte, befahl Hitler Anfang April dem OKW, den „Fall Weiß" (Angriff auf Polen) so zu bearbeiten, „daß die Durchführung ab 1.9.1939 jederzeit möglich ist" (Weisung Chef OKW vom 3. April 1939). In einer weiteren „Führerweisung für die einheitliche Kriegsvorbereitung 1939/40" vom 11. April war für den Fall einer das Reich bedrohenden Haltung Polens „eine endgültige Abrechnung" mit dem Ziel einer Zerschlagung der „polnische(n) Wehrkraft" und der Wirtschaft vorgesehen. Dabei sollte Polen im Kriegsfall „womöglich isoliert und der Krieg lokalisiert werden, und zwar dadurch, daß es gelingen müsse, „den Krieg mit überraschenden, starken Schlägen zu eröffnen und zu schnellen Erfolgen zu führen". Ein „überraschender Angriffsbeginn" sollte deshalb vorbereitet und angestrebt werden, um die Westmächte und die Sowjetunion aus dem deutsch-polnischen Konflikt herauszuhalten. Das übergeordnete Ziel beim Aufbau der deutschen Wehrmacht blieb für den Diktator auch in dieser Weisung „weiterhin durch die Gegnerschaft der westlichen Demokratien bestimmt". „Der ‚Fall Weiß' bildet lediglich eine vorsorgliche Ergänzung der Vorbereitungen, ist aber keineswegs als die Vorbedingung einer militärischen Auseinandersetzung mit den Westgegnern anzusehen." [109]

Auf der bereits erwähnten Oberbefehlshaberbesprechung vom 23. Mai 1939 rückten der „Fall Weiß" und eine „Auseinandersetzung mit dem Westen" sehr viel enger zusammen: „Kriegsglück im Westen mit schneller Entscheidung ist fraglich, ebenso die Haltung Polens". An eine „Wiederholung der Tschechei", also eine Eroberung ohne Krieg, glaubte Hitler offenbar immer weniger. Polen sollte „bei erster passender Gelegenheit" angegriffen werden. Danzig war im Mai längst nicht mehr „das Objekt, um das es geht". Vielmehr handelte es sich schon bei dem deutsch-polnischen Konflikt „um die Erweiterung des Lebensraumes im Osten und Sicherstellung der Ernährung, sowie die Lösung des Baltikum-Problems" – man möchte hier korrigieren: um die erste Stufe einer Lösung des „Lebensraumproblems".
Hitler zweifelte also bereits an den Chancen einer isolierten Kriegsführung gegen den östlichen Nachbarn und verfügte, bei einer Intervention der Westmächte den Kampf „in erster Linie" gegen England und Frankreich zu führen.
Der Führer zweifelt an der Möglichkeit einer friedlichen Auseinandersetzung mit England. Es ist notwendig, sich auf die Auseinandersetzung vorzubereiten. England sieht in unserer Entwicklung die Fundierung einer Hegemonie, die England entkräften würde. England ist daher unser Feind, und die Auseinandersetzung mit England geht auf Leben und Tod.[110]
Wehrmacht und Staatsführung hätten zwar den kurzen Krieg anzustreben, „die Staatsführung hat sich dagegen jedoch auch auf den Krieg von 10- bis 15jähriger Dauer einzurichten".
An diesen Ausführungen ist, sollten sie – woran kaum zu zweifeln ist – etwa in diesem Tenor gefallen sein, einiges bemerkenswert:
1. Der ins Auge gefaßte Krieg gegen Polen sollte nun nicht mehr nur einen Unsicherheitsfaktor im Rücken ausschalten, sondern zugleich die materiellen Voraussetzungen für den Westkrieg durch die Ausbeutung der polnischen Wirtschaft verbessern. Die ursprüngliche Funktion einer Aufmarschbasis gegen die Sowjetunion hatte Hitler im Frühjahr 1939 offenbar ebenso wie diese selbst zeitweilig aus dem Auge verloren.
2. Hitler war sich gegenüber England und Frankreich augenscheinlich eines „blitzartigen" Erfolges nicht mehr sicher, sondern kalkulierte bereits einen langen Erschöpfungskrieg „auf Leben und Tod" ein.
Damit dürfte die populäre These, die Führung des „Dritten Reiches" habe, um mit den nur begrenzten eigenen Mitteln Schritt für Schritt ihre weitgesteckten Weltmachtziele zu verwirklichen, so etwas wie eine „Blitzkriegs-Strategie" entwickelt und diese auch bis 1941 erfolgreich praktiziert, endgültig in den Bereich der Legende verwiesen sein. Der einzige Krieg, der nachweisbar als „Blitzkrieg" geplant und angelegt wurde, war der Überfall auf die Sowjetunion 1941, und er sollte denn

auch wenige Monate später am verbissenen Widerstand der sowjetischen Truppen und am „General Winter" scheitern.

Widersprüche in Hitlers Kriegsplanungen

Unter dem Druck der internationalen Entwicklung und vor allem der hartnäckigen Weigerung der Briten, sich kampflos vom Kontinent zurückzuziehen und ihn den Deutschen zu überlassen, hatte sich der Diktator schon vor dem ersten Schuß in heillose Widersprüche und Ausweglosigkeiten verfangen. Sie verbieten es, seinem Denken und Handeln, wie es manche Historiker tun, nachträglich so etwas wie die stringente Rationalität eines „Stufenplanes" (Hillgruber) von der europäischen zur Weltherrschaft zu unterstellen. Vieles war, je näher der Krieg heranrückte, mehr hilflose Reaktion und Improvisation als langfristiges Kalkül: Die ursprüngliche strategische „Wunschdoktrin" (isolierte Ausschaltung der einzelnen Gegner nacheinander) wurde durch die immer konkretere Aussicht auf einen Mehrfrontenkrieg nach West und Ost als Illusion entlarvt, und es zeichnete sich eben die Konstellation von 1914 ab, die Hitler immer hatte vermeiden wollen; der „Wunschpartner" Großbritannien war in das gegnerische Lager abgeschwenkt, und der Diktator klammerte sich als letzten Strohhalm nur noch an die Hoffnung, die britische Garantieerklärung für Polens Unabhängigkeit sei mehr eine demonstrative Geste, der kein wirkliches militärisches Eingreifen auf dem Kontinent folgen werde; mit unblutigen Triumphen wie zuletzt im März 1939 war künftig nicht mehr zu rechnen; das aus der Not und dem selbst auferlegten Zwang zum überstürzten Aufbau eines Massenheeres geborene Prinzip der „Breitenrüstung" für „blitzartig schnelle Überraschungsschläge" gleichsam aus dem Stand heraus ohne tiefgestaffelte Reserven paßte nicht mehr recht zu dem „Krieg auf Leben und Tod"; die seltsamerweise auch am 23. Mai 1939 noch einmal von Hitler herausgestrichene zeitliche Vorgabe für den „großen Krieg" gegen England, 1943 bis 1945, war – ebenfalls durch die Verweigerung der Briten, den Deutschen freie Hand auf dem Kontinent zu geben – längst überholt, der Krieg mit dem 1. September 1939 als Angriffstermin gegen Polen mit der Gefahr eines Eingreifens der Westmächte und der sofortigen Eskalation zum europäischen Krieg in greifbare Nähe gerückt. Dabei waren weder die USA als potentieller Partner eines um seine Existenz kämpfenden britischen Weltreiches noch die Sowjetunion als Hitlers ursprünglicher Feind Nr. 1 in die Überlegungen für die nächste Zukunft mit einbezogen.

Der „geniale Führer" stand bereits im Frühjahr 1939 außenpolitisch vor einem Scherbenhaufen. Die einseitige Kündigung des deutsch-britischen Flottenvertrages und des deutsch-polnischen Nichtangriffspaktes sowie die drohende Warnung vor dem Akklamationsforum des Reichstages am 28. April 1939 an den Hitler besonders verhaßten US-Präsidenten Roosevelt, sich nicht in die europäischen Angelegenheiten einzumischen, waren nichts anderes als leere martialische Droh- und

Trotzgebärden, kaum geeignet, die Ratlosigkeit und Unsicherheit des „Führers“ vor seinem außenpolitischen Trümmerfeld propagandistisch zu kaschieren, souveräne internationale Handlungsfreiheit vorzutäuschen und anderen Furcht einzujagen.

Bemühungen um eine Aktivierung der „Achse Berlin-Rom-Tokio“ im Sommer 1939

In den folgenden Monaten ging es nur noch darum, doch noch eine internationale Mächtekonstellation herbeizuzwingen, die entweder England und Frankreich von einer Hilfsaktion für Polen abhalten oder, sollte dies nicht gelingen, beide Mächte im Kriegsfall zwingen würde, ihre Kräfte zu verzetteln und an mehreren Fronten gleichzeitig – auf dem Kontinent, im Mittelmeer und in Fernost – zum Einsatz zu bringen. Dies war noch einmal die Stunde des „genialen Weltpolitikers“ Ribbentrop. Der Reichsaußenminister durfte sich überdies mit seinen antibritischen Ressentiments, mit denen er seinen Londoner Botschafterposten Ende Dezember 1937 verlassen hatte, gegenüber den probritischen Illusionen seines „Führers“ als scharfblickender Realist bestätigt fühlen. Wenn es ihm nun gelang, sein Lieblingsprojekt, das „weltpolitische Dreieck Berlin-Rom-Tokio“ (mit oder ohne die Sowjetunion) unter Einschluß der weiteren Antikominternpartner Ungarn (Beitritt 24. Februar 1939) und Spanien (Beitritt 27. März 1939) zu einem festen Militärbündnis mit gegenseitiger Beistandsverpflichtung auszubauen, waren gleich mehrere Fliegen mit einer Klappe geschlagen: England und Frankreich waren entweder isoliert oder gezwungen, ihre begrenzten militärischen Kräfte gleichzeitig in drei neuralgischen Sicherheitszonen – Atlantik/Kontinent, Mittelmeer/Vorderer Orient und Fernost – aufmarschieren zu lassen; die USA würden mit einem Teil ihrer Flotte im Pazifik durch Japan gebunden sein und kaum an eine massive Hilfe für das angelsächsische Brudervolk denken können; die Sowjetunion mußte ihre Aufmerksamkeit noch intensiver als bisher von Europa weg auf die mandschurische und chinesische Grenze gegen Japan richten und würde kein Interesse an einer Gefährdung seiner europäischen Grenzen durch Deutschland haben; Polen schließlich, so das Kalkül der deutschen Reichsführung, würde damit zur isolierten und leichten Beute werden.

In dieser auf den ersten Blick bestechenden Rechnung steckten jedoch Fehler, die die Idee einer Tripleallianz vorerst scheitern ließen: Japan beugte sich nicht dem deutschen Wunsch, seine Eroberungsziele in China zurückzustecken und stattdessen – wie dies dann ein Jahr später nach Abschluß des Dreimächtepaktes im September 1940 geschehen sollte – seiner imperialistischen Politik eine antibritische und antiamerikanische Stoßrichtung nach Süd- und Südostasien zu geben. Tokio lehnte es auch ab, sich automatisch in einen durch Berlin ausgelösten europäischen Krieg gegen die Westmächte ziehen zu lassen, der seine Interessen in keiner Weise berührte. Für Italien erklärten Mussolini und sein Außenminister Ciano mehrfach, zuletzt am 25. August, also einen

Tag vor dem zunächst angesetzten Angriffstermin gegen Polen, daß ihr Land erst 1942/43 für einen Krieg gerüstet sein werde. Was von dem ganzen ehrgeizigen Projekt eines Dreimächtepaktes 1939 blieb, war der in einem pompösen Zeremoniell am 22. Mai in der Reichskanzlei unterzeichnete „Stahlpakt" – eine Propagandademonstration „eherner Achsenfreundschaft", auf die sich freilich infolge der deutschen Alleingänge und faits accomplis und der deutschen Konkurrenz in Südosteuropa längst frostiger Rauhreif tiefen Mißtrauens gegenüber einer „preußischen Hegemonie" in Europa gelegt hatte. Politische und militärische Substanz sollte der „Stahlpakt" bis Kriegsende nie recht gewinnen. Die Weigerung Mussolinis, an der Seite Deutschlands in den Krieg einzutreten, konnte somit nicht überraschen, zumal er außerdem erst am 11. August durch Ciano von dem bevorstehenden deutschen Überfall auf Polen informiert wurde.

Annäherung an Moskau ab Ende Juli 1939

Erst als sich im Juli endgültig herausstellte, daß die Militärallianz mit Tokio nicht zu haben war, schaltete die Berliner Diplomatie zögernd auf die „zweite Wahl" um: die Annäherung an Moskau. Unter dem immer drohender auf Europa lastenden Schatten eines neuen Krieges war die Sowjetunion ab März 1939 schrittweise in die Rolle eines umworbenen Bündnispartners gerückt. Die taktische Raffinesse und mißtrauische Hartnäckigkeit, mit der im Dreiecksverhältnis London/Paris-Berlin-Moskau in den Sommermonaten die Großmächte um Bündnisse, Militärallianzen, Hilfszusagen und auch Einflußsphären teilweise zu Lasten Dritter wie der Baltischen Staaten, Polens und Rumäniens pokerten, sich gegenseitig beäugten und auszuspielen versuchten, gehören mit zu den faszinierendsten Kapiteln europäischer Zwischenkriegsdiplomatie. Die britisch-sowjetischen Beziehungen gewannen noch zusätzlich dadurch eine pikante Note, daß Moskau – wie wir heute wissen – einen Spion im Foreign Office hatte und infolgedessen über die Londoner Verhandlungsvorschläge längst informiert war, bevor sie der britische Unterhändler im Kreml auf den Tisch legte.[111]

Verhandlungen der Westmächte mit Moskau im Sommer 1939

Die Westmächte saßen dabei mit ihren Bemühungen, in ihre Garantieerklärungen für Polen und Rumänien in der einen oder anderen Form auch die Sowjets einzubinden und sie ebenfalls auf den Schutz der Unabhängigkeit der ostmitteleuropäischen Staatenwelt gegen Deutschland zu verpflichten, zunächst durchaus am längeren Hebel, und dies, obwohl sie die Sowjetunion noch ein halbes Jahr vorher am Münchener Konferenztisch ausgeschlossen und dadurch dem seit den alliierten Interventionskriegen gegen die bolschewistische Regierung 1917 bis 1919 noch sehr tief sitzenden Mißtrauen der Kremlführung gegen die kapitalistischen Staaten neue Nahrung gegeben hatten. Hitler soll sogar, wenn wir dem Staatssekretär von Weizsäcker Glauben schenken dürfen[112], zeitweilig daran gedacht haben, bei einer Einigung der Westmächte mit Stalin den Angriff auf Polen im letzten Augenblick zunächst

abzublasen und für den September 1939 einen „Parteitag des Friedens" nach Nürnberg einzuberufen.
Am Ende kamen dem Diktator wieder einmal die anderen zur Hilfe: Chamberlain und Daladier weigerten sich, ihre mißtrauische Haltung gegenüber dem „halbasiatischen Rußland" (Chamberlain) abzulegen und im Konfliktfall den Sowjets Ostmitteleuropa von der Ostsee bis zum Schwarzen Meer über die Köpfe der Baltischen Völker, der Polen und Rumänen hinweg für ein Durchmarschrecht gegen ein angreifendes Deutschland preisgegeben. Besonders die Warschauer Regierung wehrte sich bis zuletzt vehement dagegen, sowjetische Truppen im Konfliktfall in ihr Land zu lassen oder sowjetischen Flugzeugen ein Überflugsrecht zu gestatten, damit sie eine etwaige Bündnisverpflichtung gegen Deutschland wahrnehmen könnten. Die Polen sahen durchaus realistisch die Gefahr, daß die Sowjets dies dann zum Anlaß nehmen würden, den im Frieden von Riga 1921 von Polen annektierten etwa 200 km breiten weißrussischen und ukrainischen Streifen zurückzugewinnen. Auch fürchteten sie und die Westmächte bis zuletzt, Hitler durch eine „Einkreisung" von Westen und Osten her mit Hilfe eines umfassenden Bündnissystems mit Moskau gerade zum Verzweiflungsschritt einer „Flucht nach vorn" zu treiben. So ist es auch bis heute umstritten, wieweit insbesondere die Londoner Regierung die Verhandlungen mit dem Kreml wirklich ernsthaft betrieben oder sie nicht doch letztendlich vorwiegend als Druckmittel mit dem Ziel geführt hat, doch noch einen Ausgleich mit dem nationalsozialistischen Deutschland herbeizuzwingen.
Mit dem Scheitern der britischen und französischen Verhandlungs- und Militärmissionen in Moskau war Berlin am Ball. Deutliche Winke aus dem Kreml wie die berühmte Rede Stalins am 10. März 1938 vor dem 18. Parteikongreß der KPdSU, er werde sein Land nicht in Konflikte hineinziehen lassen durch „Kriegstreiber, die daran gewöhnt sind, andere die Kastanien für sich aus dem Feuer holen zu lassen", oder die Ablösung des Juden Litwinow, eines engagierten Anwaltes der Westorientierung und der kollektiven Sicherheit, durch den neuen Außenminister Molotow, einen getreuen Gefolgsmann Stalins, am 3. Mai wurden von der deutschen Führung nach langem Zögern erst Anfang August aufgenommen. Dies war der Augenblick, als a) der Draht nach Tokio endgültig abgekühlt war, sich b) Gerüchte über die angeblich unmittelbar bevorstehende Ergänzung des politischen Vertrages vom 24. Juli durch eine feste Militärallianz zwischen den Westmächten und den Sowjets verdichteten, nachdem westliche Militärmissionen in Moskau eingetroffen waren, und vor allem c) der geplante Angriffstermin auf Polen, der 1. September 1939, rasch näherrückte und damit d) nicht nur die wohlwollende Neutralität der Sowjets an der polnischen Ostgrenze, sondern auch die reibungslose Versorgung durch das gewalti-

ge russische Rohstoffpotential sowie das Offenhalten des Transits aus Fernost zur wehrwirtschaftlichen Grundvoraussetzung einer erfolgreichen Kriegsführung wurden.

Deutsch-sowjetisches Wirtschaftsabkommen vom 19. 8. 1939

Das am 19. August 1939 abgeschlossene Handels- und Kreditabkommen mit Moskau, ergänzt durch zwei weitere Wirtschaftsabmachungen vom 11. Februar 1940 und 10. Januar 1941, sollte der deutschen „Wehrwirtschaft" bis zum Überfall auf die Sowjetunion am 22. Juni 1941 kriegswichtige Rohstoffe wie Phosphat, Asbest, Chrom, Manganerz, Mineralöl und Rohbaumwolle gegen deutsche Lieferungen von Industriegütern, Kriegsmaterialien und Blaupausen für modernes Kriegsgerät zuführen. Gleichzeitig blieb die Sowjetunion als Durchgangsland für Fernost offen (etwa für chinesische Sojalieferungen), so daß die britische Fernblockade bis 1941 im Gegensatz zum Ersten Weltkrieg weitgehend unterlaufen werden konnte. Nach einer Woche diplomatischen Antichambrierens im Kreml, das an plumper Anbiederung und peinlicher Hektik kaum zu überbieten war und von den Sowjets anfangs betont kühl aufgenommen wurde, war Ribbentrop am 23. August 1939 endlich am Ziel seiner Wünsche: Er unterzeichnete in Moskau den Hitler-Stalin-Pakt und das geheime Zusatzprotokoll über die „vierte Teilung" Polens und die Aufteilung der beiderseitigen Interessensphären zwischen Ostsee und Schwarzem Meer (Finnland, die Baltischen Staaten und Bessarabien fielen in die sowjetische Einflußzone). Die Existenz dieses geheimen Zusatzabkommens, das am 28. September durch einen Grenz- und Freundschaftsvertrag ergänzt und modifiziert wurde, wurde von der sozialistischen Geschichtsschreibung bis zur Wende im Osten aus politisch naheliegenden Gründen als „plumpe kapitalistische Fälschung" geleugnet.

Der „Hitler-Stalin-Pakt" vom 23. 8. 1939

Der auf zehn Jahre abgeschlossene deutsch-sowjetische Nichtangriffsvertrag war für Hitler nur ein befristetes Arrangement mit Stalin und eine Art Notlösung aus dem Zwang heraus, nunmehr gegen seinen ursprünglichen Willen mit „verkehrter Frontstellung" gegen den Westen kämpfen zu müssen. Er wurde von beiden Seiten in dem klaren Bewußtsein unterzeichnet, daß ein Aggressionsakt von deutscher Seite unmittelbar bevorstand, und sollte gleich mehrere Zwecke erfüllen: a) Neutralisierung der Sowjetunion beim Angriff auf Polen, b) strategische Einschnürung und Isolierung Polens vom Osten her, c) Abschreckung der Westmächte vor einer Intervention im deutsch-polnischen Konflikt, d) im Falle einer bewaffneten Auseinandersetzung im Westen Rückenfreiheit im Osten und möglicherweise auch e) nach innen Überwindung noch vorhandener Widerstände in der Wehrmachtführung gegen das Risiko eines europäischen Krieges. Stalin konnte durch seinen Pakt mit Hitler den Krieg in der Phase eines ehrgeizigen Programmes der Industrialisierung und Modernisierung der sowjetischen Volkswirtschaft für zwei Jahre vom eigenen Lande fernhalten, umfangreiche Landgewinne in Ostmitteleuropa einstecken und als lachender Dritter zunächst einer gegenseitigen „Zerfleischung der kapitalistischen Staaten“ zusehen. Gegenüber Hitler hat Ribbentrop in dem Pakt zweifellos eine Lösung auf Dauer und die Krönung seines antibritischen Kontinentalblockes von „Madrid bis Yokohama“ gesehen.

Letzte Angebote an England Ende August 1939

Hitler hat augenscheinlich allen Warnungen zum Trotz in seiner verqueren Haßliebe zu England bis zuletzt im Innersten seines Herzens auf ein Arrangement mit London gehofft, dies freilich nur zu seinen Bedingungen der „freien Hand“ auf dem Kontinent. Andererseits hat er allen Versuchen Weizsäckers und Görings, durch die Entsendung des Ministerialdirektors aus dem Amt für den Vierjahresplan, Wohlthat, nach London (17.-20. Juli 1939) oder die Vermittlung des schwedischen Industriellen Birger Dahlerus noch in letzter Minute einen Ausgleich mit den Briten herbeizuführen, unter Beifall Ribbentrops eine schroffe Absage erteilt. Aber auch für Chamberlain war nach dem deutschen Einmarsch in Prag der innenpolitische Spielraum für Kompromisse mit dem Diktator ohne überzeugende Vorleistungen der deutschen Friedenswilligkeit bereits äußerst schmal geworden.

Alle deutschen Schritte in der letzten Augustwoche – Hitlers „großzügiges Angebot“ einer Bestandsgarantie des britischen Empires und einer „vernünftige[n] Begrenzung der Rüstungen“ vom 25. August, die Verschiebung des ursprünglich auf den 26. August angesetzten Angriffstermins am Tage vorher auf Grund der Meldungen vom Abschluß eines britisch-polnischen Bündnisses und der Absage Mussolinis, in den Krieg einzutreten, sowie eine erneute, freilich nur mündliche Lancierung des „großzügigen Angebotes“ an Polen vom Herbst des Vorjahres über den britischen Botschafter in Berlin, Neville Henderson, in der Nacht vom 30. auf den 31. August – hatten nur noch taktische Bedeutung. Das Ziel war ein doppeltes: nach außen die Westmächte im letzten Augenblick doch noch aus dem Krieg herauszuhalten und Polen zu isolieren und nach innen das eigene Volk vom scheinbaren Langmut seiner Führung zu überzeugen und propagandistisch auf einen zweiten „Opfergang“ innerhalb einer Generation einzustimmen. Ähnlich wie in der Julikrise 1914 wurde auch diesmal Ende August 1939 ein „Aggressor“ mit Rücksicht auf die Mobilisierung der Bevölkerung und auf die Gewinnung der britischen Neutralität aufgebaut: damals das Zarenreich, jetzt Polen. Und ähnlich wie 25 Jahre vorher wurde der bevorstehende Krieg als ein von außen durch die Gegner aufgezwungener Kampf um die Verteidigung der nationalen Existenz und um die Aufbrechung der internationalen „Einkreisung“ des Reiches hingestellt. Auch das eskalierende propagandische Hochpeitschen der Minderheitenspannungen in Polen durch die Presse und das Anheizen der Konflikte in und um Danzig ab Mai 1939[113] hatten – ähnlich wie in der Sudetenkrise ein Jahr vorher – nur den Zweck, dem Nachbarn im Osten den „schwarzen Peter“ als Aggressor zuzuspielen und das eigene Volk auf den Kriegskurs seiner Regierung einzustimmen.

Am 1. September 1939 „entfesselte“ Deutschland mit dem Überfall auf Polen um 4.45 Uhr morgens ohne Kriegserklärung den Krieg. Als sich Berlin weigerte, den ultimativen Forderungen der Westmächte auf sofortige Einstellung der Feindseligkeiten und Zurückziehung der Truppen hinter die Grenze nachzukommen, weitete sich mit der Kriegserklärung der britischen und französischen Regierung am 3. September 1939 der deutsch-polnische Konflikt zwar früher zum europäischen Krieg aus, als Hitler und sein Außenminister es ursprünglich gewünscht hatten, aber nicht ohne ihre Schuld.

„Entfesselung“ des Krieges durch den deutschen Überfall auf Polen am 1. 9. 1939

Wie versteinert soll Hitler am Sonntagmorgen, dem 3. September 1939, an seinem Schreibtisch in der gerade wenige Monate vorher fertiggestellten bombastischen Neuen Reichskanzlei gesessen und kurz nach 9.00 Uhr von dem Chefdolmetscher Paul Schmidt die Übersetzung des auf 11.00 Uhr befristeten britischen Ultimatums entgegengenommen haben. Nach einer Weile wandte er sich dem am Fenster stehenden Ribbentrop mit wütendem Blick zu und fragte: „Was nun?“ Ribbentrop entgegnete nur hilflos mit leiser Stimme: „Ich nehme an, daß die Franzosen uns in der nächsten Stunde ein gleichlautendes Ultimatum überreichen werden.“ Dieses war dann auf 17.00 Uhr nachmittags terminiert.[114]

Die Ultimaten Englands und Frankreichs vom 3. 9. 1939

Die „kleinen Würmchen“ von München, die gegnerischen Führer „unter dem Durchschnitt“, über die der scheinbar so allmächtige Diktator noch eine gute Woche vorher, am 22. August, vor seinen Generälen im Triumphgefühl des bevorstehenden Vertragsabschlusses mit Stalin geglaubt hatte, Spott und Verachtung ausgießen zu müssen, hatten ihm nun einen Mehrfrontenkrieg mit „verkehrter Frontstellung“ aufgezwungen. Auch dürfte es dem „Führer“ nicht entgangen sein, daß „sein“ Volk in Berlin nur spärlich Spalier stand und ihn nur sehr kühl begrüßte, als er am 1. September von der Neuen Reichskanzlei zur Kroll-Oper fuhr, um dem dort versammelten Reichstag seine Version von dem Überfall auf Polen als eine verdiente „Strafaktion“ zu verkünden. Der Begriff „Krieg“ war ausdrücklich untersagt und wurde erst am 3. September in der Form eines von den Westmächten den Deutschen „aufgezwungenen Verteidigungskrieges“ propagandistisch freigegeben.

Die Stimmung in der Bevölkerung war ganz im Gegensatz zum August 1914 diesmal eher gedrückt und fatalistisch bis gleichgültig. Zu lange hatte man darauf gehofft, daß es dem „Führer“ wie in den vorangegangenen Jahren auch diesmal wieder gelingen werde, seine Ziele ohne ein neues Blutvergießen durchzusetzen. Der Gauleiter von Schwaben, Karl Wahl, notierte seine Eindrücke über den Besuch mehrerer Orte:

Gedrückte Stimmung in der deutschen Bevölkerung

Nichts von alledem, was ich 1914 erlebte, habe ich auf dieser Reise fest-

stellen können: keine Begeisterung, keine Freude, kein Jubel. Überall, wohin man kam, herrschte eine bedrückende Ruhe, um nicht zu sagen Niedergeschlagenheit. Das ganze deutsche Volk schien von einem lähmenden Entsetzen gepackt zu sein, das es weder zu Beifalls- noch zu Mißfallensäußerungen befähigte.[115]

Staatssekretär von Weizsäcker hatte seinem Tagebuch knapp fünf Wochen vorher ein ähnliches Stimmungsbild anvertraut: *Der berechtigte Haß gegen Polen ist stärker als andere Überlegungen. Sonst aber im Reich glaubt man doch, wir hätten eine Atempause nötig und seien zu erschöpft an Kräften, um jetzt einen Krieg zu wagen. Die Wirtschaftsstatistiker zeigen uns Bilder, die an Kriegsvorgänge (1914–1918) erinnern.*[116]

Kriegsschuld Deutschlands unbestritten

Die Schuldfrage bei der „Entfesselung" des Zweiten Weltkrieges im September 1939 ist eindeutig. Eine Kriegsschulddiskussion wie um den Ausbruch des Ersten Weltkrieges 1914 hat es diesmal, von Unbelehrbaren im rechtsradikalen Lager abgesehen, nicht gegeben. Weit weniger Einigkeit unter Historikern herrscht freilich, wenn es darum geht, die Motive und Hintergründe für den Entschluß zum Kriege und insbesondere zur Übernahme des Kriegsrisikos schon 1939 aufzuhellen, als der Rüstungsstand dies eigentlich noch gar nicht zugelassen hat, die ganze Bandbreite der Mitverantwortung unter Politikern, Militärs und Wirtschaftsführern auszumessen und die inneren wie äußeren Bewegungsspielräume zu bestimmen, in denen die Reichsführung den Krieg vorbereiten, auslösen und schließlich bis zum Sommer 1941 von „Blitzsieg" zu „Blitzsieg" auf den Höhepunkt der deutschen Kontinentalherrschaft hinführen konnte.

Selbstverantwortete rüstungswirtschaftliche und militärpolitische Zwangslagen im Innern und von außen haben die schon früh getroffene Entscheidung zur Gewaltanwendung sicher beschleunigt und am Ende in den Krieg einmünden lassen. Sie haben aber auch, zusammen mit einer weitgehenden „Teilidentität der Ziele" (Messerschmidt) zwischen konservativen und braunen Eliten, zwischen Volk und Führung, mitgeholfen, jene Stimmung fatalistischer Ausweglosigkeit und trotziger Entschlossenheit zu schaffen, jene massenhafte „Gefolgschaftstreue" zu mobilisieren und vor allem auch jenes „Einkreisungstrauma" des Ersten Weltkrieges wiederzubeleben, die die Übernahme des Kriegsrisikos in einer kritischen Wirtschaftslage als eine Art „Flucht nach vorn" dem eigenen Volk als durchaus kalkulierbar und letztendlich als gerechtfertigt und folgerichtig erscheinen ließen.

Versäumnisse und Fehlkalkulationen der anderen Mächte

Darüber hinaus wird man, ohne daß hier auf leichtfertige Weise die schwere Last der Verantwortung für den Zweiten Weltkrieg von den deutschen Schultern weg auf fremde verlagert und dann am Ende wieder wie nach 1918 gleichmäßig auf alle verteilt werden soll, nicht übersehen dürfen, daß auch die anderen Mächte die Bedingungskonstellation mitgeschaffen haben, in der Hitler 1939 den Krieg glaubte wagen zu können und dann auch tatsächlich zwei Jahre lang mit überwältigenden militärischen Erfolgen geführt hat: die Briten durch ihre Politik des „Appeasement", die Franzosen durch ihre defensive „Maginot"-Mentalität und ihren Verzicht auf eine aktive Außenpolitik, die USA durch ihren Isolationismus, die Sowjets durch den Pakt mit Hitler, die Polen durch ihre Schaukelpolitik zwischen West und Ost, die Mittel- und Kleinstaaten des Südostens durch ihre mehr oder weniger freiwillig vollzogene Eingliederung in den „Großwirtschafts- und Ergänzungsraum Südosteuropa", die Japaner und Italiener schließlich durch ihre – freilich stets labile und brüchige – „Achsenfreundschaft". Jeder einzelne der erwähnten Staaten hat auf seine Weise – wie die konservativen Steigbügelhalter im Innern – mitgeholfen, daß der „Führer" bis 1939 leichte Erfolge einzustreichen und dadurch seine „charismatische" Ausstrahlungskraft im eigenen Volk in einem Maße zu erhöhen vermochte, daß er schließlich als „unfehlbar" erscheinen und vor allem – was noch viel gefährlicher war – sich selbst erfolgreich diese „Unfehlbarkeit" suggerieren und gegen Warnungen und Kritik abschotten konnte. Jeder einzelne dieser Staaten hatte aber auch gute Gründe oder glaubte sie wenigstens zu haben, den rechtzeitigen und festen Schulterschluß gegen das nationalsozialistische Deutschland, der die Deutschen vielleicht noch im letzten Augenblick hätte bremsen können, zu verzögern, zu verweigern oder gar zu hintertreiben. Mißtrauen und Animositäten zwischen den Großmächten saßen tief und waren nicht gleichsam über Nacht durch die „deutsche Gefahr" aus dem Wege zu räumen. Der Völkerbund als Forum kollektiver Sicherheit war faktisch längst vor 1933 gelähmt.

Unter dem Eindruck der Weltwirtschaftskrise und des Zusammenbruchs des Systems internationaler Sicherheit in den Jahren 1929 bis 1932 glaubte jede Macht, ihre gewaltigen politischen, sicherheitspolitischen, wirtschaftlichen und sozialen Schwierigkeiten nur auf nationaler Ebene und durch ein nationales „Krisenmanagement" bewältigen zu können. Die erneute „deutsche Herausforderung" an die internationale Sicherheit rangierte dann ab 1933 in der sicherheitspolitischen Problemskala eines jeden Staates je nach georgraphischer Nähe und Ferne vom kontinentalen Krisenherd unterschiedlich weit oben. Auch war die Bedrohung durch den deutschen Imperialismus eben doch nur eine neben anderen, unter denen die gleichzeitige durch Italien im Mittelmeer, in Nord- und Ostafrika und durch Japan in Fernost besonders herausragten. Hier mußten die Außenämter und Generalstäbe in den verschiedenen Hauptstädten in ihren Abwehrstrategien Prioritäten setzen, die ihre eigene Sicherheit optimal garantierten und die überdies – und das war auch ein Kernelement des „Appeasement" – die in der Regel recht beschränkten eigenen militärischen und wirtschaftlichen Kräfte nicht überstrapazierten. Der noch ganz im überkommenen „sacro egoismo" traditioneller Großmachtattitüde wurzelnde Mangel an Bewußtsein für die Notwendigkeiten internationaler kollektiver Sicherheitspartnerschaft und Solidarität gegenüber den Aggressoren war Hitlers große Chance, einen zweiten deutschen „Griff nach der Weltmacht" innerhalb von nur 25 Jahren zu wagen. Es war der große Irrtum der noch ganz im herkömmlichen Nationalstaatsdenken befangenen Staatsmänner anzunehmen, sie könnten Sicherheit und Frieden für ihren eigenen Staat in zweiseitigen Geschäften mit den Aggressoren durch Konzessionen erkaufen und darüber die internationale Zusammenarbeit mit den anderen bedrohten Ländern hintansetzen. Als sie „ihre Lektion" endlich mit kräftiger deutscher „Nachhilfe" ab 1941 gelernt hatten, war es fast schon zu spät und nahezu der ganze europäische Kontinent in deutscher Hand.

VI. Kapitel

Deutschland im Zweiten Weltkrieg

1. Die Errichtung der Hegemonie auf dem europäischen Kontinent (1939–1941)

Der Überfall auf Polen

Am 1. September 1939 um 4.45 Uhr löste Hitler ohne Kriegserklärung und nach der Inszenierung einer Reihe von Grenzzwischenfällen den Krieg gegen Polen aus. Er tat dies in dem Bewußtsein, damit zugleich das Risiko einzugehen, daß sich der zunächst lokale Konflikt mit großer Sicherheit schnell zu einem europäischen oder gar zu einem Weltkrieg ausweiten konnte. Um so mehr kam es ihm darauf an, Polen „blitzartig" auszuschalten, um dann den Rücken gegen die Westmächte freizuhaben und in absehbarer Zeit nach der Niederringung der Sowjetunion von der Basis einer unangefochtenen Kontinentalhegemonie aus die globale Auseinandersetzung mit den USA wagen zu können. So trug die Entscheidung vom 1. September also von Anfang an das Gesetz der Eskalation und einer globalen Ausuferung kriegerischer Gewalt in sich. Die Wehrmacht hatte sich jedoch nur auf den Feldzug gegen Polen vorbereitet. Für die Fortführung des Krieges gab es keine operativen und strategischen Gesamtplanungen.

Propagierung des „ideologischen Rassenkrieges"

Der Diktator ließ schon am 22. August 1939 vor seinen Oberbefehlshabern auf dem Obersalzberg keinen Zweifel daran und sollte es auch häufig wiederholen, daß dieser Krieg im Osten als „ideologischer Rassenkrieg" eine neue und verbrecherische Qualität haben werde und auf die Vernichtung des Gegners angelegt war.

Vernichtung Polens im Vordergrund. Ziel ist die Beseitigung der lebendigen Kräfte, nicht die Erreichung einer bestimmten Linie. Auch wenn im Westen Krieg ausbricht, bleibt die Vernichtung Polens im Vordergrund. Mit Rücksicht auf Jahreszeit, schnelle Entscheidung [...] Jede sich neu bildende lebendige polnische Kraft ist sofort wieder zu vernichten [...] Restlose Zertrümmerung Polens ist das militärische Ziel [...] Verfolgung bis zur völligen Vernichtung.[1]

Hier waren bereits die Vorgaben nicht nur für die Kriegsführung gegen Polen und Sowjetrussen, sondern auch schon für die Besatzungspolitik in den eroberten Gebieten gegen alle Normen des Völkerrechts formuliert: „Vernichtung Polens – Beseitigung seiner lebendigen Kraft."[2]

Verbrecherisch war dieser Krieg von Anbeginn aber auch noch in einem viel weiteren Sinne: Sollte er doch den Machthabern die Möglichkeit geben, systematisch und mit einer immer mehr perfektionierten Todesmaschinerie die Vernichtung – nach nationalsozialistischen Maßstäben – „lebensunwerten Lebens“ einzuleiten und den Massenmord an den europäischen Juden durchzuführen. Wie eng und untrennbar im Bewußtsein Hitlers unter dem Ziel einer grundlegenden Umgestaltung Europas nach rassenbiologischen Kriterien die Auslösung des Krieges, die „Euthanasie“ und die Auslöschung des Judentums in Europa zusammenrückten, dokumentieren zwei Ereignisse: Der Diktator hat im Verlauf des Krieges zweimal, jeweils am „Tage der Machtergreifung“ (am 30. Januar 1941 und 1942), wiederholt, er habe in seiner Rede zur Rechtfertigung des Überfalles auf Polen am 1. September 1939 morgens „prophezeit“, wenn es „dem internationalen Judentum“ noch einmal gelingen sollte, die Völker in einen Weltkrieg zu stürzen“, dann werde das Ergebnis nicht „die Bolschewisierung der Erde und damit der Sieg des Judentums“ sein, sondern „die Vernichtung der Jüdischen Rasse in Europa“. Tatsächlich hat Hitler jedoch diese Drohungen bereits am 30. Januar 1939 vor dem Reichstag ausgestoßen.[3] Des weiteren hat er die im Oktober 1939 schriftlich gegebene Ermächtigung zur massenhaften Tötung von Geisteskranken ebenfalls auf den 1. September zurückdatiert.

Der deutsche Vorstoß

Polen hatte kaum eine Chance, dem deutschen Angriff lange standzuhalten, wenngleich selbst die Optimisten in Berlin von seinem schnellen militärischen Zusammenbruch überrascht waren. Alles hatte sich gegen das Land verschworen. Um mit den günstigen geostrategischen Bedingungen für den Aufmarsch der Angreifer und ihren militärtechnischen Vorteilen zu beginnen:[4] Die Deutschen konnten die Überlegenheit ihrer „Breitenrüstung“ und das Überraschungsmoment voll ausspielen. Mit ihrer zahlenmäßig und technisch übermächtigen Luftwaffe gelang es ihnen schon in den ersten Tagen, die polnischen Flugzeuge auf dem Boden auszuschalten, Flugplätze, das Nachrichten- und Verkehrsnetz und die rückwärtigen Verbindungen zu zerstören und den polnischen Aufmarsch entscheidend zu behindern. In zwei Angriffskeilen stieß das Gros des aktiven deutschen Heeres (57 Divisionen) vom Norden her aus Ostpreußen und Pommern (Heeresgruppe Nord unter Generaloberst von Bock) und vom Süden her aus Schlesien und der Slowakei (Heeresgruppe Süd unter Generaloberst von Rundstedt) zu einer umfassenden Zangenbewegung konzentrisch Richtung Warschau vor, unterstützt von den Luftflotten 1 und 4 mit insgesamt 1107 Maschinen. Zum erstenmal im modernen Krieg konnte die Panzerwaffe raumgreifend in geschlossenen Verbänden operieren und der hohe Stand der Motorisierung der kämpfenden Truppe gegenüber einem noch überwiegend konventionell u. a. mit Kavelleriedivisionen ausgerüsteten Gegner voll zur Geltung gebracht werden. Schnell wurden die polnischen Rüstungs- und Versorgungszentren überrollt und das Gros der polnischen Verbände noch westlich der Linie Narew-Weichsel-San vernichtet. Bereits am 11. September war Warschau von seinen östlichen Verbindungen abgeschnitten. Am 28. September mußte die seit dem 19. eingeschlossene Hauptstadt nach schwerem Artilleriebeschuß und massiven Luftangriffen kapitulieren.

Die polnische Heeresleitung unter Marschall Rydz-Smigly hatte dagegen das Gros ihrer Kräfte (26 Divisionen und 10 Brigaden) entlang der 1900 km langen Grenze aufmarschieren lassen, ohne sich auf natürliche Barrieren und Hindernisse gegen den vordringenden Gegner stützen zu können. Bis zum 7. September waren bereits alle polnischen Armeen im westlichen Grenzgebiet entweder durchbrochen, angeschlagen oder zum Rückzug gezwungen. Schon am 5. September befahl Rydz-Smigly den Rückzug hinter die Weichsel, wo die Deutschen bereits ihren zweiten Umfassungsangriff planten. Das Schicksal Polens war besiegelt, als am 17. September die Rote Armee von Osten her mit zwei Heeresgruppen in Polen eindrang, um sich die im Hitler-Stalin-Pakt vereinbarten Gebiete, die 1918 bis 1920 an Polen verlorengegangen waren, wieder einzuverleiben. Am gleichen Tage floh die polnische Regierung mit den Resten ihrer Streitkräfte nach Rumänien, um dort interniert zu werden. Gleichzeitig wurde in Paris eine polnische Exilregierung unter General Sikorski gebildet, die dann mit einer exilpolnischen Armee, der späteren „Armee Anders“, den Kampf an der Seite der Westmächte fortsetzte und zugleich völkerrechtlich das Fortbestehen einer demokratisch-polnischen Staatsgewalt dokumentierte.

Das Eingreifen der Sowjetunion

Einige diplomatische Irritationen zwischen Berlin und Moskau sollte die Begründung der Sowjets für ihre Intervention auslösen: Der Einmarsch sei erfolgt – so die offizielle Lesart –, weil der polnische Staat aufgehört habe zu bestehen und um die ukrainischen und weißrussischen Minderheiten in Polen unter den Schutz der Sowjetunion zu nehmen. Schutz gegen wen?! Am Tage der Kapitulation von Warschau flog Ribbentrop erneut in die sowjetische Hauptstadt, um in einem weiteren geheimen Zusatzabkommen des am 28. September unterzeichneten „Grenz- und Freundschaftsvertrages“ die „Grenze der beiderseitigen Reichsinteressen im Gebiet des bisherigen polnischen Staates“ festzulegen: Litauen kam nunmehr in die sowjetische Interessensphäre, während die Woiwodschaft Lublin und Teile der Woiwodschaft Warschau bis zum Bug sowie der Landzipfel von Suwalki an Deutschland fielen.

Das Ende des polnischen Staates

Am 6. Oktober wurden die letzten Kampfhandlungen eingestellt. Da der polnische Staat de facto aufgehört hatte zu bestehen und die Regierung das Land verlassen hatte, erfolgten weder eine offizielle Kapitulation noch ein Friedensschluß. Die besetzten Gebiete waren nach der Aberkennung jeden eigenstaatlichen Charakters durch die Sieger hilflos der deutschen und sowjetischen Willkür ausgeliefert. Die polnische Armee verlor im Kampf gegen Deutschland 70 000 Gefallene, 133 000 Verwundete und 700 000 Gefangene, weitere 50 000 Tote und 217 000 Gefangene gegen die Sowjetunion. Über 4 000 gefangene polnische Offiziere wurden von den Sowjets durch Genickschuß exekutiert und ihre Leichen im Frühjahr 1943 in Massengräbern in Katyn, einem Dorf und Wald bei Smolensk, von deutschen Truppen entdeckt. Die deutsche Wehrmacht hatte an Verlusten 10 572 Gefallene, 30 322 Verwundete und 3 400 Vermißte, dazu 217 Panzer und 285 Flugzeuge.

Bilanz des Polenfeldzuges

Schwache Reaktion der Westmächte

Polen mußte sich als erstes Opfer der gewaltsamen Expansion des „Dritten Reiches" von allen Seiten isoliert und im Stich gelassen fühlen. „Drôle de guerre", „phoney war" oder „Sitzkrieg" – so stellte sich je nach nationaler Perspektive die Situation im Westen dar, als die Polen verzweifelt um ihre Existenz rangen und die Westmächte praktisch unbeteiligt zuschauten und ihre Garantien und Bündniszusagen nicht einlösten. Dabei hatten die Deutschen im Westen hinter einem noch unvollendeten „Westwall" nur wenige und schlecht ausgerüstete und ausgebildete Reserve- und Landwehrdivisionen, die bei einem energischen Vorstoß der Franzosen wahrscheinlich sofort überrannt worden wären. Statt dessen beließen es die Gegner bei einigen Scharmützeln im Vorfeld und einem „Lautsprecherkrieg". Warum griffen die Westmächte nicht ein? Warum versäumten sie es, durch eine massive Entlastungsoperation für die bedrängten Polen dem Krieg wahrscheinlich in den ersten Tagen schon eine entscheidende Wende zu geben? Hier rächte es sich, daß Militärdoktrin und Mentalität der Franzosen seit mehr als zehn Jahren ganz auf Defensive hinter der Maginot-Linie – „Mourir pour Danzig?" – eingestellt waren. Die militärische Stärke der Deutschen, gerade auch der deutschen Luftstreitkräfte, wurde maßlos überschätzt. Der jahrelange blutige Stellungskrieg in Nordfrankreich zwischen 1914 und 1918 hatte traumatische Wunden hinterlassen. Die Briten konnten im ersten Kriegsmonat erst vier Divisionen auf den Kontinent bringen, bis zum Mai 1940 waren es 15. Zudem zogen sie sich auch auf das fadenscheinige Argument zurück, der polnische Staat als Bündnispartner habe sehr schnell aufgehört zu bestehen, und im übrigen sei die Hilfszusage ausdrücklich nur gegen Deutschland und nicht gegen die Sowjetunion gerichtet gewesen. Schließlich setzten Paris und London auf den Erfolg einer Wirtschaftsblockade und darauf, daß sie bei längerem Zuwarten doch noch mit der Hilfe der USA rechnen könnten.

Das deutsche Besatzungsregime

Die Behandlung der besiegten Polen war bereits ein Vorspiel für das, was die Russen zwei Jahre später erwarten sollte. Mit Erlaß vom 18. Oktober wurde die neue deutsche Reichsgrenze weit über 1914 hinaus in rein polnische Siedlungsgebiete durch die Errichtung der neuen

Reichsgaue „Danzig-Westpreußen“ (Gauleiter Forster) und „Wartheland“ (Gauleiter Greiser) und die Vergrößerung Ostpreußens vorgeschoben. Restpolen wurde als „Generalgouvernement“ unter Hans Frank zu einer Art kolonialem „Nebenland“, Rekrutierungsfeld für Hunderttausende von Arbeitssklaven, freigegeben für die Ausplünderung seiner materiellen Ressourcen und ab 1941 Stätte eines millionenfachen Massenmordes außerhalb der Grenzen des Altreiches.

Vernichtungsterror gegen die polnische Bevölkerung

Nach der Aufhebung der Militärverwaltung am 25. Oktober war das besetzte Gebiet freigegeben für den schrankenlosen Terror der fünf Einsatzgruppen der Sicherheitspolizei und des SD Himmlers, seit dem 7. Oktober „Reichskommissar für die Festigung des deutschen Volkstums“. Hitler und Stalin setzten mit wenigen Federstrichen Bevölkerungsverschiebungen größten Ausmaßes in Ostmitteleuropa in Gang, die dann 1945 als Massenvertreibungen auf die deutsche Bevölkerung zurückschlagen sollten: Aus den eingegliederten neuen Gauen wurden alle Polen, die nicht als „eindeutschungsfähig“ galten, entweder nach Deutschland zur Zwangsarbeit verschickt oder zusammen mit den Juden ins „Generalgouvernement“ abgeschoben. Dafür wurden Volksdeutsche aus den Gebieten, die vertragsgemäß in die sowjetische Interessensphäre gefallen waren, u. a. aus dem Baltikum, der Nordbukowina, aus Bessarabien und Wolhynien hereingeholt. Durch systematische Verhaftungen und Massenerschießungen nach vorbereiteten Listen wurde die polnische Intelligenz, darunter Ärzte, Gutsbesitzer, Geistliche, Lehrer und Professoren, unter dem Vorwand liquidiert, es handle sich hier um „reichs- und deutschfeindliche Elemente“ und potentielle Träger eines nationalpolnischen Widerstandes. Eine weitere, bis heute gern kolportierte Rechtfertigung, es habe sich hier nur um Vergeltungsmaßnahmen für die Mordaktionen und Lynchjustiz gegen Volksdeutsche am berüchtigten „Bromberger Blutsonntag“, dem 3. September 1939, gehandelt, greift viel zu kurz. Denn das von zurückflutenden polnischen Truppen und Zivilisten an etwa 4 500 Volksdeutschen verübte Blutbad, so wenig es in seiner inhumanen Brutalität bagatellisiert werden darf, ist doch in einer hochemotionalisierten und panikartigen Atmosphäre der ersten Kriegstage eher spontan verübt worden, während es bei den deutschen Aktionen um systematische und planvolle Ausrottungsmaßnahmen gegen „rassisch Minderwertige“ im Zuge einer „völkischen Flurbereinigung“ ging.

Hitler forderte in einer Besprechung mit dem Chef des OKW, Keitel, am 17. Oktober 1939 „Klugheit und Härte in diesem Volkstumskampf“ und dekretierte: *Die Verwaltung hat nicht die Aufgabe, aus Polen eine Musterprovinz oder einen Musterstaat nach deutscher Ordnung zu schaffen oder das Land wirtschaftlich und finanziell zu sanieren. Es muß verhindert werden, daß eine polnische Intelligenz sich als Führerschicht aufmacht. In dem Lande soll ein niederer Lebensstandard blei-*

ben, wir wollen dort nur Arbeitskräfte schöpfen [...] Die Führung des Gebietes muß es uns ermöglichen, auch das Reichsgebiet von Juden und Polacken zu reinigen.[5]
Heftige Proteste des Oberbefehlshabers Ost, Generaloberst von Blaskowitz, gegen die Gewalttaten und Brutalität der SS und der Parteidienststellen, denen die Wehrmacht tatenlos zusehen müsse und die ihrem Ansehen einen nicht wiedergutzumachenden Schaden in der polnischen Bevölkerung zufügten, die überdies auch bereits zu Unruhe und Kritik in der Truppe geführt hatten, beantwortete Hitler mit dem zynischen Hinweis, mit „Heilsarmee-Methoden" könne er keinen Krieg führen, und mit der Ablösung des Generals von seinem Posten Mitte Februar und seiner Abkommandierung an die Westfront.
Zwar lassen sich über die tatsächliche Zahl der Opfer keine genauen Angaben machen, aber am 27. September gab Heydrich, verantwortlich als Chef des Reichssicherheitshauptamtes (RSHA), eine erste Vollzugsmeldung: „ [...] von dem polnischen Führertum sind in den okkupierten Gebieten höchstens noch 3% vorhanden."[6] Die Verfolgungen richteten sich nicht nur auf die polnische Oberschicht, sondern von Anfang an auch gegen die jüdische Bevölkerung. Mit Beginn des Jahres 1940 meldeten die neuen Gaue, sie seien „judenfrei". Die Juden wurden in großen Ghettos wie Warschau, Krakau, Lodz, Lublin und Radom zusammengepfercht. Dies war, wie sich ein gutes Jahr später zeigen sollte, nur die erste Etappe zur „Endlösung".
Im Mai 1940 legte Himmler eine Denkschrift „über die Behandlung der Fremdvölkischen im Osten" vor: *Für die nichtdeutsche Bevölkerung des Ostens darf es keine höhere Schule geben als die vierklassige Volksschule. Das Ziel dieser Volksschule hat lediglich zu sein: Einfaches Rechnen bis höchstens 500, Schreiben des Namens, eine Lehre, daß es ein göttliches Gebot ist, den Deutschen gehorsam zu sein und ehrlich, fleißig und brav zu sein. Lesen halte ich für nicht erforderlich [...] Die Eltern der Kinder guten Blutes werden vor die Wahl gestellt, entweder das Kind herzugeben – sie werden dann wahrscheinlich keine weiteren Kinder mehr zeugen, so daß die Gefahr, daß dieses Untermenschenvolk des Ostens durch solche Menschen guten Blutes eine für uns gefährliche, da ebenbürtige Führerschicht erhält, erlischt – oder die Eltern verpflichten sich, nach Deutschland zu gehen und dort loyale Staatsbürger zu werden [...] Es erfolgt jährlich insgesamt bei den 6-10jährigen eine Siebung aller Kinder des Generalgouvernements nach blutlich Wertvollen und Nichtwertvollen [...] Die Bevölkerung des Generalgouvernements [...] wird als führerloses Arbeitsvolk zur Verfügung stehen und Deutschland jährlich Wanderarbeiter und Arbeiter für besondere Arbeitsvorkommen (Straßen, Steinbrüche, Bauten) stellen.*[7]
Mit seiner akribischen Buchhaltermentalität und seiner planvoll und systematisch vorgehenden Züchtungsmanie ließ Himmler im Frühjahr

1941 eine „Deutsche Volksliste“ erstellen zur Klassifizierung deutschstämmiger Personen in den besetzten Gebieten in vier Gruppen, um sie auf ihr Deutschtum und ihre „Eindeutschungsfähigkeit“ zu überprüfen. In diesem Prozeß der „Umvolkung“ und „Wiedereindeutschung“ suchten Himmlers „Rassefahnder“ bevorzugt nach blonden polnischen Kindern im Generalgouvernement, um sie ihren Eltern wegnehmen und nach Deutschland bringen zu lassen.

Während sich SS, Parteidienststellen und Zivilverwaltung mit geradezu fanatischem Eifer an die koloniale Ausbeutung und völkische Neugestaltung Osteuropas nach rassebiologischen Kriterien machten und damit zugleich den Boden für den 1941 einsetzenden Massenmord an den Juden und anderen „Fremdvölkischen“ bereiteten, war Hitlers Aufmerksamkeit nach dem militärischen Triumph wieder eindeutig auf den Westen fixiert. Denn langfristig hatte der schnelle Sieg über Polen keines der Probleme gelöst, die ihn seit Jahren beschäftigten. Wie sollte es jetzt weitergehen?

Hitlers Dilemma im Herbst 1939

Das Dilemma und der Zeitdruck, in die sich Hitler wieder einmal innen- und außenpolitisch hineinmanövriert hatte, waren unübersehbar: Stimmung und Moral in der deutschen Bevölkerung waren nach wie vor äußerst labil und vor allem abhängig von der Erfolgsfähigkeit des Regimes. Die Erinnerung an den Einbruch der Heimatfront im November 1918 lag wie ein traumatischer Schatten über allen Entscheidungen der Machthaber. Die rüstungswirtschaftliche und militärische Vorbereitung auf einen langen Abnutzungskrieg war unzureichend. Vor einer totalen Ausschöpfung der Kräfte im Volk, vor allem auch der Arbeitskräfte schreckte das Regime aus psychologischen Gründen zurück.

Das kriegswichtige Ruhrgebiet lag für eine Bedrohung aus der Luft ungeschützt offen. Die erhebliche Abhängigkeit von den kriegswichtigen Rohstofflieferungen aus der Sowjetunion und vom östlichen Transit hielt bei Hitler die Befürchtung wach, über kurz oder lang einer Erpressungstaktik aus Moskau ausgesetzt zu sein, wenn sich der Krieg allzu lange hinziehen sollte. Großbritannien und Frankreich zeigten gegenüber dem „großzügigen Friedensangebot“ des Diktators vor dem Reichstag am 6. Oktober die kalte Schulter, machte er ihnen doch im Blick auf Ostmitteleuropa nachdrücklich klar, daß „die endgültige Gestaltung dieses Raumes, die Frage der Wiedererrichtung eines polnischen Staates [...] Probleme [seien], die nicht durch den Krieg im Westen gelöst werden, sondern ausschließlich durch Rußland in einem Fall und durch Deutschland im anderen“ [8]. Auch die Achsenpartner zeigten keine Neigung, den Deutschen zur Hilfe zu kommen; die Italiener verharrten in ihrer „non-belligeranza“, die Japaner in strikter Neutralität. Im Hintergrund schließlich zeichnete sich bei einer Fortdauer des Krieges bereits ein Eingreifen der USA an der Seite des angelsächsischen Brudervolkes ab. Denn Roosevelt setzte am 4. November die einige Monate vorher suspendierte und ganz auf die britischen Bedürfnisse zugeschnittene „Cash-and-Carry-Klausel“ wieder in Kraft, nach der Kriegsgerät von den USA nur bei Barzahlung und beim Transport auf Schiffen der Empfängerländer geliefert werden durfte, angesichts der faktischen Beherrschung der Atlantikroute durch Großbritannien eine eindeutige Angelegenheit!

Die Zeit drohte also für Hitler sowohl objektiv als auch von der subjektiven Einschätzung her wieder einmal abzulaufen. Was lag näher, als den Siegesrausch Anfang Oktober auszunutzen und ohne Unterbrechung gegen Frankreich „durchzustarten“. Noch bevor die Antwort aus London eintraf (das deutsche „Angebot“ wurde von Chamberlain am 12. Oktober negativ beschieden), erließ Hitler am 9. Oktober die „Weisung Nr. 6“ für die Kriegführung gegen die Westmächte, „sollte in der nächsten Zeit zu erkennen sein, daß England und unter dessen Führung auch Frankreich nicht gewillt sind, den Krieg zu beenden“.[9] Das Kriegsziel nahm sich diesmal im Vergleich zu Polen deutlich gemäßigter aus. Es lag „in der endgültigen militärischen Vernichtung der Kraft und Fähigkeit der Westmächte, noch einmal der staatlichen Konsolidierung und Weiterentwicklung des deutschen Volkes in Europa entgegentreten zu können“. Der Angriff sah wie selbstverständlich die Mißachtung der belgischen, niederländischen und luxemburgischen Neutralität vor.

Militärische Opposition gegen den sofortigen Krieg im Westen

In diesen Augenblick formierte sich zum ersten- und auf lange Zeit auch zum letztenmal eine breite militärische Opposition bis zu Brauchitsch und Halder hinauf. Sie verdichtete sich in der Abwehr um Oster und im Generalstab um Halder sogar zu neuen Staatsstreichsplanungen. Die Gründe gegen eine sofortige Aufnahme des Westkrieges waren vielschichtig: der herannahende Winter mit hohen Schwierigkeiten für die motorisierten Verbände, Mängel in der Ausbildung und Ausrüstung neuer Divisionen nach dem Polenfeldzug, Fehlen tiefgestaffelter Reserven und hinreichender Munitionsvorräte, Furcht, in einen neuen Stellungs- und Abnutzungskrieg wie 1914 verwickelt zu werden, Bedenken wegen der Rückwirkungen einer Verletzung der belgischen, niederländischen und luxemburgischen Neutralität auf die USA und wegen der Konsequenzen für eine unnötige Verlängerung des Krieges. Hitler soll vor Empörung geschäumt und gegenüber seinem Oberbefehlshaber des Heeres Drohungen wegen der defätistischen Haltung seiner Generalität ausgesprochen haben. Schließlich mußte er sich den winterlichen Wetterbedingungen beugen und verschob den Angriffsbefehl 29mal bis Anfang Mai, um dann freilich mit aufgefrischten und verstärkten militärischen Verbänden und einem neuen Operationsplan gegen Frankreich in den neuen Waffengang mit erheblich besseren Chancen zu gehen. Die dauernden Verschiebungen des Angriffstermins und die intensivierten Kontakte des Widerstandes nach London im Herbst

1939 mit dem Ziel, die westlichen Regierungen bei einem Staatsstreich zum Stillhalten und für einen Kompromißfrieden zu gewinnen, sollten freilich zwei fatale Folgen haben: Zum einen nahmen die Niederlande und Belgien die wiederholten Warnungen aus deutschen Widerstandskreisen vor einem Angriff am Ende nicht mehr recht ernst, und zum anderen hatte die deutsche Fronde ihren so dringend benötigten Kredit in London endgültig verspielt, als die Generalität sich dann 1940 geschlossen für eine Fortführung des Krieges einsetzte.

Während Hitlers Denken und Planen noch auf den Westkrieg fixiert war, schob sich ein weiterer Kriegsschauplatz in den Vordergrund der Aufmerksamkeit, den der Diktator an sich mit Rücksicht auf eine ungehinderte Erzzufuhr und eine Ruhigstellung der Nordflanke hatte neutralisieren und aus dem Krieg heraushalten wollen: Skandinavien.

Der Krieg gegen Norwegen und Dänemark („Weserübung")

Schon am 10. Oktober 1939 sprach der Marineoberbefehlshaber Raeder die luft- und seestrategische Bedeutung von Stützpunkten in Norwegen an, durch die es möglich sein würde, die Seekriegsführung vor allem mit U-Booten aus der Enge des „nassen Dreiecks" in der Nordsee in die Weiten des Atlantiks hinauszutragen und hier die britischen Seeverbindungen und aus der Luft auch das Inselreich selbst unmittelbar zu bedrohen. Der sowjetische Angriff auf Finnland am 30. November rückte Nordeuropa dann weiter in das Zentrum internationaler Aufmerksamkeit. Zwar verweigerte die Berliner Regierung in loyaler Erfüllung des geheimen Zusatzprotokolls vom 23. August jede Hilfeleistung für die bedrängten Finnen. Statt dessen zeichneten sich jedoch im März 1940 Pläne der Westallierten ab, den Finnen über Norwegen und Schweden mit einem Einsatzkorps zur Hilfe zu kommen und damit zugleich den Deutschen die kriegsnotwendige Erzzufuhr über den nordnorwegischen Hafen Narvik und die Ostseeausgänge abzuschneiden. Obgleich eine Verweigerung des Durchmarschrechts durch die Regierungen in Oslo und Stockholm und der rasche Frieden zwischen Finnland und der Sowjetunion am 12. März 1940 die Situation für Deutschland erst einmal wieder entschärften, blieb das Thema eines vorgeschalteten Nordkrieges – Codewort „Weserübung" – auf der Tagesordnung.

Warnungen Vidkun Quislings, des Führers der faschistischen norwegischen „Nasjonal Samling", vor einer britischen Landung in Norwegen und der „Altmark-Zwischenfall" am 16. Februar 1940, bei dem der englische Zerstörer „Cossack" völkerrechtswidrig das deutsche Troßschiff „Altmark" in norwegischen Hoheitsgewässern kaperte und gefangene Handelsmatrosen befreite, worauf die Osloer Regierung nur milde protestierte, nährten den Verdacht in Berlin, daß es die Briten mit der norwegischen Neutralität genausowenig ernst meinten wie die Deutschen. Die Planungen für eine Landung wurden beschleunigt. Am 2. April befahl Hitler die Durchführung von „Weserübung" unter dem General von Falkenhorst. Am 8. April setzten die britischen und die deutschen

Seestreitkräfte – ohne gegenseitig voll über das Vorhaben der anderen Seite informiert zu sein – zu einem Wettlauf um Norwegen an. Ihn entschieden die Deutschen mit ihrer Landung an sieben Brückenköpfen, darunter Oslo, Bergen und Narvik, am Morgen des nächsten Tages und unter Ausnutzung des Überraschungsmomentes – die Landungstruppen wurden „gegen alle Regeln der Seekriegslehre" (Raeder) auf den Kampfeinheiten herangeführt – um wenige Stunden für sich. In das Unternehmen wurde zur Sicherung der Nachschubverbindungen und der Ostseezugänge außer Norwegen („Weserübung-Nord") auch das neutrale Dänemark („Weserübung-Süd") mit einbezogen. Angestrebt waren eine friedliche Besetzung zum „bewaffneten Schutz der Neutralität der nordischen Staaten" gegen Großbritannien – so die offizielle Lesart – und die Zusicherung der „territorialen Integrität und der politischen Unabhängigkeit" beider Staaten, was immer dies konkret meinte.
Aber die Entwicklung auf dem nordischen Nebenkriegsschauplatz verlief in den nächsten Wochen ganz anders, viel schwieriger und vor allem verlustreicher, als ursprünglich geplant. Während der dänische König Christian X. und seine Regierung die Besetzung in Kopenhagen unter Protest kampflos hinnahmen und unter deutscher Kontrolle weiteramtierten, wichen der norwegische König Haakon VII., seine Regierung Nygaardsvold und die wichtigsten Staatsorgane in das schwer zugängliche Landesinnere aus, um den Widerstand von dort fortzusetzen. Unterstützt wurden sie dabei von britischen, französischen und polnischen See-, Luft- und Landstreitkräften, die ebenfalls gelandet waren. Sie fügten der deutschen Flotte bei der Rückfahrt in ihre Heimathäfen erhebliche Verluste zu. In Narvik gingen sämtliche dort bei der Landung eingesetzten zehn Zerstörer verloren.
In diesem wichtigen Erzhafen kam es denn auch Mitte April zur schwersten operativen Krise des Feldzuges. Hitler verlor am 17. April die Nerven und konnte vom Wehrmachtführungsstab nur mit Mühe davon abgehalten werden, der völlig unzureichend versorgten Narvik-Gruppe unter Generalleutnant Eduard Dietl, die mit 4500 Gebirgsjägern und Besatzungsmitgliedern der versenkten Zerstörer einer mehrfachen Übermacht gegenüberstanden, den Rückzug und gegebenenfalls sogar die Internierung im neutralen Schweden zu befehlen. Dietl vermochte sich aber wider Erwarten gegen die überlegenen alliierten Kräfte zu halten, bis der deutsche Angriff auf Frankreich die Westmächte zwang, ihre Truppen vom 3. Juni an zurückzuziehen und am 10. Juni das Norwegenunternehmen abzubrechen. Am gleichen Tage kapitulierte auf Weisung König Haakons, der sich mit seiner Regierung inzwischen nach London ins Exil abgesetzt hatte, der Befehlshaber der norwegischen Streitkräfte. Das Norwegenunternehmen[10] war langfristig ein Desaster. Die sowieso schon unterlegene deutsche Flotte verlor mit einem schweren (die „Blücher" im Oslofjord) und zwei leichten

Kreuzern, zehn Zerstörern, einem Torpedoboot und sechs U-Booten sowie weiteren schweren Beschädigungen größerer Schiffe, die erst nach längerer Zeit wieder eingesetzt werden konnten, rund ein Drittel ihres Bestandes. Diese relativ zu Großbritannien erheblichen Schiffsverluste führten dann dazu, daß das Marineoberkommando die neu gewonnenen strategischen Positionen an der norwegischen Küste kaum für den geplanten Ausfall in den Atlantik nutzen konnte, zumal da die Briten Island (10. Mai) und die Färöer (16. April) nach der Kapitulation Dänemarks besetzten. Schließlich machten sie sich auch bei den Vorbereitungen für die Landung in England im Sommer („Unternehmen Seelöwe") negativ bemerkbar. Die Verteidigung Norwegens mit seiner langen Küste und Dänemarks band auf Dauer 300 000 Mann. Die deutsche Wehrmacht hatte 3692 Tote überwiegend auf hoher See und 1604 Verwundete zu beklagen, Großbritannien knapp 4400 Gefallene, die Norweger 1335, Franzosen und Polen je 530 Tote.

Das Besatzungsregime in Norwegen

Zum „Reichskommissar für die besetzten norwegischen Gebiete" wurde am 24. April der Essener Gauleiter Josef Terboven ernannt. Er ließ Quisling sofort fallen, da er keine Unterstützung in der einheimischen Bevölkerung fand. Als Zivilverwaltung setzte er zunächst einen norwegischen „Administrationsrat" aus hohen Beamten und dann ab 25. September 1940 einen aus 13 Mitgliedern (darunter neun Vertreter von Quislings Partei) bestehenden kommissarischen Staatsrat und ab 1. Februar 1942 wiederum Quisling als Ministerpräsidenten und seinen Handlanger ein, der wenige Tage später die norwegische Verfassung aufhob. Seine zunehmende Isolierung in der Bevölkerung zeigte, daß hier die Kollaboration mit der Besatzungsmacht nie eine Chance hatte. Wachsender Widerstand der Bevölkerung gegen die Besatzungsbehörden und gegen Quisling, Sabotagehandlungen und die Aktivitäten einer mit der Londoner Exilregierung in Verbindung stehenden Untergrundbewegung führten seit 1943 zu Massenverhaftungen (am Ende rund 40 000 Gefangene in Konzentrationslagern), zur Schließung der Universität Oslo, zu massenhaften Hinrichtungen und schließlich auch zur Verschickung von etwa 900 Juden nach Deutschland. 768 von ihnen wurden ermordet. Am 4. Mai 1945 kapitulierten die deutschen Streitkräfte kampflos, die Exilregierung und der König kehrten am 31. Mai zurück. Quisling wurde am 24. Oktober 1945 hingerichtet, sein Name zum Synonym für alle Kollaborateure und Landesverräter.

Dänemark

Die zunächst korrekte Zusammenarbeit von Königshaus, Regierung, Parlament und Armee mit der deutschen Besatzungsmacht in Dänemark konnte das Land auch nicht davor retten, daß es nach Streiks und Sabotageakten am 29. August 1943 von dem Reichsbevollmächtigten Werner Best unter Kriegsrecht gestellt wurde. Die Regierung trat zurück, große Teile der dänischen Flotte versenkten sich selbst. Beizeiten gewarnt, konnten sich 7906 Juden, Halbjuden und mit Juden verheiratete Christen u.a. mit Hilfe des vorbildlichen Einsatzes des deutschen Gesandten von Duckwitz auf Fischerbooten nach Schweden in Sicherheit bringen. Von den 492 von der SS nach Theresienstadt deportierten Juden überlebten 423. Der dänische Widerstand gegen die Okkupanten forderte 3213 Opfer (113 Hinrichtungen). Am 9. Mai 1945 liefen britische Kriegsschiffe in den Hafen von Kopenhagen ein.

Angriffsplanungen gegen den Westen („Sichelschnitt")

Während die Vorbereitungen für „Weserübung" liefen, fanden im Generalstab im Winter 1939/40 heftige Auseinandersetzungen um den Operationsplan gegen Frankreich statt. Drei Heeresgruppen (HG) waren im Westen disloziert: Im Norden gegenüber den Niederlanden und Belgien die HG B unter Generaloberst von Bock, im Mittelabschnitt gegenüber Luxemburg die HG A unter Generaloberst von Rundstedt und südlich anschließend an Saar und Oberrhein gegenüber der Maginot-Linie die HG C unter Generaloberst von Leeb. Die „Traditionalisten" im Generalstab orientierten sich erneut an dem – bereits im September 1914 an der Marne gescheiterten – „Schlieffen-Plan" und votierten wieder für eine gewaltige Umfassungsbewegung vom rechten Flügel (HG B) aus durch Belgien in Richtung Paris. Demgegenüber entwickelte der Generalstabschef der HG A, Generalleutnant Erich von Manstein, damals ein vielkritisierter „outsider" im elitären Zirkel der Generalstäbler, zusammen mit dem Panzergeneral Guderian einen ebenso verwegenen wie revolutionären, riskanten und auf das Überraschungsmoment setzenden Angriffsplan, der nach einem Wort von Churchill als „Sichelschnitt" in die Militärgeschichte eingegangen ist. Geplant wurde der Vorstoß der in geschlossenen Verbänden operierenden Panzerkorps der HG A aus der Mitte heraus und zwar dort, wo die Franzosen es am wenigsten erwarteten und die nördlichen Ausläufer der Maginot-Linie nur unzureichend befestigt waren: durch die dicht bewaldeten, wegarmen und als unzugänglich für motorisierte Verbände eingeschätzten Ardennen über die mittlere Maas und Charleville an die Kanalküste. Dadurch sollte wie mit einer „Sichel" die – beim deutschen Angriff unverzüglich nach Südbelgien an die „Dyle-Stellung" und Richtung Antwerpen einrückende – französische Nordgruppe zusammen mit dem britischen Expeditionskorps und den belgischen Truppen von Süden her vom Gros der französischen Armee abgeschnitten und in Flandern in eine Falle gelockt werden, da gleichzeitig die HG B von Norden und Osten her in die Niederlande und nach Belgien vorstieß. Wiederum war wie 1914 der deutschen Führung die Neutralität Belgiens und diesmal auch zusätzlich die der Niederlande und Luxemburgs nicht mehr als ein „Fetzen Papier" wert, wenngleich auch die Westmächte massiven, allerdings vergeblichen Druck auf die belgische Regierung ausübten, rechtzeitig mit ihnen zu kooperieren.

Manstein rannte mit seinem Aufmarschplan für den „Fall Gelb", die erste Phase des Feldzuges, Mitte Februar bei Hitler gleichsam offene

Türen ein, glaubte dieser doch, in ihm eigene Ideen wiederzuentdecken. Auch kamen die revolutionären und riskanten Elemente dieses Planes seiner Spielernatur zweifellos entgegen. Am 24. Februar 1940 wurde die endgültige Aufmarschanweisung „Gelb" nach Mansteins Konzeption erlassen.

Beginn des Krieges im Westen 10. 5. 1940

Trotz der alliierten Panzerüberlegenheit (3373 gegen 2445) nahm der Feldzug, der am 10. Mai frühmorgens begann, den geplanten Verlauf. Nach Luftlandungen in der „Festung Holland" und einem verheerenden Luftangriff auf Rotterdam am 14. Mai, der auf eine verspätete Übermittlung der Nachricht von bereits laufenden Übergabeverhandlungen an die erste Gruppe des anfliegenden Kampfgeschwaders 54 zurückzuführen war und zu schweren Opfern unter der Zivilbevölkerung sowie zur Zerstörung der Altstadt führte, kapitulierten die niederländischen Streitkräfte am 15. Mai. Sie hatten 2890 Gefallene und 6900 Verwundete zu beklagen. Königin Wilhelmina und ihre Regierung gingen nach London, um vom Exil aus und gestützt auf das niederländische Kolonialreich den Krieg fortzusetzen. Die HG B eroberte am 19. Mai Brüssel und stieß weiter nach Lüttich und Namur vor. Nach nur zehn Tagen erreichten die Panzerkeile der HG A, wie vorgesehen, die Sommemündung und die Kanalküste. Der alliierte Oberbefehlshaber Gamelin wurde am 18. Mai durch Weygand ersetzt. Aber auch er konnte das Blatt nicht mehr wenden. Der „Sichelschnitt" war vollzogen, Franzosen, Briten und Belgier in Flandern abgeschnitten; ihre Gefangennahme schien nur noch eine Frage von wenigen Tagen, als die Panzer Guderians an der Sommemündung nach Norden abdrehten, um parallel zur Kanalküste Dünkirchen zu erreichen und hier die alliierten Streitkräfte im Zusammenwirken mit der von Norden vorstoßenden HG B „zwischen Hammer und Amboß" zu nehmen.

Angriff auf Holland, Belgien und Frankreich

In diesem Augenblick ließ Hitler im Einvernehmen mit Rundstedt am 24. Mai den Panzerkeil am La-Bassée-Kanal vor Dünkirchen anhalten und gab Briten und Franzosen so die Möglichkeit, bis zum 4. Juni insgesamt 370 000 Soldaten (davon 139 000 Franzosen) unter Zurücklassung ihrer schweren Waffen und ihrer Ausrüstung nach England zu evakuieren („Operation Dynamo"). Sie sollten hier den Grundstock bilden für den Wiederaufbau des britischen Expeditionskorps und für die freifranzösischen Streitkräfte de Gaulles. Viel ist über diesen „Halt vor Dünkirchen" gerätselt worden. Rücksicht auf die Briten, um sie doch noch zum Ausgleich zu bewegen, wie Rundstedt nach dem Krieg behauptet hat, ist es bestimmt nicht gewesen. Überzeugender dagegen ist die Erklärung, daß Hitler seine Panzer für die Schlacht um Frankreich schonen wollte und außerdem zu sehr auf die Versicherungen Görings setzte, er werde den britisch-französischen Brückenkopf mit der Luftwaffe zerschlagen können.

Am 28. Mai kapitulierte der belgische König Leopold III. mit seinen

Streitkräften (etwa 50 000 Mann) und begab sich in deutsche Kriegsgefangenschaft. Seine Regierung ging ins Londoner Exil. Belgien hatte 7500 Tote und 15 850 Verletzte zu beklagen.
Am 5. Juni um 5.00 Uhr früh begann von der Somme-Front aus die zweite Operationsphase („Rot") mit der eigentlichen „Schlacht um Frankreich" in mehreren Stoßrichtungen nach Süden und Südosten zur Seine und Loire, nach Paris und zur Schweizer Grenze. Der Kampf war in wenigen Tagen verloren. Den Franzosen gelang es nicht mehr, eine geschlossene Front aufzubauen. Zurückflutende Flüchtlingstrecks verstopften die Straßen, pausenlose deutsche Luftangriffe verhinderten einen geordneten Rückzug. Am 14. Juni fiel Paris kampflos, die Regierung hatte sich nach Tours und dann nach Bordeaux zurückgezogen. Die HG A stieß östlich von Paris Richtung Schweiz vor und schloß am 17. Juni die Maginot-Linie in Elsaß-Lothringen von Westen her ein. Gleichzeitig brach die HG C von Osten her über den Oberrhein in die französischen Stellungen ein.
Zweimal traf sich Churchill, seit dem 10. Mai britischer Premierminister, während des Feldzuges mit französischen Regierungsmitgliedern. Um Frankreich im Krieg zu halten und die französische Flotte für Großbritannien zu retten, schlug er eine Union zwischen beiden Staaten mit gemeinsamen Staatsorganen und gemeinsamer Staatsbürgerschaft vor, ohne jedoch konkrete Hilfszusagen zu machen. Das Kabinett Reynaud lehnte ab und trat zurück. Marschall Pétain, der legendäre „Sieger von Verdun" im Ersten Weltkrieg, wurde am 16. Juni als Nachfolger Reynauds Ministerpräsident und leitete, als auch Roosevelt jede Unterstützung versagte, umgehend Waffenstillstandsverhandlungen ein.
Churchills Forderung hat bis nach dem Zweiten Weltkrieg tiefe Wunden bei den Franzosen hinterlassen, fühlten sie sich doch von ihrem Bündnispartner im Stich gelassen. Hitler hat es jedoch nicht verstanden, aus diesen antibritischen Ressentiments für Deutschland Kapital zu schlagen, auch dann nicht, als die britische Luftwaffe Anfang Juli bei Mers el-Kebir (Oran) und Dakar Teile der französischen Flotte versenkte, um sie nicht in deutsche Hände fallen zu lassen, und dadurch den Stolz der Franzosen tief verletzte.

Waffenstillstand mit Frankreich 22. 6. 1940

Den am 22. Juni geschlossenen Waffenstillstand im Wald von Compiègne nahm Hitler zum Anlaß, die „Schmach von Versailles", wie er sie verstand, zu löschen. Für die Unterzeichnung der Dokumente ließ er extra den historischen Salonwagen aus dem Museum holen, in dem am gleichen Ort am 11. November 1918 Marschall Foch die deutsche Kapitulation entgegengenommen hatte. Der Waffenstillstand mit Italien, das am 10. Juni gegen den Willen Hitlers in den Krieg eingetreten war, um sich im letzten Augenblick noch an der Beute zu beteiligen, wurde am 24. Juni in Rom unterzeichnet.
Die Waffenstillstandsbedingungen schienen zunächst im Blick auf

Großbritannien recht gemäßigt. Hitler wollte London signalisieren, daß er nicht die Vernichtung Frankreichs anstrebe. Außerdem war ihm viel daran gelegen, die französischen Kolonien und die Flotte möglichst zu neutralisieren und auf keinen Fall in britische Hände fallen zu lassen. Denn kurz vor dem Waffenstillstand hatte sich der Brigadegeneral Charles de Gaulle, Unterstaatssekretär im Kriegsministerium, am 17. Juni nach London abgesetzt. Am Tage darauf erging sein historischer Rundfunkappell an alle Franzosen, den Widerstand auch nach der Niederlage fortzusetzen. Er erklärte sich zum legitimen Repräsentanten Frankreichs in der Hoffnung, mit Hilfe des „Freien Frankreich" („La France libre") und seinen Truppen („Forces Françaises Libres") unter der Trikolore mit dem Lothringer Kreuz u. a. von den Kolonien aus entscheidenden politischen und militärischen Einfluß auf die Westalliierten nehmen zu können. Jedes Zugeständnis an die mit den Besatzern kollaborierenden Kräfte um Pétain und Laval, so das deutsche Kalkül, würde den freifranzösischen Ansprüchen unter de Gaulle das Wasser abgraben.

Das nördliche und westliche Frankreich unter Einschluß des nordfranzösischen Industriegebietes, der Hauptstadt Paris, der Kanal- und Atlantikküste bis zur spanischen Grenze wurde unter deutsche Militärverwaltung (General Otto von Stülpnagel) gestellt. Frankreich mußte seine Streitkräfte abrüsten und sein Kriegsmaterial teils ausliefern, teils unter deutscher und italienischer Kontrolle lagern. Zur Wahrung der inneren Ordnung im Mutterland durfte Frankreich ein Heer von 100 000 Mann unterhalten sowie Truppenkontingente in seinen Kolonien. Die Flotte sollte unter Kontrolle der Achsenmächte in bestimmten französischen Häfen demobilisiert werden. Deutschland erklärte, sie während des Krieges nicht benutzen und bei einem Friedensschluß keinen Anspruch auf sie erheben zu wollen. Während die französischen Kriegsgefangenen bis zum Friedensschluß in Deutschland blieben, mußte Frankreich alle deutschen Kriegs- und Zivilgefangenen und auf Verlangen auch die deutschen Emigranten, die in Frankreich Schutz gesucht hatten, ausliefern.

Das Elsaß, Lothringen und Luxemburg wurden den angrenzenden Gauleitern als „Chefs der Zivilverwaltung" unterstellt und damit faktisch, wenn auch nicht staatsrechtlich, annektiert. Die sogenannte „Nordost-Linie" Sommemündung-Laon-Langres-Dôle durfte von zurückflutenden Flüchtlingen nicht überschritten werden und markierte einen Raum in Nord- und Ostfrankreich, in dem für später möglicherweise weitere Annektionen, etwa in Burgund, geplant waren.

Gründung der Kollaborationsregierung in Vichy

Im unbesetzten Frankreich gründete Pétain einen autoritär-bürokratischen Satellitenstaat, den „État Français", als Nachfolger der 3. Republik, mit Regierungssitz im Heilbad Vichy („Vichy-Frankreich"). Ihm unterstanden ein Heer von 100 000 Mann und die französischen Kolonien, soweit sie sich nicht hinter de Gaulle stellten. Vichy-Frankreich wurde von den USA, der UdSSR, dem Vatikan u. a. anerkannt. Zunächst als rettende Verkörperung des „ewigen Frankreich" von vielen Franzosen nach dem Zusammenbruch der 3. Republik begrüßt, proklamierte die Vichy-Regierung eine „Nationale Revolution" zur umfassenden moralischen Erneuerung und Wiedergeburt Frankreichs auf konservativer Grundlage. Während Laval (bis 13. Dezember 1940 stellvertretender Ministerpräsident, seit 18. April 1942 Ministerpräsident) und Darlan (1941 bis April 1942 stellvertretender Ministerpräsident und designierter Nachfolger Pétains) einen eindeutig antibritischen und prodeutschen Kurs der politischen, wirtschaftlichen und militärischen Zusammenarbeit mit Berlin vertraten, verfolgte Pétain eher eine Hinhaltetaktik des Abwartens („attentisme"), um seinem Land das Schicksal Polens zu ersparen. Mit der Zeit wurde das Vichy-Regime als Inbegriff einer verhaßten „collaboration" besonders auch bei der Verfolgung der Juden im Zusammenwirken von französischer Gendarmerie mit Gestapo und SD von immer mehr Franzosen abgelehnt. Die Besetzung der unbesetzten Südzone durch deutsche Truppen am 11. November 1942 in Antwort auf die alliierte Landung in Nordafrika hob den engen Spielraum der Vichy-Regierung praktisch ganz auf.

Bilanz des Westfeldzugs

Deutschland kostete der Westfeldzug 27 000 Tote, 18 384 Vermißte und 111 034 Verwundete, Frankreich 92 000 Gefallene, 200 000 Verwundete und 1,9 Millionen Kriegsgefangene.

Hitler hatte keinerlei Interesse an einer wie immer gearteten konstruktiven Neuordnung Europas. Im Vordergrund stand für ihn die Kriegführung. So bestimmte sich sein Verhältnis zu den besiegten Staaten auch nur danach, wie er ihre Ressourcen für die Fortführung des Krieges optimal einsetzen konnte. Das bekam auch Pétain schnell zu spüren. Zwar war der Diktator stets darauf bedacht, den Marschall nicht ins britische Fahrwasser abdriften zu lassen, andererseits verweigerte er ihm aber einen großzügigen Friedensvertrag und besonders die Rückkehr der französischen Kriegsgefangenen und damit wirkliche Zugeständnisse und eine Geste, die Pétains Prestige in Frankreich hätte stützen und die Franzosen auf die deutsche Seite gegen Großbritannien hätte führen können.

Besatzungsregime in Belgien

Belgien kam unter Einschluß der beiden nordfranzösischen Départments du Nord und Pas-de-Calais unter deutsche Militärverwaltung mit Sitz in Brüssel (General von Falkenhausen). Offenbar war später an eine Abtrennung dieser wichtigen Industriegebiete von Frankreich gedacht. Die 1919 verlorenen Gebiete Eupen, Malmedy und Moresnet wurden wieder dem Reich einverleibt. In Anknüpfung an Kriegsziele des Ersten Weltkriegs und unter Ausnutzung der Volkstumsspannungen sollten offensichtlich beide Landesteile – Wallonien und Flandern – getrennt und in deutsche Abhängigkeit gebracht werden, um die belgische und französische Küste gegen Großbritannien kontrollieren und den Zugang zum Atlantik sichern zu können. Auch hier bediente sich die Besatzungsmacht faschistischer Kollaborateure: des Wallonen Léon Degrelle, Gründer der autoritär-faschistischen katholischen Rex-Bewegung („Christkönigsbewegung") und Befehlshaber der SS-Division „Wallonische Legion" an der Ostfront, sowie der flämischen „Vlaamsche Arbeidsgemeenschap". Unter deutscher Besatzung wurden 18 000 Belgier wegen Widerstand in deutsche KZ deportiert. 24 387 belgische Juden fielen der „Endlösung" zum Opfer, 140 000 Zwangsarbeiter wurden für die deutsche Rüstungsindustrie rekrutiert.

Niederlande

Wie Norwegen wurden auch die „germanischen" Niederlande unter einen Reichskommissar, den Österreicher Arthur Seyß-Inquart, gestellt, um sie mit Hilfe einheimischer Nationalsozialisten in dauernde Abhängigkeit zu Deutschland zu bringen. Unter ihm amtierten niederländische Staatssekretäre als eine Art Zivilregierung ohne größere Vollmachten. Militärbefehlshaber war der Fliegergeneral Friedrich Christiansen. Eine harte Besatzungspolitik bezog die niederländischen Juden, darunter auch viele jüdische Emigranten aus Deutschland, mit dem großen Amsterdamer Pogrom 1941 schrittweise in die „Endlösung" ein (Tagebuch der Anne Frank). Der Versuch einer Nazifizierung und Gleichschaltung des „artverwandten germanischen Landes", die Infragestellung seiner volklichen und nationalen Selbständigkeit und seine wirtschaftliche Ausbeutung mit der Verschleppung von Zwangsarbeitern ins Reich ließen einer Kollaboration mit Hilfe Anton Musserts und seiner „Nationaal Socialistische Beweging" (NSB) keine Chance und provozierten laufend Solidarisierungsaktionen mit den Juden und Streikbewegungen in der Bevölkerung mit Hilfe der Linksparteien und der Kirche. Mussert, der 1943 eine Art beratendes Kabinett unter dem Reichskommissar bildete, schaffte es weder, mit der Verwaltung des Landes betraut zu werden, noch von Hitler eine konstruktive Perspektive über die künftige Stellung der Niederlande in der „Neuen Ordnung" Europas zu erlangen und dadurch gegebenenfalls seine Stellung im eigenen Land zu festigen. Die Verteidigung der „Festung Holland" nördlich der Deltalinie brachte den Niederlanden zwischen September 1944 und der deutschen Kapitulation am 5. Mai 1945 eine achtmonatige Leidenszeit mit Hungersnot, verschärftem Besatzungsregime, zunehmenden Sabotage- und Widerstandsaktionen und weiten Zerstörungen u. a. infolge einer Überflutung großer Landesteile nach Öffnung der Schleusen für die Verteidigung und sollte die Beziehungen zu Deutschland noch lange nach dem Krieg belasten.

Hitler auf dem Höhepunkt seiner Macht

Hitler stand jetzt auf dem Höhepunkt seiner Macht und ließ sich von Keitel als „größter Feldherr aller Zeiten" (im Berliner Volksmund „Gröfaz") und als eine der bedeutendsten Gestalten der deutschen Geschichte feiern. Der Führermythos nahm bisher nicht gekannte Ausmaße an. Die Machtstellung des „Führers" war nach innen wie nach außen beispiellos. Dies sollte für die Zukunft in mehrfacher Hinsicht fatale Konsequenzen haben: Der „geniale Stratege" fühlte sich jetzt auch in seinem Feldherrntum bestätigt und gegen jede Kritik von Fachleuten gefeit. Seine Generäle, selbst Skeptiker wie der Generalstabschef Halder, standen stramm vor ihm und wurden nach dem Frankreichfeldzug in großer Zahl in den Rang von Generalfeldmarschällen befördert. Auch dies schuf neue Abhängigkeiten. Sie vertrauten sich seiner Führung blindlings an, auch dann noch, als er sich ab 1942 auf dem östlichen Kriegsschauplatz immer weiter nach unten bis auf Divisionsebene in die operativen und taktischen Planungen einmischte und die Kriegführung diktatorisch an sich riß. Des weiteren war allen Staatsstreichsplanungen auf Jahre hinaus der Boden entzogen. Wer wollte und konnte es denn schon wagen, einem Staatsmann, dem in Frankreich in sechs Wochen das geglückt war, was die kaiserliche Führung in vier Jahren nicht geschafft hatte, innenpolitisch den Boden zu entziehen oder gar für seine Verbrechen an den Pranger zu stellen. Weder die Truppe und ihre Führung noch die von den militärischen Triumphen faszinierte Bevölkerung hätten ein solches Vorgehen gebilligt oder gar unterstützt.

„Wendemarke des Krieges" im Juli 1940

Dabei sah es hinter dieser glänzenden Fassade in Berlin im Sommer und Herbst 1940 eher unsicher, verworren und kläglich aus. Wenngleich niemand in Abrede stellen kann, daß sich die Deutschen 1939 auf einen Krieg eingelassen hatten, der mit immanenter Logik immer neue Kriegsschauplätze und immer neue Gegner einbezog und insofern kaum zu gewinnen war, wird man doch diese Monate oder enger noch den Juli 1940 als „eigentliche Wendemarke des Krieges" (Hillgruber) bezeichnen können.

Gerade durch seine triumphalen militärischen Erfolge hatte sich Deutschland als nunmehr stärkste Hegemonialmacht des Kontinents immer stärker in eine Sackgasse hineinmanövriert, auswegloser noch als nach dem Sieg über Polen im September/Oktober 1939. Wieder war es Großbritannien, das eine Schlüsselstellung einnahm. Die Regierung Churchill zeigte Hitlers letzten „Appell an die Vernunft" vom 19. Juli vor dem Reichstag [11], nunmehr den Kampf einzustellen, sich seinen Wünschen unterzuordnen, die deutsche Vorherrschaft auf dem Kontinent für immer anzuerkennen und sich dafür den Bestand des Inselreiches und seines Empires von den Deutschen garantieren zu lassen, wiederum und diesmal endgültig die kalte Schulter. Dabei waren die Aussichten für ein britisches Einlenken im Sommer 1940, wie wir heute aus den Kabinettsakten wissen, gar nicht einmal so schlecht. Während Churchill entschlossen war, bei einer deutschen Landung gegebenenfalls den Kampf von Kanada aus mit Hilfe der Flotte und des Weltreiches fortzusetzen, gewannen in London für wenige Wochen die Befürworter des „Appeasement“ unter dem Eindruck der Niederlage Frankreichs noch einmal an Boden, ohne sich jedoch durchsetzen zu können. Am 23. Juli erteilte Außenminister Halifax eine eindeutige Ablehnung.

Die sowjetische Führung begann, während Hitler noch im Westen gebunden war, eine Politik der Nadelstiche. Stalin war offenbar durch die schnellen Siege in Frankreich überrascht und wollte deshalb seine ihm von Hitler in Ostmitteleuropa zugesagte Ernte möglichst rasch in die Scheuern fahren. Mitte Juni besetzte die Rote Armee die drei Baltischen Staaten und verleibte sie als Sowjetrepubliken in ihr Staatsgebiet ein. Auch die anschließende Besetzung Bessarabiens war noch durch das geheime Zusatzprotokoll vom 23. August 1939 gedeckt, der Einmarsch in die Nordbukowina bis zum 1. Juli und weitere sowjetische Begehrlichkeiten gegenüber der gesamten Bukowina jedoch nicht mehr, näherten sich die Sowjets damit doch in gefährlicher Weise dem für Deutschland kriegswichtigen Erdölgebiet von Ploesti. Im Zweiten Wiener Schiedsspruch vom 30. August garantierten Deutschland und Italien nach der erzwungenen Abtretung Nordsiebenbürgens an Ungarn und nach Überlassung der Süd-Dobrudscha an Bulgarien die Grenzen Rumäniens. Da dies ohne Konsultation der sowjetischen Regierung geschah und Hitler überdies am 2. September eine deutsche Militärmission und „Lehrtruppen“ nach Rumänien entsandte, war die Irritation in Moskau erheblich. Sowjetunion

Roosevelt gab immer unverhüllter, vor allem als er nach seiner zweiten Wiederwahl am 5. November 1940 deutlich weniger taktische Rücksicht auf den inneramerikanischen Neutralismus nehmen mußte, zu verstehen, daß er die USA als gewaltiges „Arsenal der Demokratien“ für den Kampf gegen die Diktaturen bereitstellen werde. Am 17. Juni stimmte Roosevelt der Aufnahme von geheimen amerikanisch-britischen Stabsbesprechungen zu und legte dem Kongreß ein Gesetz über den Bau einer „Zwei-Ozeane-Flotte“ vor. Im „Destroyer-Base-Deal“ vereinbarten London und Washington am 2. September die Lieferung von 50 älteren Zerstörern gegen die Einräumung von britischen Stützpunkten in der Karibik. Diese Schiffe waren eine willkommene Hilfe für die gerade tobende „Schlacht im Atlantik“ gegen deutsche U-Boote. Hitler sah kein strategisches Konzept, um die Vereinigten Staaten auf die Knie zu zwingen. USA

Schwere Sorgen bereiteten ihm auch die Italiener. Durch Mussolinis Kriegseintritt am 10. Juni 1940, den Hitler um jeden Preis noch hatte vermeiden sollen, geriet nicht nur das Mittelmeer mit Nordafrika zum Kriegsschauplatz, sondern auch der relativ ungeschützte und verwundbare „weiche Unterleib“ Europas im Süden war dem Zugriff britischer Schiffe und Flugzeuge ausgesetzt. Als eine strategische Katastrophe empfand der Diktator auch die Einbeziehung des Balkans in den Krieg Italien durch den italienischen Angriff auf Griechenland am 28. Oktober von Albanien aus und das militärische Fiasko, das dem Achsenpartner dabei von der griechischen Armee bereitet wurde. Als britische Einheiten auf Kreta und bei Athen landeten, um den Griechen wie im Ersten Weltkrieg zur Hilfe zu eilen, sah Hitler bereits die rumänischen Erdölfelder durch britische Fernbomber bedroht und seine Südflanke beim Angriff auf die Sowjetunion aufgerissen.

Italien war in jeder Weise ein unsicherer Bündnispartner und eher eine Belastung: Rüstungsstand und Motorisierung des Heeres waren unzureichend, Panzer und Artillerie veraltet. Es mangelte an Treibstoff und Rohstoffen. Die lange Küstenlinie war außerordentlich verwundbar. Während Mussolini nach wie vor von Hitler fasziniert war und es ihm eifersüchtig an militärischen Erfolgen gleichtun wollte, war der Krieg in der Bevölkerung, im Königshaus um Viktor Emanuel III., beim Chef des Oberkommandos, Badoglio, und selbst bei Mussolinis Schwiegersohn, dem Außenminister Ciano, alles andere als populär.

In dieser langfristig eher ausweglosen Situation, als sich kein nahes Ende des Krieges abzeichnete, wurden noch einmal ganz unterschiedliche Konzeptionen und Alternativlösungen diskutiert, um ihn dennoch zumindest auf dem Kontinent zu beenden, bevor die USA eingriffen. Auch scheint Hitler selbst einige Wochen unschlüssig über sein weiteres Vorgehen gewesen zu sein.

Landungspläne gegen England („Seelöwe“)

Noch bevor er am 19. Juli sein „großzügiges Angebot“ an London adressierte, erließ er am 16. Juli die Weisung Nr. 16 über die Vorbereitung einer Landungsoperation gegen England („Operation Seelöwe“) bis Mitte August.

Da England, trotz seiner militärisch aussichtslosen Lage, noch keine Anzeichen einer Verständigungsbereitschaft zu erkennen gibt, habe ich mich entschlossen, eine Landungsoperation gegen England vorzubereiten und, wenn nötig, durchzuführen. Zweck dieser Operation ist es, das englische Mutterland als Basis für die Fortführung des Krieges gegen Deutschland auszuschalten und, wenn es erforderlich werden sollte, in vollem Umfang zu besetzen.[12]

Für die Landung formulierte er drei Voraussetzungen: die Niederringung der englischen Luftwaffe, die Schaffung minenfreier Wege und die „Fesselung der englischen Seestreitkräfte kurz vor dem Übergang sowohl in der Nordsee als auch im Mittelmeer (durch die Italiener)“. Alle drei Bedingungen, vor allem die Erringung der Lufthoheit über der Insel, sollten sich schnell als unerfüllbar erweisen. Viel ist darüber spekuliert worden, inwieweit der Diktator seinen Entschluß wirklich ernst meinte oder mit den Landungsvorbereitungen nur psychologisch Druck auf London für eine Kapitulation ausüben wollte. Selbst wenn er seine Absichten zwischen Ende Juli und Anfang September ernsthaft verfolgt haben sollte, identifizierte er sich doch niemals wirklich voll mit „Seelöwe“ als einer primär maritimen Operation und überließ die Sache seinen Generalen. Immerhin sollten die Vorbereitungen für „Seelöwe“ durch das Zusammenziehen von mehr als 4 000 kleinen, mittleren und größeren Schiffen über mehrere Wochen auf den deutschen Wasserstraßen ein Chaos verursachen.

Bleiben wir bei den ganz unrealistischen Vorbedingungen. Mit der Weisung Nr. 17 für die Führung des Luft- und Seekrieges gegen England vom 1. August wurden der Luftwaffe Aufgaben zugewiesen, denen sie, wie sich bald herausstellte, weder qualitativ noch quantitativ gewachsen war: Niederkämpfen der englischen Luftwaffe, ihrer fliegenden Einheiten, Bodenorganisation, Nachschubeinrichtungen sowie Luftrüstungsindustrie, Erringung einer zeitlichen und örtlichen Luftüberlegenheit in Südengland, Unterstützung von Seeoperationen und des Unternehmens „Seelöwe“ selbst („Operation Adler“). Am 13. August („Adlertag“) begann der Großangriff auf Südengland. Zur Verfügung standen 998 Bomber, 316 Stukas, 702 Jäger, 216 Zerstörer und 78 Fernaufklärer. Während die englische Luftverteidigung über 52 Radar-Stationen für den gezielten und rechtzeitigen Einsatz der eigenen Jagdflugzeuge, über die der deutschen Me 109 in vielem überlegenen Hurricans und Spitfires (700) und über den Vorteil verfügten, ihre abgeschossenen Piloten auf eigenem Boden retten und wiedereinsetzen zu können, hatten die deutschen Luftstreitkräfte nur unzureichenden Jagdschutz mit zu geringer Reichweite und Flugdauer und den Nachteil, ihre eigenen Piloten beim Abschuß über fremdem Boden verlorengeben zu müssen.

In dem Augenblick freilich, als die britische Bodenorganisation und das Einsatzleitsystem doch so angeschlagen waren, daß ein Verlust der Luftherrschaft südlich Londons zu befürchten war, änderten die Deutschen ihre operative Zielsetzung. Sie nahmen in der Nacht vom 5./6. September die Tages- und Nachtangriffe gegen die britische Hauptstadt und andere Industriestädte auf (20. November 1940 Zerstörung von Coventry), um die britische Wirtschafts- und Verteidigungskraft und die Moral der Bevölkerung zu brechen, noch bevor die Luftüberlegenheit im Einsatzraum von „Seelöwe“ errungen war. Dies schuf die dringend notwendige Entlastung für das Abwehrsystem in Südengland. Die deutsche Luftwaffe erreichte ihre Ziele in den nächsten Wochen nicht und mußte ihre erste schwere Niederlage einstecken: Am „Battle-of-Britain-Day“ (15. September 1940), dem Höhepunkt der Luftschlacht über London, verlor die Luftwaffe 56 Maschinen meist mit mehreren Besatzungsmitgliedern, die englische Jagdwaffe weniger als die Hälfte. Im August/September betrugen die deutschen Verluste 1 244, die britischen 723 Flugzeuge, wobei die Briten mit einer durchschnittlichen Monatsproduktion von 470 Jagdflugzeugen die Verluste mehr als ausglichen. Angesichts der Wetterlage und der schwindenden Aussicht, die

Luftherrschaft doch noch zu gewinnen, verschob Hitler den Landungstermin mehrere Male und am 12. Oktober endgültig auf das Frühjahr 1941. Die „Luftschlacht über England" kostete Deutschland bis Ende März 1941 2 265 total zerstörte und 867 über 10% zerstörte Maschinen mit knapp 2 000 Gefallenen, 1 313 Verwundeten und knapp 2 600 Vermißten oder Gefangenen – in der Regel erfahrene und gut ausgebildete Piloten, die nicht so schnell zu ersetzen waren und in den kommenden entscheidenden Monaten fehlen sollten. Für den strategischen Luftkrieg gegen Großbritannien und die USA fehlten ausreichend bewaffnete viermotorige Fernbomber und Langstreckenjäger als Begleitschutz. Die Entzifferung der deutschen Funksprüche durch das Gerät „Ultra" führte zu einer weiteren schweren Beeinträchtigung der Luftwaffen-und Flottenoperationen.

Bilanz der „Luftschlacht über England"

Um die in der Weisung Nr. 17 „vorgesehene Verschärfung der Seekriegsmaßnahmen" gegen Großbritannien stand es nach den schweren Verlusten in Norwegen noch katastrophaler. Dabei war die zweite Phase in der „Atlantikschlacht" von Juni/Juli 1940 bis März 1941 (1. Phase: September 1939 – April 1940; 3. Phase: April – Dezember 1941; 4. Phase: Januar – Juli 1942; 5. Phase: August 1942 – Mai 1943, am 24. Mai Abbruch der Atlantikschlacht) noch die weitaus erfolgreichste. Vom Nordkap bis zur spanischen Grenze standen den deutschen Schiffen sichere Häfen für die Kriegführung im Atlantik zur Verfügung. Die britische See- und Luftabwehr war durch die Abwehr der erwarteten Invasion geschwächt. Der Einsatz von deutschen und italienischen U-Booten in „Rudeltaktik", von Kreuzern und Hilfskreuzern, Fernkampfbombern und Minen gegen die alliierten Geleitzüge sowie die Freigabe des unbeschränkten U-Boot-Krieges im Seegebiet um England am 17. August 1940 führten zu schweren britischen Tonnageverlusten (3,5 Mio BRT, davon 2,2 Mio BRT durch U-Boote, bis Juni 1941 mehr als 5 Mio BRT feindlichen und neutralen Schiffsraumes) und zu einer erheblichen Versorgungskrise. Denn die Neubauten blieben zeitweilig dramatisch hinter den Versenkungsziffern zurück. Freilich hatten die Deutschen in dieser Phase mit der Versenkung des Schlachtschiffes „Bismarck" im Nordatlantik am 27. Mai 1941 einen nicht wieder auszugleichenden Verlust. Auch zur See reichten die deutschen Kräfte, auch die U-Boote, am Ende nicht, Großbritannien von seinen lebenswichtigen Überseeverbindungen abzuschneiden und direkt zur militärischen Aufgabe zu zwingen.

Der Seekrieg gegen England

So traten bereits im Sommer 1940 in der deutschen Führung unterschiedliche Überlegungen in den Vordergrund, das Inselreich indirekt auszuschalten und damit die USA aus dem Krieg herauszuhalten. Noch während die Vorbereitungen für „Seelöwe" zu Lande, zu Wasser und in der Luft auf Hochtouren liefen, beschäftigte sich Hitler nachweisbar bereits Ende Juni und dann intensiver in der zweiten Julihälfte mit dem

Erste Pläne zum Angriff auf die Sowjetunion

Thema Sowjetunion. Gleichzeitig wurden die USA früher als geplant „zum Angelpunkt der Gesamtstrategie Hitlers“ (Hillgruber), bekam also der europäische Krieg bereits globale Dimensionen. Der Diktator scheint sogar zunächst daran gedacht zu haben, die Sowjetunion noch im Herbst 1940 anzugreifen, um eine Landung in England überflüssig zu machen.

Am 21. Juli äußerte er bei einer Besprechung mit seinen Generälen:

Russisches Problem in Angriff nehmen. Gedankliche Vorbereitungen treffen. Dem Führer ist gemeldet: Aufmarsch dauert vier bis sechs Wochen. Russisches Heer schlagen oder wenigstens so weit russischen Boden in die Hand nehmen, als nötig ist, um feindliche Luftangriffe gegen Berlin und schlesisches Industriegebiet zu verhindern. Erwünscht, so weit vorzudringen, daß man mit unserer Luftwaffe wichtigste Gebiete Rußlands zerschlagen kann.[13]

Am 31. Juli hatten sich seine Pläne bereits soweit verdichtet, daß er seinen Generälen auf dem Obersalzberg den Mai 1941 als Zeitpunkt zum Angriff gegen die Sowjetunion nannte. Noch immer standen die Briten freilich im Mittelpunkt seiner Überlegungen. Erst wenn man ihnen ihre Hoffnung auf Rußland nähme, würden sie einlenken.

Englands Hoffnung ist Rußland und Amerika. Wenn Hoffnung auf Rußland wegfällt, fällt auch Amerika weg, weil Wegfall Rußlands eine Aufwertung Japans in Ostasien in ungeheurem Maß folgt. Rußland ostasiaatischer Degen Englands und Amerikas gegen Japan [...] Rußland Faktor, auf den England am meisten setzt. Irgend etwas ist in London geschehen! Die Engländer waren schon ganz down, nun sind sie wieder aufgerichtet [...] Ist aber Rußland zerschlagen, dann ist Englands letzte Hoffnung getilgt. Der Herr Europas und des Balkans ist dann Deutschland. Entschluß: Im Zuge dieser Auseinandersetzung muß Rußland erledigt werden. Frühjahr 1941. Je schneller wir Rußland zerschlagen, um so besser [...].[14]

Bis zum Herbst 1941 hofften Hitler und seine Generalität die Sowjetunion militärisch besiegt und dann eine Abwehrstellung zwischen Archangelsk am Weißen Meer und Astrachan im Wolgadelta errichtet zu haben, um von hier aus dann weiteren Widerstand jenseits des Urals mit Hilfe der Luftwaffe niederhalten zu können.

Ausschaltung der Sowjetunion als Kriegsziel und Kriegsmittel

Die Sowjetunion war also inzwischen zugleich zu einem Kriegsziel und einem Kriegsmittel geworden: Als Kriegsziel standen für Hitler nach wie vor, auch wenn er es in diesen Wochen und Monaten kaum aussprach, die Vernichtung des „jüdischen Bolschewismus“, die Gewinnung von „Lebensraum“ und „Siedlungsland“ und die kriegswirtschaftliche Ausbeutung des eroberten Gebietes und seiner Arbeitskräfte im Vordergrund. Der Verlauf des Krieges ließ die militärische Ausschaltung der Sowjetunion zusätzlich als dringend notwendig erscheinen, um (a) Erpressungsversuche Stalins abzuwehren, solange die Wehrmacht noch im Westen gebunden war, (b) Großbritannien seinen „Festlandsdegen“ und damit seine letzte Hoffnung für ein Weiterkämpfen zu nehmen, (c) die wehrwirtschaftliche und machtpolitische Basis für den Kampf gegen die USA zu verbreitern und (d) Japan im Rücken zu entlasten, damit es seine ganze Kraft gegen die USA und Großbritannien in Südostasien und im Pazifik einsetzen und so die USA zwingen könnte, von Europa und einer Hilfeleistung für die Briten abzulassen und sich mit seiner Flotte ausschließlich auf den Pazifischen Raum zu konzentrieren.

Strategische Planungen Mitte 1940

Im Sommer und Herbst 1940 war noch einmal die Zeit der konzeptionellen Planungen und der Suche nach Alternativlösungen zum rassebiologischen Ostkrieg, um die militärischen Auseinandersetzungen mit der Niederzwingung Großbritanniens auf eher noch konventionelle, d. h. machtpolitische Weise zu beenden, bevor sie mit dem Überschreiten der russischen Grenzen in einen radikalen ideologischen Vernichtungskrieg ohne Umkehr einmündeten. Selbst Hitler scheint einige Wochen noch geschwankt zu haben, bevor er sich endgültig für den Überfall auf die Sowjetunion entschied.

Die „Mitteleuropäer“ traditionellen wilhelminischen Zuschnitts im Auswärtigen Amt und in der Wirtschaftsbürokratie besannen sich auf das „Septemberprogramm“ des Reichskanzlers von Bethmann Hollweg aus dem Jahre 1914. Sie entwarfen einen „Großwirtschaftsraum“ von Skandinavien bis zum Balkan unter Einschluß der eroberten Gebiete mit rund 200 Millionen Menschen unter deutscher Hegemonie und wollten ihm – wieder unter Einschluß des belgischen und französischen Kolonialreiches wie in den Kriegszielplanungen des Ersten Weltkrieges – ein „mittelafrikanisches Kolonialreich“ als Rohstoff- und Ergänzungsraum zuordnen. Dies hätte aber einen humanen und konstruktiven Umgang mit den Besiegten vorausgesetzt. Hitler dagegen hatte weder ein konstruktives „europäisches Programm“, auch für die „germanischen Brudervölker“ – wie gezeigt – nicht, noch dachte er an ein gleichberechtigtes und von gegenseitiger Achtung getragenes Miteinander der europäischen Staaten. Von einer „europäischen Idee“, wie sie ihm viel später de Gaulle einmal posthum unterschieben wollte, konnte keine Rede sein.

Den „mitteleuropäischen“ Traditionalisten relativ nahe stand die Marineführung unter Raeder; sie war ebenfalls noch geprägt durch das Kaiserreich und einem ideologischen Ostkrieg in jeder Weise abgeneigt. Ganz im Sinne der von Admiral Tirpitz, dem Schöpfer der kaiserlichen Schlachtflotte, entworfenen Konzeption war der Hauptgegner auch diesmal wieder England. Es sollte nicht direkt, sondern „von der Peripherie“ her besiegt werden. Das hieß konkret: Gewinnung von Stützpunkten im Atlantik (Kanarische, Kapverdische Inseln, Azoren), in West- und Nordwestafrika (französisches Kolonialreich), in Gibraltar und in Nordafrika, um den Seekrieg in den Atlantik gegen Großbritannien und die USA zu tragen, Großbritannien von seinem Empire und seiner Ölzufuhr im Mittelmeer abzuschneiden und seine Stellung am Suez-Kanal und im Vorderen Orient aufzurollen. Das hieß aber ausdrücklich Verzicht auf den Ostkrieg. Dönitz als Oberbefehlshaber der U-Boote plädierte für eine drastische Erhöhung ihrer Zahl und für einen „totalen" U-Bootkrieg gegen die Atlantikroute zwischen dem Inselreich und den USA.

Die „Kontinentalblockkonzeption"

Nicht sehr weit entfernt von den „Traditionalisten" und der Marineführung war die „Kontinentalblockkonzeption" Ribbentrops (Schaffung eines eurasiatischen „Kontinentalblockes von Madrid bis Yokohama"), hatte doch auch sie eine eindeutig antibritische Spitze und setzte auch sie auf dauernde Freundschaft mit der Sowjetunion und einen endgültigen Verzicht auf den „Lebensraumkrieg im Osten". Hitler hat sich offenbar bis Dezember intensiver mit ihr beschäftigt, freilich wohl nur als „weltpolitische Zwischenlösung" (Hillgruber), um indirekt Großbritannien nach dem Fiasko von „Adler" und „Seelöwe" zunächst niederzuringen und die USA zumindest am Kriegseintritt zu hindern, und nicht als Dauerlösung, wie sie sein Außenminister anstrebte.

Für diesen Kontinentalblock fehlten aber noch einige wichtige Versatzstücke, um mit seiner Hilfe die Briten wirklich einschüchtern und zur Aufgabe des Kampfes zwingen zu können. Am 27. September schlossen Deutschland, Italien und Japan einen Dreimächtepakt, um ein Eingreifen der USA in den europäischen oder ostasiatischen Krieg durch die Drohung mit einem Zwei-Ozeane-Krieg zu verhindern. Der angenommene casus foederis, ein Angriff der USA auf einen der Bündnispartner, beinhaltete aber ausdrücklich keinen Automatismus zur Hilfeleistung. Jede Macht behielt ihre Handlungsfreiheit. So ist der Dreimächtepakt als ein „Bündnis ohne Rückgrat" (Theo Sommer) denn auch niemals zur Grundlage einer engen strategischen Kooperation zwischen den Partnern etwa wie bei den USA und Großbritannien geworden. Ribbentrop forderte die Sowjets zum Beitritt auf und stellte ihnen dabei eine Expansionsmöglichkeit nach Süden zum Indischen Ozean bei der Neuaufteilung der Erde in „Großräume" in Aussicht.

Bündnisversuche mit Vichy-Frankreich und Spanien

Hitlers Treffen mit dem französischen Ministerpräsidenten Laval, dem Exponenten einer „collaboration" mit Deutschland in der Vichy-Regierung, und mit Pétain in Montoire-sur-le-Loir (nördlich von Tours) am 22. und 24. Oktober und mit Franco in dem Grenzort Hendaye an der französischen Biscaya-Küste am 23. Oktober mit dem Ziel, beide Regierungen stärker in die Kriegführung gegen England einzubinden und Spanien zum Kriegseintritt aufzufordern und dadurch dem anvisierten „Kontinentalblock" seine beiden westlichen Stützpfeiler einzuziehen, verlief ergebnislos. Er war nicht bereit, konkrete Zusagen zu machen oder sich irgendwie festzulegen. Vor allem vermied es der Diktator, sich in die kolonialen Streitigkeiten zwischen Frankreich und Spanien in Nord- und Westafrika einzumischen und einem Kontrahenten Zugeständnisse auf Kosten des anderen zu machen. Franco wählte den Status der „Nichtkriegführung“ (wie Italien 1939/40). Er verwies auf die schwierige Rohstoff- und Ernährungslage Spaniens und seine langen verwundbaren Küsten und verweigerte schließlich auch Mithilfe und Durchmarschrecht bei der Eroberung Gibraltars (Unternehmen „Felix“). Auch Pétain lehnte es ab, sich gegen Großbritannien einspannen zu lassen. Hitler weigerte sich, verbindliche Zusagen über einen Friedensvertrag, über die künftigen französischen Grenzen oder eine Rückführung der zwei Millionen französischen Kriegsgefangenen und Zwangsarbeiter zu machen.

Als der „Führer“ auf der Rückfahrt von Montoire am 28. Oktober in Florenz eintraf, um Mussolini im letzten Augenblick von seinem Balkanabenteuer abzuhalten, war es zu spät: seit 5.30 Uhr morgens lief der Angriff gegen Griechenland, um endlich den kriegerischen Ehrgeiz des „Duce“ zu befriedigen. Ein neuer und strategisch für Deutschland äußerst gefährlicher Kriegsschauplatz war eröffnet. Der Verlust großer Teile Albaniens an die erfolgreich kämpfende griechische Armee bis Dezember und ein Eingreifen der Briten zwangen den Diktator seinerseits ganz gegen seinen Willen, sich nunmehr auch mit dem Balkan zu beschäftigen.

Molotows Berlinbesuch November 1940

Die unbekannte und ganz unkalkulierbare Größe in diesem globalen Ringen um den „Kontinentalblock“ war im Herbst 1940 die Sowjetunion. Eher widerwillig und um auch die letzten Möglichkeiten eines Ausgleiches mit Moskau auszuloten, wahrscheinlich aber auch um sich sein ideologisches „Feindbild“ bestätigen zu lassen und am Ende als derjenige dazustehen, der alles für eine Zusammenarbeit versucht hatte, ließ sich Hitler von Ribbentrop überreden, am 12. und 13. November 1940 den sowjetischen Außenminister Molotow in Berlin zu empfangen. Er tat dies aber mit der ausdrücklichen Weisung, die Vorbereitungen für den Ostkrieg unabhängig vom Ergebnis der Verhandlungen weiterlaufen zu lassen.

Der Besuch verlief alles andere als harmonisch und konstruktiv. Als Ribbentrop seinem Kollegen prahlerisch erklärte, der Krieg sei praktisch gewonnen und es gehe jetzt nur noch darum, die Welt in Interessensphären aufzuteilen, und dabei demonstrativ mit dem Gehabe eines politischen Demiurgen seinen von innen beleuchteten Weltglobus auf dem Schreibtisch in Bewegung gesetzt haben soll, sollen die Alarmsirenen Gastgeber und Gast überstürzt in den Luftschutzkeller getrieben haben. Dabei konnte sich Molotow nicht die spöttische Frage nach der Ursache des Fliegeralarms verkneifen, der offenbar doch so gar nicht zu Ribbentrops Tiraden über den deutschen Sieg paßte.

Während seine deutschen Gesprächspartner sich in weitschweifigen

Ausführungen über die Aufteilung der „gigantischen Weltkonkursmasse“ des Britischen Empires ergingen und Sowjetrußlands Aufmerksamkeit nach Südasien (Indien, Afghanistan) lenken wollten, um dort einen Konflikt mit den Briten zu provozieren, formulierte Molotow mit der ihm eigenen sturen Hartnäckigkeit und in einer ungewöhnlich offenen Sprache die konkreten Ziele Moskaus: Finnland mit der Forderung, die Deutschen sollten umgehend ihre dort inzwischen zur Sicherung des Transits nach Nordnorwegen stationierten Truppen zurückziehen und auf ihr Interesse an den Nickelvorkommen in Petsamo verzichten, Rumänien, Bulgarien und die Türkischen Meerengen. Als weitere Preise für sowjetisches Wohlverhalten brachte er das russische Interesse an Jugoslawien, Ungarn, westlichen Teilen Polens sowie an den Ostseeausgängen in die Diskussion. Stalin dachte offenbar bereits an Kriegsziele, die nach einer Niederlage Deutschlands verwirklicht werden sollten.

Entscheidung zum Überfall auf die Sowjetunion

Aus Hitlers Sicht war der „Test“, ob Deutschland und die Sowjetunion „Rücken an Rücken oder Brust an Brust“ stünden, eindeutig ausgefallen. Er schien jetzt sogar erleichtert, daß Molotow „die Katze aus dem Sack“ gelassen habe. Ohne die schriftlichen Einlassungen Moskaus noch einer Antwort zu würdigen, erließ er am 18. Dezember die „Weisung Nr. 21 für den ‚Fall Barbarossa‘“. Sie sollte letztlich mit kriegsentscheidend gegen Deutschland werden.

Die deutsche Wehrmacht muß darauf vorbereitet sein, auch vor der Beendigung des Krieges gegen England Sowjetrußland in einem schnellen Feldzug niederzuwerfen (Fall Barbarossa) [...] Den Aufmarsch gegen die Sowjetunion werde ich gegebenenfalls acht Wochen vor dem beabsichtigten Operationsbeginn befehlen. Vorbereitungen, die eine längere Anlaufszeit benötigen, sind – soweit noch nicht geschehen – schon jetzt in Angriff zu nehmen und bis zum 15. Mai 1941 abzuschließen. Entscheidender Wert ist jedoch darauf zu legen, daß die Absicht eines Angriffs nicht erkennbar wird.[15]

Planungen für den „Fall Barbarossa“

Die „im westlichen Rußland stehende Masse des russischen Heeres“ sollte mit einer Zeitvorgabe von höchstens vier Monaten, also noch im Jahre 1941, „in kühnen Operationen unter weitem Vortreiben von Panzerkeilen vernichtet, der Abzug kampfkräftiger Teile in die Weite des russischen Raumes verhindert werden“. Das „Endziel der Operation“ sei „die Abschirmung gegen das asiatische Rußland aus der allgemeinen Linie Wolga-Archangelsk“, um dann „erforderlichenfalls das letzte Rußland verbleibende Industriegebiet am Ural durch die Luftwaffe“ auszuschalten. Auf den „Flügeln unserer Operation“ wurde „mit der aktiven Teilnahme Rumäniens und Finnlands am Kriege gegen Sowjetrußland“ gerechnet. Dies waren die zeitlichen und räumlichen Dimensionen des einzigen wirklichen „Blitzkrieges“, den das NS-Regime als solchen geplant und dann bereits im Herbst 1941 verloren hat.

Durch die Inbesitznahme und Ausnutzung der gewaltigen russischen Reichtümer, so das Kalkül, sollte Deutschland auf dem Kontinent wehrwirtschaftlich und militärisch unangreifbar und in die Lage versetzt werden, in einem konzentrischen Vorstoß über den Kaukasus, die Türkei und Vorderasien das britische Weltreich endgültig zum Einsturz zu bringen und dann die globale Auseinandersetzung mit den USA zu wagen. In diesem Zusammenhang muß schon mit Nachdruck eine Legende zurückgewiesen werden, die aus durchsichtigen Gründen einer politischen Entlastung Deutschlands seit einiger Zeit kolportiert wird und in rechten Kreisen viel Beifall findet: die Behauptung, Hitler sei mit seinem Einfall in die Sowjetunion am 22. Juni 1941 entsprechenden Absichten Stalins gegen Deutschland nur um wenige Wochen zuvorgekommen. Für diese These vom „Präventivkrieg" gegen die Sowjetunion gibt es sowohl in der Entstehungsphase von „Barbarossa" als auch im Verlauf seiner konkreten Vorbereitung bis zum 22. Juni keinen Quellenbeleg. „Barbarossa" wurde weder subjektiv von Hitler als „praevenire" eingeleitet und von ihm ein Angriff der sowjetischen Truppen erwartet, noch gibt es objektiv stichhaltige Beweise für einen Angriffsentschluß Stalins im Sommer oder Herbst 1941. Im Gegenteil: Die deutsche Generalität hat nach den „Säuberungen" 1936/37 und nach dem Debakel im Winterkrieg gegen Finnland 1939/40 die Kampfkraft der Roten Armee so gering eingeschätzt, daß sie glaubte, innerhalb von wenigen Monaten mit ihr fertigwerden zu können. Auch Stalin hatte in der Aufbau- und Reorganisationsphase seiner Truppen und angesichts seiner ehrgeizigen Modernisierungsprojekte in der sowjetischen Volkswirtschaft kein Interesse an einem Eingreifen in den Konflikt unter den kapitalistischen Mächten in absehbarer Zeit. Sollten sie sich doch gegenseitig „zerfleischen". Etwas Besseres konnte ihm gar nicht geschehen. Er tat auch bis Juni 1941 allen Warnungen der Geheimdienste zum Trotz alles, um seinem deutschen Partner gegenüber eine Politik des „Appeasement" zu verfolgen. „Barbarossa" entsprang eindeutig ideologischen und wehrwirtschaftlichen Zielen des Regimes und der konkreten Kriegskonstellation 1940. Die propagandistische Begründung als „praevenire" wurde nach dem 22. Juni nachgeliefert. Auch ist es müßig, sich über die Pläne Stalins für eine spätere Zeit den Kopf zu zerbrechen, solange uns noch die einschlägigen Archive verschlossen sind.

Kein deutscher Präventivkrieg

Hitler war es freilich im Winter 1940/41 und im Frühjahr 1941 nicht vergönnt, sich uneingeschränkt auf „Barbarossa" zu konzentrieren. Denn wieder hatte ihm sein Freund Mussolini einen Strich durch seine Rechnung gemacht mit der Eröffnung zweier neuer Kriegsschauplätze: auf dem Balkan und in Nordafrika von Libyen aus. Die ehrgeizige Konzeption des „Duce" von der „Parallelkriegführung" in getrennten Räumen unter der Devise „die Alpen trennen die Kriegsschauplätze", um aus eigener Kraft im Mittelmeer das alte „Impero Romano" wiederzuerrichten, stürzte wie ein Kartenhaus um die Jahreswende 1940/41 zusammen, noch bevor sie recht eigentlich in die Tat umgesetzt wurde.

Der italienische Überfall auf Griechenland

Bei Beginn des italienischen Überfalls Ende Oktober forderte der griechische Ministerpräsident Metaxas unter Verweis auf die Garantie vom April 1939 britische Luft- und Seestreitkräfte zur Hilfe an. Hitler antwortete Mitte November mit der Anordnung, „im Bedarfsfall“ von Bulgarien aus die Besetzung des griechischen Festlandes nördlich der Ägäis und die Bekämpfung der britischen Luftstützpunkte vorzubereiten. Am 13. Dezember erging die entsprechende Führerweisung Nr. 20 „Marita“ mit dem vierfachen Ziel, die arg bedrängten Italiener zu entlasten, eine Bedrohung der rumänischen Erdölfelder durch britische Fernbomber auszuschalten, den Aufbau einer britischen Front auf dem Kontinent zu verhindern und die Südflanke beim Angriff auf die Sowjetunion zu sichern. Die Flankenbedrohung sollte bis Mai 1941 beseitigt werden.

Unterstützung Italiens in Nordafrika

Auch in Nordafrika entwickelte sich gleichzeitig die Lage so bedrohlich, daß Hitler sich gezwungen sah, auf italienische Bitte einzugreifen, um die verwundbare südliche Flanke Europas nicht in den Aktionsradius britischer Luft- und Seestreitkräfte geraten zu lassen. Von Libyen aus eröffneten die Italiener im September 1940 eine Offensive, die sie zunächst bis Sidi Barrani 90 km in ägyptisches Gebiet hineinführte. Am 9. Dezember begann der britische General Wavell mit einer Gegenoffensive und konnte innerhalb weniger Wochen die Festung Tobruk (21. Januar 1941) und Benghasi, die Hauptstadt der Cyrenaika, erobern und mit seinem Vorstoß auf El Agheila an der Großen Syrte (8. Februar) die Stellung Italiens in Nordafrika fast zum Einsturz bringen. Die Italiener verloren zehn Divisionen und 130 000 Gefangene. Gleichzeitig ging das ostafrikanische Kolonialreich verloren. Am 12. Februar 1941 übernahm General Erwin Rommel den Befehl über das inzwischen übergesetzte „Deutsche Afrika-Korps“. Er trieb mit seiner 15. Panzerdivision gegen Hitlers Konzept des Abwartens die Briten über Benghasi, Derna, das eingeschlossene Tobruk bis zum Halfaya-Paß (15. April) zurück. Einem britischen Gegenstoß im November/Dezember mußte das „Afrika-Korps“ freilich nach Westen weichen, bis Rommel nach der erneuten Räumung Benghasis (23. Dezember 1941) Anfang Januar 1942 nach schweren Verlusten für beide Seiten fast wieder auf seine Ausgangsposition bei El Agheila an der Großen Syrte zurückgeworfen war. Eine erneute Offensive am 23. Januar 1942 sollte den im Juni zum Generalfeldmarschall beförderten Rommel dann am 30. Juni bis El Alamein 100 km westlich von Alexandria führen, wo er zur Verteidigung übergehen mußte.

Hitler ließ niemals einen Zweifel daran, daß allen militärischen Erfolgen zum Trotz sowohl der Balkan als auch Nordafrika nur Nebenkriegsschauplätze waren, um die „Festung Europa“ und seinen Ostkrieg defensiv abzusichern, und daß er nicht daran dachte, die deutschen Kräfte unnötig zu verzetteln oder die wachsenden Nachschubprobleme Rommels in Nordafrika durch großzügige Lieferungen von Truppen und Kriegsmaterial zu lösen. Damit erteilte er zugleich allen Hoffnungen, wie sie in diesen Monaten noch einmal in der Marineführung aufkeimten, eine eindeutige Absage, die Balkanfront, der Kriegsschauplatz in Nordafrika und die gemeinsame Seekriegführung mit den Italienern, deren Flotte freilich in keiner Weise die in sie gesetzten hohen Erwartungen erfüllen sollte, im Mittelmeer könnten im Rahmen der seit längerem ventilierten „Kriegführung von der Peripherie" her zum Ausgangspunkt eines massiven Vorstoßes gegen die britischen Positionen im Vorderen Orient und die Seeverbindungen nach Indien durch den Suezkanal werden, und diese strategische und operative Schwerpunktverlagerung werde Hitler von seinem „Lebensraumkrieg" abbringen.

Die Entwicklung auf dem Balkan
Jugoslawien

Die Vorbereitungen für „Marita" wurden akut Ende März 1941 durch einen dramatischen Umschwung in Belgrad. Am 25. März waren die Regierung Cvetković und der Prinzregent Paul gegen heftigen Widerstand im Lande unter der Bedingung dem Dreimächtepakt beigetreten, daß die territoriale Integrität des Landes garantiert, keine Hilfeleistung gegen Griechenland erwartet und der Anspruch auf Saloniki von Berlin vertreten würde. Ein mit von London eingefädelter Putsch in Belgrad führte eine prowestlich-nationalistische Regierung unter dem Luftwaffengeneral Simović an die Macht und den vorzeitig für volljährig erklärten 27jährigen Peter II. als Nachfolger des ins Exil geflohenen Prinzregenten auf den Thron. Simović schloß, freilich ohne militärische Beistandsverpflichtung, am 5. April einen Nichtangriffs- und Freundschaftsvertrag mit Moskau. Hitler fühlte sich brüskiert und stand wieder einmal unter selbst gesetztem Zeitdruck, der ihm lange Verhandlungen und Geduld mit der neuen Regierung in Belgrad verbot. Denn der geplante Angriffstermin gegen die Sowjetunion nahte in wenigen Wochen.

Griechenland

Die Überfälle gleichzeitig auf Griechenland und Jugoslawien mit Verbänden der 2. (Generaloberst von Weichs) und der 12. Armee (Feldmarschall List) erfolgten am 6. April von Kärnten, der Steiermark, Ungarn, Rumänien und Bulgarien aus; Belgrad wurde am ersten Tag ohne Kriegserklärung aus der Luft durch die Luftflotte 4 (General Löhr) angegriffen. Am 17. April kapitulierte die jugoslawische Armee bedingungslos. 344 000 Kriegsgefangene waren in deutscher Hand. König und Regierung begaben sich nach London ins Exil. Vier Tage später, am 21. April, ergab sich die griechische Heeresführung vor den Deutschen, am 23. April vor den Italienern. Die Briten räumten Griechenland und zogen sich nach Kreta zurück. In Athen wurde eine griechische Satellitenregierung mit General Tsolákoglu unter deutscher Besatzungskontrolle gebildet, König Georg II. und seine Regierung gingen ebenfalls nach London ins Exil. 223 000 Griechen und 22 000 Briten gerieten in deutsche Kriegsgefangenschaft. Kreta konnte erst nach zwölftägigen verlustreichen Kämpfen mit Hilfe von Luftlandetruppen am 1. Juni genommen werden.

Neuordnung auf dem Balkan

Staatliche Neuordnungen und deutsch-italienische Besatzungsherrschaft auf dem Balkan provozierten sofort die Bildung von Widerstandsbewegungen in den besetzten Gebieten, die bis Kriegsende erhebliche Truppenverbände banden und in blutigen und von allen Seiten äußerst brutal geführten militärischen „Säuberungsaktionen" nicht niedergekämpft werden konnten.

Am 9. Juli proklamierten die Besatzungsmächte das staatsrechtliche Ende Jugoslawiens. Mit deutscher Unterstützung und unter deutsch-italienischer Kontrolle wurde in Agram (Zagreb) ein „Unabhängiger Staat Kroatien" unter dem Führer der rechtsradikalen Ustascha-Bewegung, Ante Pavelić, gegründet. Gegen Abtretung des größten Teils der dalmatinischen Küste an Italien erhielt Kroatien Bosnien und die Herzegowina. Die nordslowenischen Gebiete Untersteiermark, Kärnten und Krain kamen zu Deutschland, Südslowenien mit Ljubljana (Laibach) sowie das „unabhängige" Montenegro an Italien. Ungarn erhielt u. a. die Batschka und das Baranja-Dreieck zwischen Theiß und Drau. Albanien wurde um südserbisches und westmazedonisches Gebiet vergrößert, Ostmazedonien mit Skopje wurde Bulgarien zugesprochen. Das Westbanat und „Altserbien" in den Grenzen von 1912 blieben unter einer harten deutschen Militärverwaltung mit einer einheimischen Marionettenregierung des Generals Nedić in Belgrad.

Von Griechenland fielen die Ionischen Inseln an Italien, die ostmazedonischen und westthrazischen Gebiete zwischen Struma und Maritza an Bulgarien, das dadurch einen Zugang zur Ägäis bekam. Griechenland wurde mit seiner Marionettenregierung Tsolákoglu in Athen italienisches Besatzungsgebiet. Nur strategisch wichtige Gebiete wie Saloniki und sein Hinterland, der Hafen von Piräus, eine Pufferzone an der türkischen Grenze und einige westägäische Inseln mit dem Westteil von Kreta blieben unter deutscher Besatzungskontrolle als Schutz gegen mögliche britische Invasionen.

Bildung von Widerstandsbewegungen

Die Ausbreitung von Widerstandsbewegungen in Griechenland und Serbien und der Partisanenkrieg ließen den Balkan nicht zur Ruhe kommen. Auch kämpften nationalistische gegen kommunistische Organisationen, so im ehemaligen Jugoslawien die Partisanenarmee der Cetnici (Tschetniks) unter dem nationalserbischen Oberst Mihailović gegen die kommunistischen Partisanenverbände unter dem kroatischen Generalsekretär der illegalen KP Jugoslawien, Josip Broz (genannt „Tito"), der mit seiner am 29. November 1943 in der bosnischen Stadt Jajce gegründeten provisorischen Gegenregierung schließlich von

den Westmächten als alleiniger Vertreter der Heimatarmee anerkannt wurde. Unter einem repressiven Besatzungsregime in Griechenland mit Geiselerschießungen, Massenexekutionen, Hungerkatastrophen und Judenpogromen bildeten sich fanatisch kämpfende Widerstandsgruppen, die ebenfalls untereinander verfeindet waren: der „National-Republikanische Bund" (EDES) unter Oberst Zervas und die kommunistische „Nationale Befreiungsarmee" (ELAS). Im Jahre 1944 unternommene Versuche der griechischen Exilregierung und des britischen Oberkommandos im Mittelmeer, durch eine Militärkommission einen Waffenstillstand zwischen beiden Gruppen zu vermitteln und gemeinsam eine demokratische Nachkriegsordnung vorzubereiten, hatten nur kurzen Erfolg. Erst nach einem langen und blutigen Bürgerkrieg von Ende 1944 bis 1949 setzten sich mit britischer und amerikanischer Hilfe die bürgerlichen Kräfte durch und verhinderten die Umwandlung Griechenlands in eine Volksrepublik nach dem von den Sowjets in anderen Staaten Ostmittel- und Südosteuropas angewandten Muster.
Die vielfach vertretene These, der Balkanfeldzug im April/Mai 1940, den Hitler zunächst um jeden Preis hatte vermeiden wollen und in den er vor allem durch Italien gegen seine Absicht hineingezogen wurde, habe ihn wertvolle Zeit gekostet und den Angriff gegen die Sowjetunion um mehrere Wochen verzögert, und die Verzögerung habe sich letztendlich mit kriegsentscheidend ausgewirkt, erscheint sehr problematisch. Sie suggeriert die Vorstellung, als sei der Rußlandfeldzug vorwiegend an widrigen klimatischen Bedingungen ab Herbst 1941 gescheitert und als hätte er bei nur wenigen zusätzlichen Wochen vor Eintritt der Schlammperiode im Oktober gewonnen werden können. Die These übersieht, daß die Boden- und Witterungsverhältnisse in der Sowjetunion bis weit ins Frühjahr hinein ein früheres Losschlagen und das hieß konkret: eine großräumige Entfaltung der motorisierten Verbände und der Panzerkeile sowieso nicht erlaubt hätten.

Weltanschauungskrieg gegen die Sowjetunion

Vielfach wird noch heute insbesondere von ehemaligen Wehrmachtsangehörigen, die in Rußland gekämpft haben, behauptet, die Brutalitäten und Grausamkeiten der Kriegführenden im Osten hätten sich erst während des Feldzuges gegenseitig hochgeschaukelt. Sie seien nicht zuletzt von den Partisanen hinter der deutschen Front provoziert und im übrigen seien die Untaten von SS-und Polizeiverbänden verübt worden, während die Wehrmacht an ihnen nicht beteiligt gewesen sei. So wenig die Greuel des Partisanenkrieges verharmlost werden dürfen, so nachdrücklich muß doch betont werden, daß die Resonanz der Partisanen in der sowjetischen Bevölkerung erst ein Produkt der deutschen Kriegführung und daß die Wehrmacht tief in die Verbrechen an der Zivilbevölkerung verstrickt gewesen ist [16]. Der Krieg gegen die Sowjetunion ist von Anbeginn als Weltanschauungskrieg gegen die Prinzipien des Völkerrechts konzipiert und geführt worden. Hier ging es nicht wie

im Westen um die militärische und machtpolitische Ausschaltung eines Gegners, sondern um die Gewinnung von Raum, die Versklavung seiner Bevölkerung, die Ausrottung ihrer Intelligenzschicht, die Ausplünderung der Ressourcen und die Vernichtung des Judentums.
Am 13. März 1941 erhielt Himmler bereits seine Anweisungen:
Im Operationsgebiet des Heeres erhält der Reichsführer SS zur Vorbereitung der politischen Verwaltung Sonderaufgaben im Auftrag des Führers, die sich aus dem endgültig auszutragenden Kampf zweier entgegengesetzter politischer Systeme ergeben. Im Rahmen dieser Aufgaben handelt der Reichsführer SS selbständig und in eigener Verantwortung.[17]
Was konkret unter „Sonderaufgaben" zu verstehen war, sollte bald auch den Militärs klarwerden. Am 30. März äußerte sich Hitler vor rund zweihundert hohen Offizieren, den Befehlshabern und Stabschefs der für den Ostkrieg vorgesehenen Heeresgruppen und Armeen, in der Reichskanzlei u.a. über den Charakter des bevorstehenden Feldzuges:
Unsere Aufgabe gegenüber Rußland: Wehrmacht zerschlagen, Staat auflösen [...] Kampf zweier Weltanschauungen gegeneinander. Vernichtendes Urteil über Bolschewismus, ist gleich asoziales Verbrechertum. Kommunismus ungeheure Gefahr für die Zukunft. Wir müssen von dem Standpunkt des soldatischen Kameradentums abrücken. Der Kommunist ist vorher kein Kamerad und nachher kein Kamerad. Es handelt sich um einen Vernichtungskampf. Wenn wir es nicht so auffassen, dann werden wir zwar den Feind schlagen, aber in 30 Jahren wird uns wieder der kommunistische Feind gegenüberstehen. Wir führen nicht Krieg, um den Feind zu konservieren [...] Kampf gegen Rußland: Vernichtung der bolschewistischen Kommissare und der kommunistischen Intelligenz [...] Der Kampf muß geführt werden gegen das Gift der Zersetzung. Das ist keine Frage der Kriegsgerichte [...] Kommissare und GPU-Leute sind Verbrecher und müssen als solche behandelt werden [...] Der Kampf wird sich sehr unterscheiden vom Kampf im Westen. Im Osten ist Härte mild für die Zukunft. Die Führer müssen von sich das Opfer verlangen, ihre Bedenken zu überwinden [...].[18]

Verstrickung der Wehrmacht

Hitler wollte offenbar ausloten, wieweit seine Truppenführer bereit für einen ideologischen Vernichtungskrieg waren. Er machte sie zugleich zu Komplizen und Mitwissern an den Verbrechen. Die anwesenden hohen Offiziere sollen sich teils reserviert, teils zustimmend verhalten, auch vereinzelt Proteste geäußert haben. Von einem Rücktritt oder der Bitte um Versetzung ist jedoch nichts bekannt, obgleich ein solcher Schritt nicht, wie die Ablösung von Blaskowitz in Polen im Winter 1939/40 zeigt, mit einer Gefahr für Leib und Leben verbunden gewesen wäre. Im Gegenteil: Die Stäbe im OKW und im OKH begannen sofort, Hitlers Forderungen in Befehle umzugießen. Hitlers Prestige nach dem Sieg über Frankreich hatte offenbar seine einschüchternde Wirkung immer noch nicht verloren. Auch wird man in Rechnung stellen müssen, daß zu den prägenden Erlebnissen der Anwesenden zweifellos der Novemberumsturz 1918, die Bolschewismusfurcht und die Dolchstoßlegende gehört und daß derartige tiefverwurzelte Traumata das Bewußtsein dafür abgestumpft haben, daß Hitler hier nichts weniger verkündete als eine Kriegführung gegen alle Normen des Völkerrechts und dafür die kritiklose Mitwirkung seiner Generäle und Truppenführer einforderte.

Selbst General Hoepner, später am 20. Juli 1944 an der vordersten Front des Widerstandes gegen Hitler, setzte gehorsam die ideologischen Vorgaben seines „Führers" in einen Aufmarschbefehl vom 2. Mai 1941 um:

Der Krieg gegen Rußland ist die zwangsläufige Folge des uns aufgedrungenen Kampfes um das Dasein. Es ist der alte Kampf der Germanen gegen das Slawentum, die Verteidigung europäischer Kultur gegen moskowitisch-asiatische Überschwemmung, die Abwehr des jüdischen Bolschewismus. Dieser Kampf muß die Zertrümmerung des heutigen Rußland zum Ziele haben und deshalb mit unerhörter Härte geführt werden. Jede Kampfhandlung muß [...] von dem eisernen Willen zur erbarmungslosen, völligen Vernichtung des Feindes geleitet sein. Insbesondere gibt es keine Schonung für die Träger des heutigen russisch-bolschewistischen Systems.[19]

Der Gerichtsbarkeitserlaß vom 13. 5. 1941

Einen konkreten Niederschlag fand der geplante Weltanschauungskrieg im „Gerichtsbarkeiterlaß" vom 13. Mai und im „Kommissarbefehl" vom 6. Juni. Hitlers Erlaß über die Ausübung der Kriegsgerichtsbarkeit im Gebiet „Barbarossa" und über besondere Maßnahmen der Truppe verfügte, um das völkerrechtswidrige Vorgehen gegen die Zivilbevölkerung scheinrechtlich abzusichern, daß Straftaten von Zivilpersonen gegen die Wehrmacht nicht von deutschen Kriegsgerichten, sondern von der Truppe selbst verfolgt und daß der gerichtliche Verfolgungszwang bei Verbrechen oder Vergehen von Wehrmachtangehörigen gegen sowjetische Zivilpersonen aufgehoben werden sollte, sofern nicht „die Manneszucht oder die Sicherung der Truppe" dadurch gefährdet würden. Begründet wurde dieser Erlaß mit dem Hinweis, „daß der Zusammenbruch im Jahre 1918, die spätere Leidenszeit des deutschen Volkes und der Kampf gegen den Nationalsozialismus mit den zahllosen Blutopfern entscheidend auf bolschewistischen Einfluß zurückzuführen war und daß kein Deutscher dies vergessen hat [...]".

Der Kommissarbefehl vom 6. 6. 1941

Nach dem berüchtigten „Kommissarbefehl" waren im militärischen Operationsgebiet politische Kommissare, die sich gegen die Truppe wendeten bzw. im Verdacht standen, sich gegen die Truppe gewandt zu haben, noch auf dem Gefechtsfeld von den Kriegsgefangenen abzusondern und grundsätzlich sofort mit der Waffe zu erledigen. Ihnen wurde also gegen alle Kriegsregeln der Kombattantenstatus aberkannt.

Kommissare, die im rückwärtigen Heeresgebiet wegen zweifelhaften Verhaltens ergriffen wurden, waren an die Einsatzgruppen der Sicherheitspolizei und des SD abzugeben. Der völkerrechtswidrige Befehl wurde unterhalb der Armee-Ebene mündlich weitergegeben. Heftige Proteste in der Truppe veranlaßten Hitler Anfang Mai 1942 zur versuchsweisen Aufhebung des Befehls, „um die Neigung zum Überlaufen und zur Kapitulation eingeschlossener sowjetischer Truppen zu steigern".

Auch der Widerstand mancher Heeresgruppen- und Armeeführer gegen den „Gerichtsbarkeiterlaß" war eher pragmatischer Natur, da sie eine Auflösung der Disziplin in der Truppe durch ihn befürchteten.

Himmlers „Einsatzgruppen"

Hitler beauftragte Himmler, mit vier „Einsatzgruppen" der Sicherheitspolizei und des SD in Gesamtstärke von 3000 Mann (A, B, C und D), die den Heeresgruppen Nord, Mitte, Süd und der 11. Armee zugeteilt waren und direkt Heydrich als Chef des „Reichssicherheitshauptamtes" unterstanden, ähnlich wie schon in Polen in den eroberten sowjetischen Gebieten hinter der Front, das hieß auch im Operationsgebiet des Heeres, selbständig und in eigener Verantwortung „Sonderaufgaben" zu übernehmen. Konkret waren darunter zu verstehen die Ausrottung der politischen und geistigen Führungsschicht des Feindes und der Juden als „biologische Wurzel" des Bolschewismus und seiner Träger. Der Befehl zur Erschießung aller Juden auf dem eroberten Territorium – die Hauptaufgabe – wurde den „Einsatzgruppen"-Führern möglicherweise schon vor Beginn des Feldzuges, im Mai 1941, von Heydrich mündlich erteilt. Eingeschlossen in die Exekutionen waren auch kommunistische Funktionäre als sogenannte „Asiatisch-Minderwertige" sowie Sinti und Roma.

Zusammenarbeit mit der Wehrmacht

Auch hier war schon vor dem Überfall auf die Sowjetunion die enge Zusammenarbeit zwischen „Einsatzgruppen" und Wehrmacht sichergestellt. Nach der Vereinbarung zwischen dem „Oberkommando des Heeres" (OKH), dem der östliche Kriegsschauplatz unterstehen sollte, und Heydrich über die „Regelung des Einsatzes der Sicherheitspolizei und des SD im Verbande des Heeres" vom 28. April 1941 sollten die „Einsatzgruppen" unter der Aufsicht Heydrichs „im Rahmen ihres Auftrages in eigener Verantwortung gegenüber der Zivilbevölkerung Exekutivmaßnahmen treffen" können und nur „hinsichtlich Marsch, Versorgung und Unterbringung" den Armeen unterstellt sein.[20] Damit war das Heer von Anfang an in die Ausführung der verbrecherischen Befehle des nationalsozialistischen Regimes mit einbezogen, und zwar nicht nur mittelbar logistisch, wie die Übereinkunft nahelegen könnte, sondern auch unmittelbar. Wehrmachtseinheiten und -dienststellen haben in Absprache mit den „Einsatzgruppen"-Führern Hilfsmaßnahmen wie die Absperrung des Exekutionsgeländes oder die Stellung von Transportraum organisiert oder auch selbständig Mordaktionen durchgeführt. Wenn also auch die Duldung und die aktive Mithilfe der Wehrmacht bei den Verbrechen im Osten, ihr Einsatz bei der „passive[n] und aktive[n] Ermöglichung des Vernichtungswerkes“ (Messerschmidt) in keiner Weise heruntergespielt werden darf, wie dies nach 1945 in der Regel geschehen ist, so wäre es doch andererseits verfehlt, die Truppe kollektiv mit den verbrecherischen Aktionen zu belasten. Schuld und schwere Mitverantwortung trafen vor allem die Wehrmachtführung, sich noch vor dem ersten Schuß freiwillig und widerstandslos den Regeln eines Weltanschauungskrieges unterworfen und diese dann auch mitverwirklicht zu haben, eines Krieges, der schon in der Vorbereitungsphase „eine spezifische Qualität der Rechtlosigkeit und moralischen Bedenkenlosigkeit“ (Gruchman) angenommen hatte.

So erschreckend wie die tiefe Menschenverachtung und der übersteigerte Herrenmenschendünkel, mit dem die deutsche Reichsführung, unterstützt von der hohen Generalität, den Ostkrieg vorbereitet und geführt hatte, war auch ihre fast grenzenlose und ebenfalls rassistisch begründete Hybris gegenüber der erwarteten Widerstandskraft der sowjetischen Truppen. Hier wurde bedenkenlos nicht nur mit dem Schicksal eines – bisher befreundeten – Volkes, sondern auch mit dem der eigenen Soldaten gespielt. Während die letzten Anstalten für „Barbarossa“ getroffen wurden, beschäftigte sich Hitler in seiner Weisung Nr. 32 vom 11. Mai 1941 [21] bereits mit den „Vorbereitungen nach Barbarossa“ für den Fall eines schnellen, siegreichen Rußlandfeldzuges, woran für ihn kein Zweifel bestand.

Planungen nach „Barbarossa“

Die erfolgreiche Beendigung des Ostfeldzuges wurde für Herbst 1941 angenommen. Es war vorgesehen, schon Anfang August 1941 die Masse der deutschen Infanterie, Anfang September das Gros der Panzerverbände und der Luftwaffe vom östlichen Kriegsschauplatz abzuziehen. „Aller Voraussicht nach“ würden „etwa 60 Divisionen und eine Luftflotte, neben den Verbündeten und befreundeten Kräften, für die weiteren Aufgaben im Osten genügen“: Sicherung des europäischen Rußlands bis zur Linie Archangelsk/Astrachan sowie „die noch in Betracht kommenden Angriffsoperationen“ sowohl über den Ural als auch über den Kaukasus hinweg. Diese relativ geringe Anzahl von 50 bis 60 Divisionen als Sicherungskräfte für einen Riesenraum war denn auch nur mit Winterausstattung ausgerüstet. Als dann im Herbst und Winter 1941/42 mehr als doppelt so viele Divisionen versorgt werden mußten, kam es durch den Leichtsinn der Führung bei der Planung von „Barbarossa“ zur Katastrophe.

Nach der militärischen Niederringung der Sowjetunion könnten dann der Wehrmacht „für den Spätherbst 1941 und den Winter 1941/42 folgende strategische Aufgaben erwachsen“: Organisierung, Sicherung und wehrwirtschaftliche Ausnutzung des „neugewonne[n] Ostraum[es]“, „Fortsetzung des Kampfes gegen die britische Position im

Mittelmeer und in Vorderasien durch konzentrischen Angriff, der aus Libyen durch Ägypten, aus Bulgarien durch die Türkei und unter Umständen auch aus Transkaukasien heraus durch den Iran vorgesehen ist", „Schließung des Westeinganges in das Mittelmeer durch Ausschaltung von Gibraltar" (Unternehmen „Felix") sowie Wiederaufnahme der „Belagerung Englands" nach Abschluß des Ostfeldzuges „durch Kriegsmarine und Luftwaffe [...] in vollem Maße" mit Vorbereitungen für eine Landung in England unter dem doppelten Ziel, „englische Kräfte im Mutterland zu binden und einen sich abzeichnenden Zusammenbruch Englands auszulösen und zu vollenden".
Aber die Entwicklung des Rußlandfeldzuges sollte ganz anders als geplant verlaufen und damit bereits im Herbst 1941 den globalen strategischen Träumereien des „Führers" den Boden entziehen.

2. Vom europäischen zum Weltkrieg (1941/42)

Wende der internationalen Situation nach dem Überfall auf die Sowjetunion

In den knapp sechs Monaten zwischen dem deutschen Angriff auf die Sowjetunion am 22. Juni um 3.15 Uhr frühmorgens – wiederum, wie bei Polen, ohne Kriegserklärung und überfallartig – und Hitlers Kriegserklärung an die USA am 11. Dezember 1941 vollzog sich in mehrfacher Hinsicht in nationaler und internationaler Perspektive eine dramatische Wende. Sie sollte nicht nur den Kriegsausgang bestimmen. In ihr wurden auch entscheidende Weichen für die Nachkriegszeit gestellt.
Das als „Blitzkrieg" konzipierte Unternehmen „Barbarossa" war faktisch am überraschend hartnäckigen Widerstand der Sowjets und an den überall sichtbaren personellen und materiellen Engpässen und Verschleißerscheinungen der deutschen Kriegsmaschinerie gescheitert und mit ihm das für 1942 nach dem Sieg über Sowjetrußland geplante Konzept eines „Weltblitzkrieges" (Hillgruber) gegen die Bastionen des Britischen Weltreiches und zur Schaffung einer kontinentalen Ausgangsbasis für den anschließenden „Weltendkampf" gegen die Vereinigten Staaten. Der europäische Krieg und der durch Japan mit seinem Überfall auf Pearl Habour am 7. Dezember 1941 ausgelöste Konflikt in Ostasien wuchsen zum Weltkrieg zusammen. Mit ihm betraten – an sich gegen ihren Willen, aber durch die Aggressoren provoziert – die USA und die Sowjetunion die internationale Bühne, um hier in den folgenden Jahren und Jahrzehnten mit ihrem wachsenden militärischen und politischen Gewicht als Weltmächte zu agieren. Der „Achse" stellte sich nunmehr mit der „Anti-Hitler-Koalition" eine De-facto-Allianz ohne festen Bündnischarakter entgegen. Sie war in manchem eine „unheilige Allianz", in der keineswegs immer Harmonie herrschte und eher das gegenseitige Mißtrauen überwog, aber immerhin doch stark und geschlossen genug, um mit ihrem in jeder Weise überlegenen

Menschen- und Kriegspotential Deutschland, Italien und Japan in dreieinhalb Jahren in die Knie zu zwingen.
Stalin konnte den Ende Juni vom ZK der KPdSU proklamierten „Großen Vaterländischen Krieg" und die Tatsache, daß die Rote Armee die deutsche Angriffslawine im Dezember 1941 vor Moskau aus eigener Kraft und ohne fremde Hilfe zum Stehen brachte, nutzen, um nicht nur sein eigenes, nach den schweren militärischen Schlappen der Sommermonate erheblich angeschlagenes Prestige als Generalsekretär der Partei und Vorsitzender im Rat der Volkskommissare der UdSSR (Regierungschef) wieder zu festigen, die Bevölkerung hinter sich zusammenzuschweißen und dadurch sein Regime für ein weiteres Jahrzehnt bis zu seinem Tode 1953 zu konsolidieren, sondern weit darüber hinaus auch, um die Grundlagen für den späteren sowjetischen Weltmachtanspruch zu legen.

Konzentration der Macht auf Hitler

Ganz anders sein Gegenspieler. Die Wende des Krieges im Herbst 1941 leitete zugleich für Hitler den Sturz aus den triumphalen Höhen seiner Macht ein. Er machte in diesen Wochen erste Andeutungen, daß er entschlossen sei, sein Volk, wenn es denn sein müsse, in den eigenen Untergang mit hineinzureißen. In diesen Wochen entfaltete das „Dritte Reich" seine ganze destruktive und kriminelle Energie, deren es fähig war. „Im Schnittpunkt aller Triebkräfte" (Chr. Streit) stand der „Führer". Von ihm gingen die militärischen Entscheidungen, die Pläne zur Unterwerfung und Vernichtung der Völker im Osten, gigantische Weltmachtphantasien und fanatische Durchhalteparolen aus, auf ihn konzentrierten sich Erwartungen auf einen schnellen Sieg und Hoffnungen aufs Überleben. Auf ihn wurde alle Verantwortung abgeladen, damals und später nach dem Krieg. Er behandelte seinen Oberbefehlshaber des Heeres, Brauchitsch, kaum noch als „Briefträger" (Halder) und schickte ihn am 19. Dezember als Hauptschuldigen an der Niederlage vor Moskau in die Wüste. Er schob seine Generalfeldmarschälle wie Schachfiguren hin und her, entließ und reaktivierte, versetzte und maßregelte sie wie Schulbuben. Nunmehr selbst Oberbefehlshaber des Heeres, griff der „Führer" in die militärischen Operationen bis auf Divisions- und Regimentsebene hinunter ein. Er maßte sich den militärischen Sachverstand an, den er bei seinen Offizieren zu vermissen glaubte. Siege reklamierte er prahlerisch für sich, Niederlagen schob er verächtlich anderen in die Schuhe.
Freilich führte diese beispiellose Machtkonzentration bei Hitler nicht zur Verstetigung der Führung und zu einer koordinierten und integrierten Planung der militärischen und politischen Abläufe. Hier kamen im Gegenteil alle strukturellen Schwächen und moralischen Perversionen des „Führerstaates" und der „Führerverfassung" an der Spitze ungebremst zur Geltung: der Hang zur Improvisation und zu sprunghaften und einsamen Entschlüssen, egozentrischer Größenwahn und Welt-

machtträume ohne Abstimmung auf die vorhandenen Ressourcen und Möglichkeiten, ein kräftezehrendes Kompetenzgerangel und ein zynisches Gegeneinanderausspielen der Führergehilfen (etwa in der Besatzungspolitik im Osten zwischen Himmler und Rosenberg als zuständigem Reichsminister für die besetzten Ostgebiete), Menschenverachtung und pathologischer Vernichtungswille.

Die Gehilfen des „Führers"

Dies alles war aber nur möglich, weil sich viele Tausende von Helfern und Helfershelfern fanden, die Befehle ihres „Führers" in die Tat umzusetzen, ihn bisweilen in vorauseilendem Gehorsam, aus Karrieresucht und Liebedienerei sogar noch zu übertreffen und hier und dort aufkeimende Kritik am „Führer", Zweifel an seinen moralischen Qualitäten wie an seiner Führungskompetenz von vornherein zu unterdrücken und totzuschweigen – Generalfeldmarschälle und SS-Führer, Minister und Verwaltungsbeamte, Parteifunktionäre und Wirtschaftsexperten und viele andere mehr. „Führerkult" und „Führermythos" trieben im Zeichen der militärischen Erfolge bis zum Sommer 1941 ihre Blüten in einem Klima von Byzantinismus und Heldenverehrung, das kaum noch einer Steigerung fähig war. Hitler war zweifellos „kein Einzeltäter, aber er allein brachte zur ‚vollen Konsequenz', was an Ängsten und Aggressionen, an Möglichkeiten und Gefährdungen in seiner Epoche angelegt war".[22]

Erst der Ostfeldzug schuf die Voraussetzungen, um das zu verwirklichen, was längst geplant war: Die Ausrottung des Bolschewismus und die „Gesamtlösung der Judenfrage in Europa" (Göring an Heydrich). Zwar wird bis heute kontrovers diskutiert, ob die Entscheidung zur physischen „Endlösung" schon im Juli 1941, also auf dem Höhepunkt der militärischen Erfolge, oder erst im Dezember unter dem Eindruck der Niederlage vor Moskau fiel, aber eines ist unbestritten: der Weltanschauungskrieg im Osten und der millionenfache Massenmord an den Juden Europas standen in einem unauflösbaren Zusammenhang.

Hitler fiel genau an dem 22. Juni nach Rußland ein, an dem 129 Jahre zuvor Napoleon seiner Grande Armée den Befehl zum Aufbruch gegeben hatte. Würde auch ihm dasselbe gelingen, innerhalb von 84 Tagen, am 14. September, am Ziel seiner Wünsche, in Moskau, zu sein? Viele Menschen befielen 1941 bange Ahnungen, wenn sie an das weitere Schicksal der Napoleonischen Armee an der Beresina im November 1812 zurückdachten. Zum erstenmal machte das Gerücht die Runde, der „Führer" müsse wohl über ganz besondere „Wunderwaffen" verfügen, wenn er es wieder riskiere, den Feldzug in die unendlichen Weiten des russischen Raumes zu tragen. Eine euphorische Stimmung gab es 1941 ebensowenig wie 1939, eher Skepsis und Fatalismus.

Stärkenverhältnisse

Aber dies alles schien durch die sich überstürzenden „Sondermeldungen" der ersten Tage und Wochen wie weggeblasen. Der Aufmarsch im Osten erfolgte mit 3 050 000 Mann oder drei Vierteln des Feldheeres.

Dazu kamen noch 600 000 Finnen (26. Juni), Rumänen (22. Juni) und Ungarn (27. Juni) sowie slowakische, italienische und spanische Verbände („Blaue Division"). Der propagandistisch groß herausgestellte „Kreuzzug Europas gegen den Bolschewismus" zog zwar faschistische Freiwilligenverbände aus Belgien, den Niederlanden, Norwegen, Dänemark und Frankreich, später auch russische Freiwillige unter General Wlassow an, war aber nie wirklich als ein Koalitionskrieg geplant, sondern nur eine vordergründige Drapierung für deutsche Eroberungsziele.

Insgesamt 153 Divisionen, darunter 19 Panzer- und 15 Motorisierte Divisionen mit 600 000 Motorfahrzeugen und 3 600 Panzern, waren drei Heeresgruppen unterstellt: der HG Nord unter Generalfeldmarschall Ritter von Leeb mit Stoßrichtung Baltikum und Leningrad, der HG Mitte unter Generalfeldmarschall von Bock mit Stoßrichtung Weißrußland-Smolensk-Moskau nördlich der schwer zugänglichen Pripjet-Sümpfe und die HG Süd unter Generalfeldmarschall von Rundstedt mit Stoßrichtung Ukraine-Dnjepr-Donezbogen. Für den taktsichen Einsatz der Luftwaffe wurden 2 500 Flugzeuge nebst 900 meist zweitklassigen Maschinen der Verbündeten bereitgestellt, d. h. zwei Drittel der deutschen Luftstreitkräfte. Im Augenblick des deutschen Angriffs umfaßte die Rote Armee in etwas erhöhter Friedensstärke rund 4,7 Millionen Mann. Von ihnen waren aber nur etwa 2,5 Millionen an der Westfront und 2,2 Millionen im Kaukasus (gegen einen möglichen Angriff der Westmächte) und in Fernost (gegen Japan als möglichen Gegner) stationiert. Diese Armee befand sich aber immer noch in einem tiefgreifenden Reorganisations- und „Auffrischungs"-Prozeß nach den blutigen „Säuberungen" in ihrer Führung wenige Jahre zuvor, der zahlreiche kampferprobte Offiziere zum Opfer gefallen waren.

Anfangserfolge

Die erstaunlichen Anfangserfolge im Juli/August erklären sich primär daraus, daß der Angreifer wieder einmal, wie in Polen, auf das Überraschungsmoment setzte – Stalin hatte sich allen Warnungen der Geheimdienste und aus London gegenüber taub gezeigt! – und davon profitierte, daß die sowjetischen Verbände direkt hinter der Front massiert und nicht tief in den Raum hinein gestaffelt waren. So konnten die deutschen Panzerkeile schon in den ersten Wochen ganze feindliche Heeresgruppen und Armeen einkesseln und vernichten. Zudem wurde die sowjetische Luftwaffe bereits am ersten Tag mit der Zerstörung von 1 800 Maschinen auf dem Boden praktisch ausgeschaltet, und die Brücken und Straßenverbindungen fielen den Deutschen nahezu unversehrt in die Hand.

Kampfverlauf Juli/August

Die HG Nord besetzte bis Ende August das Baltikum und schnitt Anfang September mit der Einnahme von Schlüsselburg am Ladoga-See Leningrad bis Frühjahr 1944 von allen Landverbindungen ab. Hitler befahl der HG anzuhalten, um Leningrad auszuhungern. Die Stadt wurde

900 Tage notdürftig über den Ladoga-See versorgt und hatte 2 Millionen Tote durch Hunger, Entbehrungen, Krankheiten und Kälte zu beklagen. Sie wurde damit zum Symbol des sowjetischen Widerstandswillens.
Die Finnen erreichten nach der Eroberung Wiborgs ihre alte Landesgrenze von 1939 nördlich von Leningrad, während die in Nord- und Mittelfinnland eingesetzten schwächeren deutschen und finnischen Kräfte ihre Ziele, durch die Einnahme von Murmansk und die Unterbrechung der Murmanbahn die Hilfszufuhren der Westmächte für die Sowjetunion abzuschneiden, niemals verwirklichen konnten.
Die HG Mitte konnte nach mehreren aufsehenerregenden Kesselschlachten zunächst bei Bialystok und Minsk am 9. Juni und dann bei Smolensk und Roslawl am 5. August zusammen mehr als 670 000 Gefangene machen sowie 3500 Panzer und 5000 Geschütze erbeuten. Durch ihren Stoß nach Südosten auf Gomel gelang es ihr, mit der HG Süd am Dnjepr eine zusammenhängende Front zu bilden. Die HG Süd hatte nach dem Durchbrechen der „Stalin-Linie" und einer erfolgreichen Umfassungsschlacht bei Uman mit 100 000 Gefangenen sowie 300 erbeuteten Panzern und 850 Geschützen bis Ende August den Dnjeprbogen von Tscherkassy bis zur Mündung ins Schwarze Meer besetzt. Südlich daran anschließend konnten rumänische Verbände Odessa einkesseln.
Am 3. Juli bereits frohlockte der Generalstabschef des Heeres, Halder, in seinem Kriegstagebuch:
[...] Es ist wohl nicht zuviel gesagt, wenn ich behaupte, daß der Feldzug gegen Rußland innerhalb 14 Tagen gewonnen wurde. Natürlich ist er damit noch nicht beendet. Die Weite des Raumes und die Hartnäckigkeit des mit allen Mitteln geführten Widerstandes werden uns noch viele Wochen beanspruchen.
Am 8. Juli verkündet Hitler seinen „feststehenden Entschluß"[23],
Moskau und Leningrad dem Erdboden gleichzumachen, um zu verhindern, daß Menschen darin bleiben, die wir dann im Winter ernähren müssen. Die Städte sollen durch die Luftwaffe vernichtet werden [...] ‚Volkskatastrophe', die nicht nur den Bolschewismus, sondern auch das Moskowitertum der Zentren beraubt.[24]
Am 14. Juli glaubte er nach den Erfolgen der HG Mitte, Rußland soweit niedergeworfen zu haben, daß es die „Beherrschung des europäischen Raumes" nunmehr erlaube, den „Umfang des Heeres demnächst wesentlich zu verringern" und das Schwergewicht der Rüstung auf Luftwaffe und Marine zu legen für den anschließenden Krieg gegen die Westmächte [25]. Diesen Entschluß mußte er freilich schnell rückgängig machen. Am gleichen 14. Juli schlug er, von seinem Weltmachtträumen berauscht, dem japanischen Botschafter Oshima ein umfassendes Offensivbündnis zwischen Japan und Deutschland zur Vernichtung der

USA sowie den sofortigen Kriegseintritt des Achsenpartners gegen die Sowjetunion vor.[26]

Pläne für die Besatzung

Am 15. Juli legte der Leiter des Planungsamtes im Stabshauptamt von Himmlers „Reichskommissariat für die Festigung des deutschen Volkstums", Meyer-Hetling, einem Auftrag des Reichsführers SS vom 24. Juni folgend, den ersten Entwurf eines „Generalplan Ost" vor[27]. Dieser sah die Besiedlung der gesamten polnischen Gebiete einschließlich Ostpolens, des Baltikums, Weißrutheniens und von Teilen der Ukraine durch Deutsche innerhalb von 30 Jahren vor. 31 Millionen Einheimische sollten nach Westsibirien vertrieben werden, nur 14 Millionen „Gutrassige" in ihren Wohngebieten bleiben. Zwar wurde von diesem „Generalplan Ost" durch den Kriegsverlauf so gut wie nichts verwirklicht; aber es verdient, festgehalten zu werden, wie hier mit wenigen Federstrichen und zynischen Planspielen am Schreibtisch Millionen von Menschen wie Schlachtvieh auf der Bevölkerungskarte Europas hin- und hergeschoben wurden.

Einen Tag später, am 16. Juli, entwickelte Hitler gegenüber Göring, Rosenberg, Keitel, Lammers und Bormann seine Vorstellungen über die künftige deutsche Besatzungspolitik in den vier geplanten Reichskommissariaten – Ukraine, Ostland, Moskowien und Kaukasien – , von denen nur zwei, Ostland unter Hinrich Lohse und Ukraine unter Erich Koch, verwirklicht worden sind. Die eigentlichen Ziele sollten aus taktischen Gründen noch verschleiert werden, und es sollte nicht zu erkennen sein, *daß sich damit eine endgültige Regelung anbahnt! Alle notwendigen Maßnahmen – Erschießen, Aussiedeln etc. – tun wir trotzdem und können wir trotzdem tun [...] Uns muß dabei klar sein, daß wir aus diesen Gebieten nie wieder herauskommen [...] Grundsätzlich kommt es also darauf an, den riesenhaften Kuchen handgerecht zu zerlegen, damit wir ihn erstens beherrschen, zweitens verwalten und drittens ausbeuten können [...] Die Bildung einer militärischen Macht westlich des Urals darf nie wieder in Frage kommen und wenn wir hundert Jahre darüber Krieg führen müßten. Alle Nachfolger des Führers müssen wissen: die Sicherheit des Reiches ist nur dann gegeben, wenn westlich des Urals kein fremdes Militär existiert; den Schutz dieses Raumes vor allen eventuellen Gefahren übernimmt Deutschland. [...] Aus den neugewonnenen Ostgebieten müssen wir einen Garten Eden machen; sie sind für uns lebenswichtig; Kolonien spielen dagegen eine ganz untergeordnete Rolle.*[28]

Beginn der systematischen Vernichtung der Juden durch die "Einsatzgruppen"

Am 21. Juli teilte Hitler dem kroatischen Verteidigungsminister Kvaternik seinen Entschluß mit, die bereits seit dem 22. Juni auf dem Boden der Sowjetunion von den „Einsatzgruppen" der Sicherheitspolizei und des SD unter Heydrich durchgeführte systematische Vernichtung der Juden in den eroberten Gebieten – aus bürokratisch penibel geführten Berichten wissen wir, daß ihr bis Ende 1941 über eine halbe Millionen

Menschen zum Opfer fielen – auf ganz Europa auszuweiten. Denn: *Wenn auch nur ein Staat aus irgendwelchen Gründen eine jüdische Familie bei sich dulde, so würde diese der Bazillenherd für eine neue Zersetzung werden.*[29]

Zehn Tage später, am 31. Juli, beauftragte Göring Heydrich, „unter Beteiligung der dafür in Frage kommenden deutschen Zentralinstanzen alle erforderlichen Vorbereitungen für eine Gesamtlösung der Judenfrage in Europa zu treffen".[30] Da die von den Nationalsozialisten benutzte Terminologie häufig einer Verschleierung der wahren Sachverhalte diente, bleibt auch bei dem Begriff „Gesamtlösung der Judenfrage" umstritten, ob damit bereits die physische Vernichtung gemeint war oder erst die sogenannte „territoriale Endlösung". Denn 1940/41 wurde über mehrere Monate wohl ernsthaft erwogen, die Juden Europas entweder auf das der Vichy-Regierung unterstehende Madagaskar („Madagaskar-Plan") oder dann im Gefolge der deutschen Siege über den Ural nach Sibirien zu verschicken. Es bleibt aber unzweifelhaft, daß auch bei diesen Deportationsplänen der Tod von Millionen von Menschen durch die klimatischen Bedingungen und die sich schnell zuspitzenden Versorgungsprobleme bewußt einkalkuliert war.

Überraschend starker Widerstand

Realisten in der Wehrmachtführung mußten sich schon Ende Juli/Anfang August eingestehen, daß sich der sowjetische Widerstand infolge der sich mehrenden Meldungen über die brutale deutsche Kriegsführung und die schlechte Behandlung der sowjetischen Zivilbevölkerung und Kriegsgefangenen nach Stalins Aufruf zum „Großen Vaterländischen Krieg" und zur Einleitung des Partisanenkrieges in den besetzten Gebieten am 3. Juli im Rundfunk deutlich versteifte. Die Zahl der Überläufer – in den ersten Wochen über 70 000 – sank auf ein Minimum. Mit Besorgnis wurde registriert, daß man die Weiten des russischen Raumes, die Fähigkeiten der sowjetischen Führung, immer neue und unverbrauchte Reserven in den Kampf zu werfen (am Ende waren es 10 Millionen Soldaten) und innerhalb kürzester Zeit mit den jenseits des Urals verlegten kriegswichtigen Industrien auf vollen Touren (u. a. den neuen Panzer T 34) weiterzuproduzieren, und letztendlich auch den Widerstandswillen der Bevölkerung und die innere Stabilität des Stalinregimes unterschätzt hatte. Die stattliche Reihe operativer Erfolge hatte an keinem Frontabschnitt zu wirklich strategischen Entscheidungen über den Ausgang des Krieges geführt.

So vertraute Halder am 11. August seinem Kriegstagebuch an:

[...] in der gesamten Lage hebt sich immer deutlicher ab, daß der Koloß Rußland, der sich bewußt auf den Krieg vorbereitet hat, mit der ganzen Hemmungslosigkeit, die totalitären Staaten eigen ist, von uns unterschätzt worden ist. Diese Feststellung bezieht sich ebenso auf die organisatorischen wie auf die wirtschaftlichen Kräfte, auf das Verkehrswesen, vor allem aber auf rein militärische Leistungsfähigkeit. Wir haben

bei Kriegsbeginn mit etwa 200 feindlichen Divisionen gerechnet. Jetzt zählen wir bereits 360 Divisionen [...] Und wenn ein Dutzend davon zerschlagen wird, dann stellt der Russe ein neues Dutzend hin. Die Zeit dazu gewinnt er dadurch, daß er nah an seinen Kraftquellen sitzt, wir immer weiter von ihnen abrücken. So ist unsere auf größte Breite auseinandergezerrte Truppe ohne jede Tiefe immer wieder den Angriffen des Feindes ausgesetzt. Diese haben teilweise Erfolg, weil eben auf den ungeheuren Räumen viel zu viele Lücken gelassen werden müssen.[31]

Erste Führungskrise

In der zweiten Augusthälfte kam eine seit längerem schwelende Führungskrise an der Frage über die weiteren operativen Prioritäten dramatisch zum Ausbruch. Der Oberbefehlshaber des Heeres, Generalfeldmarschall von Brauchitsch, und sein Generalstabschef Halder traten für eine Schwerpunktbildung bei der HG Mitte und für einen konzentrischen Vormarsch auf Moskau ein, um die dort zum Schutz der Hauptstadt zusammengezogene Masse der Roten Armee zu zerschlagen und neben dem Moskauer Industriezentrum zugleich den zentralen Verkehrsknotenpunkt der Sowjetunion zu besetzen. Dadurch wäre die sowjetische Verteidigung verkehrsmäßig gespalten worden.

Demgegenüber wollte Hitler aus kriegwirtschaftlichen und politischen Gründen die Entscheidung auf den Flügeln suchen: im Norden in Leningrad, dem Symbol des Sowjetregimes und der traditionellen Waffenschmiede des Landes schon im Ersten Weltkrieg (Putilow-Werke), um eine direkte Land- und Eisenbahnverbindung nach Finnland herzustellen und der Roten Flotte ihre Ostseebasis zu nehmen, und im Süden die Ukraine als Kornkammer Rußlands, das Erz- und Industrierevier im Donezbecken sowie das Erdölgebiet im Kaukasus, zugleich auch eine Aufmarschbasis für den späteren Angriff auf die britische Position im Mittleren Osten.

Hitler setzt sich durch

Hitler setzte sich wieder einmal mit der Weisung vom 21. August durch. Sie besagte u. a.: Stillhalten der HG Mitte nach der wechselvollen „Schlacht von Smolensk" (5. Juli – 5. August 1941) und Einschwenken von schnellen Verbänden dieser HG nach Süden und Teilen der HG Süd ostwärts von Kiew nach Norden, um die im Raum Kiew stehenden starken Feindkräfte zu vernichten und dann der HG Süd das weitere Vordringen auf Rostow und Charkow am Donez zu ermöglichen.

Durch eine gemeinsame Zangenbewegung beider Heeresgruppen konnten östlich der ukrainischen Hauptstadt 665 000 Gefangene gemacht sowie 880 Panzer und 3 700 Geschütze erbeutet werden. Was sich für Hitler im Vollgefühl seines abermaligen Triumphes als Feldherr als „größte Schlacht der Weltgeschichte" darstellte, erschien dem skeptischen Halder als „größter strategischer Fehler des Ostfeldzuges". Denn die HG Mitte hatte für den geplanten Angriff gegen Moskau wertvolle Wochen vor dem Einsetzen der herbstlichen Schlammperiode verloren, die die Sowjets zur Stärkung der Verteidigungsanlagen nutzen konnten. Erst am 2. Oktober begann der lange verzögerte Weitermarsch (Unternehmen „Taifun"), ohne daß freilich an den Flügeln kürzer getreten wurde. Hitler gab seinen Soldaten an der Ostfront die Parole von der „letzten großen Entscheidungsschlacht dieses Jahres" und vom „letzten gewaltigen Hieb, der noch vor dem Einbruch des Winters diesen Gegner zerschmettern soll", mit auf den Weg[32] und verkündete am folgenden 3. Oktober seinen jubelnden Zuhörern im Berliner Sportpalast:

Ich spreche das hier heute aus, weil ich es heute sagen darf, daß dieser Gegner bereits gebrochen und sich nie mehr erheben wird.[33]

Aber vom „tödlichen Stoß", den sie mit Hitlers Worten dem Gegner versetzen sollte, war die Wehrmacht Anfang Oktober weiter denn je entfernt. Nach zwei erfolgreichen Umfassungsschlachten von Brjansk und Wjasma südwestlich von Moskau (2.–20. Oktober), die zu weiteren 670 000 Gefangen sowie zur Erbeutung von 1240 Panzern und 5400 Geschützen führten, setzte mit Regen und erstem Schneefall die befürchtete herbstliche Schlammperiode ein. Nur noch Kettenfahrzeuge und Pferdegespanne konnten sich weiterbewegen. Nachschub und Treibstoff wurden knapp, vor allem da das Umnageln der sowjetischen Eisenbahnlinien auf die schmalere europäische Spur viel Zeit verschlang und stark durch Partisanentätigkeit gestört wurde. Der Einsatz der Luftwaffe war durch das Wetter behindert. Die Panzerdivisionen hatten einen solchen Verschleiß, daß sie nur noch ein Drittel ihrer Gefechtskraft besaßen.

Gleichzeitig rüstete sich die sowjetische Hauptstadt unter Stalin mit einem reduzierten Regierungsapparat zur Abwehr: Mit Hilfe der Zivilbevölkerung wurde ein Verteidigungsring gebaut, wurden aus Betriebsbelegschaften Kampfgruppen gebildet und es wurden für den Winter ausgerüstete frische Truppen aus Sibirien herangeführt. Ihnen hatten die ausgezehrten und völlig unterversorgten deutschen Streitkräfte kaum noch etwas entgegenzusetzen.

Die Katastrophe vor Moskau

Nach Abklingen der Schlammperiode und dem Übergang zu leichtem Frostwetter mit wieder härterem Boden konnte sich die HG Mitte Mitte November vom Westen her bis auf 50 km und im Norden bis auf 30 km an Moskau herankämpfen. In diesem Augenblick brachte der Wintereinbruch mit Temperaturen von minus 30° jeden weiteren Vormarsch zum Erliegen. Die deutschen Soldaten waren in Erwartung eines schnellen Erfolges in keiner Weise gegen Frost und Schnee gerüstet. Motoren und automatische Waffen versagten, und die Erfrierungen überstiegen die Kampfverluste. Eine in der Heimat schnell improvisierte Sammlung von Wintersachen konnte den Mangel nur unzulänglich ausgleichen. Der Angriff auf Moskau war Anfang Dezember gescheitert. Lediglich die HG Süd konnte im Verlauf des Novembers die Krim bis auf die Festung Sewastopol sowie die Ukraine bis zur Linie östlich

Charkow-Rostow einnehmen, mußte Rostow am 28. November aber wieder räumen. Der Oberbefehlshaber der HG Süd, Generalfeldmarschall von Rundstedt, wurde nach seinem Räumungsbefehl durch Generalfeldmarschall von Reichenau ersetzt.

Als frisch für den Winterkrieg ausgerüstete und ausgeruhte sowjetische Truppen am 5. und 6. Dezember vor Moskau zum Gegenangriff antraten und tiefe Einbrüche erzielten, die teilweise zu monatelangen Einschließungen deutscher Verbände führten, mußte das Unternehmen „Barbarossa" zumindest für 1941 als gescheitert angesehen werden. Hitler befahl am 8. Dezember an der gesamten Ostfront den Übergang zur Verteidigung. Bis heute heftig umstritten ist sein „Halte-Befehl" vom 16. Dezember mit der Weisung, die erreichte Linie in „Igelstellungen" starr zu verteidigen, sich in den metertief gefrorenen Boden „einzukrallen" und keinen Zentimeter preiszugeben. Möglicherweise hat er damit verhindert, daß die gesamte Front ins Rutschen kam und die Rückzugsbewegungen überhaupt nicht mehr zum Halten gebracht werden konnten. Auf jeden Fall wurde dem OKH jetzt jede operative Entscheidung vom „Führer" aus der Hand genommen. Der herzkranke Generalfeldmarschall von Brauchitsch bekam am 19. Dezember seinen Abschied, und Hitler übernahm persönlich den Oberbefehl über das Heer. Ihren Abschied erhielten weiter der Oberbefehlshaber der HG Mitte, Generalfeldmarschall von Bock, der durch den Generalfeldmarschall von Kluge ersetzt wurde, sowie die verdienten Panzergenerale Guderian und Hoepner. Der Diktator ließ nunmehr seinem Mißtrauen und Haß gegen die Generalität, die er für die Winterkrise verantwortlich machte, freien Lauf.

Bilanz des Ostfeldzuges Ende 1941

Die Bilanz des Ostfeldzuges Ende 1941 sah für beide Seiten düster aus: 173 722 Gefallene, 621 308 Verwundete und 35 875 Vermißte in der deutschen Wehrmacht. Das Ostheer hatte mehr als ein Viertel seines personellen Bestandes verloren, um die technische Ausrüstung stand es noch viel schlimmer. Von den Luftstreitkräften waren am 12. Dezember nur noch 690 Kampf- und 360 Jagdflugzeuge einsatzbereit. Allein im Dezember 1941 und Januar 1942 gingen 792 Maschinen verloren. Die Gesamtzahl der sowjetischen Kriegsgefangenen war bei Jahresende auf 3,35 Millionen angewachsen. In den folgenden Jahren kamen noch einmal 2,4 Millionen hinzu. Von den insgesamt 5,7 Millionen sowjetischen Kriegsgefangenen des Zweiten Weltkrieges kamen durch Hunger, Seuchen und Massenerschießungen der „Einsatzgruppen" der Sicherheitspolizei und des SD hinter der Front 3,3 Millionen um, mit 58 % ein weitaus höherer Prozentsatz als bei den deutschen Kriegsgefangenen.[34] Wird man die Verluste unter den deutschen Kriegsgefangenen in hohem Maße auf objektive Transport- und Versorgungsschwierigkeiten vor allem im Winter 1942/43 nach der Niederlage von Stalingrad zurückführen können, so waren die sowjetischen Verluste weit eher das schreckliche Ergebnis einer bewußten rassischen Ausrottungspolitik, bis ab 1942 der Einsatz von Kriegsgefangenen als Arbeitskräfte in der deutschen Kriegs- und Landwirtschaft zu einer – pragmatisch bedingten – besseren Behandlung führte.

Nach der „Wende vor Moskau" und nachdem die Strategie der aufeinanderfolgenden Feldzüge gescheitert war, scheinen Hitler im Herbst und Winter 1941 erste pessimistische Anwandlungen und Zweifel über den „Endsieg" heimgesucht zu haben. So soll er in kleinem Kreise, wie Halder notierte [35], die Erwartung auf einen „Verhandlungsfrieden" und einen „Ausgleich" mit Großbritannien zum Ausdruck gebracht haben, da es keinem der beiden Hauptgegner gelingen könne, den anderen vernichtend zu schlagen und entscheidend niederzuringen. Nach einer späteren Aussage des Chefs der Wehrmachtsführung im OKW und eines der engsten militärischen Berater des „Führers", General Alfred Jodl, soll es diesem damals „klar" geworden sein, daß vom „Kulminationspunkt" des beginnenden Jahres 1942 an kein Sieg mehr errungen werden konnte".[36] Am 27. November bilanzierte Halder nach einem Bericht des Generalquartiermeisters: „Wir sind am Ende unserer personellen und materiellen Kraft".[37] Zwei Tage später, am 29. November 1941, forderte Fritz Todt, Reichsminister für Bewaffnung und Munition, Hitler angesichts der ernsten Situation auf, den Krieg politisch zu beenden, da er rüstungswirtschaftlich verloren sei.[38]

In diesen entscheidungsreichen Tagen und Wochen der „Winterschlacht von Moskau" zeichneten sich auf dem Atlantik und in Fernost Entwicklungen ab, die den Gesamtverlauf des Krieges grundlegend verändern sollten.

Die Annäherung zwischen USA und Großbritannien

Während Hitler es mit aller Sorgfalt vermied, die Vereinigten Staaten herauszufordern und sie in einen Konflikt zu verwickeln, bevor er Rußland besiegt und sich dadurch eine unanfechtbare Hegemonialstellung auf dem Kontinent geschaffen haben würde, um die Auseinandersetzung mit den USA wagen zu können, verfolgte der US-Präsident Roosevelt zwischen 1939 und Herbst 1941 planmäßig und zielbewußt eine Politik, die sein Land schrittweise aus der Neutralität heraus und in einen „undeclared war" mit Deutschland führen sollte. Einige Stichworte mögen dies noch einmal verdeutlichen: 4. November 1939 „Cash-and-Carry-Klausel" mit der Bestimmung, daß amerikanisches Kriegsmaterial gegen Barzahlung und beim Transport auf fremden Schiffen geliefert werden konnte; 19. Juli 1940 Bau einer „Zwei-Ozeane-Flotte" vom Kongreß bewilligt; Juli 1940 Verkauf der Hälfte des Flugzeugbauprogrammes an Großbritannien; 4. September 1940 „Destroyer-Base Deal" mit der Lieferung von 50 älteren Zerstörern gegen die Verpachtung von britischen Stützpunkten zwischen Neufundland und British Guyana; 15. September zum erstenmal Einführung der Wehrpflicht im Frieden; 11. März 1941 „Land-and-Lease-Act": leih- und pachtweise Überlassung von Waffen- und Kriegsmaterial für jeden Staat, „dessen Verteidigung der Präsident für die Verteidigung der Vereinigten Staaten für lebenswichtig erachtet"; 21. Mai 1941 Einfrieren aller Guthaben der Achsenmächte und Schließung ihrer Konsulate wegen „subversiver Tätigkeit"; 7. Juli 1941 Ablösung der in Island stationierten britischen durch amerikanische Truppen, nach und nach Übernahme des Geleitschutzes durch amerikanische Schiffe im Westatlantik bis zum 26. Grad westlicher Länge und Auftrag, westlich dieser Linie gesichtete Fahrzeuge der Achsenmächte zu beschatten und ihren Standort laufend zu melden; 9. Juli 1941 Richtlinien für ein „Victory-Programm" mit der Ausrüstung eines Massenheeres von fast 9 Millionen Mann (215 Divisionen) und einer großen strategischen Luftwaffe; 11. September 1941 Weisung Roosevelts an die amerikanische Flotte, jedes gesichtete deutsche U-Boot ohne Warnung und ohne einen Angriff abzuwarten, zu versenken in Seegebieten, „deren Schutz für die Verteidigung Amerikas notwendig" ist („Shoot-on-Sight-Order"); November 1941 Erlaubnis an amerikanische Handelsschiffe, sich zu bewaffnen und – auch in Konvois – die Häfen kriegführender Staaten anzulaufen. So herrschte im Oktober 1941 durch Roosevelts „measures short of war" faktisch bereits Kriegszustand zwischen Deutschland und den USA, und doch blieb Hitler immer noch bei seiner Weisung vom August 1940, amerikanische Schiffe nur in der ursprünglichen Operationszone um England anzugreifen. Immerhin gelang es deutschen U-Booten in der dritten Phase der Atlantikschlacht 1941 trotz der Restriktionen immer noch, 1,5 Millionen BRT, den Hilfskreuzern und Fernbombern weitere 900 000 BRT zu versenken.

Auch die Beziehungen zwischen Roosevelt und Churchill wurden immer enger. Die beiden Staatsmänner trafen sich an Bord eines Kriegsschiffes vor der Bucht von Placentia (Neufundland) vom 9. bis 12. August 1941 zu ihrer „Atlantikkonferenz". Hier wurde die Strategie, nach der bei einem Kriegseintritt der USA gegen alle Dreierpaktmächte Deutschland als der gefährlichste Gegner zuerst niederzuwerfen sei („Germany first"), bekräftigt („Plan Dog"), und am 14. August verabschiedeten sie eine gemeinsame Erklärung der Kriegs- und Friedensziele, die „Atlantik-Charta". Anknüpfend an die Ideen des amerikanischen Präsidenten Wilson im Ersten Weltkrieg, legte die „Atlantik-Charta" fest, daß die angelsächsischen Mächte „keine territoriale oder sonstige Vergrößerung" (Art. 1) und auch keine „territorialen Veränderungen" anstrebten, „die nicht mit den frei geäußerten Wünschen der betroffenen Völker übereinstimmen" (Art. 2). Roosevelt und Churchill achteten „das Recht aller Völker, sich diejenige Regierungsform zu wählen, unter der sie leben wollen", und wünschten, „daß Souveränitätsrechte und Selbstregierung denen zurückgegeben werden, denen sie gewaltsam entrissen worden sind" (Art. 3). Sie vereinbarten weiter-

Die „Atlantik-Charta" vom 14. 8. 1941

hin den gleichen Zugang für alle Staaten, Sieger und Besiegte, „zum Welthandel und zu den Weltrohstoffen“ (Art. 4), die Freiheit der Meere (Art. 7), eine Verminderung der Rüstungen sowie bis zur Errichtung eines „umfassenderen und dauernden Systems der allgemeinen Sicherheit“ – der späteren „Vereinten Nationen“ – eine Entwaffung der Aggressorstaaten (Art. 8). Im Art. 6 wurde „nach der endgültigen Vernichtung der nationalsozialistischen Tyrannei“ ein Frieden in Aussicht gestellt, „der allen Nationen die Möglichkeit geben wird, in Sicherheit innerhalb ihrer Grenzen zu leben, und der die Gewähr dafür bieten wird, daß alle Menschen in allen Ländern ihr ganzes Leben lang frei von Furcht und Not leben können“.

In den Artikeln 2 und 3 war der Nachkriegskonflikt mit der Sowjetunion, die die Grundsätze der „Atlantik-Charta“ mit Vorbehalt anerkannte, über die Staaten Ostmittel- und Südosteuropas, ihre Grenzen und ihre inneren Ordnungen bereits vorprogrammiert, aber auch ein Konflikt mit der britischen Regierung, die eine Einmischung Washingtons in den indischen Konflikt und in die 1932 in Ottawa vereinbarten Präferenzzölle im britischen Weltreich hartnäckig ablehnte. Die USA dagegen verfochten als überlegene Wirtschaftsmacht im Rahmen einer weltweiten „Pax Americana“ das Prinzip der „Open Door“ mit dem Ziel der Wiederherstellung eines uneingeschränkten Freihandels in der ganzen Welt.

Formierung der „Anti-Hitler-Koalition“ durch Unterstützung der Sowjetunion

Im gemeinsamen Kampf gegen Hitler formierte sich die „Anti-Hitler-Koalition“. Churchill stellte als Realpolitiker nach dem 22. Juni 1941 sofort alle politischen und ideologischen Gegensätze zur Sowjetunion im Interesse eines gemeinsamen Widerstandes gegen Deutschland hintan. Er lieferte trotz erheblicher eigener rüstungswirtschaftlicher Engpässe bis Anfang Oktober u. a. 450 Jagdflugzeuge für die bereits in den ersten Tagen des Überfalls schwer dezimierte sowjetische Luftwaffe. Im Vertrag vom 12. Juli verpflichteten sich beide Partner, „einander in dem gegenwärtigen Kriege gegen Hitler-Deutschland Hilfe und Unterstützung jeder Art zu leisten“ und ohne gegenseitiges Einverständnis keinen Waffenstillstand oder Frieden zu schließen. Dahinter stand das durch die Erfahrungen mit dem „Appeasement“ und der Münchner Konferenz auf der einen, dem Hitler-Stalin-Pakt auf der anderen Seite genährte und auch während des gesamten Krieges – vor allem durch die dauernde zeitliche Verschiebung der „zweiten Front“ in Europa seitens der Westmächte – nicht ausgeräumte Mißtrauen, der eine Partner könne sich hinter dem Rücken und auf Kosten des anderen mit Hitler arrangieren. Die zwischen Roosevelt und Churchill im Januar 1943 in Casablanca verabredete Forderung der „bedingungslosen Kapitulation“ („unconditional surrender“) der Feindmächte sollte der Sowjetregierung eine Garantie gegen einen Sonderfrieden geben.

Auch Roosevelt erteilte den Antikommunisten und Isolationisten im

Lande eine eindeutige Absage und machte mit Nachdruck klar, daß er die Sowjetunion in die amerikanische Hilfe mit einzubeziehen gedenke. Während seine Militärexperten skeptisch über die sowjetische Widerstandskraft urteilten und, ähnlich wie ihre deutschen Kollegen, davon ausgingen, daß Moskau nur ein bis drei Monate werde durchhalten können, entsandte der Präsident seinen Vertrauten Harry Hopkins Ende Juli in die russische Hauptstadt , um sich über den dringenden Materialbedarf und die Widerstandskraft der Russen informieren zu lassen. Ende September vereinbarte eine britisch-amerikanische Mission unter Averell Harriman und Lord Beaverbrook bis Juni 1942 Lend-Lease-Lieferungen über eine Milliarde Dollar. Am 7. November 1941 wurde die Sowjetunion offiziell in das Leih- und Pachtprogramm einbezogen. Bis Sommer 1945, als das Programm sehr abrupt abgebrochen wurde, erhielt sie Lieferungen im Wert von 11 Milliarden Dollar, rund ein Drittel der britischen Hilfe. Die Transporte mit Kriegsmaterial gingen über das Eismeer nach Archangelsk, über Wladiwostok sowie über den Persischen Golf und den Iran, den sowjetische und britische Truppen im August gemeinsam besetzten.

Während es zwischen den Westmächten und der Sowjetunion bis 1945 nicht zu einer Koalitionskriegsführung kommen sollte und beide Seiten es bei einem Austausch von Informationen über beabsichtigte Operationen beließen, um der Gegenseite nicht die Möglichkeit zu geben, in die eigenen Karten zu schauen, gestaltete sich die Kooperation zwischen London und Washington mit der Einsetzung eines gemeinsamen Generalstabes – „Combined Chief of Staff Committee“ – und der Ernennung gemeinsamer Oberfehlshaber für jeden Kriegsschauplatz auf der ersten Kriegskonferenz vom 22. Dezember 1941 bis 14. Januar 1942 in Washington („Arcadia“) und dann mit der im September 1942 vereinbarten Benutzung militärischer Einrichtungen in Großbritannien und in den Dominien durch amerikanische Truppen immer enger.

Die Entwicklung in Fernost

Führte also der eine Entwicklungsstrang zu Hitlers Kriegserklärung an die USA am 11. Dezember 1941 über die „Schlacht im Atlantik“ 1940/41, so nahm der andere seinen Ausgang vom amerikanisch-japanischen Gegensatz in Fernost.

Japans Überfall auf China

Der Feuerwechsel zwischen japanischen und chinesischen Soldaten auf der Marco-Polo-Brücke in Peking am 7. Juli 1937 hatte den ostasiatischen Krieg eingeleitet. Am 22. Dezember 1937 meldeten die Japaner mit der Proklamation der „Neuen Ordnung Ostasiens“ ihren Anspruch auf Vorherrschaft in diesem Raum an. Er sollte sie in wenigen Jahren in Konflikt mit den Interessen der USA und der europäischen Kolonialstaaten bringen. Japan machte sich auf, unter dem Schlagwort „Asien den Asiaten“ und unter Hinweis auf das Selbstbestimmungsrecht der ostasiatischen Völker gegen die Bevormundung und Ausbeutung durch die weißen europäischen Kolonialherren und gegen deren Rassismus eine „Großasiatische Wohlstandssphäre“ unter eigener Führung zu begründen. Hinter der Nebelwand nicht einmal ungeschickter völkisch-rassistischer Propagandaphrasen strebte die Führung des rohstoffarmen und übervölkerten Landes nach Expansionsmöglichkeiten für die Produkte seiner heimischen Industrien und für den Abbau des inneren Bevölkerungsdrucks sowie nach sicheren Bezugsquellen für lebenswichtige Rohstoffe wie Öl, Kautschuk und Eisenerz.

Bis Mitte 1940 hatten die Japaner fünf chinesische Provinzen und die chinesische Küste mit ihren Haupthäfen erobert, in Nanking eine chinesische Marionettenregierung eingerichtet, den Briten eine dreimonatige Sperrung der Burmastraße abgerungen und von der Vichy-Regierung im September 1940 die Zustimmung zur Besetzung Nord-Indochinas abgepreßt, um die gegnerische Regierung Tschiang Kai-schek von der überseeischen Waffen- und Munitionszufuhr abzuschneiden. Im Juli 1940 sprach Ministerpräsident Fürst Konoye in einer Regierungserklärung von einer „göttlichen Mission“ Japans, die „Neue Ordnung Ostasiens“ auch auf Indochina und die Südsee auszudehnen. Die französischen und niederländischen Besitzungen im pazifischen Raum gerieten ins Visier des japanischen Imperialismus. Bald wurden auch Ansprüche auf den Raum um Saigon angemeldet.

Die Reaktion der USA und Großbritanniens

Die Vereinigten Staaten und Großbritannien sahen sich durch das japanische Vordringen in wichtigen Überseepositionen herausgefordert: die Amerikaner in ihren traditionellen Handels- und Wirtschaftsinteressen in China („Open-Door-Policy“), auf den Philippinen und als pazifische Führungsmacht mit der Gefahr einer gleichzeitigen Bedrohung ihrer atlantischen und pazifischen Küste durch Deutschland und Japan, die Briten in Britisch-Malaya und Singapur sowie in Südasien (Burma, Indien). Washington erkannte die Marionettenregierung in Nanking nicht an und reagierte mit einer Mischung aus öffentlichen Sanktionen und geheimen Sondierungen zwischen Herbst 1940 und Sommer 1941: 26. September 1940 Exportverbot für Eisen- und Stahlschrott, 21. Juni 1941 Forderung nach einem vollen Rückzug aus ganz China, 26. Juli 1941 als Antwort auf den japanischen Einmarsch in Süd-China Einfrieren der japanischen Guthaben in den USA (dem sich auch Großbritannien, die Dominien und Niederländisch-Indien anschlossen) und damit praktisch Verhängung eines Exportembargos vor allem auf Erdöl und Kautschuk nach Japan.

Damit war eine gefährliche Zeitbombe gelegt, die jederzeit explodieren und den gesamten Pazifikraum in den Strudel des Krieges reißen konnte. Wie sollte sich Japan verhalten, nachdem Roosevelt ihm gleichsam die Hand an die Gurgel gelegt hatte: entweder Verzicht auf die gewaltsame Durchsetzung der Hegemonie und die Eroberung von Rohstoffbasen und Rückzug aus China oder in einer „Flucht nach vorn“ Übergang zur großräumigen militärischen Expansion? Die Zeit drängte, denn die Treibstoffvorräte für die Flotte gingen zur Neige, und die japanische Marineführung erklärte die Ausschaltung der amerikanischen Flotte und ihrer Stützpunkte auf den Philippinen für eine unabdingbare strategische Voraussetzung für eine erfolgreiche „Südoperation" gegen die britischen und niederländischen Besitzungen.

In Tokio war bereits mit dem Rücktritt der um einen Ausgleich mit den USA bemühten Regierung Konoye am 16. Oktober 1941 und ihrer Ablösung durch ein zum Krieg entschlossenes Militärkabinett des Kriegsministers General Tojo eine entscheidende Weichenstellung vollzogen worden. Am 5. November beschloß das Kabinett im Beisein des Kaisers den Krieg, sofern bis zum 25. November über die letzten japanischen Vorschläge – Verzicht auf die militärische Expansion nach Südostasien bei Anerkennung der japanischen Unterwerfung Chinas durch die USA – in Washington keine Einigung erzielt sei. Am 26. November verweigerten die Vereinigten Staaten einen Verzicht auf China, forderten zusätzlich die Räumung Indochinas und eine Kündigung des Dreimächtepaktes und boten den Japanern dafür günstige Bedingungen für ihren künftigen Außenhandel an. Damit waren für Japan die Würfel gefallen.

Wie würden sich die „Achsenpartner" verhalten? Hitler und Ribbentrop war es nach dem 22. Juni 1941 trotz hartnäckigen Werbens nicht gelungen, den japanischen Bündnispartner zum vorläufigen Verzicht auf seine Südexpansion und zur Eröffnung des Krieges gegen die Sowjetunion von Osten her zu bewegen. Die Regierung in Tokio stand zu ihrem am 13. April 1941 mit Moskau abgeschlossenen Freundschafts- und Neutralitätspakt. Sie entschied sich am 2. Juli, die Expansion nach Süden weiterzuverfolgen und sich dabei den Rücken im Norden freizuhalten. Am 15. Juli 1941 wurde der Außenminister Matsuoka als vehementer Anwalt eines Zusammengehens mit Deutschland gegen die Sowjetunion entlassen.

Japans Überfall auf Pearl Harbour 7. 12. 1941

Obgleich die deutsche Reichsregierung nach dem Buchstaben des Dreimächtepaktes vom 27. September 1940 bei dem japanischen Angriff auf Pearl Harbour am 7. Dezember 1941 frühmorgens nicht zum Beistand bei einer eindeutigen Aggression verpflichtet war, gab sie der japanischen Regierung bei ihren kurz vorher eingeleiteten Sondierungen zusammen mit der italienischen Regierung praktisch freie Hand. Sie sagte Unterstützung zu, und Hitler erklärte seinerseits am 11. Dezember den USA den Krieg. Seine Gründe und sein Kalkül sind bis heute umstritten. Wahrscheinlich war es ein Bündel von unterschiedlicher Erwägungen.

Hitlers Kriegserklärung an die USA am 11. 12. 1941

Der Diktator hielt es mit seinem Prestige für unvereinbar, daß Roosevelt möglicherweise über kurz oder lang ihm den Krieg erklären könnte, und wollte noch einmal demonstrieren, daß er souverän Herr seiner Entschlüsse sei und alle Fäden in der Hand halte. Er hatte seit Herbst

1940 mit wachsendem Mißtrauen die Geheimverhandlungen des japanischen Botschafters Nomura in Washington verfolgt und wollte nunmehr Japan um jeden Preis im Krieg halten und an einem vorzeitigen Sonderfrieden oder Ausgleich mit Washington hindern, damit die USA nicht ihre geballte Militärmacht ausschließlich gegen Deutschland einsetzen könnten. Hitler wollte zur Entlastung im Atlantik die USA unbedingt zu einem „Zwei-Ozeane-Krieg" zwingen. Schließlich drängte die Marineführung, doch nun im Atlantik klare Verhältnisse zu schaffen und durch eine eindeutige Erklärung des Kriegszustandes auch die letzten Restriktionen für den Einsatz der U-Boote zu beseitigen.

So war Hitler in seiner Kriegführung um die Jahreswende 1941/42 keineswegs mehr der unumschränkt handelnde Akteur, als der er sich gern darstellte, zuletzt am 11. Dezember 1941 mit der Kriegserklärung an die USA, sondern eher ein Getriebener. Roosevelt und Stalin hatten ihm – scheinbar auf dem Höhepunkt seiner Macht – zum erstenmal wirklich seine Grenzen gezeigt: der amerikanische Präsident an der Seite der Briten im Atlantik, der sowjetische Diktator vor Moskau. Zudem mußte sich Hitler eingestehen, daß er über keine Konzeption verfügte, die in jeder Hinsicht überlegenen Amerikaner militärisch niederzuzwingen.

Das überlegene amerikanische Rüstungspotential

Es war nur noch eine Frage von Monaten oder wenigen Jahren, bis die Vereinigten Staaten wie im Jahre 1917 ihr überlegenes Rüstungs- und Menschenpotential in der „Anti-Hitler-Koalition" voll zum Einsatz bringen würden. Dem würde die „Achse" dann nichts Entsprechendes auf dem europäischen, dem nordafrikanischen und dem pazifischen Kriegsschauplatz mehr entgegensetzen können. Die amerikanische Panzerproduktion erreichte 1943 29 000 Stück gegenüber 22 000 Stück in Deutschland. Sie konnte schon 1944 wieder auf 17 500 reduziert werden, da der englisch-amerikanische Bedarf gedeckt und auch die sowjetische Produktion ausreichend war. Mit dem legendären Panzertyp T 34 setzten die Sowjets zudem in den Abwehrschlachten des Herbstes 1941 zum erstenmal eine Waffe ein, der die deutsche Abwehrkanone nicht gewachsen war. Die USA lieferten den Sowjets im Rahmen des „Leih-und-Pacht-Abkommens" bis Ende Mai 1945 u. a. 13 000 Panzer, 15 000 Flugzeuge, 427 000 Lastwagen, 50 000 Jeeps, mehr als 2 Millionen Tonnen Stahl und 420 000 Tonnen Aluminium, ohne daß die deutschen Seestreitkräfte nach dem Knacken ihres Codes („Ultra") diesen Waffenstrom im Eismeer nennenswert beeinträchtigen, geschweige denn ernsthaft gefährden konnten. Das Heer der USA zählte 1939 erst 338 000 Mann und 1941 rund 1,5 Millionen Mann. Es wurde dann dramatisch gesteigert auf 3 Millionen 1942, 7 Millionen 1943 und bis Kriegsende 1945 auf 8,3 Millionen. Die volle Ausrüstung der Streitkräfte war im Herbst 1943 erreicht. Beide Seiten gaben zu erkennen, daß ein Kompromiß- oder Verhandlungsfrieden inzwischen außer

Reichweite lag und der totale Sieg über den Gegner unter Mobilisierung aller Kräfte angestrebt wurde.

Trotz dieser düsteren und langfristig eher hoffnungslosen weltweiten Konstellation um die Jahreswende 1941/42 gelangen der deutschen Wehrmacht im sogenannten „zweiten Rußlandfeldzug" (Bernd Wegner[39]) und gelangen auch den Japanern mit ihren Truppen, ihrer Flotte und ihren Luftstreitkräften im Pazifik noch einmal spektakuläre Erfolge, bevor sich um die Jahreswende 1942/43 das Kriegsglück gegen sie wandte.

Mittelmeerpläne der Reichsmarine

Während die Ostfront in der Winterschlacht 1941/42 nur mit Mühe vor einem völligen Zusammenbruch bewahrt und massive sowjetische Vorstöße immer wieder aufgefangen und tiefere Einbrüche abgeriegelt werden konnten, glaubten Raeder und die Seekriegsleitung im Februar 1942, noch einmal ihre Chance wahrnehmen und Hitlers Aufmerksamkeit von seiner starren ideologischen Fixierung auf den Ostkrieg weg auf den Mittelmeerraum und den Vorderen Orient als Alternativstrategie gegen Großbritannien lenken zu können. Die Situation schien günstig, unter Ausnutzung der antibritschen Unruhen in Indien und des arabischen Nationalismus im Irak und in Palästina, die „Suez-und-Basrah-Position" als „Westpfeiler der britischen Herrschaft im indischen Raum" „durch gemeinsamen Druck der Achsenmächte zum Einsturz zu bringen".

Ein baldiger deutsch-italienischer Stoß (von Libyen aus) gegen die britische Schlüsselstellung Suez wäre strategisch gesehen von allergrößter Bedeutung (völlige Bereinigung der Mittelmeerlage, Mossulölquellen, Rückwirkung auf die Haltung der Türkei, Naher Osten, arabische und indische Bewegung, Rückwirkung auf Ostfront, Kaukasus). Die Engländer selbst sehen [...] die gegenwärtige Bedrohung im ägyptischen Raum als äußerst stark an und befürchten die Herstellung einer strategischen Verbindung der deutsch-italienischen mit der japanischen Kampfführung.[40]

Auch die Seekriegsleitung sprach sich dafür aus, im Osten alle Operationen mit Ausnahme eines Vorstoßes zum Kaukasus und der Besetzung von Murmansk mit dem Ziel, die westalliierten Zufuhren abzuschneiden, einzustellen, um im Zusammenwirken mit Japan die britische Schlüsselstellung im Vorderen Orient zu erobern.[41] Aber Hitler blieb, unterstützt von Heeresgeneralstab, stur. Er hielt am Schwerpunkt der Kriegführung im Osten fest, um die Sowjetunion vor einem massiven Eingreifen der Amerikaner zu besiegen und dann über den Kaukasus gegen Persien vorzurücken.

Eine gleiche Abfuhr mußten sich Mussolini und sein Außenminister Ciano nach der Landung der Alliierten in Nordwestafrika im November 1942 mit ihrem Vorschlag gefallen lassen, alle Kräfte der „Achsenmächte" im Mittelmeer gegen die angloamerikanischen Streitkräfte zu konzentrieren, um eine Landung in Italien zu verhindern, und dafür noch einmal wie im März 1918 in Brest-Litowsk einen „Idealfrieden" mit den Sowjets zur Entlastung der Ostfront zu schließen. Weder dürfe man diesmal – so belehrte Hitler Ciano – den Russen eine Atempause zur Regeneration ihrer Kräfte zugestehen, noch gebe es eine Linie, auf die sich beide Seiten mit Rücksicht auf die Erfordernisse ihrer Rohstoff- und Ernährungsversorgung einigen könnten.

Auch an einer entschiedenen Warnung der „Abteilung Fremde Heere Ost" im Generalstab des Heeres am Tage der Wiederaufnahme der deutschen Offensive an der südlichen Front, dem 28. Juni 1942, fehlte es nicht: Selbst bei einem vollständigen Gelingen aller vorgesehenen Angriffsoperationen würde *die personelle Kampfkraft der Roten Armee [...] im Jahre 1942 vermutlich nicht so entscheidend geschwächt [...], daß ein militärischer Zusammenbruch wahrscheinlich ist.*[42]

Dagegen würde das deutsche Ostheer bei gleichen Verlusten wie im Sommerfeldzug 1941 am Ende erheblich schwächer sein als vor Beginn der neuen Offensive und somit eine dritten Offensive großen Stils im Osten im Jahre 1943 nicht durchführen können. Dann würde also die Initiative bei der Roten Armee liegen.

Wideraufnahme der Kämpfe im Osten

Hitler hatte sich also wieder einmal in mehrfacher Hinsicht unter Zeitdruck gesetzt: Eine Wiederauffrischung der schwer angeschlagenen eigenen Kräfte und die Rückgewinnung der Ausgangsposition (8. – 15. Mai Halbinsel Kertsch, 17. – 28. Mai Kesselschlacht bei Charkow mit 240 000 Gefangenen, 7. Juni – 4. Juli Eroberung der Krim und der Festung Sewastopol durch die 11. Armee unter Manstein, der daraufhin zum Generalfeldmarschall befördert und immer mehr zum letzten Hoffnungsträger Hitlers an der Südfront wurde!) erlaubten eine Aufnahme der großen Sommeroffensive 1942 durch die HG Süd erst am 28. Juni. Der entscheidende Zeitkorridor bis zum Einsetzen der Schlammperiode war also wieder wie schon im Jahr zuvor auf drei bis vier Monate verengt. Des weiteren war abzusehen, daß das deutsche Kräftepotential für eine dritte Sommeroffensive 1943 nicht mehr ausreichen würde und dementsprechend 1942 alles auf eine Karte gesetzt werden mußte. Schließlich drohte im Hintergrund immer mehr das aktive und massive Eingreifen der USA in den Krieg.

Die einzige Konsequenz, die der Diktator aus dieser in jeder Weise verfahrenen militärstrategischen Lage zog, entsprach ganz seinem Führungsstil seit 1933: Die Überwindung von Schwierigkeiten reduzierte sich aus seiner Perspektive auf einen reinen Willensakt, dem sich jeder vom Generalfeldmarschall bis zum Panzergrenadier blindlings und willenlos unterzuordnen hatte und tatsächlich auch unterordnete.

In seiner Weisung Nr. 41 vom 5. April 1942 für die Sommeroffensive („Blau", später „Braunschweig") gab Hitler die Feldzugsziele vor:

Das Ziel ist, die den Sowjets noch verbliebene lebendige Wehrkraft end-

gültig zu vernichten und ihnen die wichtigsten kriegswirtschaftlichen Kraftquellen so weit als möglich zu entziehen [...] Unter Festhalten an den ursprünglichen Grundzügen des Ostfeldzuges kommt es darauf an, bei Verhalten der Heeresmitte, im Norden Leningrad zu Fall zu bringen und die Landverbindung mit den Finnen herauszustellen, auf dem Südflügel der Heeresfront aber den Durchbruch in den Kaukasus-Raum zu erzwingen.[43]

Dieses Ziel sei „in Anbetracht der Abschlußlage nach der Winterschlacht, der verfügbaren Kräfte und Mittel und der Transportverhältnisse nur abschnittweise zu erreichen": zunächst Vernichtung des Feindes „vorwärts des Don", dann Gewinnung der „Ölgebiete im kaukasischen Raum und Übergang über den Kaukasus selbst".

Beginn der Sommeroffensive am 28. 6. 1942

Am 28. Juni 1942 begann die HG Süd auf einer Frontbreite von 800 km zwischen Kursk und Taganrog am Asowschen Meer die Sommeroffensive. Nach Erreichen des Don bei Woronesch (3. Juli) ging ihr Nordflügel – seit 7. Juli HG B unter Generaloberst von Weichs – am Don entlang nach Südosten vor, während ihm der Südflügel – jetzt HG A unter Generalfeldmarschall List – nach Nordosten entgegenstieß. Die Zangenbewegung Richtung Stalingrad lief insofern ins Leere, als die Rote Armee im Gegensatz zu 1941 einen strategischen Rückzug nach Osten hinter den Don, die Wolga bei Stalingrad sowie auf den westlichen und mittleren Kaukasus einleitete.

Nach der Einnahme von Stalingrad als zentrales Rüstungs- und Verkehrszentrum sollte in einer zweiten Operationsphase der breite Vormarsch nach Süden in Richtung Kaukasus beginnen.

Hitlers katastrophaler Entschluß vom 23. 7. 1942

In diesem Augenblick griff Hitler wiederum in die Operationsführung mit erheblichen Konsequenzen für die weitere Führung des Feldzuges ein. Er widerrief mit seiner Weisung Nr. 45 vom 23. Juli 1942 praktisch seine Weisung vom 5. April: Aus dem Nacheinander der Operationsführung wurden parallele Aktionen.

Während die HG B weiterhin auf Stalingrad angesetzt blieb, erhielt die HG A den Befehl, nach Süden abzudrehen, Rostow einzunehmen (23. Juli), die Ostküste des Schwarzen Meeres mit den Häfen und der Schwarzmeerflotte in Besitz zu nehmen, zusammen mit Teilen der über die Straße von Kertsch vorstoßenden 11. Armee den Übergang über den Kuban zu erzwingen, den Kaukasus zu erreichen und hier die Ölquellen von Maikop zu erobern. Gleichzeitig sollte am Kaspischen Meer der Ölhafen Baku besetzt werden.

Diese „Kräfteverzettelung größten Stils" und „exzentrische[n] Operationen nie gekannten Ausmaßes" (Hillgruber) mit einer Überdehnung der Südfront von über 2000 km bei unzureichenden Reserven und unter Inkaufnahme gefährlich verwundbarer Frontlücken war nur Ausdruck der Besorgnis Hitlers, daß die Zeit für ihn endgültig abgelaufen sei und jetzt alles auf eine Karte gesetzt werden müsse, Ausdruck aber auch seiner Siegeseuphorie nach den Anfangserfolgen im Juli, daß der Feind jetzt im Grunde geschlagen sei und daß es nur noch gelte, seine zurückflutenden Verbände bis zur Vernichtung zu verfolgen. Halder kommentierte am gleichen 23. Juli in seinem Tagebuch:

Die immer schon vorhandene Unterschätzung der feindlichen Möglichkeiten nehme bei Hitler *allmählich groteske Formen an und wird gefährlich. Es wird immer unerträglicher. Von ernster Arbeit kann nicht mehr die Rede sein. Krankhaftes Reagieren auf Augenblickseindrücke und völliger Mangel in der Beurteilung des Führungsapparates und seiner Möglichkeiten geben dieser sog. Führung Gepräge.*[44]

Man wird dem Generalstabschef vorwerfen müssen, daß er aus dieser verheerenden Einschätzung keine Konsequenzen gezogen und nicht aus Protest den Abschied genommen hat, um auch in der Öffentlichkeit ein Zeichen zu setzen, sondern sich erst zwei Monate später unter unwürdigen Umständen von seinem Oberbefehlshaber in die Wüste schicken ließ.

Beginn der Krise an der Südfront

Zwar gelang es am 6. August, das am Nordwestrand des Kaukasus gelegene Ölgebiet von Maikop, dessen Anlagen die Sowjets vor ihrem Rückzug unbrauchbar gemacht hatten, einzunehmen und auf dem Elbrus, dem höchsten Berg des Kaukasus, am 21. August die Reichskriegsflagge als Zeichen des Triumphes zu hissen. Aber Anfang September kam der Vormarsch überall gegen sich versteifenden Widerstand der Roten Armee zum Stehen. Die große Krise zeichnete sich ab. Der Nachschub über ungeheure Entfernungen brach fast zusammen. Die 6. Armee unter Generaloberst Paulus hatte unterdessen Ende August die Wolga nördlich und südlich von Stalingrad erreicht und schickte sich an, unter sehr hohen eigenen Verlusten Straße nach Straße, Fabrik nach Fabrik einzunehmen, ohne daß es ihr jedoch gelang, die sowjetischen Verbände ganz vom westlichen Wolgaufer und aus der Stadt zu vertreiben. Halders Warnungen vor dem enormen Verschleiß der deutschen Kräfte durch die ständigen Frontalangriffe und vor der ungenügenden Flankensicherung des nach Stalingrad vorgetriebenen Angriffskeils im Norden und Süden stießen bei Hitler nur auf taube Ohren. Der „Führer" hatte die Eroberung der Stadt an der Wolga, die den Namen seines gefährlichsten und wohl auch am stärksten respektierten Feindes trug, in der Öffentlichkeit zur persönlichen Prestigefrage gemacht.

Eine neue Führungskrise

Aber statt die Schuld für die verheerenden operativen und strategischen Fehler der letzten Wochen und Monate bei sich zu suchen, hängte der Diktator sie seinen Führungsgehilfen an und löste dadurch eine erneute Führungskrise im deutschen Oberkommando wie im Sommer des Vorjahres aus: Am 9. September entließ er den Oberbefehlshaber der HG A, Generalfeldmarschall List, nachdem sie sich am Kaukasus festgerannt hatte, und übernahm selbst bis zum 22. November den

Oberbefehl. Halder wurde am 24. September durch General Zeitzler als Generalstabschef des Heeres (bis Juli 1944, anschließend Guderian) ersetzt; selbst Keitel und Jodl standen zeitweise auf der „Abschußliste" des „Führers". Die Generalskrise in Hitlers ukainischem Hauptquartier Vinica im September 1942 und zwei Monate später die Novemberkrise nach dem entscheidenden sowjetischen Durchbruch am Donbogen, der zur Einschließung Stalingrads führen sollte, bieten „nichts weniger als ein Lehrstück über die innere Verfassung der obersten militärischen Führung in Deutschland zu Beginn der zweiten Kriegshälfte"[45]. Hitler hatte nicht nur strategische Grundsatzentscheidungen, sondern auch operative Einzelfragen bis zur Divisionsebene hinunter ganz auf seine Person zentriert und seine Generalität fast ohne Widerstand zu willenlosen Vollzugsorganen des „Führerwillens" und – so die deprimierte Feststellung eines Luftwaffengenerals – zu „hochbezahlten Unteroffizieren" degradiert. Hitler befahl, seine Offiziere standen stramm, um nicht den Vorwurf des „Defaitismus" und der „Schwunglosigkeit" auf sich zu laden.

Die Katastrophe von Stalingrad

Im November sollte sich die Führungskrise im Osten erneut zuspitzen. Am 19. November 1942 leiteten die Sowjets aus den Don-Brückenköpfen nordwestlich von Stalingrad ihre Großoffensive gegen die dort stationierte 3. rumänische Armee und am nächsten Tag südlich von Stalingrad gegen die 4. rumänische Armee ein. Sie schlossen bereits am 22. November die Masse der 6. Armee unter Paulus neben einigen rumänischen Verbänden – rund 250 000 Mann – ein. Hitler lehnte das von Zeitzler und dem HG-Chef von Weichs unterstützte Gesuch von Paulus um Handlungsfreiheit zwecks Ausbruchs der 6. Armee nach Westen ab und sagte baldigen Entsatz zu. Sein von Göring großspurig unterstütztes Versprechen, den Kessel hinreichend bis zum Entsatz aus der Luft zu versorgen, erwies sich in den folgenden Wochen als reine Augenwischerei. General von Seydlitz wurde im Kessel von Stalingrad mit seiner Denkschrift über einen notwendigen Ausbruch vom Generalstabschef der 6. Armee mit den unglaublichen Worten abgekanzelt:

Wir haben uns nicht den Kopf des Führers zu zerbrechen, und General von Seydlitz nicht den des Oberbefehlshabers.[46]

Der Oberbefehlshaber der hastig zusammengestellten neuen HG Don, Generalfeldmarschall von Manstein, appellierte an Paulus, im Kessel getreu dem Führerbefehl vom 24. November auszuhalten:

Der Befehl des Führers entlastet Sie von der Verantwortung, die über die zweckmäßigste und willensstärkste Durchführung des Befehls hinausgeht. Was wird, wenn die Armee in Erfüllung des Befehls des Führers die letzte Patrone verschossen haben sollte, dafür sind Sie nicht verantwortlich.[47]

Paulus gehorchte. Wir wissen heute, und ihm mußte es damals schon bekannt gewesen sein, daß die Versorgungslage seiner 6. Armee und

auch der übrigen Armeen der HG B bereits im September, also noch lange vor der sowjetischen Offensive vielfach katastrophal und daß eine auch nur halbwegs ausreichende Winterbevorratung selbst bei optimaler Ausnutzung der beschränkten Transportkapazitäten in den wenigen Wochen bis zum Einsetzen des Frostes im November nicht mehr durchzuführen war. Bis in den November hinein konnte im Kessel von einer nennenswerten Winterbevorratung überhaupt keine Rede sein, und Görings Luftwaffe war naturgemäß auch nicht in der Lage, diese eklatanten Defizite, für die die militärische Führung Schuld und Verantwortung trug, auszugleichen. Der am 12. Dezember 1942 beginnende Entsatzversuch einer Armeegruppe unter Generaloberst Hoth (Unternehmen „Wintergewitter“) scheiterte nicht zuletzt an unzureichenden Kräften und mußte 48 km vor Stalingrad abgebrochen werden.
Hitler lehnte am 23. Dezember den Ausbruch der 6. Armee unter Preisgabe Stalingrads (Unternehmen „Donnerschlag“) erneut und diesmal endgültig ab und überließ damit die eingekesselten Truppen ihrem Schicksal. Zwischen dem 31. Januar und dem 2. Februar 1943 mußen die von Kälte, Hunger und Munitionsmangel erschöpften Verteidiger kapitulieren und den bitteren Weg in eine mehr als zehnjährige Gefangenschaft antreten. Von den ursprünglich eingeschlossenen 20 deutschen und 2 rumänischen Divisionen gingen noch 91 000 Mann in die Kriegsgefangenschaft. Von ihnen sollten nur wenige Tausend überleben. 42 000 Verwundete und Spezialkräfte hatten ausgeflogen werden können, der Rest war gefallen, erfroren, verhungert.
Nun wird bis heute argumentiert, die Verteidiger von Stalingrad hätten sechs entscheidende Wochen sowjetische Verbände in erheblichem Umfang gebunden und deshalb sei ihr Widerstand für den Kriegsverlauf um die Jahreswende 1942/43 nicht sinnlos gewesen. Denn die Rote Armee bedrohte mit zwei weiteren Großoffensiven am 16. Dezember und 12. Januar durch ihren Vorstoß vom Don aus nach Süden auf das Asowsche Meer und Rostow nicht nur die HG Don, sondern war im Begriff, die gesamte HG A bei ihrem Rückzug vom Kaukasus nach Norden abzuschneiden.
Es gelang Manstein, den Angreifer am Donez zum Stehen zu bringen und den Flaschenhals bei Rostow so lange offenzuhalten, bis die HG A – nach Ablösung von List jetzt unter Generaloberst von Kleist -, der Hitler erst Ende Dezember den Befehl zum Rückzug gegeben hatte, nach Norden über den unteren Don zurückgenommen war. Das Gros der HG A bildete an der Kuban-Mündung gegenüber der Halbinsel Kertsch bis 1943 einen Brückenkopf, den legendären „Kuban-Brückenkopf“, für eine, wie Hitler hoffte, Wiederaufnahme des Vorstoßes zum Kaukasus.
Kurzfristig ist sicher nicht von der Hand zu weisen, daß der Kessel von Stalingrad – freilich um einen viel zu hohen Preis von Toten und Ver-

wundeten auf beiden Seiten der Front! – eine gewisse strategische Entlastungsfunktion für die vom Einsturz bedrohte Südfront gehabt hat. Aber das Schicksal der 6. Armee war letztlich schon am 23. Juli mit der verhängnisvollen Aufsplitterung der Offensiven besiegelt. An diesem Datum sollte man mit der Frage nach Verantwortung in der militärischen Führung und mangelnder Zivilcourage ansetzen!

Größte Machtausdehnung im Spätsommer 1942

Im Spätsommer 1942 befand sich Hitler auf dem Zenith seiner militärischen Triumphe. Sein Imperium hatte eine Ausdehnung erreicht, von der 1939 wohl kaum jemand, selbst er nicht hätte träumen können. Deutsche Truppen standen am Nordkap, an der Atlantikküste bis zur spanischen Grenze, tief nach Ägypten hinein, auf dem Balkan, auf den Kämmen des Kaukasus, an der Wolga, vor Moskau und vor Leningrad. Die Grenzen der kriegswirtschaftlichen, rüstungsmäßigen und militärischen Leistungsfähigkeit waren längst erreicht, wenn nicht schon 1941 mit dem Angriff auf die Sowjetunion überschritten. An der Spitze stand ein Triumphator, der im Vollgefühl seiner Erfolge ebenfalls längst seinen Sinn für das Machbare und für jedes Maß eingebüßt hatte. Seine Führungsgehilfen beteten ihn an, erstarrten vor Ehrfurcht oder fanden nicht den Mut, ihm entgegenzutreten und Einhalt zu gebieten. Wo, wenn nicht von außen, konnte er noch in die Schranken gewiesen und besiegt werden?

Wendepunkte des Krieges

Wir haben uns daran gewöhnt, die „Wendepunkte des Krieges" auf seinen verschiedenen Schauplätzen punktuell durch bestimmte Daten festzulegen, und diese Daten häuften sich im Herbst 1942: 23. Oktober Beginn der Großoffensive der britischen 8. Armee (General Montgomery) gegen Rommels Stellung in El-Alamein und Einleitung eines weiträumigen Rückzuges in Nordafrika am 4. November; 7./8. November Landung britisch-amerikanischer Invasionsstreitkräfte in Marokko und Algerien unter General Eisenhower und damit Eröffnung einer „zweiten Front" durch die Alliierten; 22. November Einschließung der 6. Armee in Stalingrad. Um den globalen Aspekt dieser Entwicklung deutlich zu machen, sollte in diesem Zusammenhang noch die See-Luft-Schlacht bei der Midway-Insel am 3.–7. Juni 1942 erwähnt werden, mit der die Überlegenheit der Japaner zu Wasser und in der Luft gebrochen und eine Wende im Pazifikkrieg eingeleitet wurde. Im weiteren Sinn gehörte auch die Entscheidung von Großadmiral Dönitz zu den Schlüsseldaten, am 24. Mai 1943 nach dem Verlust von 43 U-Booten allein im Monat Mai die „Schlacht im Atlantik" in ihrer fünften Phase endgültig abzubrechen. Bei diesen Daten sollte jedoch berücksichtigt werden, daß sie alle eingebettet waren in eine abschüssige Bahn spätestens seit Sommer 1941 und in diesem Kontext gedeutet und in ihrem Gewicht bestimmt werden müssen.

3. Vom „totalen Krieg" zur bedingungslosen Kapitulation (1943–1945)

Nicht zuletzt unter dem Eindruck der Niederlage in Stalingrad hat sich im Winter 1942/43 der Charakter des Krieges stark verändert. Was Erich Ludendorff in einem 1935 erschienenen gleichnamigen Buch formuliert und was Militärtheoretiker wie der italienische General Giulio Douhet nicht nur in Deutschland nach den Erfahrungen im Ersten Weltkrieg bereits in den zwanziger Jahren als Kriegsszenario der Zukunft entwickelt und planend vorbereitet hatten, wurde nun Wirklichkeit: der „totale Krieg". Konkret hieß das die totale Mobilisierung aller menschlichen, materiellen und psychologischen Kraftquellen nicht nur im Reich, sondern vor allem auch in den besetzten Gebieten und in den Satellitenstaaten für den von Deutschland geführten Unterwerfungs- und Vernichtungskrieg. Die überkommenen Grenzen zwischen Front und Heimat, zwischen zivilen und militärischen Bereichen, zwischen Kombattanten und Nichtkombattanten wurden nicht zuletzt auch unter dem totalen Einsatz der Luftstreitkräfte endgültig hinfällig. Alle Bevölkerungsgruppen wurden auf die eine oder andere Weise in den „totalen Krieg" hineingezogen.

Theorie des „totalen Kriegs"

Zwar ist nicht von der Hand zu weisen, daß auch in anderen Staaten wie in Großbritannien, anknüpfend an Douhet, Konzeptionen in der Zwischenkriegszeit entwickelt wurden, nach denen in Zukunft der offensive Einsatz der Luftwaffe bis hin zu planmäßigen Terrorangriffen auf die Zivilbevölkerung bei gleichzeitiger Defensive zu Lande und zu Wasser kriegsentscheidend sein werde. Ein derartig radikales militärstrategisches Denken nahm bereits alle Züge des „totalen Krieges" vorweg und beseitigte die überkommenen Einschränkungen des Kriegs- und Völkerrechts zum Schutz der Bevölkerung. Aber der von der nationalsozialistischen Regierung propagierte „totale Krieg" war doch insofern unvergleichbar, als er von Anfang an unter dem Ziel einer umfassenden „völkischen Flurbereinigung", einer Ausrottung „rassisch Minderwertiger" und einer Vernichtung „lebensunwerten Lebens" stand und erst von hier aus seine neuartigen und unmenschlichen Impulse bezog. Moderne Technologie wurde in den Dienst der Massenvernichtung gestellt. Sie war nun nicht mehr nur als militärische Kriegshandlung auf den „äußeren Feind", sondern seit Ende 1941 – als von Berlin der Befehl ausging, Europa rassisch „durchzukämmen" und „judenfrei" zu machen – auch gegen den „inneren Feind" im Reich und in den besetzten Gebieten gerichtet.

Erst der „totale Krieg" mit seiner allgemeinen sittlichen Verrohung und Abstumpfung schuf mit die entscheidenden Bedingungen, unter denen die ideologisch von der nationalsozialistischen Rassendoktrin längst vorgegebene und als letzte Konsequenz aufgezeigte „Endlösung“ mit den Mitteln einer modernen Tötungstechnik und moderner bürokratischer Apparate durchgeführt werden konnte. Geschehen konnten diese Verbrechen nur hinter dem militärischen Schutzschild der deutschen Wehrmacht und hinter den von ihr gehaltenen Fronten. Erst als diese Ende 1944 vor den Reichsgrenzen zusammenbrachen, beeilte sich Himmler, dem Massenmord Einhalt zu gebieten und seine Spuren tilgen zu lassen, vergeblich, wie wir wissen.

Arbeitsmobilisierung

Total sollte auch die „Mobilisierung“ der männlichen und weiblichen Arbeitskräfte im Reich wie in den besetzten Gebieten für die Rüstungsproduktion seit 1942/43 sein. Beauftragt mit dieser „Mobilisierung“ wurde am 21. März 1943 der Thüringer Gauleiter und Reichsstatthalter Fritz Sauckel als „Generalbevollmächtigter für den Arbeitseinsatz“. Es war eine für den polykratischen Charakter des Herrschaftssystems wieder so typische institutionelle Lösung, für besondere Aufgaben an den traditionellen Ministerien vorbei Sonderbeauftragte zu schaffen. Das Problem des Arbeitskräftemangels, das sich durch die Einberufung von am Ende knapp 9,5 Millionen Männern zur Wehrmacht und jährlichen Durchschnittsverlusten von mehr als 550.000 Gefallenen gegen Kriegsende ständig verschärfte, und das auch durch den Einsatz von Kriegsgefangenen und die zwangsweise Verschickung von polnischen und sowjetischen Zivilarbeitern ins Reich nicht mehr bewältigt werden konnte, suchte Sauckel im Zeichen des „totalen Krieges“ auf mehrfache Weise zu lösen: Zum einen durch die Erfassung von Männern zwischen dem 16. und dem 65. Lebensjahr und von Frauen mit Ausnahmen (Schwangerschaft, Kinderbetreuung usf.) vom 17. bis zum 45. Lebensjahr „für Aufgaben der Reichsverteidigung“ (Verordnung vom 17. Januar 1943). Zum anderen dadurch, daß er in den besetzten Ostgebieten immer neue Zwangsrekrutierungen, vielfach in der Form von regelrechten Menschenjagden auf den Straßen, veranstalten und auch in Westeuropa die Dienstverpflichtung für die deutsche Kriegswirtschaft verschärfen ließ. Sauckel organisierte bis März 1944 ein Heer von 5 Millionen im Reich arbeitenden, angeworbenen Fremd- und verschleppten Zwangsarbeitern. Von ihnen kamen höchstens 4 Prozent freiwillig nach Deutschland, und die Todesraten waren durch rücksichtslose Ausbeutung bei miserablen Arbeitsbedingungen extrem hoch. Die Zahl dieser Sklavenarbeiter erhöhte sich bis Ende 1944 auf 7,5 Millionen.

Verschärfung des Kriegsstrafrechts und des Terrors

Zur Durchsetzung des „totalen Krieges“ und zur Festigung der „inneren Front“ gegen Defätisten und „Wehrkraftzersetzer“ wurde das Kriegssonderstrafrecht gegen alle Äußerungen von Kritik und Opposition verschärft. Immer mehr Straftatbestände wurden als „Wehrkraftzersetzung“ abgeurteilt oder nach der Verordnung gegen „Volksschädlinge“ vom 5. September 1939 geahndet. Die Zahl der Todesurteile des Volksgerichtshofes, in dem seit August 1942 Roland Freisler den Vorsitz führte, erhöhte sich von 1941 bis 1942 von 102 auf 1192. Durch den „Nacht-und-Nebel-Erlaß" vom 7. Dezember 1941 wurde der Gestapoterror auch auf die besetzten nord- und westeuropäischen Länder (mit Ausnahme Dänemarks) ausgedehnt: Personen, denen „Straftaten gegen das Deutsche Reich" vorgeworfen wurde, wurden heimlich „bei Nacht und Nebel" nach Deutschland verschleppt – sofern nicht die Todesstrafe vor Kriegsgerichten sichergestellt war -, von Sondergerichten abgeurteilt und bei Freispruch oder Verbüßung ihrer Strafe in Konzentrationslager eingewiesen. Der „Terror- und Sabotage-Erlaß" vom 30. Juli 1944 schaltete die Wehrmachtsgerichtbarkeit in den besetzten Gebieten ganz aus.

Eine Reaktion auf diese Einschüchterungs- und Terrorisierungsmaßnahmen gegen die Bevölkerung und auch gegen die 1942 einsetzende massenhafte Deportation von Juden in den besetzten Gebieten waren ein Ansteigen der Partisanentätigkeit im Osten und auf dem Balkan und verstärkte Aktivitäten von Résistance-Bewegungen in Oberitalien (ab 1943), in Frankreich, Belgien, den Niederlanden und in Norwegen. Sie wurden wiederum mit verschärftem Gegenterror der Besatzungsbehörden beantwortet. Die Ermordung von 198 Männern und Verschleppung von Frauen und Kindern in der tschechischen Bergarbeitersiedlung Lidice am 9. Juni 1942 als „Vergeltung" für das tödliche Attentat auf Reinhard Heydrich, den Stellvertretenden Reichsprotektor von Böhmen und Mähren, und die Erschießung der Männer sowie die Ermordung von 500 Frauen und Kindern in den brennenden Häusern von Oradour-sur-Glane am 10. Juni 1944, ebenfalls als „Vergeltungsmaßnahme" für Partisanenaktivitäten, sind erschütternde Höhepunkte in der von den deutschen Ordnungkräften im besetzten Europa ausgelösten Spirale von Gewalt und Gegengewalt.

In dem Maße, wie die deutsche Wehrmacht um die Jahreswende 1942/43 an allen Fronten zu Lande, zu Wasser und in der Luft militärisch die Initiative verlor und eigentlich nur noch mehr oder weniger hilflos auf den Ansturm der „Anti-Hitler-Koalition" reagierte und das nahende Ende mit dem Einsatz aller Kräfte hinauszuzögern suchte, in dem Maße auch, in dem die Stimmung in der Bevölkerung nach Stalingrad zum erstenmal wirklich einbrach und eigentlich immer weniger Menschen noch an den „Endsieg" glauben mochten, gewann der „totale Krieg" aus der Sicht der nationalsozialistischen Führung und Hitlers selbst und im Spiegel ihrer „Durchhalteparolen" ideologisch jenen radikalen Charakter des „Alles oder Nichts" -"Weltmacht oder Niedergang" -, der jeden Kompromißfrieden ausschloß und eigentlich nur noch in die totale Katastrophe führen konnte.

Intensivierung der Propaganda für den „totalen Krieg"

In seiner berühmten Sportpalastrede vom 18. Februar 1943 inszenierte Goebbels den „Dialog" mit einer handverlesenen fanatisierten Zuhörerschaft aus allen Volksschichten, in der er „die Nation" repräsentiert sah, als „Volksentscheid für den totalen Krieg“ (Gruchmann) und als eine plebiszitäre Scheinlegitimation, um dem deutschen Volk nunmehr die letzten Opfer und Entbehrungen abzupressen. Auf seine suggestive Frage an die Anwesenden, ob sie entschlossen seien, „dem Führer in der Erkämpfung des Sieges durch dick und dünn und unter Aufnahme auch der schwersten persönlichen Belastungen zu folgen“, und „wenn der Führer es befiehlt, zehn, zwölf und, wenn nötig, vierzehn und sechzehn Stunden täglich zu arbeiten und das Letzte herzugeben für den Sieg“, und vor allem auf die vielzitierte Frage

Wollt ihr den totalen Krieg? Wollt ihr ihn, wenn nötig, totaler und radikaler, als wir ihn uns heute überhaupt noch vorstellen können?[48]

scholl dem Propagandaminister frenetische Zustimmung entgegen. Als er am 25. Juli 1944 zum „Reichsbevollmächtigten für den totalen Kriegseinsatz“ ernannt wurde, intensivierte er seine Bemühungen, die Heimat nach Arbeitskräften für den Kriegseinsatz an der Front und in der Rüstungsproduktion „durchzukämmen“.

Proklamation der „Festung Europa“

Einen sinnfälligen sprachlichen Ausdruck in der nationalsozialistischen Durchhaltepropaganda fand die gewandelte Stimmung im Schlagwort von der „Festung Europa“. Sie gelte es nunmehr unter deutscher Führung zu verteidigen gegen den „Ansturm der bolschewistischen Horden“ im Osten und gegen ihre “kapitalistisch-plutokratischen Helfershelfer”, das Britische Empire und die Vereinigten Staaten, im Westen. „Halten um jeden Preis!“, „einigeln“ und „einkrallen in jeden Quadratzentimeter Boden“ hieß die Durchhaltestrategie der letzten beiden Kriegsjahre. Sie verbot jede rechtzeitige und großräumige Rückzugsbewegung zur Begradigung der überall wankenden Fronten, wie sie die Frontkommandeure immer wieder verlangten. Das Festungsdenken lähmte die deutsche Kriegsführung. „Festungen“ galt es zu halten um jeden Preis, selbst um den der Opferung ganzer eingekesselter Divisionen und Armeen, sei es, um den Bolschewisten kräfteverzehrende „Wellenbrecher“ entgegenzusetzen, sei es, um im Westen die alliierte Zufuhr von der „Festung Brest“ oder der „Festung La Rochelle“ aus auch dann noch zu stören, als sich bereits ganz Frankreich in alliierter Hand befand. Die „Alpenfestung“ schließlich, Hitlers letztes geplantes „reduit“, das er dann doch nicht mehr bezog, als er am 22. April beschloß, in Berlin zu bleiben, sollte am Ende als eine der drei letzten „Wunderwaffen“ neben der „V 2“ und dem „Werwolf“ nur noch in der Propaganda und in den Bedrohungsängsten der vorrückenden alliierten Truppen und nicht mehr in der Realität existieren.

Die „Festung Europa“ sollte zwar eine verschworene Gemeinschaft nach innen und geschlossene Kampfbereitschaft nach außen vortäuschen; sie konnte aber ab 1943 ihren imaginären Charakter immer weniger verleugnen: Im Innern gärte es, und mit dem Ausscheren der Bündnispartner – Italien (8. September 1943), Rumänien (25. August

1944), Bulgarien (8. September 1944) und Finnland (19. September 1944) – setzte ein unumkehrbarer Prozeß der Erosion ein; das Dach wurde durch pausenloses Bombardement der westalliierten Luftflotten durchsiebt; die Meeresküsten waren längst von maritimen Abwehrkräften entblößt, und die Landfronten wurden zunächst im Osten, dann im Süden und schließlich im Westen eingedrückt.

Der Seekrieg im Atlantik 1943/45

Mit dem Abbruch der „Atlantik-Schlacht" und des Krieges gegen die alliierten Zufuhren am 24. Mai 1943 zog Admiral Dönitz, seit 31. Januar 1943 als Nachfolger von Raeder auch Oberbefehlshaber der Kriegsmarine, nur die Konsequenz aus der Tatsache, daß die inzwischen dramatisch steigenden Verluste von U-Booten in keinem vertretbaren Verhältnis mehr zu den Versenkungserfolgen standen. Mit der Jahreswende 1942/43 überstiegen die alliierten Neubauten die Verluste, und im September 1943 waren die durch den Krieg eingetretenen Totalverluste der Alliierten an Frachtraum durch die Neubautätigkeit aufgeholt. Der Umschwung war „der eigentliche Wendepunkt des Zufuhrkrieges" (Kurt Assmann, Chef der Historischen Abteilung des Oberkommandos der Kriegsmarine). Der Gegner hatte wirkungsvolle Abwehrmittel entwickelt: Luftüberwachung der durch den Nordatlantik geführten Geleitzüge mit Hilfe von Langstreckenflugzeugen und Geleitflugzeugträgern, Einbau von automatischen Funkpeilgeräten an Bord der Geleitfahrzeuge, Radarortung der nachts über Wasser fahrenden U-Boote, Entschlüsselung der deutschen Funksprüche („Ultra") und die Aufstellung selbständig operierender U-Boot-Jagdgruppen. Technische Neuentwicklungen der deutschen Seite wie der „Schnorchel", ein Luftmast, der das Aufladen der Akkumulatoren auch unter Wasser erlaubte, oder die Konstruktion eines Bootstypus mit erheblich gesteigerter Unterwassergeschwindigkeit, konnten das Blatt nicht mehr wenden. Die sechste (Juni – September 1943), die siebte (September 1943 – Mai 1944) und schließlich die achte Phase (Juni 1944 – Mai 1945) des Tonnagekrieges im Atlantik brachten zwar noch erhebliche Versenkungserfolge, ohne an die vorangehenden anknüpfen zu können, aber auch steigende eigene Verluste.

Der propagandistisch groß als Erfolg herausgestellte „Kanaldurchbruch" der „Gneisenau", der „Scharnhorst" und der „Prinz Eugen" von Brest durch den Ärmelkanal in die Nordsee am 11./12. Februar 1942 zum Einsatz in den norwegischen Gewässern gegen die Nachschubkonvois für die Sowjetunion nach Murmansk konnte im Grunde nicht mehr verdecken, daß die deutsche Hochseeflotte, die von Anbeginn der britischen haushoch unterlegen war, keine Rolle mehr spielte und in Agonie lag. Ende Februar 1942 wurde die „Gneisenau" in Kiel durch Bomben außer Gefecht gesetzt. Am 26. Dezember 1943 ging die „Scharnhorst", am 12. November 1944 die „Tirpitz" verloren, so daß bei der Kapitulation nur noch der schwere Kreuzer „Prinz Eugen" und der leichte Kreuzer „Nürnberg“ einsatzfähig waren. Ihre letzte große Leistung sollten die Überwasserstreitkräfte im Winter 1944/45 bei der Evakuierung von mehr als zwei Millionen Flüchtlingen, Soldaten und Verwundeten aus Kurland, Ostpreußen und Pommern nach Schleswig-Holstein und Dänemark vor der vorrückenden Roten Armee vollbringen. Auf den Seetransporten verloren etwa 14 000 Menschen ihr Leben, die meisten von ihnen durch die Torpedierung der großen Schiffe „Gustloff“, „Steuben“ und „Goya“ durch sowjetische U-Boote.

Die Bilanz des Tonnagekrieges sah für alle Beteiligten außerordentlich verlustreich aus: von 1170 eingesetzten deutschen U-Booten gingen 782 oder Zweidrittel durch Feindeinwirkung und Unfälle verloren, 27 143 Besatzungsmitglieder fanden den Tod oder blieben vermißt, die meisten von ihnen nach dem Mai 1943. Auf alliierter Seite stand einer Versenkungsziffer von 23 351 000 BRT mit Schwerpunkt 1942 ein Neubauprogramm von 42 485 000 BRT mit Schwerpunkt ab 1943/44 gegenüber. Kennzeichnend für die erhebliche Bedrohung, die der Zufuhrkrieg der U-Boote für das britische Inselreich zeitweilig bis zum vollen Einsatz der amerikanischen Unterstützung darstellte, ist die Tatsache, daß auf dem Höhepunkt der deutschen Erfolge in den Jahren 1940 und 1941 die Jahresrelation zwischen versenkter Tonnage und Neubauten mit 3,2 Mio. BRT und 2,4 Mio. BRT dramatisch negativ für die Briten ausfiel, während sich dann 1943 mit knapp 11 Mio. BRT und 1944 mit knapp 12 Mio. BRT ein erdrückender Überschuß für die Westalliierten ergab.

Die sich bereits 1943 abzeichnende Niederlage im Seekrieg hatte zwei entscheidende Konsequenzen: die Amerikaner konnten nunmehr ihre gewaltigen Zufuhren an Menschen und Kriegsmaterial für den nordafrikanischen und dann für den europäischen Kriegsschauplatz praktisch ungehindert über den Atlantik führen. Den alliierten Invasionen in Algerien und Marokko (7./8. November 1942), Sizilien (10. Juli 1943), Süditalien (3./9.September), in der Normandie (6. Juni 1944) und Südfrankreich (15. August 1944) vermochte die deutsche Seite so gut wie keine Seestreitkräfte mehr entgegenzustellen.

Der Luftkrieg ab 1942

Wie zur See gewannen die Alliierten auch in der Luft 1942/43 endgültig das Übergewicht, ohne daß die deutsche Luftwaffe und Luftabwehr ihnen am Ende noch nennenswerten Widerstand entgegenzusetzen vermochten. Wieder waren es neben der erdrückenden Materialüberlegenheit der Westmächte auf deutscher Seite eklatante Fehler und Versäumnisse in der Programmentwicklung (etwa in der rechtzeitigen Serienproduktion eines Jagdflugzeuges mit Stahltriebwerk) sowie fortgesetzte störende Eingriffe Hitlers in die Entwicklungsplanung und seine hartnäckige Weigerung, im Bauprogramm beizeiten vom Angriff auf die Verteidigung umzuschalten, die die Niederlage in der Luft mit herbeiführten.

Während die deutsche Luftwaffe durch ihre Einsätze im Osten 1941 und 1942 bereits schwere Verluste hinnehmen mußte und dadurch im Westen ihre Initiative verlor, begann die „Royal Air Force" (RAF) gleichzeitig 1941, massiv unterstützt von Kanada und den USA, mit dem Aufbau ihrer strategischen Bomberwaffe. Entscheidend für das Schicksal der deutschen Städte sollte der 14. Februar 1942 werden, als das britische Kabinett auf Betreiben des Luftmarschalls Lord Trenchard und beraten durch den Physikprofessor Frederick Lindemann, einen Freund Churchills, beschloß, noch geltende Einschränkungen aufzugeben und dem Bomber Command zu befehlen, alle Angriffe „auf die Moral der feindlichen Zivilbevölkerung, insbesondere der Industriearbeiter" zu konzentrieren. Durch die Zerstörung von Wohnvierteln („de-housing") sollte die Widerstandskraft der Bevölkerung gebrochen werden. Dies werde dann, so Lord Cherwell, der Berater des Kriegspremiers, zum Zusammenbruch der Kampfbereitschaft des deutschen Volkes führen. Dieser – für den weiteren Verlauf des Krieges letztlich ganz unwirksame – Beschluß wurde unmittelbar anschließend vom neuen Befehlshaber des Bomberkommandos der RAF, Luftmarschall Arthur Harris, dem später legendären „Bomber-Harris", dem erst 1990 in London ein sehr umstrittenes Denkmal gesetzt worden ist, in nächtlichen Flächenbombardements („Target Area Bombing") umgesetzt. Das „dehousing" hat die deutsche Kapitulation weder herbeigeführt noch wesentlich beschleunigt. Es hatte innerbritisch wohl unter anderem die Funktion, die jüngste Teilstreitkraft in ihrer Doktrin von der totalen Kriegsführung gegen die Zivilbevölkerung zu bestätigen.

Beginn des Bombenkriegs gegen deutsche Städte

Erstes Opfer des nächtlichen Teppichs aus Spreng- und Brandbomben wurde in der Nacht vom 29. März 1942 Lübeck mit seinen unersetzbaren Kulturwerten. Weitere Ziele dieser neuen Konzeption waren Essen mit vier Nachtangriffen, im April Rostock (Vernichtung von 60% der Altstadt), am 30./31. Mai Köln mit dem ersten „1000-Bomber-Schlag". Es folgten Großangriffe auf das Ruhrgebiet und Bremen bis Ende Juni. Dann sank die Zahl der fast allnächtlich anfliegenden Bomber wieder ab.

Die deutschen Bomberverbände konnten im Westen den Angriffen der RAF nichts Vergleichbares entgegenstellen. Von April bis Oktober 1942 flogen sie mit maximal 90 Flugzeugen nächtliche „Vergeltungsangriffe" für Lübeck auf ebenfalls kulturhistorisch wertvolle englische Städte ohne militärische Bedeutung, die sogenannten „Baedeker-Angriffe" u. a. gegen Exeter, Bath, Norwich, Canterbury und York.

Der größere Anteil der Erfolge im Luftkrieg fiel der 8. US-Luftflotte ab 1943 zu. Im Jahre 1942 stellten die Amerikaner fast 48 000 Maschinen fertig, darunter neben etwa 10 000 Bombern die von der deutschen Abwehr besonders gefürchteten viermotorigen „Fliegenden Festungen" („Flying Fortresses") mit den Typen Boeing B 17E „Fortress" und B 24D

„Liberator", die die US-Army Air Force (USAAF) von Großbritannien aus einsetzte. Die Amerikaner ergänzten mit ihrer schon in den dreißiger Jahren mit hohem analytischem Aufwand bei der Zielauswahl und entsprechenden rüstungstechnologischen Konsequenzen entwickelten Konzeption des „daylight, high altitude, precision bombardement of selected targets" („gezielter Tagesangriff aus großer Höhe auf ausgewählte Objekte") die britische Doktrin des nächtlichen Flächenbombardements gegen Wohngebiete. Im Januar 1943 einigten sich in Casablanca die „Combined Chiefs of Staff" auf die „ständig zunehmende Zerstörung und Lähmung des deutschen militärischen, industriellen und wirtschaftlichen Systems und auf die Unterminierung der Kampfbereitschaft des deutschen Volkes bis zur entscheidenden Schwächung der Fähigkeit zum bewaffneten Widerstand" mit Hilfe einer Kombination des nächtlichen Flächenbombardements der Briten und der amerikanischen Tagesangriffe zum „round-the-clock-bombing".
Diese Strategie ging freilich, abweichend zu Douhets und Trenchards Konzeption von der kriegsentscheidenden Wirkung des totalen Luftkrieges, ausdrücklich von einer Kriegsentscheidung durch Landoperationen aus. Sie wurde am 14. Mai 1943 im „Combined Bomber Offensive Plan" (Operation POINTBLANK) in sechs Zielsystemen mit insgesamt 76 sorgfältig ausgewählten Einzelzielen präzisiert: 1. U-Boot-Werften und -Stützpunkte, 2. Luftrüstungsindustrie, 3. Kugellagerherstellung, 4. Treibstoffproduktion, 5. Synthetischer Kautschuk und Reifenherstellung, 6. militärische Kraftfahrzeugproduktion. Diese Konzentration auf präzise festgelegte wehrwirtschaftliche Ziele trug nunmehr eindeutig die amerikanische Handschrift. Besonderes Gewicht wurde aber vorerst noch auf die Ausschaltung der deutschen Jagdabwehr gelegt, die die „Flying Fortresses" solange verwundbar erscheinen ließ und durchschlagende Erfolge der alliierten Luftwaffe verhinderte, bis Jagdflugzeuge mit ausreichender Eindringtiefe vom Typ P 51 „Mustang" und P 47 „Thunderbolt" Ende 1943 als Begleitschutz zur Verfügung standen.
Nach einem ersten amerikanischen Angriff auf Wilhelmshaven Ende Januar 1943 konzentrierten sich die Briten vom März bis Juni 1943 auf die „Battle of the Ruhr", ohne die Rüstungsproduktion ernsthaft beeinträchtigen zu können. Eines der ersten Opfer des „round-the-clock-bombing" wurde Hamburg („Operation Gomorrha") in mehreren Tages- und Nachtangriffen von RAF und USAAF zwischen dem 25. Juli und 3. August. Im kombinierten Einsatz von Brand- und Sprengbomben und brennendem Phosphor wurden durch ausgedehnte Flächenbrände mit orkanartigen Feuerstürmen ganze Stadtteile ausgelöscht. Etwa 41 500 Menschen fanden einen größtenteils qualvollen Tod im Phosphorregen und in den verschütteten Luftschutzkellern. Die verhältnismäßig geringen Verluste der Briten – 57 Maschinen oder 2,4%

der eingesetzten Maschinen – in den ersten drei ihrer vier Nachtangriffe war mit auf den erstmaligen Abwurf von Millionen von Staniolstreifen („Windows“) zurückzuführen, durch die die Ortungs- und Feuerleitgeräte der Flak und die Funkmeßgeräte in den Jägerleitstellen gestört und das rechtzeitige Heranführen von Nachtjägern unmöglich gemacht wurde.
Weitere spektakuläre Operationen der britischen und amerikanischen Luftwaffe waren die Zerstörung der Eder- und Möhnetalsperren durch Torpedobomben in der Nacht zum 17. Mai 1943 und die dadurch ausgelöste Gefährdung der Wasser- und Energieversorgung des Ruhrgebietes, ferner die Verzögerung der V-Waffen-Produktion durch die Bombardierung der Raketenversuchsstation in Peenemünde am 18. August 1943 sowie Angriffe auf die Schweinfurter Kugellagerfabriken und die Regensburger Messerschmitt-Werke am 17. August und am 14. Oktober 1943 unter schweren amerikanischen Verlusten. Desweiteren zählt die britische „Battle of Berlin“ dazu, die in der Nacht zum 19. November 1943 gegen Berlin als Regierungszentrale und Sitz kriegswichtiger Werke der Maschinen- und Elektroindustrie begann und Ende März 1944 abgebrochen werden mußte, da sich die RAF auf die Landung in der Normandie vorbereitete, sowie die gleichzeitige „Big Week“ der USAAF (20. bis 25. Februar 1944) von Großbritannien und Italien aus mit dem Ziel einer Zerstörung von Flugzeug- und Motorenwerken in Mittel- und Süddeutschland (Österreich).

Wirkung des Bombenkriegs auf die deutsche Rüstung

Wirklich nachhaltige Wirkung auf die deutsche Rüstungsindustrie sowie auf den Einsatz der Luftwaffe und der motorisierten Verbände zeigten die alliierten Angriffe auf die deutsche Flugzeugindustrie, auf Eisenbahnknotenpunkte, Ölraffinerien und Hydrierwerke ab dem Frühjahr 1944. Die monatliche Produktion von Vergaser-Treibstoffen sank von 125 000 to im April auf 56 000 to im August 1944, bei Diesel-Kraftstoff von 88 900 to auf 62 000 to. Die Erzeugung von Flugbenzin betrug im letzten Kriegsjahr (Juni 1944 – Mai 1945) mit insgesamt 197 000 to etwas mehr als eine Monatsproduktion vor Beginn der Angriffe. Die Unterbrechung der Zulieferung beeinträchtigte auch die Produktion der unterirdischen Fabriken empfindlich, die durch diese Verlagerung vor Bomben geschützt werden sollten. Wenn also immer wieder geltend gemacht wird, der gesamte deutsche Rüstungsausstoß habe im Jahre 1944 durch die Anstrengungen des Rüstungsministeriums unter Speer Rekordziffern erreicht, so ist gleichzeitig hinzuzufügen, daß dessen ungeachtet nach dem Verlust der wichtigen Erdölquellen im rumänischen Ploesti und den schweren Verwüstungen in den Raffinerien und Hydrierwerken der Krieg damals auch rüstungswirtschaftlich bereits verloren war, da hinreichender Treibstoff für den Einsatz der neuen Waffen nicht mehr zur Verfügung stand.
Auch nach der Invasion in der Normandie am 6. Juni 1944 wurden in

den letzten Kriegsmonaten noch viele kleinere Städte wie Darmstadt (11./12. August 1944), Heilbronn (4./5. Dezember 1944), Pforzheim (23./24. Februar 1945) oder Potsdam (14./15. April 1945) verwüstet. Mit die größten Menschenverluste verursachten die alliierten Luftangriffe auf das mit Flüchtlingen vollgestopfte, wehrlose und militärisch ganz bedeutungslose Dresden, eine der berühmtesten Kulturstädte Europas, am 13./14. Februar 1945 mit über 35 000 Opfern.

Bilanz des Bombenkriegs

Die Luftangriffe zerstörten in Deutschland 3,37 Millionen Wohnungen oder vier Fünftel aller deutschen Großstädte mit mehr als 100 000 Einwohnern, töteten mehr als 600 000 Menschen und verletzten mehr als 900 000, ohne jedoch die Waffenproduktion wesentlich zu beeinträchtigen oder gar die Kampfmoral der deutschen Bevölkerung zu brechen. Im Gegenteil: das systematische „de-housing" erzeugte eher so etwas wie eine Trotzreaktion des „Jetzt erst recht!" und sollte viele Menschen noch einmal hinter dem Regime zusammenschweißen. Von insgesamt 113 000 in Dienst gestellten Flugzeugen verlor die Luftwaffe mit 72 000 fast zwei Drittel. Die Briten kostete der Luftkrieg gegen Deutschland 8325 Maschinen und 58 309 Mann fliegendes Personal, die 8. US-Luftflotte 11 687 Flugzeuge und 43 742 Mann.

Die Niederlage im Luftkrieg ist erneut ein instruktives Beispiel dafür, daß es nicht nur die unwiderstehliche materielle und technische Überlegenheit der Westalliierten (Entwicklung eines Fernjägers und Erfindung des „Rotterdamgerätes" zur Ortung feindlicher Ziele auch bei Nacht und Wolkenbildung) auf der einen und eine entsprechende Unterlegenheit der Deutschen (zunehmender Treibstoffmangel, nicht mehr ersetzbare Verluste von geschulten und erfahrenene Piloten) auf der anderen Seite waren, die das Pendel ab 1943 gegen Deutschland ausschlagen ließen. Diese Schwächen wurden noch potenziert durch mangelnde Stetigkeit in der Planung, Konzeptionslosigkeit, fehlende Koordination und ein Führungschaos an der Spitze des Reiches. Fehlentscheidungen und Unzuträglichkeiten in der Aufrüstung und Rüstungsplanung trieben nacheinander den Generalluftzeugmeister, Generaloberst Ernst Udet, am 18. November 1941 und nach den schweren Angriffen auf Hamburg und Peenemünde den Generalstabschef der Luftwaffe, Generaloberst Hans Jeschonnek, am 18. August 1943 in den Selbstmord.

Der viermotorige Fernbomber He 177 und die zweimotorige Me 210, gleichzeitig als Jäger, Bomber und Sturzkampfflugzeug gedacht, erwiesen sich als Fehlkonstruktionen oder gingen nach jahrelangem Hin und Her schließlich überstürzt in Serienproduktion, wie die He 177, bevor sie hinreichend erprobt waren. Göring kam es überall nur auf den Demonstrationseffekt für die Überlegenheit „seiner" Luftwaffe an – mit katastrophalen Folgen, wie sich in Dünkirchen und Stalingrad zeigen sollte. Sein ideologisch verblendetes Festhalten am Offensivdenken um jeden Preis bis zuletzt veranlaßte Hitler, den 1943 produktionsreifen überschnellen Jäger Me 262 mit Stahltriebwerk – eine wirkliche technische Revolution mit zukunftsweisender Bedeutung! – zum „Blitzbomber" weiterentwickeln zu lassen und dadurch die Serienfertigung und den Einsatz um wertvolle Monate über den 6. Juni 1944 hinaus zu verzögern. Die hohe Erfolgsquote der wenigen doch noch gegen Kriegsende als Jäger eingesetzten und mit Raketen bestückten Me 262, denen die Alliierten nichts Gleichwertiges entgegenzusetzen hatten, gibt zur Vermutung Anlaß, daß ihr rechtzeitiger und massiver Einsatz bereits 1943 dem Dach über der „Festung Europa" doch noch einen gewissen Schutz hätte garantieren können, ohne freilich das Kriegsglück entscheidend zu wenden!

„V-Waffen"

An der Spitze der „Wunderwaffen" (im Volksmund auch spöttisch „Wuwa" genannt), die mit gewaltigem propagandistischem Aufwand der bereits am „Endsieg" erheblich zweifelnden Bevölkerung angekündigt wurden, um ihren Kampfwillen zu stärken, rangierten die „Vergeltungswaffen": die rückstoßgetriebene, mit Tragflächen und Leitwerk ausgestattete und mit einer Selbststeuerungsanlage versehene, sechs Tage nach Beginn der Invasion 1944 zuerst eingesetzte Flugbombe Fi 103 (V 1) der Luftwaffe und die ballistische und mit dreifacher Schallgeschwindigkeit fliegende Flüssigkeitsrakete A 4 (V 2) des Heereswaffenamtes, die am 8. September 1944 erstmals gegen England abgeschossen wurde. Mangelnde Zielsicherheit und starke Streuung führten zwar zu erheblichen Verlusten insbesondere durch die V 2 in London und Umgebung, später in Antwerpen, Lüttich und Brüssel, und dazu, daß sich in Südengland erneut wie 1940 zeitweise Schrecken verbreitete und es zu überstürzten Massenevakuierungen kam (allein in England wurden durch die V 1 und V 2 fast 9000 Menschen getötet), aber wirkliche Auswirkungen auf den Kriegsverlauf sollten die „Wunderwaffen" nicht mehr haben. Von den insgesamt 32 600 Flugbomben kamen infolge des Verlustes der Abschußrampen bei Calais an der Kanalküste nur 68% zum Einsatz, 40% schlugen auf feindlichem Boden ein. Bei den 6500 gebauten V 2-Raketen lagen die entsprechenden Anteile bis März 1945 bei 48% bzw. 37%.

Während sich Wernher von Braun als „Schöpfer" der deutschen Raketenwaffe und später in den USA als einer der „Väter" der Mondrakete „Apollo" und als Chefplaner der NASA (ab 1970) feiern und hofieren ließ, blieb es bis 1995 in der Erinnerung der Deutschen nahezu verdrängt, daß in seiner Ära und mit seinem Wissen eines der schrecklichsten Verbrechen begangen worden ist, an dem die Überlebenden bis heute zu tragen haben: Die Sklavenarbeit von mehr als 30 000 Menschen bis Kriegsende, darunter überwiegend Zwangsarbeiter, Buchenwald-Häftlinge und Häftlinge aus anderen Konzentrationslagern, in Peenemünde und dann in den unterirdischen und bombensicheren

Stollen und Schächten im Südharz mit Schwerpunkt Nordhausen (Deckname dieses Rüstungszentrums war „Dora-Mittelbau"). Dahin war die Serienfertigung der künftigen „Vergeltungswaffen" seit der Bombardierung Peenemündes im August 1943 unter strengster Geheimhaltung verlegt worden. Von den Sklavenarbeitern kamen nach vorsichtigen Schätzungen sechzehn- bis zwanzigtausend Menschen durch Hunger, Entkräftung, Kälte, unvorstellbar brutale Mißhandlungen und willkürliche Tötungen durch die SS-Wachmannschaften um, wohl mehr Menschen, als den Waffen selbst zum Opfer fielen. Die später aus apologetischen Gründen versuchte Scheidung zwischen einem rein sachorientierten und „sauberen" technisch-wissenschaftlichen Bereich und der verbrecherischen SS dürfte durch die Zustände in Peenemünde und „Dora-Mittelbau" eindeutig widerlegt sein.

Der Landkrieg im Osten 1943

Die Entscheidung über den Ausgang des Krieges fiel 1943/44 freilich weder zu Wasser noch in der Luft, sondern an der Ost- und ab Juni 1944 auch an der Westfront. Im März 1943 standen die Truppen im Süden der Ostfront etwa wieder auf der Linie, aus der sie im Juni des Vorjahres die Sommeroffensive gegen Stalingrad und den Kaukasus eröffnet hatten. Nur bei Kursk war die Front tief nach Westen eingebuchtet. Im Norden stellten die Sowjets im Januar 1943 südlich des Ladogasees durch die Einnahme von Schlüsselburg die Landverbindung nach Leningrad endgültig wieder her. Bei der HG Mitte mußten in verlustreichen Rückzugsgefechten die Frontbogen von Demjansk und Wjasma/Rshew westlich von Moskau geräumt werden. Insgesamt hatten die beiden HG Nord und Mitte bis zum Frühjahr 1943 aber eine vergleichsweise festgefügte Front wiedererrichten können.

Kräfteverhältnisse

Die Lage im Osten hatte sich jedoch im Jahre 1943 gegenüber 1941 und 1942 gründlich gewandelt. Während auf deutscher Seite keine nennenswerten Reserven zur Auffüllung der schweren Verluste des Vorjahres mehr herangeführt werden konnten, sondern im Gegenteil nach der Landung der Alliierten in Sizilien am 10. Juli 1943 Truppen herausgezogen werden mußten und nunmehr mit der Eröffnung der europäischen Front – wenn auch zunächst auf dem „Nebenkriegsschauplatz" Italien – durch die Westmächte die Uhr endgültig für Hitler ablief, ohne daß er im Osten eine kriegsentscheidende Wende hatte herbeiführen können, stand ihm an der Ostfront ein hochmotivierter Gegner gegenüber. Er konnte hinsichtlich seiner Reserven an Menschen, Waffen, und Kriegsmaterial aus dem Vollen schöpfen (allein die sowjetische Produktion an gepanzerten Fahrzeugen lag mit 24 000 jährlich fast doppelt so hoch wie die deutsche mit 14 100 Panzern), hatte aus seinen operativen Fehlern der ersten beiden Jahre gelernt und war nun ebenfalls zur beweglichen Kriegsführung übergegangen.

Die Zeit der großräumigen Umfassungsbewegungen war nun endgültig vorüber. Die Monate einer erbitterten „Haltestrategie" mit höchstens noch begrenzten Teiloffensiven begannen. Propagandistisch groß herausgestrichener Auftakt einer solchen Teiloffensive sollte der mehrfach bis zur Heranführung der neuen Panzertypen „Tiger" und „Panther" verschobene Zangenangriff gegen den sowjetischen Frontbogen bei Kursk (Unternehmen „Zitadelle") im Norden von Orel und im Süden von Charkow aus am 5. Juli 1943 sein. Das Unternehmen „Zitadelle" entwickelte sich zur größten Panzerschlacht des zweiten Weltkrieges. Der mit 33 Divisionen, 2000 Panzern und 1800 Flugzeugen vorgetragene, von der Roten Armee freilich längst erwartete Angriff blieb schon am 12. Juli stecken und mußte einen Tag später abgebrochen werden. Nach einer erfolgreichen sowjetischen Gegenoffensive mußte der nördliche Frontbogen bei Orel auf eine Sehnenstellung bei Brjansk zurückgenommen werden. Das Gesetz des Handelns ging damit endgültig auf die Sowjets über.

Unternehmen „Zitadelle"

Die am 17. Juli 1943 am Donez beginnende sowjetische Generaloffensive weitete sich Zug um Zug auf den gesamten Raum zwischen Asowschem Meer und dem oberen Dnjepr aus. Der von Hitler am 12. August improvisiert befohlene „Ostwall" („Panther-Stellung") Narwa-Pleskau-Witebsk-Gomel-Dnjepr-Melitopol-Asowsches Meer wurde von der Roten Armee bereits im Herbst 1943 am Dnjepr überwunden. Ende Oktober schnitten die Sowjets die Landverbindung zur Krim ab. Am 6. November ging Kiew verloren. Tiefe Einbrüche wurden auch an der Nahtstelle zwischen den HG Mitte und Nord bei Newel erzielt. Gleichzeitig wurde die Räumung des Kuban-Brückenkopfes erzwungen und an der Ostküste der Krim bei Kertsch ein sowjetischer Brückenkopf aufgebaut.

Sowjetische Sommeroffensive 1943

Die Kampfkraft der deutschen Infanteriedivisionen war im Herbst 1943 auf 30 – 50% gesunken. 8400 sowjetischen Panzern konnten nur noch 2300 deutsche entgegengestellt werden. In der Luft operierten nur noch 840 einsatzbereite Maschinen. In einer Weisung vom 3. November 1943 befahl Hitler im Blick auf die im kommenden Jahr erwartete Invasion im Westen die dort stationierten Truppen personell und materiell bevorzugt auszustatten, um dann später nach einem Sieg über die Westalliierten erneut im Osten die Initiative zu ergreifen.

Bei ihren Rückzugsbewegungen in Südrußland wandte die deutsche Wehrmacht die Taktik der „verbrannten Erde" an: Zerstörung aller Verkehrs- und Versorgungseinrichtungen sowie der Wohnunterkünfte und Zwangsevakuierung der arbeits- und wehrfähigen Teile der Bevölkerung. Vorsichtige sowjetische Friedensfühler über Stockholm, die die beiderseitige Vorkriegsgrenze von 1914 zum Inhalt hatten, lehnte Hitler schroff ab, obwohl sie 1943 angesichts der Frontlage und des tiefen Mißtrauens der Moskauer Führung über den von den Westalliierten immer wieder verschleppten Aufbau der „zweiten Front" im Westen noch gewisse Chancen gehabt hätten.

Winteroffensive 1943/44

Am 24. Dezember 1943 leiteten die Sowjets ihre Winteroffensive gegen die HG Süd (vormals „Don") unter Generalfeldmarschall von Manstein vom Brückenkopf bei Kiew ein. Sie überschritten am 4. Januar die alte polnische Zwischenkriegsgrenze in Wolhynien bis Kowel und Luzk. Damit trieben sie südlich der Pripjet-Sümpfe einen 300 km tiefen Keil zwischen die HG Mitte und Süd. Umfassungsbewegungen nach Süden Richtung Viniza und Uman bedrohten die rückwärtigen Verbindungen der deutschen Truppen im Dnjepr-Frontbogen bei Nikopol und Kriwoi Rog. Hitler verbot den Rückzug, um in einer völlig aussichtslosen Situation noch die ukrainischen Erzgruben in deutscher Hand zu lassen. Schließlich setzte Manstein den Ausbruch der bei Tscherkassy am Dnjepr eingekesselten Truppen sowie die Rücknahme des ebenfalls von der Einkesselung bedrohten gesamten Frontbogens am Dnjepr im Februar 1944 unter schweren Verlusten an Menschen und Material durch, nicht ohne dadurch seine Stellung bei Hitler so zu erschüttern, daß er am 30. März 1944 wegen mangelnden Stehvermögens verabschiedet wurde.

Eine weitere sowjetische Offensive am 14. Januar 1944 drängte die HG Nord auf den Peipus-See zurück und beseitigte damit endgültig die finnisch-deutsche Bedrohung Leningrads. Die neue Front von Narwa über Pleskau-Witebsk bis zu den Pripjet-Sümpfen sollte dann bis zur Pause der Frühjahrsschlammperiode halten. Der zeitweilige Zusammenbruch der HG Nord am Wolchow und am Ilmensee bewog den finnischen Staatspräsidenten und Oberbefehlshaber Marschall Mannerheim Anfang Februar, bei der ersten Gelegenheit ein mögliches Ausscheiden Finnlands aus dem Krieg anzudeuten und erste – freilich noch vergebliche – Friedensfühler nach Moskau auszustrecken.

Frühjahrsoffensive 1944

Die nach einer kurzen Auffrischungspause am 4. März 1944 einsetzende sowjetische Frühjahrsoffensive drängte die Deutschen ganz aus der Ukraine heraus und führte die Rote Armee Mitte April auf die Linie Dnjestr-nördlich Jassy-Osthänge der Karpathen. Nach Überquerung des Bug, des Djnestr und des Pruth drangen die Sowjets auf altrumänisches Territorium vor und drohten die HG A, deren Streitkräfte teilweise noch auf der Krim standen, nach der Zurücknahme aus dem Dnjepr-Frontbogen erneut am Unterlauf des Flusses am Schwarzen Meer einzuschließen. Wieder kam es zur Führungskrise, der neben Manstein nun auch der Oberbefehlshaber der HG A, Generalfeldmarschall Ewald von Kleist, zum Opfer fiel, nachdem er seine HG umsichtig und erfolgreich vom Kaukasus zurückgeführt hatte.

Dies war die Stunde der „Durchhaltemarschälle" der letzten beiden Kriegsjahre, die wegen ihres „Stehvermögens" Hitlers besonderes Vertrauen genossen, nachdem der begabte Stratege der beweglichen Ope-

rationsführung, Erich von Manstein nicht mehr gefragt war: Walter Model, frisch zum Generalfeldmarschall befördert, übernahm die HG Süd von Manstein, nunmehr HG „Nordukraine", Ferdinand Schörner von Kleist die HG A, jetzt in HG „Südukraine" umbenannt.
Aber auch sie konnten das Kriegsglück im Süden der Ostfront nicht mehr wenden: Am 10. April 1944 räumte Schörner Odessa und zog bis Ende April seine Front auf den Dnjestr über Jassy und die Karpathenzugänge nach Norden bis Kowel zurück. Dort stellte Model mit seiner HG „Nordukraine" die Verbindung zur HG Mitte wieder her, die 1943 400 km weiter östlich vor den Pripjet-Sümpfen verlorengegangen war.
Am 8. März 1944 gab Hitler den Führerbefehl Nr. 11 zur Einrichtung von „festen Plätzen" heraus. Sie hatten sich nach rechtzeitiger Bevorratung als „Wellenbrecher" zur Verteidigung wichtiger Verkehrsstützpunkte und zur Bindung feindlicher Kräfte einschließen zu lassen. Ihr Kommandant sollte „ein besonders ausgesuchter, harter Soldat", möglichst im Generalsrang sein, vom Oberbefehlshaber der zuständigen HG ernannt werden, und „mit seiner Soldatenehre für die Erfüllung seiner Aufgaben bis zum letzten" haften.[49] Die Konsequenz dieser „festen Plätze" – u. a. Tarnopol und Kowel – waren hohe Verluste, ohne daß ihr militärischer Zweck auch nur annähernd erreicht wurde. Die sowjetische Frühjahrsoffensive endete am 12. Mai mit der Rückeroberung der Krim. Von ihr konnten noch fünf deutsche und sieben rumänische Divisionen der HG „Südukraine" (vormals A) mit 150 000 Mann über den rumänischen Hafen Konstanza im letzten Augenblick unter Zurücklassung fast der gesamten Ausrüstung und dem Verlust von über 60 000 Soldaten evakuiert werden.

Absprung der Verbündeten 1944

Wie brüchig damals schon die Herrschaft der Deutschen über Europa und wie stark erfolgsabhängig sie war, zeigen die ersten Absetzbewegungen in Finnland, Rumänien und Ungarn Anfang 1944 unter dem Druck der Niederlagen im Osten und der schweren Verluste auch der finnischen, rumänischen und ungarischen Verbände. Als die Sowjets bereits an den Grenzen Ungarns standen und begonnen hatten, den nördlichen Teil Rumäniens zu besetzen, suchten diese beiden Verbündeten zunächst, Kontakte zu den Westmächten anzuknüpfen, um einen Sonderfrieden zu erreichen, mußten sich aber schnell belehren lassen, daß nur eine Kapitulation gegenüber allen drei Koalitionspartnern in Frage komme. Hitler leitete, gewarnt durch den Abfall Italiens im September des Vorjahres, Gegenmaßnahmen ein und ließ Pläne für die Besetzung Ungarns („Margarethe I") und Rumäniens („Margarethe II") ausarbeiten.

Ungarn

Auf Anzeichen einer Fühlungnahme der ungarischen Regierung Kallay mit den Alliierten zitierte Hitler den Reichsverweser Admiral Horthy am 18. März 1944 ins Schloß Kleßheim bei Salzburg und erzwang ultimativ die Besetzung des Landes durch deutsche Truppen am folgenden Tag und die Bildung einer „nationalen" Regierung unter dem bisherigen Gesandten in Berlin, Döme Sztójay. Als Horthy am 15. Oktober 1944 nach Unterzeichnung eines geheimen Präliminarfriedens in Moskau über den Budapester Rundfunk den Waffenstillstand verkündete, wurde er nach Deutschland deportiert und dort interniert. Der innenpolitisch völlig isolierte, faschistische „Pfeilkreuzler" Ferencz Szálasi vollstreckte nun als „Staatsführer" die deutsche Politik, wozu neben der Fortsetzung des militärischen Kampfes auch die Deportation und Vernichtung der ungarischen Juden gehörte.

Rumänien

Der rumänische Staatsführer Ion Antonescu ließ im März 1944 über die rumänischen Oppositionsparteien Kontakte mit den Alliierten in Kairo anknüpfen, setzte dann aber, da er die alliierten Bedingungen als unerfüllbar ansah, vorerst den Kampf an der Seite Deutschlands fort. Erst der Zusammenbruch der HG „Südukraine" löste am 23. August 1944 den Staatsstreich aus. König Michael ließ Marschall Antonescu verhaften, proklamierte die Einstellung des Kampfes gegen die Sowjetunion und erklärte nach einem deutschen Luftangriff auf Bukarest am 25. August Deutschland den Krieg. Am 12. September 1944 wurde der rumänisch-sowjetische Waffenstillstand unterzeichnet.

Finnland

Der Zusammenbruch der karelischen Front zwang Finnland am 19. September 1944 zum Waffenstillstand mit Moskau. Die Finnen mußten sich u. a. verpflichten, militärisch an der Vertreibung der deutschen Lappland-Armee mitzuwirken sowie das Gebiet um Petsamo mit den Nickel-Vorkommen an die Sowjetunion abzutreten.

Die Rückschläge im Osten ab Sommer 1943 standen bereits im Schatten der Ereignisse im Mittelmeerraum und der Notwendigkeit, Verbände von der Ostfront dorthin zu verlegen.

Der Krieg in Nordafrika 1942/43

Als der britische General Montgomery am 23. Oktober 1942 mit weit überlegenen Kräften seiner 8. Armee eine Großoffensive gegen die deutsch-italienische Panzerarmee in der El-Alamein-Stellung 150 km von Kairo entfernt eröffnete und am 2. November zum Durchbruch ansetzte, war das Schicksal des „Afrikakorps" und seiner italienischen Verbündeten besiegelt. Rommel mußte am 13. November kampflos Tobruk, sieben Tage später Benghasi und am 23. Januar 1943 Tripolis räumen. Mit der Hauptstadt Libyens hatte Italien sein Kolonialreich endgültig verloren. Die Lage der deutschen und italienischen Truppen war längst unhaltbar geworden, nachdem in ihrem Rücken in Marokko und Algerien am 7./8. November 1942 anglo-amerikanische Truppen (Operation „Torch") überraschend gelandet waren. Eisenhower hatte die „zweite Front" eröffnet, zwar noch nicht in Nordfrankreich, wie es Stalin zur Entlastung seiner eigenen Front erhofft hatte, auch nicht auf dem Balkan und im östlichen Mittelmeerraum, wie es Churchill zur Sicherung der britischen Orientstellung anstrebte, aber immerhin doch mit Stoßrichtung gegen die verwundbare europäische Südflanke.

Pétain spielte ein Doppelspiel. Offiziell gab er aus Furcht vor deutschen Repressalien seinen Truppen in Nordafrika den Befehl zum Widerstand, inoffiziell ließ er seinem Vertreter, Admiral Darlan, der sich gerade in Algier aufhielt, freie Hand. Darlan ließ den Kampf einstellen (er wurde am 23. Dezember 1942 in Algier vermutlich von einem Anhänger de Gaulles ermordet) und Hitler am 11. November das bisher unbesetzte Frankreich besetzen (Unternehmen „Attila") sowie die Vichy-Streitkräfte und die Luftwaffe auflösen.
In Tunesien wurde unter erzwungener Duldung durch Pétain in aller Eile eine Abwehrfront gegen Eisenhowers von Algerien anrückenden Truppen aufgebaut. Die mit Luft- und Seetransporten nach Tunis gebrachten deutsch-italienischen Streitkräfte vereinigten sich mit Rommels notdürftig ergänztem „Afrikakorps", das inzwischen nach der Räumung Libyens im südlichen Tunesien bei Gabes an der Mareth-Linie gegen Montgomery Stellung bezogen hatte. Als Rommel am 6. März die Möglichkeit bezweifelte, den „Brükenkopf Tunesien" angesichts der erdrückenden Überlegenheit des Gegners und des zunehmend gestörten Nachschubs über das Mittelmeer längerfristig zu halten, wurde er - offiziell aus Gesundheitsgründen – drei Tage später durch Generaloberst von Arnim nunmehr als Befehlshaber der deutsch-italienischen „Heeresgruppe Afrika" abgelöst. Am 5. Mai begann der Endkampf um den „Brückenkopf Tunesien", am 7. Mai gingen die Nachschubhäfen Tunis und Bizerta verloren, und am 13. Mai kapitulierten die Reste der Heeresgruppe von Arnims; 250 000 Deutsche und Italiener gingen in britische und amerikanische Gefangenschaft. Die Ausrüstung von acht deutschen und sechs italienischen Divisionen war verloren. Es war eine Niederlage, die der von Stalingrad wenige Monate vorher kaum nachstand.
Roosevelt und Churchill vereinbarten auf der Washington-Konferenz vom 12. bis 25. Mai 1943, die Invasion Frankreichs endgültig auf Mai 1944 festzusetzen und sich in den noch verbliebenen Monaten des Jahres 1943 mit allen Kräften auf die Ausschaltung Italiens zu konzentrieren, das bereits alle Zeichen der militärischen und moralischen Erschöpfung zeigte. Churchill sah hier unter den mißtrauischen Blicken seiner amerikanischen Bundesgenossen nicht nur die Chance, deutsche Kräfte in Südeuropa zu binden und sie damit der Verteidigung gegen die geplante Invasion in Frankreich zu entziehen, sondern weit darüber hinaus die Möglichkeit, ein operatives Sprungbrett zu gewinnen, um den Zugang zur Adria zu öffnen und den westalliierten Einfluß auf dem Balkan durch eine Unterstützung der Partisanen in Jugoslawien und Griechenland zu sichern, bevor sowjetische Truppen dort eingriffen.

Besetzung Siziliens

Nach der Landung britischer und amerikanischer Streitkräfte im Süden und Südosten Siziliens am 10. Juli (Operation „Husky") brach der italienische Widerstand schnell zusammen. Die deutschen Divisionen konnten geordnet und ohne größere Verluste aufs Festland überführt werden. Mit der Besetzung Messinas am 17. August war Sizilien in alliierter Hand.

Der Sturz Mussolinis am 24./25. 7. 1943

Inzwischen hatten die politischen Ereignisse in Rom, das am 19. Juli seinen ersten alliierten Luftangriff erlebte, eine dramatische Wendung genommen. Die schweren und verlustreichen Niederlagen der Achsenstreitkräfte und der Beginn der alliierten Bombardements auf italienische Großstädte hatten die Stimmung nicht nur in der Bevölkerung, sondern auch in der faschistischen Partei auf den Nullpunkt sinken lassen. Der Krieg war in Italien nie populär gewesen, und man sah mit wachsender Sorge, daß Mussolini sein eigenes politisches Schicksal und das seines Volkes immer enger mit dem des von ihm bewunderten deutschen Diktators verknüpft hatte. Italien hielt den moralischen und materiellen Belastungen des Krieges nicht länger stand.
In diesem dramatischen Augenblick, da die Zukunft des Landes auf des Messers Schneide stand – weiterkämpfen an der Seite des Achsenpartners bis zur letzten Patrone nach der Parole „Sieg oder Untergang“ oder rechtzeitig aus dem Krieg aussscheren, um der Bevölkerung weitere Opfer zu ersparen -, zeigte sich, wie das nationalsozialistische Deutschland und das faschistische Italien nicht nur ideologisch allen theatralischen Bekundungen „unverbrüchlicher Achsenfreundschaft“ zum Trotz doch Welten voneinander trennten. Denn zum einen waren mit dem Königshaus Viktor Emanuels III. und dem Generalsstab zwei überkommene Institutionen mehr oder weniger intakt geblieben, die im Ernstfall als Alternative zum Faschismus und als Auffangstation bei seinem Zerbrechen fungieren konnten; zum anderen gab es in der faschistischen Partei selbst ein erhebliches und durchsetzungsfähiges Widerstandspotential gegen Mussolini. All dies existierte in Deutschland seit der Röhm-Affäre und dem Tode Hindenburgs im Sommer 1934 längst nicht mehr.
Am 24. Juli kündigte der Große Faschistische Rat, darunter auch der Schwiegersohn Mussolinis, Graf Ciano, dem Duce die Gefolgschaft auf und verlangte die Übertragung der Macht wieder auf die verfassungsmäßigen Institutionen Krone, Regierung, Parlament und Korporationen. Einen Tag später ließ der König Mussolini bei einer seiner regelmäßigen Audienzen verhaften und auf den Gran Sasso in den Abruzzen verbringen. Dort wurde er am 12. September von deutschen Fallschirmjägern unter dem SS-Hauptsturmführer Skorzeny befreit.
Für den neuen Regierungschef Marschall Badoglio, der im Dezember 1940 wegen seiner Kritik am Kriegseintritt als Chef des Oberkommandos verabschiedet worden war, begannen nun Wochen einer atemberaubenden Gratwanderung zwischen den Mächten und eines Wettlaufs mit der Zeit. Denn er wußte, daß Italien aus eigener Kraft mit nur 18

kaum motorisierten Divisionen im eigenen Lande, während 38 Divisionen als Besatzungstruppen außerhalb der Grenzen standen, den Frontwechsel gegen Deutschland nicht vollziehen konnte. Diese Erkenntnis zwang ihn zu einem riskanten Doppelspiel: Offiziell gaben der König und sein neuer Ministerpräsident die Erklärung ab, sie wollten den Kampf loyal an der Seite des Achsenpartners fortsetzen. Badoglio ließ zwar die faschistische Partei auflösen, verbot aber auch die Bildung demokratischer Parteien. Insgeheim liefen jedoch Sondierungen über Lissabon wegen eines Waffenstillstandes. Dieser sah im einzelnen die sofortige Einstellung der Kampfhandlungen, die Übergabe des italienischen Territoriums an die Alliierten, die Demobilisierung der Flotte und der Luftstreitkräfte, den Abzug der italienischen Truppen aus den noch besetzten Gebieten und die Auslieferung der alliierten Gefangenen vor. Badoglio versuchte, Zeit zu gewinnen und die Unterzeichnung des Waffenstillstandes hinauszuzögern, bis die Alliierten starke Kräfte möglichst nördlich von Rom zum Schutz der italienischen Regierung gelandet hätten.

Die Kapitulation Italiens am 8. 9. 1943

Aber diese Taktik mißlang, und ihr Mißlingen gab den Deutschen die Chance, ihre längst vorbereiteten Gegenmaßnahmen blitzschnell und erfolgreich in die Tat umzusetzen. Am 3. September wurde der Waffenstillstand in Cassibile auf Sizilien unterzeichnet. Am gleichen Tag landeten zwei britische Divisionen an der „Stiefel"-Spitze in Kalabrien und folgten den sich nach Norden zurückziehenden deutschen Kräften. Am 8. September ließ Badoglio den Waffenstillstand über den Rundfunk verkünden und löste damit unverzüglich die deutschen Gegenmaßnahmen (Fall „Achse") aus: Entwaffnung und Gefangennahme oder Entlassung der italienischen Soldaten im Mutterland, in Südostfrankreich, Griechenland, Jugoslawien und Albanien, Besetzung Roms durch deutsche Truppen und Verlegung weiterer Verbände nach Oberitalien. Die Regierung Badoglio setzte sich in das inzwischen von den Alliierten eroberte Brindisi ab und führte Italien in einer Art „Doppelregierung" zusammen mit einem neu gegründeten „Comitato de Liberazione Nazionale" der antifaschistischen Parteien in den Status der „co-belligeranza" mit den Briten und Amerikanern. Die italienische Flotte begab sich unter Verlust des Schlachtschiffes „Roma" in die Obhut der Alliierten.

Am 9. September landeten die Briten in Tarent, und die Amerikaner unternahmen unter General Clark die Hauptlandung in Salerno (Operation „Avalanche") – für Badoglios Kalkül einige Tage zu spät und viel zu weit südlich! Denn den deutschen Streitkräften gelang es unter General von Vietinghoff, nördlich von Neapel eine quer über das italienische Festland laufende, zusammenhängende Frontlinie zu errichten, die sogenannte „Gustav-Stellung" von der Mündung des Garigliano am Tyrrhenischen Meer bis zur Sangro-Mündung an der Adria. Gleichzeitig wurden Korsika und Sardinien geräumt.

Ende Dezember wurden Eisenhower und Montgomery nach London gerufen, um die Landung in der Normandie vorzubereiten. Den Oberbefehl über die anglo-amerikanischen Streitkräfte in Italien übernahm General Alexander. Die Landung eines amerikanischen Korps in Anzio und Nettuno am 22. Januar 1944 hinter der deutschen Front südlich von Rom führte ebensowenig zu einem durchschlagenden Erfolg, wie die Alliierten an der „Gustav-Stellung" vorankamen. Dort wurde der Monte Cassino mit seiner Benediktinerabtei und der vorgelagerten Stadt Cassino zu einem heftig umtobten und für beide Seiten sehr verlustreichen Schlachtfeld mit der Zerstörung unersetzlicher Kunstschätze. Erst am 25. Mai 1944 konnten die Alliierten eine Verbindung zwischen der ins Wanken geratenen Front bei Monte Cassino und ihrem Landekopf Anzio-Nettuno herstellen. Es begann ein allgemeiner und geordneter deutscher Rückzug nach Norden von der Adria bis zum Tyrrhenischen Meer. Am 4. Juni marschierten die Alliierten in das kampflos geräumte Rom ein. In den folgenden Wochen zogen sich die Deutschen auf eine Linie südöstlich von La Spezia-Bologna-nördlich von Rimini zurück. Hier erstarrte die – inzwischen – „dritte Front" der „Festung Europa" infolge eines ungewöhnlich harten Winters. Den Alliierten war es auf diesem – zugegebenermaßen – Nebenkriegsschauplatz nicht gelungen, von Süden her einen tödlichen Stoß in den „weichen Unterleib" der Achse zu führen.

Stopp des alliierten Vormarsches in Italien im Herbst 1943

Als kläglicher Epilog des Faschismus wurde am 15. September 1943 unter Mussolini eine faschistische „Repubblica Sociale Italiana" (RSI) in Salò am Gardasee etabliert. Es war ein Satellitenregime von deutschen Gnaden oder besser: von Gnaden des höchsten SS- und Polizeiführers in Italien, Karl Wolff, unter strikter Kontrolle aus Berlin, ohne Echo in der oberitalienischen Bevölkerung, ständig bedroht durch eine zunehmende, teilweise von Jugoslawien aus gesteuerte Partisanenbewegung in der Po-Ebene und völlig kompromittiert sowohl durch die Einbeziehung in die „Endlösung" als auch durch erste deutsche Schritte zur Annexion Südtirols, des Trentino und des julischen Venetiens.

Sowjetische Sommeroffensive am 22. Juni 1944

Als ein kriegsentscheidendes Datum hat sich der 6. Juni 1944, der Tag der alliierten Invasion in Nordfrankreich (Unternehmen „Overlord"), tief in die Erinnerung der Deutschen eingegraben. Darüber ist fast in Vergessenheit geraten, daß die Rote Armee etwa gleichzeitig, am 22. Juni 1944, dem Jahrestag von „Barbarossa", mit einer konzentrischen Großoffensive gegen die deutsche HG Mitte ansetzte und dieser in wenigen Wochen eine Katastrophe bereitete, die die von Stalingrad noch in den Schatten stellte. Die HG hielt einen weit nach Osten vorspringenden Frontbogen zwischen Witebsk und Bobruisk auf über 1000 km Länge mit nur 40 Divisionen und nicht mehr als 40 einsatzbereiten Kampfflugzeugen, während die sowjetische Luftwaffe fast die uneingeschränkte Luftherrschaft innehatte. Wieder führten sinnlose

„Haltebefehle“ Hitlers zur Einschließung von Divisionen und ganzen Armeen in den Städten Witebsk, Orscha, Mogilew und Bobruisk sowie im Raum Minsk. Nach der Einnahme der Stadt am 3. Juli wurden südöstlich die Reste der 4. Armee in einem Kessel zur Aufgabe des Kampfes gezwungen. Gleichzeitig zerrissen die Sowjets die Verbindungen zur HG Nord. Als der Oberbefehlshaber der HG Mitte, Generalfeldmarschall Busch, Hitler die Rücknahmc seiner völlig zerschlagenen Heeresgruppe auf eine Sehnenstellung an der Beresina vorschlug, wurde er am 28. Juni durch Generalfeldmarschall Model ersetzt, der gleichzeitig die Führung der südlich anschließenden HG „Nordukraine“ behielt. Als Model die Angreifer Ende Juli auf der Linie Kowno-Brest-Litowsk zeitweise aufhalten konnte, hatte die HG Mitte in vier Wochen 28 Divisionen mit 350 000 Mann verloren, die gefallen oder in sowjetische Kriegsgefangenschaft geraten waren. Durch ein gewaltiges Loch in der deutschen Mittelfront strömte die Rote Armee in Richtung Ostpreußen und Weichselbogen bei Warschau.

Der Norden

Dringende Mahnungen, Estland und Ostlettland rechtzeitig zu räumen und somit der Abschneidung im Baltikum zu entgehen, mußten sowohl der Chef des Heeresgeneralstabs, Zeitzler, als auch der Oberbefehlshaber der stark gefährdeten HG Nord, Generaloberst Frießner, mit ihrem Amt bezahlen. Zeitzler wurde am 21. Juli durch Generaloberst Guderian, und Frießner am 23. Juli durch Schörner ersetzt. Aber das Verhängnis nahm seinen Lauf. Südlich von Dünaburg, das am 27. Juli fiel, stieß die 1. Baltische Front unter General Bagramjan in die Lücke zwischen den HG Mitte und Nord, erreichte am 29. Juli die Rigaer Bucht bei Tukkum und schnitt die HG Nord in Estland und im nördlichen Lettland von ihren Landverbindungen nach Ostpreußen ab.
Auch im Süden gerieten die Fronten im Juli ins Wanken. Am 13. Juli drangen die sowjetischen Streitkräfte unter Konjew in einer weiteren Großoffensive in Galizien gegen die stark geschwächte deutsche HG „Nordukraine“ vor, eroberten Lemberg und bildeten an der oberen Weichsel bei Baranow am 29. Juli einen Brückenkopf am Westufer, den sie in den nächsten Wochen zu einer Absprungbasis für künftige Operationen Anfang 1945 ausbauten.

Die Mitte

Die 1. Weißrussische Front unter Marschall Rokossowski griff aus dem Raum Kowel an, überschritt den Bug, eroberte am 24. Juli Lublin und näherte sich Warschau, bevor sie 25 km vor der polnischen Hauptstadt von Model aufgefangen werden konnte. Inzwischen hatte sich am 1. August in Warschau die nationalpolnische Untergrundarmee beim Nähern der Sowjets erhoben („Warschauer Aufstand“), ohne jedoch von der Roten Armee Hilfe zu erhalten. Offenbar war Stalin nicht daran gelegen, daß sich nach dem Abzug der deutschen Besatzungstruppen und noch vor dem Eintreffen der Sowjets in Warschau eine nationalpolnische und antikommunistische Regierung etablierte. Denn er

hatte doch bereits selbst schon mit dem sogenannten „Lubliner Komitee“ und der sowjetisch kontrollierten polnischen Exilarmee unter General Berling Kräfte aufgebaut, die die Interessen Moskaus im befreiten Polen willfährig vertreten würden.
Als es den Angreifern auch nördlich von Warschau nicht gelang, aus einem über den Narew gebildeten Brückenkopf heraus nach Ostpreußen durchzustoßen, und ihr Angriffsschwung allmählich erlahmte, konnte die Front im Herbst 1944 zwischen Ostpreußen und Karpaten, den Narew und die Weichsel entlang bis zur Jahreswende 1944/45 stabilisiert werden.

Der Südosten

Weitaus dramatischer gestaltete sich die Lage an der deutsch-rumänischen Front in Moldavien und Bessarabien. Am 20. August begannen die 2. und die 3. Ukrainische Front unter den Generälen Malinowski und Tolbuchin eine Großoffensive zwischen Ostkarpaten und unterem Dnjestr gegen die HG „Südukraine“ unter dem im Norden abgelösten Generaloberst Frießner, die zum Verlust der neu aufgestellten 6. Armee südwestlich von Kischinew und zum Abfall Rumäniens und Bulgariens führte. Am 23. August wurde Marschall Antonescu von König Michael abgesetzt und zwei Tage später nach einem Luftangriff auf Bukarest den Deutschen der Krieg erklärt. Am 30. August ging das kriegswichtige Erdölgebiet von Ploesti verloren. Einen Tag später besetzten die Sowjets Bukarest, stießen von dort nach Westen durch die Walachei vor und stellten am 6. September 1944 am Eisernen Tor an der Donau die Verbindung zu Titos Partisanenverbänden her.
Obgleich in Sofia eine am 2. September beim Annähern der Roten Armee gebildete prowestliche Regierung Murawjew durch die Kündigung des Dreimächte- und des Antikominternpaktes und eine Kriegserklärung an Deutschland am 8. September der sowjetischen Besetzung zu entgehen hoffte, erklärten die Sowjets am 5. September Bulgarien den Krieg und erzwangen durch einen kommunistisch gesteuerten Putsch in der Nacht zum 9. September unter Georgieff und durch ihren Einmarsch einen Waffenstillstand. Zehn Tage später war Sofia in sowjetischer Hand.
Der Abfall Rumäniens und Bulgariens und das Vordringen der Roten Armee bis Jugoslawien machte die Räumung Griechenlands durch die dort von der Abschnürung bedrohte HG E unter Generaloberst Löhr zwingend notwendig. Während zahlreiche griechische Inseln abgeschnitten blieben, konnte sich Löhr mit seiner Heeresgruppe aus Griechenland, Albanien und Serbien bis zur Linie Esseg-Sarajewo-Mostar zurückziehen und bis zum Frühjahr 1945 den kroatischen Satellitenstaat verteidigen.
Bis Anfang Oktober drang die 2. Ukrainische Front von Rumänien aus durch Siebenbürgen nach Westen bis Szegedin und an die Theiß auf ungarischen Boden vor, konnte aber Mitte und Ende Oktober durch

zwei mehrtägige Panzerschlachten in der Pußta südlich und nördlich von Debrecen zeitweilig aufgehalten werden. Der Einfall nach Ungarn war für den ungarischen Reichsverweser von Horthy Anlaß, mit Moskau Waffenstillstandsverhandlungen aufzunehmen. Er wurde aber am 15. Oktober von einem SS-Kommando unter dem Mussolini-Befreier Skorzeny auf der Budapester Burg zum Widerruf der Waffenstillstandsproklamation und zur Abdankung gezwungen und nach Deutschland verbracht. Den blutigen Endkampf an der Seite Deutschlands führte fortan der faschistische „Pfeilkreuzler" Szálasi. Am 24. Dezember wurde Budapest von der östlich über die Theiß vorstoßenden 2. Ukrainischen Front und der westlich über die Donau zum Donauknie bei Gran durchgebrochenen 3. Ukrainischen Front mit 33 000 deutschen und 37 000 ungarischen Soldaten eingekesselt und bis zum 11. Februar 1945 unter schrecklichen Verlusten gerade auch unter der Zivilbevölkerung gehalten. Damit lag um die Jahreswende 1944/45 die Oberungarische Tiefebene für einen Vorstoß auf Preßburg und Wien offen.

Das Baltikum

Das Ausscheiden Finnlands aus dem Krieg und die Einstellung des Kampfes gegen die Sowjetunion am 4. September erlaubte es der sowjetischen Führung, nunmehr ihre gesammelten Kräfte auf die HG Nord unter Schörner zu konzentrieren. Als es am 20. August noch einmal kurz gelungen war, an der Küste des Rigaer Meerbusens bei Tukkum einen schmalen Korridor zur HG Nord im Baltikum zu öffnen, scheiterte auch Guderian wie sein Vorgänger Zeitzler bei Hitler mit seinem Vorschlag, die HG Nord nach Kurland zurückzunehmen. Das Verhängnis dieser Heeresgruppe nahm in den folgenden Wochen seinen Lauf. Unter dem konzentrischen Angriff von vier weit überlegenen sowjetischen „Fronten" mußte sich Schörners Heergruppe Mitte Oktober doch noch nach Kurland zurückziehen und wurde hier durch den Vorstoß der 1. Baltischen Front unter General Bagramjan nach Memel zur Küste endgültig von einer Landverbindung nach Ostpreußen abgeschnitten. In sechs großen und verlustreichen „Kurlandschlachten" hielten sich im Winter 1944/45 26 Divisionen der eingekesselten „Kurland-Armeen" bis Kriegsende.

Ostpreußen

Eine am 16. Oktober 1944 beginnende sowjetische Offensive gegen Ostpreußen in Richtung Königsberg konnte nach Anfangserfolgen abgeschlagen und das verlorengegangene Gebiet um Nemmersdorf (Kreis Gumbinnen) und Goldap bis zum 5. November zurückerobert werden. In Nemmersdorf wurden Spuren grausamer Greueltaten an der deutschen Zivilbevölkerung entdeckt und von Goebbels sofort in den Dienst seiner Durchhalte-Parolen genommen. Die Rache der Sieger für die deutschen Besatzungsgreuel in der Sowjetunion schlug nun auf die wehrlose Zivilbevölkerung zurück.

Der Sturm auf die „Festung Europa" hatte die Rote Armee Ende 1944 bis an die Reichsgrenze geführt oder ihr zumindest durch die Gewi-

nung von Brückenköpfen über die Weichsel bei Baranow und über den Narew die entscheidenden Ausgangspositionen für die letzten Offensiven über die Oder nach Berlin in die Hand gegeben.
Im Westen standen die Alliierten bereits seit Herbst bei Aachen auf deutschem Boden. Nach der Errichtung der „zweiten Front" in der Normandie im Juni/Juli 1944 hatte ein schneller und relativ reibungsloser Vormarsch auf die deutsche Reichsgrenze eingeleitet werden können.

Die allierte Invasion in Frankreich 6. 6. 1944

Es war eine ganze Reihe von Faktoren auf deutscher und gegnerischer Seite, die die Invasion bereits am ersten Abend des 6. Juni 1944 hat gelingen lassen – übrigens ungeachtet der tiefen Skepsis, die insbesondere Churchill bis zuletzt gegenüber einem in der bisherigen Geschichte technisch und logistisch beispiellosen Unternehmen hegte, und ungeachtet auch seiner Alpträume, die Briten könnten ein zweites Dünkirchen erleben, und dies werde das Ende seiner Rolle als Kriegspremier sein. Da war zunächst und vor allem die nahezu unüberwindliche materielle Überlegenheit der Alliierten zur See und in der Luft. Die erste Welle setzte in der Nacht zum 6. Juni mit 3100 Landungsfahrzeugen unter dem Feuerschutz von über 1200 Kriegsschiffen über – darunter sieben Schlachtschiffe, 23 Kreuzer und 105 Zerstörer. Dem konnte die deutsche Kriegsmarine nur wenige Zerstörer, Torpedo- und Schnellboote entgegensetzen. Bis zum 12. Juni brachten die Alliierten 326 000 Soldaten, 54 000 Fahrzeuge und 104 Tonnen Material in die Normandie, um einen zusammenhängenden Landekopf von 100 km Länge und 30 km Tiefe zu sichern, bis Ende Juni waren es 1,566 Mio. Mann.
Mit Hilfe ihrer enormen Luftüberlegenheit, des Einsatzes von Luftlandetruppen und von Sabotagetrupps der französischen Résistance wurden die Verkehrs- und Kommmunikationswege in der Normandie gleich am Anfang so nachhaltig gestört, daß es den Deutschen nicht mehr gelang, rechtzeitig und in entsprechendem Umfang Verstärkung nach vorn zu führen.
Durch ein geniales Täuschungsmanöver war es den Alliierten gelungen, die deutsche Führung allzu lange in dem Glauben zu lassen, die eigentliche Landung werde weiter nördlich bei Calais an der schmalsten Stelle des Kanals erfolgen. Mit Hilfe des Funkverkehrs wurde die Existenz von imaginären Divisionen, Korps, Armeen und sogar einer fiktiven 1. amerikanischen Heeresgruppe in Südostengland simuliert, die sich anschickte, nach Calais überzusetzen.
Auch hatten die Deutschen mit einer Landung in einem Hafen gerechnet und nicht damit, daß der Nachschub über zwei künstliche Häfen („Mulberries") aus versenkten Schiffen und Betoncaissons sowie durch eine Pipeline herangebracht werden würde. Weiter wird man nicht vergessen dürfen, daß im Sommer 1944 etwa die Hälfte der deutschen Truppen im Osten durch die sowjetischen Offensiven gebunden war, während die dem Oberbefehlshaber West, Generalfeldmarschall von

Rundstedt, unterstehenden 58 Divisionen weniger Fronterfahrung hatten und teilweise eher zweitklassig waren.

Chaos in der deutschen Führung

Schließlich wirkten sich wieder einmal die chaotischen Kommandostrukturen und die konzeptionellen Grabenkämpfe in der militärischen Führung in Berlin als schwere Belastung aus. Hitler lehnte es im starren Vertrauen auf den Atlantikwall, der im übrigen in der Normandie noch gar nicht ausgebaut war, ab, Weisungen für eine operative Kriegsführung im französischen Raum zu geben. Im Westen wurde unter dem nominellen Befehl Rundstedts die HG B an der Kanalküste von Generalfeldmarschall Erwin Rommel, die HG G in Südfrankreich von Generaloberst Johannes Blaskowitz kommandiert. Die Panzergruppe West unter General Leo Geyr von Schweppenburg war Rundstedt direkt unterstellt. Rommel wollte mit Rücksicht auf die feindliche Luftüberlegenheit die verfügbaren Panzerdivisionen und Reserven möglichst küstennah stationieren, um sie schnell und massiv gegen die Landungstruppen einsetzen zu können, solange sie sich noch in Strandnähe entfalteten und entsprechend verwundbar waren. Geyr dagegen sprach sich für eine Stationierung im Hinterland aus, um die Panzerkräfte erst dann an die Front zu führen, wenn Sicherheit über die Hauptlandung bestehe. Genau dies sollte sich aber verhängnisvoll auswirken. Denn die alliierten Luftstreitkräfte hielten sofort die Zufuhrwege unter Kontrolle. Die Reserven konnten nur tropfenweise, verspätet und unter enormen Schwierigkeiten aus größerer Entfernung und wegen Treibstoffmangels nur mit der Bahn herangeführt werden. Sie standen dann nicht, wie Rommel es geplant hatte, für einen massiven und gezielten Gegenschlag an der Küste zur Verfügung, sondern wurden sofort nach ihrem Eintreffen „verheizt". Rundstedts Kompromiß zwischen Rommel und Geyr führte nun erst recht zu einer Zersplitterung der Panzerkräfte: Beiden Heeresgruppen wurden je drei Panzerdivisionen zugeordnet, die bei Bedarf schnell zur jeweils anderen wechseln sollten. Vier weitere Panzerdivisionen wurden als mobile Reserve zurückgehalten, um sie dann an kritischen Punkten einsetzen zu können.

Diese Reserven waren jedoch als Panzergruppe West nicht Rundstedt, sondern dem Befehl Hitlers direkt und dem OKW unterstellt und damit im Ernstfall für die Frontkommandeure nicht automatisch verfügbar. Sie wurden vom OKW erst mit Verzögerung freigegeben, zumal Hitler noch bis in den Juli hinein mit einer zweiten Landung im Pas-de-Calais rechnete. Rommels verzweifeltes Bemühen, dem Führungsdurcheinander auf dem westlichen Kriegsschauplatz ein Ende zu machen und alle Verbände sowie dort eingesetzten Teile der Luftwaffe, der Marine und der Organisation Todt Rundstedt unmittelbar zu unterstellen, scheiterten an der eisigen Ablehnung Hitlers. Der Feldmarschall hatte in diesen entscheidungsreichen Wochen, wie wir heute wissen, den

Krieg längst verloren gegeben und Kontakte mit dem Widerstand angeknüpft.

Um mögliche Mißverständnisse auszuräumen: Kompetenzenchaos und Führungsmängel auf deutscher Seite waren nur zusätzliche Elemente, die die unwiderstehliche Übermacht der Alliierten an Menschen und Kriegsmaterial noch stärker zur Geltung kommen ließen, jedoch nie kriegsentscheidend. Überdies standen die anglo-amerikanischen Streitkräfte von Anfang an unter dem gemeinsamen Oberkommando des „Supreme Headquarter of Allied Expeditionary Forces" (SHAEF) mit Eisenhower an der Spitze, was freilich erhebliche Reibungen mit dem britischen Oberkommandierenden, dem exzentrischen Feldmarschall Montgomery, nicht ausschloß.

Bei dem in jeder Weise ungleichen Kräfteverhältnis überrascht es doch, daß die deutschen Streitkräfte zwar ein schnelles Zusammenwachsen der beiden amerikanischen („Utah-Beach", „Omaha-Beach") und der drei britisch-kanadischen Landungsköpfe („Gold", „Juno", „Sword") zwischen der Ostküste der Halbinsel Cotentin im Westen und der Orne-Mündung bei Caen im Osten nicht verhindern, aber doch die Halbinsel selbst bis Ende Juli abgeschnürt halten konnten.

Vormarsch der Alliierten in Frankreich bis zum Herbst 1944

Auch auf dem westlichen Kriegsschauplatz wiederholte sich das, was von der Ostfront inzwischen sattsam bekannt war: Alle Bemühungen der erfahrenen Frontkommandeure vor Ort, rechtzeitig Frontbegradigungen vorzunehmen, um die Truppen vor Einkesselungen zu bewahren und höhere Verluste zu verhüten, stießen bei Hitler auf taube Ohren. Sie wurden in der Regel mit dem bereits bekannten Befehl, jeden Quadratmeter Boden zäh zu verteidigen und „feste Plätze" einzurichten, sowie damit beantwortet, daß der „Führer" seine Warner in die Wüste schickte. So erging es Rundstedt, als er Anfang Juli zusammen mit Rommel vorschlug, Caen zu räumen, hinter die Orne zurückzugehen und durch Herauslösen der Panzerverbände aus der Verteidigungsfront zeitweise die operative Initiative einer beweglicheren Kriegsführung wiederzuerlangen. So erging es seinem Nachfolger von Kluge, als er im August Hitler den rechtzeitigen Rückzug hinter die Seine und den Aufbau einer geschlossenen Verteidigungslinie mit den aus Südfrankreich herausgezogenen Kräften bis zur Schweizer Grenze vorschlug und dann in eigener Verantwortung einen Teilrückzug bei Falaise befahl, bevor die Schlinge dort zugezogen wurde. Er wurde am 17. August durch Model ersetzt und nahm einen Tag später auf der Rückfahrt nach Deutschland Gift.

Am 15. Juli prophezeite Rommel, daß der sich laufend und ungestört verstärkende Gegner „in absehbarer Zeit [...] in die Weite des französischen Raumes" durchbrechen werde. *Die Truppe kämpft allerortens heldenmütig, jedoch der ungleiche Kampf neigt sich dem Ende entgegen. Es ist m.E. nötig, die Folgerungen aus dieser Lage zu ziehen.*[50]

Zwei Tage später wurde der Feldmarschall durch einen Tieffliegerangriff schwer verwundet und fiel damit sowohl als Frontkommandeur als auch für die Vorbereitung und Durchführung des Staatsstreiches am 20. Juli 1944 aus.
Mit seinen pessimistischen Ahnungen sollte er schnell recht bekommen. Am 25. Juli durchbrachen die Amerikaner westlich von St. Lo die deutsche Front, erreichten am 31. Juli Avranches und gingen zum weiträumigen Bewegungskrieg über. Fächerförmig stießen sie unter General Patton nach Westen in die Bretagne, nach Süden Richtung Loire, nach Südosten auf Le Mans und nach Osten bis Mortain vor. Am 19. August schloß sich durch einen Zangenangriff der Amerikaner von Le Mans nach Norden und der Kanadier von Caen nach Süden bei Chambois der Kessel von Falaise. 45 000 Mann mußten sich ergeben. Schwer waren die Verluste an Panzern und wertvollem Kriegsmaterial.
Es ging fortan nur noch darum, den Rückzug der Trümmer des Westheeres auf eine improvisierte neue Front belgisch-niederländische Grenze – Westwall bis Trier – westlich Elsaß-Lothringen in den nächsten Wochen nicht zur Katastrophe werden zu lassen. Am 15. August landeten amerikanisch-französische Streitkräfte an der Mittelmeerküste zwischen Cannes und Toulon und stießen zügig zur französisch-italienischen Alpengrenze und Rhone-aufwärts in Richtung Lyon-Dijon vor. Am 25. August zog eine zu Pattons Armee gehörende französische Panzerdivision und mit ihr unter dem Jubel der Bevölkerung auch de Gaulle in Paris ein, das der deutsche Stadtkommandant von Choltitz gegen den ausdrücklichen Willen Hitlers kampflos übergab. Der triumphale Einzug in die französische Hauptstadt war eher ein symbolischer Akt nationaler Identitätsstiftung, um die Beteiligung der freifranzösischen Kräfte und der Résistance an der Befreiung des Landes zu dokumentieren.
Gegen den dringenden Wunsch Montgomerys, in einem energischen Stoß durch Belgien und Holland noch im Herbst das Ruhrgebiet zu erobern, bevorzugte Eisenhower, da er den Nachschub noch nicht für gesichert hielt, den geschlossenen und systematischen Vormarsch auf der ganzen Breite der Front in Richtung Rhein, bis die verbesserte Organisation der Zufuhren aus den USA den gezielten und massiven Endstoß ins Reich möglich machte.
Am 3. September fiel Brüssel in alliierte Hand, einen Tag später Antwerpen, dessen Zufahrt freilich noch bis November von den Deutschen an der Scheldemündung blockiert blieb. Um das Verlangsamen der alliierten Offensive und den Verlust ihrer Schwungkraft durch die zögerliche Taktik Eisenhowers zu verhindern und nach Möglichkeit doch noch Ende 1944 die schnelle Entscheidung herbeizuführen, ließ Montgomery am 17. September starke Luftlandetruppen hinter den deutschen Linien bei Arnheim und Nimwegen absetzen, um die Rhein-

brücken zu besetzen und dann ins Ruhrgebiet und in die norddeutsche Tiefebene vorzustoßen. Das Unternehmen mißlang, und 6500 Briten gerieten in deutsche Gefangenschaft. Nach schweren Kämpfen wurde am 21. Oktober Aachen als erste deutsche Großstadt erobert, und die Amerikaner drangen nach einem wochenlangen und verlustreichen Einsatz bis Anfang Dezember zur Rur (Roer), einem Nebenfluß der Maas, bei Düren vor, wo sie vorerst steckenblieben. Der mehrfach versuchte Durchbruch durch die deutsche Front an der Reichsgrenze gelang nicht. Am 22./23. November wurden Metz und Straßburg besetzt. Doch konnte sich die deutsche Front auch hier von der Schweizer Grenze bis Trier am Oberrhein und am Westwall entlang, der schnell wieder in einen Verteidigungszustand gesetzte wurde, mit einem ausgedehnten Brückenkopf am Westufer des Oberrheins bei Kolmar mit Wintereinbruch stabilisieren.

Ardennen-offensive Dezember 1944

Während die Alliierten nach der Öffnung des Nachschubhafens Antwerpen für die dringend benötigten Geleitzüge ihre weiteren Operationen planten, wurden sie am 16. Dezember frühmorgens um 5.30 Uhr von der Ardennenoffensive im Raum zwischen Monschau und Echternach völlig überrascht. Mit frischen Infanteriedivisionen, für die die anderen Frontabschnitte auch an der Ostfront entblößt und die letzten Reserven zusammengekratzt wurden, und einer neu aufgestellten 6. SS-Panzerarmee, die u. a. mit dem überlegenen neuen Typ „Panther" ausgestattet wurde, wollte Hitler in einer letzten Kraftanstrengung mit einem Stoßkeil wie 1940 durch die Ardennen und über die Maas nach Antwerpen und an die Kanalküste vordringen. Seine Ziele waren dabei, die nördlich davon stehenden Streitkräfte Montgomerys in den südlichen Niederlanden und im nördlichen Belgien einzuschließen und zu vernichten (Unternehmen „Wacht am Rhein"), die Anti-Hitler-Koalition zu sprengen und auf diese Weise doch noch die Kriegswende herbeizuführen.

Offenbar war der Diktator wieder einmal einem Mythos, dem Mythos der siegreichen „Ardennenschlacht" und der „Operation Sichelschnitt" vom Mai 1940 erlegen und bewegte sich in der Illusion, einen zweiten erfolgreichen „Sichelschnitt" herbeizwingen zu können. Er setzte sich damit gegen den ausdrücklichen Rat seiner erfahrenen Frontbefehlshaber – ab 4. September wieder von Rundstedt als Oberbefehlshaber West und Model als verantwortlich für die HG B – durch, doch nur die „kleine Lösung" bis zur Maas anzustreben.

Nicht einmal dieses erste Etappenziel, der Maasübergang, wurde erreicht. Die deutschen Truppen blieben vor Malmédy, bei Bastogne und im nördlichen Luxemburg stecken. Am 27. Dezember mußten die Angreifer überall zur Verteidigung übergehen, das Unternehmen war gescheitert. Wiederum hielt Hitler gegen den Rat von Rundstedt und Model an der gewonnenen Frontausbuchtung („The Bulge") zu lange hartnäckig fest, bis sich auch hier am 16. Januar 1945 die von Norden und Süden angesetzten Zangenarme der Alliierten schlossen und die Deutschen beim Rückzug mehr Panzer und Sturmgeschütze zurücklassen mußten, als die ganze Ardennenoffensive gekostet hatte. Nicht minder erfolglos war ein zweiter, von Hitler am 31. Dezember befohlener Offensivstoß weiter südlich aus dem saarländischen und pfälzischen Raum nach Süden und aus dem Brückenkopf von Kolmar nach Norden, um Straßburg und das Elsaß zurückzugewinnen. Erst auf energische Intervention de Gaulles bei Eisenhower persönlich sahen die Amerikaner von ihrer Entscheidung ab, Straßburg kampflos zu räumen, und brachten die deutsche Offensive zum Stehen.

Sowjetische Winteroffensive im Januar 1945

Die Winteroffensiven im Westen 1944/45 hatten die Ostfront genau in dem Augenblick von dringend benötigten Kräften entblößt, als die Rote Armee am 12. Januar 1945 aus dem Weichselbrückenkopf von Baranow mit der 2. Ukrainischen Front unter Marschall Konjew und am nächsten Tag mit der 1. Weißrussischen Front unter Marschall Schukow aus weiteren Weichselbrückenköpfen zur Großoffensive gegen die HG A (vormals „Nordukraine“) unter Generaloberst Harpe ansetzte und bereits in den ersten Tagen tiefe Einbrüche nach Westen erzielte. Innerhalb kurzer Zeit dehnte sich diese Offensive auf die gesamte Ostfront zwischen der Memel und den Karpaten aus. Harpe wurde durch Schörner ersetzt.

Wieder war der feindlichen Großoffensive ein wochenlanges Ringen mit Hitler vorausgegangen, rechtzeitig hinreichende Reserven bereitzustellen und die weit auseinandergezogene Ostfront durch die Zuführung frischer Truppen zu sichern und zu stabilisieren. Entsprechende Bemühungen des für die Ostfront als OKH-Schauplatz verantwortlichen Heeresgeneralstabschefs Guderian, bei Hitler den Abzug der Kurland-Armeen und ihre Überführung an die Ostfront zusammen mit weiteren Verbänden aus Norwegen, Norditalien und Jugoslawien sowie die Verlegung aller entbehrlichen Kräfte von der Westfront an die Weichsel unter Abbruch der Ardennenoffensive durchzusetzen, wurden mit einem schroffen Nein beantwortet. Im Gegenteil: Hitler ließ noch Truppen aus Polen und von der Westfront abziehen, um Budapest – ohne Erfolg – zu entsetzen, die ungarischen und österreichischen Ölquellen zu verteidigen und den letzten Bundesgenossen nicht zu verlieren. Warnungen vor einem gewaltigen Aufmarsch der Sowjets im Osten tat er mit der höhnischen Einschätzung ab, es handele sich hier um „den größten Bluff seit Dschingis Khan“ (Guderian).

Aus seinem am 16. Januar in die Reichskanzlei verlegten letzten Führerhauptquartier befahl Hitler, ihm fortan jede Aufgabe einer Stellung von der Division aufwärts so rechtzeitig zu melden, daß er noch mit einem Gegenbefehl eingreifen konnte. Aber Konjew ließ sich nicht aufhalten. Ende Januar überschritten seine Truppen die schlesische Grenze und nahmen das oberschlesische Industriegebiet nahezu unzerstört ein. Damit werde, so Speer in einer Denkschrift vom 30. Januar, die Fortsetzung des Krieges in wenigen Wochen unmöglich sein. Doch Hitler reagierte nicht. Gleichzeitig setzten Konjews Verbände südlich und nördlich von Breslau über die Oder. Die Stadt war am 15. Februar eingeschlossen und konnte bis zum 6. Mai gehalten werden. Die Front kam erst am Rande der Sudeten und im Bereich der Lausitzer Neiße und der Oder vorübergehend zum Stehen.

Schukows Truppen drangen am 18. Januar in das inzwischen geräumte Warschau ein, besetzten am nächsten Tag Lodz und schlossen am 27. Januar Posen ein. Ende Januar erreichten sie nördlich von Konjews Verbänden ebenfalls die Oder und bildeten am Westufer bei Küstrin und südlich von Frankfurt zwei Brückenköpfe, die Berlin nun unmittelbar bedrohten. Schukows Nordflügel näherte sich nach der Einnahme Brombergs am 23. Januar der Grenze Pommerns.

Beginn der Massenflucht aus dem Osten

Zur Katastrophe für die Zivilbevölkerung wurde die zur gleichen Zeit gegen Ostpreußen, das von der HG Mitte unter Generaloberst Reinhardt verteidigt wurde, vorgetragene Winteroffensive. Während die 3. Weißrussische Front unter General Tscherniakowski vom Osten her Richtung Königsberg vorstieß, drang die 2. Weißrussische Front unter Marschall Rokossowski aus dem Narew-Brückenkopf bei Putulsk nach Nordwesten vor, nahm am 22. Januar Allenstein ein, erreichte am 26. Januar östlich von Elbing das Frische Haff und schnitt damit die Landverbindung nach Ostpreußen ab. Reinhardt wurde durch Generloberst Rendulić abgelöst, der aber auch die Verbindung nach Elbing nicht mehr herstellen konnte. Was sich nun in den eisigen Wintermonaten 1944/45 in Ost- und Westpreußen, in Pommern und Schlesien abspielte, gehört sicher mit zu den größten Tragödien dieses von Deutschland entfesselten Krieges.

Denn inzwischen hatte sich – durch die Schuld der politischen Leiter oft viel zu spät – ein gewaltiger Flüchtlingstreck vor den schnell vorrückenden sowjetischen Truppen von Ostpreußen nach Westen in Bewegung gesetzt. Nach der Abschnürung wandte sich dieser Strom nun nach Norden, um das Reich über die Frische Nehrung oder auf dem Seeweg zu erreichen. Von den Ostseebrückenköpfen um Königsberg und Pillau wurde von der deutschen Kriegsmarine eine großangelegte Rettungsaktion durchgeführt. Wer von der Roten Armee eingeholt und überrollt wurde, mußte meistens mit Tod, Verschleppung oder Vergewaltigung rechnen. Königsberg kapitulierte am 9. April, Pillau wurde bis zum 25. April gehalten, Danzig bereits am 30. März erobert.

Weiter westlich durchbrachen die Streitkräfte Schukows die Front der neu aufgestellten HG „Weichsel“ zunächst unter dem Oberbefehl des militärischen Laien Himmler, dann unter Generaloberst Heinrici in Pommern und stießen auch hier durch das mit Flüchtlingstrecks vollgestopfte Land zur Ostseeküste vor. Die „Festung Kolberg" verteidigte sich vom 7. bis zum 18. März, bis die Massen von Verwundeten und Flüchtlingen von der Kriegsmarine evakuiert waren. Nach Westen drehend, erreichten Schukows Truppen den Unterlauf der Oder und das Stettiner Haff, in Gegenrichtung Rokossowskis Streitkräfte die untere Weichsel und die Danziger Bucht. Auch hier wurden noch Tausende von Flüchtlingen, die aus ihrer Heimat in Pommern, West- und Ostpreußen geflohen waren, sowie Verwundete, die aus Kurland und der nördlichen Ostfront hierhergebracht worden waren, über den Hafen Gdingen bis zum 28. März über See abtransportiert. So gelang es der Kriegsmarine bis Mai 1945 immerhin, rund 1,5 Mio. Flüchtlinge und eine halbe Mio. Soldaten und Verwundete von den Küsten Kurlands, Ostpreußens, der Danziger Bucht und Pommerns in den Westen zu bringen.

Die Winteroffensive 1944/45 hatte die Rote Armee an die Oder und Lausitzer (westliche) Neiße auf der Länge von Stettin bis Görlitz und an den Nordrand der Sudeten geführt. Die Organisierung des Nachschubs durch Polen erzwang wenige Wochen Ruhe, bis die sowjetischen Truppen in ihrer letzten Großoffensive am 16. April von der Lausitzer Neiße und der mittleren Oder bei Küstrin in einem Wettlauf zwischen Konjew im Süden und Schukow im Norden zum Endstoß auf Berlin ansetzten. Konjew konnte die deutsche Front schon beim ersten Anlauf durchbrechen und sich am 25. April mit den Amerikanern bei Torgau an der Elbe vereinigen. Nach Nordwesten gingen seine Verbände auf Berlin vor. Schukow gelang der Durchbruch erst nach sehr harten und für beide Seiten ungeheuer verlustreichen Kämpfen auf den Seelower Höhen am Westrand des oberen Oderbruches am dritten Tag. Er umging Berlin im Norden. Am 25. April trafen die Zangenarme der beiden sowjetischen Offensivkeile bei Nauen westlich von Berlin zusammen. Damit war die Reichshauptstadt von allen Landverbindungen abgeschnitten. Als auch ein letzter Entsatzversuch der 12. deutschen Armee unter General Walther Wenck (die legendäre „Armee Wenck" als letzte Hoffnung Hitlers!) Ende April scheiterte, verübte der Diktator, der sich am 22. zum Bleiben entschlossen hatte, am 30. April im Bunker der Reichskanzlei Selbstmord. Berlin kapitulierte am 2. Mai 1945.

Selbstmord Hitlers und Kapitulation Berlins

Der Vormarsch der Alliierten im Westen

Auch im Westen konnte nach dem Überschreiten der unzerstörten Rheinbrücke bei Remagen am 7. März keine geschlossene Frontlinie mehr gebildet werden. Am 25. März brachen die Amerikaner aus dem Brückenkopf von Remagen aus und umfaßten zangenartig das Ruhrgebiet und das Bergische Land von Süden, um sich am 1. April bei Lippstadt mit englischen und amerikanischen Truppen Montgomerys zu vereinigen, die von Norden her aus einem großen Brückenkopf bei Wesel einen Umfassungskeil um das Ruhrgebiet herum vorgetrieben hatten. Am 18. April kapitulierten die Reste der HG B unter Model mit

325 000 Mann im Ruhrkessel. Der Oberbefehlshaber nahm sich das Leben.
Als sich die Bedrohung des Ruhrgebietes abzeichnete, befahl Hitler am 19. März 1945 mit seinem berüchtigten „Nero-Befehl", die bereits in der Sowjetunion praktizierte Taktik der „verbrannten Erde" nun auch auf eigenem Boden anzuwenden und beim Rückzug alle Verkehrs-, Industrie- und Versorgungseinrichtungen zu zerstören, „die sich der Feind für die Fortsetzung seines Kampfes [...] nutzbar machen kann". Seine sozialdarwinistische Devise lautete „Wenn der Krieg verlorengeht, wird auch das Volk verloren sein." Es hätte sich „als das schwächere erwiesen und dem stärkeren Ostvolk gehöre dann ausschließlich die Zukunft" [51]. Glücklicherweise konnte dieser Befehl von Speer im Zusammenwirken mit verantwortungsbewußten Wehrmachtsbefehlshabern und Verwaltungsbeamten weitgehend unterlaufen werden.

Letzte Durchhalteparolen

Der Verlust der letzten „Waffenschmiede" des Reiches, der Rheinlinie im Westen und des oberschlesischen Industriegebietes im Osten ließ ein Weiterkämpfen endgültig sinnlos erscheinen. Es ist oft die Frage gestellt worden, was die Truppen und ihre Befehlshaber noch motiviert hat, von überraschend wenig Desertationen abgesehen, relativ geschlossen und ohne größere Auflösungserscheinungen „bis fünf Minuten nach zwölf" den Kampf fortzusetzen. Es war wohl ein ganzes Bündel von Motiven und Impulsen: die Wirkung der von Goebbels fanatisch propagierten „Durchhalteparolen" und sein dem Volk in einer der letzten Nummern der Wochenzeitung „Das Reich" suggerierter Glaube, der plötzliche Tod des US-Präsidenten F. D. Roosevelt am 12. April werde zu einem Zerbrechen der „Anti-Hitler-Koalition" und damit zu einer Wiederholung des „Wunders des Hauses Brandenburg" (eine historische Anspielung auf das Ausscheiden Rußlands aus der antipreußischen Koalition 1762 mit dem Tode der Zarin Elisabeth) führen; die Hoffnung auf Wunderwaffen, blindes Vertrauen in die Unfehlbarkeit des „Führers", Pflichterfüllung und Kadavergehorsam; die Angst vor dem bis zuletzt wütenden Terrorapparat des Regimes; so etwas wie eine „Komplizenschaft des Verbrechens" und Furcht, die von den Deutschen verübten Greuel würden bei einer Kapitulation auf sie selbst zurückfallen und Rachegefühle bei den Siegern auslösen. An der Ostfront zeigten auch die Meldungen über Verbrechen der vorrückenden Roten Armee an der deutschen Zivilbevölkerung Wirkung und versteiften den Widerstand.

Konflikte zwischen den Alliierten

Die letzten vier Wochen des Krieges waren auf anglo-amerikanischer Seite überschattet von einem schweren, nicht nur operativen, sondern auch hochpolitischen Konflikt zwischen Eisenhower und Montgomery über die weiteren Vorstöße, in den sich Churchill persönlich gegenüber Roosevelt einschaltete: Während Eisenhowers Plan drei strategische Ziele vorsah – einen Vorstoß der Heeresgruppe Bradley durch Mitteldeutschland Richtung Leipzig-Dresden zur Vereinigung mit den Sowjets an der Elbe, das Vorgehen der Heeresgruppe Montgomery gegen Hamburg und Lübeck, um den deutschen Kräften in Dänemark und Norwegen den Weg ins Reich zu verlegen, und einen Vorstoß der Heeresgruppe Devers in den Donauraum, um der Roten Armee bei Linz zu begegnen und die „Alpenfestung" südlich der Donau einzunehmen – und Berlin für ihn „nur noch ein geographischer Begriff" war, forderte Montgomery, angetrieben durch Churchill, eine ganz andere Strategie: schnelles Vordringen durch die norddeutsche Tiefebene und über die Elbe nach Berlin, um die Sowjets nicht an die strategisch wichtigen Ostseeausgänge und damit zum Atlantik zu lassen und ihnen nicht den psychologischen Triumph zu gönnen, die Reichshauptstadt allein erobert zu haben. Der britische Kriegspremier nahm damals in den letzten Wochen des europäischen Krieges, als der Streit zwischen den Westmächten und Moskau über die demokratische Nachkriegsordnung Polens schon voll entbrannt war, bereits in seinem politisch-strategischen Denken den späteren Ost-West-Konflikt vorweg. Er strebte danach, jenseits der im Februar in Jalta endgültig vereinbarten Besatzungsgrenzen, d. h. konkret: jenseits der Elbe Pfänder in die Hand zu bekommen, die sich gegenüber der Sowjetunion in den Kontroversen über Polen, die Balkanstaaten und die künftige Besetzung Österreichs einsetzen ließen. Aber Eisenhower drang, gestützt durch Roosevelt, der Stalin nicht vor den Kopf stoßen wollte, mit seinem Operationsplan durch und setzte auf den sichersten Weg zum Endsieg ungeachtet der politischen Komplikationen. Im übrigen glaubte die Washingtoner Regierung auch, den Krieg in Ostasien gegen Japan nicht ohne sowjetische Hilfe beenden zu können und deswegen in Europa keinen Konflikt riskieren zu dürfen.

Bradleys Verbände erreichten am 13. April die Elbe auf der Breite zwischen Wittenberge und Barby sowie die Saale zwischen Halle und Jena und brachten am 18. April Magdeburg und einen Tag später Leipzig in ihre Hand, um sich dann am 25. April bei Torgau an der Elbe mit den Sowjets zu treffen. Das Reich war damit in zwei Operationsgebiete aufgespalten. Weiter nach Norden konnten die Kanadier weite Teile der Niederlande befreien und Ende April mit dem deutschen Oberbefehlshaber der „Festung Holland", Generaloberst Blaskowitz, einen regionalen Waffenstillstand schließen, damit die hungernde Bevölkerung mit Lebensmittteln versorgt werden konnte. Die britischen Verbände Montgomerys rückten unter heftigem deutschen Widerstand gegen die Elbe vor und erreichten am 24. April ihr westliches Ufer von Harburg bis zum Anschluß an die Amerikaner bei Wittenberge. Am 26. April fiel Bremen.

Die Auflösung der NS-Führung

Ende April löste sich die alte Reichsführung auf. Die Paladine von einst versuchten im letzten Augenblick, sich von ihrem „Führer" abzusetzen und im Chaos des Unterganges ihres zwölfjährigen Terrorregimes in einer gespenstischen Überschätzung ihrer eigenen Person noch einmal Profil ausgerechnet als Friedensvermittler zu gewinnen. Als Reichsmarschall Göring am 23. April vom Obersalzberg aus von Hitler ultimativ die Übertragung der Reichsführung gemäß dem Stellvertreter-Erlaß vom 29. Juni 1941 mit allen Verhandlungsvollmachten erbat und seinerseits mit den Alliierten in Verbindung treten wollte, wurde er sämtlicher Ämter enthoben und von der SS festgesetzt, um kurz darauf diese Haft mit der amerikanischen zu tauschen.

Am 24. April bot Himmler, der sich ebenfalls als Nachfolger Hitlers wähnte und seine SS noch Anfang Mai in einem Gespräch mit Dönitz für einen unentbehrlichen „Ordnungsfaktor im mitteleuropäischen Raum“ [52] hielt, den Westmächten über den Vizepräsidenten des schwedischen Roten Kreuzes, Graf Bernadotte, – ohne Erfolg – die Teilkapitulation an der Westfront an, um ihnen einen schnelleren Vormarsch nach Osten, gegen die Rote Armee, wie er hoffte, zu ermöglichen. Sie beantworteten diesen Schritt mit dem nochmaligen Hinweis am 28. April, nur eine bedingungslose Gesamtkapitulation gegenüber allen drei Siegermächten entgegenzunehmen. Auch Himmler enthob der Diktator in seinem politischen Testament aller Ämter und stieß ihn aus der NSDAP aus. Die Regierung Dönitz wies ihn am 5. Mai als Belastung ab. Sein Versuch, verkleidet und incognito durch die britischen Linien zu entkommen, endete mit seiner Gefangennahme in Lüneburg und seinem Selbstmord am 23. Mai. Als Goebbels am 1. Mai mit seinem Versuch im Flammeninferno von Berlin scheiterte, einen separaten Waffenstillstand mit den Sowjets abzuschließen, nahm er sich mit seiner Familie im Führerbunker das Leben.

Selbstmord Himmlers und Goebbels'

Die Dönitz-Regierung

Zum Reichspräsidenten und Oberbefehlshaber der Wehrmacht ernannte Hitler am 29. April in seinem politischen Testament Großadmiral Karl Dönitz. Dönitz bestimmte als Chef einer „geschäftsführenden Reichsregierung“ den nationalkonservativen bisherigen Finanzminister Graf Schwerin von Krosigk und wählte als „Regierungsdomizil“ Mürwik bei Flensburg. Um möglichst viele Soldaten und Flüchtlinge noch in den Westen und in anglo-amerikanische Gefangenschaft bringen zu können, verfolgte Dönitz eine Taktik der Teilkapitulation gegenüber den westalliierten Befehlshabern. Dies führte zu erneuten Spannungen mit den Sowjets. Denn Stalin hegte nach der, wie er es empfand, viel zu späten Eröffnung der „zweiten Front“ in Europa nach wie vor den Argwohn, seinen Partnern komme es vor allem darauf an, daß sich Russen und Deutsche gegenseitig zerfleischten, und daß dann die Stunde für den Westen gekommen sei, sich zuletzt noch mit den Deutschen zu arrangieren und in Europa eine Ordnung nach eigenen Vorstellungen aufzubauen.

Dieser Verdacht verstärkte sich zum einen dadurch, daß sowjetische

Vertreter von den Waffenstillstandsverhandlungen mit Italien ausgeschlossen blieben, und zum anderen durch die erste Teilkapitulation, die Generaloberst von Vietinghoff unter Vermittlung des SS-Generals Karl Wolff bereits am 29. April (trat am 2. Mai in Kraft) für seine HG C in Oberitalien vereinbarte. Dies geschah nicht zuletzt mit der Absicht beider Seiten, nach der Erschießung Mussolinis am 28. April und dem kläglichen Ende seiner faschistischen „Republik von Salò" die Verwaltung Oberitaliens möglichst bruchlos von der deutschen in die alliierte Hand übergehen zu lassen und dadurch die stark kommunistisch durchsetzte und mit Tito kooperierende italienische „Resistenza" auszuschalten.

Teilkapitulationen in den Alpen und in Nordwestdeutschland

Es folgte die Teilkapitulation Kesselrings und seiner HG G in den Nordalpen am 5. Mai gegenüber den Amerikanern. Am 4. Mai unterzeichnete Generaladmiral von Friedeburg im Auftrag von Dönitz in Montgomerys Hauptquartier in der Lüneburger Heide für die „Festung Holland", Nordwestdeutschland und Dänemark die Teilkapitulation. Sie ermöglichte immerhin noch vielen Tausenden einzelner Soldaten, wenn auch nicht mehr geschlossenen Verbänden, den Übertritt über die anglo-amerikanischen Linien. Weitere Teilkapitulationen scheiterten nunmehr am sowjetischen Widerstand und an der energischen Forderung der Westalliierten nach bedingungsloser Gesamtkapitulation.

Gesamtkapitulation Deutschlands 8. 5. 1945

Am 7. Mai unterzeichnete Generaloberst Jodl als Chef des Wehrmachtsführungsamtes die Urkunde in Reims im Beisein eines sowjetischen Vertreters. Sie trat in Kraft am 8. Mai um 23.01 Uhr. Die gleiche Zeremonie wiederholten Sowjetmarschall Schukow und Eisenhowers Stabschef Generalleutnant Bedell Smith auf der alliierten, Keitel, von Friedeburg als Oberbefehlshaber der Kriegsmarine sowie Generaloberst Stumpff in Vertretung des verwundeten Oberbefehlshabers der Luftwaffe, Generalfeldmarschall Ritter von Greim, auf deutscher Seite im sowjetischen Hauptquartier Berlin-Karlshorst am 9. Mai kurz nach Mitternacht.

Gefangenschaft für die Reste der deutschen Wehrmacht

Insgesamt konnten von den 3,34 Mio. an der Ostfront stehenden Soldaten durch die Taktik der schrittweisen Kapitulation noch etwa 1,85 Mio. in westalliierte Gefangenschaft gehen. Die abgeschnittene HG „Kurland" und die „Armee Ostpreußen" an der Frischen Nehrung mit zusammen 350 000 Soldaten gerieten in sowjetische Gefangenschaft, die 150 000 Mann der HG E in Nordjugoslawien in die der Tito-Partisanen, die ein Drittel nicht überlebte. Von der HG Mitte unter Generalfeldmarschall Schörner in Böhmen und Mähren gerieten rund 1 Mio. Mann in sowjetische Hand, 200 000 Mann gelangten hinter die amerikanischen Linien.

Auf mißtrauisches Drängen Moskaus, das die „militaristisch-faschistische Dönitz-Clique" beseitigt sehen wollte, und Eisenhowers wurde die Regierung Dönitz in Flensburg-Mürwik am 23. Mai 1945 zusammen mit dem OKW von den Briten verhaftet. Die oberste Regierungsgewalt in Deutschland ging mit der Berliner Deklaration der Militärbefehlshaber am 5. Juni auch offiziell in die Hände der Siegermächte über. Am 2. September 1945 kapitulierten die Japaner in Fernost bedingungslos.

Bilanz des Zweiten Weltkriegs

Mit der deutschen und der japanischen Kapitulation endete ein Weltkrieg, dessen verbrecherische Auslösung durch das Hitler-Regime nach groben Schätzungen etwa 55 Mio. Soldaten und Zivilisten mit dem Leben zu bezahlen hatten. Den weitaus höchsten Blutzoll hatte die Sowjetunion mit 20,6 Mio., davon 7 Mio. Zivilisten zu entrichten. Mit Abstand folgten Polen mit etwa 6 Mio. Kriegstoten, darunter etwa 3 Mio. ermordete Juden, und Deutschland mit 3,8 Mio. Soldaten und 1,65 Mio. Zivilisten. Relativ zur Bevölkerungszahl traf es aber Polen am grausamsten: jeder fünfte Pole fiel weniger den unmittelbaren Kriegshandlungen als dem systematischen Morden der deutschen Besatzungsmacht und dann ab Mitte September 1939 auch den brutalen „Säuberungsmaßnahmen“ der Sowjets in den annektierten polnischen Ostgebieten zum Opfer. Gleiches galt für Jugoslawien: Insbesondere durch den von beiden Seiten mit äußerster Brutalität geführten Partisanenkrieg hatte dieses Land 1,69 Mio. Tote (darunter 1,28 Mio. Zivilisten) oder 12% der Bevölkerung als Kriegsopfer zu beklagen.

Die ganze Unmenschlichkeit dieses Krieges erschließt sich jedoch nur, wenn wir hinter den nackten Zahlen den verbrecherischen Handlungen nachspüren, die zum Tode vieler Millionen unschuldiger Menschen geführt haben.

4. Der Krieg gegen den „inneren Feind”: „Euthanasie”, Vernichtungslager und „Endlösung der Judenfrage”

Mit dem 1. September 1939 wurde die „zweite (und man möchte hinzufügen: die eigentliche) Etappe der nationalsozialistischen Revolution” (Broszat) eingeleitet: die biologisch-rassische Revolution. Es begann die gewaltsame Umsetzung eines, wenn auch sicher nicht im Detail, so doch in seinen Grundzügen längst geplanten und ideologisch vorbereiteten rassebiologischen „Reinigungsprozesses” kontinentaler Dimensionen. Erst mit der Auslösung des Zweiten Weltkrieges waren für das Regime alle Dämme gebrochen, die bisher noch Hitlers Ziel der „Ausmerzung” angeblich „sozial und rassisch Minderwertiger” entgegengestanden hatten. Er konnte sich, unterstützt von Hunderttausenden von Helfern und Helfershelfern, endlich auf den Weg zur Verwirklichung seiner „historischen Mission” machen, wie sie ihm schon in den zwanziger Jahren vorgeschwebt hatte und seitdem gleichsam zum manischen Fixpunkt seiner Weltanschauung geworden war: zur Schaffung einer „biologisch reinen, erbgesunden und arischen Volksgemeinschaft" mit dauerhaftem Charakter. Jeder, der sich dem entgegenstellte, wurde erbarmungslos vernichtet. Erst der Krieg schuf Raum für die Mordaktionen, und es waren gerade seine Rückschläge ab 1942, die die Machthaber zu einem immer radikaleren und fanatischeren Vorgehen anstachelten, um die „historische Mission" eines „judenfreien Europa" doch noch zu erfüllen, solange die Fronten hielten.

Unter dieser Vision wuchsen der Massenmord an den Juden, an Roma und Sinti und an „Fremdvölkischen", die „Euthanasie" und die „Ausmerzung lebensunwerten Lebens", die „Vernichtung durch Arbeit" in den Konzentrationslagern, die Verfolgung von „Volksschädlingen" und „Asozialen" und die deutsche Besatzungsherrschaft im Osten und auf dem Balkan zu einem einzigen Geschehen von bisher unvorstellbarer Grausamkeit zusammen: zu dem Versuch einer „völkischen Erneuerung Europas" unter der Führung der „nordisch-germanischen Herrenrasse".

Daß dieser Zusammenhang kein nachträglich konstruierter ist, sondern den Rassenfanatikern schon damals voll bewußt war, dokumentiert die Zwischenbilanz, die Prof. Ernst Rüdin, Direktor am Kaiser-Wilhelm-Institut für Psychiatrie in München, aus Anlaß des zehnten Jahrestages der „Machtergreifung" um die Jahreswende 1942/43 zog. Er feierte im „Archiv für Rassen- und Gesellschaftsbiologie" *[...] das unvergängliche geschichtliche Verdienst Adolf Hitlers und seiner Gefolgschaft, über die rein wissenschaftlichen Erkenntnisse hinaus den ersten wegweisenden Schritt zur genialen rassenhygienischen Tat (im) und am deutschen Volk gewagt zu haben. Ihm und seinen Mitarbeitern galt es, die Theorien und Forderungen des nordischen Rassengedankens [...], die Bekämpfung parasitärer fremdblütiger Rassen, wie der Juden und der Zigeuner, [...] und die Verhinderung der Fortpflanzung Erbkranker und erblich Minderwertiger in die Praxis umzusetzen.*[53]

Hitlers „Euthanasie"-Befehl

Ende Oktober 1939 gab Hitler auf einem privaten Briefbogen den – interessanterweise auf den 1. September zurückdatierten – geheimen Befehl an den Chef der Führerkanzlei, Philipp Bouhler, und seinen Begleitarzt Dr. Karl Brandt, „die Befugnisse namentlich zu bestimmender Ärzte so zu erweitern, daß nach menschlichem Ermessen unheilbar Kranken bei kritischster Beurteilung ihres Krankheitszustandes der Gnadentod gewährt werden kann". Damit hatte der „Führer" persönlich einen Vorgang legitimiert, der an sich schon seit etwa einem Jahr mit der sogenannten „Kinder-Euthanasie" lief, und zugleich mögliche standespolitische und moralische Skrupel der beteiligten Ärzte ausgeschaltet.

Die nunmehr massenhaft anlaufenden Tötungsaktionen im Rahmen

Die Tarn-Organisationen der "Euthanasie"

der „Euthanasie" [54] wurden, um Beunruhigung in der Bevölkerung zu vermeiden, in bewährter Manier in eine harmlos klingende bürokratische Tarnsprache gehüllt und über entsprechende Tarnorganisationen abgewickelt. Dies waren die Kommandozentrale in der Berliner Tiergartenstrasse Nr. 4, die der „Euthanasie" den Codenamen T4 gab, ein „Reichsausschuß zur wissenschaftlichen Erforschung erb- und anlagebedingter schwerer Leiden" zur Selektion als „lebensunwert" bezeichneter Kinder und zu ihrer Verschickung in sogenannte Kinderfachabteilungen besonderer Heil- und Pflegeanstalten, wo sie schon vor dem Krieg getötet wurden, eine „Reichsarbeitsgemeinschaft für Heil- und Pflegeanstalten", zuständig für die Verschickung von Meldebögen sowie die Auswahl und Begutachtung der Opfer, eine „gemeinnützige Stiftung für Anstaltspflege", die das Personal für T4 aussuchte, die Finanzierung sicherstellte und die Tötungsanstalten organisierte, und schließlich die „Gemeinnützige Krankentransport GmbH", die die Fahrzeuge aus dem Wagenpark der SS für die „Verlegung" (wie es wiederum verharmlosend hieß) von den Heimen und psychiatrischen Kliniken in die insgesamt sechs Tötungsanstalten bereitstellte: Grafeneck in Württemberg, Hadamar bei Limburg, Brandenburg an der Havel, Schloß Hartheim bei Linz, Sonnenstein bei Dresden und Bernburg in Thüringen. Nach Schätzungen fielen der „Euthanasie" insgesamt mindestens 100 000 Menschen bis Kriegsende durch Vergasungen in mobilen Fahrzeugen und Anstalten, durch Injektionen und die Verabreichung von Tabletten, durch Erschießung und den vorsätzlich herbeigeführten Hungertod zum Opfer.

Die Verfahren waren scheinbar objektiv und durch sogenannte „wissenschaftliche Gutachter" – die „Kreuzleschreiber" – abgesichert, so daß nicht wenige Anstalts- und Klinikärzte keine Skrupel hatten, die verschickten Fragebögen auszufüllen und damit ihre Patientinnen und Patienten dem sicheren Tod auszuliefern. Überdies waren die pseudowissenschaftlichen und geistigen Grundlagen für die „Vernichtung lebensunwerten Lebens" und von teuren „Ballastexistenzen" längst vor 1933 mit der Rassenhygiene und Erbgesundheitslehre gelegt und der Ärzteschaft in ihrer Ausbildung durch spezielle Lehrstühle und Lehrangebote an den Universitäten vermittelt. Das „Gesetz zur Verhütung erbkranken Nachwuchses" vom Juli 1933 mit der Möglichkeit einer Zwangssterilisation von Schwachsinnigen, Schizophrenen, Epileptikern und anderen vermeintlich Erbkranken war nur die erste, freilich noch administrative und öffentliche Etappe der „biologischen Revolution".

Unruhe in der Bevölkerung

Allen Tarnmaßnahmen zum Trotz wurden die Tötungen in der Bevölkerung bekannt und lösten weithin Unruhe aus. Denn die alten und jungen Menschen, die ihnen zum Opfer fielen, hatten in der Regel noch intensive familiäre Bindungen an Eltern, Geschwister und Kinder und waren noch nicht gesellschaftlich ausgegrenzt wie später die Juden. Das Vertrauen in den „Führer" drohte erschüttert und die allgemeine Stimmung nicht nur an der „Heimatfront", sondern auch bei den Soldaten im Felde unterminiert zu werden. Dieser Stimmungseinbruch sowie Proteste des Württembergischen Landesbischofs Theophil Wurm, des Leiters der Betheler Anstalten, Pastor Friedrich von Bodelschwingh, und schließlich am 3. August 1941 die spektakuläre Drohung des Bischofs Galen in Münster von der Kanzel herunter, Anzeige wegen Mordes zu erstatten, veranlaßten Hitler am 24. August, ebenso formlos und vertraulich wie am Beginn, diesmal freilich mündlich den Befehl zur Einstellung der „Aktion T4" zu geben.

Damit war die Ermordung von Geisteskranken allerdings nicht abgeschlossen. Denn nicht betroffen von dem Einstellungsbefehl waren die „Kinder-Euthanasie" und die „Aktion 14f13", eine nach einem Aktenzeichen des Inspekteurs der Konzentrationslager gewählte Tarnbezeichnung für die Tötung von geisteskranken und arbeitsunfähigen KZ-Häftlingen. In diese sogenannte „Invaliden-Aktion" wurden nicht allein kranke und arbeitsunfähige, sondern zunehmend auch „asoziale", kriminelle, politische und jüdische Häftlinge oft mit der Begründung „deutsch-feindliche Hetze", „im Lager anmaßend, faul, frech" oder „mehrfache Lagerstrafen" einbezogen.

Der Zusammenhang zwischen „Euthanasie"-Morden und der physischen „Endlösung der Judenfrage" ist viel enger, als er sich bereits in dem gemeinsamen weltanschaulich-rassistischen Nährboden ausweist – und dies in mehrfacher Hinsicht: Die „Vergasungstechniker" unter Viktor Brack, seit 1936 Verbindungsmann der SS zur „Kanzlei des Führers" unter Bouhler und dann dessen Stellvertreter als Oberdienstleiter, organisierte in der Dienststelle T4 das „Euthanasie"-Programm und sammelte hier erste Erfahrungen mit der Vergasung durch Kohlenmonoxyd. Er konnte sie dann nahtlos zusammen mit seinem T4-Stab und den zuständigen Chemikern des Kriminaltechnischen Institutes des Reichskriminalpolizeiamtes unter Himmler beim Aufbau und Betreiben der Vernichtungslager in Polen seit 1941 weiterverwenden. Die Unruhe, die die „Euthanasie" in der deutschen Bevölkerung auslöste, ließ es Hitler geraten erscheinen, die Massentötung der Juden unter noch strengeren Geheimhaltungsvorkehrungen aus dem Altreich in die inzwischen neu eingegliederten Reichsgaue Wartheland und Danzig-Westpreußen sowie in das Generalgouvernement und in die besetzten sowjetrussischen Gebiete zu verlegen und diesmal wahrscheinlich auf einen schriftlichen „Führerbefehl" ganz zu verzichten und nur noch mündliche Weisungen zu geben.

Vorbereitung der "Endlösung der Judenfrage"

Schließlich offenbarte sich hier das bereits mehrfach angesprochene „Grundgesetz" des „Dritten Reiches" und der nationalsozialistischen Herrschaft: Die eigentlichen Mord- und Vernichtungsbefehle im Kriege – „Euthanasie", „Endlösung", Kommissarbefehl, Gerichtsbarkeitserlaß usf. – waren in „Führerbefehle", „Führerweisungen" oder „Führererlasse" gegossen. Sie wurden von Hitler persönlich in der Regel schriftlich ausgefertigt, aber auch mündlich ausgesprochen, dann unter strengster Geheimhaltung auf dem Dienstweg an die obersten Reichsbehörden weitergegeben und hatten auf jeden Fall verbindlichen Charakter, obwohl ihnen jede gesetzliche Grundlage fehlte. Sie waren auch so dehnbar und auslegungsfähig gefaßt, daß sie den Exekutoren einen weiten Ermessensspielraum gaben und sie sich dennoch jederzeit in ihrem Handeln durch den „Führer" nach unten legitimiert und gedeckt fühlen konnten. Dies entfachte den berüchtigten konkurrierenden Ressortehrgeiz im inneren Kreis der führerunmittelbaren Macht und der „Führer"-Günstlinge, die nur noch die Erfüllung ihrer Aufgaben im Blick hatten und nicht mehr nach den sittlichen Grundlagen ihres Tuns fragten.

Damit kommen wir auf ein zweites Kernelement der Herrschaftstechnik: Die Exekutoren der Mordbefehle waren an der Spitze ausschließlich außerordentliche, führerunmittelbare und direkt an Hitlers Weisungen gebundene Dienststellen, Apparate oder Bevollmächtigte: Bouhler als Chef der „Kanzlei des Führers", Brandt als „Leibarzt" Hitlers, der ehemalige SS-Arzt und seit April 1939 Reichsärzteführer Dr. Leonardo Conti, als Leiter der praktisch verselbständigten Gesundheitsabteilung des Reichsinnenministeriums zugleich Vorgesetzter von Dr. Linden, dem Referatsleiter für Heil- und Pflegeanstalten, und damit letztendlich zuständig für die bürokratische „Erfassung" der Kranken in den verschiedenen Heilanstalten, und schließlich Himmler selbst als einer der eigentlichen Motoren und Impulsgeber der „Endlösung".

Die Rolle Heinrich Himmlers

Die Beauftragung des „Reichsführers-SS und Chefs der Deutschen Polizei" mit den Aufgaben eines „Reichskommissars für die Festigung des deutschen Volkstums" (RKF) am 7. Oktober 1939 und der Einrichtung eines eigenen SS-Hauptamtes erfolgte wiederum durch einen „Führererlaß". Der Geheimerlaß ermächtigte Himmler zur „Ausschaltung des schädigenden Einflusses von solchen fremden Bevölkerungsteilen, die eine Gefahr für das Reich und die deutsche Volksgemeinschaft bedeuten". Hinter diesem – wiederum verschleiernden und auslegungsfähigen – Text und weiteren mündlich erteilten Vollmachten verbarg sich eine umfassende Kompetenz zur gewaltsamen Entfernung von Juden und Polen und zur Ansiedelung von Volksdeutschen in den annektierten Gebieten Polens, zur Eindeutschung und Germanisierung dieser Gebiete und damit zur Ingangsetzung der Schritte zur „Endlösung" schon 1940/41. In den „eingegliederten Ostgebieten" und später auch in den anderen besetzten Gebieten wurde auf der Rechtsgrundlage eines geheimen Erlasses somit eine umfangreiche und getrennte oberste Reichsbehörde neben den ordentlichen Instanzen der Zivilverwaltung unter anderem mit dem Recht der Beschlagnahmung und treuhänderi-

schen Verwaltung jüdischen und polnischen Besitzes etabliert. In seiner Eigenschaft als RKF konnte Himmler den Zivilverwaltungsbehörden in den neuen „Ostgauen" – den Reichsstatthaltern und Oberpräsidenten – unmittelbar Weisungen erteilen. Dies galt z.B. für die Errichtung von Konzentrationslagern. Weiterhin sicherte sich der „Reichsführer SS" (RFSS) in den annektierten und besetzten Gebieten über seine Sicherheitspolizei, seine Polizeibataillone, seine „Einsatzgruppen" und „Einsatzkommandos" und über seine „Höheren SS- und Polizeiführer" (HSSPF) gleichsam als seine „Territorialbefehlshaber der SS und der Polizei" (Broszat) einen nahezu unumschränkten Einfluß. Zwar noch nicht die „Euthanasie", aber später die Massentötung der Juden und „Fremdvölkischen" in entlegenen polnischen und sowjetrussischen Bezirken gelangten in den ausgedehnten „Geschäftsbereich des Reichsführers SS" (Broszat). Der Apparat für die „Endlösung der Judenfrage" war eingerichtet, bevor das Morden begann.
Der hier für einen Kernbereich nationalsozialistischer Herrschaftspraxis im Reich und in Europa kurz skizzierte Aufbau von Verwaltungsorganen des „Maßnahmenstaates" (Fraenkel) auf der Rechtsbasis des 1933 etablierten permanenten Ausnahmezustandes und als reiner Ausfluß des „Führerwillens" jenseits aller gesetzlichen Bindungen, rechtsstaatlichen Normen und bürokratischer Regelhaftigkeit darf jedoch nicht zu dem Irrtum verführen, als sei er allein für den Massenmord verantwortlich gewesen. Denn die überkommenen Reichsministerien und -behörden – etwa das Reichsinnenministerium, das Reichsjustizministerium bei der Entrechtung der Juden, das Reichsverkehrsministerium bei der Organisierung der Transporte, das Auswärtige Amt beim Zusammentreiben und der Deportation der europäischen Juden – haben bei der „Endlösung" ebenso im Sinne des Regimes und nach seinen weltanschaulichen Vorgaben „funktioniert" und loyal mitgearbeitet wie die Wehrmachtführung im Osten, wie zahlreiche Truppenteile dort, wie die Privatwirtschaft oder die zivile Verwaltungsbürokratie.

Verschärfung der Verfolgung der Juden

Im Winter 1938/39 und im Vorfeld des Zweiten Weltkrieges bekam die Verfolgung der Juden eine neue, noch radikalere und inhumanere Qualität und dies in mehrfacher Hinsicht.[55] Die deutschen Juden waren nunmehr endgültig aus dem bürgerlichen Dasein ausgeschlossen, entrechtet, enteignet, ihrer materiellen Mittel beraubt und zunehmend auf besondere städtische Wohnghettos, die „Judenhäuser", konzentriert. Die „Pogromnacht" des 9. November 1938 führte, vorerst noch unkoordiniert, zu ersten Mordaktionen, denen 91 Menschen zum Opfer fielen. Der geplanten Zwangsauswanderung wurden von der Reichsregierung selbst immer größere devisenrechtliche und materielle Hürden entgegengestellt.
Nicht zufällig häuften sich jetzt auch Unheil und Vernichtung kündende Äußerungen in der Reichsspitze. Am 12. November 1939 sprach

Ankündigungen der Judenvernichtung

Göring als Beauftragter für den Vierjahresplan vor etwa hundert Ministern und Experten auf einer Konferenz im Reichsluftfahrtministerium über die künftige Behandlung der Juden: Enteignung, Ghettoisierung, das Tragen des gelben Sterns, Hungerpolitik, Zwangsauswanderung und Zwangsarbeit. Gegen Ende der Konferenz erklärte er:

Wenn das Deutsche Reich in irgendeiner absehbaren Zeit in außenpolitischen Konflikt kommt, so ist es selbstverständlich, daß auch wir in Deutschland in allererster Linie daran denken werden, eine große Abrechnung mit den Juden zu vollziehen.[56]

Zwölf Tage später, am 24. November 1939, ließ Himmlers SS-Organ „Das Schwarze Korps" aufhorchen. Nachdem der Verfasser ausgeführt hat, wie die isolierten und verarmten deutschen Juden als „Parasiten" allesamt in die Kriminalität absinken müßten, folgert er:

Im Stadium einer solchen Entwicklung ständen wir daher vor der harten Notwendigkeit, die jüdische Unterwelt genauso auszurotten, wie wir in unserem Ordnungsstaat Verbrecher eben auszurotten pflegen: mit Feuer und Schwert! Das Ergebnis wäre das tatsächliche und endgültige Ende des Judentums in Deutschland, seine restlose Vernichtung.[57]

In dieser Vision scheinen die Krematorien von Auschwitz schon zwei Jahre vorher konkrete Gestalt anzunehmen. Am 21. Januar 1939 erklärte der „Führer" nach dem amtlichen deutschen Protokoll dem tschecho-slowakischen Außenminister Chvalkovsky:

Die Juden würden bei uns vernichtet. Den 9. November 1918 (angespielt wird hier auf die „Novemberrevolution" 1918, die den Juden mit angelastet wurde, Wdt.) *hätten die Juden nicht umsonst gemacht, dieser Tag würde gerächt werden.*[58]

So stand also Hitlers vielzitierte Vernichtungsdrohung an das „internationale Finanzjudentum" aus Anlaß des Tages der „Machtergreifung", am 30. Januar 1939, keineswegs isoliert da:

[...] Wenn es dem internationalen Finanzjudentum innerhalb und außerhalb Europas gelingen sollte, die Völker noch einmal in einen Weltkrieg zu stürzen, dann wird das Ergebnis nicht die Bolschewisierung der Erde und damit der Sieg des Judentums sein, sondern die Vernichtung der jüdischen Rasse in Europa.[59]

Der Diktator hat später, 1942, nicht weniger als viermal öffentlich seine – übrigens von ihm selbst dann immer wieder auf den 1. September 1939 vordatierte – Ankündigung vom 30. Januar 1939 über die „Vernichtung der jüdischen Rasse in Europa" wiederholt.

Hitler schuf also hier schon persönlich und in aller Öffentlichkeit das politische Klima, in dem dann zwei Jahre später sein Vernichtungswillen Schritt für Schritt in die Tat umgesetzt werden konnte. Für den geplanten kommenden Krieg stand der Alleinschuldige bereits fest. Mit dem ersten Schuß mußten also Hitlers Drohungen als eine Art Generalvollmacht angesehen werden für alle antijüdischen Maßnahmen gegen die „Kriegsschuldigen" bis hin zum Töten, ohne daß es hier noch jeweils im einzelnen einer Einverständniserklärung des „Führers" bedurfte. Die Funktionsträger konnten sich jederzeit auf ihn berufen. Wie wir wissen, haben sie es auch reichlich getan. Die Berufung auf den „Führerwillen" fungierte auch hier als eine Art „Ersatzgewissen", sollten sich doch bei einzelnen Tätern einmal Skrupel einstellen. Schließlich entfesselten Hitler, Göring und andere in den Polizei-, SS- und Parteidienststellen mit ihren Drohungen einen Erwartungsdruck, der sie irgendwann einmal – und das war sehr schnell – einholen und zum Handeln zwingen würde. Ihm würden sie sich ohne Gesichtsverlust gegenüber ihren Anhängern nicht mehr entziehen können und auch nicht entziehen wollen.

Ghettoisierung: die erste Etappe der „Endlösung".

Der Weg hin zur „Endlösung" verlief in Etappen und bestimmten Schüben, mit Umwegen und Verzögerungen, teils öffentlich, größtenteils verdeckt, keineswegs in allen seinen Einzelheiten von Anfang an sorgfältig geplant, oft improvisiert, aber doch mit jener mörderischen inneren Konsequenz, an deren Ende ein „judenfreies Europa" als Ziel stehen sollte. Bereits am 21. September 1939, also noch vor dem Ende der Kampfhandlungen, befahl Heydrich als Chef des Reichssicherheitshauptamtes (RSHA) für die an das Reich angeschlossenen neuen Ostgaue und für das Generalgouvernement die Konzentrierung der polnischen Juden in einigen größeren Städten wie Warschau, Lodz, Krakau, Lublin und Radom und ihre Ghettoisierung dort, auch um Platz für die vertriebenen Polen zu schaffen. Diese Ghettoisierung war von Anbeginn nur als Übergangsmaßnahme gedacht und als Voraussetzung – so Heydrich in seinem internen Erlaß vom 21. September – zur Erreichung eines „Endziels, welches längere Fristen beansprucht" und das „streng geheim" zu halten sei. [60]

Zur gleichen Zeit gab Hitler seinen Gauleitern zu erkennen, daß alle Maßnahmen, das Altreich und die annektierten Gebiete „judenfrei" zu machen, seine volle Unterstützung finden würden. In ihrem antisemitischen Ehrgeiz besonders angesprochen fühlten sich hier die Gauleiter von Berlin (Goebbels) und Wien (Schierach). Auch dies war keine leere Drohung. Ab Dezember 1939 rollten die Deportationszüge aus dem „Reichsgau Posen" (ab 29. Januar 1940 „Reichsgau Wartheland") ins Generalgouvernement, ab Februar 1940 schlossen sich die ersten Massendeportationen aus dem Reich an, aus Wien, Mährisch-Ostrau, Teschen und Stettin.

Beide Maßnahmen – die Aufforderung, Städte und Gaue „judenfrei" zu machen, und der Beginn der Deportationen in die Ghettos – wurden vom „Führer" voll verantwortet und gedeckt. Von den mittleren und unteren Führungsebenen in Staat und Partei, in den Kommunen, Verwaltungsbehörden, Polizeidienststellen und Verkehrsbetrieben jedoch, und das erscheint für die Frage der breitgestreuten funktionalen Teilverantwortung wichtig, wurden sie loyal und korrekt, meist sogar übereifrig und im Rahmen des Möglichen umgehend vollzogen. Hier erfolgte so etwas wie ein erster „Anschub" für die „Endlösung", ohne daß dies der überwiegenden Mehrzahl der Beteiligten schon klar war.

Denn zum einen löste das Bestreben, Gaue und Städte „judenfrei" zu machen, bei den Funktionsträgern nachweisbar einen hemmungslosen und ehrgeizigen Profilierungs- und Betätigungsdrang im NS-Machtgefüge aus. Ein bisher noch eher latenter und ungestillter Antisemitismus konnte sich jetzt ungehemmt und von oben gedeckt in einen antisemitischen Aktionismus entladen und dadurch entscheidend radikalisieren. Zum anderen schuf die Ghettobildung erst eigentlich die von den Machthabern so vielbeschworene „Judenfrage" und den „Problemdruck" von 1941. Denn erst in den Ghettos waren die Juden vogelfrei, ihrer Lebensmöglichkeiten beraubt, verarmt und der Verelendung preisgegeben. Hunger, Seuchen, Epidemien und Mißhandlungen nahmen ihnen ihre Würde und ihr menschliches Antlitz. Gleichzeitig wies die Ghetto-Lösung von Anfang an, da sie nur als vorläufig angesehen wurde, weit über sich hinaus auf noch viel radikalere und inhumanere „Lösungen der Judenfrage". Zwischen April 1940 und April 1941 mußten die erwähnten Großghettos wegen „Überfüllung" geschlossen werden, so daß zeitweise ein Deportationsstau und sogar -stopp eintrat. Er konnte schließlich nur durch den Weitertransport in die Vernichtungslager aufgelöst werden.

National-
sozialistische
Tarnsprache

Das nationalsozialistische Vernichtungsprogramm wurde vorbereitet und seit 1941 exekutiert hinter einer bewußt aufgebauten Nebelwand von Tarnbegriffen und verbalen Verschleierungen, um es vor der Öffentlichkeit zu verbergen. So hatte der Begriff der „Endlösung" im nationalsozialistischen Sprachgebrauch (erste Belege: Eichmann-Notiz vom 12. März 1941 und RSHA-Befehl vom 29. Mai 1941) zunächst ebensowenig die Bedeutung einer „physischen Endlösung" wie die allgemein seit dem späten 19. Jahrhundert in der antisemitischen Diskussion geforderte „Lösung der Judenfrage". Noch bis Anfang 1941 schien sich eine „territoriale Endlösung" in fernen „Judenreservaten" etwa auf Madagaskar, im polnisch-russischen Grenzgebiet und dann nach dem Überfall auf die Sowjetunion am 22. Juni jenseits des Urals in Sibirien oder im hohen Norden am Eismeer anzubieten. Schon diese „Endlösung" sah von vornherein für die Juden das Schicksal eines massenhaften Erfrierens oder Verhungerns oder den Tod durch die ungewohnten klimatischen Bedingungen vor, kam also der physischen Vernichtung bereits sehr nahe.

Aber was sollte geschehen, wenn der Kriegsverlauf diese „territorialen" Regelungen nicht mehr zuließ? Für Madagaskar zeichnete sich dies spätestens Ende 1940, für Sibirien spätestens Ende 1941 ab, als ein schneller Sieg über die Sowjetunion in weite Ferne rückte. Unabhängig davon, wie weit alternative Pläne zur „territorialen Endlösung" in der Führung bereits ausgearbeitet wurden (wir wissen sehr wenig darüber bis zum Sommer 1941), ist doch entscheidend, daß sich das Regime selbst mit seinen Deportationsbefehlen und der dadurch ausgelösten Überfüllung der Ghettos spätestens im Sommer 1941 in eine „Sackgasse" hineinmanövrierte, die zunehmend weniger Optionen für eine „Lösung der Judenfrage" bot und andererseits immer mehr Handlungsdruck erzeugte.

Wie weit die elenden und erniedrigenden Verhältnisse in den Ghettos die Juden aus der Sicht der Führungsspitze, aber auch aus der der Täter auf den mittleren und unteren Ebenen bereits im Winter 1939/40 aus dem Kreis der menschlichen Lebewesen ausgegrenzt und dadurch für die Tötung verfügbar gemacht hatten, bezeugt eindringlich Joseph Goebbels. Am 2. November 1939 notierte er nach einem Besuch im Ghetto Lodz in seinem Tagebuch:

Das sind keine Menschen mehr, das sind Tiere. Das ist deshalb auch keine humanitäre, sondern eine chirurgische Aufgabe. Man muß hier Schnitte tun, und zwar ganz radikale. Sonst geht Europa einmal an der jüdischen Krankheit zugrunde.[61]

Wieder sind wir der physischen Vernichtung einen Schritt näher, zumindest in der Vorstellung der Verantwortlichen. Hitler soll Goebbels am 3. November beigestimmt haben: „Mehr eine klinische als eine soziale Angelegenheit."[62]

Ideologische Vorbereitung der Vernichtungsaktionen

Auch auf der unteren Ebene der Mordkommandos, die bereits in Polen zu wüten begonnen hatten, wurde jetzt Stimmung für eine physische Auslöschung gemacht. Der allgemeine Prozeß der Abstumpfung und Verrohung begann. Im Herbst 1939 wurden die beiden antisemitischen Propagandafilme „Jud Süß" und „Der ewige Jude" gedreht, letzterer mit der gleichnishaften einleitenden Sequenz der wandernden Ratten. Ab 1940 wurde ihr Besuch den Männern der Sicherheitspolizei und anderer Mordformationen zur Pflicht gemacht. Großaufnahmen von springenden Rattenhorden wurden im Gegenschnitt mit Bildern von Menschen in den überfüllten Ghettos zusammenkomponiert und dieser Sequenz ein enthüllender Kommentar unterlegt:

Wo Ratten auch auftauchen, tragen sie Seuchen und Vernichtung ins Land, genauso wie die Juden unter den Menschen.[63]

So weit war, zumindest in der Vorstellungskraft der Verantwortlichen, der Schritt von der Ausrottung von Ratten und Ungeziefer zur Tötung von Juden offenbar schon Ende 1939 nicht mehr. „Das Judentum", vertraute Goebbels nach Proben des Ghettos-Filmes seinem Tagebuch an, „muß vernichtet werden".[64] Der „physischen Endlösung" wurde also hier als einem Akt der Seuchenhygiene und der Gewährleistung der inneren Sicherheit so etwas wie eine scheinbare Rationalität im Dienste der „Volksgesundheit" unterlegt.

Rußlandfeldzug und Beginn der Judenvernichtung

Der enge kausale und zeitliche Zusammenhang zwischen der Vorbereitung des „Unternehmens Barbarossa" als eines „Weltanschauungskrieges" (mit dem „Kommissarbefehl" und dem „Gerichtsbarkeitserlaß"), dem Einfall in die Sowjetunion am 22. Juni 1941 und dem Beginn der „physischen Endlösung" stellt sich in mehrfacher Weise dar. Ideologisch wurde der Massenmord ermöglicht und legitimiert durch die Kriegserklärung an den „jüdisch-bolschewistischen Weltfeind" und die Ausrufung des „Weltanschauungskrieges" durch Hitler persönlich. In einem rassistisch und sozialdarwinistisch aufgeladenen und radikalisierten europäischen „Kreuzzug" galt es, diesen „Weltfeind" zu vernichten. Wir wissen, daß die Mordaktionen in Polen noch auf teilweise heftigen Widerstand und offene Proteste der Wehrmacht gestoßen sind und Konflikte mit den Sicherheitsorganen ausgelöst haben. Besonders der Oberbefehlshaber Ost, Generaloberst von Blaskowitz, hat bis zu seiner Ablösung im Oktober 1939 mehrfach bei Hitler, allerdings erfolglos, gegen das Morden interveniert. Er sah dadurch nicht zuletzt die Moral der Truppen gefährdet.

Wehrmacht und „Endlösung"

Mit dem Überfall auf die Sowjetunion zählten solche Rücksichten weniger. Hier zeigte sich, daß Mordaktionen, die in Polen noch als moralisch verwerflich und sinnlos erschienen, in dem Augenblick auch im Bewußtsein der Offiziere und Truppen eine gewisse Rechtfertigung erhielten, wenn sie mit der „bolschewistischen Weltgefahr", d. h. also offenbar mit einem Sicherheitsproblem, verknüpft und begründet wurden. Die „rassisch-völkische Flurbereinigung" oder auch die „rassische Revolution" ließen sich nun propagandistisch vermitteln als notwendig für die Sicherheit des Reiches in einem „Kampf auf Leben und Tod", wenngleich jedem Einsichtigen eigentlich hätte klar sein müssen, daß die Existenz von etwa 500 000 Juden in Deutschland 1933 niemals die Frage der inneren Sicherheit auch nur im entferntesten aufwarf, auch nicht später die Existenz vieler Millionen Juden im deutschen Herrschaftsbereich. Aber offenbar hatte die antisemitische Phrase von der „zersetzenden Wirkung des jüdischen Fermentes" längst in den Köpfen ihre Wirkung getan. Der ziemlich bald nach Entfaltung der brutalen deutschen Besatzungspraxis und nach den Mordaktionen der Einsatzkommandos sowie auch in Reaktion auf sie einsetzende, grausame Partisanenkrieg ließ die Gefühle gegenüber den Opfern weiter abstumpfen und den Mord an den sowjetischen Juden sogar als sinnvolle Vergeltungsmaßnahme gerechtfertigt erscheinen. Sicher hat der traditionelle Antibolschewismus in der Wehrmacht die Exekution der Verbrechen wesentlich mit erleichtert.

Einen weiteren Aspekt darf man nicht vergessen: Hitler befand sich 1941 auf dem Höhepunkt seiner militärischen Triumphe. Das gesamte Europa schien dem „deutschen Herrenmenschen" und seinem Herrschaftsanspruch ausgeliefert. „Führermythos", „Führerwille" und

„Führerbefehl" gewannen dadurch eine fast magische Kraft und Glaubwürdigkeit, der sich immer weniger entziehen mochten und konnten. Auch entfielen jetzt die letzten Rücksichten auf das widerspenstige Großbritannien und dann ab Herbst 1941 auch auf die USA. Wirkungsvoller Widerstand gegen den „Führerbefehl" schien immer aussichtsloser und konnte in der deutschen Öffentlichkeit kaum mit Resonanz rechnen. Schließlich bot sich nunmehr für die Massentötung im Generalgouvernement und weiter östlich ein Raum an, der der kritischen Aufmerksamkeit der Bevölkerung weit entzogen war. Schon Mitte Juni 1941 gab Heydrich den ihm unterstellten „Einsatzgruppen der Sicherheitspolitzei und des SD" den Befehl, in den zu besetzenden Gebieten Pogrome spurlos auszulösen, zu intensivieren und in die „richtigen" Bahnen zu lenken. Er ordnete außerdem an, „alle Juden in Partei- und Staatsstellen" zu exekutieren. Etwa Anfang August wurden Juden allgemein in die Vernichtungsaktionen einbezogen, „um keine Rächer entstehen zu lassen", wie die Einsatzgruppenführer ihren Untergebenen erklärten.

Bestellung Heydrichs als Organisator der „Endlösung"

Ein Schlüsseldokument ist die – wohl von Heydrich selbst formulierte – Weisung Görings an den Chef des RSHA vom 31. Juli 1941. Auf Befehl Hitlers – und das scheint ganz unbestritten – beauftragte Göring den engsten Mitarbeiter Himmlers,

alle erforderlichen Vorbereitungen in organisatorischer, sachlicher und materieller Hinsicht zu treffen für eine Gesamtlösung der Judenfrage im deutschen Einflußbereich in Europa. Sofern hierbei die Zuständigkeiten anderer Zentralinstanzen berührt werden, sind diese zu beteiligen. Ich beauftrage Sie weiter, mir in Bälde einen Gesamtentwurf über die organisatorischen, sachlichen und materiellen Vorausmaßnahmen zur Durchführung der angestrebten Endlösung der Judenfrage vorzulegen.[65]

Heydrich fügte diesen Text als Kopie seinen Einladungen zur „Wannsee-Konferenz" im Januar 1942 bei und nannte ihn dabei seine „Bestellung". Eichmann sprach 1961 nach seiner Verhaftung in Südamerika beim Verhör in Jerusalem von Heydrichs „Bestallungsurkunde". Wahrscheinlich handelte es sich hier um eine von Heydrich ausdrücklich angeforderte Art Generalvollmacht für umfassende Zuständigkeiten der SS, des SD und der Sicherheitspolizei und auch um eine „Legitimation" gegenüber anderen Reichsbehörden und der Wehrmacht, nachdem sich der Entscheidungsprozeß jetzt soweit konkretisiert hatte, daß auch „dritte" in die „Endlösung" mit einbezogen werden mußten.

Dennoch gibt uns der Text einige Rätsel auf und wird durchaus kontrovers bewertet in seinem Gewicht. Wenn der „Bestellung" – was naheliegt – eine Weisung Hitlers vorausging, stellt sich die Frage: Wie hat sie genau gelautet? Wann und wo ist sie erlassen worden? Kurz vor dem Überfall auf die Sowjetunion oder kurz danach, also im Juni oder

Anfang Juli? Wie groß war der Ermessens- und Handlungsspielraum der Exekutoren des Massenmordes, an der Spitze Himmler, Heydrich und Eichmann? Jedenfalls ist ein ausdrücklicher „Führerbefehl" zur Einleitung der Vernichtung des Judentums bis heute nicht gefunden. Wahrscheinlich ist auch, daß Hitler einen solchen „Befehl" niemals schriftlich (hätte dieses Dokument ihn doch als Staatsoberhaupt erheblich kompromittieren können!), sondern in seiner bewährten Herrschaftstechnik nur mündlich erlassen, dabei aber deutlich gemacht hat, daß er jeden Schritt decken und legitimieren werde.

Was verbarg sich Ende Juli 1941 hinter Begriffen wie „Gesamtlösung der Judenfrage" oder „Endlösung der Judenfrage" – immer noch eine „territoriale Lösung" oder schon die massenhafte physische Liquidierung? Bis zuletzt blieb die offizielle Sprachregelung des Regimes zweideutig und eher verschleiernd, wenn es um konkrete Tötungen ging. Möglicherweise hat Hitler mit seiner Weisung auch bewußt eine Formulierung gewählt, die bei der Erfüllung des Maximalauftrages – die Räumung Europas von den Juden – noch mehrere Wege gleichzeitig offenließ, wenn sie nur zu dem angestrebten Ziel führen würde. Noch war ja im Sommer 1941 auf dem Höhepunkt der militärischen Erfolge nicht ausgemacht, ob nicht doch noch nach der erhofften schnellen Kapitulation Moskaus jenseits des Urals ein gigantisches „Vernichtungsreservat" zur Verfügung stehen werde, in dem Kälte, Frost und Hunger den Mördern ihre schmutzige Arbeit abnehmen würden.

So schwierig auch die Datierung und Rekonstruktion der Entscheidungsbildung im einzelnen ist, so unbestritten bleibt doch, daß im Sommer 1941 die „Endlösung" in der einen oder anderen Form in den Mittelpunkt der Aufmerksamkeit rückte und die konkreten Vorbereitungen anliefen. Für die Machthaber eröffnete sich die Aussicht, nunmehr hinter der rasch vorrückenden Front die beiden Kernziele der nationalsozialistischen Weltanschauung, „Lebensraum im Osten" und Vernichtung der Juden, zu verwirklichen.

Statt nach einem ausdrücklichen Befehl Hitlers für eine „Endlösung" oder „Gesamtlösung der Judenfrage", den es möglicherweise in dieser isolierten Form gar nicht gegeben hat, zu fahnden und damit nachträglich noch die vielen Täter zu entlasten, die sich später auf einen angeblichen „Befehlsnotstand" berufen haben, sollten wir unser Augenmerk darauf richten, daß der Kreis der Verantwortlichen und Helfer für die Umsetzung des Mordplanes auf allen Ebenen sehr viel umfassender gewesen ist, als dies die Fixierung auf den Diktator und seine Weisungen erkennen läßt. Denn hinter dem Tarnbegriff „Endlösung" verbargen sich eine Vielzahl von Aktivitäten, Verantwortungsbereichen, Tötungsarten und Tötungsstätten. Es gab eine Fülle organisatorischer und technischer Probleme, die nicht selten den Eindruck von Improvisation und Chaos vermitteln. Vieles lief zunächst parallel und verschlang sich erst später zu einer Gesamtinitiative. Alle Einzelschauplätze und -aktionen verschmolzen dann bis zum Frühjahr 1942 zu einem einzigen Vorgang des Massenmordes, der zur Vernichtung von Millionen unschuldiger Menschen – nicht nur europäischer Juden, auch von Sinti und Roma, „Fremdvölkischen“ und „Asozialen“, Kriegsgefangegen und Arbeitssklaven – geführt hat.

Stufen der Vernichtung

Es liegt nahe, die Aktionskreise mit wenigen Stichworten zu markieren:

Massenerschießungen durch „Einsatzgruppen“

1. Das Morden der vier „Einsatzgruppen der Sicherheitspolizei und des SD“ und der Polizeibataillone der SS bereits im Operationsgebiet des Heeres und in enger Zusammenarbeit mit der Wehrmachtführung und mit örtlichen Wehrmachteinheiten bzw. -dienststellen. Ihr zunächst wieder bewußt vage umschriebener Auftrag – „Bekämpfung der staats- und reichsfeindlichen Bestrebungen beziehungsweise Elemente im Operationsgebiet" – bezog mit eskalierender Radikalität immer mehr Opfergruppen ein: Funktionäre der KPdSU, Volkskommissare, Juden in Partei- und Staatsstellungen und schließlich alle im Osten lebenden Juden einschließlich ihrer Frauen und Kinder. Bürokratisch penibel geführte Ereignismeldungen und Berichte machen deutlich, daß dieser Vernichtungsfeldzug schon in den ersten neun Monaten nach dem Überfall 700 000 bis 750 000 Juden in der Sowjetunion und noch zahlreiche Sowjetbürger nichtjüdischer Herkunft das Leben kostete.

Mit Vollendung des ersten Jahres waren weit mehr als 1 Mio. Juden umgebracht. Von 4,7 Millionen auf sowjetischem Boden lebenden Juden wurden nicht weniger als 2,2 Millionen ermordet. Da Erschießungen offenbar auch bei den Exekutionskommandos an Grenzen stießen, wurden von der Jahreswende 1941/42 an zur Tötung der Juden mobile Gaswagen, sogenannte „S(pezial)-Wagen“, eingesetzt, um die Massenvernichtungen zu beschleunigen. In das geschichtliche Bewußtsein durch das berühmte Gedicht J. A. Jewtuschenkos eingegangen ist das durch ein Sonderkommando der „Einsatzgruppe C“ mit Hilfe von zwei Kommandos des Polizeiregimentes Rußland-Süd in Babi-Yar, einer Schlucht bei Kiew, Ende September 1941 verübte schreckliche Massaker an 33 771 jüdischen Männern, Frauen und Kindern. Ihnen hatte man bis unmittelbar vor der Massenexekution noch vorgegaukelt, sie befänden sich auf dem Wege zu einer Umsiedlung.

Deportationen und Ghettoisierung

2. Ein zweiter wichtiger Komplex der Vorbereitung der „Endlösung“ sind die Deportationen und die zwangsweise Verbringung in die Ghettos. Auch hier findet sich bei zivilen Stellen eine sehr weit gestreute Verantwortung und Initiativbereitschaft. Die Ghettoisierung der Juden aus dem Protektorat und den neu an das Reich angegliederten Gauen begann zielgerichtet im Oktober 1939. Sie fand ihre Fortsetzung am 14. und 24. Oktober 1941 mit dem Beginn der Massendeportationen aus dem Altreich. Am 25. Oktober 1941 wurde der erste von insgesamt 17 Transporten aus Hamburg auf der Moorweide zusammengestellt. Vom

16. Oktober bis zum 13. November 1941 wurden 20 000 Juden aus den deutschen Großstädten nach Lodz deportiert, dann bis Februar 1942 noch einmal 40 000 nach Riga, Minsk und Kowno. Weitere Transporte führten ohne Umweg direkt in die Vernichtungslager. Von 134 000 bei Kriegsbeginn noch in Deutschland verbliebenen Juden überlebten nur 8000. Nicht selten geschah dies durch unerhörten Mut von Freunden und Nachbarn, die sie in der Anonymität von Großstädten wie Berlin versteckten und so vor der Gaskammer retteten. Diese Form individueller Zivilcourage verdient um so höheren Respekt, als bei der Aufdeckung den Rettern ebenfalls die Verschickung in Konzentrationslager oder sofort die Todesstrafe drohte.
Die Deportationen wären nicht durchführbar gewesen ohne einen reibungslos laufenden bürokratischen Apparat: Erstellung von Namens- und Adressenlisten, Koordination von Fahrplänen, Einsatz der örtlichen Schutzpolizei, Kooperation mit kommunalen Behörden, insbesondere mit den Meldeämtern, Verwaltung von Sammelstellen, Behördengänge, Auflösung und Beschlagnahmung von Konten der Opfer usf. – all dieses spulte sich widerstandslos und mit bürokratischer Akribie ab. Tausende von Helfern und Helfershelfern – kleine, aber unverzichtbare Rädchen in der Vernichtungsmaschinerie – verdrängten ihr Wissen oder beruhigten sich – ebenso wie die Opfer – damit, daß ihnen vorgespielt wurde, es gehe hier ja „nur" zum „Arbeitseinsatz" im Osten.
Im Frühjahr 1942 wurden die Juden in den besetzten Gebieten Europas in die Deportationen einbezogen – ein weiterer Beweis dafür, daß hinter der „Gesamtlösung der Judenfrage" ein gnadenloser und unumkehrbarer weltanschaulicher Wille zur Ausrottung stand.
Die Deportationen fanden – wie schon das Zusammentreiben auf den Sammelstellen – vor den Augen der Bevölkerung an den Bahnlinien unter grausamen und unmenschlichen Bedingungen statt, die viele Opfer forderten. Züge stauten sich vor den überfüllten Ghettos oder den Vernichtungslagern. Sie wurden tagelang oft in eisiger Kälte ohne Wasser und Nahrung für die Eingepferchten herumrangiert, so daß die Opfer nur noch als Skelette aus den Viehwaggons wankten oder getrieben wurden, wenn sie die Fahrt überhaupt überlebt hatten.

Ghettos

3. Nun zu den Ghettos. Warschau, Bialystok, Riga, Kowno oder Minsk boten vielfach nur noch improvisierte Einrichtungen, da sie sowieso nur als Übergangstationen bis zum Weitertransport nach Osten gedacht waren. Das Aufsichtspersonal sah sich zunehmend nicht mehr in der Lage, die pausenlos anrollenden Transporte ordnungsgemäß abzuwickeln und aufzunehmen. Es herrschte vielfach Chaos. So kam es hier schon in den Ghettos in der zweiten Jahrehälfte 1941 zu tausendfachen wilden, unkoordinierten und zumeist von unteren Verwaltungs- und Polizeibehörden verantworteten Erschießungen. Trauriger Höhepunkt war der „Rigaer Blutsonntag" am 30. November 1941. Ab Herbst 1941

wurden diese Ghettos gewaltsam geräumt und die Opfer in die Vernichtungslager geschickt. Denn infolge der militärischen Rückschläge im Osten war – wie ursprünglich möglicherweise geplant – ein Weitertransport nach Osten nicht mehr möglich. Andererseits wurde aus dem Generalgouvernement von Hans Frank fortdauernd massiver Druck auf Hitler ausgeübt, nun auch seine Satrapie endlich, wie zugesagt, „judenfrei" zu machen. Auch die gewaltsamen Räumungen griffen tief in das Leben der Städte ein, erregten dort hohe Aufmerksamkeit und waren nur möglich durch einen großen Kreis einheimischer Mitwisser und Helfer, u.a. der Hilfspolizei in den baltischen Staaten.
In die Geschichte eingegangen als ein todesmutiger, wenn auch am Ende vergeblicher Versuch, das Schicksal doch noch zu wenden, ist der Aufstand im Warschauer Ghetto von Mitte April bis Mitte Mai 1943. Es war eine letzte Auflehnung gegen die von Himmler befohlene Auflösung und Zerstörung des Ghettos und gegen die „Umsiedlung" seiner restlichen etwa 70 000 Bewohner in die Vernichtungslager. Von ihnen gerieten nach einem grausamen Ausrottungskampf der SS, bei dem das Ghetto sich in ein Flammenmeer verwandelte, etwa 56 000 in Gefangenschaft. 7000 von diesen Gefangenen wurden sofort erschossen, weitere 7000 kamen in das Vernichtungslager Treblinka und 15 000 in das Vernichtungslager (Lublin-)Maidanek. Der Rest wurde in Arbeitslager geschickt.

Erste Massenvergasungen

4. Eine weitere Steigerung und Radikalisierung erfuhren die Mordaktionen dadurch, daß parallel zum Morden der „Einsatzgruppen" durch Massenerschießungen ab Herbst 1941 mit Massenvergasungen experimentiert wurde. Dies geschah zuerst durch die „Aktion Reinhard" (Tarnbezeichnung nach dem RSHA-Chef Reinhard Heydrich). Im Auftrag Himmlers ließ sein engster Vertrauter, der SS- und Polizeiführer im Distrikt Lublin, Odilo Globocnik, drei Vernichtungslager mit Anlagen zur Vergasung zunächst polnischer und dann auch deutscher und europäischer Juden durch Kohlenmonoxyd bauen: Belzec im Distrikt Lublin (in Betrieb von März 1942 bis Dezember 1942, mindestens 600 000 Opfer), Sobibor, ebenfalls im Distrikt Lublin (Ergänzung zu Belzec, in Betrieb von Mai 1942 bis August 1943, mindestens 250 000 Opfer) und Treblinka nordöstlich von Warschau (in Betrieb Juli 1942 bis Herbst 1943, etwa 900 000 Opfer vor allem aus Warschau). Am 19. Juli 1942 setzte Himmler den Abschluß der unter dem Tarnnamen „Aussiedlung" oder „Umsiedlung" laufenden Deportationen ins Generalgouvernement auf den 31. Dezember 1942 fest. Außer den Arbeitslager-Häftlingen sollte es zu diesem Zeitpunkt im Generalgouvernement keine Juden mehr geben. Nach Verzögerungen konnte Globocnik Himmler schließlich erst am 4. November 1943 melden, er habe mit dem 19. Oktober die „Aussiedlung" abgeschlossen und die Lager aufgelöst. Mindestens 1,75 Millionen fielen der „Aktion Reinhard" zum Opfer. Zu den ersten

Stätten, an denen mit mobilen Gaswagen zur „Entlastung“ des überfüllten Ghettos Lodz gearbeitet wurde, gehörte das Lager Chelmno/Kulmhof. Es arbeitete mit Unterbrechungen von Dezember 1941 bis Juli 1944. In ihm wurden insgesamt 152 000 Juden vor allem aus dem Warthegau und dem Ghetto Lodz ermordet.
Globocnik wurden für seine Aktion erfahrene ehemalige Mitarbeiter aus dem „Euthanasie“-Programm T4 nach Absprache zwischen Himmler, Heydrich und Bouhler zur Verfügung gestellt. Es gibt auch Belege dafür, daß Bouhlers Führerkanzlei an den Vorarbeiten zum Einsatz von Giftgas beim Massenmord an Juden in der Sowjetunion beteiligt war.
Der Mord durch Erschießen war schon bald, wie ausgeführt, an gewisse Grenzen gestoßen, zunächst an quantitative Grenzen. Es war bereits im Herbst 1941 abzusehen, daß damit auch nur rein „technisch“ die „Endlösung“ nicht bewältigt werden konnte. Eine immer größere Perfektion des Mordens war geboten, „damit man nicht eines Tages mitten drin steckenbliebe“, wie Globocnik erklärte.[66]
Der Mord durch Exekution stieß aber offenkundig aus der Sicht der Täter, vor allem Himmlers und Heydrichs, auch bei den Erschießungskommandos bald an psychische Grenzen und Hemmschwellen. So soll Himmler Mitte August 1941 bei einem Besuch bei der „Einsatztruppe B“ in Minsk eine Erschießungsaktion beobachtet und dabei den Eindruck gewonnen haben, daß das Erschießen seine Leute doch erheblich nervlich belaste. Er befahl dem Gruppenchef Nebe, eine „humanere Tötungsmethode“ zu finden. Nach Experimenten an geistig Behinderten mit Sprengstoff in geschlossenen Bunkern ließ Nebe Anfang September 1941 den Leiter des Referates „Chemie und Biologie“ im Kriminaltechnischen Institut des Reichskriminalamtes (Amt V des RSHA), SS-Obersturmbannführer Dr. Albert Widmann, nach Minsk kommen. Dieses Institut hatte bereits unter seinem Leiter, Dr. Ing. habil. Walter Heeß, einschlägige Erfahrungen mit der Vergasung geistig Behinderter.

Vergasung als anonyme Tötungsmaschine

Hier setzte nun eine entscheidender Vorgang der Enthemmung ein. Er sollte für den Fortgang der „Endlösung“ dann wegweisend werden und dem mörderischen Tun eine neue, ebenso inhumane wie moderne und technisch perfektionierte Dimension geben: Der Massenmord wurde durch Kohlenmonoxyd und Zyklon B gleichsam entpersonalisiert und anonymisiert. Die Täter, die ihren Opfern „Auge in Auge“ gegenüberstanden – unschuldigen Männern und Frauen, Greisen und Greisinnen, Kindern und Kindeskindern – hatten an der Grube, die die Mordopfer vorher selbst ausheben mußten, bei der Exekution immer noch gewisse Skrupel, wenn sie nicht völlig abgestumpft waren oder ihre Gewissenszweifel – was häufig der Fall war – mit reichlich Alkoholgenuß betäubt hatten. Diese Hemmschwellen wurden jetzt bewußt abgebaut. Denn die Täter brauchten die Opfer in ihrer unendlichen Todesangst und in ihren Todesqualen nicht mehr unmittelbar zu beobachten. Dies

wurde möglich durch die Betätigung des Vergasers im Gaswagen, wie man es schon aus Hadamar kannte und dann in Chelmno wieder praktizierte, durch eine Hebelbewegung von außen vor der stationären Gaskammer oder durch das Einwerfen eines Topfes mit Zyklon B, einem Blausäurepräparat der – den IG-Farben nahestehenden – Firma „Degesch", durch eine Öffnung in der Decke der Todeskammer von Auschwitz. Das Gift wirkte in 13-15 Minuten. Dadurch wurde der massenhafte Tod gleichsam „auf Knopfdruck" möglich, wie wir ihn in der einen oder anderen Form aus modernen Kriegen kennen. Man war nicht mehr mit seinem Opfer direkt konfrontiert.
Bedeutete die Verwendung des Wortes „human" oder „humane Tötung" im Munde eines Himmler oder Eichmann („unsere armen Jungs!") schon eine unvorstellbare Pervertierung des menschlichen Wertesystems und menschlichen Anstands, wie sie uns damals überall im „Dritten Reich" begegnete, so fand diese Umwertung aller überkommenen Werte noch eine weitere Steigerung – wenn dies überhaupt möglich war – dadurch, daß die Täter auch gegenüber ihren Opfern ernsthaft glaubten, „humane" Regungen zu zeigen. Hatten die jahrelangen gezielten und sich steigernden Entrechtungen und Verfolgungen ab 1933 den Juden schon ihre gesellschaftliche Stellung genommen, sie ihrer Würde als jüdische Bürger beraubt, sie in der Gesellschaft isoliert, ausgegrenzt und stigmatisiert, so nahmen ab 1940 die Deportationen in Viehwaggons, Hunger, Kälte, Erfrierungen, Seuchen, Drangsalierungen, Angst und Verzagen angesichts des Todes in Ghettos und Todeslagern ihnen auch oft noch – bei diesen Bildern stockt uns im Rückblick der Atem – ihr menschliches Antlitz. Diese ausgemergelten, entkräfteten, von Todesangst gepeinigten und zitternden Gestalten, abgerissen und verlumpt, in Riga und Warschau, in Minsk und Auschwitz, in Lodz und Chelmno kamen nun, so sahen es ihre Mörder, der jahrelang zynisch propagierten und karikierten rassebiologischen Stereotype von „dem Juden" scheinbar auch phänotypisch so nahe, daß ihre Quäler eine schnelle Tötung der Arbeitsunfähigen durch Gas gegenüber einem langen Dahinvegetieren unterhalb des Existenzminimums, einem qualvollen Todeskampf über Wochen und Monate als „humanen Akt" verstanden.
Um nicht mißverstanden zu werden: Die vielbeschworenen „Zwangslagen" des Regimes in der „Judenfrage" im Sommer und Herbst 1941 waren allein das Produkt eines ideologisch motivierten Verfolgungswahnes und der rassistischen Zwangsvorstellung von der „völkischen Flurbereinigung" in Europa. Alle zusätzlichen Impulse zur Massentötung waren demgegenüber sekundär.
Der Begriff „human" taucht in diesem Zusammenhang bereits im Sommer 1941 in einem Schreiben des SS-Sturmbandführers R.-H. Höppner aus dem Stab des HSSPF im Warthegau an Eichmann vom 16. Juli auf:

Es besteht in diesem Winter die Gefahr, daß die Juden nicht mehr sämtlich ernährt werden können. Es ist ernsthaft zu erwägen, ob es nicht die humanste Lösung ist, die Juden, soweit sie nicht arbeitsfähig sind, durch irgendein schnellwirkendes Mittel zu erledigen. Auf jeden Fall wäre dies angenehmer, als sie verhungern zu lassen.[67]

Es erscheint ganz unwahrscheinlich, daß Höppner bei dieser wichtigen Frage seine private Meinung äußerte. Wahrscheinlich wurde der Gedanke an Massentötungen durch Gas damals schon in weiteren Kreisen diskutiert.

Die Hauptvernichtungslager

5. Die Komplexe Majdanek (in Betrieb vom Sommer 1942 bis Juli 1944, etwa 200 000 Opfer, u.a. aus dem Distrikt Lublin, aus den Ghettos Warschau und Bialystok und aus der Slowakei) und Auschwitz I (Stammlager), II (Birkenau) und III (Monowitz) mit 40 Außen- und Nebenlagern (in Betrieb vom Sommer 1942 bis Juli 1944 mit 1 bis 1,5 Mio Opfern, überwiegend Juden aus Oberschlesien und anderen Teilen Deutschlands, aus der Slowakei, aus sämtlichen deutsch besetzten Ländern einschließlich Polen und schließlich 1944 noch aus dem inzwischen deutsch besetzten Ungarn) führen uns in einen weiteren wichtigen Zusammenhang der „Endlösung": in den Zusammenhang von Arbeitseinsatz, wirtschaftlicher Ausbeutung und Tötung. Die Zeit des Improvisierens und Experimentierens war 1942 vorbei. Die Vernichtungsmaschinerie wurde auf Dauer eingerichtet und perfektioniert. Die Transporte rollten jetzt zunehmend direkt zu den Selektionsrampen und nicht mehr über die Zwischenstationen der Ghettos.

Auschwitz

Auschwitz wurde im Mai/Juni 1940 unter seinem Kommandanten Höß in alten Kasernen aus der k.u.k.-Zeit als Stammlager für meist polnische Häftlinge und nur wenige Juden im neu eingegliederten Teil Oberschlesiens errichtet. Am 1. März 1941 befahl Himmler Höß bei einem Besuch eine umfangreiche Erweiterung des Lagers (40 Quadratkilometer) zum zentralen Konzentrationslager für den Osten und auch zur Aufnahme von etwa 100 000 sowjetischen Kriegsgefangenen. Die Häftlinge sollten als Arbeitssklaven für die landwirtschaftlichen Versuchs- und Musterbetriebe der SS – ein besonderes Hobby des Diplomlandwirtes Himmler -, für ein dort angesiedeltes Buna-Werk der IG Farben, für weitere SS-eigene Produktionsstätten wie die Deutschen Erd- und Steinwerke, für oberschlesische Industriebetriebe und für die Urbarmachung von Sumpf- und Überschwemmungsgbieten an der Weichsel bis zur Erschöpfung arbeiten. Sie wurden unter hohen Profiten für die SS an die Industriebetrieben der Umgebung „ausgeliehen".

Im Sommer 1941 – der genaue Termin ist nicht ganz sicher – eröffnete Himmler Höß nach dessen eigener Aussage später, der „Führer" habe die „Endlösung der Judenfrage" als Vernichtung aller „erreichbarer Juden" befohlen und dafür Auschwitz wegen seiner verkehrsgünstigen Anbindung an das Reich eine zentrale Rolle zugedacht. Zwar steht die-

se Aussage nicht ganz auf quellenmäßig sicheren Boden. Sie deutet aber darauf hin, daß dieser Befehl Hitlers im Zusammenhang mit der etwa zeitgleichen Weisung Görings an Heydrich vom 31. Juli 1941 zur Vorbereitung der „angestrebten Endlösung der Judenfrage“ zu sehen ist, daß er parallel zu den Mordaktionen der „Einsatzgruppen“ in der Sowjetunion lief und daß es offenkundig eine eigenständige, auf eine längere Dauer und auf größere Perfektion des Tötens angelegte Entwicklung hin zur „Endlösung“ gab, die nicht nur – wie etwa die „Aktion Reinhard“ oder die Vergasungen in Chelmno – auf besondere zeitweilige Engpässe in den überfüllten Ghettos zurückzuführen war.
Im Herbst 1941 ließ Höß weisungsgemäß das Lager Auschwitz II/Birkenau und im Frühjahr 1942 noch das Lager Auschwitz III/Monowitz mit Arbeitssklaven für die IG Farben bauen. Seit dem 3. September 1941 fanden im Stammlager Auschwitz I bereits Experimente mit Zyklon B statt. Ihm gab Höß den Vorzug vor Kohlenmonoxyd, da es schneller und sicherer tötete. Diesen Experimenten fielen mindestens 900 sowjetische Kriegsgefangene zum Opfer.
Um die Jahreswende 1941/42 waren die Gaskammern für den Masseneinsatz betriebsbereit. In ihnen sollen nach Vermutungen schon zwischen Herbst 1941 und Januar 1942 100 000 Juden den Tod gefunden haben.
Hier wurde nicht nur eine perfekte und fabrikmäßige Maschinerie für den Massenmord an Juden, Roma und Sinti, an sowjetischen Kriegsgefangenen und anderen Opfergruppen betrieben. Hier wurde auch deutlich, daß an dem Arbeitseinsatz der Deportierten (in der Regel waren es bei der Selektion an der Rampe nur 10 – 15 % der Ankommenden) nicht nur die SS, sondern breite Wirtschaftskreise partizipiert haben. Den Begünstigten in der Privatindustrie mußte von vornherein klar sein, daß auch im Arbeitseinsatz bei ihnen die ideologisch motivierte Tötung durch Arbeit Vorrang hatte und von vornherein im Rahmen der „Endlösung“ mit einkalkuliert war. Der „resistente Rest“, der die unmenschliche Zwangsarbeit überlebte, sollte nach Ausweis der Wannsee-Konferenz einer „Sonderbehandlung“ unterworfen werden, wieder eine der verharmlosenden Chiffren für den Tod durch Gas.
Das Ende des Lagers begann Mitte Januar 1945, als die SS-Wacheinheiten nach der von Himmler angeordneten Zerstörung der Vergasungsanlagen vor der anrückenden Roten Armee flüchteten. Etwa 58 000 Gefangene wurden mitten im Winter auf dem „Todesmarsch“ mit nach Westen getrieben, mindestens 9000 von ihnen kamen dabei ums Leben. Als die Soldaten der Roten Armee am 27. Januar 1945 Auschwitz befreiten, fanden sie noch etwa 7000 lebende Skelette, dem Hungertod nahe. Die Spuren des Mordens hatten nicht mehr getilgt werden können.
Ein besonders markantes und zynisches Beispiel für die Tarnung und

Theresienstadt

Täuschung, unter der die „Endlösung" abgewickelt wurde, war das Ende 1941 in Nordböhmen als „Altersghetto" oder „Vorzugslager" für Juden über 65 Jahre und Kindern unter 14 Jahren eingerichtete Lager Theresienstadt. Hinter der verharmlosenden Angabe „Wohnsitz-Verlegung" mit fingierten Altersheim-Verträgen „auf Lebenszeit" verbarg sich die „Überstellung" in eine Durchgangsstation für den Weitertransport u. a. nach Auschwitz. Insgesamt wurden über 152 000 Personen in das Lager eingewiesen. Über 30 000 Menschen konnten 1945 befreit werden, etwa 34 000 starben in Theresienstadt an Hunger, Gebrechlichkeit, Krankheit, Wassermangel, primitiven sanitären Verhältnissen und Zwangsarbeit. Etwa 86 000 Menschen wurden in die Vernichtungslager deportiert.

Verschleierung als „Arbeitseinsatz"

Der Mord an den Juden und vielen anderen unschuldigen Opfern war also nicht ein geheimes und abseitiges Geschäft der Weltanschauungstruppe, sondern integraler Bestandteil des nationalsozialistischen Herrschafts- und Wirtschaftssystems. Auch dann, wenn sich aus der Wirtschaft aus rein zweckrationalen Gründen der Aufrechterhaltung der Produktion bisweilen Widerstand gegen das Verhungernlassen und Töten billiger Arbeitskräfte regte – in Berlin waren 1941 von etwa 70 000 verbliebenen Juden noch 15 000 in der Rüstungswirtschaft beschäftigt (die sogen. „Rüstungsjuden") -, wurde das Morden planmäßig und konsequent fortgesetzt. Der rassistische und ideologisch radikalisierte Tötungswahn war am Ende viel stärker nicht nur als humane Bedenken, stärker auch als utilitaristische Argumente aus der Rüstungswirtschaft, der Wehrmacht und selbst von Sauckel, dem „Generalbevollmächtigten für den Arbeitseinsatz", daß durch die „Endlösung" immerhin wertvolle jüdische Rüstungsfacharbeiter gemordet und dringend benötigtes rollendes Material und Schienenwege gebunden und blockiert würden. Bei der Durchführung der „Endlösung" hat das Thema „Arbeitseinsatz" eine zentrale Rolle gespielt und dies in mehrfacher Hinsicht: „Arbeitseinsatz" war ein scheinrationales Kriterium der Selektion, um den „Arbeitsfähigen" noch eine – in der Regel nur kurze – Chance zu geben, als billige Arbeitskräfte zu überleben, und um „Arbeitsunfähige" einer, wie es zynisch hieß, „humanen" und schnell wirkenden Tötungsart auszuliefern. „Arbeitseinsatz" gehörte vor allem aber zur Tarnsprache des Regimes. Den Opfern half diese scheinbare Aussicht, nach Osten zum „Arbeitseinsatz" zu kommen, Ängste beim Besteigen der Deportationszüge zu verdrängen. Diese Parole tat somit ihre Wirkung, um die Deportationen reibungslos ablaufen und die Opfer widerstandslos in den Tod gehen zu lassen. „Arbeit macht frei" – unverhohlener als durch diese Inschrift am Eingang in das Vernichtungslager Auschwitz konnte den Opfern wohl der Zynismus nationalsozialistischer Propagandaphraseologie nicht vorgeführt werden.

Die Bevölkerung ließ der Tarnbegriff das glauben, was sie glauben wollte: Wenn schon das ganz Volk zum Kriegseinsatz herangezogen wird, warum sollen dann die Juden vom „Arbeitseinsatz" ausgespart bleiben. Den Mördern suggerierte der „Arbeitseinsatz" scheinbar noch einen gewissen Sinn ihres mörderischen Tuns. Die vielen Schreibtischtäter in den Ministerien und Behörden schließlich ließen sich mit der ausgegebenen Formel nur allzu gern einnebeln und davon abhalten, in aller Ehrlichkeit vor sich selbst nach dem eigentlichen Zweck ihres bürokratischen Einsatzes zu fragen. Auch hier findet sich der bekannte Verdrängungsprozeß auf allen Ebenen hinter der Formel vom „Arbeitseinsatz".

Die „Wannsee-Konferenz" 21. 1. 1942

Diese Schreibtischtäter wurden von Heydrich zum 21. Januar 1942 unter Beifügung einer Kopie seiner „Bestallung" durch Göring vom 31. Juli des Vorjahres in das frühere Haus der Interpol am Großen Wannsee zusammengerufen. Auf dieser sogenannten „Wannsee-Konferenz", deren Protokoll uns erhalten ist, wurde die „Endlösung" weder befohlen noch eine Entscheidung darüber herbeigeführt. Diese war längst gefallen.

Zur Konferenz geladen waren Vertreter des Reichsministeriums für die besetzten Ostgebiete (Gauleiter Dr. Meyer und Reichsamtsleiter Dr. Leibbrandt), des Reichsinnenministeriums (StS Dr. Stuckart), des Beauftragten für den Vierjahresplan (StS Neumann), des Reichsjustizministeriums (StS Dr. Freisler), des Amtes des Generalgouverneurs des Generalgouvernements (StS Dr. Bühler), des Auswärtigen Amtes (UStS Luther), der Partei-Kanzlei (SS-Oberführer Klopfer), der Reichskanzlei (Min. Dir. Kritzinger), des RSHA (SS-Gruppenführer Müller und SS-Obersturmbannführer Eichmann als Protokollant) sowie des Rasse- und Siedlungshauptamtes (SS-Gruppenführer Hofmann).

Der Zweck dieses Treffens war folgender: Absprachen über ein reibungsloses Zusammenspiel der zuständigen Instanzen und eine enge Koordination ihrer Aktivitäten, Sicherstellung der Hilfe des Auswärtigen Amtes bei der bevorstehenden Einbeziehung der Juden aus dem deutsch beherrschten Machtbereich, Beratung über die Behandlung von jüdischen „Mischlingen" 1. und 2. Grades und von Juden und Jüdinnen aus „priviligierten Mischehen", Informationen über den „Arbeitseinsatz" der Juden im Osten. „Unter entsprechender Leitung" – so führte Heydrich aus – „sollen im Zuge der Endlösung die Juden in geeigneter Weise im Osten zum Arbeitseinsatz kommen". Soweit die arbeitsfähigen Juden dabei nicht „durch natürliche Verminderung ausfallen" würden, müsse „der allfällig endlich verbleibende Restbestand [[...]] da es sich bei diesen zweifellos um den widerstandsfähigsten Teil handelt, entsprechend behandelt werden [[...]], da dieser, eine natürliche Auslese darstellend, bei Freilassung als Keimzelle eines neuen jüdischen Aufbaues anzusprechen ist." [68]

Obwohl auch auf dieser Konferenz also offenbar noch ein Stück Tarnsprache beibehalten wurde – „Endlösung“, „entsprechend behandelt werden“ -, hat Heydrich spätestens jetzt das mörderische Vernichtungsprogramm, ohne an seiner „Generalvollmacht“ rütteln zu lassen, aus dem Dunstkreis von Andeutungen, Euphemismen und SS- resp. polizeiinternen Regelungen auf die offizielle Ebene der Reichsbürokratie gehoben, diese mit voller Rückendeckung durch Hitler, Göring und Himmler amtlich in die Pflicht genommen und damit den Kreis der Informierten und Mitverantwortlichen bis in die höchsten Ränge hinein erheblich erweitert.

Das Wissen um die Massenvernichtung

Wie konnte eines der größten Verbrechen der Geschichte in deutschem Namen und unter deutscher Verantwortung geschehen? Bei allen Ansätzen und Versuchen einer Erklärung kann es weder um eine Entschuldigung oder Entlastung noch um ein Leugnen von Verantwortung gehen. Wir müssen aber die Ermöglichung des Massenmordes an Millionen unschuldiger Menschen soweit wie möglich aus dem Bereich des Rätselvollen und Irrationalen auf die Ebene des gedanklich Nachvollziehbaren und des menschlich Erfahrbaren, in die Sphäre von Korrumpierbarkeit und Manipulierbarkeit des modernen Menschen, von Massensuggestion und Verführung rücken, um den dünnen Firnis von Zivilisation und Humanität damals sichtbar zu machen.
Der Kreis der Wissenden und derer, die es wissen konnten, war viel größer, als es die meisten nach 1945 wahrhaben wollten. Wer etwas in Erfahrung bringen und nicht verdrängen wollte, konnte es auch. Informationen und Gerüchte drangen von der Front und aus besetzten Gebieten über Urlauber, selbst wenn diese zum strengsten Stillschweigen verpflichtet waren, in die Heimat. Die BBC lieferte Berichte. Die Zwangsräumungen der Großstädte, die Zusammenstellung der Transporte, die Deportationszüge, die vielen Todesnachrichten und das Abbrechen der Kontakte zu den Angehörigen nach der Zwangsverschickung, aber auch die grausamen Umstände der Räumung der Ghettos blieben nicht unbekannt. Die Verantwortlichen selbst, Hitler, Himmler und Goebbels, rühmten sich nicht selten in einer kaum mehr verhüllten Mordsprache in aller Öffentlichkeit ihrer Absichten gegen die Juden, als sie nach innen und nach außen keine Rücksichten glaubten mehr nehmen zu müssen.
In einem Leitartikel in der Wochenzeitung „Das Reich“, also im Vorzeigeblatt der Intellektuellen, kommentierte Goebbels am 16. November 1941 unter dem Titel „Die Juden sind schuld“ die beginnenden Deportationen aus Deutschland, Österreich und dem Protektorat mit einem zynischen Rückgriff auf Hitlers Prophezeiung der Vernichtung des Judentums im Falle eines Krieges am 30. Januar 1933:
Wir erleben eben den Vollzug dieser Prophezeiung, und es erfüllt sich damit am Judentum ein Schicksal, das zwar hart, aber mehr als verdient ist. Mitleid oder gar Bedauern ist da gänzlich unangebracht. [...]

Die Juden sind eine parasitäre Rasse, die sich wie ein faulender Schimmel auf die Kulturen gesunder [...] Völker legt. Dagegen gibt es nur ein wirksames Mittel: einen Schnitt machen und abstoßen.[69]

Ein schon lange vor 1933 propagierter Rassenantisemitismus hat sicher einiges dazu getan, die Menschen gegenüber dem Schicksal der jüdischen Bürger abzustumpfen, sie aufnahmebereit für die Vernichtungsdrohungen des Regimes zu machen, Kritik an ihnen im Keime zu ersticken und den allgemeinen Vorgang des Wegsehens, des Verdrängens und des Nichtwissenwollens zu fördern.

Gründe für das Gelingen des Massenmordes

Wie gelang es dem Regime aber, seinen weltanschaulich motivierten Vernichtungswillen in die mörderische Tat umzusetzen und dafür Tausende von Erfüllungsgehilfen zu gewinnen, die nachweisbar nicht einmal in ihrer Mehrheit fanatische Antisemiten waren? Auch hier nur einige Andeutungen.

- Das NS-Regime bezog seine kriminellen und zerstörerischen Energien mit daraus, daß es den Ehrgeiz seiner politisch entmündigten Bürger und Befehlsempfänger durch eine Fülle von Orden, Ämtern, Sternen und Litzen anstachelte. Es propagierte Sekundärtugenden wie Ordnung, Sauberkeit, Fleiß, Gehorsam, Pünktlichkeit, Pflichterfüllung, Tüchtigkeit, die zur Zerstörung des Lebens, nicht zu seiner Pflege und Erhaltung eingesetzt wurden. Es förderte so etwas wie eine Funktions- und Effizienzethik und ein ehrgeiziges Perfektionsstreben. In ihm setzten moderne Funktionsträger und Technokraten wie Schacht, Speer, Höß oder Eichmann ihre Kraft, ihre Begabung und ihren Ehrgeiz darein, eine gestellte oder auch selbst gewählte Aufgabe optimal und wirkungsvoll zu erfüllen, ohne dann noch viel nach dem sittlich-moralischen Sinn ihres Tuns zu fragen. Für Erfolge winkten in der Regel beruflicher Aufstieg und herausgehobene Positionen in der differenzierten Machthierarchie des Systems, winkte vor allem die ersehnte Huld des „Führers“.
- Offenbar konnten Täter, wie immer wieder bezeugt, in einer kleinbürgerlichen Doppelmoral leben: die Idylle von Volieren und sorgfältig gepflegten Blumenrabatten unmittelbar neben den Gasöfen.
- Ein weiter funktionierender Behördenapparat wurde durchsetzt, nazifiziert, korrumpiert und teilweise auch ersetzt durch konkurrierende Gausatrapien, Partei-, SS- und Polizeiämter und Sonderbeauftragte. Diese verstanden sich teilweise noch aus der „Kampfzeit“ als „führerunmittelbar“ und empfingen nur von Hitler ihre Weisungen. In einem eher anarchisch konkurrierenden Mit- und Gegeneinander der Gewalten und Zuständigkeit wollte jeder durch vorauseilenden Gehorsam und ein Übersoll an Pflichterfüllung seine Kompetenzen verteidigen und ausweiten. So wurde Hitlers rassebiologisch motivierte Weisung, Gaue und Großstädte „judenfrei“ zu machen, bei den zuständigen Instanzen geradezu zu einem Motor auf dem Wege zu „Endlösung“.

- Ein sofort ab 1933 gezielt in Gang gesetzter Prozeß der Ausgrenzung, Entrechtung, Isolierung und Stigmatisierung der Juden hatte ein überkommenes Netz gesellschaftlicher, freundschaftlicher und oft familiärer Bande zwischen Juden und Nichtjuden zerstört und atomisiert. Dadurch gerieten jüdische Freunde und Nachbarn, wenn man sich nicht ausdrücklich weiter zu ihnen bekannte, zusehends aus dem Blickfeld. Sie wurden abgedrängt in die Einsamkeit und Anonymität großstädtischer Zwangsghettos an den Rand der Gesellschaft. Sie wurden Fremde, längst bevor ihnen der Zwang zum Tragen des Judensterns im September 1941 auch äußerlich das Zeichen der Fremdheit aufdrückte. Niemand hielt am Ende die Juden mehr für schützenswert. Jeder weiß, daß sich Mitleid mit dem Schicksal des Mitmenschen vor allem dort einstellt, wo wir – etwa bei den „Euthanasie"-Opfern – mit seinen Leiden und Sorgen unmittelbar konfrontiert werden. Das war in der Regel bei den Juden ab 1940 immer weniger gegeben. Der vom Regime propagierte kollektive Antitypus „des Juden" als Inkarnation alles Bösen imprägnierte den längst in der Bevölkerung vorhandenen Antisemitismus gegen Korrekturen durch reale Erfahrungen im Zusammenleben mit jüdischen Bürgern, das zerstört worden war.
- Zwar sah sich die Bevölkerung dem Terror und dem Spitzelwesen durch das Regime immer mehr ausgesetzt. Aber es fehlte auch an Zivilcourage, und die Verdrängungsprozesse setzten bereits 1933 ein, als es noch ungefährlich war, sich mit drangsalierten jüdischen Nachbarn und Kollegen zu solidarisieren. Um so höher wiegt das mutige Eintreten Vieler für die Verfolgten, die sie illegal bei sich aufnahmen.
- Auch sollte nicht vergessen werden, daß die „Endlösung", wie gezeigt, in viele kleine Einzelaktionen, Zuständigkeiten und Schritte auf unterschiedlichen administrativen Ebenen aufgesplittert war. Viele kleine Räder und Rädchen funktionierten in dieser extrem modernen bürokratischen Arbeitsteilung. Teilweise waren ihre Exponenten in ihren rassebiologischen Wahnvorstellungen von ihrem Vernichtungsauftrag überzeugt, teilweise sahen sie die Gesamtzielrichtung nicht oder wollten sie nicht sehen, teilweise verdrängten sie sie auch und begnügten sich mit der Rechtfertigung, es gehe hier ja „nur" um den „verdienten Arbeitseinsatz" der Juden. Wo sich in einer arbeitsteiligen Staatsmaschinerie der Prozeß der Entrechtung und Verfolgung stufen- und schubweise entfaltete, war und ist es oft schwer, genau Schuld und Verantwortung auf jeder Ebene abzustecken. Zumindest blieben hier auch nach 1945 immer Nischen des angeblichen „Mitläufertums" und „Befehlsnotstandes", in denen man sich verstecken konnte.
- Ein seit langem anerzogener und eingeübter Gehorsam und Untertanengeist leisteten ihren Beitrag zur Mitwirkung der Bevölkerung ebenso wie ökonomische Interessen bei der Ausbeutung billiger jüdischer Arbeitskräfte durch SS und Privatindustrie.

- Die Sorgen des Alltages im Kriege um die eigene Existenz und das Schicksal der Familienangehörigen im Bunker und an der Front, eine allgemeine Abstumpfung und Verrohung durch die Kriegsereignisse und auch ein schwer durchdringbarer Dunst von Gerüchten, Geheimhaltung und Teilinformationen sowie die Tatsache, daß die Mordaktionen scheinbar weit weg im Osten abliefen, leisteten dem allgemeinen Vergessenwollen und Verdrängen in der Bevölkerung zusätzlich Vorschub.
- Auch hatte das Regime noch in den ersten Kriegsjahren offenkundig stupende Erfolge aufzuweisen. Mit ihnen konnte man sich soweit freudig identifizieren, daß man über seine abstoßenden und mörderischen Seiten großzügig hinwegsah.
- Schließlich gab es etwa ab 1943, als sich die Kriegswende immer eindeutiger abzeichnete, nach den Stimmungsberichten des SD – allgemein ein recht guter Gradmesser für das, was im Volk gedacht wurde – so etwas wie eine Komplizenschaft des Verbrechens und der Verbrecher. Die ideologische Verblendung ging selbst bei kritisch Eingestellten so weit, daß sie einem „siegreichen Weltjudentum" dasselbe unterstellten, was Hitler ihm 1939 unterstellt hatte: eine blutige Rache am deutschen Volk für seine begangenen Verbrechen.

Sicher sind dies alles nur Annäherungen, um eine letztlich unbegreifliche Tat irgendwie doch nachvollziehbar zu machen. Die Verfolgung der Juden bis Kriegsbeginn mußte nicht, aber sie konnte nach Auschwitz führen. Mit der Zerstörung des Rechtsstaates, dem Aufbau des Polizeiapparates, der Ausgrenzung der Opfer, der Indoktrination mit rassischen Feindbildern, der Atomisierung der Gesellschaft und der Zerstörung eines sozialen Netzes von Solidarität und menschlichem Füreinander wurden schon 1933 und in den folgenden Jahren entscheidende Weichen gestellt.

Vernichtung durch Arbeit

Über der „Euthanasie" und der „Endlösung" sollte man nicht vergessen, daß mit Kriegsbeginn auch die letzten Hemmschwellen gefallen waren, um in den Konzentrationslagern innerhalb des Reiches die Ausbeutung von Arbeitssklaven zu verschärfen und die Mordaktionen zu intensivieren. Um fast alle Lager herum wurde ein Kranz von etwa 1000 Außen- und Nebenlagern gelegt. Sie versorgten SS-Betriebe unter der Regie des „Wirtschafts-Verwaltungshauptamtes" (WVHA), Rüstungsunternehmen wie die Chemiewerke der IG-Farben, Krupp, Daimler-Benz, VW, das Elektrounternehmen Bosch, AEG, Siemens, Messerschmidt, Heinkel und sonstige kriegswichtige Einrichtungen mit billigen Arbeitskräften (für drei bis sechs Reichsmark pro Häftling und Tag, wovon die Häftlinge nur Pfennigbeträge erhielten!). Marschierende Häftlingskolonnen mit abgerissener und dürftiger Kleidung auch im Winter etwa zur Räumung von Trümmern und Blindgängern nach den Bombenangriffen gehörten zum Alltag der Großstädte. Häftlinge, die –

unter den Augen ihrer gut verdienenden Arbeitskollegen – in Elf- bis Zwölf-Stunden-Schichten bis zum Umfallen bei unzureichender Kleidung, Ernährung und Unterkunft Schwerstarbeit leisten mußten, wurden zu Tausenden von Hunger und Entkräftung, auch von Mißhandlungen der Wachmannschaften dahingerafft oder fielen, wenn sie nicht mehr arbeitsfähig waren, den Exekutionskommandos und Giftinjektionen zum Opfer.

Das System der Konzentrationslager

Man rechnet, daß in den Konzentrationslagern mindestens eine halbe Million Menschen an Entkräftung, Hunger und Seuchen umgekommen sind, die Hälfte davon im Chaos und auf den Todesmärschen der letzten Kriegswochen. Über die kleine Gruppe von Konzentrationslagern hinaus, die 1939 bestanden hatte – Dachau, Flossenbürg, Sachsenhausen, Buchenwald, Mauthausen und das Frauenlager Ravensbrück -, schwollen im Reich und in den besetzten Gebieten die Zahl neuer KZ's und die Häftlingszahlen im Kriege mächtig an: Erwähnt seien hier nur Neuengamme bei Hamburg (1940 selbständig), wo etwa 56 000 Frauen und Männer aus allen europäischen Staaten an den schlechten Arbeits-, Unterbringungs- und Hygieneverhältnissen sowie an Mißhandlungen und Tötungen starben, und Bergen-Belsen bei Celle (Mitte Juli 1943 fertiggestellt). Hier kamen allein zwischen Januar und Mitte April 1945 rund 35 000 Menschen aller Nationen um, darunter viele Juden, bis 60 000 Überlebende die Befreiung durch die Briten am 15. April 1945 erlebten. 13 000 starben noch nach der Befreiung.

Erwähnt seien weiterhin Konzentrationslager im niederschlesischen Groß-Rosen (1940 eingerichtet), in Stutthof bei Danzig (seit Anfang 1942 als KZ geführt) und im elsässischen Natzweiler (am 1. Mai 1941 eröffnet) mit jeweils vielen Außen- und Nebenlagern. Überall drohte den Häftlingen aus allen europäischen Ländern das gleiche Schicksal: Schikane, Verhungern, Mißhandlungen, Erschöpfung durch Zwangsarbeit, Erschießen „auf der Flucht", Erhängen, tödliche Seuchen wie Typhus- und Fleckfieberepidemien.

Viele Tausende von Häftlingen wurden auch Opfer todbringender Menschenversuche durch SS-Ärzte mit Unterdruck, Unterkühlungen, Gelb- und Fleckfieberimpfungen, chemischen Kampfstoffen, Sulfonamidschüben zur Wundbrandbekämpfung u.s.f. Dies geschah im Elsaß z.B. in enger Kooperation mit Medizinern der „Reichsuniversität Straßburg" zur Anlegung einer Schädel- und Skelettsammlung in der Anatomie. Der Atem stockt einem noch heute, wenn man die Gedenkstätte in der Schule Bullenhuser Damm in Hamburg betritt. Hier wurden in einem Außenkommando des KZ Neuengamme 20 jüdische Kinder im Alter bis zu zwölf Jahren noch im April 1945 kurz vor dem Eintreffen der britischen Truppen erhängt, um alle Spuren der an ihnen vorgenommenen Tuberkuloseexperimente zu tilgen.

5. Europa unter deutscher Herrschaft: Besatzungsregime, Verbrechen gegen die Menschlichkeit und wirtschaftliche Ausplünderung

Das deutsch beherrschte Europa ließ weder eine klare und übersichtliche Verwaltungsgliederung noch eine für die Unterworfenen in irgendeiner Weise attraktive, konstruktive und verbindliche Zukunftsplanung erkennen. Um den Kern – das „Germanische Reich deutscher Nation" – gruppierten sich eine „Reichsaußenverwaltung" [70] unter abgestufter deutscher Kontrolle und ein Kranz mehr oder weniger souveräner Satellitenstaaten. Die „Reichsaußenverwaltung" umfaßte mit rund 2 865 000 Quadratkilometern und ca. 154 Millionen Einwohnern auf dem Höhepunkt der deutschen Macht 1942 ein knappes Drittel des nichtdeutschen europäischen Raumes.

Gliederung der Besatzungsgebiete

Das eigentliche Reichsgebiet wurde weit über die Grenzen von 1914 hinaus erweitert: im Osten durch die neuen Gaue Danzig-Westpreußen unter Albert Forster und Wartheland unter Arthur Greiser, die Angliederung der ostpreußischen Bezirke von Zichenau (Zjechanow) und Sudauen (Suwalki) sowie die Erweiterung Oberschlesiens um kongreßpolnisches Gebiet und das ehemals österreichisch-schlesische Teschen; im Südosten durch die Angliederung der Untersteiermark und von Teilen von Krain; im Westen durch den De-facto-Anschluß des Elsaß (Gau Baden unter Gauleiter Robert Wagner), Lothringens (Gau Westmark unter Gauleiter Josef Bürckel), Luxemburgs (Moselgau Koblenz-Trier unter Gauleiter Gustav Simon) sowie der belgischen Gebiete Eupen-Malmedy und Moresnet. Zum Reichsgebiet im staatsrechtlichen Sinne gehörten weiter das Protektorat Böhmen und Mähren (Reichsprotektoren Neurath bis 27. September 1941 und Frick seit 25. August 1943, stellvertretender Reichsprotektor von September 1941 bis zu seiner Ermordung am 4. Juni 1942 Heydrich, danach für ein Jahr Daluege) und das Generalgouvernement als eine Art koloniales „Nebenland" (Generalgouverneur Hans Frank). Angegliedert waren die beiden Reichskommissariate Ostland mit den Baltischen Staaten und Weißrußland (Gauleiter Hinrich Lohse) und Ukraine (Gauleiter Erich Koch). Reichskommissaren als Chefs der Zivilverwaltung und über sie indirekt Hitler unterstanden Norwegen (Reichskommissar Josef Terboven), die Niederlande (Reichskommissar Arthur Seyß-Inquart) und ab 18. Juli 1944 auch Belgien (Reichskommissar Josef Grohé). Das Schicksal dieser Länder für die Zeit nach dem Krieg wurde bewußt in der Schwebe gelassen. Sie behielten landeseigene Verwaltungen mit freilich sehr beschränkter Souveränität. Unter der Aufsicht von Reichsbevollmächtigten (Cecil von Renthe-Fink und seit November 1942 Dr. Werner Best) als Beauftragten Hitlers amtierten in Dänemark nach der militärischen Besetzung der König, die Vorkriegsregierung und das Parlament weiter bis zur Demission der Regierung am 29. August 1943. Der deutschen Aufsicht unter einem Reichsbevollmächtigten (Botschafter Rudolf Rahn) und einem Höchsten SS- und Polizeiführer (Karl Wolff) unterstellt war auch die am 15. September 1943 von Mussolini nach seiner Befreiung in Salò am Gardasee etablierte „Repubblica Sociale Italiana" (RSI). Zwei Operationszonen „Alpenvorland" (Bozen, Trient, Belluno) und „Adriatisches Küstenland" (Friaul, Görz, Triest, Istrien, Fiume und Laibach) wurden 1943 den Gauleitern Franz Hofer und Friedrich Rainer offensichtlich zur Vorbereitung der staatsrechtlichen Angliederung an das Reich unterstellt.

Militärverwaltungen und damit dem Oberbefehlshaber des Heeres unterstanden Nordfrankreich mit den Kanalinseln, Belgien (bis 1944), Rest-Serbien und Teile Griechenlands. Über ihre teils autoritären, teils faschistischen Regimes und deren Kollaboration eng an das Reich gebunden waren Vichy-Frankreich unter Pétain, die Slowakei unter Tiso und Kroatien unter dem Ustascha-Führer Pavelić. Einen weiteren Kreis bildeten die verbündeten oder befreundeten Staaten Süd- und Südosteuropas Rumänien, Ungarn, Bulgarien, Italien (bis 1943) sowie im Norden Finnland. Sie waren besonders in ihrer Außenpolitik und in der Kriegführung weitgehend vom Reich abhängig, solange dieses noch bis 1943/44 die Vormachtstellung in Europa hatte. Franco-Spanien blieb abwartend und beteiligte sich nur mit einer „Blauen Division" am „Kreuzzug gegen den Bolschewismus". Neutrale Inseln in Europa blieben die Schweiz, Schweden, Irland und Portugal.

Konzeptionslosigkeit des Besatzungsregimes

Kennzeichnend für die Besatzungspolitik waren die starre Weigerung Hitlers, den künftigen Status der europäischen Völker im deutschen Machtbereich festzulegen, solange noch gekämpft wurde, das oft chaotisch anmutende Kompetenzwirrwarr und Gerangel um Zuständigkeiten im Okkupationsgebiet, ein getreues Spiegelbild der schon mehrfach angesprochenen polykratischen und teilweise sogar anarchischen Macht- und Herrschaftsverhältnisse in der Reichshauptstadt, die unterschiedliche Besatzungspolitik in West- und Osteuropa, dann aber doch die systematische Einbeziehung des gesamten deutschen Einflußbereiches in die „Endlösung" ab 1942 sowie die Indienstnahme einheimischer Satellitenregierungen und Verwaltungen für die Durchsetzung der Besatzungsziele. Dabei war die Besatzungsmacht weder bereit, ihnen einen höheren Grad von Souveränität und Autonomie als Gegenleistung zuzugestehen, noch die sich beim Einmarsch zunächst überall anbietenden Kräfte der Kollaboration, darunter auch zahlreiche faschistische, nationalsozialistische und nationalistische Gruppen in Frankreich, in Belgien, den Niederlanden, Norwegen, Dänemark und sogar in den westlichen Randstaaten der Sowjetunion, besonders in der

Ukraine, zu echten Partnern aufzuwerten. Die deutsche Okkupationsverwaltung handelte „fragmentarisch, behelfsmäßig und ohne einheitliches Konzept“ [71].

Hitlers Europa-Begriff

Für Hitler war Europa „kein geographischer, sondern ein blutsmäßig bedingter Begriff“ [72]. Was er am 6. Oktober 1939 nach der Vernichtung des polnischen Staates vor dem Reichstag als eine seiner wichtigsten Aufgaben für die Zukunft erklärte, sollte im Grunde für den ganzen Kontinent gelten: „eine neue Ordnung der ethnographischen Verhältnisse, das heißt eine Umsiedlung der Nationalitäten, so, daß sich am Abschluß der Entwicklung bessere Trennungslinien ergeben, als es heute der Fall ist“ [73]. Er sprach schon vor dem Krieg davon, daß dem größten germanisch-arischen Rassekern von 110 Millionen Menschen einmal die Welt gehören werde.[74] Zu diesem Rassekern sollten konkret die germanischen Völker – Flamen, Niederländer, Dänen, Norweger, aber auch Schweden und Schweizer – gehören. In einer noch recht nebulösen Form zeichnete sich für sie nach dem Krieg der „Anschluß“ an das „Germanische Reich deutscher Nation“ als „deutsche Provinzen“ ab. Nach Osten war diesem Kern bis zum Ural ein Vorfeld deutschen „Lebensraumes“ als Objekt der Ausbeutung seiner materiellen Ressourcen und der Arbeitskraft seiner Menschen und als „das große und tödliche Experimentierfeld für Umsiedlungspolitik“ (Dülffer) vorgelagert. Das Baltikum, die Ukraine und die Krim sollten deutsch besiedelt werden.

Der Diktator ließ nie einen Zweifel an seiner tiefen Verachtung für eigenständige und souveräne Klein- und Mittelstaaten in Europa, zumal wenn sie sich nicht widerstandslos seinem megalomanen Programm einer rassischen „Flurbereinigung“ des Kontinents und seiner Neuordnung auf „blutmäßiger“ Grundlage fügten. Noch am 8. Mai 1943 sprach er ihnen ihre Existenzberechtigung ab, wie Goebbels seinem Tagebuch anvertraute:

Aus alledem aber hat der Führer die Konsequenzen gezogen, daß das Kleinstaatengerümpel, das heute noch in Europa vorhanden ist, so schnell wie möglich liquidiert werden muß.[75]

Die Propagandaparolen für den Einfall in die Sowjetunion – „Aufbruch Gesamteuropas gegen den Bolschewismus“ oder „europäischer Kreuzzug gegen den Bolschewismus“ unter „Hitler als Heerführer Europas“ – waren höchstens geeignet, wenige Tausende Freiwillige in West- und Nordeuropa für die SS-Divisionen zum Einsatz im Osten zu mobilisieren. Sie standen aber in einem allzu offenkundigen und krassen Gegensatz zum Lebensraumgedanken und zur Besatzungspraxis im Okkupationsgebiet, als daß sie in Europa auf fruchtbaren Boden hätten fallen können. „Wir kämpfen primär nicht für die Neuordnung Europas, sondern für die Verteidigung und Sicherung unseres Lebensraumes“, wies der Reichspropagandaminister 1941 die Presse an. In seinem Tagebuch notierte er 1942: „Das Gerede von der Kollaboration ist nur für den Augenblick gedacht.[76] Himmlers Aufgabe war es, mit Hilfe der SS und der Polizei die völkisch-rassischen Maximen seines Herrn mit erbarmungsloser Konsequenz in die Tat umzusetzen. In den eroberten Ostgebieten wollte er nach der Vertreibung von 31 Millionen Einwohnern nach Sibirien und ihrer „Dezimierung" Volksdeutsche aus Südtirol, Rumänien oder Ungarn, Skandinavier, Niederländer und sogar Engländer ansiedeln und mit ihrer Hilfe die eigentliche „Germanisierung" des Ostens vollenden („Generalplan Ost").

Kompetenzkämpfe in den besetzten Gebieten

Die Repräsentanten und Organe der Besatzungsherrschaft lieferten sich in ihren Territorien einen verbissenen Kampf um Macht und Einfluß. Verlierer waren stets die Unterworfenen. Wehrmachtsdienststellen in den besetzten Gebieten rivalisierten mit Himmlers Satrapen, den „Höheren SS- und Polizeiführern" und ihren Stäben; Sonder- und Zivilverwaltungen rieben sich mit Wehrmacht und SS; so protestierte der Generalgouverneur in Polen, Hans Frank, berüchtigt als „Polenschlächter" und verantwortlich für die Liquidierung der polnischen Führungsschicht, die totale Ausplünderung des Generalgouvernements und die Deportation von rund einer Million polnischer Arbeiter in deutsche Rüstungsfabriken, schließlich in Berlin gegen die Ausrottungspolitik Himmlers. Sie untergrabe in seinem Territorium Ruhe und Ordnung und blockiere die Ausnutzung der polnischen Produktionsstätten und Arbeitskräfte vor Ort für die deutsche Rüstung.

Widersprüche zwischen Ausbeutung und Vernichtung

Ähnlich plädierte Fritz Sauckel, seit dem 21. März 1942 „Generalbevollmächtigter für den Arbeitseinsatz" und zweifellos von dem gleichen „Herrenmenschendünkel" wie Frank besessen, für eine bessere Behandlung des von ihm zusammengetriebenen Millionenheeres von Arbeitssklaven aus allen Teilen Europas, von denen nicht einmal ein Bruchteil freiwillig nach Deutschland kam. Er tat dies aus rein pragmatischen Gründen nur deshalb, weil die miserablen Arbeitsbedingungen, Hunger, Terror und Mißhandlungen nicht den notwendigen Grad der Ausnutzung ihrer Arbeitskraft garantierten. Überall im Osten herrschte also der hochideologisierte Zielkonflikt zwischen Ausplündern und Deportation oder Produzieren und Beschäftigung vor Ort, zwischen Vernichtung oder Ausbeutung.

Prägnant formulierte es ein Wirtschaftsfachmann im Osten am 2. Dezember 1941:

Wenn wir die Juden totschießen, die Kriegsgefangenen umkommen lassen, die Großstadtbevölkerung zu erheblichen Teilen dem Hungertod ausliefern, im kommenden Jahre auch einen Teil der Landbevölkerung durch Hunger verlieren werden, bleibt die Frage unbeantwortet: Wer denn hier eigentlich Wirtschaftswerte produzieren soll.[77]

Bisweilen wurden selbst im Kriege noch vergleichsweise konstruktive Konzeptionen an Hitler herangetragen. So erinnerte sich Alfred Rosen-

berg als „Reichsminister für die besetzten Ostgebiete“ (17. November 1941) wegen seiner Herkunft aus dem Baltikum an die sogenannte „Randstaatenpolitik“ des Ersten Weltkrieges. Er sprach sich für eine bevorzugte Behandlung des Baltikums, Weißrußlands, der Ukraine und der Krim und für die Förderung von einheimischen Selbständigkeitsbestrebungen dort aus, um Abwehrkräfte gegen das „bolschewistische Moskowitertum“ zu mobilisieren. Die undifferenzierte Schreckensherrschaft in Rußland hielt er für politisch und psychologisch falsch. Rosenberg verstrickte sich jedoch in einen Vielfrontenkrieg gegen Himmler und die SS, gegen die ihm zwar formal unterstellten Reichskommissare Koch (Ukraine) und Lohse (Ostland), die jedoch als Gauleiter und „alte Kämpfer“ nur Weisungen von ihrem „Führer“ entgegennahmen, gegen das Auswärtige Amt und die Wehrmacht und schließlich sogar gegen Göring, der seine Wünsche beim Kunstraub im Osten nicht hinreichend respektiert wähnte. Er blitzte schließlich schroff bei Hitler ab.
Ähnlich erging es einem im Februar 1943 im Auswärtigen Amt entwickelten Entwurf zur Gründung eines „Europäischen Staatenbundes“ oder Initiativen, die von Verbündeten wie dem italienischen Staatssekretär Bastianini 1943 oder „Collaborateuren“ wie dem französischen Ministerpräsidenten Laval, aber auch von den Führern der kleinen faschistischen Parteien wie Quisling in Norwegen und Mussert in den Niederlanden an den Diktator herangetragen wurden. Sie waren zwar bereit, ihre Länder in ein „großgermanisches“ Reich mit Deutschland als Kern hineinzuführen, wollten jedoch nicht „zu bloßen Dekorationen für eine direkte nationalsozialistische Gewaltherrschaft“ (Hillgruber) werden und dadurch jeden Kredit an Glaubwürdigkeit bei ihrer eigenen Bevölkerung verspielen.
Jeder suchte sein kleines Reich im Okkupationsgebiet eifersüchtig und zäh gegenüber der Konkurrenz zu verteidigen und seine eigenen Interessen durchzusetzen: die „Organisation Todt“, die Wehrmacht, zivile Dienststellen, Wirtschaftsfachleute, Berater, Konzern- und Firmenvertreter, Beauftragte aus Görings Vierjahresplan-Amt und ab 1942 zunehmend Speers „Reichsministerium für Bewaffnung und Munition“ (ab 1943 „Reichsministerium für Rüstung und Kriegsproduktion“), Parteidienststellen und Diplomaten (z. B. Botschafter Otto Abetz in Paris, die formal dem AA unterstellten Reichsbevollmächtigten Cecil von Renthe-Fink und Werner Best in Dänemark oder Edmund Veesenmayer, zunächst in Zagreb und dann 1944 als Gesandter in Budapest bei nomineller Unterstellung unter das AA verantwortlich für die Abwicklung der „Endlösung der Judenfrage“ im Auftrag von Eichmann). Dabei setzten sich die Frontlinien der bekannten Berliner Grabenkämpfe um Macht und Einfluß bruchlos in die Okkupationszonen fort. So wachten z. B. Wirtschaftsfachleute aus der Privatindustrie in der Ukraine eifersüchtig darüber, daß nicht längerfristig über die treuhänderische Ver-

waltung in den besetzten Gebieten gleichsam durch die Hintertür Pläne einer Verstaatlichung von Wirtschaftsunternehmen, wie sie Göring immer wieder als Disziplinierungsmittel für die Privatwirtschaft angedroht hatte, umgesetzt wurden, und trugen entsprechende Befürchtungen an den „Wirtschaftsdiktator“ heran.
Bei allem Kompetenzgerangel und ungeachtet der auch in den Okkupationsgebieten zu beobachtenden Auflösung rationaler Entscheidungs- und Verwaltungsstrukturen und ihrer Ersetzung durch führerunmittelbare Befehlsstränge bleibt doch festzuhalten, daß es letztendlich Himmler und sein SS- und Polizeiapparat mit ihren exzessiven und bewußt unscharf formulierten exekutiven und administrativen Vollmachten zur „Staatssicherung“ waren, die besonders im Osten und Südosten, aber auch zunehmend im Westen den Hoheitsbereich staatlicher und militärischer Instanzen immer mehr einengten und den Boden bereiteten für die volle Entfaltung der nationalsozialistischen Gewalt- und Vernichtungspolitik. Dies galt in besonderem Maße für die Einbeziehung Europas in die „Endlösung der Judenfrage“ zwischen 1942 und 1944. Unter dem fanatischen Ressortehrgeiz von Tausenden von Unterführern und willfährig unterstützt von „kollaborierenden“ landeseigenen Verwaltungen in Vichy-Frankreich, in Belgien, den Niederlanden, Norwegen, Dänemark, in den Baltischen Staaten, in Südosteuropa und in den Satellitenstaaten, die dadurch die Mitverantwortung für die repressiven Besatzungsmaßnahmen übernahmen und den besonderen Haß der Bevölkerung auf sich zogen, steigerten sich in einem permanenten Ausnahmezustand Willkür und Verfolgung. Es verschärften sich die Lebensbedingungen für die Unterworfenen, je weiter der Krieg fortschritt, je totalere Züge er annahm und je mehr sich die von Deutschland diktierten Rüstungsanstrengungen verschärften.
Diese generellen Aussagen über die deutsche Besatzungspolitik dürfen jedoch nicht darüber hinwegtäuschen, daß ihre konkrete Ausprägung doch geographisch einen unterschiedlichen Charakter aufwies: In West- und Nordeuropa eine Mobilisierung für die deutsche Kriegführung, wirtschaftliche Ausbeutung und die Rekrutierung von Arbeitskräften im Zeichen einer politischen Vorläufigkeit, im Osten und teilweise auch im Südosten weit darüber hinaus eine radikale rassenpolitische und völkische „Flurbereinigung“, eine gründliche ethnische Umgestaltung und eine Kolonisierung des „Lebensraumes“ als Endziel.

Zwangsarbeiter

Nach Ausweis der Statistik waren bis Herbst 1944 aus 26 Ländern knapp 8 Mio. Arbeitskräfte als Zivilarbeiter und Kriegsgefangene nach Deutschland verbracht, die wenigsten von ihnen freiwillig angeworben, die meisten zwangsverpflichtet oder in brutalen Menschenjagden etwa in der Ukraine von der Straße weg deportiert. Es waren Menschen aus allen sozialen Schichten und jedes Alters, die in der Regel unter ihrer beruflichen Qualifikation eingesetzt wurden. Bis Kriegsende dürfte die Zahl auf insgesamt 10 Millionen angewachsen sein, nach anderen Schätzungen auch 12 oder 14 Millionen. Jede fünfte in Deutschland damals beschäftigte Arbeitskraft war damit ein Ausländer oder eine Ausländerin. Davon stellte die Sowjetunion im Herbst 1944 mit über 2,8 Mio. Arbeitskräften das größte Kontingent, darunter mehr als die Hälfte weibliche Zivilarbeiterinnen, oft junge Frauen aus der Ukraine, die meist im Haushalt beschäftigt waren. An zweiter Stelle folgten die Polen mit fast 1,7 Mio., dann die Franzosen mit 1,25 Mio. und ab 1943 die Italiener mit 0,715 Mio.

Behandlung, Löhne und Lebensmittelrationen, Unterbringung und Art der Beschäftigung waren abgestuft nach Nationalität und „rassischen" Prinzipien. Grundsätzlich standen alle deutschen und auch die west- und nordeuropäischen Arbeiter und Arbeiterinnen weit über den Ostarbeitern. Nach der Einberufung von 9,5 Mio deutschen Soldaten wurden ausländische Arbeitskräfte in der Landwirtschaft (hier fast die Hälfte der Beschäftigten in Deutschland!), in Staatsbetrieben, Großkonzernen und Kleinbetrieben sowie in Privathaushalten beschäftigt. Die „rassisch minderwertigen" Ostarbeiter hatten besonders unter dem Lagersystem und unter Entbehrungen zu leiden. Viele von ihnen kamen in Deutschland um. Verachtung und Herrenmenschendünkel ihnen gegenüber vermischte sich mit Mitleid über ihre katastrophalen Lebensbedingungen und wachsender Achtung für ihren Fleiß und Arbeitseinsatz. Sie wollten so gar nicht in das indoktrinierte Bild vom „slawischen Untermenschentum" passen, und die Machthaber sahen sich deshalb teilweise gezwungen, propagandistisch in der Bevölkerung gegenzusteuern. In Kleinbetrieben, in der Landwirtschaft und in den Privathaushalten konnten die Zwangsarbeiter oft besser überleben als in den Großbetrieben. Für Westeuropäer erreichten die Verpflegungsrationen etwa diejenigen der Deutschen. Wiederum in einem erbitterten Kompetenzringen bemühte sich Speer ab 1943, die berüchtigten „Sauckel-Aktionen" zumindest im Westen zu stoppen, um die Rüstungsproduktion verstärkt ins besetzte Ausland zu verlegen – mit nur beschränktem Erfolg!

Neben den Arbeitskräften, den Rohstoffen und Nahrungsmitteln wurden mit dem Übergang Deutschlands zur vollen Kriegswirtschaft unter Speer im Jahre 1942 auch die Industrien in den besetzten Gebieten verstärkt für den deutschen Bedarf herangezogen. Speer setzte hierfür Rüstungsinspekteure ein und führte auch persönlich Verhandlungen mit einheimischen Regierungen und Behörden, so u. a. mit der Regierung in Vichy-Frankreich. Um die deutschen Produktionsstätten verstärkt auf die eigentliche Rüstungsproduktion umstellen zu können und hierfür Arbeitskräfte freizusetzen, wurde die Erzeugung von Konsumgütern des militärischen und zivilen Bedarfs weitgehend auf die Industrien Westeuropas verlagert. Dabei lagen die Lebensmittelrationen mit Aus-

Ausrichtung der kontinentaleuropäischen Wirtschaft auf den deutschen Kriegseinsatz

nahme Dänemarks unter denen im Reich, im Osten und Südosten zeitweilig sogar unter dem Existenzminimum. Eine Hungersnot in Südgriechenland forderte im Winter 1941/42 Tausende von Opfern. Sie konnte nur mit Hilfe amerikanischer und kanadischer Lebensmittel behoben werden, die das Internationale Rote Kreuz mit deutscher Erlaubnis verteilte.

In einer kontinentaleuropäischen Großraumwirtschaft unter deutscher Führung wurden, anknüpfend an Pläne der dreißiger Jahre und mit Hilfe der bewährten Experten aus dem Vierjahresplan-Amt, dem Reichswirtschaftsministerium, dem Auswärtigen Amt und aus der Privatwirtschaft, die Industrien und Volkswirtschaften ab 1940 systematisch auf die deutschen Kriegsbedürfnisse ausgerichtet. Eine vielfache Auftragsverlagerung ins Ausland führte zur Entlastung der deutschen Kriegswirtschaft. Ausländische Firmen lieferten Flugzeuge, Munition und Lastkraftwagen, Lokomotiven und Schiffe, optische Geräte und Maschinen. Bis Januar 1944 produzierte die französische Luftfahrtindustrie 3 704 Flugzeuge und knapp 10 000 Flugzeugmotoren für Deutschland. 1942/43 lieferten französische Automobilwerke 51 954 LKWs für die Wehrmacht. Der französische Lokomotivenbau arbeitete ausschließlich für das Reich, ebenso 95% der Werkzeugmaschinenindustrie. Die Franzosen exportierten 15–20% ihrer Lebensmittelproduktion nach Deutschland, so daß die eigene Ernährung unterhalb des herkömmlichen Existenzminimums sank. In den Niederlanden gingen 1943 ein Drittel und ein Jahr später fast die Hälfte aller produzierten Güter nach Deutschland. Dänemark lieferte als wichtigster Nahrungsmittellieferant Ende 1943 10% des Jahresbedarfes der deutschen Zivilbevölkerung an Butter und 90% des deutschen Fischbedarfes. Im Herbst 1944 deckte es 20% des deutschen Fleischbedarfes.

Beteiligung der deutschen Wirtschaft an den Eroberungen

Die deutsche Wirtschaft erhielt von Göring als Beauftragtem für den Vierjahresplan die Weisung, jede Gelegenheit zu nutzen, sich „Eingang in die interessanten Objekte der Wirtschaft der besetzten Länder“ zu verschaffen [78]. Sie sollte die niederländische und belgische, die norwegische und dänische, aber auch die rumänische Wirtschaft – etwa durch die Zurückdrängung westlicher Anteile in der Erdölproduktion – in großem Umfang mit deutschem Kapital durchdringen, um eine enge und unauflösliche Verflechtung mit der Wirtschaft des Reiches zu schaffen. Erste entscheidende Schritte in diese Richtung waren bereits 1938 mit der Übernahme des internationalen Bankenplatzes Wien und 1939 mit der Konfiszierung der tschechischen Beteiligungen getan.

In Norwegen z. B. sicherten sich die IG-Farben wie vor dem Krieg bereits in Wirtschaftssektoren Südosteuropas (etwa im Sojaanbau) die Aktienmehrheit des größten norwegischen Industriekonzerns, der Chemiefirma Norsk Hydro. Auch sollte im Interesse eines forcierten Ausbaues der Luftwaffe die kriegswichtige Leichtmetallindustrie unter deutsche Kontrolle gebracht werden. Gegen den Protest Quislings beim Ausverkauf der Industrie seines Landes bemächtigte sich das Reich der norwegischen Energieressourcen. Als sich nach dem Scheitern des „Blitzkrieges" gegen die Sowjetunion 1942 ein längerer Abnutzungskrieg, den Hitler stets in Erinnerung an den Ersten Weltkrieg hatte vermeiden wollen, abzeichnete, holte sich Speer als Minister für Bewaffnung und Produktion 1943 beim „Führer" die Genehmigung für die Durchführung einer kontinuierlichen und koordinierten „europäischen Produktionsplanung" zur Entwicklung einer langfristigen Perspektive mit Hilfe eines neugebildeten Planungsamtes. Aber die Konzeption einer loyalen freiwilligen Zusammenarbeit mit einheimischen Wirtschafts- und Industriekreisen scheiterte nicht zuletzt daran, daß die Arbeiterdeportationen und Menschenjagden im Rahmen der „Sauckel-Aktionen" ab 1942/43, von denen nur Norwegen und Dänemark verschont blieben, und ab Januar 1944 sogar die Aussetzung von „Kopfprämien" für erfaßte Zwangsarbeiter einen tiefen Haß in der unterdrückten Bevölkerung des Okkupationsgebietes auslösten und jede Bereitschaft zur Kooperation in den letzten beiden Kriegsjahren abtöteten.

Finanzielle Leistungen der Besatzungsgebiete

Auch für die Mobilisierung der finanziellen Ressourcen der besetzten Länder war mit dem bilateralen Clearingsystem, nunmehr als Zwangsclearing, das Instrument bereits vor dem Kriege entwickelt. Diese Länder finanzierten die deutschen Kriegsanstrengungen sowohl direkt durch Besatzungskosten und – im Falle Norditaliens ab 1943 – „Kriegslastenbeiträge" als auch indirekt durch den zwischenstaatlichen Verrechnungsverkehr über das Berliner Zentral-Clearing. Besatzungskosten konnten durchaus nach Art. 49 der Haager Landkriegsordnung von 1907 „zur Deckung der Bedürfnisse des Heeres oder der Verwaltung dieses Gebietes" von der Besatzungsmacht eingefordert werden. Aber zumindest für Frankreich ist nachgewiesen, daß die Abgaben mit anfänglich 20 Mio. RM täglich, dann 15 Mio. RM und nach der Besetzung Südfrankreichs mit täglichen 25 Mio. RM die Unterhaltskosten weit überstiegen und nach französischen Berechnungen für den Unterhalt einer Besatzungsarmee von 18 Mio. Mann ausgereicht hätten. Frankreich war an allen Besatzungskosten und Kriegsbeiträgen der verbündeten und besetzten Länder mit 40% beteiligt und leistete nach einer Schätzung etwa 20% der deutschen Kriegskosten. Seine Abgaben stellten die höchste Belastung seines Staatshaushaltes dar. Die im einzelnen gezahlten Besatzungskosten lassen sich wie folgt angeben: Frankreich 34 Mrd. RM, Belgien 5,6 Mrd. RM, Niederlande knapp 15 Mrd. RM, Dänemark 1,5 Mrd. RM, Kanalinseln 4,6 Mio. RM sowie Italien ab 1943 174 750 Mrd. Lire.

Auch das Clearingsystem trug zur Zerrüttung der Staatsfinanzen bei. Nach diesem System wurden die Produzenten und Exporteure in den besetzten Ländern für ihre Lieferungen ins Reich durch die staatlichen Kreditinstitute (National- oder Staatsbanken) sofort in Inlandwährung bezahlt. Im zwischenstaatlichen Verrechnungsverkehr wurden die Rechnungen jedoch auf dem zentralen Clearingkonto der Deutschen Verrechnungskasse in Berlin gutgeschrieben. Da Deutschland mit seinen Gegenlieferungen an die besetzten Staaten grundsätzlich um ein Mehrfaches seiner Einfuhren in Verzug blieb, wuchs der Saldo zu ihren Gunsten lawinenartig an. Weil der Finanzausgleich zwischen Deutschland und den Okkupationsgebieten erst nach dem Krieg erfolgen sollte, finanzierten die westeuropäischen Steuerzahler somit de facto durch die Guthaben in Berlin die deutsche Kriegführung in erheblichem Maße mit. Auch hier einige Zahlen für die gewaltige deutsche Clearingschuld: Frankreich 8,5 Mrd. RM, Niederlande 6 Mrd. RM (bis September 1944), Belgien 5,4 Mrd. RM (bis Juli 1944), Dänemark 1,1 Mrd. RM (bis Oktober 1944). Einseitige Wechselkursmanipulationen zugunsten der Reichsmark verschärften noch die Belastungen für die Clearing-Gläubiger.

Die Ziele der Besatzungspolitik im Osten

War in West- und Nordeuropa immerhin noch ein Ansatz von Kooperation mit den einheimischen Kräften zu erkennen, so zielte die Besatzungspolitik im Osten auf Ausplünderung und Vernichtung ohne Rücksicht auf die Zivilbevölkerung. Bereits am 2. Mai 1941 gab General Thomas als Chef des „Wehrwirtschafts- und Rüstungsamtes" nach Absprache mit den Staatssekretären der zuständigen Wirtschaftsressorts – insbesondere Reichswirtschaftsministerium und Amt für den Vierjahresplan – die Richtlinien für die Okkupationspolitik in Sowjetrußland als verbindliche Arbeitsgrundlage vor:

1. Der Krieg ist nur weiterzuführen, wenn die gesamte Wehrmacht im 3. Kriegsjahr aus Rußland ernährt wird.
2. Hierbei werden zweifellos zig Millionen Menschen verhungern, wenn von uns das für uns Notwendige aus dem Lande herausgeholt wird.
3. Am wichtigsten ist die Bergung und Abtransport von Ölsaaten, Ölkuchen, dann erst Getreide. Das vorhandene Fett und Fleisch wird voraussichtlich die Truppe verbrauchen.
4. Die Beschäftigung der Industrie darf nur auf Mangelgebieten wieder aufgenommen werden, z. B.
die Werke für Verkehrsmittel
die Werke für allgemeine Versorgungslagen (Eisen)
die Werke für Textilien
von Rüstungsbetrieben nur solche, bei denen in Deutschland Engpässe bestehen. Aufmachung von Reparaturwerkstätten für die Truppe natürlich in erhöhtem Ausmaß.[79]

Dieses Programm sowie weitere Unterlagen und Erlasse von Hitler, Göring u. a. flossen ein in die „Richtlinien für die Führung der Wirtschaft in den neubesetzten Ostgebieten", nach der Farbe ihres Einbandes

auch als sogenannte „Grüne Mappe" bekannt und berüchtigt. Diese „Grüne Mappe" behielt mit einigen Abänderungen bis zum Zusammenbruch der Ostfront 1944 für Offiziere und Kriegsverwaltungsbeamte der Wirtschaftsorganisation Ost verbindlichen Charakter.
Drei Prinzipien und Zielsetzungen bestimmten also die Ausbeutung im Besatzungsgebiet: 1. Unterhaltung der Truppe im Lande, 2. Entlastung der deutschen Kriegswirtschaft und Lieferung von Rohstoffen – Eisenerz, Kohle, Platin, Magnesium, Textilrohstoffe – und Nahrungsmitteln – Getreide aus der „Kornkammer" Ukraine – ins Reich und erst ganz am Ende 3. Ernährung der einheimischen Bevölkerung und – zumindest sektorale – Wiederingangsetzung der russischen Wirtschaft im Rahmen der deutschen „Großraumwirtschaft". Dabei war allen Verantwortlichen klar, daß die Zielvorgabe einer Getreideablieferung von 8,7 Millionen Tonnen unter Anwendung eines brutalen Zwanges den Hungertod vieler Tausender von Menschen bedeuten mußte. Zynisch erklärte Herbert Backe, damals noch Staatssekretär im Reichsernährungsministerium und ab Mai 1942 selbst Minister und Reichsbauernführer als Nachfolger Darrés:
Armut, Hunger und Genügsamkeit erträgt der russische Mensch schon seit Jahrhunderten. Sein Magen ist dehnbar, daher kein falsches Mitleid.[80]
Backes Weisungen an die deutschen Landwirtschaftsführer im besetzten Rußland waren geprägt von dem typischen Rassendünkel des deutschen Herrenmenschen gegenüber den Bewohnern des „kolonialen Hinterlandes". Man war nicht einmal bereit, ihren Erwartungen auf eine Auflösung des bolschewistischen Kolchossystems und auf Reprivatisierung des Bodens in der Ukraine entgegenzukommen, da die landwirtschaftlichen Großbetriebe ein höheres Maß an rationeller Effizienz versprachen.
Neben den schon bekannten ständigen Reibereien und Kompetenzkonflikten zwischen den Dienststellen der Wehrmacht, der Zivilverwaltung, der SS/Polizei und den Repräsentanten der Privatwirtschaft drückten auch die notorischen administrativen und planerischen Widersprüche der Besatzungsherrschaft im Osten ihren Stempel auf: Der Drang zur schnellen und kurzfristigen Ausplünderung des eroberten Gebietes im Dienste der Kriegführung selbst um den Preis, daß die Menschen zu Tausenden verhungerten, geriet immer mehr in Konflikt mit dem längerfristigen Ziel, Landwirtschaft, Industrie und Rohstofförderung der Sowjetunion (besonders Erdöl im Kaukasus, Kohle und Eisenerz im Süden und Südosten) arbeitsteilig in die deutsche Großraumwirtschaft einzubauen und die russischen Arbeiter entsprechend einzuspannen. Denn dies setzte einen gewissen Industrialisierungsgrad (Maschinenbau, Reparaturwerkstätten, Fahrzeugbau usf.), eine funktionierende Infrastruktur (Eisenbahnen, Straßen) und vor al-

lem eine hinreichend ernährte Arbeiterschaft und den Verzicht auf Deportationen voraus. Der wirtschaftspolitische Kurswechsel in diese Richtung kam zu spät und sollte im Zeichen der zusammenbrechenden Fronten keine Wirkung mehr zeigen. Im Gegenteil: was folgte, war die Taktik der „verbrannten Erde" auf den Rückzügen 1943/44.

Die „Wirtschaftsorganisation Ost"

Zur Umsetzung der wirtschaftspolitischen Zielvorgaben bauten Göring als Beauftragter für den Vierjahresplan und General Thomas als Chef des „Wehrwirtschafts- und Rüstungsamtes" mit der „Wirtschaftsorganisation Ost" ein gigantisches bürokratisches Imperium auf. Dabei wachte der Reichsmarschall eifersüchtig darüber, daß die wirtschaftlichen Kompetenzen bei ihm und seinem Staatssekretär Paul Körner blieben und weder zum OKW noch zu Himmler abwanderten. Dem Führungsorgan „Wirtschaftsstab Ost" war als Leitungsgremium unter Körner ein „Wirtschaftsführungsstab Ost" übergeordnet. In ihn war Thomas als Vertreter des OKW eingebaut. Unter dem „Wirtschaftsstab Ost" arbeiteten 5 Wirtschaftsinspektionen mit zusammen 23 Wirtschaftskommandos und 12 Außenstellen und einem Personalbestand von fast 6 500 Mann. Die zivilen Reichsbehörden dirigierten ihre Vertreter in die „Chefgruppe Landwirtschaft" im „Wirtschaftsstab Ost" und in die „Chefgruppe Wirtschaft", besetzt mit Ministerialdirektor Gustav Schlotterer, seit 1923 Parteimitglied, einer der führenden NS-Wirtschaftsjournalisten und einer der wichtigsten Mitarbeiter Funks.

Beteiligung der deutschen Wirtschaft an der Ausplünderung der besetzten Gebiete

Die Ausplünderung der besetzten Gebiete wäre niemals möglich gewesen ohne die zunehmend engere Verflechtung der Großwirtschaft mit dem Partei- und Staatsapparat und ohne den tatkräftigen Einsatz von Repräsentanten der Privatindustrie in Osten. Ihre Aktivitäten lagen durchaus in der „Kontinuität eines ostimperialen wirtschaftspolitischen Kalküls, [...] die sich bis auf den Ersten Weltkrieg zurückführen läßt"[81]. Es fand eine Verknüpfung statt zwischen politisch-militärischen und privatwirtschaftlichen Expansionszielen. Zwar ist nicht nachzuweisen, daß der Entschluß Hitlers zum Angriff auf die Sowjetunion mit auf entsprechende Initiativen und Druck privater Wirtschaftskreise zurückging, wie es die marxistische Geschichtsinterpretation lange behauptet hat. Aber als die Entscheidung spätestens im Dezember 1940 gefallen war, haben sich namhafte Kreise der Großwirtschaft spätestens seit Ende Februar 1941 energisch und in ihrem ureigenen Interesse in die konkreten Vorbereitungen für die Besetzung der Sowjetunion eingeschaltet. Die Kontakte liefen in der Regel vom Reichswirtschaftsministerium über die wirtschaftlichen Selbstverwaltungsorgane, die Wirtschafts- und Fachgruppen, bis hinunter auf die Konzern- und Firmenebene. Der IG-Farben-Konzern hatte seinen eigenen direkten Draht zu Göring und zur Vierjahresplan-Administration.
Dabei fuhr die Wirtschaft zunächst 1941 noch zweigleisig: Auf der einen Seite wurden die zwischenstaatlichen Kontakte im Rahmen des

deutsch-sowjetischen Wirtschaftsvertrages vom 10. Januar 1941 korrekt abgewickelt, wenngleich der Rußland-Ausschuß der deutschen Wirtschaft vor dem Hintergrund der Angriffsvorbereitungen die Privatfirmen verstärkt warnte, sich noch zu intensiv zu engagieren. Auf der anderen Seite arbeiteten die Wirtschaftsforschungsinstitute, die Volkswirtschaftlichen Abteilungen der Großunternehmen und die Vorstandsetagen der Konzerne ab März 1941 fieberhaft, um möglichst enge Kontakte zu den zivilen Wirtschaftsbehörden zu knüpfen, im Ernstfall sofort an den entscheidenden Schaltstellen zwischen Wehrmacht und Staat zu sitzen, dabei die eigenen Interessen maßgebend vertreten und vor allem auch schon im Vorfeld staatsdirigistische Initiativen in den besetzten Gebieten erfolgreich abblocken zu können: so wurden „Beutelisten" bereits vor dem Überfall erstellt, Gutachten und Informationen über das Wirtschaftspotential der Sowjetunion auf Grund der früheren Erfahrungen im Rußlandgeschäft entworfen und weitergegeben an die staatlichen Stellen, Fachkräfte für die Verwaltung und für die kommissarische Übernahme sowjetischer Betriebe benannt und die Verbindungen zu Thomas hergestellt. Neben den IG-Farben wurden hier die AEG, Siemens und die „Reichswerke Hermann Göring" mit ihrem nahezu unstillbaren Hunger nach Eisenerzen aktiv.
Zum Modell für die neue Form staatlicher und privatwirtschaftlicher Zusammenarbeit wurde die am 27. März 1941 gegründete „Kontinentale Öl A.G.". Als Dachgesellschaft von Industrie, Banken, Militär und Wirtschaftsbürokratie sollte sie die deutschen Mineralölinteressen im besetzten Europa durchsetzen.
Zusammenfassend läßt sich festhalten:
Die wirtschaftlichen Kriegsziele [...] wurden von Militärs und Wirtschaftsbürokratie im Einvernehmen mit den Spitzenvertretern der deutschen Wirtschaft in völlig autonomer Weise festgelegt und selbst gegenüber politisch-propagandistischen Belangen, wie sie von Rosenberg vertreten wurden, durchgesetzt. In ihnen vereinten sich privatwirtschaftliche Interessen an der Aneignung russischer Rohstoffquellen und Verarbeitungsanlagen, langfristige wirtschaftspolitische Vorstellungen und aktuelle kriegswirtschaftliche Sachzwänge zu einer hemmungslosen Raub- und Plünderungsstrategie.[82]
Die Hoffnung, die Friedensproduktion der Sowjetunion für die deutschen Zwecke bruchlos nach der Okkupation einsetzen zu können, erwies sich sofort als Illusion, einmal infolge der Verlagerung kriegswichtiger Industrien hinter den Ural durch die sowjetischen Behörden, zum anderen wegen der kriegsbedingten Zerstörungen und schließlich deshalb, weil die Partisanen im Sommer 1943 etwa 20% des besetzten Gebietes kontrollierten und viele Zufahrtswege unter ihrer Kontrolle hielten. Durch brutalen Ablieferungszwang konnte die Wehrmacht immerhin aus dem Okkupationsgebiet ernährt werden. Industriebetriebe

im Baltikum wurden wieder in Gang gesetzt; die monatliche Kohlenproduktion im Donezbecken erreichte jedoch wegen Flutung der Bergwerke durch die sich zurückziehende Rote Armee nur weniger als 4% der Vorkriegszeit, die Förderung an Eisenerz 12% und an Erdöl in Maikop nur ein geringes Ausmaß. Als Resümee ergibt sich, daß die Versorgung der deutschen Kriegswirtschaft mit Rohstoffen und Nahrungsmitteln im Rahmen der drei Wirtschaftsverträge mit der Sowjetunion von 1939, 1940 und 1941 in einem viel höheren Maße gesichert war als unter den Bedingungen der Besatzungsherrschaft ab 22. Juni 1941.

In Polen bereitete eine Haupttreuhandstelle Ost (Vierjahresplan und Reichsgruppen) in den angegliederten Gebieten die Enteignung des polnischen Besitzes und die Reprivatisierung in deutsche Hand vor. Für die Ausplünderung des Generalgouvernements war ebenfalls Görings „Wirtschaftsstab Ost" zuständig. Im ersten halben Jahr der Besetzung wurden möglichst viele Wirtschaftsgüter „wild" abtransportiert, dann wurde das Ablieferungsverfahren geregelt, um höherwertige Lebensmittel – u. a. 60% der Fleischproduktion – ins Reich zu schaffen, während die polnische Bevölkerung verelendete. Ab 1943 wurden auch größere Teile der deutschen Rüstungsproduktion ins Generalgouvernement verlagert, da es mehr Sicherheit gegenüber alliierten Luftangriffen bot.

Deportation und Vernichtung der europäischen Juden

Besonderen Haß und Unruhe unter der Bevölkerung der besetzten Gebiete, die teilweise zu Generalstreiks und offenen Aufständen (etwa im Warschauer Ghettoaufstand im Sommer 1943) eskalierten, provozierte deren systematische Einbeziehung in die „Endlösung der Judenfrage" ab 1942. Die Besatzungsmacht ging dabei – wenn auch nicht in allen Ländern einheitlich – nach dem bereits im Reich seit 1933 „bewährten" Muster vor: diskriminierende Melde- und Registrierpflicht der Juden, Aufenthaltsbeschränkungen und -verbote / Berufsbeschränkungen und -verbote, Ausschaltung aus dem öffentlichen Leben / Verbot geschlechtlicher Beziehungen zu Nichtjuden / Kennzeichnung durch Judenstern und „jüdische" Vornamen / Unterstellung unter ein Sonderstrafrecht / Beschlagnahme und „Arisierung" jüdischen Besitzes / sicherheitspolizeiliche Erfassung, Konzentration in Ghettos und Sammellagern, Deportation, Vernichtung.

Sowjetunion

Von den 3 Millionen Juden in der Sowjetunion, die unter deutsche Besatzungsherrschaft gerieten, kamen 2,8 Millionen überwiegend in den baltischen Staaten, im bisherigen Ostpolen und in den an Rumänien angrenzenden Gebieten um. Im Generalgouvernement und in den

Polen

dem Deutschen Reich angegliederten polnischen Gebieten lebten Anfang 1942 noch über 2,3 Millionen Juden. Sie wurden zunächst in Ghettos gepfercht, wo sie zumeist Zwangsarbeit verrichten mußten, dann in die nahegelegenen Konzentrations- und Vernichtungslager gebracht.

Den Judenältesten und den Judenräten in den Ghettos fiel die schreckliche Aufgabe zu, die Transporte mit zusammenzustellen und die von der SS geforderten Zahlen zu gewährleisten. Ihren ersten Höhepunkt erreichten die Mordaktionen in der zweiten Hälfte 1942, ab Februar 1943 wurde das Morden dann wieder beschleunigt.

In Jugoslawien sollen etwa 65 000 der ursprünglich 82 000 Juden getötet worden sein. Sie wurden in Serbien frühzeitig ausgesondert, ghettoisiert und dann entweder als „Vergeltungsmaßnahmen" gegen Partisanentätigkeit im Verhältnis 1:100 erschossen oder im Lager Semlin/Zemun vergast. In den italienisch besetzten Gebieten des Balkans wurden die Juden erst 1943 nach dem Sturz Mussolinis und der Übernahme der Verwaltung durch die Deutschen in die „Endlösung" einbezogen. Man schätzt, daß in Griechenland 80-90% der etwa 70 000 Juden, darunter 45 000 aus Saloniki, nach Zwangsarbeit und Ghettoisierung in Treblinka oder Auschwitz vergast wurden. Überall auf dem Balkan war die Wehrmacht aktiv und federführend beteiligt. In Rumänien kamen wahrscheinlich über 200 000 der in den Grenzen der Vorkriegszeit dort lebenden 730 000 Juden ums Leben. Dabei zeichnete die faschistische „Eiserne Garde" für Pogrome größten Ausmaßes verantwortlich. Lediglich in Bulgarien entgingen die Juden unter dem Schutz des Monarchen der Vernichtung.

Jugoslawien

Griechenland

Rumänien

In Ungarn konnte der Reichsverweser Horthy die deutsche Forderung nach Deportationen zunächst noch eine Zeitlang durch eine Verschärfung der antijüdischen Gesetzgebung abfedern. Nach der Besetzung des Landes durch die deutschen Truppen am 19. März 1944 wurden mit Unterstützung der faschistischen „Pfeilkreuzler" 450 000 Menschen, darunter überwiegend Juden (von ursprünglich 725 000), aber auch Roma und Sinti, aus der Provinz in die Vernichtungslager deportiert. Seit Mitte 1944 konnte auch Horthy seine schützende Hand nicht mehr über die 200 000 in Budapest im Ghetto lebenden Juden halten. Von ihnen überlebten den Krieg nur 120 000.

Ungarn

Ähnlich wie in Ungarn wurden die Juden auch in der Slowakei ab Herbst 1941 ghettoisiert. Trotz eines gewissen Widerstandes der Regierung Tiso wurde die Hälfte der 137 000 (konfessionell definierten) Juden in Auschwitz ermordet. Juden, die den Deportationen 1942/43 noch entkommen waren, gerieten nach der Niederschlagung des großen slowakischen Aufstandes zwischen August und Oktober 1944 unter den Zugriff der deutschen Wehrmacht und der SS-Einsatzkommandos. Selbst Schutzbriefe und die katholische Glaubenszugehörigkeit retteten sie nicht mehr. Etwa 40 000 Juden aus dem „Protektorat Böhmen und Mähren", darunter viele Deutsche, die dort nach 1933 noch Schutz gefunden hatten, konnten rechtzeitig auswandern, 14 000 überlebten, aber 77 000 kamen ums Leben. Viele von ihnen mußten als „Zwischenstation" noch die schrecklichen räumlichen und

Slowakei

Böhmen/
Mähren

hygienischen Zustände im „Musterlager“ Theresienstadt erleben, wo allein 35 000 Menschen starben.

Norwegen

In Norwegen und Dänemark gelang es den Nationalsozialisten nicht, ihre Absicht, diese Länder „judenrein“ zu machen, mit letzter tödlicher Konsequenz zu verwirklichen. Annähernd die Hälfte der rund 1800 in Norwegen lebenden und dorthin emigrierten Juden konnte sich verstecken oder nach Schweden fliehen und entging so Verhaftung und Einweisung in Konzentrations- und Vernichtungslager. Dänemark fällt dadurch aus dem Rahmen, daß sich der überwiegende Teil der dort lebenden 6000 bis 7000 Juden nicht nur nach Schweden in Sicherheit bringen konnte, sondern daß dies mit Duldung des Reichsbevollmächtigten und hohen SS-Funktionärs Werner Best und unter aktivem Einsatz des Schiffahrtssachverständigen an der deutschen Gesandtschaft, Georg F. Duckwitz, geschah. Duckwitz ließ die jüdischen Gemeindevorsteher rechtzeitig durch die dänischen Sozialdemokraten über den Deportationstermin informieren. Von 477 in das „Vorzugslager“ Theresienstadt deportierten dänischen Juden starben 51 bis Kriegsende.

Dänemark

Niederlande

In den Niederlanden erfolgte die erste Deportationswelle nach Mauthausen am 22. und 23. Februar 1941 mit 425 Juden. Die deutschen Polizeiorgane reagierten auf einen Solidaritätsstreik der Niederländer mit äußerster Härte. Nach der Entrechtung der Juden (1941: 140 000, davon 112 000 niederländische Staatsbürger, darüber hinaus viele deutsche Emigranten), ihrer Zusammenfassung unter einem Judenrat, der Einrichtung einer Zentralstelle für die jüdische Auswanderung, nach Ausplünderung und Ghettoisierung, die gegenüber 1941 keine Massenproteste in der Bevölkerung mehr auslösten, begannen im Juli 1942 die Massentransporte in die Vernichtungslager. Auch hier wurde der für die Zusammenstellung der Transporte verantwortliche Judenrat lange darüber hinweggetäuscht, daß sich hinter dem Euphemismus „Arbeitseinsatz in Deutschland“ tatsächlich die Vergasung in Auschwitz-Birkenau und Sobibor verbarg. Von insgesamt 112 000 deportierten Juden kamen 105 000 oder 75% der Gesamtzahl um. Von den Luxemburger Juden wurden mindestens 650 ermordet. In Belgien setzte die „Endlösung“ im August 1942 ein. Trotz einer gewissen Hinhaltetaktik des Militärbefehlshabers General Alexander von Falkenhausen und seines Verwaltungschefs Eggert Reeder, vormals Kölner Regierungspräsident, sowie der belgischen Behörden kamen von 25 000 deportierten Juden bis auf 1 200 alle in den Vernichtungslagern oder auf dem Wege dorthin um. Freilich konnte sich die Hälfte der belgischen Juden im Lande versteckt halten oder anderweitig in Sicherheit bringen.

Luxemburg
Belgien

Frankreich

In Frankreich leistete das Vichy-Regime, wenn auch sicher unwissentlich, dem Genozid durch antijüdische Gesetze und durch die Internierung sämtlicher ausländischer Juden, darunter auch viele namhafte deutsche Emigranten, durch Registrierungen, Razzien der örtlichen

Gendarmerie und Deportationen in Sammellager Vorschub. Es hoffte, dadurch die alteingesessenen assimilierten französischen Juden vor dem deutschen Zugriff retten zu können – vergeblich! Die ersten Deportationen nach Auschwitz erfolgten im März 1942 nach der Wannsee-Konferenz. Bei der „Endlösung" arbeitete der Judenreferent des „Reichssicherheitshauptamtes" in Paris, Danneker, eng mit dem französischen Generalkommissariat für jüdische Angelegenheiten zusammen. Von etwa 300 000 Juden in Frankreich im Jahre 1940 (darunter etwa 60 verschiedene Nationalitäten, u.a. Deutsche, Österreicher, Polen und Rumänen) wurden bis zur Befreiung Frankreichs 75 000 deportiert, darunter 52 000 Ausländer und Staatenlose und 23 000 Franzosen; nur drei Prozent davon überlebten den Massenmord.

Italien

Auch Italien blieb nach der Besetzung durch die Deutschen im Herbst 1943 nicht verschont. Hier hatten viele der europäischen Juden bisher noch Zuflucht gefunden. Trotz der Proteste von militärischer Seite und durch die Deutsche Botschaft wurden am 16. Oktober 1943 1 007 römische Juden nach Auschwitz geschickt. Die Behörden der „Repubblica Sociale Italiana", des deutschen Marionettenregimes in Salò, ließen auf massiven Druck Himmlers und der SS auch die italienischen Juden internieren und in Konzentrationslager verbringen. Das wichtigste von ihnen, Fossoli, wurde Anfang 1944 den Deutschen übergeben und zum Durchgangslager nach Auschwitz, bis es durch das Lager bei Bozen abgelöst wurde. Durch das solidarische Verhalten der italienischen Bevölkerung und die Verweigerungstaktik der italienischen Behörden wurden von über 33 000 Juden „nur" rund 8 300 Menschen deportiert. Von ihnen starben 8 000. Fast 75% der italienischen Juden im deutschen Machtbereich überlebten also.

Die Kollaborationskräfte in den besetzten Ländern

Faschistische Bewegungen

Der rein destruktive Charakter der deutschen Besatzungsherrschaft, der ausgeprägte rassistische Herrenmenschendünkel in ihren Organen und die strikte Weigerung der Reichsführung in Berlin, den unterworfenen Völkern in Europa eine erstrebenswerte gemeinsame politische Zukunft zu weisen, gaben den zur Kollaboration bereiten faschistischen und nationalsozialistischen Kräften selbst in den „germanischen Bruderländern" praktisch keine Chance einer eigenständigen politischen Entfaltung und machten sie sogar gegenüber ihrer eigenen einheimischen Bevölkerung mehr und mehr verhaßt. Dies galt für Vidkun Quisling in Norwegen mit seiner „Nasjonal Samling" (etwa 3 000 Mitglieder) ebenso wie für die dänischen Nationalsozialisten unter Clausen (etwa 6 000 Mitglieder), für die „Nationaal-Socialistische Beweging" Anton Musserts in den Niederlanden (ca. 31 500 Mitglieder) ebenso wie für den „Vlaamsch Nationaal Verbond" von Staf de Clerq und seinem Nachfolger Hendrik Elias, sowie für die „Duitsch-Vlaamsche Arbeidsgemeenschap" von Van de Wiele und für die faschistische Rexistenbewegung unter dem Wallonier Léon Degrelle in Belgien und schließlich auch für die ideologischen Kollaborateure in Frankreich um Marcel Déat („Rassemblement National Populaire") und Jacques Doriot („Parti populaire Français").

Militärische „Freiwilligen"-Verbände

Auch das Echo auf die verstärkt 1943 mit der Verschärfung der Kriegslage einsetzenden Werbekampagnen zur militärischen Unterstützung des „europäischen Kreuzzuges gegen den Bolschewismus" hielt sich selbst in den „germanischen Bruderländern" in Grenzen. Dies hing nicht zuletzt auch damit zusammen, daß Hitler sich lange gegen eine Unterstützung der Wehrmacht durch europäische „Freiwillige" gesträubt hatte. Die Hilfe „Fremder" war für ihn unvereinbar mit seinem ideologischen Konzept vom Führungsanspruch der germanischen Rasse und ihres deutschen Rassekerns. Auch fürchtete er, daß die „Freiwilligen" – wie etwa der antibolschewistische russische General Andrej Wlassow – nach dem Kriege als Lohn für ihre militärische Unterstützung für ihre Länder nationale Souveränität und Gleichberechtigung im neuen Europa einfordern könnten.

Trotz dieser Widerstände des „Führers" gelang es der Wehrmacht und gelang es vor allem Himmler, ab 1943 doch 21 „Freiwilligen"-Verbände aus fast 30 Nationen zu mobilisieren. Freilich mußte er dabei erhebliche ideologische Abstriche von seiner rassischen „Herrenmenschen"-Ideologie machen und seine SS auch für „nichtgermanische" Truppen öffnen. In diesen Verbänden fanden sich Idealisten und gläubige Fanatiker, Opportunisten und Karrieristen, Nationalisten und Separatisten, auch viele Abenteurer und Landsknechtsnaturen, ebenso Menschen, die sich angesichts von Todesdrohungen erpreßt fühlten oder ein besseres Los als die Kriegsgefangenschaft für sich erhofften.

Der Wehrmacht zugeordnet waren Francos „Blaue Division" im Rußlandfeldzug (genannt nach den blauen Falange-Hemden unter der Wehrmachtuniform, 17 900 Mann), die französische „Légion des Volontaires Français contre le Bolchévisme" (ca. 3 000 Mann), das – später an die SS abgetretene – Kosakenkorps des Generals Helmuth von Pannwitz (30 000 Soldaten), die „Russische Volksbefreiungsarmee" („Russkaja Oswoboditielnaja Narodnaja Armija" = RONA) unter dem Kommando von Bronislav Kaminski und schließlich ab Oktober 1944 die zwei Divisionen der „Wlassow-Armee" unter dem Befehl des 1942 in deutsche Gefangenschaft geratenen Generals Andrej Wlassow. Er selbst und viele Tausende seiner Kameraden wurden 1945 nach der Gefangennahme von den Amerikanern an die Russen ausgeliefert und als „Kollaborateure" hingerichtet. Schließlich dienten im Troß der deutschen Wehrmacht im Osten 700 000 bis 800 000 Kriegsgefangene als „Hilfswillige" (Hiwis).

Himmler erweiterte den Kern seiner „ordensfähigen" Divisionen der Waffen-SS um gesamteuropäische Freiwilligenverbände, die schließlich Anfang 1944 auf 300 000 Mann anschwollen. Sie gliederten sich je nach

Herkunft und „rassischer Wertigkeit“ in „Freiwilligendivisionen“ (nicht-SS-taugliche Deutsche und Soldaten „germanischer Herkunft“) und „Waffendivisionen“ (aus „nichtgermanischen Ländern“).
In den „Freiwilligendivisionen“ kämpften in geschlossenen Verbänden u. a. Norweger, Dänen, Niederländer, Flamen sowie etwa 6 200 Volksdeutsche aus West- und Südosteuropa, in den „nichtgermanischen“ „Waffendivisionen“ u.a. Finnen, Wallonen (die „Wallonische Legion“ unter dem Rexisten-Führer Degrelle), Franzosen (die 33. SS-Waffengrenadierdivision „Charlemagne“), zwei lettische Divisionen, eine estnische Division, die Division „SS-Galizien“, ein osttürkisches Korps mit Moslems sowie Ukrainer, Bosniaken und Kalmyken.

Der Widerstand gegen die deutsche Besatzungsmacht

Im diametralen Gegensatz zu den vielschichtigen und ganz unterschiedlich motivierten Kräften der Kollaboration in Europa formierten sich in den einzelnen okkupierten Ländern ab Sommer 1941 feste Widerstandsgruppen gegen die deutsche Besatzungsmacht. Zu ihnen stießen nach dem 22. Juni 1941 überall die Kommunisten. Sie hatten nach dem Hitler-Stalin-Pakt zunächst eine abwartende Haltung eingenommen und über zwei Jahre in einem Zustand offensichtlicher Irritation und Orientierungslosigkeit verharrt, konnten sich nun aber guten Gewissens in die nationale Front der Résistance – wie in Frankreich – einreihen und hier als eine der ersten Widerstandsgruppen aktive Sabotage und Attentate gegen deutsche Besatzungsangehörige betreiben.

Motive für den Widerstand

Es gab viele Gründe und Motive, sich dem Widerstand im Besatzungsgebiet anzuschließen, und es waren nicht zuletzt auch die deutschen Besatzungsbehörden und die Wehrmacht selbst, die diesen Widerstand erst provozierten. Denn wie in Frankreich hatte es auch in den anderen mittel-, west- und osteuropäischen Ländern und Gebieten, die unter die deutsche Herrschaft geraten waren – verwiesen sei etwa auf die Baltischen Staaten, Weißrußland oder die Ukraine -, unmittelbar nach dem Einmarsch der Truppen eine Haltung des Abwartens und vielfach sogar eine Bereitschaft zur aktiven Zusammenarbeit gegeben. Sie wurde von den Deutschen und ihrem rassistischen Herrenmenschendünkel entweder – wie im Osten – gar nicht oder – wie in den west- und nordeuropäischen Ländern – nur partiell oder zu spät genutzt, als der Zusammenbruch der Fronten ab 1943 die werbenden Angebote aus Berlin allzu schnell als ein durchsichtiges taktisches Entlastungsmanöver entlarvte.
In dem Maße, wie die Nationalsozialisten ihre wahren Ziele erkennen ließen, gaben sie den Kräften des Widerstandes enormen Auftrieb. Wirtschaftliche Ausplünderung, verletzter nationaler Stolz, Zwangsverschleppungen, Razzien, Menschenjagden, Zwangsarbeit, „Nacht-und-Nebel-Aktionen“ und Gestapoterror, vor allem aber auch die massenhaften Deportationen der Juden erregten Abscheu und weckten – freilich auch hier nur wie in Deutschland in einer Minderheit – den Wil-

len zum aktiven Widerstand. Auftrieb erhielt er überall durch die militärischen Rückschläge der deutschen Wehrmacht und ab 1944 in Westeuropa nach der Landung der Alliierten.

Gegensätzliche Interessen

Ebensowenig wie im Reich war der Widerstand auch in den besetzten Ländern ein einheitliches und in sich geschlossenes Phänomen. Die politischen Frontlinien und Grabenkämpfe der Vorkriegszeit setzten sich hier wie in Deutschland auch im Kriege fort und dies sogar unter der als gemeinsames Schicksal empfundenen deutschen Unterdrückung. Standen sich schon in Frankreich und Belgien bürgerliche und kommunistische Gruppen rivalisierend gegenüber, so führten diese Gegensätze in Griechenland (die kommunistische „Nationale Befreiungsarmee“ ELAS gegen die republikanische „Nationale Demokratische Griechische Vereinigung“ EDES), Jugoslawien (die nationalistischen Cetniks gegen die kommunistischen Partisanen unter J. Broz-Tito) und in gewisser Weise auch in der Ukraine (ukrainische Nationalisten gegen sowjet-ukrainische Partisanen) und in Polen („Warschauer Aufstand“ der im Untergrund operierenden nationalpolnischen „Armee im Lande“ / [„Armia Krajówa“ / AK] unter ihrem Oberbefehlshaber General Graf Komorowski / „Bor“ im Sommer 1944 gegen die deutsche Besatzung und mit antisowjetischer Frontstellung gegen die kommunistische „Berling-Armee“) zu schweren bürgerkriegsähnlichen Konflikten. Sie übertrafen den Kampf gegen die deutschen Okkupanten teilweise noch an Intensität.

Freilich gab es zwischen dem innerdeutschen Widerstand gegen das Hitler-Regime und den Widerstandsbewegungen im besetzten Europa einen entscheidenden Unterschied: Mußten die zivilen und militärischen Frondeure in Deutschland stets unter dem Odium des „Hoch- und Landesverrates“ und sogar unter dem des „Eidbruches“ gegenüber ihrem „Führer“ handeln, selbst als dieser den auf ihn geschworenen Eid längst gebrochen hatte, so war der Widerstand im Ausland stets unwidersprochen ein nationalpatriotischer Akt gegen einen fremden Unterdrücker mit identitätsstiftender Wirkung wie in Frankreich, Italien und in der Sowjetunion bis weit über 1945 hinaus. Auch wird man sagen können, daß von westeuropäischen, aber auch von deutschen Widerstandskreisen wie dem „Kreisauer Kreis“ wichtige programmatische Impulse für „ein geeintes, auf der Grundlage des Rechts organisiertes Europa in Freiheit, Gleichheit und Brüderlichkeit“ (so der französische Widerstandskämpfer Combat) nach dem Kriege und als Konsequenz aus der deutschen Unterdrückung ausgegangen sind.

Organisation des Widerstands

In Nord- und Westeuropa wurden die Widerstandsbewegungen von der im Sommer 1940 von Churchill begründeten „Special Operations Executive“ (SOE) durch Nachrichtenverbindungen und Waffenlieferungen unterstützt. Als sich die Deutschen 1942/43 anderthalb Jahre lang unbemerkt in den Funkverkehr der SOE einschalten konnten

(„Englandspiel"), erlitten die Widerstandsgruppen erhebliche Verluste an Menschen und Waffen. Sie hielten überdies in Norwegen, den Niederlanden, Belgien und Frankreich engen Kontakt mit ihren Exilregierungen.

Frankreich

Die Résistance in Frankreich war eine regional organisierte, parteiübergreifende und von inneren Spannungen nicht freie Untergrundbewegung sowohl gegen die Besatzungsmacht als auch gegen das Vichy-Regime. Ihre Aktionsvielfalt reichte von passivem Widerstand über Streiks, Organisierung von Fluchtaktionen, Attentate, Sabotage, Nachrichtenübermittlung an alliierte Geheimdienste und Kontakte mit London sowie über die Versorgung mit Waffen von dort bis hin zu den Aktionen des „Maquis" (frz. für Buschwald, Gestrüpp und im übertragenen Sinne für die verdeckte Kampfführung). Sie führten vor allem nach der alliierten Landung 1944 zu einer Unterbrechung des deutschen Nachschubs und banden starke deutsche Verbände. Im Mai 1943 erreichte de Gaulle von London aus durch seinen – dann an die Gestapo verratenen – Emissär Jean Moulin einen Zusammenschluß der meisten bürgerlichen, sozialistischen, gewerkschaftlichen und kommunistischen Widerstandsgruppen im „Conseil National de la Résistance" (CNR) und eine Unterstellung unter die „France Libre". Anfang 1944 verschmolzen die kommunistischen „Franc-Tireurs Partisans Français" (FTPF) und zahlreiche bürgerliche Widerstandszentren zu den „Forces Françaises de l'Intérieur" (FFI). Nach Eisenhower stellten sie einen Kampfwert von etwa 15 Divisionen dar und wurden später in die reguläre Armee eingegliedert. Nach der Landung am 6. Juni 1944 dokumentierte de Gaulle durch das Zusammenwirken von Streitkräften seiner „France Libre", der FFI und des „Maquis" bei der Befreiung den Anspruch Frankreichs auf internationale Mitsprache als Großmacht. Die Zahl der Toten der Résistance dürfte zwischen 20 000 und 30 000 Exekutierten und weiteren etwa 75 000 Deportierten gelegen haben, die die deutsche KZ-Haft nicht überlebten. An den Exekutionen beteiligten sich neben der deutschen Besatzungsmacht auch französische Kollaborateure und Gendarmerie. Dies führte nach der Befreiung zu blutigen legalen und illegalen „Abrechnungen" zwischen Widerstandskämpfern und Kollaborateuren, die noch einmal 8000 bis 10 000 Opfer kosten sollten.

Norwegen

Die norwegische „Heimatfront" unter Paal Berg, dem ehemaligen Präsidenten des Obersten Gerichtshofes, organisierte vor allem 1943 die Massenflucht zwangsrekrutierter Arbeitskräfte nach Schweden und verzögerte mit Hilfe ihrer militärischen Abteilung „Milorg" im Spätherbst 1944 den Rücktransport der deutschen Truppen aus Finnland durch die Zerstörung von Verkehrslinien, Treibstofflagern und Schiffen. Wichtige geistige Impulse zum Widerstand gingen von dem norwegischen Bischof Eivind Berggrav aus, der diesen Widerstand aus der Theologie

Dänemark Luthers heraus begründete. In Dänemark stand der Widerstand unter
der Schwierigkeit, daß er sich zugleich gegen die eigene legale und
„neutrale“ Regierung richtete, die wiederholt vor Provokationen gegen
die Besatzungsmacht warnte. Von der SOE gesteuerte Sabotageakte ge-
gen Eisenbahnen und militärische Anlagen führten im August 1943 zur
Verhängung des militärischen Ausnahmezustandes und zur Übernahme
der Regierungsgewalt durch Werner Best. Bewaffnete dänische Grup-
pen eines sofort als Antwort gebildeten „Frihedsrad“ verzögerten 1945
den Rücktransport deutscher Truppen aus dem Norden ins Reich.

Niederlande In den Niederlanden äußerte sich der Widerstand durch zwei Streiks im
Februar 1941 in Amsterdam gegen die ersten Judendeportationen und
im April 1943 gegen die erneute Internierung der entlassenen Kriegs-
gefangenen und im September 1944 in einem Eisenbahnerstreik auf
Weisung der Londoner Exilregierung, um den deutschen Aufmarsch
gegen die alliierten Operationen zu stören. Er wurde bis zur Befreiung
Belgien aufrechterhalten. Streikaktionen gegen die zwangsweise Verbringung
von Arbeitskräften nach Deutschland im Jahre 1943 kennzeichneten
auch den belgischen Widerstand. Die regierungstreue bürgerliche „Ar-
mée Secrète“ und die starke kommunistische „Front de l'Indépendan-
ce“ (F.I.) besetzten am 4. September trotz schwerer Spannungen zwi-
schen ihnen den Hafen von Antwerpen. Sie verteidigten ihn bis zum
Eintreffen der Alliierten und verhinderten dadurch seine Zerstörung
durch die sich zurückziehenden Deutschen. Geiselerschießungen,
Strafaktionen und Deportationen seitens der deutschen Besatzungs-
macht ließen überall die Spirale von Gewalt und Gegengewalt in
schreckliche Dimensionen eskalieren.

Gleiches galt für den zwar von den deutschen Okkupanten ausge-
lösten, dann aber von beiden Seiten mit äußerster Brutalität geführten
Sowjetunion Partisanenkrieg in Sowjetrußland und auf dem Balkan. Anfang 1944
operierten hinter den deutschen Linien in der Sowjetunion über eine
Viertelmillion Partisanen. Sie brachten die zurückflutenden deutschen
Truppen insbesondere nach dem Zusammenbruch der HG Mitte im
Sommer 1944 durch die Sprengung von Bahnlinien, das Entgleisenlas-
sen von Transportzügen und die Zerstörung von Kraftfahrzeugen in er-
Jugoslawien hebliche Bedrängnis. Auf dem Balkan kämpfte Tito im März 1944 nach
deutschen Schätzungen in elf Korps mit 31 Divisionen von je 2000 bis
4000 Mann. Die Tito-Partisanen wurden von den Alliierten versorgt, er-
beuteten aber auch viele Waffen von der italienischen und der kroati-
schen Wehrmacht. Bis Kriegsende blieb Tito unbesiegt und konnte
dann seine Partisanen 1945 in die reguläre Armee der „Föderativen
Slowakei Volksrepublik Jugoslawien“ überführen. Die Partisanentätigkeit in der
Slowakei im Karpatengebirge eskalierte beim Herannahen der Roten
Armee im August 1944 unter dem Kommando des – mit der Exilre-
gierung Beneš in Verbindung stehenden – „Slowakischen Nationalrat“

(SNR) zu einem Aufstand im Raum Neusohl und Sillein. Ihm schlossen sich auch Teile der regulären slowakischen Armee an. Die Deutschen konnten diesen Aufstand im Oktober niederschlagen, bevor es den Sowjets gelang, den Kontakt zu den Partisanen herzustellen. Nicht unerwähnt bleiben sollten auch die Partisanenkämpfe in Oberitalien gegen Ende des Krieges. Sie wurden von Tito unterstützt und erregten bei den vorrückenden Alliierten ein solches Mißtrauen, daß sie Ende April in einen separaten Waffenstillstand mit der deutschen Besatzungsarmee in Oberitalien einwilligten.

„Menschen in Bewegung"

Die ganze Grausamkeit dieses von Deutschland entfesselten Krieges wird einem erst bewußt, wenn man sich noch einmal vergegenwärtigt, in welch unvorstellbarem Maße das nationalsozialistische Regime – teilweise in engem Zusammenspiel mit Stalin – durch direkte oder indirekte Einwirkungen nicht nur Millionen von Menschen getötet, sondern auch viele weitere Millionen in Bewegung gesetzt, aus ihren angestammten Wohnsitzen vertrieben, wie Schachfiguren hin- und hergeschoben und dabei das überkommene ethnische Gesicht Europas tiefgreifend zerpflügt und entstellt hat und dies in einer Dimension und mit einer verbrecherischen Zielstrebigkeit und bürokratischen Präzision, die das bisher schon aus modernen Kriegen bekannte Maß an Entmenschlichung weit in den Schatten stellten.[83] Hinter einer abstrakten Millionenzahl verbargen sich unzählige erschütternde Einzelschicksale von Männern und Frauen, Greisen und Kindern, nur die wenigsten von ihnen direkt in persönliche Schuld verstrickt, aber alle doch auf ihre Weise Opfer einer gnadenlosen Weltanschauung und Kriegführung.
„Ein Kontinent und seine Menschen in Bewegung" (Dülffer): hier wurden uralte ethnische und kulturelle Bindungen und identitätsstiftende lokale Gemeinschaften oft durch einen Federstrich zerstört, Familien bei Verhaftungen, Vertreibungen und auf der Flucht auseinandergerissen, Kinder ihren Eltern zur „Eindeutschung" weggenommen, Völker und Volksgruppen entwurzelt und teilweise ausgelöscht, Menschen nur wegen ihrer Glaubenzugehörigkeit, ihrer angeblichen „Rassenmerkmale" oder ihrer politischen Gesinnung in Viehwaggons in Konzentrations- oder gleich in Vernichtungslager deportiert oder, wenn sie Glück hatten zu entkommen, in die Emigration getrieben, wurden bei Kriegsende die Opfer aus ihren Lagern in langen Elendskolonnen auf Fußmärschen bei bitterem Frost ins Reich geschickt, bis viele von ihnen auf den Straßen tot umfielen.
„Menschen in Bewegung" – das traf Zwangsumgesiedelte wie Polen und Volksdeutsche am Anfang des Krieges, dann Flüchtlinge, die den Schrecken der vorrückenden oder zurückflutenden Fronten zu entgehen suchten, und schließlich die Heimatvertriebenen aus den Ostgebieten; das traf Zwangsarbeiter und -arbeiterinnen und Deportierte, Soldaten und Kriegsgefangene, Evakuierte und Bombengeschädigte. Es

sollte schließlich 40-45 Millionen Polen und Russen treffen, die im Zuge „ethnischer Säuberungen" nach dem „Generalplan Ost" langfristig nach Sibirien abgeschoben werden und dadurch „germanischen" Siedlern Platz machen sollten. Viele Millionen haben diesen Krieg nur als Krüppel überlebt, haben Familienangehörige und Freunde verloren, waren von Torturen, Vergewaltigungen und Folter gezeichnet und bis zum Ende ihres Lebens traumatisch verwundet, wenn sie entweder aktiv beim Töten mitgeholfen, in Gestapokellern oder vor den Gaskammern Todesangst ausgestanden oder das Sterben und Töten auch nur passiv hatten miterleben müssen.
Europa unter deutscher Herrschaft – für Millionen Unschuldiger ein Grab, eine Folterstätte oder eine Trümmerlandschaft.

6. Wirtschaft und Gesellschaft unter den Bedingungen des „totalen Krieges"

Genau wie im Ersten Weltkrieg, äußerte der Chef des „Wehrwirtschafts- und Rüstungsamtes" im OKW, Generalmajor Thomas, am 28. März 1939 auf einer Besprechung der Wehrwirtschaftsinspekteure, „fordert auch heute die militärisch-politische Führung, daß ein Krieg unter Einsatz aller Energien kurz und schlagkräftig geführt werden müsse, da ein langer Krieg ernährungs- und rohstoffmäßig nicht durchgehalten werden kann. Es ist selbstverständlich, daß in unserer geopolitischen Lage immer der kurze Krieg und die blitzartige Entscheidung gesucht werden muß". Ob diese „blitzartige Entscheidung" aber „auch bei einer überlegenen Luftwaffe" gelingen werde, sei „fraglich". „Einen Kriegsplan allein darauf aufzubauen, erscheint gefährlich". Derjenige werde den nächsten Krieg gewinnen, „der den längeren Atem hat" [84].
Exakt die gleiche Position vertrat Hitler am 23. Mai 1939 auf der bekannten Oberbefehlshaberbesprechung:
Der Krieg mit England und Frankreich wird ein Krieg auf Leben und Tod [...] Jede Wehrmacht bzw. Staatsführung hat einen kurzen Krieg anzustreben. Die Staatsführung hat sich dagegen jedoch auch auf den Krieg von 10 bis 15jähriger Dauer einzurichten [...] Es besteht kein Zweifel, daß der überraschende Überfall zu einer schnellen Lösung führen kann. Es ist jedoch verbrecherisch, wenn die Staatsführung sich auf die Überraschung verlassen sollte.[85]
Die Mob-Planung war bei allem Streit um Begriffe und Prioritäten jedenfalls auf einen langen Krieg und auf die totale Umstellung der Wirtschaft beim Kriegsausbruch eingestellt. Daß die Realität dann am 1. bzw. 3. September 1939 und in den Wochen und Monaten danach ganz anders aussah, gehört zu den Überraschungen und Rätseln, die dieser Krieg uns bis heute aufgibt.

Auf jeden Fall gilt es zunächst, mit einer Legende aufzuräumen. Denn ungeachtet der vielen skeptischen Äußerungen auch Hitlers über die genau kalkulierbare Planbarkeit einer „blitzartigen Entscheidung“ auf dem Schlachtfeld geistert bis heute die Legende von der genialen „Blitzkriegsstrategie“ des „Führers“ und einer für sie maßgeschneiderten „Blitzkriegswirtschaft“ durch die Darstellungen zum „Zweiten Weltkrieg“.

Die Legende von der „Blitzkriegsstrategie“

Entsprechend dieser angeblichen „Blitzkriegskonzeption“ bzw. „-strategie“ sei es zumindest bis zur Kriegswende vor Moskau im Winter 1941/42 dem Regime gelungen, in einer perfekt abgestimmten Zweck-Mittel-Relation und in einer exakten Kalkulation des Faktors Zeit einen wohldosierten, begrenzten und planmäßigen Einsatz der beschränkten eigenen materiellen und menschlichen Ressourcen so optimal mit den überlegenen militärisch-strategischen Führungsqualitäten und -prinzipien der Wehrmacht zu kombinieren, daß ein Gegner nach dem anderen – Polen, Dänemark und Norwegen, Belgien, die Niederlande und Frankreich, Jugoslawien und Griechenland – „blitzartig“ niedergezwungen werden konnte. Diese Strategie einer klug berechneten Teilmobilisierung der eigenen Kräfte jeweils für ein räumlich und zeitlich limitiertes Kriegsziel mit Hilfe einer zentral gesteuerten und äußerst flexiblen Rüstungs- und Arbeitskräftepolitik sei funktional ideal abgestimmt gewesen auf die letztlich nur beschränkte Leistungskraft der deutschen Kriegswirtschaft, auf ihre Rohstoffengpässe und auf die Absicht der Führung, die deutsche Bevölkerung in einer Art „Übergangswirtschaft“ oder „friedensmäßigen Kriegswirtschaft“ die Entbehrungen eines modernen Materialkrieges möglichst wenig spüren zu lassen. Dahinter habe der Wille Hitlers gestanden, einen vorzeitigen Zusammenbruch der „Heimatfront“ wie im Herbst 1918 diesmal um jeden Preis zu verhindern. Das Trauma eines neuen „November 1918“ sei der nationalsozialistischen Führung stets aus eigenem Erleben gegenwärtig gewesen.

Die Verfechter dieser Legende von einem sorgfältig geplanten „Blitzkrieg“ und einem jederzeit wohlkalkulierten Kräfteeinsatz – unter ihnen der britische Wirtschaftshistoriker Alan Milward[86] – sind nachträglich der propagandistischen Selbststilisierung des Regimes und seiner geschickten Ausschlachtung der unerwarteten „Blitzsiege“ zwischen 1939 und 1941 aufgesessen. Denn diese Propaganda verlieh dem „Blitzkrieg“ post eventum den „Schein des Durchdachten“ [87] und „den Status einer Doktrin“ [88], den er nachweislich niemals besessen hatte. Es waren die Schwächen der Gegner und der kurzfristige Vorsprung der deutschen „Breitenrüstung“ (unter ausdrücklichem Verzicht auf die tief gestaffelten Reserven einer „Tiefenrüstung“!), die Hitler seine „Blitzsiege“ zur eigenen Überraschung in die Hand spielten, und nicht bestimmte Strategien und Doktrinen.

Der einzige „Blitzkrieg“, der als solcher in einer – aus den bisherigen Erfolgen gespeisten – maßlosen Hybris und in einer verhängnisvollen Unterschätzung des Gegners und seines Rüstungspotentials geplant und vorbereitet worden ist, war der Überfall auf die Sowjetunion am 22. Juni 1941, und eben dieser „Blitzkrieg“ wurde im Herbst desselben Jahres für die völlig mangelhaft ausgerüstete deutsche Wehrmacht zu einem Fiasko bisher unvorstellbaren Ausmaßes mit weitreichenden Folgen für den weiteren Verlauf des Krieges.

Wehr- und Zivilwirtschaft

Die Kernfrage lautete: War das nationalsozialistische Deutschland mit der Auslösung des Krieges bereit und in der Lage, seine Aufrüstung weiter zu steigern, das hieß konkret: die gesamte Volkswirtschaft auf den Bedarf der Wehrmacht auszurichten und dabei die zivilen Bedürfnisse seiner Bevölkerung auf ein Existenzminimum zu reduzieren? Die Antwort war zumindest bis zur Kriegswende im Winter 1941/42 ein eindeutiges Nein. In einer mehrjährigen Übergangsphase von der friedensmäßigen „Wehrwirtschaft“ zur „totalen Kriegswirtschaft“ zwischen 1938 und 1941/42 lavierte sich das Regime kurzatmig und ohne weitgesteckte kriegswirtschaftliche Perspektiven durch die wachsenden ökonomischen Schwierigkeiten hindurch, und es bildete sich so etwas wie ein „Zwitterwesen“ (Bernhard Kroener) von einer „friedensmäßigen Kriegswirtschaft“ oder „kriegsmäßigen Friedenswirtschaft“ heraus. In dieser Phase der „Übergangswirtschaft“ war Improvisation groß und langfristiges Planen ganz klein geschrieben. Die kriegswirtschaftliche Mobilmachung im September 1939 mißglückte in jeder Weise und dies, obgleich die Mobilisierungsplanungen für die Umstellung der Wirtschaft auf den „totalen Krieg“ nach den Erfahrungen des Ersten Weltkrieges längst fertig in der Schublade lagen. Der Wirtschaftsapparat und der Arbeitsmarkt orientierten sich auch weiterhin primär an Friedensbedürfnissen und taumelten dementsprechend von einer Krise in die nächste.

Trotz fortlaufender Warnungen des Generalmajors Thomas, sich rechtzeitig auf einen langen Abnutzungs- und Materialkrieg einzustellen und dementsprechend die gesamte Wirtschaft und Rohstoffbevorratung auf den Kriegsbedarf hin auszurichten, wurde der Produktionsapparat mit Wissen Hitlers und mit seiner ausdrücklichen Billigung erst ab 1942 in vollem Umfang auf die Kriegsbedürfnisse konzentriert. In diesem Augenblick war es aber bereits zu spät. Denn nunmehr konnten die Sowjets, nachdem sie sich von den Schocks der Überrumpelung erholt hatten, immer mehr ihre Überlegenheit an Menschen und Material zur Geltung bringen und vor allem war abzusehen, daß innerhalb von Monaten die USA als nunmehr kriegführende Macht in der „Anti-Hitler-Koalition“ ihr nahezu unbegrenztes Rüstungs- und Menschenpotential einsetzen würden. Aus den „Blitzsiegen“ wurde 1942, was der Gefreite aus dem Ersten Weltkrieg aus eigenen Erfahrungen immer hatte ver-

meiden wollen, ein moderner Abnutzungs- und Materialkrieg an mehreren Fronten, ein „Krieg der Fabriken", dem Deutschland immer weniger entgegenzusetzen hatte. Schon damals war einem so scharfsinnigen und realistischen Verantwortlichen wie dem Minister für Bewaffnung und Munition, Fritz Todt, kurz vor seinem Tode ganz klar, daß Deutschland in diesem „totalen Krieg" schon von seinen begrenzten Rüstungsressourcen her am Ende unterliegen mußte.
Um so mehr drängt sich noch einmal die Frage auf, warum das Regime nicht gleich zu Beginn des Krieges alle Mittel und Anstrengungen für die Rüstung mobilisiert hat und noch einige Jahre seiner Bevölkerung glaubte vorgaukeln zu können, daß sie für die Erringung des „Endsieges" ihren Gürtel nicht wesentlich werde enger schnallen und ihre Konsumbedürfnisse nicht dramatisch werde einschränken müssen. Generalmajor Thomas hat die bizarre Anomalie der Situation einmal anschaulich auf den Punkt gebracht. Am 29. November 1939 erklärte er den Vertretern der „Reichsgruppe Industrie", die Staatsführung fordere von der Wirtschaft eine Kraftanstrengung, „die in ihren Ausmaßen und in ihrem schlagartigen Einsatz das Hindenburg-Programm" (vom Herbst 1916, Wdt.) weit hinter sich lassen müsse. Dazu müsse die Produktion von Kriegsmaterial „in der allerkürzesten Zeit auf vollste Touren" gebracht werden. Mit der bisherigen „Übergangswirtschaft" sei es nun vorbei. Die Nation befinde sich in einem „totalen Krieg", und deshalb appelliere er an die Unternehmer, ihre „ganze Tatkraft" und ihr Können einzusetzen, „um Deutschland zu einer einzigen großen und machtvollen Rüstungsstätte zu machen, die auch einer englisch-französischen und im Notfalle auch einer amerikanischen Rüstungsleistung gewachsen" sei. Dazu müßten sie auch das große Opfer einer teilweisen oder völligen Stillegung ihrer Betriebe bringen, damit Kapazitäten für die Kriegsproduktion frei würden. „Denn mit Radioapparaten, Staubsaugern und Küchengeräten werden wir England niemals besiegen können"[89].
Thomas hatte allen Grund zur Kritik. Die deutsche Wirtschaft war keineswegs, wie von Hitler im August 1936 in seiner geheimen Denkschrift zum Vierjahresplan gefordert, „in vier Jahren kriegsfähig" geworden. Während die nationalsozialistische Führung schon seit Jahren einen möglichen militärischen Konflikt in ihr Kalkül gezogen und entsprechende Vorbereitungen getroffen hatte, hinkte der tatsächlich 1939 erreichte kriegswirtschaftliche Mobilisierungsgrad weit hinterher. Wenn Hitler sich am 1. September 1939 damit brüstete, er führe diesmal im Gegensatz zu 1914 „die am besten ausgerüstete Wehrmacht der Welt" ins Feld und habe dafür „über 90 Milliarden" ausgegeben[90], so war das reine Propaganda, um die Feinde nach außen abzuschrecken und die Bevölkerung nach innen zu beruhigen.
Die Antwort auf die Frage nach der mangelnden ökonomischen

Mangelwirtschaft und Koordinationsmängel

Kriegsvorbereitung führt uns noch einmal auf die schon mehrfach angesprochenen Defizite der deutschen Mangelwirtschaft und ihre krisenhafte Verschärfung gerade im Sommer 1939, auf die für das „Dritte Reich" so charakteristischen und auch im Kriege anhaltenden erbitterten Rivalitäten um Zuständigkeiten und Entscheidungsvollmachten im inneren Kreis der Macht, auf massive Widerstände innerhalb der Industrie selbst gegen ihre totale „Militarisierung" sowie auf die restriktiven ideologischen Vorgaben der Führung etwa bei der an sich von der kritischen Arbeitsmarktlage her gebotenen vollen Ausschöpfung des weiblichen Arbeitskräftepotentials. Das nationalsozialistische Herrschaftssystem vermochte von seiner Spitze her weder in seinen politischen noch in seinen kriegswirtschaftlichen Aufgabenfeldern jenen zentralen und koordinierenden Lenkungs-und Verwaltungsapparat zu entwickeln, der an sich gerade für die Vorbereitung eines totalen Materialkrieges dringend geboten und überdies in der Lage gewesen wäre, Versorgungsmängel bis zu einem gewissen Grade durch eine gewisse Effizienz und Rationalität in der administrativen Distribution der knappen Ressourcen zu kompensieren.

Es fehlten die zentralen Entscheidungs- und Befehlsinstanzen unterhalb der Ebene des „Führers", um den industriellen Apparat zu Lasten der zivilen Versorgung schlagartig und möglichst umfassend auf den militärischen Bedarf umzustellen und unter Bevorzugung leistungsfähiger Großbetriebe die Massen- und Serienproduktion von weitgehend standardisiertem Kriegsmaterial unter Einsatz modernster und rationellster Fertigungsmethoden anzukurbeln. Das NS-Regime entfernte sich „vom Prinzip einer systematischen Wirtschaftsplanung und -lenkung sowohl für die Friedens- als auch für die Kriegswirtschaft immer weiter" und konzentrierte sich stattdessen „auf kurzfristige Entscheidungen über Einzelprobleme, aber eben nicht deshalb, weil die Verantwortlichen dies für die ‚richtige' Strategie ansahen, sondern wegen ihrer Unfähigkeit, das Problem der Spitzengliederung für den wirtschaftlichen Bereich dauerhaft und überzeugend zu lösen"[91]. Die an sich dringend gebotene Einrichtung eines kriegswirtschaftlichen „Generalstabs" an der Spitze mit umfassenden Vollmachten und einer wirkungsvollen Durchsetzungsfähigkeit im Dschungel der rivalisierenden Zuständigkeiten und Befehlsstränge lag nicht im Interesse Hitlers. Denn ihm widerstrebte jede Machtkonzentration in seiner Umgebung, die irgendwie seinen totalen Herrschaftsanspruch hätte in Frage stellen können.

Getrennte Organisation für Zivil- und Militärwirtschaft

Schon bei der wehrwirtschaftlichen Vorbereitung des Krieges in den dreißiger Jahren wurde in einem für das Regime typischen Herrschaftskompromiß die Verantwortung geteilt: Der Reichswirtschaftsminister (ab 1937 Walther Funk) sollte als „Generalbevollmächtigter für die Wirtschaft" (GBW) nur die kriegs-und lebenswichtigen Betriebe vorbereiten und betreuen, die Wehrmacht jedoch, vertreten durch den Chef des

„Wehrwirtschafts- und Rüstungsamtes" im OKW, Thomas, die reinen Rüstungsbetriebe übernehmen. Die Waffenämter der Luftwaffe und der Kriegsmarine waren aber nicht bereit, sich Thomas zu unterstellen, so daß er de facto nur für das Heer zuständig blieb. Bei dieser institutionellen Zweiteilung konzentrierte sich die Wirtschaftsverwaltung darauf, Einschränkungen der zivilen Bedürfnisse möglichst zu verhindern, während die Waffenämter sich daran gewöhnten, Rüstungsanforderungen ohne Rücksicht auf die gesamtwirtschaftliche Lage zu stellen, ohne sich freilich untereinander mit ihren Wünschen abzusprechen.
Dem Einfluß der Militärs auf die zivile Wirtschaftsadministration waren enge Grenzen gesetzt, und es gelang bis 1939 nicht, die Mobilmachungsplanungen des zivilen und des militärischen Sektors der Volkswirtschaft aufeinander abzustimmen. Eine ausreichende Versorgung der der Wehrmacht unterstehenden Rüstungsbetriebe mit Arbeitskräften, Rohstoffen und Maschinen zur Einrichtung von Schichtarbeit und für den Übergang zur Massenproduktion war von der Zustimmung der zivilen Wirtschaftsbehörden abhängig und kam dementsprechend ebensowenig voran wie die an sich dringend notwendige umfassende Stillegung bzw. Umstellung von nicht kriegswichtigen Betrieben. „Es blieb bei der Trennung von Wehrmachtbetrieben und Zivilunternehmen, die zwischen 1939 und 1941 eine der gravierendsten Hemmnisse der Kriegswirtschaft bildete."[92] Eine direkte „Militarisierung" der gesamten Wirtschaft blieb unerreichbar. Der „Führer" entzog sich wie gewohnt seiner Aufgabe, zwischen den konkurrierenden Forderungen der Wehrmacht und den Belangen der Wirtschaft zu vermitteln.
Die wirtschaftliche Spitzengliederung verkomplizierte sich noch dadurch, daß seit 1936 mit der Institution des Vierjahresplanes unter dem ehrgeizigen Wirtschaftsdiktator Göring dem GBW eine neue, stark expansive Konkurrenz im Bereich der Rohstoffversorgung erstand. So wurde das Kernproblem, „wer mit welcher Autorität die Dringlichkeit staatlicher Aufgaben regelt und durchsetzt", bis zur Kriegswende 1941/42 nicht überzeugend gelöst[93]. Das von Hitler 1939 ausgegebene Motto lautete, die Gesamtwirtschaft und den zivilen Sektor weitgehend zu schonen und nur die Leistung einzelner Rüstungsbetriebe zu steigern. „Der Anspruch auf den militärischen Primat in der Kriegswirtschaft fand jedenfalls außerhalb der Wehrmacht kaum Unterstützung."[94]
Obwohl spätestens mit dem Anlaufen der Vorbereitungen für „Barbarossa" und mit der Intensivierung der Unterstützung Roosevelts für Großbritannien 1941 ein kräftezehrender und langandauernder Mehrfrontenkrieg abzusehen war, wurden klare und weitsichtige Konsequenzen für die Kriegswirtschaft wie etwa die Einrichtung einer Führungszentrale daraus nicht gezogen. Auch in den Rußlandfeldzug ging die Wehrmacht, vor allem was ihre ausreichende Winter-

ausstattung und -bevorratung betraf, nicht hinreichend ausgerüstet, glaubte sie doch, mit dem „tönernen Koloß" der Roten Armee in wenigen Wochen fertigzuwerden.

Nur wenige Fachleute wie Generalmajor Thomas äußerten sich skeptisch und pessimistisch, etwa wenn der Chef des „Wehrwirtschafts- und Rüstungsamtes" Ende Juni 1941 in seinen Gedanken zu dem Thema „Wirtschaftlicher Durchhaltekrieg statt Krieg der schnellen militärischen Entscheidung" nach den deprimierenden Erfahrungen mit einer ungenügenden Rohstoff- und Nahrungsmittelversorgung im Ersten Weltkrieg nunmehr angesichts der erneuten britischen Blockade, nach dem Aufzehren der Beutevorräte und unter dem Eindruck des verschleierten Kriegseintritts der USA einen „Wirtschaftskrieg allergrößten Ausmaßes" gegen Deutschland und einen intensiv geführten „Luft-Zerstörungskrieg" voraussah, bei dem Deutschland wegen zunehmender Rohstoffmängel ins Hintertreffen geraten müsse.[95]

Sehr abfällig äußerte sich Thomas nach dem Kriege rückblickend gegenüber seinem britischen Vernehmungsoffizier über die katastrophalen Konsequenzen des Regierungs- und Entscheidungsstils im „Dritten Reich". Sie hätten dazu geführt, *daß in dem sogenannten Führerstaate Hitlers auf wirtschaftlichem Gebiet eine völlige Führerlosigkeit und ein unsagbares Durch- und Nebeneinanderarbeiten stattgefunden hat, weil Hitler die Notwendigkeit einer festen weitsichtigen Planung nicht einsah, Göring von der Wirtschaft nichts verstand und die zuständigen Fachleute keine Vollmachten hatten.*[96]

Sich nachträglich auf einen Mangel an Vollmachten zurückzuziehen, wie es 1945 so viele taten, erscheint freilich für einen Fachmann, der dieses System an herausgehobener Position lange mitgetragen und mitverantwortet hat, recht dürftig.

Als Fazit bleibt festzuhalten: „Was vielleicht im Rückblick als Ansatz zu einer Blitzkriegswirtschaft, d. h. als dosierter, planmäßig gelenkter Kräfteeinsatz erscheinen könnte, erweist sich bei näherer Betrachtung nur als mühselig kaschierter Kompromiß in den ständigen Kompetenzkämpfen einer führungslosen Wirtschaftsverwaltung, die Mühe hatte, auch nur die dringendste Rüstungsproduktion zu organisieren."[97]

Widerstände des zivilen Sektors gegen die Militärwirtschaft

Bei diesem ganzen unübersichtlichen Dickicht von Interessen und Kompetenzen sollte man freilich etwas Wesentliches nicht übersehen: Der zivile Wirtschaftsapparat und die Parteiinstanzen, Industrie und Arbeiterschaft, Handwerk und Kleingewerbe zogen in ihrem beharrlichen Widerstand gegen eine frühzeitige „Militarisierung" der Wirtschaft und ihre Umstellung auf eine totale Kriegswirtschaft und gegen die entsprechenden Forderungen der Wehrmacht an einem Strang. Wehrwirtschaftsführer und Großindustrielle sträubten sich, obwohl vielfach Nutznießer der profitablen Rüstungsaufträge, gegen eine militärische Kommandowirtschaft, gegen staatlichen Dirigismus und gegen die

Bevormundung durch Offiziere, die von Wirtschaft in der Regel nicht viel verstanden. Die staatssozialistischen Tendenzen im Ersten Weltkrieg waren noch allen als abschreckendes Beispiel gegenwärtig. Zudem befürchteten die „defaitistischen" Unternehmer (so Generalmajor Thomas), daß ein schon in Friedenszeiten durch den steigenden zivilen Konsum und die Anforderungen der „Wehrwirtschaft" bis an seine Grenzen ausgelasteter Produktionsapparat bei einer zusätzlichen, wenn auch nur kurzfristigen, Kapazitätsverlagerung auf Kriegsgerät langfristig wichtige Marktanteile auf dem Verbrauchsgüter- und Exportsektor verlieren könnte. Derartige Besorgnisse wurden übrigens auch in den westlichen Ländern wie in Großbritannien beim Übergang zur forcierten Aufrüstung 1938 immer wieder laut. Man sollte deshalb grundsätzlich nicht vergessen, daß sich in einer kapitalistischen Unternehmerwirtschaft, wie es damals auch in Deutschland noch der Fall war, die Hoffnungen auf staatlich gesicherte, konjunkturunabhängige und profitable Absatzgarantien und die Befürchtungen, dadurch auf längere Sicht in die Abhängigkeit des Staates zu geraten und gleichsam auf kaltem Wege „sozialisiert" zu werden, durchaus die Waage halten können.

Einzelhandel, Handwerk, kleines und mittleres Gewerbe fürchteten, daß die Kriegswirtschaft mit Massen- und Fließbandproduktion den modernen Tendenzen zur wirtschaftlichen Konzentration und zum Großbetrieb zusätzlich Vorschub leisten und ihr Überleben in Frage stellen würde. Auch sollten sich Befürchtungen ab 1942 als richtig erweisen, daß die personellen „Auskämmaktionen" und Dienstverpflichtungen für die Rekrutierung von Rüstungsarbeitern und Soldaten den kleinen Familienbetrieb am ehesten treffen und mit zu massenhaften Stillegungen von Handwerksbetrieben führen würden.

Arbeiterschaft im „totalen Krieg"

Die Arbeiterschaft hatte Angst, im „totalen Krieg" ihre wenigen, ihr seit 1933 gewährten sozialen Zugeständnisse, wie den bezahlten Jahresurlaub, zu verlieren. Tatsächlich wurde im Zuge der Mobilmachung Anfang September 1939 dieser Jahresurlaub zunächst gestrichen und die Normalarbeitszeit von 8 auf 10 Stunden unter Fortfall der Überstundenzuschläge sowie der Zuschläge für Feiertags- und Nachtarbeit hochgesetzt. Diese Maßnahmen wurden nach Protesten jedoch schon im November wieder zurückgenommen. Die DAF, die sich als Nachfolgerin der zerschlagenen Gewerkschaften und als Sachwalterin der sozialen und materiellen Interessen der Arbeiterschaft empfand und diese Funktionen auch nicht selten gegenüber den „Betriebsführern" erfolgreich wahrnahm, bekämpfte in Erinnerung an das „Hilfsdienstgesetz" von 1916 alle Maßnahmen, die geeignet waren, Unruhe in die Bevölkerung hineinzutragen. Die Parteidienststellen, repräsentiert durch die Gauleiter, die Kreis- und Ortsgruppenleiter, fürchteten um die Gunst ihrer traditionellen mittelständischen Klientel in Handel und

Gewerbe, der sie vielfach selbst angehörten. Sie taten deshalb aus Furcht vor Arbeitsniederlegungen und unkontrollierten Protestbewegungen alles, wenigstens die materiellen Bedürfnisse der Arbeiterschaft zu befriedigen. Betriebsstillegungen von „Gefolgschaftsmitgliedern", von den Wehrwirtschaftsplanern als zwingend für die kriegswirtschaftliche Mobilisierung gefordert, sollten nur behutsam durchgeführt und Dienstverpflichtungen auf solche Betriebe beschränkt werden, die in vergleichsweise kurzer Zeit ihre Produktion auf kriegswichtige Erzeugnisse umzustellen vermochten. Furcht vor Stimmungseinbrüchen in der Bevölkerung setzte einer radikalen Steuerung der Arbeitskräfte in der Industriearbeiterschaft durch zentrale Instanzen zunächst relativ enge Grenzen, bis das Regime schnell auf Kriegsgefangene, Fremd- und Zwangsarbeiter ausweichen konnte. Auch galt es, über alle Engpässe hinweg die Versorgung der Bevölkerung mit Lebensmitteln und Konsumgütern möglichst lange noch nach Kriegsbeginn auf einem „friedensähnlichen" Standard zu gewährleisten, um die Massenloyalität dem Regime gegenüber zu erhalten. Auch hier sorgten die Zwangseintreibungen und Ausplünderungen in den besetzten Gebieten bis 1944 dafür, daß dieses Ziel bis 1944 verwirklicht werden konnte.
Eine zentrale Steuerung der knappen industriellen Rohstoffzuteilungen und ihre Koordination zwischen zivilem und Wehrmachtbedarf und hier wieder zwischen den Bedarfanmeldungen der einzelnen Wehrmachtteile wäre schon deshalb zwingend notwendig gewesen, weil gerade hier traditionell die Engpässe der deutschen Wirtschaft und ihre Einfuhrabhängigkeit bei den meisten Produkten außerordentlich hoch und dementsprechend die Verwundbarkeit der Kriegswirtschaft erheblich war. Dies hatten die Erfahrungen des Ersten Weltkrieges mit der britischen Fernblockade gezeigt.

Großraumwirtschaftspläne

In einer sehr detaillierten Studie aus dem „Reichsamt für Wirtschaftsausbau" vom August 1939 über die „Möglichkeiten einer Großraumwirtschaft unter deutscher Führung", die wahrscheinlich aus der Feder Carl Krauchs, IG-Farbendirektor, Generalbevollmächtigter für Sonderfragen der chemischen Erzeugung im Vierjahresplan und einer der engsten Mitarbeiter Görings, stammte, wurde „die Blockadesicherheit für eine unter deutscher Führung stehende europäische Mächtegruppe" nach Produkten genau analysiert.[98] Mindestvoraussetzung hierfür waren die Einbeziehung der Slowakei, Italiens, Spaniens, Ungarns, Jugoslawiens, Rumäniens, Bulgariens sowie des Nordraumes mit Schweden, Norwegen, Finnland und den Baltischen Staaten in diesen „unter deutscher Führung stehenden Großwirtschaftsraum", der Ausbau der nationalen Volkswirtschaften „bis zur Höchstleistung" sowie die „Verbesserung der Transportlage im gleichen Tempo wie die Erzeugungssteigerung". Das hieß also konkret, daß in diesem deutsch beherrschten „Großwirtschaftsraum" unter friedensmäßigen Bedingungen ohne

Feindeinwirkungen und in einer engen politischen Absprache für die Bedürfnisse „Großdeutschlands" produziert wurde – alles Voraussetzungen, die nach dem 1. September 1939 nicht mehr gegeben waren. Entscheidend aber für einen hohen Selbstversorgungsgrad des „Großwirtschaftsraumes", der hier aus Raumgründen nicht für die einzelnen Nahrungsmittel und industriellen Rohstoffe aufgefächert werden kann[99], war der politische und wirtschaftliche Anschluß der Sowjetunion:

Der Großwirtschaftsraum [...] kann die wehrwirtschaftliche Blockadesicherheit auch bei den größten Anstrengungen und unter den günstigsten Voraussetzungen bezüglich der Lieferbereitschaft des Nordraumes – ohne wirtschaftlichen Anschluß an Russland – nur in begrenztem Umfang erreichen [...]

Völlige Blockade-Sicherheit des Großwirtschaftsraumes ist nur durch den engen wirtschaftlichen Zusammenschluß mit Russland zu erzielen [...]

Schlußfolgerungen. a) Politisches und wirtschaftliches Friedens- und Kriegsziel: [...] Der Anschluß des Nordraums ist für den Großwirtschaftsraum unentbehrlich. Restlose Sicherung ist nur mit den Rohstoffen Russlands (uns freundschaftlich) möglich [...] Eine Bündnispolitik, die Südosteuropa und den Nordraum der Koalition dienstbar macht, sowie ein tragbares Verhältnis zu Russland ermöglicht.

Die ganze wirtschaftliche Autarkie-Konzeption mit dem Ziel der Selbstversorgung aus einem blockadesicheren Raum gleichsam unter dem „Schutz deutscher Kanonen" brach in dem Augenblick wie ein Kartenhaus zusammen, als sich abzeichnete, daß die arbeitsteilige und raumgebundene Verflechtung der europäischen Volkswirtschaften entsprechend den großdeutschen Bedürfnissen nicht mehr ausschließlich auf dem Wege von friedlichen Absprachen und Wirtschaftsabkommen angestrebt wurde und als ein Ergänzungsraum nach dem anderen – Nordeuropa, Südosteuropa und schließlich die Sowjetunion – in den Krieg einbezogen und zum Schlachtfeld wurde. Am Beispiel der Sowjetunion wurde eines ganz deutlich: Raubzüge, erpresserischer Druck, Plünderungen und Kontributionsleistungen konnten vielleicht kurzfristig gewisse Rohstoff- und Nahrungsmittelengpässe beseitigen, nicht aber längerfristig eine totale Kriegswirtschaft über Wasser halten, zumal dann nicht, wenn Kriegszerstörungen, Partisanentätigkeiten, Sabotageakte und Verweigerungen den Produktionsablauf in den besetzten Gebieten entscheidend in Mitleidenschaft zogen und schließlich ab 1943 der schrittweise Zusammenbruch der Fronten den eigenen Versorgungsraum von Monat zu Monat einengte.

Wirtschaftskrise

Deutschland ging in den Zweiten Weltkrieg mit einer Wirtschaft, die bereits in einer tiefen Krise steckte und in vielen Bereichen – Rohstoffzufuhr, Arbeitsmarkt, Auslastung der Produktionskapazitäten – die

Grenzen ihrer Leistungsfähigkeit erreicht hatte. Der „Neue Plan" von 1934 und der „Vierjahresplan" von 1936 hatten im Grunde wenig Entlastung gebracht. In dieser „wenig effizient organisierten Mangelwirtschaft des Reiches" (Rolf-Dieter Müller) hielt trotz Rationierungen und Dringlichkeitslisten die Nachfrage etwa im Konsumgütersektor und im Baugewerbe ungebremst an. In letzterem verstärkte sie sich ab 1942 sogar noch mit der fortschreitenden Zerstörung der deutschen Städte durch Luftangriffe. Außerdem mußte eine möglichst hohe Exportquote aufrechterhalten werden, damit die Einfuhren aus den befreundeten Staaten bezahlt werden konnten. Die Verteilungskämpfe zwischen Wirtschaftsbürokraten und militärischen Rüstungsplanern, zwischen zivilen Produzenten und den etwa 4000 der Wehrmacht unterstehenden Rüstungsbetrieben verschärften sich. Sie konnten nur zeitweilig durch die rigorose Ausbeutung der besetzten Gebiete etwas entspannt werden. Ein ständiges Umsteuern der Prioritäten je nach Kriegslage vom zivilen auf den militärischen Sektor und umgekehrt sowie zwischen den einzelnen Wehrmachtteilen auf direkten Befehl Hitlers brachte zusätzlich Sand ins Getriebe der Rüstungswirtschaft.

Manches spricht dafür, daß Hitler bewußt den Krieg als eine Art „Flucht nach vorn" aus den wachsenden wirtschaftlichen Engpässen ausgelöst hat. Denn auch ihm war bewußt, daß die überstrapazierte und binnenkonjunkturell überhitzte deutsche Volkswirtschaft nicht mehr lange durchhalten und die Versorgungslage sich bald dramatisch verschärfen würde.

Albert Speers „Wirtschaftswunder"

Das immer wieder gerühmte „Wirtschaftswunder" des administrativ ebenso genialen wie politisch skrupellosen und ehrgeizigen Technokraten Albert Speer, 37jährig im Februar 1942 als Reichsminister für Bewaffnung und Munition zum Nachfolger des – unter bis heute mysteriösen Umständen – tödlich abgestürzten Fritz Todt ernannt, verliert manches an Glanz, wenn man zwei Dinge berücksichtigt: Zum einen war es noch Todt, der die Grundlagen für die zentrale und effiziente administrative Steuerung der deutschen Kriegswirtschaft ab 1942 gelegt hatte und ganz zu Unrecht eigentlich nie aus dem Schatten seines Nachfolgers mit einer virtuosen Begabung zur öffentlichen Selbstdarstellung herausgetreten ist; zum anderen hatte auch Speer, seit 1943 dann als Reichsminister für Rüstung und Kriegsproduktion mit nahezu unbegrenzten Vollmachten für die totale Ankurbelung der Kriegswirtschaft von seinem „Führer" versehen, nie eine Chance, selbst durch eine mehr als dreihundertprozentige Steigerung des Ausstoßes an Kriegsmaterial und Waffen bis 1944 noch eine Wende des Krieges herbeizuführen.

Die Einsetzung eines zivilen Munitionsministers am 17. März 1940 bedeutete für die deutsche Kriegswirtschaft einen wichtigen Einschnitt. Der Ingenieur Fritz Todt, Erbauer der Autobahnen und des Westwalles, enger Vertrauter Hitlers und durch seine paramilitärisch-technische „Organisation Todt" mit einer eigenen Hausmacht ausgestattet, ging sofort daran, den Führungsanspruch der Militärs, aber auch den Einfluß von Göring und Funk in einem der wichtigsten Rüstungsbereiche – Waffen und Munition – zurückzudrängen und die Industriellen stärker in die Verantwortung einzubinden. Sein Ziel war es, den Übergang der deutschen Wirtschaft, die bisher nur in Teilen für die Rüstung arbeitete, zur totalen Kriegswirtschaft vorzubereiten, die Rüstungsendfertigung organisatorisch zu straffen und schlagkräftiger zu gestalten, überall moderne Management-Methoden einzuführen, die Fertigung zu rationalisieren und die Vergeudung wichtiger Rohstoffe drastisch zu reduzieren. Ihm schwebte dabei so etwas wie das Kriegsamt im Ersten Weltkrieg vor: ein kleiner und straff gegliederter staatlicher Steuerungsapparat zur zentralen Lenkung der Kriegswirtschaft. Das Motto des neuen Arbeitsstils hatte bereits Hans Kehrl, Generalreferent und einer der engsten Mitarbeiter zunächst Walther Funks und dann Albert Speers, ausgegeben: „Breiteste Mobilisierung der Energien des Unternehmertums". Generalmajor Thomas wurde später klar, daß bereits im Januar 1942 der Kampf der „Industrie gegen den Soldaten" zu Ungunsten des Militärs entschieden war.[100] Sein „Wehrwirtschafts- und Rüstungsamt" wurde schließlich auf Weisung Speers aufgelöst.

Neuorganisation der Rüstungswirtschaft

Auf den Grundlagen, die Fritz Todt bis Januar 1942 geschaffen hatte, konnte sein Nachfolger Speer bruchlos aufbauen und weiterarbeiten. Getragen von dem bedingungslosen Vertrauen Hitlers, fertigte er sofort einen Organisationsplan zur Straffung der Rüstungswirtschaft unter seiner Leitung an: Drei vertikale und von Militärs gelenkte Säulen in diesem Organigramm repräsentierten in traditionellem Stil die drei Wehrmachtteile und ihre Waffenämter: Heer (Panzer, schwere Pak, Munition usw.), Luftwaffe (Jäger, Bomber, Flak, Bomben usw.) und Kriegsmarine (U-Boote, Geleitfahrzeuge, Küstenschutz, Schnellboote usw.). Neu war, daß diese senkrecht stehenden Säulen von zahlreichen horizontalen „Fertigungsringen" umschlossen waren. Jeder dieser „Ringe" markierte eine bestimmte Gruppe von Zulieferungsproduzenten für den Waffenbedarf aller drei Wehrmachtteile, so z. B. für die Produktion von Kugellagern, Schmiedestücken, elektrotechnischer Ausrüstung usw. Gleichzeitig übernahm Speer von seinem Vorgänger das System der fünf „Hauptausschüsse" für bestimmte Sparten von Rüstungsgütern: Munition, Waffen und Gerät, Panzerwagen und Zugmaschinen, Allgemeines Wehrmachtgerät und Maschinen. In jedem dieser Ausschüsse arbeiteten Offiziere, Konstrukteure, Techniker und Industriemanager eng zusammen. Den Vorsitz im „Hauptausschuß Allgemeines Wehrmachtgerät" hatte z.B. Wilhelm Zangen, Generaldirektor des Mannesmann-Konzerns und Leiter der „Reichsgruppe Industrie", früher „Reichsverband der deutschen Industrie".

Im verklärenden Rückblick der „Erinnerungen" nimmt sich dieser neue kooperative Arbeitsstil dann geradezu demokratisch aus:

Jetzt gab es wieder Gremien, in denen diskutiert, Mängel und Fehlgriffe aufgedeckt und ihre Beseitigung besprochen werden konnte. Oft meinten wir im Scherz, daß wir im Begriff seien, das parlamentarische System wieder einzuführen. Unser neues System hatte eine der Voraussetzungen geschaffen, um die Schwächen jeder autoritären Ordnung wieder auszugleichen. Wichtige Angelegenheiten sollten nicht nur nach militärischem Prinzip, das heißt auf dem Befehlswege von oben nach unten geregelt werden. Erforderlich war dafür allerdings, daß an der Spitze der erwähnten Gremien Personen standen, die Gründe und Gegengründe zu Wort kommen ließen, ehe sie eine klare und fundierte Entscheidung trafen.[101]

Speers Wirtschaftsimperium

Speer baute sein Imperium zielbewußt aus, bis aus den kleinen Anfängen des Reichsministeriums für Bewaffnung und Munition schließlich 1943 das umfassend zuständige Reichsministerium für Rüstung und Kriegsproduktion geworden war, ein Superministerium für die totale Kriegswirtschaft, wie es Todt schon 1940 vorgeschwebt hatte. Im April 1942 wurde Speer, formal als „Generalbevollmächtigter für Rüstungsaufgaben im Vierjahresplan" noch Göring unterstellt, Leiter der „Zentralen Planung" im Rahmen des Vierjahresplanes. Bestimmend neben ihm war hier Generalfeldmarschall Milch, als Generalluftzeugmeister (Leiter des Wirtschaftsstabes der Luftwaffe) Nachfolger von Udet. Von der „Zentralen Planung" erhielten die verschiedenen Wirtschaftszweige ihre knappen Rohstoffe zugeteilt, deren rationelle Verwendung schärfer als bisher kontrolliert wurde. Im Mai 1942 wurde Speer das „Wehrwirtschafts- und Rüstungsamt" des OKW unter Thomas unterstellt und ein Jahr später aufgelöst. Im Juli 1943 überließ ihm Dönitz, seit Anfang des Jahres als Nachfolger Raeders Oberbefehlshaber der Kriegsmarine, die Marinerüstung. Am 1. August kam die der Luftwaffe hinzu. Milch wurde unmittelbarer Beauftragter Speers.

Damit war nach einem mehrjährigen zähen Ringen die fatale Zersplitterung der Zuständigkeiten für die Wehrmachtrüstung beendet. Göring wurde mit seinem Vierjahresplan ebenso wie der „Generalbevollmächtigte für die Wirtschaft", der Reichswirtschaftsminister Funk, an den Rand der rüstungswirtschaftlichen Entscheidungsprozesse gedrängt. Am 6. August 1943 erhielt Speer die Verantwortung für die Probleme der Energiewirtschaft übertragen, am 2. September die Zuständigkeit für die zivile Produktion, die zuvor dem Reichswirtschaftsminister unterstellt gewesen war. Auch die verhängnisvolle administrative Zweiteilung zwischen zivilen und Rüstungsbetrieben war nunmehr überwunden. Den letzten Baustein in sein Kriegswirtschaftsimperium setzte Speer durch die Übernahme der Leitung der Rüstungsproduktion im besetzten Europa ein. Nur die zentrale Kontrolle über den Arbeitskräfteeinsatz konnte ihm Sauckel bis zuletzt vorenthalten. Hitlers Architekt war trotzdem einer der mächtigsten Männer nicht nur in Deutschland, sondern auf dem Kontinent geworden. Damit zog er bald Mißtrauen und Neid Martin Bormanns, der allmächtigen „grauen Eminenz" in der Parteikanzlei, auf sich. Er sollte den Stern des ehrgeizigen „Wirtschaftsdiktators" durch ständiges Intrigieren bei Hitler im Verein mit Sauckel und Goebbels und den eifersüchtig auf ihre partikularen Herrschaftsinteressen fixierten Gauleitern in den letzten Kriegsmonaten zum Sinken bringen.

Speer delegierte gezielt wichtige Befugnisse mit erheblicher Handlungsvollmacht an bewährte und ehrgeizige Wirtschaftsmanager und Techniker: so das Rüstungslieferungsamt an den Chemiker und Staatsrat Walter Schieber, einen engen Mitarbeiter von Gauleiter Sauckel, das für die Waffenentwicklung zuständige Technische Amt an den Ingenieur Karl Otto Saur, einen alten Mitarbeiter Todts, das aus dem Reichswirtschaftsministerium ausgegliederte Amt für Rohstoffbewirtschaftung an Hans Kehrl und das Produktionsamt für Gebrauchsgüter an den Ingenieur Georg Seebauer. Seine Absicht war es, die Selbstverantwortung der Industrie bei der Reorganisation seines Ministeriums entscheidend zu stärken und die bisherige militärische Kommandowirtschaft radikal abzubauen.

Die Produktionslandschaft in Deutschland sollte 1942/43 im Zeichen des „totalen Krieges" auf Weisung Albert Speers ihr Gesicht gründlich ändern.

Intensivierung der Produktion

Kriegsmaterial wurde nunmehr in Großbetrieben in einer standardisierten Serien- und Fließbandproduktion hergestellt. Damit waren zugleich produktionstechnisch die Voraussetzungen geschaffen, an den Bändern jetzt vermehrt un- und angelernte Fremd- und Zwangsarbeiter sowie Konzentrationslagerhäftlinge einzusetzen. Der Verlagerung des Massenausstoßes an Rüstungsgütern und Kriegsmaterial auf Höchstleistungsbetriebe fielen immer mehr kleinere und mittlere Betriebe zum Opfer. Auch der zivile Sektor geriet zunehmend in den Sog der Rüstung. Durch eine langfristige Auftragserteilung an die einzelnen Firmen, eine zwischenbetriebliche Arbeitsteilung und Beschränkung der Herstellung in den einzelnen Betrieben auf wenige Erzeugnisse, eine Vereinfachung und Reduktion der bisherigen Typenvielfalt im Kriegsgerät, durch die Verlagerung der Produktion auf leistungsfähige Großbetriebe und die Drosselung der für den zivilen Konsumgütermarkt arbeitenden Wirtschaft auf das Notwendigste, durch Rationalisierung, Konzentration und Straffung der Produktion und ihrer Lenkung und nicht zuletzt auch durch eine gesteigerte Ausbeutung der Arbeitskräfte, darunter Millionen von Fremd- und Zwangsarbeitern, und die Einführung der 72-Stunden-Woche konnte Speer in einem bisher für unmöglich gehaltenen Maße brachliegende Produktionsreserven nutzbar machen und den Rüstungsausstoß bis 1944 sensationell steigern. Deren Index stieg von 100 Anfang 1942 auf 153 Mitte 1942, 229 Mitte 1943 und 322 Mitte 1944. Nach eigenen Bekundungen Speers nach dem Krieg vor dem Nürnberger Tribunal sei es ihm trotz der Fliegerangriffe 1944 möglich gewesen, 130 Infanteriedivisionen und 40 Panzerdivisionen mit zusammen 2 Millionen Soldaten vollständig neu auszustatten. Wenn die Fliegerangriffe nicht gewesen wären, hätte der Ausstoß noch um ein Drittel gesteigert werden können. Hinsichtlich Munition sei die Höchstleistung im Kriege im August 1944 erfolgt, bei Flugzeugen im September 1944 und bei Waffen und den neuen U-Booten im Dezember 1944.

Sicher ist einiges bei Speers Angaben auf das Konto seiner Eitelkeit abzubuchen. Der ständige Hinweis auf das von ihm im letzten Kriegsjahr geschaffene „Rüstungswunder", das auch die Alliierten überraschte, waren sie doch stets von der totalen Mobilisierung der deutschen Wirtschaft schon 1939 ausgegangen, darf aber über zwei wichtige Sachverhalte nicht hinwegtäuschen: Zum einen lag Deutschland damals trotz der zweifellos imponierenden Steigerungsraten im Rüstungswettlauf aussichtslos hinter seinen Gegnern zurück. Im Jahre 1941 betrug der Wert der Kriegsmaterialherstellung in den USA, Großbritannien und der Sowjetunion gegenüber Deutschland und Japan das Zweieinhalbfache, zwei Jahre später bereits das Dreieinhalbfache. Zum anderen zeichnete sich im Herbst 1944 mit der Zerstörung des deutschen Transportsystems (Eisenbahnnetz und Straßen) durch alliierte Luftangriffe bereits ein Zusammenbruch der Wirtschaft ab. Engpässe ergaben sich sowohl bei der Förderung (Arbeitskräftemangel und ständig sinkende Leistungsfähigkeit der ausgezehrten und übermüdeten Kumpel) als auch beim Transport und der Verteilung der Kohle, eines Schlüsselrohstoffes der Kriegswirtschaft. Die negativen Rückwirkungen auf die Energieversorgung für Industrie und Bevölkerung, auf die Herstellung synthetischen Treibstoffes und anderer Syntheseprodukte auf Kohlenbasis sowie auf die Eisen- und Stahlerzeugung waren erheblich. Durch den Wegfall wichtiger ausländischer Erzlager und schließlich auch der rumänischen Ölfelder infolge der militärischen Niederlagen der Wehrmacht und durch die Zerstörung von Hydrierwerken gestaltete sich die Lage auf dem Rohstoff- und Energiesektor katastrophal, so daß die neuen Waffen vielfach mangels Treibstoff gar nicht mehr zum Einsatz kommen konnten.

Unterlegenheit der deutschen Rüstung

In einem verzweifelten „Notprogramm" wurden nicht nur Greise und Kinder im „letzten Aufgebot" im Winter 1944/45 in den „Volkssturm" und in „Volksgrenadierdivisionen" eingezogen, sondern wurden Aufträge für die recht primitive Bewaffnung und Ausrüstung dieser Einheiten auch auf kleine und kleinste Betriebe verlagert. Statt Betten wurden Munitionspackgefäße, statt Haushaltsgeräten Panzerfäuste produziert. Hydrierwerke und andere kriegswichtige Betriebe waren längst in unterirdische Fertigungsstätten ausgelagert. Der Verlust des oberschlesischen Reviers und des Saarlandes im Februar/März 1945 ließ jeden weiteren Widerstand vollends aussichtslos erscheinen. Die Zerstörung der Infrastruktur und der Kommunikationswege führte ab Herbst 1944 zu einer Dezentralisierung der Kriegswirtschaft und gleichzeitig zu einer Steigerung des unternehmerischen Handlungsspielraumes innerhalb der Wirtschaftsregionen. Speer bemühte sich, in dieser allgemeinen Agonie der Kriegswirtschaft die Industriellen gegen Eingriffe von staatlicher Bürokratie, Partei und Wehrmacht abzuschirmen, nicht immer mit Erfolg.

Seine letzte Leistung bestand darin, sich der Durchführung von Hitlers berüchtigtem „Nero-Befehl" vom 19. März 1945 widersetzt zu haben. Danach sollten rücksichtslos alle militärischen, Verkehrs-, Nachrichten-, Industrie- und Versorgungsanlagen und Sachwerte im Reich zerstört werden, „die sich der Feind für die Fortsetzung seines Kampfes irgendwie sofort oder in absehbarer Zeit nutzbar machen kann". Nach scharfen Protesten bei Hitler erreichte Speer in zwei Durchführungsbestimmungen vom 30. März und 4. April, daß Zerstörungsanweisungen über seinen Schreibtisch laufen mußten. In Zusammenarbeit mit Wehrmacht und Verwaltung gelang es ihm so, den „Nero-Befehl" der „verbrannten Erde" weitgehend zu unterlaufen.

Auswirkungen der totalen Rüstungswirtschaft

Die Auswirkungen der Bemühungen ab 1942, den gesamten Produktionsapparat auf die Bedürfnisse eines „totalen Krieges" umzustellen, waren zwiespältig: Kurzfristig mobilisierten sie heftige Widerstände insbesondere in den betroffenen mittelständischen Kreisen, hier unterstützt von örtlichen Parteidienststellen, langfristig drückten sie jedoch der deutschen Volkswirtschaft nachhaltig ihren Stempel auf. So wurden bereits im Kriege Weichen bis in die Nachkriegszeit und bis hin zum bundesrepublikanischen „Wirtschaftswunder" der 1950er Jahre gestellt. Handwerk, mittelständische Gewerbebetriebe und Einzelhandel wehrten sich verbissen gegen Stillegungen und gegen die Abgabe von Fachkräften in kriegswichtige Betriebe oder in die Wehrmacht. Zahllose kleine Existenzen vor allem im Handwerk und Handel wurden durch die Reichsstellen, halbstaatliche Aufsichts- und Planungsbehörden für bestimmte Produktionsbereiche wie Textilien und Metalle, die für die zivile Rohstoff- und Warenbewirtschaftung zuständig waren, liquidiert. Größere Unternehmen mit Einfluß bei Behörden und ihren Fachverbänden überlebten, zumal wenn sie für sich geltend machen konnten, daß sie kriegswichtige Güter produzierten und effizient arbeiteten. Bis Mitte Juni 1943 wurden insgesamt 21 000 Betriebe des Gaststättengewerbes und der Lebensmittelversorgung, Bäckereien, Fleischereien usw. unter erheblicher Beunruhigung in der Bevölkerung stillgelegt. Unter Betriebsinhabern und Gewerbetreibenden ging die Sorge um, daß die kriegsbedingten Stillegungen nur erste Schritte einer umfassenden Neustrukturierung der Volkswirtschaft nach dem Kriege seien. Örtliche Parteidienststellen und Gauleiter bemühten sich, ihre Bereiche möglichst von Stillegungen, Betriebsverlagerungen und dem Abzug von Arbeitskräften verschont zu halten und dadurch Proteste aus der Bevölkerung zu vermeiden.

Im Ergebnis konnten durch die Aktion, die nach einem halben Jahr stillschweigend wieder abgebrochen wurde, nur 161 000 Arbeitskräfte aus nicht kriegswichtigen Betrieben und Behörden umgesetzt werden. In der Industrie wurden lediglich 3000 Betriebe stillgelegt.

Die Auswirkungen auf dem Arbeitsmarkt

Grenzen der staatlichen Steuerung wurden offenbar 1943 nicht nur im Produktionsbereich, sondern auch auf dem Arbeitsmarkt erreicht. Die Zahl der „unabkömmlich“ gestellten wehrpflichtigen Beschäftigten in der Produktion stieg von 1,7 Millionen bei Kriegsbeginn auf 5,6 Millionen auf dem Höhepunkt der Winterschlacht vor Moskau 1941 und nahm erst 1943 infolge der „Sauckel-Aktionen“ signifikant ab. Bei Auskämmaktionen zur Freistellung von fronttauglichen Soldaten und bei der Rücksendung von Nichtfronttauglichen in die Wirtschaft zeigten sich Wehrmachteinheiten und Ämter schwerfällig und bürokratisch.

Zwar verfügte Hitler in einem Geheimerlaß vom 13. Januar 1943 nach der Niederlage von Stalingrad:

Der Bedarf an Kräften für Aufgaben der Reichsverteidigung macht es notwendig, alle Männer und Frauen, deren Arbeitskraft für diese Zwecke nicht oder nicht voll ausgenutzt ist, zu erfassen und ihre Leistungsfähigkeit entsprechend zum Einsatz zu bringen. Das Ziel ist, die wehrfähigen Männer für den Fronteinsatz frei zu machen.[102]

Auch mahnte Speer im Sommer 1944 energisch an, sich unter keinen Umständen nur auf ausländische Arbeitskräfte zu verlassen, sondern „bereits jetzt rücksichtslos und mit aller Schärfe jede innerdeutsche Maßnahme (zu) ergreifen, die geeignet ist, die deutsche Rüstung zu verstärken und gleichzeitig darüber hinaus deutsche Soldaten für die Front frei zu machen.“[103]

Geringe Erfassung weiblicher Arbeitskräfte

Aber bis zuletzt schreckte der „Führer“ aus ideologischen Gründen und mit Rücksicht auf die Stimmung an der „Heimatfront“ davor zurück, durch eine totale Erfassung der weiblichen Arbeitskräfte den Arbeitsmarkt zu entspannen. Rund fünf Millionen Frauen hätten an sich nach den ursprünglichen Planungen im September 1939 die eingezogenen Männer in den Fabriken ersetzen sollen. Tatsächlich nahm die Zahl der weiblichen Arbeitskräfte aber zwischen Mai 1939 und Ende September 1944 nur unwesentlich von 14,6 auf 14,9 Millionen zu. Da sich gleichzeitig die Zahl der männlichen (deutschen) Arbeitskräfte von 24,5 Millionen fast halbierte auf 13,5 Millionen, mußte das Defizit durch etwa 7,5 Millionen ausländische Kriegsgefangene, Zwangs- und Fremdarbeiter und -arbeiterinnen vor allem in der Landwirtschaft ausgeglichen werden.

Grenzen bei der Umstellung auf den „totalen Krieg" zeigten sich auch darin, daß Versuche, durch weitere Einschränkungen des zivilen Konsums Entlastungen zugunsten von Wehrmacht und Rüstung herbeizuführen, trotz Rationierungen und einer strengen staatlichen Warenbewirtschaftung nur das Aufblühen des Schwarzmarktes und Tauschgeschäfte selbst zwischen Betrieben provozierten. Die „gestaute" Inflation und der hohe Kaufkraftüberhang in der Bevölkerung taten ein übriges, Konsumgüter und Lebensmittel, die entweder längst aus den Regalen der Geschäfte verschwunden oder streng rationiert waren, über den Schwarzmarkt wieder dem Verbrauch zuzuführen.

Konsumgüterbereich

Der Produktionsindex der Konsumgüterindustrie (1939 = 100) fiel bis 1941 lediglich auf 95,7, brach dann 1942 auf 86,1 ein, um im folgenden Jahr wieder auf 90,8 zu steigen. Erst im letzten Kriegsjahr sank er auf 85,4. Allerdings ging der Absatz an die Zivilbevölkerung bis 1944 um ein Drittel zurück, während der Anteil der Wehrmachtaufträge im Bereich der Verbrauchsgüter teilweise auf 60% stieg. Der bemerkenswerte Anstieg auf dem Höhepunkt des Krieges 1943/44 auf über 90% des Vorkriegsniveaus erklärt sich aus dem Zwang, die Opfer des Luftkrieges zu versorgen, Ersatzwohnraum für die monatlich fast 25 000 total zerstörten Wohngebäude zu beschaffen und die inzwischen im vierten Kriegsjahr aufgezehrten Reserven an Bekleidung wenigstens notdürftig mit Ersatz- oder Spinnstoffen wieder aufzufüllen, um die Bevölkerung arbeitsfähig zu halten.

Der „totale Krieg" als „Motor der Modernisierung"

Der „totale Krieg" wurde, wenn auch wider Willen und aus dem Zwang zur Steigerung der kriegswirtschaftlichen und militärischen Leistungsfähigkeit geboren, zweifellos bis zu einem gewissen Grade „zum Motor wirtschaftlicher und gesellschaftlicher Modernisierung" (Thamer) in Deutschland. Er beschleunigte den in der Tendenz der modernen Industriewirtschaft liegenden industriellen Konzentrationsprozeß und die Gewichtsverlagerung von den Klein- und Mittelbetrieben auf die kapitalistischen Großunternehmen. Er beförderte Rationalisierung, Fließband- und Massenproduktion und die Konzentrationsbewegungen im Unternehmensbereich. Der Kapitalstock in der deutschen Volkswirtschaft vergrößerte sich allen Zerstörungen zum Trotz während des Krieges erheblich und schuf mit die Voraussetzungen für große Wachstumsraten in den fünfziger Jahren.

Damit einher ging ein beschleunigter sozialer Wandel. Arbeitskräfte wanderten vom Kleingewerbe in die Großindustrie, von der Landwirtschaft in die Fabrik, vom Lande in die Stadt. Traditionelle Berufsschranken und die räumliche Enge der regionalen Arbeitsmärkte wurden durch den Zwang zur interregionalen und sozialen Mobilität durch Evakuierungen, Flucht und Vertreibung aufgebrochen. Überkommene Barrieren zwischen Arbeitern und Angestellten wurden eingeebnet, ein Kündigungsschutz für Arbeiter eingeführt und im Krankheitsfall eine

Lohnfortzahlung und betriebliche Zuschüsse garantiert. Die Gleichstellung von Arbeitern und Angestellten in der Rentenversicherung war im Grunde nicht mehr umstritten.

Erste Planungen für die Nachkriegswirtschaft

In dem Augenblick, als sich im Jahre 1943 nach den schweren Rückschlägen im Osten, nach dem Zusammenbruch Italiens und der Intensivierung des Luftkrieges langsam das nahende Ende des Krieges und ein zunehmender Vertrauensverlust gegenüber dem nationalsozialistischen Regime abzeichneten, schlug in Konzernetagen und unter Wirtschaftswissenschaftlern wie Ludwig Erhard, seit 1942 Leiter des vom Siemenskonzern finanzierten Instituts für Industrieforschung in Nürnberg, bereits die Stunde der Planungen für die Zeit nach dem Kriege [104]. Zwar war zunächst noch alles recht diffus und tastend und spielte sich vor allem unter dem Mantel tiefster Geheimhaltung und konspirativer Diskretion ab. Aber als der „totale Krieg" und die totale Kriegswirtschaft noch ihrem Höhepunkt zustrebten, rückten Wirtschaftskreise schon von der nationalsozialistischen Führung und ihren Forderungen nach einer Intensivierung der Kriegsanstrengungen ab, fühlten bei Speer und im Reichswirtschaftsministerium sogar bei dem stellvertretenden Staatssekretär und SS-Gruppenführer Otto Ohlendorf vor und bedienten sich dabei der Vermittlung der „Reichsgruppe Industrie" und anderer Selbstverwaltungsorgane. Erleichtert wurde der Zugang dadurch, daß führende Repräsentanten dieser Organe, die als Mittler fungierten, wie Rudolf Stahl (stellvertretender Leiter der „Reichsgruppe Industrie" und Vorstandsvorsitzender der Salzdetfurth AG) und Wilhelm Zangen (Leiter der „Reichsgruppe Industrie" und Generaldirektor des Mannesmann-Konzerns) zugleich namhafte Großindustrielle waren und als solche in engem Kontakt zu Speer und Funk standen. Zangen war überdies Leiter des „Hauptausschuß Allgemeines Wehrmachtgerät" im Speer-Ministerium.

Aus der anfänglich vorsichtigen Kooperation zwischen Privatindustriellen und Wirtschaftsbürokratie wurde 1944 eine recht enge Kollaboration. Im März 1944 legte Erhard der Leitung der „Reichsgruppe Industrie" als erstes Ergebnis seiner intensiven Beschäftigung mit Nachkriegsproblemen eine umfangreiche Denkschrift über „Kriegsfinanzierung und Schuldenkonsolidierung" vor. Eine Kurzfassung der Erhard-Denkschrift sollte an jene Persönlichkeiten, Konzerne und Banken gehen, die in die Diskussion um Nachkriegsfragen mit einbezogen wurden: Neben dem Staatssekretär im Reichswirtschaftsministerium, Franz Hayler, und seinem Stellvertreter Otto Ohlendorf, gleichzeitig Leiter des SD-Nachrichtendienstes Inland im Amt III des Reichssicherheitshauptamtes, die Industriellen und Bankiers Heinrich Dinkelbach (Vereinigte Stahlwerke), Friedrich Flick (Friedrich Flick KG), Carl Goetz (Dresdner Bank), Fritz Jessen (Siemens), Alfred Olscher (Reichskreditgesellschaft), Philipp F. Reemtsma, Oswald Rösler (Deutsche Bank) und Hermann

Schmitz (IG-Farben). Viele dieser Namen sollten uns nach 1945 beim wirtschaftlichen Wiederaufbau wiederbegegnen.
Ein Ziel dieser Kontakte war es auch, im Zusammenwirken mit Reichsministern wie Speer, Funk, Backe (Ernährung und Landwirtschaft), Dorpmüller (Verkehr), Schwerin von Krosigk (Finanzen) und mehreren Gauleitern Hitlers Politik der „verbrannten Erde" nun auch in Deutschland entgegenzuwirken.
Angesprochen und diskutiert in Arbeitskreisen und Expertenzirkeln wurden Fragen einer Bewahrung der kapitalistischen Wirtschafts- und Gesellschaftsordnung nach dem „Tage X", die Abkoppelung der Wirtschaft vom Nationalsozialismus, das Konzept einer gelenkten und „sozialen" Marktwirtschaft und die Rückkehr zum Weltmarkt nach Beseitigung der dirigistischen Eingriffe des Staates, eine so schillernde Vision wie die „europäische Wirtschaftsgemeinschaft", nachdem das Konzept der „Großraumwirtschaft unter deutscher Führung" gründlich diskreditiert war, die Konsolidierung der Staatsschulden sowie die Sanierung der Währung und der ruinierten Staatsfinanzen, die Entflechtung der Großkonzerne und die Rolle der mittelständischen Wirtschaft und vieles andere mehr.
Eine wahrhaft bizarre Situation im Herbst und Winter 1944/45: Während Hitler und seine fanatische Führungsclique der Bevölkerung noch das Äußerste für die Erringung des „Endsieges" abpressen wollten, das Morden in den Lagern und die Terrorisierung der Menschen einem letzten Höhepunkt zustrebten, gingen Wirtschaftsmanager, Konzernherren und Technokraten, die als tragende Säulen des „Dritten Reiches" die Kriegswirtschaft loyal aufgebaut und zu erstaunlichen Produktionshöchstleistungen geführt hatten, bereits mehr oder weniger offen auf Distanz zum NS-Regime und schickten sich an, das sinkende Schiff zu verlassen. Sie wollten überleben, um sich zum rechten Zeitpunkt mit ihren Unternehmen sofort wieder an den Hebeln gesellschaftlicher und wirtschaftlicher Macht einzufinden. Man verstand sich wie die vielen Techniker des Rüstungsapparates als „unpolitisch" und setzte darauf, daß die Sieger einem diese Rolle nachträglich abnehmen und dankbar den Sachverstand der „unpolitischen" Experten für den wirtschaftlichen Wiederaufbau Westeuropas und für seine Abdämmung gegen die Gefahren einer Bolschewisierung vom Osten her einsetzen würden. Mit gewissen Abstrichen der anfänglichen gerichtlichen Verfolgung einiger Wirtschaftsführer und der Entflechtung der Großkonzerne nach dem Kriege ging diese Rechnung in Westdeutschland schließlich auch voll auf.

7. Die Bevölkerung im Kriegsalltag: Bombenalarm, Evakuierungen, Flucht und Vertreibung

Unterschiede und Gemeinsamkeiten der Kriegserfahrung

Den Kriegsalltag hat es niemals gegeben. Es erscheint schwierig, aus einer Fülle von individuellen Erfahrungen, Verhaltensweisen und Mentalitäten so etwas wie ein kollektives und einheitliches Bild vom alltäglichen Leben unter den Bedingungen des Krieges herauszudestillieren. Jeder hat die Wirklichkeit damals anders erlebt und verarbeitet. Hinter der scheinbar uniformen Fassade des totalitären Staates gab es auch im „Dritten Reich" eine sehr differenzierte Lebenswirklichkeit. Die in ihr lebenden Menschen und ihr Alltag waren ganz unterschiedlich geprägt: durch die Heimat oder die Front, durch Alter und Geschlecht, durch Erziehung und Beruf, durch die gesellschaftliche und politische Stellung, durch Wohnort und Region, Herkunft und Familie. Auch unterschied sich der Kriegsalltag zu Beginn des Krieges sehr von dem 1943 bei der Ausrufung des „totalen Krieges" und von dem in den letzten Kriegswochen 1945, als sich die politische und gesellschaftliche Ordnung allenthalben auflöste.

Dennoch verband die Menschen damals etwas Gemeinsames: die Herausforderungen eines modernen Materialkrieges, in dem nach einem Wort Himmlers die „innere Front" immer mehr zum „inneren Kriegsschauplatz" neben denen von Heer, Kriegsmarine und Luftwaffe wurde und die überkommenen Grenzen zwischen kämpfender Truppe und Zivilbevölkerung sich längst aufgelöst hatten, und die Zumutungen eines Regimes, das die überwiegende Mehrheit der Bevölkerung bisher loyal mitgetragen hatte, unter dem sie sich irgendwie eingerichtet und wohlgefühlt hatte und das jetzt immer unverhüllter seine zerstörerische Grausamkeit und seine verbrecherischen Energien entfaltete, zuletzt auch gegen das eigene Volk.

Die Ernährungslegende

Wenn wir einmal davon ausgehen, daß gemeinsame Erfahrungen, Generationserlebnisse und politisch-gesellschaftliche wie kulturelle Einflüsse so etwas wie das „kollektive Gedächtnis" einer Nation konstituieren [105], so hat sich in die Erinnerung vieler neben den Schrecken des Krieges offenbar nach 1945 doch auch etwas Positives eingeprägt: die nationalsozialistische Führung habe zwischen 1933 und 1945 – ganz im Gegensatz zu der des kaiserlichen Deutschlands im Ersten Weltkrieg – die Bevölkerung nicht verhungern lassen und ihr einen neuen „Steckrübenwinter" wie 1916/17 bis zuletzt erspart. Mit der Ernährung habe es im Kriegsalltag immer „irgendwie geklappt", viel besser sogar als nach dem Kriege unter der Herrschaft der Besatzungsmächte.

In dieser teilweise verklärenden Rückschau auf die scheinbar so genialen Organisationstalente der Nationalsozialisten werden zwei entscheidende Tatsachen verdrängt: die deutsche Bevölkerung konnte sich im Kriege nur deshalb einen vergleichsweise hohen Lebensstandard leisten, weil sie auf Kosten der eroberten Gebiete und eines riesigen Heeres von Fremd- und Zwangsarbeitern lebte, und die offenkundigen Versorgungsengpässe nach 1945 besonders im „Hungerwinter" 1946/47 waren wesentlich das Erbe einer bankrotten und völlig zerrütteten Volkswirtschaft, mit deren Hinterlassenschaft die Alliierten nunmehr konfrontiert waren.

Freilich führt uns die Legende von der überaus erfolgreichen und verantwortungsbewußten Kriegsernährungswirtschaft im Zweiten Weltkrieg auf einen sehr realen Kern: die Ernährungsfrage stand nachweislich mit im Mittelpunkt des Denkens, Planens und Handelns der nationalsozialistischen Führung und vor allem bei Hitler selbst. Einen geradezu traumatischen Charakter hatte die Erinnerung an den Zusammenbruch der „Heimatfront" 1918. Dies durfte sich nicht wiederholen. Immerhin waren es doch Frauen und Männer, Mütter und Väter derselben Generation, die schon einmal als Kinder die Schrecken eines Weltkrieges mit Tod und Hungerblockade hatten erleiden müssen und an diesen Kindheitserlebnissen immer noch schwer trugen, und die nun nach nur 25 Jahren ein zweites Mal in einen Weltkrieg geschickt wurden. Ihnen sollte diesmal zumindest die Sorge um das tägliche Sattwerden der Familie erspart bleiben. Auch wissen wir aus den detaillierten und erstaunlich ungeschminkten „Lageberichten des SD"[106] und anderer Partei- und staatlichen Dienststellen, mit wieviel, auch ganz offen bekundetem Unverständnis und Verärgerung die Bevölkerung im Kriege auf Versorgungsengpässe und Rationskürzungen reagiert hat. Sie haben im Kriegsalltag die Stimmung der Menschen sofort gedrückt und vielfach zu einer „defaitistischen" Haltung geführt, der die Führung mit allen, gerade auch mit materiellen Mitteln entgegenzuwirken sich bemühte. So wurde die Ernährungspolitik zu einem „Schlüssel für das Verständnis der Hitlerschen Außenpolitik und Kriegführung, für die Gestaltung der Innenpolitik und der Propaganda im Sinne einer Stabilisierung der ‚Heimatfront'."[107]

Die Kriegsernährungswirtschaft

Die nationalsozialistische Führung hatte – u. a. durch den Druck von Lebensmittelkarten – die Einführung der Kriegsernährungswirtschaft und im Zusammenhang damit die Rationierung von Lebensmitteln langfristig vorbereitet. Sie konnte damit Anfang September 1939 in der Bevölkerung durchaus Pluspunkte sammeln und drei wichtige Dinge dokumentieren: administrative Effizienz, soziale Gerechtigkeit und staatliche Fürsorge. All dies hob sich gerade für die Menschen im mittleren und fortgeschrittenen Alter, auf deren „Durchhaltewillen" es dem Regime besonders ankam, so vorteilhaft gegenüber dem völligen Mangel an Planung 1914 ab. Im Gegensatz zur Rüstungswirtschaft mit ihrem Kompetenzgerangel war es dem Staatssekretär im Reichsernährungsministerium, Herbert Backe, mit Skrupellosigkeit und taktischem Geschick gelungen, sich durchzusetzen und zu erreichen, daß die Ernährungswirtschaft nur mit „einer Stimme" sprach und daß das dauernde kurzfristige Improvisieren, das Vertagen von Entscheidungen und das hektische „Umsteuern" hier gar nicht erst einrissen. Die Ernährungswirtschaft stand unter der Maxime, die Menschen möglichst lange noch mit kriegsbedingten Belastungen zu verschonen und ihnen die „Normalität" eines friedensähnlichen Alltags zu suggerieren. Dabei hat man die Belastungsfähigkeit der Bevölkerung zweifellos unterschätzt.[108]

Kalorienzuteilung und -verbrauch

Mit Hilfe eines Rationierungssystems für Lebensmittel und andere Güter des täglichen Bedarfs konnten die Grundbedürfnisse der Menschen im wesentlichen befriedigt und Versorgungsengpässe wie im Ersten Weltkrieg vermieden werden. Es bestand für alle ein Anspruch auf die Rationssätze, so daß es keine so extremen Unterschiede in der Versorgung wie 1914-1918 gab. Die Zuteilung wurde differenziert, und zwar nach dem Leistungsprinzip und nach sozialen Gesichtspunkten. Für den „Normalverbraucher" festgelegte Sätze wurden ergänzt um Zulagen für Schwer-, Schwerst- und Nachtarbeit sowie um besonders hohe Sätze für Wehrmachtangehörige. Auch Schwangere, Mütter und Kinder erhielten Zulagen. Schließlich wurde mehr als ein Drittel der Bevölkerung als „Selbstversorger" aus der Lebensmittelzuteilung herausgenommen. Hier handelte es sich um die Landbevölkerung. Durch Veränderungen der Verbrauchergewohnheiten und den Zukauf zunächst noch „markenfreier" Lebensmittel konnten gewisse, durch die Rationierung bedingte Einbußen in der Lebenshaltung kompensiert werden.

Nach einer Berechnung vom Oktober 1939[109] ging man von einem notwendigen durchschnittlichen Bedarf der Gesamtbevölkerung von 2700 Kalorien pro Kopf und Tag aus. Der tatsächliche Gesamtdurchschnitt lag damals bei 2672 Kalorien pro Kopf und Tag. Bei Kindern unter 6 Jahren (9,67% der Gesamtbevölkerung) lag der veranschlagte Verbrauch bei 1871 Kalorien, bei Kindern zwischen 6 und 14 Jahren (11,54%) bei 2450, beim „Normalverbraucher" (64,5%) bei 2570, beim Schwerarbeiter (6%) bei 3789, beim Schwerstarbeiter (2,32%) bei 4652 und bei der Wehrmacht (5,97%) bei 3600 Kalorien. Die Kalorienzuteilung je Kopf und Tag für „Normalverbraucher" zeigte während des Krieges erhebliche Schwankungen: 1939/40: 2435 Kalorien; 1940/41: 2445; 1941/42: 1928; 1942/43: 2078; 1943/44: 1981; 1944/45 1671 und 1945/46: 1412 Kalorien. Selbst wenn man den Zukauf nicht rationierter Lebensmittel und von Lebensmitteln, die nur noch über den Schwarzmarkt und über das „Hamstern" auf dem Lande erhältlich waren, berücksichtigt und damit die Durchschnittszahlen etwas höher ansetzt, bedeuteten erst die letzten Kriegsmonate einen wirklichen Einbruch in der Lebensmittelversorgung.

Dabei ist stets zu berücksichtigen, daß dieses die Sätze für die deutsche Bevölkerung waren und nur die Sätze der west- und nordeuropäischen Fremdarbeiter und Kriegsgefangenen in etwa angeglichen werden sollten. Dagegen lagen die täglichen Verpflegungssätze für polnische Fremd- und Zwangsarbeiter, für die russischen „Ostarbeiter" und Kriegsgefangenen, für Juden und für das große Heer der Arbeitssklaven in den Konzentrationslagern in der Regel weit unter dem Existenzminimum und ließen eigentlich nur das langsame Verhungern zu. In einem – vom Regime nachdrücklich geförderten – „hemmungslosen Ernährungsegoismus" auf der Grundlage der rassisch-sozialdarwinistischen Ideologie wurden „Einschränkungen und Hunger [...] in der Ernährungshierarchie einfach nach unten verlagert, d.h. jenen auferlegt, die man ausgesondert hatte, die wachsende Zahl von Gefängnis- und KZ-Insassen, Juden, Geisteskranken, den ausländischen Zwangsarbeitern und Kriegsgefangenen, schließlich auch den Menschen in den abhängigen und eroberten Gebieten" [110]. Das böse Wort von den „unnützen Essern", den „Untermenschen" und „Minderwertigen" machte die Runde, wenn Kritik an den Zuständen in den Konzentrationslagern oder an der „Euthanasie" laut wurde.

Unterversorgung der Zwangs- und Fremdarbeiter

Göring forderte nach Klagen der Gauleiter über die Ernährung der deutschen Bevölkerung die Verantwortlichen in den besetzten Gebieten, Reichskommissare und Militärbefehlshaber, am 6. August 1942 zu einer rigorosen Erfassung der Lebensmittel auf:

Sie seien nicht geschickt worden, *um für das Wohl und Wehe der Ihnen anvertrauten Völker zu arbeiten, sondern um das Äußerste herauszuholen, damit das deutsche Volk leben kann [...] Es ist mir dabei gleichgültig, ob Sie sagen, daß Ihre Leute wegen Hungers umfallen. Mögen sie das tun, solange nur ein Deutscher nicht wegen Hungers umfällt [...] Mich interessieren in den besetzten Gebieten überhaupt nur die Menschen, die für die Rüstung und für die Ernährung arbeiten. Sie müssen soviel kriegen, daß sie gerade noch ihre Arbeit tun können.* [111]

Gauleiter Koch, als Reichskommissar für die von Hitler geforderte Eintreibung von drei Millionen Tonnen Getreide in der Ukraine verantwortlich, wies die ihm unterstellten Landwirtschaftsbehörden im selben Monat darauf hin, daß die Erhöhung der Brotration im Reich „eine politische Notwendigkeit" sei, „um den Krieg siegreich fortzuführen." [112]

In der alltäglichen Praxis gab das Rationierungssystem freilich zu häufigem „Meckern" Anlaß. Es funktionierte keineswegs so reibungslos, wie es von der Propaganda gefeiert und von manchen Betroffenen vielleicht empfunden wurde. Wenn die Stimmung durchhing und nicht gerade einmal wieder von der Kriegsschauplätzen durch „Sondermeldungen" über Erfolge der Wehrmacht aufgefangen werden konnte, machte sich die Kritik in der Regel zuerst am Essen und an Versorgungsmängeln Luft. Dies geschah zum erstenmal im Winter 1939/40

Das Rationierungssystem

und dann in verstärktem Maße unter dem Eindruck der fortlaufenden militärischen Rückschläge ab Winter 1942/43.

Die leistungsbezogene Differenzierung der Rationen führte zu erheblichen Spannungen. Denn die Einteilung in normale Arbeiter, Schwer- und Schwerstarbeiter stieß auf Widerspruch bei den Benachteiligten. Widerstand löste bei den Arbeitern und Arbeiterinnen auch die Einziehung von Lebensmittelmarken für das Kantinenessen aus. Auch machte die DAF darauf aufmerksam, daß die Verbrauchsabstufung nach der Familiengröße und nach der Berufstätigkeit keineswegs eine Gewähr für sozial gerechte Rationen bot. So müsse auch die Einkommenslage berücksichtigt werden, zumal die Kriegsfinanz- und Steuerpolitik unausgewogen und schwankend sei. Nach dem Kontingentierungssystem stieg die Zuteilung proportional zur Personenzahl. So erhielt eine Familie mit vier Kindern die dreifache Menge im Vergleich zu einem kinderlosen Ehepaar, eine Menge, die jedoch mehr als doppelt so groß war wie der tatsächliche Verbrauch. Nach Berechnungen der DAF mußten sich etwa 58% der Familien gegenüber dem bisherigen Verbrauch mehr oder weniger stark einschränken. Dagegen erhielten 42% durch das Kartensystem mehr, als ihrer bisherigen Lebenshaltung entsprach. So erhielten z.B. Familien mit niedrigem Einkommen und hoher Kinderzahl auf „Marken" teilweise mehr Lebensmittel zugeteilt, als sie tatsächlich bezahlen konnten.

Die Illusion der sozialen Gerechtigkeit

Zwar war die Grundversorgung der deutschen Bevölkerung durch das Rationierungssystem, wenn auch auf einem deutlich sinkenden Ernährungsstand, bis 1944 gesichert. Damit stellte sich aber keineswegs – weder objektiv noch im Bewußtsein der Bevölkerung – im Alltag jene soziale Gerechtigkeit ein, die im Gedanken der „Volksgemeinschaft" vom Regime so hymnisch gefeiert wurde. Denn die überkommenen Unterschiede in Einkommen und Vermögen waren mit Kriegsbeginn 1939 nicht automatisch eingeebnet. Im Gegenteil, ein höheres Einkommen, Beziehungen, soziale und politische Stellung und Einfluß sicherten auch im Kriege und mit der Verschärfung der Versorgungslage ab 1943 auffälliger denn je den Zugang zu unrationierten Lebensmitteln und Gebrauchsgütern, zu mehr oder weniger illegalen Bezugsquellen, zu gehorteten Waren und zunehmend auch zum Schwarzmarkt. Geld spielte dabei für viele keine Rolle. Denn im Gegensatz zum Ersten Weltkrieg wurden Löhne und Gehälter an die Familienangehörigen weitergezahlt, während die eingezogenen Verdiener ihren Sold und eine – wie oben gezeigt – verhältnismäßig großzügig zwischen Schwer- und Schwerstarbeitern bemessene Verpflegungsration erhielten.

Es erscheint heute im Rückblick erstaunlich, wieviele Menschen selbst unter den Bedingungen des „totalen Krieges" noch ihren friedensmäßigen Gewohnheiten nachgehen und etwa ihren Urlaub privat (nicht über die KDF!) in der Sommerfrische auf dem Lande oder in den Bädern verbringen konnten. Dies erregte in der Bevölkerung, vor allem wenn sie unter den täglichen Belastungen der Luftangriffe zu leiden hatte, mit Recht ebenso Neid und Empörung wie das protzige Gehabe vieler Parteibonzen und ihrer Ehefrauen in aller Öffentlichkeit, an der Spitze die Frau des Reichsmarschalls. Nach wie vor gab es Klagen über „Schieber" und „Spekulanten", über die „Plutokraten", die sich in den Ferienorten „ein üppiges Leben leisten konnten und sich in Bars nach Herzenslust bei Sekt und Schnaps vergnügten"[113]. Goebbels entschlossenen Propagandatiraden, er wolle beim Arbeitseinsatz im „totalen Krieg" „keinen Unterschied zwischen hoch und niedrig, arm und reich" machen und keine „Drückebergerei" dulden, hörten die übermüdeten Arbeiterinnen wohl. Allein es fehlte ihnen der Glaube, wenn sie allenthalben „Drückebergerinnen" auf Ferienreisen, im Café oder auf dem Tennisplatz sahen und erleben mußten, wie es trotz der verschärften Meldepflichtverordnung vom 27. Januar 1943 für alle bisher nicht berufstätigen Männer (zwischen 16 und 65 Jahren) und Frauen (zwischen 17 und 45 Jahren) doch am Ende wieder die Frauen aus den Unterschichten und aus der unteren Mittelschicht waren, die in einem unverhältnismäßig hohen Maße die Lasten der Rüstungswirtschaft tragen mußten. Wenn es dem Regime propagandistisch opportun erschien, die Solidarität der „Volksgemeinschaft" wirkungsvoll herauszustreichen, konnte es auch Klassenhaß und sozialen Neid für seine Zwecke mobilisieren, ohne an den wirklichen Verhältnissen viel ändern zu müssen. Als etwa im vornehmen Berliner Westen eine Frau „mit modischer Bekleidung und reichlich vorhandenen Schmuckstücken" Bezugsscheine für Kleidungsstücke beantragte, wurde sie als nicht bedürftig abgewiesen, was den Beifall der „kleinen Leute" fand.[114]

So dürfte es doch zweifelhaft sein, ob der Krieg wirklich der große „Gleichmacher" gewesen ist, den Prozeß der sozialen und kulturellen Nivellierung vorangetrieben und „Werte und Verhaltensmuster einzelner Gruppen und Klassen [...] abgeschliffen" hat.[115] Es ist sicher zweierlei, ob man – wie Ursula von Kardorff in der Deutschen Allgemeinen Zeitung im März 1944 – subjektiv frohlockt, „Konventionen allerdings sind weggefegt"[116] und angesichts des allgemeinen Rationierungssystems befriedigt feststellt, „daß die ‚besseren Leute' praktisch aufhören, welche zu sein"[117], oder ob man sich eher den objektiven Zuständen zuwendet. Der Kriegsalltag der „kleinen Leute" sah eben doch anders aus als der der gehobenen und höheren Schichten, die sich auch noch beim Fortschreiten des „totalen Krieges" einiges an bürgerlichem Komfort wie sogar Dienstmädchen leisten konnten.

Einkommens- und Steuerpolitik

Dies hing nicht zuletzt auch damit zusammen, daß die NS-Führung bewußt eine „verdeckte" Form der Kriegsfinanzierung gewählt und eine Einkommens- und Steuerpolitik betrieben hat, die einerseits keinen wirklichen sozialen Umverteilungseffekt für die Begleichung der Kriegslasten angestrebt hat und andererseits wieder ein Höchstmaß an friedensmäßiger „Normalität" für die Bevölkerung vortäuschen sollte. Auch hier ging es im Grunde darum, die Kosten des Krieges auf die Unterworfenen abzuwälzen.

Mit Rücksicht auf den Leistungswillen und die Stimmung im Volk untersagte Hitler öffentliche Kriegsanleihen wie im Ersten Weltkrieg. Kriegszuschläge auf Lohn-, Einkommens-, Gewerbe und Körperschaftssteuern sowie auf die Verbrauchssteuern für Tabak, Bier, Brannt- und Schaumwein hielten sich in Grenzen. Einkommen unter 2400 RM jährlich blieben vom Kriegszuschlag ohnehin befreit. Mit der Kriegswirtschaftsverordnung vom 4. September 1939 wurde ein Lohn- und Preisstopp verhängt, verbunden mit der Maßgabe, „übersteigerte" Verdienste auf ein angemessenes Maß zu reduzieren und eine „Neuordnung" der Löhne in Angriff zu nehmen, durch die das Lohnniveau insgesamt gesenkt werden sollte. Die konkrete Umsetzung dieser Maßnahmen löste unter den Lohnabhängigen starke Unruhe und Kritik aus. Die Streichung aller Zuschläge für Überstunden, Nacht-, Sonntags- und Feiertagsarbeit konnte erhebliche Lohneinbußen bedeuten, da der Anstieg der Reallöhne seit 1933 im wesentlichen auf eine Verlängerung der Wochenarbeitszeit zurückging. Im übrigen wurde durch diese Verordnung der alte „Zielkonflikt zwischen dem Prinzip der sozialen Ausgewogenheit der zu verabschiedenden Maßnahmen und dem Postulat der Bewahrung des Leistungsanreizes" nicht aufgehoben.[118]

Die Kriegswirtschaftsverordnung vom 4. 9. 1939 …

… und ihr Scheitern

Als sich dann im Herbst 1939 abzeichnete, daß die Reallohnkürzungen auf deutliche Proteste unter den Betroffenen stießen und überdies die Siegeseuphorie nach dem Polenfeldzug längst ihre Wirkung eingebüßt hatte und der monatelange „Sitzkrieg" im Westen die Bevölkerung bereits an dem Sinn der ganzen Kriegsanstrengungen zweifeln ließ, sah sich die NS-Führung bald gezwungen, die lohnmindernden Klauseln der Kriegswirtschaftsverordnung zurückzunehmen. Zunächst verzichtete der Reichsarbeitsminister auf die Einführung einer neuen Lohnordnung, dann wurden die Zuschläge für Sonntags-, Feiertags- und Nachtarbeit und für die über die zehn Stunden pro Tag hinausgehende Mehrarbeit wieder eingeführt. Gleichzeitig wurde der Urlaubsstopp aufgehoben. Im September 1940 fiel schließlich die Einbehaltung der Zuschläge für die 9. und 10. Arbeitsstunde am Tage. So waren alle lohnpolitischen Bestimmungen vom 4. September 1939 ein Jahr später bereits wieder gestrichen. Nur noch die steuerlichen Belastungen – 50%iger Kriegszuschlag zur Einkommensteuer oberhalb einer gewissen Jahreseinkommensgrenze und die genannten Verbrauchssteuern – galten bis Kriegsende weiter.

Zwar blieb der schon vor dem Kriege verordnete Lohn- und Preisstopp auch weiterhin in Kraft, um sowohl die täglichen Ausgaben der Bevölkerung als auch die Produktionskosten in Grenzen zu halten, die Realeinkommen der Industriearbeiterschaft stiegen jedoch nach den Ergebnissen der amtlichen Lohnerhebungen[119] bis 1941 infolge der Ausweitung der Arbeitszeit geringfügig an, gingen dann leicht zurück, um 1944 wieder den Stand von 1938 in bezug auf die Stundenlöhne zu erreichen. Hinsichtlich der Wochenlöhne lagen die Bruttoeinkommen nach diesem Index im letzten Kriegsjahr im Schnitt sogar noch über denen des Jahres 1938. Ähnlich war die Entwicklung bei den Angestellten, während die Beamten infolge ihres starren Gehaltgefüges keine entsprechenden Einkommenssteigerungen verzeichnen konnten.

Kriegsfinanzierung auf Kredit

Auf dem Wege der „geräuschlosen" Kriegsfinanzierung und durch den Verzicht auf eine rigorose Versteuerung von Löhnen und Gewinnen, um die Bevölkerung nicht zu beunruhigen und ihren Durchhalte- und Leistungswillen zu stärken, wurden nur 47,9% der Reichseinnahmen direkt – durch Steuern und Zölle (28,1%), durch Tributzahlungen aus dem Protektorat Böhmen und Mähren und die Eintreibung von Besatzungskosten (12,9%) sowie durch Kriegsbeiträge der Länder und Gemeinden und Einnahmen aus staatlichen Wirtschaftsbetrieben – aufgebracht, mehr als die Hälfte des Geldbedarfes dagegen (52,1%) auf dem Kreditwege, d.h. im Vorwege auf künftige Beuteeinnahmen beschafft. Neben der Auftragsfinanzierung der Rüstungsindustrie durch Steuergutscheine, Reichschatzwechsel und Schatzanweisungen zog das Reich zur Mittelbeschaffung Guthaben bei Sparkassen, Versicherungen und Banken für eine langfristige Kreditnahme heran. Die Menge des umlaufenden Geldes stieg von 10 Milliarden RM bei Kriegsbeginn auf ca. 73 Milliarden RM bei Kriegsende. Dazu kamen 225 Milliarden RM an Bank- und Steuereinlagen. Diese durch und durch unsolide und politisch motivierte Form der Kriegsfinanzierung führte zur schleichenden Zerrüttung der Währung, wiederum wie nach 1918 zu Lasten der „kleinen Leute", die nicht in Sachwerte hatten „fliehen" können, und zu einem enormen Geldüberhang, dem kein entsprechendes ziviles Warenangebot mehr gegenüberstand. Ein Teil dieser Kaufkraft insbesondere der Besserverdienenden floß gegen Kriegsende und in den Jahren danach auf den Schwarzmarkt in Waren, die längst aus den Regalen verschwunden waren, und brachte damit das ganze Rationierungssystem in Gefahr. Einen Teil bemühte sich das Regime ab 1943 durch die Propagierung des steuerbegünstigten und langfristigen „eisernen Sparens" für die Kriegsfinanzierung abzuschöpfen, mit nur begrenztem Erfolg. Auf dem Aktienmarkt herrschte damals durch die steigende Nachfrage von Anlegern eine Hausse.

So erwies sich am Ende die Finanzierung des Zweiten Weltkrieges im allgemeinen und die Politik der „sozialen Bestechung" gegenüber Arbeiterschaft und Mittelstand im besonderen nicht nur als eine Form der Ausplünderung der eroberten Gebiete und ihrer Bewohner, sondern auch als ein gigantischer Betrug an den Lohnabhängigen und kleinen Einkommensbeziehern des eigenen Volkes, die nicht Kriegsgewinne in Sachwerten, in Aktien und Realkapital hatten anlegen können.

Arbeitsmarktreglementierung

Ernährung und Lebensstandard, Lohn- und Steuerpolitik, Arbeitszeit und Urlaubsregelungen waren aber nicht die einzigen Bereiche, in denen das Regime vergleichsweise behutsam vorging und allzu tiefgreifende Einschnitte im liebgewonnenen täglichen Lebensrhythmus zu vermeiden trachtete, solange es irgend möglich war. Gerade auf dem Arbeitsmarkt und im Arbeitsrecht wären an sich die rigidesten Eingriffe des Staates notwendig gewesen, um die Rüstungswirtschaft bei Kriegsbeginn sogleich auf volle Touren zu bringen, und gerade hier schreckte man wieder vor rigorosen Veränderungen im Kriegsalltag der Beschäftigten zurück, um die „Heimatfront" nicht unnötig zu gefährden.

An sich waren schon seit Mitte der dreißiger Jahre und dann zuletzt mit der Verordnung über die Beschränkung des Arbeitsplatzwechsels vom 1. September 1939 alle administrativen Kontrollinstrumente geschaffen, um eine lückenlose direkte Steuerung des Arbeitskräfteeinsatzes und eine drastische Beschränkung der Freizügigkeit im Dienste der Kriegsproduktion zu gewährleisten: die Möglichkeit zur Dienstverpflichtung mit der Zuweisung eines kriegswichtigen Arbeitsplatzes auch weiter vom Wohnort entfernt und mit dem Zwang zum Wohnortwechsel in eine rüstungswirtschaftliche Schwerpunktregion oder zum Arbeitseinsatz in Verteidigungsprojekten (etwa beim Bau des Westwalles); Kündigung eines Arbeitsverhältnisses und Neueinstellung nur noch mit der Zustimmung des örtlichen Arbeitsamtes; Lockerung der Arbeitsschutzvorschriften, die einer Ausweitung der Mehrarbeit im Wege standen; Aufhebung bestimmter Wochenfeiertage bzw. ihre Verlegung auf den vorausgehenden oder folgenden Sonntag.

Aber auch in der Arbeitseinsatzpolitik vermied die politische Führung in der ersten Kriegsphase allzu scharfe Eingriffe in den Arbeitsmarkt und schöpfte ihre Kontrollinstrumente nicht voll aus. Trotz deutlicher Engpässe blieben etwa im Metallbereich, im Bergbau und in der Bauwirtschaft durchgreifende Maßnahmen zur Umschichtung des Arbeitskräftepotentials an die Brennpunkte aus. Auch die „Auskämmung" dringend benötigter Facharbeiter und die Stillegung nicht als „kriegswichtig" angesehener Betriebe blieben deutlich hinter den kriegswirtschaftlichen Erfordernissen zurück. Nicht zuletzt geschah dies, um den Betroffenen und ihren Familien berufliche oder private Härten beim Arbeitsplatzwechsel wie längere Fahrzeiten zu ersparen und möglichen Verweigerungen und Protesten bereits im Vorwege den Wind aus den Segeln zu nehmen.

Selbst der von Goebbels groß angekündigte Ansatz zur „Totalisierung unserer inneren Kriegführung" nach der Niederlage bei Stalingrad mit einer Verschärfung der Meldepflichtverordnung vom 27. Januar 1943 zwecks Mobilisierung des gesamten deutschen Arbeitskräftepotentials, mit rigoros geplanten Stillegungsaktionen nicht „kriegswichtiger" Betriebe und einer ebenso rigoros angestrebten „Auskämmung" von Arbeitskräften aus zivilen Sektoren der gewerblichen Wirtschaft im Handel und Handwerk, im Gaststätten- und Hotelgewerbe oder aus der Verwaltung versandete bald. Entsprechende Aktionen wurden im Spätsommer 1943 abgebrochen. Denn immer wieder waren derartige Maßnahmen mit der Weisung an die zuständigen Behörden verbunden, Härten für die Betroffenen zu vermeiden, Mütter mit Kindern auszunehmen, die Auswirkungen auf die „Heimatfront" im Auge zu behalten, die Interessen des Mittelstandes zu wahren, kurz: nicht allzu viel „politisches Porzellan" zu zerbrechen.

Als Goebbels in seiner neuen Funktion als „Reichsbevollmächtigter für den totalen Kriegseinsatz" im Sommer 1944, als die Rekrutierung weiterer Arbeitskräfte in den besetzten Gebieten durch den Zusammenbruch der Fronten in West und Ost unmöglich gemacht wurde, zu einer letzten Kraftanstrengung für die Kriegswirtschaft aufrief, notwendige Umschichtungen des deutschen Arbeitskräftepotentials in die Rüstung durch eine Erweiterung der Meldepflichtverordnung erzwingen wollte, die 60-Stunden-Woche einführen, den Urlaubsanspruch streichen, eine verschärfte „Auskämmung" der Verwaltung verfügen und der „Bummelei" den verstärkten Kampf ansagen ließ, waren all diese Maßnahmen entweder noch immer unzureichend oder sie kamen zu spät. Am Ende wurden sie durch den Kriegsverlauf überholt. Mit der Ende September 1944 angeordneten Bildung des „Deutschen Volkssturms" unter der Führung der Gauleiter wurden alle waffenfähigen Männer zwischen 16 und 60 Jahren für den Einsatz an der Waffe oder für Schanzarbeiten eingezogen, und eine geregelte Rüstungsproduktion fand nicht mehr statt.

Diskriminierung der Fremd- und Zwangsarbeiter

Es sei aber noch einmal hervorgehoben, daß der relativ großzügige und nachsichtige Umgang mit den deutschen Arbeitskräften nur möglich war durch das Heer von 7 bis 8 Millionen Fremd- und Zwangsarbeitern und Kriegsgefangenen. Sie unterstanden einem diskriminierenden Sonderarbeitsrecht wie die russischen „Ostarbeiter" oder die Polen mit den im März 1940 herausgegebenen „Polenerlassen", wurden einer verschärften polizeilichen Kontrolle am Arbeitsplatz und in ihrer gesamten privaten Lebensführung unterworfen, mußten unter menschenunwürdigen und teilweise lebensgefährlichen Arbeitsbedingungen schuften, standen „außerhalb der deutschen Arbeitsordnung und außerhalb der Betriebsgemeinschaft", mußten zu Hungerlöhnen, die nur einen Bruchteil der deutschen Einkommen ausmachten, arbeiten und sogar noch Sonderabgaben leisten. Erst ab Frühjahr 1943 setzten Bemühungen ein, durch eine Verbesserung der Arbeits- und Lebensbedingungen der Polen und der russischen „Ostarbeiter" deren Arbeitsleistung zu erhöhen, ohne daß sie freilich je den Status der „Westarbeiter" oder gar den der deutschen Arbeiter erreichten. Arbeitsmarktpolitik war für die Nationalsozialisten auch stets ein Kernelement ihrer Rassenpolitik. Abstufungen in der Arbeitspyramide erfolgten primär nach rasseideologischen Kategorien. Die „natürliche Verminderung", Heydrichs zynische Umschreibung des Tötens durch Hunger und Zwangsarbeit auf der Wannsee-Konferenz über die „Endlösung der Judenfrage" im Januar 1942, war nur die letzte Konsequenz einer breiten Skala von Methoden, mit denen die nationalsozialistische Führung aus den „rassisch Minderwertigen" und den „slawischen Untermenschen" das Letzte für den „Endsieg" herauspreßte, um dem eigenen Volk größere Belastungen zu ersparen.

Die alliierten Flächenbombardierungen

Einschneidend bekam die Bevölkerung den Krieg in der Heimat in ihrem Alltag eigentlich erst seit 1942/43 zu spüren. Zu diesem Zeitpunkt gingen die Alliierten im Frühjahr 1942 mit ihren Angriffen auf Lübeck am 28./29. März und einen Monat später auf Rostock und dann verstärkt ab 1943 zu Flächenbombardements der deutschen Großstädte über. Fast Tag für Tag, Nacht für Nacht mußten die Bewohner nun die Luftschutzbunker aufsuchen und hilflos mitansehen, wie ihre Wohnungen und Arbeitsstätten in Schutt und Asche sanken. Dem Luftkrieg fielen etwa 600 000 Menschen zum Opfer, weitere 917 000 wurden verletzt. 3,37 Millionen Wohnungen gingen in Flammen auf. Ganze Stadtkerne wie die von Berlin, Hamburg, Köln, Kassel, Magdeburg, Bremen oder Essen und ganz zuletzt noch Dresden, Heilbronn, Potsdam oder Pforzheim wurden ausradiert. Allein im letzten Kriegsjahr warfen amerikanische und britische Flugzeuge mehr als eine Million Tonnen Sprengstoff ab, nur einen Teil davon auf strategisch wichtige Ziele wie Eisenbahnen und Straßen, Hydrierwerke, Rüstungsindustrien oder Kugellagerfabriken, einen Großteil aber auch auf Wohnstätten, um die deutsche Bevölkerung zu terrorisieren und einzuschüchtern. Das Pendel der Gewalt, im Jahre 1939 von der nationalsozialistischen Führung ausgelöst, schlug nun voll auf die deutsche Zivilbevölkerung, auf Schuldige und Unschuldige zurück und bestimmte ihren Kriegsalltag.

Wirkung auf die deutsche Bevölkerung

Wir wissen heute, daß die Rechnung der Alliierten mit der Wirkung des totalen Luftkrieges nicht aufging. Es gelang ihnen nicht, die Moral der Deutschen auf diesem Wege zu zerstören und das Land aus der Luft gleichsam kapitulationsreif zu bomben, bevor man auch nur einen einzigen eigenen Soldaten auf den Kontinent zu schicken brauchte. Im Gegenteil, die Menschen entwickelten damals in den Trümmern ihrer Städte einen ganz elementaren Überlebenswillen und einen Selbsterhaltungtrieb, die sie noch einmal zu Höchstleistungen motivieren sollten. Sie setzten etwa ihren ganzen Ehrgeiz darein, gemeinsam anzupacken und die Werkbänke und Maschinen ihres zerstörten Betriebes,

dem sie sich oft schon seit Jahren und Jahrzehnten, vielleicht sogar seit Generationen verbunden fühlten, schnell wieder in Gang setzten. Trümmerfrauen gehörten fortan ebenso zum Bild der Großstädte wie zerlumpte und halbverhungerte Häftlingskolonnen, die von Außenlagern der KZs aus in die Innenstädte geschickt wurden, um aufzuräumen und das Verkehrssystem wieder zusammenzuflicken.
Dieser persönliche Einsatz hatte meist nichts mehr mit Ideologie und politischer Überzeugung zu tun. Er entsprang dem Bedürfnis, einfach seine Existenz zu retten und irgendwie weiterzuleben, auch über die Stunde der Niederlage hinaus, die nunmehr im Bewußtsein der Menschen immer näher rückte. Auf der anderen Seite zog das Regime aber gerade aus dieser eher unpolitischen Leistungsbereitschaft vieler Millionen die Energien, um einen immer sinnloser werdenden Kampf bis „fünf Minuten nach zwölf" weiterzuführen.

Rückzug in private Nischen

Allenthalben verstärkte sich der Rückzug der Menschen aus der Politik in ihre private Sphäre, in die Familie und in den Freundeskreis. Die Sorgen um das tägliche Sattwerden beanspruchten die Aufmerksamkeit immer stärker, die Warteschlangen vor den Geschäften wurden länger und die Zuteilungen auf den Lebensmittelkarten knapper. Es waren vor allem die Frauen, die „täglich zwei Schlachten (schlugen): die erste mit ihren Lebensmittelkarten und die zweite mit dem Kochtopf, um aus den rationierten Lebensmitteln und deren Ersatz etwas Eßbares und Sättigendes herauszubringen"[120]. Frühmorgens bereiteten sie müde nach einer halb durchwachten Nacht im Luftschutzkeller auf einem notdürftigen „Kanonenöfchen" in der ungeheizten Küche die Tagesmahlzeit für die Familie vor, machten sich dann, wenn die Verkehrslinien wieder einmal zerbombt waren, auf einen langen Anfahrtsweg zum Arbeitsplatz, um abends erschöpft heimzukommen, das Nötigste für den Haushalt zu besorgen und sich dann erneut auf eine ungewisse Nacht einzurichten.
Man zog sich in die wenigen noch vorhandenen privaten und unpolitischen Nischen zurück und bemühte sich, in den noch verbliebenen freien Stunden die Alltagssorgen im Kino, im Café, in der gewohnten Kneipe an der Ecke oder auf dem Tanzboden für kurze Zeit zu vergessen. Die alten Filmlieblinge wie Willy Birgel und Heinz Rühmann, Marika Rökk und Zarah Leander gaukelten einem auf der Leinwand für ein bis zwei Stunden ein heiteres und unbeschwertes Leben vor, das es sicher so niemals wirklich gegeben hatte, das aber jetzt in der Erinnerung weit entrückt schien. Man ließ sich gern in die verkitschte Scheinwelt des Zelluloids entführen. Dem Regime war es nur Recht, wenn sich die Bevölkerung diesem Narkotikum einer nur scheinbar unpolitischen Unterhaltungsindustrie hingab und darüber verdrängte, wie hoffnungslos und armselig das Leben in Hitlers Deutschland inzwischen geworden war.

Loyalität und Distanzierung zum Regime

Die Menschen lebten irgendwie schizophren. Nach außen trugen sie noch mit dem „deutschen Gruß" aus Gewohnheit ihr Bekenntnis zur Schau, hinter vorgehaltener Hand „meckerten" sie, erzählten sich Flüsterwitze oder lästerten über den „Reichsmarschall Meier", hatte doch Göring bei Kriegsbeginn großspurig verkündet, er wolle „Meier heißen", wenn auch nur ein britisches Flugzeug die deutsche Reichsgrenze überfliegen werde. Auch „Feindsender" wurden allen strengen Verboten zum Trotz unter der Bettdecke vermehrt abgehört.
Die Angst um die Angehörigen an der Front, vor allem an der Ostfront nahm von Tag zu Tag zu. Die Zensur der Feldpostbriefe oder zumindest die Angst vor ihr sorgten zwar dafür, daß die Nachrichten von dort nur dosiert und gefiltert die Heimat erreichten. Aber was durchkam, war alles andere als beruhigend. Die Zeit der siegreichen „Sondermeldungen", die die gedrückte Stimmung bis Herbst 1942 immer wieder für eine kurze Zeit hochgerissen und so etwas wie eine euphorische Hoffnung auf den „Endsieg" genährt hatten, war längst vorbei. Nach der Niederlage von Stalingrad und der Eröffnung der „zweiten Front" durch Briten und Amerikaner in Nordafrika machten sich Fatalismus und Desillusionierung, Apathie und sogar die Angst breit, über kurz oder lang von der Roten Armee besetzt zu werden. Auch die Stimmung an der Front war gedrückt, wenn Rundfunkmeldungen über neue „Terrorangriffe" die Soldaten um ihre Familien und Freunde in der Heimat bangen ließen.
Das seit 1933 immer wieder beschworene und gefeierte enge „Gefolgschaftsverhältnis" zwischen dem „Führer" und seinem deutschen Volk lockerte sich unter dem Eindruck der militärischen Niederlagen und der Bombenangriffe in einer – von der Führung selbst als bedrohlich empfunden – dramatischen Weise. Die dauernde Berieselung mit Propaganda wurde durch die deprimierende Realität allzu offenkundig widerlegt, als daß sie noch nachhaltige Wirkung hätte haben können. Dabei stattete Goebbels wenigstens noch regelmäßig den zerbombten Städten seinen Besuch ab und stellte sich auch der niedergedrückten Volksstimmung in den Ruinen der Reichshauptstadt, während sich sein „Führer" in seinem Hauptquartier in der „Wolfsschanze" in Ostpreußen völlig gegen die Außenwelt abgeschottet hatte, die Wahrnehmung der Realität verweigerte und nur noch seinen pathologischen Phantasien nachjagte.
In den Augen des Reichspropagandaministers schien der Bombenkrieg zu seiner Genugtuung als der große gesellschaftliche „Gleichmacher" so etwas wie eine sozialrevolutionäre Wirkung zu entfalten und damit endlich den alten klassenkämpferischen Hoffnungen des Berliner Gauleiters aus der „Kampfzeit" der zwanziger Jahre doch noch eine Chance zu geben:
Der Bombenterror verschont weder die Wohnstätten der Reichen noch

die der Armen; vor den Arbeitsämtern des totalen Krieges mußten die letzten Klassenschranken fallen.[121]

Auch Hitler gewann gegenüber Speer Ende November 1944 den Zerstörungen Berlins durch die alliierten Bomben in zynischer Weise noch etwas Positives ab:

Was hat das alles schon zu sagen, Speer. Für unseren neuen Bebauungsplan hätten Sie allein in Berlin achtzigtausend Häuser abreißen müssen. Leider haben die Engländer diese Arbeit nicht genau nach Ihren Plänen durchgeführt. Aber immerhin ist ein Anfang gemacht.[122]

Wachsender Defaitismus

Offenbar gab es in der Parteiführung doch noch Leute, die ihr Ohr sehr viel näher an der „Stimme des Volkes" hatten als ihr „Führer". Sie registrierten mit wachsender Sorge, wie sich eine „defaitistische Haltung" in der Bevölkerung und sogar unter Parteimitgliedern breitmachte, und bemühten sich, entsprechend gegenzusteuern. So ließ der Leiter der Parteikanzlei, Martin Bormann, Ende 1942 alle Gauleiter auffordern, sich nun endlich wieder auf ihre Führungsaufgaben zu besinnen, statt zu verwalten und zu regieren. Denn die alten Gegner hätten sich wiedergefunden und setzten nun alle Mittel gegen die Partei ein. Dem Abfall von Parteigenosssen wurde mit dem dringenden Appell begegnet, ihre Parteiabzeichen demonstrativ offen zu tragen und betont mit dem Hitlergruß in der Öffentlichkeit aufzutreten.

Gerade der Alltag im Bombenkrieg, Evakuierungen, Flucht und Vertreibung entlarvten das Gerede von der „Volksgemeinschaft", vom Fallen der „Klassenschranken" und von der sozialen Einebnung zwischen Reichen und Armen vielfach als reines propagandistisches Wortgeklingel, hinter dem die Realität häufig ganz anders aussah. Gewiß soll nicht in Abrede gestellt werden, daß das gemeinsame Erlebnis der Bedrohung im Luftschutzkeller, der Zwang zum Überleben und zur Rettung der nackten Existenz oder das schreckliche Schicksal von Flucht und Vertreibung die Menschen oft eng aneinanderrücken ließen und eine selbstverständliche Solidarität und Hilfsbereitschaft weckten. Viele einzelne, Frauen und Männer, Jugendliche und Alte, wuchsen über sich hinaus, wenn es darum ging, mit Umsicht und Zivilcourage und oft auf sich allein gestellt Evakuierungen aus den zerbombten Städten zu organisieren, vom Kriegsgeschehen inzwischen bedrohte Kinder aus der Kinderlandverschickung sicher nach Hause zurückzuführen oder im letzten Augenblick Flüchtlingstrecks in Ostpreußen vor der vorrückenden Roten Armee zusammenzustellen, auf den Weg zu bringen und zu betreuen, nachdem sich die „Goldfasane" mit ihren Familien oft längst in Sicherheit abgesetzt hatten. Auch hier zeigte sich wie überall im „Dritten Reich", wie nahe Opfermut und Einsatzwille für den Nächsten auf der einen, Verbrechen und kriminelle Energie auf der anderen Seite beieinander lagen.

Es gab auch andere Erfahrungen mit der „Volksgemeinschaft". Last und

Gegensatz zwischen Stadt und Land

Not des Krieges waren keineswegs gleichmäßig auf alle Bevölkerungsschichten und Landstriche verteilt. Während die Großstädte und auch viele mittlere und kleinere Städte von den Alliierten zerbombt wurden, blieben ländliche Gegenden im Inneren des Reiches, vor allem in den späteren Westzonen, weitgehend von Kampfhandlungen verschont oder wurden nur kurzzeitig gegen Ende des Krieges in sie einbezogen. Es war eben doch ein erheblicher Unterschied, ob die Familie des Industriearbeiters in den Ballungsräumen von den kargen Lebensmittelrationen sattwerden mußte und Nacht für Nacht von den Sirenen in den Keller getrieben wurde oder ob eine Familie auf dem Lande entweder als „Selbstversorger" vom eigenen Hof oder doch von einer ländlichen Nebenerwerbsstelle oder einem Garten leben konnte und die nächtlichen Bomberpulks mit ihrer zerstörerischen Last nur Richtung Großstadt über sich hinwegfliegen und sich ihren Weg durch die Leuchtspur von „Tannenbäumen" markieren sah.
Unter dem Druck von Evakuierungen, Flucht und Vertreibung brachen auch die alten Gegensätze zwischen Stadt und Land wieder auf. Evakuierte Großstädter aus fliegergefährdeten Orten, Bombengeschädigte, landverschickte Kinder, dann auch Flüchtlinge und Vertriebene stießen in der Landbevölkerung nicht selten auf tiefverwurzelte Vorurteile. Hinter der boshaften Bemerkung etwa, Bayern sei der „Luftschutzkeller Berlins", verbarg sich der Vorwurf der Landbevölkerung, die „Fremden" verstünden sowieso nichts vom harten Los der Einheimischen und von den schweren Bedingungen wie einer rigiden Ablieferungspflicht und einem verschärften Mangel an Düngemitteln, Landmaschinen und Arbeitskräften, unter denen sie ihre Felder bestellen und die Ernte einfahren müßten. Während die Bauern schufteten, wollten die Städter auf ihre Kosten nur gut leben und suchten ihr Vergnügen und ihre Unterhaltung. Sie „schimpften über die bayerische Kost und jede Mangelerscheinung. Da sie meist über viel Zeit und Geld verfügen, hamstern sie Lebensmittel, um sie heimzuschicken, und kaufen alle Läden leer", meldete das Stellvertretende Generalkommando in München am 1. Oktober 1941[123]. Die Vorurteile waren wechselseitig. Auch die Städter mokierten sich über die ihnen fremden Lebensgewohnheiten, über eine angebliche „Beschränktheit" und „miefige Enge" der Landbevölkerung und unverständliche Dialekte und Spracheigentümlichkeiten.

Die Kinderlandverschickung

Ein Kapitel für sich war die sogenannte „Erweiterte Kinderlandverschickung" (KLV). Eine „Kinderlandverschickung" in Pflegestellen auf dem Lande aus gesundheitlichen und sozialen Gründen gab es bereits seit 1933. Am 27. September 1940 beauftragte Hitler den „Reichsleiter für Jugenderziehung der NSDAP", Baldur von Schirach, mit der Koordination von staatlichen Stellen, NSV, HJ und NS-Lehrerbund zur Durchführung der Evakuierung von Kindern und Jugendlichen aus den luftkriegsgefährdeten Städten. Die KLV wurde von der Partei finanziert,

war zunächst freiwillig und nur für sechs Monate vorgesehen. Getrennt nach Geschlechtern wurden die Kinder zwischen 10 und 14 Jahren mit Lehrern ihrer Schule in Lagern, oft außerhalb der alten Reichsgrenze, untergebracht.
Als bei der Verschärfung des Luftkrieges 1943 der Unterricht in den meisten Großstadtschulen eingestellt wurde, bestanden über 5000 solcher Lager. Sie wurden meist von älteren Lehrern, die „unabkömmlich" (uk) gestellt waren, geleitet, den „Dienst" führten nach Anweisung der „Richtblätter" („unser Lager") sogenannte „Lagermannschaftsführer" aus HJ und BDM durch. Die KLV-Lager dienten nicht nur der Sicherung von Gesundheit und Ernährung und der ordnungsgemäßen Durchführung des Schulunterrichts, sondern vor allem auch der nationalsozialistischen Lagererziehung und der Vermittlung nationalsozialistischen Gedankenguts. Etwa jedes dritte Schulkind im HJ-Alter dürfte, wenn die Mütter nicht die private Evakuierung aufs Land zusammen mit ihren Kindern vorzogen, durch eines der insgesamt 9000 Lager gegangen sein, fast so viele jüngere Kinder unter 10 Jahren mit der KLV als Evakuierungsmaßnahme Bekanntschaft gemacht haben.
Die KLV provozierte bei den Eltern nicht selten Proteste und gereizte Ablehnung. Man vermutete hier nicht zu Unrecht Versuche, die Kinder den Eltern zu entfremden und sie zu indoktrinieren. Die negative Reaktion vieler Eltern veranlaßte Hitler im November 1942 zu der Direktive, „auf Eltern keinerlei Druck" auszuüben und stattdessen auf die Wirkung der Propaganda zu setzen. Selbst ab 1943, als die alliierten Flächenbombardements ein geregeltes Leben in den Großstädten und einen regelmäßigen Schulunterricht nicht mehr zuließen und eigentlich jeder dort gefährdet war, holten viele Eltern ihre Kinder noch trotz Gefährdung nach Hause zurück. Sie machten als Gründe mangelhafte Verpflegung, schlechte Unterbringung und Behandlung, auch Heimweh oder einfach den verständlichen Wunsch geltend, in den Stunden der Gefahr mit den Familien zusammenzubleiben und sich nicht auseinanderreißen zu lassen. Ganz ähnliche Reaktionen lösten übrigens auch in Großbritannien die Evakuierungsmaßnahmen in den Großstädten aus. Sie waren also wohl zum größten Teil nicht systembedingt.

Die Flakhelfer

Besonders unmittelbar mit den Gefahren und Schrecken des Bombenkrieges konfrontiert waren die Flakhelfer. Nach der „Verordnung zur Heranziehung von Schülern zum Kriegshilfseinsatz der deutschen Jugend in der Luftwaffe" vom 26.Januar 1943 wurden in einer ersten Auswahl 11 503 Flakhelfer im Alter von 15 bis 17 Jahren schulklassenweise bei der Reichsverteidigung im Luftkrieg zu Einheiten der Luftwaffen- und Marineflak eingezogen und teilweise kaserniert. Sie erhielten zunächst noch regelmäßig von ihren Lehrern oft in den Batterien Unterricht, der aber schließlich ganz ausfiel, nicht zuletzt auch deshalb, weil die übermüdeten Jungen nach einem durchwachten nächtlichen

Alarm tagsüber kaum noch folgen konnten. Die Flakhelfer sollten Flaksoldaten ersetzen, die für die Front gebraucht wurden. Sie übernahmen bald sämtliche Funktionen an schweren Flakgeschützen selbst, vom Richtschützen bis zum Geschützführer. Im Juni 1944 standen schon 56 000 Flakhelfer an den Batterien bei 50 Pfennig Tagessold. Sie gehörten offiziell der Hitlerjugend an und hatten keinen Kombattantenstatus. Dies konnte bei Gefangennahme zu lebensgefährlichen Schwierigkeiten führen.

Was von vielen Jungen anfangs mit einigem Stolz als prickelndes Abenteuer, als eine besonders auszeichnende Verantwortung im „totalen Krieg" und nicht selten auch als eine technische Herausforderung angenommen wurde, konnte sich schnell als eine tödliche Falle erweisen. Die Verluste der Flakhelfer sind nicht genau bekannt. Doch lassen Berichte von zahlreichen Volltreffern in den Flakstellungen auf hohe Opferzahlen schließen. Sie sollten sich noch vergrößern, als diese jungen Menschen ab Ende 1944 auch mit als „letztes Aufgebot" im „Volkssturm" zum Erdkampf herangezogen wurden. Auch hier hat die politische Führung in verantwortungsloser Weise jugendlichen Idealismus irregeleitet und den Jungen in den letzten Monaten und Wochen noch einen Fanatismus eingeimpft, der viele ältere und inzwischen desillusionierte und abgebrühte Landser und auch die anrollenden Alliierten tief erschrecken ließ.

Viele Tausende evakuierter und ausgebombter Menschen, auch viele Kinder in KLV-Lagern hatten vor den alliierten Luftangriffen Zuflucht in Ost- und Westpreußen, in Schlesien und Pommern, in den neuen Ostgauen, im Sudetengebiet und im Protektorat Böhmen und Mähren und sogar im Generalgouvernement gesucht und auch für einige Zeit gefunden. Hier schienen sie nicht gefährdet durch Bomben und andere Kriegseinwirkungen, hier schien das Leben für sie bis zum Herbst 1944 noch geradezu friedensmäßig abzulaufen. Doch kaum hatten sie in ihrer neuen Heimat Wurzeln geschlagen, begann für sie und für Millionen von Einheimischen im letzten Kriegswinter eine der schrecklichsten Tragödien des Zweiten Weltkrieges: Flucht und Vertreibung.

Flucht und Vertreibung

Der Vormarsch der Roten Armee auf deutsches Gebiet

Am 12. Januar 1945 setzte sich die sowjetische Großoffensive aus den Narew- und Weichselbrückenköpfen unwiderstehlich nach Westen und Nordwesten in Bewegung und rollte die ausgedünnte und demoralisierte deutsche Ostfront innerhalb weniger Tage und Wochen zwischen Memel und Karpaten auf. Am 26. Januar stieß Marschall Rokossowskis 2. Weißrussische Front bei Tolkemitt östlich von Elbing ans Frische Haff durch und schnitt die Landverbindung nach Ostpreußen ab. Die Flüchtlingstrecks, die sich kurz vorher aus Ostpreußen nach Westen in Bewegung gesetzt hatten, wandten sich nunmehr nach Norden, um das Reich über die Frische Nehrung oder die ebenfalls bereits durch Luft- und Torpedoangriffe gefährdete Seeverbindung zu erreichen. Ende Februar drückte Marschall Konjew mit seiner 1. Ukrainischen Front die deutschen Stellungen von der Oder an die Görlitzer Neiße und auf die Gebirgskette der Sudeten zurück und kesselte dabei die „Festung“ Breslau ein, die mehr als zwei Monate bis zum 6. Mai gehalten wurde. Im Norden durchbrachen die Streitkräfte Schukows und Rokossowskis die Front der eilig aus Garnisonstruppen, Polizei und Volkssturmeinheiten zusammengestellten „HG Weichsel“ in Pommern und drangen durch das mit Flüchtlingen vollgestopfte Gebiet bis zur Ostseeküste bei Kolberg vor, das sich als „Festung“ elf Tage verteidigte, bis die Kriegsmarine Verwundete und Flüchtlinge evakuiert hatte. Nach Westen eindrehend, erreichten Schukows Truppen den Unterlauf der Oder und das Stettiner Haff. Durch sein Eindrehen nach Osten entlang der Ostseeküste bis zur unteren Weichsel schuf Rokossowski mit seinen Kräften einen neuen Kessel in der Danziger Bucht mit einer deutschen Armee und einem Heer von Flüchtlingen, die inzwischen ihre Heimat in Pommern, West- und Ostpreußen verlassen hatten. Hier wurde der bis zum 28. März gehaltene Hafen von Gdingen mit Unterstützung durch den Schweren Kreuzer „Prinz Eugen“ für die Massen von Flüchtlingen und Verwundeten zur letzten Rettung. Die Kriegsmarine konnte bis zur Kapitulation am 8. Mai 1945 noch rund 1,5 Millionen Flüchtlinge und eine halbe Million Soldaten und Verwundete von den Küsten Kurlands, Ostpreußens, der Danziger Bucht und Pommerns evakuieren. Etwa 14 000 Menschen ertranken in der eisigen Ostsee vor allem durch die Versenkung einiger großer Passagierschiffe durch sowjetische U-Boote, Luftangriffe und Minen. Schätzungsweise fanden 2,8 Millionen Zivilisten auf der Flucht aus dem Osten den Tod.

Flucht über die Ostsee

In den Kesseln und zwischen den ineinander verkeilten und sich teilweise fluchtartig auflösenden Fronten wie auch im von den sowjetischen Truppen überrollten Hinterland spielten sich unvorstellbare Szenen ab. Als sich im Herbst 1944 die militärische Katastrophe an der Ostfront bereits abzeichnete, streuten Reichsstatthalter, Gauleiter und Militärbefehlshaber immer noch sinnlose „Durchhaltebefehle“ an die Zivilbevölkerung aus und stellten die rechtzeitige Räumung der bedrohten Gebiete unter Todesstrafe. Als die Fronten dann Mitte Januar 1945 überall zusammenbrachen, war der Augenblick für einen geordneten Abtransport der Bevölkerung längst verpaßt. Freilich stellt sich die Frage, ob dies bei etwa 15 Millionen Menschen überhaupt möglich gewesen wäre. Während sich die politischen Leiter mit ihren Familien oft bereits nach Westen in Sicherheit absetzten, wurden in eisiger Kälte überall überstürzt Trecks zusammengestellt und auf die Reise ins Ungewisse geschickt. Endlose Flüchtlingszüge wurden von den vorrückenden Panzern der Roten Armee und Tieffliegern gejagt und häufig von der sowjetischen Front überrollt. Racheakte sowjetischer Truppen, massenhafte Vergewaltigungen, Mord und Deportationen verbreiteten Panik und Schrecken. Tausende starben an Hunger und Erfrierungen, an Erschöpfungen oder im brechenden Eis des Frischen Haffs, bevor sie die Frische Nehrung als letzten Rettungsanker erreichten. Orgien der Rache und Gewalt trafen Schuldige wie Unschuldige, Mitläufer und kleine Täter, Kleinkinder und Greise, Männer und Frauen. Überall herrschte Chaos.

Erlebnisbericht

Der – hier nur in wenigen Ausschnitten wiedergegebene – Erlebnisbericht einer Abiturientin über ihre Flucht zusammen mit ihrer Mutter und ihrer Schwester Ende Januar 1945 von Lyck im östlichen Masuren über Rastenburg/Bartenstein/Braunsberg/Passarge zum Frischen Haff und von hier aus über die Frische Nehrung/Danzig/Zoppot nach Gdingen, von dort noch mit dem Zug über Stolp (Pommern) nach Gera in Thüringen, wo am 28. Februar die Flucht endete, beschreibt eindringlich nicht nur die erschütternden Zustände im ostpreußischen Kessel Ende Januar/Anfang Februar 1945, sondern auch die mehr als fünfwöchige Odyssee einer Flüchtlingsfamilie zu Fuß, in Trecks, mit dem Schiff und in überfüllten Güter- und Lazarettzügen.

Auf dem Güterbahnhof von Rastenburg fanden wir drei Zuflucht in einem Güterwagen, der Soldaten in Richtung Königsberg/Pr. transportierte. In Korschen mußten wir raus, hatten jedoch das Glück, sofort einen neuen Güterzug, der mit Flüchtlingen überfüllt war, zu erwischen. Unterwegs starben Säuglinge vor Hunger. Am 26. Januar 1945 erreichten wir Bartenstein. In ihrer Angst, den vordringenden Russen in die Hände zu fallen, hatten es zahlreiche Flüchtlinge trotz der starken Kälte fertig bekommen, sich in offenen Lorenwagen an den Transport anzuhängen. In Bartenstein waren viele bereits erfroren [...] Am 1. Februar 1945 gelangte der Transport nach Braunsberg. Hier erfuhren wir die neuesten Hiobsbotschaften: ‚Alleinstein gefallen! Elbing von den Russen besetzt‘ – wir befanden uns in einem riesigen Kessel. Von dem kleinen Städtchen Passarge am Frischen Haff aus begann der Fußmarsch über das Eis zur gegenüberliegenden Frischen Nehrung. Das Eis war brüchig; stellenweise mußten wir uns mühsam durch 25 cm hohes Wasser hindurchschleppen. Mit Stöcken tasteten wir ständig die Fläche vor uns ab. Zahllose Bombentrichter zwangen uns zu Umwegen. Häufig rutschte man aus und glaubte sich bereits verloren. Die Kleider, völlig durchnäßt, ließen nur schwerfällige Bewegungen zu. Aber die Todesangst vertrieb die Frostschauer, die über die Körper jagten. Ich sah Frauen Übermenschliches leisten. Als Treckführerinnen fanden sie instinktiv den sichersten Weg für ihre Wagen. Überall auf dem Eis lag verstreuter Hausrat herum; Verwundete krochen mit bittenden Gebärden zu uns heran, schleppten sich an Stöcken dahin, wurden auf kleinen Schlitten von Kameraden weitergeschoben. Sechs Stunden dauerte unser Weg durch dieses Tal des Todes. Dann hatten wir, zu Tode ermattet, die Frische Nehrung erreicht. In einem winzigen Hühnerstall sanken wir in einen flüchtigen Schlaf. Unsere Mägen knurrten vor Hunger. Am nächsten Tag liefen wir in Richtung Danzig weiter. Unterwegs sahen wir grauenvolle Szenen. Mütter warfen ihre Kinder im Wahnsinn ins Meer. Menschen hängten sich auf; andere stürzten sich auf verendete Pferde, schnitten sich Fleisch heraus, brieten die Stücke über offenem Feuer, Frauen wurden im Wagen entbunden. Jeder dachte nur an sich selbst – niemand konnte den Kranken und Schwachen helfen.[124]

Die Vertreibung aus den deutschen Ostgebieten infolge der Potsdamer Konferenz

Auf die Flucht von Millionen Deutschen aus Ost- und Westpreußen, Pommern und Schlesien vor der Roten Armee im Winter und Frühjahr 1945 folgten ab Sommer bis ins folgende Jahr hinein die gewaltsame Umsiedlung und Vertreibung weiterer Millionen aus den unter sowjetische und polnische Verwaltung gestellten Ostgebieten. Sie hatten sich entweder in ihren Wohnsitzen vom Kriegsgeschehen überrollen lassen oder waren dorthin zurückgekehrt, nachdem sich ein Durchkommen nach Westen im letzten Augenblick als aussichtslos erwiesen hatte.

Es klingt wie Hohn, wenn Stalin auf der „Potsdamer Konferenz" wider besseres Wissen und gegenüber mehrfach vorgebrachten Zweifeln von Churchill und Truman erklärte, alle Deutschen seien aus dem Gebiet unter polnischer Verwaltung geflohen, und wenn die „Großen Drei" unter Punkt XIII. der Potsdamer Erklärung vom 2. August 1945 zu dem Thema „Ordnungsmäßige Überführung deutscher Bevölkerungsteile" aus Polen, der Tschechoslowakei und Ungarn ausdrücklich gemeinsam feststellten, „daß jede derartige Überführung, die stattfinden wird, in ordnungsgemäßer und humaner Weise erfolgen soll". Die Vertreibungsgreuel jenseits der Oder-Neiße-Grenze (etwa 5,6 Millionen), im Sudetengebiet oder im ehemaligen Protektorat Böhmen und Mähren sind längst aktenkundig, und Berichte über sie füllen viele Bände. Sie zu tabuisieren oder in Abrede zu stellen, wie dies lange nach dem Krieg aus Gründen politischer Opportunität geschehen ist, reißt nur neue Wunden auf und versperrt auf allen Seiten den Weg zur historischen Wahrheit. So verdient auch jede Stimme aus Polen, aus Tschechien oder anderen Ländern unsere Achtung und unsere dankbare Aufmerksamkeit, die auf dieses dunkle Kapitel der eigenen Nachkriegsgeschichte hinweist und sich ehrlich mit ihm auseinandersetzt. Es gebietet die menschliche Würde, daß man den vielen Millionen Opfern dieses Krieges, gleich welcher Herkunft und Nationalität, wenn sie von ihrer individuellen Leidenszeit berichten, mit Respekt begegnet, auf sie eingeht und mit ihnen fühlt.

Vertreibungsgreuel

Tief haben sich bei vielen heute noch Lebenden traumatische Kriegserlebnisse in die Erinnerung eingegraben, die ihnen als Kindern, als Jugendlichen oder jungen Erwachsenen zugestoßen sind und die sie vielfach wohl niemals ganz werden verarbeiten können: Bombennächte und Verschüttungen in den Luftschutzkellern, Verwundungen und Verkrüppelungen, Flucht und Vertreibung aus der Heimat, das Auseinanderreißen der eigenen Familie und der Tod naher Angehöriger, Mord, Plünderung und Vergewaltigung durch Besatzungssoldaten, aber auch das Miterleben von Verbrechen, die von eigenen Landsleuten begangen worden sind, Hunger und Entbehrung und vieles andere mehr.

Bevölkerungsverschiebungen seit Kriegsbeginn

Doch Ehrlichkeit und Gerechtigkeit gebieten es, den deutschen Kriegsalltag in seine geschichtliche Dimension zu rücken. „Der Erdrutsch in der Verschiebung des östlichen Deutschtums, den dann der Zweite Weltkrieg brachte, setzte bereits in der nationalsozialistischen Zeit ein“[125]. Es waren Hitler und mit ihm Stalin, die schon 1939 am Verhandlungstisch begannen, Menschen massenhaft wie Viehherden hin- und herzuschieben. Weit verstreute deutsche Volksgruppen aus dem Baltikum, aus Weißrußland, Wolhynien, Galizien, der Bukowina, Bessarabien, der Dobrudscha, Bosnien, Unterkrain in Slowenien und dem Generalgouvernement wurden aus ihrer Heimat gerissen und „heim ins Reich“ geholt, d.h. zum großen Teil in die neuen Ostgaue und in die untere Steiermark. Es waren etwa 800 000 Volksdeutsche, die auf diese Weise umgesiedelt wurden.

Um den deutschen Siedlern Platz zu machen, wurden bis zum Februar 1940 rund 300 000 Polen und bis zum Sommer 1941 etwa 1 Million Polen aus Heimat und Besitz ins Generalgouvernement verjagt. Schon 1933 wurden Juden Opfer der Vertreibung. Ihr schrecklicher Weg endete, wenn sie nicht hatten entkommen können, ab 1941 millionenfach unter den Gewehrsalven der SS-Einsatzgruppen, in den überfüllten Ghettos, in den Vernichtungslagern und Gaskammern. Das Schicksal, das Himmler mit seinem „Generalplan Ost“ für mehr als 30 Millionen „nicht-eindeutschungsfähige“ Bewohner Polens, des Baltikums und der sowjetischen Westgebiete nach einem siegreichen Ende des Krieges in Sibirien vorgesehen hatte, wäre sicher sehr viel schlimmer als das der vertriebenen und umgesiedelten Deutschen gewesen.

Die vom NS-Regime in Siegerpose organisierten Völkerverschiebungen setzten sich dann mit der Wende des Kriegsglücks fort in Flucht, Umsiedlung und Vertreibung der nunmehr Besiegten. Die von den Nationalsozialisten bereits vor dem Kriege und dann besonders im Krieg eingeleitete Spirale der Gewalt erzeugte mit immanenter Logik Gegengewalt. Mehr als 12 Millionen Menschen sind bei Kriegsende und in den ersten Nachkriegsjahren geflüchtet oder vertrieben worden, darunter gut 7 Millionen aus den Ostgebieten des Deutschen Reiches und knapp 5 Millionen aus deutschen Siedlungsgebieten im Ausland wie der Tschechoslowakei, Polen, Jugoslawien, Rumänien, Ungarn, dem Baltikum und Danzig. In den ehemaligen Ostgebieten blieben zunächst nur etwa eine Million Deutsche zurück und in den ausländischen Siedlungsgebieten, außer Splittergruppen besonders in Ungarn, der Großteil der Siebenbürger Sachsen. Viele von ihnen sind in den letzten Jahren und Jahrzehnten in die Bundesrepublik abgewandert.

Britische Bomberpiloten, die ihre tödliche Last auf deutsche Großstädte und zuletzt im Februar 1945 noch auf das wehrlose und mit Flüchtlingen vollgestopfte Dresden abwarfen, taten dies in dem Bewußtsein, daß es die Deutschen waren, die ihnen den Krieg aufgezwungen hatten und die es nun möglichst schnell zu besiegen galt, und daß deutsche Bomber schon 1940 britische Städte wie London oder Coventry zu zerstören begonnen hatten. Auch amerikanische Flugzeugbesatzungen sahen in jedem „Terrorangriff" die Chance, den Krieg zu verkürzen und damit das Leben der eigenen Kameraden zu retten.

Junge Rotarmisten, die nach Überschreiten der deutschen Grenze die Frauen glaubten als „Freiwild" verfolgen und in fremdem Besitz ungehindert wüten zu können, hatten vielleicht selbst Angehörige unter der deutschen Besatzungsherrschaft oder bei den Partisanen verloren und mitansehen müssen, wie die zurückflutenden deutschen Armeen auf Hitlers ausdrücklichen Befehl nur noch „verbrannte Erde" in ihrem Heimatland hinterließen. Polen, die sich triumphierend deutschen Eigentums 1945 und 1946 bemächtigten, waren vielleicht fünf Jahre vorher von eben diesen Deutschen selbst aus ihren Wohnsitzen vertrieben worden und hatten den deutschen „Herrenmenschendünkel" unmittelbar am eigenen Leibe erfahren müssen. Wer Haß sät, wird Haß ernten – die Tragik lag für viele darin, daß sich dieses alte Wort auch an Menschen bewahrheitete, die meist persönlich gar keine Schuld auf sich geladen hatten, während die eigentlich Schuldigen längst in Sicherheit saßen.

Gründe für die Loyalität der Deutschen

Es ist immer wieder die Frage gestellt worden, wie ein Volk, das seiner Führung 1939 ohne große Begeisterung, eher widerwillig und fatalistisch zum zweiten Mal schon in einer Generation in den Krieg gefolgt war, dann doch die sechsjährigen wachsenden Belastungen des Kriegsalltags ohne Murren und Aufbegehren, ohne Protest und – mit wenigen Ausnahmen – auch ohne Widerstand bis zum Ende getragen hat und dem Regime loyal gefolgt ist. Die angebotenen Erklärungen sind sehr vielfältig, für jeden einzelnen wohl auch unterschiedlich und in sich widersprüchlich.[126]

Erfolge des Regimes

Zunächst einmal konnte das NS-Regime bis weit in den Krieg hinein, genauer bis zum Winter 1942/43 vom Kredit seiner offenkundigen Erfolge in der Innen- und Außenpolitik, von den Schwächen und Fehlern seiner Gegner und davon leben, daß es allzu lange von ihnen in seiner entschlossenen Zielstrebigkeit und seinen kriminellen Energien unterschätzt worden ist. Die Bevölkerung verdankte ihm einen wirtschaftlichen Aufschwung, Arbeitsplatzsicherheit und einen gewissen materiellen Wohlstand. Auch noch im Kriege fühlte man sich – im Gegensatz zu den Erfahrungen von 1914 – ohne Rücksicht auf Herkunft und Stand sozial umsorgt und gerecht behandelt, sofern man zur „Volksgemeinschaft" gehörte. Materielle Lasten ließen sich ohne schlechtes Gewissen auf andere abwälzen. Mit patriotischem Stolz stellte man fest, daß das eigene Land als Großmacht wieder etwas im internationalen Mächtekonzert darstellte und mitzureden hatte. Die „Fesseln von Versailles" waren endgültig abgeschüttelt, ohne daß sich bei den Siegern von 1918 Widerstand dagegen geregt hätte.

Selbst kritische Geister und Männer wie etwa Ulrich von Hassell fühlten sich als deutsche Patrioten in einem Dilemma: man sehnte den Untergang des Nationalsozialismus herbei, wollte aber das eigene Vaterland nicht in die militärische Niederlage reißen. Radikale Ablehnung war selten und nur auf wenige Männer und Frauen beschränkt. Eher schon konnte man sich mit den stupenden militärischen Erfolgen bis in den Sommer 1942, vor allem mit dem schnellen Sieg über Frankreich nach nur sechs Wochen 1940 freudig und stolz identifizieren und gleichzeitig Kritik an abstoßenden Seiten des Regimes üben.

Viele machten in ihrer Einstellung zum Nationalsozialismus und seinem „Führer" auch einen bemerkenswerten Wandel durch: entweder – wie Graf Stauffenberg – vom glühenden Bewunderer zum aktiven Widerstandskämpfer oder auch umgekehrt vom Skeptiker zum gläubigen Anhänger eines Regimes, das so offenkundig Erfolge aufweisen konnte.

Es drangen hinreichend Informationen und Gerüchte über unvorstellbare Greuel jenseits der Grenzen des Altreiches im Osten – sei es über Fronturlauber, sei es auch über das unter strenge Strafe gestellte Abhören von „Feindsendern" – in die Bevölkerung durch, und in der Nähe von Konzentrationslagern konnte man sich ja selbst aus eigenem Augenschein oft davon überzeugen, was hier mit den Häftlingen geschah. Aber die Menschen sahen weg, verdrängten, weigerten sich einfach einzugestehen, daß der „gute deutsche Name" von der eigenen Führung in einem solchen Maße „besudelt" wurde, oder machte – wie bei den angeblichen deutschen Kriegsgreueln in Belgien 1914, die sich ja auch später als Erfindung der Feinde herausgestellt hätten – die alliierte „Greuelpropaganda" für alles verantwortlich, um die Moral und Widerstandskraft der Deutschen aufzuweichen. Auch überstieg das Ausmaß der im Osten und auch in anderen besetzten Ländern verübten Verbrechen, bis man nicht den überzeugenden Beweis in den Händen hatte, einfach jedes menschliche Vorstellungsvermögen und fand bisher auch zumindest in der deutschen Geschichte, wenn nicht in der Geschichte überhaupt, keine Parallelen.

Verdrängungsmechanismus

Die triste Realität des Alltags im „totalen Krieg" wirkte auch hier wie ein Narkotikum: man vergrub sich in die nächstliegenden Sorgen, kämpfte um die eigene Existenz und die der Familie und vergaß darüber oder besser: wollte darüber ausblenden, was mit den anderen Menschen und Völkern außerhalb der „deutschen Volksgemeinschaft" geschah. War man sich nicht selbst in diesem täglichen Kampf ums Überleben der Nächste?

Ideologische Indoktrination

Ideologische Indoktrination und intensive Propaganda hatten besonders in der jüngeren Generation ihre Wirkung längst getan: geschah es den „Polacken" und den „Bolschewisten" nicht ganz recht, wenn die Führung kurzen Prozeß mit ihnen machte? Wäre man nicht sonst selbst das erste Opfer der vielbeschworenen „bolschewistischen Gefahr" gewesen? Disziplin und Gehorsam, Obrigkeitsgläubigkeit und die Fixierung auf den autoritären Machtstaat, der Glaube an den „starken Mann" und die Faszination des „Führermythos", antidemokratisches Denken und die Verweigerung des modernen gesellschaftlichen und politischen Pluralismus waren den meisten Deutschen längst, schon vor 1933 durch politische Erziehung und politische Praxis eingeimpft. Wo sich dennoch Kritik und Ablehnung einstellten, halfen Terror, Einschüchterung und Kontrolle des Polizeistaates nach, den „Volksgenossen" wieder auf die vorgeschriebene Linie zu bringen. In das soziale Netz des menschlichen Miteinanders hatten sich längst überall Mißtrauen und die Furcht vor Bespitzelung eingenistet. Opportunismus und Karrieredenken existierten neben gläubigem Idealismus und unwandelbarer Gefolgschaftstreue.

Im allgemeinen Chaos der Auflösung in den letzten Kriegswochen wüteten noch einmal die Standgerichte und schüchterten jeden ein, der die weiße Fahne hissen wollte. Es ging nur noch um das nackte Überleben. Man war der politischen Berieselung gründlich überdrüssig. Viele beschlich die Furcht, sich so weit in die Verbrechen des Nationalsozialismus verstrickt zu haben, daß nun die Rache der Sieger mit ihrem ganzen Gewicht auf die Täter selbst zurückfallen werde. Was blieb einem nun übrig, als weiterzukämpfen, bis doch noch am Ende ein Wunder geschehen würde. Andere griffen nach einem letzten Strohhalm der Selbstachtung und weigerten sich einfach, sich einzugestehen, fünf Jahre für eine „schlechte Sache" gekämpft und im idealistischen Dienst für diese Sache um die eigene Jugend betrogen worden zu sein. Für sie dauerte der innere Ablösungsprozeß vom Nationalsozialismus sehr viel länger als für andere. Für die meisten aber dürfte einer der letzten Stimmungsberichte des SD vom März 1945 zutreffen:

Es ist der breiten Masse derzeit ganz einerlei, wie das künftige Europa aussieht. Aus allen Gesprächen ist zu entnehmen, daß sich Volksgenossen aller Schattierungen sobald als möglich den Lebensstandard der Vorkriegszeit herbeiwünschen und gar keinen Wert darauf legen, in die Geschichte einzugehen.[127]

8. Der Widerstand gegen das Hitler-Regime

Motive für den Widerstand

Den Verschwörern des 20. Juli 1944 ist schon von ihren Zeitgenossen und dann auch von der Nachwelt unterstellt worden, sich hätten sich in letzter Minute angesichts des bereits verlorenen Krieges wie Ertrinkende an den Strohhalm des Attentates geklammert und mit diesem Verzweiflungsschritt nicht nur ihre eigene Haut retten, sondern auch Deutschlands Großmachtposition vor dem drohenden militärischen Untergang bewahren wollen. Diese Unterstellung ist geschichtlich nachweisbar falsch und im übrigen vielfach von dem Ziel motiviert, die Widerstandskämpfer von damals in ihrem ethischen Wollen und in ihrer moralischen Integrität noch nachträglich herabzuwürdigen. Denn zum einen war politischer Opportunismus sicher das Letzte, was sie zum Widerstand gegen das nationalsozialistische Regime getrieben hat, und zum anderen haben die Widerstandskreise seit Kriegsbeginn kontinuierlich an ihren oppositionellen Plänen zum Sturz Hitlers und seiner Führungsclique gearbeitet und auch ihr konspiratives Verbindungsnetz untereinander systematisch weiter ausgebaut. Dies geschah also, lange bevor sich entscheidende militärische Rückschläge oder gar eine Niederlage abzeichneten. Vor allem der verbrecherische Charakter der nationalsozialistischen Kriegführung im Osten, die Besatzungspolitik in Polen und in der Sowjetunion und das tiefe Erschrecken über den Massenmord an den europäischen Juden, für den sich die Zeichen ab 1942 überall häuften, haben eine Anzahl aktivistischer jüngerer Offiziere um Claus Schenk Graf von Stauffenberg und seinen Freund Henning von Tresckow motiviert, sich den – in den ersten Jahren des Krieges unter dem Eindruck der Hitlerschen Erfolge stagnierenden – Widerstandsgruppen anzuschließen und ihnen frische Impulse zu geben. Weit entschiedener als die traditionsgehemmte Generalität um Ludwig Beck forderten sie die Tat und bereiteten ab Sommer 1943 generalstabsmäßig das Attentat auf Hitler und den gewaltsamen Umsturz vor.

Rahmenbedingungen des Staatsstreiches

Freilich waren die Rahmenbedingungen für das Gelingen eines Staatsstreiches gerade im Kriege alles andere als günstig. Während Hitlers Wehrmacht von Sieg zu Sieg eilte und sein Prestige sich unangefochten dem Zenit näherte, hätte ein Vorgehen gegen den „größten Feldherrn aller Zeiten“, wie ihn Keitel feierte, weder unter den Offizieren und Soldaten noch unter der Bevölkerung irgendwie mit einer positiven Resonanz rechnen, geschweige denn aktive Unterstützung auslösen können. Andererseits wäre außenpolitisch der Handlungsspielraum einer Putschregierung, nach der Beseitigung Hitlers wenigstens mit einer gegnerischen Seite – sei es nach Osten, sei es nach Westen – zu einem erträglichen Frieden zu kommen, unter dem sie auch nach innen ihr Gesicht hätte wahren können, auf dem Höhepunkt der militärischen

Erfolge noch relativ groß gewesen. Nach der Wende des Kriegsglücks 1943 mit der Niederlage in Stalingrad, dem Rückschlag bei Kursk, dem Verlust Nordafrikas und dem Abfall Italiens wurden die Chancen für einen Staatsstreich nach innen wie außen eher noch von Monat zu Monat geringer. Die Siegeseuphorie der ersten Kriegsjahre wandelte sich in der Bevölkerung in einen fatalistischen Durchhaltewillen. Hoch- und Landesverrat, und mit diesem Verdikt mußten die Verschwörer in Deutschland im Gegensatz zur europäischen Résistance ständig leben, schienen aus der Sicht der Mehrheit der Menschen ganz unverantwortlich in einem Augenblick zu sein, da offenbar alles darauf ankam, der in verzweifelte Abwehr- und Rückzugskämpfe verstrickten Truppe von der Heimat her den Rücken zu stärken und sie nicht etwa im Stich zu lassen.

Außenpolitisch bewegte sich die Manövrierfähigkeit der Verschwörer mit der im Januar 1943 von Roosevelt und Churchill in Casablanca formulierten Forderung nach einer „bedingungslosen Kapitulation" der Achsenmächte, der sich Stalin im Mai ausdrücklich anschloß, gegen null. Im Falle eines erfolgreichen Staatsstreiches hätten sie nunmehr sicher vor das Volk außenpolitisch mit leeren Händen treten müssen, während ihm sein „Führer" doch noch recht lange die Hoffnung auf einen „Endsieg" zu suggerieren vermochte. Die Gefahr einer zweiten und diesmal gegenüber 1918 noch viel gefährlicheren „Dolchstoßlegende", die einen Neuanfang schwer belastet hätte, wurde besonders im „Kreisauer Kreis" intensiv diskutiert und ließ etwa seinen führenden Kopf, Helmuth James Graf von Moltke, zu der pessimistischen Einsicht kommen, dem deutschen Volk bleibe wohl nichts übrig, als den Becher bis zur bitteren Neige zu leeren. Dagegen läßt sich freilich einwenden, daß der Krieg zwischen Juli 1944 und Mai 1945 noch mehr Menschen das Leben gekostet hat als bis zum 20. Juli. So erscheint von hier aus der Versuch, den Krieg durch die Beseitigung seines Hauptverantwortlichen vorzeitig zu beenden, im Rückblick allen Bedenken zum Trotz voll gerechtfertigt.

Der Vorwurf des Hoch- und Landesverrats

Der Kampf gegen Hitler war im Unterschied zur Résistance in den besetzten Ländern ein „Widerstand ohne Volk". Wer Hitler die Loyalität aufkündigte, stellte sich aus der Perspektive der überwiegenden Mehrzahl aller Deutschen „notgedrungen außerhalb der Nation"[128]. Aktiv Widerstand zu betreiben, hieß, sich dem Vorwurf des Hoch- und Landesverrates auszusetzen. Selbst 1944 noch war es, wie wir aus den Stimmungsberichten des SD wissen, nahezu unmöglich, dem Durchschnittsbürger klarzumachen, daß es die Verschwörer waren und längst nicht mehr Hitler, die die Interessen des deutschen Volkes vertraten und sein Überleben auch nach der militärischen Niederlage sichern wollten. Der „Führer" war nach wie vor für die meisten der einzige Bezugspunkt des nationalen Identitätsbedürfnisses und so etwas wie ein

Loyalitätspol, als die Partei in den Augen der Bevölkerung längst abgewirtschaftet hatte (nach dem Motto: „Wenn das der Führer wüßte!"). „Führermythos" und „Führerkult" verblaßten zwar deutlich ab 1943, waren aber selbst in den letzten Kriegsmonaten immer noch wirksam genug, um die Attentäter mit dem Kainszeichen des „nationalen Verrates" zu versehen. Auch hatten sich allzu viele schon zu weit an das Regime und seine Verbrechen gekettet, als daß sie sich eine Zeit nach und ohne Hitler vorstellen konnten.

Hoch- und Landesverrat lagen für die meisten Deutschen weit außerhalb ihres politisch-moralischen Denkhorizontes. Sie waren schlicht unvereinbar mit einer Gesinnung, in der traditionell nicht zuletzt auch von den Kirchen Disziplin, Gehorsam und Pflichterfüllung als die tragenden Säulen des Staates vermittelt wurden, selbst als dieser Staat längst verbrecherische Züge angenommen hatte. Dies galt für Soldaten wie für Zivilisten. Selbst die Verschwörer, die sich innerlich längst von ihrem obersten Kriegsherrn gelöst hatten, sahen sich durch die Bindung ihres Eides, den sie persönlich auf Hitler geschworen hatten, in einen schweren Gewissenskonflikt und in eine Grenzsituation gestellt, auf die sie niemand je vorbereitet hatte. Putsch und Staatsstreich waren der preußisch-deutschen Beamten- und Offizierstradition fremd. Dies galt auch in dem Augenblick für die meisten noch, als der oberste Kriegsherr längst das durch den Eid symbolisierte gegenseitige Treueverhältnis von seiner Seite her durch sein verbrecherisches Tun faktisch aufgekündigt hatte.

In einen schweren Gewissenskonflikt gestürzt sahen sich auch Männer wie Carl Goerdeler und Helmuth James von Moltke durch den Gedanken an den Tyrannenmord. Auch er wollte sich nicht in die preußisch-protestantische Tradition fügen, in der sie großgeworden waren und die sie geprägt hatte. Dabei war es auf der anderen Seite den Verschwörern im Kriege immer klarer geworden, daß sich der nationalsozialistische Maßnahmen- und Terrorstaat inzwischen so tief in den Normenstaat eingefressen und ihn mit seinen überkommenen Werten korrumpiert hatte und daß die führerunmittelbaren Gewalten und Apparate inzwischen eine solche Macht entwickelt hatten, daß es längst nicht mehr darum gehen konnte, einen Regierungswechsel an der Spitze herbeizuführen, wie man noch 1938 geglaubt hatte. Nun kam es darauf an, die Führung dieses Staates und das hieß: seinen persönlichen Loyalitätspol Hitler und mit ihm seine engsten Helfershelfer wie Göring und Himmler radikal zu beseitigen, um dadurch den gleichsam „enthaupteten" nationalsozialistischen Herrschafts- und Machtapparat bei dem Staatsstreich leichter in den Griff zu bekommen.

Die Verschwörer als Teil des Machtapparats

Damit aber nahm der Widerstand gegen das Hitler-Regime im Kriege einen ganz spezifischen Charakter an: Er mußte, um überhaupt gegen den nationalsozialistischen Machtapparat Erfolg zu haben, als eine „Revolution von oben“ aus den Schlüsselstellungen dieses Apparates selbst heraus erfolgen oder konkreter: aus der Wehrmacht heraus als der einzigen Institution, die noch eine relative Autonomie und Selbständigkeit hatte retten können und vor allem über die notwendigen Kräfte zur Beseitigung des Regimes verfügte. Dabei konnte man Luftwaffen- und Marineführung als hitlerhörig gleich abschreiben. Es blieb nur das Heer.

Um erfolgreich von Schlüsselpositionen aus kämpfen zu können, mußten die Verschwörer aber möglichst bis zuletzt im Machtpoker erfolgreich mitspielen, nach außen diensteifrig Loyalität zeigen und ihre Funktionen effizient wahrnehmen, um bei den Machthabern keinen vorzeitigen Verdacht aufkommen zu lassen. Auch dadurch gerieten die Männer des 20. Juli immer wieder selbst weit über 1945 hinaus noch in ein Mit- und Nachwelt irritierendes Zwielicht. Für einen Verschwörer wie Admiral Canaris war, um nur wenige Beispiele zu nennen, das überaus erfolgreiche Wirken seiner „Abwehr“ bei der Aufdeckung von Spionage im Kriege eine Gewähr dafür, daß er bis Anfang 1944 die Widerstandskreise so wirkungsvoll gegen die Gestapo abschirmen konnte. Gleiches galt für den General Friedrich Olbricht, der in die Rolle eines „Generalstabschefs des Widerstandes“ hineinwuchs. Ihn führte erst seine hochdekorierte militärische Karriere an die Spitze des „Allgemeinen Heeresamtes“ im OKH. Von dieser Schlüsselposition aus konnte er dann den Plan „Walküre“ als Tarnung zur Entmachtung der NSDAP, der SS und der nationalsozialistischen Staatsführung durch das Ersatzheer nach einer Beseitigung Hitlers entwerfen und am 20. Juli nachmittags, wenn auch wohl zu spät für ein Gelingen des Staatsstreiches, auslösen. Gleiches galt schließlich für den Attentäter Stauffenberg selbst. Erst seine brillante Generalstabslaufbahn öffnete ihm als Staabschef des Befehlshabers Generaloberst Friedrich Fromm den Weg an die Spitze des Ersatzheeres und gab ihm damit die Möglichkeit, persönlich an den täglichen Lagebesprechungen Hitlers in seinem Führerhauptquartier „Wolfsschanze“ in Ostpreußen teilzunehmen.

Die Isoliertheit der Verschwörer

Die Frauen und Männer des Widerstandes waren sehr einsam. Sie durften in der Regel weder Familienangehörige noch Freunde in ihre Pläne einweihen, warteten auf sie doch bei einer Aufdeckung dieser Pläne Sippenhaft und Folter, die den Staatsstreich gefährden konnten. Diese Einsamkeit, konspirative Selbstisolierung und sorgfältige Abschirmung nach außen waren der Preis, den die Verschwörer zahlen mußten für ein Gelingen ihrer Pläne. Damit verharrten sie aber auch in einer gewissen gesellschaftlichen Exklusivität, verstärkt noch durch den hohen Anteil von Mitgliedern mit Adelstiteln in der Fronde, und konnten sich nicht in der Öffentlichkeit wirkungsvoll als eine tragfähige Alternative zu Hitler profilieren. Die einzige Persönlichkeit, die fähig gewesen wäre, Massenloyalität für den Widerstand zu mobilisieren, war zweifellos der populäre „Wüstenfuchs" Generalfeldmarschall Rommel. Ausgerechnet er fiel durch seine schwere Verwundung am 17. Juli für den Staatsstreich aus. Die Abgehobenheit und Isolierung des Widerstandes gegenüber dem Volk war ein zusätzlicher Nachteil in einer pervertierten politischen Kultur, die auf demagogische Massenmobilisierung und populistische Propaganda setzte und sich am Charisma einer „Führergestalt" ausrichtete. So nimmt es auch nicht Wunder, wenn Hitlers Haßtiraden gegen „eine ganz kleine Clique ehrgeiziger, gewissenloser und zugleich verbrecherischer, dummer Offiziere" in der Bevölkerung durchaus ein Echo fanden, selbst als sich herausstellte, daß der Widerstand doch viel breiter Wurzeln geschlagen hatte, als das Regime wahrhaben wollte.

Auf der anderen Seite war gerade diese exklusive Abgehobenheit der Verschwörer mit eine Voraussetzung für das Gelingen konspirativer Aktionen. Man verkehrte seit langem gesellschaftlich miteinander – etwa in der „Mitwochs-Gesellschaft" oder im „Solf-Kreis" -, hatte dienstlich oder politisch miteinander zu tun, war verwandtschaftlich verbunden und wußte, daß man dem Mitverschwörer voll vertrauen konnte. Das soziale Netz war eng geknüpft. In der „Mittwochs-Gesellschaft" etwa, einer 1863 gegründeten „Freien Gesellschaft für wissenschaftliche Unterhaltung", der jeweils 16 führende Berliner Wissenschaftler, Künstler, Militärs, Politiker u.a. angehörten (u. a. Heisenberg, Sauerbruch, Groener sowie die Historiker Hermann Oncken und Friedrich Meinecke) und die sich an jedem 2. Mittwoch zu Vorträgen und Diskussionen traf, begegneten sich der verabschiedete Generalstabschef Ludwig Beck, der preußische Finanzminister Johannes Popitz und der 1938 entlassene Botschafter in Rom, Ulrich von Hassell. Hier entstanden im Februar 1940 ein „Regierungsprogramm" und gleichzeitig ein „vorläufiges Staatsgrundgesetz". Beide Papiere wurden mit Goerdeler, der der Gesellschaft nicht angehörte, diskutiert und markierten wichtige Meilensteine bei der Selbstfindung des nationalkonservativen Widerstandes.

Der „Solf-Kreis" war eine Widerstandsgruppe, die sich um den Diplomaten Wilhelm Solf und seine Ehefrau Johanna gruppierte und von der Gestapo verächtlich „Salon Fronde" genannt wurde. Die Einschleusung eines Lockspitzels der Gestapo in den Kreis Ende 1943 führte im Januar 1944 zur Verhaftung der meisten Mitglieder, u.a. auch Graf Moltkes, und zu ihrer Hinrichtung. Unter den Opfern des 20. Juli 1944 waren auch der Diplomat und enge Freund Moltkes Otto Karl Kiep und Elisabeth von Thadden, Leiterin einer bekannten Mädchenschule in Heidelberg.

Dies führt auf ein weiteres erschwerendes Moment für jeden Widerstandsakt. Die Gesellschaft des totalitären Staates war längst mit einem immer dichteren Netz von Spitzeln und Denunzianten durchsetzt und im Griff der Kontrolle durch die Gestapo. Dadurch wurde die Rekrutierungsbasis für den Widerstand immer schmaler. Es gehörte ein hoher Mut dazu, sich gegen das Regime zu stellen oder gar öffentlich zu bekunden, daß man nicht bereit war, sich seinem Anpassungszwang zu unterwerfen. Man gefährdete dadurch nicht nur sich selbst, sondern seine Angehörigen, seine Eltern, seine Ehefrau und seine Kinder. Im übrigen hatte sich der Diktator inzwischen fast ganz von seiner Umgebung abgeschottet. Der Zugang zu ihm war immer schwieriger geworden.

Die innere Homogenität in der Wehrmacht und besonders im Offizierskorps war längst ebenso wie das alte preußisch-deutsche Standesethos zerstört. Auf die Vertreter der unteren und mittleren Offiziersränge konnten die Verschwörer kaum setzen, hatten diese Offiziere doch ihre Karrieren und ihre gesellschaftliche Stellung weitgehend dem Regime und der von ihm in die Wege geleiteten Wiederaufrüstung zu verdanken und waren sie doch auch schon im nationalsozialistischen Geist erzogen.

Ein vergleichender Blick nach Italien zeigt, daß die Frondeure in Deutschland auch noch in einem weiteren entscheidenden Sinne gleichsam ohne Netz arbeiten mußten. Es fehlte ihnen nicht nur das Volk, es fehlten ihnen auch Auffanginstitutionen, die nach einem erfolgreichen Staatsstreich mit einem hinreichenden Maß an politischer Autorität Ordnung im Innern und Verhandlungen nach außen hätten garantieren können. Es gab weder – wie in Italien – ein Königshaus oder so etwas wie ein unabhängiges Staatsoberhaupt, noch einen autonom handlungsfähigen Generalstab, noch in der NSDAP so etwas wie den „Faschistischen Großrat" in Rom, der sich gegen Hitler hätte stellen und damit das totalitäre Regime von innen aufbrechen können.

Der Attentatsplan als Akt der Selbstachtung

Die Aufführung der zahlreichen Widrigkeiten, die die Erfolgschancen eines Staatsstreiches im Kriege im Rückblick recht gering erscheinen lassen, hat im Urteil der Nachwelt nicht selten zu der Schlußfolgerung geführt, daß alle Versuche, den Diktator zu stürzen und zu beseitigen, im Grunde von Anfang an zum Scheitern verurteilt waren und die Verschwörer sie deshalb lieber ganz hätten lassen sollen. Aus späterer Sicht stellen sich die Dinge oft ganz anders dar, und es ließe sich auch darüber spekulieren, ob nicht selbst ein Gelingen des Attentates am 20. Juli 1944 einen blutigen Bürgerkrieg in Deutschland ausgelöst und am Ende die totale Niederlage nur beschleunigt hätte. Immerhin hätte dies noch Millionen Menschen vor dem Tode und viele Städte vor der Zerstörung gerettet. Es geht jedoch – und das ist das Entscheidende – an dem inneren Wesen des Widerstandes und an den Motiven seiner Träger völlig vorbei, wollte man ihn nur unter dem Kriterium von Erfolg und Mißerfolg beurteilen.

Die Verschwörer selbst haben schwer mit sich und mit den anderen darum gerungen, ob das Attentat angesichts der immer aussichtsloseren Situation nicht im letzten Augenblick noch abgeblasen werden sollte. Es kam über diesen Punkt zu einem heftigen Zerwürfnis zwischen Stauffenberg und Goerdeler. Auch ließ Stauffenberg über den Grafen Lehndorff an Tresckow die verzweifelte Anfrage richten, ob es nach der Invasion der Westalliierten in der Normandie noch einen Sinn habe, an dem Attentatsplan festzuhalten, da ein praktischer Zweck nicht mehr ersichtlich sei. Tresckows inzwischen vielzitierte Antwort an seinen Freund könnte als Leitmotiv über dem Handeln der Attentäter und ihrer Mitverschworenen stehen:

Das Attentat muß erfolgen, coûte que coûte. Sollte es nicht gelingen, so muß trotzdem in Berlin gehandelt werden. Denn es kommt nicht mehr auf den praktischen Zweck an, sondern darauf, daß die deutsche Widerstandsbewegung vor der Welt und vor der Geschichte den entscheidenden Wurf gewagt hat. Alles andere ist daneben gleichgültig.[129]

Es galt nunmehr in einer Zeit, da die Menschenwürde von Deutschen mit Füßen getreten und ihr Staatsapparat für Verfolgung und Massenmorde eingesetzt wurde, für die Mit- und Nachwelt weit vernehmbar ein Zeugnis für ein anderes, ein humanes Deutschland abzulegen und, wie es Moltke eindringlich formuliert hat, „das Bild des Menschen im Herzen unserer Mitbürger" wieder aufzurichten.[130] Die Verschwörer hatten sich mit klarem Blick für ihr eigenes Schicksal ein „Nessushemd" (Tresckow) angelegt.

Soziale Zusammensetzung des Widerstands

Der Begriff „Widerstandskreise" legt die Vorstellung nahe, als habe es sich hier um feste und in sich homogene oppositionelle Zusammenschlüsse gehandelt. Dabei haben sich selbst in den sogenannten „Kreisen" Männer und Frauen sehr unterschiedlicher Herkunft und historisch-politischer Prägung, mit verschiedenen Motiven, Plänen und Zukunftserwartungen, aus verschiedenen beruflichen Positionen und Dienststellungen und aller Altersstufen zusammengefunden – Adelige und Bürgerliche, Konservative und Sozialdemokraten, Reaktionäre und sozialistische Utopisten, Zivilisten und Militärs, hohe Bürokraten und Gewerkschafter, Diplomaten und Pädagogen. Es war so etwas wie ein Querschnitt der Gesellschaft freilich mit deutlicher Tendenz zum Adel und zum akademischen Bürgertum. Es gab erhebliche Spannungen innerhalb der „Kreise" und zwischen ihnen, es gab Querverbindungen und Absprachen. Es gab aber auch ausgeprägte Individualisten wie die Sozialdemokraten Julius Leber und den früheren hessischen Innenminister Wilhelm Leuschner, die sich keinem „Kreis" ganz zuordnen wollten oder konnten. Auch hier wird man sagen können, daß die tiefen sozialen Zerklüftungen der Weimarer Klassengesellschaft nicht einfach mit dem Jahr 1933 überwunden waren, sondern als belastende Hypothek durchaus in den Widerstand gegen das Hitler-Regime mit hineingetragen wurden.

Doch über dieser Spannung hinweg einte dann im Kriege alle „Kreise",

Gruppierungen und Persönlichkeiten im Widerstand die gemeinsame Not der Verfolgung im totalitären Herrschaftssystem und das tiefe Entsetzen über die überall im deutschen Machtbereich begangenen Verbrechen und die Verletzung der Menschenrechte. Es verband sie der Wille, dieses verbrecherische Regime zu beseitigen, und wenn es denn sein mußte, auch den Diktator zu töten, rechtsstaatliche Freiheitsgarantien wiedereinzuführen und den Krieg möglichst schnell zu relativ günstigen Bedingungen noch für Deutschland zu beenden.

Verfassungskonzeptionen

Ungeachtet der sehr stark voneinander differierenden politischen, sozialen und wirtschaftlichen Zukunftsentwürfe, Verfassungskonzeptionen für ein Deutschland nach Hitler und außenpolitischen Programme kristallisierte sich ein weiteres verbindendes Element heraus: Nach Weimar wollte eigentlich niemand zurück. Für die politischen Repräsentanten der Weimarer Republik war auch kaum Platz im Widerstand. Denn der Aufstieg der Nationalsozialisten und schließlich 1933 ihr Durchbruch zur Macht wurden einhellig von Goerdeler bis Moltke und Stauffenberg gedeutet als eine unausweichliche Konsequenz der modernen Massendemokratie und der durch sie entfesselten hemmungslosen Massenleidenschaften auf dem Boden einer uneingeschränkten Volkssouveränität, als Ergebnis der plebiszitären Elemente in der Weimarer Reichsverfassung. Zwischen 1919 und 1933 – so die Sicht der Verschwörer – sei die Staatsautorität zum Spielball verantwortungslos agierender Parteien und Parlamentsfraktionen in einem arbeitsunfähigen Reichstag geworden. Dies durfte sich nach einem Umsturz nicht wiederholen.

Diese Interpretation bewegte sich ganz auf der Linie des antidemokratischen Denkens in der Weimarer Republik. Ihre konzeptionellen Schlußfolgerungen strebten freilich deutlich auseinander: Reaktionär-restaurative und vordemokratische Verfassungsentwürfe wie die etwa von Popitz und von Hassell und teilweise auch von Goerdeler orientierten sich an Vorstellungen vom starken autoritären Staat, an einer Wiederherstellung der Präsidialdiktatur der Jahre 1930 bis 1932 gegebenenfalls mit einer monarchischen Spitze, an Papens „neuem Staat“ oder auch am Konstitutionalismus des Bismarck-Reiches. Dabei sollten rechtsstaatliche Garantien und die Würde des Menschen verbürgt sein. Eher fortschrittliche und zukunftsweisende Konzeptionen wie die der „Kreisauer“, aber auch bei Goerdeler strebten nach einer Wiederbelebung und Pflege kleiner und überschaubarer politischer „Gemeinschaften“ auf kommunaler und regionaler Ebene, einer Art „democracy of grass roots“, wie sie auch in der Tradition der preußischen Reformära und des Freiherrn vom Stein stand. Aus Mißtrauen gegenüber dem „souveränen Willen des Volkes“ sahen sie einen von unten nach oben gegliederten Staatsaufbau mit gestuften und indirekten Wahlen von der Kommunal- und Kreisebene aufwärts bis zu einem nationalen Parlament vor. Allgemeine, gleiche und geheime Wahlen waren nur für die untere Repräsentationsebene geplant.

Zwar ist mit Recht herausgestellt worden[131], daß von den Gesellschaftsbildern und Verfasssungsplänen des deutschen Widerstandes eigentlich kein Weg hin zum Bonner Grundgesetz und zur Ordnung der Bundesrepublik geführt hat. Auf der anderen Seite wird man aber auch die Zeitbedingtheit der im Widerstand entwickelten verfassungs- und gesellschaftspolitischen Entwürfe nicht unterschätzen dürfen. Die Verschwörer standen noch weitgehend unter dem Schock des schnellen und widerstandslosen Unterganges der Weimarer Republik, soweit sie sich in dieser Republik überhaupt wohlgefühlt und sie nicht von Anfang an als eine Art Notlösung, als undeutsch und eine Staatsform des Übergangs betrachtet hatten. Es war bisher zu wenig Zeit vergangen, als daß man den Untergang der Republik und den eigenen Anteil an ihm wirklich kritisch und auch selbstkritisch hätte aufarbeiten können. Schließlich wäre es eine Illusion gewesen anzunehmen, daß man nach einem erfolgreichen Staatsstreich auf den Trümmern der NS-Diktatur und angesichts der schwierigen Aufgabe von Friedens- oder Kapitulationsverhandlungen nahtlos eine Demokratie westlichen Zuschnitts hätte errichten können. So etwas wie eine Militärdiktatur, verbunden mit einer Wiederherstellung rechtsstaatlicher Zustände, einer sofortigen Öffnung der Konzentrationslager und einer Ausschaltung des Terrorapparates, wäre als Übergangsordnung in einer so aufgewühlten Zeit wohl unabdingbar gewesen.

Außenpolitische Konzepte

Ähnlich kritisch ist die neuere Forschung[132] mit den außenpolitischen Zukunftsentwürfen des Widerstandes umgegangen. Die nationalkonservativen Kreise um Goerdeler haben bis 1944 noch am souveränen nationalen Machtsstaat und an der Illusion festgehalten, auch nach einem Umsturz noch die Grenzen von 1914 unter Einschluß der Provinz Posen und Südtirols oder doch zumindest die Grenzen von 1938 sowie eine Hegemonialstellung Deutschlands in Mitteleuropa beanspruchen zu können. Allerdings waren die „Kreisauer" inzwischen vom Nationalstaat als Ordnungsprinzip abgerückt und hatten sich europäischen Lösungen unter Souveränitätsverzicht angenähert. Stellt man einmal in Rechnung, daß die Nationalkonservativen in ihrem außen- und staatspolitischen Denken noch stark wilhelminischen Traditionen verhaftet waren, die sie bis zuletzt nicht haben überwinden können, so standen sie zusätzlich schon 1938 vor dem Dilemma, einerseits nach innen gegenüber den zögernden und schwankenden Militärs und den konservativen Eliten mit einem Programm aufwarten zu müssen, bei dem die Abstriche von dem unter Hitler erreichten Großmachtstatus in Europa nicht allzu drastisch und schmerzlich wirkten, und andererseits nach außen gerade dadurch aus der Sicht der Alliierten als eine wirkliche Alternative zu Hitler unglaubwürdig zu erscheinen.

Die Träger des Widerstandes

Ungachtet dessen, daß sich – wie bereits oben angedeutet – die konzeptionellen und biographischen Profile der einzelnen oppositionellen „Kreise“ und Gruppierungen keineswegs so eigenständig und unverwechselbar gegeneinander abheben, wie dies heute im Rückblick erscheinen mag, soll dennoch im folgenden eine knappe Differenzierung versucht werden. Dabei sollte sich der jeweilige Geburtsjahrgang der am Widerstand Beteiligten und mithin ihr je individueller politischer Erfahrungshintergrund als mindestens ebenso prägend auswirken wie Herkunft und Familie, wenn nicht oft stärker. Unterschiedliche Einstellungen waren oft eine Generationsfrage.

Die nationalkonservativen Beamten und Militärs

Einen besonders schwierigen und langwierigen Lernprozeß machten zweifellos die nationalkonservativen Honoratioren im Militär und in der Beamtenschaft durch, bis sie ab 1938 auf Distanz zum nationalsozialistischen Regime gingen und in ihre Oppositionsrolle hineinwuchsen. Ihr ziviler Mittelpunkt und Motor war bis zuletzt Carl Goerdeler (Jg.1884, 1930-1937 Leipziger Oberbürgermeister, unter Brüning und dann wieder 1934/35 unter Hitler Reichskommissar für die Preisüberwachung, nach seinem Rücktritt in Leipzig u.a. wegen Beseitigung des Mendelssohn-Denkmals durch die Partei Berater des Bosch-Konzerns, was ihm ausgedehnte Auslandsreisen ermöglichte) und ihr militärischer Generaloberst Ludwig Beck (Jg.1880, 1933-1938 Chef des Generalstaabes des Heeres, erbat am 18. August 1938 seinen Abschied und erhielt ihn am 1. Oktober 1938 als Generaloberst). Beide Persönlichkeiten standen seit 1935 in Korrespondenz miteinander und teilten mit vielen anderen ihrer Generation und ihrer politischen Richtung die Erwartung, ein ganzes Stück mit Hitler bei der Wiedererrichtung der deutschen Großmachtstellung zusammengehen zu können. Erst die Liquidierung des Rechtsstaates, die nationalsozialistische Rassen- und Kirchenpolitik, die Blomberg-Fritsch-Krise und vor allem Hitlers riskanter außenpolitischer Kurs am Rande eines Krieges in der Sudetenkrise mit einem noch völlig unvorbereiteten militärischen Instrument ließen sie Distanz zum Regime suchen und erste Staatsstreichpläne 1938 entwickeln. Goerdeler ließ sich dabei im Kriege von dem Gedanken bewegen, die Aufdeckung der nationalsozialistischen Verbrechen werde die Bevölkerung auf die Seite der Umsturzbewegung führen.

Die deutschnationale Nähe Goerdelers zu von Hassell und Popitz besonders in der Faszination des starken Machtstaates und im entschiedenen Antirepublikanismus fand dort ihre Grenzen, wo Popitz im August 1943 in einem tollkühnen Streich über den Rechtsanwalt Carl Langbehn ein Treffen mit Himmler arrangieren ließ, um zusammen mit dem „Reichsführer SS“ Hitlers Herrschaft von innen her aufzubrechen. Der Erfolg einer solchen Kooperation hätte den Widerstand besonders im Ausland rettungslos kompromittiert. Auch war Goerdeler insofern ein erfahrener politischer Praktiker und modernen Tendenzen gegenü-

ber aufgeschlossen, als er in seinem Verfassungsgebäude auch berufsständische Strukturen vorsah und deshalb über Leuschner, früher Vorstandsmitglied des sozialistischen „Allgemeinen Deutschen Gewerkschaftsbundes“ (ADGB), Kontakte zu den christlichen Gewerkschaftern Jakob Kaiser und Bernhard Letterhaus, zu dem Gewerkschaftssekretär des „Deutschnationalen Handlungsgehilfenverbandes“ (DHV) Max Habermann sowie zu Ernst Lemmer, bis 1933 Generalsekretär der liberalen „Hirsch-Dunckerschen Gewerkvereine“, knüpfen ließ. Ziel war die Gründung einer überparteilichen „Deutschen Gewerkschaft“ mit Leuschner als Vorsitzendem, Kaiser und Habermann als seinen Stellvertretern. Auch hier sollte die alte Weimarer Zerrissenheit in Richtungsgewerkschaften überwunden werden. In seinen wirtschaftspolitischen Vorstellungen war Goerdeler im Gegensatz zu staatssozialistischen Tendenzen bei den „Kreisauern“ ausgesprochen liberal und marktwirtschaftlich orientiert.
Rastlos knüpfte Goerdeler, durch seinen Arbeitgeber Bosch gedeckt, seine konspirativen Verbindungen und wurde nicht müde, selbst in der Gestapo-Haft 1944 noch Pläne und Entwürfe für Deutschlands Zukunft auszuarbeiten. Er drängte die schwankenden Militärs zum Handeln, um den preußisch-deutschen Nationalstaat doch noch als europäische Großmacht zu retten, und glaubte allen Ernstes, nach einer Verdrängung Hitlers durch einen Staatsstreich der Wehrmacht – einen Mord lehnte er ab – die Westmächte für ein Zusammengehen gegen den Bolschewismus gewinnen zu können. Er war daher von ihrer Forderung nach „bedingungsloser Kapitulation“ tief betroffen. Obwohl er nach einem geglückten Putsch als Reichskanzler vorgesehen war, geriet er mit seinen Plänen in Konflikt zum „Kreisauer Kreis“ wie zu den Sozialdemokraten um Julius Leber und am Ende auch zu Stauffenberg, so daß dieser in ihm schließlich nur noch eine Übergangsfigur sah.[133]
Als Außenminister in einer Regierung Goerdeler war Friedrich Werner Graf von der Schulenburg vorgesehen. Der Diplomat hatte am 23. August 1939 mit zum Gelingen des deutsch-sowjetischen Nichtangriffpaktes beigetragen. Er hielt den deutschen Überfall auf die Sowjetunion am 22. Juni 1941 für ein Unglück und setzte sich 1942 für eine positive Antwort auf Stalins Sondierungen für einen Sonderfriedensschluß ein. Von Hitler und Ribbentropp brüsk abgewiesen, bot er seine Vermittlerdienste dem Widerstand um Goerdeler an und schlug sogar vor, sich von Tresckow durch die Ostfront nach Moskau schleusen zu lassen. Bei der Vorbereitung des Staatstreiches vom 20. Juli gehörte auch Fritz-Dietlof (genannt Fritzi) Graf von der Schulenburg zum inneren Führungskreis. Als relativ frühes Parteimitglied (1932) hatte er unter dem NS-Regime Karriere bis zum stellvertretenden Oberpräsidenten von Schlesien (1939) gemacht, sich aber schon ab 1937 dem Kreis um Beck angenähert und dann 1940 die NSDAP verlassen. Als Offizier in

Paris agierte er 1943 als Verbindungsmann zwischen den einzelnen Widerstandsgruppen.
Es war gar nicht so ungewöhnlich, daß der Widerstand Kontakte in den inneren Kreis der Macht hinein knüpfen konnte, so etwa zu Wolf Heinrich Graf von Helldorf, dem Polizeipräsidenten von Berlin, und zu Arthur Nebe, führender Beamter im „Reichssicherheitshauptamt" und zeitweilig Leiter der „Einsatzgruppe B" in der Sowjetunion. Er drang hier auf seine Ablösung, da er die Mordaktionen nicht mehr ertrug, und ließ schon seit längerer Zeit dem Kreis um Beck Informationen aus dem polizeilichen Machtzentrum zukommen.
Das Gelingen eines Staatsstreiches hing ganz wesentlich von zwei Voraussetzungen ab: zum einen mußten die Aktivitäten der Verschwörer gegen das Einschleusen von Gestapo-Spitzel abgeschottet und zum anderen erfolgversprechende und vertrauensvolle Kontakte zu den Westmächten über Schweden, den Vatikan und bis 1941 auch über die USA geknüpft und ebenfalls entsprechend konspirativ abgesichert werden. Diese schwierigen Aufgaben übernahm und erfüllte virtuos bis zu seiner Kaltstellung Anfang 1944 Admiral Wilhelm Canaris als Chef des Amtes Abwehr/Ausland im OKW, seit 1941 unter ihm ein Zentrum des militärischen Widerstandes und zugleich Verbindungsstelle zwischen militärischem und zivilem Widerstand.
Canaris handelte dabei in enger Abstimmung mit oppositionellen Kräften im Auswärtigen Amt, deren Aktivitäten von dem Staatssekretär Ernst von Weizsäcker bis zu seiner Versetzung an die Vatikanbotschaft 1943 immerhin gedeckt, wenn auch nicht aktiv unterstützt wurden. Dem Abwehrchef stand als Motor des Widerstandes zur Seite der Generalmajor (seit 1. Dezember 1941) Hans Oster, Leiter der Zentralabteilung, seit der Röhm-Affäre und der Ermordung Schleichers ein erbitterter Gegner des Nationalsozialismus und enger Freund Ludwig Becks. Als Vertrauensmann Osters bei den Militärs fungierte Oberstleutnant Helmuth Groscurth. Seinen später veröffentlichten „Tagebüchern" verdanken wir wichtige Aufschlüsse. Das politische Referat unter Oster leitete der Reichsgerichtsrat Hans von Dohnányi. Er legte eine reiche Informationssammlung über nationalsozialistische Verbrechen an. Sie fiel unglücklicherweise nach seiner Verhaftung am 5. April 1943 zusammen mit vielen Dossiers über Mitverschwörer der Gestapo in die Hände.
Um intensive Kontakte ins westliche Ausland mit dem Ziel, dort vor den Aggressionsabsichten Hitlers zu warnen und dann später für den Fall eines Gelingens des Umsturzes ein Stillhalten der Westmächte und einen Kompromißfrieden mit einer neuen Regierung zu sichern, bemühten sich neben Oster Adam von Trott zu Solz (als Rhodes-Stipendiat längere Zeit in Oxford, dann Studienaufenthalt in Ostasien und in den USA, 1940 Eintritt in die Informationsabteilung des Auswärtigen Amtes, auch Mitglied des „Kreisauer Kreises"), Dietrich Bonhoeffer

(Theologe und führendes Mitglied der Bekennenden Kirche, über seinen Schwager Dohnányi in Verbindung zu Canaris gebracht) und sein Bruder Klaus (als Syndikus der Deutschen Lufthansa mit weltweiten Kontakten), die Brüder Erich und Theodor Kordt und zeitweilig auch Josef Müller als Mittelsmann zwischen Abwehr und Vatikan, um die Kontakte mit London herzustellen.

So wirkungsvoll Canaris mit seinen Mitarbeitern den Widerstand nach innen abschirmen konnte, so wenig gelang ihnen der Aufbau eines vertrauensvollen Verhältnisses nach außen zu den Westmächten [134]. Sie zeigten allen Friedensfühlern die kalte Schulter und gaben eindeutig damit zu verstehen, daß sie dem deutschen Widerstand kein Vertrauen schenkten und nicht bereit waren, ihn als Gesprächs- oder gar nach einem Putsch als Verhandlungspartner zu akzeptieren. An Begegnungen hat es seit 1938 nicht gefehlt. Wiederholt trafen Goerdeler, Dietrich Bonhoeffer, Trott zu Solz und andere Verschwörer Vertreter britischer Regierungsstellen und prominente Kirchenmänner wie Bischof Bell von Chichester und Willem Adolph Visser't Hooft, seit 1931 Generalsekretär des Christlichen Studenten-Weltbundes. Moltkes Vorschlag, eine feste Verbindung zwischen der deutschen Opposition und Großbritannien herzustellen, erreichte zwar den gewünschten Adressaten, fand aber kein Echo. Die Verweigerungshaltung der Briten ist auch nach 1945 immer wieder auf heftige Kritik gestoßen und hat zu mannigfaltigen Deutungen geführt. Entscheidend dürfte wohl gewesen sein, daß es den Verschwörern nicht gelungen ist, sich selbst, ihre Pläne und ihre Anliegen als glaubwürdige und tragfähige Alternative zu Hitler und dem NS-Regime darzustellen, vor allem nicht mit den nationalen Großmachtaspirationen vieler ihrer Vertreter über alle militärischen Niederlagen hinweg. Im Gegenteil: Die Tatsache, daß allen Sondierungen und Warnungen Osters nach Westen im Winter und Frühjahr 1940 nicht die entscheidende Tat des Staatsstreiches in Berlin gefolgt ist, stattdessen die gesamte militärische und politische Führung ohne erkennbare Zeichen der Auflehnung die Aggression zunächst nach Westeuropa und dann 1941 nach Osten mitgetragen hat, hat den deutschen Widerstand aus der Perspektive der Westmächte als völlig unglaubwürdig erscheinen lassen und einen seiner zentralen Mittelsmänner, Adam von Trott zu Solz, sogar in den Ruch gebracht, eigentlich ein ganz ausgekochter Gestapoagent zu sein.

Der „Kreisauer Kreis"

Während der Kreis um Goerdeler und Beck einer älteren Generation angehörte und eindeutig noch seine geistig-politische Prägung im Wilhelminischen Deutschland erfahren hatte, wurzelten die Mitglieder des „Kreisauer Kreises" als eine Generation der Dreißig- bis Vierzigjährigen in einer anderen, jüngeren Tradition. Sie waren geprägt durch den „Frontsozialismus" im Ersten Weltkrieg, die Niederlage und Versailles, das Erlebnis der Jugendbewegung mit ihren zivilisationskritischen Tendenzen, durch sozialromantische Ideen von einer Versöhnung der Klassen und dann vor allem durch die Weltwirtschaftskrise mit ihrem Massenelend und ihrer Arbeitslosigkeit, aber auch mit ihren Bemühungen um eine solidarische Überwindung der allgemeinen Not etwa in freiwilligen Arbeitslagern in Schlesien. Die überragende Integrationsfigur und der intellektuelle Vorreiter war Helmuth James Graf von Moltke, Urgroßneffe des Siegers von Königgrätz und Sedan. Auf seinem Gut Kreisau bei Schweidnitz in Niederschlesien fanden im Herbst 1942 wie im Frühjahr und Herbst 1943 drei größere Tagungen über Reform- und Neuordnungspläne für den „Tag danach" statt.

Als Sachverständiger für Kriegs- und Völkerrecht im OKW bemühte er sich darum, in enger Beziehung zur Abwehr der Mißhandlung von Kriegsgefangenen und fremder Zivilbevölkerung entgegenzuwirken. In einer Denkschrift vom April 1941 nannte Moltke die Ziele einer Neuordnung:

Das Ende der Machtpolitik; das Ende des Nationalismus; das Ende des Rassegedankens; das Ende der Gewalt des Staates über den Einzelnen.[135]

Bei den „Kreisauern" wurde die Überwindung der verhängnisvollen Klassen- und Standesschranken, die das Schicksal Weimars so nachdrücklich mit bestimmt haben, nicht nur als Ziel proklamiert, sondern auch vorgelebt und die politische und soziale Basis der Verschwörer entscheidend erweitert. Moltke zur Seite stand Peter Graf Yorck von Wartenburg, aus preußischem Uradel und Vetter Stauffenbergs. Als Offizier ab Sommer 1942 in der Ostabteilung des Wehrwirtschaftsamtes im OKW hatte Yorck von Wartenburg reichlich Gelegenheit, zu reisen und konspirative Kontakte zu knüpfen. Er überwand seine religiösen Hemmungen vor dem Tyrannenmord und bereitete schließlich aktiv die Umsturzplanungen seines Vetters Stauffenberg mit vor.

Die starke Beteiligung von entschiedenen Sozialisten war charakteristisch für die „Kreisauer". Zu ihnen gehörten der Pädagoge Adolf Reichwein, verantwortlich für die Entwicklung von Konzepten für eine demokratische Neuordnung des deutschen Schulwesens nach Hitler mit dem Ziel einer „Überwindung der Klassen-, Bildungs- und Bewußtseinsgegensätze im deutschen Volk", der Journalist Theodor Haubach und Carlo Mierendorf, Gewerkschafter, sozialdemokratischer Reichstagsabgeordneter (1930-1933) und Pressesprecher des hessischen Innenministers Leuschner. Es waren alles Sozialdemokraten, die in der Partei mit ihren verkrusteten, überalterten Funktionärskadern eher eine Außenseiterrolle eingenommen hatten. Reichwein stellte den Kontakt zu Julius Leber, Redakteur und langjähriger sozialdemokratischer Abgeordneter der Lübecker Bürgerschaft (1921-1933) und des Reichstages (1924-1933), her. Leber stand freilich als ein stark aktivistisch gesinnter Politiker den eher theoretischen Planungen der

„Kreisauer" nicht ohne Kritik gegenüber. Der Jesuitenpater Alfred Delp repräsentierte in dem Kreis die katholische, der Berliner Gefängnispfarrer Harald Poelchau die protestantische Geistlichkeit. Dazu kamen Landräte wie Theodor Steltzer, Professoren und Diplomaten wie Hans-Bernd von Haeften, ein Neffe von Brauchitsch, und sein Freund Adam von Trott zu Solz.

Die Beratungen und Auseinandersetzungen der „Kreisauer" über die innen- und außenpolitische Zukunft Deutschlands nach einem Umsturz wurden von einem stark christlich-sozialistischen Reformwillen geprägt und gingen ebenso auf Distanz zu den autoritären und hegemonialen politischen Entwürfen des nationalkonservativen Widerstandes wie zu liberal-bürgerlichen und kommunistischen Modellen. Zwischen Kapitalismus und Sozialismus wurde der dritte Weg gesucht. Konkret sollte er gefunden werden im Konzept der eigenverantwortlichen und sich selbst verwaltenden „kleinen Gemeinschaften" in den Kommunen, Nachbarschaften und Betrieben als Grundlage eines künftigen von unten nach oben gegliederten Staatsaufbaus. Erst hier in der unmittelbaren politischen und betrieblichen Mitbestimmung vor Ort, so glaubte man, sei dem Individuum sein Freiraum zur persönlichen Entfaltung gegen obrigkeitliche Staatsomnipotenz verbürgt. Das Wirtschaftsprogramm sah u. a. die Verstaatlichung des Grundstoff- und Energiesektors vor. Außenpolitisch setzten sich die „Kreisauer" für die Überwindung des Nationalstaates auf der Grundlage eines föderativ gegliederten europäischen Bundes und für die Aussöhnung Deutschlands mit seinen westlichen und östlichen Nachbarn ein.

Lange ging man gegenüber den „Kreisauern" von der Vorstellung eines bloß theoretisierenden Diskussionszirkels aus und saß damit noch nachträglich der Taktik der Selbstverharmlosung seiner Mitglieder bei den Gestapoverhören auf. Tatsächlich waren „Kreisauer" wie Moltke selbst, wie Yorck von Wartenburg, Haeften, Trott zu Solz und auch die Sozialdemokraten Leber und Reichwein durchaus zum aktiven Staatsstreich bereit und knüpften schon 1943 Kontakte zu Stauffenberg. Im Kreis entwickelte „Weisungen für die Landesverweser" sollten nach einem Umsturz ein einheitliches politisches Handeln sichern.

Der kommunistische Widerstand

Zu den erstaunlichsten Entwicklungen während des Krieges gehörte seit 1941 die Reaktivierung des kommunistischen Widerstandes, nachdem er 1933 zunächst zerschlagen und dann durch den Hitler-Stalin-Pakt zusätzlich paralysiert schien. Besonders zu erwähnen sind die unabhängig vom Ausland operierenden Gruppen um Anton Saefkow in Berlin, Franz Jakob in Hamburg sowie Theodor Neubauer und Magnus Poser in Thüringen. In rastloser Kleinarbeit knüpften sie Kontakte zu Widerstandsgruppen verschiedener Art auch an anderen Orten und aus anderen Lagern, organisierten eine illegale Publizistik und arbeiteten offenbar auf eine umfassendere demokratische Front gegen das Regime hin. Damit war die Frage aufgeworfen, ob sich zur Unterstützung eines „Staatsstreiches von oben“ nicht doch eine breitere, politische Gräben überwindende Volksbewegung von unten gegen das NS-Regime mobilisieren lassen konnte. Es spricht für das politische Gespür der beiden Sozialdemokraten Leber und Reichwein und für ihre politische Unvoreingenommenheit, daß sie trotz erheblicher Bedenken Verbindungen mit Saefkow und seinen Freunden aufnahmen. Ihre Absicht war es dabei, sich genauer über die Ziele und das mögliche Vorgehen der kommunistischen Widerstandsgruppen und auch über das Mitte Juli 1943 von Kriegsgefangenen (meist Überlebenden der 6. Armee aus Stalingrad), Exilkommunisten (u.a. Walter Ulbricht, Wilhelm Pieck, Wilhelm Florin, Anton Ackermann und Hermann Matern) und antifaschistischen Schriftstellern (u.a. Johannes R. Becher, Willi Bredel, Theodor Plivier und Gustav von Wangenheim) gegründeten „Nationalkommitee Freies Deutschland“ zu informieren. Offenbar hatte die Gestapo schon von dem ersten konspirativen Treffen mit Saefkow, Jakob und Thomas in einer Berliner Arztwohnung am 22. Juni 1944 Kenntnis bekommen. Jedenfalls verhaftete sie unmittelbar vor der zweiten, für 4 .Juli geplanten Zusammenkunft Reichwein und Leber. Dadurch wurden die Vorbereitungen für das Attentat dramatisch beschleunigt, da mit einer Aufdeckung der Pläne durch die Gestapo jetzt Tag für Tag zu rechnen war.

Julius Leber und seine Freunde reaktivierten und erweiterten seit dem Frühjahr 1944 auch das alte Netz von gewerkschaftlichen Vertrauensleuten in den Betrieben und Bezirken, soweit es seine Zerschlagung 1933 überstanden hatte, damit nach einem Putsch sofort in Verbindung mit örtlichen Wehrmachtstellen politisch gehandelt werden konnte. Hierbei kam dem Gedanken der Einheitsgewerkschaft aus früheren Angehörigen der sozialistischen, der christlichen, der liberalen und deutschnationalen Gewerkschaftsbewegung als demokratische Massenbasis nach einem Umsturz eine besondere Bedeutung zu.

Die jungen Offiziere

Einen neuen Schwung hatten die Vorbereitungen des Umsturzes bereits 1942/43 durch eine Reihe jüngerer, aktivistischer Offiziere um Stauffenberg, Tresckow und Olbricht und ihre Mitarbeiter erhalten. Dieser Schwung führte den Widerstand dann direkt zum 20. Juli 1944. Sie waren weitaus weniger traditionsgehemmt als die nationalkonservativen Honoratioren um Beck und Goerdeler und hatten weniger Skrupel, sich dem Vorwurf des Eidbruches und des Hochverrates auszusetzen. Sie drängten auf ein schnelles und entschiedenes Vorgehen gegen Hitler und seine Führungsclique und konzentrierten ihre Kraft auf die vordringlichsten Ziele: die generalstabsmäßige Vorbereitung des in Berlin geplanten Staatsstreiches, Bemühungen um die Gewinnung von Frontkommandeuren und Truppenbefehlshabern, Planung des Attentates selber und konspirativer Aufbau eines Netzes von entscheidungsfreudigen und zuverlässigen Vertrauensleuten in den militärischen und zivilen Dienststellen im Reich und in den besetzten Gebieten von den Generalkommandos und den Militärbefehlshabern abwärts, um die Organe des Regimes auf allen Ebenen möglichst auf einen Schlag kaltzustellen.

Stauffenberg

Stauffenbergs Weg in den Widerstand war geradezu idealtypisch für den langen und schwierigen Lernprozeß, den er und seine Standesgenossen von glühenden Bewunderern des Nationalsozialismus hin zu seinen schärfsten Widersachern durchmachten. Wie Moltke 1907 geboren, aus altem schwäbischen Adel, mit verwandtschaftlichen Beziehungen zu den Familien Gneisenau und Yorck, war er im katholisch-konservativen Milieu aufgewachsen und hatte sich von dem elitären Kreis um Stefan George faszinieren lassen. Zwar fühlte er sich von dem plebejischen Gehabe der nationalsozialistischen Massenorganisation wie die meisten Konservativen abgestoßen, konnte aber dem Nationalsozialismus selbst zunächst viel abgewinnen:

Der Gedanke des Führertums, der selbstverantwortlichen und sachverständigen Führung, verbunden mit dem einer gesunden Rangordnung und dem der Volksgemeinschaft, der Grundsatz ‚Gemeinnutz geht vor Eigennutz' und der Kampf gegen die Korruption, die Betonung des Bäuerlichen und der Kampf gegen den Geist der Großstädte, der Rassegedanke und der Wille zu einer neuen deutschbestimmten Rechtsordnung erschienen uns gesund und zukunftsträchtig.[136]

So organisierte er am „Tag der Machtergreifung" 1933 in Bamberg eine Jubeldemonstration. Die „Reichpogromnacht" im November 1938 und die Erfahrung mit den grausamen Zügen der deutschen Besatzungsherrschaft sollten ihm aber die Augen öffnen und ihn zum kompromißlosen Gegner Hitlers machen. Seine schweren Verwundungen in Nordafrika – er verlor ein Auge, eine Hand und zwei Finger der anderen – sollten für den Widerstand zum Glück im Unglück werden. Denn nach längerer Genesungszeit in der Heimat rückte der brillante Generalstäbler mit der zwingenden Ausstrahlungskraft auf alle, die engeren Umgang mit ihm hatten, am 1. Oktober 1943 in die Stellung eines Chefs des Staabes beim Allgemeinen Heeresamt unter General Olbricht und wurde dann am 1. Juli 1944 Stabschef des Befehlshabers des Ersatzheeres, Generaloberst Fromm, mit dem Recht des persönlichen Vortrages bei Hitler. Seine mitreißende Energie stieß bei dem sehr viel verhalteneren und systematischer operierenden und im übrigen auch fast zwanzig Jahre älteren Olbricht nicht selten auf heftige Kritik, da er dadurch eine vorzeitige Aufdeckung der Verschwörung befürchtete. Mit ihrer Hilfe bündelte Stauffenberg aber die divergierenden Gruppen des Widerstandes und suchte ein breites Bündnis von Goerdeler bis Leber. Seine konservative Grundhaltung empfahl ihn den bürgerlichen Honoratioren, seine soziale Aufgeschlossenheit den Sozialdemokraten (und im übrigen auch nach 1945 der Geschichtsschreibung der DDR!). Seine in Rußland und Nordafrika bewiesenen persönliche Tapferkeit prädestinierten ihn zum Attentäter, wenngleich seine schwere körperliche Behinderung am 20. Juli bei der Schärfung der Bombe erhebliche Schwierigkeiten aufgeben sollte. Eine wichtige und treue Stütze war Stauffenberg bei der Vorbereitung und Durchführung des Attentates sein Adjudant Oberleutnant Werner von Haeften, nur ein Jahr jünger als er und Bruder des mitverschworenen Diplomaten Hans-Bernd von Haeften.

Olbricht

Von Anfang an in Distanz zum NS-Regime stand der General Friedrich Olbricht. Auch er war durch seine soziale Aufgeschlossenheit akzeptabel für die Linke. Seit 1938 war er mit Goerdeler befreundet und hielt Verbindung zum militärischen Widerstand um Beck. Nach einem erfolgreichen Fronteinsatz als Divisionskommandeur in Polen mit dem Ritterkreuz ausgezeichnet, konnte er ab Februar 1940 vom Allgemeinen Heeresamt im OKH aus seine dienstlichen Verbindungen zu allen Heeresteilen nutzen und in die Rolle des militärtechnischen Cheforganisators eines Umsturzes hineinwachsen.

Olbricht war es auch, der schon im Juli 1943 unter dem Codenamen „Walküre" Bestimmungen über Gegenmaßnahmen im Falle innerer Unruhen oder Aufstände in Deutschland (z. B. verursacht durch Fremdarbeiter) entwickelte. Danach sollten nach Auslösung von „Walküre" Einheiten des Ersatzheeres in Alarmbereitschaft versetzt und gegen die Aufständischen eingesetzt werden. Für den geplanten Umsturz war vorgesehen, daß unter der Tarnung von „Walküre" nach der Beseitigung Hitlers mit Heeresverbänden die NSDAP, die SS und die Staatsführung im Reich und in den okkupierten Gebieten entmachtet, die Rundfunksender und Ministerien besetzt und das Führungskorps verhaftet werden sollten. Diese Tarnung kam dem Legalitätsdenken vieler Offiziere entgegen, wurden sie dadurch doch zu Trägern des Putsches, ohne daß ihnen dies zunächst bewußt sein konnte.

Ein erhebliches Unsicherheitsmoment lag freilich, wie sich dann am 20. Juli 1944 nachmittags zeigen sollte, darin, daß der für die Auslösung von „Walküre" an sich verantwortliche Oberbefehlshaber des Ersatzheeres, Fromm, weder eingeweiht noch zur Mitarbeit bereit war. Auch Olbricht hatte in seinem Stabschef Oberst Albrecht Ritter Mertz von Quirnheim, dem Nachfolger Stauffenbergs in diesem Amt, am 20. Juli einen wertvollen und absolut loyalen Helfer.

Tresckow

Eine Schlüsselfigur für die Vorbereitung des Putsches war der Generalmajor Henning von Tresckow. Als erster Generalstabsoffizier bei der HG Mitte und umgeben von einer Gruppe gleichgesinnter Offiziere, darunter sein engster Mitverschwörer und Ordonanzoffizier Fabian von Schlabrendorff, konnte er seinen Kommandeur Generalfeldmarschall Hans Günther von Kluge soweit in die Umsturzpläne einweihen, daß dieser ihm einen erheblichen Bewegungsspielraum ließ und ihn deckte. So hatte Tresckow auch im Sommer 1943 bei einem längeren Aufenthalt in Berlin reichlich Gelegenheit, enge konspirative Verbindungen zu den dortigen Dienststellen herzustellen. Kluge soll sich im September 1943 bei einer langen Unterredung im Hause Olbrichts unter Teilnahme auch von Beck und Goerdeler zwar für eine schnelle Beendigung des Krieges angesichts der verzweifelten militärischen Lage und sogar für die Notwendigkeit eines Attentates auf Hitler ausgesprochen haben, lehnte aber für sich jedes aktive Eingreifen ab, bevor der Diktator nicht beseitigt sei. Von dieser vorsichtigen und abwartenden Haltung wich er auch nicht ab, als er nach einem schweren Autounfall am 12. Oktober 1943 dann am 7. Juli 1944 den Oberbefehl über das Westheer und nach Rommels Verwundung am 17. Juli zusätzlich dessen HG übernahm.

Bereits im März 1943 hatte Tresckow zusammen mit Schlabrendorff eine Bombe in Hitlers Flugzeug schmuggeln lassen. Sie explodierte jedoch infolge des Versagens des Zünders nicht. Eine seltsame Mischung aus Zufällen und mißtrauischen Vorahnungen Hilters führte dazu, daß auch weitere Attentatspläne Tresckows 1943 nicht zur Ausführung kamen. Er verschrieb sich nach dem Ausfall Kluges weiter dem Staatsstreichkonzept Stauffenbergs, auch als er am 20. November 1943 Chef des Stabes der 2. Armee im Osten geworden war. Freilich war sein Handlungsspielraum nunmehr dadurch erheblich eingeengt, daß im Oktober 1943 in die Position Kluges als Oberbefehlshaber der HG Mitte der absolut hitlerhörige Generalfeldmarschall Ernst Busch einrückte und diese Stellung bis zur Vernichtung der HG im Juni 1944 innehatte.

Andere Widerstandsgruppen

Bevor nun die einzelnen Entwicklungslinien hin auf den 20. Juli gebündelt werden, sollen noch zwei Widerstandskreise in den Überblick einbezogen werden. Sie hatten zwar nicht unmittelbar mit dem Attentat etwas zu tun, nahmen jedoch in dem breiten und vielfältigen Spektrum des Widerstandes einen wichtigen Platz ein: Die „Weiße Rose“ und die „Rote Kapelle“.

Die „Weiße Rose“

In der „Weißen Rose“ hatte sich eine Gruppe Münchner Studenten um die Geschwister Hans und Sophie Scholl, Christoph Probst, Willi Graf, Alexander Schmorell und den Philosophieprofessor Kurt Huber zusammengefunden. Kontakte liefen auch zu anderen Universitäten, u.a. Hamburg, Freiburg, Berlin und Wien und zu katholischen Oppositionsgruppen. In den Flugblättern wurden der Protest des Gewissens gegen die sittliche und politische Kapitulation des deutschen Bildungsbürgertums und seine geistige Verführbarkeit durch den Nationalsozialismus und die Empörung über die Verbrechen des Regimes zum Ausdruck gebracht. Mit Flugblättern und Inschriften auf Hauswänden wie „Der Geist lebt“ oder „Nieder mit Hitler“ wandte sich die „Weiße Rose“ 1942/43 an die Öffentlichkeit und besonders an die Studentenschaft,

um über den Terror des nationalsozialistischen Unrechtsstaates, seine Vergehen an Juden und Polen, die geistige Verführung der Jugend und die sich verschlechternde Kriegslage zu informieren. Man wollte den Teufelskreis durchbrechen, in dem „jeder wartet, bis der andere anfängt", und so alle am Ende schuldig werden. Es ging der „Weißen Rose" am Ende nicht um einen Staatsstreich, wenngleich sie wußte, „daß die nationalsozialistische Macht militärisch gebrochen werden muß". Sie wollte vielmehr zur Sabotage und zum passiven Widerstand aufrufen, um „den Nationalsozialismus zu Fall zu bringen" und „eine Erneuerung von innen zu erreichen".
Besonderes Aufsehen erregte das letzte Flugblatt der „Weißen Rose". Die Geschwister Scholl verstreuten es am 18. Februar 1943 in hoher Auflage in der Eingangshalle der Münchner Universität von der Empore aus. Dies führte umgehend zur Denunziation durch den Hausmeister und zu ihrer Verhaftung. Es mahnte:
Der Tag der Abrechnung ist gekommen, der Abrechnung der deutschen Jugend mit der verabscheuungswürdigsten Tyrannis, die unser Volk je erduldet hat. Im Namen der deutschen Jugend fordern wir vom Staat Adolf Hitlers die persönliche Freiheit, das kostbarste Gut des Deutschen zurück, um das er uns in der erbärmlichsten Weise betrogen.
HJ, SA und SS hätten die Jugend „in den fruchtbarsten Bildungsjahren unseres Lebens zu uniformieren, zu revolutionieren, zu narkotisieren versucht". Jetzt gehe es um die „Erkämpfung unserer freien Selbstbestimmung, ohne die geistige Werte nicht geschaffen werden können", und um „die Brechung des nationalsozialistischen Terrors aus der Macht des Geistes"[137]. Die Geschwister Scholl und Christoph Probst wurden nach einem Schnellverfahren vor dem Volksgerichtshof unter Freisler am 22. März 1943 hingerichtet. Ihre Freunde folgten ihnen in den nächsten Monaten in den Tod.

Die „Rote Kapelle"

Zu Unrecht hat ein Teil der westlichen Geschichtsschreibung nach 1945, kritiklos anknüpfend an die Einordnung durch die Gestapo, die „Rote Kapelle" pauschal als kommunistisch und ihre Aktivitäten als landesverräterisch diffamiert. Das erste Etikett geht weit an der politisch-ideologischen Vielfalt innerhalb dieser Widerstandsgruppe vorbei, das zweite ließe sich genauso auch auf die vielfältigen Kontakte der anderen oppositionellen Kreise, so etwa der Abwehr, ins westliche Ausland anwenden. Nach dem Selbstverständnis der „Roten Kapelle", in der Widerstand, Spionage und Landesverrat nahtlos ineinander übergingen, sollte die nachrichtendienstliche Zusammenarbeit mit Moskau nicht dem Verrat des Vaterlandes, sondern, wie auch in den anderen Gruppen, seiner Befreiung von der Hitler-Diktatur dienen und gleichzeitig einer engeren Anlehnung Deutschlands an die Sowjetunion nach dem Sturz Hitlers den Boden bereiten.
„Rote Kapelle" war die von der Gestapo geprägte Sammelbezeichnung

für die größte Spionage- und Widerstandsorganisation im Zweiten Weltkrieg. Schon 1938 erhielt der polnische Kommunist Leopold Trepper als Oberst des sowjetischen Geheimdienstes von diesem den Auftrag, ein Nachrichtennetz aufzubauen, um die Kriegsvorbereitungen Berlins rechtzeitig nach Moskau zu melden. Trepper gründete zur Tarnung in Brüssel eine Trenchcoat-Im- und Export-Firma und warb Agenten in Belgien, den Niederlanden und Frankreich an. Stalin erlegte Trepper zunächst wegen des Paktes mit Hitler bis 1941 in Deutschland größte Zurückhaltung auf und reagierte auch nicht, als er ihm 1941 den bevorstehenden Angriff auf die Sowjetunion meldete. In Deutschland hatte sich inzwischen durch organisierten Zusammenschluß 1939 eine politisch stark differenzierte Gruppe von Linksintellektuellen, Schriftstellern, Künstlern und Journalisten und auch kommunistischen Arbeitern um Oberstleutnant Harro Schulze-Boysen aus der Nachrichtenabteilung des Reichsluftfahrtministeriums, übrigens ein Mitglied der Familie Tirpitz, sowie Oberregierungsrat Arvid Harnack aus dem Reichswirtschaftsministerium und seine amerikanische Frau gebildet. Die Vertreter dieses Widerstandskreises saßen z.T. in einflußreichen staatlichen Stellen, hatten Verbindungen ins OKW und ins Auswärtige Amt und gaben illegale Flugschriften (u. a. „Agis-Schriften" und „Briefe an die Ostfront") heraus. Sie klebten antinationalsozialistische Anschläge, leisteten Verfolgten Fluchthilfe, organisierten Sabotageakte in der Kriegsindustrie und belieferten Moskau mit wichtigen Informationen. Neben einem inneren Kreis, der sich auf aktiven Widerstand im Reich beschränkte, existierte seit 1940 ein äußerer Spionagekreis, dessen Mitglieder Funkkontakte ins Ausland, besonders nach Moskau unterhielten. Die – „Pianisten" genannten – Funker der „Roten Kapelle" setzten zwischen 1940 und 1943 etwa 1500 Funksprüche an die Moskauer Zentrale ab, verrieten deutsche Aufmarschpläne und Agenten, Pläne für neue Waffenmodelle wie den Panzerwagen „Tiger" und warnten – vergeblich – vor dem deutschen Angriff auf die UdSSR. Seit 1941 sammelte die deutsche Abwehr solche Funksprüche und stellte im Juli 1942 ein „Sonderkommando Rote Kapelle" auf, das die Führung rasch enttarnte. Anfang August 1942 wurden über 100 Personen von der Gestapo verhaftet, gefoltert und überwiegend als „Landesverräter und Bolschewisten" zum Tode verurteilt. Hitler drang hier mehrfach eigenhändig auf eine Verschärfung der Urteile und schrieb dann auch nach dem 20. Juli die Art der Todesstrafe wie Strang oder Enthaupten vor.

Die Pläne für den Staatsstreich

Die Ereignisse um den 20. Juli 1944 sind seit fünfzig Jahren bis ins Detail erforscht und immer wieder beschrieben worden. Deshalb sollen hier nur noch einmal die Ursachen herausgestellt werden, die zum Scheitern des Staatsstreiches geführt haben.

Zwar gelang es den Verschwörern bis zuletzt nicht, namhafte und pro-

filierte aktive Truppenkommandeure auf ihre Seite zu ziehen und dadurch von Anbeginn sicherzustellen, daß auf ihren Befehl hin sofort unter dem Stichwort „Walküre" zuverlässige Verbände gegen die Zentren der Macht in Berlin und in anderen Städten in Bewegung gesetzt werden konnten. Aber es stellten sich zwei bekannte, wenn auch inzwischen verabschiedete hohe Offiziere für Schlüsselpositionen zur Verfügung: Generaloberst a.D. Erich Hoepner, erfahrener Panzeroffizier, in der Winterkrise vor Moskau 1941/42 wegen eigenmächtiger Zurücknahme seiner erschöpften Verbände am 8. Januar 1942 von Hitler seines Postens enthoben, wegen „Feigheit und Ungehorsam" aus der Wehrmacht entlassen und nach Berlin zurückgeschickt, war als „Oberbefehlshaber im Heimatkriegsgebiet" vorgesehen und Generalfeldmarschall a.D. Erwin von Witzleben, bereits seit der Sudetenkrise 1938 Befürworter eines Sturzes von Hitler und am 21. März 1942 auf Verdächtigungen hin als Oberbefehlshaber West abgelöst, als „Oberbefehlshaber der Wehrmacht".
Witzlebens Unterschrift als „Oberbefehlshaber der Wehrmacht" trug auch der – seit Sommer 1943 auf Betreiben Tresckows ausgearbeitete – Befehl, der sofort nach dem Attentat im Rahmen von „Walküre" an alle militärischen und zivilen Kommandozentralen per Fernschreiben herausgehen sollte:
Der Führer Adolf Hitler ist tot. Eine gewissenlose Clique frontfremder Parteiführer hat es unter Ausnutzung dieser Lage versucht, der schwerringenden Front in den Rücken zu fallen und die Macht zu eigennützigen Zwecken an sich zu reißen. In dieser Stunde höchster Gefahr hat die Reichsregierung zur Aufrechterhaltung von Recht und Ordnung den militärischen Ausnahmezustand verhängt und mir zugleich mit dem Oberbefehl über die Wehrmacht die vollziehende Gewalt übertragen.[138]
Die vollziehende Gewalt wurde dann in demselben Befehl anschließend von Witzleben „mit dem Recht der Delegation auf die territorialen Befehlshaber im Heimatkriegsgebiet auf den Befehlshaber des Ersatzheeres unter gleichzeitiger Ernennung zum Oberbefehlshaber im Heimatkriegsgebiet (d. h. Hoepner als Nachfolger Fromms), in den besetzten Gebieten auf die Oberbefehlshaber" übertragen.
In einem weiteren Befehl waren die Sofortmaßnahmen unter dem Ausnahmezustand festgelegt: Besetzung aller Verkehrsanlagen, Rundfunkhäuser, Großfunkstellen, Gas-, Elektrizitäts- und Wasserwerke, Verhaftung sämtlicher Gauleiter, Reichsstatthalter, Minister, Oberpräsidenten, Polizeipräsidenten, sämtlicher höherer SS- und Polizeiführer, Gestapoleiter, SS-Dienststellenleiter, Kreisleiter und Leiter der Propagandaämter; „beschleunigte" Besetzung der Konzentrationslager, Verhaftung bzw. Kasernierung der Lagerkommandanten und Wachmannschaften, Aufrechterhaltung der Ordnung unter den Häftlingen; Verhaftung aller

illoyalen oder der Illoyalität verdächtigen Führer der Waffen-SS, notfalls Entwaffnung der Einheiten; Besetzung der Gestapo- und SD-Dienststellen; Verbindungsaufnahme und gemeinsames Handeln mit den Befehlshabern der Kriegsmarine und der Luftwaffe.
Das Gelingen des Staatsstreiches hing also von folgenden unverzichtbaren Voraussetzungen ab: dem Tod Hitlers und der absolut glaubwürdigen Weiterleitung dieser Meldung an alle Befehlsinstanzen bis auf die untere Ebene, dem Einsatz völlig zuverlässiger, entscheidungsfreudiger und durchsetzungsfähiger Truppenkommandeure und Befehlshaber mit einer hinreichend starken militärischen Ausstattung, der engen Zusammenarbeit mit Luftwaffe und Kriegsmarine – sicher die größte Achillesferse des ganzen Unternehmens! – und vor allem davon, daß rasch und ohne Verzögerung gehandelt wurde und ein Rädchen in das andere griff.
Die von Jakob Kaiser überliefert letzte Ministerliste vom Juli 1944 sah folgende Besetzung vor: Staatschef: Beck, Kanzler: Goerdeler, Vizekanzler: Leuschner, Innenminister: Leber, Wirtschaft und Arbeit: Lejeune-Jung (bis 1929 DNVP, nach 1933 Industrie-Syndikus), Kultus: Bolz (Zentrumspolitiker und 1928-1933 württembergischer Staatspräsident, unterstützte entschieden den Reichskanzler Brüning) oder Schuschnigg (1934-1938 österr. Bundeskanzler), Wiederaufbau: Letterhaus (katholischer Gewerkschafter), Finanzen: Loeser (früher Popitz), Justiz: Wirmer, Außenminister: Hassell oder Schulenburg, Landwirtschaft: Hermes (mehrfach Reichsminister und einer der führenden Landwirtschaftsfunktionäre der Weimarer Republik), Reichstagspräsident: Löbe (1920-1932 sozialdemokratischer Reichstagspräsident). Andere Entwürfe sahen Brüning als Außenminister, Leuschner als Reichspräsidenten nach Beendigung des Übergangsregimes, Leuschner oder Leber als Nachfolger Goerdelers vor. Als Chef der Polizei wurde Tresckow, als Kriegsminister Hoepner mit den Staatssekretären Olbricht und Stauffenberg, als Referent für Presse und Propaganda Mierendorff und nach dessen Tode 1943 durch einen Luftangriff in Leipzig Haubach genannt.
Unabhängig davon, daß sich an Goerdeler die Geister schieden und Stauffenberg und Leber ihn möglichst schnell nach einem Übergang ablösen wollten, wird man doch sagen können, daß in dieser Kabinettsliste das breite politische Spektrum des bürgerlichen Widerstandes von gemäßigt deutschnational bis zur Sozialdemokratie repräsentiert war. Etwas anderes ist die Frage, ob sich unter den genannten Persönlichkeiten wirklich eine befand, die nach einem Gelingen des Umsturzes so viel charismatische Ausstrahlungskraft und unbestrittene Führungsautorität auch aus der Sicht der Bevölkerung hätte entfalten können, um die fast übermenschlichen zivilen und militärischen, inneren und äußeren Aufgaben erfolgreich zu lösen und das Land aus den schweren Verwüstungen, die das NS-Regime allenthalben angerichtet

hatte, herauszubringen. Möglicherweise war hier auch ein personeller Schwachpunkt des Staatsstreiches.

Beschleunigung der Vorbereitungen Mitte 1944

Eine Reihe dramatischer Umstände zwang die Verschwörer dann Mitte Juli, ihre Vorbereitungen zu beschleunigen und loszuschlagen. Die Gestapo war dem Komplott bereits auf der Spur und seine Aufdeckung jede Stunde zu erwarten. Anfang 1944 wurde durch eine – eher zufällige – Verhaftung Moltkes der „Kreisauer Kreis" gesprengt. Wenige Wochen später, im Februar, erfolgten die Kaltstellung von Canaris durch das RSHA und am 31. März die Entlassung Osters mit seiner Unterstellung unter Gestapo-Aufsicht. Anfang Juli wurden Leber und Reichwein kurz vor ihrem zweiten Treffen mit Saefkow in Berlin verhaftet. Am 18. Juli gelang es der Gestapo, Goerdeler steckbrieflich zu enttarnen. Der Verhaftung konnte er sich bis zu seiner Denunziation am 12.August, wofür die Denunziantin 1 Million Mark bekam, durch die Flucht entziehen. Am 17. Juli fiel Rommel durch seine schwere Verwundung aus. Gleichzeitig war Beck nach einer Krebsoperation noch stark geschwächt und erst auf dem Wege der Genesung. Bereits zweimal, am 11. und 15. Juli, hatten die Verschwörer „Walküre" ausgelöst, diesen Alarm dann aber, da Himmler und Göring nicht in der Umgebung Hitlers weilten, lediglich als „Übung" deklariert. Ein drittes Mal würde dies wohl nicht mehr möglich sein. Schließlich kapselte sich Hitler nach dem Sturz seines Freundes Mussolini 1943 immer mehr mißtrauisch gegen die Außenwelt ab und ließ nur noch wenige Vertraute an sich herankommen.

Auch militärisch sah die Lage verzweifelt aus. Seit dem Angriff der Roten Armee am 22. Juni befand sich die HG Mitte in voller Auflösung, und ein Vorstoß an die Reichsgrenzen schien nur noch eine Sache von Wochen. Im Westen war abzusehen, daß die Halbinsel Cotentin in der Normandie nach der Landung am 6. Juni nicht mehr lange gegen die andrückenden anglo-amerikanischen Verbände würde abgeriegelt werden können und daß nach einem Durchbruch, der allerdings erst am 31. Juli bei Avranches erfolgte, Frankreich praktisch ungedeckt für einen Bewegungskrieg Richtung westlicher Reichsgrenze offenstehen werde. Es zeichnete sich also ab, daß die Verschwörer und eine neue Regierung innerhalb kurzer Zeit für Waffenstillstandverhandlungen überhaupt keine Manövriermasse mehr in der Hand haben würden.

Es war eine unglückliche Verkettung von widrigen Umständen, von unvorhersehbaren Zufällen und auch Fehlern der Verschwörer, die am 20. Juli 1944 zum Mißlingen des Staatsstreiches führte. Erschwerend wirkte sich von Anfang an aus, daß Stauffenberg in einer Doppelfunktion – zunächst als Attentäter in Ostpreußen und dann als Haupt der Verschwörer in Berlin – handeln mußte. Dadurch ging in der Zentrale des Staatstreiches in der Reichshauptstadt bis zu seiner Rückkehr aus dem Führerhauptquartier wertvolle Zeit verloren.

Hitler überlebt das Attentat am 20. 7. 1944

Entscheidend für das Scheitern des Putsches war vor allem, daß Hitler das Attentat, wenn auch verletzt, überlebte. Auch hier spielte wieder der Zufall mit. Entgegen den sonstigen Gepflogenheiten fand die Lagebesprechung am 20. Juli mittags ab 12.30 Uhr nicht in einem Bunker, in dem gerade die Decke verstärkt wurde, sondern in einer Holzbaracke bei geöffneten Fenstern statt. Stauffenberg war dazu gebeten worden, um als Stabschef des Ersatzheeres über die Aufstellung neuer Panzer- und Grenadierdivisionen an der Ostfront zu berichten. Nach Einstellung des Zünders in seiner Aktentasche im Vorraum verließ er das Besprechungszimmer wenig später, um angeblich ein Telefongespräch zu führen. Zwischen 12.40 und 12.45 Uhr erschütterte eine heftige Explosion die Baracke. Die Druckwelle verpufte durch die offenen Fenster und brachte lediglich einige Holzverstrebungen zum Einsturz. Die Explosion in seinem Betonbunker hätte der Diktator wahrscheinlich nicht überlebt. Er wurde überdies durch die schwere Eichenplatte des Kartentisches geschützt, unter dem die Aktentasche mit der Bombe abgestellt war und über den er sich gerade beugte.

Stauffenberg und sein Adjudant von Haeften waren inzwischen auf dem Weg zum Flugplatz. Sie sahen die Wirkung der Explosion aus etwa 80 m Entfernung und verließen die „Wolfsschanze", deren Sperrbezirke sie wie durch ein Wunder hatten passieren können, mit dem festen Eindruck, daß Hitler das Attentat nicht überlebt hatte. Auf dem Rückflug der beiden von Rastenburg in Ostpreußen nach Rangsdorf bei Berlin gingen zweieinhalb wertvolle Stunden verloren (13.15 bis 15.45 Uhr). Währenddessen tat sich im Bendlerblock, dem alten Reichskriegsministerium und nunmehrigen Hauptquartier der Verschwörer, nichts. Sie warteten auf Stauffenberg und seine Informationen aus dem Führerhauptquartier. Erst als dieser gegen 16.00 Uhr Olbricht in der Bendlerstraße von Rangsdorf aus telefonisch anwies, „Walküre" unverzüglich auszulösen, gingen die von Witzleben unterzeichneten Befehle für den Ausnahmezustand fernschriftlich heraus. Ihre ganz unnötige Verschlüsselung kostete zusätzliche Zeit.

Verzögerungen in Berlin

Inzwischen zeichnete sich in der „Wolfsschanze" eine weitere folgenschwere Panne ab. Denn die von General Fritz Erich Fellgiebel, seit 1939 Chef des Nachrichtenverbindungswesens im OKW, der in die Attentatspläne eingeweiht war, verfügte totale Nachrichtensperre über das Führerhauptquartier wurde zu schnell wieder aufgehoben. So konnte Keitel in einem von Olbricht vermittelten „Blitzgespräch" aus Ostpreußen bereits kurz nach 16.00 Uhr Fromm in der Bendlerstraße mitteilen, daß der „Führer" lebe und kaum verletzt sei. Für den Oberbefehlshaber des Ersatzheeres war diese Mitteilung ein zusätzlicher Grund, sich dem Drängen Olbrichts auf Auslösung von „Walküre" strikt zu verweigern, auch dann noch, als Olbricht Keitels Information als gezielte Falschmeldung bezeichnete, die schon durch Stauffenbergs und

von Haeftens unmittelbare Eindrücke von der Wirkung der Explosion eindeutig widerlegt sei.
Bereits ab 16.00 Uhr nachmittags lief eigentlich alles in Berlin schief. Zwar gab der inzwischen in die Bendlerstraße geeilte Beck die verpflichtende Erklärung ab, man dürfe sich jetzt unter keinen Umständen mehr durch die Dementis der Gegenseite und Rätselraten über den Tod Hitlers verwirren lassen und müsse die Aktion in der Reichshauptsstadt zum Abschluß bringen, bevor eine eindeutige Information aus der „Wolfsschanze" eintreffe; auch ließ Stauffenberg planmäßig bis 17.30 Uhr den Bendlerblock und das Regierungsviertel durch das Berliner Wachregiment unter dem – freilich nicht eingeweihten – Major Remer abriegeln. Schließlich wurden in den Wehrkreisen und in Paris die ersten Maßnahmen im Rahmen der Aktion „Walküre" eingeleitet. Aber vier entscheidende Bedingungen für ein Gelingen des Putsches waren zusätzlich zum Tod Hitlers nicht erfüllt: die nachrichtliche Abschirmung der „Wolfsschanze" sowie die Besetzung des Reichspropagandaministeriums, der Rundfunkhäuser und der Telefonzentralen mit Truppeneinheiten unter zuverlässigen und in die Attentatspläne eingeweihten Kommandeuren.

Das Scheitern des Staatsstreiches

So verdichteten sich bereits gegen 18.00 Uhr Gerüchte, Hitler habe das Attentat überlebt. Um 18.30 Uhr brachte der Deutschlandsender eine erste Nachricht über sein Scheitern. Damit war „Walküre" die Grundlage entzogen. Aus allen Teilen des Reiches und aus den besetzten Gebieten trafen in der Bendlerstraße dringende Anrufe von Kommandeuren ein. Sie wollten wissen, was von den Alarmbefehlen aus Berlin wirklich zu halten sei und ob Hitler noch lebe. Irritation und Konfusion erreichten ihren Höhepunkt. Auf der einen Seite verbürgte sich Stauffenberg in immer neuen Fernschreiben für den Tod Hitlers, auf der anderen gab Keitel vom Führerhauptquartier das kategorische Verbot aus, von der Bendlerstraße noch irgendwelche Befehle entgegenzunehmen. Um 17.00 Uhr ließ sich der mißtrauische Major Remer im Reichspropagandaministerium von Goebbels persönlich mit Hitler verbinden und – fernmündlich zum Oberst ernannt – von seinem „Führer" mit der rücksichtslosen Niederschlagung des Putsches und der Verhaftung der Rädelsführer beauftragen. Gegen 21.00 Uhr meldete der Rundfunk, der „Führer" werde im Verlauf des Abends zum deutschen Volk sprechen und Himmler sei zum Oberbefehlshaber des Ersatzheeres ernannt. Damit war auch die letzte Chance geschwunden, weitere geeignete Truppen für den Staatsstreich in Berlin zu gewinnen.
Auch im Bendlerblock überstürzten sich zwischen 22.00 und 23.00 Uhr die Ereignisse und eskalierten schließlich in einen Schußwechsel zwischen den Verschwörern um Stauffenberg und Olbricht auf der einen und einer sich inzwischen formierenden Gegengruppe um Fromm auf der anderen Seite. Witzleben hatte sich unterdessen auf den Weg nach

Zossen in das Hauptquartier des Heeres begeben. Völlig resigniert soll Stauffenberg schließlich seine Augenklappe abgenommen und zur Sekretärin von Fromm gesagt haben: „Sie haben mich alle im Stich gelassen."[139] Gegen 23.00 Uhr erklärte Fromm die Verschwörer für verhaftet und verkündete unverzüglich das Todesurteil eines „Standgerichtes" wegen Hochverrat über Olbricht, Stauffenberg, Haeften und Mertz von Quirnheim. Im Lichtkegel eines Autoscheinwerfers wurden die vier kurz nach Mitternacht von einem Erschießungskommando Remers exekutiert. Seinen ehemaligen Freund Hoepner ließ Fromm ins Wehrmachtsgefängnis bringen, seinen einstigen Vorgesetzten Beck nach einem gescheiterten Selbstmordversuch durch einen Feldwebel des Wachregiments erschießen. Allerdings konnte Fromm durch seinen vorauseilenden Gehorsam seine Haut auch nicht mehr retten. Er wurde am nächsten Tag auf Befehl Himmlers verhaftet und noch im März 1945 „wegen Feigheit" zum Tode verurteilt und hingerichtet.

Hinrichtung der Attentäter

Zeitweilig erfolgreich verlief der Putsch lediglich in Paris, Wien, Prag, Kassel und Frankfurt. Am weitesten gingen die Maßnahmen in der französischen Metropole. Unmittelbar nach Eintreffen des Stichwortes „Walküre" aus Berlin gelang es Karl Heinrich von Stülpnagel, dem Militärbefehlshaber in Frankreich, unterstützt von zuverlässig ergebenen Offizieren, darunter Oberstleutnant Cäsar von Hofacker, Verbindungsmann zu seinem Vetter Stauffenberg, ohne einen Schuß die SS- und SD-Quartiere zu besetzen und den überraschten SS- und Polizeiführer von Frankreich, General Oberg, sowie den Chef des Sicherheitsdienstes und etwa 1200 Mitglieder des Sicherheitsapparates zu inhaftieren. Nun hing alles von Kluge ab. Würde er mitspielen und, wie Stülpnagel und Hofacker leidenschaftlich von ihm forderten, noch in der Nacht zum 21. Juli ein Waffenstillstandsangebot an Eisenhower und Montgomery richten, um den aussichtslosen Kampf im Westen einzustellen, solange ihm der Rücken in Paris durch die Ausschaltung der Sicherheitskräfte freigehalten würde? Würde er sich vielleicht sogar mit seinen Truppen an die Spitze des Staatsstreiches stellen? Aber Kluge versagte sich in diesem entscheidenden Augenblick, als ihm durch ein Telefongespräch mit Berlin das Scheitern des Attentates klar wurde. Stülpnagel wurde sofort nach Berlin befohlen. Er versuchte, sich das Leben zu nehmen, schoß sich aber nur blind und wurde im Krankenhaus solange gepflegt, bis er vom Volksgerichtshof zum Tode verurteilt und am 30. August in Berlin-Plötzensee hingerichtet werden konnte. Hofacker wurde als „Haupt der Verschwörung in Frankreich" ebenfalls zum Tode verurteilt und am 20. Dezember getötet. Kluge schrieb auf der Rückfahrt nach Berlin einen Abschiedsbrief an Hitler, in dem er seine unwandelbare Treue betonte, zugleich aber die Beendigung des Krieges forderte, und nahm noch auf der Fahrt Gift.

Der Putsch außerhalb Berlins

Das Drama, das am Nachmittag und Abend des 20. Juli 1944 in der

„Wolfsschanze" abrollte, nahm teilweise die Züge eines verkitschten Satyrspiels an. Noch sichtlich angeschlagen und auf einer Kiste inmitten der Trümmer der schwer lädierten Baracke plaziert, aber doch bereits wieder in der Pose eines Triumphators erklärte Hitler dem um 16.30 Uhr mit dem Zug angereisten erschrockenen „Duce" den Hergang der Tat, um dann nach einem langen Schweigen fortzufahren:

Hitler sieht seine „wundersame Errettung" als Wink der Vorsehung

Wenn ich mir alles noch einmal vergegenwärtige, so ergibt sich für mich aus meiner wunderbaren Errettung, während andere im Raum schwere Verletzungen davongetragen haben und einer sogar durch den Luftdruck zum Fenster hinausgeschleudert wurde, daß mir eben nichts passieren soll, besonders da es ja nicht das erste Mal ist, daß ich auf wunderbare Weise dem Tode entronnen bin.

Diese Sätze beeindruckten den abergläubischen Mussolini sichtlich. Dann sprach Hitler die bemerkenswerten Worte:

Nach meiner heutigen Errettung aus der Todesgefahr bin ich mehr denn je davon überzeugt, daß es mir bestimmt ist, nun auch unsere gemeinsame große Sache zu einem glücklichen Abschluß zu bringen!

Lebhaft nickte Mussolini und erwiderte mit einer Handbewegung auf die Trümmerstätte in gläubiger Bewunderung:

Nachdem ich das hier gesehen habe, bin ich absolut ihrer Meinung. Das war ein Zeichen des Himmels![140]

Die Stichworte für eine weitere pseudoreligiöse Überhöhung des „Führerkultes" waren gegeben: „wunderbare Errettung" aus der Todesgefahr durch die Vorsehung und „Zeichen des Himmels". Es sollte das letzte Treffen der beiden Diktatoren sein.

Am Nachmittag versammelte Hitler auch seine Paladine um sich: Himmler, Ribbentrop, Göring und Dönitz. Ihre nervöse Spannung und deprimierte Stimmung machten sich in heftigen gegenseitigen Vorwürfen über die Schuld an der verheerenden militärischen und politischen Lage Luft.

Gegen ein Uhr nachts ging Hitlers bereits angekündigte persönliche Ansprache von Königsberg aus über alle deutschen Sender. Sie gab u. a. die offizielle Sprachregelung vor, unter der der Diktator das versuchte Attentat auf ihn von der Bevölkerung eingeschätzt wissen wollte:

Eine ganz kleine Clique ehrgeiziger, gewissenloser und zugleich verbrecherischer, dummer Offiziere hat ein Komplott geschmiedet, um mich zu beseitigen und zugleich mit mir den Stab praktisch der deutschen Wehrmachtführung auszurotten. Die Bombe, die von dem Obersten Graf von Stauffenberg gelegt wurde, krepierte zwei Meter an meiner rechten Seite. Sie hat eine Reihe mir teurer Mitarbeiter sehr schwer verletzt, einer ist gestorben. Ich selbst bin völlig unverletzt bis auf ganz kleine Hautabschürfungen, Prellungen oder Verbrennungen. Ich fasse es als eine Bestätigung des Auftrages der Vorsehung auf, mein Lebensziel weiter zu verfolgen, so wie ich es bisher getan habe. […] Die Behauptung dieser Usurpatoren, daß ich nicht mehr lebe, wird jetzt in diesem Augenblick wiederlegt, da ich zu Euch, meine lieben Volksgenossen, spreche. Der Kreis, den diese Usurpatoren darstellen, ist ein denkbar kleiner. Er hat mit der deutschen Wehrmacht und vor allem auch mit dem deutschen Heer nichts zu tun. Es ist ein ganz kleiner Klüngel verbrecherischer Elemente, die jetzt unbarmherzig ausgerottet werden. [...] Diesmal wird nun so abgerechnet, wie wir das als Nationalsozialisten gewohnt sind.[141]

Die Rache des Regimes

Hitlers Zweckoptimismus von der „ganz kleinen Clique" wurde schnell durch die Gestapo wiederlegt. Der Widerstand war doch viel breiter und vielfältiger, als es die Machthaber zunächst wahrhaben wollten. Eine „Sonderkommission 20. Juli" der Gestapo setzte sofort eine gewaltige Verhaftungswelle gegen alle irgendwie Verdächtigen in Gang, gleich ob sie in den Staatsreich unmittelbar verwickelt waren oder nicht. Allein aufgrund von zivilen Urteilen vor dem Volksgerichtshof unter seinem Präsidenten Freisler und vor den Sondergerichten sind etwa 5000 Menschen noch bis in die letzten Kriegstage hinein hingerichtet worden, die Kriegsgerichtsurteile nicht einmal eingerechnet.

Der Volksgerichtshof

Das Regime entfaltete in der Verfolgung seiner Opfer noch einmal seine ganzen verbrecherischen Energien und Grausamkeit, deren es fähig war. Von einem rechtsstaatlichen Procedere konnte in keiner Weise mehr die Rede sein. Es ging jetzt nur noch um Rache und um die Vernichtung der Gegner. Auf seine polizeilichen und richterlichen Werkzeuge, an der Spitze auf seinen „Wyschinskij", wie Hitler Freisler unter Anspielung auf den grausamen Chefankläger der Moskauer Schauprozesse Stalins 1935-1939 nannte, konnte er sich voll verlassen. Pausenlose Verhöre, Auspeitschung, Folterung und Drogenbehandlung, Erpressung durch Sippenhaft und kollektive Bestrafung preßten Aussagen und nicht selten auch die Preisgabe von Mitverschworenen aus den Angeklagten heraus. Ein unter Vorsitz Rundstedts und mit Keitel und Guderian als Beisitzern gebildeter „Ehrenhof des Heeres" hatte alle verdächtigen Offiziere aus der Wehrmacht auszustoßen und dadurch der Militärgerichtsbarkeit zu entziehen, damit sie vor dem Volksgerichtshof abgeurteilt werden konnten.

Für das Gerichtsverfahren durch Freisler befahl Hitler einen harten und blitzschnellen Ablauf. Die Angeklagten sollten nur ganz knapp zu Wort kommen und dann zum Tode durch Erhängen verurteilt werden. Die Strafe war möglichst schon zwei Stunden später zu vollstrecken. Filmaufnahmen haben uns den vor Haß und Fanatismus geifernden Freisler als einen erschreckenden Zeugen des Unrechtsstaates bis heute ebenso erhalten wie eindrucksvolle Bilder von der vor dem Volksgerichtshof gezeigten bewundernswerten Haltung und Standfestigkeit der Angeklagten. Auch die Hinrichtungen durch Erhängen an Fleischerhaken in Berlin-Plötzensee liefen vor laufender Kamera ab. Hitler stillte seinen Rachedurst damit, daß er sich die Filme vom Prozeßablauf und von den Hinrichtungen jeweils abends vorführen ließ. Er griff ständig in die laufenden Verfahren ein, empfing nicht nur Freisler, sondern auch den Scharfrichter und verbot jede Milderung für die Verurteilten. Gierig verschlang er die Verhörprotokolle und die täglichen Vernichtungsberichte Freislers und der Sonderkommission. Sein Bedürfnis nach persönlicher Abrechnung kannte offenbar keine Grenzen.

Verfolgung und Ermordung der Verschwörer

Es machte auch vor den Toten nicht halt. Tresckow hatte sich am 21. Juli an der Ostfront erschossen, war dann aber zunächst noch rühmend im Wehrmachtsbericht genannt und nach Deutschland überführt worden. Doch wenig später wurde der Leichnam im Beisein der Angehörigen aus dem Familiengrab gerissen und in Berlin benutzt, um Tresckows hartnäckig leugnende Freunde auf diese bestialische Weise zur Aussage zu zwingen. Stülpnagel wurde nach seinem Selbstmordversuch bei Verdun noch als Erblindeter operiert, um dann nach Wochen der Qual hingerichtet zu werden. Rommel wurde auf Befehl Hitlers durch die beiden Generale Burgdorf und Meisel am 14. Oktober in seinem Heimatort Heidenheim/Brenz, wo er zur Genesung weilte, vor die Wahl Freitod durch Gift oder Verfahren vor dem Volksgerichtshof mit verhängnisvollen Folgen für seine Familie gestellt. Er wählte auf der Fahrt nach Berlin den Selbstmord und wurde dann in der Reichshauptstadt in einem peinlichen Schmierentheater posthum von seinem „Führer“ mit einem Staatsbegräbnis geehrt. Goerdeler irrte vom 18. Juli bis zum 12. August durch das Land, immer wieder von Verwandten und Freunden versteckt. Sein Steckbrief war überall veröffentlicht, auf seine Ergreifung 1 Million Reichsmark ausgesetzt. Seine Angehörigen waren ebenso wie die Familien Stauffenberg, Hofacker, Leber und viele andere in Sippenhaft genommen. Am 12. August wurde er völlig erschöpft von einer Luftwaffenhelferin im westpreußischen Marienwerder identifiziert, verhaftet und am 8. September zum Tode veurteilt. Die Vollstreckung des Urteils blieb in der Hoffnung auf weitere Informationen zunächst ausgesetzt und wurde erst am 2. Februar 1945 in Berlin-Plötzensee durch Enthauptung, auf Befehl Hitlers mit einem Handbeil, vollzogen.

Noch in den letzten Wochen und Tagen des Krieges sind viele der Verhafteten nachts von SS-Kommandos entweder durch Genickschuß getötet oder erhängt und dann in Massengräbern verscharrt worden, damit sie den Alliierten nicht als Beweiszeugen für die Verbrechen des Regimes in die Hand fielen. So ließ in der Nacht zum 9. April, kurz bevor die amerikanischen Truppen anrückten, ein Beauftragter Kaltenbrunners, seit Januar 1943 als Nachfolger Heydrichs Chef des „Reichssicherheitshauptamtes“, im KZ Flossenbürg Canaris, Oster, Dietrich Bonhoeffer und andere Führer des Widerstandes erhängen. Ein ähnliches Schicksal ereilte zur gleichen Zeit den kranken Donáhnyi nach einem improvisierten Standgericht im KZ Sachsenhausen. Schon im Angesicht der Befreiung wurde in der Nacht zum 23. April eine Gruppe ausgewählter Häftlinge des Gefängnisses Lehrter Straße in Berlin-Moabit, darunter Albrecht Haushofer und Klaus Bonhoeffer, unter Vorspielung der Entlassung von einem SS-Kommando in einem benachbarten Park durch Genickschuß ermordet. Nicht einer der Hauptverschwörer und nur wenige Mitwisser haben das Morden überlebt. Darunter war wie durch ein Wunder Schlabrendorff. Er entging seinem Todesurteil durch den Tod Freislers im Luftschutzkeller am 3. Februar 1945 in Berlin.

Die Bevölkerung hält zu Hitler

Die Bevölkerung reagierte auf die Nachricht vom Attentat am 20. Juli abends mit Bestürzung und Empörung. Die Attentäter galten einfach nur als Verräter.[142] Das Attentat, hieß es in einem Stimmungsbericht aus Nürnberg beispielhaft, *wurde auch von denen abgelehnt, die keine ausgesprochenen Nationalsozialisten sind, und zwar nicht nur aus Abscheu vor dem Verbrechen als solchem, sondern weil sie überzeugt sind, daß nur der Führer die Lage meistern kann und daß sein Tod das Chaos und den Bürgerkrieg zur Folge gehabt hätten.*[143]

„Gott sei Dank, der Führer lebt" – man registrierte es mit Erleichterung. Überall inszenierte das Regime „Treubekenntnisse" zum „Führer". Die Beobachter waren sich darin einig, daß durch das Attentat „die Widerstandskraft des Volkes und der Glaube an die geschichtliche Sendung des Führers nur noch verstärkt worden sind."[144]

Für Goebbels als neuen „Reichsvollbemächtigten für den totalen Kriegseinsatz" und Himmler als Reichsinnenminister (seit 1943) und Oberbefehlshaber des Ersatzheeres war das Attentat zusätzliche Legitimation und Rechtfertigung, nunmehr in einer letzten totalen Mobilmachung dem Volk das Äußerste an Entbehrungen, Einschränkungen und an Einsatz abzuverlangen wie die Einziehung zum „Volkssturm" von allen annähernd tauglichen Männern zwischen fünfzehn und sechzig Jahren, und den Terrorapparat noch einmal mit gesteigerter Radikalität wüten zu lassen. In einer Atmosphäre von Einschüchterung, Angst und Verfolgung folgte die Masse der Bevölkerung ihrem „Führer" widerstandslos bis zum Ende.

Hitler hatte nun völlig von der Realität abgehoben. Mißtrauisch verkroch er sich, als alter, kränkelnder Mann nur noch ein Schatten seiner selbst, in seinem „Führerbunker" zunächst noch in Rastenburg und dann bald unter der Reichskanzlei in Berlin, verbiß sich in das Studium seiner Generalstabskarten, jonglierte mit Armeen und Divisionen, die längst nicht mehr existierten, witterte überall „Verrat" und wurde nicht müde, jeden militärischen Rückschlag und jede Hiobsbotschaft von der Front den „Verrätern" im Heer anzulasten, hätten sie doch am 20. Juli 1944 ihr wahres Gesicht gezeigt. Jeder Gedanke an vorzeitige Aufgabe war bei Todesstrafe verboten. Denn die „wunderbare Errettung" in der

„Wolfsschanze" am 20. Juli 1944 war doch ein „Zeichen des Himmels", daß die „Vorsehung" noch Großes mit dem „Führer" vorhatte, damit er zusammen mit dem „Duce" „unsere gemeinsame große Sache zu einem glücklichen Abschluß" bringen konnte. Einen Abschluß hielt die „Vorsehung" bereit, aber ganz anders, als am 20. Juli nachmittags in der zerstörten Lagerbaracke in Ostpreußen prophezeit: für Mussolini am 28. April 1945 vor den Gewehrläufen des Hinrichtungskommandos italienischer Widerstandskämpfer beim Comer See, für Hitler zwei Tage später im unterirdischen Bunker der Reichskanzlei in der Trümmerwüste von Berlin.

Epilog: Modernisierung oder rückwärtsgewandte Utopie: Das „Dritte Reich" zwischen Weimar und Bonn

Es hat nach dem Kriege nicht an Bemühungen gefehlt, das „Dritte Reich" als eine Art „Betriebsunfall" aus der Kontinuität deutscher Entwicklung herauszulösen und die Jahre 1933 und 1945 als eine jeweils scharfe Zäsur gegen das Vor- und das Nachher abzusetzen. Der amerikanische Historiker Fritz Stern hat derartigen Versuchen, die deutsche Geschichte nachträglich noch auf diese Weise von den Untaten der zwölf Jahre zu „entsorgen", auf dem Berliner Historikertag 1964 [1], eine scharfe Absage erteilt mit der Bemerkung, eine Folge von „Betriebsunfällen" in der Geschichte Deutschlands anzunehmen, gehe nicht an, ohne auf den Gedanken zu verfallen, daß in dem „Betrieb" etwas nicht gestimmt habe.

Mit diesem „Betrieb", seinen inneren Strukturen und seinen historischen Entstehungsbedingungen hat man sich in den letzten Jahrzehnten nun sehr intensiv beschäftigt. So steht seit vierzig Jahren die zentrale Frage nach „Hitlers Ort in der Geschichte des preußisch-deutschen Nationalstaates" (K. Hildebrand) auf der Tagesordnung der Geschichtswissenschaft. In vielem sind sich ihre Vertreter nähergekommen, in vielem bestehen hinsichtlich von Kontinuität und Diskontinuität nach wie vor Meinungsverschiedenheiten. In einem sollte aber Einigkeit herrschen: Der Weg in das Jahr der nationalsozialistischen Machteroberung 1933 kam aus der deutschen Geschichte und war in vieler Hinsicht unlösbar in sie eingebettet, ohne daß seine europäische Dimension einer allgemeinen Krise der bürgerlichen Demokratien in Europa in der Zwischenkriegszeit dadurch ausgeblendet werden sollte. Dieser Weg in den Diktaturstaat war nicht zwangsläufig, nach allem aber, was seit 1871 im kleindeutschen Nationalstaat geschehen war, durchaus denkbar. Er sollte dann freilich innerhalb nur weniger Jahre in einen Abgrund von Verbrechen führen, für den beispielhaft der Name Auschwitz steht, und damit alles, was in der deutschen Geschichte bisher angelegt und verwirklicht war, weit hinter sich lassen.

Gerade das Land, das sich so viel auf seine Kulturleistungen für die christlich-abendländische Tradition und seinen Bildungshumanismus zugute hielt, sollte sich eines atavistischen Zivilisationsbruches ohne Vorbild in der Geschichte schuldig machen und einen Rückfall in die Barbarei eines millionenfachen Mordes erleben, der uns noch heute fassungslos macht und Rätsel aufgibt. Rätselhaft vor allem sind zwei Dinge: Wie konnte sich in einer Gesellschaft, deren Kriminalitätsrate an sich nicht signifikant von der anderer Länder abwich und die sich

selbst als zivilisiert definierte, dennoch eine derartige kriminelle Energie des massenhaften und dabei staatlich sanktionierten Tötens unschuldiger Menschen entfalten, und wie konnte es gleichzeitig geschehen, daß sich die überwiegende Mehrheit der Bevölkerung in dem für das Morden verantwortlichen politischen System für zwölf Jahre ohne nennenswerten Widerstand irgendwie eingerichtet, sich mit ihm arrangiert, es toleriert und aktiv mitgetragen und sich dabei mit gewissen Abstrichen je nach individueller Erfahrung sogar wohlgefühlt hat? Wie haben es Millionen geschafft, die zutiefst inhumanen und brutalen Seiten dieses Regimes entweder nicht zur Kenntnis zu nehmen und auszublenden oder sogar Erklärungen und Entschuldigungen für sie zu finden und bewußt mit ihnen zu leben?
Offenbar hat das Regime attraktive Angebote vermittelt und mit ihnen viele Millionen Menschen fasziniert. Zu diesen attraktiven Seiten sollen, glauben wir zeitgenössischen Zeugnissen, seine jugendliche Dynamik, seine unwiderstehliche Aufbruchsstimmung und allgemein seine Modernität gehört haben. Dies alles, so heißt es, habe sich so wohltuend gegen die graue Routine, die verkalkte Altväterlichkeit und die Dauerkrise der Weimarer Republik abgehoben. Das „Dritte Reich“ als ein moderner Staat – Wir bewegen uns mit diesem Etikett auf einem sehr heiklen und überdies seit Jahren schon heftig und kontrovers diskutierten Terrain [2]. Denn mit dem Begriff der Modernität verbindet sich oder hat sich jedenfalls über Generationen etwas sehr Positives in unserer Vorstellungswelt verbunden: ein allgemeiner Zuwachs an Lebensqualität, an individueller Entfaltungsmöglichkeit und an politischer Partizipation. Sollte also der Staat Hitlers nicht auch seine „guten“ und seine ganz „normalen“ Seiten gehabt haben? War er wirklich so teuflisch und bösartig, wie man uns nach seinem Untergang glauben machen wollte? Lag hier nicht eine unzulässige nachträgliche Dämonisierung des Nationalsozialismus und seines „Führers“ vor? War es nicht endlich an der Zeit, zwölf Jahre deutscher Geschichte auf das „Normalmaß“ der Moderne und der in ihr angelegten Möglichkeiten zum Guten wie zum Bösen zurückzustufen? Konnte man nicht vielleicht sogar Auschwitz mit Dresden, Nagasaki und Hiroshima unter der Bilanz moderner industrialisierter Vernichtungs- und Zerstörungspotentiale und -intensität verrechnen und diese Einebnung und Relativierung nationalsozialistischer Verbrechen dann noch als notwendigen Schritt zu ihrer „Historisierung“ rechtfertigen? [3]
So bleibt die Frage: Wie modern war Hitlers Deutschland? Welchen Beitrag hat es zur Modernisierung und zum politischen, ökonomischen, sozialen und vielleicht auch soziokulturellen Wandel geleistet? Hat es Modernisierungstrends aufgenommen, beschleunigt oder verlangsamt, möglicherweise sogar umgebogen und vernichtet? Sind von ihm Modernisierungsschübe ausgegangen?

Bevor wir unter diesem Aspekt eine Einordnung des nationalsozialistischen Deutschlands in den Ablauf der deutschen Geschichte im allgemeinen und seine Standortbestimmung zwischen Weimar und Bonn im engeren Sinne versuchen, seien einige grundsätzliche Bemerkungen vorweggeschickt.

Das Deutschland von 1933 war ein moderner Industriestaat und nahm in seiner Technologie und seiner Produktivität damals in vielem eine Spitzenposition in der Welt ein. Seine Führungseliten in der Großlandwirtschaft, in der Bürokratie, in Armee und Diplomatie wie auch seine politische Kultur und Wertewelt waren freilich noch überwiegend in vordemokratischen und vorindustriellen Traditionen verwurzelt. Diese Gleichzeitigkeit des Ungleichzeitigen sollte die Weimarer Republik als eine schwere Hypothek des Kaiserreiches belasten und nicht unwesentlich zu ihrem Untergang beitragen.

Die Trends der modernen Industriewirtschaft brachen 1933 nicht plötzlich ab. Im Gegenteil, sie erhielten nicht zuletzt durch die wehrwirtschaftliche Vorbereitung des Krieges und durch den Krieg selbst erhebliche Impulse. Durch sie wurden in mancher Hinsicht erst die Grundlagen für das Bonner „Wirtschaftswunder“ der fünfziger Jahre gelegt.

Allen Beschwörungen einer irrationalen Blut- und Bodenmystik und einer rückwärtsgewandten Agrarromantik zum Trotz war der Nationalsozialismus doch ein Produkt der Moderne oder genauer: eine der „pathologischen Entwicklungsformen der Moderne“ [4] und „eine der Möglichkeiten moderner Zivilisation in der Krise“ [5]. Um eine millionenfache Anhängerschaft zu mobilisieren, bediente er sich aller modernen Propagandamittel populistischer Massensuggestion und Massenverführung. Er benutzte auf dem Wege zur Macht hemmungslos die Möglichkeiten des demokratischen Parlamentarismus, aber auch die Instrumente plebiszitärer Akklamation, die die Weimarer Reichsverfassung ihm bot. Die NSDAP schürte in ihrer Propaganda tiefsitzende Ängste vor den Risiken und Gefahren einer für viele immer undurchschaubarer werdenden modernen Industriezivilisation, antikapitalistische Ressentiments im Mittelstand und die Furcht vor der sozialen Deklassierung. Sie bot dafür eine Orientierung an scheinbar klaren und eindeutigen Welterklärungen und Ordnungsmodellen und Feindbilder wie die Juden als eine Art Passepartout zum Verständnis aller Übel des modernen Daseins. Erst das moderne Industriezeitalter mit seinen schrecklichen Destruktionskräften bis hin zum Zyklon B gab den Nationalsozialisten schließlich die Mittel an die Hand, die – in der deutschen Geschichte seit dem Ende des 19. Jahrhunderts vorgedachten – Utopien von einer Neugestaltung Deutschlands nach rassebiologischen und völkischen Prinzipien nunmehr in europäischen Dimensionen in den industrialisierten Massenmord umzusetzen.

Wenn wir von der Modernisierung Europas sprechen, so denken wir zunächst daran, daß an ihrer Wiege technisch die industrielle Revolution in Großbritannien seit dem 18. Jahrhundert und politisch die Französische Revolution von 1789 mit ihren Menschheitsforderungen nach Freiheit, Gleichheit und Brüderlichkeit standen. Der Begriff ist ebenso vieldeutig wie der Prozeß der Modernisierung selbst. Bevor wir ihn in Verbindung mit dem Nationalsozialismus bringen, müssen wir uns also jeweils darüber verständigen, welchen der Modernisierungsaspekte wir meinen: Industrie und Technologie, Verfassung und politisches System, Mentalität und Bewußtseinslage der Menschen und ihre Lebenswirklichkeit, Sozial- und Wohlfahrtsstaat, das Bildungswesen, Kultur und Wissenschaft usf. Die Geschichte der letzten Jahrhunderte hat uns gelehrt, daß die Modernisierung in der Regel nicht in allen Sektoren synchron abläuft. Der Durchbruch eines Landes in das moderne Industriezeitalter oder technologische Entwicklungsschübe und Innovationen können durchaus, wie die Beispiele Sowjetrußland und Hitlerdeutschland zeigen, in einem Diktaturstaat erfolgen.
Schließlich wird man stets sorgfältig auseinanderhalten müssen, wie die Nationalsozialisten in ihrer Propaganda und Ideologie subjektiv ihren Ort in der preußisch-deutschen Geschichte definiert haben und sich verstanden wissen wollten und welche Spuren sie objektiv in ihr hinterlassen haben. Auf unsere Frage übertragen: Welche Formen der Modernisierung hat die NS-Führung selbst als sinnvoll und zweckmäßig zur Durchsetzung ihrer Endziele deklariert und absichtsvoll in die Wege geleitet, und was hat den realen Ablauf der zwölf Jahre wirklich bestimmt, selbst wenn es unter Umständen den Absichten der Machthaber eindeutig zuwidergelaufen ist?
Die letzte Frage haben etwa gleichzeitig in den sechziger Jahren zwei namhafte Autoren – der liberale Soziologe Ralf Dahrendorf (1965) [6] und der amerikanische Historiker David Schoenbaum (1967) [7] – aufgegriffen und damit eine bis heute anhaltende kontroverse Debatte über Modernisierung im „Dritten Reich“ eingeleitet. Beide attestieren der „braunen Revolution“ zwar in ihrer Wirkung einen beachtlichen ökonomischen und sozialen Modernisierungsschub für Deutschland mit wachsender Industrialisierung, zunehmender Kapitalkonzentration, sozialer Mobilität, Landflucht und Verstädterung und sichtbaren Fortschritten in der Technisierung. Sie bestehen aber darauf, daß dieser Modernisierungsprozeß gleichsam quer zum NS-Programm und zum Willen Hitlers lediglich die unbeabsichtigte, wenngleich funktional unausweichliche Konsequenz gewesen sei, um eine rückwärtsgewandte rassistische Agrar- und Lebensraumutopie als Quintessenz der nationalsozialistischen Weltanschauung im 20. Jahrhundert mit modernen kriegerischen Mitteln zu verwirklichen – der Einsatz modernster Mittel also im Dienste reaktionärer und bewußt antimodernistischer Zwecke!

Hitler erscheint hier als ein „unfreiwilliger Revolutionär wider Willen". Wenn auch überwiegend unbeabsichtigt, hätten die Nationalsozialisten doch – so Dahrendorf – eine tiefgreifende Sozialrevolution nicht zuletzt durch Krieg und Niederlage in Gang gesetzt. Sie hätten in ihrem Verlauf dann überkommene Gesellschaftsstrukturen und Machtbastionen traditioneller vordemokratischer Eliten, wie sie etwa die feudalen Großgrundbesitzer Ostelbiens in Politik und Bürokratie in der Weimarer Republik innegehabt hätten, so gründlich zerstört, daß dadurch nach 1945 ein Rückfall der deutschen Gesellschaft in autoritäre Formen wie nach 1918 unmöglich gemacht worden sei. Erst die durch die NS-Führung ausgelösten Modernisierungsschübe hätten der Demokratisierung in Deutschland nach dem Kriege den Weg geebnet und eine demokratische Staatsform wie eine pluralistisch strukturierte demokratisierte Gesellschaft für die (west)deutsche Bevölkerung unter dem Schutzschild der Westalliierten akzeptabel und lebensfähig gemacht.
Diese charakteristische Ambivalenz zwischen rückwärtsgewandten Zielen und modernen revolutionären Mitteln hat eigentlich in der NS-Forschung bis heute überwiegend Zustimmung gefunden. Sie hilft uns, die – schon die Zeitgenossen so verwirrende – Janusköpfigkeit des Nationalsozialismus zwischen Tradition und Revolution, Terror und Konsens, Verführung und Verbrechen, Lockung und Zwang, Faszination und Abschreckung, zwischen Normalität im Alltag und krimineller Energie in der Verfolgung der Gegner besser zu verstehen.
Auf heftige Kritik stieß der Versuch R. Zitelmanns in seiner 1987 zum erstenmal erschienenen Hitler-Biographie[8], Hitler als wirklichen Modernisierer und in seinem „Selbstverständnis eines Revolutionärs" (so der Untertitel) ernstzunehmen. Gerade seine Modernität, seine sozialrevolutionären Ziele, seine Aufgeschlossenheit für die moderne Industriegesellschaft und seine Technikbegeisterung mit dem großen Vorbild der USA hätten Hitler als Massenführer so attraktiv gemacht. Hitler habe eine revolutionäre Überwindung der bürgerlich-kapitalistischen Klassengesellschaft, einen Abbau von Standes- und Klassenschranken und Geburtsprivilegien, die „Volksgemeinschaft" als egalisierenden sozialen Schmelztiegel, die Aufhebung regionaler Bindungen und Traditionen, die Leistungsgemeinschaft, einen hochentwickelten modernen Wohlfahrtsstaat und Chancengleichheit angestrebt. Er habe sich selbst bei all seiner antiliberalen Grundhaltung sogar in der Tradition der durch die Französische Revolution von 1789 eingeleiteten Epoche der Modernität und der Zerstörung traditioneller und religiöser Weltbilder und Bindungen gesehen. Sein Ziel sei die moderne industriewirtschaftliche Effizienz und seine Lebensraumutopie nicht Ausdruck eines reaktionären Strebens nach einer Reagrarisierung Deutschlands, sondern ganz im Gegenteil Kernelement des kapitalistisch-imperialistischen Bemühens um Rohstoffbasen und Absatzmärkte gewesen.

Zitelmanns provozierende Thesen verweisen uns noch einmal auf den eigentlichen Kern nationalsozialistischer Weltanschauung und des nationalsozialistischen Programmes. Etiketts wie „modern" und „rational" werden gerade im Zusammenhang mit Hitler und seiner Politik sinnentleert und beliebig, wenn man sie nicht in den Gesamtkontext dieser Weltanschauung und der aus ihr abgeleiteten Weltanschauungspolitik zwischen 1933 und 1945 stellt und von hier aus genau bestimmt. Moderne Faszination und Lockung waren eben nur die eine Seite der Medaille. Im Mittelpunkt der nationalsozialistischen Ideologie und auch im Mittelpunkt der fanatischen Gedankenwelt ihres „Führers" stand ein zutiefst inhumanes und nach den Kriterien moderner Sittlichkeit und Rechtsstaatlichkeit, wie sie sich auch in Deutschland längst vor 1933 herausgebildet hatten, verbrecherisches Wollen. Das nationalsozialistische Menschenbild wurde definiert nach den Prinzipien rassebiologischer Wertigkeit und rassenhygienischer Gesundheit resp. Krankheit. Es konnte unter der Aura scheinbarer moderner Wissenschaftlichkeit kaum seine mehr als dürftige intellektuelle und erkenntnismäßige Substanz verbergen. Dessen ungeachtet entfaltete aber gerade das Rassedenken nach 1933 im „Vollzug einer Weltanschauung" (E. Jäckel) jene mörderische Konsequenz, die alle Bereiche von Politik und Gesellschaft durchdringen und bestimmen sollte. Mit dem Rassendogma verband sich ein zusätzlich radikalisierendes sozial-darwinistisches Politikverständnis. In ihm wurden das Recht des Stärkeren (und das meinte stets des „rassisch Höherwertigen") und seine brutale Durchsetzung als Grundgesetz menschlichen Zusammenlebens und des Zusammenlebens der Völker proklamiert.

Wenn wir also nur einzelne Segmente der nationalsozialistischen Herrschaft unter die Lupe nehmen und sie als „modern", als „fortschrittlich" und „attraktiv" herausstellen, ohne ihre funktionale Zwecksetzung und ihren Stellenwert im gesamten Ideologiegebäude des Nationalsozialismus zu untersuchen, verfallen wir demselben Irrtum wie die „Volksgenossen" von damals. Sie vermochten dem Regime doch immer eine „gute Seite" abzugewinnen und sahen darüber die negative Kehrseite entweder wirklich nicht oder wollten sie nach dem Motto „wo gehobelt wird, fallen Späne" nicht sehen bzw. sie bagatellisieren. Es gehörte zur Lebenswirklichkeit des nationalsozialistischen Diktaturstaates, daß sich die Menschen in der Regel mit einem Teil seiner Angebote und Leistungen etwa in der Außen-, der Wirtschafts- und Sozialpolitik identifizierten, vor allem wenn sie selbst deren Nutznießer waren, und andere Wesenszüge durchaus ablehnen konnten.

Am 1. April 1933 verkündete Joseph Goebbels nach den ersten wichtigen Phasen der Machteroberung in Politik und Gesellschaft triumphierend im Rundfunk: „Damit wird das Jahr 1789 aus der Geschichte gestrichen" [9]. Der Nationalsozialismus hat sich stets als die große weltgeschichtliche Gegenbewegung gegen die Französische Revolution und alles, wofür sie bis heute steht, verstanden: als Bewegung gegen Liberalismus und freiheitliche Demokratie, gegen Menschen- und Bürgerrechte und Gewaltenteilung, gegen westliche Zivilisation und internationalen Sozialismus, gegen Toleranz und Volkssouveränität, Judenemanzipation und individuelle Selbstbestimmung. Es sind bis heute die unverzichtbaren Errungenschaften der europäischen Aufklärung und der „Ideen von 1789". Daran gemessen, waren Hitlers Weltbild und das nationalsozialistische Programm weder „modern" noch „rational", sondern ein Rückfall weit hinter einen im 20. Jahrhundert bereits gegen alle Widerstände auch in Deutschland erreichten Entwicklungsstand der modernen Zivilisation.

Die lang anhaltende Abwehrhaltung gegenüber dem verfassungspolitischen Denken und der politischen Zivilkultur Westeuropas gerade in Deutschland sei nicht verschwiegen. Aus ihr zog der Nationalsozialismus auch seine Kraft und Faszination gerade in den nationalkonservativen bürgerlichen Kreisen. Ebensowenig sei geleugnet, daß der Weg in den braunen Diktaturstaat nicht ohne die wichtige Zwischenstufe der Präsidialdiktatur zwischen 1930 und 1932 unter Brüning, Papen und Schleicher hätte gegangen werden können. Aber gerade die haßerfüllte Absage der Nationalsozialisten und ihres „Führers" an die Weimarer Republik und an die „Systemzeit" läßt erkennen, daß hier 1933 politisch und ideologisch gewollt ein grundsätzlicher Bruch mit der bereits in den zwanziger Jahren erreichten Annäherung an die liberal-demokratische Wertewelt des Westens vollzogen werden sollte.

Als eine besonders moderne und fortschrittliche Errungenschaft des Nationalsozialismus werden immer wieder das von ihm propagierte und bis zu einem gewissen Grade auch umgesetzte Leitbild der „Volksgemeinschaft" herausgehoben. Hier sei es endlich gelungen, die verhängnisvollen Klassen- und Standesschranken der Weimarer Republik zu überwinden, Privilegien von Geburt und Herkunft durch Leistung zu ersetzen, jedem gleiche Aufstiegschancen zu eröffnen, neue Karrieremuster jenseits des Herkommens zu schaffen, Adel und Großbürgertum in ihre verdienten Schranken zu verweisen, die „Arbeiter der Stirn und der Faust" gemeinsam im Dienst an dem „Aufbauwerk Adolf Hitlers" zu vereinen, kurz: eine nationale Solidargemeinschaft über alle Klassen und Schichten hinweg zu begründen, in der sich Bauern, Arbeiter und Angestellte zum erstenmal wirklich hätten ernstgenommen fühlen können und die in symbolhaften Akten wie dem „Eintopf-Sonntag" oder in den Arbeitslagern ihren sinnfälligen Ausdruck gefunden habe.

Abgesehen einmal davon, daß vieles hier im Appellativen steckenblieb, die Realität gerade im Kriege ganz anders aussah und im Grunde die sozialen Schichtungen und Spannungen, etwa wenn es um die Mobili-

sierung der weiblichen Arbeitskraft ab 1943 ging, nach wie vor vorhanden waren, bleibt doch eines entscheidend: die „Volksgemeinschaft“ definierte sich, auch wenn es viele ihrer Nutznießer nicht wahrhaben wollten und wollen, gerade durch ihre radikale Ausgrenzung all derer, die angeblich nicht in sie hineinpaßten und sie sogar bedrohten: „rassisch Minderwertige“, „Artfremde“, „Gemeinschaftsfremde“, „Asoziale“, „nicht Angepaßte“, politische Gegner usf. Hilfe und Mitgefühl nach innen, Intoleranz und Feindschaft nach außen – sinnfälliger könnte die Janusköpfigkeit des Regimes nicht zum Ausdruck kommen.
Gleiches galt für eine weitere, vorgeblich zukunftsweisende Errungenschaft, die moderne Daseinsfürsorge im nationalsozialistischen Wohlfahrtswesen. Soziale Betreuung für die „Volksgenossen“ von der Wiege bis zur Bahre war die eine Seite, auf der anderen hatte die Sozial- und Gesundheitspolitik des Regimes auch stets die wichtige Funktion, Kontrolle auszuüben, die Menschen politisch zu bevormunden und vor allem im Rahmen der „Erbgesundheitspflege“ die „Kranken“ von den „Gesunden“ nach rassehygienischen Vorgaben zu selektieren und gegebenenfalls für die Zwangssterilisation und dann später auch für „Ausmerze“ und Tötung freizugeben. Auch die „Euthanasie“ und der „Holocaust“ waren letztendlich unverzichtbare Kernelemente völkischer Gesundheitspolitik.
Unter diesem Aspekt relativieren sich auch durchaus modern anmutende sozialpolitische Planungen über Leistungslöhne, die Angleichung des Status von Arbeitern und Angestellten, über Vollbeschäftigung durch Umschulung und Verbesserung der Qualifikation, über Präventivmedizin wie Reihenuntersuchungen, über eine umfassende Volksversicherung für alle oder die Beseitigung der lohnpolitischen Benachteiligung von Frauen nach dem Motto „gleiche Bezahlung für gleiche Leistung“, die im „Arbeitswissenschaftlichen Institut“ (AWI) der „Deutschen Arbeitsfront“ (DAF) für die Nachkriegszeit entwickelt wurden, entwickelt aber eben nur für die „Volksgenossen“ und zur Steigerung des Leistungsniveaus eines jeden „schaffenden Deutschen“. Im übrigen stand den sozialen Zuwendungen eine völlige sozialpolitische Entmündigung der Arbeiter und Angestellten durch die Zerstörung der Gewerkschaften, der Betriebsräte, der Mitbestimmung und des frei ausgehandelten Kollektivvertrages, also eine Vernichtung der „sozialen Errungenschaften von 1918“ gegenüber.
Jugendkult und jugendliche Dynamik, Aufbruchsstimmung und Appell an jeden einzelnen zur Mitarbeit waren die Markenzeichen einer Bewegung, die sich in ihrem jugendlichen Führerkorps so positiv gegen die überalterten und verkalkten Funktionärskader der etablierten Parteien der „Systemzeit“ abzusetzen schien und eine große Attraktion auf junge, karriere- und leistungsbewußte Technokraten wie Herbert Backe (Jg. 1886, 1933 Staatssekretär im Reichsministerium für

Ernährung und Landwirtschaft, 1942 dessen Minister), Fritz Todt (Jg. 1891) und Albert Speer (Jg. 1905) ausübte. „Freie Bahn dem Tüchtigen" oder „Arbeite mit am Aufbau des neuen Deutschlands" lauteten die leistungsorientierten Parolen. Jeder einzelne fühlte sich irgendwie persönlich angesprochen und motiviert und war bereit, sich in eine moderne, zukunftsoffene Leistungsgesellschaft einzubringen und in ihr unter dem Postulat der Chancengleichheit den beruflichen und sozialen Aufstieg anzustreben. „Reichsberufswettkämpfe" und im Kriege dann „Kriegsberufswettkämpfe" waren der Ort, seine Leistungsfähigkeit und seinen Ehrgeiz unter Beweis zu stellen. Welcher Taten Menschen in einer von oben kontrollierten und indoktrinierten Leistungsgesellschaft, die nicht in einen rechtsstaatlichen Rahmen eingebunden und von einem humanen Menschenbild der Toleranz und des Mitgefühls auch gegenüber Kranken und Schwachen getragen war, mit ihrem hemmungslosen und verblendeten Erfolgsstreben fähig waren, sollte sich jedoch dann im Kriege und im Völkermord zeigen.
Daß Hitler ein begeisterter Anhänger der Technik war und sich von Innovationen im modernen Flugzeug-, Schiffs- und Autobau ebenso wie von Neuerungen im Kriegsgerät wie vom Panzer faszinieren ließ, steht außer Zweifel. Sein großes Vorbild waren die USA als eine führende Industriemacht. Mit ihnen galt es technisch und im Produktionsausstoß gleichzuziehen oder sie gar noch zu überrunden. Denn dies war die Bedingung dafür, in späteren Generationen, wie Hitler anfangs meinte, den Kampf um die Weltvorherrschaft mit Washington riskieren und erfolgreich durchstehen zu können. So nimmt es auch nicht Wunder, daß die bereits am Anfang des Jahrhunderts entwickelten und dann auch ansatzweise schon in der Weimarer Republik übernommenen modernen und effizienten Produktionsmethoden wie der Fordismus, Fließband- und Serienproduktion, aber auch die Ergebnisse moderner Arbeitswissenschaft im Taylorismus mit dem System der wissenschaftlichen Betriebsführung, dem Prinzip der Zerlegung von Arbeitsvorgängen in einzelne Bewegungsabläufe zum Zweck der leistungsgerechten Lohnbemessung und der Rationalisierung, mit Arbeitsplatzbeschreibung und -bewertung besonders dann im Kriege ein sehr positives Echo in Deutschland fanden und teilweise nachgeahmt wurden. Der 1924 gegründete „Reichsausschuß für Arbeitszeitermittlung" (REFA) wurde zwar 1936 in „Reichsausschuß für Arbeitsstudien" umbenannt, setzte aber seine Arbeit im Grunde bis heute über alle politischen Systeme hinweg bruchlos fort. Die Produktionsmaschinerie der modernen kapitalistischen Industriewirtschaft wurde auf Höchstleistungen im „Dritten Reich" getrimmt. Dies geschah mit dem Ziel, den Krieg vorzubereiten und zu gewinnen – mit nur mäßigem Ergebnis zumindest bis 1943, wie wir heute wissen!
Hitler hatte sich in den Kopf gesetzt, seine „Volksgemeinschaft" zu

motorisieren und ihr auf den „Fernstraßen des Führers", den Autobahnen, mit Hilfe des KdF-, später Volkswagens, der unter 1000 RM kosten und für jeden erschwinglich sein sollte, die Mobilität des Reisens zu ermöglichen. Auch dies gab dem Regime das Image von Technikbegeisterung und Fortschrittlichkeit und weckte Begeisterung und Loyalität, selbst als sich 1939 herausstellte, daß die Ersparnisse für das eigene Auto in die Kübelwagen der Wehrmacht geflossen waren, aber doch auch hier noch nationalen Zwecken dienten.
Ganz offenkundig und zugleich ein Beweis für die These Dahrendorfs und Schoenbaums von der „Modernisierung wider Willen" war die Ambivalenz der nationalsozialistischen Frauenpolitik. Eine ausgesprochene reaktionäre und letztlich antiemanzipatorische und frauenfeindliche Festlegung der „deutschen Frau" auf Heim und Herd, auf ihre „naturgegebene" Rolle als Gebärerin, als Hüterin der Familie und stützende Kameradin ihres Mannes, auf pflegerische und dienende Berufe wurde von den zunehmenden Engpässen auf dem Arbeitsmarkt bereits Mitte der dreißiger Jahre überrollt. Frauen wuchsen in ehemals typische Männerberufe vor allem auf dem Dienstleistungssektor hinein, gewannen größere, wenn auch noch keineswegs ausreichende Qualifikationsmöglichkeiten als vorher und stellten 1939 mit 36,7% eine höhere Erwerbsquote als 1933 mit 34,4%. In demselben Zeitraum wuchs allen Tendenzen zum Trotz, sie vom Arbeitsmarkt mit einer Mischung aus Zwang und Lockungen, u.a. Ehestandsdarlehen zu vertreiben, die Zahl der berufstätigen Frauen um 2 Millionen. Im Jahre 1932 praktizierten nur 6,5% Ärztinnen, zehn Jahre später bereits der doppelte Prozentsatz und 1944 dann nach Vermutungen sogar 17%.
Deutschland war stolz auf seine weltweit anerkannten Leistungen in der naturwissenschaftlichen Grundlagenforschung, in der Medizin und vielen anderen Wissenschaftsdisziplinen. Auch hier setzte das Jahr 1933 einen Schnitt der Zerstörung, der sich wiederum als „modern", „fortschrittlich" und „zukunftsorientiert" darstellte. In den Naturwissenschaften führte der erzwungene Exodus namhafter jüdischer Gelehrter und Nobelpreisträger mit Albert Einstein an der Spitze zu einem allgemeinen Niedergang. Zentrale Bereiche der Medizin gerieten in den Sog des Verbrechens. Ärzte praktizierten eine „Medizin ohne Menschlichkeit" (J. Dülffer), die dem hippokratischen Eid Hohn sprach, und wähnten sich dabei an der Spitze des wissenschaftlichen Fortschritts. Aus dem „Geist moderner wissenschaftlicher Antriebe, Erkenntnisse und Lenkungsabsichten" (J. Dülffer) führten sie in Anstalten, in Konzentrations- und Vernichtungslagern Menschenversuche mit dem Risiko des tödlichen Ausgangs durch, um Erkenntnisse für die Kriegführung u.a. durch Unterdruck- und Unterkühlungsversuche zu gewinnen, Arzneimittel, Gifte und Impfstoffe in Fleckfieber-, Malaria- oder Sulfonamidversuchen zu testen und rassenhygienische Maßnahmen

wie die Zwangssterilisation ganzer Populationen zu erproben. Menschen wurden zu hilflosen Versuchskaninchen. Die Medizin stand nicht mehr wie früher allein im Dienste der Heilung des kranken Menschen. Ihr wurde die öffentliche Aufgabe zugewiesen, für die Erhaltung und Heilung der Erbgesundheit und der Rasse des deutschen Volkes zu wirken, selbst wenn damit die Hemmschwelle zum Töten im Interesse angeblicher Wissenschaftlichkeit bedenkenlos gesenkt und Hunderttausende von psychisch Kranken, von „Artfremden“ und „Asozialen“ nicht zuletzt als „Ballastexistenzen“ und „unnütze Esser“ der „Volksgesundheit“ zum Opfer gebracht wurden.
Europa und insbesondere der Ostraum wurden zu einem gigantischen Experimentierfeld für Rassenhygieniker, Psychiater, Biologen, Chemiker, für Raumplaner, Bevölkerungsökonomen, Geographen und Sozialtechniker aller Art, um fragwürdige wissenschaftliche Erkenntnisse und Hypothesen wie etwa die von der „Überschußbevölkerung“ und vom „Bevölkerungsoptimum“ im Kontext der Nahrungsmittelversorgung nicht nur planerisch durchzuspielen, sondern auch im Ansatz jedenfalls in die Praxis umzusetzen. Es waren vor allem junge Wissenschaftler, die hier nach Abschluß ihrer mehr theoretischen Universitätsausbildung unter ausdrücklicher Förderung durch den Staat ein reiches Betätigungsfeld praktischen Experimentierens fanden. Wo und wann hatte es diese einmalige Chance schon in der deutschen Geschichte gegeben!
Ein besonders eindringliches und abschreckendes Beispiel für diesen neuen Typus einer Wissenschaftlerkarriere war die des Dr. Josef Mengele, allmächtiger Selektionsarzt an der Ankunftsrampe von Auschwitz. Er hatte zum Dr. med. promoviert über die Vererbbarkeit der Lippen-Kiefer-Gaumenspalte, des sogenannten „Wolfsrachens“. Da der Durchbruch der modernen Genetik erst viel später kommen sollte, war er angewiesen auf empirisches Material wie Familienphotos. Hier bot ihm das Konzentrations- und Vernichtungslager Auschwitz mit Menschenversuchen u. a. an Zwillingen zur scheinbaren Erhärtung seiner Vererbbarkeitshypothesen ein dankbar akzeptiertes Experimentierfeld.
Wissenschaftlerkarrieren pflegten auch 1945 nicht einfach abzubrechen. Einer der aufstrebenden Raumplaner der frühen dreißiger Jahre, Prof. Konrad Meyer-Hetling, entwarf 1942 im Auftrag Himmlers als Leiter der Hauptabteilung Planung und Boden des „Reichskommissars für die Festigung des deutschen Volkstums“ federführend den mörderischen „Generalplan Ost“ und sollte dann in den fünfziger Jahren für seinen planerischen Gestaltungsdrang in der Bundesrepublik wieder eine Chance erhalten.
Viele an sich begabte und keineswegs kriminelle Wissenschaftler und nicht nur sie verfielen damals dem modernen Wahn, alles sei irgendwie machbar, ohne dabei nach der moralischen und ethischen Dimension

ihres Tuns zu fragen. Die Menschenwürde wurde mit Füßen getreten, wenn es nur dem wissenschaftlichen Erkenntnisdrang nützte. Dies alles geschah unter dem Banner des Zukunftsentwurfes einer „heilen und gesunden (nationalsozialistischen) Welt". Wir müssen uns heute fragen, ob wir nachträglich noch gerade in diesem Zusammenhang der nationalsozialistischen Selbststilisierung als „modern" und „zukunftsorientiert" aufsitzen dürfen und nicht eher von der Pathologie und den Perversionen der Moderne sprechen sollen, wenn es wie hier um die Zerstörung humaner Werte und Normen geht.

Mit dem Begriff des modernen bürokratischen Verwaltungsstaates, wie er sich seit dem Absolutismus in Europa und auch in Deutschland herausgebildet hat, verbindet sich die Vorstellung von Übersichtlichkeit, Regelhaftigkeit, klarer Kompetenzabgrenzung, rationaler Ordnung und Effizienz. Auch unter dieser Prämisse war der Staat Hitlers alles andere als modern, leistungsfähig und rational. Auch hier war der Bruch mit dem überkommenen Normenstaat (Fraenkel) nach 1933 in allen Bereichen sichtbar.

In einem „vorläufig wohlgeordneten Chaos" – so ein hoher Beamter der Reichskanzlei schon 1938 – zerfielen das rationale Verwaltungshandeln und die Entscheidungsprozesse im „Führerstaat" in ein atavistisches und sozialdarwinistisches Gerangel um Macht und Einfluß. Die Kräfte wurden zersplittert und nicht konzentriert. Überkommene Verwaltungsinstanzen und Verfassungsorgane wie das Kabinett oder die Reichskanzlei wurden an den Rand gedrängt durch „führerunmittelbare" Apparate, Reichskommissariate usf. wie die Parteikanzlei Martin Bormanns als neue Schaltstelle der Macht. Erfahrene Sachkompetenz und solide Ausbildung wurden ersetzt durch ideologische Zuverlässigkeit, ehrgeiziges politisches Durchsetzungsvermögen und Gefolgschaftstreue zum „Führer". Alles war um ihn zentriert und auf ihn ausgerichtet. An die Stelle der rationalen bürokratischen Sachentscheidungen trat ein ausgesprochen personalistischer Führungsstil auf allen Ebenen bis auf die des Ortsgruppen- und Kreisleiters hinunter. „Entstaatlichung" öffentlichen Handelns und „Entprofessionalisierung" seiner Verantwortlichen dürften mit Hans Mommsen[10] angemessene Begriffe für die innere Herrschaftsstruktur des „Dritten Reiches" sein. Amtsmißbrauch, Korruption und Korrumpierung der Entscheidungsträger und braunen Bonzen waren die Konsequenz. Die geduldige und kompetente Lösung von Sachproblemen durch erfahrene Fachleute reduzierte sich auf Weisung Hitlers immer mehr auf einen personalen Willensakt von Funktionären, bei dem sich der Stärkere in der Parteihierarchie jeweils durchzusetzen pflegte. Dadurch konnten bei den Entscheidungsträgern zwar immer wieder kurzfristig erhebliche Energien, gerade auch zerstörerische Kräfte, wie sich bei der Vorbereitung der „Endlösung" zeigte, freigesetzt und eine effiziente Leistungsfähigkeit des Regimes etwa in der Überwindung der Weltwirtschaftskrise suggeriert werden. Auf längere Sicht jedoch war dieses Chaos der Zuständigkeiten, das Hitler noch durch ständiges Hineinregieren und Intervenieren vergrößerte, kontraproduktiv und lähmend, am Ende sogar selbstzerstörerisch. Das Schicksal der ME 262, des ersten frontreifen Düsenjägers, im Kriege demonstriert nur beispielhaft, wie eine brillante technische Leistung durch ständiges Hineinreden Hitlers mit immer neuen strategischen und taktischen Vorgaben ihrer rechtzeitigen Wirkung beraubt werden konnte. Es rächte sich besonders im Kriege, daß auf die Setzung eindeutiger und langfristiger rüstungswirtschaftlicher Prioritäten verzichtet und dafür ständig improvisiert und umgesteuert wurde.

Besonders brutal und augenfällig war der gewollte Bruch mit der künstlerischen Moderne 1933. Hier zeigte sich, wie negativ der Begriff „modern" in Hitlers Weltbild auch besetzt sein konnte. Avantgarde und künstlerisches Experiment wurden als „artfremd", als „jüdisch" und „bolschewistisch" aus Konzertsälen, Galerien und Museen verbannt, ausübende Künstler erhielten Berufsverbot oder wurden in die Emigration gestoßen. Leidende, gefährdete und zerstörte Menschen wurden aus der darstellenden Kunst als dekadent „ausgemerzt" und ebenfalls mit einem Bann belegt. Blut-und-Boden-Kitsch, Neoklassizismus und leere Monumentalität feierten Triumphe. Entwürfe monumentaler Stadtplanung etwa für Berlin, Linz oder Nürnberg mit gigantischen Radialachsen für den wachsenden Autoverkehr und überdimensionierten Stadthallen auf der einen, ländliche und volksnahe Fachwerkidylle auf der anderen Seite ließen keinen Raum mehr für die schlichte und moderne Funktionalität des Dessauer Bauhauses. Allerdings sah auch hier die Realität schließlich anders aus. Denn die Kriegszerstörungen erzwangen den schnellen und massenhaften Bau von billigen Sozialwohnungen, damit die Ausgebombten möglichst rasch wieder ein Dach über dem Kopf erhielten.

Das Heroische des Kriegers, die Idylle der ländlichen und heilen Welt im Zusammenleben von Mensch und Tier und die schlichte volkstümliche Genremalerei erfreuten sich besonderer Wertschätzung nationalsozialistischer Kunstpolitik. Ihre aggressive Abrechnung mit der Moderne stieß in breiten Bevölkerungskreisen kaum auf Widerspruch, befand sie sich doch im Einklang mit der Tradition des durchschnittlichen bürgerlichen Kunstgeschmackes. Überhaupt schien das Bildungsbürgertum an der künstlerischen Barbarei der Nationalsozialisten wenig Anstoß zu nehmen, solange nur Rembrandt und Dürer in den Museen hängenblieben, Wagner in Bayreuth zelebriert wurde, Goethe, Schiller und Kleist unter Gründgens im Preußischen Staatstheater in Berlin zur Aufführung kamen und Furtwängler am Pult der Berliner Philharmoniker Beethoven und Mozart dirigierte. Noch Jahrzehnte haftete dem

Nachkriegsdeutschland der Ruch künstlerischer und wissenschaftlicher Provinzialität an, den ihm der Nationalsozialismus hinterlassen hatte.

Das „Dritte Reich" zwischen Weimar und Bonn – Es fällt sicher durch die beispiellose und singuläre Ungeheuerlichkeit seiner Untaten in nur zwölf Jahren seines Bestehens aus der deutschen und europäischen Geschichte heraus. Es war aber gleichzeitig eingebettet in die säkularen Trends der modernen Industriegesellschaft, wurde durch sie geprägt, hat sie teilweise beschleunigt, teilweise auch gebremst oder umgebogen. Zwölf Jahre für die Bilanzierung sozialen und ökonomischen Wandels sind freilich eine recht kurze Zeit.

Blicken wir nach vorn. Fragen wir nach dem Erbe, das Diktaturstaat, Krieg und Untergang dem zweiten und diesmal sehr viel erfolgreicheren demokratischen Neubeginn in Deutschland aufgegeben haben.

Der tiefste Einschnitt, den der Nationalsozialismus gesetzt hat, war zweifellos sein totaler Zusammenbruch. Er ließ weder wie 1918 eine nostalgische Verklärung der „guten alten Zeit" zu, hinter der sich Ewiggestrige in nennenswerter Zahl hätten sammeln können, noch die Deutung, er sei durch einen „Dolchstoß" der Heimat gegen die kämpfende Truppe herbeigeführt worden. Der völlige Bankrott des Regimes war ebenso offenkundig wie seine verbrecherischem Züge und seine verheerende Zerstörungskraft. Die kritische Auseinandersetzung mit ihm und auch die Scham darüber, an seiner Etablierung und Konsolidierung mitgewirkt und sich selbst tief in Schuld und Mitverantwortung verstrickt zu haben, sollten, wenn auch zunächst sicher nicht gründlich und umfassend genug, doch zu einem Kernbestandteil der neuen politischen Kultur nach 1945 und zu einem der tragenden Elemente der demokratischen Staatsgründung in Bonn werden. Der Erfahrungsschatz der zwölf Jahre darf als eine Bestandsgarantie unseres demokratischen Gemeinwesens niemals verlorengehen. Der Nationalsozialismus hinterließ keine werbende Idee, die ihn hätte überdauern können. Was er hinterließ, waren Trümmer, waren unendliches Leid und Trauer über Millionen von Ermordeten und Gefallenen, Geschundenen und Verkrüppelten.

Das (West-)Deutschland von 1945 war ein anderes als das von 1933. Es hatte sein Gesicht nicht nur geographisch und politisch, sondern auch ökonomisch und sozial irreversibel gewandelt. Einige Andeutungen mögen dies beispielhaft belegen. Dabei sollen die Sowjetzone und dann die DDR als ein totalitäres Regime eigener Art ausgeblendet bleiben.

Die alten Bastionen und Rekrutierungsfelder der vordemokratischen Eliten in Ostelbien in der Großlandwirtschaft, in der Armee, der Bürokratie und Diplomatie, die den Demokraten in Weimar das Leben so schwergemacht hatten, waren durch die militärische Niederlage und den Vormarsch der Roten Armee für immer geschleift. Vorindustrielle

Relikte, die der deutschen Gesellschaft bis 1933 noch so nachhaltig ihren Stempel aufgedrückt hatten, gehörten nun der Vergangenheit an. Durch Ausbombung und Evakuierung, Flucht und Vertreibung waren überkommene landmannschaftliche, ständische, konfessionelle und regionale Bindungen aufgelöst, Unterschiede eingeebnet, Privilegien durch Stand und Herkunft abgebaut, aber auch traditionell dicht verflochtene Sozialmilieus und Gemeinschaften ausgelöscht worden. Trotz Zerstörungen und Demontagen waren der Kapitalstock in Deutschland und seine industrielle Produktionskraft gewachsen und damit bereits vor 1945 die Grundlagen für den rasanten Wirtschaftsaufstieg gelegt, der sich schon vor der Währungsreform 1948 in ersten Umrissen abzeichnete.

Die Tendenz zum modernen kapitalistischen Großbetrieb hielt unvermindert an, ebenso Landflucht und Verstädterung. Viele mittelständische Existenzen im Klein- und Mittelgewerbe und auch bei den Dienstleistungen waren den „Auskämmaktionen" im Kriege zum Opfer gefallen. Der Anteil der in der Landwirtschaft Beschäftigten sank weiter, der Dienstleistungssektor und mit ihm Angestellte und Beamte expandierten.

Der Trend zur Kleinfamilie mit ein bis zwei Kindern setzte sich gegen die attraktiven Angebote nationalsozialistischer Familienideologie und -politik fort. Junge Menschen und vor allem auch junge Mädchen und Frauen hatten persönliche Freiräume und eine ihnen bisher unbekannte Beweglichkeit in den staatlichen Jugendorganisationen, im Arbeitsdienst, im Land- und Pflichtjahr, in ihren Berufen und dann auch im Kriegseinsatz gewonnen, die sie nicht mehr missen mochten. Sie waren der häuslichen und familiären, der dörflichen oder kleinstädtischen Enge oft viel früher und auch viel abrupter als ihre Eltern entwachsen. Neue Pflichten und Aufgaben und eine gesteigerte Verantwortung etwa in der Kinderlandverschickung, in der Zuwendung für junge, kinderreiche Familien oder dann gegen Ende bei der Zusammenstellung und Betreuung von Flüchtlingstrecks, in der Flakbatterie und im „letzten Aufgebot" des „Volkssturmes" haben aus Kindern über Nacht Erwachsene werden lassen und ihnen Erfahrungen mitgegeben, die sie für ihr weiteres Leben prägen sollten.

Die moderne Freizeit- und Konsumgesellschaft war infolge des Mangels sicher zunächst noch eher ein Versprechen für die Zukunft, aber in Ansätzen doch schon vorhanden und von den Nationalsozialisten auch als attraktives Angebot zur Schaffung von Loyalität und als Leistungsmotivation so gewollt, bevor sie dann in den fünfziger Jahren voll zum Durchbruch kommen sollte [11]. Sicher, vieles mag provinzieller, beengter und auch dürftiger und reglementierter als in den aufgewühlten und aufregenden zwanziger Jahren gewesen sein. Aber das Regime ließ bewußt scheinbar unpolitische Nischen und Freiräume, in denen man sich nach wie vor den Massenvergnügungen im Kino und Varieté, auf dem Tanzboden selbst bei Jazzklängen und im Café, bei den Autorennen auf der Avus oder bei den Sechstagerennen im Berliner Sportpalast, im Schwimmbad oder im Sportverein hingeben und für Stunden mit der Familie ganz privat sein konnte. Das Radio faszinierte die Menschen ebenso wie die Ufa-Produktionen auf der Leinwand. Die Volksmotorisierung mit dem eigenen KdF-Wagen blieb vorerst zwar leider noch ein schöner Traum, aber man konnte ihn immerhin schon für die Nachkriegszeit träumen. Der moderne Massentourismus, der dann voll erst in den fünfziger Jahren einsetzen sollte, war ebenfalls in ersten Anfängen bereits in den KdF-Reisen vorweggenommen. Die Verbesserung der sozialen Einrichtungen im Betrieb auf Druck der DAF wie Waschräume, Kantinenessen oder strengere hygienische Vorschriften mögen zwar politisch und propagandistisch motiviert gewesen sein, verfehlten aber ihre Wirkung auf die Arbeitnehmer nicht und konnten auch nach 1945 nicht einfach zurückgedreht werden. Die allgemeine Mangelwirtschaft zwang der Bevölkerung sogar ein sehr modernes Verhalten auf, das in der „Wegwerfgesellschaft“ später leider in Vergessenheit geraten und erst in den letzten Jahren wieder reaktiviert werden sollte: den sparsamen Umgang mit den knappen Ressourcen, das Sammeln und „Recycling“ von kriegswichtigen Rohstoffen und die Vorsortierung von Hausmüll.

Das Leben der meisten Menschen lief nach 1933 in vieler Hinsicht vor allem in der privaten Sphäre ebenso normal weiter wie in der Weimarer Zeit und wie dann später in der Bundesrepublik; gegenüber früher insofern sicher mit einer höheren Qualität, als man nunmehr wieder einen festen Arbeitsplatz hatte, sich einen gewissen, wenn auch bescheidenen Lebensstandard leisten konnte und allenthalben den Aufschwung zu spüren meinte. Normalität – und das hob die zwölf Jahre des Diktaturstaates so entscheidend gegen Weimar und Bonn ab – war aber nur den „Volksgenossen“ vergönnt, die vom Regime als würdig befunden wurden, der „arischen Volksgemeinschaft“ anzugehören, die sich anpaßten, nicht auffielen und nicht allzuviel meckerten.

Säkulare Zäsuren wie die von 1933, 1939 und 1945 mit weltgeschichtlichen Auswirkungen pflegen sich in der Erinnerung und Erfahrung der Menschen oft zu relativieren, wenn Zeitzeugen sich darum bemühen, diese Einschnitte mit ihrer eigenen Lebensgeschichte und der ihrer Generation in Verbindung zu bringen. Erinnerungsarbeit, mündliche Überlieferung und politischer Aktenbefund brauchen keineswegs immer miteinander im Einklang zu stehen. So haben gerade ältere Menschen, wenn sie auf die einschneidenden Erlebnisse in ihrem Leben angesprochen wurden, oft davon berichtet, daß sich die Weltwirtschaftskrise ab 1930 mit ihrem Massenelend, der Arbeitslosigkeit des Vaters und dem Hunger in der Familie viel tiefer in ihr Gedächtnis eingegraben habe als etwa der 30. Januar 1933. Ihn haben die meisten zunächst gar nicht als etwas Besonderes wahrgenommen.

Eine ähnliche Verschiebung im Gewicht welthistorischer Daten hat in der Rückbesinnung der Mitlebenden bei dem Jahr 1945 stattgefunden. Gewiß, es war das Jahr des Kriegsendes, der Befreiung Europas vom nationalsozialistischen und Ostasiens vom japanischen Joch, und es zeichnete sich überall so etwas wie ein hoffnungsvoller Neuanfang, wenn auch keineswegs die vielbeschworene „Stunde Null" ab. Aber war dieser Zusammenbruch nicht längst schon abzusehen? Im Jahre 1987 erschien eine Aufsatzsammlung, die schon durch ihren Titel provozierte und hinsichtlich des relativen und vorläufigen Charakters jeder Periodisierung nachdenklich stimmte: „Von Stalingrad zur Währungsreform. Zur Sozialgeschichte des Umbruchs in Deutschland" [12]. Das Epochenjahr 1945 wird hier, ohne daß Abstriche an seiner nachhaltigen politischen und militärischen Bedeutung gemacht werden sollen, sozialgeschichtlich überwölbt von einer Art Zwischenperiode mit fließenden Übergängen zwischen „Drittem Reich" und Bundesrepublik Deutschland. In ihr zeigte das alte Regime mit der militärischen Wende an allen Fronten bereits sichtbare Auflösungserscheinungen, ohne daß sich schon eine neue Nachkriegsordnung deutlich herauszukristallisieren vermochte.

Wir sprechen auch von einer „Zusammenbruchsgesellschaft" (Chr. Kleßmann). Sie war für die Menschen etwa fünf Jahre bis zur Währungsreform 1948 geprägt durch die Erfahrung von Mangel und Hunger, Chaos und Schock über das Geschehene. Viele waren entwurzelt durch Bombenkrieg und Evakuierung, Flucht und Vertreibung, Deportation und Exil und suchten Geborgenheit in einer neuen Heimat oder doch wenigstens ein Dach über dem Kopf. Der Kampf ums Überleben bestimmte den Alltag. Die tägliche Sorge um verschleppte, vermißte oder in Gefangenen- und Straflagern dahinvegetierende Angehörige und Freunde ging den Menschen nicht aus dem Kopf, vor allem wenn sie nach Sibirien deportiert worden waren und oft Monate kein Lebenszeichen von ihnen kam. Hier stellte sich der erlösende Augenblick, mit dem der Krieg wirklich abgeschlossen war, erst im Jahre 1955 ein, als Konrad Adenauer bei seinem Besuch in Moskau die Rückkehr der deutschen Kriegsgefangenen aushandeln konnte.

Die Menschen waren der Politik nach Jahren der propagandistischen Berieselung gründlich überdrüssig. Sie flüchteten sich in ihre private Sphäre. So war es eine sehr nüchterne und pragmatische Generation, desillusioniert und unpolitisch, aber fleißig und leistungsbereit, die sich dann an den Aufbau machte. Man hat den Menschen später oft vorgeworfen, sie seien allzu sehr auf das Materielle, auf Wohlstand und Leistung fixiert gewesen und hätten darüber eine gründliche und selbstkritische Aufarbeitung ihrer Vergangenheit versäumt bzw. erst der Generation ihrer Kinder in den sechziger und siebziger Jahren überlassen. Dabei wird zum einen übersehen, daß diese Auseinandersetzung mit dem Nationalsozialismus doch schon gleich nach dem Kriege, also sehr viel früher und intensiver gerade unter jüngeren Menschen der Kriegsgeneration eingesetzt hat, als man es heute wahrhaben will, und zum anderen, daß es wohl in der menschlichen Natur liegt und eine Frage der Selbstachtung ist, sich zunächst einmal zu rechtfertigen für sein Tun und gegen den Vorwurf zu wehren, die wertvollsten und prägenden Jahre seines Lebens in den Dienst eines verbrecherischen Regimes gestellt und dieses auch noch aktiv in der einen oder anderen Position, und sei es nur als zwangseingezogener junger Frontsoldat, bis zum bitteren Ende mitgetragen und sich dadurch letztendlich mitschuldig gemacht zu haben.

Möglicherweise wären viele soziale und wirtschaftliche Modernisierungsprozesse in der deutschen Industriezivilisation ganz ähnlich abgelaufen, wenn es das „Dritte Reich" nicht gegeben hätte, denn sie lagen einfach im Trend des modernen Industriezeitalters und damit auch im Trend deutscher Geschichte seit dem 19. Jahrhundert. Wer von Modernisierung in den zwölf Jahren spricht, sollte aber niemals die ungeheuren und erschütternden Kosten an Menschenleben, materiellen und immateriellen Werten vergessen, die dieser spezifisch deutsche „Sonderweg" durch den „Radikalfaschismus" (Bracher) verursacht hat.

Hitler, seine Weltanschauung und seine Herrschaft waren auch Ausdruck und Produkt der Moderne in ihrer tiefgreifenden Krise und entfesselten zugleich ihr gewaltiges Zerstörungspotential. Sie haben uns gezeigt, wie dünn die Firnis der modernen Zivilisation ist und wie an sich ganz normale und gesittete Menschen direkt oder indirekt zu Mördern und Mordgehilfen werden können, wenn erst einmal die Schranken des Rechtsstaates eingerissen und die sittlichen Normen des menschlichen Zusammenlebens, wenn Toleranz gegenüber dem Mitmenschen, gleicher welcher Herkunft oder Abstammung, und Achtung vor seiner Würde zerstört sind.

Anmerkungen

Vorwort

1 Broszat, Martin: Was heißt Historisierung des Nationalsozialismus? in: Historische Zeitschrift 247 (1988), S. 2.

I. Kapitel

1 Zit. nach Becker, Josef u. Ruth (Hrsgg.): Hitlers Machtergreifung 1933. Vom Machtantritt Hitlers 30. Januar 1933 bis zur Besiegelung des Einparteienstaates 14. Juli 1933, 2. durchgesehene, im Anhang erg. Aufl., München 1922, S. 10.
2 Becker (Hrsgg.), Dok.Nr. 321, S. 366.
3 Vgl. dazu Kershaw, Ian: Hitlers Macht. Das Profil der NS-Herrschaft, München 1992; ders.: Der NS-Staat. Geschichtsinterpretationen und Kontroversen im Überblick, vollst. überarb. und erw. Neuausgabe, Reinbek 1994.
4 Vgl. dazu Schreiber, Gerhard: Hitler-Interpretationen 1923-1983. Ergebnisse, Methoden und Probleme der Forschung, 2. verb. und durch eine annotierte Bibliographie für die Jahre 1984-1987 erg. Aufl., Darmstadt 1988.
5 Dülffer, Jost: Deutsche Geschichte 1933-1945. Führerglaube und Vernichtungskrieg, Stuttgart 1992, S. 33.
6 Kershaw, Hitlers Macht, S. 13.
7 Eingehend dazu Kershaw, Der NS-Staat.
8 Kershaw, Der NS-Staat, S. 127.
9 Rich, Norman: Hitler's War Aims, 2 Bde., London 1973-4, Bd. I, S. 11.
10 Bracher, Karl Dietrich: Zeitgeschichtliche Kontroversen. Um Faschismus, Totalitarismus, Demokratie, München ^{2}1976, S. 88f.
11 Fraenkel, Ernst: Der Doppelstaat. Ein Beitrag zur Theorie der Diktatur, Frankfurt a.M./Köln 1974 (engl. Ausgabe 1941).
12 Neumann, Franz: Behemoth. Struktur und Praxis des Nationalsozialismus 1933-1944, Frankfurt a.M. 1977 (engl. Ausgabe 1944).
13 Bullock, Alan: Hitler. Eine Studie über Tyrannei. Vollständig überarb. Neuausgabe, Düsseldorf 1964, S. 364.
14 Mommsen, Hans: Rezension des Buches von Hans-Adolf Jacobsen: Nationalsozialistische Außenpolitik, in: Militärgeschichtliche Mitteilungen 7 (1970), S. 183.
15 ders.: Nationalsozialismus, in: Sowjetsystem und demokratische Gesellschaft. Eine vergleichende Enzyklopädie, Bd. 4, Freiburg 1971, Spalte 702.
16 Broszat, Martin: Soziale Motivation und Führerbindung des Nationalsozialismus, in: Michalka, Wolfgang (Hrsg.): Nationalsozialistische Außenpolitik, Darmstadt 1978, S. 101, 105.
17 Bracher, Karl Dietrich: Die deutsche Diktatur. Entstehung, Struktur, Folgen des Nationalsozialismus, Köln/Berlin ^{3}1970, S. 218.
18 Broszat, Martin: Die Machtergreifung. Der Aufstieg der NSDAP und die Zerstörung der Weimarer Republik, München ^{5}1994 (Deutsche Geschichte der neuesten Zeit vom 19. Jahrhundert bis zur Gegenwart dtv 4516), S. 8.
19 Vgl. dazu Kershaw, Ian: Der Hitler-Mythos. Volksmeinung und Propaganda im Dritten Reich, Stuttgart 1980.
20 Vgl. dazu Steinert, Marlis G.: Hitlers Krieg und die Deutschen. Stimmung und Haltung der deutschen Bevölkerung im Zweiten Weltkrieg, Düsseldorf/Wien 1970; Jäckel, Eberhard: Hitlers Weltanschauung. Entwurf einer Herrschaft, erw. und überarb. Neuausgabe, Stuttgart ^{3}1986, S. 137ff. Zitat S. 139.
21 Hitler, Adolf: Mein Kampf, München 1935, S. 21.
22 Bracher, Die deutsche Diktatur, S. 70.
23 Broszat, Martin: Der Staat Hitlers. Grundlegung und Entwicklung seiner inneren Verfassung, München ^{2}1971, S. 15 (dtv-Weltgeschichte des 20. Jahrhunderts, Bd. 9).
24 Zit. nach Bracher, Die deutsche Diktatur, S. 130f.
25 Vgl. dazu Kershaw, Hitlers Macht.
26 Weber, Max: Wirtschaft und Gesellschaft, Tübingen^{4} 1956, S. 555.
27 Zit. nach Thamer, Hans-Ulrich: Verführung und Gewalt. Deutschland 1933-1945, Berlin 1986, S. 157f.
28 Der Angriff vom 20.4.1929, zit. nach Kershaw,

Hitler-Mythos, S. 32.
29 Hitler, Mein Kampf, S. 198.
30 Broszat, Die Machtergreifung, S. 15ff.
31 Broszat, Die Machtergreifung, S. 16.
32 Zit. nach Thamer, Verführung und Gewalt, S. 157.
33 Vgl. dazu: Zitelmann, Rainer: Hitler. Selbstverständnis eines Revolutionärs, Stuttgart ^{4}1991. Die Problematik dieser These von Hitler als „Modernisierer“ wird eingehend im „Epilog“ dieses Buches diskutiert.
34 Kershaw, Hitlers Macht, S. 28f.; Broszat, Der Staat Hitlers, S. 40ff.; Thamer, Verführung und Gewalt, S. 157ff.
35 Broszat, Der Staat Hitlers, S. 40f.
36 Broszat, Der Staat Hitlers, S. 42.
37 Geiger, Theodor: Panik im Mittelstand, in: Die Arbeit. Zeitschrift für Gewerkschaft, Politik und Wirtschaftskunde, Jg. 1930, S. 654.
38 Vgl. dazu Falter, Jürgen W.: Hitlers Wähler, Darmstadt 1991.
39 Broszat, Der Staat Hitlers, S. 51; Thamer, Verführung und Gewalt, S. 175.
40 Broszat, Die Machtergreifung, S. 118.
41 Abgedruckt bei: Zentner, Christian und Bedürftig, Friedemann: Das Große Lexikon des Dritten Reiches, München 1985, S. 408.
42 Hitler, Mein Kampf, S. 503.
43 Zit. nach Mommsen, Hans: Hitlers Stellung im nationalsozialistischen Herrschaftssystem, in: Hirschfeld, Gerhard u. Kettenacker, Lothar (Hrsgg.): Der „Führerstaat“: Mythos und Realität. Studien zur Struktur und Politik des Dritten Reiches, Stuttgart 1981, S. 54.
44 Thamer, Verführung und Gewalt, S. 145.
45 Jäckel, Eberhard: Hitlers Weltanschauung. Entwurf einer Herrschaft, erw. und überarb. Neuausgabe, Stuttgart ^{3} 1986.
46 ders. u. Kuhn, Axel (Hrsgg.): Hitler. Sämtliche Aufzeichnungen 1905-1924, Stuttgart 1980; Hitler. Reden, Schriften, Anordnungen Februar 1925 bis Januar 1933, hrsg. v. Institut für Zeitgeschichte, 6 Bde. in ca. 12 Teilbänden mit einem Ergänzungsband in ca. 3 Teilbänden, München 1992-1996.
47 Domarus, Max (Hrsg.): Hitler, Reden und Proklamationen 1932-1945, 2 Bde., München 1965.
48 Hitlers Politisches Testament. Die Bormann-Diktate vom Februar und April 1945. Mit einem Essay v. H.R. Trevor-Roper, Hamburg 1981.
49 Zit. nach Jäckel, Hitlers Weltanschauung, S. 16.
50 Bracher, Die deutsche Diktatur, S. 22.
51 Goebbels, Joseph: Revolution der Deutschen, Oldenburg 1933, S. 155.
52 ders.: Vom Kaiserhof zur Reichskanzlei, München 1937, S. 254.
53 Broszat, Der Staat Hitlers, S. 39.
54 Vgl. dazu Schmuhl, Hans-Walter: Rassenhygiene, Nationalsozialismus, Euthanasie. Von der Verhütung zur Vernichtung „lebensunwerten Lebens“ 1890-1945, Göttingen 1987 (Kritische Studien zur Geschichtswissenschaft Bd. 75).
55 Mann, Thomas: Doktor Faustus. Das Leben des deutschen Tonsetzers Adrian Leverkühn erzählt von einem Freunde, S. Fischer Verlag, Frankfurt a.M. 1967, S. 492 (der Roman wurde 1947 veröffentlicht).
56 Hitler, Mein Kampf, S. 324.
57 Hitler, Mein Kampf, S. 372.
58 Hitler, Mein Kampf, S. 148f.
59 Hitler, Mein Kampf, S. 312.
60 Hitler, Mein Kampf, S. 318.
61 Jäckel (Hrsg.), Hitler. Sämtliche Aufzeichnungen, S. 89f.
62 Jäckel (Hrsg.), Hitler. Sämtliche Aufzeichnungen, S. 156.
63 Hitler, Adolf: Hitlers Zweites Buch. Ein Dokument aus dem Jahre 1928. Eingel. u. komment. v. Gerhard L. Weinberg, Stuttgart 1961, S. 47.
64 Ebenda.
65 Hitler, Zweites Buch, S. 70.
66 Hitler, Zweites Buch, S. 62; vgl. auch ders., Mein Kampf, S. 728, 732.
67 Hitler, Mein Kampf, S. 421.
68 Hitler, Mein Kampf, S. 433f.
69 Hitler, Mein Kampf, S. 743.
70 Hitler, Mein Kampf, S. 742.
71 Jäckel, Hitlers Weltanschauung, S. 68ff.
72 Mommsen, Hans: Die verspielte Freiheit. Der Weg der Republik von Weimar in den Untergang 1918 bis 1933, Berlin 1989, S. 476 (Propyläen Geschichte Deutschlands Bd. 8).
73 Broszat, Die Machtergreifung, S. 8.
74 Vgl. dazu Schulz, Gerhard: Von Brüning zu Hitler. Der Wandel des politischen Systems in Deutschland 1930-1933, Berlin/New York 1992, S. 271f., 377, 428, 504, 743, 995f.
75 Von Brüning zu Papen. Aus dem Tagebuch Hans Schäffers, Eintragungen vom 2.6.1932, abgedruckt bei Broszat, Die Machtergreifung, S. 184f.
76 Bloch, Ernst: Erbschaft dieser Zeit, Frankfurt a.M. 1962, S. 113f., zit. nach Thamer, Verführung und Gewalt, S. 44.
77 Bracher, Die deutsche Diktatur, S. 79.
78 Bracher, Die deutsche Diktatur, S. 84.
79 Zit. nach Bracher, Die deutsche Diktatur, S. 154.

II. Kapitel

1 Zit. nach Graf Schwerin-Krosigk, Lutz: Es geschah in Deutschland. Menschenbilder und Zeitkräfte unseres Jahrhunderts, Tübingen/ Stuttgart 1951, S. 141.
2 Zit. nach von Kleist-Schmenzin, Ewald: Die letzte Möglichkeit, in: Politische Studien 10 (1959) S. 92.
3 Bracher, Die deutsche Diktatur, S. 212.
4 Zit. nach Thamer, Verführung und Gewalt, S. 127, 193.
5 Akten der Reichskanzlei. Regierung Hitler 1933-1938, hrsg. f.d. Historische Kommission bei der Bayerischen Akademie der Wissenschaften v. Konrad Repgen, f.d. Bundesarchiv v. Hans Booms, Teil I: 1933/34, Boppard 1983, Bd. 1, Dok.Nr. 2, S. 6.
6 Vgl. Müller, Klaus-Jürgen: Das Heer und Hitler. Armee und nationalsozialistisches Regime 1933-1940, Stuttgart [2] 1989.
7 Becker (Hrsgg.), Dok.Nr. 78, S. 117.
8 Goebbels: Vom Kaiserhof zur Reichskanzlei, München 1934, S. 262.
9 Domarus, Hitler, Bd. 1, S. 191ff.
10 Tagebucheintragung vom 31. Januar 1933, in: Fröhlich, Elke (Hrsg.): Die Tagebücher von Joseph Goebbels. Sämtliche Fragmente. Teil I: Aufzeichnungen 1924 bis 1941, München u.a. 1987, Bd. 2, S. 357.
11 Becker (Hrsgg.), Dok.Nr. 2, S. 31.
12 Becker (Hrsgg.), Dok.Nr. 6, S. 33.
13 Becker (Hrsgg.), Dok.Nr. 20, S. 54.
14 Goebbels, Kaiserhof, S. 253.
15 Becker (Hrsgg.), Dok.Nr. 11, S. 39.
16 Becker (Hrsgg.), Dok.Nr. 17, S. 45. Aus einem Zeitungsbericht über eine Rede Kurt Schumachers (MdR SPD) in Augsburg am 4. Febr. 1933.
17 Ebenda S. 48.
18 Becker (Hrsgg.), Dok.Nr. 18, S. 50.
19 Zur Kontroverse um die Urheberschaft beim Reichstagsbrand vgl. Backes, Uwe u.a.: Reichstagsbrand. Aufklärung einer historischen Legende, München 1986.
20 Regierung Hitler 1933-1938, Bd. I/1, Dok.Nr. 32, S. 128f.
21 Domarus, Hitler, Bd. 1, S. 205ff.
22 Becker (Hrsgg.), Dok.Nr. 24, S. 57ff.
23 Becker (Hrsgg.), Dok.Nr. 77, S. 116f.
24 Regierung Hitler 1933-1938, Bd. I/1, Dok.Nr. 44, S. 159ff.
25 Zit. bei Miller, Max: Eugen Bolz, Stuttgart 1959, S. 440.
26 Broszat, Der Staat Hitlers, S. 154.
27 Broszat, Der Staat Hitlers, S. 153.
28 Broszat, Der Staat Hitlers, S. 149.
29 Broszat, Der Staat Hitlers, S. 152.
30 Ebenda.
31 Zit. nach Thamer, Verführung und Gewalt, S. 268f.
32 Becker (Hrsgg.), Dok.Nr. 117, S. 159.
33 Becker (Hrsgg.), Dok.Nr. 114, S. 157.
34 Domarus, Hitler, Bd. 1, S. 226ff.
35 Regierung Hitler 1933-1938, Bd. I/1, Dok.Nr. 60, S. 216.
36 Domarus, Hitler, Bd. 1, S. 229ff.
37 Becker (Hrsgg.), Dok.Nr. 130, S. 178.
38 Regierung Hitler 1933-1938, Bd. I/1, Dok.Nr. 53, S. 188f.
39 Zit. nach Schulthess' Europäischer Geschichtskalender. Neue Folge 49 (1933), S. 110ff.
40 Domarus, Hitler, Bd. 1, S. 259ff.
41 Becker (Hrsgg.), Dok.Nr. 228, S. 278ff.
42 Becker (Hrsgg.), Dok.Nr. 94, S. 136.
43 Becker (Hrsgg.), Dok.Nr. 99, S. 139.
44 Bracher, K.D., Sauer, W., Schulz, G.: Die nationalsozialistische Machtergreifung. Studien zur Errichtung des totalitären Herrschaftssystems in Deutschland 1933/34, Köln/Opladen [2] 1962, S. 194.
45 Neuer Vorwärts vom 25.6.1933, zit. nach Frei, Der Führerstaat, S. 72.
46 Völkischer Beobachter 8. Juli 1933, zit. nach Bracher, Die deutsche Diktatur, S. 251.
47 Bracher, Die deutsche Diktatur, S. 252.
48 Zit. nach Broszat, Der Staat Hitlers, S. 251f.
49 Zit. nach Broszat, Der Staat Hitlers, S. 257.
50 Regierung Hitler 1933-1938, Bd. I/1, Dok.Nr. 180, S. 630.
51 Völkischer Beobachter vom 8.5.1933, zit. nach Frei, Der Führerstaat, S. 22.
52 Zit. nach Frei, Der Führerstaat, S. 26.
53 Regierung Hitler 1933-1938, Bd. I/2, Dok.Nr. 375, S. 1358.
54 Domarus, Hitler Bd. 1, S. 405.
55 Schmitt, Carl: Der Führer schützt das Recht, in: Deutsche Juristenzeitung 39 (1934), zit. nach Thamer, Verführung und Gewalt, S. 333.

III. Kapitel

1 Tagebucheintragung vom 22.4.1933, in: Fröhlich, Elke (Hrsg.): Die Tagebücher von Joseph Goebbels. Sämtliche Fragmente. Teil I: Aufzeichnungen 1924-1941, München u.a. 1987,

Bd. 2, S. 410.
2 Domarus, Hitler, Bd. 2, S. 1877.
3 Hirschfeld u. Kettenacker (Hrsgg.), „Führerstaat", S. 54.
4 Broszat, Der Staat Hitlers, S. 169.
5 Mommsen, Hitlers Stellung im nationalsozialistischen Herrschaftssystem, S. 51f. (vgl. Anm. I, 43).
6 Vgl. Anm. I, 11.
7 Vgl. Anm. I, 12.
8 Der Vorgang ist beschrieben bei Thamer, Verführung und Gewalt, S. 344.
9 Mommsen, Hitlers Stellung im nationalsozialistischen Herrschaftssystem, S. 69f. (vgl. Anm. I, 43).
10 Tagebucheintragung vom 10.2.1940, in: Fröhlich (Hrsg.), Tagebücher Bd. 4, S. 39 (vgl. Anm. III, 1).
11 Thamer, Verführung und Gewalt, S. 340.
12 Vgl. Longerich, Peter: Nationalsozialistische Propaganda, in: Bracher, K.D., Funke, M., Jacobsen, H.-A. (Hrsgg.): Deutschland 1933-1945. Neue Studien zur nationalsozialistischen Herrschaft, Düsseldorf 1992, S. 291-314.
13 Vgl. Hitlers Denkschrift „Ausbau der Nationalsozialistischen Arbeiterpartei" vom 22. Oktober 1922, in: Jäckel (Hrsg.), Hitler. Sämtliche Aufzeichnungen, S. 702ff.
14 Vgl. Longerich, Nationalsozialistische Propaganda (vgl. Anm. III, 12), S. 291f.
15 Hitler, Mein Kampf, S. 652f.
16 Zit. nach Bracher, Die deutsche Diktatur, S. 280.
17 Hitler, Mein Kampf, S. 197.
18 Hitler, Mein Kampf, S. 198.
19 Denkschrift Hitlers vom 22. Oktober 1922 (vgl. Anm. III, 13), S. 705.
20 Vgl. Boberach, Heinz (Hrsg.): Meldungen aus dem Reich. Eine Auswahl aus den geheimen Lageberichten des Sicherheitsdienstes der SS 1938-1944, 17 Bände, Herrsching 1984; Deutschland-Berichte der Sozialdamokratischen Partei Deutschlands (Sopade) 1934-1940, 7 Bände, Salzhausen/Frankfurt a.M. 1980.
21 Vgl. Steinert (Anm. I, 20).
22 Zit. nach Buchheim, Hans: Die SS - Das Herrschaftsinstrument. Befehl und Gehorsam, Olten/Freiburg i.Brsg. 1965, S. 116 (Buchheim, H., Broszat, M., Jacobsen, H.-A., Krausnick, H. [Hrsgg.]: Anatomie des SS-Staates Bd. 1).
23 Zit. nach Frei, Der Führerstaat, S. 124.
24 Vgl. Anm. III, 20.
25 Meldungen aus dem Reich (Anm. III, 20), Bd. 1, S. 17.
26 Broszat, Der Staat Hitlers, S. 346.
27 Zit. nach Thamer, Verführung und Gewalt, S. 370.
28 Zit. nach Buchheim (Anm. III, 22), S. 97.
29 Zit. nach Buchheim (Anm. III, 22), S. 99.
30 Zit. nach Buchheim (Anm. III, 22), S. 111.
31 Thamer, Verführung und Gewalt, S. 376.
32 Becker (Hrsgg.), Dok.Nr. 112, S. 152.
33 Zit. nach Bracher, Die deutsche Diktatur, S. 395.
34 Bracher, Die deutsche Diktatur, S. 396.
35 Vgl. dazu Schmuhl (Anm. I, 54).
36 Lehrplan des SS-Hauptamtes von 1943/44 für die weltanschauliche Erziehung in SS und Polizei, zit. nach: Graml, Hermann: Reichskristallnacht. Antisemitismus und Judenverfolgung im Dritten Reich, München 1988, S. 97 (Deutsche Geschichte der neuesten Zeit vom 19. Jahrhundert bis zur Gegenwart dtv 4519).
37 Zit. nach Graml, Reichskristallnacht, S. 139f.
38 Zit. nach Graml, Reichskristallnacht, S. 137f.
39 Zit. nach Graml, Reichskristallnacht, S. 162.
40 Zit. nach Graml, Reichskristallnacht, S. 32.
41 Zit. nach Graml, Reichskristallnacht, S. 181f.
42 Zit. nach Graml, Reichskristallnacht, S. 187.
43 Akten zur Deutschen Auswärtigen Politik (ADAP) 1918-1945, Ser.D (1937-1945), Bd. IV, Dok.Nr. 158, S. 170.
44 Domarus, Hitler, Bd. 2, S. 1058.
45 Domarus, Hitler, Bd. 1, S. 191ff.
46 Regierung Hitler 1933-1938, Bd. I/1, Dok.Nr. 17, S. 50f.
47 Thamer, Verführung und Gewalt, S. 472.
48 Thamer, Verführung und Gewalt, S. 470, 512.
49 Aussagen des Heeresadjutanten Engel, zit. nach Thamer, Verführung und Gewalt, S. 567; zur Blomberg-Fritsch-Krise jetzt: Janßen, Karl-Heinz u. Tobias, Fritz: Der Sturz der Generäle. Hitler und die Blomberg-Fritsch-Krise, München 1994.
50 Hofer, Walther (Hrsg.): Der Nationalsozialismus. Dokumente 1933-1945, Frankfurt a. M. [43] 1994, Dok.Nr. 99, S. 180f.
51 Schulthess' Europäischer Geschichtskalender. Neue Folge 50 (1934), S. 44; vgl. auch Müller, Das Heer und Hitler, S. 67.
52 Zit. nach Müller, Das Heer und Hitler, S. 53.
53 Domarus, Hitler, Bd. 1, S. 405.
54 Zur Aufrüstung vgl. Deist, Wilhelm: Die Aufrüstung der Wehrmacht, in: Deist, W., Messerschmidt, M., Volkmann, H.-E., Wette, W.: Ursachen und Voraussetzungen der deutschen Kriegspolitik, Stuttgart 1979, S. 371-532 (Das Deutsche Reich und der Zweite Weltkrieg, hrsg. v. Militärgeschichtlichen Forschungsamt, Bd. 1).
55 Zit. nach Deist, Die Aufrüstung der Wehrmacht, S. 436.

56 Vgl. dazu Wendt, Bernd Jürgen: Großdeutschland. Außenpolitik und Kriegsvorbereitung des Hitler-Regimes, München [2] 1993, S. 11ff. (Deutsche Geschichte der neuesten Zeit vom 19. Jahrhundert bis zur Gegenwart dtv 4518).
57 Zit. nach Thamer, Verführung und Gewalt, S. 565f.; hier auch die folgenden Hitler-Zitate.
58 ADAP 1918-1945, Ser. C 1933-1937, Bd. I/1, Dok.Nr. 1, S. 1.
59 Vgl. dazu Jacobsen, Hans-Adolf: Nationalsozialistische Außenpolitik 1933-1938, Frankfurt a.M. 1968; Wendt, Großdeutschland, S. 99ff.
60 Die Weizsäcker-Papiere 1933-1950, hrsg. v. Leonidas E. Hill, Berlin 1974, S. 121.
61 Broszat, Der Staat Hitlers, S. 370.

IV. Kapitel

1 Vgl. dazu Volkmann, Hans-Erich: Die NS-Wirtschaft in der Vorbereitung des Krieges, in: Deist, Messerschmidt, Volkmann, Wette: Ursachen und Voraussetzungen der deutschen Kriegspolitik (vgl. Anm. III, 54), S. 177-368, bes. S. 190ff.; Teichert, Eckart: Autarkie und Großraumwirtschaft in Deutschland 1930-1939. Außenwirtschaftspolitische Konzeptionen zwischen Wirtschaftskrise und Zweitem Weltkrieg, München 1984.
2 Zur Kontroverse um die Modernität des Dritten Reiches vgl. u.a. Prinz, Michael u. Zitelmann, Rainer (Hrsgg.): Nationalsozialismus und Modernisierung, Darmstadt 1991; Frei, Norbert: Wie modern war der Nationalsozialismus? in: Geschichte und Gesellschaft 19 (1993), S. 367-387; vgl. auch die Diskussion im „Epilog" dieses Buches.
3 Nürnberger Prozesse. Der Prozeß gegen die Hauptkriegsverbrecher vor dem Internationalen Militärgerichtshof (Abk.: IMT), Bd. 35, S. 42ff.
4 Zit. nach Broszat, Der Staat Hitlers, S. 221.
5 Broszat, Der Staat Hitlers, S. 218.
6 Broszat, Der Staat Hitlers, S. 228f., hier auch das folgende Zitat.
7 Die Hoßbach-Niederschrift ist abgedruckt bei Wendt, Großdeutschland, S. 191-202. Zitat S. 195.
8 Boelcke, Willi A.: Die Finanzpolitik des Dritten Reiches. Eine Darstellung in Grundzügen, in: Bracher, Funke, Jacobsen (Hrsgg.): Deutschland 1933-1945 (vgl. Anm. III, 12), S. 96; ders.: Die Kosten von Hitlers Krieg. Kriegsfinanzierung und finanzielles Kriegserbe in Deutschland 1933-1948, Paderborn 1985; Wagenführ, Rolf: Die deutsche Industrie im Kriege 1939-1945, Berlin 1955.
9 Abgedruckt bei Boelcke, Finanzpolitik, S. 99.
10 Schacht, Hjalmar: Abrechnung mit Hitler, 1948, S. 20.
11 Denkschrift Schachts über die Finanzierung der Aufrüstung vom 3. Mai 1935, in: IMT, Bd. 27, S. 50ff.
12 Die Eingabe vom 7. Januar 1939 ist abgedruckt in: Ursachen und Folgen. Vom deutschen Zusammenbruch 1918 und 1945 bis zur staatlichen Neuordnung Deutschlands in der Gegenwart, Berlin 1965, Bd. X, S. 586ff.
13 Boelcke, Finanzpolitik, S. 112.
14 Boelcke, Finanzpolitik, S. 113.
15 Hitler, Mein Kampf, S. 151.
16 Broszat, Der Staat Hitlers, S. 231f.
17 Vgl. dazu Broszat, Der Staat Hitlers, S. 230ff.; Gies, Horst R.: Walther Darré und die nationalsozialistische Bauernpolitik in den Jahren 1930-1933, Diss. Frankfurt a.M. 1966; ders.: Die NS-Machtergreifung auf dem agrarischen Sektor, in: Zeitschrift für Agrargeschichte und Agrarsoziologie 16 (1968), S. 210-232.
18 Vgl. dazu Kranig, Andreas: Lockung und Zwang. Zur Arbeitsverfassung im Dritten Reich, Stuttgart 1983 (Schriftenreihe der Vierteljahreshefte für Zeitgeschichte, Bd. 47); ders.: Arbeitnehmer, Arbeitsbeziehungen und Sozialpolitik unter dem Nationalsozialismus, in: Bracher, Funke, Jacobsen (Hrsgg.), Deutschland 1933-1945 (vgl. Anm. III, 12), S. 135-152; Mason, Timothy W.: Sozialpolitik im Dritten Reich. Arbeiterklasse und Volksgemeinschaft, Opladen [2] 1978.
19 Zitiert nach Schulthess' Europäischer Geschichtskalender. Neue Folge 49 (1933), S. 110ff.
20 Domarus, Hitler, Bd. 1, S. 260.
21 Zitiert nach Broszat, Der Staat Hitlers, S. 192.
22 Zitiert nach Broszat, Der Staat Hitlers, S. 193.
23 Smelser, Ronald: Die Sozialplanung der Deutschen Arbeitsfront, in: Prinz u. Zitelmann (Anm. IV, 2), S. 72f.; vgl. auch ders.: Robert Ley. Hitlers Mann an der „Arbeitsfront". Eine Biographie, Paderborn 1989.
24 Vgl. dazu Smelser, Die Sozialplanung, S. 72ff.
25 Zitiert nach Broszat, Der Staat Hitlers, S. 203.
26 Zit. nach Winkler, Dörte: Frauenarbeit im „Dritten Reich", Hamburg 1977, S. 120f.; zum Thema Frau im „Dritten Reich" vgl. auch Thal-

mann, Rita R.: Frausein im Dritten Reich, München/Wien 1984; dies.: Zwischen Mutterkreuz und Rüstungsbetrieb: Zur Rolle der Frau im Dritten Reich, in: Bracher, Funke, Jacobsen (Hrsgg.), Deutschland 1933-1945 (vgl. Anm. III, 12), S. 198-217.

27 Hitler, Mein Kampf, S. 275f., 455, 460.

28 Domarus, Hitler, Bd. 1, S. 450f.

29 Vgl. dazu Maschmann, Melita: Fazit. Kein Rechtfertigungsversuch, Stuttgart 1963.

30 Vgl. dazu Bracher, Die deutsche Diktatur, S. 368f.

31 Hehl, Ulrich von: Die Kirchen in der NS-Diktatur. Zwischen Anpassung, Selbstbehauptung und Widerstand, in: Bracher, Funke, Jacobsen (Hrsgg.), Deutschland 1933-1945 (vgl. Anm. III, 12), S. 153-181; mit weiterführender Literatur.

32 Zitiert nach v. Hehl, Die Kirchen in der NS-Diktatur, S. 159.

33 Hitler, Mein Kampf, S. 127.

34 Zit. nach v. Hehl, Die Kirchen in der NS-Diktatur, S. 161.

35 Domarus, Hitler, Bd. 1, S. 192.

36 Domarus, Hitler, Bd. 1, S. 232f., 236.

37 Becker (Hrsgg.), Dok.Nr. 114, S. 156f.

38 Becker (Hrsgg.), Dok.Nr. 171, S. 221f.

39 Zit. nach v. Hehl, Die Kirchen in der NS-Diktatur, S. 172.

40 Becker (Hrsgg.), Dok.Nr. 148, S. 195.

41 Zit. nach v. Hehl, Die Kirchen in der NS-Diktatur, S. 174.

42 Zit. nach v. Hehl, Die Kirchen in der NS-Diktatur, S. 178.

43 Ebenda.

44 Ebenda.

45 Vgl. dazu Klönne, Arno: Jugend im Dritten Reich, in: Bracher, Funke, Jacobsen (Hrsgg.), Deutschland 1933-1945 (vgl. Anm. III, 12); ders.: Jugend im Dritten Reich. Die Hitler-Jugend und ihre Gegner, München [2] 1990.

46 Scholl, Inge: Die weiße Rose, Frankfurt a.M. 1953, S. 15.

47 Maschmann, Fazit, S. 18.

48 Maschmann, Fazit, S. 83, 160.

49 Vgl. Bracher, Die deutsche Diktatur, S. 284f.

50 Zit. nach Bracher, Sauer, Schulz, Die nationalsozialistische Machtergreifung (vgl. Anm. II, 44), S. 312.

51 Zit. nach Thamer, Verführung und Gewalt, S. 416.

52 Vgl. Tenorth, H.-Elmar: Bildung und Wissenschaft im „Dritten Reich“, in: Bracher, Funke, Jacobsen (Hrsgg.), Deutschland 1933-1945, S. 240-255 mit weiterführender Literatur.

53 Hitler, Mein Kampf, S. 258, 277, 452, 468, 471.

54 Zit. nach Thamer, Verführung und Gewalt, S. 410ff.

55 Vgl. Erdmann, Karl Dietrich: Die Zeit der Weltkriege, Stuttgart 1976, S. 424 (Gebhardt. Handbuch der Deutschen Geschichte, 9. neu bearb. Aufl., Bd. 4).

56 Becker (Hrsgg.), Dok.Nr. 273, S. 318ff.

57 Vgl. Dussel, Konrad: Der NS-Staat und die „deutsche Kunst“, in: Bracher, Funke, Jacobsen (Hrsgg.), Deutschland 1933-1945, S. 256-272 mit weiterführender Literatur.

58 Hitler, Mein Kampf, S. 279.

59 Domarus, Hitler, Bd. 1, S. 705, 708f.

60 Hitler, Mein Kampf, S. 324.

61 Vgl. u.a. Loewy, Ernst (Hrsg.): Literatur unterm Hakenkreuz. Das Dritte Reich und seine Dichtung. Eine Dokumentation, 3. überarb. Aufl., Frankfurt a.M. 1977; Vondung, Klaus: Völkisch-nationale und nationalsozialistische Literaturtheorie, München 1973.

62 Vgl. Angermund, Ralph: „Recht ist, was dem Volke nutzt.“ Zum Niedergang von Recht und Justiz im Dritten Reich, in: Bracher, Funke, Jacobsen (Hrsgg.), Deutschland 1933-1945, S. 57-75; ders.: Deutsche Richterschaft 1919-1945. Krisenerfahrung, Illusion, politische Rechtssprechung, Frankfurt a.M. 1990.

63 Domarus, Hitler, Bd. 1, S. 233.

64 Domarus, Hitler, Bd. 1, S. 421.

65 Picker, Henry (Hrsg.): Hitlers Tischgespräche im Führerhauptquartier 1941-1942, eingel., komment. u. hrsg. v. A. Hillgruber, München 1968, S. 66, 69, 244.

66 Vgl. Steinbach, Peter: Der Widerstand gegen die Diktatur. Hauptgruppen und Grundzüge der Systemopposition, in: Bracher, Funke, Jacobsen (Hrsgg.), Deutschland 1933-1945, S. 452-473; Schmädeke, Jürgen u. Steinbach, Peter (Hrsgg.): Der Widerstand gegen den Nationalsozialismus. Die deutsche Gesellschaft und der Widerstand gegen Hitler, München 1986 (Publikationen der Historischen Kommission zu Berlin); alle Dimensionen des Widerstandes sind auch vorgestellt bei Müller, Klaus-Jürgen (Hrsg.): Der deutsche Widerstand 1933-1945, Paderborn u.a. 1986 (Uni-Taschenbücher 1398).

67 Vollmacht des Gewissens. Hrsg. v.d. Europäischen Publikation e.V. Bd. I, 3. verb. Aufl., Frankfurt a.M./Berlin 1960, Bd. II Frankfurt a.M. 1965.

68 Als Pionierwerk sei hier erwähnt Broszat, Mar-

tin u. Fröhlich, Elke (Hrsgg.): Bayern in der NS-Zeit, 6 Bde., München/Wien 1977-1983.

69 Zit. nach Thamer, Verführung und Gewalt, S. 447f.

70 Zit. nach Bracher, Die deutsche Diktatur, S. 417.

71 Müller, Klaus-Jürgen: General Ludwig Beck. Studien und Dokumente zur politisch-militärischen Vorstellungswelt und Tätigkeit des Generalstabschefs des deutschen Heeres 1933-1938, Boppard 1980, S. 552.

72 Zit. nach Thamer, Verführung und Gewalt, S. 458.

V. Kapitel

1 Dehio, Ludwig: Deutschland und die Weltpolitik im 20. Jahrhundert, Frankfurt a.M. 1961, S. 9-32. Zur nationalsozialistischen Außenpolitik vgl. Hildebrand, Klaus: Das vergangene Reich. Deutsche Außenpolitik von Bismarck bis Hitler 1871-1945, Stuttgart 1995; Recker, Marie-Luise: Die Außenpolitik des Dritten Reiches, München 1990 (Enzyklopädie Deutsche Geschichte Bd. 8); Wendt, Bernd Jürgen: Großdeutschland. Außenpolitik und Kriegsvorbereitung des Hitler-Regimes, München [2]1993 (Deutsche Geschichte der neuesten Zeit vom 19. Jahrhundert bis zur Gegenwart dtv 4518).

2 Dehio, Deutschland und die Weltpolitik, S. 9.

3 Dehio, Deutschland und die Weltpolitik, S. 11.

4 Dehio, Deutschland und die Weltpolitik, S. 30.

5 Fischer, Fritz: Griff nach der Weltmacht. Die Kriegszielpolitik des kaiserlichen Deutschland 1914/18, Düsseldorf 1961, S. 12.

6 Hildebrand, Klaus: Hitlers Ort in der Geschichte des preußisch-deutschen Nationalstaates, in: Historische Zeitschrift 217 (1973), S. 584-632.

7 Hillgruber, Andreas: Kontinuität und Diskontinuität in der deutschen Außenpolitik von Bismarck bis Hitler, in: ders.: Großmachtpolitik und Militarismus im 20. Jahrhundert, Düsseldorf 1974, S. 11.

8 Hildebrand, Klaus: Deutsche Außenpolitik 1933-1945. Kalkül oder Dogma? 2., überarb. Aufl., Stuttgart 1973, S. 144.

9 Fischer, Fritz: Bündnis der Eliten. Zur Kontinuität der Machtstrukturen in Deutschland 1871-1945, Düsseldorf 1979, S. 8.

10 Fischer, Bündnis der Eliten, S. 7.

11 Nipperdey, Thomas: 1933 und die Kontinuität der deutschen Geschichte, in: Historische Zeitschrift 227 (1978), S. 197.

12 Recker, Die Außenpolitik des Dritten Reiches, S. 80.

13 Dieser Begriff stammt von Klaus Hildebrand: Vom Reich zum Weltreich. Hitler, NSDAP und koloniale Frage 1919-1945, München 1969, und bezeichnet führende Repräsentanten in Staat, Wirtschaft und Gesellschaft, die durch das Wilhelminische Deutschland und seine Außenpolitik zwischen 1890 und 1918 geprägt worden waren.

14 Zur Rolle Görings vgl. die Monographien von Overy, Richard J.: Goering. The „Iron Man", London 1984; Martens, Stefan: Hermann Göring. „Erster Paladin des Führers" und „zweiter Mann im Reich", Paderborn 1985; Kube, Alfred: Pour le mérite und Hakenkreuz. Hermann Göring im Dritten Reich, München 1986.

15 Vgl. dazu Wendt, Bernd-Jürgen: Deutschland in der Mitte Europas. Grundkonstellationen der Geschichte, in: Deutsche Studien Heft 75, XIX Jg., September 1981, S. 220-275.

16 Zit. nach Fischer, Fritz: Krieg der Illusionen. Die deutsche Politik von 1911 bis 1914. Düsseldorf 1969, S. 204.

17 Schmitt, Carl: Völkerrechtliche Großraumordnung, Berlin/Leipzig/Wien [3]1941, S. 36.

18 Hillgruber, Kontinuität und Diskontinuität, S. 24.

19 Gessner, Dieter: Das Ende der Weimarer Republik, Darmstadt 1978, S. 34; vgl. auch Dengg, Sören: Deutschlands Austritt aus dem Völkerbund und Schachts „Neuer Plan". Zum Verhältnis von Außen- und Außenwirtschaftspolitik in der Übergangsphase von der Weimarer Republik zum Dritten Reich 1929-1934, Frankfurt/Bern/New York 1986.

20 Kolb, Eberhard: Die Weimarer Republik, München 1984, S. 198.

21 Vgl. Schröder, Hans-Jürgen: Südosteuropa als „Informal Empire" Deutschlands 1933-1939. Das Beispiel Jugoslawien, in: Jahrbücher für Geschichte Osteuropas NF 23 (1975), S. 70-96; ders.: Deutsche Südosteuropapolitik 1929-1936. Zur Kontinuität deutscher Außenpolitik in der Weltwirtschaftskrise, in: Geschichte und Gesellschaft 2 (1976), S. 5-32.

22 Hitler, Mein Kampf, S. 728.

23 Ebenda.

24 Hitler, Mein Kampf, S. 732.

25 Hitler, Mein Kampf, S. 687.

26 Messerschmidt, Manfred: Außenpolitik und Kriegsvorbereitung, in: Deist, Messerschmidt, Volkmann, Wette, Ursachen und Voraussetzun-

gen der deutschen Kriegspolitik (vgl. Anm. III, 54), S. 539.
27 Hitlers Zweites Buch (vgl. Anm. I, 63), S. 62, vgl. auch S. 47f.
28 Hitlers Zweites Buch, S. 48.
29 Hitlers Zweites Buch, S. 107.
30 Hitlers Zweites Buch, S. 111f.
31 Hitler, Mein Kampf, S. 689.
32 Hitler, Mein Kampf, S. 742.
33 Hitler, Mein Kampf, S. 743.
34 Hitler, Mein Kampf, S. 440.
35 Hitler, Mein Kampf, S. 742.
36 ADAP 1918-1945, Ser.C 1933-1937, Bd. I/1, Göttingen 1971, Dok.Nr. 1, S. 1: Runderlaß des Staatssekretärs des Auswärtigen Amtes von Bülow, 30. Januar 1933.
37 Nachgedruckt bei Thilo Vogelsang: Neue Dokumente zur Geschichte der Reichswehr 1930-1933, in: Vierteljahreshefte für Zeitgeschichte 2 (1954), S. 434f., daraus die folgenden Zitate.
38 Vgl. Bracher, Sauer, Schulz. Die nationalsozialistische Machtergreifung (vgl. Anm. II, 44), S. 719f.
39 Die Denkschrift ist kommentiert und abgedruckt bei Günter Wollstein: Eine Denkschrift des Staatssekretärs Bernhard von Bülow vom März 1933. Wilhelminische Konzeption der Außenpolitik zu Beginn der nationalsozialistischen Herrschaft, in: Militärgeschichtliche Mitteilungen 1973, 1, S. 77-94. Daraus die folgenden Zitate.
40 Akten der Reichskanzlei. Die Regierung Hitler 1933-1938, Teil I: 1933/34, Bd. 1, Dok.Nr. 93, S. 313ff.
41 Akten der Reichskanzlei. Die Regierung Hitler, Bd. I/1, Dok.Nr. 93, S. 313ff., Dok.Nr. 126, S. 446ff.
42 Wollstein, Eine Denkschrift, S. 81.
43 Zur sowjetischen Außenpolitik vgl. Bianka Pietrow: Stalinismus, Sicherheit, Offensive. Das „Dritte Reich“ in der Konzeption der sowjetischen Außenpolitik 1933 bis 1941, Melsungen 1983.
44 Zur „Appeasement“-Politik vgl. u.a. Gustav Schmidt: England in der Krise. Grundzüge und Grundlagen der britischen Appeasement-Politik (1930-1937), Opladen 1981; Wendt, Bernd-Jürgen: Economic Appeasement. Handel und Finanz in der britischen Deutschland-Politik 1933-1939, Düsseldorf 1971.
45 Jacobsen, Hans-Adolf: Nationalsozialistische Außenpolitik 1933-1938, Frankfurt a.M./Berlin 1968, S. 391.
46 Messerschmidt, Außenpolitik und Kriegsvorbereitung, S. 559 (vgl. Anm. V, 26).
47 Geyer, Michael: Militär, Rüstung und Außenpolitik. Aspekte militärischer Revisionspolitik in der Zwischenkriegszeit, in: Funke, Manfred (Hrsg.): Hitler, Deutschland und die Mächte. Materialien zur Außenpolitik des Dritten Reiches, Düsseldorf 1976, S. 240; ders.: Aufrüstung oder Sicherheit. Die Reichswehr in der Krise der Machtpolitik 1924-1936, Wiesbaden 1980; zur Aufrüstung vgl. auch Deist, Die Aufrüstung der Wehrmacht (vgl. Anm. III, 54).
48 Deist, Die Aufrüstung der Wehrmacht, S. 399.
49 Vgl. Döscher, Hans-Jürgen: Das Auswärtige Amt im Dritten Reich. Diplomatie im Schatten der „Endlösung“, Berlin 1987.
50 Zit. nach Deist, Die Aufrüstung der Wehrmacht, S. 416.
51 Zur Marinerüstung vgl. das Standardwerk von Jost Dülffer: Weimar, Hitler und die Marine. Reichspolitik und Flottenbau 1920-1939, Düsseldorf 1973.
52 Vgl. dazu Jacobsen, Nationalsozialistische Außenpolitik (vgl. Anm. V, 45); ders.: Zur Struktur der NS-Außenpolitik 1933-1945, in: Funke (Hrsg.), Hitler, Deutschland und die Mächte, S. 137-185 (vgl. Anm. V, 47).
53 Vgl. Michalka, Wolfgang: Ribbentrop und die deutsche Weltpolitik 1933-1940. Außenpolitische Konzeptionen und Entscheidungsprozesse im Dritten Reich, München 1980.
54 Vgl. dazu Wendt, Bernd-Jürgen (Hrsg.): Das britische Deutschlandbild im Wandel des 19. und 20. Jahrhunderts, Bochum 1984.
55 Hildebrand, Klaus: Deutsche Außenpolitik 1933-1945. Kalkül oder Dogma? 2., überarb. Aufl., Stuttgart 1973, S. 28.
56 Schmidt, Paul: Statist auf diplomatischer Bühne 1923-1945, Bonn 1953, S. 325.
57 Vgl. Deist, Die Aufrüstung der Wehrmacht, S. 424ff. (vgl. Anm. III, 54).
58 Messerschmidt, Manfred: Außenpolitik und Kriegsvorbereitung (vgl. Anm. III, 54).
59 ADAP 1918-1945, Ser.C, Bd. IV/2, Göttingen 1975, Dok.Nr. 485, S. 954ff.: Telegramm Hassells an das Auswärtige Amt vom 7.1.1936; Messerschmidt, Außenpolitik und Kriegsvorbereitung, S. 608.
60 Salis, Jean Rudolphe v.: Weltgeschichte der neuesten Zeit, Bd. 3, 2. Aufl., Zürich 1962, S. 594.
61 Zit. nach Messerschmidt, Außenpolitik und Kriegsvorbereitung, S. 621 (vgl. Anm. III, 54).

62 Vgl. Schieder, Wolfgang u. Dipper, Christof (Hrsgg.): Der Spanische Bürgerkrieg in der internationalen Politik 1936-1939, München 1976.
63 Michalka, Wolfgang: Ribbentrop und die deutsche Weltpolitik 1933-1940. Außenpolitische Konzeptionen und Entscheidungsprozesse im Dritten Reich., München 1980; ders.: Die nationalsozialistische Außenpolitik im Zeichen eines „Konzeptionen-Pluralismus". Fragestellungen und Forschungsaufgaben, in: Funke, Manfred (Hrsg.), Hitler, Deutschland und die Mächte, S. 46-62 (vgl. Anm. V, 47).
64 Speer, Albert: Erinnerungen, Berlin 1969, S. 85; zur deutschen Englandpolitik vgl. auch Henke, Josef: England in Hitlers politischem Kalkül 1935-1939, Boppard 1973.
65 Zur Kolonialpolitik vgl. Hildebrand, Klaus: Vom Reich zum Weltreich. Hitler, NSDAP und koloniale Frage 1919-1945, München 1969.
66 Messerschmidt, Außenpolitik und Kriegsvorbereitung, S. 616 (vgl. Anm. III, 54).
67 Zit. nach Deist, Die Aufrüstung der Wehrmacht, S. 422 (vgl. Anm. III, 54).
68 Deist, Die Aufrüstung der Wehrmacht, S. 428.
69 Zit. nach Deist, Die Aufrüstung der Wehrmacht, S. 436.
70 Ebenda.
71 Volkmann, Die NS-Wirtschaft in Vorbereitung des Krieges, S. 208 (vgl. Anm. IV, 1); zum folgenden vgl. auch Petzina, Dieter: Autarkiepolitik im Dritten Reich. Der nationalsozialistische Vierjahresplan, Stuttgart 1968; ders.: Vierjahresplan und Rüstungspolitik, in: Forstmeier, Friedrich u. Volkmann, Hans-Erich (Hrsgg.): Wirtschaft und Rüstung am Vorabend des Zweiten Weltkrieges, Düsseldorf 1975, S. 65-80.
72 Zit. nach Volkmann, Die NS-Wirtschaft in Vorbereitung des Krieges, S. 279.
73 Kommentiert und veröffentlicht von Wilhelm Treue: Hitlers Denkschrift und Vierjahresplan 1936, in: Vierteljahreshefte für Zeitgeschichte 3 (1955), S. 184-210.
74 Aussage Albert Speers vom 22.8.1945, zit. nach Treue, Hitlers Denkschrift, S. 184.
75 Vgl. dazu Teichert, Eckart: Autarkie und Großraumwirtschaft in Deutschland 1930-1939. Außenwirtschaftspolitische Konzeptionen zwischen Wirtschaftskrise und Zweitem Weltkrieg, München 1984.
76 Zit. nach Knipping, Franz: Machtbewußtsein im „Führerstaat", in: ders.: u. Müller, Klaus-Jürgen (Hrsgg.): Machtbewußtsein in Deutschland am Vorabend des Zweiten Weltkrieges, Paderborn 1984, S. 24.
77 Die Hoßbach-Niederschrift ist abgedruckt und interpretiert bei Wendt, Großdeutschland, S. 11-37, 191-202.
78 Vgl. dazu Wendt, Bernd-Jürgen: Nationalsozialistische Großraumwirtschaft zwischen Utopie und Wirklichkeit. Zum Scheitern einer Konzeption 1938/39, in: Knipping u. Müller (Hrsgg.), Machtbewußtsein, S. 223-245 (vgl. Anm. V, 76).
79 Zit. nach Petzina, Autarkiepolitik, S. 116 (vgl. Anm. V, 71).
80 Messerschmidt, Manfred: Das strategische Legbild des OKW (Hitler) im Jahre 1938, in: Knipping u. Müller (Hrsgg.), Machtbewußtsein, S. 148ff.
81 Geyer, Michael: Rüstungsbeschleunigung und Inflation, in: Militärgeschichtliche Mitteilungen 30 (1980) 2, S. 136.
82 Zit. nach Schreiber, Gerhard: Das strategische Lagebild von Luftwaffe und Kriegsmarine im Jahre 1938, in: Knipping u. Müller (Hrsgg.), Machtbewußtsein, S. 179.
83 Schausberger, Norbert: Österreich und die nationalsozialistische Anschlußpolitik, in: Funke (Hrsg.), Hitler, Deutschland und die Mächte, S. 728-756; Volkmann, Die NS-Wirtschaft, S. 323ff (vgl. Anm. IV, 1).
84 Abgedruckt bei Hofer, Walther (Hrsg.): Der Nationalsozialismus. Dokumente 1933 - 1945, Frankfurt a.M. 1957, Dok.Nr. 115, S. 204.
85 Messerschmidt, Außenpolitik und Kriegsvorbereitung, S. 650 (vgl. Anm. V, 26).
86 Messerschmidt, Außenpolitik und Kriegsvorbereitung, S. 652.
87 Vgl. dazu Wendt, Bernd-Jürgen: München 1938. England zwischen Hitler und Preußen, Frankfurt a.M. 1965; Müller, Das Heer und Hitler, S. 345ff.; aus englischer Sicht vgl. Aster, Sidney: 1939. The Making of the Second World War, London 1973.
88 Vgl. Auerbach, Hellmuth: Volksstimmung und veröffentlichte Meinung in Deutschland zwischen März und November 1938, in: Knipping u. Müller (Hrsgg.), Machtbewußtsein (vgl. Anm. V, 76), S. 273-293.
89 Vgl. Kershaw, Ian: Der Hitler-Mythos. Volksmeinung und Propaganda im Dritten Reich, Stuttgart 1980, S. 120ff.; Steinert, Marlis G.: Hitlers Krieg und die Deutschen. Stimmung und Haltung der deutschen Bevölkerung im Zweiten Weltkrieg, Düsseldorf/Wien 1970, S. 79.

90 Die Rede ist abgedruckt bei Domarus, Hitler, Bd. 1, S. 954ff.

91 Die Rede ist wiedergegeben und kommentiert bei Treue, Wilhelm: Rede Hitlers vor der deutschen Presse, in: Vierteljahreshefte für Zeitgeschichte 6 (1958), S. 175-191.

92 Vgl. Hofer, Der Nationalsozialismus, Dok.Nr. 118, S. 219.

93 Zum „Z-Plan" und zu den marinestrategischen Diskussionen vgl. Dülffer, Hitler und die Marine, S. 473-478, 480-487 (vgl. Anm. V, 51) und Deist, Aufrüstung der Wehrmacht, S. 465ff. (vgl. Anm. III, 54).

94 Vgl. dazu Berghahn, Volker R.: Der Tirpitz-Plan. Genesis und Verfall einer innenpolitischen Krisenstrategie unter Wilhelm II, Düsseldorf 1971.

95 So Hildebrand, Klaus: Deutsche Außenpolitik 1933-1945, S. 85 (vgl. Anm. V, 8).

96 Zit. nach Deist, Aufrüstung der Wehrmacht, S. 473 (vgl. Anm. III, 54).

97 Dülffer, Weimar, Hitler und die Marine, S. 484.

98 Zu dieser Deutung der Auslösung des Zweiten Weltkrieges als eine Art „Flucht nach vorn" aus der inneren und äußeren Krise vgl. vor allem Mason, Timothy W.: Sozialpolitik im Dritten Reich. Arbeiterklasse und Volksgemeinschaft, 2. Aufl., Opladen 1978; ders.: Innere Krise und Angriffskrieg 1938/39, in: Forstmeier u. Volkmann (Hrsgg.), Wirtschaft und Rüstung am Vorabend des Zweiten Weltkrieges, S. 158-188; zustimmend Dülffer, Jost: Der Beginn des Krieges 1939. Hitler, innere Krise und das Mächtesystem, in: Geschichte und Gesellschaft 2 (1976) 4, S. 443-470; kritisch Herbst, Ludolf: Die Krise des nationalsozialistischen Regimes am Vorabend des Zweiten Weltkrieges und die forcierte Aufrüstung. Eine Kritik, in: Vierteljahreshefte für Zeitgeschichte 26 (1978), S. 347-371.

99 ADAP 1918-1945, Ser.D, Bd. IV, Baden-Baden 1956, Dok.Nr. 433, S. 477-483.

100 Halder, Franz: Generaloberst Halder. Kriegstagebuch. Tägliche Aufzeichnungen des Chefs des Generalstabes des Heeres 1939-1942, hrsg. v. Arbeitskreis für Wehrforschung Stuttgart, bearb. v. Hans-Adolf Jacobsen in Verbindung mit Alfred Philippi, Bd. 1, Stuttgart 1962, S. 8-15.

101 ADAP 1918-1945, Ser.D, Bd. VII, Baden-Baden 1956, Dok.Nr. 192, S. 167-172; vgl. dazu Baumgart, Winfried: Zur Ansprache Hitlers vor den Führern der Wehrmacht am 22.8.1939, in: Vierteljahreshefte für Zeitgeschichte 16 (1968), S. 120-149.

102 Gedruckt bei Jacobsen, Hans-Adolf (Hrsg.): Dokumente zur Vorgeschichte des Westfeldzuges 1939/40, Baden-Baden 1956, S. 6, 16.

103 ADAP 1918-1945, Ser. D, Bd. VIII, Baden-Baden/Frankfurt a.M. 1962, Dok.Nr. 384, S. 345-350.

104 Vgl. dazu Boelcke, Willi A.: Die Kosten von Hitlers Krieg. Kriegsfinanzierung und finanzielles Kriegserbe in Deutschland 1933-1938, Paderborn 1985.

105 Vgl. dazu Volkmann, Die NS-Wirtschaft in Vorbereitung des Krieges, S. 349ff. (vgl. Anm. IV, 1); Wendt, Nationalsozialistische Großraumwirtschaft zwischen Utopie und Wirklichkeit, S. 223-245 (vgl. Anm. V, 78); Teichert, Autarkie und Großraumwirtschaft in Deutschland 1930-1939, S. 27-52 (vgl. Anm. IV, 1).

106 Zit. nach Volkmann, Die NS-Wirtschaft, S. 355.

107 Teichert, Autarkie und Großraumwirtschaft, S. 21f.

108 Zit. nach Hassell, Ulrich v.: Vom anderen Deutschland. Aus den nachgelassenen Tagebüchern 1938-1944, Zürich/Freiburg i. Brsg. 1946, S. 37.

109 Hofer, Der Nationalsozialismus, Dok.Nr. 123, S. 225f.

110 Vgl. Anm. V, 99.

111 Vgl. dazu sehr detailliert Watt, Donald Cameron: How War Came. The immediate origins of the Second World War 1938-1939, London 1989.

112 Die Weizsäcker-Papiere 1933-1950, hrsg. v. Leonidas E. Hill, Berlin 1974, S. 157.

113 Vgl. dazu Wendt, Bernd-Jürgen: Danzig - ein Bauer auf dem Schachbrett nationalsozialistischer Außenpolitik, in: Funke (Hrsg.), Hitler, Deutschland und die Mächte, S. 774-794 (vgl. Anm. V, 47).

114 Schmidt, Paul: Statist auf diplomatischer Bühne 1923-1945, Bonn 1953, S. 473.

115 Zit. nach Wette, Wolfram: Ideologie, Propaganda und Innenpolitik als Voraussetzungen der Kriegspolitik des Dritten Reiches, in: Deist, Messerschmidt, Volkmann, Wette Ursachen und Voraussetzungen der deutschen Kriegspolitik (vgl. Anm. III, 54), S. 25; vgl. weiter Wendt, Bernd-Jürgen: Kommentar, in: Frei, Norbert u. Kling, Hermann (Hrsgg.): Der nationalsozialistische Krieg, Frankfurt a.M./New York 1990, S. 81-92.

116 Die Weizsäcker-Papiere (vgl. Anm. V, 112), S. 157.

VI. Kapitel

1 ADAP 1918-1945, Ser.D, Bd. VII. Dok.Nr. 192, S. 171f.

2 Zusammenfassung der Oberbefehlshaberbesprechung vom 22.8.1939 bei Halder, Kriegstagebuch Bd. I, Eintragung vom 22.8.39, S. 25.

3 Domarus, Hitler, Bd. 2, S. 1058.

4 Zum Verlauf des Polenfeldzuges vgl. Rohde, Horst: Hitlers erster „Blitzkrieg" und seine Auswirkungen auf Nordosteuropa, in: Maier, Klaus A., Rohde, Horst, Stegemann, Bernd, Umbreit, Hans: Die Errichtung der Hegemonie auf dem europäischen Kontinent, Stuttgart 1979, S. 92-135 (Das Deutsche Reich und der Zweite Weltkrieg, hrsg. v. Militärgeschichtlichen Forschungsamt, Bd. 2).

5 Abgedruckt bei Jacobsen, Hans-Adolf (Hrsg.): Der Weg zur Teilung der Welt. Politik und Strategie 1939-1945, Koblenz/Bonn 1977, Dok.Nr. 9, S. 32f.

6 Zit. nach Thamer, Verführung und Gewalt, S. 635.

7 Zit. nach Michalka, Wolfgang (Hrsg.): Das Dritte Reich. Dokumente zur Innen- und Außenpolitik, 2 Bde., München 1985, Bd. 2, S. 163ff.

8 Domarus, Hitler, Bd. 2, S. 1390.

9 Vgl. Umbreit, Hans: Der Kampf um die Vormachtstellung in Westeuropa, in: Maier, Rohde, Stegemann, Umbreit, Die Errichtung der Hegemonie (vgl. Anm. VI, 4), S. 235-327.

10 Zum Norwegenunternehmen vgl. Stegemann, Bernd: Das Unternehmen „Weserübung", in: Maier, Rohde, Stegemann, Umbreit, Die Errichtung der Hegemonie (vgl. Anm. VI, 4), S. 212-225.

11 Domarus, Hitler, Bd. 2, S. 1540ff.

12 Domarus, Hitler, Bd. 2, S. 1538ff.; vgl. auch zum Unternehmen „Seelöwe" gegen England Hans Umbreit: Deutsche Pläne und Vorbereitung für eine Landung in England, in: Maier, Rohde, Stegemann, Umbreit, Die Errichtung der Hegemonie(vgl. Anm. VI, 4), S. 368-374.

13 Tagebucheintragung von Generaloberst Halder vom 21. Juli 1940, abgedruckt bei Jacobsen (Hrsg.), Der Weg zur Teilung der Welt, Dok.Nr. 26, S. 69f. (vgl. Anm. VI, 5).

14 Tagebucheintragung von Generaloberst Halder vom 31. Juli 1940, abgedruckt bei Jacobsen (Hrsg.), Der Weg zur Teilung der Welt, Dok.Nr. 27, S. 70f.

15 Weisung Nr. 21: Fall „Barbarossa" vom 18. Dezember 1940, gedruckt im Auszug bei Jacobsen (Hrsg.), Der Weg zur Teilung der Welt, Dok.Nr. 48, S. 108f.

16 Vgl. Messerschmidt, Manfred: Wehrmacht, Ostfeldzug und Tradition, in Michalka, Wolfgang (Hrsg.): Der Zweite Weltkrieg. Analysen, Grundzüge, Forschungsbilanz, München/Zürich 1989, S. 314-328; ders.; Die Wehrmacht im NS-Staat, in: Bracher, Funke, Jacobsen (Hrsgg.), Deutschland 1933-1945, S. 377-403.

17 Krausnick, Helmut u. Wilhelm, Hans-Heinrich: Die Truppe des Weltanschauungskrieges. Die Einsatzgruppen der Sicherheitspolizei und des SD 1938-1942, Stuttgart 1981, S. 117. Zum Unternehmen „Barbarossa" vgl. die Überblicksdarstellung von Boog, Horst, Förster, Jürgen, Hoffmann, Joachim, Klink, Ernst, Müller, Rolf-Dieter, Überschär, Gerd R.: Der Angriff auf die Sowjetunion, Stuttgart 1983 (Das Deutsche Reich und der Zweite Weltkrieg, hrsg. v. Militärgeschichtlichen Forschungsamt, Bd. 4).

18 Tagebucheintragung von Generaloberst Halder vom 30. März 1941, abgedruckt bei Jacobsen (Hrsg.), Der Weg zur Teilung der Welt, Dok.Nr. 49, S. 109f.

19 Krausnick u. Wilhelm, Truppe des Weltanschauungskrieges, S. 217.

20 Jacobsen, Hans-Adolf: Kommissarbefehl und Massenexekution sowjetischer Kriegsgefangener, in: Anatomie des SS-Staates, Bd. 2, Olten Freiburg i.Brsg. 1965, S. 225.

21 abgedruckt bei Jacobsen (Hrsg.), Der Weg zur Teilung der Welt, Dok.Nr. 52, S. 112f.

22 Thamer, Verführung und Gewalt, S. 664.

23 Tagebucheintragung von Generaloberst Halder, abgedruckt bei Jacobsen (Hrsg.), Der Weg zur Teilung der Welt, Dok.Nr. 57, S. 117f.

24 Tagebucheintragung von Generaloberst Halder, abgedruckt bei Jacobsen (Hrsg.), Der Weg zur Teilung der Welt, Dok.Nr. 57, S. 118.

25 Zit. nach Domarus, Hitler, Bd. 2, S. 1745.

26 Hillgruber, Andreas (Hrsg.): Staatsmänner und Diplomaten bei Hitler. Vertrauliche Aufzeichnungen und Unterredungen mit Vertretern des Auslandes 1939-1944, Frankfurt a.M. 1967-1970, Bd. I, S. 606.

27 Heiber, Helmut (Hrsg.): Der Generalplan Ost, in: Vierteljahreshefte für Zeitgeschichte 6 (1958), S. 281-325; Michalka, Wolfgang (Hrsg.): Das Dritte Reich, 2 Bde., München 1985, Bd. II, S. 199f.; Umbreit, Hans: Auf dem Weg zur Kontinentalherrschaft, in: Kroener, Bernhard R., Müller, Rolf-Dieter, Umbreit, Hans: Organisation und Mobilisierung des deutschen Machtbereiches, Stuttgart 1988, S. 275ff. (Das Deutsche Reich und der Zweite Weltkrieg, hrsg. v. Mi-

litärgeschichtlichen Forschungsamt, Bd. 5, 1).
28 Jacobsen (Hrsg.), Der Weg zur Teilung der Welt, Dok.Nr. 58, S. 118ff.
29 Zit. nach Ursachen und Folgen. Vom deutschen Zusammenbruch 1918 und 1945 bis zur staatlichen Neuordnung Deutschlands in der Gegenwart. Eine Urkunden- und Dokumentensammlung zur Zeitgeschichte, hrsg. v. Michaelis, H. u. Schraepler, E., Berlin 1964ff.; Bd. XVII, S. 308.
30 Vgl. Hofer, Walther (Hrsg.), Der Nationalsozialismus, Dok.Nr. 169, S. 269f.
31 Tagebucheintragung von Generaloberst Halder, abgedruckt bei Jacobsen (Hrsg.), Der Weg zur Teilung der Welt, Dok.Nr. 57, S. 118.
32 Domarus, Hitler, Bd. 2, S. 1756f.
33 Domarus, Hitler, Bd. 2, S. 1763.
34 Vgl. dazu Streit, Christian: Keine Kameraden. Die Wehrmacht und die sowjetischen Kriegsgefangenen 1941-1945, Stuttgart [2]1981.
35 Generaloberst Halder, Kriegstagebuch, Bd. III, S. 295.
36 Kriegstagebuch des Oberkommandos der Wehrmacht (Wehrmachtführungsstab) 1940-1945, hrsg. v. Percy Ernst Schramm, 4 Bde., Frankfurt a.M. 1961-1965, Bd. IV, S. 1503.
37 Generaloberst Halder, Kriegstagebuch, Bd. III, S. 311.
38 Reinhardt, Klaus: Die Wende vor Moskau. Das Scheitern der Strategie Hitlers im Winter 1941/42, Stuttgart 1972, S. 184.
39 Wegner, Bernd: Der Krieg gegen die Sowjetunion 1942/43, in: Boog, Horst, Rahn, Werner, Stumpf, Reinhard, Wegner, Bernd: Der globale Krieg. Die Ausweitung zum Weltkrieg und der Wechsel der Initiative 1941-1943, Stuttgart 1990, S. 761-1102 (Das Deutsche Reich und der Zweite Weltkrieg, hrsg. v. Militärgeschichtlichen Forschungsamt, Bd. 6).
40 Kriegstagebuch des OKW, Bd. II, S. 5f.
41 Kriegstagebuch des OKW, Bd. II, S. 6f.
42 Kriegstagebuch des OKW, Bd. II, S. 51f.
43 Hubatsch, Walther (Hrsg.): Hitlers Weisungen für die Kriegsführung 1939-1945, Dokumente des Oberkommandos der Wehrmacht, Frankfurt a.M. 1962, S. 183ff.
44 Zit. nach Wegner, Bernd, Der Krieg gegen die Sowjetunion 1942/43, S. 893 (vgl. Anm. VI, 39).
45 Wegner, Der Krieg gegen die Sowjetunion, S. 1034.
46 Zit. nach Wegner, Der Krieg gegen die Sowjetunion, S. 1031.
47 Zit. nach Wegner, Der Krieg gegen die Sowjetunion, S. 1035.
48 Die Rede ist abgedruckt bei Gruchmann, Lothar: Totaler Krieg. Vom Blitzkrieg zur bedingungslosen Kapitulation, München 1991, Dok.Nr. 7, S. 247ff. (Deutsche Geschichte der neuesten Zeit vom 19. Jahrhundert bis zur Gegenwart, dtv 4522).
49 Hubatsch, Walther (Hrsg.): Hitlers Weisungen für die Kriegsführung 1939-1945, S. 243ff.
50 Lagebeurteilung Rommels v. 15. Juli 1944, in: Ose, Dieter: Entscheidung im Westen. Der Oberbefehlshaber West und die Abwehr der alliierten Invasion, Stuttgart 1982, S. 334.
51 Vgl. Ausführungen Hitlers zu Speer am 18.3.1945, wiedergegeben in Speers Brief an Hitler v. 29.3.1945, in: Kriegstagebuch des OKW, Bd. IV, S. 1581ff.
52 Lüdde-Neurath, Walter: Regierung Dönitz. Die letzten Tage des Dritten Reiches, 3. wesentlich erw. Aufl. 1964, S. 90.
53 Zit. nach Frei, Norbert: Der Führerstaat. Nationalsozialistische Herrschaft 1933 bis 1945, München 1987, S. 146 (Deutsche Geschichte der neuesten Zeit vom 19. Jahrhundert bis zur Gegenwart, dtv 4517).
54 Vgl. Klee, Ernst: „Euthanasie" im NS-Staat. Die „Vernichtung lebensunwerten Lebens", Frankfurt a.M. 1985.
55 Zum folgenden vgl. u.a. Hillberg, Raul: Die Vernichtung der europäischen Juden. Die Gesamtgeschichte des Holocaust, 3 Bde., durchges. und erw. Aufl., Frankfurt a.M. 1990; Graml, Hermann: Reichskristallnacht. Antisemitismus und Judenverfolgung im Dritten Reich, München 1988 (Deutsche Geschichte der neuesten Zeit vom 19. Jahrhundert bis zur Gegenwart, dtv 4519); Wendt, Bernd-Jürgen: Der „Holocaust" im Widerstreit der Deutungen, in: Herzig, Arno u. Lorenz, Ina (Hrsgg.): Verdrängung und Vernichtung der Juden unter dem Nationalsozialismus, Hamburg 1992, S. 29-74 (Hamburger Beiträge zur Geschichte der deutschen Juden Bd. XIX).
56 IMT Bd. XXVIII, S. 538f.; Graml, Reichskristallnacht, S. 181f.
57 Zit. nach Graml, Reichskristallnacht, S. 187.
58 ADAP 1918-1945, Ser.D, Bd. IV, Dok.Nr. 158, S. 170.
59 Domarus, Hitler, Bd. 2, S. 1058.
60 Zit. nach Graml, Reichskristallnacht, S. 192.
61 Fröhlich, Elke (Hrsg.), Die Tagebücher von Joseph Goebbels, sämtliche Fragmente, Teil I, Bd. 3, S. 628.

62 Die Tagebücher von Joseph Goebbels, Teil I, Bd. 3, S. 630.
63 Zit. nach Jäckel, Eberhard u. Rohwer, Jürgen (Hrsgg.): Der Mord an den Juden im Zweiten Weltkrieg. Entschlußbildung und Verwirklichung, Stuttgart 1985, S. 209.
64 Die Tagebücher von Joseph Goebbels, Teil I, Bd. 3, S. 612.
65 Der Text ist abgedruckt bei Hofer, Walther (Hrsg.): Der Nationalsozialismus. Dokumente 1933-1945, Frankfurt a.M. 1957, Dok.Nr. 169, S. 269f.
66 Zit. nach Thamer, Verführung und Gewalt, S. 672.
67 Zit. nach Schmuhl, Hans-Walter: Rassenhygiene, Nationalsozialismus, Euthanasie. Von der Verhütung zur Vernichtung „lebensunwerten Lebens" 1890-1945, Göttingen 1987, 248.
68 Auszug aus dem Protokoll bei Hofer (vgl. Anm. VI, 65) Dok.Nr. 174, S. 303ff.; dazu vgl. Pätzold, Kurt: „Die vorbereitenden Arbeiten sind eingeleitet". Zum 50. Jahrestag der „Wannsee-Konferenz" vom 20. Januar 1942, in: Politik und Zeitgeschichte. Beilage zur Wochenzeitung Das Parlament B 1-2/92, 3. Januar 1992, S. 14-23.
69 Zit. nach Graml, Reichskristallnacht, S. 234.
70 Vgl. Neulen, Hans Walter: Deutsche Besatzungspolitik in Westeuropa - zwischen Unterdrückung und Kollaboration, in: Bracher, Funke, Jacobsen (Hrsg.): Deutschland 1933-1945, S. 404-425.
71 Neulen, Deutsche Besatzungspolitik, S. 404.
72 Picker, Henry: Hitlers Tischgespräche im Führerhauptquartier 1941-1942, eingel., komment. u. hrsg. v. Andreas Hillgruber, München 1968, München 1968, S. 30 (dtv-Dokumente Bd. 524).
73 Domarus, Hitler, Bd. 2, S. 1383.
74 Vgl. Dülffer, Jost: Weimar, Hitler und die Marine, Reichspolitik und Flottenbau 1920 bis 1939, Düsseldorf 1973, S. 547.
75 Lochner, Louis P. (Hrsg.): Goebbels Tagebücher aus den Jahren 1942-43 mit anderen Dokumenten, Zürich 1948, S. 325.
76 Zit. bei Erdmann, Karl Dietrich: Die Zeit der Weltkriege, Stuttgart 1976, S. 541 (Gebhardt, Handbuch der deutschen Geschichte, 9. neu bearb. Aufl. hrsg. v. Herbert Grundmann, Bd. 4).
77 Zit. nach Dülffer, Jost: Deutsche Geschichte 1933-1945. Führerglaube und Vernichtungskrieg, Stuttgart 1992, S. 193.
78 ADAP 1918-1945, Ser.D, Bd. X, Dok.Nr. 278, S. 329: Schreiben Götings vom 2. August 1940.
79 Müller, Rolf-Dieter: Von der Wirtschaftsallianz zum kolonialen Ausbeutungskrieg, S. 98-189, Zitat S. 146 (vgl. Anm. VI, 17).
80 Zit. nach Müller, Von der Wirtschaftsallianz zum kolonialen Ausbeutungskrieg, S. 150.
81 Müller, Von der Wirtschaftsallianz zum kolonialen Ausbeutungskrieg, S. 142.
82 Müller, Von der Wirtschaftsallianz zum kolonialen Ausbeutungskrieg, S. 157.
83 Auf diesen Zusammenhang weist eindringlich Dülffer, Deutsche Geschichte 1933-1945, S. 163ff. hin.
84 Müller, Rolf-Dieter: Die Mobilisierung der deutschen Wirtschaft für Hitlers Kriegführung, in: Kroener, Bernhard R., Müller, Rolf-Dieter, Umbreit, Hans: Organisation und Mobilisierung des deutschen Machtbereichs, erster Halbband: Kriegsverwaltung, Wirtschaft und Personelle Ressourcen 1939-1941, Stuttgart 1988, S. 349-689 (Das Deutsche Reich und der Zweite Weltkrieg, hrsg. v. Militärgeschichtlichen Forschungsamt, Bd. 5/I), S. 358.
85 Die Aufzeichnung des Hitler-Adjutanten Oberstltnt. G. Schmundt, die quellenkritisch nicht unproblematisch ist, ist gedruckt bei Jacobsen, Hans-Adolf (Hrsg.): 1939-1945. Der Zweite Weltkrieg in Chronik und Dokumenten, Darmstadt 1959, Dok.Nr. 5, S. 92ff., Zitat S. 94f.
86 Milward, Alan S.: Die deutsche Kriegswirtschaft 1939-1945, Stuttgart 1966; ders.: Der Einfluß ökonomischer und nicht-ökonomischer Faktoren auf die Strategie des Blitzkriegs, in: Forstmeier, Friedrich u. Volkmann, Hans-Erich (Hrsg.): Wirtschaft und Rüstung am Vorabend des Zweiten Weltkrieges, Düsseldorf 1975, S. 189-201.
87 Mason, Timothy W.: Innere Krise und Angriffskrieg 1938/39, in: Forstmeier u. Volkmann (Hrsgg.), S. 158-188, Zitat S. 188.
88 Strachan, Hew: European armies and the conduct of war, London u.a. 1983, S. 163.
89 Zit. nach Müller, Die Mobilisierung der deutschen Wirtschaft, S. 415f.
90 Domarus, Hitler, Bd. 2, S. 1315.
91 Müller, S. 356.
92 Müller, S. 372.
93 Müller, S. 353.
94 Müller, S. 375.
95 Müller, S. 564.
96 Zit. nach Müller, S. 688.
97 Müller, S. 540.
98 Bundesarchiv BA R 25/53, zit. bei Volkmann

(vgl. Anm. IV, 1), S. 350, 355f.
99 Vgl. Volkmann (vgl. Anm. IV, 1), S. 349ff.
100 Müller, S. 664.
101 Speer, Albert: Erinnerungen, Frankfurt a.M./Berlin 1969, S. 226.
102 Zit. nach Thamer, Verführung und Gewalt, S. 718.
103 Zit. ebenda.
104 Herbst, Ludolf: Der totale Krieg und die Ordnung der Wirtschaft. Die Kriegswirtschaft im Spannungsfeld von Politik, Ideologie und Propaganda 1939-1945, Stuttgart 1982; Deutschland im Zweiten Weltkrieg, hrsg. v. einem Autorenkollektiv unter Leitung von Wolfgang Schumann, Bd. 6: Die Zerschlagung des Hitlerfaschismus und die Befreiung des deutschen Volkes (Juni 1944 bis zum 8. Mai 1945), Berlin 1985, S. 191ff.
105 Vgl. Steinert, Marlis, G.: Deutsche im Krieg: Kollektivmeinungen, Verhaltensmuster und Mentalitäten, in: Bracher, Funke, Jacobsen (Hrsgg.), Deutschland 1933-1945, S. 474-487; dies.: Hitlers Krieg und die Deutschen. Stimmung und Haltung der deutschen Bevölkerung im Zweiten Weltkrieg, Düsseldorf/Wien 1970; Kleßmann, Christoph: Nicht nur Hitlers Krieg. Der Zweite Weltkrieg und die Deutschen, Düsseldorf 1989.
106 Boberach, Heinz (Hrsg.): Meldungen aus dem Reich. Eine Auswahl aus den geheimen Lageberichten des Sicherheitsdienstes der SS 1939-1944, 17 Bde., Herrsching 1984.
107 Müller, Rolf-Dieter: Die Konsequenzen der „Volksgemeinschaft". Ernährung, Ausbeutung und Vernichtung, in: Michalka, Wolfgang (Hrsg.), Der Zweite Weltkrieg, S. 240.
108 Vgl. Müller, Rolf-Dieter: Die Mobilisierung der deutschen Wirtschaft für Hitlers Kriegführung (vgl. Anm. VI, 84), S. 396-405, 585-588; Recker, Marie-Luise: Zwischen sozialer Befriedung und materieller Ausbeutung. Lohn- und Arbeitsbedingungen im Zweiten Weltkrieg, in: Michalka (Hrsg.), Der Zweite Weltkrieg, S. 430-444.
109 Müller, Die Mobilisierung der deutschen Wirtschaft, S. 401, 587.
110 Müller. Die Konsequenzen der „Volksgemeinschaft" (vgl. Anm. VI, 107), S. 247.
111 Zit. nach Müller, Die Konsequenzen der „Volksgemeinschaft", S. 245
112 Zit. nach ebenda.
113 Meldungen aus dem Reich (vgl. Anm. VI, 106), Bd. 10, S. 3587.
114 Deutschland-Berichte der sozialdemokratischen Partei Deutschlands (Sopade) 1934-1940, 7. Jg., Januar 1940, S. 40.
115 Thamer, Verführung und Gewalt, S. 724.
116 Zit. nach ebenda.
117 Vgl. Anm. 114.
118 Recker, Zwischen sozialer Befriedung und materieller Ausbeutung (vgl. Anm. VI, 108), S. 437.
119 Recker, Zwischen sozialer Befriedung und materieller Ausbeutung, S. 441.
120 Deutschland-Berichte (vgl. Anm. VI, 114), 7. Jg., 1940, S. 250.
121 Zit. nach Thamer, Verführung und Gewalt, S. 759.
122 Zit. ebenda.
123 Zit. nach Müller, Die Mobilisierung der deutschen Wirtschaft, S. 586.
124 Der Bericht ist abgedruckt in: Ursachen und Folgen. Vom deutschen Zusammenbruch 1918 und 1945 bis zur staatlichen Neuordnung Deutschlands in der Gegenwart, Bd. XXII, Nr. 3589d, S. 388-390.
125 Erdmann (vgl. Anm. VI, 76), S. 659.
126 Vgl. dazu Anm. VI, 105.
127 Zit. nach Kershaw, Ian: Der Hitler-Mythos. Volksmeinung und Propaganda im Dritten Reich, Stuttgart 1980, S. 193.
128 Mommsen, Hans: Die Opposition gegen Hitler und die deutsche Gesellschaft 1933-1945, in: Michalka (Hrsg.), Der Zweite Weltkrieg, S. 331.
129 Zit. nach Schlabrendorff, Fabian von: Offiziere gegen Hitler, Frankfurt a.M. 1959, S. 138.
130 Zit. nach Mommsen, Die Opposition gegen Hitler (vgl. Anm. VI, 128), S. 330.
131 Mommsen, Hans: Gesellschaftsbild und Verfassungspläne des deutschen Widerstands, in: ders.: Der Nationalsozialismus und die deutsche Gesellschaft. Ausgewählte Aufsätze. Zum 60. Geburtstag hrsg. v. L. Niethammer u. B. Weisbrod, Reinbek bei Hamburg 1991, S. 233-337.
132 Vgl. Graml, Hermann: Die außenpolitischen Vorstellungen des deutschen Widerstands, in: Schmitthenner, Walter u. Buchheim, Hans (Hrsgg.): Der deutsche Widerstand gegen Hitler, Köln 1966, S. 15-72. Überblick über die frühen Staatsstreichpläne bei Peter Hoffmann: Widerstand, Staatsstreich, Attentat. Der Kampf der Opposition gegen Hitler, 4. überarb. Aufl, München 1985; eine breite Einführung in den Widerstand vermittelt die Aufsatzsammlung von Klaus-Jürgen Müller (Hrsg.): Der deutsche Widerstand 1933-1945, Paderborn u.a. 1986 (Uni-Taschenbücher 1398).
133 Zu Goerdeler vgl. Ritter, Gerhard: Carl Goerdeler und die deutsche Widerstandsbewegung,

Stuttgart [4] 1984.

134 Vgl. dazu Müller, Klaus-Jürgen u. Dilks, David N. (Hrsgg.): Großbritannien und der deutsche Widerstand 1933 bis 1944, Paderborn u.a. 1994.

135 Zit. nach Thamer, Verführung und Gewalt, S. 732.

136 Zit. ebenda.

137 Scholl, Inge: Die weiße Rose, Frankfurt a.M. 1955, Zitate S. 119, 135, 145, 151ff.

138 Vgl. Schlabrendorff, Offiziere gegen Hitler, S. 108ff.

139 Zit. nach Thamer, Verführung und Gewalt, S. 744.

140 Zu dem ganzen Vorgang vgl. Schmidt, Paul: Statist auf diplomatischer Bühne 1923-45. Erlebnisse des Chefdolmetschers im Auswärtigen Amt mit den Staatsmännern Europas, Bonn 1953, S. 593f.

141 Domarus, Hitler, Bd. 2, S. 2127ff.

142 Steinert, Marlis G.: Hitler, München 1994, S. 583.

143 Kershaw, Hitler-Mythos, S. 187f.

144 Ebenda.

Epilog

1 Bericht über die 26. Versammlung deutscher Historiker in Berlin 7. bis 11. Oktober 1964, Stuttgart 1965, S. 69.

2 Zur Kontroverse vgl. u.a. Alber, Jens: Nationalsozialismus und Modernisierung, in: Kölner Zschr. f. Soziologie und Sozialpsychologie 41 (1989), S. 346-365; Frei, Norbert: Wie modern war der Nationalsozialismus?, in: Geschichte und Gesellschaft 19. Jg. (1993), S. 367-387; Prinz, Michael u. Zitelmann, Rainer (Hrsgg.): Nationalsozialismus und Modernisierung, Darmstadt 1991; Mommsen, Hans: Nationalsozialismus als vorgetäuschte Modernisierung, in ders.: Der Nationalsozialismus und die deutsche Gesellschaft (vgl. Anm. VI, 131), S. 405–427.

3 Bei diesem Versuch einer geschichtlichen Relativierung wurde der Ansatz von Martin Broszat zur „Historisierung" des Nationalsozialismus gründlich mißverstanden. Vgl. Broszat, Martin: Plädoyer für eine Historisierung des Nationalsozialismus, in: Nach Hitler. Der schwierige Umgang mit unserer Geschichte, Beiträge von Martin Broszat, hrsg. v. Hermann Graml u.Klaus-Dietmar Henke, München 1986, S. 159-173.

4 Peukert, Detlev J.K.: Volksgenossen und Gemeinschaftsfremde. Anpassung, Ausmerze und Aufbegehren unter dem Nationalsozialismus, Köln 1982, S. 296.

5 ders.: Max Webers Diagnose der Moderne, Göttingen 1989, S. 104.

6 Dahrendorf, Ralf: Gesellschaft und Demokratie in Deutschland, München 1965.

7 Schoenbaum, David: Die braune Revolution. Eine Sozialgeschichte des Dritten Reiches, Köln 1968 (engl. Ausgabe 1967).

8 Zitelmann, Rainer: Hitler. Selbstverständnis eines Revolutionärs, Stuttgart [2] 1989; ders.: Adolf Hitler. Eine politische Biographie, Göttingen 1989.

9 Zit. nach Bracher, Die deutsche Diktatur S. 8.

10 Mommsen, Nationalsozialismus als vorgetäuschte Modernisierung, S. 409, 413.

11 Vgl. dazu Schildt, Axel: Moderne Zeiten. Freizeit, Massenmedien und „Zeitgeist" in der Bundesrepublik der 50er Jahre, Hamburg 1995 (Hamburger Beiträge zur Sozial- und Zeitgeschichte Bd. 31).

12 Broszat, Martin, Henke, Klaus Dietmar, Woller, Hans (Hrsgg.): Von Stalingrad zur Währungsreform. Zur Sozialgeschichte des Umbruchs in Deutschland, München 1987.

Auswahlbibliographie mit weiterführenden Angaben

1. Allgemeines

- Bedürftig, Friedemann: Lexikon Drittes Reich, Hamburg 1994.
- Bracher, Karl D.: Die deutsche Diktatur. Entstehung, Struktur, Folgen des Nationalsozialismus, Köln 1993 [7].
- Ders./Funke, Manfred/Jacobsen, Hans-A.(Hrsgg.): Deutschland 1933-1945. Neue Studien zur nationalsozialistischen Herrschaft, Bonn 1993 [2] [BpB Schriftenreihe Bd.314].
- Broszat, Martin/Frei, Norbert (Hrsgg.): Das Dritte Reich im Überblick. Chronik - Ereignisse - Zusammenhänge, München 1990 [2].
- Broszat, Martin/Möller, Horst (Hrsgg.): Das Dritte Reich. Herrschaftsstrukturen und Geschichte. Vorträge aus dem Institut für Zeitgeschichte, 2. durchges. Auflage, München 1986.
- Büttner, Ursula (Hrsg.): Das Unrechtsregime. Internationale Forschung über den Nationalsozialismus, Bd.1: Ideologie, Herrschaftssystem, Wirkung in Europa; Bd.2: Verfolgung, Exil, belasteter Neubeginn, Hamburg 1986 [Hamburger Beiträge zur Sozial- und Zeitgeschichte, Bd.21].
- Der Nationalsozialismus. Dokumente 1933-1945, hrsg. und kommentiert von Walther Hofer, Frankfurt/Main 1994 [43].
- Dülffer, Jost: Deutsche Geschichte 1933-1945. Führerglaube und Vernichtungskrieg, Stuttgart 1992.
- Frei, Norbert, Der Führerstaat. Nationalsozialistische Herrschaft 1933-1945, München 1993 [3] [Deutsche Geschichte der neuesten Zeit vom 19.Jahrhundert bis zur Gegenwart].
- Heiber, Beatrice u.a. (Hrsgg.): Die Rückseite des Hakenkreuzes. Absonderliches aus den Akten des Dritten Reiches, München 1994 [2].
- Hildebrand, Klaus: Das Dritte Reich, München 1991 [4] [Oldenbourg Grundriß der Geschichte, 17].
- Kammer, Hilde/Bartsch, Elisabeth: Nationalsozialismus. Begriffe aus der Zeit der Gewaltherrschaft 1933-1945, Reinbek 1982.
- Michalka, Wolfgang (Hrsg.), Deutsche Geschichte 1933-1945. Dokumente zur Innen- und Außenpolitik, überarb. Neuausgabe, Frankfurt/Main 1993.
- Ruck, Michael: Bibliographie zum Nationalsozialismus (darin 20 000 Einzeltitel), Köln 1995.
- Studt, Christoph (Hrsg.): Das Dritte Reich: Ein Lesebuch zur deutschen Geschichte 1933-1945, München 1995.
- Thamer, Hans U.: Verführung und Gewalt. Deutschland 1933-1945, Berlin 1986 [Die Deutschen und ihre Nation].
- Zentner, Christian u.a. (Hrsgg.): Das große Lexikon des Dritten Reiches, München 1985.

2. Biographisches

- Böltken, Andrea: Führerinnen im Führerstaat. Getrud Scholtz Klink, Friede Mohr, Jutta Rüdiger, Inge Viermetz, Pfaffenweiler 1995 [Forum Frauengeschichte, 18].
- Bullock, Allan: Hitler. Eine Studie über Tyrannei, überarb. Neuausgabe, Düsseldorf 1971.
- Ders.: Hitler - Stalin. Parallele Leben, Berlin 1991.
- Fest, Joachim C.: Das Gesicht des Dritten Reiches. Profile einer totalitären Herrschaft, München 1994 [11].
- Ders.: Hitler. Eine Biographie, Berlin 1987
- Haffner, Sebastian: Anmerkungen zu Hitler, Frankfurt/Main 1981.
- Höffkes, Karl: Hitlers politische Generale. Die Gauleiter des Dritten Reiches. Ein biographisches Nachschlagewerk, Tübingen 1986 [Veröffentlichungen des Instituts für deutsche Nachkriegsgeschichte, 13].
- Kube, Alfred: Pour le Mérite und Hakenkreuz. Hermann Göring im Dritten Reich, München 1986.
- Martens, Stefan: Hermann Göring: „Erster Paladin des Führers“ und Zweiter Mann im „Dritten Reich“, Paderborn 1985.
- Peuschel, Harald: Die Männer um Hitler. Braune Biographien: Martin Bormann, Joseph Goebbels, Reinhard Heydrich, Heinrich Himmler u.a., Düsseldorf 1982.
- Reuth, Ralf Georg (Hrsg.): Die Tagebücher des Joseph Goebbels 1924-1945, 5 Bde.,

München 1995.
- Ders.: Goebbels. Eine Biographie, München 1995 [3].
- Schreiber, Gerhard: Hitler-Interpretationen 1923-1983. Ergebnisse, Methoden und Probleme der Forschung, 2. verb. und durch eine annotierte Bibliographie für die Jahre 1984-1987 erg. Auflage, Darmstadt 1988.
- Smelser, Ronald/Zitelmann, Rainer (Hrsgg.): Die braune Elite. 22 biographische Skizzen, Darmstadt 1990 [2].
- Smelser, Ronald/Syring, Enrico/Zitelmann, Rainer (Hrsgg.): Die braune Elite II.
21 weitere biographische Skizzen, Darmstadt 1993.
- Steinert, Marlies: Hitler, München 1994.
- Wistrich, Robert: Wer war wer im Dritten Reich? Ein biographisches Lexikon. Anhänger, Mitläufer, Gegner aus Politik, Wirtschaft und Militär, Kunst und Wissenschaft, Frankfurt/Main 1987.
- Zitelmann, Rainer: Adolf Hitler. Eine politische Biographie, Göttingen 1989 [Persönlichkeit und Geschichte 21/22].
- Ders.: Hitler. Selbstverständnis eines Revolutionärs, Stuttgart 1991 [2].

3. Krise und Auflösung der Republik und die nationalsozialistische Machteroberung

- Becker, Josef und Ruth (Hrsgg.): Machtergreifung 1933. Dokumente vom Machtantritt Hitlers 30.Januar 1933 bis zur Besiegelung des Einparteienstaates 14.Juli 1933,
- Bracher, Karl D.: Die Auflösung der Weimarer Republik. Eine Studie zum Problem des Machtverfalls in der Demokratie, 2.Nachdruck der 5.Aufl 1971, Düsseldorf 1984.
- Ders./Sauer, Wolfgang/Schulz, Gerhard: Die nationalsozialistische Machtergreifung. Studien zur Errichtung des totalitären Herrschaftssystems in Deutschland, 3.Bde: Stufen der Machtergreifung (1), Die Anfänge des totalitären Maßnahmenstaates (2), Die Mobilmachung der Gewalt (3), Frankfurt/Main 1974.
- Broszat, Martin: Die Machtergreifung. Der Aufstieg der NSDAP und die Zerstörung der Weimarer Republik, München 1994 [5] [Deutsche Geschichte der neuesten Zeit vom 19. Jahrhundert bis zur Gegenwart].
- Ders. u.a. (Hrsgg.): Deutschlands Weg in die Diktatur. Internationale Konferenz zur nationalsozialistischen Machtübernahme im Reichstagsgebäude zu Berlin. Referate und Diskussionen. Ein Protokoll, Bonn/Berlin 1983.
- Der Weg ins Dritte Reich 1918-1933, mit Beiträgen von T. Eschenburg, E. Fränkel, K.Sontheimer u.a., überarb. Neuauflage , München 1983 [4].
- Eschenhagen, Wieland (Hrsg.): Die Machtergreifung. Tagebuch einer Wende nach Presseberichten vom 1. Januar bis 6.März 1933, Darmstadt 1982.
- Erdmann, Karl D./Schulze, Hagen (Hrsgg.): Weimar. Selbstpreisgabe einer Demokratie. Eine Bilanz heute, Düsseldorf 1980.
- Falter, Jürgen W.: Hitlers Wähler, Darmstadt 1991.
- Gradmann, Christoph/Mengersen, Oliver v. (Hrsgg.): Das Ende der Weimarer Republik und die nationalsozialistische Machtergreifung. Vorträge Heidelberger Historiker in der Reichspräsident Friedrich Ebert-Gedenkstätte, Heidelberg 1994.
- Hirschfeld, Oswald: Auf dem Weg ins Dritte Reich. Kräfte, Tendenzen, Strömungen, Bonn 1981 [Schriftenreihe der BpB, 175].
- Höhne, Heinz: Die Zeit der Illusionen. Hitler und die Anfänge des Dritten Reichs (1933-1936), Düsseldorf 1991.
- Jasper, Gotthard: Die gescheiterte Zähmung. Wege zur Machtergreifung Hitlers 1930-1934, Frankfurt/Main 1986.
- Michalka, Wolfgang (Hrsg.): Die nationalsozialistische Machtergreifung, Paderborn u.a. 1984.
- Mommsen, Hans: Die verspielte Freiheit. Der Weg der Republik von Weimar in den Untergang 1918-1933, Berlin 1989.
- Morsey, Rudolf (Hrsg. und Bearb.): Das „Ermächtigungsgesetz" vom 24. März 1933. Quellen zur Geschichte und Interpretation des „Gesetzes zur Behebung der Not von Volk und Reich", Düsseldorf 1992 [Dokumente und Texte 1, hrsg. von der Kommission für die Geschichte des Parlamentarismus und der politischen Parteien].
- Rittberger, Volker (Hrsg.): 1933. Wie die Republik der Diktatur erlag, Stuttgart 1982.
- Treue, Wolfgang/Schmädeke, Jürgen (Hrsgg.): 1933. Machtzerfall der Demokratie und nationalsozialistische „Machtergreifung". Eine Vortragsreihe, Berlin 1984 [Einzelveröffentlichungen der Historischen Kommission zu Berlin, 42]
- Winkler, Heinrich A.: Die deutsche Staatskrise 1930-1933. Handlungsspielräume und Alternativen, München 1992.

4. Weltanschauung und Herrschaftsstruktur

- Bach, Maurizio: Die charismatischen Führerdiktaturen: Drittes Reich und italienischer Faschismus im Vergleich ihrer Herrschaftsstrukturen, Baden-Baden 1990 [Nomos Universitätsschriften Politik, 9].
- Becker, Peter E.: Wege ins Dritte Reich. Teil 2: Sozialdarwinismus, Rassismus, Antisemitismus und völkischer Gedanke, Stuttgart u.a. 1990.
- Benz, Wolfgang (Hrsg.): Herrschaft und Gesellschaft im nationalsozialistischen Staat. Studien zur Struktur und Mentalitätsgeschichte, Frankfurt/Main 1990.
- Ders./Buchheim, Hans/Mommsen, Hans (Hrsgg.): Studien zur Ideologie und Herrschaft, Frankfurt/Main 1993.
- Birn, Ruth B.: Die höheren SS- und Polizeiführer. Himmlers Vertreter im Dritten Reich und in den besetzten Gebieten, Düsseldorf 1986.
- Bracher, Karl D.: Zeit der Ideologien. Eine Geschichte politischen Denkens im 20.Jahrhundert, erw. Neuausgabe, Stuttgart 1984 [3].
- Broszat, Martin: Der Staat Hitlers. Grundlegung und Entwicklung seiner inneren Verfassung, München 1989[11].
- Buchheim, Hans u.a.: Anatomie des SS-Staates, München 1994 [6].
- Diehl-Thiele, Peter: Partei und Staat im Dritten Reich. Untersuchungen zum Verhältnis von NSDAP und allgemeiner innerer Staatsverwaltung 1933-1945, München 1969.
- Hubert, Peter: Uniformierter Reichstag. Die Geschichte der Pseudo-Volksvertretung 1922-1945, Düsseldorf 1992 [Beiträge zur Geschichte des Parlamentarismus und der politischen Parteien 97].
- Jäckel, Eberhard: Hitlers Herrschaft. Vollzug einer Weltanschauung, erw. und überarb. Neuausgabe, Stuttgart 1986 [3].
- Ders.: Hitlers Weltanschauung. Entwurf einer Herrschaft, Stuttgart 1991 [3].
- Kershaw, Ian: Hitlers Macht. Das Profil der NS-Herrschaft, München 1992.
- Klepsch, Thomas: Nationalsozialistische Ideologie. Eine Beschreibung ihrer Struktur vor 1933, Münster 1990.
- Kogon, Eugen: Der SS-Staat. Das System der deutschen Konzentrationslager, München 1994 [28].
- Ders.: Ideologie und Praxis der Unmenschlichkeit. Erfahrungen mit dem Nationalsozialismus, Weinheim 1995 [Gesammelte Schriften Bd.1].
- Lang, Jochen v.: Die Gestapo. Instrument des Terrors, Hamburg 1990.
- Lichtenstein, Heiner: Himmlers grüne Helfer. Die Schutz und Ordnungspolizei im „Dritten Reich", Köln 1990.
- Longerich, Peter: Die braunen Batallione. Geschichte der SA, München 1989.
- Ders.: Hitlers Stellvertreter. Führung der Partei und Kontrolle des Staatsapparates durch den Stab Hess und die Parteikanzlei Bormann, München 1992.
- Messerschmidt, Manfred: Die Wehrmacht im NS-Staat. Die Zeit der Indoktrination, Hamburg 1969.
- Mommsen, Hans: Beamtentum im Dritten Reich, Stuttgart 1966.
- Ders./Willems, Susanne (Hrsgg.): Herrschaftsalltag im Dritten Reich. Studien und Texte, Düsseldorf 1988.
- Müller, Klaus-J.: Armee, Politik und Gesellschaft in Deutschland 1933-1940. Studien zum Verhältnis von Armee und NS-Staat, Paderborn 1983 [3].
- Ders.: Das Heer und Hitler. Armee und nationalsozialistisches Regime 1933-1940, Stuttgart 1969.
- Neumann, Franz: Behemoth. Struktur und Praxis des Nationalsozialismus 1933-1944, mit einem Nachwort von Gert Schäfer, Frankfurt/Main 1984.
- Nolte, Ernst: Der Faschismus in seiner Epoche. Die Action Francaise. Der italienische Faschismus. Der Nationalsozialismus, München 1990 [8].
- Pätzold, Kurt/Weißbäcker, Manfred: Geschichte der NSDAP 1920-1945, Köln 1981.
- Pohlmann, Friedrich: Ideologie und Terrorismus im Nationalsozialismus, Pfaffenweiler 1992 [Freiburger Arbeiten zur Soziologie der Diktatur, 1].
- Rebentisch, Dieter: Führerstaat und Verwaltung im Zweiten Weltkrieg. Verfassungsentwicklung und Verwaltungspolitik 1939-1945, Stuttgart 1989.
- Ders./Teppe, Karl (Hrsgg.): Verwaltung contra Menschenführung im Staat Hitlers. Studien zum politisch-administrativen System, Göttingen 1986.
- Richardi, Hans G.: Hitler und seine Hintermänner. Neue Fakten zur Frühgeschichte der NSDAP, München 1991.
- Schmidt, Roland, Nationalsozialismus - ein deutscher Faschismus? Die Kontroverse um einen Schlüsselbegriff, Münster 1991.
- Sofsky, Wolfgang: Die Ordnung des Terrors. Das Konzentrationslager, Frankfurt/Main 1993.
- Wegner, Bernd: Hitlers politische Soldaten: Die Waffen-SS 1933-1945. Leitbild, Struktur und Funktion einer nationalsozialistiuschen Elite, Paderborn 1988 [3].
- Weinmann, Martin (Hrsg.): Das nationalsozialisti-

sche Lagersystem, Frankfurt/Main 1990[2].
- Wippermann, Wolfgang: Faschismustheorien. Zum Stand der gegenwärtigen Diskussion, 1989[5].

5. Alltag und Regionales

- Alltagsgeschichte der NS-Zeit. Neue Perspektive oder Trivialisierung?, München 1984 [Kolloquien des Instituts für Zeitgeschichte].
- Boberach, Heinz (Hrsg.): Meldungen aus dem Reich. Eine Auswahl aus den geheimen Lageberichten des Sicherheitsdienstes der SS 1939-1944, 17 Bde., Herrsching 1984.
- Broszat, Martin/Fröhlich, Elke: Alltag und Widerstand - Bayern im Nationalsozialismus, München u.a. 1987.
- Dies. (Hrsgg.): Bayern in der NS-Zeit, 6 Bde., München/Wien 1977-1983.
- Broszat, Martin u.a. (Hrsgg.): Von Stalingrad zur Währungsreform. Zur Sozialgeschichte des Umbruchs in Deutschland, München 1990[3] [Quellen und Darstellungen zur Zeitgeschichte, 26].
- Deutschland-Berichte der Sozialdemokratischen Partei Deutschlands (Sopade) 1934-1940, 7 Bde., Salzhausen, Frankfurt/Main 1980.
- Die Kriegsjahre in Deutschland 1939 bis 1945. Ergebnisse und Anregungen aus dem Schülerwettbewerb Deutsche Geschichte um den Preis des Bundespräsidenten 1982/83. Für die Körber-Stiftung hrsg. von Dieter Galinski und Wolf Schmidt, Hamburg 1985.
- Eitner, Hans-J.: Hitlers Deutsche? Das Ende eines Tabus, Gernsbach 1991[2].
- Focke, Harald/Reimer, Uwe: Alltag unterm Hakenkreuz. Wie die Nazis das Leben der Deutschen veränderten. Ein aufklärendes Lesebuch, Reinbek 1979.
- Galinski, Dieter/Lachauer, Ulla (Hrsgg.): Alltag im Nationalsozialismus 1933 bis 1939. Jahrbuch zum Schülerwettbewerb Deutsche Geschichte um den Preis des Bundespräsidenten, Braunschweig 1982.
- Grube, Frank/Richter, Gerhard (Hrsgg.): Alltag im Dritten Reich. So lebten die Deutschen 1933-1945, Hamburg 1982.
- Holmsten, Georg: Kriegsalltag 1939-1945 in Deutschland, Düsseldorf 1982.
- Mosse, George L.: Der nationalsozialistische Alltag. So lebte man unter Hitler, Frankfurt/Main 1993[3].
- Müller, Rolf D. u.a.: Wer zurückweicht, wird erschossen. Kriegsalltag und Kriegsende in Südwestdeutschland 1944/45, Freiburg/Br. 1985.
- Nationalsozialismus im Alltag. Beispiele und Arbeitsmaterialien aus der Bildungsarbeit. Hrsg. von der Niedersächsischen Landeszentrale für polische Bildung unter Mitarbeit von Anne Grigull u.a., 2. überarb. Auflage, Hannover 1981.
- Niethammer, Lutz (Hrsg.): „Die Jahre weiß man nicht, wo man die heute hinsetzen soll.“ Faschismuserfahrung im Ruhrgebiet. Lebensgeschichte und Sozialkultur im Ruhrgebiet 1930-1960, Berlin 1983.
- Ders./Reulecke, Jürgen (Hrsgg.): Die Reihen fest geschlossen. Beiträge zur Geschichte des Alltags unterm Nationalsozialismus, Wuppertal 1981.
- Steinbach, Lothar: Ein Volk, ein Reich, ein Glaube? Ehemalige Nationalsozialisten und Zeitzeugen berichten über ihr Leben im Dritten Reich, Berlin 1983.
- Röhr, Werner (Hrsg.), Terror, Herrschaft und Alltag im Nationalsozialismus. Probleme einer Sozialgeschichte des deutschen Faschismus, 1995.
- Ruhl, Klaus J.: Brauner Alltag. 1933-1939 in Deutschland, Düsseldorf 1981.

6. Kindheit und Jugend

- Angress, Werner T.: Generation zwischen Furcht und Hoffnung. Jüdische Jugend im Dritten Reich, Hamburg 1985.
- Benz, Ute/Benz, Wolfgang (Hrsgg.): Sozialisation und Traumatisierung. Kinder in der Zeit des Nationalsozialismus, Frankfurt/Main 1992.
- Brandenburg, Hans C.: Die Geschichte der HJ. Wege und Irrwege einer Generation, 2.durchges. Aufl., Köln 1982.
- Breyvogel, Wilfried (Hrsg.): Piraten, Swings und junge Garde. Jugendwiderstand im Nationalsozialismus, Bonn 1991.
- Die Verfolgung von Kindern und Jugendlichen, Dachau 1993 [Dachauer Hefte 9].
- Hellfeld, Matthias v.: Davongekommen! Erwachsenwerden im Holocaust, Frankfurt/Main 1990.
- Ders./Klönne, Arno: Die betrogene Generation. Jugend in Deutschland unter dem Faschismus, Köln 1987[2].
- Jahnke, Karl H.: Jugend im Widerstand 1933-1945, Frankfurt/Main 1985.
- Ders./Buddrus, Michael: Deutsche Jugend 1933-1945. Eine Dokumentation, Hamburg 1989.
- Kersting, Franz-W.: Militär und Jugend im NS-Staat, Wiesbaden 1989.
- Klafki, Wolfgang: Verführung, Distanzierung, Ernüchterung. Kindheit und Jugend im Nationalsozialismus. Autobiographien aus erziehungswissen-

schaftlicher Sicht, Weinheim u.a. 1988.
- Klaus, Martin: Mädchenerziehung zur Zeit der faschistischen Herrschaft in Deutschland. Der Bund Deutscher Mädel, 2 Bde., Frankfurt/Main 1983.
- Klönne, Arno: Jugend im Dritten Reich. Die Hitler-Jugend und ihre Gegner, München 1990[2].
- Ders. (Hrsg.): Jugendkriminalität und Jugendopposition im NS-Staat. Ein sozialgeschichtliches Dokument, Münster 1981.
- Klönne, Irmgard: „Ich springe in diesem Ringe". Mädchen und Frauen in der deutschen Jugendbewegung, Pfaffenweiler 1990.
- Kohrs, Peter: Kindheit und Jugend unter dem Hakenkreuz. Nationalsozialistische Erziehung in Familie, Schule und Hitlerjugend, Stuttgart 1983.
- Peukert, Detlev: Edelweißpriaten. Protestbewegung jugendlicher Arbeiter im „Dritten Reich", Köln 1988[3].
- Reese, Dagmar: Straff, aber nicht stramm - herb, aber nicht derb. Zur Vergesellschaftung von Mädchen durch den BDM im sozialkulturellen Vergleich zweier Milieus, Weinheim 1989 [Ergebnisse der Frauenforschung, 18].
- Schörken, Rolf: Jugend 1945. Politisches Denken und Lebensgeschichte, Frankfurt/Main 1994.
- Ders.: Luftwaffenhelfer und Drittes Reich. Die Enstehung eines politischen Bewußtseins, Stuttgart 1985.

7. Frauen

- Benz, Ute (Hrsg.): Frauen im Nationalsozialismus. Dokumente und Zeugnisse, München 1993.
Bock, Gisela: Zwangssterilisation im Nationalso zialismus. Studien zur Rassenpolitik und Frauenpolitik, Opladen 1986 [Schriften des Zentralinstituts für sozialwissenschaftliche Forschung der FU Berlin, 48].
- Der alltägliche Faschismus. Frauen im Dritten Reich, Bonn 1981.
- Frauen - Verfolgung und Widerstand, München 1987 [Dachauer Hefte 3].
- Frauengruppe Faschismusforschung (Hrsg.): Mutterkreuz und Arbeitsbuch. Zur Geschichte der Frauen in der Weimarer Republik und im Nationalsozialismus, Frankfurt/Main 1981.
- Kaiser, Josef: „Lösch nie die Spuren." Frauen leisten Widerstand 1933-1945, Neustadt 1988.
- Kannonier, Waltraud: Zwischen Exil und Selbstbehauptung. Frauen - Leben im Exil, Linz 1989.
- Klinksiek, Dorothee: Die Frau im NS-Staat, Stuttgart 1982 [Schriftenreihe der Vierteljahrshefte für Zeitgeschichte, 44].
- Koonz, Claudia: Mütter im Vaterland. Frauen im Dritten Reich, Freiburg/Br. 1991.
- Kuhn, Annette (Hrsg.): Frauenleben im NS-Alltag, Pfaffenweiler 1994 [Bonner Studien zur Frauengeschichte, 2].
- Pilgrim, Volker Elis: „Du kannst mich ruhig ‚Frau Hitler' nennen". Frauen als Schmuck und Tarnung der NS-Herrschaft, Reinbek 1994.
- Szepansky, Gerda: „Blitzmädel", „Heldenmutter", „Kriegerwitwe". Frauenleben im Zweiten Weltkrieg, Frankfurt/Main 1986.
- Thalmann, Rita R.: Frausein im Dritten Reich, München/Wien 1984.
- Tidl, Georg: Die Frau im Nationalsozialismus, Wien u.a. 1984.
- Weyrather, Irmgard: Muttertag und Mutterkreuz. Der Kult um die „deutsche Mutter" im Nationalsozialismus, Frankfurt/Main 1993.
- Wickert, Christl (Hrsg.): Frauen gegen die Diktatur - Widerstand und Verfolgung im nationalsozialistischen Deutschland, Berlin 1994.
- Winkler, Dörte: Frauenarbeit im „Dritten Reich", Hamburg 1977.

8. Erziehung/Bildung/ Wissenschaft

- Corino, Karl (Hrsg.): Intellektuelle im Bann des Nationalsozialismus, Hamburg 1980.
- Flessau, Kurt I. u.a. (Hrsgg.): Erziehung im Nationalsozialismus. „... und sie werden nicht mehr frei ihr ganzes Leben", Köln u.a. 1987.
- Gamm, Hans J. (Hrsg.): Führung und Verführung. Pädagogik und Nationalsozialismus. Eine Quellensammlung, Frankfurt/Main 1984[2].
- Geissler, Rainer/Popp, Wolfgang (Hrsgg.): Wissenschaft und Nationalsozialismus im Dritten Reich. Eine Ringvorlesung an der Universität, Gesamthochschule Siegen, Essen 1988 [Kultur, Literatur, Kunst, 8].
- Herrmann, Ulrich (Hrsg.): „Die Formung des Volksgenossen". Der „Erziehungsstaat" des Dritten Reiches , Weinheim u.a. 1985 [Geschichte des Erziehungs- und Bildungswesens in Deutschland, 6].
- Keim, Wolfgang: Erziehung unter der Nazi-Diktatur, Bd.1, Darmstadt 1995.
- Krause, Eckart (Hrsg.): Hochschulalltag im „Dritten Reich". Die Hamburger Universität 1933-1945, 3 Bde., Berlin/Hamburg 1991 [Hamburger Beiträge zur Wissenschaftsgeschichte, 3]

- Langewiesche, Dieter/Tenorth, Heinz-E.(Hrsgg.): Handbuch der deutschen Bildungsgeschichte, Bd.V: 1918-1945. Die Weimarer Republik und die nationalsozialistische Diktatur, München 1989.
- Lundgren, Peter (Hrsg.): Wissenschaft im Dritten Reich, Frankfurt/Main 1985.
- Olszewsky, Henryk: Zwischen Begeisterung und Widerstand. Deutsche Hochschullehrer unter dem Nationalsozialismus, Posen 1989.
- Otto, Hans U. u.a. (Hrsgg.): Politische Erziehung und soziale Erziehung im Nationalsozialismus, Frankfurt/Main 1991.
- Platner, Geert u.a. (Hrsgg.): Schule im Dritten Reich, Erziehung zum Tod? Eine Dokumentation, München 1983.
- Rosselmeier, Dieter: „Ganz Deutschland wird zum Führer halten..." Zur politischen Erziehung in den Schulen des Dritten Reiches, Frankfurt/Main 1985.
- Schnorbach, Hermann (Hrsg.): Lehrer und Schule unterm Hakenkreuz. Dokumente des Widerstandes 1930 bis 1945, Königstein/Ts. 1983.
- Scholtz, Harald: Erziehung und Unterricht unterm Hakenkreuz, Göttingen 1985.
- Schüleralltag im Nationalsozialismus. Schulleben, Führer und Helden, Kameradschaft und Hitler-Jugend, Rassismus, Lieder..., Dortmund 1984 [Schriftenreihe der Pädagogischen Arbeitsstelle Dortmund].
- Siegele-Wenschkewitz, Leonore/Stuchlik, Gerda (Hrsgg.): Hochschule und Nationalsozialismus. Wissenschaftsgeschichte und Wissenschaftsbetrieb als Thema der Zeitgeschichte, Frankfurt/Main 1990 [Arnoldshainer Texte, 66].
- Stahlmann, Martin/Schiedeck, Jürgen: Erziehung zur Gemeinschaft - Auslese durch Gemeinschaft. Zur Zurichtung des Menschen im Nationalsozialismus, Bielefeld 1991.
- Tröger, Jörg (Hrsg.): Hochschule und Wissenschaft im Dritten Reich, Frankfurt/Main u.a. 1984.
- Urban, Karin: Das Ausbildungswesen unter dem Nationalsozialismus. Wissenschaftstheoretische Begründung und erziehungswirkliche Praxis, Frankfurt/Main 1986 [Europäische Hochschulschriften, Pädagogik, 285].
- Walk, Joseph: Jüdische Schule und Erziehung im Dritten Reich, Frankfurt/Main 1991.

9. Kirchen

- Besier, Gerhard/Ringshausen, Gerhard (Hrsgg.): Bekenntnis, Widerstand, Martyrium. Von Barmen 1934 bis Plötzensee 1944, Göttingen 1986.
- Denzler, Georg/Fabricius, Volker: Christen und Nationalsozialisten. Darstellung und Dokumente, überarb. und aktual. Neuausgabe, Frankfurt/Main 1993.
- Gotto, Klaus/Repgen, Konrad (Hrsgg.): Kirche, Katholiken und Nationalsozialismus, Mainz 1980.
- Hürten, Heinz: Deutsche Katholiken 1918-1945, Paderborn u.a. 1992.
- Ders.: Verfolgung, Widerstand und Zeugnis. Kirche im Nationalsozialismus. Fragen eines Historikers, Mainz 1987.
- Kaiser, Jochen-C./Greschat, Martin (Hrsgg.): Der Holocaust und die Protestanten. Analysen einer Verstrickung, Frankfurt/Main 1988.
- Klee, Ernst: „Die SA Jesu Christi". Die Kirche im Banne Hitlers, Frankfurt/Main 1989.
- Ders.: Persilscheine und falsche Pässe. Wie die Kirchen den Nazis halfen, Frankfurt/Main 1991.
- Meier, Kurt: Kreuz und Hakenkreuz. Die evangelische Kirche im Dritten Reich, München 1992.
- Müller, Christine-R.: Dietrich Bonhoeffers Kampf gegen die nationalsozialistische Verfolgung und Vernichtung der Juden, München 1990.
- Norden, Günther van/Wittmütz, Volkmar (Hrsgg.): Evangelische Kirche im Zweiten Weltkrieg, Köln 1991.
- Reichhold, Anselm: Die deutsche katholische Kirche zur Zeit des Nationalsozialismus (1933-1945) unter besonderer Berücksichtigung der Hirtenbriefe, Predigten und sonstigen Kundgebungen der deutschen katholischen Bischöfe, St.Ottilien 1992.
- Repgen, Konrad: Katholizismus und Nationalsozialismus: Zeitgeschichtliche Interpretationen und Probleme, Köln 1983.
- Scholder, Klaus: Die Kirchen und das Dritte Reich, 2 Bde.: Vorgeschichte und Zeit der Illusionen 1918-1934 (1), Das Jahr der Ernüchterung 1934, Barmen und Rom (2), Frankfurt/Main 1977/1985.
- Stegemann, Wolfgang (Hrsg.): Kirche und Nationalsozialismus, Stuttgart u.a. 1990.
- Strohm, Christoph: Theologische Ethik im Kampf gegen den Nationalsozialismus. Der Weg Dietrich Bonhoeffers mit den Juristen Hans von Dohnanyi und Gerhard Leibholz in den Widerstand, München 1989.
- Volk, Ludwig: Katholische Kirche und Nationalsozialismus, Mainz 1987.
- Wenner, Reinhard (Hrsg.): Katholische Kirche und Nationalsozialismus zwischen 1933 und 1945, Bergisch-Gladbach 1980 [Bensberger Protokolle, 30].
- Zipfel, Friedrich: Kirchenkampf in Deutschland

1933-1945. Religionsverfolgung und Selbstbehauptung der Kirchen in der nationalsozialistischen Zeit, Berlin 1965.

10. Kultur, Medien, Propaganda

- Albrecht, Gerd (Hrsg.): Der Film im Dritten Reich. Eine Dokumentation, Karlsruhe 1979.
- Ders.: Nationalsozialistische Filmpolitik. Eine soziologische Untersuchung über die Spielfilme des Dritten Reiches, Stuttgart 1969.
- Backes, Klaus: Hitler und die bildenden Künste. Kulturverständnis und Kunstpolitik im Dritten Reich, Köln 1988.
- Bohse, Jörg: Inszenierte Kriegsbegeisterung und ohnmächtiger Friedenswille. Meinungslenkung und Propaganda im Nationalsozialismus, Stuttgart 1988.
- Buck, Theo/Steinbach, Dietrich (Hrsgg.): Tendenzen der deutschen Literatur zwischen 1918 und 1945. Weimarer Republik. Drittes Reich. Exil, Stuttgart 1985.
- Diller, Ansgar: Rundfunkpolitik im Dritten Reich, München 1980.
- Drewniak, Boguslaw: Der deutsche Film 1938-1945. Ein Gesamtüberblick, Düsseldorf 1987.
- Feilchenfeldt, Konrad: Deutsche Exilliteratur 1933-1945. Kommentar zu einer Epoche, München 1986.
- Frei, Norbert: Nationalsozialistische Eroberung der Provinzpresse. Gleichschaltung, Selbstanpassung und Resistenz in Bayern, Stuttgart 1980.
- Ders./Schmitz, Johannes: Journalismus im Dritten Reich, München 1989.
- Hinz, Berthold (Hrsg.): NS-Kunst: 50 Jahre danach. Neue Beiträge, Marburg 1989.
- Ders. u.a. (Hrsgg.): Die Dekoration der Gewalt. Kunst und Medien im Faschismus, Gießen 1979.
- Hoffmann, Hilmar: „Und die Fahne führt uns in die Ewigkeit“. Propaganda im NS-Film, Bd.1, Frankfurt/Main 1988.
- Kershaw, Ian: Der Hitler-Mythos. Volksmeinung und Propaganda im Dritten Reich, Stuttgart 1980.
- Klingler, Walter: Nationalsozialistische Rundfunkpolitik 1942-1945. Organisation, Programm und die Hörer, Mannheim 1983.
- Loewy, Ernst (Hrsg.): Literatur unterm Hakenkreuz. Das Dritte Reich und seine Dichtung. Eine Dokumentation, 3.überarb. Auflage, Frankfurt/Main 1977.
- Loiperdinger, Martin : Der Parteitagsfilm „Triumph des Willens“ von Leni Riefenstahl. Rituale der Mobilmachung, Opladen 1987.
- Longerich, Peter: Propagandisten im Krieg. Die Presseabteilung des Auswärtigen Amtes unter Ribbentrop, München 1987.
- Neue Gesellschaft für Bildende Kunst (Hrsg.): Inszenierung der Macht. Ästhetische Faszination im Faschismus, Berlin 1987.
- Petsch, Joachim: Kunst im Dritten Reich. Architektur, Plastik, Malerei, Alltagsästhetik, 2. veränd. Auflage, Köln 1987.
- Paul, Gerhard: Aufstand der Bilder. Die NS-Propaganda vor 1933, Bonn 1990.
- Reichel, Peter: Der schöne Schein des Dritten Reiches. Faszination und Gewalt des Faschismus, Frankfurt/Main 1993.
- Schäfer, Hans D.: Das gespaltene Bewußtsein. Über deutsche Kultur und Lebenswirklichkeit 1933-1945, Frankfurt/Main u.a. 1984.
- Sywottek, Jutta: Mobilmachung für den totalen Krieg. Die propagandistische Vorbereitung der deutschen Bevölkerung auf den Zweiten Weltkrieg, Opladen 1976.
- Thunecke, Jörg (Hrsg.): Leid der Worte. Panorama des literarischen Nationalsozialismus, Bonn 1987.
- Wulf, Joseph: Kultur im Dritten Reich. Eine Dokumentation, 5 Bde: Presse und Funk (1), Literatur und Dichtung (2), Die bildenden Künste (3), Theater und Film (4), Musik (5), Frankfurt/Main u.a. 1989.

11. Finanz- und Wirtschaftspolitik

- Barkai, Avraham: Das Wirtschaftssystem des Nationalsozialismus. Der historische und ideologische Hintergrund 1933-1936, Köln 1977.
- Ders.: Das Wirtschaftssystem des Nationalsozialismus. Ideologie, Theorie, Politik 1933-1945, Frankfurt/Main 1988.
- Blaich, Fritz: Wirtschaft und Rüstung im Dritten Reich, Düsseldorf 1987.
- Boelcke, Willi A.: Die deutsche Wirtschaft 1930-1945. Interna des Reichswirtschaftsministeriums, Düsseldorf 1983.
- Ders.: Die Kosten von Hitlers Krieg. Kriegsfinanzierung und finanzielles Kriegserbe in Deutschland 1933-1948, Paderborn 1985.
- Dengg, Sören: Deutschlands Austritt aus dem Völkerbund und Schachts „Neuer Plan“. Zum Verhältnis von Außen- und Außenwirtschaftpolitik in der Übergangsphase von der Weimarer Republik

zum Dritten Reich 1929-1934, Frankfurt/Main u.a. 1986.
- Forstmeier, Friedrich/Volkmann, Hans-E. (Hrsgg.): Wirtschaft und Rüstung am Vorabend des Zweiten Weltkrieges, Düsseldorf 1975.
- Dies. (Hrsgg.): Kriegswirtschaft und Rüstung 1933-1945, Düsseldorf 1977.
- Grundmann, Friedrich: Agrarpolitik im Dritten Reich. Anspruch und Wirklichkeit des Reichserbhofgesetzes, Hamburg 1979.
- Herbst, Ludolf: Der Totale Krieg und die Ordnung der Wirtschaft. Die Kriegswirtschaft im Spannungsfeld von Politik, Ideologie und Propaganda 1939-1945, Stuttgart 1982.
- Kruse, Christina: Die Volkswirtschaftslehre im Nationalsozialismus, Freiburg/Br. 1988 [Schriftenreihe des Instituts für Allgemeine Wirtschaftsforschung der Albert-Ludwigs-Universität Freiburg/Br., 30].
- Militärgeschichtliches Forschungsamt (Hrsg.): Das Deutsche Reich und der Zweite Weltkrieg Bd 5/1: Kriegsverwaltung, Wirtschaft und personelle Ressourcen 1939-1941, Stuttgart 1988.
- Milward, Alan S.: Die deutsche Kriegswirtschaft 1939-1945, Stuttgart 1966.
- Ders.: Der Zweite Weltkrieg. Krieg, Wirtschaft und Gesellschaft, München 1977.
- Mollin, Gerhard: Montankonzerne und „Drittes Reich": Der Gegensatz zwischen Monopolindustrie und Befehlswirtschaft in der deutschen Rüstung und Expansion 1936-1944, Göttingen 1988.
- Müller, Rolf-D. (Hrsg.): Die deutsche Wirtschaftspolitik in den besetzten sowjetischen Gebieten 1941-1943. Der Abschlußbericht des Wirtschaftsstabes Ost und Aufzeichnungen eines Angehörigen des Wirtschaftskommandos Kiew, Boppard 1991.
- Petzina, Dietmar: Autarkiepolitik im Dritten Reich. Der nationalsozialistische Vierjahresplan, Stuttgart 1968.
- Plumpe, Gottfried: Die I.G.Farbenindustrie AG. Wirtschaft, Technik und Politik 1904-1945, Berlin 1990 [Schriften zur Wirtschafts- und Sozialgeschichte, 37].
- Puppo, Rolf: Die wirtschaftliche Gesetzgebung des Dritten Reiches, Konstanz 1988.
- Teichert, Eckart: Autarkie und Großraumwirtschaft in Deutschland 1930-1939. Außenwirtschaftspolitische Konzeptionen zwischen Wirtschaftskrise und Zweitem Weltkrieg, München 1984.
- Turner, Henry A.: Die Großunternehmer und der Aufstieg Hitlers, Berlin 1985.
- Woll, Helmut: Die Wirtschaftslehre des deutschen Faschismus, München 1988.

12. Sozialpolitik und Arbeitsbeziehungen

- Aly, Götz u.a.: Beiträge zur nationalsozialistischen Gesundheits- und Sozialpolitik,
6 Hefte: Aussonderung und Tod (1), Reform und Gewissen (2), Herrenmenschen und Arbeitsvölker (3), Biedermann und Schreibtischtäter (4), Sozialpolitik und Judenvernichtung (5), Feinderklärung und Prävention (6), Berlin 1984-1988.
- Buschak, Willi: „Arbeit im kleinsten Zirkel." Gewerkschaften im Widerstand gegen den Nationalsozialismus, Hamburg 1993.
- Hachtmann, Rüdiger: Industriearbeit im „Dritten Reich". Untersuchungen zu den Lohn und Arbeitsbedingungen in Deutschland 1933-1945, Göttingen 1989 [Kritische Studien zur Geschichtswissenschaft, 82].
- Hamburger Stiftung zur Förderung von Wissenschaft und Kultur (Hrsg.): ‚Deutsche Wirtschaft'. Zwangsarbeit von KZ-Häftlingen für Industrie und Behörden, Hamburg 1991.
- Herbert, Ulrich: Fremdarbeiter. Politik und Praxis des „Ausländer-Einsatzes" in der Kriegswirtschaft des Dritten Reiches, Bonn 1985.
- Heuel, Eberhard: Der umworbene Stand. Die ideologische Integration der Arbeiter im Nationalsozialismus 1933-1935, Frankfurt/Main 1989.
- Kranig, Andreas: Arbeitsrecht im NS-Staat. Texte und Dokumente, Köln 1984.
- Ders.: Lockung und Zwang. Zur Arbeitsverfassung im Dritten Reich, Stuttgart 1983 [Schriftenreihe der Vierteljahrshefte für Zeitgeschichte, 47].
- Kratzenberg, Volker: Arbeiter auf dem Weg zu Hitler? Die nationalsozialistische Betriebszellen-Organisation. Ihre Entstehung, ihre Programmatik, ihr Scheitern 1927-1934, Frankfurt/Main 1987.
- Medizin im Nationalsozialismus, München 1988 [Kolloquien des Instituts für Zeitgeschichte].
- Mason, Timothy W.: Sozialpolitik im Dritten Reich. Arbeiterklasse und Volksgemeinschaft, Opladen 1978 [2].
- Morsch, Günther: Arbeit und Brot. Stimmung, Einstellung und Verhalten der deutschen Arbeiterschaft 1933–1936/37, Frankfurt/Main 1995
- Pfahlmann, Hans: Fremdarbeiter und Kriegsgefangene in der deutschen Kriegswirtschaft 1939-1945, Darmstadt 1968.
- Recker, Marie-L.: Nationalsozialistische Sozialpolitik im Zweiten Weltkrieg, München 1985 [Studien zur Zeitgeschichte, 29].
- Roth, Karl H.: Intelligenz und Sozialpolitik im

Dritten Reich. Eine methodisch-historische Studie am Beispiel des Arbeitswissenschaftlichen Instituts der Deutschen Arbeitsfront, München u.a. 1993.
- Sachse, Carola u.a.: Angst, Belohnung, Zucht und Ordnung. Herrschaftsmechanismen im Nationalsozialismus. Mit einer Einleitung von T. W. Mason, Opladen 1982.
- Saldern, Adelheid v.: Mittelstand im „Dritten Reich". Handwerk - Einzelhändler - Bauern, Frankfurt/Main 1979.
- Scharrer, Manfred (Hrsg.): Kampflose Kapitulation. Arbeiterbewegung 1933, Hamburg 1984.
- Schumann, Hans-G.: Nationalsozialismus und Gewerkschaftsbewegung. Die Vernichtung der deutschen Gewerkschaften und der Aufbau der „Deutschen Arbeitsfront", Frankfurt/Main 1958.
- Smelser, Ronald: Hitlers Mann an der „Arbeitsfront": Robert Ley, Paderborn 1989.
- Winkler, Heinrich A.: Der Weg in die Katastrophe. Arbeiter und Arbeiterbewegung in der Weimarer Republik 1930-1933, Berlin 1987.
- Wulff, Birgit: Arbeitslosigkeit und Arbeitsbeschaffungsmaßnahmen in Hamburg 1933-1939. Eine Untersuchung zur Nationalsozialistischen Wirtschafts- und Sozialpolitik, Frankfurt/Main 1987.
- Zollitsch, Wolfgang: Arbeiter zwischen Weltwirtschaftskrise und Nationalsozialismus. Ein Beitrag zur Sozialgeschichte der Jahre 1928 bis 1936, Göttingen 1990 [Kritische Studien zur Geschichtswissenschaft, 88].

13. Recht und Justiz

- Angermund, Ralph: Deutsche Richterschaft 1919-1945. Krisenerfahrung, Illusion, politische Rechtssprechung, Frankfurt/Main 1990.
- Böckenförde, Ernst W. (Hrsg.): Staatsrecht und Staatsrechtslehre im Dritten Reich, Heidelberg 1985 [Recht, Justiz, Zeitgeschehen, 41].
- Busse, Peter u.a. (Hrsgg.): Justiz und Nationalsozialismus, Düsseldorf 1993 [Juristische Zeitgeschichte, 1].
- Dreier, Ralf u.a. (Hrsgg.): Recht und Justiz im „Dritten Reich", Frankfurt/Main 1989.
- Ehrlich, Ulf: Recht - Nationalsozialismus. Eine Bibliographie nebst erschliess. Registern, Pfaffenweiler 1990.
- Gruchmann, Lothar: Justiz im Dritten Reich 1933-1940, Anpassung und Unterwerfung in der Ära Gürtner, München 1990².
- Hirsch, Martin u.a. (Hrsgg.): Recht, Verwaltung und Justiz im Nationalsozialismus. Ausgew. Schriften, Gesetze und Gerichtsentscheidungen von 1933-1945, Köln 1984.
- Im Namen des deutschen Volkes. Justiz und Nationalsozialismus. Katalog zur Ausstellung des Bundesministers der Justiz, Köln 1989.
- Justiz und Nationalsozialismus, hrsg. von der Niedersächsischen Landeszentrale für politische Bildung unter Mitarbeit von Gotthard Jasper u.a., Hannover 1985.
- Majer, Diemut: Grundlagen des nationalsozialistischen Rechtssystems. Führerprinzip, Sonderrecht, Einheitspartei, Stuttgart 1987.
- Münch, Ingo v.(Hrsg.): Gesetze des NS-Staates. Dokumente eines Unrechtssystems, 3.neubearb. und wes. erw. Auflage, Paderborn u.a. 1994.
- NS-Recht in historischer Perspektive, München u.a. 1981 [Kolloquien des Instituts für Zeitgeschichte].
- Reifner, Udo/Sonnen, Bernd-R. (Hrsgg.): Strafjustiz und Polizei im Dritten Reich, Frankfurt/Main u.a. 1984.
- Rüthers, Bernd: Carl Schmitt im Dritten Reich. Wissenschaft als Zeitgeist-Verstärkung? 2.erw. Aufl., München 1990.
- Ders.: Entartetes Recht. Rechtslehren und Kronjuristen im Dritten Reich, München 1988.
- Salje, Peter (Hrsg.): Recht und Unrecht im Nationalsozialismus, Münster 1985.
- Schoeps, Julius H./Hillermann, Horst (Hrsgg.), Justiz und Nationalsozialismus. Bewältigt. Verdrängt. Vergessen, Stuttgart 1987.
- Schwarz, Alfons: Rechtsprechung durch Sondergerichte. Zur Theorie und Praxis im Nationalsozialismus am Beispiel des Sondergerichts Berlin, Augsburg 1992.
- Staff, Ilse (Hrsg.): Justiz im Dritten Reich. Eine Dokumentation, Frankfurt/Main 1979.
- Tarab-Maslaton, Martin: Rechtliche Strukturen der Diskriminierung der Juden im Dritten Reich, Berlin 1993 [Schriften zur Rechtsgeschichte, 61].
- Walk, Joseph (Hrsg.): Das Sonderrecht für die Juden im NS-Staat. Eine Sammlung der gesetzlichen Maßnahmen und Richtlinien, Inhalt und Bedeutung, Heidelberg u.a. 1981 [Motive, Texte, Materialien, 14].
- Wieland, Günther: Das war der Volksgerichtshof. Ermittlungen, Fakten, Dokumente, Pfaffenweiler 1989.
- Wüllenweber, Hans: Sondergerichte im Dritten Reich. Vergessene Verbrechen der Justiz, Frankfurt/Main 1990.

14. Außenpolitik und Kriegführung

- Bartov, Omar: Hitlers Wehrmacht: Soldaten, Fanatismus und die Brutalisierung des Krieges, Reinbek 1995.
- Bloch, Charles: Das Dritte Reich und die Welt. Die deutsche Außenpolitik 1933-1945, Paderborn 1993.
- Broszat, Martin/Schwabe, Klaus (Hrsgg.): Die deutschen Eliten und der Weg in den Zweiten Weltkrieg, München 1990.
- Deist, Wilhelm u.a.: Ursachen und Voraussetzungen des Zweiten Weltkrieges, Frankfurt/Main 1989.
- Döscher, Hans-J.: Das Auswärtige Amt im Dritten Reich. Diplomatie im Schatten der „Endlösung", Berlin 1987.
- Frei, Norbert/Kling, Hermann (Hrsgg.): Der nationalsozialistische Krieg, Frankfurt/Main 1990.
- Friedrich, Jörg: Das Gesetz des Krieges. Das deutsche Heer in Rußland 1941-1945. Der Prozeß gegen das Oberkommando der Wehrmacht, München 1993.
- Funke, Manfred (Hrsg.): Hitler, Deutschland und die Mächte. Materialien zur Außenpolitik des Dritten Reiches, Düsseldorf 1976.
- Gilbert, Martin: Der Zweite Weltkrieg. Eine chronologische Gesamtdarstellung, München u.a. 1991.
- Graml, Hermann: Europas Weg in den Krieg. Hitler und die Mächte 1939, München 1990 [Quellen und Darstellungen zur Zeitgeschichte 29].
- Gruchmann, Lothar: Totaler Krieg. Vom Blitzkrieg zur bedingungslosen Kapitulation, München 1991 [Deutsche Geschichte der neuesten Zeit vom 19. Jahrhundert bis zur Gegenwart].
- Hildebrand, Klaus: Das vergangene Reich. Deutsche Außenpolitik von Bismarck bis Hitler 1871-1945, Stuttgart 1995.
- Ders.: Deutsche Außenpolitik 1933-1945. Kalkül oder Dogma?, Stuttgart 1990[5].
- Ders./Schmädeke, Jürgen/Zernack, Klaus (Hrsg.): 1939. An der Schwelle zum Weltkrieg. Die Entfesselung des Zweiten Weltkrieges und das Internationale System, Berlin u.a.1990 [Veröffentlichungen der Historischen Kommission zu Berlin, 76].
- Hillgruber, Andreas: Der Zweite Weltkrieg 1939-1945. Kriegsziele und Strategie der großen Mächte, Stuttgart 1982.
- Ders.: Hitlers Strategie. Politik und Kriegführung 1940-1941, Frankfurt/Main 1982[2].
- Jacobsen, Hans-A.: Der Weg zur Teilung der Welt. Politik und Strategie von 1933-1945, Koblenz/Bonn 1977.
- Ders.: Nationalsozialistische Außenpolitik 1933-1938, Frankfurt/Main 1968.
- Knipping, Franz/Müller, Klaus-J. (Hrsgg.): Machtbewußtsein in Deutschland am Vorabend des Zweiten Weltkrieges, Paderborn 1984.
- Krausnick, Helmut/Wilhelm, Hans-H.: Die Truppe des Weltanschauungskrieges. Die Einsatzgruppe der Sicherheitspolizei und des SD 1938-1942, Stuttgart 1981.
- Mayer, Arno J.: Der Krieg als Kreuzzug. Das Deutsche Reich, Hitlers Wehrmacht und die „Endlösung", Reinbek 1989.
- Michalka, Wolfgang (Hrsg.): Der Zweite Weltkrieg. Grundzüge, Analysen, Forschungsbilanz, München 1989.
- Ders.: Nationalsozialistische Außenpolitik, Darmstadt 1978.
- Ders.: Ribbentrop und die deutsche Weltpolitik 1933-1940. Außenpolitische Konzeptionen und Entscheidungsprozesse im Dritten Reich, München 1980.
- Militärgeschichtliches Forschungsamt (Hrsg.): Das deutsche Reich und der Zweite Weltkrieg, 10 Bde. (bislang 6 Bde.), Stuttgart 1979ff.
- Müller, Rolf-D., Hitlers Ostkrieg und die deutsche Siedlungspolitik. Die Zusammenarbeit von Wehrmacht, Wirtschaft und SS, Frankfurt/Main 1991.
- Niedhart, Gottfried (Hrsg.): Kriegsbeginn 1939. Entfesselung oder Ausbruch des Zweiten Weltkrieges? Darmstadt 1976.
- Recker, Marie-L.: Die Außenpolitik des Dritten Reiches, München 1990 [Enzyklopädie Deutscher Geschichte, 8].
- Schöllgen, Gregor: Die Macht in der Mitte Europas. Stationen deutscher Außenpolitik von Friedrich dem Großen bis zur Gegenwart, München 1991.
- Schramm, Percy E. (Hrsg.): Kriegstagebuch des Oberkommandos der Wehrmacht (Wehrmachtsführungsstab) 1940-1945, Sonderausgabe in 8 Bänden, München 1982.
- Steinert, Marlies G.: Hitlers Krieg und die Deutschen. Stimmung und Haltung der deutschen Bevölkerung im Zweiten Weltkrieg, Düsseldorf/Wien 1970.
- Streit, Christian: Keine Kameraden. Die Wehrmacht und die sowjetischen Kriegsgefangenen 1941-1945, Stuttgart 19812.
- Ueberschär, Gerd/Wette, Wolfram (Hrsg.): Der deutsche Überfall auf die Sowjetunion. Unternehmen „Barbarossa" 1941, Frankfurt/Main 1991.
- Wegner, Bernd (Hrsg.): Zwei Wege nach Moskau.

Vom Hitler-Stalin Pakt zum „Unternehmen Barbarossa“, München /Zürich 1991.
- Weinberg, Gerhard L.: Eine Welt in Waffen: Die globale Geschichte des Zweiten Weltkriegs, Stuttgart 1995.
- Wendt, Bernd J.: Großdeutschland. Außenpolitik und Kriegsvorbereitung des Hitler-Regimes, München 1993[2] [Deutsche Geschichte der neuesten Zeit vom 19. Jahrhundert bis zur Gegenwart].

15. Die Verfolgung und Vernichtung der europäischen Juden und anderer Minderheiten

- Adam, Uwe D.: Judenpolitik im Dritten Reich, Düsseldorf 1972 .
- Aly, Götz: „Endlösung“. Völkerverschiebung und der Mord an den europäischen Juden, Frankfurt/Main 1995.
- Benz, Wolfgang (Hrsg.): Dimension des Völkermords. Die Zahl der jüdischen Opfer des Nationalsozialismus, München 1991 [Quellen und Darstellungen der Zeitgeschichte, 33].
- Burrin, Philippe: Hitler und die Juden. Die Entscheidung für den Völkermord, Frankfurt/Main 1993.
- Büttner, Ursula (Hrsg.): Die Deutschen und die Juden. Verfolgung im Dritten Reich, Hamburg 1992 [Hamburger Beiträge zur Sozial- und Zeitgeschichte, 29]
- Dawidowicz, Lucy S.: Der Krieg gegen die Juden 1933-1945, München 1979.
- Ehrenburg, Ilja/Grossmann, Wassilij: Das Schwarzbuch. Der Genozid an den sowjetischen Juden, Reinbek 1994.
- Gilbert, Martin: Endlösung. Die Vertreibung und Vernichtung der Juden. Ein Atlas, überarb. Neuausgabe, Reinbek 1995.
- Graml, Hermann: Reichskristallnacht. Antisemitismus und Judenverfolgung im „Dritten Reich“, München 1988 [Deutsche Geschichte der neuesten Zeit vom 19. Jahrhundert bis zur Gegenwart].
- Grau, Günther (Hrsg.): Homosexualität in der NS-Zeit. Dokumente einer Diskriminierung und Verfolgung, Frankfurt/Main 1993.
- Herzig, Arno/Lorenz, Ina (Hrsgg.): Verdrängung und Vernichtung der Juden unter dem Nationalsozialismus, Hamburg 1992.
- Hillberg, Raul: Die Vernichtung der europäischen Juden. Die Gesamtgeschichte des Holocaust, 3 Bde., durchges. und erw. Auflage, Frankfurt/Main 1990.
- Jäckel, Eberhard/Longerich, Peter/Schoeps, Julius H. (Hrsgg.): Enzyklopädie des Holocaust, 4 Bde., München 1995.
- Jäckel, Eberhard/Rohwer, Jürgen (Hrsgg.): Der Mord an den Juden im Zweiten Weltkrieg. Entschlußbildung und Verwirklichung, Stuttgart 1985.
- Klee, Ernst: „Euthanasie“ im NS-Staat. Die „Vernichtung lebensunwerten Lebens“, Frankfurt/Main 1985.
- Ders. (Hrsg.): Dokumente zur „Euthanasie“ im NS-Staat, Frankfurt/Main 1985.
- Limberg, Margarete/Rübsaat, Hubert (Hrsgg.): Sie durften nicht mehr Deutsche sein. Jüdischer Alltag in Selbstzeugnissen 1933-1938, Franfurt/Main, New York 1990.
- Longerich, Peter (Hrsg.): Die Ermordung der europäischen Juden. Eine umfassende Dokumentation des Holocaust von 1941-1945, München 1989.
- Peukert, Detlev: Volksgenossen und Gemeinschaftsfremde. Anpassung, Ausmerze und Aufbegehren unter dem Nationalsozialismus, Köln 1982.
- Pressac, Jean-Claude: Die Krematorien von Auschwitz. Die Technik des Massenmordes, München 1995.
- Projektgruppe für die vergessenen Opfer des NS-Regimes in Hamburg e.V. (Hrsg.): Verachtet. Verfolgt. Vernichtet. Zu den „vergessenen“ Opfern des NS-Regimes, 2. durchges. und aktual. Auflage, Hamburg 1988.
- Rose, Romani/Weiss, Walter: Sinti und Roma im „Dritten Reich“. Das Programm der Vernichtung durch Arbeit, Göttingen 1991.
- Rosh, Lea/Jäckel, Eberhard: „Der Tod ist ein Meister aus Deutschland“. Deportation und Ermordung der Juden. Kollaboration und Verweigerung in Europa, Hamburg 1990.
- Schmuhl, Hans-W.: Rassenhygiene, Nationalsozialismus, Euthanasie. Von der Verhütung zur Vernichtung „lebensunwerten Lebens“ 1890-1945, Göttingen 1987 [Kritische Studien zur Geschichtswissenschaft, 75].
- Schneider, Wolfgang (Hrsg.): „Vernichtungspolitik“. Eine Debatte über den Zusammenhang von Sozialpolitik und Genozid im nationalsozialistischen Deutschland, Hamburg 1991.
- Wollenberg, Jörg (Hrsg.): „Niemand war dabei und keiner hat's gewußt“. Die deutsche Öffentlichkeit und die Judenverfolgung 1933-1945, München 1989.

16. Widerstand und Exil

- Albrecht, Richard: Exil-Forschung. Studien zur deutschsprachigen Emigration nach 1933, Frankfurt/Main 1988.
- Benz, Wolfgang (Hrsg.): Das Exil der kleinen Leute, Alltagserfahrungen deutscher Juden in der Emigration, München 1991.
- Ders. u.a. (Hrsgg.): Deutsch-jüdisches Exil, das Ende der Assimilation? Identitätsprobleme deutscher Juden in der Emigration, Berlin 1994 [Dokumente. Texte. Materialien: Zentrum für Antisemitismusforschung der TU Berlin, 14].
- Ders./Pehle, Walter (Hrsgg.): Lexikon des deutschen Widerstandes, Frankfurt/Main 1994.
- Biographisches Handbuch der deutschsprachigen Emigration, hrsg. vom Institut für Zeitgeschichte unter der Gesamtleitung von Werner Röder, 3 Bde., München u.a. 1980/1983.
- Die Weiße Rose und das Erbe des deutschen Widerstandes. Münchner Gedächtnisvorlesung 1983-1992, München 1993.
- Exilforschung. Ein internationales Jahrbuch, hrsg. von Thomas Koebner u.a., München 1983ff.
- Freyermuth, Gundolf S.: Reise in die Verlorengegangenheit. Auf den Spuren deutscher Emigranten (1933-1940), Hamburg 1990.
- Hoffmann, Peter: Widerstand, Staatsstreich, Attentat. Der Kampf der Opposition gegen Hitler, 4. überarb. Auflage, München 1985.
- Kettenacker. Lothar (Hrsg.): Das „andere Deutschland" im Zweiten Weltkrieg. Emigration und Widerstand in internationaler Perspektive, Stuttgart 1977.
- Klemperer, Klemens v./Syring, Enrico/Zitelmann, Rainer (Hrsgg.): „Für Deutschland". Die Männer des 20.Juli, Berlin 1994.
- Koebner, Thomas/Sautermeister, Gert/Schneider, Sigrid (Hrsgg.): Deutschland nach Hitler. Zukunftspläne im Exil und aus der Besatzungszeit 1939-1949, Opladen 1987.
- Langbein, Hermann: „...nicht wie die Schafe zur Schlachtbank". Widerstand in den nationalsozialistischen Konzentrationslagern 1938-1945, Frankfurt/Main 1980.
- Möller, Horst: Exodus der Kultur. Schriftsteller, Wissenschaftler und Künstler in der Emigration nach 1933, München 1984.
- Müller, Klaus-J./Dilks, David N. (Hrsgg.): Großbritannien und der deutsche Widerstand 1933-1944, Paderborn 1994.
- Roon, Ger van: Widerstand im Dritten Reich. Ein Überblick, München 19946.
- Schmädeke, Jürgen/Steinbach, Peter (Hrsgg.): Der Widerstand gegen den Nationalsozialismus. Die deutsche Gesellschaft und der Widerstand gegen Hitler, München 1994[3] [Publikationen der Historischen Kommission zu Berlin].
- Scholl, Inge: Die Weiße Rose, Frankfurt/Main 1993[3].
- Steinbach, Peter/Tuchel, Johannes: Lexikon des Widerstandes 1933-1945, München 1994.
- Dies. (Hrsgg.): Widerstand in Deutschland 1933-1945. Ein historisches Lesebuch, München 1994.
- Dies. (Hrsgg.): Widerstand gegen den Nationalsozialismus, Bonn 1994 [BpB Schriftenreihe Bd.323].
- Strauss, Herbert A. u.a.(Hrsgg.): Die Emigration der Wissenschaften nach 1933. Disziplingeschichtliche Studien, München 1991.
- Schwerin, Detlev Graf von, „Dann sind's die besten Köpfe, die man henkt." Die junge Generation im deutschen Widerstand, München/Zürich 1991.
- Ueberschär, Gerd R. (Hrsg.): Der 20.Juli 1944. Bewertung und Rezeption des deutschen Widerstandes gegen das NS-Regime, Köln 1994.

17. Deutungen und Kontroversen

- Bergmann, Werner/Erb, Rainer/Lichtblau, Albert (Hrsgg.): Schwieriges Erbe: Der Umgang mit Nationalsozialismus und Antisemitismus in Österreich, der DDR und der Bundesrepublik, Frankfurt/Main u.a. 1995.
- Backes, Uwe/Jesse, Eckhard/Zitelmann, Rainer (Hrsgg.): Die Schatten der Vergangenheit. Impulse zur Historisierung des Nationalsozialismus, Frankfurt/Main 1990.
- Benz, Wolfgang (Hrsg.): Legenden, Lügen, Vorurteile. Ein Wörterbuch zur Zeitgeschichte, München 1993[3].
- Broszat, Martin: Nach Hitler. Der schwierige Umgang mit unserer Geschichte, rev. Ausgabe, München 1988.
- Danyel, Jürgen (Hrsg.): Die geteilte Vergangenheit. Zum Umgang mit Nationalsozialismus und Widerstand in beiden deutschen Staaten, Berlin 1995 [Zeithistorische Studien, 4].
- Diner, Dan (Hrsg.): Ist der Nationalsozialismus Geschichte? Zu Historisierung und Historikerstreit, Frankfurt/Main 1987.
- Ders.: Kreisläufe. Nationalsozialismus und Gedächtnis, Berlin 1995.
- Erinnern oder Verweigern. Das schwierige Thema

Nationalsozialismus, München 1994 [Dachauer Hefte 6].
- Evans, Richard J.: Im Schatten Hitlers? Historikerstreit und Vergangenheitsbewältigung in der Bundesrepublik, Frankfurt/Main 1991.
- Funke, Manfred: Starker oder schwacher Diktator? Hitlers Herrschaft und die Deutschen. Ein Essay, Düsseldorf 1989.
- Geiss, Immanuel: Der Hysteriker-Streit. Ein unpolemischer Essay, Bonn 1992.
- Grosser, Alfred: Ermordung der Menschheit. Der Genozid im Gedächtnis der Völker, München/Wien 1990
- Hirschfeld, Gerhard/Kettenacker, Lothar (Hrsgg.): Der „Führerstaat". Mythos und Realität, Stuttgart 1981.
- „Historikerstreit". Die Dokumentation der Kontroverse um die Einzigartigkeit der nationalsozialistischen Judenvenichtung, München 1987[4].
- Kershaw, Ian: Der NS-Staat. Geschichtsinterpretationen und Kontroversen im Überblick, vollst. überarb. und erw. Neuausgabe, Reinbek 1994.
- Loewy, Hanno (Hrsg.): Holocaust: Die Grenzen des Verstehens. Eine Debatte über die Besetzung der Geschichte, Reinbek 1992.
- Maier, Charles S.: Die Gegenwart der Vergangenheit. Geschichte und nationale Identität der Deutschen, Frankfurt/Main 1992.
- Meier, Christian: 40 Jahre nach Auschwitz. Deutsche Geschichtserinnerung heute, München 1990[2].
- Mommsen, Hans: Der Nationalsozialismus und die deutsche Gesellschaft. Ausgewählte Aufsätze, Reinbek 1991.
- Pehle, Walter H. (Hrsg.): Der historische Ort des Nationalsozialismus. Annäherungen, Frankfurt/Main 1990.
- Prinz, Michael/Zitelmann, Rainer (Hrsgg.): Nationalsozialismus und Modernisierung, Darmstadt 1991.
- Segev, Tom: Die siebte Million. Der Holocaust und Israels Politik der Erinnerung, Reinbeck 1995.
- Steininger, Rolf (Hrsg.): Der Umgang mit dem Holocaust. Europa-USA-Israel, Wien u.a. 1994 [Veröffentlichungen des Instituts für Zeitgeschichte der Universität Innsbruck und des Jüdischen Museums Hohenems, 1].
- Tel Aviver Jahrbuch für Deutsche Geschichte XII/1994: Nationalsozialismus aus heutiger Perspektive. Hrsg.i.A. des Instituts für Deutsche Geschichte von Dan Diner und Frank Stern.
- Wippermann, Wolfgang (Hrsg.): Kontroversen um Hitler, Frankfurt/Main 1986.

Personenregister